KB117561

콜린스
코빌드
어법사전

Collins Cobuild English Usage (New Edition)
Copyright © in the English text HarperCollins Publishers Ltd. (2004)
All rights reserved.

Korean Translation Copyright © 2016 by Nexus Co., Ltd.
Korean edition is published by arrangement with HarperCollins Publishers Ltd.

이 책의 한국어판 저작권은 ㈜하퍼콜린스 출판사와 독점 계약한 ㈜넥서스에 있습니다.
신 저작권법에 의해 한국 내에서 보호를 받는 저작물이므로 무단 전재와 무단 복제를 금합니다.

Collins Cobuild English Usage 한국어판
콜린스 코빌드 어법사전

지은이 HarperCollins Publishers Ltd.
편 역 김방이
펴낸이 임상진
펴낸곳 (주)넥서스

초판 1쇄 발행 2008년 8월 30일
초판 16쇄 발행 2014년 10월 30일

2판 1쇄 발행 2016년 1월 10일
2판 10쇄 발행 2024년 12월 10일

출판신고 1992년 4월 3일 제311-2002-2호
주소 10880 경기도 파주시 지목로 5
전화 (02)330-5500 팩스 (02)330-5555

ISBN 979-11-5752-641-3 13740

출판사의 허락 없이 내용의 일부를
인용하거나 발췌하는 것을 금합니다.

가격은 뒤표지에 있습니다.
잘못 만들어진 책은 구입처에서 바꾸어 드립니다.

www.nexusbook.com

한국 학습자를 위한
국내 최초
어법사전

콜린스 코빌드 어법사전

HarperCollins 편저
김방이 편역

New Edition
한국어판

COLLINS COBUILD ENGLISH USAGE

넥서스

한국판 머리말

우리가 영어를 배우는 가장 궁극적인 목적은 영어를 모국어로 하는 사람들과의 자유로운 의사소통을 위해서이다. 하지만 지금까지 우리의 영어 교육은 이 부분을 소홀히 하였으며, 각종 입시, 입사, TOEFL, TOEIC, TEPS 등의 시험에서 고득점을 얻기 위해 단순히 문제 패턴을 암기하는 학습을 되풀이하고 있다.

염불에는 관심이 없고 젯밥에만 관심이 있는 영어 학습법은 각종 시험에서 성적을 올리는 데 조금은 도움이 될지도 모른다. 하지만 영어를 배우는 가장 중요한 목적인 원어민과 자유로운 의사소통에는 치명적인 결점을 갖고 있다.

이제 그동안 영어 학습에 많은 비용을 투자한 데 비해 효율은 낮았던 악순환에서 벗어나기 위해, 한국어와 영어의 언어 구조를 비교 분석함으로써, 원어민이 인식하는 영어를 알려주고자 한다. 영어를 제2외국어로 배우는 사람들의 관점이 아닌, 원어민의 관점에서 개발된 책이 바로 '콜린스 코빌드 어법사전(Collins Cobild English Usage)'이다.

지금까지 대부분의 영어 사전류는 언어의 이해에만 중점을 두어 발간되어 왔다. 또한 영어 문법책 역시 문법 자체가 강한 보편성을 갖고 있다 하더라도, 결국 학습자는 그들이 사용하는 실질적인 단어 또는 구를 사용하게 되는데, 이 점이 간과되어 왔다. 그러므로 학습자는 추상적인 개념에 중점을 두는 문법 이론보다 실생활에 적용되며, 현재 보편적으로 사용되고 있는 영어 활용법을 습득하는 것이 훨씬 더 필요하다.

이 책은 원어민이 실제로 영어를 어떻게 사용하고 있는지 분석하여 얻은 연구 결과를 토대로 하여 만들어진 것이다. 여기에서는 문법뿐만 아니라 단어의 다양한 의미와 쓰임, 숙어, 세부적인 영어 표현을 익힐 수 있다. 따라서 영어를 제2외국어로 배우는 학습자들에게는 다른 어느 사전보다 활용도가 높은 참고 서적이라고 할 수 있다. 아직까지 우리나라에서는 영어 활용법 교재가 발간된 적이 없었다. 따라서 우리나라에서 발간되는 최초의 어법사전이라는 점에서도 이 책의 출간은 그 의의가 크다고 할 수 있다. 영어를 배우는 우리에게는 다른 영어 사전보다 더 필요한 참고 서적이다.

Collins Cobuild는 영어 사전 및 학습서 출판 부문에서 세계적으로 유명한 영국 출판사이다. 이 책은 Collins Cobuild에서 발행한 'Collins Cobuild English Usage'를 국내 영어 학습자들에게 맞게 편역한 것이다. 이 책은 언어를 배우는 본질적 목적인 의사소통의 관점에서 활용법(Usage), 문법(Grammar), 토픽(Topic)으로 분류되어 있으며, 제2외국어로 영어를 배우는 학습자의 입장에서 설명하였다. 또한 실생활에 활용할 수 있는 유용한 예문들로 학습자의 이해를 돕고 있다.

역자는 이 책이 영어를 배우는 모든 한국인에게 가장 경제적이고 효과적인 학습서라고 자신한다. 모쪼록 이 책을 통해 영어 학습의 목적인 원어민과의 자유로운 의사소통에 한 발짝 더 다가설 수 있기를 진심으로 바란다.

역자 김 방 이

Introduction

Collins Cobuild English Usage의 개정판을 출간하게 되어 매우 기쁘게 생각한다. 이 책은 현재 총 5억 2,400만 개의 단어가 수록되어 있는 Bank of English를 이용해, 사람들이 언어를 실제로 어떻게 사용하는지 연구하여 개정하였다.

영어 활용법(Usage)은 문법, 뜻, 숙어, 다양성, 목적 등을 생생하게 설명하고 있으며, 표현의 특성에 중점을 두고 있다. 또한 각 예문에서는 특정한 뜻을 표현하거나, 특정한 역할에 어울리도록 단어를 어떻게 배열하는지를 다루고 있다. 그래서 이 책에서 사용한 대부분의 예문에는 일반성이 없는데, 그 이유는 영어 활용법에서는 일반적으로 다루지 않는 모든 것을 다루기 때문이다.

영문법(Grammar)은 가산명사와 불가산명사, 또는 타동사와 자동사의 차이점 등 일반적으로 널리 쓰이는 문장의 규칙들을 적절하게 다루고 있다. 각각의 표현은 한 단어 또는 두 단어로 이루어진 특정 패턴을 학습자가 알 수 있도록 세분화했다. 그리하여 문법 요점보다는 세세한 활용법을 개별적으로 설명하였다.

영어 활용법과 영문법에는 확실한 구분선이 없어서 우리가 배우는 대부분의 문법은 영어 활용법에 상당히 치우쳐 있다. 결국 대부분의 학습자에게 필요한 것은 문법의 활용이다. 그러나 문법적인 내용이 강력한 보편성을 지니고 있기는 하지만, 학습자는 결국 자신이 사용하는 실질적인 단어나 구로 영어 능력을 평가받는다. 따라서 학습자는 추상적인 개념의 가산명사나 타동사 같은 문법적인 것을 따지기보다는 정확한 영어 활용법에 더 관심이 있을 것이다.

지금까지 출간된 사전들은 영어 활용법을 충분히 설명하지 못하고 있다. 그러나 Cobuild의 최신 사전들은 대표적이고 생생한 예문을 통해 영어 활용법에 대해 자세하게 설명하고 있다. 숙어 사전도 영어 활용법과 내용이 비슷하기는 하지만, 숙어와 연관된 특정한 의미는 일반적인 영어 활용법의 특징이 되지는 못한다.

요즘에는 학습자들이 유창한 언어를 구사하는 데 도움을 주는 참고 서적들이 점점 더 많이 나오고 있다. 이전까지는 대부분의 교재가 주로 언어의 이해에 중점을 두었다. 그러다 보니 영어의 자세한 사용법까지 알려 주는 교재에 대한 요구가 높아지게 되었다. 영어를 모국어로 사용하는 사람들은 영어 활용법 책들을 오랫동안 사용해 왔다. 예를 들면, 신문 기자와 같이 정확한 언어를 구사해야 하는 사람들은 영어 활용법 편람이나 모음집을 사용하고 있다. 이와 같은 교재를 필요로 하는 사람들이 많으며, 영어를 모국어로 사용하지 않는 사람도 예외가 아니다. 본 Collins Cobuild English Usage는 중급에서 고급 수준의 학생이나 영어 교사에게 적합한 교재일 것이다.

본 개정판은 학생과 교사가 더욱 쉽게 사용할 수 있도록 활용법(Usage), 문법(Grammar), 토픽(Topic)의 3개 항목으로 나누고 각 페이지에 색인을 표시하여 명확히 구분하였다. 각 항목에 있는 모든 표제어는 알파벳 순으로 배열하여 쉽게 찾을 수 있도록 하였다. 이 책은 단순히 한두 개의 예문을 제시하는 것이 아니라, 같은 용법으로 쓰인 모든 단어와 구를 싣고자 하였다. 이는 Collins Cobuild 도서들의 장점 중 하나로 들 수 있다. 예를 들면, Grammar의 표제어 Complements(보어)의 경우, 어떤 동사가 어떤 보어를 취하는지에 대해 설명하고 있다.

The Usage Section

Usage Section의 표제어에는 대부분 각 단어와 구에 대한 짧은 예문이 나와 있다. 흔히 두 단어가 혼동될 때가 있는데, 예를 들면, comprehensive와 comprehensible 등이 있다. 또한 다른 단어와 함께 사용해야 하는 단어가 있는데, 예를 들어 afford는 can, could, be able to와 함께 사용한다. Collins Cobuild가 소장하고 있는 광범위한 미국 영어 모음집을 근거로 이 개정판에서는 미국 영어에 대해서도 설명하여, 미국 영어와 영국 영어의 차이를 명확하게 구분해 놓았다. 예를 들면, crisps와 chips의 차이, pants와 trousers의 차이, disabled, handicapped, crippled의 차이 등이 있다. 또한 일부 사람들이 사용하는 단어들의 미묘한 뉘앙스도 자세히 설명하고 있다.

The Grammar Section

Grammar에서는 영어 활용법과 문법 요점 사항을 연관 짓기 위해 문법 분야별로 많은 표제어를 나누었다. 이 책에서 설명하는 문법보다 더 전문적인 고급 문법을 알고 싶다면 Collins Cobuild English Grammar를 참조하기 바란다.

The Topic Section

Topic에서도 Invitations와 Punctuation 등과 같이, 중요한 토픽의 활용법에 대한 표제어를 많이 실었다. 이들 표제어가 가진 특징들을 모아 메뉴에 제시하여, 이를 통해 표제어의 의미를 쉽게 파악할 수 있다. 또한 표제어를 소제목으로 구분하여, 학습자가 원하는 특정 항목을 쉽게 찾아볼 수 있도록 했다.

The examples

무엇보다도 Cobuild는 실용 예문에 대해 권위가 있다. Bank of English에서 엄선하여 발췌한 수천 개의 문장을 학습자가 자신 있게 사용할 수 있도록 선별하여 예문으로 수록하였다. 인위적으로 만들어 낸 영어 문장은 상대방과의 의사소통에는 도움이 되지 않을 뿐만 아니라, 그 뜻이 잘못 전달될 수도 있기 때문이다.

비록 언어가 유창하다고 해도, 모든 언어 활용법을 항상 생각해 낼 수는 없다. 왜냐하면 그것은 무의식적이고 습관적으로 사용하기 때문이다. 따라서 정말로 믿을 수 있는 예문으로 만들어 내는 것이 불가능할지도 모른다.

이 책에서는 실제로 사용하는 여러 예문 중에서 가장 좋은 예문만을 모아 실었기 때문에, '믿을 수 있는 예문일까?' 하는 걱정은 할 필요가 없다. 이러한 예문들은 컴퓨터에 저장된 언어 데이터(corpus)에 바탕을 둔 것뿐만 아니라, 실제로 여기에서 인용한 것이다. 이 책에 나오는 예문들은 학습자들이 유일하게 믿고 사용할 수 있는 자료임을 확신한다.

The Bank of English

1980년부터 Cobuild는 실제로 사용되는 언어들을 수집하여 데이터베이스화하였다. 각 문서나 필기본은 색인으로 정리하였으며, Cobuild 컴퓨터가 처리할 수 있는 형태로 입력하였다. 현재 컴퓨터에 저장된 단어는 약 5억 2,400만 개에 이른다.

이렇게 컴퓨터에 저장된 언어 데이터(corpus)를 Bank of English라고 하며, 이는 Cobuild에서 발행되는 모든 출간물의 원천이 된다. 본문에 수록되는 내용은 세심하게 선별하였다. 5억 2,400만 개의 단어가 방대하기는 하지만, 이러한 데이터(corpus)를 현재 쓰고 있는 영어에 충실하게 만들기 위해 컴퓨터 식자 기술을 도입하였으며 이 기술로 많은 자료를 확보하게 되었다. 수백 개의 녹음 테이프를 사용하여 구어체 영어 표현을 녹취하였으며, 신문에 나오는 많은 내용들과 균형을 유지하기 위해 여러 종류의 서류, 지역 출판물, 편지 등의 내용도 첨가하였다.

영어 활용법에 예문으로 쓸 수 있도록 자료를 제공해 주신 많은 기고가 여러분에게 깊이 감사드린다.

Cobuild는 참고 서적들과 사전들이 독자들에게 도움이 되는지에 대해 항상 깊은 관심을 갖고 있다. 앞으로의 출간물이 독자들의 기대에 부응할 수 있도록, 이 책에 대한 의견과 비평을 쓸 수 있는 이메일 주소(Cobuild@ref.collins.co.uk)를 개설해 두었다.

John Sinclair

Founding Editor-in-Chief

Emeritus Professor of Modern English Language, University of Birmingham

President, The Tuscan Word Centre

Guide to the Usage

이 책은 영어 학습자가 각각의 단어를 정확하게 사용하고, 전달하고자 하는 의미에 정확한 단어와 문장 구조를 선택하는 데 도움을 주기 위해 집필되었다. 각 단어는 총 5억 2,400만 개 이상이 수록된 Bank of English에서 뽑은 최신 예문을 기초로 하였기 때문에, 학생과 교사 모두에게 유용한 현재 실제로 쓰이는 영어에 대해 권위 있는 참고서라고 자신한다. 이 개정판에서는 자료의 관련성과 최신 정보를 제공하기 위해 수백 개의 새로운 예문을 첨가하였다.

독자가 알고 싶어하거나 원하는 내용을 좀 더 쉽게 찾도록 하기 위해서 Collins Cobuild English Usage 개정판은 Usage, Grammar, Topic의 세 항목으로 분류하였다. 각 항목에 대해서는 차례대로 다음 페이지에서 설명하였다. 그리고 뒷부분에는 색인(index)을 넣어 독자가 원하는 표제어를 쉽게 찾을 수 있게 하였다. Grammar와 Topic의 표제어 목록은 Contents에 나열해 놓았다.

The Usage Section

Usage 편의 표제어 형식에는 여러 가지가 있으며, 이에 대한 설명은 다음과 같다.

Entries for individual words

표제어는 각 단어의 활용법에 대해 설명하였다. 예를 들면, 단어 뒤에 어떤 전치사를 사용해야 하는지, 또한 그 뒤에 to부정사를 사용해야 하는지, -ing형을 사용해야 하는지를 설명하였다.

> **1 used as a noun**(명사로 사용하기)
>
> **desire**는 어떤 것을 원하거나 하고 싶어하는 느낌, 즉 '욕구'라는 뜻이며, 보통 **desire for**나 **desire to do**의 형태로 사용한다.

이 책은 학습자에게 문제가 되는 단어를 다루고 있다. 정확한 영어 사용을 위해 학습자가 사용하지 말아야 할 것과 사용해야 할 것을 명확하게 언급했다. 이러한 설명은 학습자가 사용하는 언어와 영어를 잘못 비교하여 사용하거나 영어의 각 단어를 잘못 비교하여 사용하는 학습자에게 도움이 된다. 잘못 쓰기 쉬운 단어는 다음과 같이 표기했다.

> 주의 **homework**와 **housework**는 모두 불가산명사이므로, **a homework**나 **houseworks**라고 하지 않는다.

단어나 표현을 사용할 수 없는 경우에는 대신 사용해야 할 단어나 표현을 제시하였다.

> 그러나 상대방이 제안한 것에 동의한다고 할 때는 **accept to do**가 아닌 **agree to do**라고 한다.
>
> The princess ***agreed to go*** on television. 공주는 텔레비전에 출연하기로 동의했다.
>
> She ***agreed to let*** us use her flat while she was away.
> 그녀는 자신이 떠나 있는 동안 그녀의 아파트를 우리가 사용하는 것에 동의했다.

Entries for easily confused words

서로 혼동하기 쉬운 단어는 모두 표제어 제목에 표기하였다.
예를 들면, 표제어가 accept – except인 경우, accept와 except 간의 차이점을 설명하였다.

accept – except

accept [əksépt, æk-] 를 **except** [iksépt] 와 혼동해서는 안 된다.

1 'accept'

accept는 동사로, 어떤 것을 받아들이는 것에 동의하다라는 뜻이다.

I protested that I couldn't ***accept*** as a present something she so clearly adored.
나는 그녀가 그렇게도 좋아하는 것을 선물로 받을 수는 없다고 단언했다.

2 'except'

except는 전치사나 접속사로, 어떤 진술이 적용되지 않는 유일한 사물이나 사람을 소개할 때 사용한다.

All the boys ***except*** Piggy started to giggle. 피기를 제외한 모든 소년들은 낄낄 웃기 시작했다.

Usage 표제어 **accept**와 **except** 참조.

비슷한 뜻을 가진 두 단어는 표제어를 구별하였으나, 약간 다른 방식으로 설명하였다.

called – named

사람이나 사물의 이름을 말할 때, **called**나 **named**를 사용한다. **named**는 **called**보다 쓰임이 적으며, 일반적으로 회화에서는 사용하지 않는다.

Did you know a boy ***called*** Desmond? 당신은 데즈먼드라는 소년을 알고 있었습니까?
We pass through a town ***called*** Monmouth. 우리는 몬머스라는 도시를 지나가고 있다.
Anna had a boyfriend ***named*** Shorty. 애나는 쇼티라는 남자 친구가 있었다.

〔명사 · **be**동사 + **called**〕 형식을 사용할 수 있다.

Komis asked me to appear in a play ***called*** Katerina. 코미스는 나에게 'Katerina'라는 연극에 출연해 달라고 요청했다.
The book was ***called*** The Goalkeeper's Revenge. 그 책은 'The Goalkeeper's Revenge'라고 하는 책이었다.

명사 바로 뒤에는 **named**만을 사용한다.

The victim was an 18-year-old girl ***named*** Marinetta Jirkowski.
희생자는 마리네타 이르코스키라는 이름의 18세 소녀였다.

영국 영어와 미국 영어에서의 쓰임이 다른 경우, 그 차이점을 구분하여 설명하였다.

1 'post' and 'mail'

편지와 소포를 모아서 배달하는 우체국 업무를 영국 영어에서는 일반적으로 **post**, 미국 영어에서는 **mail**이라고 한다. 때때로 영국 영어에서도 **mail**을 사용하는데, 예를 들면, **Royal Mail**(영국 우정 공사)의 명칭과 같은 경우이다.

There is a cheque for you in the ***post***. 당신에게 우편으로 배달된 수표가 있다.
Winners will be notified by ***post***. 우승자들은 우편으로 통보될 것입니다.
Your reply must have been lost in the ***mail***. 당신의 회신은 우편 배달 중에 분실되었음에 틀림없다.

Entries dealing with groups of words

일부 표제어에서는 기본적으로 비슷한 뜻을 갖고 있으나, 그 의미가 미묘하게 다른 단어군을 설명한 곳도 있다. 예를 들면, 표제어 beauty의 경우, attractive, beautiful, good-looking, gorgeous, handsome, pretty, stunning 등과 같은 단어의 차이점에 대해 설명하였다. 이들 단어에는 각각 활용법과 뜻의 차이를 보여 주는 예문을 첨가하였다. 이 부분은 비슷한 단어를 비교하며 익힐 수 있어, 특히 고급 수준의 학생들에게 유용할 것이다. 다음 표제어가 이에 해당된다.

beauty	cook	crippled	curiosity	damage
dignity	fatness	forcefulness	madness	meanness
newness	obedience	old	pride	retarded
strangeness	stubbornness	thinness	tools	work

일부 표제어는 정도를 나타내는 단어들을 포함한다. 즉, 어떤 것의 정도가 나타내는 단어의 목록을 담고 있다. 예를 들면, happy – sad 표제어는 어떤 사람이 얼마나 행복하고 슬픈지를 나타낼 때 사용하는 형용사의 범위를 보여 준다. 거의 같은 정도를 나타내는 단어는 같은 줄에서 –(슬래시)를 붙여 구분하였다. 각 줄의 단어는 빈도에 따라 나열하였다. 그래서 happy – sad 표제어에서 ecstatic은 elated보다, elated는 euphoric보다 더 일반적으로 쓰이는 단어이다. 각 단어는 컴퓨터에 저장된 언어 데이터(corpus)에서 인용한 예문을 들어서 설명하였다.

다음은 Usage 표제어의 분류 목록이다.

- happy – sad
- like – dislike
- pleased – disappointed
- small – large

다음은 Grammar 표제어의 Adjuncts의 분류 목록이다.

frequency	(never – always)
duration	(briefly – always)
degree	(little – enormously)
extent	(partly – completely)
probability	(conceivably – definitely)

Grammar 표제어 Adverbs의 형용사 앞에는 정도부사의 분류 목록이 있다.

The Grammar Section

Grammar Section에서는 학습자가 이해하기 어려운 문법 사항과 함께, 기본적인 문법 사항을 수록하였다. 필요한 항목을 쉽게 찾을 수 있도록 표제어 시작 부분에 목록을 정리하였다.

Questions

1 'yes/no'-questions
2 'be'
3 'have'
4 negative 'yes/no'-questions
5 answers to 'yes/no'-questions
6 'wh'-questions
7 'wh'-word as subject
8 'wh'-word as object or adverb
9 questions in reply
10 indirect ways of asking questions

문법 표제어에 대한 색인은 이 책 뒷부분의 Glossary of grammatical terms를 참조한다.

The Topic Section

Topic은 다양한 주제를 다루고 있다. 나이, 돈, 작별 인사, 감사 등과 같은 특정한 상황을 나타낼 때에 쓰는 단어, 문장 구조, 표현을 설명하였다. Topic 표제어 중에서 일부는 공통적인 특징이나 용법이 있는 특정한 단어군, 예를 들면 약어나 어떤 그룹을 나타내는 단어를 자세하게 설명하였고, 구두점과 철자에 관한 표제어도 수록하였다. Topic 시작 부분에 메뉴가 있어서 쉽게 찾을 수 있다.

Addressing someone

1 position of vocatives
2 writing vocatives
3 addressing someone you do not know
4 addressing someone you know
5 addressing relatives
6 addressing a group of people
7 vocatives showing dislike
8 vocatives showing affection
9 other vocatives

Topic 표제어의 풀이는 흔히 격식을 차린 표현과 격식을 차리지 않는 표현으로 구분하였다. 친구나 친척들과 말하는 경우에는 격식을 차리지 않는 표현을 사용하며, 친하지 않은 사람들과 말을 하거나 회의 등의 격식을 차려야 할 상황에 있을 때에는 격식을 차린 표현을 사용한다. 격식을 차린 표현은 특히 나이가 많은 사람들이 사용하는 경향이 있다.

General Points

Register information

회화에서 사용하는 단어 · 표현과, 주로 글을 쓸 때 사용하는 단어 · 표현을 명확하게 구분하려고 했다.

> **2 'pick' and 'select'**
>
> **pick**와 **select**는 **choose**와 뜻이 매우 비슷하다. **select**는 **choose**나 **pick**보다 더 격식을 차린 표현으로 일반적으로 회화에서는 사용하지 않는다.

회화에서 사용하는 단어와 표현은 친구에게 쓰는 편지와 잡지에 쓰는 가벼운 기사 등의 격식을 차리지 않는 회화 형식에서도 자주 사용한다. 이와 유사하게, 글을 쓸 때 사용하는 단어와 표현은 뉴스 방송, 강의와 같은 격식을 차린 구어에서 자주 사용한다.

단어, 표현, 문장 구조가 사건의 묘사에만 쓰이거나 단지 소설에서만 나타날 경우, '이야기에서(in stories)'만 나타난다고 말한다. 예를 들면, 소설에서는 '옷을 입다'라는 뜻으로 dress를 사용하지만, 회화에서는 get dressed라고 말한다. 동사 desire와 형용사 infamous 등과 같이 문어적으로 묘사하는 단어는 시어로 사용하거나 격정적인 연설에 쓰이는 단어이다.

어떤 단어와 표현이 현대 영어에서 쓰이지 않는다는 것은 옛날에 쓰여진 책에서는 볼 수도 있겠지만, 오늘날에는 문어체에서도 자연스럽게 보이지 않으므로 회화에서는 절대로 사용해서는 안 된다. 예를 들면, 현대 영어에서는 식사를 가리키는 단어는 take가 아닌 have와 함께 사용한다. 시대에 뒤떨어진(old-fashioned)이라고 표현하는 것은 오래된 책에서 나오거나 나이 든 사람들이 사용하는 말로 점점 사용 빈도가 줄어드는 표현이다.

표준 영어에서 쓰이지 않는 단어와 표현이라는 것은, 다양한 영어를 말하는 일부에서는 사용하지만 대다수의 사람들은 잘못된 표현이라고 여긴다는 의미이다. 또한 어떤 단어가 중립적(neutral)이라는 것은, 그 단어가 단순히 어떤 특정한 성질을 가졌다는 것만을 보여 준다. 한 예로, complimentary나 show approval은 말하는 사람이 묘사하려는 사람을 존경한다는 의미이며, uncomplimentary나 show disapproval은 말하는 사람이 묘사하는 사람을 좋아하지 않거나 매력이 없다고 생각한다는 의미를 담고 있다.

American English

현대 사회에서 미국 영어의 사용이 점점 더 중요해지고 있다. 이번 개정판에서는 이를 반영하기 위해 미국 영어의 적용 범위를 확대하였으며, 더불어 우리가 소장하고 있는 미국 영어 모음집에서 더 많은 예문을 발췌하였다. 영국 영어와 미국 영어의 활용법 차이는 성조기 마크를 사용하여 명확하게 나타냈다.

> 미국 영어에서는 욕조를 **bathtub**나 **tub**라고 한다.

Examples

Collins Cobuild English Usage에서 사용한 수천 개의 예문은 컴퓨터에 저장된 언어 데이터(corpus)인 Bank of English에서 발췌한 것으로, 실제로 사용되고 있는 영어이다. 이번 개정판은 최신의 것이며 용법을 확실히 하고자 많은 예문을 교체하였고, 새로운 예문을 추가하였다. 예를 들면, 분류 목록(위의 내용 참조)에서는 단어가 문맥 속에서 어떻게 사용되는지를 보여 준다.

Cross references

단어의 용법에 대한 정보나 적절한 추가적인 정보를 다른 표제어에서 발견하게 될 경우, 화살표로 표시하여 그 정보를 상호 참조한다.

previously

1 'previously' and 'before'

before나 **previously**는 과거의 어느 시점을 기준으로 그 이전의 시간을 나타낼 때 사용한다.

He had died a month ***before***. 그는 더 앞서 한 달 전에 죽었다.

She had rented the flat some fourteen months ***previously***. 그녀는 더 앞서 약 14개월 전에 그 아파트를 임대했다.

➲ **Usage** 표제어 **before** 참조.

단어나 문장 구조가 학습자에게 특정한 의문을 가지게 할 경우, 그 정보는 표제어 속에 있는 Warning box에서 확인할 수 있다.

주의 결과에 대한 언급 없이 시험을 치르다라고 할 때는 **pass**가 아닌 **take**를 사용한다.

학습자들이 특히 주의해야 할 점에 대해서는 정보(information)의 표시인 i 를 써서 설명하였다.

i engaged with라고 하지 않는다.

Numbered headings

특정한 용법, 문장 구조, 다른 단어와 대조되는 단어에 주목할 수 있도록 많은 표제어의 소제목에 번호를 매겼다.

Pronunciation Guide

Vowel sounds (모음)

ɑː	heart, start, calm
æ	act, mass, lap
ai	dive, cry, mind
áiə	fire, tyre, buyer
au	out, down, loud
áuə	flour, tower, sour
e	met, lend, pen
ei	say, main, weight
eə	fair, care, wear
i	fit, win, list
iː	feed, me, beat
iə	near, beard, clear
ɔ	lot, lost, spot
ou	note, phone, coat
ɔː	more, cord, claw
ɔi	boy, coin, joint
u	could, stood, hood
uː	you, use, choose
uə	lure, pure, cure
əː	turn, third, word
ʌ	but, fund, must
ə	the weak vowel(약한 모음) in butter, about, forgotten
i	the weak vowel(약한 모음) in very
*j*u	the first weak vowel(약한 첫 모음) in tuition

Consonant sounds (자음)

b	bed, rub
d	done, red
f	fit, if
g	good, dog
h	hat
j	yellow
k	king, pick
l	lip, bill
m	mat, ram
n	not, tin
p	pay, lip
r	run
s	soon, bus
t	talk, bet
v	van, love
w	win
x	loch
z	zoo, buzz
ʃ	ship, wish
ʒ	measure
ŋ	sing
tʃ	cheap, witch
θ	thin, myth
ð	then, loathe
dʒ	joy, bridge

Collins Cobuild 사전은 영국식 발음을 표기하였으나, 발음기호가 다소 생소하게 느껴지는 독자를 위해, 국제 음성 자모(IRA)로 표기한 넥서스 영한사전을 참조했다. 본 책의 발음은 영미의 발음이 다를 때는 세로 선을 사용하여, [미국식 발음 | 영국식 발음]과 같이 표기하였다.

Letters (글자)

다음은 모음자이다.

a e i o u

다음은 자음자이다.

b c d f g h j k l m n p q r s t v w x y z

y는 shy, myth와 같이 때때로 모음으로 사용하기도 한다.

Contents

Topic section

Collins Cobuild English *Usage*

USAGE SECTION

A a

a – an

1 'a' and 'an'

처음으로 사람이나 사물에 대해 말하는 경우, 부정관사 a나 an을 사용한다. a와 an은 단수 가산명사 앞에서만 사용하며, 같은 사람이나 사물을 두 번째로 언급하는 경우에는 the를 사용한다.

She picked up ***a book***. 그녀는 책을 집어 들었다.
The book was lying on the table. 그 책은 탁자 위에 놓여 있었다.
After weeks of looking we eventually bought ***a house.*** 몇 주 동안 살펴본 후, 우리는 마침내 집을 구입했다.
The house was in a small village. 그 집은 작은 마을에 있었다.

〔a · an + 형용사 + 명사〕 형식이나 〔a · an + 명사 + 수식어〕 형식을 사용하여 사람이나 사물을 나타낼 수 있다.

His brother was ***a sensitive child***. 그의 남동생은 예민한 아이였다.
The information was contained in ***an article on biology***. 그 정보는 생물학 기사에 나와 있었다.
I chose ***a picture that reminded me of my own country***. 나는 조국을 생각나게 하는 그림 한 점을 골랐다.

ℹ 명사가 전문직이나 직업을 가리키는 경우, 명사 앞에 a나 an을 생략하지 않는다. 예를 들면, '그는 건축가이다.'는 ~~He is architect~~.가 아닌 He is *an* architect.라고 한다.

She became ***a lawyer***. 그녀는 변호사가 되었다.
'I'm ***a writer*** and ***an artist***, not ***a scientist***,' he says. 그는 "내 직업은 과학자가 아니라, 작가이자 예술가이다."라고 말한다.

2 'a' or 'an'?

자음으로 시작하는 단어 앞에는 a를, 모음으로 시작하는 단어 앞에는 an을 사용한다.

Then I saw ***a*** big car parked nearby. 그때 나는 큰 차가 가까이 주차된 것을 보았다.
...***an*** empty house. 빈집.

h가 묵음일 때, h로 시작하는 단어 앞에 an을 사용한다. 예를 들면, '정직한 사람'은 a honest man이 아닌 ***an honest*** man이라고 한다.

...in less than ***an*** hour. 한 시간 내에.
...***an*** honest answer. 정직한 대답.

h로 시작하여 앞에 an을 사용하는 단어는 다음과 같다.

heir	heiress	heirloom	honest	honorary
honour	honorable	hour	hourly	

u가 [juː] (you와 같이)로 발음되는 경우, u로 시작하는 단어 앞에 a를 사용한다. 예를 들면, '특이한 경우'는 an unique occasion이 아닌 ***a unique*** occasion이라고 한다.

He was ***a*** University of London law student. 그는 런던 대학 법대생이었다.
They could elect ***a*** union member. 그들은 노동조합원을 선출할 수 있었다.

u로 시작하여 앞에 a를 사용하는 단어는 다음과 같다.

ubiquitous	unanimous	unicorn	unification	uniform
uniformed	uniformity	unifying	unilateral	unilateralist
union	unique	unisex	unit	united
universal	universe	university	uranium	urinal
urinary	urine	usable	usage	use

used	useful	useless	user	usual
usually	usurper	utensil	uterus	utilitarian
utility	utopian			

철자가 각각 발음되고 첫 철자의 발음이 모음으로 시작하는 약어 앞에는 **an**을 사용한다.

Before she became ***an MP***, she was a psychiatric social worker.
그녀는 하원 의원이 되기 전에 정신의학 사회 복지사였다.

He has ***an*** FA Cup winner's medal with Tottenham. 그는 토튼햄 팀의 선수로, FA컵 대회 우승 메달을 갖고 있다.

3 'a' meaning 'one' (one이라는 뜻의 a)

숫자와 계량 단위 앞의 a와 an은 '하나'라는 뜻으로 사용한다.

➲ Topic 표제어 Numbers and fractions와 Measurements 참조.

ability – capability – capacity

ability를 capability, capacity와 혼동해서는 안 된다.

1 'ability'

어떤 일을 실제적으로 잘할 수 있다고 할 때, 자주 **ability**를 사용한다.

He had a remarkable ***ability*** as a musician. 그는 음악가로서 특출한 재능이 있었다.

...the ***ability*** to bear hardship. 고난을 견디는 능력.

2 'capability'

capability는 잠재적으로 사람이 할 수 있는 '일의 양' 또는 '능력'이라는 뜻이다.

...a job that was beyond the ***capability*** of one man. 한 사람의 능력으로 감당할 수 없었던 일.

...the director's ideas of the ***capability*** of the actor. 그 배우의 능력에 대한 감독의 견해.

3 'capacity'

어떤 일을 하는 데 필요한 '자질'을 갖고 있다고 할 때 **capacity**를 사용하며, **ability**보다 더 격식을 차린 단어이다.

...their ***capacity*** for hard work. 힘든 일을 하는 그들의 능력.

...his ***capacity*** to see the other person's point of view. 다른 사람의 관점을 이해하는 그의 능력.

a bit

➲ Usage 표제어 bit 참조.

able – capable

어떤 일을 할 수 있다고 할 때, **able**이나 **capable**을 사용한다.

1 'able'

be *able* to something은 누군가가 지식 또는 기술이 있거나 그 일이 가능해서 할 수 있다라는 뜻이다.

He wondered if he would be ***able*** to climb over the rail. 그는 자신이 난간을 넘어갈 수 있을지 의문이 생겼다.

They were ***able*** to use their profits for new investments. 그들은 자신들의 이익금을 새로운 투자에 이용할 수 있었다.

was/were able **to something**은 누군가가 실제로 어떤 일을 했다라는 뜻이다.

We ***were able*** to reduce costs. 우리는 비용을 절감할 수 있었다.

➲ Usage 표제어 can – could – be able to 참조.

2 'capable'

be *capable of* doing something은 어떤 일을 하기 위해 누군가가 지식이나 기술을 가지고 있거나 그 일을 할 것 같다라는 뜻이다.

The workers are perfectly ***capable*** of running the organization themselves.
근로자들 스스로 조직을 완벽하게 운영할 수 있다.
She was quite ***capable*** of falling asleep. 그녀는 잠을 잘 수 있었다.

특정한 감정이 있거나 특정한 행동을 할 수 있다고 할 경우, **capable of**를 사용한다.

He's ***capable*** of loyalty. 그는 충성을 할 수 있다.
Bowman could not believe him ***capable*** of murder. 보먼은 그가 살인을 할 수 있다는 사실을 믿을 수 없었다.

자동차나 기계 같은 것의 성능을 말할 때에도 **capable of**를 사용할 수 있다.

The car was ***capable of*** 110 miles per hour. 그 자동차는 한 시간에 110마일을 달릴 수 있었다.

3 'able' or 'capable'

able과 **capable**은 일을 잘하다, 즉 '능력이 있는'이라는 뜻이다.

One of the brightest and ***ablest*** members of the government. 가장 총명하고, 능력 있는 정부 직원 중 한 명.
He's certainly a ***capable*** gardener. 그는 확실히 능력 있는 정원사이다.

---

about

1 'about'

무언가를 말하고, 쓰고, 생각하는 것을 언급하는 경우, **about**을 사용한다.

It was wonderful to hear Brian talking ***about*** John. 브라이언이 존에 대해 말하는 것을 듣는 것은 멋진 일이었다.
I'll have to think ***about*** that. 나는 그것에 대해 생각해야 할 것이다.

특정한 주제에 관한 책을 나타낼 때, **about**이나 **on**을 사용한다.

The author is writing a book ***about*** the Outer Hebrides. 그 저자는 아우터 헤브리디스 제도에 대한 책을 집필 중이다.
...Anthony Daniels' book ***on*** Guatemala. 과테말라에 대한 앤서니 다니엘스의 책.

소설이나 연극의 내용을 나타낼 때도 **on**이 아닌 **about**을 사용할 수 있다.

Ultimately, this is a novel ***about*** ethics. 결과적으로, 이것은 윤리에 대한 소설이다.
...a story ***about*** growing up. 성장기에 대한 이야기.

2 'about to'

be *about to* do something은 어떤 일을 막 하려고 하다라는 뜻이다.

You are ***about to cross*** the River Jordan. 당신은 요르단 강을 막 건너려고 한다.
I was ***about to go*** home. 나는 집에 가려던 참이었다.

> 주의 위와 같은 문장에서는 **-ing**형을 사용하지 않는다. 예를 들면, ~~**You are about crossing River Jordan.**~~이라고 하지 않는다.

➲ **about**에 대한 더 많은 정보는 **Usage** 표제어 **around – round – about** 참조.

---

above – over

above와 **over**는 둘 다 위치와 높이를 나타낼 때 사용한다. 어떤 사물이 다른 사물보다 더 높은 곳에 있고, 그 두 개의 사물이 수직선상에 위치할 때 사용할 수 있다.

He opened a cupboard ***above*** the sink. 그는 개수대 위의 찬장을 열었다.
She leaned forward until her face was ***over*** the basin. 그녀는 얼굴이 세면대 바로 위에 올 때까지 몸을 앞으로 숙였다.

그러나 어떤 사물이 다른 사물보다 높은 곳에 있지만 두 사물이 수직이라기보다는 오히려 수평으로 위치하고 있다고 생각되는 경우에는 **above**를 사용한다.

The trees rose *above* the row of houses. 그 나무들은 일렬로 늘어선 집들보다 높이 솟아 있었다.

above와 **over**는 둘 다 치수에 사용한다. 예를 들면, 저울에서 한 눈금이 다른 눈금보다 더 높은 경우이다.

Any money earned *over* that level is taxed. 기준 이상으로 번 모든 돈에는 세금이 부과된다.
...everybody *above* five feet eight inches in height. 키가 5.8피트 이상인 모든 사람들.

> 주의 사람이나 사물의 수나 양을 말하는 경우, 숫자 앞에 **above**를 사용하지 않는다. 예를 들면, '그녀는 삼십 켤레 이상의 신발을 갖고 있었다.'는 ~~She had above thirty pairs of shoes.~~가 아닌 **She had *over* thirty pairs of shoes.**나 **She had *more than* thirty pairs of shoes.**라고 한다.
> They paid out *over* 3 million dollars. 그들은 300만 달러 이상을 지불했다.
> He saw *more than* 800 children, dying of starvation. 그는 굶주림으로 죽어 가는 800명 이상의 어린이들을 보았다.
> ➲ 대략적인 숫자에 대한 더 자세한 내용은 Topic 표제어 Measurements 참조.

거리나 기간이 언급한 것보다 더 길 때, **over**를 사용한다.

...a height of *over* twelve thousand feet. 12,000피트가 넘는 고도.
Our relationship lasted for *over* a year. 우리의 관계는 1년 이상 지속되었다.

어떤 사람의 계급이나 중요성을 말할 때, **above**나 **over**를 사용하기도 한다. 다른 사람들보다 더 중요하고 높은 지위에 있는 사람들을 말할 때는 **above**를 사용한다.

...behaving as if she was in a position *above* the other staff.
그녀가 다른 직원보다 더 높은 직급에 있는 것처럼 하는 행동.

someone is *over* you는 어떤 사람이 명령이나 지시를 내리다라는 뜻이다.

...an officer in authority *over* him. 그 남자보다 권력이 높은 한 장교.

---

absent

be *absent from* somewhere는 어떤 사람이 회의, 예식, 장소 등과 같은 장소에 없다라는 뜻이다.

Gary O'Neil has been *absent from* training because of a stomach virus.
게리 오닐은 위염 때문에 훈련에 참석하지 못했다.
...children who are frequently *absent from* school. 학교에 자주 결석하는 어린이들.

ℹ 위와 같은 문장에서 absent 뒤에 at이 아닌 from을 사용한다.

누군가가 언급한 회의, 의식, 장소 등이 분명할 경우, **be *absent***라고 간단히 말할 수 있다.

The Mongolian delegate to the assembly was *absent*. 몽골 대표단은 집회에 참석하지 않았다.

absent는 상당히 격식을 차린 단어로, 회화에서는 **be *not at* somewhere**나 **be *not there***라고 한다.

She *wasn't at* Molly's wedding. 그녀는 몰리의 결혼식에 참석하지 않았다.
The boy *wasn't at* home at the time of the tragedy. 소년은 그 비극이 일어난 시간에 집에 없었다.
At the time when she most needed me I *wasn't there*. 그녀가 나를 가장 필요로 하던 때에 나는 그곳에 없었다.

---

accept

accept는 어떤 것을 받아들이는 것에 동의하다라는 뜻이다.

Müller *accepted* a glass of port. 뮐러는 포도주 한 잔을 마시기로 했다.

1 advice and suggestions(충고와 제안)

상대방의 충고나 제안을 받아들이다라는 뜻에 **accept**를 사용한다.

If she *accepts* the advice, she feels happier. 그녀가 그 충고를 받아들인다면 더 행복할 것이다.
I knew that they would *accept* my proposal. 나는 그들이 내 제안을 받아들일 것임을 알았다.

그러나 상대방이 제안한 것에 동의한다고 할 때는 **accept to do**가 아닌 **agree to do**라고 한다.

The princess *agreed to go* on television. 공주는 텔레비전에 출연하기로 동의했다.

She ***agreed to let*** us use her flat while she was away.
그녀는 자신이 떠나 있는 동안 그녀의 아파트를 우리가 사용하는 것에 동의했다.

2 situations and people(상황과 사람)

accept의 또 다른 뜻으로 어렵거나 불쾌한 상황을 바꿀 수 없음을 인정하다라는 뜻이 있다.

...unwillingness to ***accept*** bad working conditions. 좋지 않은 작업 환경을 받아들이는 것에 대한 저항.
The astronaut ***accepts*** danger as being part of the job. 우주 비행사는 위험을 직업의 일부분으로 받아들인다.

그러나 누군가가 다른 사람을 매우 싫어한다고 할 경우, 'cannot accept' a person이 아닌 ***cannot stand/ bear*** a person이라고 한다.

She said she ***couldn't stand*** him. 그녀는 그를 감당할 수 없다고 말했다.
I ***can't bear*** the sight of him. 나는 그가 보기도 싫다.

---

accept – except

accept [əksépt, æk-]를 except [iksépt]와 혼동해서는 안 된다.

1 'accept'

accept는 동사로, 어떤 것을 받아들이는 것에 동의하다라는 뜻이다.

I protested that I couldn't ***accept*** as a present something she so clearly adored.
나는 그녀가 그렇게도 좋아하는 것을 선물로 받을 수는 없다고 단언했다.

2 'except'

except는 전치사나 접속사로, 어떤 진술이 적용되지 않는 유일한 사물이나 사람을 소개할 때 사용한다.

All the boys ***except*** Piggy started to giggle. 피기를 제외한 모든 소년들은 낄낄 웃기 시작했다.

➲ Usage 표제어 accept와 except 참조.

---

acceptable

어떤 것에 만족하거나 어떤 의견에 반대하지 않을 경우, acceptable을 사용한다.

To my relief he found the article ***acceptable***. 내가 안심했던 것은 그가 기사에 만족했다는 것이다.
Are we saying that violence is ***acceptable***? 지금 우리가 폭력을 사용해도 좋다는 말입니까?

상대방이 어떤 일을 하는 것을 기꺼이 허락할 경우에는 acceptable이 아닌 willing을 사용한다.

Ed was quite ***willing*** to let us help him. 에드는 우리가 그를 도울 수 있도록 기꺼이 허락했다.
Would you be ***willing*** to go to Berkhamsted? 당신은 버크햄스테드로 기꺼이 가겠습니까?

---

accommodation

accommodation은 머물고, 일하고, 거주하기 위한 방, 즉 '숙박 시설'이라는 뜻이다. 영국 영어에서 accommodation은 불가산명사로, accommodations나 an accommodation이라고 하지 않는다.

There is a shortage of ***accommodation***. 숙박 시설이 부족하다.
...student ***accommodation***. 학생 기숙사.
The centre provides ***accommodation*** for 5,360 civil servants. 그 센터는 공무원 5,360명에게 숙박 시설을 제공한다.

미국 영어에서는 때때로 accommodations라고 한다.

All in all, these ***accommodations*** are superb, unique and a great place to spend the night!
전체적으로 보면, 이러한 숙박 시설은 하룻밤을 보내기에 멋지고 독특하며 훌륭한 곳이다.

---

accompany

accompany someone somewhere는 다른 사람과 함께 어떤 장소에 가다라는 뜻이다.

She asked me to ***accompany*** her to the church. 그녀는 나에게 교회에 같이 가자고 했다.

accompany는 상당히 격식을 차린 단어로, 회화에서는 go with나 come with를 사용한다.

I ***went with*** my friends to see what it looked like. 나는 그것이 어떻게 생겼는지 보려고 친구들과 같이 갔다.
He wished Ellen ***had come with*** him. 그는 엘렌이 자신과 함께 가기를 바랐다.

그러나 go with나 come with는 수동형이 없으므로, 수동형 문장에서는 accompany를 사용해야 한다.

He ***was accompanied by*** Clare Boothe Luce, his second wife. 그는 두 번째 부인인 클레어 부스 루스와 동행했다.
She came out of the house ***accompanied by*** Mrs Jones. 그녀는 존스 부인과 함께 그 집에서 나왔다.

---

accord

do something ***of*** one's ***own accord***는 어떤 일을 하고 싶어서 자발적으로 하다라는 뜻이다.

She knew they would leave ***of*** their ***own accord***. 그녀는 그들이 자발적으로 떠나려고 한다는 것을 알고 있었다.

> 주의 위와 같은 문장에는 own을 사용해야 한다. 예를 들면, '그녀는 자진해서 가버렸다.'는 ~~She had gone of her accord.~~가 아닌 She had gone of her ***own*** accord.라고 한다.
>
> 또한 do something 'on' one's own accord라고 하지 않는다.

---

according to

1 'according to'

어떤 정보를 사람, 책, 서류에서 얻을 때, something is the case ***according to*** a particular person/book/document라고 한다.

According to Dr Santos, the cause of death was drowning. 산투스 의사에 의하면 사망 원인은 익사였다고 한다.
The road was forty miles long ***according to*** my map. 내 지도에 따르면 그 길은 40마일 거리였다.

ℹ 회화에서는 '조지에 의하면, 오늘 아침 그 길은 매우 미끄럽다고 한다.'는 According to George, the roads are very slippery this morning. 대신에 George ***says*** the roads are very slippery this morning.이라고 한다.

Arnold ***says*** they do this in Essex as well. 아놀드에 의하면, 그들은 에섹스에서도 이것을 하고 있다고 한다.
The announcement ***says*** a general election might be possible before the end of next year.
공식 발표에 따르면, 내년 말 이전에 총선을 치를 가능성이 있을 수도 있다고 한다.

2 'in my opinion'

자신의 의견을 강조할 때, in my opinion...이나 in our opinion...이라고 한다.

In my opinion we face a national emergency. 내 견해는 우리가 국가 비상사태에 직면해 있다는 것이다.
The temple gets crowded, and ***in our opinion*** it's best to visit it in the evening.
절은 많은 사람들로 붐비므로, 우리의 의견은 밤에 그곳에 가는 것이 가장 좋다는 것이다.

> 주의 according to me나 according to us라고는 말하지 않는다. 한 문장 안에 according to와 opinion을 함께 사용하지도 않는다. 예를 들면, '주교의 견해는 대중은 알 권리가 있다는 것이다.'는 ~~According to the bishop's opinion, the public has a right to know.~~가 아닌 ***The bishop's opinion is that*** the public has a right to know.라고 한다.
>
> ***The psychiatrist's opinion*** was that this is a case of depression.
> 정신과 의사의 소견은 이것이 우울증의 사례라는 것이었다.
> ***The general opinion is that*** French wines are the best. 전반적인 의견은 프랑스산 포도주가 가장 좋다고 한다.

➲ 의견을 표현하는 것에 대한 더 많은 정보는 Topic 표제어 Opinions 참조.

---

account

➲ Usage 표제어 bill – check – account 참조.

accuse – charge

1 'accuse'

accuse **someone *of* doing something wrong**은 누군가가 그릇된 행동을 했다고 말하다라는 뜻이다.

He *accused* them *of* drinking beer while driving. 그는 그들이 운전 중에 맥주를 마셨다고 고발했다.
He *is accused of* killing ten young women. 그는 젊은 여성 10명을 살해한 혐의로 기소당했다.

ℹ accuse someone 'for' doing something wrong이라고 하지 않는다.

2 'charge'

the police *charge* someone *with* committing a crime은 경찰이 공식적으로 누군가가 범죄를 저지른 것을 고발하다라는 뜻이다.

He *was* arrested and *charged with* committing a variety of offences.
그는 경찰에 체포되었으며, 많은 범죄를 저지른 혐의로 기소되었다.

accustomed to

1 'accustomed to'

be *accustomed to* something은 어떤 일에 익숙해져서 더 이상 이상하게 여기지 않다라는 뜻이다. 일반적으로 **accustomed to**는 **be, become, get, grow**와 같은 동사 뒤에 온다.

It did not get lighter but I *became accustomed to* the dark. 더 밝아지지는 않았지만, 나는 어둠에 익숙해졌다.
I *am not accustomed to* being interrupted. 나는 방해받는 것에 익숙하지 않다.

ℹ be 'accustomed with' something이라고 하지 않는다.

2 'used to'

회화에서는 일반적으로 **accustomed to**가 아닌 **used to**라고 한다. **used to**는 보통 **be**나 **get**과 같은 동사 뒤에 온다.

The company *is used to* much stronger growth. 그 회사는 훨씬 더 강력한 성장에 익숙하다.
I was beginning to *get used to* the old iron bed. 나는 오래된 철제 침대에 익숙해지기 시작했다.

어떤 일에 익숙하다고 할 경우, **be *accustomed to doing* something**이나 **be *used to doing* something**이라고 한다.

The bank president is *accustomed to working* in the Elysée Palace.
은행 총재는 엘리제 궁에서 일하는 것에 익숙하다.
We are *used to queueing*. 우리는 줄을 서는 것에 익숙하다.

> 주의 **be 'accustomed to do' something**이나 **be 'used to do' something**이라고 하지 않는다.

accustom oneself to **something**은 어떤 일을 받아들여서 익숙해지다라는 뜻이다.

He sat very still, trying to *accustom himself to* the darkness. 그는 어둠에 익숙해지려고 가만히 앉아 있었다.

actual

1 'actual'

누군가가 말하는 장소, 사물, 사람이 실제이거나 진짜라는 것을 강조할 때, **actual**을 사용한다.

The predicted results and the *actual* results are very different. 예측한 결과와 실제 결과는 매우 다르다.
The interpretation bore no relation to the *actual* words spoken.
통역한 것은 실제로 말한 내용과 전혀 관련성이 없었다.

> 주의 명사 앞에서만 **actual**을 사용하므로, **be actual**이라고 하지 않는다.

2 'current' and 'present'

현재 일어나고 있거나, 사용되고 있거나, 실시되는 어떤 것을 묘사할 때는 **actual**이 아닌 **current**나 **present**를 사용한다.

The store needs more than $100,000 to survive the ***current*** crisis.
그 점포는 현재의 위기에서 살아남기 위해서 10만 달러 이상의 돈이 필요하다.

Is the ***present*** situation really any different from many others in the past?
현재 상황은 과거의 많은 상황들과 정말로 어떤 차이가 있습니까?

---

actually – really

말하고자 하는 내용을 강조할 때, **actually**나 **really**를 사용한다.

1 'actually'

누군가가 말을 했거나 생각한 어떤 일과 대조하여 그 일의 진실에 대해 말하는 경우, **actually**를 사용한다.

All the characters in the novel ***actually*** existed. 이 소설 속의 모든 등장인물들은 실제로 존재했다.
This load had ***actually*** been dispatched three months previously. 이 짐은 실제로 3개월 전에 배송되었다.

아주 놀라운 일을 언급할 때에도 **actually**를 사용할 수 있다. 이때 **actually**는 놀라운 일 앞에 온다.

I was ***actually*** cruel sometimes. 나는 가끔 정말로 잔인했다.
He ***actually*** began to cry. 그는 정말로 울기 시작했다.

다른 사람이 하는 말을 명확하게 하거나 정정할 때에도 **actually**를 사용한다.

'Mr Hooper is a schoolteacher.' – 'A university lecturer, ***actually***.'
"후퍼 씨는 교사입니다." – "정확히 말해서 대학 강사이지요."
We couldn't ***actually*** see the garden. 실은 우리는 그 정원을 볼 수 없었다.

> **주의** 과거나 미래보다는 현재 어떤 일이 일어나고 있다는 것을 강조할 때, **actually**가 아닌 **presently**, **at present**, **right now**를 사용한다.
>
> ○ Usage 표제어 presently와 now 참조.

2 'really'

회화에서는 말하고 있는 것을 강조할 때, **really**를 사용한다.

I ***really*** think he's sick. 나는 정말로 그가 아프다고 생각한다.

really를 형용사나 부사 앞에 사용하면 **very**와 비슷한 뜻이다.

This is ***really*** serious. 이 일은 매우 심각하다.

○ Usage 표제어 really 참조.

---

advice – advise

1 'advice'

advice [ədváis]는 명사로, 다른 사람에게 어떤 일을 해야 한다고 말하는 것, 즉 '충고'라는 뜻이다.

One woman went to a psychiatrist for ***advice***. 한 여자가 상담하기 위해 정신과에 갔다.
She promised to follow his ***advice***. 그녀는 그의 충고를 따르기로 약속했다.

advice는 불가산명사이므로, **advices**나 **an advice**가 아닌 **a piece of advice**라고 한다.

What's the best ***piece of advice*** you've ever been given? 당신이 받은 최고의 충고는 무엇입니까?
Could I give you one last ***piece of advice***? 마지막으로 충고 한마디 더 해도 되겠습니까?

2 'advise'

advise [ədváiz, æd-]는 동사로, 상대방에게 어떤 일을 해야 한다고 말하다, 즉 '충고하다'라는 뜻이다.

He *advised* her to see her own doctor. 그는 그녀에게 주치의를 만나 보라고 충고했다.
He *advised* me not to buy it. 그는 나에게 그것을 사지 말라고 충고했다.

주의 목적어 없이는 advise를 사용하지 않는다. 예를 들면, ~~He advised to leave as quickly as possible.~~이라고 하지 않는다. 충고를 받아들이는 사람을 밝히지 않을 경우, ***His advice was*** to leave as quickly as possible.이라고 한다.
John's advice was to wait until the date of the hearing. 존의 충고는 청문회 날짜까지 기다리라는 것이었다.

---

advocate

Usage 표제어 lawyer 참조.

---

affect – effect

1 'affect'

affect [əfékt]는 동사로, 어떤 점에서 사람이나 사물에 '변화를 주거나 영향을 미치다'라는 뜻이다.

...the ways in which computers can *affect* our lives. 컴퓨터가 우리 생활에 영향을 끼치는 사항들.
The disease *affected* Jane's lungs. 그 병은 제인의 폐를 침범했다.

2 'effect'

effect [ifékt]는 일반적으로 명사로 사용하며, 어떤 일의 결과로 발생하는 변화나 사건이라는 뜻이다.

...the *effect* of noise on people in the factories. 공장에서 일하는 사람들에게 끼치는 소음의 영향.
This has the *effect* of separating students from teachers. 이것이 교사로부터 학생들을 분리시키는 결과이다.

어떤 것이 다른 것에 특정한 영향을 끼칠 때, **something *has* a particular *effect on* something else**라고 한다.

Improvement in water supply can *have a dramatic effect on* health.
상수도의 개선은 건강에 획기적인 영향을 미칠 수 있다.
Clearly the lottery has had a significant effect on our business. 분명히 복권은 우리 사업에 중요한 영향을 끼쳤다.

effect는 때때로 동사로 사용한다. **effect**는 성공적으로 일을 끝마치다라는 뜻이며, 격식을 차린 용법이다.

Production was halted until repairs *could be effected*. 수리를 마칠 때까지 생산이 중단되었다.

---

afford

***can afford* something**은 어떤 것을 살 만큼 충분한 돈이 있다라는 뜻이다.

...those who *can afford* private education. 사교육을 감당할 여유가 있는 사람들.
Do you think one day we'll *be able to afford* a new sofa? 우리가 언젠가는 새 소파를 살 여유가 있을 거라고 생각해요?

afford는 거의 항상 **can, could, be able to**와 함께 쓰므로, **'afford' something**이라고 하지 않는다.

the amount of money that someone can *afford*는 어떤 것에 소비할 수 있는 액수라는 뜻이다.

It's more than I *can afford*. 그것은 내가 쓸 수 있는 액수 이상이다.
They paid a thousand usually, sometimes more if they *could afford* it.
그들은 보통 1천 달러를 지불했고, 여유가 있으면 때때로 더 많은 액수를 지불하기도 했다.

***can afford to have* something**이나 ***can afford to do* something**은 어떤 것을 가질 수 있거나 할 수 있는 여유가 있다라는 뜻이다.

...a situation where everybody *can afford to have* a car. 누구나 자동차를 소유할 수 있는 상황.
I *can't afford to rent* this flat. 나는 이 아파트를 임대할 여유가 없다.

'can afford having' something이나 **'can afford doing' something**이라고 하지 않는다.

> 주의 afford는 수동형을 사용하지 않는다. something 'can be afforded'가 아닌 someone *can afford* something이라고 한다.
> Nobody buys second-hand binoculars any more. People *can afford* new ones now.
> 아무도 더 이상 중고 쌍안경을 사지 않는다. 사람들은 이제 새 쌍안경을 살 수 있는 여유가 있다.

afloat

afloat는 사람이나 사물이 물속에 가라앉지 않고 '떠 있는'이라는 뜻이다.

By kicking constantly he could stay ***afloat***. 발길질을 계속함으로써 그는 물에 떠 있을 수 있었다.
Her hooped skirt kept her ***afloat*** and saved her. 그녀는 자신의 테를 두른 치마로 물 위에 떠서 살아남았다.

명사 앞에 **afloat**를 사용하지 않는다. 예를 들면, **an afloat boat**라고 하지 않는다.

afraid – frightened

1 'afraid' and 'frightened'

be *afraid* of someone/something은 다른 사람이나 사물이 해를 끼칠까봐 두려워하다라는 뜻이다.

They were ***afraid*** of you. 그들은 당신을 두려워했다.
The guards were so ***afraid*** that they trembled. 경비원들은 너무 두려워 몸을 떨었다.

be *frightened* of someone/something이라고도 할 수 있으며, **frightened**는 **afraid**와 같은 뜻이다.

You're ***frightened*** of Alice. 당신은 앨리스를 두려워한다.
Everyone here is ***frightened*** of the volcano. 이곳의 모든 사람들은 화산을 두려워한다.

어떤 일이 해롭거나 위험해서 하지 않으려고 할 경우, **be *afraid to do***나 **be *frightened to do***라고 한다.

Many assaults go unrecorded because victims are ***afraid to come forward***.
폭행 사건들이 신고되지 않는 이유는 피해자가 나서기를 두려워하기 때문이다.
What is the use of freedom if people are ***frightened to go out***?
사람들이 외출하기를 두려워한다면 자유의 유용성은 무엇인가?

> 주의 **afraid**는 **be**와 **feel**과 같은 동사 뒤에만 사용한다. 명사 앞에는 **afraid**를 사용하지 않는다. 예를 들면, '겁먹은 아이'는 **an afraid child**가 아닌 **a *frightened* child**라고 한다.
> He was not going to act like a ***frightened*** kid. 그는 겁먹은 아이처럼 행동하지 않으려고 했다.

2 another meaning of 'afraid' (afraid의 다른 뜻)

afraid에는 또 다른 뜻이 있다. 불쾌한 일이 일어날 것을 걱정하여 피하고 싶다고 할 때, **afraid**를 사용한다. 이러한 경우, 보통 〔**afraid** + 간접화법절〕 형식을 사용한다.

She was ***afraid that I might be embarrassed***. 그녀는 내가 당황할까봐 걱정했다.

be *afraid of doing* something이라고 할 수도 있다. 예를 들면, '나는 길을 잃어버릴까봐 걱정했다.'는 **I was afraid that I might get lost.** 대신 **I was *afraid of getting* lost.**라고 할 수 있다.

She was ***afraid of being*** late for school. 그녀는 학교에 지각할까봐 걱정했다.
He was terribly ***afraid of offending*** anyone. 그는 누구에게라도 불쾌감을 줄까봐 몹시 걱정했다.

3 'I'm afraid...'

공손하게 유감을 표현할 때, **I'm afraid..., I'm afraid so., I'm afraid not.**을 사용한다. **I'm afraid so.**는 **yes**라는 뜻이고, **I'm afraid not.**은 **no**라는 뜻이다. 이 두 가지 표현은 질문에 대한 대답으로 사용한다.

I'm afraid I can't agree. 유감이지만, 동의할 수 없다.
'I hear she's leaving. Is that right?' – '***I'm afraid so***.' "그녀가 떠날 거라는데, 맞나요?" – "그런 것 같아요."
'Can you come round this evening?' – '***I'm afraid not***.' "오늘 저녁에 우리 집에 올래?" – "아무래도 안 될 것 같아요."

after – afterwards – later

1 'after' used as a preposition(전치사로 사용하는 after)

happen *after* a particular time/event는 어떤 일이 특정한 시간이나 사건 후에 일어나다라는 뜻이다.

Dan came in just ***after*** midnight. 댄은 자정이 막 지난 후에 왔다.
We'll hear about everything ***after*** dinner. 우리는 저녁 식사 후에 모든 이야기를 들을 것이다.

어떤 일을 한 후에 다른 일을 한다고 할 경우, **do something *after doing* something else**라고 한다.

After leaving school he worked as an accountant. 그는 학교를 마친 후, 회계사로 일했다.
Frank Brown was released from prison ***after serving*** three years. 프랭크 브라운은 3년을 복역한 후 석방되었다.

> **주의** 어떤 사람이 특정한 나이를 넘다라고 할 경우에는 **be 'after' a particular age**가 아닌 **be *over* a particular age**라고 한다.
> She was well ***over*** fifty. 그녀는 50세를 훨씬 넘었다.
> 어떤 것이 다른 것의 뒤에 있다고 할 때, **after**가 아닌 **behind**를 사용한다.

2 'after' used as an adverb(부사로 사용하는 after)

after를 부사로 사용할 수도 있는데, **soon after, shortly after, not long after**와 같은 표현에서만 사용한다.

Douglas came round to see me, and ***soon after*** I met him again at a friend's.
더글러스가 나를 만나러 왔는데, 얼마 후에 친구 집에서 그를 다시 만났다.
Shortly after, Fania called me. 조금 후에 파니아가 내게 전화했다.
Not long after she started dragging the go-cart down the narrow streets.
얼마 지나지 않아, 그녀는 좁은 길로 수레를 끌고 가기 시작했다.

> **주의** **after**는 그 자체로 부사로는 사용하지 않고, **afterwards**나 **later**를 사용한다. 예를 들면, '나는 그를 나중에 만났다.'는 ~~**I met him after.**~~가 아닌 **I met him *afterwards*.**나 **I met him *later*.**라고 한다.
> Somebody will hear you and may repeat it ***afterwards.***
> 누군가가 당신의 말을 듣고, 나중에 그 말을 되풀이할지도 모른다.
> I'll join you ***later***. 나는 나중에 당신과 합류할 것이다.

3 'afterwards'

after 대신에 부사로 **afterwards**를 사용할 수 있으며, 의미상의 차이는 없다.

She died ***soon afterwards***. 그녀는 바로 뒤에 죽었다.
Shortly afterwards her marriage broke up. 바로 뒤에 그녀의 결혼은 파탄이 났다.
Her husband lost his fortune in the Wall Street crash and died ***not long afterwards***.
그녀의 남편은 월 스트리트 파산으로 많은 재산을 잃은 후, 얼마 되지 않아서 죽었다.

4 'afterward'

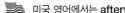

미국 영어에서는 **afterward**를 때때로 사용한다.

I left ***soon afterward***. 나는 바로 뒤에 떠났다.
Shortly afterward, he made a trip from LA to San Jose. 바로 뒤에 그는 LA에서 산호세까지 여행을 했다.

5 'later'

말하고 있는 시간 뒤에 일어나는 시간이나 상황을 가리킬 때, **later**를 사용할 수 있다.

I'll go and see her ***later***. 나는 나중에 그녀를 만나러 갈 것이다.

〔**a little · much · not much + later**〕 형식도 사용한다.

A little later, the lights went out. 잠시 후에 불이 꺼졌다.
I learned all this ***much later***. 나는 이 모든 것을 훨씬 나중에 알게 되었다.

〔기간을 나타내는 구 + **after · afterwards · later**〕 형식은 어떤 일이 언제 일어나는지를 말할 때 사용할 수 있다.

...***five years after*** his death. 그가 죽은 뒤 5년 후.

She wrote about it ***six years afterwards***. 그녀는 6년 후에 그것에 대해 글을 썼다.
Ten minutes later he left the house. 그는 10분 후에 그 집을 떠났다.

> 주의 표준 영어에서 특정한 기간을 나타낼 때는 **after**를 부사로 사용할 수 없다. 예를 들면, '나는 한 달 후에 그를 만났다.'는 ~~I met him a month after.~~가 아닌 **I met him a month *afterwards*.**나 **I met him a month *later*.**라고 한다.
> That was actually done about eight months ***afterwards***. 그것은 실제로 약 8개월 후에 이루어졌다.
> I returned some three or four weeks ***later***. 나는 약 3-4주 후에 돌아왔다.

---

after all

앞서 한 말을 확인하거나 지지하는 추가적인 의견을 언급할 경우, **after all**을 사용한다.

After all, we don't intend to put him on trial. 어쨌든 우리는 그를 재판에 회부할 의도가 없다.
It had to be recognized, ***after all***, that I was still a schoolboy. 어쨌든 나는 여전히 학생이라는 것을 인지했어야 했다.

이전에 생각했음에도 불구하고 어떤 일이 사실이거나 사실일 가능성이 있다고 할 때에도 **after all**을 사용할 수 있다.

Perhaps it isn't such a bad village ***after all***. 아마도 그곳은 실제는 그렇게 나쁜 마을이 아닐 것이다.
Can it be that these people are actually sincere ***after all***? 이 사람들은 실제로 진실할까요?

> 주의 마지막 요점, 질문, 주제를 소개하려는 경우, **after all**이 아닌 **finally**나 **lastly**를 사용한다.
> ***Finally*** I want to say something about the heat pump. 마지막으로 열 펌프에 대해 설명하겠습니다.
> And ***finally***, a word about the winner and runner-up. 그리고 마지막으로 우승자와 준우승자를 발표합니다.
> ***Lastly*** I would like to ask about your future plans. 끝으로 여러분의 미래 계획에 대해 물어보고 싶습니다.

---

afternoon

afternoon은 12시나 점심 시간에 시작하여 6시경에 끝나거나, 겨울에 날이 어두워진 후까지의 하루의 일부분, 즉 '오후'라는 뜻이다.

1 the present day(오늘)

'오늘 오후'는 **this afternoon**이라고 한다.

I rang Pat ***this afternoon***. 나는 패트에게 오늘 오후에 전화했다.
Can I take it with me ***this afternoon***? 제가 그것을 오늘 오후에 가져가도 되겠습니까?

'어제 오후'는 **yesterday afternoon**이라고 한다.

Doctors operated on the injury ***yesterday afternoon***. 의사들은 어제 오후에 부상당한 곳을 수술했다.

'내일 오후'는 **tomorrow afternoon**이라고 한다.

I'll be home ***tomorrow afternoon***. 나는 내일 오후에 집에 있을 것이다.

2 single events in the past(과거의 개별적인 일)

어떤 일이 과거의 특정한 날 오후에 일어났을 때, **on**을 사용한다.

Olivia Davenport was due ***on Friday afternoon***. 올리비아 데븐포트는 금요일 오후에 도착하기로 되어 있었다.
The box was delivered ***on the afternoon before my departure***. 내가 떠나기 전날 오후에 그 상자가 배달되었다.

특정한 날에 일어난 것을 나타낼 때, **that afternoon**이나 **in the afternoon**을 사용할 수 있다.

That afternoon I walked into Ironstone. 나는 그날 오후 아이언스톤으로 걸어갔다.
I left Walsall ***in the afternoon*** and went by bus and train to Nottingham.
나는 그날 오후 월솔을 떠나서, 버스와 기차를 갈아타고 노팅엄에 갔다.

과거의 전날 오후에 일어난 것을 언급할 때, **the previous afternoon**을 사용한다.

He had spoken to me ***the previous afternoon***. 그는 전날 오후에 나와 이야기를 나누었다.

과거의 다음날 오후에 일어난 것을 말할 때, **the following afternoon**을 사용한다.

I arrived at the village ***the following afternoon***. 나는 다음날 오후에 그 마을에 도착했다.

소설에서 어느 날 오후인지 언급하지 않은 과거의 어느 날 오후는 **one afternoon**을 사용한다.

One afternoon as I sat working in my office I heard a knock at the door.
어느 날 오후 사무실에 앉아 일하던 중, 문을 노크하는 소리를 들었다.

11월의 어느 날 오후는 **one November afternoon**이나 **on a November afternoon**이라고 한다.

He told me his story ***one cold March afternoon***. 그는 날씨가 추웠던 3월의 어느 날 오후에 자신의 이야기를 했다.
I visited it ***on a warm May afternoon***. 나는 날씨가 따뜻한 5월의 어느 날 오후에 그곳을 방문했다.

3 talking about the future(미래에 대해 말하기)

어떤 일이 미래의 특정한 오후에 일어날 것이라고 할 때, **on**을 사용한다.

The semi-finals will be ***on Wednesday afternoon***. 준결승전은 수요일 오후에 열릴 예정이다.

미래의 어떤 날을 이미 말한 경우, **in the afternoon**을 사용한다.

We will arrive at Pisa early in the morning, then ***in the afternoon*** we will go on to Florence.
우리는 아침 일찍 피사에 도착해서 그날 오후에 플로렌스로 갈 것이다.

어떤 일이 미래의 어느 다음날 오후에 일어날 것이라고 할 때, **the following afternoon**을 사용한다.

I leave on Thursday, arriving in Cairo at 9.45pm, then fly on to Luxor ***the following afternoon***.
나는 목요일에 떠나서 카이로에 저녁 9시 45분에 도착한 뒤 다음날 오후에 룩소르행 비행기를 타고 갈 예정이다.

4 regular events(규칙적인 일)

매일 오후에 규칙적으로 일어나는 일에는 **in the afternoon**이나 **in the afternoons**를 사용한다.

In the afternoon we go for a drive. 우리는 매일 오후에 드라이브를 하러 간다.
He is usually busy ***in the afternoons***. 그는 보통 오후에 바쁘다.
In the afternoon he would take a nap. 그는 오후에 낮잠을 자곤 했다.
I went to the bookstore ***in the afternoons***. 나는 오후에 서점에 가곤 했다.

〔**on** + 요일 + **afternoons**〕 형식은 어떤 일이 특정 요일의 오후마다 규칙적으로 일어날 때 사용한다.

The estate is going to be opened to the public ***on Sunday afternoons***.
그 사유지는 일요일 오후마다 일반인에게 공개될 것이다.
On Saturday afternoons she used to serve behind the counter. 그녀는 토요일 오후마다 점원으로 일하곤 했다.

미국 영어에서는 **afternoons**를 부사로 사용하며 **on**이나 **in**을 사용하지 않는다.

She worked ***afternoons*** and nights at her parents' shop. 그녀는 오후와 밤마다 부모님 가게에서 일했다.

5 exact times(정확한 시간)

오후 시간을 정확하게 말할 경우, 〔정확한 시간 + **in the afternoon**〕 형식을 사용한다.

We arrived at three ***in the afternoon***. 우리는 오후 3시에 도착했다.

---

afterward

○ Usage 표제어 after – afterwards – later 참조.

---

afterwards

○ Usage 표제어 after – afterwards – later 참조.

---

aged

aged는 두 가지 형태로 발음한다.

○ **aged** [eidʒd] 에 대한 정보는 Topic 표제어 Age 참조.
○ **aged** [eidʒid] 에 대한 정보는 Usage 표제어 old 참조.

aggressive

➲ Usage 표제어 forceful 참조.

ago

일반적으로 어떤 일이 일어난 후 시간이 얼마나 지났는지를 말할 때, **ago**를 사용한다. 예를 들면, **something happened five years *ago***는 현재 어떤 일이 일어난 지 5년이 지났다라는 뜻이다.

We met two years ***ago***. 우리는 2년 전에 만났다.
We got married about a year ***ago***. 우리는 약 1년 전에 결혼했다.

과거의 일을 말하는 경우, 〔단순과거시제 + **ago**〕 형식을 사용한다. 예를 들면, '그는 4년 전에 죽었다.'는 ~~He has died four years ago~~.가 아닌 **He *died* four years ago.**라고 한다.

Seven years ago, she ***gave birth to*** their daughter, Nelly. 그녀는 7년 전에 딸 넬리를 출산했다.
I ***did*** it just a moment ago. 나는 방금 그것을 했다.

현재의 시간을 기준으로 이전의 시간을 말할 때, **ago**를 사용한다. 이전 시간을 기준으로 그 이전의 시간은 **before**나 **previously**를 사용한다.

The centre ***had been opened*** some years ***before***. 그 센터는 몇 년 전에 문을 열었다.
The sinking had taken place nearly two years ***previously***. 침하는 거의 2년 전에 발생했다.

> **주의** **ago**와 **since**를 함께 사용하지 않는다. 예를 들면, '그 일이 일어난 지 3년이 지났다.'는 ~~It is three years ago since it happened~~.가 아닌 **It happened *three years ago*.**나 ***It is three years since* it happened.**라고 한다.
>
> He died ***two years ago***. 그는 2년 전에 죽었다.
> ***It is two weeks now since*** I wrote to you. 내가 당신에게 편지를 보낸 지 2주가 지났다.
>
> 그러나 예를 들어, '그 일이 3년 동안 계속 일어나고 있다.'는 ~~It has been happening since three years ago~~.가 아닌 **It has been happening *for three years*.**라고 한다.
>
> I have lived here ***for nearly twenty years***. 나는 거의 20년 동안 이곳에서 살았다.
> I have known you ***for a long time***. 나는 당신과 오랫동안 알고 지내왔다.

agree

1 'agree with'

agree with **someone about something**은 어떤 일에 대해 다른 사람과 의견이 같다, 즉 '동의하다'라는 뜻이다.

My friend ***agreed with*** me that it was ridiculous. 그것은 어리석다는 내 의견에 친구도 동의했다.

agree with **an action/a suggestion**은 어떤 행동이나 제안에 찬성하다라는 뜻이다.

I ***agree with*** what they are doing. 나는 그들이 하고 있는 일에 찬성한다.

'agree' an action/a suggestion이나 **be agreed with**라고 하지 않는다.

2 'agree to'

agree to **something**은 제안한 일이 일어나거나 이루어지도록 허용하다, 즉 '승낙하다'라는 뜻이다.

He ***had agreed to*** the use of force. 그는 무력을 사용하는 것을 승낙했다.

그러나 상대방의 초대에 응할 때는 **agree to**가 아닌 **accept**를 사용한다.

He readily ***accepted*** our invitation to speak about his case.
그는 자신의 사건에 대해 말해 달라는 우리의 권유를 쉽게 수락했다.

agree to do **something**은 상대방이 부탁한 일을 하다라는 뜻이다.

She ***agreed to let*** us use her flat. 그녀는 자신의 아파트를 우리가 사용할 수 있게 허락해 주었다.
She finally ***agreed to come*** to the club on Wednesday. 드디어 그녀는 수요일에 클럽에 오기로 동의했다.

'agree doing' something이라고 하지 않는다.

3 'agree on'

어떤 일에 대해 함께 결정하는 경우, **agree on**을 사용한다.

The warring sides have ***agreed on*** an unconditional ceasefire.
교전 중인 양측은 조건 없는 휴전에 들어가기로 합의했다.

4 'agree that'

〔**agree + that**절〕 형식은 결정한 내용을 나타낼 때 사용할 수 있다.

They ***agreed that*** all existing sanctions should be maintained.
그들은 현행의 모든 제재 조치를 유지하는 데 합의했다.

수동형인 **It was agreed that...**을 자주 사용한다.

It ***was agreed that*** something had to be done. 어떤 일이 시행되어져야 한다는 것에 합의했다.

5 'be agreed'

people making it ***are agreed***는 어떤 결정을 한 사람들이 동의하다라는 뜻으로, 격식을 차린 용법이다. 회화에서는 **Do we all agree?**라고 한다.

Are we agreed, gentlemen? 여러분, 모두 동의하십니까?
So, ***do we agree*** that we change that paragraph? 그러면, 저 단락을 바꾸는 것에 동의하십니까?

---

aim

aim은 어떤 사람이 성취하려는 것, 즉 '목표'라는 뜻이다.

My ***aim*** is to play for England. 내 목표는 영국의 대표 선수가 되는 것이다.
It is our ***aim*** to have this matter sorted quickly. 이 문제를 빨리 해결하는 것이 우리의 목표이다.

특별한 결과를 얻기 위한 목적을 나타낼 때는 **with the aim to**가 아닌 **with the aim of**를 사용한다.

They had left before dawn ***with the aim of getting*** a grandstand seat.
그들은 특별관람석을 차지하기 위해 날이 새기 전에 출발했다.
The purpose of the meeting was to share information ***with the common aim of finding*** Louise safe and well.
회의의 목적은 루이즈를 안전하고 건강한 상태로 찾기 위한 공동 목표에 대한 정보를 공유하는 것이었다.

---

alight

alight는 어떤 것이 '불타고 있는'이라는 뜻이다.

The fire was safely ***alight***. 불은 안전하게 타고 있었다.
A candle was ***alight*** on the chest of drawers. 서랍장 위에 촛불이 켜져 있었다.

set **something** ***alight***는 어떤 것에 불을 붙이다라는 뜻이다.

...paraffin that had been poured on the ground and ***set alight***. 땅 위에 쏟아져서 불이 붙은 파라핀.

> 주의 명사 앞에는 **alight**를 사용하지 않는다. 예를 들면, '사람들이 불타고 있는 건물에서 뛰쳐나왔다.'는 ~~**People rushed out of the alight building.**~~이 아닌 **People rushed out of the *burning* building.**이라고 한다.

---

alike

alike는 둘 이상의 사람이나 사물이 전혀 차이가 없어 보이다, 즉 '서로 닮은'이라는 뜻이다.

They all looked ***alike*** to me. 그것들은 모두 나에게 똑같아 보였다.

둘 이상의 사람이나 사물이 매우 유사하다고 할 때, **very alike**와 **very much alike**를 사용한다.

We are a close family and ***very alike***. 우리는 가까운 친척이어서 매우 닮았다.
Monty and Jeremy were ***very much alike***. 몬티와 제러미는 아주 많이 닮았었다.

두 개 이상의 사물이 차이 없이 아주 똑같다고 할 때, **exactly alike**를 사용한다.

No two proteins are ***exactly alike***. 어떠한 두 개의 단백질도 똑같지 않다.

> **주의** 명사 앞에는 **alike**가 아닌 **similar**나 **identical**을 사용한다. 예를 들면, '그들은 비슷한 모자를 착용했다.'나 '그들은 똑같은 모자를 착용했다.'는 ~~**They wore alike hats.**~~나 ~~**They wore exactly alike hats.**~~가 아닌 **They wore *similar* hats.**나 **They wore *identical* hats.**라고 한다.
>
> The twins insist on wearing ***similar*** clothes. 그 쌍둥이들은 비슷한 옷을 입는 것을 고집한다.
> ...three little girls in ***identical*** dressing gowns. 똑같은 실내복을 입은 세 명의 어린 여자 아이들.

---

alive

alive는 사람이나 동물이 '살아 있는'이라는 뜻이다.

I think his father is still ***alive***. 나는 그의 아버지가 아직 살아 있다고 생각한다.
She knew the seal was ***alive***. 그녀는 그 물개가 살아 있다는 것을 알았다.

> **주의** 명사 앞에는 **alive**를 사용하지 않는다. 예를 들면, ~~**I have no alive relatives.**~~나 ~~**There are many problems transporting alive animals.**~~라고 하지 않는다. 사람에는 **living**을, 동물에는 **live** [làiv]를 사용한다.
>
> I have no ***living*** relatives. 나에게는 생존한 친척이 아무도 없다.
> There are many problems in transporting ***live*** animals. 살아 있는 동물을 운반하는 데는 문제점이 많다.

〔**very** · **so** 등 + **alive**〕 형식은 어떤 사람이 활기가 넘치는 삶을 살고 있다고 할 때에도 사용한다.

Young people are ***so alive*** and exciting. 젊은이들은 매우 활기차며 즐거워한다.
Floyd felt ***more alive*** than he had for years. 플로이드는 지난 몇 년 동안에 느꼈던 것보다 더한 생동감을 느꼈다.

---

all

1 used as a determiner(한정사로 사용하기)

〔**all** + 복수명사〕 형식은 모든 사물이나 사람을 말할 때 사용한다.

There is built-in storage space in ***all bedrooms***. 모든 침실에는 붙박이장이 들어갈 공간이 있다.
All pupils will be expected to learn how to use information technology.
모든 학생들이 정보 기술을 사용하는 방법을 배울 수 있을 것으로 기대된다.

〔**all** + 불가산명사〕 형식은 일반적인 내용을 기술할 때 사용한다.

All crime is some kind of revolutionary activity. 모든 범죄는 일종의 혁명적인 활동이다.

〔**all** + 복수명사〕 형식이 주어인 경우, 복수동사를 사용한다.

All boys ***like*** to eat. 모든 소년은 먹기를 좋아한다.

〔**all** + 불가산명사〕 형식이 주어인 경우, 단수동사를 사용한다.

All pollution ***is*** simply an unused resource. 모든 공해는 간단히 말해서 사용되지 않는 자원이다.

2 used with other determiners(다른 한정사와 함께 사용하기)

그룹 안의 모든 사물이나 사람은 〔**all** + **the** · **these** · **those** · 소유격 한정사 + 복수명사〕 형식을 사용한다.

Staff are checking ***all the books*** to make sure they are suitable. 직원들은 모든 책의 상태가 적절한지 확인하고 있다.
He has done ***all these things***. 그는 이 모든 일을 끝마쳤다.
She likes ***all those children*** so much. 그녀는 저 모든 아이들을 매우 좋아한다.
All my friends must have known. 내 모든 친구들은 알고 있었음에 틀림없다.

특정한 사물 전체는 〔**all** + **the** · **this** · **that** · 소유격 한정사 + 불가산명사 · 단수 가산명사〕 형식을 사용한다.

I've read ***all the stuff*** that's been written about them. 나는 그들에 대해 기록한 모든 자료를 읽었다.

All this time, Atara and I had been keeping watch. 지금까지 아타라와 나는 계속 감시하고 있었다.
I want to thank the people of New York for *all their help*.
도움을 준 뉴욕에 사는 모든 사람들에게 감사를 전하고 싶습니다.

〔all + of + 한정사〕 형식은 영국 영어보다 미국 영어에서 더 자주 사용한다.

All of the defendants were proved guilty. 모든 피고인들은 유죄임이 입증되었다.
All of these religions are closely bound to particular cultures. 이러한 종교 모두가 특정한 문화와 밀접한 연관이 있다.
I would rather burn *all of my money* than give it to her. 내가 가진 돈 모두를 그녀에게 주느니 차라리 태우는 것이 더 낫다.
It will probably never be possible to establish the exact truth about *all of their activities*.
그들의 모든 활동에 대해 정확한 진실을 입증하는 것은 결코 이루어질 수 없을 것이다.

3 used in front of pronouns(대명사 앞에 사용하기)

〔all · all of + this · that · these · those〕 형식을 사용한다.

Oh dear, what are we going to do about *all this*? 이를 어쩌나? 이 모든 것을 어떻게 해야 하죠?
...the agony *all of this* must have caused. 이 모든 것이 원인이었음이 틀림없는 고통.
Were you really interested in *all that*? 당신은 그 모든 것에 정말로 흥미를 느꼈습니까?
Maybe *all of that* is true, but that's not what the narrative is about.
그것들 모두가 진실일지도 모르지만 실화에 관한 내용은 아니다.
I got *all these* for two quid. 나는 이 모든 것을 2파운드에 샀다.
All of these are reasons to be cheerful. 이 모든 것들이 즐거워해야 하는 이유이다.

〔all of + 인칭대명사〕 형식을 사용하고, 〔all + 인칭대명사〕 형식을 사용하지 않는다.

Drink it, *all of you*. 여러분, 드세요.
It would be impossible to list *all of it* in one programme. 한 프로그램에 그 모든 것을 넣는 것은 불가능할 것이다.

〔all of + 목적격 대명사〕 형식을 사용하는데, 이때 목적격 대명사 대신 주격 대명사를 사용할 수 없다.

He discussed it with *all of us*. 그는 그 문제를 우리 모두와 토의했다.
All of them were taken on a guided tour of the State Bedrooms.
그 사람들 모두가 스테이트 베드룸스의 안내원을 동반한 관광 여행에 참가했다.

4 used after the subject(주어 뒤에 사용하기)

〔주어 + all〕 형식을 사용할 수 있다. 예를 들면, '우리의 친구들 모두가 왔다.'는 **All our friends came.** 대신 **Our friends *all* came.**이라고 한다.

- 조동사가 없는 경우, be동사를 사용하지 않은 문장에서는 〔all + 동사〕 형식을 사용한다.

  Their names *all began* with S. 그들의 이름은 모두 S로 시작한다.
  We *all felt* a bit guilty. 우리 모두는 죄책감이 약간 들었다.

- 동사가 be동사일 경우, 〔be동사 + all〕 형식을 사용한다.

  They *were all* asleep. 그들은 모두 잠이 들었다.
  This *is all* new to me. 이 모든 것이 나에게는 새롭다.

- 조동사가 있는 경우, 〔조동사 + all〕 형식을 사용한다.

  It *will all be* over soon. 그것은 모두 곧 끝나게 될 것이다.
  We *don't all have* your advantages. 우리 모두에게는 당신이 가지고 있는 장점이 없다.

- 조동사가 한 개 이상 있는 경우, 〔첫 번째 조동사 + all〕 형식을 사용한다.

  The bedroom dresser drawers *had all been pulled* open. 그 침실 장롱 서랍이 모두 열려 있었다.

- 목적어가 인칭대명사인 경우, 동사의 직접목적어나 간접목적어 뒤에도 온다.

  We treat them *all* as if they were china. 우리는 그것들 모두를 도자기처럼 다룬다.
  I really do hate *you all*. 나는 진정으로 당신들 모두를 증오한다.

5 used as a pronoun(대명사로 사용하기)

대명사 all은 '모든 것' 또는 '유일한 것'이라는 뜻으로, 관계사절 앞에 자주 사용한다.

It was the result of ***all*** that had happened previously. 그것은 이전에 일어난 모든 것의 결과였다.
All I did was wash the little girl's ears. 내가 한 것이라고는 그 어린 여자 아이의 귀를 씻어 준 것뿐이었다.
All I've got is a number. 내가 갖고 있는 유일한 것은 숫자 하나뿐이다.

all은 때때로 주어로 사용하여 그룹 안의 모든 사람을 가리킨다. 이것은 다소 격식을 차린 용법이며, 격식을 차리지 않은 영어에서는 everyone을 대신하여 주로 사용한다.

All were sitting as before. 모든 사람들은 이전처럼 앉아 있었다.
All were agreed that the consensus had broken down. 모든 사람들이 합의에 실패했다는 것에 동의했다.
Everyone in the street was shocked when they heard the news.
거리에 있던 모든 사람들이 그 소식을 듣고 충격을 받았다.

> 주의 부정문의 주어로 all로 시작하는 명사구를 사용하지 않는다. 예를 들면, **~~All the children are not noisy.~~**라고 하지 않는다. 대신 **none**이나 **not all**을 사용하지만 의미상으로는 차이가 있다. ***None*** **of the children are noisy.**는 '그 어린아이들 중 아무도 소란을 피우지 않는다.'라는 뜻이다. ***Not all*** **of the children are noisy.**는 '일부 어린이들은 소란을 피우지 않는다.'라는 뜻이다.

〔none + 단수동사 · 복수동사〕 형식을 사용할 수 있다.

None of these suggestions ***is*** very helpful. 이 제안 중 어느 것도 매우 유용하지 않다.
None of us ***were*** allowed to go. 우리들 중 아무도 떠나라는 허락을 받지 못했다.

그러나 〔not all + 복수명사〕 형식이 주어인 경우, 복수동사를 사용한다.

Not all footballers ***complain*** that they play too often.
축구 선수들 모두가 너무 자주 시합을 치르고 있다고 불평하는 것은 아니다.
Not all the houses we get offered ***have*** central heating. 우리에게 제공된 모든 집에 중앙난방 시설이 있는 것은 아니다.

〔not all + 불가산명사 · 단수명사〕 형식이 주어인 경우, 단수동사를 사용한다.

Not all British industry ***is*** delighted. 영국의 모든 산업계가 기뻐하는 것은 아니다.

6 'both'

all을 both와 혼동해서는 안 된다. 두 개의 사물을 가리킬 때는 both를, 세 개 이상의 사물을 가리킬 때는 all을 사용한다.

There is built-in storage space in ***all*** bedrooms. 모든 침실에는 붙박이장이 들어갈 공간이 있다.
She cried out in fear and flung ***both*** arms up to protect her face.
그녀는 공포로 울부짖으며, 얼굴을 보호하려고 양쪽 팔을 올렸다.

➲ Usage 표제어 both 참조.

7 'every'

every는 all과 뜻이 비슷하다. *Every* teacher was consulted.는 *All* the teachers were consulted.(모든 교사가 상담을 받았다.)와 같은 뜻이다. 그러나 시간을 표현하는 경우, all과 every는 서로 다른 뜻으로 해석한다. all day는 하루 내내, every day는 날마다라는 뜻이다.

We can stay here and drink wine ***all night***. 우리는 이곳에서 밤새도록 머무르면서 포도주를 마실 수 있다.
The airport was closed ***all day*** after its first serious accident.
그 공항은 처음으로 일어난 심각한 사고가 일어난 후에 하루 종일 폐쇄되었다.
She told me that she came that way ***every day***. 그녀는 내게 날마다 그 길로 왔다고 말했다.
...a dozen places like it were advertised ***every evening*** in the local paper.
매일 저녁 지역 신문에 광고된 곳과 같은 12개의 장소.

8 'whole'

whole, the whole of는 all, all of와 같은 뜻이다. 예를 들면, the whole building, the whole of the building은 all the building, all of the building과 같은 뜻이다. 그러나 all과 whole은 복수명사 앞에서 뜻이 달라진다. *All* the buildings have been destroyed.는 '모든 건물이 파괴됐다.'는 뜻이며, *Whole* buildings have been destroyed.는 '일부 건물이 완전히 파괴됐다.'는 뜻이다.

I've taken ***all*** my sulphur pills. 나는 유황색 알약을 모두 복용하였다.
...***all*** the cooking utensils. 모든 조리 기구.

Whole sections of the suburb have been leveled. 교외의 일부 지역을 편평하게 만들었다.
There were *whole* speeches I did not understand. 나는 일부 연설을 전혀 이해하지 못했다.

---

allow – permit – let – enable

누군가가 어떤 일을 하는 데 허락받거나 방해받지 않다라고 할 때 **allow, permit, let**을 사용할 수 있으며, **permit**는 격식을 차린 단어이다.

1 'allow' and 'permit'

〔allow · permit + 목적어 + to부정사절〕 형식을 사용한다.

He agreed to ***allow me to take*** the course. 그는 내가 그 과정을 수강하는 데에 동의했다.
Her father would not ***permit her to eat*** sweets. 그녀의 아버지는 그녀가 사탕을 먹는 것을 허락하지 않을 것이다.

be not allowed to do something이나 ***be not permitted to do*** something은 어떤 일을 하도록 허락받지 못하다라는 뜻이다.

Visitors ***were not allowed to*** walk about unescorted. 방문자들은 동반자 없이는 돌아다닐 수 없었다.
Customers ***are not permitted to*** converse with the artistes. 관객은 연예인과 이야기하는 것이 금지되어 있다.

something ***is not allowed/is not permitted***는 어떤 일을 금지하거나 허용하지 않다라는 뜻이다.

Running ***is not allowed*** in the school. 학교 내에서 뛰어다니는 것은 금지되어 있다.
Picnics ***are not permitted*** within the Festival Enclosure. 페스티벌 인클로저 내에서는 피크닉을 할 수 없다.

2 'let'

〔let + 목적어 + 원형부정사〕 형식을 사용한다.

Let me go to the party on Saturday. I won't be late. 토요일에 파티에 갈 수 있게 허락해 주세요. 늦지 않을게요.

수동태 구문에서는 **let**을 사용하지 않는다.

3 'enable'

allow, **permit**, **let**과 **enable**을 혼동해서는 안 된다. **enable**은 어떤 일을 할 기회를 주다라는 뜻이지, 일을 하도록 허락하다라는 뜻이 아니다.

Contraception ***enables*** women to plan their families. 피임은 여자들에게 가족 계획을 세우게 해준다.
The new test should ***enable*** doctors to detect the disease early.
새로운 검사 방법은 의사에게 병을 조기에 진단할 수 있게 해줄 것이다.

---

all right

all right는 어떤 일이 만족스럽거나 받아들일 만하다라는 뜻이다.

Is everything ***all right***, sir? 선생님, 모든 일이 만족스러우십니까?

all right은 일반적인 철자법이다. **alright**를 때때로 사용하지만, 이 철자법이 잘못됐다고 생각하는 사람이 많다.

---

almost – nearly

1 used to modify adjectives and noun groups

(형용사와 명사구를 수식하는 데 사용하기)

almost와 **nearly** 둘 다 '완전히 ~하지 않은', '상당히 ~하지 않은'이라는 뜻이며, 일반적으로 형용사와 명사구 앞에 온다.

The hay was ***almost ready*** for cutting. 건초는 거의 잘릴 준비가 되었다.
We're ***nearly ready*** now. 우리는 거의 준비가 되어 있다.
I spent ***almost a month*** in China. 나는 중국에서 거의 한 달을 보냈다.
He spent ***nearly five years*** in the Leningrad special hospital. 그는 거의 5년을 레닌그라드 전문 병원에서 보냈다.

almost – nearly

It was made of wood like ***almost all the houses***. 그 집은 거의 모든 집처럼 나무로 지어졌다.
She liked doing ***nearly all the things*** we liked doing. 그녀는 우리가 하기를 원하는 거의 모든 일을 하기를 좋아했다.

2 used to modify verbs(동사를 수식하는 데 사용하기)

almost나 nearly를 동사와 함께 사용할 수 있다. 조동사가 없는 경우, 동사 앞에 almost나 nearly가 온다.

Fanny ***almost fainted***. 패니는 거의 기절할 뻔했다.
Then she ***nearly died*** from a drug overdose. 그 후, 그녀는 약물 과다 복용으로 하마터면 죽을 뻔했다.

조동사가 있는 경우, 조동사 뒤에 almost나 nearly가 온다.

Some ***have almost reached*** International Master level. 일부 사람들은 국제 마스터 수준에 거의 도달했다.
Dougal ***had nearly run out*** of food. 두걸은 식량이 거의 바닥났다.

조동사가 한 개 이상인 경우, 첫 번째 조동사 뒤에 almost나 nearly가 온다.

I'***ve nearly been drowned*** in it three times. 나는 하마터면 세 번이나 익사할 뻔했다.

➲ 정도를 나타내는 동사와 함께 사용하는 단어의 분류 목록은 Grammar 표제어 Adjuncts의 extent 참조.

3 used to modify adjuncts(부가어를 수식하는 데 사용하기)

almost와 nearly는 every morning과 every day 등과 같은 시간부가어와 there와 home 등과 같은 장소 부가어 앞에서도 사용할 수 있다.

We took to going out ***almost every evening***. 우리는 거의 매일 저녁마다 외출을 했다.
I used to ride ***nearly every day***. 나는 거의 매일 말을 타곤 했다.
We are ***almost there***. 우리는 그곳에 거의 도달했다.
I think we are ***nearly there***. 나는 우리가 그곳에 거의 도착했다고 생각한다.

그러나 -ly로 끝나는 부사 앞에는 거의 nearly를 사용하지 않고 almost를 사용한다.

She said it ***almost crossly***. 그녀는 거의 화난 상태에서 그 말을 했다.
Your boss is ***almost certainly*** there. 당신의 사장은 그곳에 거의 확실히 도착했다.

4 used with 'like'(like와 함께 사용하기)

하나의 사물이 다른 사물과 거의 비슷하다고 할 경우, one thing is *almost like* another라고 한다.

It made me feel ***almost like*** a hostess. 그것은 나를 거의 여주인 같은 느낌이 들게 했다.

일반적으로 one thing is 'nearly like' another라고 하지 않는다.

5 used with time expressions(시간 표현과 함께 사용하기)

시간 표현 앞에 almost나 nearly를 사용할 수 있다. 특정한 시간에 거의 가까워지다라고 할 경우, almost와 nearly를 사용한다.

It was ***almost*** 10 p.m. 거의 오후 10시이다.
It's ***almost*** supper-time. 저녁 먹을 시간이 거의 다 되었다.
By now it was ***nearly*** five past ten. 지금쯤이면 거의 10시 5분이 다 되었을 것이다.

> 주의 위와 같이 be동사 뒤에 almost나 nearly만을 사용한다. 예를 들면, '그들은 거의 5시에 도착했다.'는 **~~They arrived at almost five o'clock.~~**이 아닌 **It was almost five o'clock *when* they arrived.**라고 한다.
>
> ***It was nearly*** nine o'clock ***when*** Simon made his appearance.
> 사이먼이 모습을 보인 것은 거의 9시가 거의 다 되어서였다.
> ***It was almost*** dark ***when*** we got back. 우리가 다시 돌아왔을 때는 날이 거의 어두워져 있었다.

6 used with negatives(부정어와 함께 사용하기)

〔almost + 부정어 never · no · none · no one · nothing · nowhere 등〕 형식을 사용할 수 있다.

A handbag was considered personal and ***almost never*** looked into.
핸드백은 개인 용품으로 간주되어서, 내용물을 조사받는 일이 거의 한 번도 없었다.
There is ***almost no*** leadership at all. 리더십이 거의 없다.

I sold a picture by reducing the price to ***almost nothing***. 나는 그림 한 점을 거의 공짜나 다름없이 가격을 낮춰 팔았다.
She had ***almost nowhere*** to go. 그녀는 갈 곳이 거의 없었다.

위와 같은 부정어 앞에서 **nearly**를 사용하지 않는다. 그러나 부정적인 진술을 강조하기 위해 〔**not + nearly**〕 형식을 사용할 수도 있다. 예를 들면, '그 방은 충분히 크지 않다.'는 **The room is not big enough.** 대신 **The room is *not nearly* big enough.**라고 한다.

It's ***not nearly*** so nice. 그것은 결코 그리 좋지 않다.
We ***don't*** do ***nearly*** enough to help. 우리는 도움을 줄 만큼 결코 충분히 하지 않는다.
I ***haven't*** done ***nearly*** as much as I would like. 나는 하고 싶은 만큼 결코 많이 하지 못했다.

위와 같은 경우에는 **not** 뒤에 **almost**를 사용할 수 없다.

7 adding modifiers(수식어를 추가하기)

〔**very · so + nearly**〕 형식을 사용할 수 있다.

We were ***very nearly*** at the end of our journey. 우리는 거의 여행의 막바지에 이르렀다.
Now they were ***very nearly*** men. 그들은 이제 거의 성인 남자에 가까웠다.
...the American who ***so nearly*** won the Open Championship in 1970.
1970년 오픈 챔피언십에서 거의 우승을 할 뻔한 미국인.
...the family that had challenged the Carleone power, and had ***so nearly*** succeeded.
칼레온의 권력에 도전하여 거의 성공할 뻔했던 가족.

회화에서는 〔**pretty + nearly**〕 형식을 사용하기도 한다.

I came across a paragraph about a girl I'd ***pretty nearly*** forgotten.
나는 거의 잊고 있던 한 소녀에 대한 글이 갑자기 떠올랐다.
'Do you know that thirty miles is eight hours solid marching?' – 'Is it?' – '***Pretty nearly***.'
"쉬지 않고 8시간을 걸으면, 약 30마일을 갈 수 있는 것을 아나요?" – "그래요?" – "거의 그래요."

almost 앞에는 **very, so, pretty**를 사용할 수 없다.

---

alone – lonely

1 'alone'

alone은 다른 사람들과 함께 있지 않다, 즉 '혼자 있는'이라는 뜻이다.

I wanted to be ***alone***. 나는 혼자 있고 싶었다.
Barbara spent most of her time ***alone*** in the flat. 바버라는 대부분의 시간을 아파트에서 혼자 지냈다.

> **주의** 명사 앞에는 **alone**을 사용하지 않는다. 예를 들면, '혼자 사는 한 여성'은 **an alone woman**이 아닌 **a woman *on her own***이라고 한다.
> Some health farms attract couples; others are popular with people ***on their own***.
> 일부 건강 관리 클럽에서는 부부를 끌어들이고 있고, 다른 곳은 독신자들에게 인기가 있다.

2 'lonely'

alone을 **lonely**와 혼동해서는 안 된다. **lonely**는 이야기할 친구나 사람이 없어서 슬프다, 즉 '외로운'이라는 뜻이다. 이때 명사 앞이나 **be**나 **feel**과 같은 동사 뒤에 온다.

He had befriended a ***lonely*** little boy. 그는 외로운 한 어린 소년과 친구가 되었다.
She must be very ***lonely*** here. 그녀는 여기에서 매우 외로울 것임에 틀림없다.

---

along

사람이나 사물이 도로나 강과 같은 길고 좁은 것을 따라 움직이는 것을 나타낼 때, **along**을 사용한다.

Tim walked ***along*** Ebury Street. 팀은 에버리 스트리트를 따라 걸어갔다.
...the trees all ***along*** Bear Creek. 베어 크리크를 따라 늘어선 나무들.
The current passes ***along*** this wire here. 전류는 여기 이 전선을 따라 흐른다.

> **주의** 어떤 지역의 한쪽에서 다른 쪽으로의 움직임을 묘사할 때, along이 아닌 through나 across를 사용한다. 예를 들면, go 'along' a desert가 아닌 go ***through*/*across*** a desert라고 한다.
>
> ...hitch-hiking ***through*** Arizona. 애리조나를 지나는 히치하이크.
> He wandered ***across*** Hyde Park. 그는 하이드 파크를 여기저기 돌아다녔다.
>
> 사람이나 사물이 한 구멍으로 들어가서 다른 편으로 나오는 경우, go 'along' the hole이 아닌 go ***through*** the hole이라고 한다.
>
> I managed to crawl ***through*** the hole and when I came out there were flames everywhere.
> 내가 가까스로 기어서 구멍을 빠져나오자, 여기저기에서 불길이 치솟고 있었다.

---

a lot

Usage 표제어 lot 참조.

---

aloud – loudly

1 'aloud'

다른 사람들이 들을 수 있을 정도로 소리내어 말할 때, **aloud**를 사용한다.

In no previous war could men say ***aloud*** what was on their minds.
이전의 전쟁에서 남자들은 자신들의 마음속에 무엇을 담고 있는지 소리내어 말할 수 없었다.

read *aloud* a piece of writing은 글의 일부분을 다른 사람들이 들을 수 있을 정도로 소리내어 읽다라는 뜻이다.

She read ***aloud*** to us from the newspaper. 그녀는 우리들에게 소리내어 신문을 읽어 주었다.

2 'loudly'

loudly는 '큰 소리로'라는 뜻이다.

The audience laughed ***loudly***. 청중은 큰 소리로 웃었다.

---

already

1 referring to an action(행동 가리키기)

어떤 일이 바로 전에 일어났거나, 기대한 것보다 더 빨리 일어났다고 할 때, **already**를 사용한다. 어떤 행동을 가리킬 때, 영국 영어에서는 **already**를 완료시제와 함께 사용하며, **have**, **has**, **had** 뒤나 절의 끝에 온다.

We'***ve already*** agreed to wait. 우리는 이미 기다리기로 합의했다.
He ***had already invited*** Dougal Haston. 그는 이미 두갈 해스턴을 초대했다.
I've had tea ***already***, thank you. 저는 이미 차를 마셨어요. 감사합니다.
I can't stop him working – he's cleared half the site ***already***.
나는 그가 일하는 것을 막을 수 없다. 그는 벌써 그곳을 절반 정도 정리했다.

미국 영어를 쓰는 일부 사람들은 현재완료시제 대신 단순과거시제를 사용한다. 예를 들면, '나는 벌써 그를 만났다.'는 **I have already met him.** 대신 **I *already* met him.**이나 **I met him *already*.**라고 한다.

You ***already*** woke up the kids. 당신은 이미 아이들을 깨웠다.
I told you ***already*** – he's the professor. 내가 당신에게 이미 말했듯이 그가 그 교수이다.

2 referring to a situation(상황 가리키기)

어떤 상황이 기대한 것보다 더 일찍 일어난다고 할 때에도 **already**를 사용한다.

- 조동사가 없는 경우, **be**동사를 제외한 동사 앞에 **already**가 온다.

They ***already excercise*** considerable influence in all western countries.
그들은 이미 모든 서구 국가에서 상당한 영향력을 행사하고 있다.
By the middle of June the Campaign ***already had*** more than 1000 members.
캠페인은 6월 중순까지 회원 1,000명 이상을 이미 확보했다.

- 동사가 be동사일 경우, already는 be동사 뒤에 온다.

It ***was already*** dark. 벌써 날이 어두워졌다.
Satellites ***are already*** beyond absolute human control. 인공위성은 이미 완전히 인간의 통제력을 벗어났다.
By the time he got home, Julie ***was already*** in bed. 그가 집에 도착할 무렵, 줄리는 이미 자고 있었다.

- 조동사가 있는 경우, 조동사 뒤에 already가 온다.

...animal species which ***are already considered*** endangered. 이미 멸종 상태에 이른 것으로 여겨지는 동물의 종들.

- 조동사가 한 개 이상일 경우, already는 첫 번째 조동사 뒤에 온다.

Portable computers ***can already be plugged*** into TV sets. 휴대용 컴퓨터는 이미 텔레비전에 접속할 수 있게 되었다.

- 어떤 상황이 기대한 것보다 더 일찍 일어나는 것을 강조하는 경우, already는 문장의 처음에 온다.

Already the company is three quaters of the way to the target. 이미 회사는 목표량의 4분의 3을 달성했다.
Already a bud on one of the roses was on the point of blooming.
벌써 장미꽃 봉오리 한 개가 막 피어나려 하고 있었다.

---

alright

Usage 표제어 all right 참조.

---

also – too – as well

어떤 것에 대해 더 많은 정보를 주는 경우, also, too, as well을 사용한다.

1 'also'

- also는 일반적으로 동사 앞에 사용한다. 조동사가 없는 경우, be동사를 제외한 동사 바로 앞에 also가 온다.

I ***also began*** to be interested in cricket. 나 역시 크리켓에 흥미를 갖기 시작했다.
They ***also helped out***. 그들 역시 도움을 주었다.

- 동사가 be동사일 경우, also는 be동사 뒤에 온다.

I ***was also*** an American. 나 역시 미국인이었다.
Knowledge, which is in many ways our blessing, ***is also*** our curse.
지식은 여러 면에서 축복이지만, 저주이기도 하다.

- 조동사가 있는 경우, also는 조동사 뒤에 온다.

From April you ***will also have to*** pay national insurance on the cost of the policy.
당신은 4월부터 정책에 대한 비용으로 국민 보험료도 지불해야 할 것이다.
The basic symptoms of the illness ***were also described*** on the card.
그 병의 기본 증상 역시 그 카드에 설명되어 있었다.

- 조동사가 한 개 이상일 경우, also는 첫 번째 조동사 뒤에 온다.

We'***ll also be hearing*** about the work of Una Woodruff. 우리는 유나 우드러프의 작품에 대해서도 듣게 될 것이다.
If that light blows, then every other light on the circuit ***will also have gone***.
만약 저 전등이 나가면, 회로의 모든 전등이 꺼질 것이다.

- also는 때때로 문장의 처음에 오기도 한다.

She has a reputation for brilliance. ***Also***, she is gorgeous. 그녀는 총명하다는 평을 받고 있으며, 매력적이기도 하다.

ℹ 문장의 끝에는 also가 오지 않는다.

2 'too'

일반적으로 too는 문장의 끝에 온다.

Now the problem affects middle-class children, ***too***. 현재 그 문제는 중산층 아이들에게도 영향을 주고 있다.
It was a pretty play, and very sad ***too***. 그것은 익살스러우면서도 매우 슬프기도 했다.

회화에서 〔단어 · 구 + too〕 형식은 바로 전에 말한 내용을 짧게 말할 때 사용한다.

'His father kicked him out of his house.' – 'Quite right, *too*.'
"그의 아버지가 그를 집에서 쫓아냈어요." – "그 역시 옳은 일이네."

'They've finished mending the road.' – 'About time, *too*!' "그들은 도로 수리를 마쳤어요." – "끝낼 시간이기도 하지요."

too는 때때로 문장의 첫 단어군 뒤에 온다.

I wondered whether I *too* would become one of its victims. 나 역시 그것의 피해자가 되지 않을까 궁금했다.

Physically, *too*, the peoples of the world are incredibly mixed.
신체적으로도 세계의 민족은 믿을 수 없을 정도로 혼합되어 있다.

그러나 too는 문장 내의 위치에 따라서 뜻이 달라진다. **I am an American *too*.**는 '방금 말한 사람처럼 나는 미국인이다.'와 '방금 말한 다른 자질 외에도 나는 미국인이다.'라는 뜻이 있다. 그러나 **I *too* am an American.**은 '방금 말한 사람처럼 나는 미국인이다.'라는 뜻만 있다.

He was playing well, *too*. 그 역시 경기를 잘하고 있었다.

Now we have the financial backing *too*. 지금 우리는 재정적인 지원도 받고 있다.

Nerissa, *too*, felt miserable. 네리사 역시 참담함을 느꼈다.

Macdonald, *too*, was alarmed by the violence. 맥도널드 역시 폭력 사태에 놀랐다.

영국 영어에서는 연결동사나 조동사 뒤에 바로 too가 오지 않는다. 예를 들면, **I am too an American.**이라고 하지 않는다. 미국 영어에서는 이런 방식으로 부정적인 진술을 반박하기 위해 too를 사용할 수 있다.

'Oh, you aren't fat,' the stylish lady said. 'Ooooo *I am too*,' Mrs Turpin said.
멋진 여자가 "당신은 뚱뚱하지 않아요."라고 하자, 터핀 부인은 "오, 저는 뚱뚱해요."라고 말했다.

too는 문장의 처음에 오지 않는다.

➲ 더 자세한 정보는 Usage 표제어 too 참조.

3 'as well'

as well은 항상 문장의 끝에 온다.

Filter coffee is definitely better for your health than boiled coffee. And it tastes nicer *as well*.
필터 커피가 끓여 먹는 커피보다 우리 건강에 훨씬 좋고, 맛도 더 좋다.

They will have a rough year next year *as well*. 그들은 내년에도 힘든 한 해를 보내게 될 것이다.

4 negatives(부정어)

부정문에는 일반적으로 **also, too, as well**이 아닌 **either, neither, nor**를 사용한다. 예를 들면, '나는 배가 고프지 않고, 그녀 역시 배가 고프지 않다.'는 ~~**I'm not hungry and she's not hungry too.**~~가 아닌 **I'm not hungry and she's not hungry *either*.**나 **I'm not hungry and *neither is she*.**나 **I'm not hungry and *nor is she*.**라고도 할 수 있다.

Teddy Boylan wasn't at the ceremony, *either*. 테디 보일런 역시 그 의식에 참석하지 않았다.

'I don't normally drink at lunch.' – '*Neither do I*.' "저는 점심에는 보통 술을 마시지 않아요." – "저 역시 그래요."

'No thank you, I don't smoke.' – '*Nor do I*.' "감사합니다만, 담배를 피우지 않아요." – "저도 그래요."

alternate – alternative

1 'alternate'

alternate는 행위, 사건, 과정이 서로 '번갈아 일어나는'이라는 뜻이다.

...the *alternate* contraction and relaxation of muscles. 번갈아 일어나는 근육의 수축과 이완.

something happens on *alternate* days는 어떤 일이 어느 날에 일어나고 다음날에는 일어나지 않고 다다음 날에 일어나는 것으로, 격주, 격월, 격년으로 일어날 때도 사용한다.

We saw each other on *alternate* Sunday nights. 우리는 격주 일요일 밤마다 서로 만났다.

The two courses are available in *alternate* years. 두 강좌는 격년으로 수강할 수 있다.

2 'alternative'

어떤 것 대신 사용하거나, 갖거나, 할 수 있는 것을 나타낼 때, **alternative**를 사용한다.

But still people try to find ***alternative*** explanations. 그러나 사람들은 아직도 다른 설명을 찾으려고 한다.

There is, however, an ***alternative*** approach. 그러나 대체 접근 방식이 있다.

미국 영어에서 **alternate**는 **alternative**의 뜻으로 때때로 사용한다.

How would a clever researcher rule out this ***alternate*** explanation?
총명한 연구원이라면 이 대체 설명을 어떻게 배제하겠는가?

alternative는 명사로도 사용하며, 무언가를 대신하여 가지거나 할 수 있는 것, 즉 '대안'이라는 뜻이다.

Food suppliers are working hard to provide organic ***alternatives*** to everyday foodstuffs.
식품 제조업자는 일상적인 식품을 대체할 유기농 식품을 제공하기 위해 열심히 일하고 있다.

A magistrate offered them a Domestic Education course as an ***alternative*** to prison.
치안 판사는 그들에게 징역형 대신 가정교육 과정을 이수할 것을 제안했다.

There is no ***alternative*** to permanent storage. 영구 저장에 대한 대안이 전혀 없다.

alternatives는 누군가가 방책에 있어서 선택할 수 있는 것이 두 가지 이상이 있다는 뜻으로도 쓰인다.

If a man is threatened with attack, he has five ***alternatives***: he can fight, flee, hide, summon help, or try to appease his attacker.
어떤 사람이 공격 위협을 받으면 맞서 싸우거나, 도망가거나, 숨거나, 도움을 청하거나, 아니면 공격자를 진정시키는 다섯 가지 대안이 있다.

---

alternately – alternatively

1 'alternately'

두 가지의 행위나 과정이 서로 규칙적으로 번갈아 일어날 때, **alternately**를 사용한다.

Each piece of material is washed ***alternately*** in soft water and coconut oil.
각 재료는 연수와 야자유에서 번갈아 세척된다.

She became ***alternately*** angry and calm. 그녀는 화를 냈다 말았다를 반복했다.

2 'alternatively'

앞서 언급한 것과 다른 설명을 하거나 다른 행위의 방향을 제시할 때, **alternatively**를 사용한다.

It is on sale there now for just £9.97. ***Alternatively***, you can buy the album by mail order for just £10.
그것은 지금 그곳에서 9.97파운드에 할인 중이다. 다른 방법으로는 그 앨범을 단지 10파운드에 우편 주문으로 구입 가능하다.

Alternatively, you can use household bleach. 그 대안으로 가정용 표백제를 사용할 수 있다.

---

although – though

1 used as conjunctions(접속사로 사용하기)

주절의 내용과 대비되는 다른 내용을 포함한 종속절을 이끌 때, **although**나 **though**를 사용한다. **though**는 매우 격식을 차린 영어에서는 사용하지 않는다.

It was not for myself that I wanted the old piano, ***although*** I could play a little.
내가 피아노를 좀 칠 수는 있지만 고물 피아노를 원했던 것은 나 자신을 위한 것이 아니었다.

It wasn't entirely my decision, ***though*** I think that generally I agree with it.
일반적으로 내가 그것에 동의를 한다고 생각하지만, 그것은 전적으로 내가 내린 결정이 아니었다.

강조하기 위해 **though** 앞에 **even**을 사용한다.

She wore a fur coat, ***even though*** it was a very hot day.
무척 더운 날씨였는데도 불구하고, 그녀는 모피 코트를 입고 있었다.

although 앞에는 **even**이 오지 않는다.

주의 문장이 although나 though로 시작하는 경우, but이나 yet이 주절을 이끌지는 않는다. 예를 들면, '그는 지각했음에도 불구하고, 샌드위치를 사려고 걸음을 멈추었다.'는 ~~Although he was late, but he stopped to buy a sandwich.~~가 아닌 **Although he was late, *he stopped* to buy a sandwich.**라고 한다.

Although he was English, ***he spoke*** fluent and rapid French.
그는 영국인이었음에도 불구하고, 프랑스어를 유창하고 빠르게 구사했다.

Though he hadn't stopped working all day, ***he wasn't*** tired.
그는 쉬지 않고 하루 종일 일을 했음에도 불구하고, 지치지 않았다.

또한 명사구 앞에 although나 though를 사용하지 않는다. 예를 들면, '그는 열심히 노력했음에도 불구하고, 시험에 불합격했다.'는 ~~Although his hard work, he failed his exam.~~이 아닌 ***In spite of* his hard work, he failed his exam.**이나 ***Despite* his hard work, he failed his exam.**이라고 한다.

In spite of poor health, my father was always cheerful.
나의 아버지께서는 건강이 좋지 않음에도 불구하고 항상 즐거워하셨다.

Despite her forcefulness, Cindy was uncertain what to do next.
신디는 남을 설득하는 능력이 있었지만, 다음에 무엇을 해야 할지에 대한 확신은 없었다.

2 'though' used with clauses ending in a complement or adverb

(보어나 부사로 끝나는 절과 함께 사용하는 though)

though로 시작하는 절이 보어로 끝나는 경우, 절의 앞에 보어가 올 수 있다. 예를 들면, '그는 피곤함에도 불구하고, 회의에 참석하는 것을 고집했다.'는 Though he was tired he insisted on coming to the meeting. 대신 *Tired though he was*, he insisted on coming to the meeting.이라고 하며, 이는 격식을 차린 용법이다.

Tempting though it may be to follow this point through, it is not really relevant and we had better move on.
이 지점을 통과해 가고 싶은 충동이 일어나더라도 실제로는 적절하지 않아서 계속 가는 게 더 낫다 .

I had to accept the fact, ***improbable though it was***.
사건이 일어날 가능성이 없었음에도, 나는 그 사실을 받아들여야 했다.

Astute business man though he was, Philip was not capable at times of extreme recklessness.
필립은 기민한 사업가였음에도 불구하고, 그 위험에 대처해 나갈 능력이 없었다.

though로 시작하는 절이 부사로 끝날 경우, 절의 앞에는 주로 그 부사가 온다.

Some members of the staff couldn't handle Murray's condition, ***hard though they tried***.
열심히 노력했지만, 일부 직원들은 머리의 상황을 처리할 수가 없었다.

그러나 although로 시작하는 절이 보어나 부사로 끝나는 경우, 보어나 부사를 절의 앞으로 이동시킬 수 없다.

3 'though' used as an adverb(부사로 사용하는 though)

though는 앞서 말한 내용과 대비되는 진술을 할 때 부사로 사용하기도 한다. though는 일반적으로 문장의 첫 단어군 뒤에 오며, 회화에서는 문장의 끝에 올 수도 있다.

It might be worth your while to go to court. This is tricky, ***though***, and you'll need expert advice.
법정에 가는 것이 가치있는 일일 수도 있다. 종잡을 수는 없지만 그래도 당신은 전문가의 조언이 필요할 것이다.

Fortunately ***though***, this is a tale with a happy ending. 그러나 다행스럽게도, 이 이야기는 행복하게 끝이 난다.

For Newcastle, ***though***, it was the climax of a hectic year. 그러나 뉴캐슬 팀에는 최고로 바쁜 한 해였다.

I can't stay. I'll have a coffee ***though***. 나는 머물 수는 없지만, 커피는 마시겠다.

ⓘ although는 부사가 아니다.

---

altogether

1 'altogether'

altogether는 '완전히'라는 뜻이다.

The noise had stopped ***altogether***. 그 소음은 완전히 멈추었다.

...an ***altogether*** different kind of support. 완전히 다른 종류의 후원.

➲ 정도를 나타내는 단어의 분류 목록은 Grammar 표제어 Adjuncts의 extent 참조.

액수가 총액을 나타낼 때에도 **altogether**를 사용한다.

You will get £340 a week ***altogether***. 당신은 일주일에 총 340파운드를 받게 될 것이다.

2 'all together'

altogether를 **all together**와 혼동해서는 안 된다. 한 무리의 사람이나 사물이 함께 있거나, 어떤 일을 함께 하며 그들(그것들) 중 하나도 빠짐없다고 할 때, **all together**를 사용한다.

It had been so long since we were ***all together*** – at home, secure, sheltered.
안전하며 몸을 피할 수 있는 집에 우리가 다 모인 후 아주 오랜 시간이 흘렀다.

---

always

something *always* happens in particular circumstances는 특정한 상황에서 어떤 일이 일어나는 것이 확실하다라는 뜻이다. **something has *always* been the case**는 어떤 일이 그러한 경우가 아닌 적이 절대 없었다라는 뜻이다. **always**가 이와 같은 뜻 중 하나일 경우, 함께 사용하는 동사는 진행시제가 되지 않는다.

- 조동사가 없는 경우, 동사가 **be**동사가 아니면 동사 앞에 **always**가 온다.

Talking to Harold ***always cheered*** her up. 해럴드와 이야기할 때마다 그녀는 항상 용기를 얻었다.
A man ***always remembers*** his first love. 남자는 항상 첫사랑을 기억한다.

- 동사가 **be**동사일 경우, **always**는 **be**동사 뒤에 온다.

She ***was always*** in a hurry. 그녀는 항상 서둘렀다.
There ***is always*** someone to lift the baby up. 항상 아기를 들어 올리는 사람이 있다.

- 조동사가 있는 경우, **always**는 일반적으로 조동사 뒤에 온다.

I'***ve always been*** very careful. 나는 항상 매우 신중했다.
He'***s always been*** so kind to us all. 그는 언제나 우리 모두에게 친절했다.

- 조동사가 한 개 이상일 경우, **always**는 보통 첫 번째 조동사 뒤에 온다.

She ***had always been allowed*** to read whatever she wanted.
그녀는 자신이 읽고 싶은 것은 무엇이든 읽을 수 있게 언제나 허용되었다.

something is *always* happening은 어떤 일이 자주 그리고 반복해서 일어나서 성가시거나 놀랍다라는 뜻이다. **always**가 이러한 뜻일 경우, 진행시제의 동사와 함께 사용한다.

Uncle Harold was ***always*** fussing and worrying. 해럴드 아저씨는 항상 안절부절못하고 걱정을 한다.
The bed was ***always*** collapsing. 그 침대는 항상 주저앉은 채로 있었다.

> **주의** 비교문, 부정문, 의문문에서 '과거의 어떤 때라도'나 '미래의 어느 때라도'의 뜻은 **always**가 아닌 **ever**를 사용한다. 예를 들면, '그들 사이는 이전의 어느 때보다 더 좋았다.'는 ~~They got on better than always before.~~가 아닌 **They got on better than *ever* before.**라고 한다.
>
> ...the biggest shooting star they had ***ever*** seen. 그들이 봤던 것 중 가장 큰 별똥별.
> Neither of us would ***ever*** again get a job in films. 우리 둘 다 영화계에서 결코 다시는 일자리를 얻지 않을 것이다.
> How will I ***ever*** manage to survive alone? 어떻게 나 혼자 살아남을 수 있을까?

➲ 빈도를 나타내는 단어의 분류 목록은 **Grammar** 표제어 **Adjuncts**의 **frequency** 참조.

---

a.m.

➲ **Topic** 표제어 **Time** 참조.

---

among

1 'among' and 'between'

***among* a group of people/things**는 한 무리의 사람이나 사물에 '둘러싸여'라는 뜻이다.

James wandered ***among*** his guests. 제임스는 손님들 사이를 돌아다녔다.

Among his baggage was a medicine chest. 그의 가방에는 구급상자가 있었다.

두 사람이나 두 개의 사물 사이는 among이 아닌 between을 사용한다.

Myra and Barbara sat in the back, the baby ***between*** them.
미라와 바버라가 뒤쪽에 앉아 있었고, 둘 사이에는 아기가 있었다.

She put the cigarette ***between*** her lips. 그녀는 입술 사이로 담배를 물었다.

The island is midway ***between*** São Paulo and Porto Alegre.
그 섬은 상파울루와 포르투알레그레 사이의 중간 지점에 위치해 있다.

때때로 amongst를 사용하는데, among보다 더 격식을 차린 말이다.

The old farmhouse, hidden ***amongst*** orchards and fields of maize.
과수원과 옥수수 밭 사이에 가려져 있는 오래된 농가.

2 dividing(구분하기)

한 그룹의 사람들 사이에서 어떤 것이 나눠지다라고 할 경우, among이나 between을 사용하며, 의미상의 차이는 전혀 없다.

...his estate, which he divided ***among*** his brothers and sisters. 형제자매에게 그가 나누어 준 재산.

Different scenes from the play are divided ***between*** five couples.
그 연극의 서로 다른 장(場)들은 다섯 부부의 이야기로 나누어져 있다.

때때로 amongst를 사용하며, among보다 더 격식을 차린 단어이다.

I heard that flour was being distributed ***amongst*** the citizens.
나는 시민들에게 밀가루가 배급되고 있다는 말을 들었다.

3 differences(차이점)

차이점에 대해 언급하는 경우, among이 아닌 between을 사용한다. 예를 들면, '세 개의 의자 사이에는 어떤 차이점도 없다.'는 ~~I couldn't see any difference among the three chairs.~~가 아닌 I couldn't see any difference *between* the three chairs.라고 한다.

There was an important difference ***between*** the political analysts and the military ones.
정치 분석가와 군사 분석가의 사이에는 중요한 견해차가 있었다.

For the 1972 election, while experts could tell the difference ***between*** the three main parties, the computer did not.
1972년 선거에서 전문가들은 3개 주요 정당간의 차이점을 구분할 수 있었으나, 컴퓨터는 구분하지 못했다.

➲ Usage 표제어 between 참조.

---

amount

an *amount* of something은 어떤 것을 갖거나, 필요하거나, 얻은 정도, 즉 '양'이라는 뜻이다.

...the ***amount*** of salt lost in sweat. 땀으로 손실된 소금의 양.

I was horrified by the ***amount*** of work I had to do. 나는 해야 할 업무의 양에 충격을 받았다.

많거나 적은 양에는 a large amount나 a small amount를 사용하며, a big amount나 a little amount라고 하지 않는다.

Use only a ***small amount*** of water at first. 처음에는 적은 양의 물만 사용하세요.

The army gave out only ***small amounts*** of food. 군은 적은 양의 음식만을 나누어 주었다.

There is no proof that ***larger amounts*** will prevent more colds.
더 많은 양이 감기를 더 잘 예방할 것이라는 증거는 전혀 없다.

amount가 복수형일 경우, 복수동사를 사용한다. 예를 들면, '많은 돈이 낭비되었다.'는 ~~Large amounts of money was wasted.~~가 아닌 Large amounts of money *were* wasted.라고 한다.

Increasing amounts of force ***are*** necessary. 힘을 상당히 증가시키는 것이 필요하다.

Very large amounts of money ***are*** required. 매우 많은 돈이 요구된다.

> 주의 an amount of things나 an amount of people이라고 하지 않는다. 예를 들어, '방에는 많은 의자가 있었다.'는 ~~There were an amount of chairs in the room.~~이 아닌 There were ***a number*** of chairs in the room.이라고 한다. 이와 같이 number를 사용하는 경우, 복수동사를 사용한다.
>
> A ***number*** of provisional bids ***were*** received. 많은 가입찰이 접수되었다.
>
> A small ***number*** of law firms ***have*** picked up some major deals. 소수의 법률 회사가 주요 사건을 맡았다.

---

an

➲ Usage 표제어 a – an 참조.

---

and

and를 사용하여 명사구, 형용사, 부사, 동사, 절을 연결할 수 있다.

1 linking noun groups(명사구 연결하기)

두 개의 사물이나 두 사람을 말하는 경우, 두 개의 명사구 사이에 and가 온다.

I'll give you a nice cup of tea ***and*** a ginger biscuit. 나는 당신에게 맛있는 차 한 잔과 생강 비스킷을 줄 것이다.

...a friendship between a boy ***and*** a girl. 어떤 소년과 소녀의 우정.

두 개 이상의 명사구를 연결하는 경우, 마지막 명사의 앞에만 and가 온다.

It's not just dogs, cats ***and*** other pets that are being mistreated.
학대받고 있는 것은 개, 고양이 그리고 다른 애완동물만이 아니다.

We need volunteers, cars, trucks ***and*** drivers to check designated areas.
우리가 지정된 지역들을 조사하려면 자원 봉사자, 자동차, 트럭, 운전기사가 필요하다.

2 linking adjectives(형용사 연결하기)

- 두 개의 형용사가 be, seem, feel과 같은 동사 뒤에 오는 경우, 첫 번째 형용사와 두 번째 형용사 사이에 and가 온다.

The room was large ***and*** square. 그 방은 넓고 정사각형 모양이었다.

The bed felt cold ***and*** hard. 그 침대는 차갑고 딱딱하게 느껴졌다.

- 위의 동사 뒤에 형용사가 두 개 이상일 경우, 보통 마지막 형용사 앞에만 and가 온다.

We felt hot, tired, ***and*** thirsty. 우리는 덥고, 피곤하고 목이 말랐다.

The child is generally outgoing, happy ***and*** busy. 그 아이는 보통 외향적이며, 행복하고 활발하다.

- 명사 앞에 두 개 이상의 형용사를 사용하는 경우, 형용사 사이에 일반적으로 and를 사용하지 않는다.

...a ***beautiful pink*** suit. 아름다운 분홍색 정장.

...***rapid technological*** advance. 빠른 기술의 진보.

- 그러나 색깔을 나타내는 형용사가 두 개 이상인 경우, and를 사용해야 한다.

...a ***black and white*** swimming suit. 검은색과 하얀색이 섞인 수영복.

- 마찬가지로, 위와 비슷하게 명사를 구분하는 두 개 이상의 형용사가 올 경우, and를 사용한다.

...a social ***and*** educational dilemma. 사회적이며 교육적인 딜레마.

- 서로 다르거나 반대의 성질을 가진 사물의 집단을 말할 때, 복수명사 앞에 형용사가 오는 경우에도 and를 사용한다.

Both ***large and small*** firms deal with each other regularly. 크고 작은 회사 모두가 서로 정기적으로 거래를 한다.

...***European and American*** traditions. 유럽과 미국의 전통.

> 주의 서로 대조되는 형용사를 연결할 때는 and가 아닌 but을 사용한다. 예를 들면, '그는 뚱뚱하지만 민첩했다.'는 ~~He was fat and agile.~~이 아닌 He was fat ***but*** agile.이라고 한다.
>
> We are poor ***but*** happy. 우리는 가난하지만 행복하다.
>
> ...a small ***but*** comfortable two bedroom house. 작지만 아늑한 침실이 두 개인 집.

3 linking adverbs(부사 연결하기)

부사를 연결할 때, **and**를 사용할 수 있다.

Mary was breathing quietly *and* evenly. 메리는 조용하면서도 고르게 숨을 쉬고 있었다.
They walk up *and* down, smiling. 그들은 웃으면서 왔다 갔다 한다.

4 linking verbs(동사 연결하기)

동일한 사람, 사물, 그룹이 하는 행동을 동사로 연결할 때, **and**를 사용한다.

I was shouting *and* swearing. 나는 그에게 소리치며 욕을 하고 있었다.
They just sat *and* chatted. 그들은 그냥 앉아서 이야기를 했다.

어떤 일을 반복하거나 오랫동안 할 때, 동사 뒤에 **and**를 사용하여 동사를 반복할 수 있다.

They laughed *and* laughed. 그들은 웃고 또 웃었다.
Isaacs didn't give up. He tried *and* tried. 아이작은 포기하지 않고, 시도하고 또 시도했다.

회화에서 **try**나 **wait** 뒤에 **to**부정사절 대신 **and**를 사용할 수 있다. 예를 들면, '나는 신문을 사러 갈 것이다.'는 **I'll try to get a newspaper.** 대신 **I'll try *and* get a newspaper.**라고 한다. 이와 같은 문장에서는 두 가지 행동이 아닌 한 가지 행동을 나타낸다.

I'll try *and* answer the question. 나는 그 질문에 대답할 것이다.
I prefer to wait *and* see how things go. 나는 그 일들이 어떻게 진행되는지 지켜보는 게 더 낫다.

> 주의 **wait**나 **try**를 미래시제로 사용할 경우, 부정사나 명령문 형식에서만 **and**를 사용한다.

go and **do something**이나 ***come and*** **do something**은 어떤 일을 하기 위해 어떤 장소에서 다른 장소로 이동하다라는 뜻이다.

I'll *go and* see him in the morning. 나는 아침에 그를 만나러 갈 것이다.
She would *come and* hold his hand. 그녀는 그와 협력하러 갈 것이다.

회화에서 **someone *has gone and* done something**은 누군가가 한 바보 같은 짓에 짜증이 나다라는 뜻이다.

He plastered it six months ago and that was bad enough but now he *has gone and* painted it peach.
그는 6개월 전에는 그것에 회반죽을 발라서 굉장히 싫었는데, 지금 그것을 복숭아 색으로 칠해서 짜증이 난다.

5 linking clauses(절 연결하기)

절을 연결할 때, **and**를 자주 사용한다.

I came here in 1972 *and* I have lived here ever since. 나는 1972년에 이곳에 와서 줄곧 살고 있다.

회화에서 어떤 일을 하면 다른 일이 일어날 것이라고 충고나 경고를 할 때, **and**를 사용할 수 있다. 예를 들면, '기차로 가면 그곳에 더 빨리 도착할 것이다.'는 **If you go by train, you'll get there quicker.** 대신 **Go by train *and* you'll get there quicker.**라고 한다.

Do as you're told *and* you'll be all right. 지시받은 대로 행동하면 당신은 아무 문제가 없을 것이다.
Do that again *and* I'll break your legs. 다시 그 일을 하면, 내가 너의 다리를 부러뜨릴 것이다.

일반적으로 **and**는 문장의 처음에 사용하지 않지만, 누군가가 한 말을 적거나 회화 스타일로 글을 쓸 때 사용한다.

Send him ahead to warn Eric. *And* close that door. 그를 미리 보내 에릭에게 주의를 주세요. 그리고 저 문을 닫으세요.
I didn't mean to scare you. *And* I'm sorry I'm late. 당신을 놀라게 할 의도는 없었어요. 그리고 늦어서 죄송합니다.

6 omitting repeated words(반복되는 단어 생략하기)

같은 조동사가 있는 동사구를 연결하는 경우, 조동사를 반복할 필요가 없다.

John *had* already *showered and changed*. 존은 벌써 샤워를 하고 옷도 갈아입었다.

마찬가지로 명사 앞에 같은 형용사, 전치사, 한정사로 명사를 연결할 경우, 형용사, 전치사, 한정사를 반복할 필요가 없다.

...*the young men and women* of England. 영국의 젊은 남녀들.
My mother and father worked hard. 내 어머니와 아버지는 열심히 일하셨다.

7 'both' for emphasis(강조에 사용하는 both)

and를 사용하여 두 단어를 연결하는 경우, 첫 번째 단어군 앞에 both가 와서 두 단어 모두에 적용됨을 강조한다.

They feel *both* anxiety *and* joy. 그들은 걱정과 기쁨의 두 가지 감정을 느끼고 있다.

➲ Usage 표제어 both 참조.

8 negative sentences(부정문)

일반적으로 부정문에서 단어군을 연결할 때는 and가 아닌 or를 사용한다. 예를 들면, '그녀는 절대로 소설을 읽거나 듣지 않는다.'는 ~~She never reads and listens to stories.~~가 아닌 **She never reads *or* listens to stories.**라고 한다.

He was *not* exciting *or* good looking. 그는 재미있지도 잘생기지도 않았다.

➲ Usage 표제어 or 참조.

그러나 두 행위가 동시에 일어날 가능성을 나타낼 경우, and를 사용한다. 예를 들면, **I can't think *and* talk at the same time.**(나는 동시에 생각하고 말할 수 없다.)이라고 한다. 두 명사구가 흔히 함께 사용되어 하나의 것으로 간주되는 경우에도 and를 사용한다. 예를 들면, **I haven't got my knife and fork.**(나는 나이프와 포크가 없다.)처럼 부정문에서도 나이프와 포크는 항상 and로 연결된다.

Unions haven't taken health *and* safety as seriously as they might have done.
노동조합들은 가장 진지하게 고려될 수도 있었던 건강과 안전에 대해 관심을 두지 않아 왔다.

이와 같이 두 명사구가 하나의 것으로 간주될 때, 명사구에는 일정한 형식이 있다. 예를 들면, **fork and knife**가 아닌 **knife and fork**라고 한다.

➲ 위와 같은 종류의 단어의 쌍에 대한 목록은 Topic 표제어 Fixed pairs 참조.

---

anger

명사 **anger**의 형용사 **angry**는 일반적으로 특정한 때의 기분이나 감정을 말할 때 사용한다. 누군가가 자주 화를 내는 경우, **bad-tempered**(심술궂은)라고 한다.

Are you *angry* with me for some reason? 당신은 무슨 이유로 제게 화를 내십니까?
She's a *bad-tempered* young lady. 그녀는 화를 잘 내는 아가씨이다.

누군가가 매우 화가 나 있는 경우, **furious**(격노한)라고 한다.

Senior police officers are *furious* at the blunder. 경찰 고위 간부 그 큰 실수에 몹시 화가 나 있다.

누군가가 화가 많이 나지 않은 경우, **annoyed**나 **irritated**(짜증이 난)라고 한다.

The Premier looked *annoyed* but calm. 국무총리는 짜증이 나 보였지만 평정을 유지하는 것처럼 보였다.
...a man *irritated* by the barking of his neighbour's dog. 이웃집 개가 짖어 대는 소리에 짜증이 난 남자.

일반적으로 어떤 것이 끊임없이, 계속 일어나서 누군가를 짜증이 나게 하는 경우, **irritated**라고 한다. 어떤 사람이 자주 짜증을 내는 경우, **irritable**이라고 표현할 수 있다.

---

anniversary – birthday

1 'anniversary'

anniversary는 전년도의 그날에 일어난 특별한 일을 기억하거나 축하하는 날, 즉 '기념일'이라는 뜻이다.

...the *anniversary* of the first moonwalk. 처음으로 달 표면을 걸었던 기념일.
It's the 100th *anniversary* of Hitchcock's birth. 히치콕의 탄생 100주년 기념일이다.

2 'birthday'

생일은 **anniversary**가 아닌 **birthday**라고 한다.

On my twelfth ***birthday*** I received a letter from my father. 12번째 내 생일날 나는 아버지에게서 편지를 받았다.
It was 10 December, my daughter's ***birthday***. 그날은 12월 10일로, 내 딸의 생일이었다.

---

announcement – advertisement

1 'announcement'

announcement는 어떤 것에 대한 정보를 주는 공식적인 언급, 즉 '공식 발표'라는 뜻이다.

The government made a public ***announcement*** about the progress of the talks.
정부 당국은 그 협상의 진전 상황에 대해 공식 발표를 했다.

The ***announcement*** gave details of small increases in taxes.
세금의 소폭 인상에 대한 자세한 내용이 공식 발표되었다.

2 'advertisement'

advertisement는 무언가를 사라고 권유하거나, 행사나 일자리에 대한 정보를 주는 신문이나 텔레비전의 한 항목, 즉 '광고'라는 뜻이다.

...an ***advertisement*** for Black and White whisky. 블랙 앤드 화이트 위스키의 광고.
...an ***advertisement*** for an assistant cashier. 보조 계산원을 구하는 광고.

advertisement를 줄여서 흔히 advert(영국에서 사용)와 ad라고도 사용한다.

The ***advert*** is displayed at more than 400 sites. 그 광고는 약 400곳 이상에 전시 광고되어 있다.
...a 60-second TV ***ad***. 60초짜리 TV 광고.

---

another

1 used to mean 'one more' (one more의 뜻으로 사용하기)

another는 특정한 사물이나 사람이 하나 더 있다라는 뜻으로, 일반적으로 〔another + 단수명사〕 형식을 사용한다.

Could I have ***another*** cup of coffee? 커피 한 잔 더 마실 수 있나요?
He opened ***another*** shop last month. 그는 지난달에 가게를 하나 더 열었다.

〔another + few · 숫자 + 복수명사〕 형식을 사용할 수 있다.

Within ***another few*** minutes reports of attacks began to come in.
몇 분이 지난 후, 공격에 대한 보고가 들어오기 시작했다.

The woman lived for ***another ten*** days. 그 여자는 열흘을 더 살았다.

> 주의 복수명사나 불가산명사 바로 앞에는 another가 아닌 more를 사용한다. 예를 들면, '더 많은 남자들이 방으로 들어왔다.'는 ~~Another men came into the room.~~이 아닌 ***More*** men came into the room.이라고 한다.
>
> We ought to have ***more*** police officers, and more of them on the streets.
> 우리는 경찰관을 더 충원하여 거리에 더 많은 경찰을 투입해야 한다.
>
> We need ***more*** information. 우리는 더 많은 정보가 필요하다.

2 used to mean 'different' (different의 뜻으로 사용하기)

another는 어떤 사물이나 사람이 이야기하고 있는 것과 다를 때 사용한다.

It all happened in ***another*** country. 그러한 모든 일은 다른 나라에서 일어났다.
He mentioned the work of ***another*** colleague, John Lyons. 그는 다른 동료인 존 라이온스의 일에 대해 언급했다.

때때로 some other를 another의 뜻으로 사용한다.

I will have to think of ***some other*** way of getting across to Europe.
나는 유럽 대륙을 횡단하는 다른 방법을 생각해야 할 것이다.

They talked about ***some other*** guy they knew. 그들은 자신들이 알고 있던 다른 남자에 대해 이야기했다.

주의 위와 같은 뜻일 때, (another+복수명사 · 불가산명사) 형식을 사용하지 않는다. 예를 들면, '그들은 다른 나라에서 일을 더 잘 준비한다.'는 ~~They arrange things better in another countries.~~가 아닌 They arrange things better in ***other*** countries.라고 한다.

Other people must have thought like this. 다른 사람들은 이렇게 생각했음에 틀림없다.
...toys, paints, books and ***other*** equipment. 장난감, 그림, 책, 다른 장비.

3 used as a pronoun(대명사로 사용하기)

another는 때때로 대명사로 사용한다.

I saw one girl whispering to ***another***. 나는 한 여자 아이가 다른 여자 아이에게 속삭이는 것을 보았다.

---

answer

1 used as a verb(동사로 사용하기)

질문을 한 사람이나 그 질문에 대답할 때, ***answer*** a person이나 ***answer*** a question이라고 한다.

I didn't know how to ***answer*** her. 나는 그녀에게 어떻게 대답할지 몰랐다.
I tried my best to ***answer*** her questions. 나는 그녀의 질문에 답하려고 최선을 다했다.

i 'answer to' someone이나 'answer to' the question이라고 하지 않는다.

2 used as a noun(명사로 사용하기)

answer는 누군가가 질문을 하여 그 질문에 대해 한 말, 즉 '대답'이라는 뜻이다.

'Is there anyone here?' I asked. There was no ***answer***. "여기 누가 계십니까?"라고 내가 물었지만 아무 대답이 없었다.

an ***answer to*** a problem은 어떤 문제에 대한 해법이라는 뜻이다.

At first it seemed like the ***answer to*** all my problems. 처음에는 그것이 모든 내 문제를 해결할 수 있는 해법처럼 보였다.

i an 'answer for' a problem이라고 말하지 않는다.

---

anti-social – unsociable

1 'anti-social'

anti-social behavior는 다른 사람들을 해롭게 하거나 짜증나게 하는 반사회적인 행위라는 뜻이다.

...the growing use of the computer by ***anti-social*** elements as a weapon of crime.
범죄 무기로서 반사회적 요소로 증가하고 있는 컴퓨터의 사용.
Don't let your children develop an ***anti-social*** habit such as bullying.
당신의 아이들이 약자를 괴롭히는 것과 같은 반사회적인 습관을 들이지 않도록 해라.

anti-social의 미국식 철자법은 antisocial이다.

2 'unsociable'

다른 사람들과 교제하는 것을 좋아하지 않는 사람들을 때때로 antisocial이라고 하며, 또 다른 단어로 unsociable이라고 한다.

She was an awkward and ***unsociable*** girl. 그녀는 서투르고, 사교적이지 않은 소녀이다.

---

anxious

1 'anxious about'

be ***anxious about*** someone/something은 어떤 사람이나 사물을 걱정하다라는 뜻이다.

I was quite ***anxious about*** George. 나는 조지가 대단히 걱정스러웠다.

2 'anxious to'

be ***anxious to do*** something은 어떤 일을 하기를 대단히 원하다라는 뜻이다.

We are most ***anxious to find out*** what really happened. 우리는 실제로 무슨 일이 일어났는지 가장 알고 싶다.
He seemed ***anxious to go***. 그는 매우 가고 싶은 것처럼 보였다.

ⓘ be 'anxious for doing' something이라고 하지 않는다.

3 'anxious for'

be ***anxious for*** something은 어떤 것을 갖기를 원하거나 어떤 일이 일어나기를 원하다라는 뜻이다.

...civil servants ***anxious for*** promotion. 승진하기를 열망하는 공무원들.
He was ***anxious for*** a deal, and we gave him the best we could.
그가 거래를 원해서 우리는 가장 좋은 조건을 제시했다.

4 'anxious that'

be ***anxious that*** something should happen은 어떤 일이 일어나기를 매우 간절히 원하다라는 뜻이다.

Lyons was most ***anxious that*** this should happen. 라이언은 이 일이 일어나야 한다고 간절히 소망했다.
My parents were ***anxious that*** I go to college. 부모님은 내가 대학에 진학하기를 간절히 원했다.

ⓘ anxious 뒤에 that절을 사용하는 경우, 일반적으로 that절에 should를 사용한다.

5 'anxious' and 'nervous'

anxious와 nervous를 혼동해서는 안 된다. nervous는 누군가가 하려고 하거나 경험하려는 일에 대해 다소 두려움을 느끼다라는 뜻이다.

I began to get ***nervous*** about crossing roads. 나는 길을 건너는 것에 대해 두려움을 느끼기 시작했다.
Both actors were exceedingly ***nervous*** on the day of the performance.
두 배우 모두 공연이 열린 날에 몹시 초조해했다.

---

any

1 'any'

각각의 사물, 사람, 한 그룹의 각 구성원에 대해 어떤 것이 사실이라고 할 때, any를 사용한다.

〔any + 단수명사〕 형식은 특정한 유형의 사람이나 사물 각각에 사용한다.

Consult ***any large dictionary*** for proof. 교정을 위해 어떠한 큰 사전이라도 참고하세요.
...things that ***any man*** might do under pressure. 강요받은 상태에서 누구라도 할 수 있는 것들.

〔any + 복수명사〕 형식은 특정한 유형의 사물이나 사람 모두에 사용한다.

One must beware of ***any forecasts about fuel supplies***. 우리는 연료 수급에 관한 모든 예측을 경계해야 한다.
The patients know their rights like ***any other consumers***. 환자도 다른 소비자처럼 그들의 권리를 알고 있다.

〔any + 불가산명사〕 형식은 어떤 것의 양에 사용한다.

Throw ***any vegetable matter*** to the pig. 야채라면 뭐든 돼지에게 던져 주세요.

〔any + 단수 가산명사 · 불가산명사〕 형식이 주어인 경우, 단수동사를 사용한다.

Any book that attracts children as much as this ***has*** to be taken seriously.
이것처럼 어린이들의 관심을 끄는 모든 책은 진지하게 생각해 보아야 한다.
While any poverty ***remains***, it must have the first priority.
어떤 빈곤이라도 존재하는 한, 그것이 최우선 과제가 되어야 한다.

〔any + 복수 가산명사〕 형식이 주어인 경우, 복수동사를 사용한다.

Before any decisions ***are*** made, ministers are carrying out a full enquiry.
어떤 결정을 내리기 전에, 장관들은 충분한 조사를 할 것이다.

2 'any of'

〔any of + the · these · those · 소유격 + 복수명사〕 형식은 특정한 그룹에 속한 각각의 사물이나 사람을 나타낼 때 사용한다.

It was more expensive than ***any of the other magazines***. 그 잡지는 다른 어떤 잡지보다도 더 비쌌다.

Any of the local boatmen will take you to the caves.
그 지역의 뱃사공이라면 누구라도 당신을 그 동굴로 안내해 줄 것이다.

Milk in ***any of these forms*** is just as nutritious as when it comes straight from the cow.
이런 형태의 어떠한 우유라도 소에서 갓 짜낸 우유처럼 영양가가 있다.

Current rates can be obtained on request at ***any of our branches***.
현재의 환율은 원한다면 우리의 어떤 지점에서든 얻을 수 있다.

〔any of + 복수명사구〕 형식이 주어인 경우, 복수동사나 단수동사를 사용한다. 이때 단수동사를 사용하는 것이 더 격식을 차린 표현이다.

Find out if any of his colleagues ***were*** at the party. 그의 동료들 중에 누가 그 파티에 참석했는지를 알아보세요.

There is no sign that any of these limits ***has*** yet been reached. 이 경계선에 어떤 것도 도달한 징조가 보이지 않았다.

〔any of + the · this · that · 소유격 + 단수명사〕 형식은 어떤 것의 각 부분에 사용한다.

I'm not going to give you ***any of the land***. 나는 그 땅의 어느 한 부분도 당신에게 주지 않을 것이다.

I feel horribly guilty taking up ***any of your precious time***.
나는 당신의 귀한 시간을 조금이라도 뺏는 것에 대해 아주 큰 죄책감을 느끼고 있다.

〔any of + this · that · these · those · it · us · you · them〕 형식도 사용할 수 있다.

Has ***any of this*** been helpful? 이것 중 어느 것이라도 도움이 되었습니까?

I don't believe ***any of it***. 나는 그것에 대해 전혀 믿지 않는다.

'We had numerous chances and didn't take advantage of ***any of them***.' Pardew said.
파듀는 "우리에게 좋은 기회가 여러 번 있었지만, 그 기회 중 어느 것도 활용하지 못했다."라고 말했다.

위의 대명사 앞에 of가 없이 any만 사용하지 않는다. 〔any of + these · those · us · you · them〕 형식이 주어이면 복수동사나 단수동사를 사용할 수 있다.

We would hotly contest the idea that any of us ***were*** middle class.
우리 모두가 중산층에 속한다는 생각에 대해 열띤 토론을 벌이곤 했다.

I don't think any of them ***wants*** that. 나는 그들 중 어느 누구도 그것을 원한다고 생각하지 않는다.

3 used in questions and negatives(의문문과 부정문에 사용하기)

의문문과 부정문에서, 특히 have 뒤에 any를 사용한다.

Do you have ***any*** facts to back up all this? 당신은 이러한 사실을 뒷받침할 어떠한 사실이라도 있습니까?

He said he hadn't ***any*** feelings about his own childhood. 그는 자신의 어린 시절에 대해 어떤 감정도 없다고 말했다.

➲ 위의 용법에 대해서는 Usage 표제어 some 참조.

4 used as a pronoun(대명사로 사용하기)

any를 대명사로도 사용할 수 있다.

Discuss it with your female colleagues, if you have ***any***. 만약 여자 동료가 있다면, 그것을 그들과 토론해 보세요.

The meeting was different from ***any*** that had gone before. 그 회의는 전에 열렸던 어떤 회의와도 달랐다.

---

anybody

➲ Usage 표제어 anyone – anybody 참조.

---

any more

1 'any more'

과거에 일어난 일이 현재는 일어나지 않을 경우, something does not happen ***any more***라고 한다.

something is not the case *any more*라고도 하며, any more는 일반적으로 문장의 끝에 온다.

There was no noise ***any more***. 더 이상의 소음은 없었다.
He can't hurt us ***any more***. 그는 더 이상 우리들에게 피해를 줄 수 없다.
People just do not care ***any more***. 사람들은 더 이상 신경 쓰지 않는다.

something does not happen 'no more'라고 하지 않는다.

미국 영어에서는 때때로 **anymore**로 표기한다.
The land isn't valuable ***anymore***. 그 토지는 더 이상 값어치가 없다.

2 'no longer'

어떤 일이 더 이상 일어나지 않는다라고 할 경우, **something 'does not happen any more'** 대신 **something *no longer happens*라고 하며, 이는 상당히 격식을 차린 용법이다.**

- **동사가 be동사가 아닐 경우, no longer는 동사 앞에 온다.**

  We ***no longer feed*** infants in this way. 우리는 더 이상 이런 식으로 갓난아이에게 젖을 주지 않는다.
  Their clothing ***no longer gave*** effective protection against the heat.
  그들의 옷은 더 이상 효과적으로 열을 막지 못했다.

- **동사가 be동사일 경우, no longer는 be동사 뒤에 온다.**

  That ***is no longer*** the case. 그것은 더 이상 사실이 아니다.

- **조동사를 사용하는 경우, 조동사와 본동사 사이에 no longer가 온다.**

  They ***can no longer gather*** food for themselves. 그들은 더 이상 자신들의 힘으로 식량을 모을 수가 없다.
  Ralph ***could no longer make*** himself heard. 랠프는 더 이상 말을 들을 수 없었다.

- **글을 쓸 때 no longer가 때때로 문장의 처음에 오면 〔no longer + 조동사 · be동사 + 주어〕 형식을 사용한다.**

  No longer were they isolated from each other. 그들은 더 이상 서로 떨어져 있지 않았다.
  No longer can boys and girls pick up their skills from their mothers and fathers.
  소년 소녀들은 더 이상 부모로부터 기술을 습득할 수 없다.

회화에서는 위와 같이 no longer를 사용하지 않는다.

3 'any longer'

어떤 일이 더 이상 일어나지 않는다라고 할 경우, something 'does not happen any more'나 something 'no longer happens' 대신 something *does not happen any longer*라고 하는데, 이는 일반적으로 사용하지 않는 용법이다. any longer는 문장의 끝에 온다.

She could not doubt it ***any longer***. 그녀는 더 이상 그것을 의심할 수 없었다.

---

anyone – anybody

1 'anyone' and 'anybody'

일반 사람들이나 특정한 부류의 개개인을 언급할 때, **anyone**이나 **anybody**를 사용한다. **anyone**과 **anybody**의 의미상의 차이는 없다.

Anyone can miss a plane. 누구나 비행기를 놓칠 수 있다.
Anybody can go there. 누구나 그곳에 갈 수 있다.
If ***anyone*** asks where you are, I'll say you've just gone out.
누구라도 당신이 있는 곳을 물어본다면, 조금 전에 외출했다고 할 것이다.
If ***anybody*** wants me for anything, tell them I'll be back soon.
누가 어떤 일로 나를 찾으면, 곧 돌아올 거라고 말해 주세요.

2 used in questions and negatives(의문문과 부정문에 사용하기)

anyone과 anybody는 일반적으로 의문문이나 부정문에 사용한다.

Was there ***anyone*** behind you? 당신 뒤에 누가 있었습니까?

There wasn't ***anyone*** in the room with her. 그녀와 같이 방에 있었던 사람은 아무도 없었다.

위의 용법에 대한 더 많은 정보는 **Usage** 표제어 **someone – somebody** 참조.

3 'any one'

anyone을 **any one**과 혼동해서는 안 된다. 어떤 것 중에 하나만 강조할 때, **any one**을 사용한다.

There are about 35,000 properties for sale at ***any one*** time in Britain.
영국에서는 약 3만 5천 개의 부동산 매물이 있는 한 시기가 있다.

---

anyplace

Usage 표제어 **anywhere** 참조.

---

anything

1 'anything'

일어났거나 일어날지도 모르는 사물이나 사건, 특정한 종류의 각각의 사물이나 사건에는 **anything**을 사용한다.

The situation is very tense; ***anything*** might happen. 그 상황은 매우 긴박해서 어떤 일이 일어날지도 모른다.
'Do you like beer?' – 'I like ***anything*** alcoholic.' "당신은 맥주를 좋아합니까?" – "저는 술이라면 무엇이든 좋아해요."

2 used in questions and negatives(의문문과 부정문에 사용하기)

의문문과 부정문에 **anything**을 매우 일반적으로 사용한다.

Why do we have to show him anything? 왜 우리가 그에게 뭔가를 보여 줘야 합니까?
I did not say ***anything***. 나는 아무 말도 하지 않았다.

이 용법에 대한 더 많은 정보는 **Usage** 표제어 **something** 참조.

---

any time

누군가가 언제든지 어떤 일을 할 수 있다고 할 때, **any time**이나 **at any time**을 사용한다.

If you'd like to give it a try, just come ***any time***. 만약 당신이 그 일을 한번 시도하고 싶다면, 언제라도 오세요.
They can leave ***at any time***. 그들은 언제라도 떠날 수 있다.

any time 앞에 **at**을 사용하지 않는 경우, **anytime**으로 표기할 수 있다.

I could have left ***anytime***. 나는 언제든지 떠날 수 있었다.
We'll be hearing from him ***anytime*** now. 우리는 어느 때라도 그의 소식을 듣게 될 것이다.

〔**any time + that**절(보통 **that**은 생략함)〕 형식은 무언가가 필요할 때마다 어떤 일을 할 수 있다고 할 때 사용할 수 있다.

Any time you need him, let me know. 당신이 그를 필요로 하는 어느 때라도 나에게 알려 주세요.
Any time the banks need to increase rates on loans they are passed on very quickly.
은행이 대출 이자를 올릴 필요가 있을 때마다 언제든지 금리가 재빨리 변경되어 부과된다.

부정문에서 '얼마간'이라는 뜻으로도 **any time**을 사용한다.

We mustn't waste ***any time*** in Athens. 우리는 아테네에서 시간을 조금도 허비해서는 안 된다.
I haven't had ***any time*** to learn how to use it properly. 나는 그것을 적절하게 사용할 방법을 습득할 시간이 얼마 없었다.

any time이 위와 같은 뜻일 경우, **anytime**으로 표기하지 않는다.

---

anyway

1 'anyway'

방금 전에 한 말에 다른 말을 덧붙일 경우, **anyway**를 사용한다. 이때 보통 덧붙인 말은 방금 생각해 낸 것이고 전에 한 말이 덜 중요하거나 관련이 적은 것처럼 들린다.

If this doesn't work, I'll find a gun and shoot myself. I'm serious. That's what I feel like doing *anyway*.
만약 이 일이 제대로 되지 않으면, 나는 총으로 자살을 할 것이다. 나는 지금 심각한 상태이다. 어쨌든 그게 내가 하고 싶은 일이다.

I decided to postpone the idea of doing a course, and *anyway* I got accepted by the Council.
나는 과정을 이수하는 것을 연기하기로 결정했고, 어쨌든 위원회로부터 승인을 받았다.

2 'any way'

anyway와 **any way**를 혼동해서는 안 된다. **any way**는 대체로 '어떠한 점에 있어서도' 또는 '어떤 방법으로도'라는 뜻이 있는 어구인 **in any way**에 나온다.

He never threatened her *in any way*. 그는 그녀를 어떤 식으로도 협박한 적이 전혀 없다.

I am not connected *in any way* with the medical profession. 나는 의료직과 아무런 연관이 없다.

If I can help her *in any way*, you have only to speak to me.
어떤 식으로든 그녀를 도울 수 있는 방법이 있다면, 당신은 내게 말해 주어야만 한다.

---

anywhere

1 'anywhere' and 'anyplace'

anywhere는 어떤 장소나 특정한 곳의 일부분이라는 뜻이다.

It is better to have it in the kitchen than *anywhere* else. 다른 곳보다 부엌 안에 놔두는 것이 더 좋다.

They are the oldest rock paintings *anywhere* in North America.
그것들은 북미의 어느 지역에 있는 것보다 가장 오래된 암석화이다.

미국 영어를 쓰는 일부 사람들은 **anywhere** 대신 **anyplace**를 사용한다.

The fact is we're afraid to go *anyplace* alone. 사실 우리는 어느 곳이든지 혼자 가는 것을 두려워한다.

Airports were more closely watched than *anyplace* else. 공항은 다른 장소보다 더 엄중히 감시되었다.

2 used in questions and negatives(의문문과 부정문에 사용하기)

의문문과 부정문에서는 **anywhere**를 매우 일반적으로 사용한다.

Is there an ashtray *anywhere*? 재떨이는 어디 있습니까?

I decided not to go *anywhere*. 나는 아무 데도 가지 않기로 결정했다.

위의 용법에 대한 더 자세한 정보는 **Usage** 표제어 **somewhere** 참조.

---

apart

1 'apart'

두 사람이 서로 동석하지 않고 따로따로 떨어져 있을 때, **apart**를 사용한다.

They could not bear to be *apart*. 그들은 떨어져 있는 것을 견딜 수 없었다.

명사 앞에는 apart를 사용하지 않는다.

2 'apart from'

자신이 하는 말에 예외가 있음을 나타내는 경우, **apart from**을 사용한다.

Apart from Ann, the car was empty. 앤을 제외하고, 차 안에는 아무도 없었다.

She had no money, *apart from* the five pounds that Christopher had given her.
그녀는 크리스토퍼가 준 5파운드를 제외하고는 돈이 없었다.

위와 같은 뜻으로 **apart**를 사용할 때, 반드시 **from**이 뒤따라와야 하며 다른 전치사가 올 수 없다.

미국 영어에서는 **apart from** 대신 **aside from**을 주로 사용한다.

Aside from the location, we knew little about this park. 우리는 공원이 위치한 장소 외에는 이 공원에 대해 거의 몰랐다.

apartment

Usage 표제어 flat – apartment 참조.

apologize

apologize to **someone**은 다른 사람에게 미안하다고 말하다, 즉 '사과하다'라는 뜻이다.

Afterwards George ***apologized to*** him personally. 그 후로 조지는 그에게 개인적으로 사과를 했다.

ℹ 위와 같은 문장에서 apologize 뒤에 to가 뒤따라오며, 'apologize' someone이라고 하지 않는다.

자신이 한 일을 사과하거나 다른 사람이 한 일을 사과할 때, **apologize for**를 사용한다.

Later, Bred ***apologized*** to Savchenko ***for*** the conduct of a few members of the company.
후에 브레드는 사브첸코에게 그 회사의 일부 직원의 행동에 대해 사과했다.

I ***apologize for*** being late. 지각한 것에 대해 사과합니다.

appeal

영국 영어에서 ***appeal against*** **a legal decision/sentence**는 어떤 사람이 공식적으로 법원에 판결을 변경하거나 감형해 줄 것을 요구하다, 즉 '상소하다'라는 뜻이다.

He ***appealed against*** the five year sentence he had been given. 그는 자신이 받은 5년형에 대해 항소했다.

미국 영어에서는 **appeal** 뒤에 **against**를 사용하지 않는다.

Casey's lawyer said he was ***appealing*** the interim decision.
케이시의 변호사는 가처분 결정에 항소할 것이라고 말했다.

appear

1 'appear'

appear는 어떤 것이 볼 수 있는 위치로 움직이다, 즉 '나타나다'라는 뜻이다.

A glow of light ***appeared*** over the sea. 바다 위로 한 줄기의 빛이 나타났다.

어떤 물건을 사람들이 읽거나 구입하는 것이 가능할 때에도 **appear**를 사용한다.

His second novel ***appeared*** under the title 'Getting By'. 'Getting By'라는 제목으로 그의 두 번째 소설이 출간되었다.

It was about the time that video recorders first ***appeared*** in the shops.
비디오 녹화기가 처음으로 가게에 출시된 것은 그때쯤이었다.

물건의 입수가 가능했던 날짜나 기간에 **there**를 자주 사용한다. 예를 들면, **'1960**년대에 새로운 형태의 자동차가 출시되었다.'는 **In the 1960s a new type of car appeared.** 대신 **In the 1960s *there appeared* a new type of car.**라고 한다.

In 1992 ***there appeared*** The Private Years, the first volume of The Selected Letters of Bertrand Russell.
1992년에 버트런드 러셀의 주요 편지 모음 시리즈 제1권인 'The Private Years'가 출간되었다.

As early as the mid-twenties ***there appeared*** on the market chairs, tables and stools designed by Wijdveldt.
20년대 중반처럼 일찍이 위지드벨이 디자인한 의자, 탁자, 등받이가 없는 의자가 출시되었다.

ℹ 위와 같은 뜻의 문장에서 there를 사용한다. 예를 들면, ~~In the 1960s appeared a new type of car.~~라고 하지 않는다.

2 'appear to'

something *appears to* be the case는 어떤 것이 사실처럼 보이다라는 뜻이다. 마찬가지로 **something *appears to* be a particular thing**은 어떤 사물이 특정하게 보이다라는 뜻이다. **appear to**는 **seem to**보다 더 격식을 차린 표현이다.

I don't ***appear to*** have written down his name. 나는 그의 이름을 적어 놓지 않은 것 같다.
Their offer ***appears to*** be the most attractive. 그들의 제안이 가장 마음에 들었다.

apply

1 request formally(공식적으로 하는 요청)

apply는 어떤 것을 하거나 가지게 허락해 달라고 서면으로 공식 요청하다, 즉 '신청하다'라는 뜻이다.

I'***ve applied*** for another job. 나는 다른 직장에 지원했다.
Sally and Jack ***applied*** to adopt another child. 샐리와 잭은 또 다른 아이를 입양하기 위해 신청서를 제출했다.

2 another meaning of 'apply'(apply의 다른 뜻)

apply에는 또 다른 뜻이 있는데, 어떤 것을 표면에 바르거나 문지르다라는 뜻이다. 이는 격식을 차린 용법이며, 일반적으로 활자로 된 사용 설명서에서만 볼 수 있다.

Apply a little liquid wax polish. 액체 광택 왁스를 조금 칠하세요.

ⓘ 회화와 대부분 글에서는 apply가 아닌 put on, rub on, rub in, spread on이라고 한다.

...the cream that she ***put on*** to soothe her sunburn. 그녀가 햇볕에 탄 피부의 쓰라림을 덜어 주기 위해 바르는 크림.
Try a little methylated spirit ***rubbed on*** with a soft cloth. 약간의 메탄올 변성 알코올을 부드러운 천에 묻혀 칠하세요.
Rub in linseed oil to darken it. 검게 태우기 위해 아마인유를 바르세요.

appreciate

appreciate는 자신을 위해 한 일 때문에 다른 사람에게 '감사하다'라는 뜻이다.

Thanks. I really ***appreciate*** your help. 감사해요. 도와주셔서 대단히 고마워요.
We would much ***appreciate*** guidance from an expert. 우리는 전문가에게 받은 지도에 매우 감사할 것이다.

어떤 일을 해줄 것을 정중하게 부탁할 때, (**I would appreciate it + if절**) 형식을 사용한다. 예를 들면, '이 건에 대해 신속하게 처리해 주시면 감사하겠습니다.'는 **I would appreciate it if you would deal with this matter urgently.**라고 한다.

ⓘ 위의 문장에서는 반드시 it을 사용해야 한다. 예를 들면, ~~I would appreciate if you would deal with this matter urgently~~.라고 하지 않는다.

approach

approach는 어떤 것에 더 근접하다, 즉 '다가가다'라는 뜻이다.

He ***approached*** the front door. 그는 현관문으로 다가갔다.
...Nancy heard footsteps ***approaching*** the galley. 낸시는 배 안의 주방으로 다가오는 발자국 소리를 들었다.

ⓘ approach는 to가 뒤따르지 않는다. 예를 들면, ~~He approached to the front door~~.라고 하지 않는다.

approve

approve of **someone/something은 사람이나 사물을 좋게 생각하다라는 뜻이다.**

His mother had not ***approved of*** Julie. 그의 어머니는 줄리를 좋게 생각하지 않았다.
Steve ***approved of*** the whole affair. 스티브는 모든 일에 찬성했다.

ⓘ 'approve to' someone or something이라고 하지 않는다.

approve는 어떤 권한이 있는 사람이 계획이나 아이디어에 공식적으로 동의하여 그 일이 가능하다, 즉 '승인하다'라는 뜻이다.

The White House ***approved*** the exercise. 백악관은 그 훈련을 승인했다.
The directors quickly ***approved*** the new deal. 이사들은 그 새로운 거래를 신속하게 승인했다.

ⓘ 위와 같은 뜻일 경우 approve of라고 하지 않는다.

---

arise – rise

arise와 **rise**는 둘 다 불규칙동사이다. **arise**의 다른 형태로 3인칭은 **arises**, **-ing**형은 **arising**, 과거는 **arose**, 과거분사는 **arisen**이다. **rise**의 다른 형태는 3인칭은 **rises**, **-ing**형은 **arising**, 과거는 **rose**, 과거분사는 **risen**이다. **arise**는 기회, 문제, 새로운 사태가 발생하다라는 뜻으로 가장 흔히 쓰인다.

He promised to help Rufus if the occasion ***arose***. 그는 만약 그러한 일이 일어나면, 루퍼스를 돕기로 약속했다.
A serious problem ***has arisen***. 심각한 문제가 하나 발생했다.

rise는 어떤 것이 위쪽으로 '솟아오르다'라는 뜻이다.

Clouds of birds ***rose*** from the tree-tops. 새 떼가 나무 위로 날아올랐다.

someone who is sitting *rises*는 격식을 차린 용법으로, 앉아 있는 사람이 일어나다라는 뜻이다. 회화에서는 보통 **stand up**을 더 많이 사용한다. 누군가가 잠자리에서 일어나다라고 할 때에도 **rise**를 사용하며, 이 또한 격식을 차린 용법이다. 회화에서는 보통 **get up**을 많이 사용한다.

➲ Usage 표제어 rise – raise 참조.

---

armchair

➲ Usage 표제어 **chair – armchair** 참조.

---

army

army는 무장을 하고 적과 싸우기 위해 훈련된 조직, 즉 '군대'라는 뜻이다. 영국 영어에서는 **army** 뒤에 단수동사나 복수동사를 사용할 수 있다.

The army ***is*** in a high state of readiness. 군은 만반의 준비 태세에 있다.
The army ***are*** clearing up quite a bit of the land. 군은 상당히 많은 땅을 개간하고 있다.

미국 영어에서는 **army**가 주어인 경우, 단수동사를 선호한다.

The U.S. army ***is*** involved in small construction projects. 미군은 조그만 건설 프로젝트에 관여하고 있다.

---

around – round – about

1 talking about movement(움직임 말하기)

특정한 방향이 없는 움직임을 나타낼 때, **around**, **round**, **about**을 사용할 수 있다.

It's so romantic up there, flying ***around*** in a small plane. 작은 비행기로 여기저기 날아다니는 저곳은 아주 낭만적이다.
I spent a couple of hours driving ***round*** Richmond. 나는 리치먼드 지역을 두 시간 동안 운전하며 돌아다녔다.
Police constables walk ***about*** with guns on their hips. 경찰은 권총을 엉덩이 쪽에 차고 여기저기 도보 순찰을 한다.

2 being present or available(존재하거나 가망성이 있음)

일반적으로 존재하거나 가망성이 있는 어떤 것을 말하는 경우, 부사로 **round**가 아닌 **around**나 **about**을 사용할 수 있다.

There is a lot of talent ***around*** at the moment. 이 순간에도 주위에 재능이 있는 사람이 많이 있다.
There are not that many jobs ***about***. 그렇게 많은 일자리는 주변에 없다.

> **주의** **round**는 명사, 동사, 형용사로 많은 뜻이 있지만, **about**은 명사, 동사, 형용사로 사용할 수 없다.

3 used as a preposition or adverb(전치사나 부사로 사용하기)

round가 전치사나 부사인 경우, **around**와 같은 뜻이다.

She was wearing a scarf ***round*** her head. 그녀는 머리 주위에 스카프를 쓰고 있었다.

He had a towel wrapped ***around*** his head. 그는 머리 주위를 수건으로 감쌌다.
The earth moves ***round*** the sun. 지구는 태양 주위를 돈다.
The satellite has passed once more ***around*** the earth. 위성은 한때 지구 주위를 한 번 더 지나가기도 했다.
Think of what's happening politically ***round*** the world. 이 세상에서 정치적으로 일어나는 일에 대해 생각해 보세요.
...the growth of vigilante societies ***around*** the country. 전국 각지에서의 자경(自警) 단체의 증가.
He swung ***round*** and faced the window. 그는 빙 돌아서 창문 쪽으로 향했다.
The large lady turned ***around*** in a huff. 몸집이 큰 여자가 벌컥 화를 내며 뒤돌았다.

around는 영국 영어보다 미국 영어에서 더 많이 사용한다.

4 used in phrasal verbs(구동사에 사용하기)

일부 구동사의 두 번째 단어에도 round 대신 around를 사용할 수 있다.

Don't wait for April to ***come around*** before planning your vegetable garden.
채소밭을 만드는 계획을 4월까지 기다리지 마세요.
When interview time ***came around***, Purcell was nervous. 인터뷰 시간이 다가오자, 퍼셀은 불안했다.
Irving ***got round*** the problem in a novel way. 어빙은 새로운 방법으로 그 문제를 해결했다.
An impasse has developed and I don't know how to ***get around*** it.
난국이 진전되었으나 나는 타개할 방법을 찾지 못하고 있다.

미국 영어에서는 위와 같은 경우, around만 사용한다.

5 meaning 'approximately'(approximately의 뜻)

회화에서 around와 round about은 때때로 '대략'이라는 뜻으로 사용한다.

He owns ***around*** 200 acres. 그는 약 200에이커의 땅을 소유하고 있다.
I've been here for ***round about*** ten years. 나는 이곳에서 거의 10년 동안 살아왔다.

이와 같이 round를 사용하지 않는다.

---

arrival

arrival은 어떤 곳에 누군가가 도착할 때 사용하며, 다소 격식을 차린 용법이다.

His ***arrival*** was hardly noticed. 그가 도착한 것을 아는 사람은 거의 없었다.
A week after her ***arrival***, we had a General School Meeting.
그녀가 도착한 지 일주일 후에 우리는 제너럴 스쿨 미팅을 가졌다.

〔on + 소유격 + arrival〕 형식은 어떤 곳에 도착한 후에 바로 무슨 일이 일어나다라는 뜻이다. at이 아닌 반드시 on을 써야 한다. 예를 들면, '그는 런던에 도착하자마자, 곧장 옥스퍼드 스트리트로 갔다.'는 ~~At his arrival in London, he went straight to Oxford Street.~~가 아닌 ***On his arrival*** in London, he went straight to Oxford Street.라고 한다.

On his arrival in Singapore he hired a secretary and rented his first office.
그는 싱가포르에 도착하자마자 비서를 고용하고 첫 사무실을 임대했다.
The British Council will book temporary hotel accommodation ***on your arrival*** in London.
영국 협의회는 당신이 런던에 도착하자마자 일시적으로 사용할 호텔 방을 예약할 것이다.

소유격은 자주 생략한다. 예를 들면, on one's arrival 대신 on arrival을 사용한다.

The principal guests were greeted ***on arrival*** by the Lord Mayor of London.
귀빈들은 도착과 동시에 런던 시장의 환영을 받았다.
On arrival at the Station hotel in Dumfries he acknowledges a few familar faces.
그는 스테이션 덤프리스의 스테이션 호텔에 도착하자마자 일부 낯익은 얼굴을 알아본다.

---

arrive – reach

1 'arrive'

누군가가 여행의 막바지에서 어떤 장소에 간다라고 할 때, arrive와 reach를 사용한다.

I'll tell Professor Hogan you'***ve arrived***. 나는 당신이 도착했다고 호간 교수에게 알릴 것이다.
He ***reached*** Bath in the late afternoon. 그는 오후 늦게 배스에 도착했다.

누군가가 어떤 장소에 도착하다라고 할 경우, **arrive at**을 사용한다.

...by the time we ***arrived at*** Victoria Station. 우리가 빅토리아 스테이션에 도착할 무렵.
...from the moment he ***had arrived at*** the Harlowes' bungalow. 그가 할로우의 방갈로에 도착했던 그 순간부터.

그러나 어떤 나라나 도시에 도착하다라고 할 경우, **arrive in**을 사용한다.

He ***had arrived in*** France slightly ahead of schedule. 그는 예정보다 조금 일찍 프랑스에 도착했다.
The American Ambassador to Mexico ***arrived in*** Quito today. 멕시코 주재 미국 대사는 오늘 키토에 도착했다.

> **주의** 'arrive to' a place라고 말하지 않는다.
>
> 집에 도착할 경우, **arrive at home**이나 **arrive in home**이 아닌 ***arrive*** **home**이라고 한다.
>
> We ***arrived home*** and I carried my suitcases up the stairs behind her.
> 우리가 집에 도착하자 나는 그녀 뒤에 있는 계단 위로 내 가방들을 옮겼다.
>
> 〔**arrive + here · there · somewhere · anywhere**〕 형식은 **arrive** 뒤에 전치사를 사용하지 않는다.
>
> I ***arrived here*** yesterday. 나는 어제 이곳에 도착했다.
> When we ***arrived there***, we went to the garage. 우리는 그곳에 도착했을 때, 차고로 갔다.
> Beautiful women, after all, rarely ***arrive anywhere*** on time.
> 어쨌든, 예쁜 여자들은 어디든지 시간을 맞춰 나오는 일이 거의 없다.

2 'reach'

reach는 항상 직접목적어가 온다. **'reach at' a place**나 **'have just reached'**라고 하지 않는다.

It was dark by the time I ***reached*** their house. 내가 그들의 집에 도착했을 때는 날이 어두웠다.

3 another meaning(다른 뜻)

마침내 어떤 결정을 내리거나 해답을 얻는다라고 할 때, **arrive at**과 **reach**를 사용할 수 있다.

It took us several hours to ***arrive at*** a decision. 우리가 결정을 내리는 데 많은 시간이 걸렸다.
They were unable to ***reach*** a decision. 그들은 결론을 내릴 수가 없었다.
I ***had arrived at*** a conclusion on the basis of the only facts then available to me.
나는 얻을 수 있는 유일한 사실만을 근거하여 결론을 내렸다.
The commission could not ***reach*** a conclusion because of inadequate data.
위원회는 부적절한 자료 때문에 결론을 내릴 수 없었다.

come to는 **arrive at**과 **reach**와 비슷한 용법으로 사용할 수 있다.

Kwezi thought for a while, then seemed to ***come to*** a decision.
퀘지는 잠깐 생각을 하고 난 후, 결정을 내린 것 같았다.
I ***came to*** the conclusion that I could not afford to move out. 나는 다른 곳으로 이사할 여유가 없다는 결론을 내렸다.

---

arrogant

➲ Usage 표제어 proud 참조.

---

as

1 used in time clauses(시간을 나타내는 절에 사용하기)

something happens *as* something else happens는 어떤 일이 일어나고 있는 동안에 다른 일이 일어나다라는 뜻이다.

She wept bitterly ***as*** she told her story. 그녀는 자신의 이야기를 하는 동안 통곡했다.
The play started ***as*** I got there. 내가 그곳에 도착했을 때 연극이 시작되었다.

어떤 일이 일어날 때마다 무언가를 한다고 할 때에도 **as**를 사용한다.

Parts are replaced ***as*** they grow old. 부품은 닳아질 때마다 교체된다.

ℹ 단순히 '그때'라는 뜻으로 as를 사용하지 않는다. 예를 들면, '내가 여기서 일을 시작한 그때에 급료는 시간당 2파운드였다.'는 ~~As I started work here, the pay was £2 an hour.~~가 아닌 ***When*** I started work here, the pay was £2 an hour.라고 한다.

➲ Usage 표제어 when 참조.

2 used to mean 'because'(because의 뜻으로 사용하기)

as를 because나 since의 뜻으로 자주 사용한다.

She bought herself an iron ***as*** she felt she couldn't keep borrowing Anne's.
그녀는 앤의 다리미를 계속해서 빌릴 수 없다고 생각해서 다리미를 샀다.

As he had been up since 4 a.m. he was no doubt now very tired.
그는 새벽 4시부터 깨어 있었기 때문에 지금 매우 피곤한 상태인 것은 의심의 여지가 없었다.

➲ Usage 표제어 because 참조.

3 used with adjectives(형용사와 함께 사용하기)

〔as + 형용사〕 형식은 사람이나 사물을 어떻게 생각하거나 묘사할 때 사용할 수 있다.

He regarded them ***as snobbish***. 그는 그들을 속물로 여겼다.
They regarded manual work ***as degrading***. 그들은 육체 노동을 품위를 떨어뜨리는 일로 여겼다.
Officials described him ***as brilliant***. 관리들은 그가 총명하다고 평했다.

> 주의 형용사의 비교급 뒤에는 as를 사용하지 않는다. 예를 들면, '나무들이 그 교회보다 더 높다.'는 ~~The trees are taller as the church.~~가 아닌 The trees are taller ***than*** the church.라고 한다.
> She was much older ***than*** me. 그녀는 나보다 훨씬 나이가 많았다.

4 used in prepositional phrases(전치사구에 사용하기)

어떤 사람이나 사물을 어떻게 생각하고, 묘사하고, 취급하고, 사용하는지를 나타낼 때에도 전치사구에 as를 사용할 수 있다.

He was regarded ***as something of a troublemaker***. 그는 어느 정도 문제아로 간주되었다.
If Pluto had been discovered today, it would never be classified ***as a planet***.
만약 명왕성이 오늘날 발견되었더라면, 결코 행성으로 분류되지 않았을 것이다.
I treated business ***as a game***. 나는 사업을 일종의 게임으로 생각했다.
I wanted to use him ***as an agent***. 나는 그를 중개인으로 활용하기를 원했다.

어떤 사람이나 사물이 가진 역할이나 기능을 말할 때에도 전치사구에 as를 사용할 수 있다.

He worked ***as a clerk***. 그는 서기로 일했다.
He served ***as Kennedy's ambassador to India.*** 그는 케네디 정권에 인도 대사로 일했다.
Bleach removes colour and acts ***as an antiseptic and deodorizer***.
표백제는 착색을 제거하고 살균과 탈취 작용을 한다.

5 used in comparisons(비교에 사용하기)

글에서 어떤 행위를 다른 행위와 비교할 때, as를 때때로 사용한다.

He looked over his shoulder ***as*** Jack had done. 그는 잭이 했던 것처럼 그의 어깨 너머로 쳐다보았다.
She pushed him, ***as*** she had pushed her son. 그녀는 자신의 아들을 밀어내듯이 그를 밀어냈다.

like와 the way도 비슷한 뜻으로 사용한다.

➲ Usage 표제어 like – as – the way 참조.

문장의 처음에 〔as + 전치사구〕 형식도 사용할 수 있다. 예를 들면, '그녀는 작년처럼 4월에 휴가를 갔다.'는 She took a holiday in April, as she had done in previous years. 대신 *As in previous years*, she took a holiday in April.이라고 한다.

As in previous attacks there was no warning of the bomb.
이전의 공격과 마찬가지로, 폭탄에 대한 경고는 전혀 없었다.

〔접속사 as + be · have · 조동사 + 주어〕 형식은 자신이 방금 전에 한 진술이 다른 사람, 사물, 그룹에도 적용된다고 할 때 사용하며, 이 경우 as는 접속사 역할을 한다.

Our daughter feels that way, ***as do our sons***. 우리 아들들처럼 딸도 그렇게 느낀다.

주의 어떤 사람이나 사물을 비교할 때는 일반적으로 명사구 앞에 as가 아닌 like를 사용한다. 예를 들면, '그녀는 새처럼 노래를 불렀다.'는 ~~She sang as a bird~~.가 아닌 She sang ***like*** a bird.라고 한다.

He swam ***like*** a fish. 그는 물고기처럼 수영을 했다.
I am a worker ***like*** him. 나는 그와 같은 노동자이다.
Children, ***like*** animals, are noisy at meal times. 동물과 마찬가지로 아이들은 식사 시간에 시끄럽다.

형용사나 부사를 사용한 비교는 〔as + 형용사 · 부사 + as〕 형식을 사용한다. 예를 들면, '당신은 여동생만큼 나쁘다.'는 You're just ***as bad as*** your sister.라고 한다.

➲ 위의 용법에 대한 더 많은 정보는 Usage 표제어 as...as 참조.

---

as...as

1 in comparisons(비교)

어떤 사람이나 사물을 비교할 때, 〔as + 형용사 · 부사 + as〕 형식을 사용할 수 있다.

You're just ***as bad as*** your sister. 당신은 여동생만큼이나 나쁘다.
...huge ponds ***as big as*** tennis courts. 테니스장만큼 큰 연못들.
The meal was ***as awful as*** the conversation. 음식은 대화만큼 형편없었다.
She wanted to talk to someone ***as badly as*** I did. 그녀는 내가 그랬던 것처럼 다른 사람과 대화하기를 원했다.

〔as + 형용사 · 부사 + as〕 형식의 뒤에는 〔명사구 + 동사〕 형식이나 명사구를 사용할 수 있다.

You're as old as I ***am***. 당신은 나만큼 늙었다.
...some man as old as ***Father***. 신부님만큼 나이를 먹은 어떤 남자.
Francis understood the difficulties as well as ***he did***. 프랜시스는 그가 그랬던 것만큼이나 어려움을 잘 이해했다.
I can't remember it as well as ***you***. 나는 당신만큼 그것을 잘 기억할 수 없다.

위와 같이 〔as...as + 인칭대명사〕 형식을 사용하는 경우, 인칭대명사로 me나 him과 같은 목적격 대명사를 사용해야 한다. I, He와 같은 주격 대명사를 사용하는 용법은 과거에는 올바른 표현으로 간주되었지만, 현재는 매우 오래된 표현으로 들린다.

He looked about as old as ***me***. 그는 나와 나이가 비슷해 보였다.

〔인칭대명사 + 동사〕 형식을 사용하는 경우, 주격 대명사를 사용해야 한다.

The teacher is just as sensitive as ***they are***. 그 교사는 그들만큼 예민하다.
...somebody who's as bad at it as ***I am***. 나만큼 그것에 서투른 어떤 사람.

2 using modifiers(수식어 사용하기)

〔almost · just · at least + as...as〕 형식을 사용할 수 있다.

I could see ***almost as well*** at night ***as*** I could in sunlight. 나는 낮처럼 밤에도 거의 잘 볼 수 있었다.
It is ***just as bad*** to overfeed pets ***as*** it is to underfeed them.
애완동물에게 먹이를 많이 주는 것은 너무 적게 주는 것과 마찬가지로 나쁘다.
He may be ***at least as unpopular as*** the President. 그는 하다못해 대통령만큼이나 인기가 없을지도 모른다.

3 used with negatives(부정어와 함께 사용하기)

as...as 형식은 여러 종류의 부정문에도 사용할 수 있다.

They ***aren't as clever as*** they appear to be. 그들은 보이는 것만큼 영리하지는 않다.
I ***don't*** notice things ***as well as*** I used to. 나는 전만큼 사물을 잘 인식하지 못한다.
You've ***never*** been ***as late as*** this without telephoning. 당신은 전화하지 않고 이처럼 늦은 적이 한 번도 없었다.
There is ***no one as dangerous as*** an idealist with a machine gun.
기관총을 든 이상주의자만큼 위험한 사람은 아무도 없다.

as...as 형식에서 첫 번째 **as** 대신 때때로 **so**를 사용하기도 하지만, 흔히 쓰는 표현은 아니다.

Strikers are ***not so important as*** a good defence. 공격수는 훌륭한 수비수만큼 중요하지는 않다.

I had seldom seen him looking ***so pleased with himself*** as he was now.
나는 그가 그때처럼 즐거워하는 표정을 거의 본 적이 없었다.

4 used to describe size or extent(크기나 범위를 묘사할 때 사용하기)

어떤 사물의 크기나 범위를 비교할 때, 〔**twice · three times · one fifth + as...as**〕 형식을 사용할 수 있다.

...volcanoes ***twice as high as*** Everest. 에베레스트 산보다 두 배 높은 화산들.

This animal is ***three times as popular*** with girls ***as*** with boys. 이 동물은 소년보다 소녀에게 세 배나 더 인기가 있다.

Water is ***eight hundred times as dense as*** air. 물은 공기보다 800배 더 밀도가 높다.

5 using just one 'as'(as 하나만 사용하기)

비교의 대상이 명백한 경우, 두 번째 **as**와 뒤따라오는 명사구나 절을 생략할 수 있다.

A megaphone would be ***as good***. 확성기도 그만큼 좋을 것이다.

The fish is ***twice as big***. 그 물고기는 두 배 더 크다.

---

ashamed – embarrassed

1 'ashamed'

ashamed는 자신이 한 일이 다른 사람들이 판단하기에 잘못됐거나 용납할 수 없는 것이라고 믿어 죄책감을 느끼다, 즉 '부끄러워하는'이라는 뜻이다.

She had behaved badly and was ***ashamed***. 그녀는 나쁜 행동을 해서 부끄러웠다.

They were ***ashamed*** to tell their people how they had been cheated.
그들은 국민이 어떻게 속임을 당했는지 고백하면서 수치심을 느꼈다.

누군가가 다른 사람이나 사물에 대해 부끄러움을 느낀다라고 할 때, **ashamed of**를 사용한다.

He felt ***ashamed of*** his selfishness. 그는 자신의 이기심에 수치스러움을 느꼈다.

It's nothing to be ***ashamed of***. 그것은 전혀 죄책감을 느낄 일이 아니다.

I'm ***ashamed of*** his firm, and I'm ashamed of you. 나는 그의 회사와 당신이 수치스럽다.

2 'embarrassed'

embarrassed는 어떤 일로 자신이 바보같아 보여서 '당황스러운'이라는 뜻이다.

The Belgian looked ***embarrassed***. 그 벨기에인은 당황스러워하는 것 같았다.

She had been too ***embarrassed*** to ask her friends. 그녀는 너무 당황스러워서 친구들에게 부탁할 수가 없었다.

누군가가 어떤 일로 당황할 경우, **be *embarrassed by***나 **be *embarrassed about***라고 한다.

He seemed ***embarrassed by*** his brother's outburst. 그는 남동생의 갑작스러운 격분에 당황하는 것 같았다.

I felt really ***embarrassed about*** it. 나는 그 일로 정말 당혹스러움을 느꼈다.

ℹ be 'embarrassed of' something이라고 하지 않는다.

---

as if

1 'as if' and 'as though'

어떤 사람이나 사물의 모습, 사람의 행동을 나타낼 때, **as if**나 **as though**로 시작하는 절을 사용할 수 있다.

It's a wonderful item and in such good condition that it looks ***as though*** it was bought yesterday.
그것은 훌륭한 물건으로, 상태가 너무도 좋아 마치 어제 산 것처럼 보인다.

He lunged towards me ***as if*** he expected me to aim a gun at him.
그는 내가 그를 향해 총을 겨누고 있다고 여기는 것처럼 나를 향해 돌진해 왔다.

as if나 **as though**로 시작하는 절의 동사는 **was** 대신 **were**를 사용해야 한다고 생각하는 사람들이 많다.

He looked at me as if I ***were*** mad. 그는 나를 미친 사람처럼 쳐다보았다.
She remembered it all as if it ***were*** yesterday. 그녀는 마치 어제 일어난 것처럼 모든 일을 기억했다.

그러나 회화에서는 일반적으로 was를 사용한다.

The secretary spoke as though it ***was*** some kind of password. 그 비서는 그것이 일종의 암호인 것처럼 말했다.
He gave his orders as if this ***was*** only another training exercise.
그는 이것이 단순히 또 다른 훈련 연습인 것처럼 명령을 내렸다.

회화에서는 **was**나 **were**를 사용할 수 있지만, 격식을 차리는 글에서는 **were**를 사용해야 한다.

2 'like'

일부 사람들은 **as if**나 **as though** 대신 **like**를 사용한다.

He looked ***like*** he felt sorry for me. 그는 나에게 미안해하는 것 같았다.
Shaerl put up balloons all over the house ***like*** it was a six-year-old's party.
섀얼은 6살 난 아이의 파티인 것처럼 온 집안에 풍선을 달았다.

위와 같은 용법은 일반적으로 잘못된 것으로 간주된다.

---

ask

ask **a question**은 질문을 하다라는 뜻이다.

He started ***asking*** Diana a lot of questions. 그는 다이애나에게 많은 질문을 하기 시작했다.

ℹ 'say' a question이라고 하지 않는다.

1 reporting questions(간접의문문)

간접의문문에도 **ask**를 사용할 수 있으며, 〔주어 + ask + 명사구 + if절 · wh-절〕 형식을 사용한다. 〔ask + 명사구 + if절〕 형식의 간접의문문은 일반적으로 yes나 no로 대답할 수 있다.

She ***asked*** him ***if his parents spoke French***. 그녀는 그에게 그의 부모님이 프랑스어를 하는지 물었다.
Someone ***asked*** me ***if the work was going well***. 누군가가 나에게 일이 잘 진행되고 있는지 물었다.

〔ask + 명사구 + whether절〕 형식도 사용할 수 있다.

I ***asked*** Professor Bailey ***whether he agreed***. 나는 베일리 교수에게 동의를 하는지 물어보았다.

〔ask + 명사구 + wh-절〕 형식의 간접의문문에 대한 대답은 yes나 no로 하지 않는다.

I ***asked*** him ***what he wanted***. 나는 그가 원하는 것이 무엇인지 물었다.
He ***asked*** me ***where I was going***. 그는 내가 어디를 가는 중인지 물었다.

> **주의** 간접의문문에 사용하는 **wh-**절에서 주어와 동사의 위치를 바꾸지 않는다. 예를 들면, '그는 내게 기차가 언제 출발하는지 물었다.'는 ~~He asked me when was the train leaving.~~이 아닌 **He asked me when *the train was* leaving.**이라고 한다.

다른 사람에게 이름이나 나이를 물어보다는 ***ask*** **someone else their name/age**라고 한다.

He ***asked*** me my name. 그는 내 이름을 물었다.

다른 사람에게 시간을 물어보다는 ***ask*** **someone else the time**이라고 한다.

Whenever the butler came by, she ***asked*** him the time. 그녀는 집사가 방문할 때마다 그에게 시간을 물었다.

다른 사람의 의견을 물어보다는 ***ask*** **someone else's opinion about something**이라고 한다.

I ***was asked*** my opinion about the new car. 나는 그 새 자동차에 대한 의견을 요청받았다.

질문받는 대상이 문맥상 분명한 경우, 이를 생략하기도 한다.

A young man ***asked if we were students***. 한 젊은 남자가 우리에게 학생이냐고 물었다.
She ***asked why he was so silent***. 그녀는 그가 왜 침묵하는지 물었다.
I ***asked how they liked the film***. 나는 그들이 본 그 영화가 재미있는지 물었다.

> 주의 질문을 받은 사람이 누구인지 말할 경우, to를 사용하지 않는다. 예를 들면, '그는 내 이름을 물었다.'는 ~~He asked to me my name.~~이 아닌 He *asked* me my name.이라고 한다.

2 direct reporting(직접화법)

다른 사람이 한 말을 직접 전할 경우, ask를 사용할 수 있다.

'How many languages can you speak?' he *asked*. "당신은 몇 개 언어를 구사할 수 있습니까?"라고 그가 물었다.
'Have you met him?' I *asked*. "그를 만난 적이 있습니까?"라고 내가 물었다.

3 reporting requests(요청을 전해 주기)

요청을 전해 주는 경우에도 ask를 사용한다. 어떤 물건을 받고 싶다고 할 때, ask for를 사용한다. 예를 들면, 누군가가 Can I have a bunch of roses?(장미꽃 한 다발 주실래요?)라고 할 경우, He *asked for* a bunch of roses.(그는 장미꽃 한 다발을 달라고 했다.)라고 전한다.

We *asked for* the bill. 우리는 계산서를 요청했다.
An Italian came in and *asked for* a loaf of white bread. 한 이탈리아인이 들어와서 하얀 빵 한 덩어리를 달라고 했다.

전화상으로 다른 사람과 말하고 싶을 경우, someone *asks for* that person이라고 한다.

He rang the office and *asked for* Cynthia. 그는 사무실에 전화를 걸어 신시아를 바꿔 달라고 부탁했다.
He lifted the telephone and *asked for* the Prime Minister's private office.
그는 전화기를 들고 총리의 개인 사무실을 연결해 달라고 했다.

다른 사람에게 어떤 일을 하기를 원한다는 말을 전할 때, 〔ask + to부정사절 · if절〕 형식을 사용한다.

He *asked* her *to marry him*. 그는 그녀에게 청혼했다.
He *was asked to leave*. 그는 떠나라는 요청을 받았다.
Two teenage girls *ask* me *if I will take a photograph of them together*.
두 소녀가 내게 사진을 찍어 달라고 부탁한다.
I *asked* him *if he would mind not smoking*. 나는 그에게 담배를 피워도 되는지 물었다.

---

asleep

➲ Usage 표제어 sleep – asleep 참조.

---

as long as

1 used in conditionals(조건절에 사용하기)

무언가가 사실일 경우에만 다른 것도 사실이라고 할 때, as long as나 so long as를 사용할 수 있다. 예를 들면, '16세 이하인 경우에만 활동에 참가할 수 있다.'는 ***As long as*** you are under 16, you can take part in activities.라고 한다.

ⓘ so long as와 as long as 뒤에 단순시제를 사용한다.

You can look *as long as* you *don't touch*. 당신이 만지지 않는 한 살펴볼 수 있다.
We were all right *as long as* we *kept* our heads down. 우리가 머리를 숙이고 있는 한 우리는 괜찮았다.
The president need not step down *so long as* the elections are held under international supervision.
대통령은 국제기구의 감시 하에서 선거를 치르는 경우라면, 사임할 필요가 없다.

2 duration(지속)

어떤 일이 오랫동안 또는 가능한 한 오랜 시간 지속될 때에도 as long as를 사용한다.

Any stomach-ache that persists for *as long as* one hour should be seen by a doctor.
어떠한 복통이라도 한 시간 동안 지속되면 의사의 진찰을 받아야 한다.
But I love football and I want to keep playing *as long as* I can.
그러나 나는 축구를 너무 좋아해서, 가능한 한 오랫동안 축구를 하고 싶다.
She hesitated *as long as* she dared. 그녀는 대담하게도 오랫동안 망설였다.

ⓘ 위와 같은 뜻에 so long as를 사용하지 않는다.

> **주의** 거리에 대해서는 **as long as**가 아닌 **as far as**를 사용한다. 예를 들면, '나는 그를 다리까지 따라갔다.'는 ~~**I followed him as long as the bridge.**~~가 아닌 **I followed him *as far as* the bridge.**라고 한다.

---

assertive

● **Usage 표제어 forceful 참조.**

---

assignment – homework

1 'assignment'

assignment는 일반적으로 누군가에게 하라고 부여된 일, 즉 '임무'라는 뜻이다.

My first major ***assignment*** as a reporter was to cover a large-scale riot.
나의 기자로서 첫 주요 임무는 대규모 폭동을 취재하는 것이었다.

assignment는 학생들에게 주어진 일, 즉 '과제'라는 뜻도 있다.

The course has heavy reading ***assignments***. 그 강좌에는 많은 양의 독서 과제가 포함되어 있다.
When class begins, he gives us an ***assignment*** and we have seven minutes to work at it.
그는 강의를 시작하면 우리에게 과제를 주면서 7분 내에 끝내도록 한다.

미국 영어에서 **assignment**는 학생들에게 집에서 하도록 내준 '숙제'라는 뜻도 있다.

2 'homework'

숙제를 **homework**라고도 한다.

He never did any ***homework***. 그는 숙제를 한 적이 한 번도 없었다.

> **주의** **homework**는 불가산명사로, **homeworks**나 **a homework**라고 하지 않는다. '나는 숙제를 끝마쳤다.'는 ~~**I have made my homeworks.**~~가 아닌 **I have *done* my homework.**라고 한다.

---

assist – be present

1 'assist'

assist는 누군가를 '돕다'라는 뜻으로, 이는 매우 격식을 차린 단어이다.

We may be able to ***assist*** with the tuition fees. 우리가 수업료를 보조해 줄 수 있을지도 모른다.
He was asked to ***assist*** in keeping the hotel under surveillance.
그는 호텔을 계속 감시하는 일에 도움을 주라는 요청을 받았다.

2 'be present'

someone *is present* at an event/occasion은 사건이나 일이 일어난 장소에 누군가가 있다라는 뜻이다.

He ***had been present*** at the dance. 그는 댄스 파티에 참석했었다.
Howard insisted on ***being present***. 하워드는 참석하겠다고 우겼다.

---

as soon as

as soon as는 접속사로, 어떤 일이 일어난 뒤에 바로 다른 일이 일어날 때 사용한다.

As soon as we get the tickets we'll send them to you. 우리가 그 표를 구입하는 대로 당신에게 보낼 것이다.

ⓘ 일반적으로 as soon as 뒤에는 미래시제가 아닌 단순현재시제를 사용한다. 예를 들면, '내가 돌아가자마자 당신에게 전화를 할 것이다.'는 ~~I will call you as soon as I will get back to my room.~~이 아닌 I will call you as soon as I *get* back to my room.이라고 한다.

Ask him to come in, will you, as soon as he ***arrives***. 그가 도착하는 대로 들어오라고 해주세요.
I promised the girls I'd call as soon as Daniel ***comes*** out of surgery.
나는 소녀들에게 다니엘이 수술실에서 나오면 바로 전화를 하겠다고 약속했다.

과거의 일을 말하는 경우, **as soon as** 뒤에 단순과거시제를 사용한다.
As soon as she ***got*** out of bed the telephone stopped ringing. 그녀가 침대에서 나오자마자 전화벨이 그쳤다.

---

assure – ensure – insure

1 'assure'

assure는 다른 사람이 덜 걱정하게 하려고, 어떤 일이 사실임이 확실하거나 일어날 것이 분명하다고 말하다, 즉 '장담하다'라는 뜻이다.

'I can ***assure*** you that neither of our two goalkeepers will be leaving,' O'Leary said.
오리어리는 "장담하건대 우리 두 골키퍼 중 누구도 팀을 떠나지 않을 것이다."라고 말했다.

2 'ensure' and 'insure'

ensure는 무슨 일이 일어날 것이라고 '확신하다'라는 뜻이다.

His reputation was enough to ***ensure*** that he was always welcome.
그의 명성은 그가 언제나 환영을 받는다는 확신을 주기에 충분했다.

미국 영어에서는 **ensure**를 보통 **insure**로 표기한다.
I shall try to ***insure*** that your stay is a pleasant one. 나는 당신이 즐겁게 머물 수 있도록 노력할 것이다.

3 'insure'

insure에는 또 다른 뜻이 있다. **insure**는 영국이나 미국 영어에서 자신의 소유물을 분실하게 되거나 도난당하거나 손상되는 경우에 보험 회사에 금액을 지불하다, 즉 '보험에 들다'라는 뜻이다.

Insure your baggage before you leave home. 집을 떠나기 전에 당신의 짐을 보험에 드세요.

---

as though

Usage 표제어 **as if** 참조.

---

as usual

Usage 표제어 **usual – usually** 참조.

---

as well

Usage 표제어 **also – too – as well** 참조.

---

as well as

1 linking noun groups(명사구 연결하기)

something is true of one person/thing *as well as* another는 두 번째 사람이나 사물뿐만이 아니라 첫 번째에도 적용되는 것을 강조하다라는 뜻이다.

Women, ***as well as*** men, have a fundamental right to work.
남자뿐만 아니라 여자도 일을 할 수 있는 기본적인 권리가 있다.

2 linking adjectives(형용사 연결하기)

두 개의 형용사를 **as well as**로도 연결할 수 있다. 어떤 사물이 두 번째 성질뿐만 아니라 첫 번째 성질도 있다는 것을 강조할 때 사용한다.

It has symbolic ***as well as*** economic significance. 그것은 경제적인 것뿐만 아니라 상징적인 의의도 있다.

3 linking clauses(절 연결하기)

두 개의 절을 **as well as**로 연결할 수 있지만 두 번째 절은 **-ing**형으로 시작하는 비정동사절이어야 한다.

She was an individual ***as well as being*** the airport manager's wife.
그녀는 공항 관리자의 부인이었을 뿐만 아니라 한 개인이었다.

She negotiates the licences ***as well as ordering*** the equipment. 그녀는 장비를 주문할 뿐만 아니라 면허도 양도한다.

> 주의 **as well as** 뒤에는 정동사절을 사용하지 않는다. 예를 들면, ~~**She negotiates the licences as well as she orders the equipment.**~~라고 하지 않는다.

---

at

1 place or position(장소나 위치)

어떤 것의 위치나 어떤 일이 일어나는 장소를 나타낼 때, **at**을 사용한다.

There was a staircase ***at*** the end of the hallway. 복도 끝에 계단이 있었다.

He said I was to be ***at*** a certain place in the Kaiserstrasse at 3 p.m.
그는 내가 오후 3시에 카이저스트라세 거리의 모(某) 장소에 있어야 한다고 말했다.

at을 '근처에'라는 뜻으로 자주 사용한다.

The boat was anchored ***at*** Westminister Bridge. 그 보트는 웨스트민스터 다리 근처에 정박했다.

Captain Imrie stopped me ***at*** the door. 임리 선장은 나를 문쪽에 멈춰 세웠다.

누군가가 식사 중이거나 글을 쓰는 중일 때, **someone sits *at* a table/desk**라고 한다.

She was sitting ***at*** the dressing table. 그녀는 화장대에 앉아 있었다.

I was sitting ***at*** my desk reading. 나는 책상에서 독서를 하며 앉아 있었다.

어떤 것이 존재하거나 일어나는 건물을 나타낼 경우, 보통 **at**을 사용한다.

...the exhibition of David Jones work ***at*** the Tate Gallery. 테이트 갤러리에서 열리는 데이비드 존스의 작품 전시회.

Dr Campbell told of his examination of Meehan ***at*** Ayr Police Station on July 15th.
의사 캠벨은 7월 15일에 에어 경찰서에서 미한을 진찰한 것에 대해 말했다.

We had dinner ***at*** a restaurant in Attleborough. 우리는 애틀버러의 한 식당에서 저녁을 먹었다.

He lived ***at*** 14 Burnback Gardens, Glasgow. 그는 글래스고의 번백 가든스 14번지에서 살았다.

영국 영어에서는 학교나 대학에 재학 중이다라고 할 경우, **someone is *at* school/*at* university**라고 한다.

He had done some acting ***at*** school. 그는 학교 다닐 때 연극을 좀 했다.

After a year ***at*** university, Benn joined the RAF. 벤은 대학을 1년 다닌 후에 영국 공군에 입대했다.

He was just starting his final year ***at*** University College, London.
그는 런던의 유니버시티 칼리지에서 마지막 학년을 막 시작하고 있었다.

미국 영어에서는 일반적으로 학교에 재학 중이다라고 할 경우, **someone is *in* school**이라고 한다.

They had met ***in*** high school. 그들은 고등학교 때 만났다.

Usage 표제어 **school – university** 참조.

여행 중에 어느 곳에서 잠깐 머무르다라고 할 경우, **someone stops *at* a particular place during a journey**라고 한다.

We pulled in for lunch ***at*** a roadhouse. 우리는 식사를 하기 위해 길가 식당에 차를 세웠다.

We docked ***at*** Panama. 우리는 파나마에 정박했다.

어떤 일이 모임, 의식, 파티에서 일어날 경우, **something happens *at* a meeting/ceremony/party**라고 한다.

He made his remarks ***at*** a press conference. 그는 기자 회견에서 논평을 했다.

The whole village were out ***at*** a funeral. 마을 주민 모두가 장례식에 참가하고 없었다.

Teenagers often drink socially ***at*** parties, clubs and discos.
10대들은 파티나 클럽, 디스코 장에서 사교상 술을 자주 마신다.

He had a fight ***at*** a high school dance. 그는 고등학교 댄스 파티에서 싸움을 했다.

2 time(시간)

어떤 일이 일어난 때와 정확한 시간을 언급할 때에도 at을 사용한다.

At 2.30 a.m. he returned. 그는 새벽 2시 30분에 돌아왔다.
It is scheduled to be shown *at* 9pm on Easter Sunday. 그것은 부활절 일요일 오후 9시에 상연될 예정이다.

정확한 시간을 알고 싶을 때, **At what time...?**이라고 물을 수 있다. 그러나 일반적으로는 **What time...?**이나 **When...?**이라고 한다.

What time does the boat leave? 그 배는 몇 시에 출발합니까?
'We are having a party on the beach.' – '*What time*?' – 'At nine.'
"우리는 해변에서 파티를 열 거야." – "몇 시에?" – "9시요."
When is the press conference? 기자 회견이 언제 열립니까?
'I'll be there this afternoon.' – '*When*?' "나는 오늘 오후에 그곳에 갈 거야." – "몇 시에요?"

어떤 일이 새벽에, 황혼에, 저녁에 일어났거나 일어날 것이라고 할 경우, **at dawn**, **at dusk**, **at night**을 사용한다.

She had come in *at* dawn. 그녀는 새벽에 들어왔다.
It was ten o'clock *at* night. 밤 10시였다.

그러나 어떤 일이 아침에, 오후에, 저녁에 일어났거나 일어날 것이라고 할 경우, **in the morning**, **in the afternoon**, **in the evening**을 사용한다.

something happens *at* a meal time은 식사 중에 어떤 일이 일어나다라는 뜻이다.

At dinner we had another in our series of conversations.
저녁 식사를 할 때 계속해서 대화를 하던 중에 다른 이야기를 했다.
He told her *at* lunch that he couldn't take her to the game tomorrow.
점심을 먹던 중, 그는 그녀에게 내일 그 경기에 데려다 줄 수 없다고 말했다.

어떤 일이 크리스마스나 부활절에 일어나다라고 할 경우, **something happens *at Christmas/at Easter***라고 한다.

She sends a card *at* Christmas. 그녀는 크리스마스에 카드를 보낸다.
What will happen to me *at* Easter? 부활절에 나에게 어떤 일이 일어날까요?

그러나 **on Christmas**나 **on Easter**처럼 특정한 날에는 **on**을 사용한다.

I expect they even play cricket *on* Christmas Day. 나는 그들이 크리스마스에도 크리켓 경기를 할 것이라고 생각한다.
On Easter Monday I headed for a hotel called the Europejski.
부활절인 월요일에 나는 에로우페이스키라고 하는 호텔로 향했다.

영국 영어에서는 **at the weekend**를 사용한다.

Relatives are relied on to provide food *at* the weekend and during holidays.
친척들은 주말이나 휴가 동안 음식을 제공하기로 했다.

미국 영어에서는 보통 **on the weekend**나 **over the weeknd**를 사용한다.

I had a class *on* the weekend. 나는 주말에 수업이 있었다.
The museum threw a party *over* the weekend. 그 박물관에서 지난 주말에 파티를 열었다.

---

at first

Usage 표제어 **first – firstly** 참조.

---

athletics – athletic

1 'athletics'

athletics는 달리기, 높이뛰기, 투창 경기 등으로 구성된 스포츠, 즉 '육상 경기'라는 뜻이다.

He has retired from active *athletics*. 그는 현역 육상 선수로 활동하다가 은퇴했다.

athletics는 불가산명사로, 주어인 경우 단수동사를 사용한다.

Athletics *was* developing rapidly. 육상 경기는 빠르게 발전하고 있었다.

미국 영어에서는 육상 경기를 track and field라고 한다.

She never completed in ***track and field***. 그녀는 육상 경기를 완주해 본 적이 한 번도 없었다.

2 'athletic'

athletic은 형용사로, '육상과 관련된'이라는 뜻이다.

...***athletic*** trophies. 육상 트로피들.

그러나 〔athletic + 사람〕 형식은 누군가가 육상 경기에 참가하다라는 뜻이 아닌 '건강하고 활동적인'이라는 뜻이다.

...***athletic*** young men. 건강하고 활동적인 젊은 사람들.

---

at last

Usage 표제어 last – lastly 참조.

---

at present

Usage 표제어 presently 참조.

---

attempt

Usage 표제어 try – attempt 참조.

---

attendant

attendant는 주유소나 박물관과 같은 곳에서 사람들을 도와주는 직업을 가진 사람, 즉 '종업원'이라는 뜻이다.

She stopped the car and told the ***attendant*** to fill it up.
그는 자동차를 세운 후, 주유소 직원에게 기름을 가득 채워 달라고 말했다.

가게에서 손님에게 물건을 파는 사람은 attendant가 아닌 shop assistant라고 한다.

I tell the male ***shop assistant*** what I am looking for and why.
나는 그 남자 점원에게 내가 찾고 있는 것과 그 이유를 말한다.

미국 영어에서는 점원을 sales clerk이라고 한다.

...***a sales clerk*** at the Soul Shack record store. 솔 색 음반 가게에서 일하는 한 점원.

---

attention

attention은 어떤 것을 보고, 듣고, 조심스럽게 생각하다, 즉 '주의를 기울이다'라는 뜻이다.

When he felt he had their ***attention***, he began. 그는 그들의 주목을 끌었다고 느꼈을 때에 시작했다.
He switched her ***attention*** back to his magazine. 그는 자신의 잡지로 다시 그녀의 관심을 돌렸다.

어떤 것에 주의를 집중한다고 할 경우, ***pay attention to*** something이라고 한다.

Look, ***pay attention to*** what I'm saying. 여기를 보세요. 내가 말하는 것에 집중해 주세요.
There's far too much ***attention being paid to*** these hooligans. 이 훌리건들에게 너무 과다한 관심이 집중되고 있다.

'pay attention at' something이라고 하지 않는다.

---

attorney

Usage 표제어 laywer 참조.

attractive

➡ Usage 표제어 beautiful 참조.

audience

audience는 연극, 음악회, 영화, 텔레비전을 보거나 듣는 사람들, 즉 '청중'이라는 뜻이다. audience는 단수동사나 복수동사를 사용할 수 있다.

Yesterday the audience ***was*** rather larger. 어제는 관중이 좀 더 많았다.
The television audience ***were*** able to hear some of the comments.
텔레비전 시청자들은 논평 중 몇 가지를 들을 수 있었다.

특정한 작가의 독자나 누군가의 아이디어를 듣는 사람들을 audience라고도 할 수 있다.

...the need for intellectuals to communicate their ideas to a wider ***audience***.
지성인들이 자신들의 생각을 좀 더 많은 청중에게 전달할 필요성.

aural – oral

1 'aural'

aural은 사람의 '귀와 청각에 관련된'이라는 뜻으로, [ɔ́ːrəl]이나 [áurəl]로 발음한다.

I have used written and ***aural*** materials. 나는 쓰기와 듣기 자료를 사용해 왔다.

2 'oral'

oral은 '말과 관련된'이라는 뜻으로, 쓰기보다는 말하기와 연관된 것을 묘사한다. oral은 [ɔ́ːrəl]로 발음한다.

...an ***oral*** test in German. 독일어 말하기 시험.

aural과 oral은 모두 상당히 격식을 차린 단어로, 주로 학습 방법이나 시험에 관해 말할 때 사용한다.

autumn

영국 영어에서 autumn이나 the autumn은 여름과 겨울 사이의 계절, 즉 '가을'이라는 뜻이다.

Saturday was the first day of ***autumn***. 가을이 시작된 첫날은 토요일이었다.
She had waited throughout ***the autumn***. 그녀는 가으내 기다렸다.

매년 가을마다 무슨 일이 일어날 경우, in autumn이나 in the autumn을 사용한다.

In autumn the hard berries turn a delicate orange. 가을철에 그 딱딱한 열매는 부드러운 오렌지로 변한다.
Most births occur in spring, while birth rates are lowest ***in the autumn***.
대부분의 출산은 봄철에 이루어지고, 가을은 출산율이 가장 낮은 계절이다.

ℹ in the autumns라고 하지 않는다.

미국 영어에서는 가을철을 the fall이라고 한다.

In ***the fall*** we are going to England. 우리는 가을철에 영국에 갈 계획이다.

avoid

avoid는 어떤 일이 발생하지 않도록 조치를 취하다, 즉 '피하다'라는 뜻이다.

...a book on how to ***avoid*** a heart attack. 심장마비 예방법에 대한 책.
The pilots had to take emergency action to ***avoid*** a disaster.
조종사들은 참사를 방지하기 위해 비상조치를 취해야 했다.

avoid doing something은 어떤 일을 하지 않는다는 것을 확인하다라는 뜻이다.

Thomas turned his head, trying to ***avoid breathing*** in the smoke.
토마스는 연기 속에서 숨 쉬는 것을 피하기 위해 고개를 돌렸다.

You must ***avoid giving*** any unnecessary information. 당신은 어떤 불필요한 정보라도 주는 것을 피해야 한다.

ⓘ 'avoid to do' something이라고 하지 않는다.

> **주의** 어떤 사람의 행동 방식을 통제하거나 변경할 수 없는 경우, **'can't avoid' it**이 아닌 ***can't help*** **it**이나 ***can't help oneself*** 라고 한다.
>
> It was so crowded, I ***couldn't help*** leaning on him a little. 너무 혼잡해서 나는 그에게 조금 기댈 수밖에 없었다.
> You know what his temper's like, he just ***can't help himself***.
> 그의 성격을 잘 아시다시피, 그는 자신을 잘 컨트롤하지 못해요.
>
> ***prevent*** **someone** ***from*** **doing**은 다른 사람이 하는 것을 허용하지 않다라는 뜻이다. 이때 **prevent** 대신 **avoid**를 사용하지 않는다.
>
> My only idea was to ***prevent*** him ***from*** speaking. 내 유일한 제안은 그가 말하는 것을 막는 것이었다.

---

await

await는 어떤 일이 일어나기를 기대하여 그 일이 일어날 때까지 다른 조치를 취하지 않다, 즉 '기다리다'라는 뜻이다.

Daisy had remained behind to ***await*** her return. 데이지는 뒤에 남아서 그녀가 돌아오기를 기다렸다.
We will ***await*** developments before deciding whether he should be allowed to continue.
우리는 그가 계속하도록 허락할 것인지를 결정하기 전에, 사태의 추이를 기다려 볼 것이다.
We must ***await*** the results of field studies yet to come. 우리는 아직 나오지 않은 현장 조사 결과를 반드시 기다려야 한다.

await는 격식을 차린 글에서 매우 흔히 사용하는 단어이지만, 회화에서는 보통 사용하지 않는다. 대신 목적어와 **to**부정사가 따르는 **wait for**를 주로 사용한다. 예를 들면, '나는 그녀의 회답을 기다렸다.'는 **I awaited her reply.** 대신 **I *waited for her to reply*.**라고 한다.

I ***waited for Kate to return***. 나는 케이트가 돌아오기를 기다렸다.
They just ***waited for me to die***. 그들은 내가 죽기만을 기다렸다.

---

awake

자동사 **awake**, **wake**, **awaken**, **waken**, **wake up**은 모두 '잠에서 깨어나다'라는 뜻이고, 타동사이면 잠을 자는 사람을 '깨우다'라는 뜻이다. **awake**와 **wake**는 불규칙동사이며 **awake**의 과거는 **awoke**, 과거분사는 **awoken**, **wake**의 과거는 **woke**, 과거분사는 **woken**이다.

1 'awake' and 'wake'

awake와 **wake**는 글에서 흔히 사용하는 자동사이다.

I ***awoke*** from a deep sleep. 나는 깊은 잠에서 깨어났다.
I sometimes ***wake*** at four in the morning. 나는 때때로 새벽 4시에 잠에서 깬다.

2 'awaken' and 'waken'

awaken과 **waken**은 오래된 표현이거나 문어적인 단어이며, 일반적으로 타동사로 사용한다.

She ***was awakened*** by a loud bang. 그녀는 큰 폭발 소리에 잠에서 깨어났다.
When she was asleep nothing ***wakened*** her. 그녀가 잠이 들면, 아무것도 그녀를 깨울 수 없었다.

3 'wake up'

일상 회화에서는 **wake up**을 사용한다.

...young babies ***waking up*** at night and crying. 한밤중에 깨서 우는 어린아이들.
Ralph, ***wake up***! 랠프, 일어나!
They went back to sleep but I ***woke*** them ***up*** again. 그들은 다시 잠들었지만 나는 그들을 다시 깨웠다.

4 other meanings(다른 뜻)

어떤 것이 관심이나 감정을 일깨우다라고 할 경우, **awaken**을 사용한다.

My first visit to a theatre ***awakened*** an interest which never left me.
내가 처음 극장을 방문했을 때, 나를 결코 떠나지 않던 관심에 눈을 떴다.
The experience ***awakened*** my enthusiasm for science afresh.
그 경험은 과학에 대한 내 열정을 새롭게 일깨워 주었다.

wake up to **a problem/a dangerous situation**은 어떤 문제나 위험한 상황을 인식하다라는 뜻이다.

The Church must ***wake up to*** the financial problems of the clergy.
기독교계는 성직자의 재정적인 문제를 인식해야 한다.
The West began to ***wake up to*** the danger it faced. 서부 지역은 그들에게 당면한 위험을 느끼기 시작했다.

5 'awake' used as an adjective(형용사로 사용하는 awake)

awake는 형용사로도 사용할 수 있으며, 잠을 자지 않고 '깨어 있는'이라는 뜻이다.

An hour later he was still ***awake***. 한 시간 후에도 그는 깨어 있었다.
Lynn stayed ***awake*** for a long time. 린은 오랫동안 깨어 있었다.

〔동사 **be · stay · keep · lie + awake**〕 형식이나 〔동사 **shake · prod + awake**〕 형식은 다른 사람을 깨우다라고 할 때에도 사용할 수 있다.

You would have to ***shake*** her ***awake***. 당신은 그녀를 흔들어 깨워야 할 것이다.
Wendy would ***nudge*** me ***awake***. 웬디는 나를 팔꿈치로 찔러 잠을 깨웠다.

명사 뒤에 **awake**를 때때로 사용한다.

She was the last person ***awake***. 그녀는 마지막으로 깬 사람이었다.
He was walking more like a somnambulist than a person fully ***awake***.
그는 완전히 잠이 깬 사람이라기보다 몽유병자처럼 걸어 다니고 있었다.

> 주의 명사 앞에는 **awake**를 사용하지 않는다. **very awake**가 아닌 **wide awake**나 **fully awake**라고 한다.
> He was ***wide awake*** by the time we reached the flat. 그는 우리가 아파트에 도착한 시간에 완전히 깨어 있었다.
> She rose, still not quite ***fully awake***. 그녀는 일어나기는 했지만, 아직도 잠에서 완전히 깨어나지 않았다.

award

○ Usage 표제어 reward – award 참조.

aware – familiar

1 'aware of'

be *aware of* something은 어떤 것을 인식하거나 그것이 존재하고 있음을 알고 있다라는 뜻이다.

Ralph was ***aware of*** the heat for the first time that day. 랠프는 그날 처음으로 열기를 느꼈다.
People became ***aware of*** American jazz. 사람들은 미국의 재즈 음악에 대해 인식하게 되었다.

2 'familiar with'

어떤 것을 잘 알거나 이해하는 경우에는 **be *aware of***가 아닌 **be *familiar with***를 사용한다.

I am of course ***familiar with*** your work. 물론 나는 당신이 하는 일에 대해 잘 알고 있다.
You will probably already be ***familiar with*** some of this story.
당신은 아마 이러한 이야기의 일부에 대해 이미 잘 알고 있을 것이다.

away – far

1 'away'

자신이 있는 곳에서부터 특정한 장소까지의 거리를 말하는 경우, **away**를 사용한다.

...Durban, which is over 300 kilometers ***away***. 300킬로미터 이상 떨어져 있는 더반.
It is ***a long way from*** London. 그곳은 런던에서 아주 멀리 떨어져 있다.

Anna was still *a long way away*. 애나는 아직도 멀리 떨어져 있었다.

2 'far'

거리를 나타내는 **far**는 부정문과 의문문에 사용하는데, 일반적으로 긍정문에서는 잘 사용하지 않는다.

➲ Usage 표제어 **far** 참조.

---

awful – awfully

1 'awful'

형용사 **awful**은 두 가지 용법이 있다. 회화에서 무언가가 매우 불쾌하거나 품질이 아주 형편없을 때, **awful**을 사용한다.

Isn't the weather ***awful***? 날씨가 나쁘지 않습니까?

Gas smells ***awful***. 가스는 고약한 냄새가 난다.

The road is ***awful***; narrow and bumpy. 그 길은 심하게 좁고 울퉁불퉁하다.

글이나 회화에서 어떤 일이 매우 충격적이거나 비참하다라고 할 때에도 **awful**을 사용한다.

...an account of that ***awful*** war. 그 끔찍한 전쟁에 대한 기록.

My husband had an ***awful*** death. 내 남편은 끔찍한 죽음을 당했다.

2 'awfully'

부사 **awfully**에는 완전히 다른 쓰임이 있다. 사람이나 사물이 주로 가지고 있는 성질을 강조할 때, 형용사 앞에 **awfully**를 사용한다.

You're an ***awfully*** kind person, Dr Marlowe. 말로 박사, 당신은 아주 친절한 사람입니다.

I'm ***awfully*** sorry. 정말 죄송합니다.

It's getting ***awfully*** dark. 주위가 몹시 어두워지고 있다.

ⓘ awfully는 회화에서만 사용하며 다소 오래된 단어이다. awfully 대신 very, really, extremely를 사용하는 것이 더 일반적이다.

---

awhile – a while

1 'awhile'

awhile은 동사 뒤에 사용하는 부사로, '잠시'라는 뜻이다.

I may have to stay there ***awhile***. 나는 그곳에 잠시 머물러야 할지도 모른다.

Can't you just wait ***awhile?*** 잠시 기다려 줄 수 없어요?

ⓘ 특히 영국 영어에서는 awhile보다 for a while을 더 많이 사용한다.

2 'a while'

a while은 '막연한 기간'을 뜻하며, 잠시 어떤 일을 한다고 할 때, **for a while**이나 **after a while**을 사용한다.

For a while it looked as if it might work. 잠시 그 일이 제대로 풀려 가는 것같이 보였다.

They walked on in silence ***for a while***. 그들은 잠시 침묵한 채로 걸었다.

After a while, we drove off. 잠시 후 우리는 차를 타고 떠났다.

while 앞에는 **short**, **little**, **long**과 같은 형용사를 사용할 수 있다.

I'm going to have to leave you on your own for ***a short while***. 나는 잠시 당신을 혼자 두어야 할 것이다.

...a book that I read ***a little while*** ago. 내가 방금 전에 읽은 책.

B b

back

1 used with an intransitive verb(자동사와 함께 사용하기)

〔자동사 + back〕 형식은 전에 있던 곳으로 돌아간다고 할 때 사용한다.

In six weeks we've got to go ***back*** to West Africa. 6주 후에 우리는 서아프리카로 돌아가야 한다.
I went ***back*** to the kitchen. 나는 부엌으로 다시 갔다.
I'll come ***back*** after dinner. 나는 저녁 식사 후에 돌아올 것이다.

2 'be back'

회화에서 누군가가 돌아올 것이라고 할 경우, **come back** 대신 **be back**을 자주 사용한다.

I imagine he'll ***be back*** for lunch. 나는 그가 점심을 먹으러 다시 올 것이라고 생각한다.
Pete will ***be back*** from holiday next week. 피트는 다음 주에 휴가에서 돌아올 것이다.

> 주의 **back**은 **return**과 함께 사용하지 않는다. 예를 들면, '그는 사무실로 돌아왔다.'는 ~~**He returned back to his office.**~~가 아닌 **He *returned* to his office.**라고 한다.
> I ***returned*** from the, Middle East in 1956. 나는 1956년에 중동에서 돌아왔다.

3 used with a transitive verb(타동사와 함께 사용하기)

〔타동사 + 목적어 + back〕 형식은 사람이나 사물을 전에 있던 곳으로 데려오거나 보낼 때 사용한다. **back**은 일반적으로 직접목적어 뒤에 온다.

We brought ***Dolly back***. 우리는 돌리를 다시 데려왔다.
He took ***the tray back***. 그는 쟁반을 다시 갖다 놓았다.

직접목적어가 대명사일 때, **back**은 항상 직접목적어 뒤에 온다.

I brought ***him back*** to my room. 나는 그를 내 방으로 다시 데려왔다.
She put ***it back*** on the shelf. 그녀는 그것을 선반에 다시 놓았다.

그러나 직접목적어가 긴 명사구가거나 명사구 뒤에 관계사절이 오는 경우, **back**은 명사구 앞에 온다.

He recently sent ***back his rented TV sets***. 그는 대여한 텔레비전 수상기를 최근에 돌려보냈다.
He put ***back the silk sock which had fallen out of the drawer***.
그는 서랍에서 떨어진 비단 양말을 다시 집어넣었다.

4 returning to a former state(이전의 상태로 돌아가기)

사람이나 사물이 전에 있었던 상태로 되돌아간다고 할 때에도 **back**을 사용한다.

He went ***back*** to sleep. 그는 다시 잠자리에 들었다.
...a £30 million plant which will turn all the waste ***back*** into sulphuric acid.
모든 폐기물을 황산으로 되돌릴 수 있는 3천만 파운드짜리 공장.

5 used as a noun(명사로 사용하기)

back은 명사로 쓰이기도 한다. **back**은 가슴과 배의 반대편에 있는 목에서 허리까지 이르는 신체의 일부분, 즉 '등'이라는 뜻이다.

We lay on ***our backs*** under the ash tree. 우리는 물푸레나무 아래에서 등을 대고 누웠다.
She tapped him on ***the back***. 그녀는 가볍게 그의 등을 두드렸다.

the *back* of an object는 뒤를 향해 있거나 앞에서 가장 멀리 있는 면이나 부분, 즉 '뒤쪽'이라는 뜻이다.

Many relatives sat at the ***back*** of the room, some visibly upset.
많은 친척들은 방 뒤쪽에 앉아 있었으며, 일부는 당황한 기색이 역력했다.
Keep some long-life milk at the ***back*** of your refrigerator. 냉장고의 안쪽에 유통 기한이 긴 우유를 보관하세요.

the *back* of a door는 방이나 찬장 안쪽 면이라는 뜻이다.

Pin your food list on the ***back*** of the larder door. 저장실 문 안쪽에 식품 목록을 핀으로 고정해 주세요.

the *back* of a piece of paper는 글씨가 없는 면이나 두 번째로 보게 되는 면이라는 뜻이다.

Sign on the ***back*** of the prescription form. 처방전의 뒷면에 서명하세요.

영국 영어에서는 문이나 종이의 뒷면을 **back side**라고 하지 않는다. 그러나 미국 영어에서는 이를 흔히 사용한다.

Be sure to read the ***back side*** of this sheet. 이 종이의 뒷면을 반드시 읽으세요.

---

backward

Usage 표제어 backwards 참조.

---

backwards

1 'backwards'

move/look *backwards*는 자신의 등이 향하는 방향으로 움직이거나 보다라는 뜻이다.

The hummingbird can fly ***backwards***. 벌새는 뒤를 향해 날 수 있다.
He overbalanced and stepped ***backwards*** onto a coffee cup.
그는 몸의 균형을 잃으면서 뒤쪽으로 넘어져 커피 잔을 밟았다.
Lucille looked ***backwards*** at the once-lovely site where her great-great-grandparent's graves had lain.
루실은 고조부모의 묘소가 있었던, 한때 아름다웠던 장소를 뒤돌아서 쳐다보았다.

do something *backwards*는 평상시와 반대로 어떤 일을 하다라는 뜻이다.

Listen to the tape ***backwards***. 테이프를 뒤로 돌려 들으세요.

backwards는 부사로만 사용한다.

2 'backward'

미국 영어에서는 때때로 **backwards** 대신 **backward**라고 한다.
The snout hit Hooper in the chest and knocked him ***backward***. 주둥이가 후퍼의 가슴을 쳐서 뒤쪽으로 넘어졌다.

영국 영어와 미국 영어에서 **backward**는 형용사로 사용한다. ***backward* movement/look**은 사람이나 사물이 뒤쪽으로 움직이거나 쳐다보는 동작이나 모습이라는 뜻이다.

She took a ***backward*** step. 그녀는 한 걸음 뒤로 물러났다.
Without a ***backward*** glance, he walked away. 그는 뒤도 돌아보지 않고 걸어가 버렸다.

backward가 형용사인 경우, 명사 앞에만 사용할 수 있다.

backward의 다른 뜻은 Usage 표제어 retarded 참조.

---

back yard

Usage 표제어 yard 참조.

---

bad – badly

1 'bad'

bad는 '불쾌하고', '해롭고', '바람직하지 않은'이라는 뜻이다.

I have some very ***bad*** news. 나는 몇 가지 아주 나쁜 소식을 갖고 있다.
Candy is ***bad*** for your teeth. 사탕은 치아에 해롭다.
The weather was ***bad***. 날씨가 좋지 않았다.

bad의 비교급은 **worse**이고, 최상급은 **worst**이다.

Her marks are getting ***worse*** and ***worse***. 그녀의 점수는 점점 나빠지고 있다.
...the ***worst*** thing which ever happened to me. 나에게 일어났던 가장 최악의 일.

2 'badly'

bad는 부사로 사용하지 않는다. 예를 들면, '보수당은 선거 결과가 좋지 않았다.'는 ~~**The Conservatives did bad in the elections.**~~가 아닌 **The Conservatives did *badly* in the elections.**라고 한다.

I cut myself ***badly***. 나는 크게 다쳤다.
The room was so ***badly*** lit I couldn't see what I was doing.
그 방은 조명이 몹시 좋지 않아 내가 하고 있는 것을 볼 수가 없었다.

badly가 위와 같은 뜻일 경우, 비교급은 **worse**이고, 최상급은 **worst**이다.

We played ***worse*** than in our previous two matches. 우리는 지난 두 번의 시합보다 더 저조한 경기를 했다.
...the ***worst*** affected areas. 가장 심하게 영향을 받은 지역들.

badly에는 또 다른 뜻이 있다. **need/want something *badly***는 어떤 것을 절실히 필요로 하거나 원하다라는 뜻이다.

We need the money ***badly***. 우리는 돈이 절실히 필요하다.
I want you so ***badly***. 나는 당신을 아주 간절히 원한다.
I am ***badly*** in need of advice. 나는 조언이 절실히 필요하다.

badly가 위와 같은 뜻일 경우, 비교급은 **worse**가 아닌 **more badly**이다. 또한 최상급은 **worst**가 아닌 **most badly**이다.

She wanted him ***more badly*** than ever. 그녀는 전보다 훨씬 더 간절히 그를 원했다.
Of the three sports, the one that ***most badly*** needs to build up new stars is basketball.
세 가지 스포츠 종목 중에 새로운 스타를 키울 필요가 있는 종목은 농구이다.

○ 위와 같은 뜻으로 사용하는 단어와 표현의 분류 목록은 **Grammar** 표제어 **Adjuncts**의 **degree** 참조.

---

bag

bag은 물건을 나를 때 사용하는 종이나 플라스틱으로 만든 용기, 즉 '봉지'라는 뜻이다.

...a ***bag*** of sugar. 설탕 한 봉지.
...a plastic ***bag*** full of sticky labels. 접착식 라벨로 가득 찬 비닐봉지.

i *a bag of* something은 봉투와 봉투의 내용물을 가리키거나 또는 봉투의 내용물만을 가리킨다.

When he went to bed he put ***a bag of salt*** beside his head. 그는 잠자리에 들 때, 머리 옆에 소금 한 봉지를 놓아두었다.
He ate ***a whole bag of sweets***. 그는 사탕 한 봉지를 다 먹었다.

bag에는 구입한 물품 등의 물건을 나를 때 사용하는 손잡이나 가죽 끈이 달린 용기라는 뜻도 있다.

He was carrying a red shopping ***bag***. 그는 빨간색 쇼핑백을 들고 있었다.

여성이 들고 다니는 핸드백은 **bag**이라고 한다.

She opened her ***bag*** and took out a handkerchief. 그녀는 핸드백을 열어서 손수건을 꺼냈다.

미국인들은 여러 개의 짐 가방을 보통 **bags**라고 하며, 일부 영국인들도 이를 사용한다.

The porter took her ***bags***. 짐꾼은 그녀의 짐 가방을 날랐다.

영국 영어에서는 큰 짐 가방을 **case**나 **suitcase**라고 한다.

They left their ***cases*** piled beside the car. 그들은 자동차 옆에 짐 가방을 쌓아놓았다.
She arrived dragging and bumping her heavy ***suitcase***. 그녀는 무거운 짐 가방을 끌고 부딪쳐 가며 도착했다.

baggage

➲ Usage 표제어 luggage – baggage 참조.

bake

➲ Usage 표제어 cook 참조.

band – tape

1 'band'

band는 어떤 것의 둘레를 꽉 묶을 수 있는 천이나 금속과 같은 '가느다란 띠'라는 뜻이다.

...a panama hat with a red ***band***. 빨간색 띠가 있는 파나마모자.
A man with a black ***band*** around his arm stood alone. 팔에 검은색 띠를 두른 한 남자가 혼자 서 있었다.
Her hair was in a pony tail secured with a rubber ***band***. 그녀의 머리카락은 고무 밴드로 묶은 말총머리 모양이었다.

2 'tape'

무언가의 소리가 녹음된 자기선, 즉 '테이프'는 band가 아닌 tape이라고 한다.

Do you want to put on a ***tape***? 테이프를 틀어 드릴까요?
His manager persuaded him to make a ***tape*** of the song. 그의 매니저는 그에게 노래를 테이프로 만들라고 설득했다.

bank – bench – seat

1 'bank'

bank는 강이나 호수의 가장자리에 있는 땅, 즉 '둑'이라는 뜻이다.

...30 miles of new developments along both ***banks*** of the Thames.
템스 강 양쪽 둑을 따라 30마일에 이르는 새로운 조성지.
Leaving her mask and flippers on the ***bank***, she plunged straight into the pool.
그녀는 수중 마스크와 물갈퀴를 둑에 벗어 놓은 후에, 곧장 웅덩이로 뛰어들었다.

bank는 돈을 계좌에 보관하는 장소, 즉 '은행'이라는 뜻으로도 쓰인다.

You should ask your ***bank*** for a loan. 당신은 거래 은행에 대출 신청을 해야 한다.

2 'bench' and 'seat'

공원이나 정원에 있는 길고 좁은 의자는 bank가 아닌 bench나 seat라고 한다.

Rudolf sat on the ***bench*** and waited. 루돌프는 벤치에 앉아서 기다렸다.
She sat on a ***seat*** on the promenade. 그녀는 산책길에 놓여 있는 의자에 앉았다.

banknote

1 'banknote'

banknote는 종이돈, 즉 '지폐'라는 뜻이다.

Some of the ***banknotes*** were unbelievably dirty. 지폐 중 일부는 믿기 어려울 정도로 더러웠다.

2 'note'

영국 영어에서는 banknote를 보통 note라고 한다.

He handed me a ten pound ***note***. 그는 나에게 10파운드짜리 지폐를 주었다.

3 'bill'

미국 영어에서는 지폐를 banknote가 아닌 bill이라고 한다.

He took out a five dollar ***bill***. 그는 5달러짜리 지폐를 꺼냈다.

bill의 또 다른 뜻은 Usage 표제어 bill – check 참조.

---

bar

미국 영어에서는 술을 사서 마실 수 있는 장소를 **bar**라고 한다.

Leaving Rita in a ***bar***, I made for the town library. 나는 리타를 술집에 놔두고 시립 도서관으로 갔다.

영국 영어에서는 **bar**를 **pub**이라고 한다.

We used to go drinking in a ***pub*** called the Soldier's Arms. 우리는 솔저스 암스라는 술집에 술을 마시러 가곤 했다.

Usage 표제어 pub 참조.

영국 영어에서는 술집의 각각의 방을 **bar**라고 한다. 호텔, 클럽, 극장에서 술을 사서 마실 수 있는 장소도 **bar**라고 한다.

...the terrace ***bar*** of the Continental Hotel. 컨티넨탈 호텔에 있는 테라스 바.

---

bare – barely

1 'bare'

형용사 **bare**는 어떤 것의 덮개가 없다, 즉 '드러낸'이라는 뜻이다.

The doctor stood uneasily on the ***bare*** floor. 그 의사는 맨바닥에서 불안하게 서 있었다.

He put his hand on my ***bare*** leg. 그는 자신의 손을 내 맨다리 위에 올려놓았다.

2 'barely'

barely는 부사로, **bare**와 뜻이 완전히 다르다. **barly**는 어떤 일이 사실이거나 그럴 가능성이 '거의 없는'이라는 뜻이다.

He was so drunk he could ***barely*** stand. 그는 술이 너무 취해서 간신히 서 있었다.

His voice was ***barely*** audible. 그의 목소리는 거의 들리지 않았다.

주의 **barely**는 **not**과 함께 사용하지 않는다. 예를 들면, '그 온도는 얼음이 얼기 직전이었다.'는 ~~**The temperature was not barely above freezing.**~~이 아닌 **The temperature was *barely* above freezing.**이라고 한다.

barely는 조동사와 함께 사용할 때 그 뒤에 온다. 예를 들면, '그는 글을 겨우 읽을 수 있다.'는 ~~**He barely can read.**~~가 아닌 **He *can barely* read.**라고 한다.

His career at Internazionale ***had barely*** begun when he was told he should never play football again.
그는 인터 밀란에서 선수 생활을 시작하자마자 축구를 절대로 해서는 안 된다는 말을 들었다.

He ***could barely*** get his words out. 그는 간신히 말을 꺼낼 수 있었다.

어떤 일이 일어난 후에 바로 다른 일이 일어났다고 할 때, 때때로 **barely**를 사용한다. 예를 들면, '우리가 식사를 시작하자마자 제인이 도착했다.'는 **We had *barely* started the meal when Jane arrived.**라고 한다.

barely 뒤에 than이 아닌 when이나 before를 사용한다. 예를 들면, ~~We had barely started the meal than Jane arrived.~~라고 하지 않는다.

The ship had ***barely*** cleared the harbour ***when*** an Italian customs cutter raced after her.
그 배가 출항 허가를 받자마자 이탈리아 세관 감시선이 그녀를 뒤따라왔다.

I had ***barely*** said my name ***before*** he had lead me to the interview room.
내 이름을 말하자마자 그는 나를 면접실로 데려갔다.

---

barrister

Usage 표제어 lawyer 참조.

bass – base

bass와 base는 둘 다 [beis]로 발음한다.

1 'bass'

bass는 낮은음으로 노래를 부르는 남자 가수, 즉 '베이스'라는 뜻이다.

...the great Russian ***bass*** Chaliapin. 러시아의 유명한 베이스 가수 샬리아핀.

bass **saxophone/guitar/other instrument**는 다른 종류의 악기보다 더 낮은음을 내는 색소폰, 기타, 다른 악기라는 뜻이다.

The girl vocalist had been joined by the lead and ***bass*** guitars.
여자 가수는 리드 기타와 베이스 기타의 반주를 받았다.

bass는 강과 바다에서 볼 수 있는 식용 물고기로, 식용 물고기는 여러 종류가 있다.

They unloaded their catch of cod and ***bass***. 그들은 자신들이 잡은 대구와 농어를 내려놓았다.

> **주의** 위와 같은 뜻의 단어 **bass**는 [bæs]로 발음한다.

2 'base'

base는 어떤 것의 가장 낮은 부분이나 가장자리, 즉 '밑바닥'이라는 뜻이다.

...the switch on the lamp ***base***. 램프 바닥에 있는 스위치.
I had back pain starting at the ***base*** of my spine and shooting up it.
나는 척추 아랫부분에서 쿡쿡 찌르는 듯한 허리 통증을 느꼈다.

bath – bathe

1 'bath'

영국 영어에서 **bath**[bæθ | bɑːθ]는 몸을 씻는 동안 물을 채워 놓고 앉는 긴 직사각형의 용기, 즉 '욕조'라는 뜻이다.

In those days, only quite wealthy families had ***baths*** of their own.
그 당시에는 아주 부유한 가문만이 자신의 집에 욕조를 가지고 있었다.

미국 영어에서는 욕조를 **bathtub**나 **tub**라고 한다.

I spent hours in the warmth of the ***bathtub***. 나는 따뜻한 욕조에서 몇 시간을 보냈다.
I lowered myself deeper into the ***tub***. 나는 욕조에서 몸을 더 깊이 낮추었다.

동사 **bath**는 욕조에서 어떤 사람을 씻기다, 즉 '목욕시키다'라는 뜻이다.

She will show you how to ***bath*** the baby. 그녀가 그 어린아이를 욕조에서 목욕시키는 방법을 당신에게 알려줄 것이다.
We ***bathed*** and dried Sandy together. 우리는 함께 샌디를 목욕시킨 후에 몸의 물기를 닦아 주었다.

목욕을 하다는 **bath oneself**라고 하지 않는다. 영국 영어에서는 **have a bath**라고 한다.

I'm going to ***have a bath***. 나는 목욕을 할 것이다.

2 'bathe'

미국 영어에서는 목욕을 하다라는 뜻으로 **take a bath**를 사용하거나 더 격식을 차려서 동사 **bathe**[beið]를 사용한다.

I ***took a bath***, my second that day. 나는 그날의 두 번째 목욕을 했다.
After golf I would return to my apartment to ***bathe*** and change.
나는 골프를 친 후에 목욕을 하고 옷을 갈아입으러 아파트로 돌아오곤 했다.

위와 달리 영어에서 **bathe**는 누군가가 강, 호수, 바다에서 '수영을 하거나 놀다'라는 뜻이다.

It is dangerous to ***bathe*** in the sea here. 이곳의 바다에서 수영하는 것은 위험하다.

위와 같은 bathe의 용법은 다소 오래된 표현이다. 현대 영어에서는 보통 go swimming이나 go for a swim을 사용하며, 미국 영어에서는 때때로 take a swim이라고 한다.

She's ***going for a swim***. 그녀는 수영을 하러 갈 것이다.

I went down to the ocean and ***took a swim***. 나는 바다로 가서 수영을 했다.

영국 영어와 미국 영어 모두 bathe는 상처나 부상을 물로 '씻어내다'라는 뜻이다.

He ***bathed*** the cuts on her feet. 그는 그녀의 발에 난 상처를 물로 씻어냈다.

She had watched her mother ***bathe*** his face and bandaged his hands.
그녀는 어머니가 그의 얼굴을 씻겨 주고, 손에 붕대를 감아 주는 것을 보았다.

bath와 bathe 둘 다 현재분사는 bathing, 과거와 과거분사는 bathed이다. 그러나 bath와 관련이 있는 경우에는 bathing은 [bæθiŋ], bathed는 [bæθd]로 발음한다. bathe와 관련이 있는 경우, bathing은 [béiðiŋ], bathed는 [béiðd]로 발음한다.

---

be

1 forms(형태)

be동사는 영어에서 가장 많이 사용하는 일반동사로 여러 가지 용법이 있다. be동사의 현재형은 am, are, is이며 과거형은 was, were이다. be동사는 조동사와 본동사로 사용한다.

...a problem which ***is getting*** worse. 점점 악화되는 문제.

It ***was*** about four o'clock. 4시경이었다.

Grammar 표제어 Auxiliaries 참조.

am, are, is는 보통 완전히 발음하지 않는다. 누군가가 말하는 것을 받아 적을 때, am, is는 보통 'm, 's로 표기한다.

'***I'm*** sorry,' I said. 나는 "미안해."라고 말했다.

'But ***it's*** not possible,' Lili said. 릴리는 "그렇지만 그것은 불가능해요."라고 말했다.

'Okay,' he said. 'Your ***brother's*** going to take you to Grafton.'
"좋아요. 당신 남동생이 당신을 그래프턴에 데려다 줄 거예요."라고 그가 말했다.

are는 대명사 뒤에서만 're로 표기할 수 있다.

'***We're*** winning,' he said. "우리는 이길 거예요."라고 그가 말했다.

회화체로 글을 쓸 때도 'm, 're, 's의 형식을 사용할 수 있다.

Grammar 표제어 Contractions 참조.

2 used as an auxiliary(조동사로 사용하기)

진행시제와 수동태일 경우, be동사를 조동사로 사용한다.

She ***was*** watching us. 그녀는 우리를 지켜보고 있었다.

Several apartment buildings ***were*** destroyed. 여러 아파트 건물이 파괴되었다.

Grammar 표제어 Tenses 참조.

회화에서는 수동태를 만들 때, get을 자주 사용한다.

Usage 표제어 get 참조.

3 used as a main verb(본동사로 사용하기)

사물이나 사람을 묘사하거나 그에 대한 정보를 주는 경우, be동사를 본동사로 사용한다. be동사 뒤에 보어가 올 수 있으며, 이때 보어는 형용사나 명사구가다.

We were ***very happy***. 우리는 아주 행복했다.

He is now ***a teenager***. 그는 지금 십대이다.

Grammar 표제어 Complements 참조.

4 indicating someone's job(직업 나타내기)

한 단체 안에 특별한 직업이나 지위를 나타내는 명사구가 be동사 뒤에 오는 경우, 명사구 앞에 the를 사용하지 않는다.

At one time you wanted to ***be President***. 한때 당신은 대통령이 되기를 원했다.

ⓘ be동사 대신 때때로 make를 사용하여 특정한 직업이나 역할에서 누군가의 성공을 나타낸다. 예를 들면, '그는 훌륭한 대통령이 될 것이다.'는 He will be a good president. 대신 He will ***make*** a good president.라고 한다.

5 indicating age and cost(나이와 가격 나타내기)

사람의 나이를 말할 때, 〔be동사 + 숫자〕 형식을 사용한다.

Rose Gibson ***is twenty-seven***. 로즈 깁슨은 27세입니다.

물건의 가격을 말할 때에도 be동사를 사용할 수 있다.

How much ***is*** it? 그것은 얼마입니까?
It'***s*** five pounds. 그것은 5파운드입니다.

➲ 더 많은 정보는 Topic 표제어 Age와 Money 참조.

6 with prepositional phrases(전치사구와 함께 사용하기)

be동사 뒤에 여러 종류의 전치사구를 사용할 수 있다.

He was still ***in a state of shock***. 그는 여전히 충격적인 상태였다.
I'm ***from Dortmund*** originally. 나는 원래 도르트문트 출신이다.
...people who are ***under pressure***. 압력을 받고 있는 사람들.

7 with 'to'-infinitives(to부정사와 함께 사용하기)

〔be동사 + to부정사〕 형식을 때때로 사용한다.

The talks ***are to begin*** tomorrow. 회담은 내일 열릴 예정이다.
What ***is to be done***? 무슨 일이 일어날 것인가?

➲ 더 많은 정보는 Grammar 표제어 'To'-infinitive clauses 참조.

8 in questions and negative clauses(의문문과 부정문에 사용하기)

be동사를 의문문과 부정문의 본동사로 사용하는 경우, 조동사 do를 사용하지 않는다.

Are you O.K? 당신 괜찮아요?
Is she Rick's sister? 그녀가 릭의 여동생인가요?
I ***was*** not surprised. 나는 놀라지 않았다.
It ***was*** not an easy task. 그것은 쉬운 일이 아니었다.

9 in continuous tenses(진행시제에 사용하기)

일반적으로 be동사를 진행시제의 본동사로 사용하지는 않는다. 그러나 특정한 때에 누군가의 행위를 묘사할 경우, 진행시제에 be동사를 사용할 수 있다.

You'***re being*** very silly. 당신은 매우 바보 같은 행동을 한다.

10 'be' and 'become'

be동사를 become과 혼동해서는 안 된다. 사람이나 사물이 특정한 성질을 갖고 있거나 특정한 상황에 있다는 것을 나타낼 때, be동사를 사용한다. 사람이나 사물의 변화를 나타낼 때는 become을 사용한다.

Before he ***became*** Mayor he had been a tram driver. 그는 시장이 되기 전에 전차 운전기사였다.
It was not until 1845 that Texas ***became*** part of the U.S.A. 1845년이 되어서야 비로소 텍사스는 미국의 일부가 되었다.

➲ Usage 표제어 become 참조.

11 after 'there'(there 뒤에 사용하기)

〔there + be동사〕 형식은 어떤 일의 존재나 발생을 나타낸다.

Clearly ***there is*** a problem here. 분명히 여기에 문제가 있다.
There are very few cars on this street. 이 거리에는 차가 거의 없다.
There was nothing new in the letter. 그 편지에는 전혀 새로운 것이 없었다.

> 주의 어떤 일의 존재나 발생을 나타낼 때, **there** 없이 **be**동사를 사용할 수 없다. 예를 들면, '다른 설명이 있다.'는 ~~**Another explanation is.**~~나 ~~**Another explanation must be.**~~가 아닌 ***There is* another explanation.**이나 ***There must be* another explanation.**이라고 한다.
> ◆ Usage 표제어 there 참조.

12 after 'it' (it 뒤에 사용하기)

〔it + be동사〕 형식은 경험 등을 묘사하거나 어떤 상황에 대해 말할 때 자주 사용한다.

It was very quiet in the hut. 오두막 안은 매우 조용했다.
It was awkward keeping my news from Ted. 테드에게 내 소식을 숨기는 게 불편했다.
It's strange you should come today. 당신이 오늘 오다니 이상하다.

◆ Usage 표제어 **it** 참조.

13 'have been'

어떤 곳에 갔다가 현재는 돌아와 있는 경우, 영국 영어에서는 **have been**을 사용한다.

I ***have been*** to Santander many times. 나는 산탄데르를 여러 번 방문한 적이 있다.
I've been there before. 나는 전에 그곳에 갔다 온 적이 있다.

◆ Usage 표제어 **go** 참조.

---

be able to

◆ Usage 표제어 **can – could – be able to** 참조.

---

beach – shore – coast

1 'beach'

beach는 바다나 호숫가 옆에 모래나 자갈이 있는 지역, 즉 '해변'이라는 뜻이다. 바닷가에서 편히 쉬거나 놀고 수영하는 장소를 나타내기도 한다.

He wandered off along ***the beach***. 그는 해변을 따라 거닐었다.

2 'shore'

shore는 바다, 호수, 넓은 강의 가장자리를 따라 있는 땅, 즉 '해안'이라는 뜻이다. 해안은 부드러운 모래로 덮여 있거나 바위가 매우 많을 수도 있다.

...the waves breaking against the ***shore***. 해안에 부딪쳐 부서지는 파도.

3 'coast'

coast는 육지와 바다의 경계선이나 바다에 인접한 국가의 일부 지역, 즉 '해안(지역)'이라는 뜻이다.

He landed on the ***coast*** of South Carolina. 그는 사우스 캐롤라이나 해안에 상륙했다.
...the industrial cities of the ***coast***. 해안에 위치한 공업 도시들.

---

bear

1 'bear'

bear는 불쾌한 상황을 겪고 있는 사람들에 관해 말할 때 사용하는 동사 중의 하나이다. **bear**의 3인칭 단수는 **bears**, 과거는 **bore**, 과거분사는 **borne**이다. 아주 불쾌한 상황을 말하는 경우, 긍정문에서는 **bear**를 사용한다. 일반적으로 **bear**는 누군가가 용감하게 고통이나 고난을 받아들이거나 참는 것을 말한다.

It was painful, of course, but he ***bore*** it. 물론 그것은 고통스러웠지만 그는 견뎌 냈다.
He ***bore*** his sufferings manfully. 그는 자신의 고난을 남자답게 견뎌 냈다.

2 'endure'

endure도 bear와 비슷한 뜻으로 사용한다.

Many have to ***endure*** pain without specialist help. 많은 사람들은 전문가의 도움 없이 고통을 참아 내야 한다.

3 'can't bear'

bear는 부정문에서 자주 사용한다. cannot *bear* something/someone은 어떤 사물이나 사람이 너무 짜증나게 하거나 화나게 하여 어떤 식으로든 그 사물이나 사람과 관련되는 것을 원하지 않다라는 뜻이다.

I couldn't ***bear*** staying in the same town as that man. 나는 저 사람과 같은 도시에 머문다는 것을 참을 수 없었다.
I can't ***bear*** him! 나는 그를 용납할 수 없다!

4 'can't stand'

bear와 비슷한 뜻으로 stand를 사용한다.

He kept on nagging and I couldn't ***stand*** it any longer. 그가 계속 잔소리를 해서, 나는 더 이상 견딜 수가 없었다.
She said she couldn't ***stand*** him. 그녀는 그를 용납할 수 없다고 말했다.

5 'tolerate' and 'put up with'

tolerate와 put up with는 어떤 것을 좋아하지 않거나 찬성하지 않지만 받아들이다라는 뜻이다.

...the tendency to ***tolerate*** extremes of human behaviour. 인간 행동의 극단성을 용납하려는 경향.
The local people have to ***put up with*** gaping tourists.
그 지역 사람들은 입을 벌리고 놀라는 관광객들의 모습을 참아야 한다.

---

bear – bare

두 단어는 모두 [beər]로 발음한다.

1 'bear'

bear는 명사나 동사로 사용하며, 두꺼운 털가죽과 날카로운 발톱을 가진 크고 강한 야생 동물, 즉 '곰'이라는 뜻이다.

The ***bear*** reared on its hind legs. 그 곰은 뒷다리로 섰다.

***bear* a difficult situation은 어려운 상황을 받아들이고 대처하다, 즉 '견디다'라는 뜻이다.**

This disaster was more than some of them could ***bear***. 이 참사는 그들이 견딜 수 있는 한도를 넘어섰다.

➲ Usage 표제어 bear 참조.

bear는 어떤 것을 옮기거나 무게를 받치고 있다라는 뜻으로도 쓰인다. 이는 상당히 격식을 차린 용법이다.

His ankle now felt strong enough to ***bear*** his weight.
그의 발목은 이제 자신의 몸무게를 지탱하기에 충분할 정도로 튼튼하다는 느낌이 들었다.

2 'bare'

일반적으로 bare는 형용사로, '덮개가 없는' 또는 '드러난'이라는 뜻이다.

...her ***bare*** feet. 그녀의 맨발.
The walls were ***bare***. 벽은 비어 있었다.

➲ Usage 표제어 bare – barely 참조.

---

beat

beat은 어떤 사람이나 사물을 여러 번 매우 세게 '때리다'라는 뜻이다.

His stepfather used to ***beat*** him. 의붓아버지는 그를 때리곤 했다.

beat의 과거는 **beated**가 아닌 **beat**이며, 과거분사는 **beaten**이다.

The rain ***beat*** against the window. 빗방울이 창문에 부딪쳤다.
Helmuth had been ***beaten*** severely by the gamekeeper. 헬무스는 사냥터지기에게 심하게 구타당했다.

beat **someone in a game**은 시합에서 상대를 이기다라는 뜻이다.

Arsenal ***beat*** Oxford 5-1. 아스날이 옥스퍼드를 5 대 1로 이겼다.

---

beauty

다음 단어는 잘생긴 외모를 가진 사람을 묘사할 때 사용할 수 있다.

attractive	beautiful	good-looking	gorgeous
handsome	pretty	stunning	

1 'attractive', 'gorgeous' and 'good-looking'

attractive와 **gorgeous**는 어린이를 묘사할 때도 사용하지만, **good-looking**은 어린이에게는 사용하지 않는다.

She had grown into a chubby ***attractive*** child, with a mop of auburn curls like her mother's.
그녀는 엄마와 같은 적갈색의 곱슬곱슬한 더벅머리의 통통하고 귀여운 아이로 자랐다.

2 'handsome'

handsome은 여자보다는 남자를 묘사할 때 더 자주 사용한다. **handsome**은 남자에게 사용하면 단정한 얼굴에 인상이 좋은 남자를 뜻하지만, 여자에게 사용하면 작고 연약한 여자보다는 단정한 얼굴에 몸집이 크다는 뜻이다.

He was a tall, dark, and undeniably ***handsome*** man. 그는 키가 크고, 검은 피부의 매우 잘생긴 남자였다.
In the 1930's the ideal woman was classically ***handsome*** rather than childishly pretty.
1930년대의 이상형의 여자는 어린아이같이 예쁘기보다는 고전적으로 몸집이 큰 여자였다.

3 'beautiful' and 'pretty'

beautiful과 **pretty**는 일반적으로 남자보다는 여자와 어린이를 묘사할 때 사용한다. 두 단어는 곱고 여성적인 외모를 의미하며 매우 어린 소년을 묘사할 때만 사용한다.

...a ***beautiful*** young girl with long hair. 긴 머리카락을 가진 예쁜 어린 소녀.
Our mother was laughing and looking ***pretty*** and happy. 우리 어머니는 웃고 있었고 아름답고 행복해 보였다.
'Such a ***pretty*** baby,' clucked Mrs Morrison. "정말 어여쁜 아이구나."라고 모리슨 부인이 관심을 보였다.

4 'stunning'

stunning은 매력적이거나 매우 아름다운 옷을 입은 여성을 묘사할 때에도 사용할 수 있다.

An onlooker said the bride looked ***stunning*** in a full-length ivory dress.
한 하객이 상아색의 긴 드레스를 입은 신부가 눈부시게 아름답다고 말했다.

5 degree of beauty(아름다움의 정도)

더 아름다운 사람을 묘사할 때, **attractive**, **good-looking**, **handsome**, **pretty**보다 **beauful**을 사용하며, **gorgeous**나 **stunning**은 대단히 멋져 보일 때 사용한다.

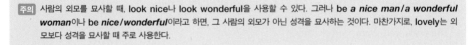

> 주의 사람의 외모를 묘사할 때, **look nice**나 **look wonderful**을 사용할 수 있다. 그러나 **be *a nice man/a wonderful woman***이나 **be *nice/wonderful***이라고 하면, 그 사람의 외모가 아닌 성격을 묘사하는 것이다. 마찬가지로, **lovely**는 외모보다 성격을 묘사할 때 주로 사용한다.

---

because

1 'because'

because는 어떤 일의 이유를 설명할 때 사용하며, **why**로 시작하는 질문에 **because**를 사용하여 답할 수 있다.

'Why shouldn't I come?' – '***Because*** you're too busy.'
"내가 왜 오지 말아야 합니까?" – "왜냐하면 당신은 너무 바쁘니까요."

어떤 일이 사실인 이유를 말할 때, 보통 **because**로 시작하는 원인절을 첨가한다.

I couldn't see Helen's expression, ***because*** her head was turned.
나는 헬렌의 표정을 볼 수 없었는데, 그녀가 머리를 돌렸기 때문이었다.

Rudolph's father did the shopping, ***because***, he said, his wife was extravagant.
루돌프의 아버지는 자신이 쇼핑을 한 이유는 부인이 돈을 헤프게 쓰기 때문이라고 말했다.

2 'as' and 'since'

글을 쓸 때, 원인절이 문장의 처음에 오면 **because** 대신 **as**나 **since**를 사용한다.

As the gorilla is so big and powerful, it has no real enemies. 고릴라는 아주 크고 힘이 세기 때문에, 진정한 적이 없다.

Since she did not make enough money to live in her own house, she went back to live with her mother.
그녀는 자신의 집에서 살 만큼 충분한 돈을 벌지 못했기 때문에 다시 어머니 집으로 옮겼다.

> **주의** 문장의 처음에 **as**나 **since**를 사용하는 경우, 두 번째 절의 처음에는 **that is why**와 같은 표현이 오지 않는다. 예를 들면, '당신은 매우 아팠기 때문에 내가 어떻게 느끼는지 이해할 것이다.'는 ~~As you have been very ill yourself, that is why you will understand how I feel.~~이 아닌 **As you have been very ill yourself, *you will understand* how I feel.**이라고 한다.

어떤 것에 특별한 이유가 있을 때, **as**나 **since** 앞에 **especially**, **particularly** 등을 사용할 수 있다. 이 경우, 원인절은 주절 뒤에 온다.

I was frightened when I went to bed, ***especially as*** my room was so far up.
내 방이 너무 높은 곳에 있어서 나는 잠을 자러 갔을 때 놀랐다.

It was nice to have someone to talk to, ***particularly as*** it looked as if I was going to be there all night.
내가 그날 밤 내내 그곳에 머물러야 해서 이야기할 누군가가 있다는 것은 멋진 일이었다.

3 'for'

소설에서 **because** 대신 **for**를 때때로 사용했으나, 이는 오래된 용법이다.

This was where he spent a great deal of his free time ***for*** he had nowhere else to go.
이곳은 그가 갈 곳이 없어서 많은 여가 시간을 보낸 곳이었다.

His two older sisters slept downstairs, ***for*** they had to be up first.
그의 두 누나들은 먼저 일어나야 했기 때문에 아래층에서 잠을 잤다.

4 'because of'

어떤 것에 대한 이유를 말할 때, 때때로 절 대신 명사구를 사용한다. 이 경우, (**because of** + 명사구) 형식을 사용한다.

Many families break up ***because of*** a lack of money. 많은 가정이 경제난으로 해체된다.

Because of the heat, the front door was open. 더위로 인해 앞문은 열려 있었다.

---

become

1 'become'

become은 사물이나 사람이 특정한 것이 '되다'라는 뜻이다.

When you feed a current through the coil, it ***becomes*** a magnet. 코일에 전류를 흘리면 이것은 자석이 된다.

Anybody can ***become*** a qualified teacher. 누구나 자격을 갖춘 교사가 될 수 있다.

become의 과거는 **becomed**가 아닌 **became**이다.

We ***became*** good friends at once. 우리는 곧바로 좋은 친구가 되었다.

The smell ***became*** stronger and stronger. 그 냄새는 점점 더 강해졌다.

become의 과거분사는 **become**이다.

Would you say that life ***has become*** a lot easier for you? 당신은 삶이 훨씬 더 편해졌다고 말할 수 있습니까?
The notion ***had become*** very popular in the United States. 그 관념은 미국에서 크게 유행했다.

〔become + 단수명사구〕 형식일 때, 명사구는 일반적으로 한정사로 시작한다.

Portugal became ***a colonial power***. 포르투갈은 식민지 강국이 되었다.
I became ***a construction engineer***. 나는 건축 기사가 되었다.
...the aristocratic young man who becomes ***his friend***. 그의 친구가 될 귀족 청년.

그러나 명사구가 한 단체 안의 특별한 직업이나 지위를 나타내는 경우에는 한정사를 생략할 수 있다.

In 1990 he became ***Ambassador to Hungary***. 그는 1990년에 헝가리 주재 대사가 되었다.
He went on to become ***head of one of the company's largest divisions.***
그는 계속해서 그 회사의 가장 큰 부서 중 어떤 부서의 부서장이 되었다.

다음 동사 get, grow, come, go, turn은 become의 뜻으로 자주 사용한다. 이들 단어는 〔동사 + 명사구〕 형식이 아닌 〔동사 + 형용사〕 형식을 사용한다.

2 'get'

get은 become의 뜻으로 매우 자주 사용하며, 회화에서는 보통 become보다 get을 사용한다.

It ***was getting*** dark. 날이 점점 어두워지고 있었다.
She began to ***get*** suspicious. 그녀는 의심하기 시작했다.
If things ***get*** any worse, you'll have to come home. 만약 사정이 나빠지기라도 하면, 너는 집으로 돌아와야 할 것이다.

3 'grow'

글에서 grow는 때때로 become의 뜻으로 사용한다. 사람이나 사물이 특정한 상태나 조건으로 점차 변한다고 할 때, grow를 사용한다.

Some of her ministers ***are growing*** impatient. 그녀의 장관들 중 일부는 조급해하고 있다.
The sun ***grew*** so hot that they were forced to stop working. 햇볕이 너무 뜨거워지자 그들은 하던 일을 멈춰야만 했다.

4 'come'

어떤 것이 점차 느슨해지거나 떨어지다라고 할 때, come을 loose나 unstuck과 함께 사용한다.

A buckle had ***come*** loose, the pin digging into his skin. 버클이 점점 느슨해지면서, 핀이 그의 피부 속으로 파고들었다.
Some of the posters ***came*** unstuck. 그 포스터 중 몇 개가 떨어졌다.

꿈, 소망, 예측이 실제로 일어나는 경우, come true를 사용한다.

My wish has ***come true***. 내 소원이 이루어졌다.

5 'go'

어떤 사람이 신체에 갑작스러운 변화를 느끼는 경우, go를 사용한다.

I ***went*** numb. 나는 감각을 잃었다.
He ***went*** cold all over. 그는 온몸이 오싹해졌다.
Their mouths ***went*** dry. 그들은 입이 말라 버렸다.

무언가가 갑자기 느슨해지거나 흐물흐물해지다라고 할 때, go를 사용한다.

The rope ***went*** slack. 밧줄이 느슨해졌다.
He ***went*** as limp as an armful of wet laundry. 그는 한 아름의 젖은 세탁물처럼 축 늘어졌다.

어떤 사람이 눈이 멀거나 귀가 먹게 되다라고 할 경우, 보통 go를 사용한다.

She was bedridden and ***going*** blind. 그녀는 몸져 누웠고 눈이 멀어 가고 있었다.

어떤 사람이 미쳐 가거나 미친 행동을 하기 시작하다라고 할 경우, go를 사용한다.

His sister ***went*** insane. 그의 여동생은 미쳐 버렸다.
I'd ***go*** crazy if I wasn't involved in my work. 만약 내가 일에 몰두하지 않았다면, 나는 미쳐 버렸을 것이다.
Uncle Nick ***went*** wild with excitement. 닉 아저씨는 흥분해서 미친 듯이 날뛰었다.

become과 비슷한 뜻의 **go**를 사용하는 표현이 여러 가지가 있다. 예를 들면, **go wrong/awry**(계획이 잘못되거나 뒤틀어지다), **go dead**(전화기가 먹통이 되다), **go blank**(마음이 텅비다) 등이 있다.

Something must have ***gone wrong*** with the satellite link. 위성 연결에 문제가 생긴 것이 틀림없다.

I answered the phone and the line ***went dead***. 내가 수화기를 들자 전화기가 먹통이 되었다.

사람이나 단체의 법적 지위가 변하다라고 할 때, **go**를 사용한다. 예를 들면, **go bankrupt**(파산하다), **go public**(주식을 상장하다), **go comprehensive**(종합 학교로 승격하다) 등이 있다.

If the firm cannot sell its products, it will ***go bankrupt***. 만약 그 회사는 제품을 판매하지 못한다면 파산할 것이다.

6 'go' and 'turn'

영국 영어에서는 **go**나 **turn**을 때때로 **become**의 뜻으로 사용한다. 어떤 사물이 다른 색깔로 변한다고 할 경우, **go**나 **turn**을 사용한다.

Her hair ***was going*** grey. 그녀의 머리카락은 회색으로 변하고 있었다.

The grass ***had turned*** brown. 잔디가 갈색으로 변했다.

미국 영어에서는 위와 같은 경우, **go**를 거의 사용하지 않는다.

사람의 얼굴이 갑자기 변하다라고 할 경우, **go**나 **turn**을 사용한다. 예를 들면, **go/turn pale**(안색이 창백해지다)이라고 한다.

Ralph ***went*** crimson. 랠프는 얼굴이 새빨개졌다.

He ***turned*** bright red. 그의 안색이 발그레하게 변했다.

I ***went*** white. I just felt numb. I just couldn't believe it.
나는 얼굴이 하얗게 질리고, 몸이 마비되어 가는 것을 느꼈다. 믿을 수 없는 일이었다.

get pale이나 become pale이라고 하지 않는다.

---

before

1 indicating time(시간 나타내기)

happen *before* a time/an event는 어떤 일이 어느 시간이나 사건보다 더 일찍 일어나다라는 뜻이다.

We arrived just ***before*** two o'clock. 우리는 2시 바로 전에 도착했다.

It was just ***before*** Christmas. 그날은 크리스마스 바로 전날이었다.

Before the First World War, farmers used to use horses instead of tractors.
제1차 세계 대전 이전에 농부들은 트랙터 대신 말을 사용하곤 했다.

과거의 어느 시점보다 그전에 일어난 일에도 **before**를 사용한다. 예를 들면, 1986년에 일어난 사건을 묘사하는 경우, 1985년은 **the year *before***라고 한다.

The two had met in Bonn ***the weekend before***. 그 둘은 이전 주말에 본에서 만났다.

The quarrel of ***the night before*** seemed forgotten. 그 전날 밤의 싸움은 잊혀진 것 같았다.

마지막 연월일의 바로 전의 기간을 가리킬 때, **before last**를 사용한다. 예를 들면, 오늘이 9월 18일 수요일인 경우, 9월 13일 금요일을 **last Friday**라고 하며, 9월 6일 금요일은 **the Friday *before last***라고 한다.

We met them on a camping holiday ***the year before last***. 우리는 재작년 캠핑 휴가 때 그들을 만났다.

I have not slept since ***the night before last***. 나는 그저께 저녁부터 잠을 자지 못했다.

2 indicating position(위치 나타내기)

before는 때때로 **in front of**의 뜻으로 사용하며, 이는 격식을 차린 오래된 용법이다. 일반적으로 **in front of**를 더 많이 사용한다.

He stood ***before*** the panelled door leading to the cellar. 그는 지하실로 통하는 판자를 댄 문 앞에 서 있었다.

The tea had been set ***before*** them. 그들 앞에 홍차가 놓여 있었다.

The German model stood ***in front of*** a mirror adjusting her hair.
독일인 모델이 거울 앞에서 자신의 머리를 매만지며 서 있었다.

어떤 사람이 법정에 출두해야 하는 경우, **be brought *before* the judge/magistrate**라고 한다.

All three had been taken ***before*** a magistrate. 세 사람 모두 판사 앞으로 인도되었다.

법안이 국회에 제출되어 심의 중인 경우, **a proposal is *before* the parliament**라고 한다.

...the Legal Service Bill now ***before*** Parliament. 국회에서 현재 심의 중인 법률 서비스 법안.

말이나 글에서 어떤 것이 등장하는 순서를 말할 때에도 **before**나 **in front of**를 사용한다. 예를 들면, **friend**라는 단어의 철자를 말할 때, '철자 i는 철자 e 앞에 온다'는 **the letter 'i' comes *before/in front of* the letter 'e'**라고 한다.

If the verb is 'be', 'certainly' can come either ***before*** or after the verb.
문장의 동사가 be동사인 경우, certainly는 be동사 앞이나 뒤에 올 수 있다.

You can put 'both' immediately ***in front of*** a single noun group when it refers to two people or things.
both가 두 사람이나 두 개의 사물을 가리키는 경우, 단수명사구 바로 앞에 올 수 있다.

---

begin

➲ Usage 표제어 **start – begin – commence** 참조.

---

behaviour

behaviour는 누군가가 행동하는 방식, 즉 '행위'라는 뜻이다.

I had been puzzled by his ***behaviour***. 나는 그의 행동으로 인해 당황했다.
...the obstinate ***behaviour*** of a small child. 어린아이의 고집 센 행동.

이 단어의 미국식 철자는 **behavior**이다.

---

behind

1 used as a preposition(전치사로 사용하기)

무언가가 어떤 것의 뒤에 있다고 할 경우, **behind**를 사용한다.

They parked the motorcycle ***behind*** some bushes. 그들은 관목 뒤에 오토바이를 주차했다.
Just ***behind*** the cottage was a sort of shed. 오두막집 바로 뒤에 헛간 같은 것이 있었다.

> 주의 **behind** 뒤에 **of**를 사용하지 않는다. 예를 들면, ~~They parked the motorcycle behind of some bushes.~~라고 하지 않는다.

2 used as a verb(부사로 사용하기)

behind를 부사로도 사용할 수 있다.

The sun was almost directly ***behind***. 태양은 거의 바로 뒤쪽에 있었다.
I walked on ***behind***, kicking up the dead leaves. 나는 낙엽을 발로 차며 뒤쪽으로 계속 걸어갔다.

---

believe

1 'believe'

believe는 누군가의 말을 사실로 받아들이다, 즉 '믿다'라는 뜻이다.

He knew I didn't ***believe him***. 그는 내가 그를 믿지 않는다는 것을 알고 있었다.
It all sounded so straightforward that I ***believed it*** myself. 나는 모든 것이 너무 솔직하게 들려서 그것을 믿었다.
Don't ***believe a thing you read*** in that paper. 그 신문에서 읽은 것들을 믿지 마세요.

***believe* that something is the case**는 어떤 것이 사실이라고 생각하다라는 뜻이다.

I *believe* some of those lakes are over a hundred feet deep.
나는 그러한 호수 중 일부는 깊이가 100피트 이상이 될 것이라고 믿고 있다.

China makes you *believe* that everything is possible. 중국은 당신에게 모든 것이 가능하다고 믿게 만든다.

> 주의 현재 일어나고 있는 어떤 일을 말할 때에는 **believe**에 진행시제를 사용하지 않는다. 예를 들면, '나는 당신을 믿는다.'는 ~~I am believing you.~~가 아닌 **I *believe* you.**라고 한다.
>
> I *believe* you have to look at the positive side of things. 나는 당신이 사물의 긍정적인 측면을 보아야 한다고 믿는다.
>
> I *believe* that these findings should be fairly presented to your readers.
> 나는 이러한 정보는 독자들에게 매우 공정하게 전해져야 한다고 믿는다.

2 'don't believe'

어떤 것이 사실이 아니라고 믿고 있다고 할 경우, **I 'believe that something is not' the case.** 대신 보통 **I *don't believe that it is* the case.**라고 한다.

I just *don't believe that Allan or you had anything to do with* Stryker's death.
나는 앨런이나 당신이 스트라이커의 죽음에 어떠한 관련이 있을 거라고는 믿지 않는다.

3 'believe' before an object and a 'to'-infinitive(believe + 목적어 + to부정사)

(believe + 목적어 + to부정사) 형식을 사용할 수 있다. 예를 들면, '나는 그녀가 영리하다고 믿었다.'는 **I believed that she was clever.** 대신 ***I believed her to be* clever.**라고 하며, 이는 다소 격식을 차린 용법이다.

I *believed him to be* right. 나는 그가 옳다고 믿었다.

He still *believed himself to be* a failure. 그는 여전히 자신을 실패한 사람이라고 믿고 있었다.

4 passive forms(수동형)

마찬가지로 **believe**를 수동형 문장에 사용하는 경우, ***it is believed that* something is the case**나 **something *is believed to* be the case**라고 한다. 예를 들면, '그 건물은 지어진 지 700년이 되었다고 여겨진다.'는 ***It is believed that* the building is 700 years old.**나 **The building *is believed to* be 700 years old.**라고 한다.

It is believed that two prisoners have escaped. 죄수 두 명이 도망친 것으로 보인다.

She *is widely believed* to have presidential aspirations of her own.
그녀는 자신이 대통령이 되려는 열망을 가지고 있다고 많은 사람들 사이에서 여겨진다.

The kidnappers *are believed to* be seeking a ransom. 유괴범들은 몸값을 원하는 것으로 보여진다.

5 'believe so'

누군가가 어떤 일이 사실인지 물을 경우, '나는 그렇게 생각한다.'는 **I believe so.**라고 한다.

'Can he be trusted?' – '*I believe so*.' "그를 믿을 수 있을까?" – "그렇다고 생각해."

i 어떤 일이 사실인지 질문을 받을 때, ~~I believe it.~~이라고 하지 않는다.

6 'believe in'

***believe in* God or in such things as ghost/Father Christmas**는 하나님이나 유령 또는 산타 할아버지와 같은 것이 존재한다고 생각하다라는 뜻이다. ***believe in* such things as miracles**는 기적 같은 일이 일어난다고 생각하다라는 뜻이다.

I don't *believe in* ghosts. 나는 유령이 존재한다고 믿지 않는다.

Only 29 per cent of the population *believe in* a personal God. 인구의 29퍼센트만이 개인적으로 신을 믿고 있다.

***believe in* an idea/a policy**는 어떤 생각이나 정책이 좋거나 옳으며, 원하는 결과를 얻을 거라고 생각하여 지지하다라는 뜻이다.

Socialists *believe in* liberty. 사회주의자들은 해방을 지지한다.

You don't really *believe in* freedom. 당신은 진정으로 자유가 옳다고 생각하지 않는다.

USAGE

belong

1 indicating possession(소유 나타내기)

something ***belongs to*** someone는 누군가가 어떤 것을 소유하다라는 뜻이다.

Everything you see here ***belongs to*** me. 여기에 보이는 물건은 다 내 것이다.
You can't take the cart home because it ***belongs to*** Harry.
그 손수레는 해리의 것이기 때문에 당신은 그것을 가져갈 수 없다.

belong이 위와 같이 소유를 나타내는 경우, 항상 to와 함께 사용한다. 예를 들면, '이 가방은 내 것이다.'는 ~~This bag belongs me.~~가 아닌 This bag ***belongs to*** me.라고 한다.

> 주의 belong은 진행시제를 사용하지 않는다. 예를 들면, '이 돈은 내 여동생 것이다.'는 ~~This money is belonging to my sister.~~가 아닌 This money ***belongs to*** my sister.라고 한다.
> The flat ***belongs to*** a man called Jimmy Roland. 그 아파트는 지미 롤랜드라는 사람의 소유이다.
> One of the rooms ***belongs to*** my niece, Judy. 방들 중 하나는 내 조카인 주디의 것이다.

2 another meaning of 'belong'(belong의 다른 뜻)

사람이나 사물이 있어야 할 장소에도 belong을 사용한다. belong을 그 자체로 사용하거나 here, over there, in the next room 등의 부가어가 뒤에 온다.

I don't ***belong here***, mother. I'm not like you. 어머니, 저는 여기 소속이 아니에요. 저는 어머니와 달라요.
The plates don't ***belong in that cupboard***. 접시는 그 찬장에 넣을 것이 아니다.
They need to feel they ***belong***. 그들은 자신들이 속해 있다는 것을 느낄 필요가 있다.

below

➲ Usage 표제어 under – below – beneath 참조.

beneath

➲ Usage 표제어 under – below – beneath 참조.

beside – besides

1 'beside'

어떤 것이 다른 것의 옆에 있다고 할 경우, beside를 사용한다.

Beside the shed was a huge wire birdcage. 오두막 옆에 철사로 만든 큰 새장이 있었다.
I sat down ***beside*** my wife. 나는 아내 옆에 앉았다.

2 'besides' used as a preposition(전치사로 사용하는 besides)

besides는 '~에 더하여' 또는 '~뿐만 아니라'라는 뜻이다.

What languages do you know ***besides*** Arabic and English?
당신은 아랍어와 영어 외에도 어떤 언어를 압니까?
The farm possessed three horses ***besides*** Clover. 그 농장에는 클로버라는 말 외에도 세 마리의 말이 더 있었다.
Then you can make something else ***besides*** bombs? 그러면 당신은 폭탄 외에 무엇을 더 만들 수 있습니까?

3 'besides' used to link clauses(절을 연결할 때 사용하는 besides)

〔besides + -ing형으로 시작하는 비정동사절〕 형식에서 besides는 접속사로 사용할 수 있다. 예를 들면, '그는 BBC 방송사 직원이면서, 소설과 시를 쓴다.'는 He writes novels and poems, ***besides working*** for the BBC.라고 한다.

ⓘ ~~He write novels and poems besides he works for the BBC.~~라고 하지 않는다.

Education must sow the seeds of wisdom, ***besides implanting*** knowledge and skills.
교육은 지식과 기술을 깊이 새기는 것 외에도 지혜의 씨앗을 뿌려야 한다.

Besides being good company, he was always ready to have a go at anything.
좋은 동반자 역할 외에도, 그는 언제나 어떤 일이든지 시도해 볼 준비가 되어 있었다.

4 'besides' used as an adverb(부사로 사용하는 besides)

besides는 앞서 말한 것에 '덧붙여'라는 뜻으로도 사용한다.

He needed so much else ***besides***. 게다가 그는 그 밖에 훨씬 더 많은 것을 필요로 했다.

중요하다고 생각하여 추가 의견을 내거나 이유를 제시하는 경우에도 besides를 사용할 수 있다.

I'll only be gone for five days, and ***besides***, you're going to be doing some fun things while I'm gone.
나는 5일간만 떠나 있을 것이다. 게다가 내가 없는 동안 당신은 재미있는 일을 하고 있을 것이다.

---

best

best는 good과 well의 최상급이다.

➲ Usage 표제어 good – well 참조.

do your best는 어떤 것을 달성할 수 있도록 최대한 '열심히 노력하다'라는 뜻이다.

➲ Usage 표제어 do 참조.

---

better

1 used as a comparative(비교급으로 사용하기)

better는 good과 well의 비교급이다. 어떤 것이 더 좋고, 더 잘되다는 be 'more good'이나 be done 'more well'이 아닌 be *better*나 be done *better*라고 한다.

The results were ***better*** than expected. 결과는 기대한 것보다 더 좋았다.
Milk is much ***better*** for you than lemonade. 레모네이드보다 우유가 당신에게 훨씬 더 좋다.
Some people can ski ***better*** than others. 일부 사람들은 다른 사람들보다 스키를 더 잘 탈 수 있다.
We are ***better*** housed than ever before. 우리는 전보다 더 나은 주거지를 제공받고 있다.

강조를 하기 위해 better 앞에 even, far, a lot, much 등을 사용한다.

This wise old gentleman knew him ***even better*** than Annette did.
현명하고 나이가 지긋한 이 신사분은 아네트가 알고 있는 것보다 그에 대해 훨씬 더 많이 알고 있었다.
I decided that it would be ***far better*** just to wait. 나는 기다리는 것이 훨씬 더 좋겠다고 결정했다.
I like it ***a lot better*** than asparagus. 나는 아스파라거스보다 그것을 훨씬 더 좋아한다.
I always feel ***much better*** after it. 나는 그것을 하고 나면 항상 기분이 훨씬 더 좋아진다.

2 another meaning of 'better'(better의 또 다른 뜻)

어떤 사람이 병이나 부상에서 회복하다라고 할 때에도 better를 사용한다.

Her cold was ***better***. 그녀는 감기가 나았다.
I hope you'll be ***better*** soon. 네가 곧 회복하기를 바란다.

3 'had better'

had better **do something은 누군가가 어떤 일을 해야 한다라는 뜻으로, 항상 〔had better + 원형부정사〕 형식을 사용한다.**

I ***had better*** introduce myself. 저를 소개하겠습니다.
I'***d better*** go. 나는 가야 한다.

> **주의** 표준 영어에서는 위와 같은 문장에서 **had**를 사용해야 한다. ~~**I better introduce myself.**~~나 ~~**I better go.**~~라고 하지 않는다.

부정문에서는 〔had better + not〕 형식을 사용한다.

I'*d better not* let her go. 나는 그녀가 떠나지 않도록 해야 한다.

> 주의 표준 영어에서는 'hadn't better' do something이라고 하지 않는다.

4 'better still'

언급한 것보다 더 낫다고 생각하는 말을 할 때, **better still**을 사용한다.

How about some Bach to begin with? Or, ***better still***, Vivaldi?
바흐의 곡들로 시작할까요? 아니면 더 좋은 생각이 났는데, 비발디의 곡으로 시작할까요?

Serve with a good dollop of the rhubarb compote on the side, and some new potatoes (***better still***, roast the potatoes in the oven).
충분한 양의 루바브 열매 설탕 절임과 함께 햇감자 몇 개를 곁들여 주세요.(더 좋은 생각이 났는데, 햇감자는 오븐에 구워 주세요.)

5 'rather'

실수를 고치거나 앞서 사용한 단어보다 더 적절한 단어가 생각난 경우에는 **better**가 아닌 **rather**를 사용한다. 예를 들면, '갑자기 그 남자 앞에, 아니 그 남자 위에 한 거대한 여자가 서 있었다.'는 ~~**Suddenly there stood before him, or better above him, a gigantic woman.**~~이 아닌 **Suddenly there stood before him, or *rather* above him, a gigantic woman.**이라고 한다.

He explained what the Crux is, or ***rather***, what it was. 그는 남십자성이 무엇인지, 아니 무엇이었는지를 설명했다.

---

between

1 describing position(위치 묘사하기)

something is *between* two things는 어떤 것이 두 개의 사물 사이에 있다라는 뜻이다.

The revolver lay ***between*** the two bodies. 시체 두 구 사이에 권총이 놓여 있었다.

The island of Santa Catarina is roughly midway ***between*** São Paulo and Porto Alegre.
산타 카타리나 섬은 상파울루와 포르투알레그레 사이의 대략 중간에 위치해 있다.

put something *between* two things는 두 사물 사이에 어떤 것을 집어넣다라는 뜻이다.

She put the cigarette ***between*** her lips and lit it. 그녀는 담배를 입에 물고 불을 붙였다.

> 주의 세 개 이상의 사물 사이에 위치할 때는 **between**이 아닌 **among**을 사용한다.
> ➲ Usage 표제어 among 참조.

2 differences(차이점)

두 사물이나 사람 사이의 차이점을 말할 때에는 **between**을 사용한다.

I asked him whether there was much difference ***between*** British and European law.
나는 영국과 유럽의 법 사이에 큰 차이점이 있는지 그에게 물어보았다.

3 choosing(선택하기)

두 사물이나 사람 사이에서 하나를 선택할 때, **between**을 사용한다.

It was difficult to choose ***between*** Hobson and the other British finalist, Peter Donohoe.
홉슨과 다른 영국의 결승전 진출자인 피터 도노호 중 한 명을 고르는 것은 어려운 일이었다.

위와 같은 표현에서 선택하는 사람이나 사물 사이에 **and**를 사용한다.

They must choose between home-ownership ***and*** furnished renting.
그들은 집을 소유하거나 가구가 딸린 집을 빌리는 것 중 하나를 선택해야 한다.

---

beware

beware of는 어떤 사람이나 사물을 조심하라고 하다라는 뜻이다.

Beware of the dog. 그 개를 조심하세요.
I would ***beware of*** companies which depend on one product only.
나는 한 가지 제품에만 의존하는 회사를 조심할 것이다.

beware는 명령문이나 원형부정사에만 사용하며, **bewares**, **bewaring**, **bewared** 등과 같이 다른 형태를 취하지 않는다.

---

bid

1 'bid' in offers of payment(지불의 제안에 사용하는 bid)

bid는 어떤 것에 특정한 액수의 돈을 지불하기로 '제안하다'라는 뜻이다. **bid**가 이런 뜻일 경우, **bid**의 과거와 과거분사는 **bid**이다.

He ***bid*** a quarter of a million pounds for the portrait. 그는 그 초상화에 25만 파운드를 제안했다.

2 'bid' in greetings and farewells(인사와 작별에 사용하는 bid)

good day, **farewell**과 같은 표현과 함께 **bid**가 사용되며, 이 용법은 소설에서 여전히 나타나기도 한다. **bid**가 이런 뜻일 경우 과거는 **bid**나 **bade**이며, 과거분사는 **bid**나 **bidden**이다.

The old woman brought him his coffee and shyly ***bid*** him a goodbye.
노파가 그에게 커피를 가져다 주면서 수줍게 작별 인사를 했다.
We ***bade*** Nandron a goodbye which was not returned. 우리는 난드론에게 작별 인사를 했는데 그는 외면했다.
Tom ***had bid*** her a good evening. 톰은 그녀에게 저녁 인사를 했다.
We ***had bidden*** them good night. 우리는 그들에게 잘 자라는 인사를 했다.

ⓘ 현대 영어에서는 위와 같은 문장에서 bid 대신 say를 사용한다.

I ***said*** good evening to them. 나는 그들에게 저녁 인사를 했다.
Gertrude had already had her supper and had ***said*** good night to Guy.
거트루드는 이미 저녁을 먹었고 가이에게 잘 자라는 인사를 했다.

그러나 **say**를 사용할 경우, 직접목적어 뒤에 간접목적어가 온다. ~~I said them good evening~~.이라고 하지 않는다.

---

big – large – great

big, **large**, **great**는 크기를 나타내며, 모두 가산명사 앞에 사용할 수 있다. 그러나 불가산명사 앞에는 **great**만 사용한다.

1 describing objects(물체 묘사하기)

big, **large**, **great**는 물체를 묘사할 때 사용한다. **big**은 일반적으로 회화에서, **large**는 더 격식을 차린 표현에, **great**는 특히 소설에서 어느 사물의 크기로 인해 대단히 인상적이라고 할 때 사용한다.

'Where?' – 'Over there, by that ***big*** tree.' "어디 있어요?" – "바로 저기요, 저 큰 나무 옆이요."
A leopard frequently retreats to a ***large*** tree when it has made a kill. 표범은 먹이를 잡을 때, 큰 나무에 종종 숨는다.
A ***great*** tree had fallen across one corner. 큰 나무 한 그루가 한쪽 구석을 가로질러 쓰러졌다.

2 describing amounts(양 묘사하기)

양을 나타낼 때, **large**나 **great**를 사용한다.

She made a very ***large*** amount of money. 그녀는 매우 큰돈을 벌었다.
...drugs taken in ***large*** quantities. 대량으로 복용되는 약.
Young people consume ***great*** quantities of chips. 젊은이들은 아주 많은 양의 포테이토칩을 먹는다.

양을 묘사할 때는 **big**을 사용하지 않는다.

3 describing feelings(감정 묘사하기)

감정이나 반응을 나타내는 경우, 보통 **great**를 사용한다.

He has ***great*** hopes for the future. 그는 미래에 대해 아주 큰 희망을 갖고 있다.
To my ***great*** astonishment she started to tell me about how she had first seen him.
놀랍게도 그녀가 어떻게 그와 처음 만났는지를 나에게 말하기 시작했다.

surprise가 가산명사인 경우, **surprise** 앞에 **big**이나 **great**를 사용할 수 있다.

The fact that the Government's policy does not make sense should not come as a ***big*** surprise.
정부의 정책이 이해되지 않는다는 사실에 크게 놀라서는 안 된다.
It will be no ***great*** surprise if Zimbabwe beat England. 잠바브웨 팀이 영국 팀을 이긴다 해도 크게 놀라운 일은 아니다.

감정이나 반응을 묘사할 때, **large**를 사용하지 않는다.

4 talking about qualities(성질 말하기)

성질을 나타내는 경우, **great**를 사용한다.

...little girls who may or may not turn into adults of ***great*** beauty.
성인으로 성장할 때 아주 예뻐지거나 그렇지 않을 수도 있는 어린 소녀들.
The book brought back those early days of the war with ***great*** clarity.
그 책은 전쟁의 초기에 일어났던 일을 아주 명확하게 되돌려 놓았다.

성질을 나타낼 때는 **big**이나 **large**를 사용하지 않는다.

5 describing problems(문제 묘사하기)

어떤 문제나 위험성을 나타낼 경우, **big**이나 **great**를 사용한다.

The ***biggest*** problem at the moment is unemployment. 지금 가장 큰 문제는 실업 문제이다.
The ***greater*** the threat, the less tolerance there can be. 협박이 거세지면 거세질수록 참을성은 점점 줄어들 수 있다.

문제나 위험한 일을 묘사할 때는 보통 **large**를 사용하지 않는다.

6 indicating importance(중요성 나타내기)

훌륭한 사람이나 유명한 장소를 나타낼 때에도 **great**를 사용한다.

...one of the ***greatest*** engineers of this century. 금세기의 가장 훌륭한 엔지니어들 중 한 명.
...the ***great*** cities of the Rhineland. 라인 지방의 유명 도시들.

7 used with other adjectives(다른 형용사와 함께 사용하기)

회화에서 어떤 것의 크기를 강조할 때 **great**와 **big**을 함께 사용하거나, 크기를 나타내는 형용사와 함께 **great**나 **big**을 사용한다. **great**와 **big**을 함께 사용하는 경우, **great**는 항상 **big** 앞에 온다.

...a ***great big*** gaping hole. 크게 뚫려 있는 아주 큰 구멍.
...somewhere out there in the ***big wide*** world. 크고 넓은 세계의 어떤 곳에.
...an ***enormous great*** grin. 아주 크게 입을 벌리고 웃는 웃음.

격식을 차린 글에서는 위와 같이 크기를 나타내는 형용사를 함께 사용하지 않는다.

➲ 사물의 크고 작음을 나타내는 형용사의 목록은 Usage 표제어 **small – large** 참조.

> **주의** 어떤 사람이 심한 통증을 느끼고 있다는 **be in *great* pain**이라고 하지만, 병을 나타낼 때는 보통 **big, large, great**가 아닌 **bad, terrible, severe**를 사용한다.
> The child has a ***bad*** cold with fever. 그 아이는 열이 나는 심한 감기에 걸렸다.
> I started getting ***terrible*** headaches. 나는 심한 두통이 시작되었다.
> The child is then likely to develop a ***severe*** anaemia. 그러고 나서 그 아이는 심한 빈혈 증상을 나타낼 것으로 보인다.

bill – check – account

1 'bill' and 'check'

영국 영어에서 **bill**은 식당에서 지불해야 하는 음식값을 알려 주는 종이, 즉 '계산서'라는 뜻이다.

Two women at the next table paid their ***bill*** and walked out.
옆 테이블의 두 여자 손님은 자신들의 계산서를 지불한 후에 식당을 나갔다.

미국 영어에서는 계산서를 **check**라고 한다.

He waved to a waiter and got the ***check***. 그는 웨이터에게 손을 흔들어서 계산서를 받았다.

check의 다른 뜻은 **Usage** 표제어 **cheque – check** 참조.

전기나 가스 요금 등을 지불해야 하는 경우, **bill**이라고 한다.

If you are finding it difficult to pay your gas ***bill***, please let us know quickly.
당신이 가스 요금을 내기가 어려운 경우, 우리에게 신속하게 알려 주세요.

미국 영어에서 **bill**은 지폐라는 뜻도 있다.

Usage 표제어 **banknote** 참조.

2 'account'

have an *account* with a bank는 은행에 돈을 맡기고 필요할 때 돈을 인출하여 거래를 하다라는 뜻이다.

---

billfold

Usage 표제어 **wallet** 참조.

---

billion

billion은 '10억'이라는 뜻이다.

In January 1977, there were 4 ***billion*** people in the world. 1977년 1월에 세계 인구는 40억이었다.

영국에서 일부 사람들은 '1조'를 **billion**이라고 한다.

---

bit

1 'a bit'

a bit은 작은 범위나 정도, 즉 '조금'이라는 뜻이다.

She looks ***a bit*** like his cousin Maureen. 그녀는 그의 조카 모린과 약간 닮았다.
He was ***a bit*** deaf. 그는 귀가 약간 멀었다.
The bunch of poppies was getting ***a bit*** droopy. 양귀비 꽃다발이 조금씩 시들어가고 있었다.
You're doing it ***a bit*** better now. 당신은 이제 그것을 좀 더 잘하고 있다.
Tonight he has been ***a bit*** naughty. 오늘 밤에 그는 장난이 조금 심했다.

형용사가 명사 앞에 있는 경우, a bit을 형용사와 함께 사용할 수 없다. 예를 들면, ~~He was a bit deaf man.~~이라고 하지 않는다.

a bit과 비슷한 방식으로 사용하는 많은 단어와 표현의 분류 목록은 **Grammar** 표제어 **Adjuncts**의 **degree**와 **Grammar** 표제어 **Adverbs**의 **grading adverbs** 참조.

2 'a bit of'

회화에서 〔**a bit of + a +** 명사〕 형식을 사용하여 덜 극단적임을 나타낸다.

Our room was ***a bit of a mess*** too. 우리 방도 조금 어질러져 있었다.
This question comes as ***a bit of a shock*** at first. 이 문제는 처음에는 약간 충격적으로 다가온다.

3 'a bit' with negatives(부정문에 a bit 사용하기)

부정을 더욱 강조할 때, 부정문의 끝에 **a bit**을 사용한다.

I ***don't*** like this ***a bit***. 나는 이것을 전혀 좋아하지 않는다.
She ***hadn't*** changed ***a bit***. 그녀는 전혀 달라지지 않았다.

4 'not a bit'

사람이나 사물이 특정한 성질이 없다는 것을 강조할 때, [not a bit + 형용사] 형식을 사용할 수 있다. 예를 들면, **I am *not a bit* hungry.**는 '나는 전혀 배가 고프지 않다.'는 뜻이다.

They're ***not a bit*** interested. 그들은 관심이 전혀 없다.
I've found everyone so friendly, but ***not a bit*** inquisitive.
나는 모두가 매우 친절하기는 하지만, 호기심은 전혀 없다는 것을 알았다.

5 'for a bit'

for a bit은 '잠시'라는 뜻이다.

She was silent ***for a bit***. 그녀는 잠시 말이 없었다.
Why can't we stay here ***for a bit***? 왜 우리는 여기에 잠시 머물 수 없나요?

6 used as the past tense of 'bite'(bite의 과거형으로 사용하기)

bite(물어뜯다)의 과거형으로도 **bit**을 사용한다.

Usage 표제어 bite 참조.

---

bite

bite는 사람이나 동물이 이빨을 사용하여 어떤 것을 자르다, 즉 '물다'라는 뜻이다. **bite**의 과거는 **bited**가 아닌 **bit**이고, 과거분사는 **bitten**이다.

My dog ***bit*** me. 내 개가 나를 물었다.
You are quite liable to get ***bitten*** by an eel. 당신은 뱀장어에 물리기 매우 쉽다.

---

blame – fault

1 'blame' used as a verb(동사로 사용하는 blame)

***blame* someone *for* something bad**는 나쁜 일이 일어난 것에 대해 누군가에게 책임이 있다고 말하거나 생각하다라는 뜻이다.

The rest of the family ***blamed*** her for indirectly causing Sonny's death.
나머지 가족들은 그녀가 간접적으로 소니를 죽게 한 것에 대한 책임이 있다고 말했다.
I ***was blamed*** for the theft. 나에게 그 도난 사건에 대한 책임이 지워졌다.

2 'to blame'

be *to blame* for something bad that happened는 나쁜 일이 일어난 것에 대해 누군가에게 책임이 있다라는 뜻이다.

It was a terrible failure for which I knew I was partly ***to blame***.
그 일은 크게 실패했는데, 내가 일부 책임이 있다는 것을 알고 있었다.
The study found schools are not ***to blame*** for the laziness of their pupils.
그 연구는 학생들의 게으름에 대해 학교의 책임이 없다는 것을 알아냈다.
Huge budget deficits were partly ***to blame*** for the high levels of interest rates.
대규모 예산 적자는 아주 높은 이율에 대해 일부 책임이 있었다.

3 'fault'

어떤 일이 누군가의 잘못이라고 할 때는 **blame**이 아닌 **fault**를 사용한다.

It's not my ***fault***. 그것은 내 잘못이 아니다.
This was all Jack's ***fault***. 이것은 모두 잭의 잘못이었다.
It's all the ***fault*** of a girl called Sarah. 이것은 모두 사라라는 여자 아이의 잘못이다.

4 'at fault'

be *at fault*는 누군가가 바람직하지 않은 결과를 가져오는 실수를 저지르다라는 뜻이다.

We failed to explain that to the public and we are ***at fault*** in that.
우리는 대중에게 그것에 대해 설명하지 못하는 실수를 했다.

ⓘ be 'in fault'라고 하지 않는다.

---

blind

blind는 형용사, 동사, 명사로 사용할 수 있다.

1 used as an adjective(형용사로 사용하기)

blind는 눈에 이상이 있어서 '앞을 볼 수 없는'이라는 뜻이다.

He is ninety-four years of age and he is ***blind***, deaf, and bad-tempered.
그는 94세의 나이로, 눈과 귀가 멀고, 성질도 고약하다.

ⓘ someone's eyes are blind라고 하지 않는다.

2 used as a verb(동사로 사용하기)

something *blinds* someone는 어떤 것이 누군가의 눈을 멀게 하다라는 뜻이다.

The acid went on her face and ***blinded*** her. 그녀의 얼굴에 산이 뿌려져서, 눈이 멀게 되었다.

something *blinds* someone to a situation은 어떤 것이 상황을 인식하지 못하도록 막다라는 뜻이다. 이는 동사 **blind**의 가장 흔한 용법이다.

He never let his love of his country ***blind*** him to his countrymen's faults.
그는 조국에 대한 애국심으로 조국 사람들의 잘못까지 눈감아 주는 일은 절대로 하지 않았다.

3 used as a noun(명사로 사용하기)

어떤 나라에 있는 모든 시각 장애인들을 가리킬 때, **the blind**라고 한다.

What do you think of the help that's given to ***the blind***? 맹인들에게 도움을 주는 것에 대해 어떻게 생각하십니까?

blind는 햇볕을 차단하거나 사람들이 안을 들여다보지 못하도록 창문에서 끌어내리는 천이나 종이로 된 넓은 두루마리, 즉 '블라인드'라는 뜻이다.

She slammed the window shut and pulled the ***blind***. 그녀는 창문을 세게 닫은 후에 블라인드를 내렸다.

미국 영어에서는 블라인드를 때때로 **shade**나 **window shade**라고도 한다.

---

blow up

➲ Usage 표제어 **explode**와 **inflate** 참조.

---

board

1 'board'

board는 버스, 기차, 비행기, 배에 '타다'라는 뜻이다.

Griffiths took a taxi to the Town station and ***boarded*** a train there.
그리피스는 택시를 타고 타운 역에 가서 기차를 탔다.

Decker ***boarded*** another ship, the Panama. 데커는 파나마 호라는 다른 배에 승선했다.

2 'on board'

be *on board*는 버스, 기차, 비행기, 배에 타다라는 뜻이다.

He ran out of the bar, not stopping until he was ***on board*** a city bus.
그는 술집을 뛰쳐나가서 시내 버스에 오를 때까지 쉬지 않고 달렸다.

There were 13 Britons ***on board*** the Swiss-owned plane. 스위스 소유의 비행기에 13명의 영국인이 탑승하고 있었다.

> 주의 on board 뒤에는 of를 사용하지 않는다. 예를 들면, ~~There were 13 Britons on board of the Swiss-owned plane.~~이라고 하지 않는다.

---

boat – ship

1 'boat'

boat는 몇 사람만을 나르는 물 위를 이동하는 '작은 배'라는 뜻이다.

John took me down the river in the old ***boat***. 존은 나를 오래된 보트에 태우고 강을 따라 내려갔다.

...a fishing ***boat***. 고깃배 한 척.

2 'ship'

boat보다 큰 배를 보통 ship이라고 한다.

The ***ship*** was due to sail the following morning. 그 배는 다음날 아침에 출항하도록 되어 있었다.

그러나 회화에서는 단거리를 이동하는 큰 여객선을 때때로 boat라고 한다.

She was getting off at Hamburg to take the ***boat*** to Stockholm.
그녀는 스톡홀름행 배를 타기 위해 함부르크에 내리고 있었다.

> 주의 여행 수단으로 배를 이용한다는 것을 나타낼 때, **by the boat**나 **by the ship**이 아닌 **by boat**나 **by ship**이라고 한다.
> We are going ***by boat***. 우리는 배편으로 갈 것이다.
> They were sent home ***by ship***. 그것들은 배편으로 집에 보내졌다.

---

bonnet – hood

1 'bonnet' and 'hood'

영국 영어에서는 자동차의 엔진 부분을 덮는 금속 덮개를 bonnet이라고 한다.

미국 영어에서는 이를 hood라고 한다.

I unlocked the boot and laid the tools on the ***bonnet***. 나는 트렁크를 열고 보닛 위에 연장을 놓아두었다.

...the raised ***hood***, under which I had bent to watch the mechanic at work.
정비공이 일하는 것을 보려고 몸을 굽혀 들어올린 보닛 아래로.

2 other meanings(다른 뜻)

bonnet과 hood에는 또 다른 뜻이 있다. bonnet은 아기의 턱 밑을 묶는 모자이며, hood는 좋지 않은 날씨로부터 보호하기 위해 머리에 쓰는 코트, 재킷, 망토의 일부분, 즉 옷에 붙은 '모자'라는 뜻이다.

---

boot – trunk

1 'boot' and 'trunk'

영국 영어에서 boot은 짐이나 다른 사물을 두는 자동차 앞이나 뒤에 있는 공간, 즉 '트렁크'라는 뜻이다.

Is the ***boot*** open? 차의 트렁크가 열려 있습니까?

미국 영어에서는 위와 같은 공간을 trunk라고 한다.

Each car had been carrying a large supply of gasoline in the ***trunk***.
자동차마다 트렁크에 많은 양의 휘발유를 싣고 다녔다.

2 other meanings(다른 뜻)

boot와 trunk에는 다른 뜻이 있다.

boot는 일종의 무거운 신발, 즉 '장화'라는 뜻이다.

He sat on a kitchen chair, reached down and pulled off his ***boots***.
그는 부엌 의자에 앉아서 허리를 굽혀 장화를 벗었다.

trunk는 강하고 단단한 면을 가진 '큰 용기나 상자'라는 뜻이다.

He gave me a tin ***trunk*** filled with my grandfather's sketchbooks.
그는 내 할아버지의 스케치북으로 채워진 양철 상자를 나에게 주었다.

trunk는 나뭇가지가 자라나는 크고 주된 줄기, 즉 '나무의 몸통'이라는 뜻이다.

...the gnarled ***trunk*** of a birch tree. 옹이가 진 자작나무의 줄기.

border – frontier – boundary

1 'border'

border는 두 나라를 나누는 선, 즉 '국경선'이라는 뜻이다.

They crossed the ***border*** into Mexico. 그들은 국경선을 넘어 멕시코로 갔다.
...the German-Polish ***border***. 독일과 폴란드의 국경선.

2 'frontier'

frontier는 정치 체제가 다르거나 분쟁이 있는 국가를 갈라놓고 감시하는 '국경'이라는 뜻이다.

This decision left only three thousand soldiers to guard the entire ***frontier***.
이 결정으로 전 국경을 경계하기 위해 3천 명의 군인만이 남게 되었다.
...the abolition of ***frontier*** controls. 국경 통제 폐지.

한 나라의 국경이 다른 나라와 인접해 있다고 할 때, **border with**나 **frontier with**를 사용한다.

...a small Dutch town a mile from the ***border with*** Germany.
독일의 국경에서 1마일 떨어진 곳에 위치한 네덜란드의 한 작은 도시.
Spain reopened its ***frontier with*** Gibraltar. 스페인은 지브롤터와의 국경을 다시 열었다.

3 'boundary'

boundary는 외곽 경계, 지역, 구역 등의 '경계선'이라는 뜻이다. 지방이나 지역의 행정 구역도 **boundary**라고 한다.

You have to stay within your county ***boundary***. 당신은 군(郡)의 행정 구역 내에 머물러야 한다.
...the ***boundary*** of the Snowdonia National Park. 스노도니아 내셔널 파크의 경계.

> **주의** 국가 간의 경계선은 **boundary**가 아닌 **borders**를 사용한다.
> ...the ***borders*** of Turkey. 터키의 국경선.
> Meanwhile, along Afghanistan's ***borders,*** matters are no less confused.
> 그 사이에, 아프가니스탄의 국경선을 따라 상황은 참으로 혼란스러웠다.

bore

1 'bore'

bore는 동사이며, 동사 **bear**의 과거형으로 쓰이기도 한다.

➲ Usage 표제어 bear 참조.

bore는 사람이나 사물이 흥미롭지 않고 더 이상 관심을 끌지 않다, 즉 '지루하게 하다'라는 뜻이다.

His brand of conservatism ***bores*** many of his countrymen. 그의 특별난 보수주의는 많은 국민을 싫증나게 한다.
There had been a time when they enjoyed his company, but now he ***bores*** them.
그들은 그의 동료와 즐기던 때가 있었지만, 이제는 그가 그들을 지루해한다.

2 'bored'

be ***bored with*** something/someone은 어떤 사물이나 사람에 대해 싫증이 나다라는 뜻이다.

Tom was ***bored with*** the film. 톰은 그 영화에 싫증이 났다.
They never seem to get ***bored with*** each other. 그들은 결코 서로 싫증이 난 것 같아 보이지 않는다.

3 'boring'

bored를 boring과 혼동해서는 안 된다. something is *boring*은 어떤 것이 지루하게 하다라는 뜻이다.

Was it a ***boring*** journey? 그 여행은 지루했나요?
...all those ***boring*** evenings with people I never wanted to see.
내가 절대로 만나고 싶지 않았던 사람들과 같이 보낸 지루했던 그 저녁날들.

born – borne

두 단어 모두 [bɔːrn]으로 발음한다.

1 'born'

be born은 아기가 일생에 처음으로 어머니의 몸에서 나오다, 즉 '태어나다'라는 뜻이다.

My mother was forty when I ***was born***. 내가 태어났을 때 어머니는 40세였다.

was/were born은 누군가가 특정한 시간이나 장소에서 태어났다라는 뜻이다.

Caro ***was born*** on April 10th. 카로는 4월 10일에 태어났다.
Mary ***was born*** in Glasgow in 1899. 메리는 1899년에 글래스고에서 태어났다.

> **주의** 특정한 시간이나 장소에서 태어났다고 할 경우에는 someone 'has been born'이라고 하지 않는다.

2 'borne'

something *is borne* somewhere는 어떤 사물이 어느 곳으로 운반되다라는 뜻이다. borne은 동사 bear의 과거분사이며, 이는 격식을 차린 용법이다. something *is carried* somewhere를 더 많이 사용한다.

The coffin ***was borne*** down the aisle. 그 관은 통로 아래로 운반되었다.
The torch ***was carried*** into the stadium by two Ken Read and Cathy Priestner.
켄 리드와 캐시 프리스트너는 경기장으로 횃불을 옮겼다.

borrow – lend

borrow는 누군가가 돌려줄 생각으로 허락을 받거나 허락 없이 다른 사람의 물건을 가져가다, 즉 '빌려 가다'라는 뜻이다.

Could I ***borrow*** your car? 당신의 차를 빌릴 수 있습니까?
I ***have borrowed*** my father's wire-cutters from the tool shed. 나는 아버지의 철사 절단기를 공구 창고에서 가져왔다.

lend는 누군가에게 얼마 동안 물건을 가지거나 사용하도록 허용하다, 즉 '빌려 주다'라는 뜻이다.

I often ***lend*** her money. 나는 종종 그녀에게 돈을 빌려 준다.
One of the grandest paintings in England ***has been lent*** to the National Gallery.
영국에서 가장 뛰어난 그림 중 한 점을 국립 미술관에 대여해 주었다.

ℹ 움직일 수 없는 물건을 빌려 가거나 빌려 주는 것에는 보통 borrow나 lend를 사용하지 않는다. 예를 들면, '다음 주에 당신의 차고를 사용해도 되나요?'는 ~~Can I borrow you garage next week~~?이 아닌 Can I *use* your garage next week?이라고 한다.

He wants to ***use*** the phone. 그는 전화를 사용하기를 원한다.

마찬가지로, '그는 내게 자신의 사무실을 빌려 주었다.'는 ~~He lent me his office.~~가 아닌 He *let me use* his office.라고 한다.

She brought them thermoses of coffee and ***let them use*** her bath.
그녀는 그들에게 커피가 든 보온병을 가져다주고 자신의 욕조를 사용하게 해주었다.

bosom

⊙ Usage 표제어 breast 참조.

both

1 used for emphasis(강조에 사용하기)

두 개의 단어군을 and로 연결하는 경우, 첫 번째 단어군 앞에 both가 와서 내용을 강조한다. 예를 들면, 두 사물이나 사람에게 각각 적용된다는 것을 강조하는 경우, 첫 번째 명사구 앞에 both가 온다.

By that time *both Robin and Drew* were overseas. 그때까지 로빈과 드루 둘 다 해외에 있었다.
Both she and Dixon were completely safe. 그녀와 딕슨 모두 완전히 무사했다.
Both Islam and Hinduism are world religions. 이슬람교와 힌두교 모두 세계적인 종교이다.
They feel *both anxiety and joy*. 그들은 불안감과 즐거움을 모두 느끼고 있다.

마찬가지로, 두 개의 형용사, 동사구, 부가어 중 첫 번째 것의 앞에 both가 온다.

Herbs are *both beautiful and useful*. 허브는 아름답고 유용하기도 하다.
These headlines *both mystified and infuriated* him. 이러한 헤드라인은 그를 당혹스럽게 하며 격분시켰다.
Young artists are winning prestigious prizes *both here and abroad*.
젊은 예술가들은 이곳과 해외 모두에서 권위 있는 상들을 수상하고 있다.

both 뒤의 단어군은 and 뒤의 단어군과 같은 형태의 품사를 사용해야 한다. 예를 들면, '나는 리처드와 조지 모두에게 말했다.'는 ~~I both told Richard and George.~~가 아닌 **I told *both* Richard *and* George.**라고 한다.

2 used with one noun group(하나의 명사구에만 사용하기)

두 사람이나 사물을 가리킬 때, both는 하나의 명사구 바로 앞에서 사용할 수 있다. 예를 들면, '두 소년 모두 헝가리인이었다.'는 ***Both boys* were Hungarian.**이나 ***Both the boys* were Hungarian.**이나 ***Both of the boys* were Hungarian.**이라고 하며, 의미상의 차이는 없다.

Both sons later became involved in drugs. 두 아들 모두 나중에 마약에 손을 댔다.
Both the kings under whom he served had financial difficulties.
그가 섬긴 두 명의 왕 모두 경제적인 어려움을 겪었다.
Both of the diplomats blushed when the company thanked them.
두 외교관 모두 회사에서 감사를 표시하자 얼굴이 붉어졌다.

> **주의** ~~Both of boys were Hungarian.~~이나 ~~The both boys were Hungarian.~~이라고 하지 않는다. both 뒤에는 two도 사용하지 않는다. 즉, ~~Both the two boys were Hungarian.~~이라고 하지 않는다.

〔both · both of + these · those · 소유격 한정사 + 명사구〕 형식을 사용할 수 있다.

The answer to *both these questions* is 'yes'. 이러한 두 가지 질문에 대한 대답은 모두 '예'이다.
Both of these houses were described by Aubrey. 이들 두 집 모두 오브리가 설명했다.
I've got *both their addresses*. 나는 그 두 명의 주소를 모두 갖고 있다.
Both of their homes are built near the sea. 그들의 두 집 모두 바다 근처에 지어졌다.

3 used in front of pronouns(대명사 앞에 사용하기)

〔both · both of + these · those〕 형식도 사용할 수 있다.

The other two key councils, Wandsworth and Westminster, are in London. And in *both these*, the Conser-vatives increased their vote.
두 개의 다른 중요한 의회는 완스워스와 웨스트민스터로 둘 다 런던에 소재하고 있는데, 이들 두 의회 모두 보수당의 득표가 증가했다.
It's especially important for children to get into the habit of eating properly and exercising so that they can accept *both of these* as the normal way of life.
어린아이들이 적절히 먹고 운동하는 것을 생활의 표준으로 받아들일 수 있도록 습관을 들이는 것이 특히 중요하다.

그러나 인칭대명사 앞에는 **both of**를 사용해야 한다.

This plan of yours is certain to lead to unhappiness for ***both of you***.
이 계획은 당신들 둘 다를 불행으로 이끌어 갈 것이 확실하다.

Luca was too strong for ***both of them***. 루카는 두 사람에 비해 너무 강했다.

both of 뒤에는 주격 대명사(we, they)가 아닌 목적격 대명사(us, them)를 사용한다.

Both of us went to Balliol College, Oxford. 우리 둘 다 옥스퍼드 대학의 베일리얼 칼리지에 다녔다.

Both of them were admitted to Michael's house by one of the bodyguards.
그들 둘 다 마이클의 집에 들어가도록 경호원 중 한 명에게 허락을 받았다.

4 used after the subject(주어 뒤에 사용하기)

both는 주어 뒤에도 사용할 수 있다. 예를 들면, '내 여동생이 둘 다 여기에 왔다.'는 Both my sisters came. 대신 My sisters *both* came.이라고 한다.

- **조동사가 없는 경우, be동사를 제외한 동사 앞에 both가 온다.**

They ***both got*** into the boat. 그들 둘 다 보트에 탔다.

We ***both love*** dancing. 우리 둘 모두 춤추는 것을 좋아한다.

Tony and Nigel ***both laughed*** noisily. 토니와 나이젤 둘 다 요란하게 웃었다.

- **동사가 be동사일 경우, both는 be동사 뒤에 온다.**

They ***were both*** schoolteachers. 그들 둘 다 학교 선생님이었다.

We ***were both*** there. 우리 둘 다 거기에 있었다.

- **조동사가 있는 경우, both는 조동사 뒤에 온다.**

Shearson Lehman and James Capel ***have both expressed*** an interest.
시어슨 리먼과 제임스 카펠 둘 다 관심을 표명했다.

They ***have both had*** a good sleep. 그들 둘 다 충분히 잤다.

Mark, we'***re both talking*** rubbish. 마크, 우리는 지금 쓸데없는 말을 하고 있어.

- **조동사가 한 개 이상일 경우, both는 첫 번째 조동사 뒤에 온다.**

They ***shall both be put*** to death. 그들 둘 다 사형당할 것이다.

- **대명사가 직접목적어이거나 간접목적어일 경우, 인칭대명사 뒤에도 both가 올 수도 있다.**

The commissioners looked curiously at ***them both***. 위원들은 그들 둘을 신기한 듯이 보았다.

Mrs Bond is coming over to see ***us both*** next week. 본드 부인은 우리 둘을 만나려고 다음 주에 여기에 올 예정이다.

5 negative sentences(부정문)

부정문에서는 보통 both가 아닌 neither of를 사용한다. 예를 들면, '그의 학생 둘 다 그곳에 없었다.'는 ~~Both his students were not there.~~가 아닌 *Neither of* his students was there.라고 한다.

➲ Usage 표제어 neither 참조.

마찬가지로, '나는 그들 중 어느 누구도 보지 않았다.'는 ~~I didn't see both of them.~~이 아닌 I didn't see *either of* them.이라고 한다.

➲ Usage 표제어 either 참조.

6 used as a pronoun(대명사로 사용하기)

both는 대명사로 사용할 수도 있다.

A child should be receiving either meat or eggs daily, preferably ***both***.
어린이는 고기나 달걀 중 한 가지를 매일 섭취해야 하고, 둘 다 먹는 것을 더 권장한다.

Both were desperately in love with Violet. 둘 다 바이올렛을 깊이 사랑하고 있었다.

주의 두 개 이상의 사물이나 사람에는 **both**가 아닌 **all**을 사용한다.

➲ Usage 표제어 all 참조.

bottom

1 'bottom' and 'behind'

bottom은 앉으면 바닥에 닿는 신체의 일부분, 즉 '궁둥이'라는 뜻으로, 회화와 대부분의 글에서 사용할 수 있다.

His ***bottom*** was pressed firmly against the wall. 그는 궁둥이를 벽 쪽으로 단단히 밀착시켰다.

미국 영어에서는 보통 **bottom**보다는 **behind**를 사용한다.

I've never had my ***behind*** on a bicycle. 나는 자전거를 타본 적이 한 번도 없다.

2 'buttocks'

격식을 차린 글에서는 **bottom**을 **buttocks**라고 한다.

...the muscles on his shoulders and ***buttocks***. 그의 어깨와 궁둥이의 근육들.

3 'bum' and 'butt'

회화에서 영국 영어를 쓰는 일부 사람들은 **bottom** 대신 **bum**을, 미국 영어를 쓰는 일부 사람들은 **butt**을 사용한다. 이들 단어는 많은 사람들이 무례하다고 여기므로 사용하지 않는 것이 가장 좋다.

---

boundary

➲ Usage 표제어 border 참조.

---

box-car

➲ Usage 표제어 carriage 참조.

---

brackets

➲ Usage 표제어 Punctuation 참조.

---

brake

➲ Usage 표제어 break – brake 참조.

---

brand

1 'brand'

한 특정 제조업체가 생산한 형태를 그 제품의 브랜드라고 하며, 일반적으로 음식이나 오래 지속되지 않는 제품에 사용한다.

There used to be so many different ***brands*** of tea. 예전엔 정말 다양한 차 브랜드가 있었다.
It also sells other ***brands*** including Mulberry. 그곳에서는 멀베리 제품을 포함한 다른 제품들도 판매하고 있다.

ℹ brand를 make와 혼동해서는 안 된다. 기계나 자동차 등과 같이 오래 지속되는 제품에는 make를 사용한다.

➲ Usage 표제어 make 참조.

---

break – brake

break와 **brake** 모두 [breik]로 발음한다.

1 'break'

break는 보통 어떤 것을 부딪치거나 떨어뜨려서 두 조각 이상으로 쪼개질 정도로 심하게 망가뜨리다, 즉 '깨뜨리다' 라는 뜻이다.

I tried to ***break*** the porthole, but with no success. 나는 선실 창문을 깨뜨리려고 했으나 성공하지 못했다.
The next morning she had another mishap, ***breaking*** the mirror on her dressing table. 다음날 아침 그녀는 다른 사고를 냈는데, 그녀의 화장대 거울을 깬 것이었다.

break의 과거는 **breaked**가 아닌 **broke**이고, 과거분사는 **broken**이다.

She stepped backwards onto a cup, which ***broke*** into several pieces. 그녀는 뒷걸음을 치다가 컵을 밟아서 여러 조각으로 깨졌다.
He ***has broken*** a window with a ball. 그는 공으로 창문을 깨뜨렸다.

➲ Usage 표제어 **broken** 참조.
➲ break와 비슷한 뜻으로 사용하는 여러 단어는 Usage 표제어 **damage** 참조.

2 'brake'

brake는 차량을 천천히 가게 하거나 멈추게 하는 장치, 즉 '제동 장치(브레이크)'라는 뜻이다.

He took his foot off the ***brake***. 그는 브레이크에서 발을 떼었다.

brake는 동사로, 운전자가 브레이크를 사용하여 차량을 '천천히 가게 하거나 멈추게 하다'라는 뜻이다.

The taxi ***braked*** to a halt. 택시는 브레이크를 걸어 정지했다.

---

breakfast

breakfast는 잠자리에서 일어난 후에 먹는 하루의 첫 번째 식사, 즉 '아침 식사'라는 뜻이다.

They had hard-boiled eggs for ***breakfast***. 그들은 아침 식사로 완숙 계란을 먹었다.
I open the mail immediately after ***breakfast***. 나는 아침 식사 후에 바로 메일을 열어 본다.

➲ Topic 표제어 **Meals** 참조.

---

breast – bust – bosom

1 'breast'

breast는 여성이 아기에게 수유하도록 젖을 만들 수 있는 두 개의 부드럽고 둥근 살 부분, 즉 '가슴'이라는 뜻이다.

...a beggar girl with a baby at her ***breast***. 가슴에 아기를 안고 있는 한 거지 소녀.
...women with small ***breasts***. 가슴이 작은 여자들.

2 'bust'

특히 여성의 가슴의 크기를 나타낼 때 **bust**를 사용할 수 있다. **bust**는 양쪽 가슴을 모두 가리키므로 **busts**라고 하지 않는다.

She has a very large ***bust***. 그녀는 가슴이 매우 크다.

여성의 가슴둘레의 치수에도 **bust**를 사용한다.

'***Bust*** 34' means that the garment is a size 12. 가슴둘레 34는 옷 사이즈가 12라는 것을 의미한다.

3 'bosom'

bosom [búzəm] 도 여성의 '가슴'이라는 뜻으로 사용할 수 있으며, 이는 오래되고 문어적인 단어이다.

...hugging the cat to her ***bosom***. 그녀의 가슴에 고양이를 안고 있는.

---

breathe – breath

1 'breathe'

breathe [briːð] 는 동사로, 사람이나 동물이 폐로 공기를 들이마시고 다시 내뿜다, 즉 '호흡하다'라는 뜻이다.

It was difficult for him to ***breathe***. 그는 숨쉬기가 힘들었다.
Always ***breathe*** through your nose. 항상 코로 숨을 쉬세요.

2 'breath'

breath [breθ]는 명사로, 폐로 공기를 들이마시고 다시 내뿜는 공기, 즉 '호흡'이라는 뜻이다.

Piggy let out his ***breath*** with a gasp. 피기는 헐떡거리며 숨을 내쉬었다.
I could smell the whisky on his ***breath***. 나는 그가 숨을 쉴 때 위스키 냄새를 맡을 수 있었다.

---

briefly

➲ Grammar 표제어 Adjuncts의 duration 참조.

---

bring – take – fetch

1 'bring'

bring은 사람이나 사물을 어느 장소에 데리고 가거나 가지고 가다라는 뜻이다.

He would have to ***bring*** Judy with him. 그는 주디를 데리고 가야 할 것이다.
Please ***bring*** your calculator to every lesson. 수업이 있을 때마다 계산기를 지참하세요.

bring의 과거와 과거분사는 **brought**이다.

My secretary ***brought*** my mail to the house. 내 비서가 집으로 편지를 가져왔다.
I've brought you a present. 내가 너에게 선물을 가져왔다.

누군가가 있는 곳으로 물건을 가져오거나 이동하도록 요청하는 경우, **bring**을 사용한다.

Bring me a glass of Dubonnet. 뒤보네 한 잔을 저에게 가져다 주세요.

> **주의** 아이를 침대로 데려가서 잠을 재우다는 **'bring' a small child to bed**가 아닌 ***put* the child to bed**라고 한다.
> A baby may learn to resist being ***put to bed*** by furious crying.
> 갓난아기는 심하게 울으로써 재우는 것에 저항하는 것을 배울지도 모른다.
> Most parents change the nappies before they ***put*** the child back ***to bed***.
> 대부분의 부모는 아이를 다시 재우기 전에 기저귀를 갈아 준다.

2 'take'

take는 사람이나 사물을 어느 장소로 운반하거나 몰고 가다라는 뜻이다.

It's his turn to ***take*** the children to school. 이제 그가 아이들을 학교에 데려다 줄 차례이다.

어떤 장소에 갈 때 사람을 데리고 가거나 사물을 가지고 가다라고 할 경우, **take**를 사용한다.

She gave me some books to ***take*** home. 그녀는 나에게 집에 가지고 갈 책을 몇 권 주었다.
Don't forget to ***take*** your umbrella. 당신의 우산을 가지고 가는 것을 잊지 마세요.

3 'fetch'

fetch는 어떤 사물이 있는 곳에 가서 그 사물을 자신이 전에 있던 곳으로 '가지고 오다'라는 뜻이다.

I don't want you to ***fetch*** anything for me. 나는 당신이 나를 위해 그곳에 가서 무엇이든 가져오는 것을 원하지 않는다.
I went and ***fetched*** another glass. 나는 가서 다른 컵을 가져왔다.

---

bring up – raise – educate

1 'bring up'

bring up **a child**는 아이가 자랄 때까지 돌봐주고 특별한 믿음과 마음가짐을 길러 주려고 노력하다라는 뜻이다.

Tony ***was brought up*** strictly. 토니는 엄격하게 자랐다.
The great majority of them ***have been brought up*** in working-class homes.
그들의 대부분은 노동자 계층의 가정에서 양육되었다.

〔부사 well · badly + brought up〕 형식을 사용할 수 있다. be ***well brought up***은 어떤 젊은이의 행동이 어렸을 때 올바르게 행동하는 법을 배웠다는 것을 보여 주다라는 뜻이다.

She's a ***nicely brought up*** girl, anyone can see that. 그녀가 훌륭하게 자란 소녀라는 것을 누구든지 알 수 있다.

She was a good, ***properly brought up*** young woman. 그녀는 착하고 예의 바르게 자란 아가씨이다.

➲ Usage 표제어 grow 참조.

2 'raise'

미국 영어에서 raise는 bring up의 뜻으로 사용할 수 있다.

Henry and his wife Mary ***have raised*** ten children. 헨리와 부인 메리는 10명의 아이들을 길렀다.

I ***was raised*** as a Catholic. 나는 가톨릭 신자로 양육되었다.

미국에서는 be 'well raised'라고 하지 않는다.

3 'educate'

bring up이나 raise를 educate와 혼동해서는 안 된다. educate는 일반적으로 학교에서 아이에게 여러 과목을 '가르치다'라는 뜻이다.

Many more schools are needed to ***educate*** the young. 젊은이들의 교육을 위해서는 훨씬 더 많은 학교가 필요하다.

He was ***educated*** at Haslingden Grammar School. 그는 헤슬링든 그래머 스쿨에서 교육을 받았다.

Britain – British – Briton

1 'Britain'

Britain 또는 Great Britain은 England, Scotland, Wales로 이루어져 있으며, United Kingdom은 England, Scotland, Wales, Northern Ireland로 이루어져 있다. British Isles는 Britain, Ireland와 그 주위에 있는 모든 섬들을 지칭한다.

2 'British'

영국 출신인 사람의 국적을 British라고 하는데, 일부 영국인들은 English, Scottish, Welsh, Northern Irish라고 부르는 것을 선호한다. 모든 영국 사람을 English라고 하는 것은 옳지 않으며 영국인들을 화나게 할 수도 있다.

Britain 출신의 모든 사람들을 the British라고 한다.

I don't think ***the British*** are good at hospitality. 나는 영국인들이 환대에 능숙하지 않다고 생각한다.

The British have always displayed a healthy scepticism towards ideas.
영국인들은 아이디어에 대해서 항상 건전한 회의론(懷疑論)을 나타냈다.

한 무리의 영국인들, 예를 들면 국제 회의의 영국 대표단을 가리킬 때에도 the British를 사용할 수 있다.

The British have made these negotiations more complicated. 영국 대표단이 이 협상을 좀 더 복잡하게 만들었다.

The British had come up with a bold and dangerous solution. 영국 대표단은 대담하고 위험한 해결 방안을 제안했다.

3 'Briton'

글을 쓸 때 영국인 개개인은 Briton이라고 한다.

The youth, a 17-year-old ***Briton***, was searched and arrested. 17살의 한 영국인 젊은이가 수색을 당하고 체포되었다.

➲ 국적에 대한 더 자세한 정보는 Topic 표제어 Nationality words 참조.

---

broad

➲ Usage 표제어 wide – broad 참조.

broken

broken은 동사 break의 과거분사이다.

He *has broken* a window with a ball. 그는 공으로 창문을 깼다.

broken은 형용사로도 사용하며, 부딪치거나 떨어져 '조각나거나 부서진'이라는 뜻이다.

He sweeps away the *broken* glass under the window. 그는 창문 아래에 있는 깨진 유리 조각을 빗자루로 쓸고 있다.
...a long table covered in *broken* crockery. 깨진 도자기 조각들로 뒤덮여 있는 긴 탁자.
He glanced at the *broken* lock he was still holding in his free hand.
그는 사용하지 않는 손으로 내내 붙잡고 있던 부숴진 자물쇠를 슬쩍 쳐다보았다.

기계나 기구가 고장이 나서 작동하지 않는 경우, 보통 be broken 대신 do not work나 be not working이라고 한다.

One of the lamps *didn't work*. 램프 중 한 개가 작동하지 않았다.
Chris sits beside him with sweaters on because the heater *doesn't work*.
크리스는 히터가 작동하지 않아서 스웨터를 입고 그의 옆에 앉아 있다.
The traffic lights *weren't working* properly. 교통 신호등이 제대로 작동하지 않고 있었다.

bruise

Usage 표제어 damage 참조.

bum

Usage 표제어 bottom 참조.

burglar

Usage 표제어 thief – robber – burglar 참조.

burgle – burglarize

영국 영어에서 someone is *burgled* 또는 someone's house *is burgled*는 도둑이 누군가의 집에 침입하여 물건을 훔치다라는 뜻이다.

Gesher *had* recently *been burgled*. 제셔는 최근에 도난을 당했다.

미국 영어에서는 보통 a house *is burglarized*라고 한다.

Her home *had been burglarized*. 그녀의 집에 도둑이 들었다.

burst

burst는 무언가가 갑자기 찢어져서 공기와 다른 물질이 나오다, 즉 '터지다'라는 뜻이다. burst의 과거와 과거분사는 bursted가 아닌 burst이다.

As he braked, a tyre *burst*. 그가 브레이크를 밟았을 때, 타이어가 터졌다.

burst **into tears**는 갑자기 울기 시작하다라는 뜻이다.

When the news was broken to Meehan he *burst into tears*.
그 소식이 미한에게 전해졌을 때, 그는 눈물을 터트리기 시작했다.

burst in tears라고 하지 않는다.

주의 burst를 bust와 혼동해서는 안 된다. bust는 어떤 것을 사용할 수 없을 정도로 '심하게 부수거나 손상시키다'라는 뜻이다.
Usage 표제어 bust 참조.

bus – coach

bus는 한 곳에서 다른 곳으로 도로를 통해 승객을 나르는 '큰 자동차'라는 뜻이다. 영국에서는 장거리 여행을 하는 승객을 나르는 안락한 버스를 coach라고 한다.

I'm waiting for the ***bus*** back to town. 나는 시내로 다시 들어가는 버스를 기다리고 있다.
The ***coach*** leaves Cardiff at twenty to eight. 그 장거리 버스는 카디프를 7시 40분에 출발한다.

미국에서는 장거리용 차를 보통 **buses**라고 부른다.

In the far horizon a silverly Greyhound ***bus*** appeared. 지평선 멀리 은색의 그레이하운드 버스가 나타났다.

be travelling *by bus/by coach*는 버스나 장거리 버스로 여행하고 있거나 가고 있다라는 뜻이다.

I don't often travel ***by bus***. 나는 버스로 자주 여행하지 않는다.
It is cheaper to travel to London ***by coach*** than by train. 기차보다 장거리 버스로 런던에 가는 것이 더 저렴하다.

ⓘ be travelling 'by a bus'/'by the coach'라고 하지 않는다.

여행을 시작할 때 버스에 승차하다는 **get on**을 사용한다.

When I ***get on*** a bus and I see an advert, I read it. 버스에 타서 광고를 보았을 때, 나는 그것을 읽었다.

여행을 끝마치고 버스에서 내리다는 **get off**을 사용한다.

A man of his description was seen ***getting off*** a bus near the scene of the murder.
그가 설명한 인상착의의 한 남자가 살인 사건 현장 근처의 버스에서 내리는 것이 보였다.

ⓘ 'go into' a bus/coach나 'go out of' a bus/coach라고 하지 않는다.

business

1 used as an uncount noun(불가산명사로 사용하기)

business는 물건이나 서비스를 사고 파는 생산과 관련된 일, 즉 '사업'이라는 뜻이다.

There are good profits to be made in the hotel ***business***. 호텔 사업을 하면 상당한 이익을 얻을 수 있다.
Are you in San Francisco for ***business*** or pleasure?
당신은 샌프란시스코에 사업차 오셨습니까, 아니면 관광차 오셨습니까?

➲ 사람들이 돈을 받고 일하는 활동과 관련된 다른 명사에 대한 더 많은 정보는 Usage 표제어 work 참조.

> 주의 사업과 관련된 논의는 **a business**가 아닌 **some business**라고 한다. 예를 들면, '우리는 다뤄야 할 문제가 있다.'는 ~~**We've got a business to see to.**~~가 아닌 **We've got *some business* to see to.**라고 한다.
>
> There is a possibility we may do ***some business*** with one of the major software companies in the United States.
> 우리는 미국에 있는 주요 소프트웨어 회사 중 한 회사와 거래할 가능성이 있다.
> We've still got ***some business*** to do. Do you mind just sitting?
> 우리는 아직도 논의해야 할 일이 있습니다. 잠시 자리에 앉아 주시겠습니까?

2 used as a count noun(가산명사로 사용하기)

가산명사 **business**는 제품을 생산, 판매하고 서비스를 제공하는 '회사, 상점, 단체'라는 뜻이다.

He set up a small travel ***business***. 그는 작은 여행사를 설립했다.

bust

bust는 동사, 형용사, 명사로 사용할 수 있다. 동사 **bust**의 과거는 **bust**이고, 과거분사는 **busted**이다.

1 used as a verb(동사로 사용하기)

bust는 어떤 것을 사용할 수 없을 정도로 아주 심하게 망가뜨리다, 즉 '부수다'라는 뜻이다. 이 뜻으로는 회화에서만 사용하고 격식을 차리는 글에서는 사용하지 않는다.

She found out about Jack ***busting*** the double-bass. 그녀는 잭이 더블베이스를 부쉈다는 것을 알게 되었다.

격식을 차리지 않는 영어에서 **someone *is busted***는 누군가가 경찰에 체포되다라는 뜻이다.

They ***were busted*** for possession of cannabis. 그들은 대마초 소지 혐의로 체포되었다.

2 used as an adjectives(형용사로 사용하기)

회화에서 **bust**는 어떤 것이 고장 나거나 매우 심하게 망가지다라는 뜻이다.

That clock's been ***bust*** for weeks. 저 시계는 몇 주 동안 고장 난 상태이다.

미국 영어에서 **bust**의 형용사는 **bust**가 아닌 **busted**이다.

There he found a small writing table with a ***busted*** leg.
그곳에서 그는 다리가 부서진 작은 필기용 테이블 한 개를 발견했다.

go bust는 회사가 너무 많은 돈을 잃어서 문을 닫게 되다, 즉 '파산하다'라는 뜻이다. 격식을 차린 영어에서는 이 표현을 사용하지 않는다.

The company almost ***went bust*** in February. 그 회사는 2월에 거의 파산했다.

3 used as a noun(명사로 사용하기)

bust는 여성의 '가슴'이라는 뜻이다.

➲ Uage 표제어 breast 참조.

---

but

앞서 한 말과 대조되는 것을 소개할 때, **but**을 사용한다.

1 used to link clauses(절을 연결할 때 사용하기)

일반적으로 절을 연결할 때, **but**을 사용한다.

It was a long walk ***but*** it was worth it. 먼 거리를 걸었지만 가치 있는 일이었다.
I try and see it their way, ***but*** I can't. 나는 그것을 그들의 방식으로 이해하려 하지만 그럴 수가 없다.

문장의 처음에는 보통 **but**을 사용하지 않지만, 누군가에게 대답하거나 회화체로 글을 쓸 때는 **but**을 사용할 수 있다.

'Somebody wants you on the phone.' – '***But*** nobody knows I'm here.'
"어떤 사람이 당신과 통화하기를 원해요." – "그렇지만 내가 여기에 있는 것을 아는 사람은 없어요."
I always thought that. ***But*** then I'm probably wrong. 나는 항상 저것이라고 생각했지만 아마 내가 틀릴 수도 있다.

2 used to link adjectives or adverbs(형용사나 부사를 연결할 때 사용하기)

서로 대조되는 여러 개의 형용사나 부사를 연결할 때도 **but**을 사용할 수 있다.

...a small ***but*** comfortable hotel. 작지만 편안한 호텔.
We are poor ***but*** happy. 우리는 가난하지만 행복하다.
Quickly ***but*** silently she darted out of the cell. 그녀는 재빠르지만 조용하게 방에서 뛰쳐나갔다.

3 used to with negative words to mean 'only'(부정어와 함께 only의 뜻으로 사용하기)

〔부정어 **nothing** · **no one** · **nowhere** · **none** + **but**〕 형식에서의 **but**은 때때로 '오직'이라는 뜻으로 사용한다. 예를 들면, '우리는 오직 당근만 갖고 있을 뿐이다.'는 **We have *nothing but* carrots.**라고 한다.

The crew of the ship gave them ***nothing but*** bread to eat. 그 배의 선원들은 그들에게 먹을 것으로 오직 빵만 주었다.
John had lived ***nowhere but*** the farm. 존은 오직 농장에서만 살았었다.
It's better to trust ***no one but*** yourself. 더 좋은 방법은 오직 자기 자신을 믿는 것뿐이다.

4 used to mean 'except'(except의 뜻으로 사용하기)

〔**all**, **every-**, **any-**로 시작하는 단어 + **but**〕 형식에서 **but**은 '~을 제외하고(**except**)'라는 뜻으로 사용한다. 예를 들면, '그는 수학 과목만 제외하고 모든 과목을 좋아했다.'는 **He enjoyed everything *but* maths.**라고 한다.

Thomas Hardy spent all ***but*** a few years in his native Dorset.
토머스 하디는 몇 년을 제외하고 일생을 고향 도싯주에서 보냈다.
He ate everything ***but*** the beetroot. 그는 근대 뿌리를 제외하고 모든 것을 먹었다.
There would be no time for anything ***but*** work. 일하는 것을 제외하고 다른 것을 할 시간이 없을 것이다.
Could anyone ***but*** Balmain have done it? 발맹을 제외하고 그 일을 마친 사람이 있습니까?

5 'but for'

어떤 일이 일어나는 것을 방해하는 유일한 요소를 말할 때, **but for**를 사용한다. 이 용법은 글에서만 쓰인다.

The figure would have been higher ***but for*** delays in the delivery of the planes.
항공편을 이용한 배송이 지연되지 않았다면 수치가 더 높았을 것이다.

6 'but one'

영국 영어에서는 **last but one**이나 **next but one**과 같은 구에도 **but**을 사용한다. **the *last but one* in a series**은 연속물 중 마지막 것의 바로 전의 것이라는 뜻이다.

It'd be the ***last*** job ***but one***. 그것은 마지막 과제의 바로 전 과제가 될 것이다.
This is what you were asked to do in the ***last but one*** quiz.
이것은 마지막 퀴즈의 바로 전 퀴즈에서 당신이 하도록 요청받았던 것이다.

미국 영어에서 사용하는 위와 동일한 표현은 **the second to the last**이다.

It's ***the second to the last*** paragraph in the section. 그것은 단원의 마지막 단락의 바로 앞 단락이다.

the *next but one* in a series는 연속물 중 다음 것의 바로 다음 것이라는 뜻이다.

She has bought a property ***next*** door ***but one*** to mine.
그녀는 건물을 하나 샀는데 내 건물의 옆 건물 바로 다음 건물이다.

butt

Usage 표제어 bottom 참조.

buttocks

Usage 표제어 bottom 참조.

buy

buy는 어떤 것에 돈을 지불하고 얻다, 즉 '사다'라는 뜻이다. **buy**의 과거와 과거분사는 **buyed**가 아닌 **bought**이다.

I'm going to ***buy*** everything that I need in good time. 나는 제때에 필요한 모든 것을 살 계획이다.
Never ***buy*** anything white that must be dry-cleaned. 드라이클리닝을 해야 하는 하얀 것들은 절대 사지 마세요.
Many people have their cars ***bought*** for them by the firm they work for.
많은 사람들은 자신이 일하는 회사에서 사준 자동차를 가지고 있다.

buy **someone a drink**는 다른 사람에게 술을 사주다라는 뜻이다.

Let me ***buy*** you a drink. 제가 당신에게 술을 한잔 사겠어요.

'pay' someone a drink라고 하지 않는다.

by

1 used in passives(수동태에 사용하기)

수동태 문장에서는 대부분 **by**를 사용한다. **something is done/caused *by* a person or thing**은 사람이나 사물이 무슨 일을 하거나 어떤 것의 원인이 되다라는 뜻이다.

He was brought up ***by*** an aunt. 그는 숙모에 의해 양육되었다.

The defending champion, John Pritchard, was beaten ***by*** Chris Boardman.
디펜딩 챔피언인 존 프리차드는 도전자 크리스 보드만에게 패배했다.

This view has been challenged ***by*** a number of workers. 많은 노동자들은 이러한 견해에 이의를 제기했다.

I was startled ***by*** his anger. 나는 그의 분노에 깜짝 놀랐다.

His best friend was killed ***by*** a grenade. 그의 가장 친한 친구가 수류탄에 맞아 죽었다.

-ed로 끝나는 단어는 형용사처럼 사용되어 행동보다는 상태를 나타내며, by가 항상 뒤따르는 것은 아니다. -ed로 끝나는 일부 단어의 뒤에는 with나 in이 온다.

The room was ***filled with*** pleasant furniture. 그 방은 멋진 가구로 가득 차 있었다.

The railings were ***decorated with*** thousands of bouquets. 철제 난간들은 수천 개의 꽃다발로 장식되어 있었다.

The walls of her flat are ***covered in*** dirt. 그녀의 아파트 벽은 먼지로 덮여 있다.

2 used with time expressions(시간 표현과 사용하기)

happen *by* a particular time은 어떤 일이 특정한 시간이나 그 이전에 일어나다라는 뜻이다.

He can cook the tea and be out ***by*** seven o'clock. 그는 차를 만들어서 7시까지 외출할 수 있을 것이다.

By 1940 the number had grown to 185 million. 1940년까지 수가 1억8천5백만으로 늘어났다.

I arrived a mile outside the town ***by*** mid-afternoon. 나는 그 도시에서 1마일 떨어진 외곽에 3-4시경에 도착했다.

ℹ 위와 같은 뜻의 by는 전치사로만 사용한다. 예를 들면, '내가 점심 식사를 마친 후에, 우리는 다시 출발해야 했다.'는 ~~By I had finished my lunch, we had to start off again.~~이 아닌 By the time I had finished my lunch, we had to start off again.이라고 한다.

By the time I went to bed, I was absolutely exhausted. 나는 잠을 자러 갈 때쯤에 완전히 녹초가 되었다.

3 used to describe position(위치를 묘사할 때 사용하기)

사람이나 사물이 옆에 있다고 할 때, by를 사용할 수 있다.

I sat ***by*** her bed. 나는 그녀의 침대 옆에 앉았다.

There were lines of parked cars ***by*** each kerb. 연석(緣石)마다 자동차가 줄을 지어 주차되어 있었다.

next to는 by와 비슷한 뜻으로 사용한다.

She sat down ***next to*** him on the sofa. 그녀는 소파에 있는 그 남자 옆에 앉았다.

...a dark alley ***next to*** the house. 집 옆으로 난 어두운 골목.

> **주의** town이나 city의 지명에는 by가 아닌 near를 사용한다. 예를 들면, '기름이 떨어졌을 때, 나는 코번트리 근처에 있었다.'는 ~~I was by Coventry when I ran out of petrol.~~이 아닌 I was *near* Coventry when I ran out of petrol.이라고 한다.
>
> ...on a country road ***near*** Belfast. 벨파스트 근처의 시골 길에서.
>
> Mandela was born ***near*** Elliotdale. 만델라는 엘리엇데일 근처에서 태어났다.

4 saying how something is done(어떤 일이 어떻게 일어났는지 말하기)

[by + 명사] 형식은 어떤 일이 어떻게 일어났는지를 말할 때 사용할 수 있다. 일반적으로 명사 앞에는 한정사가 오지 않는다.

The money will be paid ***by cheque***. 돈은 수표로 지불될 것이다.

We heard from them ***by phone***. 우리는 전화로 그들의 소식을 들었다.

I always go ***by bus***. 나는 항상 버스를 타고 간다.

그러나 어떤 일이 특정한 도구나 물건을 사용하여 행해졌다고 할 경우에는 by가 아닌 with를 자주 사용한다. 이 경우에 with 뒤에 한정사가 온다.

Clean mirrors ***with a mop***. 걸레로 거울을 닦으세요.

He brushed back his hair ***with his hand***. 그는 머리카락을 손으로 빗어 넘겼다.

동사 watch, look, see 등을 사용한 경우, 보통 through를 사용하며, 동사 뒤에 한정사가 온다.

Mrs Mellor could be seen ***through*** the window, motionless in a chair.
멜러 부인은 의자에서 움직이지 않고 앉아 있는 모습을 창문을 통해 볼 수 있었다.

〔**by + -ing**〕 형식은 어떤 일이 어떻게 이루어졌는지를 말할 때 사용할 수 있다.

Make the sauce ***by boiling*** the cream and stock together in a pan.
크림과 육수를 같이 냄비에 넣고 끓여 소스를 만드세요.

He then tries to solve his problems ***by accusing*** me of being corrupt.
그러고 나서 그는 내가 부패했다고 고발함으로써 자신의 문제를 해결하려고 한다.

---

by far

➲ **Usage** 표제어 **very** 참조.

C c

café – coffee

1 'café'

café [kæféi | kǽfei]는 음료를 마시고 가벼운 식사를 할 수 있는 장소, 즉 '카페'라는 뜻이다. 영국의 카페에서는 주류를 팔지 않으며, **café**를 자주 **cafe**로 표기한다.

...a waiter from a nearby ***café***. 근처 카페에서 온 웨이터.

Inside the ***cafe*** it was dark and cool. 그 카페 안은 어둡고 시원했다.

2 'coffee'

coffee [kɔ́(ː)fi]는 뜨거운 음료이다.

...a cup of ***coffee.*** 커피 한 잔.

call

1 attracting attention(주의 끌기)

call은 일반적으로 누군가의 주의를 끌려고 큰 소리로 말하다라는 뜻이다.

'Edward!' she ***called***. 'Edward! Lunch is ready!' "에드워드!"라고 그녀가 큰 소리로 불렀다. "에드워드! 점심이 준비됐어요."

I could hear a voice ***calling*** my name. 내 이름을 크게 부르는 한 목소리를 들을 수 있었다.

'Here's your drink,' Boylan ***called*** to him. "여기 당신이 마실 술이 있어요."라고 보일란이 그를 큰 소리로 불렀다.

2 telephoning(전화 걸기)

call은 사람이나 장소에 전화를 걸다라는 뜻도 있다.

Call me when you get home. 집에 도착하면 저에게 전화를 해주세요.

Grechko ***called*** the office and complained. 그레츠코는 사무실에 전화해서 불만을 털어놓았다.

위와 같이 **call**을 사용하는 경우, **call** 다음에 **to**가 따라오지 않는다. 예를 들면, '나는 그의 런던 아파트로 전화를 했다.'는 ~~**I called to him at his London flat.**~~이 아닌 **I *called* him at his London flat.**이라고 한다.

3 visiting(방문하기)

call on이나 **call**은 누군가가 방문하거나 물건을 배달하기 위해 잠깐 들르다라는 뜻이다.

He ***had called on*** Seery at his London home. 그는 시어리의 런던 집을 방문했다.

Goodnight. Do ***call*** again. 안녕히 가세요. 다시 방문해 주세요.

The postman ***calls*** about 7 o'clock every morning. 우편집배원은 매일 아침 7시경에 방문한다.

미국 영어에서는 위와 같은 뜻으로 **call**을 사용하지 않는다.

pay a call on이나 **pay someone a call**은 누군가가 잠시 방문하다라는 뜻이다. 이 표현은 영국 영어와 미국 영어에서 모두 사용한다.

Last month, Ayling ***paid a call on*** the Deputy Prime Minister. 지난달 아일링은 부총리를 방문했다.

A few weeks after we moved in, old Pee Wee Stevenson ***paid*** us ***a call***.
우리가 이사를 한 지 몇 주 후에 나이 든 피 위 스티븐슨이 우리 집을 방문했다.

called – named

사람이나 사물의 이름을 말할 때, **called**나 **named**를 사용한다. **named**는 **called**보다 쓰임이 적으며, 일반적으로 회화에서는 사용하지 않는다.

Did you know a boy ***called*** Desmond? 당신은 데즈먼드라는 소년을 알고 있었습니까?
We pass through a town ***called*** Monmouth. 우리는 몬머스라는 도시를 지나가고 있다.
Anna had a boyfriend ***named*** Shorty. 애나는 쇼티라는 남자 친구가 있었다.

〔명사 · **be**동사 + **called**〕 형식을 사용할 수 있다.

Komis asked me to appear in a play ***called*** Katerina. 코미스는 나에게 'Katerina'라는 연극에 출연해 달라고 요청했다.
The book was ***called*** The Goalkeeper's Revenge. 그 책은 'The Goalkeeper's Revenge'라고 하는 책이었다.

명사 바로 뒤에는 **named**만을 사용한다.

The victim was an 18-year-old girl ***named*** Marinetta Jirkowski.
희생자는 마리네타 이르코스키라는 이름의 18세 소녀였다.

camp bed

➲ Usage 표제어 **cot – crib – camp bed** 참조.

can – could – be able to

능력, 인식, 가능성을 말할 때, **can**, **could**, **be able to**를 사용한다. 허가를 얻을 때에도 이들 단어를 사용한다. 이들 단어의 용법은 각 표제어에서 개별적으로 다루며, **can**과 **could**를 조동사라고 한다.

➲ Grammar 표제어 **Modals** 참조.

can과 **could**에는 모두 원형부정사가 뒤따라온다.

I envy people who can ***sing***. 나는 노래를 부를 수 있는 사람들이 부럽다.
I could ***work*** for twelve hours a day. 나는 하루에 12시간 동안 일할 수 있었다.

1 negative forms(부정형)

can의 부정형은 **can not**이 아닌 **cannot**이나 **can't**이며, **could**의 부정형은 **could not**이나 **couldn't**이다. **be able to**의 부정형은 **be not able to**나 **be unable to**이다.

Many elderly people ***cannot*** afford telephones. 많은 노인들은 전화를 살 수 있는 여유가 없다.
My wife ***can't*** sew. 내 아내는 바느질을 할 줄 모른다.
It was so black you ***could not*** see a hand in front of your face.
너무 어두워서 당신은 자신의 얼굴 앞에 있는 손을 볼 수가 없었다.
They ***couldn't*** sleep. 그들은 잠을 잘 수가 없었다.
We ***were not able to*** give any answers. 우리는 어떤 대답도 해줄 수 없었다.
We ***were unable to*** afford the entrance fee. 우리는 입장료를 낼 수 없었다.

2 ability: the present(능력: 현재)

어떤 일을 하는 사람의 능력을 말할 때, **can**, **could**, **be able to**를 사용한다. 현재 가지고 있는 능력을 나타낼 때에는 **can**이나 **be able to**를 사용하며, **be able to**가 **can**보다 더 격식을 차린 표현이다.

You ***can*** all read and write. 너희 모두는 글을 읽거나 쓸 수 있다.
The sheep ***are able to*** move around and they ***can*** all lie down. 양들은 돌아다닐 수도 있고 모두 드러누울 수도 있다.
...people who ***are unable to*** appreciate new ideas. 새로운 아이디어를 이해할 수 없는 사람들.

현재 가지고 있는 능력을 말할 때에도 **could**를 사용하지만 특별한 뜻이 있다. **could**의 다른 뜻은 어떤 일을 할 능력은 있으나 실제로는 하지 않는다는 뜻이다.

We ***could*** do a great deal more in this country to educate people.
우리는 이 나라에서 사람들을 교육하는 것을 아주 많이 할 수도 있었다.

3 ability: the past(능력: 과거)

과거에 가졌던 능력을 말할 때, **could**나 **be able to**의 과거형을 사용한다.

He *could* run faster than anyone else. 그는 어느 누구보다도 더 빨리 달릴 수 있었다.
A lot of them *couldn't* read or write. 그들 다수가 글을 읽거나 쓸 수 없었다.
I *wasn't able to* do these quizzes. 나는 이 퀴즈들을 풀 능력이 없었다.

be able to do **something**은 보통 어떤 일을 할 능력이 있어서 그 일을 했다라는 뜻으로, **could**에는 이런 뜻이 없다.

After treatment he *was able to* return to work. 그는 치료 후에 직장으로 복귀할 수 있었다.
The farmers *were able to* pay the new wages. 농장주들은 새로 정한 임금을 지불할 수 있었다.

could have done **something**은 어떤 일을 할 능력이 있으나 실제로는 하지 않았다라는 뜻이다.

You *could have given* it all to me. 당신은 내게 그것 모두를 줄 수도 있었다.
You *could have been* a little bit tidier. 당신은 좀 더 깔끔하게 할 수도 있었다.

could not have done **something**은 어떤 일을 할 능력이 없어서 하지 못했다라는 뜻이다.

I *couldn't have gone* with you, because I was in London at the time.
나는 그때 런던에 있었기 때문에 당신과 같이 갈 수 없었다.

used to be able to do **something**은 과거에는 어떤 것을 할 능력이 있었지만 현재는 그 능력이 없다라는 뜻이다.

I *used to be able to* make it happen. 나는 그 일이 일어나게 할 수 있었다.
You *used to be able to* see the house from here. 당신은 여기에서 그 집을 볼 수 있었다.

4 ability: the future(능력: 미래)

미래에 갖게 될 능력을 나타낼 때, **be able to**의 미래형을 사용한다.

I *shall be able to* answer that question tomorrow. 나는 내일 그 질문에 대한 대답을 할 수 있을 것이다.

5 ability: report structures(능력: 전달문)

전달문에서는 **could**를 자주 사용한다. 예를 들면, 어떤 남자가 **I can speak Arabic.**(나는 아랍어를 할 수 있다.)이라고 한 말을 누군가에게 전할 때는 보통 **He said he *could* speak Arabic.**(그는 아랍어를 할 수 있다고 말했다.)이라고 한다.

Ferguson said I *could* ask for a transfer if after six months I still don't like it.
퍼거슨은 6개월 후에 내가 그 일이 여전히 마음에 들지 않으면, 전근을 요청할 수 있다고 말했다.

6 ability: 'be able to' after other verbs(능력: 다른 동사 뒤의 be able to)

might, **should** 등과 같은 조동사 뒤나, **want**, **hope**, **expect**와 같은 동사 뒤에 **be able to**를 사용한다.

I *might be able to* help you. 나는 당신을 도울 수 있을지도 모른다.
You *may be able to* get extra money. 당신은 부수입을 올릴 수 있을지도 모른다.
You *should be able to* feel this. 당신은 이것을 느낄 수 있어야 한다.
She *would not be able to* drive to inland cities alone here. 그녀는 혼자서 내륙 도시로 운전해 갈 수 없을 것이다.
You're foolish to *expect to be able to* do that. 당신이 그것을 할 수 있다고 기대하다니 어리석군요.

can이나 **could**는 다른 동사 뒤에 사용하지 않는다.

7 'being able to'

〔**being + able to**〕 형식을 사용할 수 있다.

...the satisfaction of *being able to* do the job. 그 일을 할 수 있다는 만족감.

can이나 **could**에는 **-ing**형이 없다.

can – could – be able to

8 awareness(인식)

〔can · could + 감각동사 see · hear · smell 등〕 형식은 여러 감각 중에 하나의 감각을 통해 인식하다라는 뜻이다.

I ***can smell*** gas. 나는 가스 냄새를 맡을 수 있다.
I ***can't see*** her. 나는 그녀를 볼 수 없다.
I ***could see*** a few stars in the sky. 나는 하늘에 떠 있는 몇 개의 별을 볼 수 있었다.

ⓘ 위와 같은 형식은 여러 감각 중에 하나의 감각을 통해 인식하는 것을 나타내는 가장 일반적인 방법이다. 예를 들면, '나는 전화벨 소리를 들을 수 있다.'는 ~~I hear a phone ringing~~.이 아닌 ***I can hear*** a phone ringing.이라고 한다.

9 possibility: the present and the future(가능성: 현재와 미래)

현재나 미래에 일어날 가능성을 말할 때, can과 could를 사용한다. 어떤 것이 사실이거나 사실일 가능성이 있다고 할 때는 could를 사용한다.

Don't eat it. It ***could*** be a toadstool. 그것을 먹지 마세요. 독버섯일 수도 있어요.
There ***could*** be something in the blood. 피 안에 무엇인가가 들어 있을 가능성이 있다.
He was jailed in February 1992 and ***could*** be released next year.
그는 1992년 2월에 수감되어서 다음 해에 풀려났을 가능성이 있다.

might와 may는 could와 비슷한 형식으로 사용할 수 있다.

It ***might*** be a trap. 그것은 함정일 수도 있다.
Kathy's career ***may*** be ruined. 캐시의 경력이 망가질 수가 있다.

➲ Usage 표제어 might – may 참조.

> **주의** 어떤 것이 사실이 아닐 가능성이 있다고 할 때는 could not이 아닌 might not이나 may not을 사용한다.
> It ***might not*** be possible. 그것은 가능하지 않을 수도 있다.
> It ***may not*** be easy. 그것은 쉽지 않을 수도 있다.

불가능한 사실을 말할 때, cannot이나 could not을 사용한다.

You ***cannot*** possibly know what other damage your action may have caused.
당신의 행동이 다른 피해를 초래했는지를 아는 것은 불가능한 일이다.
You ***can't*** talk to the dead. 당신은 죽은 사람과 말할 수 없다.
It ***couldn't*** possibly be poison. 그것이 독일 가능성은 없다.

어떤 일이 때때로 가능할 수도 있다고 할 때, can을 사용한다.

Such shifts in opinion ***can*** sometimes have a snowball effect.
그와 같은 여론의 변화는 때때로 눈덩이와 같은 효과를 낼 가능성이 있다.

10 possibility: the past(가능성: 과거)

〔could have + 과거분사〕 형식은 과거에 어떤 일이 사실이었을 가능성이 있다라는 뜻에 사용한다.

He ***could have*** been doing research on his own. 그는 혼자 힘으로 연구했을 수도 있다.

might have와 may have는 could have와 비슷한 형식으로 사용할 수 있다.

The teacher ***might have*** known the local policeman. 선생님은 지역 경찰관을 알고 있었을 수도 있다.
It ***may have*** been a dead bird. 그것은 죽은 새였을 수도 있다.

〔could have + 과거분사〕 형식은 어떤 일이 과거에 일어날 수 있었으나 실제로는 일어나지 않았다라는 뜻에도 사용한다.

It ***could have*** been worse. 더 악화될 수도 있었다.
He ***could have*** made a fortune as a lawyer. 그는 변호사로 많은 돈을 벌 수도 있었다.

> **주의** 어떤 일이 사실이 아니었을 가능성이 있다고 할 때는 could not have가 아닌 might not have나 may not have를 사용한다.
> She ***mightn't have*** known what the bottle contained. 그녀는 병에 담긴 내용물이 무엇인지 알지 못했을 수도 있다.

〔could not have + 과거분사〕 형식은 어떤 일이 사실이었다는 것이 불가능하다고 할 때 사용한다.

She ***couldn't have*** been drunk because she had had hardly anything to drink.
그녀는 마실 술이 거의 없었기 때문에 그녀가 술에 취했다는 것은 불가능하다.

The man ***couldn't have*** thought at all. 그 사람이 생각했다는 것은 전혀 불가능한 일이다.

11 permission(허락)

누군가가 어떤 일을 하도록 허락을 받다라고 할 때, **can**이나 **could**를 사용한다.

You ***can*** take out money at any branch of your own bank. 당신은 거래 은행의 어느 지점에서나 돈을 인출할 수 있다.

He ***could*** come and build in my wood. 그는 여기에 와서 내 나무로 만들어도 됩니다.

어떤 일을 허락하지 않거나 허락하지 않았다고 할 때, **cannot**과 **could not**을 사용한다.

You ***can't*** bring outsiders into a place like this. 당신은 이런 곳에 외부인을 데려와서는 안 된다.

'May I speak to Mr Jordache, please?' – 'No, you ***can't***.' "조다쉬 씨 좀 바꿔 주시겠어요?" – "아니요, 안 되겠는데요."

Samantha Stone felt that if she ***couldn't*** have dinner then no one should.
사만다 스톤은 만약 그녀가 저녁 식사를 못하게 했다면 아무도 하지 못했을 것이라고 느꼈다.

➲ Topic 표제어 Permission 참조.

---

cancel

➲ Usage 표제어 delay – cancel – postpone 참조.

---

candy

➲ Usage 표제어 sweets – candy 참조.

---

cannot

➲ Usage 표제어 can – could – be able to 참조.

---

capability

➲ Usage 표제어 ability – capability – capacity 참조.

---

capacity

➲ Usage 표제어 ability – capability – capacity 참조.

---

car

➲ Usage 표제어 carriage 참조.

---

care

1 'care'

care는 어떤 일이 매우 중요하거나 흥미가 있다고 생각하여 그 일에 관심이 있다라는 뜻이다.

...people who ***care*** about the environment. 환경에 관심 있는 사람들.

We teased him because all he ***cared*** about was birds. 우리는 그가 오직 새에만 관심이 있었기 때문에 그를 놀렸다.

I'm too old to ***care*** what I look like. 외모에 신경 쓰기에는 나는 나이가 너무 많다.

어떤 일이 중요하지 않는다라는 뜻에도 **care**를 사용한다.

She couldn't ***care*** less what they thought. 그녀는 그들이 생각한 것에 관심을 두지 않을 수 없었다.

Who ***cares*** where she is? 그녀가 어디 있는지 누가 관심을 갖겠는가?

2 'care for'

care for **people/animals**는 사람이나 동물을 돌보다라는 뜻이다.

You must learn how to ***care for*** children. 당신은 어린아이를 돌보는 방법을 배워야 한다.
With so many new animals to ***care for***, larger premises were needed.
매우 많은 새로운 동물을 돌봐야 하기 때문에 더 넓은 부지가 필요했다.

do not care for **something**은 어떤 것을 좋아하지 않다라는 뜻으로, 다소 오래된 용법이다.

I ***didn't much care for*** the way he looked at me. 나는 그가 나를 바라보는 방식을 별로 좋아하지 않았다.

would care for **something**은 상대방에게 무엇을 주거나 권하기 위해 묻는 표현으로, 다소 오래된 용법이다.

Would you care for a cup of tea? 차 한잔 드시겠습니까?

3 'take care'

take care of나 **take good care of**는 사람이나 사물을 돌보다라는 뜻이다.

It is certainly normal for a mother to want to ***take care of*** her own baby.
어머니가 자기 자식을 돌보기를 원하는 것은 지극히 정상적이다.
He ***takes good care of*** my goats. 그는 내 염소들을 잘 돌보고 있다.

ℹ take care about이나 take a good care of라고 하지 않는다.

take care of는 어떤 일이나 상황을 처리하다라는 뜻도 있다.

There was business to be ***taken care of***. 처리할 업무가 있었다.
If you'd prefer, they can ***take care of*** their own breakfast. 당신이 원한다면, 그들 스스로 아침 식사를 해결할 수 있다.

어떤 것을 조심하라고 말할 경우에도 **take care**를 사용한다.

Take care what you tell him. 그에게 조심해서 말하세요.
Take great care not to spill the mixture. 그 혼합물을 엎지르지 않도록 각별히 조심하세요.

take care와 **take care of yourself**는 헤어질 때 하는 인사로 쓰이기도 한다.

'Night, night, Mr Beamish,' called Chloe. '***Take care***.'
"안녕, 잘 자요, 비미시 씨."라고 클로에가 큰 소리로 말했다. "잘 가요."

---

careful – careless – carefree

1 'careful'

careful은 어떤 일을 상당히 주의를 집중해서 하다, 즉 '주의 깊게'라는 뜻이다.

She told me to be ***careful*** with the lawnmower. 그녀는 내게 잔디 깎는 기계를 조심해서 다루라고 말했다.
He had to be ***careful*** about what he said. 그는 자신이 한 말에 신중했어야 했다.
This law will encourage more ***careful*** driving. 이 법은 더 신중한 자동차 운전을 장려할 것이다.

2 'careless'

careless는 충분히 주의를 집중하지 않아서 일을 서투르게 하다, 즉 '부주의한'이라는 뜻이다. 또한 **careless**는 **careful**의 반대말이기도 하다.

I had been ***careless*** and let him wander off on his own. 내가 조심스럽지 못했기에 그가 혼자서 돌아다니도록 놔두었다.
Some parents are accused of being ***careless*** with their children's health.
일부 부모는 자녀의 건강에 무관심한 것에 대해 비난을 받는다.

3 'carefree'

carefree는 근심 걱정이 없어서 인생을 즐길 수 있다, 즉 '태평한'이라는 뜻이다.

When he was younger, he was ***carefree***. 그가 더 젊었을 때는 근심 걱정이 없었다.
...his normally ***carefree*** attitude. 평상시 그의 태평한 태도.

carnival

➲ Usage 표제어 fair – carnival 참조.

carousel

➲ Usage 표제어 roundabout 참조.

carriage – car – truck – wagon

1 'carriage'

carriage는 기관차로 움직이는 차량을 가리킬 때 사용하는 여러 명사 중의 하나이다.

영국 영어에서 **carriage**는 승객을 나르는 기관차에 달린 '객차 한 량'을 뜻한다.

The man left his seat by the window and crossed the ***carriage*** to where I was sitting.
그 사람은 창문 옆의 자신의 자리를 떠나서 객차를 가로질러 내가 앉아 있는 곳으로 왔다.

2 'car'

미국 영어에서는 **carriage**를 **car**라고 한다.

He arrived in town in a private railroad ***car***. 그는 사설 기차로 도시에 도착했다.

영국 영어에서 **car**는 철도 객차의 특별한 용도에 사용한다. 예를 들면, **dining car**(식당차), **restaurant car**(식당차), **sleeping car**(침대차) 등이 있다. 이들 용어는 더 이상 공식적으로는 사용하지 않지만 회화에서는 여전히 사용하고 있다.

He made his way into the ***dining car*** for breakfast. 그는 아침을 먹기 위해 식당차로 갔다.

3 'truck' and 'wagon'

영국 영어에서 **truck**은 철도로 상품을 실어 나르는 데 사용하는 덮개가 없는 차량, 즉 '무개화차(無蓋貨車)'라는 뜻이다.

...a long ***truck*** loaded with bricks. 벽돌을 실은, 덮개가 없는 긴 화차.

미국 영어에서는 **truck**을 **freight car**나 **flatcar**라고 한다.

The train, carrying loaded containers on ***flatcars***, was 1.2 miles long.
덮개가 없는 화차에 컨테이너를 실은 그 기차의 길이는 1.2마일이었다.

...the nation's third-largest railroad ***freight car*** maker. 전국에서 세 번째로 큰, 덮개가 없는 화차 제조 회사.

영국 영어에서 **wagon**은 철도로 상품을 나르는 데 사용하는 덮개와 옆면과 미닫이문이 있는 차량, 즉 '유개화차(有蓋貨車)'라는 뜻이다.

The pesticides ended up at several sites, almost half of them in railway ***wagons*** at Bajza Station.
그 살충제들은 여러 장소로 분산되어, 거의 절반은 바이자 역에 있는 화차에 실리게 되었다.

미국 영어에서는 **wagon**을 보통 **boxcar**라고 한다.

A long train of ***boxcars***, its whistle hooting mournfully, rolled into town from the west.
화차가 달린 긴 기차가 슬프게 기적을 울리며 서쪽에서 도시로 진입해 들어왔다.

ⓘ truck은 도로로 상품을 운송하는 데 사용하는 큰 자동차, 즉 '트럭'이라는 뜻이다.

➲ Usage 표제어 lorry – truck 참조.

carry – take

1 'carry' and 'take'

한 곳에서 다른 곳으로 사람이나 사물을 옮길 때, 보통 **carry**나 **take**를 사용한다.

He picked up his suitcase and ***carried*** it into the bedroom. 그는 여행 가방을 집어 들은 후 침실로 가져갔다.

My father ***carried*** us on his shoulders. 아버지는 어깨 위에 우리를 메고 갔다.
She gave me some books to ***take*** home. 그녀는 내게 집으로 가져갈 책을 몇 권 주었다.
It's his turn to ***take*** the children to school. 그가 아이들을 학교에 데려다 줄 차례이다.

> 주의 **carry**와 **lift**를 혼동해서는 안 된다. **carry**는 어떤 사물을 땅에 닿지 않게 하여 한 곳에서 다른 곳으로 옮기다라는 뜻이며, **lift**는 손이나 기계를 이용하여 사물을 위쪽으로 옮기다, 즉 '들어 올리다'라는 뜻이다. 물건을 들어 올린 후에는 다른 곳으로 옮기게 (**carry**) 된다.

2 transport(나르다)

be carrying **goods**는 배, 기차, 대형 트럭 등이 특정한 종류의 상품을 실어 나르다라는 뜻이다. 마찬가지로, ***be carrying*** **passengers**는 비행기, 배, 기차, 버스 등이 승객을 실어 나르다라는 뜻이다.

...tankers ***carrying*** Iranian crude oil. 이란산 원유를 실어 나르는 유조선들.
...the Pakistani airliner ***carrying*** 145 passengers and crew. 145명의 승객과 승무원을 실어 나르는 파키스탄의 여객기.
...dozens of trains ***carrying*** commuters to work. 통근자들을 직장으로 나르는 수십 대의 기차들.

take는 **carry**와 비슷한 용법으로 쓸 수 있지만 어딘가로 사람이나 사물을 가져가다라는 뜻에만 사용한다. 예를 들면 '그 배는 원유를 싣고 로테르담으로 가던 중이었다.'는 ~~**The ship was taking crude oil**~~.이 아닌 **The ship *was taking* crude oil *to Rotterdam***.이라고 한다.

...the first of several aircraft planned to ***take*** British aid ***to the area***.
영국의 구호물자를 그 지역에 원조할 계획인 여러 대의 비행기 중 첫 번째 비행기.

자동차와 같은 작은 탈것이 사람을 어디로 데려가다라는 뜻에도 **take**를 사용한다.

The taxi ***took*** him back to Victoria. 그는 택시를 타고 빅토리아로 돌아갔다.

i a small vehicle 'carries' someone somewhere라고 하지 않는다.

---

case

1 'in case'

특정한 일에 대비하여 어떤 것을 갖고 있거나 무슨 일을 한다고 할 때, **in case**나 **just in case**를 사용한다.

I've got the key ***in case*** we want to go inside. 우리가 그 안에 들어갈 경우를 대비해서 나는 열쇠를 갖고 있다.
We tend not to go too far from the office, ***just in case*** there should be a bomb scare that would prevent us getting back.
우리는 다시 사무실로 돌아올 수 없게 만드는 폭탄 위협이 있을 것에 대비하여, 사무실에서 너무 멀리 떨어진 곳에는 가지 않으려는 경향이 있다.

> 주의 **in case**나 **just in case** 뒤에는 **will**이나 **shall**이 아닌 단순시제나 **should**를 사용한다.
>
> 어떤 결과로 다른 일이 일어날 것이라고 할 때는 **in case**나 **just in case**가 아닌 **if**를 사용한다. 예를 들면, '그가 부탁을 하면 나는 갈 것이다.'는 ~~**I will go in case he asks me**~~.가 아닌 **I will go *if* he asks me**.라고 한다.
> He qualifies this year ***if*** he gets through his exams. 만약 그가 시험에 합격한다면 올해 자격을 얻게 된다.

2 'in that case'

앞서 언급한 상황을 가리킬 때와 그 상황의 결과인 진술이나 제안을 제시할 때, **in that case**나 **in which case**를 사용한다.

'The bar is closed,' the waiter said. '***In that case***,' McFee said, 'allow me to invite you back to my flat for a drink.'
술집 웨이터가 "영업이 끝났어요."라고 말하자, "그렇다면 당신을 초대해서 내 아파트로 가서 술 한잔하고 싶어요."라고 맥피가 말했다.
I greatly enjoy these meetings unless I have to make a speech, ***in which case*** I'm in a state of dreadful anxiety.
연설을 하지 않아도 된다면 나는 이러한 모임이 대단히 즐거우나, 연설을 하게 되면 나는 두려울 정도로 불안하다.

3 'in this respect'

어떤 것의 특정한 관점을 가리킬 때는 **in this case**가 아닌 **in this respect**를 사용한다. 예를 들면, '내 친구들 대부분이 직장을 잃었으나, 나는 이 점에 있어서는 아주 행운아였다.'는 ~~Most of my friends lost their jobs, but I was very lucky in this case~~.가 아닌 Most of my friends lost their jobs, but I was very lucky ***in this respect***.라고 한다.

The children are not unintelligent – in fact, they seem quite normal ***in this respect***.
어린아이들은 영리하다. 실제로, 이 점에 있어서 아이들은 지극히 정상인 것처럼 보인다.

But most of all, there is that intangible thing, the value of the brand. ***In this respect***, Manchester United, the most famous football club in the world, is unique.
그러나 무엇보다도 우리의 눈에 보이지 않는 것, 즉 그 브랜드의 가치가 있다. 이 점에 있어서, 세계에서 가장 유명한 축구 클럽인 맨체스터 유나이티드는 특별하다.

---

cast

cast는 특정한 방향으로 '바라보다'라는 뜻이다.

Carmody ***casts*** an uneasy glance at Howard. 카모디는 하워드를 걱정스러운 눈길로 바라본다.

Out came Napoleon, ***casting*** haughty glances from side to side.
거만한 눈으로 좌우를 쳐다보면서 나폴레옹이 등장했다.

ℹ 동사 cast에는 여러 가지 뜻이 있다. cast의 과거와 과거분사는 casted가 아닌 cast이다.

He ***cast*** a quick glance at his friend. 그는 재빨리 자기 친구를 쳐다보았다.

He ***cast*** his mind back over the day. 그는 하루 만에 마음을 되돌렸다.

He ***had cast*** doubt on our traditional beliefs. 그는 우리의 전통적인 믿음에 의구심을 가졌다.

Will ***had cast*** his vote for the President. 윌은 그 대통령에게 표를 던졌다.

---

casualty

➲ Usage 표제어 victim 참조.

---

cause

1 used as a noun(명사로 사용하기)

the *cause of* an event는 어떤 일을 일어나게 하는 것, 즉 '원인'이라는 뜻이다.

Nobody knew the ***cause of*** the explosion. 폭발의 원인에 대해 아무도 알지 못했다.

Disease or illness is not a ***cause of*** this type of mental slowness.
질환이나 질병이 이러한 정신 발달 장애를 일으키는 원인은 아니다.

ℹ cause 뒤에 for가 아닌 of를 사용한다.

명사 cause는 because of나 due to와 함께 사용하지 않는다. 예를 들면, '그 화재의 원인은 아마 버려진 담배 때문이었을 것이다.'는 ~~The cause of the fire was probably due to a dropped cigarette~~.이 아닌 The cause of the fire *was* probably a dropped cigarette.이라고 한다.

The report said the main cause of the disaster ***was*** the failure to secure hatches and watertight doors.
그 보고서는 참사의 주된 원인이 뚜껑과 방수문을 잘 잠그지 않은 것 때문이라고 했다.

The cause of the symptoms ***appears to be*** inability to digest gluten.
그러한 증상의 원인은 글루텐을 소화할 수 있는 능력이 없기 때문인 것으로 보인다.

2 used as a verb(동사로 사용하기)

동사 cause는 어떤 일을 일어나게 하다라는 뜻이다.

We have a good idea what ***causes*** an earthquake. 우리는 지진을 일으키는 원인이 무엇인지 잘 알고 있다.

Any acute infection can ***cause*** headaches. 어떤 급성 감염이라도 두통을 일으키는 원인이 될 수 있다.

something *causes someone to do* something은 어떤 일이 무언가를 하게 만든 원인이다라는 뜻이다.

...a blow to the head which ***had caused him to lose*** consciousness. 그의 의식을 잃게 한, 머리에 가해진 타격.

It ***had caused her to be*** distrustful of people. 그 일로 인해 그녀는 사람들을 불신하게 되었다.

ℹ something 'causes that someone does' something이라고 하지 않는다.

---

certain – sure

1 having no doubts(전혀 의심하지 않기)

certain이나 **sure**는 어떤 일에 대해 전혀 의심하지 않다, 즉 '확신하다'라는 뜻이다.

He felt ***certain*** that she would disapprove. 그는 그녀가 찬성하지 않을 것이라고 확신했다.

I'm ***sure*** she's right. 나는 그녀가 옳다고 확신한다.

2 definite truths(확실한 사실)

어떤 일이 틀림없이 사실이라고 할 경우, **certain**을 사용한다. **it is *certain* that something will happen**은 어떤 일이 틀림없이 일어날 것이다라는 뜻이다.

It is ***certain*** that he did not ask for the original of the portrait.
그가 초상화의 원본을 요청했던 것이 아니라는 것은 확실하다.

It seemed ***certain*** that the satellite had burned up completely on re-entering the earth's atmosphere.
인공위성이 대기권에 다시 진입하면서 완전히 타버린 것이 확실한 것 같았다.

It is ***certain*** that they will have some spectacular successes. 그들이 몇 가지 극적인 성공을 거둘 것임이 확실했다.

It seems ***certain*** that they will both have to stay in prison for the rest of their lives.
그들이 둘 다 남은 여생을 교도소에서 수감 생활을 해야 한다는 것은 확실하다.

ℹ it is 'sure' that something is true/will happen이라고 하지 않는다.

3 'be certain to' and 'be sure to'

어떤 일이 틀림없이 사실이다라는 뜻에 사용하는 **be certain that**절 대신 **be certain to**나 **be sure to**를 쓰기도 한다.

I'm waiting for Cynthia. She'***s certain to be*** late. 나는 신시아를 기다리고 있는데, 그녀는 틀림없이 늦을 것이다.

The growth in demand ***is certain to drive up*** the price. 수요가 증가함에 따라 가격이 올라갈 것은 확실하다.

These fears ***are sure to go away*** as the baby gets older. 이러한 공포심은 아기가 점점 자라면서 확실히 사라진다.

The telephone stopped ringing. 'It'***s sure to ring*** again,' Sarah said.
전화벨 소리가 그쳤다. 사라는 "틀림없이 전화가 다시 걸려올 거야."라고 말했다.

어떤 일이 틀림없이 일어날 수 있다라는 뜻에 〔**be certain that** + 주어 + **will be able to do**〕 형식 대신 **can(could) be certain of**나 **be sure of** 뒤에 동명사를 사용한다.

I chose to go private so I ***could be certain of*** having the best care possible.
나는 가능한 한 최고의 간호를 확실히 받기 위해 사립 병원에 가기로 했다.

It was the only way he ***could be sure of*** catching Rodenko by surprise.
그것은 기습적으로 로덴코를 확실히 붙잡을 수 있는 유일한 방법이었다.

You ***can always be sure of*** controlling one thing – the strength with which you hit the ball.
당신은 공을 치는 힘 한 가지는 항상 확실하게 통제할 수 있다.

4 emphasis(강조)

certain이나 **sure** 앞에 **very**나 **extremely**와 같은 단어를 사용하지 않는다. 누군가가 전혀 의심을 하지 않거나 어떤 것이 사실이라는 것을 강조할 때, **absolutely**와 **completely**와 같은 단어를 사용한다.

We are not yet ***absolutely certain*** that this report is true.
우리는 이 보고서가 사실이라는 것에 대해 아직 절대적으로 확신하지 않는다.

Whether it was directed at Eddie or me, I couldn't be ***completely certain***.
그것이 에디에게 보낸 것인지 나에게 보낸 것인지 나는 그것에 대해 확신할 수 없었다.

Can you be ***absolutely sure*** that a murder has been committed?
당신은 살인이 일어났다고 절대적으로 확신할 수 있습니까?

She felt ***completely sure*** that she was pregnant. 그녀는 자신이 임신을 했다고 확신했다.

certainly

1 emphasizing and agreeing(강조하기와 동의하기)

자신이 말하려는 내용을 강조할 때 **certainly**를 사용하며, 특히 무언가가 사실이라는 것에 전적으로 동의하거나 확인할 때 주로 사용한다.

It *certainly* looks wonderful, doesn't it? 그것은 확실히 멋져 보여요, 그렇죠?
Ellie was *certainly* a student at the university but I'm not sure about her brother.
엘리는 확실히 그 대학의 학생이었지만, 그녀의 남동생에 관해서는 확실하지 않다.

> **주의** certainly와 surely를 혼동해서는 안 된다. 어떤 일에 동의하지 않거나 놀라움을 나타낼 때, **surely**를 사용한다.
> *Surely* you care about what happens to her. 확실히 당신은 그녀에게 일어나는 일에 관심이 있다.

영국 영어와 미국 영어에서는 상대방의 요청이나 의견에 동의할 때, **certainly**를 사용한다.
'It is still a difficult world for women.' – 'Oh, *certainly*.' "여자들이 살기에 이 세상은 여전히 힘들어요." – "아, 맞아요."

미국 영어에서는 위와 같은 용법으로 **surely**를 사용한다.
'Can I have a drink?' – 'Why, *surely*.' "한잔 마실 수 있습니까?" – "예, 그렇게 하세요."

2 position in sentence(문장에서의 위치)

certainly는 일반적으로 동사를 수식한다.

- 조동사가 없는 경우, **be**동사를 제외한 동사 앞에 **certainly**가 온다.

The letters *certainly added* fuel to the flames of her love for Tom.
그 편지는 톰에 대한 그녀의 사랑의 불길에 기름을 부은 것이 확실했다.
It *certainly gave* some of her visitors a fright. 그것이 그녀의 방문객 일부에게 공포심을 준 것이 확실했다.

- 동사가 **be**동사일 경우, **centainly**는 **be**동사 앞이나 뒤에 사용할 수 있지만 일반적으로 **be**동사 뒤에 온다.

It *was certainly* acceptable to Bach and Mozart. 바흐와 모차르트에게 그것은 확실히 받아들일 만한 것이었다.
The so-called electronic brains *are certainly* the most spectacular. 소위 전자 두뇌가 확실히 가장 인상적이었다.
That *certainly isn't* true. 그것은 확실히 사실이 아니다.

- 조동사가 있는 경우, **centainly**는 일반적으로 조동사 뒤에 온다.

...a large building that *would certainly be* empty and available. 비어 있고 확실히 사용할 수 있는 큰 건물 한 채.
They *can certainly be* quite big enough for a diver to put his foot into.
그것들은 잠수하는 사람이 자신의 발을 넣을 수 있을 만큼 확실히 매우 크다.
He decided he'*d certainly proved* his point. 그는 자신의 요점을 확실하게 증명하기로 결심했다.

- 조동사가 한 개 이상일 경우, **certainly**는 보통 첫 번째 조동사 앞이나 뒤에 올 수 있다.

He *will certainly be able* to offer you advice. 그는 확실히 당신에게 충고를 해줄 수 있을 것이다.
They *would certainly have been accused* of cowardice. 그들은 틀림없이 비겁하다고 비난을 받았을 것이다.
The roadway *certainly could be widened*. 그 도로는 확실히 확장될 수 있다.

- 본동사 없이 조동사를 사용하는 경우, 조동사 앞에 **certainly**가 온다.

'I don't know whether I've succeeded or not.' – 'Oh, you *certainly have*.'
"나는 내가 성공했는지 실패했는지 모르겠어요." – "아, 당신은 확실히 성공했어요."
'Do you think this was a film that needed making?' – 'Yes, I *certainly do*.'
"당신은 이 영화를 만들 필요가 있다고 생각합니까?" – "예, 확실히 그렇다고 생각해요."

- **certainly**는 문장의 앞에 오기도 한다.

The stock markets fear a further rise in interest rates. *Certainly*, the City thinks the government acted too late.
주식 시장은 이자율의 추가 인상을 두려워하고 있다. 확실히 시(市) 정부는 너무 늦게 대응을 했다고 생각하고 있다.

For many years union representatives have found themselves battling with employers. *Certainly*, there will be many such struggles in the future.
오랫동안 노동조합 대표자들은 고용주와 서로 투쟁해 왔다고 생각한다. 그러한 많은 투쟁은 앞으로도 틀림없이 계속될 것이다.

Certainly it was not the act of a sane man. 틀림없이 그 일은 제정신인 사람이 한 행동이 아니었다.

3 'almost certainly'

almost certainly는 어떤 것이 사실이라고 생각하지만 확신하지는 못하다라는 뜻이다.

She will *almost certainly* be left with some brain damage. 그녀는 뇌 손상이 약간 남아 있음이 거의 확실할 것이다.

I am *almost certainly* being watched. 나는 감시당하고 있는 것이 거의 확실하다.

ⓘ certainly의 앞에는 nearly가 오지 않는다.

➲ 그 밖의 어떤 일에 대한 확실함을 나타내는 단어의 분류 목록은 Grammar 표제어 Adjuncts의 probability 참조.

4 'certainly not'

일반적으로 상대의 질문에 강력하게 아니라고 대답할 경우, certainly not을 사용한다.

'Had you forgotten?' – '*Certainly not*.' "잊고 있었습니까?" – "절대 아닙니다."

'Leave me alone, please.' – '*Certainly not*. You agreed to finish it and we are relying on you.'
"제발 날 혼자 내버려 두세요." – "절대 안 돼요. 당신은 일을 마치겠다고 동의해서 우리는 당신에게 의지하고 있는 중이에요."

---

chair – armchair

1 'chair'

chair는 등받이가 있고 한 사람이 앉는 가구, 즉 '의자'라는 뜻이다. 매우 단순한 형태의 의자에 앉을 경우, sit *on* a chair라고 한다.

Anne was sitting *on an upright chair*. 앤은 등받이가 있고 팔걸이는 없는 의자에 앉아 있었다.

Sit *on this chair*, please. 이 의자에 앉으세요.

편안한 형태의 의자에 앉을 경우, 보통 sit *in* a chair라고 한다.

He leaned back *in his chair* and looked out of the window. 그는 의자에 등을 기대고 앉아서 창밖을 내다보았다.

2 'armchair'

armchair는 '팔걸이가 있는 편안한 의자'라는 뜻이며, 항상 sit *in* an armchair라고 한다.

He was sitting quietly *in* his *armchair*, smoking a pipe and reading the paper.
그는 팔걸이의자에 조용히 앉아서, 파이프 담배를 피우면서 신문을 읽던 중이었다.

---

chairman – chairwoman – chairperson

1 'chairman'

chairman은 회의나 토론을 책임지고 있는 사람, 즉 '의장'이라는 뜻이다.

The vicar, full of apologies, took his seat as *chairman*. 그 교구 목사는 깊이 사과를 하면서 의장 자리에 앉았다.

한 조직의 장(長)을 자주 chairman이라고 한다.

...Sir John Hill, *chairman* of the Atomic Energy Authority. 원자력 에너지 공사의 회장인 존 힐 경.

2 'chairwoman'

과거에는 성별을 불문하고 chairman을 사용했으나, 현재는 여성을 가리킬 때는 사용하지 않는다. 때때로 어떤 회의나 조직을 맡고 있는 여성을 chairwoman이라고 한다.

Margaret Downes is this year's *chairwoman* of the Irish Institute.
마거릿 다운스는 올해의 아일랜드 연구소의 의장이다.

3 'chairperson' and 'chair'

회의나 조직을 맡고 있는 사람을 때때로 chairperson이나 chair라고도 하는데, 남녀 모두 지칭한다.

...Ruth Michaels, *chairperson* of the Women Returners' Network.
여성 재향 군인 네트워크의 의장인 루스 마이클스 여사.

You should address your remarks to the *chair*. 당신의 견해를 의장에게 제시해야 한다.

---

chance

1 'chance'

there is ***a chance that it will happen/a chance of it happening***은 어떤 일이 일어날 가능성이 있다라는 뜻이다.

There is *a chance that Labour could actually increase its majority*.
노동당이 실질적으로 더 높은 과반수를 확보할 가능성이 있다.

If we play well there is *a chance of winning 5-0*. 우리가 경기를 잘하면 5 대 0으로 이길 승산이 있다.

there is ***a good chance***는 어떤 것이 일어날 가능성이 아주 높다라는 뜻이다.

There was *a good chance* that I would be killed. 나는 살해당할 가능성이 아주 높았다.
We've got *a good chance* of winning. 우리는 이길 가능성이 아주 높다.

there is ***little chance***는 어떤 것이 일어날 것 같지 않다라는 뜻이며, there is ***no chance***는 어떤 일이 일어날 가능성이 전혀 없다라는 뜻이다.

There's *little chance* that the situation will improve. 그 상황이 좋아질 가능성은 거의 없다.
There's *no chance* of going home. 집으로 돌아갈 가능성은 전혀 없다.

someone has ***the chance to do*** it은 누군가가 특정한 때에 어떤 일을 할 수 있다라는 뜻이다.

You will be given *the chance to ask* questions. 질문을 할 수 있는 기회가 당신에게 주어질 것이다.
Visitors have *the chance to win* a digital camera. 방문객들에게는 디지털 카메라를 얻을 수 있는 기회가 주어진다.

2 'chances'

someone's ***chances of doing*** something은 누군가가 어떤 일을 할 가능성이 있다라는 뜻이다. 예를 들면, 누군가가 어떤 일을 달성할 가능성이 높은 경우, someone's ***chances of achieving*** it이라고 한다.

What are your *chances of becoming* a director? 당신이 감독이 될 가능성은 어느 정도입니까?
Single women have relatively equal *chances of achieving* white-collar work.
독신 여성은 상대적으로 사무 직원으로 일할 수 있는 동등한 가능성이 있다.

ⓘ someone's 'chances to achieve' something이라고 하지 않는다.

3 'by chance'

by chance는 어떤 일이 계획 없이 우연히 일어나다라는 뜻이다.

Many years later he met her *by chance* at a dinner party. 수년이 지난 후, 그는 그녀를 어느 만찬에서 우연히 만났다.

4 'luck'

어떤 일이 좋은지 나쁜지에 대한 언급 없이 우연히 일어나는 일에 by chance를 사용하지만, 계획하지 않은 우연히 생긴 좋은 일에는 luck을 사용한다.

I couldn't believe my *luck*. 나는 내 행운을 믿을 수가 없었다.
How can we ever be rescued except by *luck*? 행운이 아니고서야 어떻게 우리가 구조될 수 있을까요?

---

charge

➲ Usage 표제어 accuse – charge 참조.

USAGE

cheap – cheaply

1 'cheap' as an adjective(형용사로의 cheap)

cheap은 같은 형태의 다른 물건이나 서비스에 비해 값이 덜 들다, 즉 '값이 싼'이라는 뜻이다.

...*cheap* red wine. 값이 싼 적포도주.

...*cheap* plastic buckets. 값이 싼 플라스틱 물통들.

A solid fuel cooker is *cheap* to run. 고체 연료 요리 기구는 작동 비용이 적게 든다.

2 'cheap' as an adverb(부사로의 cheap)

회화에서 cheap은 물건을 사고 팔거나 물건을 빌리는 것을 나타내는 동사와 함께 부사로도 사용할 수 있다.

I thought you got it very *cheap*. 내 생각에 당신은 그것을 아주 싼값에 구입한 것 같다.

You can hire boots pretty *cheap*. 당신은 부츠를 아주 싼값에 빌릴 수 있다.

3 'cheaply'

물건을 사고 팔거나 물건을 빌리는 것을 나타내는 동사를 제외한 다른 동사에는 cheaply를 사용한다.

You can play golf comparatively *cheaply*. 당신은 비교적 싸게 골프를 칠 수 있다.

In fact you can travel just as *cheaply* by British Airways.
사실 당신은 영국 항공을 이용하여 똑같이 값싸게 여행을 할 수 있다.

4 'low'

임금(wage), 비용(cost), 지불액(payment) 등에는 cheap이 아닌 low를 사용한다.

If your family has a *low* income, you can apply for a student grant.
당신 가족의 수입이 적으면, 학생 보조금 신청이 가능하다.

...tasty meals at a fairly *low* cost. 꽤 저렴한 가격의 맛있는 식사.

check

➲ Usage 표제어 cheque – check와 bill – check – account 참조.

checkroom

➲ Usage 표제어 cloakroom – checkroom 참조.

cheerful

➲ Usage 표제어 glad 참조.

cheers – cheerio

1 'cheers'

술을 마시기 전에 '건배' 또는 '위하여'라는 뜻으로 cheers를 자주 사용한다.

I took Captain Imrie's chair, poured myself a small drink and said '*Cheers*!'.
나는 캡틴 임리의 자리에 앉아서 작은 잔에 술을 따른 후, "건배!"라고 말했다.

Cheers, Helen. Drink up. 헬렌, 건배. 마셔요.

일부 영국 사람들은 '감사합니다.' 또는 '안녕히 가세요.'라는 뜻을 나타내는 표현으로 cheers를 사용하기도 한다.

'Here you are.' – 'Oh, *cheers*. Thanks.' "여기 있어요." - "아, 고마워요."

'Thanks for ringing.' – 'OK, *cheers*.' – 'Bye bye.' – '*Cheers*.'
"전화해 줘서 고마워요." - "네, 고마워요." - "안녕." - "안녕히 가세요."

2 'cheerio'

영국 영어에서는 서로 헤어질 때 하는 인사로, **cheers**보다 **cheerio**를 더 일반적으로 사용한다.

I'll give Brigadier Sutherland your regards. ***Cheerio***.
나는 당신의 안부를 서덜랜드 준장에게 전할 것입니다. 안녕히 계세요.

---

chef – chief

1 'chef'

chef [ʃef]는 호텔이나 식당의 '요리사'라는 뜻이다.

Her recipe was passed on to the ***chef***. 그녀의 요리법은 그 요리사에게 전수되었다.

...a ***chef*** trained at Maxim's to produce rich and imaginative menus.
영양 많고 상상력이 풍부한 음식을 만드는 맥심 식당에서 훈련을 받은 한 요리사.

2 'chief'

chief [tʃiːf]는 그룹이나 단체의 '지도자'라는 뜻이다.

...the police ***chief***. 경찰서장.

...Jim Stretton, ***chief*** of UK operations. 영국 작전 본부의 소장인 짐 스트레튼.

---

chemist – pharmacist

1 'chemist'

영국 영어에서 **chemist**는 약을 조제하고 판매하는 자격이 있는 사람, 즉 '약사'라는 뜻이다.

...the pills the ***chemist*** had given him. 약사가 그에게 준 알약들.

2 'pharmacist'

미국 영어에서는 **chemist**를 보통 **pharmacist**라고 한다.

The boy was eighteen, the son of the ***pharmacist*** at the Amity Pharmacy.
그 소년은 18세였으며 아미티 파머시의 약사의 아들이었다.

3 another meaning of 'chemist' (chemist의 다른 뜻)

영국 영어와 미국 영어 모두에서 **chemist**는 화학을 연구하거나 화학 연구와 관련된 일을 하는 사람, 즉 '화학자'라는 뜻이다.

...a research ***chemist***. 화학 연구원.

---

chemist's – drugstore – pharmacy

1 'chemist's'

영국에서 **chemist's**나 **chemist**는 약, 화장품, 일부 가정용품을 살 수 있는 가게라는 뜻이다.

I found her buying bottles of vitamin tablets at the ***chemist's***.
나는 그녀가 약국에서 여러 병의 비타민 정제를 사고 있는 것을 발견했다.

He bought the perfume at the ***chemist*** in St James's Arcade.
그는 성(聖) 제임스 아케이드에 있는 약국에서 그 향수를 샀다.

2 'drugstore'

미국에서는 약과 화장품을 살 수 있는 가게를 **drugstore**라고 하며, 일부 **drugstore**에서는 간단한 식사나 스낵을 팔기도 한다.

...eating strawberry ice-cream sodas at Nagle's ***drugstore***. 네이글 약국에서 딸기 아이스크림 탄산수를 마시고 있는.

3 'pharmacy'

pharmacy는 처방약을 살 수 있는 약국이나 슈퍼마켓 또는 다른 상점 내에 있는 장소를 뜻한다.

...the ***pharmacy*** section of the drugstore. 그 약국의 조제실.

영국에서는 **chemist's**를 공식적으로 **pharmacy**라고도 한다.

---

cheque – check

1 'cheque'

영국 영어에서 **cheque**는 돈의 액수를 쓰고 누구에게 지급하는지에 대해 쓰여 있는 인쇄 용지, 즉 '수표'라는 뜻이다. 은행은 계좌에서 그 사람에게 돈을 지급한다.

Ellen gave the landlady a ***cheque*** for £80. 엘렌은 여자 집주인에게 80파운드짜리 수표 한 장을 건네주었다.
I'd like to pay by ***cheque***. 수표로 지불하겠어요.

2 'check'

미국 영어에서는 **cheque**를 **check**라고 표기한다.

They sent me a ***check*** for $520. 그들은 나에게 520달러짜리 수표 한 장을 보냈다.

미국 영어에서 **check**는 식당에서 음식값으로 내는 금액이 쓰여 있는 종이, 즉 '계산서'라는 뜻이다.

He waved to a waiter and got the ***check***. 그는 웨이터에게 손을 흔들어서 계산서를 받았다.

영국 영어에서는 계산서를 **bill**이라고 한다.

---

chief

Usage 표제어 chef – chief 참조.

---

childish – childlike

1 'childish'

childish는 누군가의 행동이 '유치한'이라는 뜻이다.

...Penny's selfish and ***childish*** behaviour. 페니의 이기적이고 유치한 행동.
Don't be so ***childish***. 너무 유치하게 굴지 마라.

2 'childlike'

어떤 사람의 목소리나 모습이 어린아이 같을 경우, **childlike**라고 묘사한다.

Her voice was fresh and ***childlike***. 그녀의 목소리는 생기 넘치고 어린아이 같았다.
She looked at me with her big, ***childlike*** eyes. 그녀는 어린아이 같은 큰 눈으로 나를 쳐다보았다.

---

chips

영국 영어에서 **chips**는 기름에 튀긴 길고 얇게 썬 감자 조각들, 즉 '감자튀김'이라는 뜻이다. 미국 영어에서는 감자튀김을 **fries**나 **french fries**라고 한다.

...fish and ***chips***. 생선과 감자튀김.
They go out to a place near the Capitol for a steak and ***fries***.
그들은 스테이크와 감자튀김을 먹으러 국회 의사당 근처의 장소로 나간다.

미국 영어에서 **chips**나 **potato chips**는 딱딱하고 아삭아삭하게 튀긴 아주 얇게 썬 감자 조각을 뜻한다. 영국 영어에서는 감자튀김을 **crisps**라고 한다.

...a bag of ***potato chips***. 감자튀김 한 봉지.
...a packet of ***crisps***. 감자튀김 한 통.

choose

1 'choose'

choose는 누군가가 여러 사람들 중에서 원하는 사람이나 사물을 결정하다, 즉 '선택하다'라는 뜻이다.

Why did he *choose* these particular places? 그는 왜 이런 특별한 장소들을 선택했습니까?

choose의 과거는 choosed가 아닌 chose이고, 과거분사는 chosen이다.

I *chose* a yellow dress. 나는 노란색 드레스를 골랐다.

Miles Davis *was chosen* as the principal soloist on both works.
마일스 데이비스가 두 작품의 수석 독주자로 선정되었다.

2 'pick' and 'select'

pick와 select는 choose와 뜻이 매우 비슷하다. select는 choose나 pick보다 더 격식을 차린 표현으로 일반적으로 회화에서는 사용하지 않는다.

Next time let's *pick* somebody who can fight. 다음번에는 싸울 수 있는 사람을 뽑자.

They *select* books that seem to them important. 그들은 자신들에게 중요해 보이는 책을 고른다.

3 'appoint'

appoint는 누군가를 어떤 일이나 공직에 공식적으로 택하다, 즉 '임명하다'라는 뜻이다.

It made sense to *appoint* a banker to this job. 그 직책에 은행가를 임명하는 것은 이치에 맞았다.

The Prime Minister *has appointed* a civilian as defence minister. 총리는 한 민간인을 국방부 장관에 임명하였다.

4 'choose to'

choose to do something은 누군가가 어떤 것을 원하거나 옳다고 생각하여 하기를 원하다라는 뜻이다.

Some women *choose to manage* on their own. 일부 여성은 혼자 힘으로 해나가기를 원한다.

The majority of people do not *choose to be* a single parent. 대부분의 사람들은 편부모가 되고 싶어하지 않는다.

The way we *choose to bring up* children is vitally important.
우리가 아이들을 가르치길 원하는 방법은 매우 중요한 일이다.

'pick to do' something/'select to do' something이라고 하지 않는다.

chord – cord

두 단어 모두 [kɔːrd]로 발음한다.

1 'chord'

chord는 멋진 소리를 내기 위해 연주하거나 노래하는 여러 개의 음, 즉 '화음'이라는 뜻이다.

He played some random *chords*. 그는 무작위로 화음을 연주했다.

2 'cord'

cord는 강하고 두꺼운 줄이라는 뜻이며, 이러한 줄의 한 가닥을 a cord라고 한다.

She tied a *cord* around her box. 그녀는 상자를 줄로 묶었다.

cord는 전기를 공급하는 곳과 전기 기구를 연결하는, 플라스틱으로 싸여 있는 '전선'이라는 뜻도 있다.

Christian name – first name – forename – given name

1 'Christian name'

영국 영어에서 Christian name은 태어날 때나 세례를 받을 때 지어준 이름, 즉 '세례명'이라는 뜻이다. 많은 사람들이 둘 이상의 세례명을 가지고 있으며, 세례명은 사람의 성 앞에 온다.

Do all students call you by your ***Christian name***? 모든 학생들이 당신을 세례명으로 부릅니까?
'You remember their mother's ***Christian name***?' – 'Margaret, I think.'
"당신은 그들의 어머니의 세례명을 기억합니까?" – "마거릿인 것 같아요."

2 'first name'

미국 영어에서는 **Christian name**을 사용하지 않고 **first name**(이름)을 사용한다. 기독교인이 아닌 영국 사람들도 **first name**을 사용한다.

At some point in the conversation Boon had begun calling Philip by his ***first name***.
대화가 진행된 어느 시점부터 분은 그의 이름인 필립으로 불리기 시작했다.

3 'forename'

일반적으로 공식 문서에서 성은 **surname**을, 이름은 **first name**이나 **forename**이라고 하며, **forename**은 글에서만 사용한다.

4 'given name'

미국 영어에서는 때때로 **first name**이나 **forename** 대신 **given name**을 사용한다.

이름에 대한 더 많은 정보는 Topic 표제어 Names and titles 참조.

church

church는 기독교인들이 예배를 드리는 건물, 즉 '교회'를 말한다.

The ***church*** has two entrances. 그 교회에는 두 개의 입구가 있다.
...St Clement's ***Church***, Sandwich. 샌드위치에 있는 성(聖) 클레멘트 교회.

교회에서 하는 예배를 나타낼 때, 전치사 바로 뒤에 **church**를 사용한다. 예를 들어, 예배를 보러 가다는 **go *to church***라고 한다.

None of the children goes ***to church*** regularly. 어린이들 중 누구도 정기적으로 예배를 보러 가지 않는다.
People had heard what had happened ***at church***. 사람들은 예배 중에 일어난 일에 대해 들었다.
Will we see you ***in church*** tomorrow? 우리가 당신을 내일 예배에서 만날 수 있을까요?
I saw him ***after church*** one morning. 나는 어느 날 아침 예배 후에 그를 만났다.

Church는 기독교 내의 한 그룹의 신자들로, 예를 들면, 가톨릭교도나 감리교 신자들을 말한다. 이들 그룹 중 한 그룹에 속하는 모든 신자와 임원, 즉 '교단'을 **the Church**라고 한다.

The Church should indeed speak on the matter. 교단은 그 문제에 대해 분명히 말해야 한다.
Surely ***the Church*** ought always to support peaceful change and reconciliation.
확실히 교단은 평화적인 변화와 화해를 항상 지지해야 한다.

cinema

Usage 표제어 film 참조.

class – form – grade

1 'class'

class는 한 반에서 같이 배우는 학생 그룹, 즉 '학급'이라는 뜻이다.

If ***classes*** were smaller, children would learn more. 학급이 더 작아지면, 아이들은 더 많이 배울 수 있을 것이다.
I had forty students in my ***class***. 우리 학급에는 40명의 학생이 있었다.

2 'form'

영국의 많은 학교와 미국의 일부 사립학교에서는 **class** 대신 **form**을 사용하기도 한다. **form**은 특히 숫자와 함께 사용하여 특정 학년이나 나이 그룹을 가리킨다.

...the fifth ***form***. 5학년.
She's in ***Form*** 5. 그녀는 5학년이다.

3 'grade'

미국 학교의 **grade**(학년)는 영국 학교의 **form**과 비슷하다.

...a boy in the second ***grade***. 2학년인 한 소년.

---

classic – classical

1 'classic' used as an adjective(형용사로 사용하는 classic)

a ***classic*** **example**은 어떤 사물이 가지고 있다고 예상되는 전형적인 실례(實例)라는 뜻이다.

This statement was a ***classic*** illustration of British politeness.
이 진술은 영국인의 예의 바름에 대한 전형적인 실례였다.
It is a ***classic*** example of the principle of 'less is more'.
그것은 '적을수록 더 낫다'라는 원리를 보여 주는 전형적인 예이다.

높은 수준의 뛰어난 작품으로 평가되는 영화나 책을 나타낼 때에도 **classic**을 사용한다.

...one of the ***classic*** works of the Hollywood cinema. 할리우드 영화의 매우 뛰어난 작품 중 하나.
...Brenan's ***classic*** analysis of Spanish history. 스페인 역사에 대한 브레넌의 뛰어난 분석.

2 'classic' used as a noun(명사로 사용하는 classic)

명사 **classic**은 잘 알려지고 문학적 수준이 높은 책, 즉 '고전'이라는 뜻이다.

We had all the standard ***classics*** at home. 우리는 잘 알려진 모든 고전을 집에 갖고 있었다.

Classics는 고대 그리스와 로마의 문명, 특히 언어, 문학, 철학을 연구하는 학문, 즉 '고전학'이라는 뜻이다.

She obtained a first class degree in ***Classics***. 그녀는 고전학에서 1등급을 획득했다.

3 'classical'

classical **music**은 모차르트, 베토벤 등의 작곡자에 의해 작곡된 곡들로, 형태가 복잡하며 많은 사람들에게 지속적인 가치가 있는 것으로 여겨지는 '고전 음악'이라는 뜻이다.

I spend a lot of time reading and listening to ***classical*** music.
나는 고전 음악의 악보를 읽고 고전 음악을 듣는 데 많은 시간을 보낸다.
...***classical*** pianists. 고전 음악 피아노 연주자들.

고대 그리스나 로마 문명과 관련된 것을 가리킬 때에도 **classical**을 사용한다.

...***classical*** mythology. 고대 신화.
Truffles have been savoured as a delicacy since ***classical*** times.
송로 버섯은 고대 그리스 · 로마 시대부터 진미 요리로 음미되어 왔다.

---

client

➲ Usage 표제어 **customer – client** 참조.

---

cloakroom – checkroom

cloakroom은 특히 오락 장소에서 모자와 코트 등을 맡기는 공간, 즉 '휴대품 보관소'라는 뜻이다.

...a ***cloakroom*** attendant. 휴대품 보관소 직원.

미국 영어에서는 보관소를 **checkroom**이라고 하며, 영국 영어에서는 격식을 차린 단어로 화장실을 **cloakroom**이라고도 한다.

➲ Usage 표제어 **toilet** 참조.

미국 영어에서 **checkroom**은 특히 역에서 아주 잠시 짐을 맡기는 곳이다.

close – closed – shut

close[klouz]는 문 같은 것을 움직여서 구멍이나 간격을 덮거나 채우다, 즉 '닫다'라는 뜻이다.

He opened the door and ***closed*** it behind him. 그는 문을 열고 들어온 후에 문을 닫았다.

shut은 close와 같이 문 같은 것을 닫다라는 뜻으로도 사용할 수 있으며, 두 단어에 의미상의 차이는 없다. shut의 과거와 과거분사는 shutted가 아닌 shut이다.

I ***shut*** the door quietly. 나는 문을 조용히 닫았다.

closed와 shut은 둘 다 형용사로 사용할 수 있다.

All the other downstairs rooms are dark and the shutters are ***closed***.
아래층에 있는 다른 모든 방은 컴컴하고 셔터는 닫혀 있다.

The windows were all ***shut***. 모든 창문이 닫혀 있었다.

그러나 closed만 명사 앞에 사용할 수 있으며, a shut window가 아닌 a ***closed*** window라고 한다.

He listened to her voice coming faintly through the ***closed*** door.
그는 닫힌 문을 통해 희미하게 들리는 그녀의 목소리를 들었다.

가게나 공공 건물에서 일이나 영업을 일시적으로 중단하다라고 할 때, close나 shut을 사용할 수 있다.

Many libraries ***close*** on Saturdays at 1p.m. 많은 도서관이 매주 토요일 오후 1시면 문을 닫는다.
What time do the shops ***shut***? 가게들은 몇 시에 영업을 마칩니까?

be closed는 도로, 국경, 공항 등이 폐쇄되다라는 뜻이다.

Police said the border ***was closed*** without notice around midnight local time.
경찰은 국경이 지역 시간으로 자정경에 예고 없이 폐쇄되었다고 발표했다.

어떤 일을 마무리하여 끝내다의 뜻으로 때때로 close를 사용한다.

He needs another $30,000 to ***close*** the deal. 그가 거래를 매듭짓는 데는 3만 달러가 더 필요하다.
The case is ***closed***. 그 사건은 종결되었다.

위와 같은 뜻으로는 shut을 사용하지 않는다.

> **주의** 동사 close와 형용사 close[klóuz]를 혼동해서는 안 된다. something is ***close*** to something else는 무언가가 다른 것에 가까이 있다라는 뜻이다.
>
> ➲ Usage 표제어 near – close 참조.

closet

➲ Usage 표제어 cupboard 참조.

clothes – clothing – cloth

1 'clothes'

clothes[klouz, klouðz]는 셔츠, 바지, 드레스, 코트 등과 같은 사람들이 입는 '옷'을 뜻한다.

I took off all my ***clothes***. 나는 옷을 모두 벗었다.

> **주의** clothes는 복수명사로만 사용하며 단수명사인 a clothe로는 사용할 수 없다. 격식을 차린 영어에서는 의복을 a garment, a piece of clothing, an article of clothing이라고 하지만 일상적인 회화에서는 의류의 일부를 가리킨다.

2 'clothing'

clothing[klóuðiŋ]은 사람들이 입는 옷을 뜻한다. clothing은 불가산명사로, clothings나 a clothing이라고 하지 않는다.

Wear protective ***clothing***. 보호복을 입으세요.
Some locals offered food and ***clothing*** to the refugees. 일부 지역 주민들이 난민들에게 음식과 의류를 제공했다.

3 'cloth'

cloth [klɔ(:)θ] 는 옷 같은 것을 만들 때 사용하는 모사와 면사와 같은 천, 즉 '옷감'이라는 뜻이다.

...strips of cotton ***cloth***. 면사 옷감 조각.
The women were weavers of ***cloth***. 그 여자들은 옷감을 만드는 직공이었다.

ℹ cloth를 위와 같은 뜻으로 사용하는 경우, 불가산명사이다.

cloth는 청소할 때나 먼지를 닦을 때 사용하는 '천 조각'이라는 뜻이다. **cloth**의 복수형은 **clothes**가 아닌 **cloths**이다.

Clean with a soft ***cloth*** dipped in warm soapy water. 따뜻한 비눗물에 적신 부드러운 헝겊으로 닦으세요.
Don't leave damp ***cloths*** in a cupboard. 찬장에 축축한 헝겊들을 넣어 두지 마세요.

---

coach

➲ Usage 표제어 bus – coach 참조.

---

coast

➲ Usage 표제어 beach – shore – coast 참조.

---

coat

coat는 특히 몸을 따뜻하게 하기 위해 다른 옷 위에 덧입는 긴 소매가 달린 옷, 즉 '외투'라는 뜻이다.

She was wearing a heavy tweed ***coat***. 그녀는 무거운 트위드 외투를 입고 있었다.
Get your ***coats*** on. 외투를 입으세요.

coat는 외출할 때 입는 옷에만 사용한다. 실내에서 보온을 위해 상의에 입는 털로 짠 옷을 **cardigan**(카디건), **jumper**(점퍼), **sweater**(스웨터)라고 한다.

---

coffee

➲ Usage 표제어 café – coffee 참조.

---

cold

it is *freezing*은 특히 겨울에 얼음이 얼거나 서리가 내리는 아주 추운 날씨를 강조할 경우에 사용한다.

...a ***freezing*** January afternoon. 아주 추운 1월의 어느 날 오후.

여름에 평균 기온보다 낮아 시원한 느낌을 주면, **it is *cool***이라고 한다. 일반적으로 **cold**는 **cool**보다 온도가 낮으며, 기분이 좋고 상쾌한이라는 뜻도 있다.

This is the ***coldest*** winter I can remember. 내가 기억하기로는 이번 겨울이 가장 추운 겨울이다.
A ***cool*** breeze swept off the sea; it was pleasant out there. 산들바람이 바다로부터 빠르게 불어와서 바깥은 쾌적했다.

날씨가 쌀쌀하다라고 할 경우, **it is *chilly***라고 한다.

It was decidedly pleasant out here, even on a ***chilly*** winter's day.
쌀쌀한 겨울 날임에도 불구하고 이곳은 정말로 상쾌했다.

---

collaborate – co-operate

1 'collaborate'

collaborate는 사람들이 무언가를 만들기 위해 '함께 일하다'라는 뜻이다. 예를 들면, '두 작가가 한 권의 책을 저술하기 위해 협력할 수 있다.'는 **Two writers can *collaborate* to produce a single piece of writing.** 이라고 한다.

Anthony and I ***are collaborating*** on a paper for the conference.
앤서니와 나는 회의 보고서를 공동으로 작성하고 있다.

The film was directed by Carl Jones, who ***collaborated*** with Rudy de Luca in writing it.
그 영화는 루디 드 루카와 대본을 공동 집필한 칼 존스가 감독했다.

2 'co-operate'

co-operate는 사람들이 서로 돕다, 즉 '협동하다'라는 뜻이다.

...an example of the way in which human beings can ***co-operate*** for the common good.
공동선을 위해 인간이 서로 협동할 수 있는 방법을 보여 준 하나의 예.

co-operate에는 자신에게 도움을 청한 사람을 돕다라는 뜻도 있다.

The editors agreed to ***co-operate***. 편집자들은 협조하기로 동의했다.

I couldn't get the RAF to ***co-operate***. 나는 영국 공군의 협조를 얻어낼 수 없었다.

미국 영어에서는 때때로 하이픈을 빼고 **cooperate**로 표기하는 것을 선호한다.

They are willing to ***cooperate*** in the training of medical personnel. 그들은 기꺼이 의료진의 훈련을 돕고 있다.

---

college

college는 고등학교를 졸업한 후에 학생들이 공부하는 기관, 즉 '대학'이라는 뜻이다.

Computer Studies is one of the many courses at the local technical ***college***.
컴퓨터 강좌는 지방 공대에서 제공하는 많은 강좌 중의 하나이다.

...the Royal ***College*** of Music. 왕립 음악 대학교.

대학의 출석을 말하는 경우, 전치사 바로 뒤에 college를 사용한다. 예를 들면, someone is *at college*는 누군가가 대학에 재학 중이다라는 뜻이다.

He hardly knew Andrew ***at college***. 대학에 다녔을 때 그는 앤드루를 거의 알지 못했다.

He says you need the money ***for college***. 그는 당신이 대학에 다니려면 돈이 필요하다고 말한다.

What do you plan to do ***after college***? 당신은 대학을 졸업한 후에 무엇을 할 계획인가?

위와 같은 경우 미국 영어에서는 보통 **at college**가 아닌 **in college**를 사용한다.

Usage 표제어 school – university 참조.

---

colour

어떤 것의 색깔을 나타낼 경우, 보통 colour라는 단어를 사용하지 않는다. 예를 들면, '그는 초록색 넥타이를 맸다.'는 ~~He wore a green colour tie~~.가 아닌 He wore a *green* tie.라고 한다.

She had ***blonde*** hair and ***green*** eyes. 그녀는 금발 머리에 눈은 초록색이었다.

...a ***bright yellow*** hat. 밝은 노란색 모자.

그러나 어떤 것의 색깔을 묻거나 간접적으로 색깔을 나타낼 경우, 때때로 colour라는 단어를 사용한다.

What colour was the bird? 그 새는 무슨 색이었습니까?

The paint was ***the colour of grass***. 그 페인트는 풀 색깔이었다.

위와 같은 경우 have가 아닌 be동사를 사용한다. ~~What colour has the bird~~?나 ~~The paint has the colour of grass~~.라고 하지 않는다.

잘 사용하지 않는 특정한 색깔에도 colour라는 단어를 사용할 수 있다. 예를 들면, 청록색은 a bluish-green colour라고 한다.

The plastic is treated with heat until it turns ***a milky white colour***.
그 플라스틱은 색깔이 하얀 우윳빛이 될 때까지 열 처리를 한다.

There was the sea, ***a glittering cream colour***. 반짝이는 크림 색깔의 바다가 펼쳐져 있었다.

청록색을 a bluish-green in colour라고도 한다.

The leaves are rough and ***grey-green in colour***. 그 잎들은 거칠고 회녹색을 띠고 있다.

접미사 **-coloured**를 붙여서 색깔을 나타낼 수도 있다.

...a cheap ***gold-coloured*** bracelet. 값싼 황금색 팔찌.

He selected one of his most expensive ***cream-coloured*** suits. 그는 가장 비싼 크림 색깔의 정장 한 벌을 골랐다.

colour와 **-coloured**의 미국식 철자는 **color**와 **-colored**이다.

---

come

1 'come'

누군가가 있는 곳으로 오는 움직임이나 사람이 있는 곳으로 가는 움직임을 말할 때 **come**을 사용한다.

Come and look. 와서 보세요.

Eleanor had *come* to visit her. 엘리너는 그녀를 방문하러 왔었다.

You must *come* and see me about it. 당신은 그 일로 날 만나러 와야 한다.

come의 과거는 **came**이고, 과거분사는 **come**이다.

The children *came* along the beach towards me. 어린이들은 해변을 따라 내가 있는 곳으로 다가왔다.

A ship had just *come* in from Turkey. 터키에서 출항한 배가 방금 이곳에 도착했다.

2 'come' or 'go'?

누군가가 있는 곳에서 멀어져 가는 움직임을 말할 때에는 **come**이 아닌 **go**를 사용한다. 사람을 향하지 않거나 그 사람에게서 멀어져 가지 않는 움직임을 말할 때에도 **go**를 사용한다.

➲ 움직임에 대한 더 많은 정보는 **Usage** 표제어 **go** 참조.

ℹ here는 come과 함께, there는 go와 함께 사용한다.

Elizabeth, ***come*** over ***here***. 엘리자베스, 이리 오세요.

I still ***go there*** all the time. 나는 아직도 줄곧 그곳에 간다.

어떤 상황에서 상대방에게 자신이 언급하려고 하는 어떤 곳에 같이 가자고 할 경우에는 보통 **go**가 아닌 **come**을 사용한다.

Will you *come* with me to the hospital? 저와 함께 그 병원에 가시겠습니까?

Come and meet Roger. 가서 로저를 만나 보세요.

어떤 상황에서는 상대방에게 자신이 언급하는 장소에 참석할 것인지 아니면 참석하지 않을 것인지 간접적으로 의사를 나타낼 때, **come**이나 **go**를 사용할 수 있다. 예를 들면, '당신은 존의 파티에 갈 계획입니까?'라고 할 때, 묻는 사람 자신이 파티에 참석하지 않을 것이라는 의도를 나타낼 때는 **Are you *going* to John's party**?라고 하며, 물어보는 당사자가 그 파티에 확실하게 참석할 것이라는 의도를 나타낼 때는 **Are you *coming* to John's party**?라고 한다.

3 'come' in stories(소설에서 사용하는 come)

소설에서 누군가에게 무슨 일이 일어났는지를 말할 경우, 예를 들면, 그 사람을 향해 가는 움직임을 이야기할 때는 **come**을 사용한다.

She looked up when they *came* into the room. 그녀는 그들이 방으로 들어오자 쳐다보았다.

He thought he'd have another drink before the train *came*. 그는 기차가 오기 전에 술을 한잔 더 해야겠다고 생각했다.

소설에서 ***come to*** **a place**는 어느 장소에 도착하다라는 뜻이다.

She eventually *came to* the town of Peconic. 그녀는 결국 피코닉 시에 도착했다.

4 'come and'

어떤 일을 하기 위해 상대방을 방문하거나 상대방을 향해 움직일 때, **come and** 뒤에 다른 동사를 사용한다.

Come and see me whenever you feel depressed. 의기소침해질 때는 언제든지 나를 만나러 오세요.

She would *come and hold* his hand. 그녀는 그의 손을 잡기 위해 그에게 다가갈 것이다.

5 used to mean 'become'(become의 뜻으로 사용하기)

come을 때때로 **become**(되다)의 뜻으로 사용한다.

One of my plaits ***came*** undone and I burst into tears. 땋은 머리 중 하나가 풀어지자, 나는 울음을 터뜨렸다.

Remember that some dreams ***come*** true. 어떤 꿈은 실현된다는 것을 기억하세요.

Usage 표제어 become 참조.

come from

특정한 장소에서 태어나거나 그 장소가 고향이다라는 뜻을 나타낼 때, **come from**을 사용한다.

'Where do you ***come from***?' – 'India.' "당신은 어디 출신입니까?" – "인도 출신입니다."

I ***come from*** Zambia. 나는 잠비아 출신이다.

ⓘ 위와 같은 문장에서 진행시제를 사용하지 않으므로, ~~Where are you coming from~~?이나 ~~I am coming from Zambia.~~라고 하지 않는다.

come to

Usage 표제어 arrive – reach 참조.

come with

Usage 표제어 accompany 참조.

comic – comical

사람이나 사물이 재미있거나 우스꽝스럽게 보일 때, **comic**이나 **comical**로 표현한다.

Everything began to appear strange and ***comic***. 모든 것이 이상하고 우스꽝스럽게 보이기 시작했다.

There is something slightly ***comical*** about him. 그는 조금 우스꽝스러운 데가 있다.

재미있게 할 의도로 만들어진 것을 나타낼 때에도 **comic**을 사용한다. **comic**이 이런 뜻일 경우, 명사 앞에만 사용한다.

...her talent for grotesquely ***comic*** voices. 괴이하게 우스꽝스러운 목소리를 내는 그녀의 재주.

He first appeared on stage with his father, performing ***comic*** songs at the age of seven.
그는 7살 때 익살스러운 노래를 부르면서 아버지와 함께 처음 무대에 올랐다.

위와 같은 뜻의 **comic**은 **comic opera**(희극 오페라), **comic strip**(연재 만화), **comic relief**(막간 희극) 등과 같은 많은 복합어로 사용한다.

재미있게 할 의도로 만들어진 것을 나타낼 때는 보통 **comical**을 사용하지 않는다.

commence

Usage 표제어 start – begin – commence 참조.

comment – commentary

1 'comment'

comment는 어떤 것에 대해 자신의 의견을 표현하는 것, 즉 '논평'이라는 뜻이다.

People in the town started making rude ***comments***. 그 도시 사람들은 무례한 비평을 하기 시작했다.

It is unnecessary for me to add any ***comment***. 내가 더 이상의 논평을 덧붙이는 것은 불필요한 일이다.

2 'commentary'

commentary는 어떤 사건이 일어나고 있는 동안 라디오나 텔레비전에서 그 상황을 방송하는 것, 즉 '실황 방송'이라는 뜻이다.

We gathered round the radio to hear the *commentary*. 우리는 실황 방송을 들으려고 라디오 주변으로 모였다.
...a *commentary* on the Cheltenham Gold Cup. 첼트넘 골드 컵 경기 실황 방송.

comment – mention – remark

1 'comment'

comment on a situation이나 make a ***comment*** about a situation은 어떤 상황에 대한 자신의 의견을 말하다라는 뜻이다.

Mr Cook has not *commented* on these reports. 쿡 씨는 이들 보고서에 대한 의견을 내놓지 않았다.
I was wondering whether you had any *comments*. 당신이 어떤 견해라도 가지고 있는지 궁금했어요.

2 'mention'

mention something은 전에 말하지 않았던 일에 대해 아주 간결하게만 말하다라는 뜻이다.

He *mentioned* that he might go to New York. 그는 자신이 뉴욕에 갈지도 모른다고 말했다.

3 'remark'

remark on something이나 make a ***remark*** about something은 어떤 일에 대해 생각하거나 알고 있는 것을 대충 말하다라는 뜻이다.

Visitors *remark* on how well the children look. 방문자들은 어린이들이 얼마나 건강하게 보이는지에 대해 말한다.
General Sutton's *remarks* about the conflict. 그 전투에 대한 서튼 장군의 언급.

committee

committee는 큰 단체나 기관을 대표하는 그룹의 사람들, 또는 아주 큰 단체나 기관을 대신하여 어떤 결정이나 계획을 세우는 그룹의 사람들, 즉 '위원회'라는 뜻이다.

A special *committee* has been set up. 특별 위원회가 구성되었다.

영국 영어에서 committee가 주어인 경우, 단수동사나 복수동사를 사용할 수 있다.

Since 1963 the Committee *has* struggled, unable to shake off its weaknesses.
1963년 이래로 위원회는 노력해 왔지만 그것의 약점을 없앨 수는 없었다.
The National Executive Committee *have* their travelling expenses paid.
국가 집행 위원회는 그들의 여행 경비를 지급받았다.

미국 영어에서는 일반적으로 committee에 단수동사만 사용한다.

The North American planning committee *has* recommended 28 possible topics.
북미 계획 위원회는 28가지 가능한 주제를 추천했다.

common

common은 어떤 것이 많이 발견되거나 어떤 일이 자주 일어나는, 즉 '흔한'이라는 뜻이다.

The rhesus is one of the *commonest* monkeys in India. 붉은털원숭이는 인도에서 가장 흔한 원숭이 중의 하나이다.
Today, it is *common* to see adults returning to study. 오늘날 성인들이 다시 공부하는 것을 보는 것은 흔한 일이다.

common 뒤에는 that절을 사용하지 않는다. 예를 들면, '운전자의 졸음운전은 아주 흔히 일어나는 일이다.'는 **~~It is quite common that motorists fall asleep while driving.~~**이 아닌 **It is quite common *for motorists to fall asleep* while driving.**이라고 한다.

It is common *for a child to become* deaf after even a moderate ear infection.
보통 정도의 귀가 감염된 것만으로도 어린이들이 귀가 머는 것은 흔한 일이다.
It is quite common *for dogs to be poisoned* in this way. 이런 식으로 개들이 독살되는 것은 꽤 흔히 있는 일이다.

company

company는 상품이나 용역을 팔아서 돈을 버는 사업체, 즉 '회사'라는 뜻이다.

He is a geologist employed by an oil *company*. 그는 석유 회사가 고용한 지질학자이다.

영국 영어에서 company가 주어인 경우, 단수동사나 복수동사를 사용한다.

The company *has* taken on 1600 more highly-paid staff. 그 회사는 고임금을 받는 직원을 1600명 이상 고용했다.

The company *have* quickly established an enviable reputation since their foundation in 1984.
그 회사는 1984년에 설립된 후에 남들의 부러움을 살 만한 명성을 재빠르게 확립했다.

미국 영어에서는 일반적으로 company에 단수동사만 사용한다.

Another major American company *has* announced massive layoffs and other cost-cutting measures.
또 하나의 주요 미국 회사는 대량 해고와 그 밖의 비용 절감 조치를 발표했다.

compare

1 'compare'

compare는 사물을 관찰하여 차이점이나 유사점을 찾아내다, 즉 '비교하다'라는 뜻이다.

It's interesting to *compare* the two prospectuses. 그 두 개의 안내서를 비교하는 것은 흥미로운 일이다.

compare가 위와 같은 뜻일 경우, compare 뒤에 with나 to를 사용할 수 있다. 예를 들면, '새 안내서를 예전 것과 서로 비교하는 것은 흥미로운 일이다.'는 **It's interesting to compare the new prospectus *with* the old one.**이나 **It's interesting to compare the two prospectus *to* the old one.**이라고 한다.

...studies *comparing* Russian children *with* those in Britain. 영국 어린이와 러시아 어린이의 비교 연구.

I haven't got anything to *compare* it *to*. 나는 그것과 비교할 수 있는 그 어떤 것도 갖고 있지 않다.

2 'be compared to'

compare에는 또 다른 뜻이 있다. 한 사람이나 사물이 다른 사람이나 사물과 비슷하다고 할 때, be compared to를 사용한다.

As an essayist he *is compared* frequently *to* Paine and Hazlitt. 그는 수필가로서 페인과 해즐릿에 자주 비유된다.

...a computer virus can *be compared to* a biological virus. 생물학적인 바이러스에 비유될 수 있는 한 컴퓨터 바이러스.

compare가 위와 같은 뜻일 경우에는 뒤에 with가 아닌 to를 사용해야 한다.

complain

1 'complain about'

complain about something은 어떤 일이 잘못되거나 불만스럽다라는 뜻이다.

Mothers *complained about* the lack of play space. 어머니들은 놀이 공간이 부족한 것에 대해 불평했다.

She never *complained about* the weather. 그녀는 날씨에 대해 한 번도 불평을 한 적이 없었다.

ℹ complain 뒤에는 over나 on을 사용하지 않는다. 예를 들면, ~~Mothers complained over the lack of play space.~~나 ~~She never complained on the weather.~~라고 하지 않는다.

2 'complain of'

complain of something이라고도 하는데, 이는 누군가의 주의를 끌거나 어떤 것이 잘못되거나 불만족스럽다는 뜻이다.

Women *complain of* pressure on them to get jobs.
여성들은 자신들에게 직장을 구할 것을 요구하는 압력에 대해 불평한다.

Rioters in both countries *complained of* police brutality. 양국의 폭동자들은 경찰의 잔혹함에 대해 불평했다.

complain of a pain은 통증을 호소하다라는 뜻이다.

He *complained of* a headache. 그는 두통을 호소했다.

complement – compliment

이들 단어는 모두 동사나 명사로 사용할 수 있다. 동사일 때는 [kɑ́(:)mpləmènt | kɔ́mpli-], 명사일 때는 [kɑ́(:)mpləmənt | kɔ́mpli-]로 발음한다.

1 'complement'

complement는 두 사물이 결합될 때 서로의 좋은 성질을 증가시키다, 즉 '보충하다'라는 뜻이다.

Nutmeg, parsley and cider all *complement* the flavour of these beans well.
육두구, 파슬리, 사과주는 모두 이들 콩의 풍미를 더 잘 보충해 준다.

Current advances in hardware development nicely *complement* British software skills.
현재 하드웨어의 발달은 영국의 소프트웨어 기술을 훌륭히 보완하고 있다.

complement는 be동사와 같은 연결동사 뒤에 오는 형용사나 명사구, 즉 '보어'이다.

➲ Grammar 표제어 Complements 참조.

2 'compliment'

compliment는 누군가가 갖고 있는 것이나 한 일에 대해 '칭찬하다'라는 뜻이다.

They *complimented* me on the way I looked each time they saw me.
그들은 나를 만날 때마다 내 외모를 칭찬해 주었다.

She is to *be complimented* for handling the situation so well.
그녀는 그 상황을 아주 잘 처리하여 칭찬을 받을 것이다.

compliment는 누군가에 대한 존경심을 나타내기 위해 행동하거나 말하는 것, 즉 '칭찬'이라는 뜻도 있다.

She took his acceptance as a great *compliment*. 그녀는 그의 수락을 큰 칭찬으로 받아들였다.

pay **someone a compliment는 누군가를 칭찬하다라는 뜻이다.**

He knew that he had just been *paid* a great *compliment*. 그는 자신이 대단한 칭찬을 받았다는 것을 알았다.

complete

complete는 일반적으로 형용사로 쓰인다. complete의 뜻에 따라 그 앞에 more와 very와 같은 단어를 사용할 수 있다.

1 used to mean 'as great as possible' (as great as possible의 뜻으로 사용하기)

어떤 것이 정도, 범위, 양이 가능한 한 큰(많은)이라고 할 때, 보통 complete를 사용한다.

You need a *complete* change of diet. 당신은 식단을 완전히 바꿔야 한다.

They were in *complete* agreement. 그들의 의견은 완전히 일치했다.

complete를 위와 같은 뜻으로 사용할 경우, complete 앞에는 more나 very와 같은 단어를 사용하지 않는다.

2 used to talk about contents (내용물에 대해 말하기)

어떤 것이 갖추어야 할 모든 것을 완전하게 갖추고 있다고 할 때에도 complete를 사용한다.

I have a *complete* medical kit. 나는 완비된 구급상자를 갖고 있다.

...a *complete* set of all her novels. 그녀의 소설책 전집.

두 개의 사물이 모든 것을 완전하게 갖추지 못한 경우, 둘 중 하나가 다른 것보다 더 많은 요소가 있으면 more complete를 사용한다.

For a *more complete* picture of David's progress we must depend on his own assessment.
데이비드의 발전에 대한 더 완전한 그림을 위해 우리는 그의 자체 평가에 의지해야 한다.

마찬가지로, 어떤 것이 모든 것을 갖추지는 못했지만 같은 종류의 다른 것보다 더 많은 요소가 있으면 **most complete**를 사용한다.

...the ***most complete*** skeleton so far unearthed from that period.
그 시기에서 지금까지 발굴된 것 중 가장 완전한 골격.

3 used to mean 'thorough' (thorough의 뜻으로 사용하기)

complete는 때때로 '철저한'이라는 뜻으로 사용한다. 이런 뜻일 경우에는 **complete** 앞에 **very**나 **more**와 같은 단어를 사용할 수 있다.

She followed her mother's ***very complete*** instructions on how to organize a funeral.
그녀는 장례를 준비하는 방법에 대해 어머니의 지시를 매우 철저히 따랐다.
You ought to have a ***more complete*** check-up if you are really thinking of going abroad.
당신이 진정으로 외국에 갈 생각이 있으면 더 철저한 검토를 해야 한다.

4 used to mean 'finished' (finished의 뜻으로 사용하기)

임무 같은 것이 끝나거나 새 건물이 완성되었다고 할 경우에도 **complete**를 사용한다.

It'll be two years before the process is ***complete***. 그 과정이 다 끝나려면 2년이 걸릴 것이다.
...blocks of luxury flats, ***complete*** but half-empty. 완공되었으나 절반은 비어 있는 고급 아파트 단지들.

complete를 위와 같은 뜻으로 사용할 경우, **complete** 앞에는 **more**나 **very**와 같은 단어를 사용하지 않는다.

---

completely

➲ Grammar 표제어 Adjuncts의 extent 참조.

---

compliment

➲ Usage 표제어 complement – compliment 참조.

---

composed

➲ Usage 표제어 comprise 참조.

---

comprehensible – comprehensive

1 'comprehensible'

comprehensible은 어떤 것을 '이해할 수 있는'이라는 뜻이다.

The object is to make our research readable and ***comprehensible***.
그 목적은 우리의 연구를 쉽게 읽고 이해할 수 있게 하는 것이다.
...language ***comprehensible*** only to the legal mind. 법적인 마인드를 가진 사람만이 이해할 수 있는 언어.

2 'comprehensive'

comprehensive는 어떤 것이 완전하고 중요한 것을 '모두 포함하는'이라는 뜻이다.

...a ***comprehensive*** list of all the items in stock. 재고품이 모두 포함되어 있는 광범위한 목록.
Linda received ***comprehensive*** training after joining the firm. 린다는 그 회사에 들어간 후에 종합적인 훈련을 받았다.

---

comprehension – understanding

1 'comprehension'

comprehension과 **understanding**은 둘 다 어떤 것을 이해할 수 있는 능력에 대해 말할 때 사용할 수 있다.

He noted Bond's apparent lack of ***comprehension***. 그는 본드가 분명히 이해력이 부족한 것에 주목했다.

The problems of solar navigation seem beyond ***comprehension***.
태양의 움직임에 대한 문제점들은 이해할 수 없는 것 같다.

A very narrow subject would have become too highly technical for general ***understanding***.
일반적으로 이해하기에는 매우 한정된 주제가 너무도 전문적이었을 것이다.

2 'understanding'

have an *understanding of* something은 어떤 것에 대해 약간의 지식이 있거나, 그것이 어떻게 작동하거나 무슨 뜻이 있는지 알고 있다라는 뜻이다.

The past decade has seen huge advances in our general ***understanding*** of how the ear works.
귀가 어떤 원리로 작동하는가에 대한 우리의 일반적인 지식이 지난 10년 동안 장족의 발전을 해왔다.

The job requires an ***understanding*** of Spanish. 그 일을 하려면 스페인 어에 대한 지식이 있어야 한다.

ⓘ 위와 같은 뜻에 comprehension을 사용할 수 없다.

understanding에는 또 다른 뜻으로, 사람들이 서로 우호적이고 친절하며 신뢰하다라는 뜻이 있다.

What we need is greater ***understanding*** between management and workers.
우리가 필요로 하는 것은 노사 간의 더 깊은 신뢰감이다.

---

comprehensive

➲ Usage 표제어 comprehensible – comprehensive 참조.

---

comprise

1 'comprise'

어떤 것이 특정한 것으로 구성되어 있다고 할 때, **comprise**를 사용한다.

The village's social facilities ***comprised*** one public toilet and two telephones.
그 마을의 사회 시설물에는 한 개의 공중 화장실과 두 개의 공중전화가 포함되어 있다.

2 'be composed of' and 'consist of'

무언가가 어떤 요소로 이루어져 있다고 할 때 **be composed of**나 **consist of**를 사용하기도 하는데, 의미상의 차이는 없다.

The body ***is composed of*** many kinds of cells, such as muscle, bone, nerve, and fat.
신체는 근육, 뼈, 신경, 지방 등과 같은 여러 종류의 세포로 구성되어 있다.

The committee ***consists of*** scientists and engineers. 위원회는 과학자와 공학자로 구성되어 있다.

일부 사람들은 **be comprise of**라고 하기도 하지만, 이는 일반적으로는 잘못된 표현이다.

> 주의 **consist of**를 수동형으로 사용하지 않는다. 예를 들면, ~~**The committee is consisted of scientists and en-gineers.**~~ 라고 하지 않는다.

3 'constitute'

constitute는 **compose**나 **consist**와 상반된 뜻으로, 여러 부분이 모여 '전체를 구성하다'라는 뜻으로 사용한다.

Shop assistants now ***constitute*** the largest single occupation group.
점원은 현재 가장 큰 단일 직업 집단을 구성하고 있다.

constitute에는 많은 것들이 전체의 '일부를 차지하다'라는 뜻도 있다.

Volunteers ***constitute*** more than 95% of The Center's work force.
자원 봉사자는 The Center 노동자의 95% 이상을 차지한다.

4 'make up'

make up은 능동형이나 수동형 문장에 사용할 수 있으며, 능동형 문장에서는 **constitute**와 뜻이 같다.

Women now *make up* two-fifths of the British labour force. 여성은 현재 영국 노동력의 5분의 2를 차지하고 있다.

수동형 문장의 경우, **be made up of**는 **be composed of**와 같은 뜻이다.

All substances *are made up of* molecules. 모든 물질은 분자로 이루어져 있다.
Nearly half the Congress *is made up of* lawyers. 국회의 거의 절반은 법조인으로 구성되어 있다.

주의 **consist, compose, make up** 등은 진행시제로 사용하지 않는다. 예를 들면, ~~**The committee is consisting of scientists and engineers.**~~라고 하지 않는다.

---

conceited

Usage 표제어 proud 참조.

---

concentrate

concentrate on something은 어떤 일보다 특히 그 일에 집중하다라는 뜻이다.

Concentrate on your driving. 운전에 집중하세요.
He believed governments should *concentrate* more *on* education. 그는 정부가 교육에 좀 더 전념해야 한다고 믿었다.

be concentrating on something은 누군가가 어떤 일에 전념하고 있다라는 뜻이다.

They *are concentrating on* saving life. 그들은 인명 구조에 전념하고 있다.
One area Dr Blanch *will be concentrating on* is tourism. 블랜치 박사가 전념하려고 하는 한 분야는 관광업이다.

ℹ 'be concentrated' on something이라고 하지 않는다.

be concentrated in a place는 어떤 것이 여러 곳에 흩어져 있지 않고 한 곳에만 모여 있다라는 뜻이다.

Modern industry *has been concentrated in* a few large urban centres.
현대 산업은 몇 개의 대도시 중심 지역에 집중되어 왔다.

---

concerned

1 used after a link verb(연결동사 뒤에 사용하기)

형용사 concerned는 일반적으로 be동사와 같은 연결동사 뒤에 사용한다. be ***concerned about*** something은 어떤 일에 대해 걱정하다라는 뜻이다.

He *was concerned about* the level of unemployment. 그는 실업률의 정도에 대해 걱정했다.
I'*ve been concerned about* you lately. 나는 최근에 당신에 대해 걱정을 했다.

be concerned with a subject는 책, 연설, 정보 등이 어떤 주제를 다루고 있다라는 뜻이다.

This chapter *is concerned with* changes that are likely to take place.
이 장은 일어날 가능성이 있는 변화에 대해 다루고 있다.

ℹ 'be concerned about' a subject라고 하지 않는다.

2 used after a noun(명사 뒤에 사용하기)

concerned는 명사 바로 뒤에 사용할 수 있는데, 바로 전에 언급한 상황에 관련된 사람이나 사물을 가리킨다.

We've spoken to *the lecturers concerned*. 우리는 관련이 있는 강사들과 이야기를 해 왔다.
Some of *the chemicals concerned* can cause cancer. 관련된 화학 물질 중 일부는 암의 원인이 될 수 있다.

concerned는 위와 같은 뜻으로 대명사 **all, everyone, everybody** 뒤에 자주 사용한다.

It was a perfect arrangement for *all concerned*. 그것은 관련된 모든 사람들을 위해 완벽하게 준비된 일이었다.
This was something of a relief to *everyone concerned*. 이것은 관련된 모든 사람들에게 다소 위안을 주었다.

concerto – concert

1 'concerto'

concerto[kəntʃéərtou]는 하나 이상의 독주 악기와 오케스트라용의 클래식 음악 작품, 즉 '협주곡'이라는 뜻이다.

...Beethoven's Violin *Concerto*. 베토벤의 바이올린 협주곡.

2 'concert'

음악가들이 연주하는 '음악 공연'은 **concerto**가 아닌 **concert**[ká(:)nsərt | kɔ́n-]라고 한다.

She had gone to the *concert* that evening. 그녀는 그날 저녁 음악회에 갔었다.

condominium

➲ Usage 표제어 **flat – apartment** 참조.

confidant – confident

1 'confidant'

명사 **confidant**[ká(:)nfidæ̀nt | kɔ́n-]는 개인적인 문제나 걱정거리를 상의할 수 있는 사람, 즉 '절친한 친구' 또는 '상담 상대'라는 뜻으로 남성에게 쓰인다. 여성일 경우에는 **confidante**라고 한다.

...Colonel House, a friend and *confidant* of President Woodrow Wilson.
우드로 윌슨 대통령의 친구이자 상담 상대인 하우스 대령.

She became her father's only *confidante*. 그녀는 자신의 아버지의 유일한 상담 상대가 되었다.

2 'confident'

confident[ká(:)nfidənt | kɔ́n-]는 형용사로, 어떤 일이 자신이 원하는 대로 일어날 것을 '확신하는'이라는 뜻이다.

He was *confident* that the problem with the guidance mechanism could be fixed.
그는 유도 장치기 고장난 것을 수리할 수 있을 거라고 확신했다.

I feel *confident* about the future of British music. 나는 영국 음악의 미래에 대해 확신하고 있다.

confident는 자신의 능력을 확신하는, 즉 '자신감 있는'이라는 뜻이다.

...a witty, young and *confident* lawyer. 재치 있고, 젊고, 자신감 있는 한 변호사.

His manner is more *confident* these days. 그의 태도는 요즘 더욱 자신감이 넘친다.

conform

conform은 행동하도록 요구받은 대로 행동하다, 즉 '순응하다'라는 뜻이다.

You must be prepared to *conform*. 너는 순응할 수 있도록 준비해야 한다.

어떤 것을 원하거나 요구하는 것을 말할 때에도 **conform**을 사용한다. **comform**이 이런 뜻일 경우, **conform** 뒤에 **to**나 **with**를 사용한다.

Such a change would not *conform to* the present wishes of the great majority of people.
그러한 변화는 대다수 국민의 당면한 소망을 충족시킬 수 없을 것이다.

Every home should have a fire extinguisher which *conforms with* British Standards.
모든 가정은 영국 표준에 맞는 소화기를 구비해야 한다.

conscious – consciousness – conscience – conscientious

1 'conscious'

형용사 **conscious**는 어떤 일을 인식하는, 즉 '의식하고 있는'이라는 뜻이다.

She became ***conscious*** of Rudolph looking at her. 그녀는 루돌프가 자신을 바라보고 있다는 것을 의식하게 되었다.
I was ***conscious*** that he had changed his tactics. 나는 그가 대처 방법을 바꾸었다는 사실을 알고 있었다.

be *conscious*는 잠을 자거나 무의식적이라기보다는 의식이 깨어 있다라는 뜻이다.

The patient was fully ***conscious*** during the operation. 그 환자는 수술 중에 의식이 완전히 깨어 있었다.

2 'consciousness'

명사 consciousness는 사람의 마음이나 생각, 즉 '의식'이라는 뜻이다.

We assume that the brain is the seat of ***consciousness*** and intelligence.
우리는 뇌가 의식과 지성의 근원지라고 생각한다.
Doubts were starting to enter into my ***consciousness.*** 내 마음속에 의심이 생겨나고 있었다.

lose consciousness는 의식을 잃게 되다라는 뜻이다. regain consciousness나 recover consciousness는 의식을 잃었다가 되찾다라는 뜻으로, 매우 격식을 차린 표현이다.

He fell down and ***lost consciousness***. 그는 넘어져서 의식을 잃었다.
He began to ***regain consciousness*** just as Koch was leaving.
코흐가 떠나려는 찰나에 그는 의식을 회복하기 시작했다.
She died in hospital without ***recovering consciousness***. 그녀는 의식을 회복하지 못하고 병원에서 사망했다.

더 격식을 차리지 않은 영어에서는 pass out(의식을 잃다)이나 come round(의식을 회복하다)를 사용하다.

He felt sick and dizzy, then ***passed out***. 그는 메스꺼움과 어지러움을 느낀 후에 의식을 잃었다.
When I ***came round***, I was on the kitchen floor. 의식을 회복했을 때, 나는 부엌 바닥에 있었다.

3 'conscience'

명사 conscience는 누군가가 하는 일이 옳은지 그른지를 판단하는 정신의 일부분, 즉 '양심'이라는 뜻이다.

My ***conscience*** told me to vote against the others. 내 양심은 다른 사람들에게 반대표를 던지라고 말했다.
Their ***consciences*** were troubled by stories of famine and war.
그들은 기근과 전쟁에 대한 이야기를 듣고 양심의 가책을 느꼈다.

4 'conscientious'

conscientious는 형용사로 사용하면 일을 매우 조심스럽게 하다, 즉 '신중한'이라는 뜻이다.

We are generally very ***conscientious*** about our work. 우리는 일반적으로 우리가 하는 일에 매우 신중하다.
She seemed a ***conscientious***, rather earnest young woman. 그녀는 성실하다기보다는 신중한 젊은 여성으로 보였다.

consider

consider는 어떤 일에 대해 '신중히 생각하다'라는 뜻이다.

He had no time to ***consider*** the matter. 그는 그 일을 주의 깊게 생각할 겨를이 없었다.
The government is being asked to ***consider*** a plan to fix the date of the Easter break.
정부는 부활절 휴가 기간을 확정하려는 계획에 대해 숙고해 달라는 요청을 받고 있다.

***be considering doing* something은 미래에 어떤 일을 할 것을 고려하고 있다라는 뜻이다.**

They ***were considering opening*** an office on the West Side of the city.
그들은 시(市)의 웨스트사이드 지역에 사무실을 열 것을 고려 중이었다.
He ***was considering taking*** the bedside table downstairs.
그는 침대 옆의 탁자를 아래층으로 옮기는 것을 고려 중이었다.

ℹ 'be considering to do' something이라고 하지 않는다.

considerably

➲ Grammar 표제어 Adjuncts의 degree 참조.

consist of

➲ Usage 표제어 comprise 참조.

constant – continual – continuous

끊임없이 일어나거나 존재하는 것을 나타낼 때, constant, continual, continuous를 사용할 수 있다.

1 'constant'

어떤 일이 항상 일어나거나 절대로 사라지지 않을 경우, constant를 사용한다.

He was in ***constant*** pain. 그는 끊임없이 계속되는 통증을 느꼈다.

Eva's ***constant*** criticism. 에바의 계속되는 비판.

2 'continual'

어느 기간 동안 자주 일어나는 것을 묘사할 때는 보통 continual을 사용한다.

...his ***continual*** drinking. 그의 계속되는 음주.

...***continual*** demands to cut costs. 비용을 절감하라는 끊임없는 요구.

continual은 명사 앞에서만 사용할 수 있으며, 동사 뒤에는 오지 않는다.

3 'continuous'

continuous는 어떤 것이 쉬지 않고 항상 일어나거나 그러한 것처럼 보이다, 즉 '계속적인'이라는 뜻이다.

...days of ***continuous*** rain. 쉬지 않고 비가 계속 내리는 날들.

...a ***continuous*** background noise. 계속되는 배경 잡음.

continuous는 명사 앞이나 동사 뒤에 사용할 수 있다.

The exercise should be one ***continuous*** movement. 그 운동은 하나의 연속 동작이 되어야 한다.

The change was gradual and by no means steady and ***continuous***.
그 변화는 점진적이었지만, 지속적이고 계속되는 것은 결코 아니었다.

4 'continual' or 'continuous'

쉬지 않고 계속 일어나는 원하지 않는 일을 나타내는 경우, continuous보다 continual을 사용하는 것이 더 좋다.

Life is a ***continual*** struggle. 인생이란 끊임없는 투쟁이다.

It was sad to see her the victim of ***continual*** pain. 그녀를 계속해서 고통의 희생자로 여기는 것은 애석한 일이었다.

continual은 어떤 일이 되풀이되어 일어남을 나타낼 때에도 사용할 수 있다.

He still smoked despite the ***continual*** warnings of his nurse.
그는 간호사의 계속되는 경고에도 불구하고 여전히 담배를 피웠다.

Valenti's face was handsome though bloated by ***continual*** drinking.
발렌티는 계속되는 음주로 인해 얼굴이 부었음에도 불구하고 잘생겼다.

되풀이되어 일어나는 것을 묘사할 때 continuous를 사용하는 것은 일반적으로 잘못된 표현으로 여긴다.

constantly

➲ Graammar 표제어 Adjuncts의 frequency 참조.

constitute

➲ Usage 표제어 comprise 참조.

consult

consult는 어떤 사람에게 의견이나 충고를 구하다, 즉 '상담하다'라는 뜻이다.

If your baby is losing weight, you should *consult* your doctor promptly.
아이의 몸무게가 줄면, 곧바로 의사에게 진찰받아야 한다.

She wished to *consult* him about her future. 그녀는 자신의 장래에 대해 그에게 상담하기를 원했다.

If you are renting from a private landlord, you should *consult* a solicitor to find out your exact position.
개인에게 집을 빌리는 경우, 정확한 상황을 알도록 변호사와 상의해야 한다.

미국 영어를 쓰는 일부 사람들은 consult 대신 consult with를 사용한다.

The Americans would have to *consult with* their allies about any military action in Europe.
미국은 유럽에서의 어떠한 군사 행동에 대해서도 동맹국과 상의해야 할 것이다.

They *consult with* companies to improve worker satisfaction and productivity.
그들은 직원 만족도와 생산성을 증진시키기 위해 회사들과 상담한다.

contemporary

Usage 표제어 new 참조.

content

content는 명사, 형용사, 동사로 사용할 수 있다. 명사일 경우 [kɑ́(:)ntent | kɔ́n-]로, 형용사나 동사일 경우 [kəntént]로 발음한다.

1 used as a plural noun(복수명사로 사용하기)

복수명사 contents는 상자나 방 안에 있는 물건, 즉 '내용물'이라는 뜻이다.

...*pouring* out the *contents* of the bag. 가방 안에 들어 있는 내용물 쏟아 놓기.

contents는 복수명사이므로 a content라고 할 수 없다.

서류에 쓰여 있는 것이나 테이프에 녹음된 것, 즉 '내용'이라는 뜻에도 복수명사 contents를 사용한다.

He knew by heart the *contents* of the note. 그는 노트의 내용을 외워서 알고 있었다.

2 used as an uncount noun(불가산명사로 사용하기)

content는 연설, 글, 웹사이트, 텔레비전 프로그램이 제공하는 '정보' 또는 표현된 '의견'이라는 뜻이다.

I was disturbed by the *content* of some of the speeches. 나는 일부 연설의 주제로 혼란스러웠다.

BBC radio and television both now carry more current affairs *content* than does the popular press.
BBC 라디오와 텔레비전 둘 다 현재 대중지에서 취급하는 내용보다 시사 문제에 관한 내용을 더 많이 취급한다.

The website *content* includes issues of the newsletter. 그 웹사이트 정보에는 시사 통신의 이슈들이 포함되어 있다.

3 used as an adjective(형용사로 사용하기)

be ***content to do*** something이나 be ***content with*** something은 어떤 것을 기꺼이 하거나, 가지거나, 받아들이다라는 뜻이다.

A few teachers were *content to pay* the fines. 일부 교사들은 기꺼이 벌금을 물었다.

Children are not *content with* glib explanations. 아이들은 그럴 듯한 설명을 받아들이지 않는다.

〔be동사 + content〕 형식은 행복하고 만족스럽다라는 뜻으로, 이러한 뜻일 때는 content를 명사 앞에 사용하지 않는다.

He says his daughter is quite *content*. 그는 자기 딸이 꽤 만족스러워한다고 말한다.

I probably feel more *content* singing than at any other time.
나는 아마 다른 어느 때보다도 노래 부를 때 더 많은 행복감을 느끼는 것 같다.

4 'contented'

contented는 명사 앞이나 동사 뒤에 사용하며, 행복하고 만족스럽다라는 뜻이다.

...firms with a loyal and ***contented*** labour force. 성실하며 만족스러워하는 근로자가 있는 회사들.

For ten years they lived like this and were perfectly ***contented***.
그들은 10년 동안 이렇게 살아왔으며 더할 나위 없이 만족해 했다.

➲ 그 밖의 content나 contented와 비슷한 뜻으로 사용하는 단어의 목록은 Usage 표제어 happy – sad 참조.

5 'content' used as a verb(동사로 사용하기)

content oneself with doing something은 어떤 일에 만족하여 다른 일을 시도하지 않다라는 뜻이다.

Most manufacturers ***content themselves with*** updating existing models.
대부분의 제조업자들은 현재의 모델을 최신의 것으로 여기어 만족해 한다.

---

continent

1 'continent'

continent는 거의 바다로 둘러싸인 육지의 매우 넓은 지역, 즉 '대륙'이라는 뜻이다. 한 대륙은 보통 여러 나라로 이루어져 있다. 예를 들면, 아프리카와 아시아 등이 있다.

...the South American ***continent***. 남아메리카 대륙.

2 'the Continent'

the Continent는 '유럽 본토'라는 뜻인데, 특히 중앙과 남부 유럽을 일컫는다.

On ***the Continent***, the tradition has been quite different. 그 전통은 유럽 대륙에서 완전히 다르게 전해져 오고 있다.

Sea traffic between the United Kingdom and ***the Continent*** was halted.
영국과 유럽 대륙 사이의 해상 통행이 중단되었다.

---

continual

➲ Usage 표제어 constant – continual – continuous 참조.

---

continually

➲ Grammar 표제어 Adjuncts의 frequency 참조.

---

continuous

➲ Usage 표제어 constant – continual – continuous 참조.

---

contrary

1 'on the contrary'

앞서 언급한 상대방의 진술을 반박할 때, on the contrary를 사용한다.

'You'll get tired of it.' – '***On the contrary***. I shall enjoy it.'
"당신은 그것에 싫증이 날 것입니다." – "그와 반대입니다. 저는 그것을 즐길 것입니다."

방금 전에 말한 부정적인 진술을 확인하는 긍정적인 내용을 이끌 때에도 on the contrary를 사용한다.

There was nothing ugly about her dress: ***on the contrary***, it had a certain elegance.
그녀의 드레스는 볼품 없는 곳이 전혀 없었다. 그와 반대로, 어떤 우아함이 있었다.

2 'on the other hand'

방금 전에 말한 상황과 대비되는 상황일 때는 on the contrary가 아닌 on the other hand라고 한다. 예를 들면,

'나는 시내 중심가에 사는 것을 좋아하지는 않지만 한편으로는 사고 싶은 물건을 쉽게 살 수 있어서 편리하다.'는 ~~I don't like living in the centre of the town. On the contrary, it's useful when you want to buy something.~~이 아닌 **I don't like living in the centre of the town. *On the other hand*, it's useful when you want to buy something.**이라고 한다.

It's certainly hard work. But, *on the other hand*, a man who wishes to have a career has to make a great many sacrifices.
그 일은 아주 힘든 일이다. 그러나 반면에 경력을 쌓기를 원하는 사람은 많은 희생을 감수해야 한다.

---

control

control은 동사나 명사로 사용할 수 있다.

1 used as a verb(동사로 사용하기)

동사 control은 누군가가 나라나 단체를 운영하는 방식에 대해 중요한 모든 결정을 내리는 권력을 갖고 있다, 즉 '통치하다'라는 뜻이다.

The Australian administration at that time *controlled* the island. 그 당시에는 호주 정부가 그 섬을 통치하고 있었다.
His family *had controlled* the Times for more than a century. 그의 일가가 한 세기 이상 타임스 신문사를 운영했다.

control이 동사일 때는 전치사가 뒤따르지 않는다.

2 used as a noun(명사로 사용하기)

명사 control은 나라나 단체에서 가지는 권력을 나타내며, 〔control of(over) + 명사〕 형식을 사용한다.

The restructuring involves Mr Ronson giving up *control of* the company.
그 구조 조정에는 론슨 씨가 회사 운영을 포기하는 것이 포함되어 있다.
The first aim of his government would be to establish *control over* the republic's territory.
그가 이끄는 정부의 첫 번째 목표는 공화국의 영토를 지배하는 것이 될 것이다.

3 another meaning(다른 의미)

control은 공항, 항구, 국경에서 서류나 화물이 정상적으로 되어 있는지 공식적으로 검사하는 장소이다.

...passport and customs *controls*. 여권과 관세 검사장.

그러나 '조사하다' 또는 '검사하다'라는 뜻으로는 control을 동사로 사용하지 않는다. 예를 들면, '내 짐을 검사받았다.'는 ~~My luggage was controlled.~~가 아닌 **My luggage *was checked*.**나 **My luggage *was inspected*.**라고 한다.

He offered me a cigar while the baggage *was being checked*.
그는 짐이 검사되고 있는 동안에 내게 시가를 권했다.
The guard took his ID card and *inspected* it. 경비원은 그의 신분증을 받아서 검사했다.

---

convince – persuade

1 'convince'

convince는 어떤 일이 사실이라는 것을 믿게 하다, 즉 '확신시키다'라는 뜻이다.

These experiences *convinced* me of the drug's harmful effects.
이러한 경험은 그 약의 폐해를 나에게 확신시켜 주었다.
It took them a few days to *convince* me that it was possible.
그들이 나에게 그것이 가능하다는 확신을 주는 데는 며칠이 걸렸다.

〔convince + 목적어 + to부정사〕 형식은 다른 사람에게 타당한 이유를 말하면서 그 일을 결정하도록 설득하다라는 뜻이다.

Lyon did his best to *convince* me to settle in Tennessee. 라이언은 최선을 다해서 내가 테네시에 정착하도록 설득했다.
I hope you will help me *convince* my father to leave. 나는 당신이 나를 도와 아버지가 떠나시도록 설득해 주기를 바란다.

2 'persuade'

위와 같은 의미로 convince를 사용하는 것은 일반적으로 옳지 않다고 여겨지므로 persuade를 사용해야 한다.

Marsha was trying to ***persuade*** Posy to change her mind.
마셔는 포지의 마음을 돌리도록 설득하려고 애를 쓰고 있었다.

They had no difficulty in ***persuading*** him to launch a new paper.
그들이 그를 설득하여 새로운 신문을 창간하도록 하는 데는 그 어떤 어려움도 없었다.

convinced

be *convinced* of something은 어떤 일이 사실이거나 진짜라는 것을 '확신하다'라는 뜻이다.

I am ***convinced*** of your loyalty. 나는 당신의 충성심을 확신하고 있다.
He was ***convinced*** that her mother was innocent. 그는 그녀의 어머니가 결백하다고 확신했다.

convinced 앞에 **very**나 **extremely**와 같은 단어를 사용하지 않는다. 누군가가 어떤 일을 완전히 확신하는 경우, 강조하기 위해 **fully**나 **totally**와 같은 단어를 사용한다.

To be ***fully convinced*** that reading is important, they have to find books they like.
독서가 중요하다는 것에 완전히 확신을 가지려면 그들은 자신들이 좋아하는 책을 찾아내야 한다.
I am ***totally convinced*** it was an accident. 나는 그것이 우발적인 사고였다고 전적으로 확신한다.
We are ***absolutely convinced*** that this is the right thing to do. 우리는 이것이 옳은 일이라고 절대적으로 확신한다.
Some people were ***firmly convinced*** that a non-human intelligence was attempting to make contact.
일부 사람들은 인간이 아닌 지적 존재가 접촉을 시도하고 있다고 강하게 확신했다.

> 주의 **convinced** 뒤에는 **to**부정사가 아닌 **that**절을 사용한다. 예를 들어, '그는 자신이 실패했음을 확신했다.'는 ~~He is convinced to have failed.~~가 아닌 **He is *convinced that he has* failed.**라고 한다.

cook

1 'cook' used as a noun(명사로 사용하는 cook)

cook은 직업으로 요리하는 사람, 즉 '요리사'라는 뜻이다.

Each house had a ***cook*** and an assistant ***cook***. 각 집마다 요리사 한 명과 보조 요리사 한 명이 있었다.

형용사와 함께 **cook**을 사용하여 요리하는 사람의 능력을 나타내기도 한다. 예를 들면, **a good cook**이나 **a bad cook**이라고 한다.

Are you ***a good cook***? 당신은 요리를 잘합니까?
Appuhamy was ***an excellent cook***. 애퓨해미는 요리를 매우 잘한다.

2 'cook' used as a verb(동사로 사용하는 cook)

cook은 식사를 하거나 음식을 먹기 위해 음식을 준비하여 가열하다, 즉 '요리하다'라는 뜻이다. 예를 들면, 오븐이나 스튜 냄비에 넣어 열을 가하는 것을 말한다.

As dawn broke we began to ***cook*** our breakfast. 동이 트자 우리는 아침 식사를 만들기 시작했다.
We ***cooked*** the pie in the oven. 우리는 오븐에 파이를 넣고 요리했다.

ⓘ cook은 음료가 아닌 음식을 말할 때만 사용한다.

음식과 음료를 준비하는 것을 말할 때 여러 가지 동사를 사용할 수 있다.

3 'make'

***make* a meal/drink**는 음식이나 음료를 혼합하여 새로운 것을 만들다라는 뜻으로, 어떤 것을 가열하지 않고 음식을 만드는 것을 말한다.

I ***made*** his breakfast. 나는 그의 아침밥을 만들어 주었다.
I ***have made*** you a drink. 나는 당신을 위해 음료를 만들었다.

4 'prepare'

prepare **food는 음식을 씻거나 다듬어서 준비하다라는 뜻이다.**

Prepare the vegetables, cut into small chunks and add to the chicken.
채소를 다듬고 작은 덩어리로 잘라 닭에 넣으세요.

prepare **a meal/drink는** ***make*** **a meal/drink와 같은 뜻으로, 상당히 격식을 차린 용법이다. (위의 make 참조.)**

5 'get'

get **a meal은 음식을 준비하거나 요리하다라는 뜻이다.** ***get*** **a meal** ***ready*****라고도 한다.** ***get*** **a drink는 마실 것을 섞거나 따르다라는 뜻이다.**

Then I'd ***get*** the tea ***ready.*** 그러고 나서 나는 차를 준비할 것이다.
I was downstairs ***getting*** the drinks. 나는 음료를 준비하려고 아래층에 있었다.

6 'fix'

미국 영어에서 ***fix*** **a meal/drink는** ***make*** **a meal/drink와 같은 뜻이다.(위의 make 참조.)**

Sarah ***fixed*** some food for us. 사라는 우리가 먹을 음식을 만들어 주었다.
Morris ***fixed*** himself a stiff drink. 모리스는 자신이 마시려고 독한 술 한 잔을 준비했다.

그 밖에도 요리하는 방법을 가리키는 동사가 많이 있다.

7 'bake', 'roast'

bake, roast는 어떤 것을 액체에 넣지 않고 오븐에 '굽다'라는 뜻이다. 빵과 케이크를 구울 때는 bake를 사용하지만 고기를 구울 때는 roast를 사용한다. ***roast*** **potatoes는 약간의 기름을 사용하여 오븐에서 감자를 요리하다라는 뜻이다. 불 위에 큰 고기덩어리나 새고기를 굽는다고 할 때에도 roast를 사용할 수 있다.**

How did you learn to ***bake*** cakes? 당신은 케이크를 굽는 법을 어떻게 배웠습니까?
I personally would rather ***roast*** a chicken whole. 나는 개인적으로 닭을 통째로 굽는 것을 좋아한다.

ⓘ 구운 고기와 감자에는 roasted가 아닌 roast를 사용한다.
...a traditional ***roast*** beef dinner. 전통적인 쇠고기 구이 정찬.

8 'grill', 'toast', 'broil'

grill, toast는 강한 불 위에서 혹은 아래서 요리하다라는 뜻이다. 고기와 야채를 구울 때는 grill을, 얇은 빵조각을 구울 때는 toast를 사용한다.

미국 영어에서는 보통 grill보다 broil을 사용한다.

Grill the meat for 20 minutes each sides. 고기의 양면을 각각 20분 동안 불에 구우세요.
Toast the bread lightly on both sides. 빵을 양쪽 모두 살짝 구우세요.
I'll ***broil*** the lobster. 나는 바닷가재를 구울 것이다.

9 'boil', 'poach', 'steam'

boil은 끓는 물에서 '삶다'라는 뜻이다. poach는 약간의 뜨거운 물에서 살짝 '데치다'라는 뜻이다. steam은 냄비의 뜨거운 물에서 올라오는 증기로 '찌다'라는 뜻이다.

I'd peel potatoes and put them on to ***boil***. 나는 감자 껍질을 벗긴 후에 삶았다.
Poach the eggs for 4 minutes. 달걀을 4분간 삶으세요.
Leave the vegetables to ***steam*** over the rice for the 20 minutes cooking time.
밥 위에 채소를 올려놓고 20분간 찌세요.

10 'fry'

fry는 뜨거운 유지방이나 기름에 '튀기다'라는 뜻이다.

Fry the breadcrumbs until golden brown. 빵가루가 황갈색으로 될 때까지 기름에 튀기세요.

11 'casserole', 'stew', 'braise'

casserole, stew, braise는 액체나 소스에 담가서 오랫동안 아주 '서서히 요리하다'라는 뜻이다.

If you *casserole* chicken pieces, take the skin off first. 치킨 조각을 서서히 요리하려면 먼저 닭의 껍질을 벗기세요.
Stew the apple and blackberries to make a thick pulp.
사과와 검은 딸기가 으깨져서 진한 죽이 될 때까지 서서히 끓이세요.
...*braised* cabbage. 천천히 익힌 양배추.

---

cooker

cooker는 음식을 끓이거나 굽는 데 사용하는 금속 오븐과 요리용 철판, 즉 '요리 도구'라는 뜻이다.

The food was warming in a saucepan on the *cooker*. 그 음식은 조리기 위의 스튜 냄비 안에서 데워지고 있었다.

미국 영어에서는 요리 도구를 range라고 한다.

Baking soda will put out most electrical fires, so keep a box of it near your *range*.
베이킹 소다는 대부분의 전기 화재를 끌 수 있으므로, 베이킹 소다가 든 상자를 레인지 옆에 놓아두세요.

요리사는 cooker가 아닌 cook이라고 한다.

Usage 표제어 cook 참조.

---

co-operate

Usage 표제어 collaborate – co-operate 참조.

---

cord

Usage 표제어 chord – cord 참조.

---

corn

미국 영어에서 corn은 일반적으로 '옥수수 낟알'이라는 뜻이지만 영국 영어에서는 이를 sweetcorn이라고 한다. 영국 영어에서 corn은 특정 지역에서 생산되는 보리, 밀, 옥수수 등, 즉 '곡식'을 말한다.

---

corner

corner는 어떤 것의 두 면이나 두 가장자리가 서로 만나는 곳, 즉 '구석'이라는 뜻이다.

...a television set in the *corner* of the room. 방 구석에 놓인 텔레비전 수상기.

corner는 두 거리의 가장자리가 만나는 '길모퉁이'라는 뜻도 있다.

There is a telephone box on the *corner*. 길모퉁이에 공중전화 박스가 있다.

어떤 것이 구석에 있다고 할 경우, 일반적으로 something is *in* a corner라고 한다. 그러나 거리의 길모퉁이를 말할 때는 on을 사용한다.

Peel was working *in the corner* of a room. 필은 방구석에서 일을 하고 있었다.
...*in one corner* of the small, square playground. 작고 네모진 놀이터의 한 구석에서.
...the garage *on the corner* of street. 거리 모퉁이에 있는 정비소.
The drugstore was *on the corner* of block. 약국은 블록 모퉁이에 있었다.

---

cost

Usage 표제어 price – cost 참조.

cot – crib – camp bed

1 'cot' and 'crib'

아기가 잠을 잘 때 떨어지지 않도록 옆면을 높게 만든 '아기용 침대'를 영국 영어에서는 **cot**, 미국 영어에서는 **crib**이라고 한다.

Have your baby's Moses basket or ***cot*** beside your bed.
포장 달린 아기 요람이나 어린이용 침대를 당신의 침대 옆에 놓아두세요.

I asked for a ***crib*** to put the baby in. 나는 아기를 넣을 수 있는 어린이 침대를 요청했다.

2 'cot' and 'camp bed'

미국 영어에서는 캠핑을 가거나 집에서 예비용 침대로 사용하는, 천과 지지대로 구성되어 접어서 가지고 다닐 수 있는 성인용 좁은 침대, 즉 '간이침대'를 **cot**라고 한다. 영국 영어에서는 이를 **camp bed**라고 한다.

His bodyguards slept on the ***cots***. 그의 경호원들은 간이침대에서 잠을 잤다.

I ended up on a ***camp bed*** in the lounge. 나는 결국 라운지에 있는 간이침대를 쓰게 되었다.

---

could

➲ Usage 표제어 **can – could – be able to** 참조.

---

council – counsel

1 'council'

명사 **council** [káunsəl]은 소도시, 도시, 군 등의 지방 지역을 운영하는 사람들의 집단, 즉 '의회'라는 뜻이다.

...Wiltshire County ***Council***. 윌트셔 지방 의회.

기관이나 단체를 운영하는 사람들의 그룹은 **Council**이라고 한다.

...the Arts ***Council***. 예술 위원회.

...the British ***Council*** of Churches. 영국 교단 연합 위원회.

2 'counsel'

counsel [káunsəl]은 일반적으로 동사로 사용하며, 다른 사람의 문제에 대해 '조언을 하다'라는 뜻이다.

Part of her work is to ***counsel*** families when problems arise.
그녀가 하는 일의 일부는 문제가 생겼을 때 가족들에게 조언을 해주는 것이다.

counsel은 법적 소송에 대한 조언을 하고 법정에서 어떤 사람을 대신해 변호하는 사람, 즉 '변호사'라는 뜻이다.

Singleton's ***counsel*** said after the trial that he would appeal.
싱글턴의 변호사는 재판이 끝난 후 항소할 것이라고 말했다.

---

country

1 'country'

country는 세계를 분할한 정치 지역 중의 하나, 즉 '국가'라는 뜻이다.

Indonesia is the fifth most populous ***country*** in the world. 인도네시아는 세계에서 다섯 번째로 인구가 많은 나라이다.

Does this system apply in other European ***countries***? 이러한 시스템이 유럽의 다른 국가들에 적용이 됩니까?

2 'the country'

the country는 소도시와 도시에서 멀리 떨어져 있는 땅, 즉 '시골'이라는 뜻이다.

We live in ***the country***. 우리는 시골에 살고 있다.

There was a big move of people away from ***the country*** to the towns. 사람들은 시골에서 소도시로 대이동을 했다.

주의 country가 농촌이나 시골을 뜻하는 경우, the만 사용할 수 있다. 예를 들면, '나는 파리에 살기를 좋아하지만 부모님은 시골에 살기를 더 좋아한다.'는 ~~I like living in Paris, but my parents prefer to live in a country.~~가 아닌 I like living in Paris, but my parents prefer to live in *the* country.라고 한다.

couple

Usage 표제어 pair – couple 참조.

course

course는 특정 과목에 대한 일련의 수업이나 강의, 즉 '강좌'라는 뜻으로, 일반적으로 학생들이 해야 하는 독해와 쓰기 등이 포함된다. **take a course *in* a subject**는 어떤 과목의 강좌를 수강하다라는 뜻이다.

The department also offers a *course in* Opera Studies. 그 학과에는 오페라학 강좌도 있다.
...the Special Honours *course in* Latin. 라틴어의 특별 고급 강좌.

take a course 'of' a subject라고 하지 않는다.

영국 영어에서는 어떤 강좌를 수강하는 사람들을 **the people *on* the course**라고 한다.

There were about 200 people *on* the *course*. 약 200명이 그 강좌를 수강했다.

미국 영어에서는 위와 같은 사람들을 **the people *in* the course**라고 한다.

How many are there *in* the *course* as a whole? 그 강좌의 수강생은 전체 몇 명입니까?

craft

craft는 주로 전통적인 방식으로 손으로 능숙하게 물건을 만드는 것과 관련된 베 짜기, 조각, 도예 등의 활동, 즉 '수공예'라는 뜻이다. craft가 이런 뜻일 경우, 복수형은 **crafts**이다.

It's a pity to see the old *crafts* dying out. 옛 수공예가 사라져 가는 것을 보는 것은 안타까운 일이다.

craft는 사람이나 사물을 물 위나 물속에서 나르는 보트, 호버크라프트, 잠수함 등의 '탈것'이라는 뜻으로도 사용한다. craft가 이런 뜻일 경우, 복수형은 **craft**이다.

There were eight destroyers and fifty smaller *craft*. 8척의 구축함과 50척의 소형 선박이 있었다.

crazy

Usage 표제어 madness 참조.

credible – credulous – creditable

1 'credible'

credible은 어떤 것을 '믿을 수 있는'이라는 뜻이다.

His latest statements are hardly *credible*. 최근 그의 진술은 거의 신빙성이 없다.
This is not *credible* to anyone who has studied the facts. 그러한 사실을 연구한 어느 누구도 이것을 믿지 않는다.

credible은 부정문에서 매우 흔하게 사용한다.

2 'credulous'

credulous는 항상 다른 사람들의 말을 쉽게 믿는, 즉 '잘 속는'이라는 뜻이다.

Credulous women bought the mandrake root to promote conception.
쉽게 잘 속는 여자들은 임신을 촉진하기 위해서 맨드레이크 뿌리를 샀다.

3 'creditable'

creditable은 공연, 업적, 행동이 '상당히 높은 수준에 있는'이라는 뜻이다.

He polled a ***creditable*** 44.8 percent. 그는 상당히 높은 비율인 44.8퍼센트의 표를 얻었다.

Their performance was even less ***creditable***. 그들의 공연은 믿을 수 없을 정도로 훨씬 더 낮은 수준이었다.

---

crib

➲ Usage 표제어 cot – crib – camp bed 참조.

---

crime

crime은 누군가가 법에 의해 처벌받을 수 있는 불법적인 행동, 즉 '범죄'라는 뜻이다. ***commit*** a crime은 범죄를 저지르다라는 뜻이다.

A *crime has been committed*. 범죄가 발생했다.

The police had no evidence of him *having committed* any actual *crime*.
경찰은 그가 실제로 범죄를 저질렀다는 어떤 증거도 전혀 없었다.

ℹ 'do' a crime이나 'make' a crime이라고 하지 않는다.

---

crippled

과거에는 신체에 장애가 있는 사람을 **someone is *crippled***나 **someone is *a cripple***이라고 했으나, 현재는 그들을 모욕하는 말이라고 생각하여 사용하지 않는다. 대신 '육체적인 장애를 가진'이라는 뜻의 형용사 **disabled**, **handicapped**, **physically handicapped**를 사용한다.

특히 태어날 때부터 신체에 이상이 있는 경우에는 **handicapped**, **physically handicapped**라고 한다. **someone is *in a wheelchair***는 누군가가 신체장애로 걷지 못하는 상태라는 뜻이다.

제한적인 신체 조건을 가진 사람을 가리키는 가장 사려 깊은 표현에는 **people with disabilities**나 **people with special needs**가 있다.

Those who will gain the most are *people with disabilities* and their carers.
혜택을 가장 많이 받게 되는 사람들은 장애인과 그들을 돌보는 사람들이다.

Employers are not prepared to pay for the training of *young people with special needs*.
고용주들은 장애가 있는 젊은이들의 훈련 비용을 지급할 준비가 되어 있지 않은 상태이다.

---

crisps

➲ Usage 표제어 chips 참조.

---

criterion

criterion은 어떤 것을 판단하거나 평가하는 '기준'이라는 뜻이다.

The most important *criterion* for entry is that applicants must design and make their own work.
가장 중요한 참가 기준은 지원자가 자신의 작품을 디자인하고 만들어야 한다는 것이다.

criterion의 복수형은 criterions가 아닌 criteria이다.

The Commission did not apply the same *criteria* to advertising. 위원회는 광고에 같은 기준을 적용하지 않았다.

주의 criteria는 복수형으로만 사용하며, a criteria나 this criteria라고 하지 않는다.

critic – critical – critique

1 'critic'

명사 critic [krítik]은 책, 영화, 음악, 예술 작품에 대해 신문이나 텔레비전에 평론을 쓰고 의견을 표현하는 사람, 즉 '비평가'라는 뜻이다.

What did the New York ***critics*** have to say about the production?
뉴욕의 비평가들은 그 상연 작품에 대해 어떤 평가를 해야 했는가?

...comments by a couple of television critics. 두세 명의 텔레비전 비평가의 논평들.

2 'critical'

critic은 형용사로 사용하지 않는다. '비평가의 일에 관련된'이라는 뜻의 형용사는 critical이며, 명사 앞에서만 사용한다.

I was planning a serious ***critical*** study of Shakespeare. 나는 셰익스피어에 대한 진지한 비평 연구를 계획 중이었다.

3 'critique'

명사 critique [kritíːk]는 어떤 상황이나 사람의 작품에 대한 견해와 분석을 글로 쓴 것을 말한다. 이 단어는 격식을 차린 단어이다.

...an intelligent and incisive ***critique*** of our society. 우리 사회에 대한 지적이면서 날카로운 비평.

In 1954, Golub published 'A ***Critique*** of Abstract Expressionism'.
1954년에 골럽은 'A Critique of Abstract Expressionism'이라는 책을 출간했다.

4 'review'

비평가가 신문에 쓴 '평론'은 critique가 아닌 review라고 한다.

...a book ***review***. 서평.

He hadn't even given the play a bad ***review***. 그는 그 연극에 대해 악평조차 하지 않았다.

critique

➲ Usage 표제어 critic – critical – critique 참조.

cry – weep

1 'cry'

cry는 동사나 명사로 사용할 수 있다. 동사 cry의 3인칭 단수는 cries, -ing형은 crying, 과거와 과거분사는 cried이다. 명사 cry의 복수형은 cries이다.

cry는 행복하지 않거나, 두려워하거나, 아파서 눈물이 나오다, 즉 '울다'라는 뜻이다.

Helen began to ***cry***. 헬렌은 눈물을 흘리기 시작했다.

Feed the baby as often as it ***cries***. 아기가 울 때마다 젖을 먹이세요.

If the baby ***cried*** at night, Nick would comfort him. 아기가 밤에 울면, 닉이 아기를 달랠 것이다.

We heard what sounded like a little girl ***crying***. 우리는 어린 여자 아이가 우는 듯한 소리를 들었다.

회화에서 ***have a cry***는 울다라는 뜻이다.

She felt a lot better after a good ***cry***. 그녀는 실컷 울고 나자 기분이 훨씬 좋아지는 것을 느꼈다.

2 'weep'

weep은 오래된 단어로 cry와 같은 뜻이지만, 현재는 소설에서만 사용한다. weep의 과거와 과거분사는 weeped가 아닌 wept이다.

The girl ***was weeping*** as she kissed him goodbye. 그에게 작별 키스를 했을 때 소녀는 눈물을 흘리고 있었다.

James ***wept*** when he heard the news. 제임스는 그 소식을 듣자 눈물을 흘렸다.

3 another meaning of 'cry' (cry의 다른 의미)

소설에서 cry는 '소리를 지르다'라는 뜻이다.

'Come on!' he ***cried***. "자, 어서!" 하고 그가 크게 외쳤다.

He ***cried*** out angrily, 'Get out of my house!' 그는 화가 나서 "우리 집에서 나가!" 하고 크게 소리쳤다.

cry는 누군가가 큰 소리를 지르는 것, 즉 '외침'이라는 뜻이다.

When she saw him she uttered a ***cry*** of surprise. 그녀가 그를 보았을 때 그녀는 놀라서 소리를 질렀다.

We heard ***cries*** of 'Help! Please help me!' coming from the river.
우리는 강에서 "사람 살려! 사람 살려 주세요!"라고 외치는 소리를 들었다.

---

cup – glass – mug

1 'cup'

cup은 홍차와 커피 등의 뜨거운 음료를 마실 때 쓰는, 일반적으로 손잡이가 달린 작고 둥근 용기라는 뜻이다. 컵을 들고 있지 않을 경우, 일반적으로 컵은 받침 접시(saucer) 위에 놓는다.

...a china ***cup***. 도자기 컵.

John put his ***cup*** and saucer on the coffee table. 존은 커피 테이블 위에 자신의 컵과 받침 접시를 놓았다.

미국 영어에서 cup은 요리할 때 사용하는 계량의 표준 단위로도 사용한다.

Sprinkle 2 ***cups*** coconut heavily over the top and sides of the cake.
코코넛 두 컵을 케이크 윗부분과 옆부분에 두껍게 뿌리세요.

2 'glass'

유리로 만들어져 있고 찬 음료에 사용하는 용기, 즉 '유리잔'은 cup이 아닌 glass라고 한다.

I put down my ***glass*** and stood up. 나는 잔을 내려놓고 일어섰다.

He poured Ellen a ***glass*** of wine. 그는 엘렌에게 포도주를 한 잔 따라 주었다.

3 'mug'

mug는 뜨거운 음료에 사용하는, 옆면이 반듯하고 손잡이가 달린 크고 우묵한 컵이다. 머그는 받침 접시 위에 놓지 않는다.

He spooned instant coffee into two of the ***mugs***. 그는 두 개의 머그에 인스턴트 커피를 수저로 떠넣었다.

---

cupboard – wardrobe – closet

1 'cupboard'

cupboard는 일반적으로 문이 달려 있고 안에는 선반이 있는 가구, 즉 '찬장'이라는 뜻이다.

The kitchen ***cupboard*** is stocked with tins of soup and food.
그 부엌 찬장에는 수프와 음식 통조림이 저장되어 있다.

2 'wardrobe'

wardrobe는 일반적으로 침실에 옷을 거는 공간이 있는 긴 가구, 즉 '옷장'이라는 뜻이다.

The master bedroom has an en suite bathroom and a walk-in ***wardrobe***.
주 침실에는 딸린 욕실과 선 채 들어갈 수 있을 정도로 큰 옷장이 설치되어 있다.

3 'closet'

찬장이나 옷장은 때때로 독립된 가구로보다는 붙박이로 짓기도 한다. 미국 영어에서는 '붙박이 찬장이나 옷장'을 closet라고 한다.

Clothes hang limp in the ***closet***. 옷장에 옷이 힘없이 걸려 있었다.

curb – kerb

1 'curb'

curb는 명사나 동사로 사용한다.

***curb* something**은 어떤 것을 통제하거나 한정된 범위 안에 두다, 즉 '억제하다'라는 뜻이다.

...proposals to ***curb*** the powers of the Home Secretary. 내무 장관의 권한을 제한하려는 제안들.

You must ***curb*** your extravagant tastes. 당신은 사치스러운 취향을 억제해야 한다.

curb에는 누군가가 어떤 것에 제한을 두다라는 뜻도 있다.

This requires a ***curb*** on public spending. 이것은 공공 소비의 제한을 요구한다.

Another year of wage ***curbs*** is inevitable. 1년 더 임금을 억제하는 것이 불가피하다.

2 'kerb'

curb는 미국식 표기이고 kerb는 영국식 표기로, 발음상의 차이는 없다. kerb는 보도와 도로 사이에 솟은 가장자리, 즉 '연석'이라는 뜻이다.

The taxi pulled into the ***kerb***. 그 택시는 연석 쪽으로 멈춰 섰다.

I pulled up at the ***curb***. 나는 차를 연석 옆에 세웠다.

curiosity

어떤 사람의 생활, 사건, 상황을 알아내기를 바라는 사람을 묘사하는 단어는 다음과 같다.

curious	inquisitive	interested	nosy	prying

1 'curious'

curious는 찬성이나 반대를 나타내지 않는 중립적인 단어다.

Steve was intensely ***curious*** about the world I came from. 스티브는 나의 출신지에 대해 상당히 궁금해 했다.

2 'interested'

interested는 일반적으로 칭찬할 때 사용하는 단어이다. 한 사람의 삶에 대해 다른 사람에 대한 관심을 나타낼 때 사용한다.

She put on a good show of looking ***interested***. 그녀는 상당히 관심이 있는 모습을 보였다.

3 'nosy' and 'prying'

nosy와 prying은 부정적인 뜻을 나타낸다.

'Who is the girl you came in with?' – 'Don't be so ***nosy.***'
"당신과 같이 온 여자 분은 누구세요?" – "그렇게 꼬치꼬치 캐묻지 마세요."

Computer-based records can easily be protected from ***prying*** eyes by simple systems of codes.
컴퓨터에 기반을 둔 기록들은 간단한 암호 체계를 통해 개인 정보를 엿보려는 눈들로부터 쉽게 보호될 수 있다.

ℹ prying은 보통 eyes와 함께 사용한다.

4 'inquisitive'

inquisitive는 때때로 부정적인 뜻을 나타내지만, 중립적인 말이나 칭찬하는 단어로도 사용할 수 있다.

Mr Courtney was surprised. 'A ring, you say?' He tried not to sound ***inquisitive***.
코트니 씨는 놀라서 "반지라고 하셨나요?"라며 관심이 있는 것처럼 들리게 하지 않으려고 애썼다.

Up close, he was a man with ***inquisitive*** sparkling eyes and a fresh, very down-to-earth smile.
바로 곁에서 보면 그는 호기심 많은 반짝이는 눈과 생기 넘치고 매우 정직한 미소를 가진 사람이었다.

USAGE

currant – current

currant와 current 모두 [kə́ːrənt | kʌ́r-]로 발음한다.

1 'currant'

명사 currant는 알갱이가 작고 말린 포도, 즉 '건포도'라는 뜻이다.

...dried fruits such as ***currants***, raisins and dried apricots. 케이크용 건포도, 건포도, 말린 살구와 같은 말린 과일들.

2 'current' used as a noun(명사로 사용하는 current)

current는 명사나 형용사로 쓰이며, 강이나 호수, 바다에서의 꾸준하고 끊임없는 물의 움직임, 즉 '해류'라는 뜻이다.

The child had been swept out to sea by the ***current***. 그 아이는 해류에 의해 바다로 쓸려가 버렸다.

current에는 꾸준하게 흐르는 '기류'나 전선이나 회로를 통해 움직이는 '전류'라는 뜻도 있다.

I felt a ***current*** of cool air blowing in my face. 나는 얼굴에 부딪히는 찬 공기의 흐름을 느꼈다.

There was a powerful electric ***current*** running through the wires. 그 전선에는 강한 전류가 흐르고 있었다.

3 'current' used as an adjective(형용사로 사용하는 current)

과거나 미래가 아닌 현재 일어나고 있거나 사용하고 있는 사물을 묘사할 때, current를 사용한다.

Our ***current*** methods of production are far too expensive. 우리가 현재 사용하는 생산 방법은 너무 많은 비용이 든다.

➲ 그 밖에 current와 비슷한 뜻으로 사용하는 단어에 대한 더 많은 정보는 Usage 표제어 new 참조.

custom

➲ Usage 표제어 habit – custom 참조.

customer – client

1 'customer'

customer는 특히 가게에서 물건을 사는 사람, 즉 '소비자'라는 뜻이다.

She's one of our regular ***customers***. 그녀는 우리 단골손님 중의 한 사람이다.

2 'client'

client는 돈을 지불하는 대가로 전문가나 단체로부터 서비스를 받는 사람이나 회사, 즉 '고객'이라는 뜻이다.

...a solicitor and his ***client***. 변호사와 그의 고객.

cut

cut은 어떤 것의 한 조각을 제거하거나 손상시키기 위해서 칼이나 가위 등을 사용하다, 즉 '자르다'라는 뜻이다. cut의 과거와 과거분사는 cutted가 아닌 cut이다.

She ***cut*** the cake and gave me a piece. 그녀는 케이크를 잘라 나에게 한 조각을 주었다.

...the shiny crumpled pictures which she'd carefully ***cut*** out of the Sears catalogue.
그녀가 시어스 카탈로그에서 조심스럽게 잘라 낸 반짝이면서 구겨진 사진들.

➲ 비슷한 뜻의 단어에 대한 정보는 Usage 표제어 damage 참조.

D d

damage

1 'damage' and 'harm'

damage는 상처나 해를 주는 의미를 나타내는 여러 동사 중의 하나이다. 이들 동사 중에서 **damage**와 **harm**이 가장 일반적이다.

It is important for a child to learn that one should not ***damage*** someone else's property.
어린아이가 다른 사람의 소유물을 손상시켜서는 안 된다는 것을 배우는 것은 중요한 일이다.

Too much detergent cannot ***harm*** a fabric, so long as it has been properly dissolved.
세제가 적절히 용해되기만 하면 지나치게 많은 양을 사용해도 옷감이 손상되지 않는다.

2 severe damage(심한 손상)

심한 손상이나 해를 나타내는 단어는 다음과 같다.

defile	desecrate	destroy	devastate	mangle
mutilate	pull apart	ravage	ruin	vandalize
wreck				

The statue ***was destroyed***. 그 동상은 파괴되었다.
Shops, cars and houses ***were ruined*** in the blasts. 그 폭발로 인해 가게, 자동차, 집이 파괴되었다.

정교하거나 순수하거나 성스러운 것이 손상되었을 때, **defile**과 **desecrate**를 사용한다.

They began to find their places of worship ***desecrated*** with blood and mud.
그들은 자신들의 예배 장소가 피와 진흙으로 더럽혀진 것을 알아차리기 시작했다.

3 damage to someone's body(신체의 부상)

신체에 가해진 부상을 가리키는 단어는 다음과 같다.

bruise	injure	stab	wound

Every year thousands of people ***are injured*** in accidents at work.
매년 수천 명의 사람들이 직장에서 사고로 부상당한다.
During the war he ***had been wounded*** in Africa. 그는 전쟁 중에 아프리카에서 부상당했다.

injure나 **wound**는 신체의 부상을 나타내는 가장 일반적인 용어로, **wound**는 주로 전투에서 생긴 상처를 가리킬 때 사용한다. **be bruised**는 사람이 피부에 상처를 입지는 않았으나 멍이 들다라는 뜻이다. **be stabbed**는 누군가가 칼과 같은 날카로운 것에 찔리다라는 뜻이다.

➲ Usage 표제어 **injure**과 **wound** 참조.

4 spoiling(망가뜨림)

어떤 것의 모습이나 표면을 망가뜨리는 행위를 나타내는 단어는 다음과 같다.

deface	discolour	disfigure	mark	scar
smear	smudge	spoil	stain	

He was strongly cautioned against ***defacing*** the walls with obscenities.
그는 외설적인 말을 벽에 써서 더럽힌 것으로 강한 경고를 받았다.

When he untied the bundle in his kitchen, there were five oily guns ***staining*** the white cloth.
그가 부엌에서 꾸러미를 풀자, 하얀 헝겊을 얼룩지게 한 기름이 칠해진 총이 다섯 자루가 있었다.

deface, **disfigure**, **mark**, **spoil**은 가장 일반적인 용어이다.

5 cutting(자르기)

칼, 도끼, 그 밖의 날카로운 도구에 의해 생긴 손상을 나타내는 단어는 다음과 같다.

cut	chop	gash	hack	lacerate
lop off	nick	piece	score	scratch
sever	slash	slice	slit	

Their clothes ***were slashed*** to ribbons. 그들의 옷은 갈기갈기 찢겨졌다.
The wire ***had been neatly severed***. 그 철사는 깔끔하게 잘렸다.

cut, chop, hack, lop, slash, slice **part of something** ***off***는 어떤 것의 일부를 제거하다라는 뜻이다.
Most of my hair had to be ***cut off***. 나는 머리카락을 대부분 잘라야 했다.

물건의 일부분이 떨어져 나가지는 않고 입은 피해를 가리킬 때, **cut**, **chop**, **hack**, **lop**, **slash**, **slice** 동사를 쓸다. 이때 **lop**에만 **off**를 사용하고 나머지 동사는 **off**를 사용하지 않는다.

sever는 어떤 것의 일부를 '잘라내다'라는 뜻이며, 격식을 차린 단어이다.
One constable's hand ***was severed*** by a sword blow. 휘두른 칼에 의해 경찰관의 손이 잘려 나갔다.

score나 **scratch**는 표면에 '얇은 줄을 내다'라는 뜻이며, **nick**은 어떤 것에 '작은 흠집을 내다'라는 뜻이다. 그 밖의 다른 단어는 더 크고 깊은 상처를 나타낼 때 사용한다.

6 dividing into pieces(여러 개로 쪼개기)

딱딱한 것에 힘을 가해서 두 개 이상의 조각으로 쪼개거나 한 부분을 떼어 내다라는 뜻의 단어는 다음과 같다.

break	chip	crack	fracture	shatter
smash	snap	splinter	split	

A crowd of youths started ***smashing*** windows. 많은 젊은이들이 창문을 깨부수기 시작했다.
Crack the eggs into a bowl. 달걀을 깨서 그릇에 담으세요.

chip이나 **splinter**는 어떤 것에서 작은 조각이 '떨어져 나가게 하다'라는 뜻이다. **crack**은 어떤 것의 두 부분이 갈라지다, 즉 '금이 가게 하다'라는 뜻이다. 그 밖의 다른 단어는 더 심각한 피해를 나타낸다.

tear, **rip**, **shred**는 천이나 종이를 '찢다'라는 뜻이다.
She took the cheque and ***tore*** it into pieces. 그녀는 수표를 집어서 갈기갈기 찢어 버렸다.
A twig ***ripped*** a hole in my sleeve. 나뭇가지에 의해 내 옷소매는 구멍이 났다.

burst는 풍선같이 공기나 액체로 꽉 찬 물체를 '터뜨리다'라는 뜻이다.

crumble, **crush**, **pulverise**는 물체를 압착해서 '작은 입자로 만들다'라는 뜻이다.
I ***crumbled*** bread in my hands. 나는 손으로 빵을 으깨었다.
Peel and ***crush*** the garlic. 마늘의 껍질을 벗기고 으깨서 다지세요.

7 changing the shape(모양 변형하기)

어떤 것의 모양을 변형시켜서 손상을 주는 행위를 나타내는 동사는 다음과 같다.

bend	crumple	dent	flatten	squash	twist

He ***crumpled*** each picture and threw it on the floor. 그는 사진을 한 장 한 장 구겨서 바닥에 던져 버렸다.
The large bronze urns ***were dented*** beyond restoring. 큰 청동 주전자는 복원이 어려울 정도로 모양이 찌그러졌다.

천이나 종이의 변형을 나타낼 때, **crush**를 사용할 수도 있다.

Her dress had got ***crushed***. 그녀의 드레스가 구겨졌다.

dare

동사 **dare**에는 두 가지 뜻이 있다.

1 main meaning(주된 의미)

dare는 주로 '~할 용기가 있다'라는 뜻으로 일반적으로 부정문과 의문문에서만 사용한다. someone *daren't* do something은 어떤 것을 할 만한 용기가 없다라는 뜻이다.

I ***daren't*** ring Jeremy again. 나는 제러미에게 다시 전화를 걸 용기가 없다.

미국 영어에서는 축약형 **daren't**가 아닌 완전한 형태로 **dare not**을 사용한다.

I ***dare not*** leave you here without protection. 보호자 없이는 당신을 여기에 두고 갈 용기가 없다.

어떤 일을 할 용기가 없었다고 할 경우, ***did not dare*** do something이나 ***didn't dare*** do something이라고 하며, 격식을 차린 글에서는 ***dared not*** do something이라고 한다.

She ***did not dare*** leave the path. 그녀는 그 길을 떠날 용기가 없었다.

I ***didn't dare*** speak or move. 나는 말하거나 움직일 용기가 없었다.

He ***dared not*** show that he was pleased. 그는 자신이 기뻐하고 있다는 것을 보여 줄 용기가 없었다.

〔did not dare + to부정사〕 형식을 때때로 사용한다.

She ***did not dare to*** look at him. 그녀는 그를 바라볼 용기가 없었다.

He ***did not dare to*** walk to the village. 그는 그 마을로 걸어 들어갈 용기가 나지 않았다.

다른 종류의 부정문에서는 〔dare + 원형부정사〕 형식이나 〔dare + to부정사〕 형식을 사용할 수 있다.

No one ***dares*** disturb him. 아무도 그를 방해할 용기가 없다.

No other manager ***dared to*** compete. 어떤 다른 매니저도 경쟁할 용기가 없었다.

yes/no의문문에서 dare의 원형은 조동사 없이 주어 앞에 오는데, 이때 주어 뒤에는 원형부정사가 온다.

Should she write to the girl? ***Dare*** she write? 그녀가 그 소녀에게 편지를 쓸까요? 그녀는 쓸 용기가 있을까요?

Dare she go in? 그녀가 안으로 들어갈 용기가 있을까요?

ℹ dare는 현재시제나 과거시제 모두 원형을 사용한다. wh-의문문에서는 dare 앞에 would 등의 조동사를 사용하며, dare 뒤에는 to부정사나 원형부정사를 사용할 수 있다.

Who ***would dare to*** tell him? 누가 그에게 말을 걸 용기가 있겠는가?

What bank ***would dare*** offer such terms? 어느 은행이 그러한 조건들을 제안할 용기가 있겠는가?

2 'I dare say'

I dare say나 **I daresay**는 어떤 일이 사실일 가능성이 있다고 생각함을 나타낸다.

It's worth a few pounds, ***I dare say***, but no more. 그것은 몇 파운드의 값어치가 있지만, 아마 그 이상은 아닐 것이다.

Well, ***I daresay*** you've spent all your money by now. 아마 지금쯤 당신은 가지고 있던 돈을 다 써버렸을 것이다.

ℹ I dare say는 변할 수 없는 고정된 구이다. 예를 들면, You dare say나 I dare to say라고 하지 않는다.

3 used as a transitive verb(타동사로 사용하기)

dare가 타동사로 쓰일 때, 위험한 일을 하도록 부추기다라는 뜻도 있다.

I ***dare*** you to spend the night in the graveyard. 나는 묘지에서 밤을 새울 수 있으면 그렇게 해보라고 권하고 싶다.

data

data는 다음 계산에 사용되거나 일반적으로 분석되는 사실이나 통계 형태의 정보, 즉 '자료'라는 뜻이다.

Such tasks require the worker to process a large amount of ***data***.
그런 일은 업무자가 많은 양의 자료를 처리할 것을 요구한다.

This will make the ***data*** easier to collect. 이것은 자료를 더 쉽게 모으게 해줄 것이다.

data는 일반적으로 불가산명사로, 단수동사와 함께 사용한다.

...the latest year for which data ***is*** available. 데이터 사용이 가능한 가장 최신 연도.

...whenever the data ***involves*** confrontation between nuclear powers.
그 자료가 핵무기 보유국들 간의 대립을 수반할 때에는.

보통 these data보다는 this data를 사용한다.

Processing ***this data*** only takes a moment. 이 자료를 처리하는 데는 잠깐이면 된다.

He may be incapable of transferring ***this data*** correctly to a patient's records.
그는 이 자료를 환자 기록부에 올바르게 전송할 수 없을지도 모른다.

그러나 일부 사람들은 위와 같은 용법이 잘못됐다고 생각한다. data는 datum의 복수형이므로 this data가 아닌 these data로 사용하고, 복수동사를 사용해야 한다고 주장하기도 한다.

The economic data ***are*** inconclusive. 경제 관련 데이터는 결론에 이르지 못하고 있다.

To cope with ***these data***, hospitals bought large mainframe computers.
이러한 자료를 처리하기 위해서 병원들은 대용량 컴퓨터를 구입했다.

격식을 차린 글이나 과학 서적에서는 this data보다 these data를 사용하고, 복수동사를 사용한다. 그 밖의 상황에서는 단수동사나 복수동사 중 어느 것을 사용해도 좋다.

---

day

1 'day'

day는 24시간 단위의 '하루'를 뜻한다.

The attack occurred six ***days*** ago. 그 공격은 6일 전에 일어났다.

Can you go any ***day*** of the week? What about Monday? 일주일 중 어느 날이라도 갈 수 있나요? 월요일은 어때요?

햇빛이 있으며 사람들이 잠자지 않고 일을 하는 시간, 즉 '낮'이라는 뜻에도 day를 사용한다. day가 이런 뜻일 경우, 가산명사나 불가산명사로 사용할 수 있다.

The ***days*** were dry and the nights were cold. 낮에는 건조했고, 밤에는 추웠다.

...a typical working ***day***. 평범한 출근일.

They had waited three ***days*** and three nights for this opportunity.
그들은 이 기회를 잡기 위해 삼일 밤낮을 기다렸다.

The festivities would go on all ***day***. 축제는 하루 종일 계속될 것이다.

2 'today'

말을 하고 글을 쓰고 있는 현재의 하루, 즉 '오늘'을 today라고 한다.

I hope you're feeling better ***today***. 나는 오늘 당신이 기분이 나아지기를 바란다.

I want to get to New York ***today***. 나는 오늘 뉴욕에 도착하기를 원한다.

today는 역사상에서의 오늘날, 현재를 가리킬 때에도 사용한다.

Today we are threatened on all sides by financial and political crises.
오늘날 우리는 재정적, 정치적 위기로 사방에서 위협을 당하고 있다.

3 'the other day'

어떤 일이 아주 최근에 일어났다고 할 때, the other day를 사용한다.

We had lunch ***the other day*** at our favourite restaurant. 우리는 일전에 우리가 좋아하는 식당에서 점심을 먹었다.

The other day, I met one of the world's finest violinists.
나는 일전에 세계에서 가장 훌륭한 바이올리니스트 중의 한 사람을 만났다.

4 referring to a particular day(특정한 날 가리키기)

어떤 사건이 일어났거나 일어날 특정한 날을 가리키는 경우, 보통 on으로 시작하는 전치사구를 사용한다.

We didn't catch any fish ***on the first day.*** 첫째 날에 우리는 고기를 한 마리도 잡지 못했다.
On May Day we sat as honoured foreign guests in T'ien-an Men Square.
우리는 노동절에 특별 외빈의 자격으로 천안문 광장에서 열린 행사에 참석했다.
On the day after the race try to jog. 그 경주가 끝난 다음날 조깅을 해보세요.

that day는 '지나간 특정한 날'이라는 뜻이다.

Then I took a bath, my second ***that day***. 그때 나는 그날의 두 번째 목욕을 했다.
Later ***that day*** Mason was taken by police car from Barlinnie back to the High Court.
그날 늦게 메이슨은 경찰차에 실려 발리니에서 다시 고등 법원으로 이송되었다.

the day before나 **the previous day**는 '어떤 날의 전날'이라는 뜻도 있다.

The day before Kate had worn scarlet shorts for tennis. 그 전날 케이트는 테니스를 치려고 주홍색 반바지를 입었다.
My belongings had been taken from me ***the previous day.*** 그 전날 나는 소지품을 빼앗겼다.

the next day나 **the following day**는 '과거의 어떤 날의 바로 다음날'이라는 뜻도 있다.

The next day the revolution broke out. 그 다음날 혁명이 일어났다.
We were due to meet Hamish ***the following day***. 우리는 그 다음날 해미시를 만나기로 예정되어 있었다.

the following day나 **the day after**는 '미래의 어떤 날의 다음날'이라는 뜻도 있다.

The selectors will meet tomorrow evening and their team will be named ***the following day.***
선수 선발 위원들이 내일 저녁에 모이는데 그들 팀의 이름은 그 다음날 지어질 것이다.
I could come ***the day after***. 나는 그 다음날 올 수 있을 것이다.

5 'every day'

어떤 일이 정기적으로 매일 일어날 때, **every day**를 사용한다.

You would see her there ***every day*** in the summer. 당신은 여름에 그곳에서 그녀를 날마다 만날 수 있을 것이다.
Third, eat at least five portions of fruit and vegetables ***every day***.
셋째, 적어도 5인분의 과일과 채소를 매일 먹어야 한다.

> **주의** **every day**를 형용사 **everyday**와 혼동해서는 안 된다.
> ➲ 두 단어의 차이에 대한 설명은 Usage 표제어 everyday – every day 참조.

6 'these days' and 'nowadays'

과거에 일어난 일과 대비하여 현재 일어나고 있는 일을 말할 때, **these days**를 사용한다.

If you need medical help abroad ***these days***, it can run into a small fortune.
요즈음 해외에서 의학적 도움이 필요할 경우에는 거금이 들 수 있다.
Bob was drunk, as usual ***these days***. 밥은 요즘도 평소처럼 술에 취해 있었다.

nowadays는 **these days**와 비슷한 방식으로 사용한다.

Kids ***nowadays*** are lazy. 요즈음 아이들은 게으름을 피운다.
Why don't we ever see Jim ***nowadays***? 요사이 우리는 왜 짐을 볼 수 없지?

7 'in those days'

더 이상 존재하지 않는 과거의 상황을 나타낼 때, **in those days**를 사용한다.

In those days there were only a handful of professional cricketers in Australia.
그 당시 호주에는 소수의 프로 크리켓 선수만이 있었다.
Life was so much simpler ***in those days***. 그 당시에는 생활이 훨씬 더 단순했다.

8 'one day'

미래의 명확하지 않은 시간에 어떤 일이 일어날 것이라고 할 때, **one day**를 사용한다.

Maybe he'll be Prime Minister ***one day***. 그는 아마 언젠가 총리가 될지도 모른다.
Don't cry, Julie, I'll come back ***one day***, I promise. 울지 마, 줄리. 언젠가 돌아올게, 약속해.

소설에서 방금 전에 어떤 상황을 설명하고 그 상황에서 일어난 일련의 사건 중 첫 번째를 언급할 때, **one day**를 사용한다.

One day a man called Cayley came in to pay his electricity bill.
어느 날 케일리라는 한 남자가 전기 요금을 내려고 들어왔다.

9 other uses(그 밖의 용법)

역사상에서 어떤 특정한 기간을 나타낼 때, **day**나 **days**를 사용하는 방법은 여러 가지가 있다.

In Shakespeare's day, women's parts were played by male actors.
셰익스피어 시대에는 남자 배우가 여자 배역을 맡았다.

She wrote *in the early days of the republic*. 그녀는 공화국 초창기 시절에 글을 썼다.

In these days of vaccination measles and mumps are not so common as they used to be *in my young days*.
예방 접종이 실시되는 요즈음에는 내가 어렸을 때만큼이나 홍역과 볼거리가 흔하지는 않다.

ⓘ 부가어에서 day나 days를 위와 같이 사용할 경우, 항상 전치사 in과 함께 사용한다.

---

dead

1 used as an adjective(형용사로 사용하기)

일반적으로 **dead**는 형용사로, 사람이 더 이상 '살아 있지 않은'이라는 뜻이다. 방금 전에 죽거나 오래 전에 죽었다고 할 때에도 **dead**를 사용한다.

The body of the *dead* woman lay covered by the steps of the farmhouse.
죽은 여자의 시신이 농가의 계단 옆에 덮여 있었다.

He was shot *dead* in a gunfight. 그는 총격전에서 총에 맞아 죽었다.

동물이나 식물이 죽어 있다라는 뜻을 나타낼 때에도 **dead**를 사용한다.

The disease was caused by using protein from *dead* sheep in cattle feed.
그 질병은 죽은 양에서 얻은 단백질을 가축 사료에 사용한 것이 원인이었다.

Mary threw away the *dead* flowers. 메리는 시든 꽃을 버렸다.

> 주의 **dead**를 **died**와 혼동해서는 안 된다. **died**는 동사 **die**의 과거와 과거분사이며, 형용사로는 사용하지 않는다.

2 used as a noun(명사로 사용하기)

죽은 사람들을 **the dead**라고 한다.

Among *the dead* was a five-year-old girl. 죽은 사람들 중에는 다섯 살짜리 여자 아이 한 명이 있었다.

---

deaf

deaf는 어떤 것을 들을 수 없거나 잘 들리지 않다, 즉 '귀가 먹은'이라는 뜻이다.

She was *deaf* as well as short-sighted. 그녀는 근시일 뿐만 아니라 귀도 먹었다.

ⓘ someone's 'ears are deaf'라고 하지 않는다.

---

deal

1 'a great deal' and 'a good deal'

a great deal이나 **a good deal**은 어떤 것이 많다라는 뜻이다. **a good deal**보다 **a great deal**을 흔히 사용한다.

There was *a great deal of concern* about energy shortages. 에너지 부족에 대해 많은 우려가 있었다.
She drank *a good deal of coffee* with him in his office. 그녀는 그의 사무실에서 그와 함께 커피를 자주 마셨다.

ⓘ 위와 같은 표현은 불가산명사만 함께 사용한다. 예를 들면, ~~a great deal of apples~~가 아닌 a great deal of money라고 한다.

a great deal과 **a good deal**은 부가어로도 사용할 수 있는데, 어떤 일을 하는 데 많은 시간을 소비하다라는 뜻이다.

They talked ***a great deal***. 그들은 오랫동안 이야기를 했다.

비슷한 부가어의 분류 목록은 Grammar 표제어 Adjuncts의 degree 참조.

2 'deal with'

deal with는 원하는 결과를 달성하기 위해 필요한 일을 하다, 즉 '처리하다'라는 뜻이다.

They learned to ***deal with*** any sort of emergency. 그들은 어떤 경우의 비상사태에서도 대처하는 것을 배웠다.

deal의 과거와 과거분사는 **dealed**가 아닌 **dealt**[delt]이다.

When they ***had dealt with*** the fire, another crisis arose. 그들이 화재에 대처하고 있을 때, 다른 위기 상황이 발생했다.

deal with에는 책, 연설, 영화가 특정한 주제와 관련이 있다라는 뜻도 있다.

The book ***deals with*** the pursuit of Rommel's army after El Alamein.
그 책은 엘 알라메인 전투 후의 롬멜 군대에 대한 추적과 관련된 것이다.

The film ***deals with*** a strange encounter between two soldiers. 그 영화는 두 병사 간의 이상한 만남을 다루고 있다.

3 'deal in'

deal in은 특정한 상품을 팔다라는 뜻이다.

They ***deal in*** antiques. 그들은 골동품을 판매한다.

...the New Power Group, which ***deals in*** heavy machinery. 중장비 기계를 판매하는 뉴 파워 그룹 회사.

---

definitely

Usage 표제어 surely 참조.

---

delay – cancel – postpone – put off

1 'delay'

delay는 어떤 일을 나중에 하다, 즉 '연기하다'라는 뜻이다.

The government ***delayed*** granting passports to them until a week before their departure.
정부는 그들이 떠나기 일주일 전까지 여권 발급을 연기했다.

Try and persuade them to ***delay*** some of the changes. 몇 가지 변동 사항을 지연시키도록 그들을 설득하세요.

be delayed는 비행기, 기차, 배, 버스 등이 정시에 출발하거나 도착하는 것이 지연되다라는 뜻이다.

The coach ***was delayed*** for about five hours. 장거리 버스는 약 5시간 지연되었다.

The flight ***has been delayed*** one hour, due to weather conditions. 날씨 때문에 비행기는 한 시간 지연되었다.

2 'cancel', 'postpone' and 'put off'

사전에 계획된 행사를 연기할 때, **cancel**과 **postpone**을 사용한다. **cancel**은 행사를 하지 않기로 공식적으로 결정하다, 즉 '취소하다'라는 뜻이다.

The performances ***were cancelled*** because the leading man was ill.
그 공연은 주연 남자 배우가 아파서 취소되었다.

The powerboat championships ***were cancelled*** yesterday because of poor weather.
모터보트 경주 대회는 악천후로 인해 어제 취소되었다.

postpone이나 **put off**는 애초에 계획된 일이나 행사를 다른 날로 '연기하다'라는 뜻이다.

The crew did not know that the invasion ***had been postponed***. 승무원들은 공격이 연기된 것을 알지 못했다.

This is not a decision that can ***be put off*** much longer. 이것은 더 오래 늦출 수 있는 결정이 아니다.

The Association ***has put*** the event ***off*** until October. 협회는 10월까지 행사를 연기했다.

delighted – delightful

1 'delighted'

be ***delighted***는 어떤 일로 매우 기쁘고 흥분하다라는 뜻이다.

He ***was delighted*** with his achievement. 그는 자신이 이룬 성과에 매우 기뻐했다.
He ***was delighted*** to meet them again. 그는 그들을 다시 만나서 기뻤다.

delighted 앞에는 **very**나 **extremely** 등의 단어를 사용하지 않는다. **absolutely delighted**는 매우 기쁘고 흥분하다라는 뜻이다.

They were ***absolutely delighted*** with François from the start. 그들은 처음부터 프랑수아로 인해 무척 기뻤다.

delighted 앞에는 **fairly**, **quite**, **almost** 등의 단어를 사용하지 않는다.

즐거움의 정도를 나타내는 단어의 분류 목록은 **Usage** 표제어 **pleased – disappointed** 참조.

2 'delightful'

delighted를 **delightful**과 혼동해서는 안 된다. **delightful**은 사람이나 사물이 매우 즐겁고 매력적이다라는 뜻이다.

Her children really are ***delightful***. 그녀의 아이들은 정말로 친근하다.
...a ***delightful*** room. 매우 멋진 방.

delusion

Usage 표제어 **illusion – delusion** 참조.

demand

demand는 명사나 동사로 사용할 수 있다.

1 used as a noun(명사로 사용하기)

명사 **demand**는 어떤 것에 대한 '강한 요구'라는 뜻이다.

...his ***demands*** for stronger armed forces. 더 강력한 군대에 대한 그의 요구.
There have been ***demands*** for services from tenants up there. 그곳에 사는 세입자들은 점검에 대한 요구를 해왔다.

2 used as a verb(동사로 사용하기)

동사 **demand**는 어떤 것을 매우 강력하게 '요구하다'라는 뜻이다.

They ***are demanding*** higher wages. 그들은 임금 인상을 강력하게 요구하고 있다.
I ***demand*** to see a doctor. 나는 병원에 가기를 강력히 요구한다.
She ***had been demanding*** that he visit her. 그녀는 그가 찾아와 주기를 절실히 바라고 있었다.

demand가 동사일 경우, 그 뒤에 for를 사용하지 않는다.

demonstration

demonstration은 어떤 일에 반대하거나 지지하는 공공 집회나 행진, 즉 '시위'라는 뜻이다. 시위를 하다는 보통 ***hold/stage*** **a demonstration**이라고 한다.

French students ***held*** violent ***demonstrations*** against plans to lower the legal minimum wage for first-jobbers.
프랑스 학생들이 직장 생활을 처음 시작하는 사람의 법적 최저 임금을 낮추려는 계획에 반대하여 폭력 시위를 했다.
Hundreds of people ***staged a demonstration*** outside the UN. 수백 명의 사람들이 UN 빌딩 밖에서 데모를 했다.

'make' a demonstration이라고 하지 않는다.

deny

1 'deny'

deny는 어떤 고발이나 주장이 사실이 아니라고 말하다, 즉 '부인하다'라는 뜻이다.

The accused women *denied* all the charges brought against them.
그 여성 피의자들은 자신들에게 제기된 혐의를 모두 부인했다.

He *denied* that he was involved. 그는 자기가 관여되었다는 사실을 부인했다.

Green *denied* doing anything illegal. 그린은 어떠한 불법적인 일도 하지 않았다고 부인했다.

ℹ 〔deny + 목적어 · that절 · -ing형〕 형식을 사용해야 한다. 예를 들면, '그는 그녀가 물건을 훔쳤다고 주장했으나 그녀는 그것을 부인했다.'는 ~~He accused her of stealing, but she denied~~.가 아닌 He accused her of stealing, but she *denied it*.이라고 한다.

2 'say no'

아무 혐의가 없거나 책망받지 않는 일반적인 질문에 답할 때는 deny가 아닌 no를 사용한다. 예를 들면, '나는 그에게 기차가 떠났는지 물었고, 그는 떠나지 않았다고 대답했다.'는 ~~I asked him if the train had left, and he denied it~~.이 아닌 I asked him if the train had left, and he *said no*.라고 한다.

She asked if you'd been in and I *said no*. 그녀가 당신이 안에 있는지를 물어서 나는 없다고 대답했다.

I asked her whether we could have a party and she *said no*.
내가 그녀에게 우리가 파티를 할 수 있는지 묻자, 그녀는 할 수 없다고 대답했다.

3 'refuse'

어떤 일을 하지 않겠다고 할 경우에는 deny가 아닌 refuse to do나 refuse를 사용한다.

Three employees were dismissed for *refusing to join* a union.
세 명의 직원이 노동조합 가입을 거부한 이유로 해고되었다.

We asked them to play a game with us, but they *refused*.
우리는 그들에게 함께 경기를 하자고 요청했으나 그들은 거부했다.

depart

➲ Usage 표제어 leave 참조.

depend

1 'depend on'

depend나 depend upon은 살아남기 위해 사람이나 사물을 필요로 하다, 즉 '의존하다'라는 뜻이다.

At college Julie had seemed to *depend on* Simon more and more.
대학 시절에 줄리는 사이먼에게 점점 더 의지했던 것 같았다.

Uruguay's economy *has depended* heavily on its banking sector.
우루과이의 경제는 그 나라 금융 부문에 크게 의존해 왔다.

The factories *depend upon* natural resources. 그 공장들은 천연자원에 의존하고 있다.

어떤 일이 사실일 경우에만 다른 일이 일어난다고 할 때에도 depend on을 사용한다.

The success of the meeting *depends* largely *on* whether the chairman is efficient.
회의의 성공 여부는 의장이 유능한가 아닌가에 주로 달려 있다.

주의 depend는 형용사로 사용하지 않는다. 예를 들면, 'be depend' on이 아닌 be *dependent* on이라고 한다.

2 'depending on'

어떤 것이 특정한 상황에 따라서 달라진다고 할 때, depending on을 사용한다.

This training takes a variable time, *depending on* the chosen speciality.
선택하는 전문 분야에 따라 이 훈련에 소요되는 기간이 달라진다.

There are, ***depending on*** the individual, a lot of different approaches.
개인에 따라 여러 가지 다른 접근 방식이 있다.

3 'it depends'

때때로 사람들은 **yes**나 **no** 대신 **It depends.**라고 대답하는데, 이는 일반적으로 상황에 따라 대답이 **yes**나 **no**가 될 수 있다라는 뜻이다.

Hansen: How are you on puzzles, Mr Hill? 한센: 힐 씨, 퍼즐이 잘 풀립니까?
Hill: ***It depends***. Sometimes I do well, and other times I don't.
힐: 상황에 따라서요. 어떤 때는 잘 풀리기도 하고, 어떤 때는 잘 안 풀리기도 해요.

---

dependent – dependant

1 used as an adjective(형용사로 사용하기)

dependent on은 생존하기 위해 사람이나 사물을 필요로 하다라는 뜻이다.

At first, a patient may feel very ***dependent on*** the nurses.
처음에는 환자가 간호사에게 몹시 의지한다고 느낄지도 모른다.
...those who are entirely ***dependent*** for their welfare ***on*** the public services.
그들의 복지 문제를 완전히 공공기관에 의존하고 있는 사람들.
All competitively priced newspapers became ***dependent on*** advertising.
경쟁적으로 가격이 정해진 모든 신문사들은 광고에 의존하게 되었다.

ⓘ dependent 뒤에 on 이외의 다른 전치사를 사용하지 않는다.

2 used as a noun(명사로 사용하기)

영국 영어에서 **dependant**는 아이들처럼 어떤 사람이 경제적으로 부양하는 사람, 즉 '부양가족'이라는 뜻이다.

...shorter or more flexible working hours for people with ***dependants***.
부양가족이 있는 사람들을 위해 더 짧거나 자율적인 근무 시간.

미국 영어에서는 **dependant**를 보통 **dependent**로 표기한다.

Employees and their ***dependents*** are seeking help in greater numbers.
피고용인과 그들의 부양가족은 더 많은 도움을 구하고 있다.

---

descend

descend는 더 낮은 곳을 향해 아래로 움직이다, 즉 '내려가다'라는 뜻이다.

The valley becomes more exquisite as we ***descend***. 우리가 내려올수록 그 계곡에는 더 절묘한 경치가 펼쳐진다.
The lift ***descended*** one floor. 엘리베이터가 한 층 아래로 내려갔다.

descend는 격식을 차리거나 문어적인 단어이며, 회화에서 내려가다라고 할 때는 보통 **go down**이나 **come down**을 사용한다.

When the last customers left, he ***went down*** to the basement. 마지막 고객들이 떠나자, 그는 지하실로 내려갔다.
He stood at the foot of the stairs calling for her to ***come down***.
그는 계단 아래쪽에 서서 그녀에게 아래로 내려오라고 불렀다.

---

describe

동사 **describe**는 직접목적어나 **wh-**절에 사용할 수 있다.

1 used with a direct object(직접목적어와 함께 사용하기)

describe는 사람이나 사물을 '묘사하다'라는 뜻이다.

Can you ***describe your son***? 당신의 아들을 묘사할 수 있나요?
Next he ***described a drive*** on a Saturday afternoon.
이어서 그는 어느 토요일 오후에 자동차 운전에 대해 설명해 주었다.

describe는 직접목적어, 간접목적어와 함께 사용할 수 있으며 직접목적어가 먼저 온다.

He *described the murderer* in detail *to Detective Lieutenant Lipes*.
그는 라이프스 형사 과장에게 그 살인범에 대해 자세히 설명해 주었다.

She *described the feeling to me*. 그는 나에게 그 느낌에 대해 설명해 주었다.

2 used with a 'wh-'clause(wh-절과 함께 사용하기)

describe는 다양한 형태의 wh-절 앞에 사용할 수 있다.

The man *described what he had seen*. 그 남자는 자신이 보았던 것을 설명했다.

He *described how he escaped* from prison. 그는 자신이 어떻게 탈옥했는지를 설명해 주었다.

〔describe + to + 간접목적어 + wh-절〕 형식을 사용할 수 있다.

I can't *describe to you what it was like*. 나는 당신에게 그것이 어떻게 생겼는지 설명할 수 없다.

I found it difficult to *describe to him what had happened* in Patricia's house.
나는 패트리샤의 집에서 일어난 일을 그에게 자세히 설명하기가 어렵다는 것을 알았다.

> 주의 describe를 간접목적어와 함께 사용하는 경우, 간접목적어 앞에 to가 와야 한다. 예를 들면, ~~I can't describe you what it was like.~~라고 하지 않는다.

---

description

description은 사람이나 사물의 생김새를 설명한 '묘사'라는 뜻이다.

They now had a *description of* Calthrop and a photograph of his head and shoulders.
그들은 지금 칼스롭의 인상 착의와 그의 머리와 어깨가 찍힌 사진을 갖고 있었다.

...his *description of* army life in Northern Ireland. 북아일랜드에서의 그의 군대 생활에 대한 묘사.

...a detailed *description of* the house. 그 집에 대한 상세한 묘사.

ⓘ description 뒤에 of 외의 다른 전치사를 사용하지 않는다.

---

desert – dessert

1 'desert'

desert는 명사나 동사로 사용할 수 있으며, 각각 다르게 발음한다.

desert [dézərt] 는 물, 비, 나무, 식물이 거의 없는 넓은 땅, 즉 '사막'이라는 뜻이다.

...the Sahara *Desert*. 사하라 사막.

desert [dizə́ːrt] 는 사람이나 동물이 어떤 장소를 떠나서 '황량한' 또는 '불모의'라는 뜻이다.

Poor farmers *are deserting* their parched farm fields and coming here looking for jobs.
가난한 농부들은 말라붙은 그들의 농토를 버리고 이곳에 와서 일자리를 구하고 있다.

desert에는 한 사람이 다른 사람을 떠나서 더 이상 돕거나 부양하지 않다, 즉 '버리다'라는 뜻도 있다.

Mrs Roding's husband *deserted* her years ago. 로딩 부인의 남편은 수년 전에 그녀를 버렸다.

desert에는 군대를 허락 없이 떠나서 돌아올 의사가 없다, 즉 '탈영하다'라는 뜻도 있다.

I knew something was wrong when he *deserted* from the army a couple of years ago.
나는 그가 2~3년 전에 군대에서 탈영했을 때, 뭔가 잘못되었음을 알았다.

2 'dessert'

dessert [dizə́ːrt] 는 식사 마지막에 나오는 단 음식, 즉 '후식'이라는 뜻이다.

For *dessert* there was ice cream. 후식으로 아이스크림이 나왔다.

desire

desire는 명사나 동사로 사용할 수 있다.

1 used as a noun(명사로 사용하기)

desire는 어떤 것을 원하거나 하고 싶어하는 느낌, 즉 '욕구'라는 뜻이며, 보통 **desire for**나 **desire to do**의 형태로 사용한다.

...a tremendous ***desire for*** liberty. 자유에 대한 엄청난 욕구.
Stephanie felt a strong ***desire for*** coffee. 스테파니는 커피를 마시고 싶은 강한 욕구를 느꼈다.
He had not the slightest ***desire to go*** on holiday. 그는 휴가를 갈 마음이 털끝만큼도 없었다.

ⓘ desire for doing이라고 하지 않는다.

2 used as a verb(동사로 사용하기)

desire는 어떤 것을 '원하다'라는 뜻으로, 격식을 차리거나 문어적인 용법이다.

She had remarried and ***desired*** a child with her new husband. 그녀는 재혼을 했고 새 남편의 아이를 갖고 싶어했다.
Everything you ***desire*** can be found in India. 당신이 원하는 모든 것은 인도에서 찾을 수 있을 것이다.

ⓘ desire가 동사일 경우, desire 뒤에 for를 사용하지 않는다.

despite

➲ Usage 표제어 in spite of – despite 참조.

dessert

➲ Usage 표제어 desert – dessert 참조.

destroy – spoil – ruin

1 'destroy'

destroy는 어떤 것을 완전히 손상시켜서 더 이상 사용할 수 없게 하다, 즉 '파괴하다'라는 뜻이다.

Several apartment buildings ***were destroyed*** by the bomb. 아파트 몇 동이 그 폭탄으로 파괴되었다.
I ***destroyed*** the letter as soon as I had read it. 나는 그 편지를 읽자마자 없애 버렸다.

➲ 그 밖의 심한 손상을 나타내는 단어에 대한 정보는 Usage 표제어 damage 참조.

2 'spoil' and 'ruin'

동사 **spoil**과 **ruin**은 사람이나 사물이 즐기려 하는 일을 '방해하거나 망치다'라는 뜻이다. 이러한 뜻에는 **destroy**를 사용하지 않는다.

Go and welcome your guests. I hope I've not ***spoiled*** things.
가서 손님들을 환대해 주세요. 제가 일을 그르치지 않았기를 바라요.
The evening had been ***spoiled*** by Charles Boon and Mrs Zapp. 그날 저녁은 찰스 분 씨와 잽 부인 때문에 망쳤다.
Back injury is an unpleasant complaint to suffer from. It's ***ruined*** many people's holidays.
척추 부상은 고통을 수반하는 불쾌한 병이다. 그것으로 많은 사람들이 휴가를 망쳤다.
The weather had completely ***ruined*** their day. 그들의 날은 날씨로 완전히 망쳤다.

detail – details

1 'detail'

detail은 어떤 것의 개개의 특징이나 요소, 즉 '세부'라는 뜻이다.

I can still remember every single ***detail*** of that night. 나는 그날 밤의 모든 세세한 일을 아직도 기억해 낼 수 있다.

He described it down to the smallest ***detail***. 그는 그것을 사소한 일까지 상세히 설명했다.

2 'details'

obtain ***details*** of something은 어떤 것에 대한 정보를 얻다라는 뜻이다.

You can get ***details*** of nursery schools from the local authority.
당신은 지역 당국으로부터 보육원에 대한 정보를 얻을 수 있다.

A pamphlet with further ***details***, describing the course, is available from the Arts Registry.
그 과정을 설명해 주는 더 많은 정보가 든 안내 책자는 예술품 등록 사무실에서 구할 수 있다.

ⓘ obtain 'detail' of something이라고 하지 않는다.

---

deter

deter someone ***from doing*** something은 누군가가 어떤 일을 하지 못하게 막거나 설득해서 못하게 하다라는 뜻이다.

During the war, a flood would not ***have deterred*** me ***from going*** there on foot.
전쟁 중에 홍수가 났더라도 내가 걸어서 그곳에 가는 것을 막지는 못했을 것이다.

This did not ***deter*** Ealing council ***from passing*** a motion commending the police for their 'courage and patience'.
이것은 일링 위원회가 경찰의 '용기와 인내심'을 기리는 동의안을 통과시키는 것을 막지 못했다.

ⓘ deter someone 'to do' something이라고 하지 않는다.

---

device – devise

1 'device'

명사 **device**[diváis]는 녹음이나 측정 등의 특정한 목적으로 만든 물건, 즉 '장치'라는 뜻이다.

...a ***device*** that could measure minute quantities of matter. 물질의 미세한 양을 잴 수 있는 기구.

...an electronic ***device***. 전자 장치.

➲ 그 밖의 유용한 물건을 가리키는 단어에 대한 정보는 **Usage** 표제어 **tools** 참조.

2 'devise'

동사 **devise**[diváiz]는 계획, 시스템, 기계에 대한 아이디어를 갖고 계산하거나 설계하다, 즉 '고안하다'라는 뜻이다.

The challenge was to ***devise*** a proposal that kept costs to a minimum.
과제는 비용을 최저로 유지하는 기획안을 만들어 내는 것이었다.

Year by year we ***devise*** more precise instruments with which to observe the planets.
우리는 매년 행성들을 관찰할 수 있는 더 정확한 기구들을 고안하고 있다.

---

die

die는 사람, 동물, 식물이 '죽다'라는 뜻이다. **die**의 3인칭 단수는 **dies**, **-ing**형은 **dying**, 과거와 과거분사는 **died**이다.

We thought we were going to ***die***. 우리는 죽어 가고 있다고 생각했다.

Every day people ***were dying*** there. 그곳에서는 사람들이 매일 죽어 가고 있었다.

Blake ***died*** in January, aged 76. 블레이크는 1월에 76세의 나이로 죽었다.

누군가가 병이나 부상으로 죽을 때는 **die of**나 **die from**을 사용한다.

An old woman ***dying of*** cancer was taken into hospital. 암으로 죽어 가는 한 노파가 병원으로 옮겨졌다.

His first wife ***died from*** cancer in 1971. 그의 첫 번째 부인은 1971년에 암으로 죽었다.

Many of the injured sailors ***died of*** their wounds. 부상당한 선원들 중 많은 사람들이 자신들의 부상으로 죽었다.

Simon Martin ***died from*** brain injuries caused by blows to the head.
사이먼 마틴은 머리에 가해진 타격으로 인한 뇌 손상으로 죽었다.

🛈 die가 위와 같은 뜻으로 쓰이는 경우, die 뒤에 of나 from 이외의 다른 전치사를 사용하지 않는다.

➲ Usage 표제어 dead 참조.

---

die – dye

두 단어 모두 [dai]로 발음한다.

1 'die'

동사 die의 3인칭 단수는 **dies**, -ing형은 **dying**, 과거와 과거분사는 **died**이다. **die**는 사람, 동물, 식물이 '죽다'라는 뜻이다.

➲ Usage 표제어 die와 dead 참조.

2 'dye'

dye는 명사와 동사로 사용하며, 동사 **dye**의 3인칭 단수는 **dyes**, -ing형은 **dyeing**, 과거와 과거분사는 **dyed**이다. **dye**는 머리카락이나 옷감을 색깔이 있는 액체에 담가서 색깔을 바꾸다, 즉 '염색하다'라는 뜻이다.

She mixed finely pounded indigo leaves to ***dye*** her cloth deep blue.
그녀는 자신의 옷감을 짙은 청색으로 물들이려고 잘게 부순 인디고 잎들을 섞었다.

Dip them in a yellow ***dye***. 노란색 염료 속에 그것을 담그세요.

---

differ

두 물건이 어떤 면에서 서로 다를 경우, **one thing *differs from* the other**라고 한다. 이때 **differ**는 매우 격식을 차린 단어이다.

Schoolchildren's needs ***differ from*** those of adults. 학생들이 필요로 하는 것과 어른들이 필요로 하는 것은 다르다.

How does it ***differ from*** what's happening in Poland? 그것은 폴란드에서 일어나고 있는 것과 어떻게 다른가요?

The problems the Chinese face ***differ*** importantly ***from*** those facing Africa.
중국인이 당면한 문제와 아프리카인이 당면한 문제는 현저하게 다르다.

🛈 differ 뒤에 from 이외의 다른 전치사를 사용하지 않는다.

---

difference – distinction

1 'difference'

difference는 어떤 방식에 있어서 서로 같지 않음, 즉 '차이'라는 뜻이다.

Is there much ***difference*** between British and European law? 영국 법과 유럽 법 사이에는 큰 차이가 있습니까?

There is an essential ***difference*** between computers and humans. 컴퓨터와 인간 사이에는 근본적인 차이가 있다.

Look at their ***difference*** in size. 그것들의 크기의 차이를 봐주세요.

make a difference는 상황을 변화시키다라는 뜻이다.

This insight into the causes of truancy certainly ***makes a difference*** to staff attitudes.
무단결근의 원인에 대한 이러한 통찰은 직원들의 태도를 확실히 변화시킨다.

The fact that she considered herself engaged to Ashton ***made no difference*** to his feelings for her.
그녀 자신이 애슈턴과 약혼했다고 여긴다는 사실은 그녀에 대한 그의 감정에 아무런 변화도 일으키지 못했다.

2 'distinction'

두 사물의 다른 점을 지적할 때는 **make a difference**가 아닌 **make a distinction**이나 **draw a distinction**이라고 한다.

It is important to ***make a distinction*** between claimants who are over retirement age and those who are not.
정년이 넘은 실업 수당 청구자와 정년이 넘지 않은 실업 수당 청구자를 구분하는 것은 중요한 일이다.

I don't like ***making a distinction*** between male writers and female writers.
나는 남자 작가와 여자 작가를 구분하는 것을 좋아하지 않는다.

He *draws a distinction* between art and culture. 그는 예술과 문화를 구분한다.

different

1 'different'

different from은 어떤 사물이 다른 사물과 어느 면에서 같지 않다라는 뜻이다.

The meeting was *different from* any that had gone before. 그 회의는 이전의 어떤 회의와도 달랐다.
Health is *different from* physical fitness. 건강은 육체적인 건강과는 차이가 있다.

영국 영어에서는 대부분 **different from** 대신 **different to**를 사용한다.

Work can be said to be *different to* a career. 직업은 경력과 다르다고 할 수 있다.
Morgan's law books were *different to* theirs. 모건의 법률 책은 그들의 책과는 달랐다.

ℹ 일부 사람들은 위와 같이 from을 쓰는 용법에 대해 반대한다. 회화에서는 different from이나 different to를 둘 다 사용할 수 있지만, 글에서는 different from을 사용하는 것이 더 좋다.

미국 영어에서는 위와 같은 경우에도 **different than**을 사용하지만 영국 영어에서는 이를 잘못된 표현이라고 생각한다. **different than** 뒤에 절이 와서 비교를 나타내는 경우에는 사용할 수 있다.

I am no *different than* I was 50 years ago. 나는 50년 전과 전혀 달라지지 않았다.

2 'very different'

두 물건이 크게 차이가 나는 경우, **very different from**을 사용한다.

The firm is now *very different from* the firm of the 1980's.
그 회사는 이제 1980년대와는 매우 큰 차이를 나타내고 있다.

ℹ much different from이라고 하지 않는다.

두 물건이 매우 흡사한 경우, **not very different from**이나 **not much different from**을 사용한다.

I discovered that things were *not very different from* what I had seen in New York.
나는 뉴욕에서 보았던 것과 상황이 매우 유사하다는 것을 발견했다.
Hedda's story is *not much different from* that of many battered women.
헤다의 이야기는 학대받은 많은 여자들의 이야기와 매우 흡사하다.

3 'no different'

두 가지 물건이 비슷한 경우, **no different from**을 사용한다.

The fields seemed *no different from* equivalent fields in Iowa. 그 들판은 아이오와에 있는 들판과 비슷해 보였다.

ℹ not different from이라고 하지 않는다.

difficulty

1 'difficulty'

difficulty는 어떤 일을 쉽게 하지 못하도록 방해하는 것, 즉 '어려움'이라는 뜻이다.

There are a lot of *difficulties* that have to be overcome. 극복해야 할 많은 난관들이 있다.
The main *difficulty* is a shortage of time. 주된 어려움은 시간이 부족하다는 것이다.

2 'have difficulty'

have difficulty doing something이나 ***have difficulty in doing*** something은 어떤 일을 쉽게 할 수 없다라는 뜻이다.

More and more couples seem to *be having difficulty starting* a family.
점점 더 많은 부부들이 첫 아이를 낳는 데 어려움이 있는 것 같다.
She was a girl who had great *difficulty in learning* to read and write.
그녀는 글을 읽고 쓰는 것을 배우는 데 매우 큰 어려움을 겪은 소녀였다.

ⓘ 'have difficulty to do' something이라고 하지 않는다.

dignity

다음은 신중하고 진지하게 행동하는 사람을 나타낼 때 사용하는 단어들이다.

dignified	formal	grave	pompous	po-faced
self-important	solemn	staid	stuffy	

1 'dignified'

dignified는 칭찬을 나타내는 단어이다.

Doctors were respected everywhere. They always looked clean and ***dignified***.
의사들은 어디서에나 존경을 받았다. 그들은 항상 청결하고 위엄 있게 보였다.

2 'formal', 'grave' and 'solemn'

formal, grave, solemn은 긍정도 부정도 나타내지 않는 중립적인 단어이다.

'How is your mother?' Daintry asked with ***formal*** politeness.
"어머님은 안녕하십니까?"라고 데인트리는 격식을 차려 정중히 물었다.

...as she explains the concept of gross national product to her ***solemn*** students.
그녀가 진지한 학생들에게 국민 총생산의 개념을 설명하는 것처럼.

3 'staid'

staid는 상당히 무례함을 나타내는 단어이다.

The others are a pretty ***staid*** lot. 다른 사람들은 너무 진지하고 지루하다.

4 'po-faced', 'pompous', 'self-important' and 'stuffy'

po-faced, pompous, self-important, stuffy는 부정적인 뜻을 나타내는 단어이다. pro-faced와 stuffy는 격식을 차린 글에서는 사용하지 않는다.

He was somewhat ***pompous*** and had a high opinion of his own capabilities.
그는 다소 거만했고 자신의 능력을 과대평가했다.

His irrepressible irreverence has frequently landed him in trouble with the ***stuffy*** and ***self-important***.
그의 제지할 수 없는 불손한 언행은 진부함과 거만함으로 그를 자주 곤경에 빠뜨려 왔다.

dinner – lunch – luncheon

1 'dinner'

dinner는 일반적으로 하루 중 가장 잘 차려 먹는 '식사'로, 사람에 따라 이 식사는 점심이 되기도 저녁이 되기도 한다.

Tell him his ***dinner***'s in the oven. 그가 먹을 저녁밥이 오븐 안에 있다고 전해 주세요.

I haven't had ***dinner*** yet. 난 아직 저녁을 먹지 않았어요.

2 'lunch'

저녁 식사를 dinner라고 생각하는 사람들은 점심 식사를 lunch라고 한다.

What did you have for ***lunch***? 점심으로 무엇을 드셨어요?

I'm going out to ***lunch***. 나는 점심을 먹으러 나갈 것이다.

3 'luncheon'

luncheon은 lunch의 격식을 차린 단어이다.

...a private ***luncheon*** at the Aldwych club. 올드위치 클럽에서의 사적인 오찬.

➲ Topic 표제어 Meals 참조.

directly – direct

1 'directly' and 'direct'

어떤 것이 중간 과정이나 행동, 또는 다른 사람의 관여가 없다고 할 때, 흔히 **directly**를 사용한다.

They denied having negotiated ***directly*** or indirectly with the terrorists.
그들은 테러리스트와 직접적으로나 간접적으로 협상하지 않았다고 말했다.

Plants get their energy ***directly*** from the sun. 식물은 태양으로부터 에너지를 직접 얻는다.

I shall be writing to you ***directly*** in the next few days. 나는 며칠 내로 당신에게 직접 편지를 쓸 것이다.

다른 사람에게 어떤 것을 직접 받을 때, **directly** 대신 **direct**를 사용할 수 있다.

Other money comes ***direct*** from industry. 다른 돈은 산업에서 직접 나온다.

If it does emerge that you are out of pocket, you will be reimbursed ***direct***.
만약 당신이 손해를 보고 있다고 판명되면, 당신은 직접 보상받게 될 것이다.

마찬가지로 다른 사람에게 편지를 직접 쓸 때, **directly** 대신 **direct**를 사용할 수 있다.

I should have written ***direct*** to the manager. 나는 매니저에게 직접 편지를 써야만 했다.

2 movement(움직임)

움직임을 말할 때에도 **directly**를 사용한다. **go *directly* to a place**는 어떤 곳을 가능한 한 최단 경로로 가다라는 뜻이다.

I had expected to spend a few days in New York, then go ***directly*** to my place in Cardiff-by-the-Sea.
나는 며칠 동안 뉴욕에서 지낸 후, 곧장 집이 있는 카딥바이더시로 갈 생각이었다.

누군가가 직접 어느 곳으로 간다고 할 경우, **go *direct* to a place**라고 한다.

Why hadn't he gone ***direct*** to the lounge? 그는 왜 바로 라운지로 가지 않았던가요?

> **주의** 비행기, 기차, 버스로 하는 여행 도중에 다른 교통수단으로 갈아타지 않고 가는 경우에는 **directly**가 아닌 **direct**를 사용한다.
>
> You can't go to Manchester ***direct***. You have to change trains at Birmingham.
> 당신은 맨체스터에 직행으로 갈 수 없으므로 버밍엄에서 기차를 갈아타야 한다.

3 looking at something(어떤 것을 쳐다보기)

사람이나 사물을 똑바로 쳐다보다라는 뜻을 나타낼 때, **directly**를 사용한다.

She turned her head and looked ***directly*** at them. 그녀는 고개를 돌려서 그들을 똑바로 쳐다보았다.

4 position(위치)

어떤 사물이 자신의 바로 위, 아래, 반대편, 다른 것 앞에 있을 때, **directly**를 사용한다.

The sun was almost ***directly*** overhead. 태양은 거의 바로 머리 위에서 내리쬐고 있었다.

I take a seat almost ***directly*** opposite the governor. 나는 주지사의 거의 바로 맞은편 자리에 앉아 있다.

5 saying when something happens(어떤 일이 일어날 때를 말하기)

어떤 일이 매우 빨리 일어날 것이라고 할 때에도 **directly**를 사용할 수 있다. 이는 오래된 표현으로 현대 영어에서는 **very soon**이나 **in a moment**를 사용한다.

She's in a meeting at the moment but she will be here ***directly***. 그녀는 지금 회의 중이지만 곧바로 여기로 올 것이다.

We'll be up ***directly***. Just take your own things with you. 우리는 곧바로 일어날 것이다. 너의 물건을 챙겨라.

do something *directly*는 어떤 일을 곧바로 하다라는 뜻이며, 이 역시 다소 오래된 표현이다.

I'll move back into my old room ***directly***. 나는 내 옛날 방으로 바로 다시 옮길 것이다.

Harrowby asked me to show you to his room ***directly***.
해로비는 나에게 당신을 자신의 방으로 곧장 안내하라고 요청했다.

something happens ***directly after*** something else는 어떤 일이 일어난 후에 바로 다른 일이 일어나다라는 뜻이다.

Directly after the meeting, a senior cabinet minister spoke to the BBC.
그 회의 직후에, 한 고위 각료는 BBC 방송사와 회견을 했다.
Honeysuckle should be pruned ***directly after*** flowering. 인동덩굴은 꽃이 핀 후 바로 가지치기를 해야 한다.

영국 영어에서 어떤 일이 일어난 후에 바로 다른 일이 일어나다라고 할 때, **directly**를 접속사로 사용한다.

Directly he heard the door close, he picked up the telephone.
그는 문이 닫히는 소리를 듣자마자, 전화기를 집어 들었다.
Directly I saw the word Pankot it occurred to me that you must have known Colonel Layton and his family.
Pankot이라는 단어를 보자마자, 당신이 레이턴 대령과 그의 가족을 알고 있을 것임에 틀림없다는 생각이 나에게 떠올랐다.

---

dirty

dirty는 먼지, 진흙, 얼룩이 져 있어서 청소를 해야 할 필요가 있다, 즉 '더러운'이라는 뜻이다.

...***dirty*** marks on the walls. 벽에 있는 더러운 얼룩들.

dirty에는 사람의 모습이 '지저분한'이라는 뜻도 있다.

The children were hot, ***dirty***, and exhausted. 아이들은 열이 나고, 지저분하며, 탈진해 있었다.

dirty는 **completely**나 **absolutely** 같은 단어와 함께 사용하지 않는다. 사람이나 사물이 매우 더럽다는 것을 강조할 경우, **very dirty**나 **really dirty**를 사용한다.

'I'm ***very dirty*** because of the gas crisis down here and I can't face a cold shower,' she said.
"이곳의 가스 파동으로 인해 몸이 매우 더러운데도 찬물로 샤워할 엄두가 나지 않아."라고 그녀가 말했다.
Before washing soak ***really dirty*** blankets in the bath. 빨기 전에 아주 더러운 담요들을 욕조 안에 담가 놓으세요.

---

disabled

➲ Usage 표제어 **crippled** 참조.

---

disagree – refuse

1 'disagree'

disagree with는 어떤 사람, 말, 아이디어 등에 다른 의견을 가지다, 즉 '동의하지 않다'라는 뜻이다.

I ***disagree*** completely ***with*** John Taylor. 나는 존 테일러의 의견에 완전히 동의하지 않는다.
I ***disagree with*** much of what he says. 나는 그가 하는 말에 대부분 동의하지 않는다.

ⓘ 동의하지 않는 사람, 말, 아이디어를 언급하는 경우, with 이외의 다른 전치사를 사용하지 않는다.

disagree with someone ***about*** something은 어떤 것에 대해 상대방과 의견이 다르다라는 뜻이다.

I ***disagree with*** them ***about*** cycle maintenance. 나는 자전거 정비에 대해 그들과 의견이 다르다.

disagree about something은 어떤 것에 대해 두 명 이상의 의견이 다르다라는 뜻이다.

He and I ***disagree about*** it. 그와 나는 그것에 대해 동의하지 않는다.
Historians ***disagree about*** the date at which these features ceased to exist.
역사학자들은 이러한 특징들이 사라진 시기에 대해 동의하지 않는다.

2 'refuse'

어떤 일을 하지 않을 것이다라고 할 때, **disagree** 대신 **refuse**를 사용한다.

Don't let a sleepy baby ***refuse*** to be put to bed. 졸리는 아기는 재우도록 하세요.
The pupils ***had refused*** to go home for their lunch. 학생들은 점심을 먹으러 집에 가는 것을 거부했다.

➲ Usage 표제어 **refuse** 참조.

disappear

disappear는 사람이나 사물이 볼 수 없거나 찾을 수 없는 곳으로 가거나 보내지다, 즉 '사라지다'라는 뜻이다.

I saw him ***disappear*** round the corner. 나는 그가 길모퉁이를 돌아서 사라지는 것을 보았다.

She ***disappeared*** down the corridor. 그녀는 복도 아래로 사라졌다.

Tools ***disappeared*** and were never found. 연장이 없어져서 다시는 찾을 수 없었다.

...a certain tin of fruit that ***disappeared*** from the school larder. 학교 식품 저장실에서 사라진 과일 통조림 몇 개.

disappeared를 형용사로 사용하지 않는다. 어떤 사물이 평소에 놔두는 곳에서 사라져서 찾을 수 없을 경우, be disappeared가 아닌 have disappeared라고 한다.

He discovered that a pint of milk ***had disappeared*** from the pantry.
그는 식품 저장실에서 우유 1파인트가 없어진 것을 발견했다.

By the time the examiners got to work, most of the records ***had disappeared***.
검사관들이 일을 시작할 즈음, 대부분의 기록이 사라져 있었다.

disappointed

Usage 표제어 pleased – disappointed 참조.

disc – disk

영국 영어에서 **disc**는 납작하고 '둥근 모양의 물체'라는 뜻이다.

A traffic warden pointed out that I had no car tax ***disc*** on the windscreen.
교통 단속원이 내 차 유리창에 자동차세 납세필증이 부착되어 있지 않다고 지적했다.

...an identity ***disc***. 신분증.

미국 영어에서는 **disc**를 **disk**라고 표기한다.

...the ***disk*** identity in Johnson's lower back. 존슨의 등 아래쪽에 있는 인식표.

영국 영어와 미국 영어에서 **disk**는 컴퓨터에 많은 양의 정보를 저장할 때 사용하는 납작하고 둥근 판을 말한다.

The ***disk*** is then slotted into a desktop PC. 그러고 나서 디스크를 데스크톱 컴퓨터에 넣는다.

The image data may be stored on ***disk***. 이미지 자료는 디스크에 저장될 것이다.

discourage

discourage someone ***from doing*** something은 어떤 일을 하고 싶지 않게 만들다, 즉 '단념하게 하다'라는 뜻이다.

She wants to ***discourage*** him ***from marrying*** the girl. 그녀는 그가 그 소녀의 결혼을 단념시키고 싶어한다.

The rain ***discouraged*** us ***from going*** out. 비가 와서 우리는 외출을 하지 못했다.

discourage someone 'to do' something이라고 하지 않는다.

discover

Usage 표제어 find 참조.

discuss

discuss는 어떤 것에 대해 다른 사람과 진지하게 이야기하다, 즉 '의논하다'라는 뜻이다.

She could not ***discuss*** his school work with him. 그녀는 그의 학업에 대해 그와 의논할 수 없었다.

We need to ***discuss*** where we go from here. 우리는 여기에서 어디로 가야 할지에 대해 토의를 할 필요가 있다.

We ***discussed*** whether to approach officials Thurgood knew in the police department.
우리는 서굿이 아는 경찰청의 관리들에게 접근해야 할지 말아야 할지에 대해 논의했다.

ⓘ discuss 뒤에 항상 직접목적어, wh-절, whether절이 온다. 예를 들면, ~~I discussed with him.~~이나 ~~They discussed.~~라고 하지 않는다.

discussion – argument

1 'discussion'

discussion은 누군가와 진지하게 대화를 하는 것, 즉 '토론'이라는 뜻이다.

My next ***discussion*** with him took place a year later. 그와의 다음 토론은 1년 후에 했다.
After the lecture there was a ***discussion***. 강의가 끝난 후에 토론이 있었다.

어떤 주제에 대한 토론을 할 때, **discussion about**이나 **discussion on**을 사용한다.

I had been involved in ***discussions about*** this with Ted and Frank.
나는 이것에 대해 테드와 프랭크와 함께 토론을 하게 되었다.
We're having a ***discussion on*** leisure activities. 우리는 여가 활동을 주제로 토론을 하고 있다.

2 'argument'

argument는 사람들 간에 서로 동의하지 않는 일로 큰 소리로 다투는 것, 즉 '논쟁'이라는 뜻이다. 이러한 경우에는 **discussion**을 사용하지 않는다.

He and David had been drawn into a ferocious ***argument***. 그와 데이비드는 격렬한 논쟁에 휘말렸다.
I said no, and we got into a big ***argument*** over it. 내가 거부해서 우리는 그것에 대해 큰 논쟁을 시작하게 되었다.

disease

➲ Usage 표제어 **illness – disease** 참조.

disinterested – uninterested

1 'disinterested'

누군가가 어떤 상황에 관여하지 않아서 공정한 결정이나 판단을 할 수 있다고 할 때, **disinterested**를 사용한다.

I'm a ***disinterested*** observer. 나는 공평한 관찰자이다.

다른 사람이 어떤 일이나 상대방에게 관심을 갖지 않다라고 할 때에도 **disinterested**를 사용하기도 한다.

Her mother had always been ***disinterested*** in her. 그녀의 어머니는 그녀에 대해 항상 무관심했다.

2 'uninterested'

그러나 위와 같이 **disinterested**를 사용하는 것은 잘못된 표현이라고 생각하므로, **uninterested**를 사용하는 것이 더 좋다.

Lionel was ***uninterested*** in the house. 라이어넬은 집에 대해 무관심했다.
Etta appeared totally ***uninterested***. 에타는 완전히 무관심한 듯했다.

disk

➲ Usage 표제어 **disc – disk** 참조.

dislike

dislike는 어떤 사람이나 사물을 불쾌해하다, 즉 '싫어하다'라는 뜻이다.

From what I know of him I ***dislike*** him intensely. 그에 대한 나의 견해는 내가 그를 매우 싫어한다는 것이다.
She ***disliked*** the theatre. 그녀는 그 극장을 싫어했다.

dislike doing something은 어떤 일을 하는 것을 싫어하다라는 뜻이다.

I *dislike falling* below the standard I have set for myself. 나는 스스로가 정한 기준 이하로 떨어지는 것을 싫어한다.
I grew to *dislike working* for the cinema. 나는 영화를 위해 일하는 것을 싫어하게 되었다.

ⓘ 'dislike to do' something이라고 하지 않는다.

➲ 어떤 것을 싫어함을 나타내는 단어와 표현의 분류 목록은 Usage 표제어 **like – dislike** 참조.

---

dismount – get off

1 'dismount'

dismount는 타고 가던 자전거나 말 옆에 서기 위해 '내리다'라는 뜻이다.

The police officer *dismounted* from his bicycle. 경찰관은 자전거에서 내렸다.
It is sometimes necessary to *dismount* and lead the horse for a while.
말에서 내려 잠시 끌어주는 것이 때때로 필요하다.

2 'get off'

dismount는 격식을 차린 단어이다. 자전거나 말에서 내린다고 할 때, 보통 **get off**를 사용한다.

The wind got so strong that I could no longer bicycle against it; I *got off* and walked.
바람이 너무 세게 불어 나는 더 이상 바람을 거슬러 자전거를 탈 수 없어서 내려서 걸어갔다.
He had *got off* his horse and come into the woods. 그는 말에서 내려 숲 속으로 들어갔다.

---

dispose – get rid of

1 'dispose'

dispose of는 무언가를 더 이상 원하거나 필요하지 않아서 버리거나 남에게 주다라는 뜻이다.

Miles of telex tape had to be *disposed of*. 수마일에 달하는 텔렉스 테이프를 폐기해야 했다.
the safest means of *disposing of* nuclear waste. 핵 폐기물의 가장 안전한 처리 방법.

ⓘ dispose 뒤에 of를 사용해야 하므로, 'dispose' something이라고 하지 않는다.

2 'get rid of'

dispose는 상당히 격식을 차린 단어이다. 회화에서는 보통 **get rid of**를 사용한다.

Now let's *get rid of* all this stuff. 자, 여기 있는 물건을 모두 치워 버립시다.
There was a lot of rubbish to *be got rid of*. 치워야 할 쓰레기가 많이 있었다.

---

disqualified

➲ Usage 표제어 **unqualified – disqualified** 참조.

---

dissatisfied

➲ Usage 표제어 **unsatisfied – dissatisfied** 참조.

---

distance

➲ 거리를 나타내는 방법에 대한 정보는 Topic 표제어 **Measurements** 참조.

---

distasteful

➲ Usage 표제어 **tasteless – distasteful** 참조.

distinct – distinctive – distinguished

1 'distinct'

one thing is ***distinct*** from another는 어떤 사물이 다른 사물과 어느 면에서 같지 않다, 즉 '전혀 다른'이라는 뜻이다

Our interests were quite *distinct* from those of the workers.
우리의 관심사는 근로자들의 관심사와 아주 큰 차이가 있었다.

...a tree related to but quite *distinct* from the European beech.
유럽산 너도밤나무와 연관되어 있지만 아주 큰 차이가 있는 나무.

어떤 것이 명확하고 확실한 경우, **distinct**를 사용한다.

I have the *distinct* feeling that my friend did not realize what was happening.
나는 친구가 무슨 일이 일어나고 있었는지를 깨닫지 못한다는 확실한 느낌을 갖고 있다.

A *distinct* improvement had come about in their social outlook. 뚜렷한 진보가 그들의 사회적인 전망에서 발생했다.

2 'distinctive'

쉽게 인식할 수 있는 특별한 성질이 있는 것을 나타낼 때, **distinctive**를 사용한다.

Irene had a very *distinctive* voice. 아이린은 매우 독특한 목소리를 가졌다.

3 'distinguished'

a ***distinguished*** person은 매우 성공했거나, 유명하거나, 중요한 사람이라는 뜻이다.

His grandfather had been a *distinguished* professor at the University.
그의 할아버지는 그 대학의 저명한 교수였다.

Limousines dropped off *distinguished* visitors. 귀빈들이 리무진에서 내렸다.

distinction

➲ Usage 표제어 difference 참조.

distinguished

➲ Usage 표제어 distinct – distinctive – distinguished 참조.

disturb – disturbed

1 'disturb'

disturb는 다른 사람이 하고 있는 일을 저지하여 그 사람을 불편하게 하다, 즉 '방해하다'라는 뜻이다.

If she's asleep, don't *disturb* her. 그녀가 자고 있다면, 방해하지 마시오.
Sorry to *disturb* you, but can I use your telephone? 방해해서 죄송합니다만, 당신의 전화를 사용해도 될까요?

2 'disturbed'

형용사 **disturbed**는 일반적으로 동사와는 다른 뜻을 가지고 있다. **disturbed**는 특별한 치료가 필요할 정도로 정서적으로 매우 '불안하다'라는 뜻이다.

...emotionally *disturbed* youngsters. 정서적으로 불안한 젊은이들.

disused – unused – misused

1 'disused'

disused는 장소나 건물이 원래 목적에 더 이상 '사용되지 않는'이라는 뜻이다. 이 경우 장소나 건물이 지금은 비어 있는 상태이다.

The sculpture was stored in a *disused* lorry factory. 그 조각 작품은 사용되지 않는 트럭 공장에 보관되어 있었다.

2 'unused'

unused는 '절대로 사용한 적이 없는'이라는 뜻이다.

A pile of ***unused*** fuel lay nearby. 사용된 적이 없는 연료 더미가 근방에 있었다.

3 'misused'

misused는 어떤 것이 '잘못되거나 부주의하게 사용되는'이라는 뜻이다.

He wanted to prevent science from ***being misused***. 그는 과학이 오용되는 것을 막기를 원했다.
In some cases pesticides ***are*** deliberately ***misused***. 경우에 따라 살충제가 의도적으로 남용되고 있다.

dive

dive는 머리 위로 팔을 곧게 뻗은 채로 머리가 먼저 들어가도록 물속으로 뛰어들다, 즉 '다이빙하다'라는 뜻이다.

He taught me to swim and ***dive*** and water-ski. 그는 나에게 수영과 다이빙, 수상 스키를 가르쳐 주었다.

dive에는 어떤 사람이 특정한 방향으로 '뛰어들거나 돌진하다'라는 뜻도 있다.

You can ***dive*** off left into St James's Place. 당신은 왼쪽으로 뛰어서 성 제임스 팰리스로 갈 수 있다.

영국 영어에서 **dive**의 과거는 **dived**이고, 미국 영어에서 **dive**의 과거는 보통 **dove** [douv]를 사용한다.

She ***dived*** into the water and swam away. 그녀는 물속으로 뛰어들어서 헤엄쳐 갔다.
I ***dove*** right in after her. 나는 그녀를 뒤따라 바로 물속에 뛰어들었다.
The cashier ***dived*** for cover when a gunman opened fire.
한 권총 강도가 총을 발사했을 때, 그 출납원은 숨을 곳을 향해 몸을 던졌다.
Many survivors, though dazed, immediately ***dove*** into the debris to free the injured.
많은 생존자들은 멍한 상태였지만 부상자들을 구하려고 즉시 잔해 속으로 뛰어들었다.

do

영어에서 **do**는 가장 많이 사용하는 동사 중의 하나이다. **do**의 3인칭 단수는 **does**, **-ing**형은 **doing**, 과거는 **did**, 과거분사는 **done**이며, 조동사나 본동사로 사용할 수 있다.

1 used as an auxiliary(조동사로 사용하기)

- 조동사로서 **do**의 용법에 대한 일반적인 정보는 **Grammar** 표제어 **Auxiliaries** 참조.
- 의문문에서 조동사로 사용하는 **do**에 대한 정보는 **Grammar** 표제어 **Questions**와 **Question tags** 참조.
- 부정문에서 조동사로 사용하는 **do**에 대한 정보는 **Usage** 표제어 **not**과 **Grammar** 표제어 **Imperatives** 참조.

조동사 **do**에는 두 가지 특수한 용법이 있다.

2 used as emphasis(강조를 위해 사용하기)

평서문을 강조할 때, 조동사 **do**를 사용할 수 있다. 이 경우에 **do**, **does**, **did**를 사용한다.

I ***do feel*** sorry for Roger. 나는 로저에게 정말로 미안하다.
It ***does seem*** strange, his disappearing at the moment. 지금 그가 사라져 버린 것은 정말 이상한 것 같다.
I wanted to go over to the Ramsey's. Later that day, I ***did drive by***.
나는 램지의 집에 가고 싶었다. 그날 늦게, 나는 차를 몰고 갔다.

〔**do** + 명령문〕 형식은 어떤 일을 하게 하거나 받아들이도록 재촉할 때 사용한다.

Do help yourself. 어서 드세요.
Do have a chocolate biscuit. 초콜릿 비스킷을 어서 먹어 보세요.

3 used to focus on an action(행위에 초점을 맞출 때 사용하기)

조동사 **do**는 사람이나 사물의 행위에 초점을 맞출 때에도 사용할 수 있으며, 〔**what** + 명사 · 명사구 + 조동사 **do** + **is** · **was** + 부정사 · 원형부정사〕 형식을 사용한다. 예를 들면, **Carolyn opened a bookshop.**에서 캐롤린이 한 행동에 중점을 두면 ***What Carolyn did was to open*** **a bookshop.**이나 ***What Carolyn did was open*** **a bookshop.**이라고 한다.

What Stephen did was to interview a lot of old people. 스티븐이 한 일은 많은 노인들을 인터뷰하는 것이었다.
What it does is draw out all the vitamins from the body. 그것이 하는 일은 신체의 모든 비타민을 제거하는 것이다.

다른 일을 하지 않고 오직 한 가지 일만 했다는 것을 강조할 경우, **what** 대신 **all**을 사용할 수 있다.

All he did was shake hands and wish me luck. 그가 한 것이라고는 악수하면서 나에게 행운을 빌어 준 일뿐이었다.
All she ever does is make jam. 그녀가 항상 하는 유일한 일이라고는 잼을 만드는 것뿐이다.

4 used as a main verb(본동사로 사용하기)

어떤 행동, 활동, 임무를 실행할 때, **do**를 본동사로 사용한다.

We ***did*** quite a lot of work yesterday. 우리는 어제 아주 많은 일을 했다.
I ***did*** all the usual things to raise money. 나는 모금을 위해 할 수 있는 일상적인 일을 모두 했다.
Every decade there is a census which is ***done*** in detail. 10년마다 상세하게 이루어진 인구 조사가 있다.

〔do + -ing〕 형식은 가사와 관련된 일을 나타내며, 〔do + 일반명사〕 형식은 일반적으로 하는 일을 나타낸다.

He ***does all the shopping*** and I ***do the washing***. 그는 모든 쇼핑을 하고 나는 세탁을 한다.
Have you ***done your homework*** yet? 벌써 숙제를 다 했니?
The man who ***did the job*** had ten years' training. 그 일을 한 사람은 10년간 훈련받았다.
He has to get up early and ***do a hard day's work***. 그는 일찍 일어나서 고된 하루의 일을 해야 한다.

회화에서 **do**는 특정한 동사의 뜻을 대신하여 자주 사용한다. 예를 들면, **do your teeth**(이를 닦다), **do the flowers**(꽃꽂이를 하다) 등이 있다.

Do I need to ***do my hair***? 내 머리를 손질해야 할 것 같습니까?
She had ***done her breakfast dishes***. 그녀는 아침 식사 설거지를 했다.

> **주의** 어떤 것을 창조하거나 건설하는 것을 말할 경우, 보통 **do**가 아닌 **make**를 사용한다.
> I like ***making*** cakes. 나는 케이크 만들기를 좋아한다.
> Sheila ***makes*** all her own clothes. 셸리아는 자신의 모든 옷을 직접 만든다.
> An electric blender ***makes*** soups, purees and puddings in a few seconds.
> 전기 믹서는 수프, 퓌레와 푸딩을 몇 초 안에 만든다.
> Chimpanzees not only use tools but ***make*** them. 침팬지는 도구를 사용할 뿐만 아니라 도구를 만들기도 한다.
> ➲ Usage 표제어 make 참조.

5 'do one's best'

do one's best는 어떤 것을 이루기 위해 '최선을 다하다'라는 뜻이다.

I'm sorry. I ***did my best***. 미안해요. 나는 최선을 다했어요.

〔do one's best + to부정사〕 형식을 사용할 수 있다.

We ***do our best to make sure*** it's up-to-date information. 우리는 그것이 최신 정보인지 확인하고자 최선을 다하고 있다.
Certainly OPEC countries ***did their best to obstruct*** negotiations.
틀림없이 석유 수출국 기구 국가들은 협상을 방해하고자 최선을 다했다.

ⓘ make one's best라고 하지 않는다.

6 repeating 'do'(do를 반복하기)

의문문과 부정문에서 **do**동사를 두 번 사용하는 경우, 첫 번째는 조동사이고 두 번째는 본동사이다. 본동사는 항상 원형부정사 형태이다.

What ***did*** she ***do*** all day when she wasn't working? 그녀는 일을 하지 않았을 때, 하루 종일 무엇을 했는가?
If this exercise hurts your back ***do not do*** it. 이 운동을 하다가 허리가 아프면 운동을 중단하세요.

7 'do about'

의문문과 부정문에서 **do about**은 한 문제를 다루는 여러 방법을 나타낼 때 사용한다.

What do you *do about* children's education? 당신은 어린이 교육을 위해 무엇을 하고 있습니까?
Really there is nothing we can *do about* it. 우리가 그것에 대해 할 수 있는 일은 정말 아무것도 없다.

ⓘ 위와 같은 뜻에 about 이외의 다른 전치사를 사용하지 않는다.

---

doubt

doubt는 명사나 동사로 사용할 수 있다.

1 used as a noun(명사로 사용하기)

doubt는 어떤 것에 대한 불확실한 감정, 즉 '의심'이라는 뜻이다.

Frank had no *doubts* about the outcome of the trial. 프랭크는 그 재판의 결과에 대해 아무 의심을 하지 않았다.
I had moments of *doubt*. 나는 잠시 의구심이 생겼다.

2 'no doubt'

어떤 것에 대해 확신은 없지만 그것이 사실이라고 생각할 때, 평서문에 **no doubt**를 사용한다.

As Jennifer has *no doubt* told you, we are leaving tomorrow.
제니퍼가 당신에게 확실하게 말한 바와 같이, 우리는 내일 떠날 예정이다.
The contract for this will *no doubt* be widely advertised. 이 건에 대한 계약은 틀림없이 널리 광고될 것이다.

there is no doubt that **something is true**는 어떤 것이 확실히 사실이어서 의심할 여지가 없다라는 뜻이다.

There's no doubt that it's going to be difficult. 그 일이 어려울 것임은 의심의 여지가 없다.
There was no doubt that he was in a highly excitable condition.
그가 매우 격하기 쉬운 상태였다는 것은 의심의 여지가 없었다.

ⓘ there is no doubt 뒤에 that절을 사용해야 하며, if절이나 whether절은 사용할 수 없다.

➲ 어떤 일에 대한 확신을 나타낼 때 사용하는 단어와 표현의 분류 목록은 **Grammar** 표제어 **Adjuncts**의 **probability** 참조.

3 'without doubt'

어떤 것이 사실임을 강조하는 또 다른 방법은 **without doubt**를 사용하는 것으로, 이는 좀 더 격식을 차린 용법이다.

Hugh Scanlon became *without doubt* one of the most powerful men in Britain.
휴 스캔런은 의심할 여지없이 영국에서 가장 영향력 있는 사람 중 한 사람이 되었다.

미국 영어에서는 **without doubt**보다 **without a doubt**를 더 선호하나, 이를 격식을 차린 표현으로는 생각하지 않는다.

It is the best-tasting tomato, *without a doubt*. 의심의 여지가 없이 그것은 가장 맛있는 토마토이다.

4 used as a verb(동사로 사용하기)

동사 **doubt**는 아마도 어떤 것이 사실이 아니거나 가능하지 않다라는 뜻이다.

I *doubt* whether it would have more than a limited appeal. 나는 그것이 한정된 힘 그 이상인지 의심스럽다.
I *doubt* if Alan will meet her. 나는 앨런이 그녀를 만날 것인지 의심스럽다.

어떤 것이 사실이라고 말하거나 사실인지 물어볼 때, **I doubt it.**이라고 대답하면 어떤 일이 사실일 것 같지 않거나 가능하지 않다라는 뜻을 나타낸다.

'I believe I know you.' – '*I doubt it*. I'm Frederica Potter.'
"제 생각에 당신과 면식이 있는 것 같아요." – "설마 그럴 리가요. 저는 프레데리카 포터예요."
'Do your family know you're here?' – '*I doubt it*.'
"당신 가족들은 당신이 여기에 와 있는 것을 알아요?" – "설마 그럴 리가요."

ⓘ ~~I doubt so~~.라고 하지 않는다.

USAGE

doubtful – dubious – suspicious

1 'doubtful'

doubtful은 어떤 일에 확신이 없거나 성공할 것 같지 않다, 즉 '불확실한'이라는 뜻이다.

Do you feel insecure and ***doubtful*** about your ability? 당신은 자신의 능력에 대해 불안해 하며 의심하고 있습니까?
It was ***doubtful*** he would ever see her again. 그가 그녀를 다시 만날 수 있을지는 불확실했다.

2 'dubious'

dubious는 어떤 일을 하는 것이 옳은지에 대해 '확신이 가지 않는'이라는 뜻이다.

Alison sounded very ***dubious***. 앨리슨은 아주 미심쩍어하는 듯했다.
The men in charge were a bit ***dubious*** about taking women on.
책임을 맡은 남자들은 여자들을 고용하는 것에 대해 조금 미심쩍어했다.

dubious에는 어떤 것이 완전히 '정직하지 않거나, 안전하지 않거나, 믿음이 가지 않는'이라는 뜻도 있다.

...his ***dubious*** abilities as a teacher. 교사로서 그의 의심스러운 능력.

3 'suspicious'

suspicious는 어떤 사람을 신뢰할 수 없어서 그 사람이 부정직하거나 불법적인 일에 관련됐을지도 모른다고 생각하다, 즉 '의심스러운'이라는 뜻이다.

I am ***suspicious*** of his intentions. 나는 그의 의도가 의심스럽다.
Miss Lenaut had grown ***suspicious***. 레나우트 양은 더욱 의심스러웠다.

suspicious에는 어떤 것이 부정직하거나, 불법적이거나, 위험한 행동임을 암시하다라는 뜻도 있다.

He listened for any ***suspicious*** sounds. 그는 어떤 의심스러운 소리에도 귀를 기울였다.
...in ***suspicious*** circumstances. 의심스러운 상황에서.

downstairs

go ***downstairs***는 건물에서 1층으로 향하는 계단을 내려가다라는 뜻이다.

He went ***downstairs*** and into the kitchen. 그는 아래층에 내려가서 부엌으로 들어갔다.
His two older sisters slept ***downstairs***, for they had to be up first.
그의 두 누이는 먼저 일어나야 했기 때문에 아래층에서 잠을 잤다.

ℹ downstairs 앞에 to, at, in을 사용하지 않는다.

downward

➲ Usage 표제어 downwards 참조.

downwards

1 'downwards'

영국 영어에서 move/look ***downwards***는 땅이나 바닥을 향해 움직이거나 보다라는 뜻이다.

...a lift that is plummeting ***downwards*** at speed. 고속으로 아래를 향해 곤두박질하는 엘리베이터.
She gazed ***downwards***. 그녀는 아래쪽을 쳐다보았다.

downwards는 부사로만 사용한다.

2 'downward'

미국 영어에서는 보통 downwards 대신 downward라고 한다.

The blood from the wound spread ***downward***. 상처에서 난 피가 아래쪽으로 번졌다.

He kept his head on one side as he spoke, looking ***downward***.
그는 말을 할 때 머리를 한쪽으로 둔 채로 아래쪽을 쳐다보았다.

영국 영어와 미국 영어 모두 **downward**를 형용사로 사용하여, 사람이나 사물이 아래쪽으로 움직이거나 아래쪽을 보는 것을 나타낸다.

She made a bold ***downward*** stroke with the paintbrush. 그녀는 화필로 아래쪽을 향하여 대담한 붓질을 했다.
...a ***downward*** glance. 아래쪽으로 힐끗 보기.

downward가 형용사인 경우, 명사 앞에만 사용할 수 있다.

---

dozen

1 'dozen'

a dozen **things**는 12개의 물건을 말한다.

...***a dozen*** eggs. 한 다스의 달걀.
When he got there he found more than ***a dozen*** men having dinner.
그가 그곳에 도착했을 때, 12명 이상의 남자들이 저녁 식사를 하고 있는 것을 발견했다.

i dozen 앞에는 a를 사용하며, dozen things라고 하지 않는다.

〔숫자 + **dozen**〕 형식은 많은 수의 물건에 사용한다. 예를 들면, '48개의 물건'은 **four dozen things**라고 한다.

On the trolley were ***two dozen*** cups and saucers. 손수레에는 두 다스의 컵과 컵 받침 접시가 있었다.
They had come in demanding ***three dozen*** chocolate chip cookies for a party.
그들은 파티에 쓸 세 다스의 초콜릿 칩 쿠키를 달라고 하면서 들어왔다.

i 숫자 뒤에 단수형 dozen을 사용하므로 ~~two dozens cups and saucers~~라고 하지 않는다. 또한 dozen 뒤에 of를 사용하지 않으므로 ~~two dozen of cups and saucers~~라고 하지 않는다.

2 'dozens'

회화에서 매우 많은 수의 사물을 모호하게 말할 때, **dozens**를 사용할 수 있다. **dozens**가 명사 앞에 올 경우, **dozens** 뒤에 **of**가 온다.

She's borrowed ***dozens of*** books. 그녀는 수십 권의 책을 빌렸다.
There had been ***dozens of*** attempts at reform. 개혁을 꾀하려는 수많은 시도가 있었다.

---

draught – draft

draught와 **draft**는 둘 다 [dræft | dra:ft]로 발음한다.

1 used as a noun(명사로 사용하기)

영국 영어에서 **draught**는 방이나 차량 안으로 들어오는 공기의 흐름, 즉 '외풍'이라는 뜻이다.

The ***draught*** from the window stirred the papers on her desk.
창문을 통해 들어온 바람이 그녀의 책상 위의 종이를 흩어 놓았다.
They used to open the windows and doors to create a ***draught***.
그들은 통풍을 시키려고 창문과 문을 열어 놓곤 했다.

미국 영어에서는 **draught**를 **draft**라고 표기한다.

A ***draft*** of steamy air blew out at them and Meers said, 'Jesus, we left the heat on'.
고온 다습한 바람이 갑자기 그들에게 뿜어 나오자 미어스는 "제기랄, 히터를 켜놓았군."이라고 말했다.

영국 영어에서 **draughts**는 두 사람이 체스판과 같은 판 위에서 둥근 말을 가지고 시합하는 게임이라는 뜻이고, 미국 영어에서는 이를 **checkers**라고 한다.

영국 영어와 미국 영어 모두에서 **draft**는 편지, 책, 연설의 초기 형태, 즉 '초고'라는 뜻이다.

...the change from the first ***draft*** to the final printed version. 초고에서 최종 인쇄판까지의 변화.

He showed me the ***draft*** of an article he was writing. 그는 쓰고 있던 기사의 초고를 나에게 보여 주었다.

2 'draft' used as a verb(동사로 사용하는 draft)

draft는 동사로도 사용할 수 있다. 영국 영어와 미국 영어 모두에서 동사 draft는 어떤 사람이 특정한 일을 하기 위해 어떤 곳으로 '옮겨지다'라는 뜻이다.

Extra staff ***were drafted*** from Paris to Rome. 추가 직원들이 파리에서 로마로 차출되었다.

미국 영어에서 be drafted는 군대에서 복무하라는 명령을 받다, 즉 '징집되다'라는 뜻이다.

I ***was drafted*** into the navy. 나는 해군에 징집되었다.

He took a temporary job while he was waiting to ***be drafted***. 그는 군 징집을 기다리는 동안 임시 직장을 잡았다.

영국 영어에서 be called up은 군대에 소집되다라는 뜻이다.

He ***was called up*** for National Service in 1950 and served as a driver with the Royal Signals.
그는 1950년에 영국군에 소집되어 통신대에서 운전병으로 복무했다.

---

dream

dream은 명사나 동사로 사용할 수 있다. dream의 과거는 dreamed[dri:md, dremt], 과거분사는 dreamt[dremt]이다.

미국 영어에서는 보통 dreamt를 사용하지 않는다.

1 used as a noun(명사로 사용하기)

dream은 잠을 자고 있는 동안 머릿속에서 경험하는 일련의 가상의 사건, 즉 '꿈'이라는 뜻이다.

In his ***dream*** he was sitting in a theatre watching a play. 꿈속에서 그는 극장 좌석에 앉아서 연극을 보고 있었다.

have a dream은 꿈을 꾸다라는 뜻이다.

The other night I ***had a*** strange ***dream.*** 전날 밤에 나는 이상한 꿈을 꾸었다.

Sam ***has bad dreams*** because soon he will be going to prep school.
샘은 곧 사립 초등학교에 입학하기 때문인지 악몽을 꾸었다.

dream a dream이라고 하지 않는다.

dream은 어떤 일이 일어나기를 간절히 바라지만 일어날 것 같지 않은 상황이나 사건이라는 뜻으로도 사용한다.

My ***dream*** is to have a house in the country. 내 꿈은 시골에 집을 한 채 갖는 것이다.

His ***dream*** of becoming President had come true. 대통령이 되고자 했던 그의 꿈이 이루어졌다.

2 used as a verb(동사로 사용하기)

어떤 사람이 잠을 자는 동안 가상의 사건을 경험하는 경우, ***dream*** something happens나 ***dream that*** something happens를 사용한다.

I ***dreamed*** Marnie was in trouble. 나는 마니가 어려움에 처해 있는 꿈을 꾸었다.

Daniel ***dreamed that*** he was back in Minneapolis. 대니얼은 미니애폴리스로 돌아가는 꿈을 꾸었다.

어떤 것에 대해 꿈을 꿀 때, dream about이나 dream of를 사용한다.

Last night I ***dreamed about*** you. 어젯밤 나는 네 꿈을 꾸었다.

I ***dreamed of*** ants converging on us from the whole estate. 나는 사방에서 개미들이 우리를 덮치는 꿈을 꾸었다.

어떤 일이 일어나기를 원할 때, ***dream of having*** something이나 ***dream of doing*** something이라고 한다.

He ***dreamed of having*** a car. 그는 자동차를 한 대 갖기를 원했다.

For over a century every small boy ***dreamed of becoming*** an engine driver.
1세기 이상 동안 모든 어린 사내아이들은 기관사가 되기를 원했다.

'dream to have' something이나 'dream to do' something이라고 하지 않는다.

dress

1 'dress' and 'get dressed'

dress는 '옷을 입다'라는 뜻으로, 이 용법은 주로 소설에서 쓰인다.

When he had shaved and ***dressed***, he went down to the kitchen. 그는 면도를 하고 옷을 입고 부엌으로 내려갔다.
Finally he ***dressed***, choosing a thin silk polo-necked sweater.
그가 드디어 얇은 명주로 짠 터틀넥 스웨터를 골라 입었다.

회화에서 옷을 입다는 dress가 아닌 get dressed라고 한다.

Please hurry up and ***get dressed***, Morris. 모리스, 서둘러 옷을 입으세요.
I ***got dressed*** and went downstairs. 나는 옷을 입고 아래층으로 내려갔다.

dress in a particular way는 독특한 방식으로 옷을 입다라는 뜻이다.

Over 40? No problem, just ***dress*** like a teenager. 40세가 넘으셨어요? 문제 없어요, 십대 청소년처럼 입으세요.
I really must try to make him change the way he ***dresses***. 나는 그가 옷 입는 방식을 바꾸도록 정말로 애써야 한다.

2 'dressed in'

특별한 일로 옷을 차려입다는 be ***dressed in***이라고 한다.

He was ***dressed in*** a black suit. 그는 검정색 정장을 입었다.
He saw people coming towards him dancing, ***dressed in*** colourful clothes and feathers.
그는 화려한 색상의 옷과 깃털로 차려입은 사람들이 그를 향해 춤을 추며 오고 있는 것을 보았다.

어떤 사람의 옷이 모두 같은 색깔일 경우, be ***dressed in*** that color는 누군가가 그 색깔의 옷을 입고 있다라는 뜻이다.

All the girls were ***dressed in*** white. 모든 소녀들이 하얀색 옷을 입고 있다.

3 'dress up'

dress up은 결혼식이나 취업 면접 등에 평소보다 더 멋지게 보이기 위해 다른 옷을 입다, 즉 '잘 차려입다'라는 뜻이다.

I can't be bothered to ***dress up*** this evening. 나는 오늘 저녁에 잘 차려입을 마음이 나지 않는다.

be ***dressed up***도 잘 차려입다라는 뜻이다.

You're all ***dressed up***. Are you going somewhere? 잘 차려입었군요. 어디 가십니까?

someone ***dresses up as*** someone else는 어떤 사람이 다른 사람이 일반적으로 입는 옷을 입고 있다, 즉 '가장하다'라는 뜻이다.

He used to ***dress up as*** a clown. 그는 어릿광대로 가장하곤 했다.

> **주의** 어떤 사람이 평상복이 아닌 다른 옷을 입고 있다고 할 때, dress up만을 사용한다. 어떤 사람이 단정하거나 매력적인 옷을 입고 있으면, dress up well이 아닌 dress well이라고 한다.
> They all had enough money to ***dress well*** and buy each other drinks.
> 그들은 모두 옷을 잘 차려입고 서로에게 술을 살 만큼 충분한 돈이 있었다.
> We are told by advertisers and fashion experts that we must ***dress well*** and use cosmetics.
> 광고주와 패션 전문가들은 우리가 옷을 잘 차려입고 화장품을 사용해야 한다고 말한다.

drink

drink는 동사나 명사로 사용할 수 있다.

1 used as a transitive verb(타동사로 사용하기)

drink는 입에 액체를 넣어서 삼키다, 즉 '마시다'라는 뜻이다. drink의 과거는 drinked나 drunk가 아닌 drank이다.

I ***drank*** some of my ginger beer. 나는 진저 비어를 조금 마셨다.
We ***drank*** a bottle of whisky together. 우리는 함께 위스키 한 병을 마셨다.

drink의 과거분사는 drunk이다.

He was aware that he ***had drunk*** too much whisky. 그는 자신이 위스키를 너무 많이 마셨다는 것을 알고 있었다.

drunk는 형용사로도 사용한다.

➲ Usage 표제어 drunk – drunken 참조.

2 used as an intransitive verb(자동사로 사용하기)

drink를 목적어 없이 사용하면 일반적으로 '술을 마시다'라는 뜻이다.

I never ***drink*** alone. 나는 절대로 혼자서 술을 마시지 않는다.
We shouldn't ***drink*** and drive. 우리는 음주 운전을 해서는 안 된다.

drink에는 어떤 사람이 정기적으로 술을 많이 마시다라는 뜻도 있다.

Her mother ***drank***, you know. 당신도 알다시피 그녀의 어머니는 술을 마셨다.
He paid someone to investigate Mr Williams and found he ***drank*** and brawled.
그는 누군가에게 돈을 줘서 윌리엄스 씨에 대해 조사했고 그가 술을 마시고 싸웠다는 것을 알게 되었다.

do not drink는 누군가가 술을 전혀 마시지 않다라는 뜻이다.

She said she ***didn't*** smoke or ***drink***. 그녀가 자신은 전혀 담배를 피우거나 술을 마시지 않는다고 말했다.

3 used as a count noun(가산명사로 사용하기)

drink는 사람이 마시는 액체의 양, 즉 '한 잔'이라는 뜻이다.

I asked her for a ***drink*** of water. 나는 그녀에게 물 한 잔을 달라고 부탁했다.
Lynne brought me a hot ***drink***. 린은 뜨거운 음료 한 잔을 나에게 가져왔다.

have a drink는 보통 다른 사람들과 술을 마시면서 시간을 보내다라는 뜻이다.

I'm going to ***have a drink*** with some friends this evening.
나는 오늘 저녁에 친구들 몇 명과 술을 마시면서 시간을 보낼 것이다.

drinks는 일반적으로 주류를 가리킨다.

The ***drinks*** were served in the sitting room. 술은 거실에서 제공되고 있었다.
After a few ***drinks*** he would get his clarinet out. 그는 술을 몇 잔 마신 후에 클라리넷을 꺼내곤 했다.

4 used as an uncount noun(불가산명사로 사용하기)

drink는 '술'이라는 뜻이다.

There was plenty of food and ***drink*** at the party. 파티에는 음식과 술이 충분히 있었다.
We are trying to keep him away from ***drink***. 우리는 그가 술을 가까이하지 못하도록 애쓰고 있다.

---

drown

drown은 사람의 머리가 물속에 있고 숨을 쉴 수가 없어서 죽다, 즉 '익사하다'라는 뜻이다. drown은 be drowned와 의미상의 차이는 없다.

She had fallen into the sea and ***drowned***. 그녀는 바다에 빠져서 익사했다.
They jumped in the river and ***were drowned***. 그들은 강물로 뛰어들어서 익사했다.

---

drugstore

➲ Usage 표제어 chemist's – drugstore – pharmacy 참조.

---

drunk – drunken

drunk는 동사 drink의 과거분사이다.

➲ Usage 표제어 drink 참조.

1 'drunk' used as an adjective(형용사로 사용하는 drunk)

drunk는 형용사로, 사람이 술을 너무 많이 마셔 자신의 행동을 완전히 통제하지 못하다, 즉 '취한'이라는 뜻이다.

The colonel was so ***drunk*** that he could barely get his words out. 대령은 너무 취해서 말을 거의 할 수가 없었다.
She was being driven home by an extremely ***drunk*** young man.
그녀는 만취한 젊은 남자가 운전하는 차를 타고 집으로 오고 있었다.

통제력을 잃을 정도로 술을 너무 많이 마신다고 할 경우, **get drunk**라고 한다.

He had decided that he was never going to ***get drunk*** again.
그는 다시는 취할 정도로 술을 많이 마시지 않겠다고 결심했었다.
We all ***got*** happily ***drunk***. 우리는 모두가 기분 좋게 취했다.

2 'drunken'

drunken은 **drunk**와 같은 뜻이나, 명사 앞에서만 사용한다. 또한 **be drunken**이라고 하지 않는다.

...stiffer penalties for ***drunken*** drivers. 음주 운전자에 대한 더 엄격한 처벌.
Groups of ***drunken*** hooligans smashed windows and threw stones.
술에 취한 여러 무리의 훌리건들이 유리창을 부수고 돌을 던졌다.

술에 취한 사람의 행동을 나타낼 때, **drunk**보다 **drunken**을 사용한다.

...a long ***drunken*** party. 오랫동안 계속되는 술취한 사람들의 파티.
I descended into a deep ***drunken*** sleep. 나는 술에 취해 깊은 잠에 빠져 들었다.

술에 자주 취해 있는 사람을 나타낼 때에도 **drunk**보다 **drunken**을 사용하는 것이 좋다.

Where will she go? Back to her ***drunken*** husband in Canada?
그녀가 어디로 갈까요? 캐나다에 사는 술에 찌든 남편에게 돌아갈까요?

---

dubious

➲ Usage 표제어 **doubtful – dubious – suspicious** 참조.

---

due to

be due to는 어떤 것의 직접적인 결과로 무슨 일이 일어나거나 존재하다라는 뜻이다.

His death ***was due to*** natural causes. 그의 죽음은 자연사였다.
My desire to act ***was due to*** Laurence Olivier's performance in 'Hamlet'.
배우가 되고자 하는 내 열망은 'Hamlet'의 로렌스 올리비에의 연기 때문이었다.

바람직하지 못한 상황에 대한 원인을 나타낼 때, **due to**를 때때로 사용한다.

Due to repairs, the garage will be closed next Saturday. 수리 때문에 정비소는 다음 토요일에 휴무할 것이다.
The flight has been delayed one hour, ***due to*** weather conditions. 기상 상태 때문에 비행기가 한 시간 연착되었다.

일반적으로 **due to**를 사용하지만, 일부 사람들은 **due to** 대신 **owing to**나 **because of**를 사용한다.

Owing to the heavy rainfall many of the roads were impassable. 폭우 때문에 많은 도로가 통제되었다.
I missed my flight ***owing to*** a traffic hold-up. 교통 체증 때문에 내가 타야 할 비행기를 놓쳤다.
Because of the law in Ireland, we had to work out a way of getting her over to Britain.
아일랜드의 법 때문에 우리는 그녀를 영국으로 데려가는 방법을 찾아내야 했다.
Police closed the Strand ***because of*** smoke billowing over the road.
경찰은 길에 연기가 소용돌이 치고 있었기 때문에 스트랜드 가(街)를 폐쇄시켰다.

---

dull – blunt

1 'dull'

dull은 어떤 것이 '흥미가 없는'이라는 뜻이다.

I thought the book ***dull*** and unoriginal. 나는 그 책이 재미가 없고 독창성이 없다고 생각했다.

It will be so *dull* here without you. 당신이 없으면 이곳은 매우 따분할 거예요.

2 'blunt'

현대 영어에서는 칼날이 더 이상 날카롭지 않고 무디다고 할 때는 **dull**이 아닌 **blunt**를 사용한다.

Scrape off as much as possible with a ***blunt*** knife. 날이 무딘 칼로 가능한 한 많이 긁어내세요.

---

during

1 'during' and 'in'

어떤 일이 어느 기간 동안 처음부터 끝까지 또는 연속적으로 일어날 때, 보통 **during**을 사용한다.

She heated the place ***during*** the winter with a huge wood furnace.
그녀는 겨울 동안 큰 나무 난로를 사용하여 그곳에 난방을 했다.

This was evident in the weekly column he wrote for the Guardian ***during*** 1963-1964.
이것은 가디언지에 1963년에서 1964년까지 그가 쓴 주 1회 칼럼에 분명히 있었다.

위와 같은 문장에서 **during** 대신 **in**을 사용할 수 있으며, 의미상의 차이는 거의 없다. **during**을 사용하면, 보통 어떤 것이 계속되거나 반복된다는 사실을 강조하는 것이 된다.

⊙ Usage 표제어 **in** 참조.

어떤 행위가 일어나고 있는 도중에 다른 일이 일어나다라고 할 때에도 **during**을 사용한다.

During my years as a pediatrician I learned that child abuse was quite common.
내가 소아과 의사로 일하던 수년 동안 나는 아동 학대가 아주 흔히 일어난다는 것을 알게 되었다.

During his visit, the Pope will also bless the new hospital.
그가 방문하고 있는 동안에, 교황은 또한 새로운 병원을 축복할 것이다.

위와 같은 문장에서는 때때로 **in**을 사용하지만 그 뜻은 항상 **during**과 같지는 않다. 예를 들면, **What did you do *during* the war?**는 '당신은 전쟁이 일어나는 중에 무엇을 했습니까?'라는 뜻이며, **What did you do *in* the war?**는 '당신은 전쟁 중에 무슨 역할을 했습니까?'라는 뜻이다.

2 single events(한 번 일어난 일)

어떤 기간 내에 어느 시점에서 단 한 번 사건이 일어났다고 할 때, **during**과 **in**을 사용할 수 있다.

He had died ***during*** the night. 그는 그날 밤에 죽었다.
His father had died ***in*** the night. 그의 아버지는 그날 밤에 죽었다.
She left Bengal ***during*** the late Spring of 1740. 그녀는 1740년 늦은 봄에 벵골을 떠났다.
Mr Tyrie left Hong Kong ***in*** June. 타이리 씨는 6월에 홍콩을 떠났다.

위와 같은 문장에서는 **in**을 더 자주 사용한다. **during**을 사용하는 경우, 보통 어떤 일이 일어난 정확한 시간을 확신하지 못한다는 것을 강조한다.

> **주의** 어떤 것이 얼마 동안 지속되었는지 나타낼 때는 **during**이 아닌 **for**를 사용한다. 예를 들면, '나는 웨일스에 2주 동안 가 있었다.'는 ~~**I went to Wales during two weeks.**~~가 아닌 **I went to Wales *for* two weeks.**라고 한다.

---

duty

⊙ Usage 표제어 **obligation – duty** 참조.

---

dye

⊙ Usage 표제어 **die – dye** 참조.

E e

each

1 used as a determiner(한정사로 사용하기)

〔each + 단수 가산명사〕 형식은 어떤 그룹 내의 모든 사람이나 사물을 나타낼 때 사용한다. 한 그룹의 구성원 개개인을 나타낼 경우, every보다 each를 사용한다.

Each applicant has five choices. 각각의 지원자는 다섯 가지를 선택할 수 있다.
They would rush out to meet ***each visitor***. 그들은 각각의 방문자를 만나려고 뛰쳐나갈 것이다.
Each country is subdivided into several districts. 각 나라는 여러 지역으로 나뉘어 있다.

2 'each of'

each 대신 each of를 때때로 사용할 수 있다. 예를 들면, '군인들 각자에게 새 군복이 주어졌다.'는 **Each soldier was given a new uniform.** 대신 ***Each of* the soldiers was given a new uniform.**이라고 한다. 〔each of + 한정사 + 복수 가산명사〕 형식으로 사용한다.

Each of the books has little bits of paper protruding from its pages.
책 한 권 한 권마다 조금씩 종이가 튀어나와 있는 페이지가 있다.
Each of these phrases has a different meaning. 이 구절 하나하나마다 다른 뜻이 있다.
They inspected ***each of her appliances*** with care. 그들은 그녀의 가정용 기구 하나하나를 주의 깊게 검사했다.

〔each of + 복수대명사〕 형식도 사용한다.

He stood smoking his pipe for a good three minutes, making eye contact with ***each of us***.
그는 적어도 3분 동안 서서 파이프 담배를 피우면서, 우리들 한 명 한 명과 눈을 맞추고 있었다.
They were all just sitting there, ***each of them*** thinking private thoughts.
그들은 모두 각각 자신들의 생각을 하면서 그곳에 그냥 앉아 있었다.
Each of these would be a big advance in its own right. 이것들 하나하나는 그 자체로 크게 발전할 것이다.

〔each of + 복수명사 · 복수대명사〕 형식이 주어일 때, 단수동사를 사용한다.

Each of these cases ***was*** carefully locked. 이 상자들 하나하나마다 조심스럽게 자물쇠가 채워졌다.
Each of us ***looks*** over the passenger lists. 우리는 각자 승객의 명단을 훑어보고 있다.

> **주의** 복수명사나 복수대명사 앞에 of 없이 each만 사용하지 않는다.

어떤 그룹 내의 모든 구성원에게 어떤 것이 사실임을 강조할 때, each of 대신 each one of를 사용한다.

This view of poverty influences ***each one of us***. 빈곤에 대한 이러한 견해는 우리들 각자에게 영향을 미친다.
An expert lecturer can make ***each one of his listeners*** feel that they are the object of his attention.
노련한 강사는 청중들 각자가 강사의 관심 대상이라고 느낄 수 있도록 만들 수 있다.

> **주의** each 앞에 almost, nearly, not과 같은 단어를 사용하지 않는다. 예를 들면, '그 거리에 있는 거의 모든 집들이 매물로 나와 있다.'는 ~~Almost each house in the street is for sale.~~이 아닌 **Almost *every* house in the street is for sale.**이라고 한다.
>
> They show great skills in ***almost every*** aspect of school life.
> 그들은 학교 생활의 거의 모든 측면에서 뛰어난 능력을 보여 주고 있다.
> ***Nearly every*** town has its own opera house. 거의 모든 도시는 자체의 오페라 극장이 있다.
> ***Not every*** secretary wants to move up in the world. 모든 비서가 세상에서 출세하기를 원하는 것은 아니다.
>
> 부정문에서는 each나 each of가 아닌 none of를 사용한다. 예를 들면, '그 소년들 중 아무도 축구를 즐기지 않았다.'는 ~~Each boy did not enjoy football.~~이나 ~~Each of the boys did not enjoy football.~~이 아닌 ***None of* the boys enjoyed football.**이라고 한다.

None of them are actually African. 그들 중 아무도 실제로는 아프리카 사람이 아니다.
None of these suggestions is very helpful. 이러한 제안 중 아무것도 그다지 유용하지 않다.
➲ Usage 표제어 none 참조.

3 used after the subject(주어 뒤에 사용하기)

each는 때때로 문장의 주어 뒤에 오기도 한다. 예를 들면, '그들 각자가 새 부츠 한 켤레씩을 받았다.'는 **Each of them received a new pair of boots.** 대신 ***They each*** **received a new pair of boots.**라고 한다. 이러한 구문에서 주어와 동사는 항상 복수형이다.

They each chose a word from the list. 그들 각자는 그 목록에서 단어 하나씩을 골랐다.
We each have our private views about it. 우리는 각자 그것에 대해 개인적인 견해를 갖고 있다.

〔복수형 주어 + each〕 형식은 그룹 전체가 아닌 구성원 각자와 관련된 양을 나타낼 때 사용한다. 예를 들면, **Arsenal and Everton *each* scored two goals.**는 '두 팀이 합해서 두 골을 넣었다.'가 아닌 '아스날과 에버턴은 각각 두 골씩, 총 4골을 넣었다.'라는 뜻이다.

Italy, the UK and Germany *each* have 2 Commissioners and the other states have 1 each.
이탈리아, 영국, 독일은 각각 두 명의 위원이 있으며 그 밖의 나라들은 각각 한 명씩 있다.

위와 같이 양을 나타낼 때, each는 자주 문장의 끝에 온다.

They cost eight pounds *each*. 그것들은 한 개에 8파운드이다.
All three groupings polled 32 per cent *each*. 세 단체 모두 각각 32퍼센트의 표를 얻었다.
...large aluminium cylinders, weighing several tons *each*. 한 개당 몇 톤의 무게가 나가는 큰 알루미늄 실린더.

4 used as a pronoun(대명사로 사용하기)

each가 대명사인 경우, '각각의 사람' 또는 '각각의 사물'이라는 뜻이다.

Cournoyer, Lemaire, Savard, Lapointe, *each* is now past thirty.
쿠르누와이에, 르메르, 사바드, 라포엥트는 이제 나이가 각각 30세가 넘었다.
None of the earlier stages are self-sufficient. *Each* is a preparation for the next.
이전 단계들 중 어느 것도 그 자체로서 충분하지 않다. 각각의 단계는 다음 단계를 위한 준비이다.
If there is more than one convenient hostel, you could spend a few nights at *each*.
만약 한 개 이상의 편리한 호스텔이 있으면, 각각의 호스텔에서 며칠 밤을 보낼 수 있을 것이다.

때때로 each 대신 each one을 사용한다.

The canoes went skimming down the river with five or six women in *each one*.
그 카누들은 각각 대여섯 명의 여자들을 태우고 강 아래로 미끄러져 갔다.
Babies are individuals. This means *each one* needs to be closely watched.
갓난아이는 독립된 개체이다. 이는 아이 한 명 한 명을 주의 깊게 돌봐 줘야 한다는 뜻이다.

5 referring back to 'each'(each를 다시 가리키기)

앞에 나온 each를 포함한 표현을 다시 가리킬 경우, 일반적으로 단수대명사 he, she, him, her 등을 사용한다.

Each boy said what *he* thought had happened. 각각의 소년들은 무슨 일이 일어났다고 생각하는지를 말했다.

그러나 성별을 정확히 알 수 없는 each person이나 each student를 다시 가리키는 경우, 보통 they나 them을 사용한다.

There was to be a flat rate charge for *each individual*, irrespective of where *they* lived.
그들이 어디에 살든지 간에, 각 개인에게 균일한 요금이 청구될 예정이었다.

➲ 위의 용법에 대한 더 자세한 설명은 Usage 표제어 he – she – they 참조.

---

each other – one another

1 uses(용법)

두 명 이상의 사람들이 똑같은 방법으로 동시에 행동이나 감정을 표현할 때, each other나 one another를 사용한다. 예를 들면, 사이먼이 루이스를 좋아하고 루이스도 사이먼을 좋아한다면, **Simon and Louise like**

each other/one another.(사이먼과 루이스는 서로 좋아한다.)라고 한다. **each other**와 **one another**는 상호대명사라고 하며, 일반적으로 동사의 직접목적어나 간접목적어가 된다.

We help ***each other*** a lot. 우리는 서로 많이 돕는다.
They sent ***each other*** gifts from time to time. 그들은 가끔 서로에게 선물을 보냈다.
The birds greet ***one another*** or change places on the nest. 새들은 서로 인사를 하거나 둥지에서 자리를 바꾼다.

each other나 **one another**를 전치사의 목적어로도 사용할 수 있다.

Terry and Mark were jealous of ***each other***. 테리와 마크는 서로를 질투했다.
They didn't dare to look at ***one another***. 그들은 감히 서로를 쳐다보지 못했다.

2 possessives(소유격)

each other와 **one another**에 **'s**를 붙여 소유격을 만들 수 있다.

I hope that you all enjoy ***each other's*** company. 나는 당신들 모두가 함께하는 시간을 즐기기를 바란다.
Apes spend a great deal of time grooming ***one another's*** fur.
원숭이는 서로의 털을 가다듬어 주는 데 많은 시간을 보낸다.

3 differences(차이점)

each other와 **one another** 간에 의미상의 차이는 거의 없는데, **one another**는 상당히 격식을 차린 표현으로 잘 사용하지 않는다. 일부 사람들이 두 사람이나 사물에는 **each other**, 둘 이상의 사람이나 사물에는 **one another**를 사용하지만, 이와 같은 구별은 일반적이지 않다.

---

easily

➲ Usage 표제어 easy – easily 참조.

---

east

1 'east'

the *east*는 해가 뜨는 방향, 즉 '동쪽'이라는 뜻이다.

Ben noticed the first faint streaks of dawn in the ***east***. 벤은 동쪽에서 새벽의 희미한 서광을 보았다.
A stiff wind blows up-river from the ***east***. 강한 바람이 동쪽에서 강의 상류로 불고 있다.

a *east* wind는 동쪽에서 불어오는 바람, 즉 '동풍'이라는 뜻이다.

It has turned bitterly cold, with a cruel ***east*** wind. 심한 동풍으로 인해 날씨가 몹시 추워졌다.

the *east* of a place는 동쪽을 향해 있는 곳이라는 뜻이다.

...old people in the ***east*** of Glasgow. 글래스고 동부 지방에 사는 노인들.
...a plane which travelled on to the ***east*** of the continent. 대륙의 동쪽으로 운항한 비행기.

east는 일부 국가명과 지역의 명칭에 쓰인다.

...the former Portuguese colony of ***East Timor***. 전에 포르투갈의 식민지였던 동티모르.
This beautiful flower grows in grassy places, mainly in ***East Anglia***.
이 아름다운 꽃은 주로 이스트앵글리아의 초원 지역에서 자란다.
...tribes such as the Masai in ***East Africa***. 동아프리카의 마사이 족과 같은 부족들.

➲ Topic 표제어 Capital letters 참조.

2 'eastern'

그러나 어떤 나라의 동부 지역은 보통 **the 'east' part**가 아닌 **the *eastern* part**라고 한다.

...the ***eastern*** part of Germany. 독일의 동부 지역.

마찬가지로, **east Europe**이나 **east England**가 아닌 ***eastern* Europe**이나 ***eastern* England**라고 한다.

...the economies of Central and ***Eastern*** Europe. 중부 유럽과 동유럽 지역의 경제 상태.

...a scheduled early morning flight from Nancy in ***eastern*** France.
프랑스 동부의 낭시에서 출발하는 이른 아침의 정기 운항 항공편.
...the ***Eastern*** Mediterranean. 동부 지중해.

easterly

easterly는 '동쪽의'라는 방향을 나타낸다.

The yacht was continuing in an ***easterly*** direction. 그 요트는 동쪽으로 계속 나아가고 있었다.

그러나 an ***eastely*** wind는 동쪽에서 불어오는 바람이라는 뜻이다.

There was an icy ***easterly*** wind blowing off the sea. 동쪽에서 차가운 바닷바람이 불어왔다.

most easterly는 '가장 동쪽의'라는 뜻이며, easternmost도 이와 같은 뜻이다.

...Indonesia's ***most easterly*** province. 인도네시아의 가장 동쪽에 있는 주.
This is the ***easternmost*** point in North America. 이곳이 북아메리카의 최동단이다.

eastward

Usage 표제어 eastwards 참조.

eastwards

1 'eastwards'

move/look ***eastwards***는 동쪽으로 움직이거나 동쪽을 향해 보다라는 뜻이다.

They were pressing on ***eastwards*** towards the city's small airfield.
그들은 도시의 작은 비행장이 있는 동쪽으로 몰려들고 있었다.
I looked out through the window and could see ***eastwards*** as far as the distant horizon.
나는 창밖을 내다보니 동쪽으로 먼 지평선까지 볼 수 있었다.

eastwards는 부사로만 사용한다.

2 'eastward'

미국 영어와 오래된 영국 영어에서는 eastwards 대신 eastward를 자주 사용한다.

The two cousins hurried ***eastward*** against the sharp wind. 두 사촌은 매서운 바람을 맞으며 동쪽으로 서둘러 갔다.
He walked back into the field, scanning ***eastward*** for dark figures.
그는 검은 형상을 찾아 동쪽을 주시하면서 다시 들판으로 걸어갔다.

영국 영어와 미국 영어에서는 eastward를 때때로 명사 앞에 형용사로 사용한다.

...the ***eastward*** expansion of the City of London. 런던시의 동쪽으로의 확장.

easy – easily

1 'easy'

easy는 노력이나 어려움 없이 어떤 일을 하거나 달성할 수 있다, 즉 '쉬운'이라는 뜻이다.

Both sides had secured ***easy*** victories earlier in the day. 양측 모두 그날 일찍 손쉬운 승리를 확신했다.
Competitions in the Spectator are never ***easy***. 스펙테이터에서의 경쟁은 결코 쉽지 않다.

easy의 비교급은 easier이고, 최상급은 easiest이다.

This is much ***easier*** than it sounds. 이것은 듣기보다 훨씬 더 쉽다.
This was in many ways the ***easiest*** stage. 이것은 많은 면에서 가장 쉬운 단계였다.

it is easy to do something은 어떤 일을 하는 것은 쉽다라는 뜻이다. 예를 들면, '낙타를 타는 것은 쉽다.'는 Riding a camel is easy. 대신 ***It is easy to ride*** a camel.이나 A camel ***is easy to ride***.라고 한다.

It is always very easy to be cynical about politics. 정치에 대해 냉소적인 태도를 취하는 것은 언제나 매우 쉬운 일이다.
The house ***is easy to keep*** clean. 그 집은 청결을 유지하기 쉽다.

2 'easily'

easy는 부사가 아니지만, **go easy**, **take it easy**, **easier said than done**과 같은 표현에서는 부사로 사용한다. 어떤 일을 어려움 없이 쉽게 한다는 것을 나타낼 때는 부사 **easily**를 사용한다.

Put things in a place where you can find them quickly and ***easily***.
당신이 빠르고 쉽게 찾을 수 있는 곳에 물건을 보관하세요.
Belgium ***easily*** beat Mexico 3-0. 벨기에는 멕시코를 3 대 0으로 쉽게 물리쳤다.

easily의 비교급은 **more easily**이고, 최상급은 **most easily**이다.

Milk is digested ***more easily*** when it is skimmed. 우유는 지방질을 뺄 경우, 더 쉽게 소화된다.
These are the foods that are ***most easily*** contaminated with poisonous bacteria.
이것들은 독성을 가진 박테리아로 가장 쉽게 오염되는 음식이다.

---

economic

➲ Usage 표제어 economics 참조.

---

economical

➲ Usage 표제어 economics 참조.

---

economics

1 'economics'

명사 **economics**는 금융, 산업, 무역의 연관 관계를 연구하는 학문, 즉 '경제학'이라는 뜻이다.

...the science of ***economics***. 경제학.
...a degree in ***economics***. 경제학 학위.

economics가 위와 같은 뜻일 경우 불가산명사이며, 단수동사를 사용한다.

Economics deals with man in his environment. 경제학은 환경 속에서의 인간을 다룬다.

어떤 것이 경제학과 관련이 있을 경우 명사 앞에 **economics**를 사용한다.

...an ***economics*** degree. 경제학 학위.
...Hull University's ***economics*** department. 헐 대학 경제학과.

ⓘ 'economic' degree나 'economic' department라고 하지 않는다.

산업의 이윤 창출과 연관되어 있음을 나타낼 때, **economics**를 사용한다.

...the ***economics*** of the timber trade. 목재 무역의 경제성.

economics가 위와 같은 뜻일 경우 복수명사이며, 복수동사를 사용한다.

When this happens, the ***economics*** of the industry ***are*** dramatically affected.
이러한 일이 발생하면 그 산업의 경제성은 급격하게 영향받는다.

2 'economy'

명사 **economy**는 어떤 나라나 지역의 금융, 산업, 무역이 운영되는 '경제 체계'라는 뜻이다.

New England's ***economy*** is still largely based on manufacturing.
뉴잉글랜드 경제는 여전히 제조업에 크게 기반을 두고 있다.
Unofficial strikes were damaging the British ***economy***. 비공식적인 파업이 영국 경제에 피해를 주고 있었다.

돈을 저축하기 위해서 물건을 절약하여 사용한다는 뜻에도 **economy**를 사용한다.

His seaside home was small for reasons of ***economy***. 그가 소유한 해변의 집은 경제적인 이유로 크기가 작았다.

3 'economies'

make ***economies***는 돈을 절약하기 위해서 불필요한 물건을 사지 않다라는 뜻이다.

It might be necessary to make a few ***economies***. 약간 절약하는 것이 필요할지도 모른다.

They will ***make economies*** by hiring fewer part-time workers.
그들은 더 적은 수의 시간제 직원들을 고용하여 비용을 절약할 것이다.

4 'savings'

그러나 저축한 돈은 economies가 아닌 savings라고 한다.

She drew out all her ***savings***. 그녀는 모든 예금을 인출했다.

Her ***savings*** were in the Post Office Savings Bank. 그녀의 예금은 우체국 저축 은행에 있었다.

5 'economic'

economic은 형용사로, 금융과 무역의 조직과 연관된 일을 나타낸다. economic은 명사 앞에서만 사용하고 동사 뒤에는 사용하지 않는다.

...radical ***economic*** reforms. 급진적인 경제 개혁.

What has gone wrong with the ***economic*** system during the last ten years?
지난 10년 동안 경제 체제에 무슨 일이 있었습니까?

이익을 내거나 손해를 보지 않는다고 할 때도 economic을 사용한다. economic이 이러한 뜻일 경우에 형용사, 명사의 앞이나 동사 뒤에 올 수 있다.

It is difficult to provide an ***economic*** public transport service.
경제성이 있는 공공 교통 서비스를 제공한다는 것은 어려운 일이다.

We have to keep fares high enough to make it ***economic*** for the service to continue.
우리가 그 서비스를 계속 운영하려면 그것이 이익을 낼 수 있게 요금을 높게 책정해야 한다.

6 'economical'

형용사 economical은 어떤 것을 운영하거나 사용하는 비용이 저렴하다, 즉 '경제적인'이라는 뜻이다.

...small, ***economical*** cars. 소형이며 경제적인 자동차.

This system was extremely ***economical*** because it ran on half-price electricity.
이 시스템은 절반 가격의 전기로 운영되었기 때문에 매우 경제적이었다.

돈을 많이 쓰지 않는다고 할 때도 economical이라고 한다.

➲ 위와 비슷한 뜻으로 사용하는 단어의 더 많은 정보는 Usage 표제어 mean 참조.

economies

➲ Usage 표제어 economics 참조.

economy

➲ Usage 표제어 economics 참조.

edit – publish

1 'edit'

edit는 어떤 글을 출판하기 위해서 검토하고 교정하다, 즉 '편집하다'라는 뜻이다.

I am indebted most particularly to Mrs Maria Jepps, who checked and ***edited*** the entire work.
나는 책 전체의 교정과 편집에 관여한 마리아 잽스 부인에게 특히 깊은 감사를 표합니다.

2 'publish'

edit를 publish와 혼동해서는 안 된다. publish는 출판사가 책이나 잡지를 인쇄하여 판매를 위해 서점으로 보내다, 즉 '출판하다'라는 뜻이다.

His latest book of poetry ***will be published*** by Faber in May. 그의 최신 시집은 5월에 페이버사(社)에서 출간될 것이다.

---

educate

Usage 표제어 bring up – raise – educate 참조.

---

effect

Usage 표제어 affect – effect 참조.

---

effective – efficient

1 'effective'

effective는 의도한 결과를 낳다, 즉 '바람직한 결과를 낳는' 또는 '효과적인'이라는 뜻이다.

...***effective*** street lighting. 효과적인 거리 조명.

Such conditions would make an ***effective*** public transport system possible.
그러한 조건은 효과적인 대중교통 체제를 가능하게 해줄 것이다.

2 'efficient'

efficient는 사람, 기계, 단체가 시간이나 에너지의 낭비 없이 일을 잘하다, 즉 '효율적인'이라는 뜻이다.

You need a very ***efficient*** production manager. 당신에게는 매우 유능한 연출 감독이 필요하다.

Engines and cars can be made more ***efficient***. 엔진과 자동차를 더 효율적으로 개선할 수 있다.

---

effeminate

Usage 표제어 female – feminine – effeminate 참조.

---

efficient

Usage 표제어 effective – efficient 참조.

---

effort

make an effort는 어떤 일을 하기 위해 열심히 노력하다라는 뜻이다.

Daintry ***made one more effort*** to escape. 데인트리는 탈출하기 위해 한 번 더 노력했다.

Little ***effort has been made*** to investigate this claim. 이 주장을 조사하는 것에는 거의 노력을 기울이지 않았다.

i do an effort라고 하지 않는다.

---

either

1 used as a determiner(한정사로 사용하기)

[either + 단수 가산명사] 형식은 어떤 사실이 두 사람이나 사물 모두에 적용될 때 사용한다.

Many children don't resemble ***either parent***. 아이들이 부모를 닮지 않는 경우가 많다.

In ***either case***, Robert would never succeed. 어떤 경우라도 로버트는 절대로 성공하지 못할 것이다.

2 'either of'

either 대신 either of를 사용할 수 있다. 예를 들면, '두 가지 대답 모두 맞다.'는 Either answer is correct. 대신 *Either of* the answers is correct.라고 한다.

You could hear everything that was said in ***either of the rooms***. 당신은 양쪽 방에서 말한 모든 것을 들을 수 있었다.

They didn't want ***either of their children*** to know about this.
그들은 두 아이 중에 누구도 이 일에 대해 아는 것을 원하지 않았다.

〔either of + 복수대명사〕 형식을 사용한다.

I don't know ***either of them*** very well. 나는 그들 둘 다 잘 모른다.
He was better dressed than ***either of us***. 그는 우리 둘보다 더 옷을 잘 입고 있었다.

> **주의** 복수명사나 복수대명사 앞에는 **of** 없이 **either**를 사용하지 않는다.

일부 사람들은 〔either of + 명사구〕 형식에 복수동사를 사용한다. 예를 들면, '너희 둘 중 한 명이라도 나쁘다고 생각하지 않는다.'는 **I don't think either of you is wrong.** 대신 **I don't think either of you *are* wrong.**이라고 한다.

It's a wonder either of you ***are*** here to tell the tale. 당신들 중 한 사람이 여기에 와서 그 이야기를 해주다니 놀랍다.

회화에서는 위와 같은 용법을 사용하지만, 격식을 차린 글에서는 **either of** 뒤에 항상 단수동사를 사용해야 한다.

3 used as a pronoun(대명사로 사용하기)

either는 대명사로 사용할 수 있는데, 이는 상당히 격식을 차린 용법이다.

Either is acceptable. 어느 한쪽은 받아들일 수 있다.
I was given two computer print-outs; my name was not on ***either***.
나는 두 장의 컴퓨터 프린트물을 받았는데 어느 장에도 내 이름은 없었다.

4 used in negative statements(부정문에 사용하기)

either나 **either of**를 부정문에 사용하면 어떤 사실이 두 사람이나 사물 모두에 똑같이 적용된다는 것을 강조한다. 예를 들면, '나는 그들 둘 중 어느 누구도 좋아하지 않는다.'는 **I don't like *either of* them.**이라고 한다.

She could not see ***either*** man. 그녀는 두 남자 중 어느 누구도 볼 수 없었다.
There was no sound from ***either of*** the flats. 두 아파트 중 어느 곳에서도 아무런 소리가 들리지 않았다.
'Which one do you want?' – 'I don't want ***either***.' "어느 것을 원하세요?" – "아무것도 원하지 않아요."

5 used to mean 'each'(each의 뜻으로 사용하기)

〔either + side · end〕 형식에서 **either**는 **each**와 같은 뜻이다. 예를 들면, **There were trees on *either side* of the road.**는 '그 길 양쪽 모두에 나무가 있었다.'라는 뜻이다.

...a narrow road which had small houses built on ***either side*** of it. 양쪽으로 작은 집들이 지어진 좁은 길.

two things are on *either side* of something은 두 사물 중 하나는 한쪽에 있고 다른 것은 그 반대쪽에 위치하고 있다라는 뜻이다.

The two ladies sat in large armchairs on ***either side*** of the stage.
그 두 명의 여자는 무대의 양쪽에 있는 큰 안락의자에 각각 앉아 있었다.
Trenches were dug at ***either end*** of the street, closing it to all vehicles.
모든 차량의 통행을 막기 위해서 길 양쪽 끝에 도랑을 팠다.

6 used as an adverb(부사로 사용하기)

부정문 뒤에 또 다른 내용의 부정문이 올 때, 두 번째 부정문의 끝에 **either**를 사용할 수 있다.

I can't play tennis and I can't play golf ***either***. 나는 테니스를 칠 줄 모르고, 골프도 칠 줄 모른다.
'I haven't got that address.' – 'No, I haven't got it ***either***.' "저는 그 주소를 갖고 있지 않아요." – "그래요. 저도 그래요."

➲ 그 밖에 두 개의 부정문을 연결하는 방법은 Usage 표제어 neither와 nor 참조.

either...or

1 used in affirmative statements(긍정문에 사용하기)

긍정문에서 **either...or**는 두 개의 대안을 언급하여 그 이외에 다른 대안이 있을 가능성이 없음을 나타낸다.

either는 첫 번째 대안 앞에, or는 두 번째 대안 앞에 사용한다.

Recruits are interviewed by *either* Mrs Darby *or* Mr Bootle.
입사 지원자들은 다비 부인이나 부틀 씨 중 한 명과 면접을 한다.

He must have concluded that I was *either* naive *or* impudent.
그는 내가 순진하든지 아니면 뻔뻔하다고 결론을 내렸음에 틀림없다.

I was expecting you *either* today *or* tomorrow. 나는 당신이 오늘 아니면 내일 올 것으로 생각하고 있었다.

People *either* leave *or* are promoted. 사람들은 퇴직을 하든지 아니면 승진을 한다.

Either she goes *or* I go. 그녀가 가거나 아니면 내가 간다.

회화에서는 either가 항상 첫 번째 대안 바로 앞에 오는 것은 아니며, 때때로 동사 앞에 오기도 한다. 예를 들면, '나는 너에게 오늘이나 내일 전화할 것이다.'는 **I will ring you either today or tomorrow.** 대신 **I will *either* ring you today or tomorrow.**라고 한다.

I suppose you *either* find it funny or boring.
당신이 그것을 재미있어 하든지 아니면 지겨워하든지 둘 중 하나라고 나는 생각한다.

'How much money do you normally have in your wallet?' – 'I *either* have 50 dollars *or* nothing.'
"당신은 지갑에 보통 돈을 얼마나 갖고 다니나요?" – "50달러를 가지고 다니거나 한 푼도 없거나 합니다."

회화에서는 위와 같은 용법을 사용할 수 있지만 격식을 차린 글에서는 피해야 한다.

2 used in negative statements(부정문에 사용하기)

부정문에서 either...or는 어떤 내용이 두 개의 것이나 성질에 모두 적용된다는 것을 강조한다. 예를 들면, '나는 파리나 로마에 가본 적이 없다.'는 **I haven't been to Paris or Rome.** 대신 **I haven't been to *either* Paris *or* Rome.**이라고 한다.

He was not the choice of *either* Dexter *or* team manager. 그는 덱스터나 팀의 감독이 선택한 사람이 아니었다.

Dr Kirk, you're not being *either* frank *or* fair. 커크 박사, 당신은 솔직하지도 공정하지도 않습니다.

This should not be disastrous *either* morally *or* politically.
이 일은 도덕적으로나 정치적으로 참혹한 일이 되어서는 안 된다.

➲ Usage 표제어 neither...nor 참조.

---

elder – eldest – older – oldest

1 'elder'

the *elder* of two people은 둘 중 나이가 많은 사람이라는 뜻이다.

Posy was the *elder* of the two. 파시는 그 둘 중에 나이가 더 많았다.

one's *elder* sister/brother는 형제자매 중에 자신보다 나이가 많은 사람이라는 뜻이다.

He had none of his *elder* brother's charm. 그는 형이 갖고 있는 매력을 하나도 갖고 있지 않았다.

2 'eldest'

the *eldest* of group of people은 한 그룹에 속한 사람들, 특히 가족 중에 가장 나이가 많은 사람이라는 뜻이다.

Gladys was the *eldest* of four children. 글래디스는 네 아이들 중에 맏이였다.

Her *eldest* son was killed in the First War. 그녀의 장남은 제1차 세계 대전에서 전사했다.

3 'older' and 'oldest'

elder와 eldest는 다소 격식을 차린 단어여서 대부분 잘 사용하지 않는다. elder와 eldest 대신 older와 oldest를 사용할 수 있다.

He's my *older* brother. 그는 우리 형이다.

Six of their children were there, including the *oldest*, Luke.
그들에게는 가장 나이가 많은 루크를 포함해서 자녀가 6명 있었다.

elder를 사용할 수 없는 경우에는 older와 oldest를 대신 사용할 수 있다. 예를 들면, 〔be · get · grow + older〕 형식이나 〔older + than〕 형식을 사용할 수 있다.

Try it when you ***are*** a little ***older***. 그 일은 네가 나이를 좀 더 먹은 후에 시도해 봐라.
We're all ***getting older***. 우리는 모두 점점 나이가 든다.
As he ***grew older***, his fascination with bees developed into an obsession.
그는 나이가 들수록 벌에 대한 환상이 집착으로 변해 갔다.
Harriet was ten years ***older than*** I was. 해리엇은 나보다 10살이 더 많았다.

elder는 위와 같은 뜻으로 사용할 수 없다.

사물에도 **older**와 **oldest**를 사용할 수 있다.

On ***older*** houses there may be guarantees for treatment against woodworm.
더 오래된 집들은 나무좀벌레의 처리를 보장해 줄지도 모른다.
It claims to be the ***oldest*** insurance company in the world.
그 회사는 세계에서 가장 역사가 오래된 보험 회사라고 주장하고 있다.

사물에 **elder**나 **eldest**는 사용할 수 없다.

---

elderly

➲ Usage 표제어 old 참조.

---

elect

1 used as a verb(동사로 사용하기)

elect는 일반적으로 동사로 사용하며, 투표를 통해 대표자를 선출하다라는 뜻이다.

They met to ***elect*** a president. 그들은 회장을 선출하기 위해 모였다.
Why should we ***elect*** him Mayor? 왜 우리가 그를 시장으로 선출해야 합니까?
You could ***be elected*** as an MP. 당신은 영국 국회의원으로 선출될 수 있을 것이다.

> **주의** 투표로 어떤 사람을 선출하는 경우에만 **elect**를 사용한다. 다른 방식으로 선출되는 경우에는 **appoint**, **choose**, **select**, **pick**과 같은 단어를 사용한다.
>
> ➲ Usage 표제어 choose 참조.

2 used as an adjective(형용사로 사용하기)

〔**president** · **governor** 등의 직위를 나타내는 명사 + **elect**〕 형식은 아직 공식적으로는 취임하지 않았지만 어떤 직에 당선되거나 임명된 사람을 나타낸다. 이와 같이 **elect**가 '당선자'의 뜻일 경우, 명사 바로 뒤에서만 사용한다.

...the ***President elect***. 대통령 당선자.

> **주의** 단지 투표로 선출되었다고 할 때는 명사 앞에 **elect**가 아닌 **elected**를 사용한다.
> ...a democratically ***elected*** government. 민주적으로 선출된 정부.
> ...the newly ***elected*** president. 새로 선출된 회장.

---

electric – electrical – electronic

1 'electric'

전기로 작동하는 기계나 기구를 나타낼 때, 명사 앞에 **electric**을 사용한다.

...an ***electric*** motor. 전기로 작동하는 모터.
I switched on the ***electric*** fire. 나는 전기 난로의 스위치를 켰다.

2 'electrical'

전기를 만들거나 사용하는 기계, 장치, 시스템에 대해 더 일반적으로 말할 경우, **electrical**을 사용한다. **electrical**은 대부분 **equipment**, **appliance**, **component**와 같은 명사 앞에 사용한다.

...*electrical* appliances such as dishwashers and washing machines. 식기 세척기나 세탁기와 같은 전기 기구들.
...shipments of *electrical* equipment. 전기 설비의 선적.

전기나 전기 제품을 생산하는 일과 관련된 사람이나 단체를 나타낼 때, **electrical**을 사용한다.

...*electrical* engineers. 전기 기사들.
...the *electrical* and mechanical engineering industries. 전기와 기계 공업 회사들.

3 'electronic'

전기의 흐름을 제어하고 변화시키는 트랜지스터나 실리콘 칩을 활용한 장치나 전자 기구를 사용하는 과정을 나타낼 때, **electronic**을 사용한다.

...expensive *electronic* equipment. 값비싼 전자 장비.
...*electronic* surveillance systems. 전자 감시 시스템들.

---

elevator

Usage 표제어 **lift** 참조.

---

else

1 used with 'someone', 'somewhere' and 'anything'

(someone, somewhere, anything과 함께 사용하기)

〔**someone · somewhere · anything + else**〕 형식은 어떤 것인지에 대한 언급 없이 또 다른 사람, 장소, 사물을 가리킬 때 사용한다.

...*someone else's* house. 다른 사람의 집.
Let's go *somewhere else*. 다른 곳으로 갑시다.
I had *nothing else* to do. 나는 다른 할 일이 없었다.

2 used with 'wh'-words(wh-어와 함께 사용하기)

〔**wh-어 + else**〕 형식은 이미 언급한 것을 제외한 다른 것에 대해 물어볼 때 사용한다. 예를 들면, ***What else* did they do?**는 '그들은 그 밖에 무슨 일을 했습니까?'라는 뜻이다.

What else do I need to do? 내가 해야 할 다른 일이 무엇인가?
Who else was there? 그 밖에 누가 있었는가?
Why else would he be so willing to plead guilty? 그 밖에 어떤 이유로 그가 그렇게 기꺼이 유죄를 인정하려 했는가?
Where else could they live in such comfort? 그 밖에 어디에서 그들이 그렇게 편안하게 살 수 있겠는가?
How else was I to explain what had happened? 무슨 일이 일어났는지 달리 어떻게 설명해야 했는가?

ⓘ which 뒤에는 else를 사용하지 않는다.

3 'little else' and 'much else'

〔**little · much + else**〕 형식은 더 이상 할 일이 거의 없거나 많다는 뜻에 자주 사용한다. 예를 들면, **There was *little else* I could do.**는 '내가 더 이상 할 수 있는 일은 거의 없었다.'라는 뜻이다.

There was *little else* he could say. 그가 더 이상 할 수 있는 말은 거의 없었다.
The firm had grown big by bothering about profits and very *little else*.
그 회사가 크게 성장했던 것은 이익을 내기 위한 노력을 한 것 밖에는 거의 없었다.
My excuse was that I had so *much else* to do. 내가 할 수 있는 변명은 그 밖에도 할 일이 너무 많았다는 것이다.

4 'or else'

접속사 **or else**는 **or**와 뜻이 비슷하다. 두 가지 가능성이 있는 일 중에 두 번째 것을 이끌 때 사용한다.

You are either a total genius *or else* you must be absolutely raving mad.
당신은 완전한 천재이거나, 아니면 완전히 미친 사람임에 틀림없다.

It's likely that someone gave her a lift, ***or else*** that she took a taxi.
누군가가 그녀를 태워다 주었던가, 아니면 그녀가 택시를 타고 갔던 것 같다.

특정한 일을 하지 않으면 일어나게 될 좋지 않은 결과를 언급할 때에도 **or else**를 사용한다.

You've got to be careful ***or else*** you'll miss the turn-off into our drive.
조심하지 않으면 우리 집 진입로로 들어가는 옆길을 지나쳐 버리게 될 것이다.

---

embark

➲ Usage 표제어 go into 참조.

---

embarrassed

➲ Usage 표제어 ashamed – embarrassed 참조.

---

emigration – immigration – migration

1 'emigrate', 'emigration', 'emigrant'

emigrate는 자신이 살던 나라를 떠나서 다른 나라에서 영원히 살다, 즉 '이민 가다'라는 뜻이다.

He received permission to ***emigrate*** to Canada. 그는 캐나다, 이민 허가를 받았다.
He ***had emigrated*** from Germany in the early 1920's. 그는 1920년대 초에 독일을 떠나 이민을 갔다.

사람들이 다른 나라에 거주하기 위해서 조국을 떠나는 과정을 **emigration**이라고 한다.

Famine and ***emigration*** made it the most depopulated region on the island.
기근과 해외 이주로 그곳은 그 섬에서 인구가 가장 많이 감소한 지역이 되었다.

이민을 가는 사람을 **emigrant**라고 한다.

Thousands of ***emigrants*** boarded Cunard ships for the New World.
수천 명의 이민자들이 신세계를 향해 쿠나드사의 배에 탑승했다.

2 'immigrant', 'immigration'

거주하려는 나라에 도착한 이민자를 **immigrant**라고 한다.

...a Russian ***immigrant***. 러시아에서 온 이민자.
A ship carrying 54 illegal ***immigrants*** sailed into the harbour yesterday.
54명의 불법 이민자들을 태운 배가 어제 그 항구로 들어왔다.

이민자가 정착할 나라에 오기까지의 과정은 **immigration**이라고 한다.

She asked for his views on ***immigration***. 그녀는 이민에 대한 그의 견해를 물었다.
...***immigration*** procedures. 이민 절차들.

3 'migrate', 'migration', 'migrant'

migrate는 직장을 얻기 위해서 일시적으로 다른 도시나 다른 나라로 '이주하다'라는 뜻이다.

The only solution people can see is to ***migrate***. 사람들이 생각할 수 있는 유일한 해결책은 이주하는 것이다.
Millions have ***migrated*** to the cities. 수백만 명이 도시로 이주했다.

위와 같은 과정을 **migration**이라고 한다.

Housebuilding in the south-east has accelerated, encouraging ***migration*** from the north.
남동부 지역의 주택 건설이 가속화되어 북부로부터의 이주가 촉진되었다.
Migration for work is accelerating in the Third World. 직장을 찾아 이동하는 일이 제3세계에서 가속화되고 있다.

직장을 얻기 위해 일시적으로 도시나 다른 나라로 이주하는 사람을 **migrant**나 **migrant worker**라고 한다.

...***migrants*** looking for a place to live. 살 곳을 찾고 있는 이주자들.
In South America alone there are three million ***migrant workers***.
남아메리카만 해도 3백만 명의 임시 이주 노동자들이 있다.

4 another meaning of 'migrate' (migrate의 다른 뜻)

매년 같은 시기에 새나 동물이 한 곳에서 다른 곳으로 이동하다라는 뜻에도 migrate를 사용한다.

Texas is the first landfall of most birds ***migrating*** north.
텍사스는 북쪽으로 이동해 가는 대부분의 철새들이 처음으로 머무는 육지이다.

Every spring they ***migrate*** towards the coast. 그들은 매년 봄마다 해안을 향해 이동한다.

---

employ – use

1 'employ'

employ는 돈을 주고 일을 시키다, 즉 '고용하다'라는 뜻이다.

The companies ***employ*** 7.5 million people between them. 그 회사들은 모두 750만 명을 고용하고 있다.

He ***was employed*** as a research assistant. 그는 연구 보조원으로 고용되었다.

something ***is employed***는 특정한 목적으로 어떤 것을 사용하다라는 뜻이다. 예를 들면, 특정한 방법이나 기술을 사용할 경우, a particular method/technique ***is employed***라고 한다.

A number of ingenious techniques ***are employed***. 많은 독창적인 기술이 사용된다.

The methods ***employed*** are varied, depending on the material in question.
해당 재료에 따라 사용하는 방법이 달라진다.

기계, 도구, 무기를 사용할 경우에도 a machine/tool/ weapon ***is employed***라고 한다.

Similar technology ***could be employed*** in the major cities. 비슷한 기술이 대도시에서 사용될 수 있을 것이다.

What matters most is how the tools ***are employed***. 가장 중요한 것은 도구를 사용하는 방법이다.

2 'use'

그러나 방법이나 도구의 사용을 나타내는 employ는 격식을 차린 단어이다. 보통 a method/tool ***is used***라고 한다.

This method ***has been*** extensively ***used*** in the United States. 이 방법은 미국에서 광범위하게 사용되어 왔다.

These weapons ***are used*** against human targets. 이런 무기는 사람을 대상으로 사용한다.

---

employment

➲ Usage 표제어 work 참조.

---

enable

➲ Usage 표제어 allow – permit – let – enable 참조.

---

end

1 'end'

end는 어떤 일이 '끝나다'라는 뜻이다.

The current agreement ***ends*** on November 24. 현재의 협정은 11월 24일에 만료된다.

He refused to ***end*** his nine-week-old hunger strike. 그는 9주일간 지속된 단식 투쟁을 끝내기를 거부했다.

2 'end with'

end with something은 어떤 것으로 말하거나, 행하거나, 실행하는 일련의 것들을 마무리하다라는 뜻이다.

He ***ended with*** the question: 'When will we learn?' 그는 "우리는 언제 배울 것인가?"라는 질문으로 마무리했다.

Whatever the concert was, we always ***ended with*** 'Spread a Little Happiness'.
콘서트가 무엇이었든 간에, 우리는 항상 'Spread a Little Happiness'라는 곡으로 끝냈다.

3 'end by'

end by doing **something**은 일련의 일들 중 마지막 것을 끝내다라는 뜻이다.

I *ended by saying* that further instructions would be given to him later.
나는 후에 그에게 추가적인 지시를 내리겠다고 말하면서 얘기를 끝냈다.

We talked of various things and he *ended by playing* me some Bach on the piano.
우리는 여러 가지 화제에 대해 이야기했고, 그가 바흐의 피아노곡을 나에게 연주해 주는 것으로 마쳤다.

4 'end up'

회화에서 어떤 일이 일련의 일들 중 마지막에 일어난다고 할 때, **end up**을 사용한다. **end up in**, **end up with**, **end up doing** 등의 표현이 있는데, 격식을 차린 글에서는 사용하지 않는다.

I had to change to another train and I *ended up* at Banbury, which is 20 miles away.
나는 다른 기차로 갈아타려고 결국 20마일 떨어진 밴버리에서 내렸다.

She was afraid to close the window and *ended up with* a cold.
그녀는 창문을 닫는 것을 싫어해서 결국 감기에 걸렸다.

We *ended up* taking a taxi there. 우리는 결국 택시를 타고 그곳에 갔다.

---

endure

Usage 표제어 **bear** 참조.

---

engaged

engaged는 두 사람이 서로 결혼하기로 동의했거나, 결혼할 것이라고 공식적으로 발표하다, 즉 '약혼한'이라는 뜻이다.

They were not officially *engaged*. 그들은 공식적으로 약혼을 하지 않았다.

...an *engaged* couple. 약혼한 커플.

한 사람이 약혼을 하다라고 할 때에도 **engaged**를 사용할 수 있다.

He's just got *engaged*. 그는 방금 약혼을 했다.

As an *engaged* girl, she would be unable to accept invitations from other men.
그녀는 약혼한 여자이므로 다른 남자들의 초대에 응할 수 없을 것이다.

결혼할 사람과 약혼하다라고 할 때는 **engaged to**를 사용한다.

Sonny was formally *engaged to* Sandra. 서니는 샌드라와 공식적으로 약혼했다.

engaged with라고 하지 않는다.

---

engine

Usage 표제어 **machine – motor – engine** 참조.

---

engineer – engine driver

1 'engineer'

engineer는 기계, 전기 기구, 도로와 교량을 설계하고 만들기 위해 과학적인 지식을 사용하는 기술자, 즉 '기사'라는 뜻이다.

He trained as a civil *engineer* and worked on the M4 motorway.
그는 토목 기사로서 교육을 받고 M4 고속도로에서 일을 했다.

...a brilliant young mining *engineer*. 아주 재능 있고 젊은 광산 기사.

engineer에는 기계나 전기 기구를 '수리하는 사람'이라는 뜻도 있다.

The telephone *engineer* can't come until Wednesday. 전화 수리공은 수요일까지 올 수 없다.

미국 영어에서는 기차 기관사를 **engineer**라고도 한다.

An *engineer* pulled his freight train into a siding. 기관사가 화물 열차를 측선으로 끌었다.

2 'engine driver'

영국 영어에서는 '기차 기관사'를 **engine driver**라고 한다.

Every little boy has an ambition to be an *engine driver*. 어린 소년들은 모두 기차 기관사가 되고 싶은 포부를 갖고 있다.

English

English는 형용사나 명사로 사용할 수 있다.

1 used as an adjective(형용사로 사용하기)

English는 '영어', '영국 국민', '영국에 속하거나 관련된'이라는 뜻이다.

My wife's *English*. 내 아내는 영국인이다.

...an *English* pub. 영국식 술집.

...the *English* language. 영어.

English를 때때로 '**Great Britain**(영국)에 속하거나 관련된'이라는 뜻으로 사용한다. 그러나 스코틀랜드, 웨일스, 북아일랜드 사람의 반발을 야기할 소지가 있으므로 사용하지 않는 것이 좋다.

2 used as a noun(명사로 사용하기)

English는 영국, 미국, 그 밖의 많은 나라에서 사용하는 언어, 즉 '영어'라는 뜻이다.

Do you speak *English*? 당신은 영어를 구사합니까?

Half the letter was in Swedish and half in *English.* 그 편지의 절반은 스웨덴어로, 다른 절반은 영어로 쓰여 있었다.

English에는 '영어나 영문학에 대한 연구'라는 뜻도 있다.

Karen obtained A levels in *English*, French and Geography.

카렌은 영어, 프랑스어, 지리 과목에서 A등급의 점수를 받았다.

...an *English* lesson. 영어 수업.

영국 출신의 사람들을 때때로 **the English**라고 한다.

The English love privacy. 영국인들은 사생활을 좋아한다.

때때로 영국 사람의 어떤 집단, 예를 들면, 잉글랜드 축구팀을 응원하는 사람들을 **the English**라고 한다.

Why do so many of us love to see *the English* being beaten in sport?

왜 우리들 중 그토록 많은 사람들이 스포츠 경기에서 영국 팀이 패하는 것을 보기 좋아하는가?

3 'Englishman' and 'Englishwoman'

'한 명의 영국인'은 **an English**가 아닌 **an Englishman**이나 **an Englishwoman**이라고 한다.

Not a single *Englishman* was arrested. 영국인 남자는 단 한 명도 체포되지 않았다.

...a beautiful *Englishwoman*. 아름다운 영국 여자.

➲ **Usage** 표제어 **Britain – British – Briton** 참조.

---

enjoy

1 'enjoy'

enjoy는 어떤 일에 '즐거움과 만족감을 느끼다'라는 뜻이다.

I *enjoyed* the holiday enormously. 나는 휴가가 대단히 즐거웠다.

enjoy는 일반적으로 타동사나 재귀동사로만 사용하며, ~~**I enjoyed.**~~라고 하지 않는다. 미국 영어를 쓰는 일부 사람들은 **Enjoy yourself.**의 뜻으로 **Enjoy!**라고 한다.

2 used with a reflexive pronoun(재귀대명사와 함께 사용하기)

***enjoy** oneself*는 특정한 때에 즐거움과 만족을 경험하다라는 뜻이다.

I'***ve enjoyed myself*** very much. 나는 아주 즐거운 시간을 보냈다.

파티나 춤과 같은 사교 모임에 참석하러 가는 사람에게 즐거운 시간을 보내라는 말로 **Enjoy yourself!**라고 한다.

Enjoy yourself on Wednesday. 수요일에 즐거운 시간 보내세요.

3 used with an '-ing' form(-ing형과 함께 사용하기)

enjoy doing something이나 ***enjoy being*** something이라고 할 수 있다.

I used to ***enjoy going*** for long walks. 나는 오래 산책하는 것을 즐기곤 했다.

They ***enjoyed being*** in a large group. 그들은 큰 그룹에 속해 있는 것을 즐겼다.

ⓘ 'enjoy to do' something이나 'enjoy to be' something이라고 하지 않는다.

---

enough

1 after adjectives and adverbs(형용사와 부사 뒤에 사용하기)

〔형용사 · 부사 + **enough**〕 형식은 사람이나 사물이 필요한 성질을 충분히 갖고 있다는 뜻에 사용한다.

We have a ***long enough*** list. 우리는 충분히 긴 목록을 갖고 있다.

It seemed that Henry had not been ***careful enough***. 헨리는 충분히 조심하지 않았던 것 같다.

The student isn't trying ***hard enough***. 그 학생은 충분히 열심히 노력하고 있지 않다.

〔**enough** + **for**〕 형식은 어떤 사람이나 사물을 받아들일 만하다고 할 때 사용한다.

That's ***good enough for me***. 그것은 내게 충분하다.

If you find that the white wine is not ***cold enough for you***, ask for some ice to be put in it.
백포도주가 당신이 마시기에 적당히 차갑지 않으면, 거기에 얼음 조각을 넣어 달라고 부탁하세요.

〔**enough** + **to**부정사〕 형식은 누군가가 어떤 일을 하는 데 필요한 성질을 충분히 갖고 있다는 뜻에 사용한다.

The children are ***old enough to travel to school on their own***.
그 아이들은 혼자 힘으로 충분히 학교에 갈 수 있는 나이이다.

〔**enough** + **for** + 목적격 + **to**부정사〕 형식은 어떤 사물을 인식하거나 그것을 가지고 무언가를 하는 데 충분한 성질을 갖고 있다는 뜻에 사용한다.

It's not even ***big enough for him to have a kitchen***. 그것은 심지어 그가 부엌을 가질 만큼 그렇게 충분히 크지 않다.

그러나 〔**for** + 목적격〕 형식은 생략하고, 〔**enough** + **to**부정사〕 형식을 사용하여 위와 같은 뜻을 나타낸다. 예를 들면, '그 보트는 붙잡을 수 있을 정도로 가까운 거리에 있었다.'는 **The boat was close enough for me to touch it.** 대신 **The boat was *close enough to touch*.**라고 한다.

None of the crops was ***ripe enough to eat***. 어떤 곡물도 먹을 정도로 충분히 익지 않았다.

Some employers claim that women don't stay ***long enough to train***.
일부 고용주들은 여성들이 일을 충분히 훈련할 정도로 회사에 오래 다니지 않는다고 주장한다.

> **주의** 어떤 일이 가능하기 위해 필요로 하는 것을 말할 경우에는 [**enough** + **that**절] 형식을 사용하지 않는다.

사람이나 사물이 특정한 성질을 갖고 있다는 것을 확인하거나 강조할 때, 때때로 **enough**를 형용사 뒤에 사용한다.

It's a ***common enough*** dilemma. 그것은 일반적으로 일어나기 쉬운 딜레마이다.

위와 같은 형식의 문장은 첫 번째 절에 대비되는 내용을 두 번째 절에 사용한다.

She's ***likeable enough***, but very ordinary. 그녀는 충분히 호감이 가지만 아주 평범한 사람이다.

2 used as a determiner(한정사로 사용하기)

〔**enough** + 복수 가산명사〕 형식은 사물이나 사람이 필요한 만큼 있다는 뜻에 사용한다.

They need to make sure there are ***enough bedrooms*** for the family.
그들은 그 가족을 위해 침실이 충분히 있는지를 확인할 필요가 있다.

I asked Professor Bailey whether there were ***enough women*** going into engineering.
나는 베일리 교수에게 공학과에 여학생들이 충분히 입학했는지를 물었다.

〔enough + 불가산명사〕 형식은 어떤 것이 필요한 만큼 있다는 뜻에 사용한다.

We had ***enough room*** to store all the information. 우리는 모든 정보를 저장할 수 있는 충분한 공간을 가지고 있었다.

He hasn't had ***enough exercise***. 그는 충분히 운동을 하지 못했다.

3 'enough of'

한정사로 시작하는 명사구 바로 앞이나 대명사 바로 앞에는 **enough**가 아닌 **enough of**를 사용한다.

All parents worry about whether their child is getting ***enough of the right foods***.
모든 부모들은 자녀가 제대로 된 음식을 충분히 섭취하는지에 대해 걱정을 한다.

There was ***enough of an economic surplus*** to support a church-building program.
교회 건축 프로그램을 보조할 경제적인 여유 자금이 충분했다.

They haven't had ***enough of it***. 그들은 아직까지 그것을 충분히 갖고 있지 않았다.

복수명사나 복수대명사 앞에 **enough of**를 사용할 때는 복수동사를 사용한다.

Eventually enough of these shapes ***were*** collected. 결국 이러한 모양이 충분히 수립되었다.

There ***were*** enough of them to form an identifiable group.
그들은 알아볼 수 있을 정도의 그룹을 형성하기에 충분했다.

〔enough of + 단수명사 · 불가산명사 · 단수대명사〕 형식이 주어인 경우, 단수동사를 사용한다.

There ***has*** always been enough of the colonial tradition to make it easy to evoke these responses.
이러한 반응을 쉽게 불러일으키기에 충분한 식민 시대의 전통이 항상 있었다.

There ***is*** enough of it for everybody. 그것은 모든 사람에게 줄 만큼 충분하다.

4 used as a pronoun(대명사로 사용하기)

enough는 대명사로 사용할 수 있다.

I've got ***enough*** to worry about. 나는 걱정거리가 잔뜩 있다.

Enough has been said about this already. 이것에 대해 이미 충분히 말해 왔다.

5 'not enough'

부정문의 주어로 **enough**나 〔**enough** + 명사〕 형식이 아닌, **not enough**나 〔**not enough** + 명사〕 형식을 사용한다. 예를 들면, '사람들이 충분히 오지 않았다.'는 ~~Enough people didn't come.~~이 아닌 ***Not enough* people came.**이라고 한다.

Not enough has been done to help them. 그들을 돕는 일이 충분할 정도로 시행되지 않았다.

Not enough attention is paid at the design stage of the machinery.
기계의 설계 단계에서 충분한 주의가 기울여지지 않고 있다.

6 modifying adverbs(수식부사)

〔부사 **nearly** · **almost** · **just** · **hardly** · **quite** + **enough**〕 형식을 사용할 수 있다.

This was ***nearly enough*** to lose them their chance of winning. 이것은 승리의 기회를 놓치기에 거의 충분했다.

At present there is ***just enough*** to feed them. 현재 그들을 겨우 먹일 만큼만 있다.

There was ***hardly enough*** time to get the by-pass completed. 그 우회도로를 완성할 충분한 시간이 거의 없었다.

〔부사 **nearly** · **almost** · **just** · **hardly** · **quite** + 형용사 + **enough**〕 형식을 사용할 수도 있다.

We are all ***nearly young enough*** to be mistaken for students.
우리는 모두 학생으로 오인되기에 거의 충분할 만큼 젊다.

Some of these creatures are ***just large enough*** to see with the naked eye.
일부 이러한 생물들은 육안으로 충분히 볼 수 있을 만큼 크다.

...children who are ***hardly old enough*** to be out on their own. 스스로 외출하기에는 나이가 충분하지 않은 아이들.

7 used with sentence adverbs(문장부사와 함께 사용하기)

〔문장부사 interestingly · strangely + enough〕 형식은 자신이 말하는 것 중에서 놀랄 만한 내용에 주의를 끌기 위해 사용할 수 있다.

Interestingly enough, there were some questions that Brian couldn't answer.
아주 흥미로운 사실은 브라이언이 대답할 수 없는 질문이 일부 있었다는 것이다.

I find myself *strangely enough* in agreement with John for a change.
참으로 이상하게도 나는 변화에 있어 존과 생각이 같다는 것을 깨닫고 있다.

Funnily enough, old people seem to love bingo. 재미있는 사실은 노인들이 빙고 게임을 좋아하는 것처럼 보인다는 것이다.

---

enquire

Usage 표제어 inquire – enquire 참조.

---

ensure

Usage 표제어 assure – ensure – insure 참조.

---

enter – go into – come into

1 'enter'

enter는 방이나 건물 안으로 '들어가다'라는 뜻이다.

Colonel Rolland *entered* a small cafe. 롤란드 대령은 작은 카페로 들어갔다.

enter는 목적어 없이 사용할 수 있다.

They stopped talking as soon as they saw Brody *enter*. 그들은 브로디가 들어오는 것을 보자마자 대화를 멈췄다.

2 'go into' and 'come into'

enter는 다소 격식을 차린 단어로, 회화에서 방이나 건물로 들어갈 때는 go into나 come into를 사용한다.

He shut the street door behind me as I *went in*. 그는 내가 들어가자 내 뒤의 바깥 출구를 닫았다.

Boylan *came* silently *into* the room. 보이란은 조용히 그 방으로 들어왔다.

ⓘ 'enter' a car/train/ship/plane이라고 사용하지 않는다.

Usage 표제어 go into 참조.

---

entirely

Grammar 표제어 Adjuncts의 extent 참조.

---

envious – enviable

1 'envious'

envious는 다른 사람이 가진 소유물, 자질, 능력 등을 자신도 가지고 싶어하다, 즉 '부러워하는'이라는 뜻이다.

We see them doing things we are not allowed to do, and are *envious*.
우리에게는 허락되지 않는 일들을 그들이 하고 있는 것을 보고 우리는 부러워한다.

envious of someone 또는 ***envious of*** something을 사용할 수 있다.

...a girl who is deeply *envious of* her brother. 오빠를 몹시 부러워하는 소녀.

They may be *envious of* your success. 그들은 당신의 성공을 부러워할지도 모른다.

2 'enviable'

다른 사람이 가지고 있어서 자신도 가졌으면 하는 소유물, 성격, 능력을 나타낼 때, enviable을 사용한다.

They have ***enviable*** reputations as athletes. 그들은 운동선수로서 부러울 만한 명성을 갖고 있다.
She learned to speak foreign languages with ***enviable*** fluency.
그녀는 부러울 정도로 유창하게 외국어를 구사하도록 배웠다.

---

equally

〔equally + 형용사〕 형식은 사람이나 사물이 앞서 언급한 다른 사람이나 사물만큼 어떤 성질이 많이 있다고 할 때 사용한다.

He was a superb pianist. Irene was ***equally brilliant***.
그는 매우 뛰어난 피아노 연주자였다. 아이린 역시 뛰어난 연주자였다.

ℹ 비교를 할 경우, as 앞에 equally를 사용하지 않는다. 예를 들면, '그는 형만큼 키가 크다.'는 ~~He is equally as tall as his brother.~~가 아닌 He is *just as tall as* his brother.라고 한다.

Severe sunburn is ***just as dangerous as*** a heat burn. 햇볕에 심하게 피부가 타는 것은 불에 데이는 것만큼이나 위험하다.
He was ***just as shocked as*** I was. 그는 나만큼 충격을 받았다.

➲ Usage 표제어 as...as 참조.

---

equipment

equipment는 특정한 활동에 필요한 것들로 구성되어 있는 것, 즉 '기구' 또는 '장비'라는 뜻이다.

...kitchen ***equipment***. 주방 기구.
...fire-fighting ***equipment***. 소방 장비.

equipment는 불가산명사이므로, equipments나 an equipment라고 하지 않는다. 기구나 장비 중 한 품목은 a piece of equipment라고 한다.

He knows how vitally important a ***piece of equipment*** your radio is.
그는 당신의 라디오가 얼마나 핵심적인 중요 장비인지를 알고 있다.
The leader carried a number of ***pieces of equipment*** with him. 인솔자는 많은 장비를 가지고 있었다.

---

error

error는 '잘못'이라는 뜻이다.

The doctor committed an appalling ***error*** of judgement. 그 의사는 끔찍한 판단 착오를 했다.
...errors in grammar. 문법상의 오류.

실수로 어떤 일이 일어나다라고 할 때, in error를 사용한다. 이는 상당히 격식을 차린 용법이다.

They had arrested him ***in error***. 그들은 그를 잘못 체포했다.
Another village had been wiped out ***in error***. 또 하나의 마을이 실수로 완전히 사라져 버렸다.

회화에서 실수로 어떤 일을 저지르다라고 할 때, by mistake를 사용한다.

I opened the door into the library ***by mistake***. 나는 실수로 도서관으로 들어가는 문을 열었다.

ℹ by error라고 하지 않는다.

---

escape

동사 escape에는 여러 가지 뜻이 있는데, 일부는 타동사로 사용하고 그 밖의 뜻은 자동사로 사용한다.

1 used as a transitive verb(타동사로 사용하기)

escape는 위험하거나 불쾌하거나 어려운 상황에서 성공적으로 '벗어나다'라는 뜻이다.

They are also emigrating to ***escape*** mounting economic problems there.
그들은 그곳의 늘어가는 경제 문제에서 벗어나기 위해서 이민을 가고 있다.
He seemed to ***escape*** the loneliness of extreme old age. 그는 노년의 외로움에서 벗어난 것처럼 보였다.

They want to ***escape*** responsibility for what they have done.
그들은 자신들이 한 일에 대한 책임에서 벗어나기를 원한다.

어떤 감정이나 믿음을 마음속에서 떨쳐 버릴 수 없다고 할 때, escape를 사용한다.

One cannot ***escape*** the feeling that there is something missing.
사람은 어떤 것이 결여되어 있다는 느낌에서 벗어날 수 없다.

It is difficult to ***escape*** the conclusion that they are actually intended for the black market.
실제로는 그것들을 암시장에서 팔 의도라는 결론을 피하기 어렵다.

2 used as an intransitive verb(자동사로 사용하기)

위험한 곳에서 성공적으로 탈출하다라고 할 때, escape from을 사용한다.

Last year thousands ***escaped from*** the country in small boats.
작년에 수천 명이 작은 보트를 타고 그 나라를 탈출했다.

교도소 같은 곳에서 탈출하여 자유롭다라고 할 때, escape from을 사용한다.

In 1966 the spy Gorge Blake ***escaped from*** prison. 1966년에 스파이인 조지 블레이크가 탈옥했다.

Even if he managed to ***escape***, where would he run? 설사 탈출에 성공한다고 하더라도 그가 어디로 달아날 것인가?

ⓘ 'escape' a prison/any other place라고 하지 않는다.

누군가가 어떤 사람을 붙잡으려고 하는데 이를 피해 도망을 가다라고 할 때, escape를 사용한다.

The two other burglars were tipped off by a lookout and ***escaped***.
다른 두 명의 도둑은 감시인의 경고를 받고 달아나 버렸다.

3 'get away'

get away는 escape와 같은 뜻으로 사용할 수 있다.

George Watin ***got away*** and is presumed to be living in Spain.
조지 와틴은 도피해서 스페인에 살고 있을 것으로 추정된다.

---

especially – specially

1 used in front of adjectives(형용사 앞에 사용하기)

especially나 specially는 형용사 앞에 사용할 때, 비슷한 의미이다. 예를 들어, something is *especially/specially* useful이라고 하면 어떤 것이 매우 유용하다는 것을 강조할 수 있다.

He found his host ***especially*** irritating. 그는 주최자가 유난히 짜증을 낸다는 것을 발견했다.

...a pub where the beer was ***specially*** good. 맥주 맛이 유난히 좋았던 술집.

미국 영어에서는 이러한 문장 구조에서 **especially**만 사용한다.

2 used in other positions(그 밖의 위치에 사용하기)

especially와 specially를 형용사 앞에 사용하지 않은 경우에는 뜻이 달라진다.

말하는 것이 다른 것에 비해 한 가지 사물이나 상황에 더 많이 적용된다고 할 때, especially를 사용한다.

He was kind to his staff, ***especially*** those who were sick or in trouble.
그는 부하 직원들에게 친절했는데, 특히 병이 있거나 어려움을 겪는 직원들에게 더 친절했다.

Double ovens are a good idea, ***especially*** if you are cooking several meals at once.
더블 오븐은 좋은 아이디어로, 특히 한 번에 여러 끼니의 식사를 요리할 때 그렇다.

especially가 주어와 관련이 있을 경우, 주어 바로 뒤에 온다.

Children's bones, ***especially***, are very sensitive to radiation. 특히 어린이들의 뼈는 방사능에 아주 민감하다.

특정한 목적을 위해 무언가를 하거나 만들 때, specially를 사용한다.

They'd come down ***specially***. 그들은 특별히 내려왔다.

...a ***specially*** designed costume. 특별히 디자인된 의상.

The school is ***specially*** for children whose schooling has been disrupted by illness.
그 학교는 특별히 병 때문에 학업을 중단한 아이들을 위한 곳이다.

---

ethic – ethics – ethical

1 'ethic'

ethic은 어떤 그룹의 사람들의 행동과 태도에 영향을 끼치는 생각이나 도덕적 믿음, 즉 '윤리'라는 뜻이다.

...the ***ethic of public service***. 공직 윤리.
...the Protestant ***work ethic***. 청교도의 근로 윤리.

2 'ethics'

ethics는 옳고 그름에 대한 도덕적 믿음과 규칙이라는 뜻이다. **ethics**가 이런 뜻일 때, 복수명사이며 복수동사를 사용한다.

Such action was a violation of medical ***ethics***. 그러한 행동은 의사로서 지켜야 할 도덕적인 규칙들을 위반한 것이었다.

또한 **ethics**는 도덕적으로 옳고 그름에 대한 문제를 연구하는 학문, 즉 '윤리학'이다. **ethics**가 이런 뜻일 때, 불가산명사이며 단수동사를 사용한다.

We are only too ready to believe that ***ethics is*** a field where thinking does no good.
우리는 윤리학이 우리의 사고(思考)에 전혀 도움이 되지 않는 학문 분야라고 너무 쉽게 믿어 버린다.

3 'ethical'

ethic은 형용사가 아니라 명사이다. 형용사는 **ethical**로, '윤리와 관련된'이라는 뜻이다.

...an ***ethical*** problem. 윤리적인 문제.
He had no real ***ethical*** objection to drinking. 그는 음주에 대해서 진정 윤리적으로 반대하지 않았다.

---

even

1 position(위치)

말하는 내용이 놀라운 것일 때, **even**을 사용한다. 서술 중 놀라운 부분 앞에 **even**을 위치시킨다.

Even Anthony enjoyed it. 앤서니조차 그것을 즐겼다.
She liked him ***even when she was quarrelling with him***. 그녀는 그와 말다툼을 하고 있을 때조차도 그를 좋아했다.
I shall give the details to no one, not ***even to you***.
나는 상세한 내용을 아무에게도 말하지 않을 것이고, 너에게조차 말하지 않겠다.

그러나 **even**은 일반적으로 조동사 앞이 아닌 뒤에 온다.

You ***didn't even enjoy*** it very much. 당신은 그것을 그다지 즐기지도 않았다.
They ***may even give*** you a lift in their van. 그들은 너를 밴에 태워주기까지 할지도 모른다.
They ***wouldn't even talk*** to me. 그들은 나에게 말도 하지 않으려 했다.

2 used with comparatives(비교급과 함께 사용하기)

〔even + 비교급〕 형식은 사람이나 사물이 전보다 더 많은 성질이나 상태를 가지고 있다고 강조할 때 사용한다. 예를 들면, '어제 날씨가 좋지 않았지만, 오늘 날씨는 훨씬 더 나쁘다.'는 **The weather was bad yesterday, but it is *even worse* today**.라고 한다.

He became ***even more suspicious*** of me. 그는 전보다 훨씬 더 나를 의심하게 되었다.
They were ***even more drunk*** than they had been when we hired them.
우리가 그들을 고용했을 때, 그들은 이전보다 훨씬 더 술에 취해 있었다.

〔even + 비교급〕 형식은 사람이나 사물이 다른 사람이나 사물보다 더 많은 성질을 가지고 있다는 것을 강조할 때도 사용한다. 예를 들면, '기차는 속도가 느리지만, 버스는 기차보다 훨씬 더 느리다.'는 **The train is slow, but the bus is *even slower***.라고 한다.

Barbera had something ***even worse*** to tell me. 바버라는 나에게 해줄 훨씬 더 좋지 않은 말이 있었다.

USAGE

The identification of Tutankhamun's mother is *even more difficult*.
투탕카멘의 어머니를 확인하는 것이 훨씬 더 어렵다.

3 'even if' and 'even though'

even if와 even though는 종속절을 이끄는 데 사용한다. 어떤 상황이 일어나더라도 어떤 것이 사실임을 막지 못할 때 even if를 사용한다.

Even if you disagree with her, she's worth listening to.
당신이 그녀에게 동의를 하지 않더라도, 그녀의 말은 들어볼 만한 가치가 있다.
I hope I can come back, *even if* it's only for a few weeks. 단지 몇 주 동안이라도, 나는 돌아갈 수 있기를 바란다.

even though는 although와 비슷한 뜻이지만, 좀 더 강조를 하는 표현이다.

Gregory, Platt, and Lydon will play *even though* they are not fully fit.
그레고리, 플랫, 리든은 몸이 완전한 컨디션은 아니지만 경기에 참가할 것이다.
I was always afraid of men, *even though* I had lots of boyfriends.
나는 남자 친구가 많이 있음에도 불구하고, 남자에 대해 항상 두려움을 갖고 있었다.

> **주의** even if나 even though로 시작하는 문장에서, 주절의 앞에 yet이나 but이 오지 않는다. 예를 들면, ~~Even if you disagree with her, yet she's worth listening to~~.가 아닌 *Even if* you disagree with her, she's worth listening to.라고 한다.
>
> 그러나 still은 주절에 사용할 수 있는데, 이는 매우 일반적인 용법이다.
>
> *Even though* the news is six months old, BBC staff are *still* in shock.
> 그것이 6개월 전 뉴스임에도 불구하고, BBC 직원들은 아직도 충격을 느끼고 있다.
> But *even if* they do change the system, they've *still* got an economic crisis on their hands.
> 그러나 그들이 시스템을 바꾼다고 하더라도 그들에게는 여전히 처리해야 할 경제 위기가 있다.

4 'even so'

방금 전에 말했음에도 불구하고, 어떤 일이 사실이라는 것을 강조할 때, even so를 사용한다.

Their feathers are constantly shed and renewed. *Even so* they need constant care.
그것들은 깃털이 계속해서 빠지고 새로 나지만, 그럼에도 불구하고 항상 관리해야 한다.
The bus was only half full. *Even so*, a young man asked Nina if the seat next to her was taken.
그 버스는 좌석이 반만 차 있었지만, 그럼에도 불구하고 젊은 남자가 니나에게 그녀의 옆자리에 앉아도 되냐고 물었다.

---

evening

evening은 오후(afternoon)가 끝나는 시간과 잠자리에 들기 전까지의 시간, 즉 '저녁'이라는 뜻이다.

1 the present day(오늘)

'오늘 저녁'은 this evening이라고 한다.

Come and have a drink with me *this evening*. 오늘 저녁에 나 있는 쪽으로 와서 같이 술을 마시자.
I came here *this evening* because I particularly wanted to be on my own.
나는 특별히 혼자 있고 싶어서 오늘 저녁에 여기에 왔다.

'어제 저녁'은 yesterday evening이라고 할 수도 있지만, last night을 더 많이 사용한다.

'So you saw me in King Street *yesterday evening*?' – 'Yes.'
"그래서 당신이 나를 어제 저녁 킹 스트리트에서 보았다고요?" – "예."
I met your husband *last night*. 나는 어제 저녁에 당신 남편을 만났어요.
I've been thinking about what we said *last night*. 나는 어제 저녁에 우리가 했던 말을 생각해 보았다.

'내일 저녁'은 tomorrow evening이나 tomorrow night이라고 한다.

Gerald's giving a little party *tomorrow evening*. 제랄드는 내일 저녁에 작은 파티를 열 것이다.
Will you be home in time for dinner *tomorrow night*? 당신은 내일 저녁 식사 시간에 맞춰 집에 올 수 있습니까?

2 single events in the past(과거에 일어난 단일 사건)

어떤 일이 과거의 특정한 저녁에 일어났다고 할 경우, **on**을 사용한다.

She telephoned Ida ***on Tuesday evening***. 그녀는 이다에게 화요일 저녁에 전화를 했다.

On the evening after the party, Dick went to see Roy. 파티가 끝난 그날 저녁, 딕은 로이를 만나러 갔다.

어떤 일이 특정한 날에 일어났다는 것을 나타낼 경우, **that evening**이나 **in the evening**을 사용한다.

That evening the children asked me to watch television with them.
그날 저녁에 아이들이 나에게 텔레비전을 같이 보자고 했다.

He came back ***in the evening***. 그는 그날 저녁에 돌아왔다.

과거의 어떤 날을 기점으로 어떤 일이 그 전날 저녁에 일어났다고 할 경우, **the previous evening**이나 **the evening before**를 사용한다.

Duggan had registered ***the previous evening*** at a hotel. 더간은 그 전날 저녁에 한 호텔에 묵었다.

Fanny picked up the grey shawl Bet had given her ***the evening before***.
패니는 벳이 그 전날 저녁에 그녀에게 준 회색 숄을 집어 들었다.

어떤 일이 과거의 어떤 날의 다음날 저녁에 일어났을 경우, **following evening**을 사용한다.

Mopani arrived at Hunter's Drift ***the following evening***. 모파니는 다음날 저녁에 Hunter's Drift에 도착했다.

I told Patricia that I would take her to the Cranthorpe ***the following evening***.
나는 패트리샤에게 그 다음날 저녁에 그녀를 크랜도프에 데려가겠다고 말했다.

소설에서 어떤 일이 과거의 어느 날 저녁에 일어났다고 할 경우, **one evening**을 사용한다.

One evening I drove out to Winndom. 어느 날 저녁 나는 윈돔으로 차를 몰고 나갔다.

We had him to supper ***one evening*** when Paul was here. 우리는 폴이 여기에 있던 어느 날 저녁에 그와 저녁을 먹었다.

어떤 일이 일어난 특정한 달이나 요일의 저녁은 **one April evening**(4월의 어느 날 저녁)이나 **on a Saturday evening**(어느 토요일 저녁에)과 같이 표현한다.

One mild May evening he asked me over to inspect it.
날씨가 따뜻한 5월의 어느 날 저녁에, 그는 내게 그것을 검사해 달라고 부탁했다.

Mac picked me up ***on a Friday evening***. 맥은 어느 금요일 저녁에 나를 차에 태워 주었다.

3 talking about the future(미래에 대해 말하기)

어떤 일이 미래의 특정한 날 저녁에 일어날 것이라고 할 경우, **on**을 사용한다.

The winning project will be announced ***on Monday evening***. 당선된 프로젝트의 발표는 월요일 저녁에 있을 것이다.

I will write to her ***on Sunday evening***. 나는 일요일 저녁 그녀에게 편지를 쓸 것이다.

미래의 어느 날에 대해서 이미 언급하고 있는 경우, **in the evening**을 사용한다.

The school sports day will be on June 22 with prizegiving ***in the evening***.
운동회는 6월 22일에 열릴 예정이며, 그날 저녁에 시상식도 있을 것이다.

4 regular events(정기적인 일)

어떤 일이 매일 저녁마다 정기적으로 일어날 경우, **in the evening**이나 **in the evenings**를 사용한다.

A 2-year-old may keep climbing out of bed ***in the evening*** to rejoin the family.
두 살 된 아이는 밤마다 침대에서 기어 나와 가족에게 가는 일을 되풀이할지도 모른다.

In the evening I like to lay breakfast as this is one less job for the morning.
나는 저녁마다 미리 아침 식사를 차려 놓기를 좋아하는데, 아침에 할 일 한 가지를 줄여 주기 때문이다.

And what do you do ***in the evenings***? 그리고 당신은 저녁마다 무엇을 합니까?

미국 영어에서는 **evenings**를 부사로 사용할 수 있으며, 전치사 **in**이나 **on**을 함께 사용하지 않는다.

Canadian teenage girls insist on going out ***evenings*** with friends.
캐나다의 10대 소녀들은 매일 저녁 친구들과 밖에 나가겠다고 고집을 피운다.

그러나 특정한 요일 저녁마다 정기적으로 일어나는 일은 〔**on** + 요일 + **evenings**〕 형식을 사용한다.

Am I no longer allowed to play chess ***on Monday evenings***? 저는 더 이상 월요일 저녁마다 체스를 할 수 없습니까?

We would all gather there ***on Friday evenings***? 우리는 금요일 저녁마다 모두 그곳에 모이곤 했다.

미국 영어에서는 위와 같은 경우에도 **on**을 사용하지 않는다.

Friday evenings he packed up to go and stay in his father's new apartment in the suburbs.
금요일 저녁마다 그는 짐을 싸서 교외에 있는 아버지의 새 아파트에 가서 머물렀다.

5 exact times(정확한 시간)

어떤 일이 일어난 정확한 시간을 언급한 후 그것이 저녁이라는 것을 확실히 하고 싶을 때, **in the evening**을 사용한다.

He arrived about six ***in the evening***. 그는 저녁 6시쯤에 도착했다.

---

eventually – finally

eventually를 finally와 혼동해서는 안 된다.

1 'eventually'

어떤 일이 많이 지연되거나 많은 난관을 거친 후에 일어나는 경우, **eventually**를 사용할 수 있다.

Eventually they got to the hospital. 결국 그들은 병원에 도착했다.
I found Victoria Avenue ***eventually***. 나는 결국 빅토리아 가(街)를 찾았다.

일련의 일들의 마지막에, 그 일들의 결과로 생기는 일에 대해 말할 때, **eventually**를 사용한다.

Eventually, they were forced to return to England. 결국 그들은 어쩔 수 없이 영국으로 되돌아갔다.

2 'finally'

오랫동안 기다리거나 기대한 후에 어떤 일이 마침내 일어날 때, **finally**를 사용한다. 이와 같은 뜻으로 **finally**를 사용할 때, 조동사가 없는 경우에는 **finally**가 동사 앞에 온다.

When John ***finally*** arrived, he said he'd lost his way. 마침내 존이 도착했을 때, 그는 길을 잃었다고 말했다.
The heat of the sun ***finally*** became too much for me. 결국 태양열은 나에게 너무 뜨거웠다.

조동사가 있을 경우, **finally**는 조동사 뒤에 온다.

Parliament ***had finally legalized*** trade unions. 의회는 드디어 노조를 합법화했다.

어떤 일이 사건의 전개 과정에서 마지막으로 일어난다는 것을 나타내는 경우에도 **finally**를 사용할 수 있다.

The sky turned red, then purple, and ***finally*** black. 하늘은 붉은색, 그 다음에 자주색, 마지막으로 검은색으로 변했다.

마지막 요점을 소개하거나, 마지막 질문을 하거나, 마지막 항목을 언급할 때도 **finally**를 사용할 수 있다.

Finally, Carol, are you encouraged by the direction education is taking?
캐롤, 마지막으로, 교육이 지향하는 방향에 확신하시나요?

---

ever

1 'ever'

ever는 부정문, 의문문, 비교급 문장에 사용하며, '과거의 어느 때에라도' 또는 '미래의 어느 때에라도'라는 뜻이다.

Neither of us had ***ever*** skied. 우리 둘 중 누구도 스키를 타본 적이 없었다.
I don't think I'll ***ever*** be homesick here. 나는 이곳에서는 집을 그리워하지 않을 거라고 생각한다.
Did he ***ever*** play football? 그가 축구를 한 적이 있었나요?
I'm happier than I've ***ever*** been. 나는 그 어느 때보다도 더 행복하다.

2 'yet'

예상했던 사건이 일어났는지를 묻거나 그 일이 아직까지 일어나지 않았다는 것을 말하는 부정문과 의문문에는 **ever**가 아닌 **yet**을 사용한다. 예를 들면, '그 택시가 아직 도착하지 않았다.'는 ~~**The taxi has not arrived ever.**~~가 아닌 **The taxi has not arrived *yet*.**이라고 한다. '택시가 벌써 도착했니?'는 ~~**Has taxi arrived**~~

~~ever?~~가 아닌 **Has the taxi arrived yet?**이라고 한다.

Have you had your lunch ***yet***? 벌써 점심 식사를 하셨어요?

It isn't dark ***yet***. 아직 날이 어둡지 않아요.

➲ Usage 표제어 yet 참조.

3 'always'

긍정문에서 어떤 일이 지금까지 사실이 아닌 적이 한 번도 없었다고 할 때는 **ever**가 아닌 **always**를 사용한다. 예를 들면, '나는 이곳에서 항상 행복하게 살아왔다.'는 ~~**I have ever been happy here.**~~가 아닌 **I have *always* been happy here.**라고 한다.

She was ***always*** in a hurry. 그녀는 언제나 서둘렀다.

Talking to Harold ***always*** cheered her up. 해럴드와 이야기하는 것은 항상 그녀의 기분을 즐겁게 했다.

➲ Usage 표제어 always 참조.

4 'still'

어떤 일이 계속해서 일어나고 있는 중이라고 할 때도 **ever**가 아닌 **still**을 사용한다. 예를 들면 '우리가 로웨스토프트를 떠날 때, 여전히 비가 내리고 있었다.'는 ~~**When we left Lowestoft, it was ever raining.**~~이 아닌 **When we left Lowestoft, it was *still* raining.**이라고 한다.

Unemployment is ***still*** falling. 실업률이 여전히 감소하고 있다.

She was ***still*** beautiful. 그녀는 여전히 아름다웠다.

I was ***still*** a schoolboy. 나는 아직 학생이었다.

➲ Usage 표제어 still 참조.

5 'ever since'

어떤 일이 과거의 어느 특정한 때부터 지금까지 계속 사실일 때, **ever since**를 사용한다.

'How long have you lived here?' – '***Ever since*** I was married.'
"당신은 이곳에 얼마 동안 살았습니까?" – "제가 결혼했을 때부터요."

We have been devoted friends ***ever since***. 우리는 지금까지 절친한 친구로 지내고 있다.

6 'ever so' and 'ever such'

회화에서 형용사 앞에 **ever so**를 사용하여 어떤 것의 정도를 강조한다.

They are ***ever so kind***. 그들은 매우 친절하다.

형용사가 명사구의 일부일 경우 **ever so** 대신 **ever such**를 사용하며, 그 뒤에는 항상 **a**나 **an**이 온다.

I had ***ever such a nice letter*** from her. 나는 그녀에게서 매우 멋진 편지를 받았다.

격식을 차린 글에는 **ever so**나 **ever such**를 사용하지 않으며, 미국 영어에서는 이런 형태가 일반적이지 않다.

7 'ever' with 'wh'-words(wh-어와 함께 사용하는 ever)

〔**wh-**어 + **ever**〕 형식을 문장의 처음에 사용하여 말하는 사람의 놀라움을 표현한다. 예를 들면, '도대체 누가 당신에게 그런 말을 했어요?'는 **Who told you that?** 대신 ***Who ever* told you that?**이라고 한다.

Who ever would have thought that? 도대체 누가 그런 생각을 했겠는가?

'I'm sorry. I'd rather not say.' – '***Why ever*** not?'
"미안해요. 말하지 않는 것이 낫겠어요." – "도대체 왜 말을 하지 않나요?"

How ever did you find me? 도대체 당신은 나를 어떻게 찾았어요?

위와 같이 의문문을 글로 쓸 때, **what ever**, **where ever**, **who ever**는 두 단어를 붙여서 한 단어로 표기한다. 즉, **whatever**, **wherever**, **whoever**라고 쓴다.

Whatever is the matter? 도대체 무엇이 문제인가요?

Wherever did you get this? 도대체 당신은 이것이 어디에서 났어요?

Whoever heard of a bishop resigning? 주교가 사임한다는 소리를 누가 들었습니까?

그러나 많은 사람들이 위와 같이 한 단어로 사용하는 것은 잘못된 표현이라고 생각하므로, 단어를 분리해서 사용하는 것이 좋다. **how ever**, **why ever**는 항상 두 단어로 분리하여 쓴다.

---

every

1 'every'

〔**every** + 단수명사〕 형식은 그룹 중의 일부가 아닌 모든 사람이나 사물을 가리킬 때 사용한다.

She spoke to ***every person*** at the party. 그녀는 파티에 참석한 모든 사람에게 말을 걸었다.

I agree with ***every word*** Peter says. 나는 피터가 하는 모든 말에 동의한다.

This new wealth can be seen in ***every village***. 이 새로운 풍요로움은 모든 마을에서 볼 수 있다.

2 'every' and 'all'

every나 **all**은 자주 같은 뜻으로 사용할 수 있다. 예를 들면, '모든 개는 등록을 해야 한다.'는 ***Every*** **dog should be registered.**나 ***All*** **dogs should be registered.**라고 한다. **every** 다음에는 단수명사가 오지만, **all** 다음에는 복수명사가 온다.

Every child is entitled to be educated at the state's expense.
모든 어린이는 국가의 경비로 교육을 받을 자격이 있다.

All children love to build and explore. 모든 어린이는 만들고 탐험하는 것을 매우 좋아한다.

➲ Usage 표제어 all 참조.

3 'each'

every나 **all** 대신에 때때로 **each**를 사용할 수 있다. **each**는 한 그룹의 구성원을 개체로 생각할 때 사용한다.

Each customer has the choice of thirty colours. 각각의 손님은 30가지 색 중에서 선택할 수 있다.

Each meal will be served in a different room. 각각의 식사는 다른 방에서 제공될 것이다.

➲ Usage 표제어 each 참조.

4 referring back to 'every'(every를 다시 가리키기)

every로 시작하는 표현을 다시 가리킬 때, 일반적으로 **he**, **she**, **him**과 같은 단수대명사를 사용한다.

Every businessman would do without advertising if ***he*** could.
모든 사업가는 될 수 있으면 광고를 하지 않고 사업을 하고 싶어 할 것이다.

그러나 특정한 성별을 나타내지 않는 **every student**나 **every inhabitant** 등의 표현을 다시 지칭할 때, 보통 **they**나 **them**을 사용한다.

Every passenger and crew member is the doctor's patient, and there's no escape from ***them***.
모든 승객과 승무원이 그 의사의 환자여서 그들로부터 결코 벗어날 수 없다.

➲ 위와 같은 용법에 대한 자세한 내용은 Usage 표제어 he – she – they 참조.

5 used with expressions of time(시간의 표현과 함께 사용하기)

어떤 일이 일정한 간격으로 일어날 때, **every**를 사용한다.

They met ***every day***. 그들은 매일 만났다.

Every Monday Mr. Whymper visited the farm. 윔퍼 씨는 월요일마다 농장을 방문했다.

ℹ every와 all을 시간을 나타내는 표현과 함께 사용할 경우, 뜻이 달라진다. 예를 들면, every morning은 '매일 아침마다', all morning은 '아침 내내'라는 뜻이다.

He used to walk into his club ***every afternoon*** at three o'clock.
그는 매일 오후 3시에 그가 다니는 클럽으로 걸어 들어가곤 했다.

Her voice was hoarse. 'You have a cold?' – 'No. It's just from talking ***all afternoon***.'
그녀는 쉰 목소리였다. "감기 걸렸어요?" – "아니요. 오후 내내 계속 떠들었거든요."

He had been running three miles ***every day***. 그는 매일 3마일씩 달리고 있었다.

That person has been following us ***all day***. 저 사람이 하루 종일 우리를 따라다니고 있다.

6 'every other'

어떤 일이 한 해 걸러 정기적으로 일어날 경우, **every other year**나 **every second year**를 사용한다.

We only save enough money to take a real vacation ***every other*** year.
우리는 한 해 걸러 멋진 휴가를 갈 수 있는 돈을 겨우 저축한다.

It seemed easier to shave ***every second*** day. 하루 걸러 면도하는 것이 더 쉬워 보였다.

---

everybody

⊙ Usage 표제어 everyone – everybody 참조.

---

everyday – every day

1 'everyday'

everyday는 형용사로, 어떤 일이 어느 면에서는 일상적이어서 재미있거나 특별하지 않을 때 사용한다.

...the ***everyday*** problems of living in the city. 이 도시에 살면서 일어나는 일상적인 문제들.

A paint finish can transform something ***everyday*** and mundane into something more elaborate.
마무리 칠로 일상적이고 평범한 것을 더 정교한 것으로 바꿀 수 있다.

2 'every day'

every day는 부가어로, 어떤 일이 날마다 규칙적으로 일어날 때 사용한다.

Shanti asked the same question ***every day***. 샨티는 매일 같은 질문을 했다.

---

everyone – everybody

1 'everyone' and 'everybody'

everyone이나 **everybody**는 특정한 집단의 모든 사람들을 가리킬 때 사용하며, 두 단어의 의미상의 차이는 없다.

The police had ordered ***everyone*** out of the office. 경찰은 모든 사람들에게 사무실에서 나가라고 명령했다.

There wasn't enough room for ***everybody***. 모든 사람들이 사용할 만한 충분한 공간이 없었다.

일반인을 가리킬 때에도 **everyone**과 **everybody**를 사용할 수 있다.

Everyone has the right to freedom of expression. 모든 사람들은 표현의 자유에 대한 권리가 있다.

Everybody has to die some day. 사람은 누구나 언젠가는 죽게 마련이다.

회화에서 **everyone**과 **everybody**는 때때로 '많은 사람들'이라는 뜻으로도 사용한다.

...the war that ***everyone*** had said could never happen. 많은 사람들이 절대로 일어날 수 없다고 말했던 전쟁.

'Do you know him at all?' – '***Everybody*** knows Lonnie.' "그를 잘 알고 있어요?" – "많은 사람들이 로니를 알고 있어요."

everyone이나 **everybody**가 주어인 경우, 단수동사를 사용한다.

Everyone ***wants*** to find out what is going on. 누구나 무슨 일이 일어나고 있는지 알기를 원한다.

Everybody ***is*** selling the same product. 누구나 같은 제품을 팔고 있다.

2 referring back(다시 가리키기)

everyone이나 **everybody**를 다시 가리킬 때, **they**, **them**, **their**를 사용한다.

Will ***everyone*** please carry on as best ***they*** can. 모두 최선을 다해 주기를 바랍니다.

Everybody had to empty ***their*** purses. 모든 사람들은 자신들의 지갑을 비워야 했다.

⊙ 이들 용법에 대한 검토는 Usage 표제어 he – she – they 참조.

3 'every one'

everyone을 **every one**과 혼동해서는 안 된다. **every one**은 언급하고 있는 사람 개개인이나 사물 각각에 대해 사실임을 강조할 때 사용한다.

He read ***every one*** of my scripts. 그는 내가 쓴 원고를 빠짐없이 다 읽었다.
She turned her attention to her friends. ***Every one*** had had a good education.
그녀는 친구들에게 관심을 돌렸다. 그들 각자가 모두 훌륭한 교육을 받았다.

everything

everything은 특정한 상황에 있는 모든 사물, 행동, 활동이나 사실을 가리킬 때 사용한다.

I don't agree with ***everything*** he says. 나는 그가 하는 모든 말에 다 동의하지는 않는다.
I will arrange ***everything***. 내가 모든 것을 준비할 것이다.

everything이 주어인 경우, 단수동사를 사용한다.

Usually everything ***is*** very informal. 보통 모든 것이 매우 격의가 없다.
Everything ***happens*** much more quickly. 모든 일이 훨씬 더 빨리 일어난다.

ℹ everything은 항상 한 단어로 사용하므로, every thing이라고 표기하지 않는다.

everywhere

everywhere는 부사로, '모든 곳에서'라는 뜻이다.

Tap water is drinkable ***everywhere*** in the Algarve. 알가브에 있는 수돗물은 모두 마실 수 있다.
People ***everywhere*** are becoming aware of the problem. 어떤 곳에 있는 사람이라도 그 문제를 의식하고 있다.

everywhere 앞에는 일반적으로 전치사를 사용하지 않는다. 예를 들면 '그는 여러 곳을 방문해 왔다.'는 ~~He has been to everywhere.~~가 아닌 He has been *everywhere*.라고 한다. 그러나 from은 everywhere와 함께 사용할 수 있다.

They heard ***from everywhere*** the lovely clear voices of women singing.
여자들이 노래하는 아름답고 맑은 목소리가 사방에서 그들에게 들려왔다.
...a strange light that seemed to come ***from everywhere*** at once. 모든 곳에서 동시에 비추는 듯한 이상한 빛.

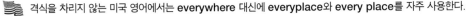

격식을 차리지 않는 미국 영어에서는 everywhere 대신에 everyplace와 every place를 자주 사용한다.

He seems to be ***everyplace*** and have an opinion about everything.
그는 어디든지 나타나서 모든 일에 참견을 하는 것처럼 보인다.
Almost ***every place*** we go we find some type of weapons.
우리가 가는 거의 모든 곳에서 어떤 형태로든 무기를 발견한다.

evidence

evidence는 어떤 일이 사실이거나 정말로 일어났던 것이라고 믿게 만드는, 보거나 듣거나 읽는 모든 것, 즉 '증거'라는 뜻이다.

We saw ***evidence*** everywhere that a real effort was being made to promote tourism.
우리는 관광 산업의 발전을 위한 진정한 노력이 진행되고 있는 증거를 곳곳에서 보았다.
There was no ***evidence*** of quarrels between them. 그들 사이에 논쟁이 있었다는 증거는 전혀 없었다.

evidence는 불가산명사로, evidences나 an evidence가 아닌 a piece of evidence를 사용한다.

The finding is the latest ***piece of evidence*** that vaccines will in future play an important part in the fight against cancer.
그 발견은 백신이 미래에 암과의 싸움에서 중요한 역할을 할 것이라는 최신의 증거이다.
It was one of the strongest ***pieces of evidence*** in the Crown's case.
그것은 크라운 사건에서 가장 강력한 증거 중의 하나였다.

exam – examination

exam이나 examination은 특정한 주제의 지식이나 능력을 보여 주기 위해 참가하는 공식적인 '시험'이라는 뜻이다. exam은 매우 흔히 사용하는 단어이고, examination은 격식을 차린 단어로 주로 문어체에서 사용한다.

I was told the *exam* was difficult. 나는 그 시험이 어렵다는 말을 들었다.
...a three-hour written *examination*. 3시간짜리 필기시험.

take/sit **an examination**은 시험을 치거나 보다라는 뜻이다.

Many children want to *take* these exams. 많은 아이들이 이 시험을 치고 싶어한다.
After the third term we'll *be sitting* the exam. 3학기 후에 우리는 시험을 볼 예정이다.

미국 영어에서는 일반적으로 **sit** 대신 **take**를 사용한다. 회화에서는 동사 **do**도 사용할 수 있다.

There is no set time to *do* this exam. 이 시험을 치르는 데에는 정해진 시간이 없다.

pass **an examination**은 시험을 쳐서 합격하다라는 뜻이다.

Larry *passed* university exams at sixteen. 래리는 16세에 대학 입학시험에 합격했다.
They cannot hope to get the kind of job they want even if they *pass* all their exams.
그들은 모든 시험에 합격해도 자신들이 원하는 직업을 가질 수 있다는 희망이 없다.

주의 ***pass*** **an exam**은 항상 시험에 합격하다라는 뜻이지, 시험을 치다라는 뜻이 아니다.

fail **an examination**은 시험을 쳐서 불합격하다라는 뜻이다.

He *failed* the written paper. 그는 필기시험에서 떨어졌다.
I passed the written part but then *failed* the oral section hopelessly.
나는 필기시험에서는 합격했지만, 구두시험에서 절망적으로 불합격했다.

pass in/fail in **a particular subject**는 누군가가 특정한 과목에 시험을 쳐서 합격하거나 불합격하다라는 뜻이다.

I've been told that I'll probably *pass in* English and French.
내가 아마 영어와 프랑스어 시험에 합격할 것이라는 말을 들어왔다.
I took it in case I should *fail in* one of the other subjects.
나는 다른 과목들 중 하나에 불합격할 경우에 대비해서 그 과목을 수강했다.

---

example

1 'example'

example은 특정한 사물의 가장 일반적인 특징을 나타내는 '예'라는 뜻이다.

It's a very fine *example* of traditional architecture. 그것은 전통 건축의 매우 좋은 예이다.
This is yet another *example* of British consumers being exploited and asked to pay more.
이것은 영국 소비자들이 착취당하고 있고 더 많은 돈을 지불하도록 요구받고 있다는 또 다른 예이다.

give **an example**은 특정한 종류의 예를 들다라는 뜻이다.

Could you *give* me an example? 나에게 예를 하나 들어 주시겠어요?
Let me *give* you an example of the sort of thing that happens. 일어나고 있는 일의 한 가지 예를 들겠습니다.

'say' an example이라고 하지 않는다.

2 'for example'

어떤 것의 예를 언급할 때, 자주 **for example**을 사용한다.

Japan, *for example*, has two languages. 예를 들면, 일본에는 두 개의 언어가 있다.
There must be some discipline in the home. *For example*, I do not allow my daughter Zoe to play with my typewriter.
가정에는 어느 정도의 규율이 있어야 한다. 예를 들면, 나는 딸 조가 내 타자기를 갖고 놀지 못하게 한다.

by example이라고 하지 않는다.

except

except는 언급하는 주된 내용이 적용되지 않는 유일한 사물, 사람, 그룹을 끼워 넣을 때 사용한다.

1 used with a noun group(명사구와 함께 사용하기)

except는 일반적으로 명사구 앞에 사용한다.

Anything, ***except water***, is likely to block a sink. 물을 제외한 무엇이든지 싱크대를 막히게 할 것 같다.
All the boys ***except Peter*** started to giggle. 피터를 제외한 모든 사내아이들이 낄낄거리기 시작했다.

〔except + 목적격 대명사 · 재귀대명사〕 형식을 사용한다.

There's nobody that I really trust, ***except him***. 내가 진심으로 믿는 사람은 그를 제외하고는 아무도 없다.
Audrey had allowed no one inside the room ***except himself***.
오드리는 자신 외에 아무도 그 방에 있는 것을 허용하지 않았다.

그러나 주격 대명사 앞에는 except를 사용하지 않는다. 예를 들면, ~~There's no one here except I.~~라고 하지 않는다.

> **주의** except를 besides나 unless와 혼동해서는 안 된다. 진술하는 내용 중 제외되는 내용을 언급할 경우, except를 사용한다. besides는 '~에 덧붙여서' 또는 '게다가'라는 뜻이다.
>
> What languages do you know ***besides*** Arabic and English? 당신은 아랍어와 영어 외에 어떤 언어를 알고 있습니까?
>
> ➲ Usage 표제어 beside – besides 참조.
>
> unless는 어떤 일이 일어나거나 사실임을 나타내는 유일한 상황을 나타낼 때 사용한다.
>
> In the 1940s, ***unless*** she wore gloves a woman was not properly dressed.
> 1940년대에는 여자가 장갑을 끼지 않았을 경우, 옷을 제대로 입었다고 할 수 없었다.
> You must not give compliments ***unless*** you mean them. 우리가 진심에서 우러난 칭찬이 아니라면, 칭찬해서는 안 된다.
>
> ➲ Usage 표제어 unless 참조.

2 'but'

〔all, every-, any-로 시작하는 단어 + but〕 형식에서 but은 except를 대신하여 사용할 수 있다.

All but two of the dead, including six children, were holidaymakers on a bus from Argentina.
여섯 명의 아이들이 포함된 사망자 중 두 사람을 제외한 모두가 버스를 타고 아르헨티나에서 온 행락객이었다.
It is no longer respectable to marry for ***anything but*** love.
사랑을 제외한 다른 이유로 결혼하는 것은 더 이상 존중받을 수 없다.

3 used with a verb(동사와 함께 사용하기)

정동사 앞에는 except를 사용할 수 없지만, to부정사 앞에는 사용할 수 있다.

I never wanted anything ***except to be an actress***. 나는 여배우가 되는 것 외에는 원하는 것이 아무것도 없다.
She seldom goes out ***except to go to Mass***. 그녀는 미사에 갈 때를 제외하고 거의 외출하지 않는다.

〔do + except + 원형부정사〕 형식을 사용할 수 있다.

There was little I could ***do except wait***. 나는 기다리는 것 이외에 할 수 있는 일이 거의 없었다.
She ***did nothing except make*** empty conversation. 그녀는 무의미한 대화만 했다.

4 used with a finite clause(정동사절과 함께 사용하기)

〔except + when, while, where, what, that 등으로 시작되는 정동사절〕 형식을 사용할 수 있다.

He no longer went out, ***except when Jeannie forced him***.
지니가 강제로 그를 외출하게 하는 경우를 제외하고 그는 더 이상 외출하지 않았다.
I have every confidence in your wisdom ***except where this sort of thing is concerned***.
이런 종류의 일이 연관된 것을 제외하고 나는 당신이 갖고 있는 지혜를 대단히 신뢰하고 있다.
I knew nothing about Judith ***except what I'd heard at second hand***.
나는 주디스에 대해 간접적으로 들은 것 외에는 아무것도 몰랐다.
I can scarcely remember what we ate, ***except that it was plentiful and simple***.
나는 음식이 충분하고 간소했다는 것 이외에 우리가 먹은 음식에 대해 기억나는 것이 별로 없다.

5 'except for'

〔except for + 명사구〕 형식은 어떤 것을 제외한 모두가 사실이라는 뜻에 사용한다.

The classroom was silent, ***except for the busy scratching of pens on paper.***
교실은 분주하게 펜으로 시험지에 답을 쓰는 소리 외에는 조용했다.

The room was very cold and, ***except for Morris***, entirely empty. 그 방은 매우 추웠고, 모리스 외에는 아무도 없었다.

➊ Usage 표제어 accept 참조.

exception

1 'exception'

exception은 일반적인 진술이 적용되지 않는 '예외'라는 뜻이다.

The troops had the support of the local population, the ***exception*** being some environmentalist groups who protested at the noise.
군대는 소음에 항의하는 일부 환경 단체를 제외하고, 지역 주민들의 지지를 받았다.

With a few ***exceptions***, the writing is good. 몇 가지를 제외하고, 그 글은 훌륭하다.

2 'with the exception of'

예외를 나타낼 때, 흔히 **with the exception of**를 사용한다.

We all went, ***with the exception of*** Otto, who complained of feeling unwell.
몸이 아프다고 호소하는 오토를 제외하고 우리는 모두 갔다.

They are all, ***with the exception of*** one Swedish coin, of Portuguese origin.
그것들은 스웨덴 동전 한 개를 제외하고, 모두 포르투갈 동전이다.

3 'no exception'

일반적인 진술이 특정한 사람이나 사물에 해당된다는 것을 강조할 경우, **no exception**을 사용할 수 있다.

We've mentioned the joys of many Greek islands in springtime, and Paxos is ***no exception***.
우리는 봄철에 많은 그리스 섬에서 느낄 수 있는 즐거움을 이야기해 왔는데, 팩소스 섬도 예외가 아니다.

The Monday following an outing often brings some absentees from school, and today was ***no exception.***
소풍을 갔다 온 다음 월요일에는 학교에 결석하는 학생들이 다소 생기는데, 오늘도 예외는 아니었다.

4 'without exception'

어떤 진술이 한 그룹 안의 모든 사람이나 사물에 예외 없이 해당된다는 것을 강조할 때, **without exception**을 사용한다.

Every country ***without exception*** is committed to economic growth.
모든 나라는 예외 없이 경제 성장에 전념한다.

Without exception all our youngsters wanted to leave school and start work.
우리의 모든 젊은이들은 예외 없이 학교를 그만두고 일을 시작하기를 원했다.

exchange

동사 exchange는 동시에 무언가를 '서로 주고받다'라는 뜻이다.

We ***exchanged*** addresses. 우리는 서로 주소를 교환했다.

They ***exchanged*** glances. 그들은 서로 눈길을 교환했다.

exchange **one thing** ***for*** **another**는 누군가에게 어떤 물건을 주는 대신 다른 물건을 받다라는 뜻이다.

She ***exchanged*** the jewels ***for*** money. 그녀는 그 보석을 돈으로 바꾸었다.

Leather goods made in the camp were ***exchanged for*** bread and clothing.
수용소에서 만든 가죽 제품은 빵과 옷으로 교환되었다.

excited – exciting

1 'excited'

excited는 즐겁거나 특별한 일을 몹시 기다리는 사람의 기분을 나타낼 때 사용한다.

He was so ***excited*** he could hardly sleep. 그는 너무 흥분이 되어 잠을 거의 자지 못했다.
There were hundreds of ***excited*** children to meet us. 우리를 만나는 것으로 마음이 들뜬 수백 명의 아이들이 있었다.

be ***excited about*** something은 어떤 일에 대해 흥분하다라는 뜻이다.

I'm very ***excited about*** the possibility of playing for England's first team.
나는 영국 제일의 팀에서 뛰게 될 가능성에 몹시 흥분된다.

be ***excited about doing*** something은 어떤 일을 하는 것에 대해 흥분하다라는 뜻이다.

Kendra was especially ***excited about seeing*** him after so many years.
켄드라는 특히 수년 동안 만나지 못한 그를 만난다는 기대에 마음이 설레었다.

ⓘ 어떤 일을 하기를 기대하는 경우, be 'excited to do' something이라고 하지 않는다.

2 'exciting'

excited를 exciting과 혼동해서는 안 된다. exciting은 사람의 마음을 들뜨게 하는 기쁘고, 특별하거나 흔치 않은 일을 나타내는 데 사용한다.

Growing up in the heart of London was very ***exciting***. 런던의 중심부에서 성장한 것은 매우 즐거운 일이었다.
It did not seem a very ***exciting*** idea. 그것은 별로 뛰어난 생각이 아닌 듯했다.

excursion

➲ Usage 표제어 journey 참조.

excuse

excuse는 명사나 동사로 사용할 수 있다. excuse가 명사인 경우에는 [ikskjúːs], 동사인 경우에는 [ikskjúːz]로 발음한다.

1 used as a noun(명사로 사용하기)

excuse는 어떤 일이 왜 일어났는지, 일어나지 않는지, 또는 왜 일어나지 않을 것인지를 설명하기 위해 제시하는 이유, 즉 '변명'이라는 뜻이다.

It might be used as an ***excuse*** for evading our responsibilities.
우리의 책임을 회피할 변명으로 그것을 사용해도 될 것 같다.
There is no ***excuse*** for this happening in a new building. 새 건물에서 이러한 일이 일어났다는 것은 변명의 여지가 없다.

make an excuse는 변명을 하다라는 뜻이다.

I ***made*** an ***excuse*** and left. 나는 변명을 한 후에 떠났다.
You don't have to ***make*** any ***excuses*** to me. 나에게 변명하지 않아도 된다.

ⓘ 'say' an excuse라고 하지 않는다.

2 used as a verb(동사로 사용하기)

be excused는 어떤 일을 하지 않아도 되는 공식적인 허락을 받다라는 뜻이다.

She ***is usually excused*** from her duties during the school holidays.
그녀는 일반적으로 방학 동안 자신의 일을 하지 않아도 된다.
You can apply to ***be excused*** payment if your earnings are low.
소득이 낮을 경우, 당신은 내야 할 돈에 대한 면제를 신청할 수 있다.

대화 도중 '죄송하지만, 지금 자리를 떠나야 되니 양해해 주십시오.'는 I must excuse myself. 또는 You must excuse me.를 사용하며, 이는 격식을 차린 정중한 표현이다.

Now I must *excuse* myself, ladies. 숙녀 여러분, 죄송합니다만 저는 이제 가야 할 것 같습니다.
You'll have to *excuse* me; I ought to be saying goodnight. 죄송합니다. 저는 가봐야겠습니다.

excuse에는 상대방이 저지른 잘못을 비난하거나 그 일에 화를 내지 않다, 즉 '용서하다'라는 뜻도 있다.

Such delays cannot *be excused*. 그러한 지연은 용서할 수 없다.

3 'forgive'

forgive는 excuse와 비슷한 뜻으로 사용한다. forgive는 누군가와 싸웠거나 화를 낸 일에 대해 상대를 용서해 주다라는 뜻으로, 이런 경우에는 excuse를 사용할 수 없다.

I *forgave* him everything. 나는 그가 한 모든 일에 대해 용서해 주었다.

4 'apologize'

자신이 한 일에 대해 미안하다고 '사과하다'는 excuse가 아닌 apologize라고 한다.

In her first letter she *had apologized* for being so mean to Rudolph.
첫 번째 편지에서 그녀는 루돌프에게 한 아주 야비한 행동에 대해 사과를 했다.

5 'excuse me'

사과를 할 때, 흔히 Excuse me.라고 한다.

➲ 더 많은 정보는 Topic 표제어 Apologizing 참조.

---

exhausted – exhausting – exhaustive

1 'exhausted'

exhausted는 몸이 '아주 피곤한'이라는 뜻이다.

At the end of the day I felt *exhausted*. 일과가 끝날 무렵 나는 무척이나 피곤했다.
All three men were hot, dirty and *exhausted*. 세 남자들 모두가 몸이 화끈화끈하고, 지저분하며 아주 지쳐 있었다.

exhausted 앞에는 completely, absolutely, utterly 등을 사용할 수 있지만, rather, very 등은 사용하지 않는다.

'And how are you feeling?' – 'Exhausted. *Completely exhausted*.'
"그리고 기분이 어떻습니까?" – "피곤해요. 완전히 지쳤어요."
The guest speaker looked *absolutely exhausted*. 초청된 연사는 완전히 지쳐 보였다.
Utterly exhausted, he fell into a deep sleep. 그는 완전히 지쳐서, 깊은 잠에 곯아떨어졌다.

2 'exhausting'

exhausting은 '매우 지치게 하는'이라는 뜻이다.

...a difficult and *exhausting* job. 어렵고 매우 피곤하게 하는 직업.
Carrying bags is *exhausting*. 가방을 나르는 것은 고단한 일이다.

3 'exhaustive'

exhaustive는 연구나 기술이 '철저하고 완전한'이라는 뜻이다.

He studied the problem in *exhaustive* detail. 그는 그 문제를 철저히 상세하게 연구했다.
For a more *exhaustive* treatment you should read Margaret Boden's 'Artificial Intelligence and Natural Man'.
좀 더 완전한 치료 방법을 알고 싶으면, 마거릿 보든의 저서 'Artificial Intelligence and Natural Man'을 읽어야 한다.

---

exist

exist는 어떤 것이 현재 실제로 이 세상에 '존재하다'라는 뜻이다.

National differences do seem to *exist*. 국가 간의 차이가 확실히 존재하는 듯하다.

Tendencies towards sadistic behaviour ***exist*** in all human beings.
모든 인간에게는 가학적인 행동을 하려는 경향이 내재되어 있다.
They walked through my bedroom as if I didn't ***exist***. 그들은 내가 침실에 없는 것처럼 걸어 들어왔다.

exist가 위와 같은 뜻일 경우, 진행시제를 사용하지 않는다. 예를 들면, ~~Tendencies towards sadistic behaviour are existing in all human beings.~~라고 하지 않는다.

아주 적은 음식이나 돈으로 또는 어려운 조건에서 근근이 연명하다라고 할 때에도 **exist**를 사용한다.

How we are to ***exist*** out here I don't know. 여기서 어떻게 목숨을 연명할지 모르겠다.
The whole band ***exist*** on a diet of cup-a-soup and crisps.
악단 전원이 인스턴트 수프와 감자튀김을 주식으로 연명하고 있다.

exist가 위와 같은 뜻일 경우, 진행시제에 사용할 수 있다.

People ***were existing*** on a hundred grams of bread a day. 사람들은 하루에 100그램의 빵으로 연명하고 있었다.

---

expect

1 'expect'

expect는 어떤 일이 일어날 것이라고 믿다, 즉 '기대하다'라는 뜻이다.

I ***expect*** you'll be glad when I get on the bus this afternoon.
내가 오늘 오후에 버스에 타게 되면, 당신이 아주 기뻐할 것이라고 기대한다.
They ***expect*** that about 1,500 of the existing force will take up the chance to go to sea.
그들은 현재의 병력 중 약 1500명이 출항할 기회를 갖게 될 것이라고 예상한다.

expect 뒤에 때때로 **that**절 대신 **to**부정사를 사용할 수 있다. 예를 들면, '나는 존슨이 모임에 오기를 기대한다.'는 **I expect Johnson will come to the meeting.** 대신 ***I expect Johnson to come*** **to the meeting.**이라고 할 수 있지만, 의미는 같지 않다. 앞 문장이 단순히 믿음을 나타낸다면, 뒤 문장은 존슨이 모임에 오기를 바라며, 오지 않으면 화가 나고 실망하게 될 것임을 나타낸다.

The horse is on tremendous form and I ***expect him to win***.
그 말은 상태가 아주 좋아서 나는 그 말이 우승하리라고 기대한다.
Nobody ***expected the strike to succeed***. 아무도 그 파업이 성공할 것이라고 기대하지 않았다.
The talks are expected to last two or three days. 그 회담은 2, 3일 계속될 것으로 예상된다.

어떤 일이 일어나지 않을 것으로 예상하고 있다고 할 때, **'expect something will not' happen** 대신 ***do not expect it will*** **happen**이나 ***do not expect it to*** **happen**이라고 한다.

I don't expect it will be necessary. 나는 그것이 필요 없을 것이라고 예상한다.
I did not expect to find detectives waiting at home. 나는 형사들이 집에 와서 나를 기다릴 것이라고는 예상하지 못했다.
I did not expect to be acknowledged. 내가 인정받을 것이라고 기대하지 않았다.

어떤 것이 사실임을 상당히 확신한다고 할 때, **expect**를 사용한다.

I ***expect*** they've gone. 나는 그들이 가버렸을 것이라고 확신한다.
I ***expect*** they even play cricket on Christmas Day. 나는 그들이 크리스마스 날에도 크리켓을 하리라 확신한다.

어떤 것이 사실이 아니라는 것에 상당한 확신을 갖고 있다고 할 경우, **'expect something is not' the case** 대신 ***do not expect something is*** **the case**라고 한다.

I ***do not expect*** such parties are given now. 나는 이제는 그러한 파티들이 열리는 일은 없을 것이라고 확신한다.

어떤 일이 사실인지 묻는 경우, 그것이 사실이라는 대답은 **I expect so.**라고 한다.

'Will Joe be here at Christmas?' – '***I expect so***.'
"조가 크리스마스 때 여기에 올까요?" - "그럴 거예요."
'Did you say anything when I first came up to you?' – 'Well, ***I expect so***, but how on earth can I remember now?'
"제가 처음 당신에게 다가갔을 때 당신은 어떤 말이라도 했습니까?" - "글쎄요, 그랬기를 바라지만 도대체 어떻게 지금 기억할 수 있겠어요?"

i ~~I expect it.~~이라고 하지 않는다.

be expecting someone/something은 누군가가 도착하거나 어떤 일이 일어날 것이라고 믿다라는 뜻이다.

They ***were expecting*** Wendy and the children. 그들은 웬디와 아이들을 기다리고 있었다.

Rodin ***was expecting*** an important letter from France. 로댕은 프랑스에서 중요한 편지가 오기를 기다리고 있었다.

We ***are expecting*** rain. 우리는 비가 올 것이라고 기대하고 있다.

ⓘ 위와 같은 뜻으로 expect를 사용하는 경우, expect 뒤에 전치사가 오지 않는다.

2 'wait for'

expect를 **wait for**와 혼동해서는 안 된다. **wait for**는 누군가가 도착하거나 어떤 일이 일어날 때까지 같은 장소에 있거나 미루다라는 뜻이다.

Whisky was served while we ***waited for*** Voster. 보스터가 도착하기를 기다리고 있는 동안에 위스키가 나왔다.

He sat on the bench and ***waited for*** his coffee. 그는 벤치에 앉아서 자신이 마실 커피를 갖다 주기를 기다렸다.

Stop ***waiting for*** things to happen. Make them happen. 어떤 일이 일어나기를 기다리지 말고 일어나도록 만들어라.

➲ Usage 표제어 **wait** 참조.

3 'look forward to'

look forward to는 앞으로 일어날 일을 즐겁게 기다리다, 즉 '고대하다'라는 뜻이다.

I'll bet you're ***looking forward to*** your holidays. 나는 당신이 휴가를 고대하고 있다고 확신한다.

I always ***looked forward to*** seeing her. 나는 항상 그녀와 만날 것을 고대했다.

➲ Usage 표제어 **look forward to** 참조.

---

expensive

expensive는 어떤 물건을 사는 데 돈이 많이 들다. 즉 '비싼'이라는 뜻이다.

I get very nervous because I'm using a lot of ***expensive*** equipment.
나는 비싼 장비를 많이 사용하고 있기 때문에 매우 불안하다.

'Vogue' was more ***expensive*** than the other magazines. 보그는 다른 잡지보다 더 비쌌다.

가격 자체가 비쌀 경우에는 **expensive**가 아닌 **high**를 사용한다.

The price is much too ***high***. 그 가격은 너무 비싸다.

This must result in consumers paying ***higher*** prices. 이것으로 인해 소비자가 더 비싼 값을 지불해야 할 것이 틀림없다.

---

experience – experiment

1 'experience'

have *experience* of something은 무언가를 본 적이 있거나 해본 적이 있거나 느껴 본 적이 있다, 즉 '경험하다'라는 뜻이다.

I had no military ***experience***. 나는 군대 경험이 없었다.

The new countries have no ***experience*** of democracy. 새로 독립한 그 나라들은 민주주의를 시행한 경험이 없다.

experience는 자신에게 일어나거나 자신이 하는 일, 즉 '경험'이라는 뜻이다.

Moving house can be a traumatic ***experience***. 이사를 하는 것은 정신적인 충격을 주는 경험이 될 수 있다.

have **an experience**는 어떤 것을 경험하다라는 뜻이다.

I ***had*** a peculiar experience tonight. 나는 오늘 밤에 특이한 경험을 했다.

ⓘ 'make' an experience라고 하지 않는다.

2 'experiment'

어떤 것을 발견하거나 증명하기 위해 실행하는 과학적 '실험'은 **experience**가 아닌 **experiment**이다.

...***experiments*** in physics. 물리학 실험.

You try it out in an ***experiment*** in a laboratory. 연구소에서 하는 실험에 그것을 시도해 봐.

do an experiment는 어떤 실험을 하다라는 뜻이다.

You don't really need to ***do*** an experiment. 당신은 정말로 실험할 필요가 없다.

It's like working out what's happening when you'***re doing*** an experiment.
당신이 실험을 하고 있을 때, 그것은 무슨 일이 일어나고 있는지를 이해하는 것과 같다.

ⓘ 'make' an experiment라고 하지 않는다.

---

explain

explain은 어떤 것을 이해시키기 위해 자세히 '설명하다'라는 뜻이다.

The Head should be able to ***explain*** the school's teaching policy.
교장 선생은 학교의 교육 방침에 대해 설명할 수 있어야 한다.

explain something ***to*** someone은 상대방에게 어떤 일에 대해 설명하다라는 뜻이다.

Let me ***explain to*** you about Jackie. 재키에 대해 당신에게 설명해 주겠다.

It ***was explained to*** him that he would not be expected to enter the chapel.
그에게 예배당에 들어가서는 안 된다고 설명해 주었다.

ⓘ 위와 같은 문장에서 to를 사용한다. 예를 들면, ~~Let me explain you about Jackie~~.라고 하지 않는다.

〔explain + that절〕 형식은 다른 사람에게 어떤 일을 한 이유를 설명할 때 사용한다.

I ***explained*** that I was trying to write a book. 나는 책을 쓰려 하고 있다고 설명했다.

---

explode – blow up

1 'explode'

explode는 폭탄이 큰 소리를 내면서 대단한 위력으로 '폭발하다'라는 뜻이다.

A bomb ***had exploded*** in the next street. 옆 거리에서 폭탄이 폭발했다.

폭탄을 터뜨리다라고 할 때도 explode를 사용할 수 있다.

They ***exploded*** a nuclear device. 그들은 핵폭탄 장치를 터뜨렸다.

2 'blow up'

그러나 폭탄으로 건물을 파괴하다라고 할 때는 explode가 아닌 blow up을 사용한다.

He was going to ***blow*** the place ***up***. 그는 그곳을 폭파할 계획이었다.

---

extended – extensive

1 'extended'

평상시보다 더 오래 지속되는 것을 나타낼 때, extended를 사용한다.

...***extended*** news bulletins on TV. 연장된 텔레비전의 뉴스 속보.

If smoked in large doses for an ***extended*** period, marijuana can be physically addictive.
많은 양의 마리화나를 장시간 계속 피우게 되면, 육체적으로 중독될 수 있다.

2 'extensive'

extensive는 어떤 것이 넓은 지역에 퍼져 있다, 즉 '광대한'이라는 뜻이다.

...an ***extensive*** Roman settlement in north-west England. 영국 북서부의 광대한 로마의 거주 지역.

extensive effect는 엄청난 영향이라는 뜻이다.

Many buildings suffered ***extensive*** damage in the blast. 그 폭발로 많은 건물이 아주 큰 피해를 입었다.

extensive에는 자세한 내용을 많이 포함하다, 즉 '광범위한'이라는 뜻도 있다.

We had fairly ***extensive*** discussions. 우리는 아주 광범위한 토론을 했다.

exterior

1 'exterior'

exterior는 건물이나 차량의 '외관'이라는 뜻이다.

The church is famous for its ***exterior***. 그 교회는 건물의 외관으로 아주 유명하다.

You're supposed to keep your car ***exterior*** in good condition.
당신은 자신의 자동차 외관을 항상 좋은 상태로 유지해야 한다.

exterior를 흔히 명사 앞에서 형용사로 사용하며, 건물이나 차량의 '바깥쪽'을 가리킨다.

The aerial can be fixed to an ***exterior*** wall. 안테나는 외벽에 부착할 수 있다.

...the ***exterior*** bodywork. 바깥쪽 차체.

2 'external'

건물의 일부를 가리키는 데 명사 앞에 external을 사용할 수 있다.

...***external*** walls. 외벽.

...***external*** doorways. 외부 통로들.

어떤 장소나 활동 범위 밖에서 오거나 일어나거나 존재하는 일을 가리킬, 때 명사 앞에 external을 사용할 수 있다.

Kindly observers may suggest that Novar is being hit by ***external*** factors outside its control.
호의적인 평론가들은 노바사가 스스로 통제할 수 없는 외부 요인에 영향을 받고 있다고 암시할지도 모른다.

They did it in response to ***external*** pressures. 그들은 외부의 압력에 대응하여 그것을 시행했다.

ℹ 위와 같은 용법으로는 exterior를 사용할 수 없다.

extreme

extreme은 정도나 강도가 '아주 높은'이라는 뜻이다.

He died in ***extreme*** poverty. 그는 극심한 가난으로 죽었다.

When her granddaughter Mary was ill, she endured ***extreme*** anxiety.
손녀인 메리가 병에 걸렸을 때, 그녀는 극심한 불안을 견디어냈다.

You must proceed with ***extreme*** caution. 당신은 아주 조심스럽게 나아가야 한다.

***extreme* opinion는 받아들일 수 없을 정도로 심하거나 불합리한 의견이라는 뜻이다.**

...a far-Right Conservative group with ***extreme*** views on immigration.
이민에 대한 극단적인 견해를 가진 극우 보수 단체.

He had written to Marcus Garvey rejecting his ***extreme*** black nationalism.
그는 마커스 가비에게 극단적인 흑인 민족주의에 반대하는 편지를 썼다.

사건이나 변화를 가리키는 명사 앞에는 extreme이 아닌 major, great, considerable 등의 형용사를 사용한다.

...the need for ***major*** expansion of the University. 대학을 대규모로 확장해야 할 필요성.

This would give ***great*** encouragement to the freedom fighters.
이 일은 자유의 투사들에게 큰 용기를 줄 것이다.

F f

fabric

fabric은 면, 나일론, 양모, 비단, 그 밖의 다른 실로 짠 옷을 만드는 천, 즉 '옷감'이라는 뜻이다.

A piece of white *fabric* was thrown out of the window. 하얀 옷감 한 조각이 창밖으로 던져졌다.
...silks and other soft *fabrics*. 비단과 또 다른 부드러운 옷감.

천을 짜는 공장, 즉 '방직 공장'은 **fabric**이 아닌 **factory**라고 한다.

➲ Usage 표제어 factory 참조.

fact

1 'fact'

fact는 지식이나 정보의 항목이 '사실'이라는 뜻이다.

It may help you to know the full *facts* of the case. 그것은 당신이 그 사건의 모든 사실을 알 수 있도록 도와줄지도 모른다.
The report is several pages long and full of *facts* and figures.
그 보고서는 여러 페이지에 걸쳐서 많은 사실과 그림으로 구성되어 있다.

> **주의** **true**와 **fact**를 같은 문장 안에서 함께 사용하지 않는다. 예를 들면, ~~These facts are true.~~라고 하지 않는다.

2 'the fact that'

전체적인 상황을 가리킬 때, **the fact that**으로 시작하는 절을 사용할 수 있다.

The fact that quick results are unlikely is no excuse for delay.
결과를 빨리 얻을 수 없을 것 같다는 사실은 전혀 지연에 대한 변명이 되지 않는다.
The fact that the centre is overcrowded is the major issue with the local opponents.
그 센터가 너무 혼잡하다는 사실은 지역 반대파의 주요 쟁점이다.

ⓘ 위와 같은 절에서 that을 사용해야 한다. 예를 들면, ~~The fact quick results are unlikely is no excuse for delay.~~라고 하지 않는다.

factory – works – mill – plant

1 'factory'

factory는 기계를 사용하여 물건을 생산하는 건물, 즉 '공장'이라는 뜻이다.

...a carpet *factory*. 카페트 공장.
...*factories* producing domestic electrical goods. 국내 가전제품을 생산하는 공장들.

2 'works'

works는 물건을 만들거나 산업 공정이 행해지는 장소로, 여러 개의 공장 건물로 이루어지거나 야외 장비와 기계류 등을 포함하기도 한다.

...an old iron *works*. 오래된 제철소.

works를 주어로 사용하는 경우, 단수동사나 복수동사를 사용할 수 있다.

The sewage works *was* like a closed fort. 그 하수 처리 공장은 폐쇄된 요새 같았다.
...a district where engineering works *are* planned. 토목 공장으로 계획된 지역.

3 'mill'

mill은 특정한 재료를 생산하는 건물, 즉 '제조 공장'이라는 뜻이다.

...a cotton ***mill***. 방적 공장.
...a steel ***mill***. 제철 공장.

4 'plant'

chemical *plant*는 화학 제품을 생산하는 건물, 즉 '화학 공장'이라는 뜻이다.

...the Rhone-Poulenc chemical ***plant*** in Dagenham. 다겐햄에 있는 롱프랑 화학 공장.

plant는 '발전소'라는 뜻으로도 사용할 수 있다.

...the re-opening of a nuclear ***plant***. 핵 발전소의 재가동.

---

fair – carnival

1 'fair'

영국 영어에서 **fair**는 사람들이 즐거움을 위해 돈을 지불하고 여러 가지 놀이기구를 타거나, 게임에서 상금을 타기 위해 공원이나 야외에서 개최하는 행사, 즉 '축제'라는 뜻이다.

...all of the fun of the ***fair***, with dodgem cars, stalls, candy floss and children's rides.
범퍼 카, 매점, 솜사탕과 어린이들의 놀이 기구가 있는 축제의 모든 재미.

2 'carnival'

미국 영어에서는 축제를 **carnival**이라고 한다.

It reminds me of when the ***carnival*** came to Hudson Falls, N.Y., when I was a boy.
그것은 내가 어렸을 때, 뉴욕 허드슨 폴에서 열린 축제를 기억나게 한다.

영국 영어에서 **carnival**은 매년 특정한 장소에서 열리는 야외 공공 축제이다. 사람들은 축제 기간 동안에 음악을 연주하거나 길거리에서 춤을 추기도 한다.

The Notting Hill ***Carnival*** in August is the largest street festival in Europe.
8월에 열리는 노팅힐 카니발은 유럽에서 가장 큰 거리 축제이다.

---

fair – fairly

1 'fair'

행동이나 결정이 합리적이고, 올바르고, 공정하다고 할 때, **fair**를 사용한다.

It wouldn't be ***fair*** to disturb the children's education at this stage.
이 단계에서 어린이들의 교육을 방해하는 것은 옳지 않다.

A work dress code must be ***fair*** to both sexes, otherwise it is likely to be ruled discriminatory.
작업복의 규정은 남녀 모두에게 공정해야 하며, 그렇지 못할 경우 불공평하다고 평가받을 수 있다.

2 'fairly'

fair는 **play fair**(공정하게 경기하다)라는 표현을 제외하고 부사로 사용하지 않는다. 어떤 일이 '적절하게' 또는 '공평하게' 이루어지다라는 뜻에 부사로 **fairly**를 사용한다.

We want it to be ***fairly*** distributed. 우리는 그것이 적절하게 배분되기를 바란다.
He had not put the defence case ***fairly*** to the jury. 그는 피고 측 주장을 배심원에게 공평하게 제출하지 않았다.

fairly에는 아주 큰 정도까지, 즉 '상당히'라는 뜻도 있다.

The information was ***fairly*** accurate. 그 정보는 상당히 정확했다.
I wrote the first part ***fairly*** quickly. 나는 초반부를 꽤 빨리 썼다.

주의 비교급 앞에는 fairly를 사용하지 않는다. 예를 들면, '기차가 버스보다 좀 더 빠르다.'는 ~~The train is fairly quicker than the bus.~~가 아닌 The train is ***a bit*** quicker than the bus.라고 한다.

Golf's ***a bit*** more expensive. 골프는 좀 더 많은 비용이 든다.
I began to understand her ***a bit*** better. 나는 그녀를 좀 더 이해하기 시작했다.

글에서는 rather나 somewhat을 사용한다.

In short, the problems now look ***rather*** worse than they did a year ago.
간단히 말해서 그 문제점들은 1년 전보다 지금이 좀 더 악화된 것 같다.
The results were ***somewhat*** lower than analysts' estimates. 그 결과는 분석가들의 예상보다 좀 더 낮았다.

그 밖에도 정도를 나타낼 때 사용하는 단어와 표현이 많이 있다.

➲ 분류 목록은 Grammar 표제어 Adjuncts의 degree와 Grammar 표제어 Adverbs의 grading adverbs 참조.

fair – fare

fair와 fare는 둘 다 [feə*r*]로 발음한다.

1 'fair'

fair는 형용사나 명사로 사용할 수 있으며, 어떤 일이 '적절하고 공정한'이라는 뜻이다.

➲ Usage 표제어 fair – fairly 참조.

someone is ***fair***나 someone has ***fair*** hair는 어떤 사람이 금발 머리이다라는 뜻이다.

My daughter has three children, and they're all ***fair***.
내 딸은 세 명의 자녀가 있는데, 아이들 모두 다 금발 머리이다.

fair에는 사람들의 오락을 위한 장소나 공원에서 열리는 행사라는 뜻도 있다.

➲ Usage 표제어 fair – carnival 참조.

2 'fare'

fare는 명사나 동사로 사용할 수 있다. fare는 여행하기 위해 버스, 택시, 기차, 보트, 비행기 삯으로 지불하는 돈, 즉 '운임'이라는 뜻이다.

Coach ***fares*** are cheaper than rail ***fares***. 장거리 버스 요금이 기차 요금보다 더 싸다.

fare는 식당에서 제공하는 음식이라는 뜻으로 사용하지만, 이는 오래된 표현이다. 요즘에는 food를 더 많이 사용한다.

Army kitchens serve better ***fare*** than some hotels. 군대 식당은 일부 호텔보다 더 나은 음식을 제공하고 있다.

동사 fare는 다른 사람에게 어떤 대접을 받았는지 또는 어떤 일에 대해 얼마만큼의 성과를 얻었는지를 나타낼 때 사용한다. 이 용법은 주로 글에서 쓰이며 회화에서는 일반적으로 do동사를 사용한다.

They ***fared*** badly in the 1978 elections. 그들은 1978년 선거에서 좋지 않은 결과를 얻었다.
How would an 8-stone boxer ***fare*** against a 14-stone boxer?
8스톤의 권투 선수가 14스톤의 권투 선수와 싸워서 얼마나 성과를 낼 수 있을까요?
They ***do*** badly in elections held at such times. 그들은 그러한 시기에 열린 선거에서 결과가 좋지 않았다.

fall

fall은 동사나 명사로 사용할 수 있다.

1 used as a verb(동사로 사용하기)

위에서 아래로 빠르게 떨어지거나 땅 쪽으로 떨어지는 움직임을 나타낼 때, fall을 동사로 사용한다.

Drizzle was beginning to ***fall***. 이슬비가 내리기 시작했다.

...when the leaves start to ***fall***. 나뭇잎이 떨어지기 시작할 때.

fall의 과거는 **falled**가 아닌 **fell**이며, 과거분사는 **fallen**이다.

The china ***fell*** from her hand and shattered. 그 도자기는 그녀의 손에서 떨어져 산산조각이 났다.
...table napkins that had ***fallen*** to the floor. 바닥에 떨어져 있던 식탁용 냅킨들.

> **주의** **fall**은 자동사이므로, **someone 'falls' something**이라고 할 수 없다. 예를 들면, '그녀는 비명을 지르며 쟁반을 떨어뜨렸다.'는 ~~She screamed and fell the tray.~~가 아닌 **She screamed and *dropped* the tray.**라고 한다.
> He bumped into a chair and ***dropped*** his cigar. 그는 의자에 부딪혀서 시가를 떨어뜨렸다.
> Careful! Don't ***drop*** it! 조심해요! 그것을 떨어뜨리지 마세요!
>
> 마찬가지로, **someone 'falls' a person**이라고 하지 않는다. 예를 들면, '그는 나이 든 여자와 부딪쳐서 그녀를 넘어지게 했다.'는 ~~He bumped into the old lady and fell her.~~가 아닌 **He bumped into the old lady and *knocked* her *down*.**이나 **He bumped into the old lady and *knocked* her *over*.**라고 한다.
> I nearly ***knocked down*** a person at the bus stop. 나는 버스 정류장에서 어떤 사람을 거의 넘어뜨릴 뻔했다.
> I got ***knocked over*** by a car when I was six. 내가 6살 때 차에 부딪혀서 넘어졌다.

fall은 서 있거나 걷던 사람이 넘어져 무릎을 찧거나 땅에 누워 있게 될 때 사용한다.

He tottered and ***fell*** full-length. 그는 비틀거리며 걷다가 완전히 넘어졌다.
She lost her balance and ***would have fallen*** if she hadn't supported herself.
만약 그녀가 버티고 서 있지 않았다면 균형을 잃어서 넘어졌을 것이다.

회화에서는 **fall**이 아닌 **fall down**이나 **fall over**라고 한다.

He ***fell down*** in the mud. 그는 진흙탕에 넘어졌다.
He ***fell over*** backwards and lay as if struck by lightning. 그는 벼락에 맞은 것처럼 뒤로 넘어졌다.

높은 물체가 무너지다라고 할 경우, **fall down**이나 **fall over**라고 한다.

The pile of hymn books ***fell down*** and scattered all over the floor.
쌓아 놓은 찬송가 책들이 무너져서 마루에 흩어졌다.
A tree ***fell over*** in a storm. 나무 한 그루가 폭풍으로 인해 쓰러졌다.

2 used as a noun(명사로 사용하기)

fall은 명사로 사용할 수도 있다. **have a *fall***은 균형을 잃고 땅바닥에 떨어져 다치다라는 뜻이다.

He read that his mother had had a bad ***fall***. 그는 어머니가 넘어져서 심하게 다쳤다는 소식을 들었다.

미국 영어에서 **fall**은 여름과 겨울 사이의 계절, 즉 '가을'이라는 뜻이다.

In the ***fall***, there is nowhere I would rather be than Vermont. 가을철에 버몬트보다 더 가고 싶은 곳은 어디에도 없다.

영국 영어에서는 가을을 **autumn**이라고 한다.

➲ Usage 표제어 autumn 참조.

---

familiar

1 'familiar'

familiar는 우리가 전에 보고, 듣고, 경험했기 때문에 알아보다, 즉 '친숙한'이라는 뜻이다.

There was something ***familiar*** about him. 그에게는 어딘가 친숙한 데가 있었다.
Gradually I began to recognize ***familiar*** faces. 나는 점점 낯익은 얼굴들을 알아보기 시작했다.

2 'familiar to'

be *familiar to*는 어떤 것을 잘 알다라는 뜻이다.

My name was now ***familiar to*** millions of people. 내 이름은 이제 수백만 명의 사람들에게 친숙한 이름이 되었다.
The things Etta spoke of were ***familiar to*** Judy only from magazines.
주디는 에타가 말한 것을 잡지만으로도 잘 알고 있었다.

3 'familiar with'

어떤 것을 잘 알거나 이해하는 경우, be ***familiar with***를 사용한다.

I am of course ***familiar with*** your work. 나는 물론 당신의 작품을 잘 이해한다.

...statements which I am sure you are ***familiar with***. 당신이 잘 이해할 거라고 확신하는 진술들.

➲ Usage 표제어 aware – familiar 참조.

---

famous – well-known – notorious – infamous

1 'famous'

famous는 많은 사람들이 어떤 사람이나 사물을 알고 있다, 즉 '유명한'이라는 뜻이다.

Have you ever dreamed of becoming a ***famous*** writer? 당신은 유명한 작가가 되고 싶은 꿈을 꾼 적이 있습니까?

...the world's most ***famous*** picture. 세계에서 가장 유명한 그림.

2 'well-known'

well-known은 famous와 뜻이 비슷하지만, 일반적으로 사람이나 사물의 숫자가 더 적고 좁은 지역에서 알려진 경우에 사용한다.

...a club run by Paul Ross, a ***well-known*** Lakeland climber. 잘 알려진 레이크랜드 등산가인 폴 로스가 운영하는 클럽.

...his two ***well-known*** books on modern art. 현대 예술 분야에서 잘 알려진 그의 책 두 권.

well-known은 하이픈과 함께 사용되거나 하이픈 없이도 사용된다. 일반적으로 명사 앞에서는 하이픈과 함께 사용되며, 동사 뒤에서는 하이픈 없이 well known을 사용한다.

I took him to a ***well-known*** doctor in Harley Street. 나는 그를 할리 스트리트에 있는 유명한 의사에게 데려갔다.

The building became very ***well known***. 그 건물은 매우 유명해졌다.

3 'notorious'

notorious는 사람이나 사물이 나쁘거나 불쾌한 일로 알려지다, 즉 '악명 높은'이라는 뜻이다.

The area was ***notorious*** for murders. 그 지역은 살인 사건으로 악명이 높았다.

...his ***notorious*** arrogance. 악명 높은 그의 오만함.

4 'infamous'

사람과 사물이 사악하거나 잔인한 행동과 관련되어 잘 알려진 경우, infamous를 사용한다.

...the ***infamous*** serial killer known as 'the Boston Strangler'. '보스톤 살인마'라고 불리는 악명 높은 연쇄 살인범.

...the ***infamous*** shower scene from Psycho. 사이코에 나오는 악명 높은 샤워 장면.

ℹ infamous는 다소 문어적인 단어이며, famous의 반대말이 아니다.

---

far

1 distance(거리)

거리에 대해 물어볼 때, how far를 사용한다.

How far is it to Charles City? 여기에서 찰스 시티까지의 거리가 얼마나 됩니까?

How far is Amity from here? 여기에서 애미티까지의 거리가 얼마나 됩니까?

He asks us ***how far*** we have come. 그는 우리에게 어느 정도 왔는지 물어본다.

그러나 거리를 나타낼 때는 far를 사용할 수 없다. 예를 들면, something is 10 kilometres 'far' from a place가 아닌 something is 10 kilometres ***from*** a place나 something is 10 kilometres ***away from*** a place라고 한다.

The property was a mere fifty miles ***from*** the ocean. 그 소유지는 바다로부터 불과 50마일의 거리에 위치해 있었다.

I was about five miles ***away from*** some hills. 나는 언덕이 있는 곳으로부터 약 5마일 정도 떨어져 있었다.

far를 의문문과 부정문에 사용하면, '먼 거리'라는 뜻이다. 예를 들면, **it is *not far* to a place**는 어떤 장소가 누군가가 있는 곳으로부터 멀지 않다라는 뜻이다.

Do tell us more about it, Lee. Is it ***far***? 리, 그것에 대해 좀 더 말해 주세요. 그곳이 멀리 떨어져 있나요?
It ***isn't far*** now. 이제 거의 다 왔어요.
I ***don't*** live ***far*** from here. 나는 여기서 멀지 않은 곳에 살고 있다.

긍정문에서 먼 거리는 **far away**나 **a long way away**를 사용하며, **far** 자체만으로는 사용할 수 없다.

The lightning was ***far away***. 멀리 떨어진 곳에서 번개가 쳤다.
He is ***far away*** in Australia. 그는 호주에서 먼 곳에 있다.
That's up in the Cairngorms, which is quite ***a long way away***. 그곳은 꽤 멀리 있는 케언곰스의 중심지에 있다.

Usage 표제어 away 참조.

현대 영어에서 **far**는 명사 앞에 사용하지 않는다. 예를 들면, '멀리 떨어져 있는 언덕'은 **far hills**라고 하지 않는다. 대신 **distant**나 **faraway**를 사용한다.

...a ***distant*** blue plain. 멀리 떨어진 푸른 평지.
...the ***faraway*** sound of a waterfall. 멀리서 들리는 폭포 소리.

2 degree or extent(정도나 범위)

far를 의문문과 부정문에 사용할 경우, 일이 일어나는 '정도'나 '범위'를 나타낸다.

How ***far*** have you got in developing this? 이것을 어느 정도까지 개발했습니까?
Prices will not come down very ***far***. 가격이 매우 큰 폭으로 떨어지지 않을 것이다.
None of us would trust them very ***far***. 우리들 중에 그들을 깊이 신뢰할 사람은 한 명도 없을 것이다.

3 used as an intensifier(강조어로 사용하기)

〔**far** + 비교급〕 형식은 어떤 것이 다른 것보다 품질이 더 좋다고 할 때 사용한다. 예를 들면, **one thing is *far bigger* than another**는 한 물건이 다른 물건보다 아주 크다라는 뜻이다.

It is a ***far better*** picture than the other one. 이 그림은 다른 그림보다 품질이 훨씬 더 좋다.
This situation was ***far more dangerous*** than Woodward realized.
이 상황은 우드워드가 인식했던 것보다 훨씬 더 위험했다.

〔**far more** + 명사〕 형식은 훨씬 더 많다고 할 때 사용한다.

He had to process ***far more*** information than before. 그는 전보다 훨씬 더 많은 양의 정보를 처리해야 했다.
Professional training was provided in ***far more*** forms than in Europe.
전문적인 훈련은 유럽보다 훨씬 더 다양한 형식으로 시행되었다.

too 앞에 **far**를 사용할 수도 있다. 예를 들면, **something is *far too big***은 어떤 것이 필요 이상으로 크다라는 뜻이다.

I was ***far too polite***. 나는 너무 지나치게 공손했다.
It is ***far too early*** to judge. 판단을 내리기에 너무 이르다.

too much나 **too many** 앞에 **far**를 사용할 수 있다. 예를 들면, **there is *far too much* of something**은 어떤 것이 필요 이상으로 훨씬 많다는 뜻이다.

Teachers are being bombarded with ***far too much*** new information.
교사들은 필요 이상으로 많은 새로운 정보로 헤매고 있다.
Every middle-class child gets ***far too many*** toys. 모든 중산층 아이들은 필요 이상으로 많은 장난감을 갖고 있다.

Usage 표제어 farther – further 참조.

---

fare

Usage 표제어 fair – fare 참조.

farther – further

farther와 further는 둘 다 far의 비교급이다. 최상급은 farthest와 furthest로 거리를 나타내며 둘 중 어느 것이든 사용할 수 있다.

Birds were able to find food by flying ***farther*** and ***farther***. 새들은 점점 더 멀리 날아가면서 먹이를 찾을 수 있었다.
He must have found a window open ***further*** along the balcony.
그는 발코니를 따라 더 멀리 떨어져 있는 유리창이 열려 있는 것을 발견했음에 틀림없다.
Gus was in the ***farthest*** corner of the room. 거스는 그 방의 제일 구석에 있었다.
The sun is then at its ***furthest*** point to the south. 태양은 남쪽 맨 끝 지점에 있다.

그러나 사물의 정도나 범위를 나타낼 때는 further와 furthest만을 사용할 수 있다.

He needed to develop his reading ***further***. 그는 독서 능력을 더 증진해야 할 필요가 있었다.
The ***furthest*** you can get on a farm is foreman, and you won't be this until it's time to retire.
농장에서 가장 높게 진급할 수 있는 자리는 현장 주임인데, 은퇴할 때까지 당신은 그 자리에 오르지 못할 것이다.

fascinated

be ***fascinated by*** something이나 be ***fascinated with*** something은 어떤 것에 흥미나 관심을 크게 가지다라는 뜻이다.

He was ***fascinated by*** films as a child. 그는 어렸을 적에 영화에 많은 흥미를 가졌다.
He became ***fascinated with*** their whole way of life. 그는 그들의 모든 생활 방식에 큰 관심을 갖게 되었다.

be ***fascinated by*** a person은 어떤 사람의 매력에 빠져들다는 뜻이다.

At first Rita was ***fascinated by*** him. 처음에 리타는 그의 매력에 빠져들었다.

fascinated 앞에 very나 extremely 등의 단어를 사용하지 않는다. 예를 들면, 누군가가 매우 재미있는 것을 발견한 경우, be ***absolutely fascinated*** by나 be ***deeply fascinated*** by라고 한다.

Dr. Shaw had been ***absolutely fascinated*** by a print on her wall. 쇼 박사는 벽에 걸린 판화에 완전히 매료되었다.
He was ***deeply fascinated*** by war. 그는 전쟁에 깊이 매료되었다.

fatness

사람이 살찐 상태를 묘사하는 단어는 다음과 같다.

beefy	big	broad	bulky	buxom
chubby	chunky	corpulent	cuddly	dumpy
fat	flabby	fleshy	gross	heavy
heavyset(美)	obese	overweight	plump	podgy
portly	pudgy	solid	squat	stocky
stout	thick-set	tubby	well-built	

1 neutral words(중립적인 단어)

일반적으로 살이 찐 상태를 나타낼 때 사용하는 중립적인 단어로는 **big**, **broad**, **bulky**, **chunky**, **corpulent**, **fleshy**, **heavy**, **heavyset**, **plump**, **stocky**, **stout**, **thick-set** 등이 있다.

How tall was he? Thin or ***heavyset***? 그의 키가 얼마였어요? 말랐어요, 아니면 살이 쪘어요?
Stout prosperous men converged on the hotel. 뚱뚱하고 부유한 남자들이 그 호텔로 모여들었다.
...the portrait of a ***plump***, dark girl, the Colonel's daughter. 대령의 딸인 통통하고 검은 피부의 여자 아이 초상화.

2 'big' and 'stocky'

big은 키가 크고 살이 많이 찐 사람을 나타낼 때 사용한다.

Zabeth was a ***big*** woman with a dark complexion. 자베스는 가무잡잡한 피부에 키가 크고 살이 많이 찐 여자였다.

stocky는 키가 매우 작고 살이 많이 찐 사람을 나타낼 때 사용한다.

His friend was a ***stocky***, bald man in his late forties. 그의 친구는 40대 후반의 아주 키가 작고 살찐 대머리였다.

3 polite words(정중한 단어)

beefy, **buxom**, **chubby**, **cuddly**, **portly**, **solid**, **tubby**, **well-built**는 묘사하려는 사람을 좋아하거나 그 사람의 살찐 모습이 매우 매력적인 경우에 사용하며, **beefy**, **cuddly**, **tubby**는 회화에서 사용한다.

His relatives were all ***solid, well-built*** people with dark or gray curly hair.
그의 친척들은 모두 검거나 회색의 곱슬머리에 건장한 몸집을 갖고 있었다.

buxom은 여성에게만 사용한다.

...the ***buxom*** ladies in Rubens' paintings. 루벤스의 그림에 나오는 통통하게 살찐 여자들.

chubby는 주로 아기와 어린아이에게 사용하고, **portly**는 중년이며 다소 품위 있는 사람에게 사용한다.

Janice was a ***chubby*** child but she really started to pile on weight at 12.
재니스는 통통하게 살이 찐 아이였는데, 12살 때부터 몹시 살이 찌기 시작했다.

...a ***portly*** gentleman in his late fifties. 50대 후반의 풍채가 좋은 신사.

4 impolite words(정중하지 못한 단어)

dumpy, **fat**, **flabby**, **gross**, **obese**, **overweight**, **podgy**, **pudgy**, **squat**를 사용하면, 정중하지 못한 표현으로 여겨지므로 묘사하려는 사람이나 상대를 이미 알고 있거나 좋아하는 사람과 이야기할 때 사용해서는 안 된다.

He'll get ***fat***, the way he eats. 그의 식습관을 보니 그는 뚱뚱해질 것이다.

He doesn't do anything physical. So he must be ***flabby*** and unfit.
그는 몸을 움직이지 않아서 뚱뚱하고 건강하지 않은 것이 틀림없다.

Laura was hugely ***overweight***. 로라는 매우 비만이었다.

obese와 **overweight**는 좀 더 의학적인 뜻으로 사용한다.

Really ***obese*** children tend to grow up into ***obese*** men and women.
아주 비만한 아이들은 커서도 비만한 남성이나 여성이 되는 경향이 있다.

Overweight people run a slightly higher risk of cancer than people of average weight.
과체중인 사람은 정상 체중의 사람보다 암에 걸릴 확률이 조금 더 높다.

dumpy와 **squat**는 키가 작고 뚱뚱한 사람에 사용한다.

She was a little woman, and would probably, one day, be a ***dumpy*** one.
그녀는 키가 작아서 나중에도 키가 작고 뚱뚱한 여자가 될 것이다.

> **주의** 사람이 아닌 사물을 나타낼 때, **wide**를 사용한다.
>
> ...the ***wide*** staircase leading down to the hall. 홀로 이어지는 넓은 계단.
>
> 그러나 신체의 일부를 나타낼 때에도 **wide**를 사용할 수 있다.
>
> Her features were coarse – a ***wide*** forehead, a large nose, prominent cheekbones.
> 그녀는 넓은 이마, 큰 코, 툭 튀어나온 광대뼈를 가진 못생긴 얼굴이었다.
>
> She had a ***wide*** mouth that smiled a great deal. 그녀는 함빡 웃을 때 입이 상당히 커졌다.

---

fault

➲ Usage 표제어 blame – fault 참조.

---

favourite

favourite는 특정한 형태의 사람이나 사물을 '가장 좋아하는'이라는 뜻이다.

What is your ***favourite*** television programme? 어떤 텔레비전 프로그램을 가장 좋아하십니까?

Her ***favourite*** writer is Hans Christian Andersen. 그녀가 가장 좋아하는 작가는 한스 크리스천 안데르센이다.

favourite는 일반적으로 most와 함께 사용하지 않는다. 예를 들면, '이것은 내가 가장 좋아하는 책이다.'는 ~~This is my most favorite book.~~이 아닌 This is my ***favourite*** book.이라고 한다.

favourite의 미국식 철자는 favorite이다.

---

fear

fear는 명사나 동사로 사용할 수 있다.

1 used as a noun(명사로 사용하기)

fear는 어떤 사람이 위험에 처해 있다고 생각할 때 느끼는 불쾌한 감정, 즉 '공포'라는 뜻이다.

They huddled together, quaking with ***fear***. 그들은 서로 끌어안고 공포에 떨었다.
She was brought up with no ***fear*** of animals. 그녀는 동물에 대한 공포심이 전혀 없이 자랐다.

공포를 느끼다라고 할 때는 feel fear가 아닌 be afraid나 be frightened라고 한다.

They ***were afraid*** of you. They knew you had killed many men.
그들은 당신을 무서워했다. 그들은 당신이 많은 남자들을 살해한 것을 알고 있었다.
Everyone here ***is frightened*** of the volcano. 여기 있는 모든 사람들이 그 화산을 두려워하고 있다.

Usage 표제어 afraid – frightened 참조.

2 used as a verb(동사로 사용하기)

fear는 동사로, 어떤 사람이나 일을 '무서워하다'라는 뜻이다.

...a woman whom he disliked and ***feared***. 그가 싫어하고 무서워했던 여자.
He ***fears*** nothing. 그는 아무것도 무서워하지 않는다.

회화에서 fear는 동사로 사용하지 않는다.

---

feel

feel은 일반동사로 여러 가지 뜻이 있으며, feel의 과거와 과거분사는 feeled가 아닌 felt이다.

1 awareness(인식)

someone *can feel* something은 어떤 사람이 촉감을 통하거나 신체에서 어떤 것을 느끼다라는 뜻이다.

I ***can feel*** the heat of the sun on my face. 나는 얼굴에 태양의 열기를 느낀다.
I wonder if he ***can feel*** pain. 나는 그가 아픔을 느끼고 있는지 궁금하다.

위와 같은 문장에서는 보통 can을 사용한다. 예를 들면, '나는 발에 통증을 느낀다.'는 ~~I feel a pain in my foot.~~이 아닌 I *can feel* a pain in my foot.이라고 한다. 또한 ~~I am feeling a pain in my foot.~~과 같이 진행시제를 사용하지 않는다.

과거에 어떤 것을 느꼈다고 할 때, felt나 could feel을 사용한다.

They ***felt*** the wind on their damp faces. 그들은 축축하게 젖은 얼굴에 바람이 불어와 닿는 것을 느꼈다.
Though several layers of clothes I ***could feel*** his muscles.
옷을 여러 벌 겹쳐 입었음에도 불구하고 나는 그의 근육을 느낄 수 있었다.

그러나 갑자기 어떤 것을 느꼈다고 할 때는 felt를 사용해야 한다.

He ***felt*** a sting on his elbow. 그는 팔꿈치에 찌르는 듯한 아픔을 느꼈다.

〔felt · could feel + -ing〕 형식은 어떤 감각이나 증상이 얼마 동안 지속되는 것을 느낄 때 사용할 수 있다.

He ***felt*** moisture ***creeping*** through to his skin. 그는 피부에 습기가 스며드는 것을 느꼈다.
He ***could feel*** the warm blood ***pouring*** down his face. 그는 얼굴에 따뜻한 피를 계속 들이붓는 것 같은 느낌이 들었다.

〔felt + 원형부정사〕 형식은 어떤 한 가지 행위를 인식하다라는 뜻이다.

She ***felt*** his hand ***pat*** hers. 그녀는 그의 손이 그녀의 손을 토닥거리는 것을 느꼈다.

2 touching(만지기)

무슨 물체인지 알아보기 위해 의도적으로 만져 보다라는 뜻에 **feel**을 사용한다.

Eric ***felt*** his face. 'I'm all rough. Am I bleeding?'
에릭은 얼굴을 만져 보았다. "내 얼굴이 거칠어. 피를 흘리고 있나?"

3 impressions(인상)

어떤 물건을 잡거나 만졌을 때 느끼는 그 물건에 대한 인상을 **feel**이라고 한다.

His fork ***felt*** heavy. 그의 포크는 무겁게 느껴졌다.
How does it ***feel***? Warm or cold? 그것은 어떻게 느껴지나요? 따뜻한가요, 차갑나요?
It looks and ***feels*** like a normal fabric. 그것은 보통 옷감처럼 보이며 그렇게 느껴진다.

위와 같은 뜻에는 진행시제를 사용하지 않는다. 예를 들면, ~~**His folk was feeling heavy.**~~라고 하지 않는다.

4 emotions and sensations(감정과 감각)

〔feel + 형용사〕 형식은 어떤 감정이나 감각을 경험하고 있거나 경험했다고 할 때 사용한다. 이 경우에는 단순현재 시제나 진행시제로 사용한다.

I ***feel*** lonely. 나는 외로움을 느낀다.
I'***m feeling*** terrible. 나는 기분이 나쁘다.
She ***felt*** happy. 그녀는 행복함을 느꼈다.
I ***was feeling*** hungry. 나는 배고픔을 느끼고 있었다.

〔feel + 명사구〕 형식은 어떤 감정이나 감각을 경험하다라는 뜻이며, 단순시제를 사용한다.

Mrs Oliver ***felt*** a sudden desire to burst out crying. 올리버 부인은 갑자기 울고 싶어졌다.

> **주의** 어떤 감정이나 감각을 경험하다라고 할 때, **feel**을 사용하는 경우에는 재귀대명사를 사용하지 않는다. 예를 들면, '나는 마음이 편하지 않았다.'는 ~~**I felt myself uncomfortable.**~~이 아닌 **I *felt* uncomfortable.**이라고 한다.

5 'feel like'

feel like something은 특정한 사람이나 사물이 갖고 있는 성질이나 품질, 감정을 자신도 가지고 있다, 즉 '~같이 되다', '~같은 느낌이 들다'라는 뜻이다.

If you want to ***feel like*** a star, travel like a star. 만약 당신이 스타처럼 느끼고 싶다면, 스타처럼 여행을 하세요.
I ***feel like*** a hamster stuck on a treadmill. 나는 회전식 벨트 위에서 옴짝달싹 못하는 햄스터가 된 것 같다.

feel like doing something은 어떤 일을 하기를 원하다라는 뜻이다.

Whenever I ***felt like talking***, they were ready to listen.
내가 누구하고 이야기하고 싶을 때마다 그들은 내 이야기를 기꺼이 들어주었다.
Are there days when you ***don't feel like writing***? 당신은 글을 쓰고 싶지 않을 때가 있습니까?

위와 같은 문장에서 〔**feel like + -ing**〕 형식 대신에 〔**feel like +** 명사구〕 형식을 사용할 수 있다. 예를 들면, '나는 산책하고 싶다.'는 **I feel like going for a walk.** 대신 **I *feel like* a walk.**라고 한다.

I ***feel like*** a stroll. 나는 산책하고 싶다.
I ***feel like*** a drink. 나는 술을 마시고 싶다.

i 'feel like to do' something이라고 하지 않는다.

6 beliefs(믿음)

어떤 일이 사실이거나 꼭 행해져야 한다고 믿을 때, **feel**을 사용한다.

I ***feel*** I'm neglecting my duty. 나는 내 의무를 태만하고 있다고 느낀다.
Does this make you ***feel*** we ought to become as independent as possible?
이 일이 당신에게 우리가 될 수 있는 한 독립적이어야 한다는 믿음을 갖게 합니까?

강조를 하기 위해서 **feel** 뒤에 **strongly**나 **very strongly**를 사용할 수 있다.

We *feel very strongly* that traditional family values must be maintained.
우리는 전통적인 가족의 가치관이 유지되어야 한다고 매우 강력하게 믿고 있다.

주의 feel이 '믿음'이라는 뜻일 경우, 진행시제로 사용하지 않는다. 예를 들면, '나는 가야 할 것 같다.'는 ~~I am feeling that I ought to go.~~가 아닌 **I *feel* that I ought to go.**라고 한다.

어떤 것이 사실이라고 생각하지 않는다고 할 때, **'feel that something is not'** the case 대신 ***do not feel that something is*** the case라고 한다.

She *did not feel that she was entitled* to join this group. 그녀는 이 단체에 가입할 자격이 없다고 생각했다.
He still *did not feel that he could* trust anyone. 그는 여전히 아무도 신뢰할 수 없다고 생각했다.

female – feminine – effeminate

1 'female'

female은 아이를 낳을 수 있는 성(性)과 관련된, 즉 '여성의, '암컷의'라는 뜻이다. 사람이나 동물을 나타낼 때, **female**은 형용사로 사용할 수 있다.

...pay claims from ***female*** employees. 여성 근로자들의 임금 인상 요구.
A ***female*** toad may lay 20,000 eggs each season. 암컷 두꺼비는 계절마다 20,000개의 알을 낳는다고 한다.

female이 명사일 경우, 동물에게만 사용할 수 있다.

The male fertilized the ***female***'s eggs. 수컷은 암컷의 난자에 수정시켰다.
He came upon a family of lions – a big male, a beautiful ***female***, and two half grown cubs.
그는 큰 숫사자 한 마리, 아름다운 암사자 한 마리, 그리고 반쯤 자란 두 마리의 새끼들로 이루어진 사자 가족을 우연히 만났다.

그러나 미국 영어에서는 젊은이들이 젊은 여성을 말할 때, **woman**이나 **girl**의 사용을 피하기 위해 **female**을 때때로 사용한다.

I cannot say for certain, as she is a ***female***. 그녀가 여성이기 때문에 나는 확실하게 말할 수 없다.

2 'feminine'

feminine은 남성보다 여성의 전형적인 면, 즉 '여성적인'이라는 뜻이다.

The bedroom has a light, ***feminine*** look. 그 침실은 밝고, 여성스러운 모습을 갖고 있다.
...a good, calm, reasonable and deeply ***feminine*** woman. 성격이 좋고, 침착하고, 합리적이며 매우 여성스러운 여자.

동물에는 **feminine**을 사용하지 않는다.

3 'effeminate'

effeminate는 남자나 소년에게만 사용하며, 그들의 행동, 모습, 목소리가 여자나 소녀처럼 들릴 경우에 사용한다. 이 단어는 상대방의 기분을 몹시 상하게 하므로 사용하지 않는 것이 좋다.

They find European men slightly ***effeminate***. 그들은 유럽 남자들이 약간 여성적이라는 것을 알고 있다.

fetch

➲ Usage 표제어 **bring – take – fetch** 참조.

few – a few

1 used in front nouns(명사 앞에 사용하기)

few와 **a few**는 모두 명사 앞에서 사용하지만 뜻은 같지 않다. **a few**는 적은 수의 사람이나 물건이 있다는 긍정적인 뜻을, **few**는 특정한 종류의 사람이나 물건의 수가 아주 적게 있다는 부정적인 뜻을 강조할 때 사용한다. 예를 들면, '나는 적지만 여러 명의 친구들이 있다.'는 **I have *a few* friends.**이고, '나는 친구들이 거의 없다.'는 **I have *few* friends.**라고 한다.

They may have ***a few*** books on the shelf. 그들은 책장에 몇 권의 책을 갖고 있을지 모른다.

There were *few* books in Grandfather's study. 할아버지의 서재에는 책이 거의 없었다.

2 used as pronouns(대명사로 사용하기)

few와 a few를 대명사로 사용할 수 있다.

Each volunteer spent one night a week in the cathedral. ***A few*** spent two.
자원 봉사자들은 각자 성당에서 일주일에 하룻밤을 보냈다. 일부는 이틀 밤을 새우기도 했다.

Many are invited but *few* are chosen. 많은 사람이 초대받았지만 선발된 사람은 거의 없다.

3 'not many'

회화에서는 **few**보다 **not many**를 사용한다. 예를 들면, **I have few friends.** 대신 **I *haven't got many* friends.**나 **I *don't have many* friends.**라고 한다.

They ***haven't got many*** good players in their side. 그들 편에는 좋은 선수들이 별로 없다.

I ***don't have many*** visitors. 나를 방문하는 사람은 거의 없다.

> **주의** 물건의 양이 적을 때, 불가산명사에 **few**나 **a few**가 아닌 **little**이나 **a little**을 사용한다. 예를 들면, '차에 우유를 조금 더 넣으시겠어요?'는 ~~**Would you like a few more milk in your tea**~~?가 아닌 **Would you like *a little* more milk in your tea?**라고 한다.

---

fewer

➲ Usage 표제어 **less** 참조.

---

fictional – fictitious

1 'fictional'

fictional **character/thing/event**는 소설, 연극, 영화에서 일어나며 실제로는 절대 존재하거나 일어나지 않는 가상의 인물이나 사물, 사건을 뜻한다.

I had to put myself into the position of lots of *fictional* characters.
나는 스스로 많은 가공 인물의 입장이 되어야만 했다.

...a musical about a *fictional* composer called Moony Shapiro. 무니 샤피로라고 불리는 가상 작곡가에 대한 뮤지컬.

fictional은 '허구나 이야기와 관련된'이라는 뜻도 있다.

James Joyce's final *fictional* experiment was a novel composed entirely of mathematical equations.
제임스 조이스가 한 마지막 허구의 실험은 수학 방정식으로 전체를 구성한 소설이었다.

2 'fictitious'

fictitious는 어떤 것이 거짓되며 사람을 속이려는 의도를 가지고 있다라는 뜻이다.

They bought the materials under *fictitious* names. 그들은 그 재료를 가명으로 구입했다.

---

film

film은 극장에서 상영하는 움직이는 영상으로 이루어진 것으로, 특히 관객에게 보여 줄 목적으로 지은 건물에서 상영되는 '영화'를 뜻한다.

The *film* is based on the bestselling novel by Scott B Smith, who also wrote the script.
그 영화는 자신이 극본을 쓰기도 한 스코트 비 스미스가 쓴 베스트셀러 소설에 바탕을 두고 있다.

film은 때때로 **picture**라고 하며, 미국에서는 **film**을 자주 **movie**라고 한다.

We worked together in the last *picture* I made. 우리는 내가 제작한 마지막 영화를 함께 작업했다.

His last book was made into a *movie*. 그가 출간한 마지막 책은 영화로 제작되었다.

영국 사람들은 영화를 보러 가다를 **go to the *cinema/pictures*** 미국 사람들은 **go to the *movies***라고 한다.

Everyone has gone to the ***cinema***. 모든 사람들이 영화를 보러 갔다.
She went twice a week to the ***pictures***. 그녀는 일주일에 두 번씩 영화를 보러 갔다.
Some friends and I were driving home from the ***movies***.
몇 명의 친구들과 나는 영화를 보고 나서 차를 몰고 집으로 가고 있었다.

영국에서는 영화관을 **cinema**라고 하고, 미국에서는 일반적으로 **movie theater**나 **movie house**라고 한다.

---

finally

Usage 표제어 **eventually – finally** 참조.

---

find

1 result of a search(탐색의 결과)

find는 누군가가 어떤 물건을 찾을 때 그 물건을 보거나 어디에 있는지 안다라는 뜻이다.
The mill will not be easy to ***find***. 그 제분소는 발견하기가 쉽지 않을 것이다.

find의 과거와 과거분사는 **finded**가 아닌 **found**이다.
I eventually ***found*** what I was looking for. 내가 찾고 있던 것을 결국 찾아냈다.
His body has not ***been found***. 그의 시체는 발견되지 않았다.

find가 위와 같은 뜻일 경우, find 뒤에 out을 사용하지 않는다.

2 'discover'

find 대신 때때로 **discover**를 사용하며, 다소 격식을 차린 단어이다.
The bodies of the family ***were discovered*** by police officers on Tuesday.
그 가족의 시체는 화요일에 경찰관들에 의해 발견되었다.

cannot find **something**은 물건을 찾을 수 없다라는 뜻이다.
I think I'm lost – I ***can't find*** the bridge. 나는 그 다리를 찾을 수 없어서 길을 잃었다고 생각한다.

그러나 **'cannot discover' something**이라고 하지 않는다.

3 noticing something(사물 인식하기)

사람이 어딘가에 있는 물건을 발견할 경우, **find**나 **discover**를 사용할 수 있다.
She ***found*** a drawing on her bed. 그녀는 침대에서 그림 한 점을 발견했다.
Look what I'***ve found***! 내가 무엇을 발견했는지 보세요!
A bomb could well ***be discovered*** and that would ruin everything.
폭탄은 충분히 발견될 수 있고 그렇게 되면 모든 일을 망치게 될 것이다.

come across는 **find**나 **discover**와 비슷한 뜻이다.
They ***came across*** something that looked like the skull of a large monkey.
그들은 큰 원숭이의 해골처럼 생긴 무언가를 발견했다.

4 obtaining information(정보 얻기)

find, **find out**, **discover**는 어떤 일이 사실임을 알다라는 뜻이다.
The observers ***found*** that the same rules applied here. 관찰자들은 여기에도 같은 규칙이 적용된다는 것을 알았다.
It was such a relief to ***find out*** that the boy was normal. 그 소년이 정상이라는 것을 알게 되어 위안이 되었다.
He ***has*** since ***discovered*** that his statement was wrong. 그는 자신의 진술이 틀렸다는 것을 이후에 알게 되었다.

when, **before**, **as soon as**로 시작하는 절에서는 **find out** 뒤에 나오는 목적어는 생략이 가능하지만, **find**나 **discover** 뒤에서는 목적어를 생략할 수 없다.
When mother ***finds out***, she'll divorce you. 어머니가 사실을 알게 되면, 그녀는 당신과 이혼할 것이다.
You want it to end before anyone ***finds out***. 누군가 알기 전에 당신은 그 일을 매듭짓기를 원한다.

As soon as I *found out*, I jumped into the car. 나는 그 사실을 알게 되자마자 자동차 안으로 뛰어들었다.

find out이나 **discover**는 얻기 어려운 정보를 성공적으로 얻다라는 뜻이다.

Have you *found out* who killed my husband? 제 남편을 죽인 범인을 알아냈습니까?
M16 *had discovered* that Saten was working for the Nazis.
M16은 사텐이 나치를 위해 일을 하고 있다는 사실을 알아냈다.

find out는 쉽게 정보를 얻다라는 뜻도 있다.

I *found out* the train times. 나는 그 기차 시간표를 얻었다.

ℹ 위의 뜻으로 discover라고 하지 않는다.

5 another meaning of 'discover' (discover의 다른 뜻)

이전에는 발견하지 못했거나 알지 못했던 것을 누군가가 처음으로 발견하거나 또는 알게될 때는 **find**가 아닌 **discover**를 사용한다.

Columbus *discovered* the largest island in the Caribbean. 콜럼버스는 카리브 해에 있는 가장 큰 섬을 발견했다.
Penicillin *was discovered* by Alexander Fleming. 페니실린은 알렉산더 플레밍에 의해 발견되었다.

6 another meaning of 'find' (find의 다른 뜻)

find는 어떤 일을 하는 데 어렵거나 쉽다라는 뜻으로, 〔**find + it +** 형용사〕 형식을 사용할 수 있다. 예를 들면, 어떤 일을 하는 것이 어렵다고 할 때, ***find it difficult to do*** **something**이라고 한다.

The 87 girls in the survey said they *found it difficult to show* how clever they were.
설문 조사에 참가한 87명의 여자 아이들은 그들이 얼마나 똑똑한가를 보여 주는 것이 어려웠다고 말했다.
I also *find it difficult to chat* to the other parents.
나는 다른 학부모들과 대화를 한다는 것 역시 어려운 일이라는 것을 알았다.

ℹ 위와 같은 문장에서는 it을 사용해야 한다. 예를 들면, '그녀는 내가 심각하다는 것을 믿기 어려워했다.'는 ~~She found impossible to believe that I meant it.~~이 아닌 She found *it* impossible to believe that I meant it.이라고 한다.

---

fine – finely

fine은 일반적으로 형용사이지만, 회화에서는 부사로도 사용할 수 있다. **find**은 다음과 같이 세 가지 뜻이 있다.

1 used to mean 'very good' (very good의 뜻으로 사용하기)

어떤 일이 매우 좋거나 인상적인 경우, **fine**을 사용할 수 있다.

Paul Scofield gave a *fine* performance. 폴 스코필드는 멋진 공연을 했다.
From the top there is a *fine* view. 꼭대기에 가면 전망이 좋다.

위와 같이 **fine**을 사용할 때, **fine** 앞에 **very**나 **extremely** 등의 단어를 사용할 수 있다.

He's interested and he'd do a *very fine* job. 그는 흥미를 갖고 있어서 일을 아주 잘 수행할 것이다.
...an *unusually fine* piece of work. 유별나게 아름다운 작품.

위와 같은 뜻으로 **fine**을 부사로 사용할 수 없지만, 부사 **finely**를 과거분사 앞에 사용할 수 있다.

...*finely* written novels. 아주 잘 쓴 소설책.

2 used to mean 'satisfactory' (satisfactory의 뜻으로 사용하기)

fine은 어떤 일이 '만족스럽거나 받아들일 수 있는'이라는 뜻으로도 사용할 수 있다.

'Do you want it stronger than that?' – 'No, that's *fine*.'
"당신을 그것보다 더 강한 것을 원합니까?" – "아니요, 그것으로 만족합니다."

fine은 건강 상태가 아주 좋다라는 뜻이다.

'How are you?' – '*Fine*, thanks.' "어떻게 지내세요?" – "잘 지내요. 감사해요."

fine이 '만족할 만한'이라는 뜻일 경우, **fine** 앞에 **very**가 아닌 **just**를 사용할 수 있다.

Everything is ***just fine***. 모든 것이 아주 만족스럽다.

'Is she settling down nicely in England?' – 'Oh, she's ***just fine***.'
"그녀는 영국 생활에 잘 적응하고 있습니까?" – "아, 그녀는 아주 잘 지내고 있어요."

회화에서 **fine**을 '만족스럽게' 또는 '잘'이라는 뜻의 부사로 사용할 수 있다.

We got on ***fine***. 우리는 잘 지냈다.

I was doing ***fine***. 나는 잘 지내고 있었다.

ⓘ 위와 같은 문장에서 finely를 사용하지 않으므로 ~~We got on finely~~.라고 하지 않는다.

3 used to mean 'small' or 'narrow' (small이나 narrow의 뜻으로 사용하기)

어떤 것이 매우 작거나 좁은 부분으로 구성되어 있다고 할 경우에도 **fine**을 사용할 수 있다.

...***fine*** hair. 가느다란 머리카락.

...handfuls of ***fine*** sand. 한 줌의 미세한 모래들.

위와 같이 **fine**을 사용할 때, **fine** 앞에 **very**와 같은 단어를 사용할 수 있다.

These pins are ***very fine*** and won't split the wood. 이 핀들은 매우 가늘어서 나무를 쪼갤 수가 없을 것이다.

위와 같은 뜻에 부사 **finely**를 사용할 수 있다.

...***finely*** chopped meat. 아주 잘게 썬 고기.

finish

finish는 하고 있는 일을 마칠 때, 그 일의 끝에 '도달하다'라는 뜻이다.

Aren't you ever going to ***finish*** the ironing? 당신은 다리미질을 끝내지 않을 건가요?

When he ***had finished***, he closed the file. 그는 일을 마치자 파일을 닫았다.

finish doing **something**은 하고 있는 일을 마치다라는 뜻이다.

Jonathan ***finished studying*** at the West Surrey college three years ago.
조나단은 3년 전에 웨스트 서리 대학을 졸업했다.

I'***ve finished reading*** your book. 나는 너의 책을 다 읽었다.

ⓘ 'finish to do' something이라고 하지 않는다.

first – firstly

1 'first' used as an adjective (형용사로 사용하는 first)

first **thing/event/person**은 다른 모든 것 앞에 오는 특정한 종류의 첫 번째 사물, 사건, 사람을 뜻한다.

She lost 16 pounds in the ***first*** month of her diet. 그녀는 다이어트를 시작한 첫달에 16파운드를 감량했다.

...the ***first*** man in space. 우주에 간 최초의 사람.

사람이나 사물, 사건이 제일 처음이라는 것을 강조할 때, **first** 앞에 **very**가 온다.

The ***very first*** thing that happened was that I got ravenously hungry.
제일 먼저 일어난 것은 내가 극도의 배고픔을 느낀 것이었다.

2 'first' used as an adverb (부사로 사용하는 first)

어떤 사건이 다른 사건보다 먼저 일어났다면, **something happens** ***first***를 사용한다.

Ralph spoke ***first***. 랠프가 제일 먼저 발언했다.

When people get their newspaper, which page do they read ***first***?
사람들은 신문을 읽을 때, 어느 면을 제일 먼저 읽습니까?

ⓘ something happens 'firstly'라고 하지 않는다.

3 used as sentence adverbs(문장부사로 사용하기)

first나 **firstly**는 토의의 첫 번째 안건, 일련의 질문이나 설명 중의 첫 번째 질문이나 설명, 목록에 적힌 항목 중 첫 번째 것 등을 소개할 때 사용한다.

Four tendencies began to converge. ***First***, there was a growing awareness of the true dimensions of the threat.
네 가지로 집약되기 시작했다. 첫째로는 실제로 심각한 수준의 위협에 대한 인식이 증대하고 있었다.

There are two reasons. ***Firstly*** I have no evidence that the original document has been destroyed.
두 가지 이유가 있다. 첫째로 나에게는 그 서류 원본이 파기되었다는 증거가 전혀 없다.

첫 번째를 강조하고자 할 때, **first of all**이라고 한다.

...our long-term commitment, ***first of all*** to Afghanistan, and secondly to this region.
우선 첫 번째는 아프가니스탄에 대한 것이고, 두 번째는 이 지역에 대한 것인 우리의 장기적인 공약.

First of all dig a little hole. 우선 첫 번째로 작은 구멍을 뚫으세요.

ⓘ firstly of all이라고 하지 않는다.

4 'at first'

어떤 일이 시작될 때의 감정이나 행동을 나중에 나타나는 감정이나 행동과 비교할 때, **at first**를 사용한다.

At first I was reluctant. 나는 처음에는 마음이 내키지 않았다.

At first I thought it was moonlight, but then realized it was snow.
나는 처음에 그것이 달빛인 줄 알았는데 나중에 보니 눈이었음을 알게 되었다.

ⓘ 위와 같은 문장에서 firstly를 사용하지 않는다.

---

first floor

➲ Usage 표제어 **ground floor** 참조.

---

first name

➲ Usage 표제어 **Christian name – first name – forename – given name** 참조.

---

fish

fish는 가산명사나 불가산명사로 사용할 수 있다.

1 used as a count noun(가산명사로 사용하기)

fish는 물에 사는 꼬리와 지느러미가 있는 생물, 즉 '물고기'라는 뜻이다.

...an islander who had just caught a ***fish***. 단지 한 마리의 물고기를 잡았던 섬 사람.

현대 영어에서 **fish**의 복수형은 **fishes**가 아닌 **fish**이다.

My sister was singing happily because we'd caught so many ***fish***.
내 여동생은 우리가 매우 많은 물고기를 잡았기 때문에 즐겁게 노래를 부르고 있었다.

2 used as an uncount noun(불가산명사로 사용하기)

fish에는 음식으로 먹는 '물고기의 살(**flesh**)'이라는 뜻도 있다.

Fresh ***fish*** is expensive. 신선한 생선은 비싸다.

---

fit – suit

1 'fit'

fit은 옷이 너무 크거나 작지 않고, '몸에 잘 맞는'이라는 뜻이다.

...a dress of purple silk that ***fits*** her snugly. 그녀에게 편안하게 맞는 자줏빛 비단 드레스.

He was wearing pyjamas which did not ***fit*** him. 그는 자신에게 맞지 않는 파자마를 입고 있었다.

fit이 위와 같은 뜻일 때, fit의 과거는 fitted이다. 그러나 미국 영어에서는 fit을 과거로 사용한다.

The boots ***fitted*** Rudolph perfectly. 그 장화는 루돌프에게 완벽하게 어울렸다.

The pants ***fit*** him well and looked like men's slacks. 그 바지는 그에게 잘 맞았는데 남성의 헐거운 바지 같았다.

2 'suit'

옷이 누군가를 매력적으로 보이게 할 경우, fit이 아닌 suit를 사용한다.

I love you in that dress, it really ***suits*** you. 나는 당신이 그 옷을 입을 때 마음에 든다. 그 옷은 당신에게 잘 어울린다.

---

flammable – inflammable

flammable과 **inflammable**은 모두 쉽게 잘 타는 물질이나 화학 물질을 나타낼 때 사용한다.

A window had been smashed and ***flammable*** liquid poured in.
창문이 부서지고 난 후에 인화성 액체가 쏟아져 들어왔다.

...commercial centers, holding large stocks of ***inflammable*** materials.
대량의 인화 물질을 저장하고 있는 상업 센터.

> 주의 **flammable**의 반대말은 **inflammable**이 아닌 **non-flammable**이다.
> The fuel is recyclable, clean and ***non-flammable***. 연료는 재사용이 가능하고, 깨끗하며 불에 잘 타지 않는다.

---

flat – apartment

1 'flat'

영국 영어에서 **flat**은 보통 큰 건물의 한 층에 있는 주거용 방, 즉 '아파트'라는 뜻이다. 사람들은 아파트를 임대하거나 소유할 수도 있다.

She went to live in a tiny furnished ***flat*** near Sloane Square.
그녀는 슬론 스퀘어 근처에서 가구까지 설치된 작은 아파트에 거주하기 위해 갔다.

2 'apartment'

미국 영어에서는 아파트를 **apartment**라고 한다. 사람들이 아파트를 소유할 때, 때때로 **condominium**이라 하며 회화에서는 **condo**라고 한다.

It is a six-storey building with 20 luxury two- and three-bedroom ***apartments***.
그 건물은 2~3개의 침실이 있는 20개의 고급 아파트가 있는 6층짜리 빌딩이다.

He urged me to buy a ***condominium***. 그는 나에게 아파트를 사라고 재촉했다.

3 'block of flats'

영국 영어에서는 여러 개의 아파트로 구성된 큰 빌딩을 **a *block of flats***라고 한다.

미국 영어에서는 이를 **apartment house, apartment building, apartment block**이라고 한다.

The building was pulled down to make way for a ***block of flats***.
그 빌딩은 새로운 아파트 건물을 지으려고 철거되었다.

The next night police rushed to an ***apartment house*** on Charlesgate East.
다음날 저녁 경찰은 찰스게이트 이스트에 있는 아파트 건물로 달려갔다.

Several ***apartment buildings*** were destroyed. 여러 채의 아파트 건물이 붕괴되었다.

---

flat – flatly

flat은 일반적으로 명사나 형용사로 사용하지만, 때때로 부사로도 사용한다.

1 'flat' used as a noun(명사로 사용하는 flat)

영국 영어에서 **flat**은 일반적으로 큰 건물의 한 층에 있는 주거용의 일련의 방, 즉 '아파트'라는 뜻이다.

...a ground floor *flat*. 1층에 있는 아파트.

Usage 표제어 flat – apartment 참조.

2 'flat' used as an adjective or adverb(형용사나 부사로 사용하는 flat)

flat은 기울어지거나 구부러지거나 뾰쪽하지 않고 평평하다라는 뜻이다.

Every *flat* surface in our house is covered with junk. 우리 집의 평평한 곳은 모두 쓰레기로 뒤덮여 있다.
Use a saucepan with a *flat* base. 밑바닥이 평평한 스튜 냄비를 사용해라.

lie/rest *flat* against surface는 어떤 물건이 바닥에 완전히 닿아 있다라는 뜻이다.

He was lying *flat* on his back. 그는 바닥에 대고 등을 누워 있었다.
She let the blade of her oar rest *flat* upon the water. 그녀는 노를 물 위에 수평으로 놓아두었다.

lie/rest 'flatly' against a surface라고 하지 않는다.

***flat* refusal/denial/rejection은 명확하고 확고하여 변하지 않다라는 뜻이다.**

He has issued a *flat* denial of these allegations. 그는 이러한 혐의에 대해 단호하게 부인해 왔다.

3 'flatly'

'단호한'이라는 뜻의 형용사 flat과 같은 뜻의 부사는 flat이 아닌 flatly이다.

She has *flatly* refused to go. 그녀는 가는 것을 단호하게 거절해 왔다.
The Norwegians and Danes *flatly* rejected the evidence. 노르웨이와 데인 사람들은 그 증거를 단호히 거부했다.

flatly는 refuse, deny와 함께 쓰면 그 앞에 오지만, say, state, tell과 함께 쓰면 그 뒤에 온다.

He *flatly refused* to accept it. 그는 그것을 받아들이는 것을 딱 잘라 거절했다.
Many scientists *flatly denied* the possibility. 많은 과학자들이 그 가능성을 단호하게 부인했다.
I could use some money, Sarah *told* him *flatly*. 사라는 자신도 돈이 좀 필요하다고 그에게 단호하게 말했다.

---

floor – ground

1 'floor'

floor는 걸어 다닐 수 있는 방의 평평한 부분, 즉 '바닥'이라는 뜻이다.

The book fell to the *floor*. 그 책이 바닥에 떨어졌다.

a *floor* of a building은 건물의 한 층에 있는 모든 방들을 뜻한다.

...the stairs leading to the ground *floor*. 1층으로 내려가는 계단.
18 prisoners seized control of the top *floor*. 18명의 죄수들이 그 건물의 최상층을 그들의 손아귀에 넣었다.

be *on* a particular floor는 어떤 것이 특정한 층에 있다라는 뜻이다.

My office is *on the second floor*. 내 사무실은 2층에 있다.

be 'in' a particular floor라고 하지 않는다.

Usage 표제어 ground floor 참조.

2 'ground'

일반적으로 '땅의 표면'은 floor가 아닌 ground라고 한다.

He set down his bundle carefully on the *ground*. 그는 자신의 보따리를 조심스럽게 땅 위에 내려놓았다.
The *ground* all round was very wet and marshy. 그 땅은 사방이 습기가 아주 많고 질척거렸다.

그러나 임상(林床)은 때때로 forest floor, 해저는 sea floor나 ocean floor라고 한다.

The *forest floor* is not rich in vegetation. 그 임상에는 초목이 풍부하지 않다.
Some species take rests at night and slumber on the *sea floor*.
일부 종(種)들은 해저에서 밤에 휴식을 취하거나 잠을 잔다.

folk – folks

folk와 folks는 특정한 그룹의 사람들이라는 뜻이다. 둘 다 복수명사이며 복수동사를 사용한다.

1 'folk'

〔수식어 + folk〕 형식은 특정한 성격을 가진 모든 사람들을 나타낸다.

Country folk are a suspicious lot. 시골에 사는 사람들은 의심이 많다.

She was like all the ***old folk***, she did everything in strict rotation.
그녀는 나이 든 사람처럼 모든 것을 정확히 차례를 지켜서 했다.

그러나 위와 같은 용법은 잘 사용되지 않으며, **country folk**나 **old folk**보다는 **country people**이나 **old people**을 사용한다.

2 'folks'

folks는 '친족', 특히 어머니나 아버지를 뜻하며, 이 용법은 영국 영어보다 미국 영어에서 흔히 사용한다.

I don't even have time to write letters to my ***folks***. 나는 부모님께조차 편지를 쓸 시간이 없다.

Vera's visiting her ***folks*** up in Paducah. 베라는 파두카에 살고 있는 부모님을 방문하고 있다.

일부 사람들은 격식을 차리지 않고 사람들에게 연설할 때, **folks**를 사용한다. 이 용법은 영국 영어보다 미국 영어에서 흔히 사용한다.

That's all for tonight, ***folks***. 여러분, 오늘 밤은 이것으로 마치겠습니다.

They saw me drive out of town taking you ***folks*** up to McCaslin.
그들은 내가 시내를 벗어나서 너희들을 차에 태우고 맥캐슬린에게 데려다 주는 것을 보았다.

following

following은 **the following day**와 **the following week**과 같은 표현에 가장 흔히 사용한다.

● 위의 용법에 대한 설명은 **Usage** 표제어 **next** 참조.

following은 전치사로 사용할 수 있다. 일반적으로 하나의 사건이 다른 사건의 뒤에 일어나는 것을 나타낼 때, following을 사용하며 결과에 따라 일부 사건의 범위를 나타낸다.

Following that outburst, the general was banished. 그 분노 후에 장군은 추방되었다.

Durga Lal died on February 1, ***following*** a heart attack. 더가 랄은 심장마비를 일으킨 후, 2월 1일에 사망했다.

following은 단순히 하나의 사건이 일어난 후에 다른 사건이 일어날 때 사용한다.

Following your introduction you will be issued with an authorised user card.
신상을 확인한 후에 당신에게 인증된 사용자 카드가 발급될 것이다.

Following a day of medical research, the conference focused on educational practices.
의학 조사 다음날에 회의는 교육 실습에 중점을 두었다.

위와 같은 용법을 자주 사용하고 있지만, 일부 사람들은 잘못된 표현이라고 생각한다. 이러한 문장에서는 **following** 대신 **after**를 사용할 수도 있다.

...the under-funding of community care ***after*** the closure of mental hospitals.
정신 병원을 폐쇄한 후에 지역 복지 자금의 부족.

He flew into a rage when he returned to his hotel ***after*** Algeria's 1-0 defeat by Egypt.
그는 알제리가 이집트에 1 대 0으로 패하자, 자신의 호텔로 돌아온 후에 버럭 화를 냈다.

fond

● **Usage** 표제어 **like – dislike** 참조.

foot

1 part of the body(신체의 일부분)

foot은 다리의 끝에 있는 신체의 부분, 즉 '발'이라는 뜻이다. foot은 발가락을 포함한다.

He kept on running despite the pain in his ***foot***. 그는 발의 통증에도 불구하고 계속해서 달렸다.

foot이 위와 같은 뜻일 경우, foot의 복수형은 feet이다.

She's got very small ***feet***. 그녀는 아주 작은 발을 가지고 있다.

go somewhere *on foot*은 교통수단을 이용하는 대신에 걸어서 가다라는 뜻이다.

The city should be explored ***on foot***. 그 도시는 걸어서 돌아다녀야 한다.

2 measurements(치수)

길이를 재는 단위인 1 foot은 12 inches나 30.48 centimetres와 동일하다. foot이 단위를 나타낼 때, foot의 복수형은 feet이다.

We were only a few ***feet*** away from the edge of the cliff.
우리들은 그 절벽의 벼랑 끝에서 불과 몇 피트 정도만 떨어져 있었다.

The plane flew at 65,000 ***feet***. 그 비행기는 6만 5천 피트 상공을 날았다.

그러나 high, tall, long과 같은 단어 앞에서 foot은 그 자체로 복수형이 된다.

She's five ***foot*** eight inches tall. 그녀의 키는 5피트 8인치이다.

ⓘ 다른 명사 앞의 foot은 항상 복수로 사용한다. 예를 들면, 간격이 20피트가 떨어져 있을 경우, ~~twenty feet gap~~이 아닌 twenty *foot* gap이라고 한다.

...a forty ***foot*** wall. 40피트 길이의 벽.

football

1 'football'

영국에서 football은 축구라는 뜻이다. 미국에서는 축구를 soccer라고 한다.

Italian ***football*** fans. 이탈리아 축구 팬들.

The pressure will not let up for the US ***soccer*** team. 미국 축구팀을 위한 압력은 줄어들지 않을 것이다.

2 'American football'

미국에서 football은 타원형의 공을 가지고 던지거나 달리며 두 팀 간에 대전하는 경기, 즉 '미식축구'이다. 영국에서는 이를 American football이라고 한다.

This year's national college ***football*** championship was won by Princeton.
올해의 대학 미식축구 선수권 대회에서 프린스톤 대학 팀이 우승을 차지했다.

In youth he was a minor ***American football*** star. 그는 젊었을 때, 미식축구 마이너리그 스타였다.

3 'match'

축구 시합을 영국에서는 match, 미국에서는 game이라고 한다.

Paul Scholes will miss United's away ***match*** with Wimbledon through suspension.
폴 스콜즈는 유나이티드 팀과 윔블던 팀의 원정 경기에서 출장 정지로 나갈 수 없을 것이다.

Why are you watching the football ***game***, Daddy? 아빠, 왜 그 축구 경기를 보고 계세요?

footprint

➲ Usage 표제어 pace 참조.

footstep

➲ Usage 표제어 pace 참조.

for

1 'for'

누군가가 어떤 것을 갖게 할 의도가 있거나 이익을 얻도록 할 때, **for**를 사용한다.

He left a note ***for*** her on the table. 그는 테이블 위에 그녀에게 메모를 남겼다.
She held out the flowers and said, 'They're ***for*** you.' 그녀는 꽃을 내밀면서 "이 꽃은 당신에게 주는 거예요."라고 말했다.
I am doing everything I can ***for*** you. 나는 당신에게 해줄 수 있는 모든 것을 하고 있다.

〔**for** + 명사구 · **-ing**〕 형식은 어떤 물체가 사용되는 방법을 언급할 때 사용한다.

I had two knives with me, one ***for leather work*** and one ***for skinning*** animals.
나는 두 개의 칼이 있었는데, 하나는 가죽을 자르고 다른 하나는 동물 가죽을 벗기는 데 사용했다.
The mug had been used ***for mixing*** flour and water. 그 머그는 밀가루와 물을 섞는 데 사용했다.

〔**for** + 명사구〕 형식은 어떤 일을 한 이유를 나타낼 때 사용한다.

We stopped ***for lunch*** by the roadside. 우리는 점심을 먹으려고 길가에 차를 세웠다.
I walked two miles ***for a couple of pails of water***. 나는 물 두 동이를 길러 오기 위해 2마일을 걸었다.

> **주의** 어떤 일을 하는 이유나 목적을 나타낼 때, 〔**for**+**-ing**〕 형식이 아닌 **to**부정사나 **in order to**를 사용한다. 예를 들면, '그는 일자리를 얻기 위해서 그 도시에 갔다.'는 ~~**He went to the city for finding work.**~~가 아닌 **He went to the city *to find* work.**나 **He went to the city *in order to find* work.**라고 한다.
> People would stroll down the path ***to admire*** the garden. 사람들이 정원을 감상하기 위해 그 길을 따라 걸어 다닐 것이다.
> He had to hurry ***in order to reach*** the next place on his schedule.
> 그는 스케줄에 따라 다음 장소에 도착하기 위해 서둘러야만 했다.

2 duration(지속)

어떤 일이 얼마 동안 지속되는지를 말할 경우, **for**를 사용한다.

I'm staying with Bob DeWeese ***for*** a few days. 나는 밥 데위제와 며칠 동안 함께 머물 계획이다.
The five nations agreed not to build any new battleships ***for*** a ten-year period.
앞으로 10년 동안은 새로운 전함을 더 이상 만들지 않기로 5개국이 서로 합의했다.

어떤 일이 얼마 동안 실제로 지속되어 왔는지를 말할 경우, **for**를 사용한다.

I have known you ***for*** a long time. 나는 당신을 오랫동안 알아 왔다.
He has been missing ***for*** three weeks. 그는 3주 동안이나 실종 상태에 있다.
...artists who have been famous ***for*** years. 수년 간 유명했던 예술가들.
He hadn't had a proper night's sleep ***for*** a month. 그는 한 달 동안 잠을 제대로 자지 못했다.

> **주의** 어떤 일이 과거 어느 시점에 시작되어 지금까지 지속될 때, 〔완료시제 +**for**〕 형식을 사용해야 한다. 예를 들면, '나는 5년 동안 이 곳에서 살아 왔다.'는 ~~**I am living here for five years.**~~가 아닌 **I *have lived* here for five years.**라고 한다.

3 'since'

for를 **since**와 혼동해서는 안 된다. 어떤 일이 과거의 특정한 시간부터 지금까지 지속되었는지를 말할 때, **since**를 사용한다.

Exam results have improved rapidly ***since*** 1999. 시험 결과는 1999년 이래로 급속도로 좋아지고 있다.
We had been travelling ***since*** dawn. 우리는 새벽부터 여행을 했다.
I had known her ***since*** she was twelve. 나는 그녀와 12살 때부터 알고 지내왔다.

➲ Usage 표제어 since 참조.

4 used to mean 'because'(because의 뜻으로 사용하기)

소설에서 for는 때때로 because의 뜻으로 사용한다.

This is where he spent a good deal of his free time, ***for*** he had nowhere else to go.
그는 달리 갈 곳이 없어서 많은 여가 시간을 이곳에서 보냈다.

➲ Usage 표제어 **because** 참조.

---

forcefulness

확고하며 자신만만하게 말하고, 행동하는 사람을 나타낼 때 사용하는 단어는 다음과 같다.

aggressive	assertive	domineering	forceful
in-your-face	overbearing	positive	pushy
self-confident	strong-willed	tyrannical	

1 complimentary words(칭찬하는 단어)

assertive, forceful, positive, self-confident, strong-willed는 칭찬의 뜻을 가진 단어이다.

Women have become more ***assertive*** in the past decade. 여자들은 지난 10년 동안 더 자신감을 갖게 되었다.

He was a man of ***forceful*** character, with considerable insight and diplomatic skills.
그는 상당한 통찰력과 외교력을 가진 강인한 사람이었다.

She'd blossomed into a ***self-confident*** young woman. 그녀는 자신감이 넘치는 젊은 여자로 성장했다.

2 negative words(부정적인 단어)

aggressive, domineering, in-your-face, overbearing, pushy, tyrannical은 사람의 행동에 부정적인 뜻을 나타내며, pushy는 주로 회화에서 사용한다.

Many of her women friends also had ***domineering*** husbands.
그녀의 많은 여자 친구들 역시 가부장적인 남편을 갖고 있었다.

Teddy abandoned subtlety and tried the ***in-your-face*** approach.
테디는 분명치 않은 태도를 버리고 강압적인 접근 방법을 시도했다.

We worry about being ***pushy*** parents. 우리는 강압적인 부모가 되지 않을까 걱정하고 있다.

---

forename

➲ Usage 표제어 **Christian name – first name – forename – given name** 참조.

---

forever

last/continue *forever*는 어떤 것이 영원히 지속되다라는 뜻이다.

She would remember his name ***forever***. 그녀는 그의 이름을 영원히 기억할 것이다.

They thought that their empire would last ***forever***. 그들은 그들의 제국이 영원히 계속될 것으로 생각했다.

have gone *forever*는 어떤 것이 영원히 사라져서 다시 나타나지 않다라는 뜻이다.

This innocence is lost ***forever***. 이 결백함은 영원히 사라져 버렸다.

They will vanish ***forever*** into the grey twilight. 그들은 어슴푸레한 황혼 속으로 영원히 사라질 것이다.

forever가 위와 같은 뜻일 때, 영국 영어에서는 for ever로 표기할 수 있다.

My fate had been sealed ***for ever***. 내 운명은 영원히 바뀔 수 없도록 정해졌다.

We'll be married soon and then these lonesome nights will be over ***for ever***.
우리가 곧 결혼하면 이처럼 외로운 밤을 지내는 일은 영원히 사라질 것이다.

어떤 것이 얼마 동안 지속될 것인지를 나타내는 단어와 표현이 있다.

➲ 분류 목록은 Grammar 표제어 **Adjuncts**의 **duration** 참조.

be ***forever doing*** something은 어떤 일을 끊임없이 되풀이하다라는 뜻이다.

Babbage *was forever spotting* errors in their calculations.
배비지는 그들의 계산에서 오류를 끊임없이 잡아내는 사람이었다.

위와 같은 뜻인 경우, 철자는 **forever**만 사용 가능하다.

forget

1 'forget'

forget은 어떤 것에 대해 생각을 하지 않다, 즉 '잊다'라는 뜻이다. 동사 **forget**의 과거는 **forgetted**가 아닌 **forgot**이고, 과거분사는 **forgotten**이다.

Tim *forgot* his troubles. 팀은 고민거리를 잊었다.

Ash, having *forgotten* his fear, had become bored and restless.
애시는 공포감이 없어지자, 따분하고 안절부절못하게 되었다.

have forgotten something은 자신이 알고 있던 어떤 일에 대해 더 이상 기억할 수 없다라는 뜻이다.

I *have forgotten* where it is. 나는 그것을 어디에 두었는지를 잊어버렸다.
...a Grand Duke whose name I *have forgotten*. 내가 이름을 잊어버린 황태자.

자신이 어딘가를 갈 때 열쇠나 우산 같은 것을 가져가야 하는 것을 기억하지 못했을 때, **forget**을 사용한다.

Sorry to disturb you – I *forgot* my key. 방해해서 미안해요. – 열쇠를 갖고 가는 것을 깜박했어요.

> 주의 어떤 물건을 어딘가에 두고 그곳을 떠나다라고 할 때는 동사 **forget**을 사용할 수 없다. 대신 동사 **leave**를 사용한다.
> I *left* my bag on the bus. 나는 가방을 버스에 놓고 내렸다.

2 'forget to'

forget to do something은 자신이 하려고 했던 일을 적시에 기억하지 못해서 실행하지 못하다라는 뜻이다.

She *forgot to lock* her door one day and two men got in. 그녀는 현관을 잠그는 것을 잊어서 두 명의 남자들이 들어왔다.

Don't *forget to send* your entries by Wednesday to this address.
이 주소로 당신의 참가 신청 서류를 수요일까지 보내는 것을 잊지 마세요.

ⓘ 'forget doing' something이라고 하지 않는다.

form

➲ Usage 표제어 class – form – grade 참조.

former – late

1 'former'

〔former + 명사〕 형식은 자신이 말하는 사람이 더 이상 그 일에 관여하고 있지 않음을 나타낸다. 예를 들면, **the *former chairman*** **of the company**는 그 회사의 전(前) 회장을 말한다.

...*former President* Gerald Ford. 제럴드 포드 전 대통령.
...William Nickson, a *former Treasury official*. 전 재무부 관료인 윌리암 닉슨.

2 'late'

〔late + 사람 이름 · 명사〕 형식은 자신이 말하는 사람이 최근에 죽은 사람임을 나타낼 때 사용한다.

...the *late* Mr Parkins. 고(故) 파킨스 씨.
I'd like to talk to you about your *late* husband. 나는 최근에 고인이 된 당신 남편에 대해 상의하고자 한다.

➲ former의 다른 뜻은 Usage 표제어 latter 참조.

fortnight

영국 영어에서 '2주일'은 fortnight라고 한다.

I went to Rothesay for a *fortnight*. 나는 2주일 동안 로스시에 갔다.

He borrowed it a *fortnight* ago. 그는 그것을 2주 전에 빌렸다.

미국 영어에서는 보통 fortnight를 사용하지 않는다.

fortune

good fortune은 '행운'이라는 뜻이다.

He has since had the *good fortune* to be promoted. 그는 그 이후에 진급하는 행운을 얻었다.

He could hardly believe his *good fortune*. 그는 자신의 행운을 거의 믿을 수가 없었다.

ⓘ 우연히 일어난 좋은 일은 a good fortune이 아닌 lucky나 a good job을 사용한다. 예를 들면, '내가 우산을 잊지 않고 가져온 것은 행운이다.'는 ~~It's a good fortune I remembered to bring my umbrella.~~가 아닌 It's *lucky* I remembered to bring my umbrella.나 It's *a good job* I remembered to bring my umbrella.라고 한다.

It's *lucky* that I'm going abroad. 내가 외국에 가게 된 것은 행운이다.

It's *a good job* you were there. 당신이 그곳에 있었다니 다행이다.

미국 영어에서는 a good job보다는 a good thing을 사용한다.

It's *a good thing* you didn't call me that night. 당신이 그날 저녁 나에게 전화를 하지 않았던 것은 다행이다.

forward – forwards

1 'forward' and 'forwards'

move ***forward/forwards***나 look ***forward/forwards***는 움직이거나 바라보는 방향이 앞쪽으로 향해 있다라는 뜻이다.

Salesmen rushed *forward* to serve her. 세일즈맨들은 그녀를 접대하고자 황급히 앞으로 나갔다.

John peered *forward* through the twilight. 존은 황혼이 깃들 무렵에 앞을 바라보았다.

Ralph walked *forwards* a couple of steps. 랠프는 앞쪽을 향해 두어 걸음 걸어 나갔다.

forwards는 부사로만 사용한다.

2 'look forward to'

be ***looking forward to*** something은 앞으로 일어나게 될 일을 하고 싶어하여 그 일이 일어나기를 바라다, 즉 '학수고대하다'라는 뜻이다.

He's *looking forward to* going home. 그는 집으로 돌아가기를 학수고대하고 있다.

ⓘ be 'looking forwards to' something이라고 하지 않는다.

➲ 위의 용법에 대한 더 많은 정보는 Usage 표제어 look forward to 참조.

3 'forward' used as an adjective(형용사로 사용하는 forward)

forward를 형용사로 사용할 수 있다. ***forward*** movement는 사람이나 사물을 앞으로 나아가게 하는 동작이라는 뜻이다.

Slow *forward* movement was made possible by pivoting his body with his shoulders.
느리게 앞으로 나아가는 동작은 그의 몸을 어깨와 함께 몸을 회전함으로써 가능하게 했다.

He points out that flapping wings provide *forward* thrust as well as upward lift.
그는 퍼덕이는 날개가 앞으로 나아가는 힘과 위로 올라가는 힘을 준다고 지적한다.

forward가 위와 같은 뜻일 경우, 명사 앞에서만 사용할 수 있다.

4 'forward' used as a verb(동사로 사용하는 forward)

forward가 동사일 경우, '보내다' 또는 '발송하다'라는 뜻이다. 어떤 사람이 다른 곳으로 이사 가서 편지를 그 사람에게 보내 준다고 할 때, **forward**를 사용할 수 있다.

Would you mind ***forwarding*** my mail to this address? 제 편지를 이 주소로 보내 주시겠습니까?

---

found

found는 **find**의 과거와 과거분사이다.

I ***found*** a five-pound note in the gutter. 나는 도랑에서 5파운드짜리 지폐를 발견했다.

His body ***has not been found***. 그의 시체는 발견되지 않았다.

➲ Usage 표제어 find 참조.

found는 동사로 사용할 수 있다. 동사 **found**는 도시나 단체를 설립하다라는 뜻이다. **found**의 과거와 과거분사는 **founded**이다.

Tyndall ***founded*** his own publishing company. 틴들은 자기 소유의 출판사를 설립했다.

---

free – freely

1 no controls(제어할 수 없음)

제어하거나 제약하지 않는 행동을 나타낼 때, 형용사 **free**를 사용한다.

The ***free*** movement of peoples within the EU is a principle I applaud.
유럽 연합 내의 국민들 간의 자유로운 이동은 내가 적극 지지하는 원칙이다.

The elections were ***free*** and fair. 그 선거는 자유롭고 공정했다.

'자유롭게'라는 뜻의 부사는 **free**가 아닌 **freely**를 사용한다.

We are all comrades here and I may talk ***freely***. 이곳의 사람들 모두가 우리 동지여서, 나는 자유롭게 이야기할 수 있다.

2 no payment(지불하지 않음)

something is *free*는 어떤 것을 돈을 지불하지 않고 소유하거나 사용할 수 있다라는 뜻이다.

The coffee was ***free***. 커피는 무료였다.

...***free*** school meals. 무료 학교 급식.

'무료로'라는 뜻의 부사는 **freely**가 아닌 **free**이다. 예를 들면, '연금을 받는 사람들은 버스를 무료로 이용할 수 있다.'는 ~~**Pensioners can travel freely on the buses.**~~가 아닌 **Pensioners can travel *free* on the buses.**라고 한다.

Children can get into the museum ***free***. 어린이들은 그 박물관에 무료로 입장할 수 있다.

3 releasing(자유롭게 하기)

something is cut/pulled *free*는 어떤 것을 자르거나 끌어당겨서 더 이상 얽매어 있지 않다라는 뜻이다.

She tugged to get it ***free***. 그녀는 그것을 빼내려고 세게 끌어당겼다.

I shook my jacket ***free*** and hurried off. 나는 윗옷을 벗어던지고 급히 나갔다.

ⓘ something is cut/pulled 'freely'라고 하지 않는다.

---

frequently

➲ Grammar 표제어 Adjuncts의 frequency 참조.

friend

1 'friend'

friend는 잘 아는 사이로, 함께 시간을 보내고 싶은 사람 즉 '친구'라는 뜻이다. 친근함의 정도에 따라 **good friend**, **great friend**, **close friend**라고 한다.

He's a *good friend* of mine. 그는 내 좋은 친구 중의 한 명이다.
She later married Bernard Shaw's *great friend* Harley Granville-Barker.
그녀는 후에 버나드 쇼의 가장 친한 친구인 할리 그랜빌 바커와 결혼했다.
A *close friend* told me about it. 친한 친구가 그 일에 대해 내게 말했다.

오랫동안 알고 지낸 친구를 **old friend**라고 한다.

I was brought up by an *old friend* of mother's called Lucy Nye.
나는 어머니의 오랜 친구 루시 니에에 의해 양육되었다.

2 'be friends with'

be *friendly with* someone은 어떤 사람이 자신의 친구이다라는 뜻이다.

Dolley continued to be *friends with* Theodosia. 돌리는 디어도시아와 계속 친구로 지냈다.
You used to be great *friends with* him, didn't you? 당신은 그와 아주 친한 친구였지요, 그렇지 않았나요?
I also became *friends with* Melanie. 나 역시 멜라니와 친구가 되었다.

friendly

friendly는 어떤 사람이 '친절하고 상냥한'이라는 뜻이다.

Malawians seemed to be the *friendliest* people in the world.
말라위 사람들은 이 세상에서 가장 친절한 사람들인 것 같았다.

be *friendly to* someone이나 **be *friendly with* someone**은 어떤 사람에게 친절하고 상냥하게 하다라는 뜻이다.

The women had been *friendly to* Lyn. 그 여자들은 린에게 친절히 대해 주었다.
I have noticed that your father is not *friendly towards* me as he used to be.
나는 당신 아버지가 예전처럼 나에게 친절하지 않다는 것을 알아차렸다.

be *friendly with* someone은 서로 좋아해서 함께 시간을 보내는 것을 즐기다라는 뜻이다.

I became *friendly with* a young engineer. 나는 한 젊은 공학자와 친한 사이가 되었다.

friendly는 부사가 아니다. 예를 들면, '그는 친절하게 행동했다.'는 ~~**He behaved friendly.**~~가 아닌 **He behaved *in a friendly way*.**라고 한다.

We talk to them *in a friendly way*. 우리는 그들과 친절하게 이야기한다.
She looked up at Bal, smiling at him *in such a friendly way*.
그녀는 발에게 친절함이 가득 담긴 웃음을 지으면서 쳐다보았다.

> 주의 **friendly**를 **sympathetic**과 혼동해서는 안 된다. 자신에게 문제가 있어서 다른 사람이 동정적인 태도를 나타낼 때 **sympathetic**을 사용하는데, 이는 그 사람이 자신을 아껴서 도와주고 싶다는 뜻을 나타낸다.
>
> My boyfriend was very *sympathetic*. 내 남자 친구는 매우 동정적이었다.
>
> ➲ Usage 표제어 sympathetic 참조.

fries

➲ Usage 표제어 chips 참조.

frighten – frightened

1 'frighten' and 'frightened'

frighten은 무언가가 '공포를 느끼게 하다'라는 뜻이다.

Rats and mice don't *frighten* me. 쥐와 생쥐는 나를 놀라게 하지 않는다.

frighten은 거의 항상 타동사로 사용하기 때문에, someone 'frightens'라고 하지 않는다. 일어났거나 일어날지도 모르는 어떤 것 때문에 두려워하다는 be frightened라고 한다.

Miriam *was* too *frightened* to tell her family what had happened.
미리암은 너무 두려워서 자신에게 일어난 일을 가족에게 말할 수가 없었다.

He told the audience not to *be frightened*. 그는 청중들에게 두려워할 필요가 없다고 말했다.

➲ frightened에 대한 더 많은 정보는 Usage 표제어 afraid – frightened 참조.

2 'frightening'

frightened를 frightening과 혼동해서는 안 된다. frightening은 '두려움을 느끼게 하는'이라는 뜻이다.

It was a very *frightening* experience. 그것은 매우 두려운 경험이었다.

It is *frightening* to think what damage could be done. 어떤 피해가 일어날 수 있는지 생각하는 것은 끔찍한 일이다.

from

1 source or origin(원천이나 기원)

어떤 것의 원천이나 기원, 출발점이 무엇인지 나타낼 때, from을 사용한다.

...wisps of smoke *from* a small fire. 작은 불에서 나오는 몇 줄기의 연기.

Get the leaflet *from* a post office. 우체국에서 그 전단지를 가져오시오.

The shafts were cut *from* heavy planks of wood. 그 자루들은 무거운 나무판자로부터 자른 것이다.

편지나 메시지를 어떤 사람이 보냈다는 the letter/message is ***from*** someone이라고 한다.

He received a message *from* Vito Corleone. 그는 비토 콜리오네로부터 메시지를 받았다.

come from은 특정한 곳에서 태어났거나 그곳이 고향이다라는 뜻이다.

I *come from* Scotland. 나는 스코틀랜드 출신이야.

➲ Usage 표제어 come from 참조.

2 time(시간)

something happens ***from*** a particular time은 어떤 일이 특정한 시기부터 일어나기 시작하다라는 뜻이다.

From November 1980, the amount of money you receive may be less.
1980년 11월부터 당신이 받는 돈이 줄어들 것이다.

We had no rain *from* March to October. 3월부터 10월까지 비가 오지 않았다.

과거 특정한 때에 시작된 어떤 사실이 현재까지도 지속되고 있다고 할 경우에는 from이 아닌 since를 사용한다. 예를 들면, '나는 여기서 1984년부터 지금까지 살고 있다.'는 ~~I have lived here from 1984.~~가 아닌 I have lived here ***since*** 1984.라고 한다.

He has been vice-chairman *since* 1998. 그는 1998년부터 부의장직을 수행하고 있다.

➲ Usage 표제어 since 참조.

> 주의 책, 연극, 음악 작품을 쓰는 사람을 나타낼 경우에는 from이 아닌 by를 사용한다. 예를 들면, '입센의 연극을 본 적이 있습니까?'는 ~~Have you seen any plays from Ibsen?~~이 아닌 Have you seen any plays ***by*** Ibsen?이라고 한다.
>
> ...the latest book *by* Hilda Offen. 힐다 오펜이 저작한 최근의 책.
>
> ...a collection of pieces *by* Mozart. 모차르트의 모음집.

front

1 'front'

front는 도로로 향하거나 건물의 정문이 있는 부분, 즉 '정면'이라는 뜻이다.

Attached to the ***front*** of the house, there was a large veranda. 그 집 정면에 붙어 있는 것은 큰 베란다였다.

2 'in front of'

어떤 사람이나 사물이 건물의 정면과 도로 사이에 있을 경우, **in front of**를 사용한다.

A crowd had assembled ***in front of*** the courthouse. 군중들이 법원 앞에 모여들었다.

A soldier was taking snapshots of his friends ***in front of*** the National Assembly. 한 군인이 국회 앞에서 친구들의 스냅 사진을 찍고 있었다.

ⓘ in the front of라고 하지 않는다.

3 'opposite'

자신과 건물의 정면 사이에 도로가 있을 경우에는 **in front of**가 아닌 **opposite**을 사용한다.

The hotel is ***opposite*** a railway station. 그 호텔은 기차역 건너편에 있다.

Opposite is St Paul's Church. 길 건너편에 성 바울 교회가 있다.

There was a banner on the building ***opposite***. 건너편 빌딩에 현수막이 걸려 있었다.

미국 영어에서는 보통 **opposite** 대신 **across from**을 사용한다.

Stinson has rented a home ***across from*** his parents. 스틴슨은 자신의 부모가 사는 집 건너편에 방을 빌렸다.

frontier

➜ Usage 표제어 **border – frontier – boundary** 참조.

fruit

fruit는 불가산명사로, 오렌지, 바나나, 포도, 사과 등의 모든 '과일'을 가리킨다.

I have eaten ***fruit*** all my life. 나는 일생 동안 과일을 먹고 있다.

...***fruit*** imported from Australia. 호주에서 수입한 과일.

fruit는 오렌지, 바나나 등과 같은 과일 한 종류를 가리키지만, 잘 사용하지 않는 표현이다.

Each ***fruit*** contains many juicy seeds. 각각의 과일은 수분이 많은 씨앗을 함유하고 있다.

여러 개의 오렌지, 바나나 등을 가리킬 때, **fruit**의 복수형 대신 불가산명사 **fruit**를 사용한다. 예를 들면, '나는 약간의 과일을 사러 시장에 갈 것이다.'는 ~~**I'm going to the market to buy some fruits.**~~가 아닌 **I'm going to the market to buy some *fruit*.**라고 한다.

...a table with some ***fruit*** on it. 과일 몇 개가 놓인 탁자.

They gave me ***fruit*** and cake and wine. 그들은 내게 과일 몇 개와 케이크와 포도주를 주었다.

full

be *full of* things/people은 사물이나 사람이 매우 많이 있다라는 뜻이다.

...a long garden ***full of*** pear and apple trees. 배나무와 사과나무로 가득한 기다란 정원.

His office was ***full of*** people. 그의 사무실은 사람들로 꽉 차 있었다.

ⓘ 위와 같은 문장에서 full 뒤에 of 이외의 다른 전치사를 사용하지 않는다.

fun – funny

1 'fun'

fun은 '유쾌하고, 즐거우며 심각하지 않은'이라는 뜻이다.

It's *fun* working for him. 그를 위해 일하는 것은 즐거운 일이다.

fun은 자기 자신 스스로 즐기는 '즐거움'이라는 뜻도 있다.

We had great *fun* sleeping rough on the beaches. 우리는 해변의 아무 데서나 잠을 자는 것을 매우 즐겼다.
She wanted a bit more *fun* out of life. 그녀는 인생에서 좀 더 즐거운 일이 일어나길 원했다.

fun은 불가산명사로, funs나 a great fun이라고 하지 않는다.

2 'funny'

funny는 어떤 것이 '이상하고, 놀랍거나 당혹스러운'이라는 뜻이다

The *funny* thing is, we went to Arthur's house just yesterday.
놀라운 것은 우리가 바로 어제 아서의 집에 갔다는 것이다.
'I always thought of him as very ordinary.' – 'That's *funny*. So did I.'
"저는 항상 그를 아주 평범하다고 생각했어요." – "이상하게 들리겠지만, 저도 그랬어요."
Have you noticed anything *funny* about this plane? 당신은 이 비행기에 대해 뭔가 재미있는 것을 알아차렸습니까?

그 밖에도 '이상한' 또는 '놀라운'이라는 뜻으로 사용할 수 있는 단어가 있다.

➲ 더 많은 정보는 Usage 표제어 unusual 참조.

어떤 일이 재미있어서 누군가를 미소를 짓게 하거나 웃게 한다는 뜻에도 funny를 사용한다.

He told *funny* stories. 그는 재미있는 이야기를 해주었다.
It did look *funny* upside down. 그것을 거꾸로 해놓으니 정말 재미있어 보였다.

furniture

furniture는 방에 있는 탁자와 의자 등의 크고 이동할 수 있는 물체, 즉 '가구'라는 뜻이다.

She arranged the *furniture*. 그녀는 그 가구를 정돈했다.
All the *furniture* is painted green to balance the red walls.
모든 가구를 붉은 벽과 조화를 이루게 하려고 초록색으로 칠했다.

furniture는 불가산명사로, furnitures라고 하지 않는다.

further

➲ Usage 표제어 farther – further 참조.

G g

gain – earn

1 'gain'

gain은 능력이나 성질 등을 점진적으로 더 '얻다'라는 뜻이다.

After a nervous start, the speaker began to ***gain*** confidence.
불안하게 시작한 후에 그 강연자는 자신감을 점점 더 얻기 시작했다.

This gives you a chance to ***gain*** experience. 이 일은 당신에게 경험을 얻을 수 있는 기회를 제공한다.

2 'earn'

일을 해서 돈을 벌다라고 할 때는 **gain**이 아닌 **earn**을 사용한다.

She ***earns*** sixty pounds a week. 그녀는 일주일에 60파운드를 번다.

garbage

Usage 표제어 rubbish 참조.

gas – petrol

1 'gas'

gas는 쉽게 점화되며 요리나 난방에 사용하는 공기와 같은 물질, 즉 '가스'라는 뜻이다.

Coal is usually cheaper than ***gas***. 석탄은 일반적으로 가스보다 가격이 더 싸다.

미국 영어에서는 자동차에 연료로 사용되는 액체를 **gas**라고 하며, 때때로 **gasoline**이라고도 한다.

I'm sorry I'm late. I had to stop for ***gas***. 늦어서 죄송해요. 자동차에 주유를 하러 들러야 했거든요.

2 'petrol'

영국 영어에서는 가솔린(휘발유)을 **petrol**이라고 한다.

Petrol only costs 30p per gallon there. 그곳에서는 휘발유 값이 1갤런당 30파운드에 불과하다.

gay

현대 영어에서 **gay**는 '동성애자'라는 뜻이다.

I told them I was ***gay***. 나는 그들에게 내가 동성애자라고 말했다.

gay는 '남성 동성애자'를 일컫는다.

Many ***gays*** were worried about the new system. 많은 남성 동성애자들이 새로운 제도에 대해 우려했다.

gay는 때때로 화사하고 경쾌해서 사람의 마음을 즐겁게 해주는 색깔, 장소, 음악을 나타낼 때 사용한다. 이는 다소 오래된 용법이다.

Pauline wore a ***gay*** yellow scarf. 폴린은 화려한 노란색 스카프를 매고 있었다.

gaze – stare

동사 **gaze**와 **stare**는 무언가를 오랫동안 바라보다라는 뜻이다. **gaze**는 어떤 것이 놀랍거나 인상적이어서 '응시하다'라는 뜻으로 자주 사용한다.

A fresh-faced little girl ***gazes*** in wonder at the bright fairground lights.
생기발랄한 얼굴의 작은 체구의 여자 아이가 밝은 장터의 불빛을 경이롭게 바라보고 있다.

stare는 사람이나 사물이 이상하거나 충격적이어서 '쳐다보다'라는 뜻이다.

Various families came out and ***stared*** at us. 여러 가족들이 몰려나와서 우리를 쳐다보았다.

generally – mainly

1 'generally'

generally는 '일반적으로', '대부분', '대체적으로'라는 뜻이다.

Wool and cotton blankets are ***generally*** cheapest. 일반적으로 양모와 무명천의 담요는 값이 가장 저렴하다.
His account was ***generally*** accurate. 그의 설명은 대체적으로 정확했다.

2 'mainly'

어떤 것의 대부분에 대해 혹은 어떤 그룹의 대부분의 사람이나 사물에 대해 무언가가 사실이라고 하는 경우에는 **generally**가 아닌 **mainly**를 사용한다.

The spacious main bedroom is ***mainly*** blue. 넓은 주 침실의 대부분은 파란색으로 되어 있다.
The African half of the audience was ***mainly*** from Senegal or Mali.
청중의 절반인 아프리카인들은 주로 세네갈이나 말리 사람들이었다.

gently – politely

1 'gently'

gently는 사람이 다치지 않게 하거나 사물을 손상시키지 않도록 강제로 하지 않고 조심스럽게 어떤 일을 할 때 사용한다.

I shook her ***gently*** and she opened her eyes. 내가 그녀를 부드럽게 흔들자 그녀는 눈을 떴다.

2 'politely'

누군가가 예의 바르게 행동할 때는 **gently**가 아닌 **politely**를 사용한다.

He thanked me ***politely***. 그는 내게 정중하게 고마워했다.

geographical

어떤 지역의 자연적인 특징을 나타낼 때, **geographical**을 자주 사용한다.

...the ***geographical*** features which make the coast so attractive.
그 해안을 아주 아름답게 하는 지형상의 특징.
...***geographical*** and climatic conditions. 지형적이고 기후적인 조건들.

***geographical* area**는 행정적이거나 정치적인 경계보다 자연적인 특징에 의해 결정되는 지역이라는 뜻이다.

The country stretches over three very different ***geographical*** areas.
그 나라는 지형적 특성이 매우 다른 세 지역으로 뻗어 있다.
There was a gradual change over a broad ***geographical*** region.
넓은 지형적 특성을 가진 지역에 점진적인 변화가 있었다.

Geographical과 **Geographic**은 지리와 관련된 단체와 출판물의 명칭에 사용한다.

...the Royal ***Geographical*** Society of Oslo. 오슬로 왕립 지리 학회.
...the latest issue of National ***Geographic***. 내셔널 지오그래픽 잡지의 최신호.

지리 교육과 관련 있는 것을 말할 때, 〔**geography**+명사〕 형식을 사용한다. 이때 **geographical**이나 **geographic**을 사용하지 않는다.

...a ***geography*** book. 지리책.
...my ***geography*** course. 나의 지리 수업.

get

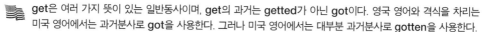

get은 여러 가지 뜻이 있는 일반동사이며, get의 과거는 getted가 아닌 got이다. 영국 영어와 격식을 차리는 미국 영어에서는 과거분사로 got을 사용한다. 그러나 미국 영어에서는 대부분 과거분사로 gotten을 사용한다.

➲ Usage 표제어 gotten 참조.

1 used to mean 'become'(become의 뜻으로 사용하기)

get은 become(되다)의 뜻으로 매우 자주 사용한다.

The sun shone and I ***got*** very brown. 태양이 내리쬐어 나는 햇볕에 탔다.
I ***was getting*** quite hungry. 나는 매우 배가 고팠다.

➲ Usage 표제어 become 참조.

2 used to form passives(수동태를 만들 때 사용하기)

회화에서 수동태를 만들 때, be동사 대신 get을 자주 사용한다.

My husband ***got*** fined in Germany for crossing a road. 내 남편은 독일에서 도로를 건너다가 벌금을 물었다.
Our car ***gets*** cleaned about once every two months. 우리는 약 두 달에 한 번씩 세차를 한다.

ℹ 계획하지 않은 일이나, 의도하지 않은 일이나, 의도했던 것보다 더 늦게 혹은 의도했던 것만 못하게 일어난 일을 나타낼 때, 위와 같이 get을 사용한다.

격식을 차린 영어에서 수동태를 만들 때는 get을 사용하지 않는다.

3 used to describe movement(움직임을 묘사할 때 사용하기)

어려움을 수반하는 움직임을 나타낼 때, go 대신 get을 사용한다.

We ***got*** along the street as best we could. 우리는 가능한 한 최선을 다해서 그 거리를 따라갔다.
I don't imagine we can ***get*** over that wall. 나는 우리가 저 벽을 넘어갈 수 있다고 생각하지 않는다.

[get + in · into · on · out] 형식은 차량에서 승하차하거나 건물의 출입을 나타낼 때에도 사용한다.

Sometimes I would ***get into*** my car and drive into San Diego.
때때로 나는 차를 타고 샌디에이고로 운전을 해가곤 했다.
I ***got out*** of there as fast as possible. 나는 그곳에서 가능한 한 빨리 빠져나왔다.

➲ Usage 표제어 go into와 go out 참조.

4 'get to'

get to는 어떤 장소에 '도착하다'라는 뜻이다.

When we ***got to*** Firle Beacon we had a rest. 우리는 피를 비콘에 도착한 후에 휴식을 취했다.

[get to + 동사] 형식은 누군가가 특정한 태도를 점차 몸에 익히거나, 어떤 것을 인식해 가거나, 다른 사람이나 사물을 서서히 알아가다라고 할 때에도 사용한다.

I ***got to*** hate surprises. 나는 놀라는 것이 싫어졌다.
I ***got to*** know Shrewsbury. 나는 슈루즈베리를 알게 되었다.

➲ Usage 표제어 get to – grow to 참조.

5 transitive uses of 'get'(타동사로 사용하기)

get은 어떤 것을 얻거나 받다라는 뜻이다.

He's trying to ***get*** a flat. 그는 아파트를 얻으려 노력하고 있다.
I ***got*** the anorak for Christmas. 나는 크리스마스에 아노락(후드가 달린 방한용 재킷)을 받았다.

get a meal은 식사를 준비하다라는 뜻이다.

He was in the galley ***getting*** supper. 그는 배의 주방에서 저녁 식사를 준비하고 있었다.
She was ***getting*** breakfast as usual. 그녀는 평상시처럼 아침 식사를 준비하고 있었다.

➲ Usage 표제어 cook 참조.

6 'have got'

got을 have got이라는 표현에도 사용한다.

➲ Usage 표제어 have got 참조.

get away

➲ Usage 표제어 escape와 leave 참조.

get to – grow to

〔get to · grow to + 동사〕 형식은 누군가가 특정한 태도를 점차 몸에 익히다라는 뜻에 사용한다. grow to는 get to보다 더 격식을 차린 표현이다.

I *got to* like the whole idea. 나는 점점 그 아이디어 모두가 마음에 들게 되었다.
I *grew to* dislike working for the cinema. 나는 영화 산업에 종사하는 것에 대해 점점 싫증이 났다.

어떤 일을 점차 인식해 가거나, 다른 사람이나 사물을 서서히 알아가다라는 뜻에도 get to를 사용한다.

I *got to* realize it more as I grew older. 나는 나이가 들면서 그것에 대해 더욱 분명히 깨닫게 되었다.
I *got to* know a few people. 나는 몇 사람을 알게 되었다.

get to do something은 어떤 일을 할 기회가 있어서 그 일을 하게 되다라는 뜻이다.

I *got to* do a little work in Cuba. 나는 쿠바에서 일을 조금 하게 되었다.
They *get to* stay in nice hotels. 그들은 훌륭한 호텔에서 숙박하고 있다.

get up

➲ Usage 표제어 rise – raise 참조.

girl

1 'girl'

girl은 두 가지 뜻이 있다.

girl은 '여자 아이'를 일컬을 때 사용한다.

...a *girl* of eleven. 11살의 여자 아이.

약 30세까지의 '젊은 여자'를 일컬을 때에도 girl을 사용한다.

We'd been invited to the wedding of a *girl* we knew. 우리는 알고 지내는 한 여자의 결혼식에 초대를 받았다.
At the next table was a pretty *girl* waiting for someone. 옆 테이블에는 누군가를 기다리고 있는 아름다운 여자가 있었다.

2 'little girl'

10세 이하의 '여자 아이'는 little girl이라고 한다.

She's a very well behaved *little girl*. 그녀는 매우 예의 바르게 행동하는 여자 아이이다.

3 'young woman'

대부분의 젊은 여자들은 girl가 아닌 woman으로 불리는 것을 선호한다. 격식을 차린 글에서는 girl보다 young woman이라는 표현을 사용한다.

The Society aims to serve the needs of *young women*. 그 단체는 젊은 여성들의 요구를 충족시키는 것을 목표로 한다.

미국 영어에서는 젊은이들이 젊은 여성을 말할 때, woman이나 girl의 사용을 피하기 위해 때때로 female을 사용한다.

I cannot say for certain, as she is a *female*. 그녀가 여성이기 때문에 나는 확실하게 말할 수 없다.

give

1 form and word order(형식과 어순)

give는 여러 가지 뜻이 있는 일반동사이다. give의 과거는 gived가 아닌 gave이며, 과거분사는 given이다.

give는 일반적으로 간접목적어를 취한다. give가 간접목적어와 직접목적어를 둘 다 취할 경우, 간접목적어가 앞에 오기도 하고 직접목적어가 앞에 오기도 한다.

2 physical actions(육체적인 행동)

give가 육체적인 행동을 나타낼 경우, 〔give + 간접목적어 + 직접목적어〕 형식을 사용한다. 예를 들면, '그는 공을 찼다.'는 ~~**He gave a kick to the ball.**~~이 아닌 **He *gave the ball a kick*.**이라고 한다.

He *gave the door a push*. 그는 문을 밀었다.

Judy *gave Bal's hand a squeeze*. 주디는 발의 손을 꽉 쥐었다.

3 expressions and gestures(표현과 몸짓)

give가 표현이나 몸짓을 나타낼 경우에도 〔give + 간접목적어 + 직접목적어〕 형식을 사용한다.

He *gave her a fond smile*. 그는 그녀에게 다정한 미소를 지었다.

As he passed me, he *gave me a wink*. 그가 지나가면서 나에게 윙크를 했다.

4 effects(영향)

give가 사람이나 사물에 의해 생긴 영향을 나타낼 경우에도 〔give + 간접목적어 + 직접목적어〕 형식을 사용한다.

I thought I'd *give you a surprise*. 나는 당신을 놀라게 했다고 생각했다.

That noise *gives me a headache*. 그 소음은 내 머리를 아프게 한다.

5 things(사물)

누군가에게 어떤 것을 주고, 그 사람이 그것을 받았을 때, give를 사용한다. give가 이런 뜻일 경우, 간접목적어는 직접목적어 앞에 올 수도 있고 뒤에 올 수도 있다. 직접목적어가 간접목적어 앞에 오는 경우에는 간접목적어 앞에 to를 사용한다.

She *gave Minnie* the keys. 그녀는 미니에게 열쇠를 주었다.

He *gave* the letter *to the platoon commander*. 그는 소대장에게 그 편지를 주었다.

그러나 직접목적어가 대명사이고 간접목적어가 대명사가 아닌 경우에는 직접목적어가 먼저 와야 한다. 예를 들면, '그는 그것을 아버지에게 주었다.'는 ~~**He gave his father it.**~~이 아닌 **He *gave it to his father*.**라고 한다.

He poured some whisky and *gave it to Atkinson*. 그는 위스키를 잔에 약간 따라서 애트킨슨에게 주었다.

6 information(정보)

누군가에게 정보를 주거나 충고, 경고, 명령을 할 때, give를 사용한다. give가 이런 뜻일 경우, 간접목적어는 직접목적어의 앞에 올 수도 있고 있고 뒤에 올 수도 있다.

Castle *gave the porter* the message. 캐슬은 짐꾼에게 서신을 주었다.

Dad *gave* a final warning *to them* not to look at the sun. 아빠는 그들에게 태양을 쳐다보지 말라고 마지막 경고를 했다.

He *gave* an order *to his subordinates*. 그는 부하들에게 명령을 했다.

given name

➲ Usage 표제어 Christian name – first name – forename – given name 참조.

glad – happy – pleased

1 'glad'

glad는 어떤 일에 대해 '기쁘다'라는 뜻이다.

I'm so *glad* that Dr. Herenton won. 나는 헤렌턴 의사가 이겨서 매우 기쁘다.
She seemed *glad* of the chance to get rid of the responsibility.
그녀는 의무감에서 벗어날 기회를 얻게 되어 기뻐 보였다.

➲ 기쁨의 정도를 나타내는 단어의 분류 목록은 Usage 표제어 **pleased – disappointed** 참조.

2 'happy'

glad는 명사 앞에 사용하지 않는다. 또한 어떤 사람의 인생에서 특정한 기간의 정신 상태를 나타낼 때에도 사용하지 않는다. 누군가가 만족하며 인생을 즐긴다고 할 경우에는 **glad**가 아닌 **happy**를 사용한다.

She always seemed such a *happy* woman. 그녀는 언제나 행복한 여성인 것 같았다.

3 'cheerful'

cheerful은 미소를 짓고 많이 웃어서 '즐거워 보이는'이라는 뜻이다.

She had remained *cheerful* and energetic throughout the trip. 그녀는 여행 내내 쾌활하고 활기차게 지냈다.

➲ 행복한 정도를 나타내는 단어의 분류 목록은 Usage 표제어 **happy – sad** 참조.

---

glasses

glasses는 사물을 더 잘 보이도록 테에 끼워 착용하는 2개의 렌즈, 즉 '안경'이라는 뜻이다.

He took off his *glasses*. 그는 안경을 벗었다.
...a girl with red hair and *glasses*. 빨간 머리에 안경을 쓴 여자 아이.

glasses는 복수명사로, **a glasses**가 아닌 **a pair of glasses**라고 한다.

Gretchen took *a pair of glasses* off the desk. 그레첸은 책상에서 안경을 집어 들었다.

glasses가 주어인 경우, 복수동사를 사용한다. **a pair of glasses**가 주어이면 단수동사를 사용한다.

My glasses *are* misted up. 내 안경에 김이 서려 있다.
A pair of glasses *costs* more than a pair of tights. 안경 하나가 타이츠 한 켤레보다 더 비싸다.

---

go

1 describing movement(움직임을 묘사하기)

어떤 곳에서 다른 곳으로 가거나, 어느 장소를 지나가거나 관통하는 움직임을 나타낼 때, **go**를 사용한다.

➲ Usage 표제어 **come** 참조.

go의 과거는 **went**이고, 과거분사는 **gone**이다.

I *went* to Stockholm. 나는 스톡홀름에 갔다.
A girl *went* past, smiling to herself. 여자 아이가 혼자 미소를 지으며 지나갔다.
Ceila *had gone* to school. 세일라는 학교에 갔다.

2 using 'get'(get을 사용하기)

어려움을 수반하는 움직임을 나타낼 때, **go**보다 **get**을 자주 사용한다. 예를 들면, '우리는 그 벽을 겨우 넘어갔다.'는 ~~**We managed to go over the wall.**~~이 아닌 **We managed to *get* over the wall.**이라고 한다.

It used to take them three days to *get* to school. 그들을 학교에 데려다 주는 데 3일이 소요되곤 했다.
Nobody can *get* past. 아무도 지나갈 수 없다.
Frankie and Clive were trying to *get* through the window. 프랭키와 클리브는 창문을 통해 나가려고 시도하고 있었다.

➲ Usage 표제어 **get** 참조.

3 leaving(떠나기)

사람이나 사물이 어떤 장소를 떠나다라고 할 경우, 때때로 **go**를 사용한다.

'I must *go*.' she said. "저는 가야 합니다."라고 그녀가 말했다.

Our train *went* at 2.25. 우리 기차는 2시 25분에 떠났다.

➲ Usage 표제어 leave 참조.

4 'let go'

let **a person/an animal *go*는 붙잡고 있는 사람이나 동물을 놔주거나 풀어 주다라는 뜻이다.**

Let me *go*! 저를 가게 해주세요.

I'm quite happy really to net a fish and then *let* it *go*.
나는 어망으로 물고기를 잡은 후에 바로 그 고기를 놓아주는 것을 아주 좋아한다.

➲ Usage 표제어 release – let go 참조.

5 'have gone' and 'have been'

have gone **somewhere는 어떤 곳을 방문하거나 그곳에서 살고 있다라는 뜻이다.**

He *has gone* to Argentina. 그는 아르헨티나로 가버렸다.

Someone said she'*d gone* to Wales. 누군가가 그녀가 웨일스에 간 적이 있다고 말했다.

미국 영어에서는 어떤 곳을 방문했다가 다시 돌아온다고 할 때, **have gone**을 사용한다. 반면에 영국 영어에서는 **have been**을 사용한다.

I'*ve* never *gone* to Italy. 나는 이탈리아에 간 적이 없다.

I'*ve been* to Santander many times. 나는 산탄데르에 여러 번 갔다 왔다.

6 talking about activities(활동을 말하기)

활동을 나타낼 때, 〔go + -ing〕 형식을 사용할 수 있다.

Let's *go shopping*! 쇼핑하러 갑시다.

We *went exploring* together in the fields. 우리는 함께 현장에 조사하러 나갔다.

〔go for + 명사구〕 형식도 활동을 나타낼 때 사용할 수 있다.

They *went for a hike*. 그들은 하이킹을 하러 갔다.

She said you *were going for a swim*. 그녀는 당신이 수영하러 갔다고 말했다.

> **주의** 활동을 나타낼 때, [go to + 원형부정사] 형식을 사용하지 않는다. 예를 들면, ~~They went to fish below the falls.~~나 ~~He went to hike.~~라고 하지 않는다.

7 'go and'

go and **do something은 무언가를 하기 위해 어떤 곳에서 다른 곳으로 움직이다라는 뜻이다.**

I'll *go and* see him in the morning. 나는 아침에 가서 그를 만날 것이다.

Let's *go and* have a drink somewhere. 어디로 가서 술 한잔합시다.

I *went and* fetched another glass. 나는 가서 다른 유리잔을 가져왔다.

8 'be going to'

미래를 나타낼 때 be going to를 사용하는데, 어떤 일이 일어나거나 일어나도록 의도하다라는 뜻이다.

She told him she *was going to* leave her job. 그녀는 직장을 그만둘 계획이라고 그에게 말했다.

I'*m not going to* be made a scapegoat. 나는 희생양이 되지 않을 것이다.

➲ Grammar 표제어 The Future 참조.

9 used to mean 'become'(become의 뜻으로 사용하기)

go는 때때로 become(되다)의 뜻으로 사용한다.

The water *had gone* cold. 물이 식었다.

I'*m going* bald. 나는 대머리가 되어 간다.

➲ Usage 표제어 become 참조.

go away

Usage 표제어 leave 참조.

go into

1 'go into'

건물이나 방에 들어갈 때, 일반적으로 **go into**나 **go in**을 사용한다.

One day I ***went into*** the church. 어느 날, 나는 그 교회로 들어갔다.
She took him into a small room, switching on the light as she ***went in***.
그녀는 그를 조그만 방으로 데리고 들어가면서 전등을 켰다.

2 'get into'

자동차에 탈 때는 **get into**나 **get in**을 사용한다.

I saw him ***get into*** a cab. 나는 그가 택시 안으로 들어가는 것을 보았다.
I walked to the van, ***got in*** and drove away. 나는 밴으로 걸어 들어가서 차를 몰고 떠났다.

엘리베이터, 작은 배, 작은 비행기에 탈 때도 **get into**를 사용한다.

3 'get on' and 'board'

버스, 기차, 큰 비행기, 큰 배를 탈 때, **get on**이나 **board**를 사용한다.

George ***got on*** the bus with us. 조지는 우리와 함께 그 버스에 탔다.
Griffiths took a taxi to the Town station and ***boarded*** a train there.
그리피스는 택시를 타고 타운 역에 가서 그곳에서 기차에 탑승했다.

4 'embark'

배에 승선할 때, **embark on**을 사용한다.

She ***had embarked on*** the S.S. Gordon Castle at Tilbury. 그녀는 틸버리 항구에서 S.S. 고든 캐슬 호에 승선했다.

> **주의** 차량에 타다라고 할 경우, **go into**라고 말하지 않는다.

5 entering with difficulty(어렵게 들어가기)

건물이나 방에 어렵게 들어갈 때, **get into**나 **get in**을 사용한다.

We tried to ***get into*** the dormitory unnoticed. 우리는 그 기숙사에 눈에 띄지 않고 들어가려고 했다.
It cost three pounds to ***get in***. 입장하는 데 3파운드가 들었다.

good – well

1 'good'

good은 어떤 것이 즐겁거나, 받아들일 수 있거나, 만족스럽다라는 뜻이다. **good**의 비교급은 **gooder**가 아닌 **better**이고, 최상급은 **best**이다.

Your French is probably ***better*** than mine. 당신은 아마도 나보다 프랑스어를 더 잘할 것이다.
Some of our ***best*** English actors have gone to live in Hollywood.
우리가 가장 좋아하는 영국 배우들 중 일부는 할리우드에서 살기 위해 가버렸다.

2 'well'

good은 부사가 아니다. 어떤 것을 높은 수준이나 상당한 정도까지 할 때는 **good**이 아닌 **well**을 사용한다.

She speaks French ***well***. 그녀는 프랑스어를 잘한다.
You say you don't know this man very ***well***? 당신은 이분을 잘 모른다고 말했습니까?

Usage 표제어 well 참조.

well의 비교급은 **more well**이 아닌 **better**이고, 최상급은 **best**이다.

People are ***better*** housed than ever before. 사람들은 옛날보다 더 좋은 주거 환경에서 살고 있다.

The film works ***best*** as a marital drama. 이 영화는 결혼 생활에 관한 드라마로 최고의 작품이다.

➲ Usage 표제어 better 참조.

---

good-looking

➲ Usage 표제어 beautiful 참조.

---

goods – possessions

1 'goods'

goods는 팔기 위해 만든 '상품'을 뜻한다. **goods**는 복수명사로, **goods** 앞에 **a**를 사용할 수 없으며 **goods** 뒤에는 복수동사를 사용한다.

...a wide range of electrical ***goods***. 여러 종류의 전기 제품들.

You are responsible for seeing that your ***goods are*** insured. 당신은 회사 제품이 안전한지 확인하는 일에 책임이 있다.

2 'possessions'

사람이 소유하고 있는 물건은 **goods**가 아닌 **possessions**라고 한다.

He had few ***possessions***. 그는 소유물이 거의 없었다.

I kept one room locked, with my most treasured ***possessions*** inside.
나는 내 가장 소중한 물품들을 방 안에 넣고 문을 잠갔다.

---

go on

구동사 **go on**은 뒤에 **-ing**가 오는지 **to**부정사가 오는지에 따라 그 뜻이 달라진다. ***go on doing*** **something**은 어떤 일을 계속해서 하다라는 뜻이다.

But I just ***went on eating*** like I hadn't heard a thing. 그러나 나는 하나도 듣고 있지 않은 것처럼 계속 먹기만 했다.

I'***ll go on trying*** to persuade him. 나는 그를 설득하기 위해 계속 노력할 것이다.

go on to do **something**은 어떤 일을 한 후에 다른 일을 하다라는 뜻이다.

She ***went on to talk*** about the political consequences.
그녀는 정치적으로 일어난 결과에 대해 이야기를 계속했다.

He later ***went on to*** form a successful computer company. 그는 나중에 성공적으로 컴퓨터 회사를 설립했다.

---

go out

1 'go out'

go out (of)은 건물이나 방에서 밖으로 '나가다'라는 뜻이다.

He threw down his napkin and ***went out*** of the room. 그는 자기의 냅킨을 집어던진 후에 그 방에서 나가 버렸다.

I ***went out*** into the garden. 나는 밖으로 나와서 정원으로 갔다.

He bowed and ***went out***. 그는 인사를 한 후에 나갔다.

2 'get out'

get out (of)은 차에서 '내리다'라는 뜻이다.

We ***got out*** of the car. 우리는 차에서 내렸다.

I ***got out*** and examined the right rear wheel. 나는 차에서 내려서 차의 오른쪽 뒷바퀴를 검사했다.

엘리베이터, 비행기, 작은 보트에서 내릴 경우에도 **get out**을 사용한다.

3 'get off'

get off는 버스나 기차에서 '내리다'라는 뜻이다.

When the train stopped, he ***got off***. 기차가 정차한 후에 그는 기차에서 내렸다.
Get off at Mayfield Church. 메이필드 처치 역에서 내리세요.

비행기에서 내릴 경우에도 **get off**를 사용한다.

> 주의 차량에서 내리다라고 할 경우, **go out**이라고 말하지 않는다.

4 leaving with difficulty(어렵게 떠나기)

어렵게 건물이나 방에서 나오는 경우, **get out (of)**을 사용한다.

I ***got out*** of the room somehow and made for the bathroom. 나는 어떻게 해서든 그 방을 빠져나와서 화장실로 갔다.

---

got

got은 동사 **get**의 과거형이다. 영국 영어와 미국 영어의 일부 뜻에서 **got**은 동사 **get**의 과거분사로도 쓰인다.

Usage 표제어 get 참조.

got은 **have got**이라는 표현에도 사용한다.

Usage 표제어 have got 참조.

---

gotten

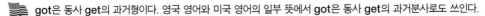

미국 영어에서 **gotten**은 일반적으로 **get**의 과거분사로 사용한다. **gotten**은 어떤 것을 얻거나, 받아들이거나, 되거나, 존재하게 하다라는 뜻에 사용한다.

He could have ***gotten*** his boots without anyone seeing him.
그는 다른 사람에게 들키지 않고 그를 보지 않을 때, 자신의 장화를 가져갈 수도 있었다.
He'd ***gotten*** some tear gas in his eyes. 약간의 최루 가스가 그의 눈에 들어갔다.
His leg may have ***gotten*** tangled in a harpoon line. 그의 다리가 작살 줄에 엉켜 있었을지도 모른다.
I had gone to work and ***gotten*** quite a lot done. 나는 직장에 가서 아주 많은 일을 했다.

gotten은 구동사와 구에도 사용한다.

No one had ***gotten around*** to cleaning up the mess. 어질러 놓은 것을 치우는 사람은 아무도 없었다.
He must have ***gotten up*** at dawn. 그는 새벽에 일어났음에 틀림없다.
We should have ***gotten rid of*** him. 우리는 그를 없애야 했다.
She had ***gotten married*** and given birth to a child. 그녀는 결혼을 해서 아이를 낳았다.

> 주의 **possess**(가지다)의 뜻으로 **have gotten**을 사용하지 않는다. 예를 들면, ~~**I have gotten a headache.**~~나 ~~**He has gotten two sisters.**~~라고 하지 않는다.
>
> **must**(해야 한다)의 뜻으로도 **have gotten**을 사용하지 않는다. 예를 들면, **I had gotten to see the President.**는 '나는 대통령을 만나는 데 성공했다.'라는 뜻이며, '나는 대통령을 만나야만 했다.'라는 뜻이 아니다.
>
> Usage 표제어 get to – grow to 참조.
>
> 영국 영어에서 **get**의 과거분사는 **gotten**이 아닌 **got**이다.

---

government

government는 나라를 통치하는 데 책임이 있는 사람들의 집단, 즉 '정부'라는 뜻이다. **government**가 주어인 경우, 단수동사나 복수동사 중에 하나를 사용할 수 있다.

The government ***has*** had to cut back on public expenditure. 정부는 공공 지출을 삭감해야만 했다.

The government ***have*** made up their minds that they are going to win no matter what.
정부는 무슨 일이 있어도 이기기로 결단을 내렸다.

미국 영어에서 **government**가 주어인 경우에는 일반적으로 단수동사를 사용한다. 미국 대통령과 대통령의 통치를 돕도록 임명된 사람들, 즉 '행정부'를 말할 때 미국 영어에서는 **administration**이라는 단어를 사용한다.

He pledged that his ***administration*** will consult with allies and Congress.
그는 자신의 행정부가 동맹국과 국회와 함께 협의할 것을 서약했다.

---

go with

Usage 표제어 **accompany** 참조.

---

grade

Usage 표제어 **class – form – grade** 참조.

---

graduate

graduate는 종합 대학이나 단과 대학에서 학사 학위를 성공적으로 마치고 졸업한 사람, 즉 '졸업생'이라는 뜻이다.

미국에서 **high school graduate**는 고등학교를 졸업한 사람이라는 뜻이다.

Usage 표제어 **high school** 참조.

학사 학위를 마치고 더 높은 학위를 취득하기 위해 공부하는 학생을 **graduate student**, **postgraduate student**, **post-graduate**라고 한다. 미국에서는 일반적으로 **graduate student**라고 한다.

---

great

Usage 표제어 **big – large – great** 참조.

---

greatly

Grammar 표제어 **Adjuncts**의 **degree** 참조.

---

grill

Usage 표제어 **cook** 참조.

---

ground floor

영국 영어에서는 바닥과 같은 높이의 층, 즉 1층을 **ground floor**라고 하고 2층을 **first floor**, 3층을 **second floor**라고 한다.

미국 영어에서는 1층을 **first floor**, 2층을 **second floor**라고 한다. 예를 들면, 3층짜리 건물의 가장 높은 층을 영국 영어에서는 **second floor**, 미국 영어에서는 **third floor**라고 한다.

---

grow

1 'grow'

grow는 어린아이나 동물이 몸집이 커지고 키가 자라다, 즉 '성장하다'라는 뜻이다. **grow**의 과거는 **growed**가 아닌 **grew**이며, 과거분사는 **grown**이다.

Babies who are small at birth ***grow*** faster. 출산할 때 체중이 적은 아기들이 더 빨리 자란다.
The animal ***grew*** to a height of over a metre. 그 동물은 키가 1미터 이상 자랐다.
Has he ***grown*** any taller? 그는 키가 좀 더 컸나요?

2 'grow up'

grow up은 어린아이에서 어른으로 점차 '성장하다'라는 뜻이다. 사람들은 자신이 성장했던 장소나 시기에 대해 자주 말한다.

He ***grew up*** in Cambridge. 그는 케임브리지에서 성장했다.

They ***grew up*** in the early days of television. 그들은 텔레비전이 처음 나왔던 시절에 성장했다.

> **주의** **grow up**를 **bring up**과 혼동하지 않도록 주의해야 한다. **bring up**은 타동사로, 누군가가 아이를 돌보고 아이가 사회생활에 적응할 수 있도록 도와주는 과정을 나타낸다.
>
> ...we both felt the town was the perfect place to ***bring up*** a family.
> 우리 둘 다 그 도시가 한 가족을 양육하기에 완벽한 장소라고 느꼈다.
>
> 부모가 자식을 양육하다는 **grow up**이 아닌 **bring up**이라고 한다.
>
> ➲ Usage 표제어 bring up – raise – educate 참조.

3 used to mean 'become' (become의 뜻으로 사용하기)

grow는 **become**(되다)의 뜻으로도 사용한다.

He'***s growing*** old. 그는 늙어 가고 있다.

➲ Usage 표제어 become 참조.

4 'grow to'

grow to는 누군가가 특정한 태도를 점진적으로 몸에 익히다라는 뜻이다.

I ***grew to*** hate those smiling faces. 나는 그들의 웃는 표정을 혐오하게 되었다.

➲ Usage 표제어 get to – grow to 참조.

---

guardian – guard

1 'guardian'

guardian은 부모가 죽어서 부모의 일을 돌보기 위해 법적으로 임명된 사람, 즉 '후견인'이라는 뜻이다.

Geldof has plenty of money to care for Tiger Lilly himself as her legal ***guardian***.
겔도프는 타이거 릴리의 법적 후견인으로서 그녀를 돌볼 충분한 돈을 갖고 있다.

2 'guard'

영국 영어에서 열차로 이동하면서 열차의 정시 도착이나 출발을 책임지는 열차 차장을 **guardian**이 아닌 **guard**나 **conductor**라고 한다.

미국 영어에서는 열차 차장을 **conductor**라고 한다.

If anybody has lost anything, please contact the ***guard*** at the back of the train.
분실물이 있으신 분은 열차의 마지막 칸에 있는 차장에게 연락해 주세요.

The ***conductor*** stopped the train, and Union Pacific called 911 to report the fire.
차장은 열차를 세웠고, 유니언 퍼시픽 철도는 911로 화재 신고를 했다.

---

guess

1 'guess'

guess는 어떤 일이 아마 사실일 것이라고 '추측하다'라는 뜻이다.

By this time they'***d guessed*** that something was gravely wrong.
이때까지 그들은 무언가가 심각하게 잘못됐다고 추측했다.

I should have ***guessed*** that you were a detective. 나는 당신이 형사임을 짐작했어야 했다.

맞는 것인지는 모르는 상태지만 어떤 문제나 질문에 대한 정확한 답을 찾았을 때, 대답을 하다라는 뜻에도 **guess**를 사용한다.

I *had guessed* the identity of her lover. 나는 그녀의 애인이 누구인지 짐작했다.

2 'I guess'

I guess는 어떤 일이 사실이거나 사실인 것처럼 보일 때 사용한다.

I guess I got the news a day or so late. 나는 그 소식을 하루나 더 늦게 들은 것 같다.
'What's that?' – 'Some sort of blackbird, *I guess*.' "저것은 무엇인가?" – "제 생각에는 검은지빠귀의 일종인 것 같아요."

때때로 상대의 물음에 대한 긍정적인 대답에도 **I guess so.**라고 하며, ~~**I guess it.**~~이라고 하지 않는다.

'You think you can find out something about Larry's partners?' – '*I guess so*.'
"당신이 래리의 파트너에 대한 정보를 얻을 수 있다고 생각하세요?" – "그렇게 생각해요."
'Does that answer your question?' – 'Yeah, *I guess so*.'
"그것이 당신의 질문에 대한 대답입니까?" – "예, 그렇다고 생각해요."

I guess not.은 부정적인 서술에 대해 동의를 표하거나 부정적인 질문에 동의하여 대답할 때 사용한다.

'So no one actually saw this shark.' – 'No, *I guess not*.'
"그래서 이 상어를 실제로 본 사람은 아무도 없어요." – "예, 당신의 말에 동의해요."

위와 같은 표현은 영국 영어보다 미국 영어에서 더 일반적으로 사용한다.

---

guilty

feel guilty about doing **something**은 어떤 일을 잘못해서 기분이 좋지 않다, 즉 '죄책감을 느끼다'라는 뜻이다.

Some people *feel guilty about being* so much richer than the rest of the world.
일부 사람들은 다른 사람들보다 자신들이 훨씬 부유한 것에 대해 죄책감을 느끼고 있다.
I *feel guilty about using* all that water. 나는 그 물을 다 써버려서 죄책감을 느끼고 있다.

i feel guilty 뒤에 to부정사를 사용하지 않는다. 예를 들면, ~~Some people feel guilty to be so much richer than the rest of the world.~~라고 하지 않는다.

---

gymnasium

gymnasium은 철봉, 매트, 줄 등과 같은 운동 기구가 설치된 운동할 수 있는 건물이나 큰 방, 즉 '체육관'이라는 뜻이다. 회화에서는 주로 **gymnasium**을 **gym**이라고 한다.

> 주의 **gymnasium**은 영국이나 미국의 중등학교를 뜻하지 않는다. 일반적으로 영국의 중등학교는 **secondary school**이라고 한다.
> 미국에서 중등학교는 **high school**이라고 한다.
> ➲ Usage 표제어 high school 참조.

H h

habit – custom

1 'habit'

habit는 개인이 자주 또는 규칙적으로 특정한 이유 없이 일반적으로 하는 행동, 즉 '습관'이라는 뜻이다.

He had a nervous ***habit*** of biting his nails. 그는 손톱을 물어뜯는 초조해하는 습관이 있었다.
I wish I could get out of this ***habit***. 나는 이 습관에서 벗어나고 싶다.

2 'custom'

custom은 특정한 상황이나 특정 기간 동안 사회에서 사람들이 하는 행동, 즉 '관습'이라는 뜻이다.

It is the ***custom*** to take chocolates or fruit when visiting a patient in hospital.
입원한 환자에게 병문안 갈 때 초콜릿이나 과일을 갖고 가는 게 관습이다.
My wife likes all the old English ***customs***. 내 아내는 영국의 모든 오래된 관습을 좋아한다.

hair

hair는 가산명사나 불가산명사로 사용한다.

1 used as a count noun(가산명사로 사용하기)

머리와 몸에서 자라고 있는 각각의 털을 hair라고 하며, 여러 가닥의 머리털이나 신체의 털은 hairs라고 한다.

...two strands of high-purity glass, each thinner than a human ***hair***.
사람의 머리카락 한 올보다 더 가는 높은 순도의 유리로 된 두 가닥의 줄.
...the black ***hairs*** on the back of his hands. 그의 손등에 난 검은 털들.

2 used as an uncount noun(불가산명사로 사용하기)

그러나 '머리카락 전체'는 hairs가 아닌 hair라고 한다.

I washed my hands and combed my ***hair***. 나는 손을 씻고 머리를 빗었다.
...a young woman with long blonde ***hair***. 긴 금발 머리의 한 젊은 여성.

half – half of

1 used in front of noun groups(명사구 앞에 사용하기)

half나 half of는 합치면 전체의 양이 되거나 하나의 사물이 되는 두 개의 동일한 부분 중 하나, 즉 '절반'이라는 뜻이다.

〔half · half of + 한정사 + 명사구〕 형식을 사용하며, 일반적으로 half를 더 많이 사용한다.

He had finished about ***half his drink***. 그는 술을 절반쯤 마셨다.
She is allowed to keep ***half of her tips***. 그녀는 자신의 팁의 절반을 갖도록 허락받았다.
She'd known me ***half her life***. 그녀는 반평생 동안 나를 알고 지냈다.
For ***half of her adult life*** she has been pregnant. 그녀는 성인 시절의 절반을 임신 상태로 있었다.

ⓘ 표준 영어에서는 the half of라고 하지 않는다.

metre, kilogram, hour 등의 단위 앞에는 half of가 아닌 half를 사용한다.

They were nearly ***half a mile*** away. 그들은 거의 반 마일 정도 떨어져 있었다.
The fault was fixed in ***half an hour***. 그 결함은 30분 만에 고쳐졌다.

They had been friends for about ***half a century***. 그들은 약 50년 동안 친구로 지내 왔다.

〔half of + 대명사〕 형식을 사용하고, 〔half + 대명사〕 형식은 사용할 수 없다.

The waitress brought the drink she had ordered, and Ellen drank ***half of it*** immediately.
웨이트리스는 그녀가 주문한 술을 가져왔고 엘렌은 곧바로 그 술의 반을 마셨다.

More than ***half of them*** have gone back to their home towns. 그들 중 절반 이상이 고향으로 돌아갔다.

〔half of + 목적격 대명사(them, us)〕 형식을 사용하고, 주격 대명사(they, we)를 사용할 수 없다.

Half of them have had no education at all. 그들 중 절반은 교육을 전혀 받지 못했다.

If production goes down by half, ***half of us*** lose our jobs.
만약 생산량이 반으로 줄어들면 우리 중 절반이 직장을 잃게 된다.

〔half · half of + 단수명사 · 단수대명사〕 형식이 주어이면 단수동사를 사용한다.

Half her property ***belongs*** to him. 그녀의 재산 중 절반은 그의 것이다.

Half of it ***was*** exposed above water. 그것의 절반이 수면 위에 드러나 있었다.

〔half · half of + 복수명사 · 복수대명사〕 형식이 주어이면 복수동사를 사용한다.

Half my friends ***have*** jobs and wives and children. 내 친구들 중 절반은 직업과 아내와 아이들이 있다.

Half of them ***were*** still married. 그들 중 절반은 여전히 결혼을 한 상태였다.

2 used as a pronoun(대명사로 사용하기)

half는 대명사로 사용할 수 있다.

Roughly ***half*** are French and roughly ***half*** are from North America.
대략 절반은 프랑스인이고 절반은 북아메리카 출신이다.

...some of the money for you, ***half*** for me. 그 돈의 일부는 당신 것이고 반은 내 것이다.

3 used as a noun(명사로 사용하기)

어떤 것의 특정한 부분을 말할 때, half를 명사로 사용할 수도 있다.

...***the first half*** of the eighteenth century. 18세기 전반부.

Philip Swallow rented an apartment in ***the top half*** of a two-storey house.
필립 스왈로는 2층짜리 집의 2층을 빌렸다.

hand

hand는 팔 끝에 있는 신체의 일부분, 즉 '손'이라는 뜻으로 다섯 손가락을 포함한다.

일반적으로 특정한 사람의 손을 가리킬 때는 the hand가 아닌 his hand나 her hand라고 하며, 자신의 손은 my hand라고 한다.

The young man held a letter in ***his hand***. 그 젊은 남자는 손에 편지를 들고 있었다.

Louise stood shading her eyes with ***her hand***. 루이스는 손으로 눈을 가린 채 서 있었다.

I raised ***my hand***. 나는 손을 들었다.

Some passengers had ***their hands*** bound. 일부 승객들의 손이 묶여졌다.

그러나 다른 사람의 손에 어떤 행위는 할 때는 보통 the hand를 사용한다.

I grabbed Rick by ***the hand***. 나는 릭의 손을 붙잡았다.

Father took his wife by ***the hand***. 신부(神父)가 그의 아내의 손을 잡았다.

handicapped

Usage 표제어 crippled 참조.

handsome

Usage 표제어 beautiful 참조.

USAGE

hang

1 'hang' something somewhere(어떤 곳에 사물을 매달기)

hang **something somewhere**는 어떤 곳에 사물을 매달 때 그 사물의 가장 꼭대기 부분만 걸쳐지게 하고 나머지 부분은 걸쳐지지 않도록 놓다, 즉 '걸다'라는 뜻이다. **hang**이 이러한 뜻일 경우, 과거와 과거분사는 **hung**이다.

She ***hung*** the kettle on the iron post. 그녀는 쇠기둥에 그 주전자를 걸었다.
He ***had hung*** the coat where he could see it. 그는 자신이 볼 수 있는 곳에 그 코트를 걸어 놓았다.

2 'hang' a person(사람의 목을 매달기)

hang **a person**은 누군가의 목에 밧줄을 매고 발을 지탱하고 있는 것을 치워서 공중에 매달아 죽이다, 즉 '목매달아 죽이다'라는 뜻이다. **hang**이 이러한 뜻일 경우, 과거와 과거분사는 **hanged**이다.

He went off and ***hanged*** himself. 그는 나가서 목매달아 자살했다.
Rebecca Smith ***was hanged*** in 1849. 레베카 스미스는 1849년에 교수형에 처해졌다.

3 other meanings(그 밖의 뜻)

hang은 위와 다른 몇 가지 뜻이 있으며, 구동사로도 쓰인다. 이러한 경우, **hang**의 과거와 과거분사는 **hung**이다.

Her long hair ***hung*** over her face. 그녀의 긴 머리카락이 그녀의 얼굴을 뒤덮었다.
The smell of paint ***hung*** in the air. 페인트 냄새가 공기 중에 배어 있었다.
'Good night.' He ***hung up*** the phone. "안녕히 주무세요." 하며 그는 전화를 끊었다.

happen

1 'happen'

happen은 계획하지 않은 일이 '일어나다'라는 뜻이다.

Then a strange thing ***happened***. 그러고 나서 이상한 일이 일어났다.
I dare say there'll be an investigation into what ***happened*** and why.
나는 감히 무슨 일이 일어났고 왜 그런 일이 일어났는지에 대한 조사가 있을 것이라고 말한다.

happen은 수동형이 없으므로, **be happened**라고 하지 않는다.

2 'take place', 'occur'

happen은 보통 **something**, **thing**, **what**, **this** 등과 같이 모호한 단어 뒤에 사용한다. 뜻이 더 정확한 단어 뒤에는 보통 **take place**나 **occur**를 사용한다.

The incident ***had taken place*** many years ago. 그 사건은 수년 전에 일어났다.
Mrs Weaver had been in the milking shed when the explosion ***occurred***.
폭발이 일어났을 때, 위버 부인은 소젖을 짜는 헛간에 있었다.

계획한 일이 일어날 때는 **happen**이 아닌 **take place**를 사용한다.

The first meeting of the committee ***took place*** on 9 January. 위원회의 첫 회의는 1월 9일에 열렸다.
The election ***took place*** in June. 선거는 6월에 치러졌다.

3 'happen to'

happen to는 어떤 일이 일어나서 사람이나 사물에 영향을 미치다라는 뜻이다.

I wonder what***'s happened to*** Jeremy? 나는 제레미에게 무슨 일이 일어났는지 궁금하다.
I'm sure something ***has happened to*** Molly. 나는 몰리에게 무슨 일이 일어났다고 확신한다.
If anything ***happens to*** the car, you'll have to pay for it.
만약 자동차에 무슨 일이 생긴다면, 당신이 그 비용을 부담해야 할 것이다.

ⓘ 위와 같은 문장에서 happen 뒤에 to 이외의 다른 전치사는 사용할 수 없다.

〔**happen + to**부정사〕 형식은 어떤 일이 우연히 일어나거나 사실일 때 사용한다. 예를 들면, '그가 이야기를 나누고 싶어했던 두 사람은 우연히도 같은 거리에 살고 있었다.'는 **The two people he wanted to speak to** lived in the same street. 대신 The two people he wanted to speak to ***happened to*** live in the same street.라고 한다.

I just *happened to be* in the wrong place at the wrong time. 나는 우연히 잘못된 시간에 잘못된 장소에 있었다.
If you *happen to see* Jane, ask her to phone me. 당신이 제인을 우연히 만나거든, 나에게 전화해 달라고 전해 주세요.

〔there + happen to + be동사〕 형식도 자주 사용한다. 예를 들면, '다음 거리에 마침 우체국이 있었다.'는 A post office happened to be in the next street. 대신 ***There happened to be*** a post office in the next street.라고 한다.

There happened to be a policeman on the corner, so I asked him the way.
마침 모퉁이에 경찰관이 있는 것을 보고 나는 그에게 길을 물었다.

ℹ 위와 같은 문장에서 there를 사용한다. 예를 들면, ~~Happened to be a post office in the next street.~~라고 하지 않는다.

---

happy – sad

행복함과 슬픔을 나타내는 형용사가 많이 있다. 다음의 형용사는 가장 행복한 것부터 가장 불행한 것까지 순서대로 정리해 놓은 것이다.

- **ecstatic, elated, euphoric**

His wife gave birth to their first child, and he was *ecstatic* about it. 그의 부인이 첫 아이를 낳자 그는 황홀했다.
'That was one of the best races of my life,' said an *elated* Hakkinen.
"그것은 내 일생에서 최고의 경주 중 하나였어."라고 의기양양하게 학키넨이 말했다.
It had received *euphoric* support from the public. 그것은 열화와 같은 대중의 지지를 받았다.

- **joyful, radiant, jubilant**

A wedding is a *joyful* celebration of love. 결혼식은 기쁨에 넘치는 사랑의 의식이다.
On her wedding day the bride looked truly *radiant*. 결혼식 날 신부는 정말 행복해 보였다.
Hogg was *jubilant* after winning the men's doubles for the 10th time.
호그는 남자 복식 경기에서 10번째 우승한 후에 환호했다.

- **happy, cheerful, jolly**

Marina was a confident, *happy* child. 마리나는 자신감이 넘치고 행복한 아이였다.
They are both very *cheerful* in spite of their colds. 그들 둘 다 감기에 걸렸음에도 불구하고 매우 쾌활하다.
She was a *jolly*, kindhearted woman. 그녀는 쾌활하고 친절한 여자였다.

- **light-hearted**

They were *light-hearted* and prepared to enjoy life. 그들은 근심이 없고 인생을 즐길 준비가 되어 있었다.

- **contented, fulfilled**

She was gazing at him with a soft, *contented* smile on her face.
그녀는 얼굴에 부드럽고 만족스러운 미소를 띠고 그를 바라보고 있었다.
I feel more *fulfilled* doing this than I've ever done. 나는 전에 했던 일보다 이 일에 더 만족감을 느낀다.

- **dissatisfied, moody, discontented**

82% of voters are *dissatisfied* with the way their country is being governed.
82퍼센트의 유권자들이 국가가 통치하는 방식에 불만을 나타내고 있다.
David's mother was unstable and *moody*. 데이비드의 어머니는 불안정하고 침울했다.
The government tried to appease *discontented* workers. 정부는 불만을 품은 노동자들을 달래려고 노력했다.

- **sad, unhappy, depressed, gloomy, glum, dejected, despondent, dispirited**

I'd grown fond of our little house and felt *sad* to leave it. 우리의 작은 집을 좋아하게 되었는데 떠나게 되어 슬펐다.
Her marriage is in trouble and she is desperately *unhappy*. 결혼 생활이 어려움에 처해 그녀는 너무나 불행하다.
She's been very *depressed* and upset about this whole situation.
그녀는 이 모든 상황에 매우 우울하고 기분이 몹시 상해 있었다.
Do you tend to be over-serious or *gloomy*? 당신은 지나치게 심각하거나 우울한 성격입니까?

She was very ***glum*** and was obviously missing her children.
그녀는 몹시 침울했고 확실히 아이들을 그리워하고 있었다.
Everyone has days when they feel ***dejected*** or down. 누구에게나 낙담하거나 의기소침한 날들이 있게 마련이다.
I feel ***despondent*** when my work is rejected. 내가 한 일이 거부당하면 나는 낙담한다.
I left eventually at six o'clock feeling utterly ***dispirited*** and depressed.
나는 완전히 의기소침해져서 우울해 하며 결국 6시에 떠났다.

- **miserable, wretched**

I took a series of badly paid secretarial jobs which made me really ***miserable***.
나는 내 자신을 정말로 비참하게 만든 매우 적은 월급을 받는 비서직을 계속해서 얻었다.
I feel really confused and ***wretched***. 나는 정말 혼란스럽고 비참하다.

---

hard – hardly

1 'hard'

hard는 비슷한 뜻을 지닌 형용사나 부사로 사용된다.

Coping with three babies is very ***hard*** work. 아기 셋을 돌보는 것은 매우 힘든 일이다.
Many old people have worked ***hard*** all their lives. 많은 노인들이 일생 동안 열심히 일했다.

2 'hardly'

부사 hardly는 hard와 전혀 다른 뜻을 가지고 있다. 어떤 일이 거의 사실이 아닐 때, hardly를 사용한다.

I ***hardly*** knew him. 나는 그를 거의 몰랐다.
Nick, on the sofa, ***hardly*** slept. 닉은 소파에서 잠을 거의 이루지 못했다.

hardly는 조동사 뒤에 온다. 예를 들면, '나는 거의 볼 수 없다.'는 ~~I hardly can see.~~가 아닌 I can *hardly* see.라고 한다.

Two years before, the wall ***had hardly*** existed. 2년 전에 그 벽은 거의 존재하지 않았다.
She ***can hardly*** wait to begin. 그녀는 시작되기를 도저히 기다릴 수가 없다.
We ***could hardly*** move. 우리는 거의 움직일 수 없었다.

주의 **hardly**와 **not**을 함께 사용하지 않는다. 예를 들면, ~~**I did not hardly know him.**~~이 아닌 **I *hardly* knew him.**이라고 한다.

hardly는 때때로 긴 구문에서 어떤 일이 일어난 직후 또 다른 일이 바로 일어났다고 할 때 사용한다.

The local police had ***hardly*** finished their examination when the CID arrived.
지역 경찰이 현장 조사를 마치자마자 바로 CID(런던 경시청의 범죄 수사과) 요원들이 도착했다.

i 위와 같은 구조에서 than이 아닌 when을 사용한다. 예를 들면, ~~The local police had hardly finished their examination than the CID arrived.~~라고 하지 않는다.

소설에서 때때로 〔hardly + had · be동사 + 주어〕 형식을 사용하며, 문장의 처음에 온다.

Hardly had he uttered the words when he began laughing. 그 말을 입 밖에 내자마자 그는 웃기 시작했다.

3 'hardly ever'

어떤 일이 거의 일어나지 않다라는 뜻에 hardly ever를 사용한다.

I ***hardly ever*** spoke to them. 나는 그들과 거의 말을 하지 않았다.
Daisy had women friends whom Tim ***hardly ever*** met. 데이지에게는 팀이 거의 만난 적이 없는 여자 친구들이 있었다.

➲ 빈도를 나타내는 단어와 표현의 분류 목록은 Grammar 표제어 Adjuncts의 frequency 참조.

---

harm

➲ Usage 표제어 damage 참조.

harmful

something is ***harmful to/for*** someone은 어떤 것이 누군가에게 나쁜 영향을 끼치다라는 뜻이다.

Too much salt can be *harmful to* a young baby. 너무 많은 소금은 어린 아기에게 해를 끼칠 수도 있다.
Potassium could be *harmful for* those with impaired kidneys. 칼륨은 신장이 약한 사람들에게 해로울 수도 있다.

something is ***harmful to*** a thing은 어떤 것이 무언가에 해를 끼치다라는 뜻이다.

Excessive amounts may be *harmful to* the skin. 과다한 양은 피부에 나쁜 영향을 줄지도 모른다.

ⓘ something is 'harmful for' a thing이라고 하지 않는다.

hate

➲ Usage 표제어 like – dislike 참조.

have

have는 영어에서 가장 일반적으로 사용하는 동사 중 하나로 매우 다양한 방식으로 사용된다. have의 3인칭 단수는 has, -ing형은 having, 과거와 과거분사는 had이다.

1 used as an auxiliary(조동사로 사용하기)

have는 완료시제에서 조동사로 자주 사용한다.

They *have* just bought a new car. 그들은 방금 새 차를 구입했다.
She *has* never been to Rome. 그녀는 로마에 가본 적이 없다.
Having been warned beforehand, I knew how to react. 나는 사전에 경고를 받았기 때문에, 대처하는 법을 알고 있었다.

➲ Grammar 표제어 Auxiliaries와 Tenses 참조.

have, has, had 뒤에 대명사나 명사가 올 경우, 보통 축약하여 발음한다. 누군가의 말을 받아 적을 때는 대명사 뒤의 have, has, had는 've, 's, 'd로 표기한다. 명사 뒤의 has는 's로도 표기할 수 있다.

I've changed my mind. 나는 마음을 바꿨다.
She's become a very interesting young woman. 그녀는 아주 재미있는 젊은 여성이 되었다.
I do wish *you'd* met Guy. 네가 가이를 만났었더라면 좋을 텐데.
Ralph's told you often enough. 랠프는 충분히 자주 당신에게 말했다.

➲ Grammar 표제어 Contractions 참조.

2 'have to'

have to는 어떤 일을 해야 한다고 할 때 자주 사용한다.

I *have to* speak to your father. 나는 당신 아버지와 이야기를 해야 한다.
He *had to* sit down because he felt dizzy. 그는 어지러워서 자리에 앉아야만 했다.

➲ Usage 표제어 must 참조.

3 actions and activities(행동과 활동)

〔have + 명사구〕 형식은 누군가가 어떤 행동을 하거나 어떤 활동에 참여할 때 사용한다.

Did you *have* a look at the shop when you were there? 당신은 그곳에 있을 때 가게를 한번 살펴보았습니까?
I'm going to *have* a bath. 나는 목욕을 하려고 한다.

➲ Usage 표제어 have – take 참조.

4 causing something to be done(어떤 일을 하게 하기)

have는 누군가가 어떤 일을 끝마치도록 할 때도 사용한다. have가 이러한 뜻일 경우, 〔have + 명사구 + 과거분사〕 형식을 사용한다.

We*'ve* just *had the house decorated*. 우리는 방금 그 집의 장식을 끝마쳤다.

They ***had him killed***. 그들은 그를 살해했다.

have는 다른 사람에게 어떤 일을 하게 하거나 다른 사람을 특정한 상황에 처하게 하다라는 뜻도 있다. **have**가 이러한 뜻일 경우, 〔**have** + 명사구 + **-ing** · 과거분사〕 형식을 사용한다.

Alan ***had me looking*** for that book all day. 앨런은 내가 그 책을 하루 종일 찾도록 했다.
He ***had me*** utterly ***confused***. 그는 나를 완전히 혼란스럽게 했다.

5 possession(소유)

소유를 나타낼 때, **have**를 자주 사용한다.

He ***had*** a small hotel. 그는 작은 호텔을 소유하고 있었다.
There is no point in ***having*** a mobile phone if you cannot hear your calls clearly.
전화벨 소리를 잘 들을 수 없다면, 휴대 전화를 소지할 이유가 없다.

영국 영어의 구어체에서 소유를 나타낼 때, **have** 대신 **have got**을 사용한다.

She'***s got*** two sisters. 그녀는 여동생이 두 명 있다.
Have you ***got*** any brochures on Holland, please? 네덜란드에 대한 소책자를 갖고 계십니까?

➲ Usage 표제어 have got 참조.

6 using a simple tense(단순시제 사용하기)

특히 **have**를 진행시제로 사용할 수 없는 경우는 다음과 같다.

- 소유에 대해 말하는 경우, 진행시제를 사용하지 않는다. 예를 들면, '나는 옛날 동전들을 수집하고 있다.'는 ~~**I am having a collection of old coins.**~~가 아닌 **I *have* a collection of old coins.**나 **I'*ve got* a collection of old coins.**라고 한다. 마찬가지로, 사람과의 관계에 대해 말하는 경우, 진행시제를 사용하지 않는다. ~~**I am having three sisters.**~~나 ~~**I am having a lot of friends.**~~라고 하지 않는다.

  We ***haven't got*** a car. 우리는 자동차를 갖고 있지 않다.
  They ***have*** one daughter. 그들은 딸이 한 명 있다.
  I'***ve got*** loads of friends. 나는 친구가 많다.

- 사람이나 사물이 특정한 모습을 하고 있을 때, 진행시제를 사용하지 않는다. 예를 들면, ~~**He is having a beard.**~~라고 하지 않는다.

  He ***has*** nice eyes. 그는 아름다운 눈을 갖고 있다.
  He ***had*** beautiful manners. 그는 멋진 매너를 갖고 있었다.
  ...toys which roll or ***have*** wheels. 구르거나 바퀴가 있는 장난감들.
  The door'***s got*** a lock on it. 그 문은 자물쇠가 달려 있다.

- 사람이 아프거나 병에 걸렸다고 할 때, 진행시제를 사용하지 않는다. 예를 들면, ~~**She is having a bad cold.**~~라고 하지 않는다.

  He ***had*** a headache. 그는 두통이 있었다.
  Sam'***s got*** measles. 샘은 홍역에 걸렸다.

- 어떤 일을 하는 데 얼마나 시간이 있는지를 말할 때, 진행시제를 사용하지 않는다. 예를 들면, ~~**He is having plenty of time to get to the airport.**~~라고 하지 않는다.

  I ***haven't got*** time to go to the library. 나는 도서관에 갈 시간이 없다.
  He ***had*** only a short time to live. 그가 살 수 있는 시간은 매우 짧았다.
  I hope I'***ll have*** time to finish it. 나는 그것을 마칠 시간을 갖고 싶다.

7 using a continuous tense(진행시제 사용하기)

have를 진행시제로 사용하는 몇 가지 경우가 있다.

- 어떤 활동이 일어나고 있을 때 진행시제를 사용한다. 예를 들면, '그는 지금 목욕하고 있다.'는 ~~**He has a bath at the moment.**~~가 아닌 **He *is having* a bath at the moment.**라고 한다.

  The children ***are having*** a party. 어린이들이 파티를 하고 있다.

I *was having* a chat with an old friend. 나는 오랜 친구와 잡담을 하고 있었다.

- 미래의 특정 시점에 어떤 행동이 일어날 것이라고 할 때, 진행시제를 사용한다. 예를 들면, '나는 내일 바버라와 점심을 같이 먹을 것이다.'는 **I *am having* lunch with Barbara tomorrow.**라고 한다.

We'*re having* a party tonight. 우리는 오늘 밤에 파티를 할 것이다.
She'*s having* a baby next month. 그녀는 다음 달에 아이를 출산할 예정이다.

- 계속되거나 되풀이되는 행동, 사건, 경험을 말할 때에도 진행시제를 사용한다. 예를 들면, '나는 운전 교습을 받고 있다.'는 **I *am having* driving lessons.**라고 한다.

I'*m having* an affair with Bernard. 나는 버나드와 바람을 피우고 있다.
I *was* already *having* problems. 나는 이미 문제점이 있었다.
Neither of us *was having* any luck. 우리 중 누구도 운이 없었다.
You'*re having* a very busy time. 당신은 매우 바쁜 시간을 보내고 있다.

---

have – take

1 'have' and 'take' to talk about actions(행동을 말할 때 사용하는 have와 take)

〔have · take + 목적어(명사)〕 형식은 어떤 행동을 실행하거나 어떤 활동에 참여하고 있다는 것을 나타낼 때 사용한다. 일부 명사에 동사 have나 take를 사용해도 의미상의 차이는 없다. 예를 들면, '이것을 보세요.'는 ***Have* a look at this.**나 ***Take* a look at this.**라고 한다. 마찬가지로, '우리는 8월에 휴가 계획이 있다.'는 **We *have* our holidays in August.**나 **We *take* our holidays in August.**라고 한다.

영국 영어와 미국 영어는 용법에 있어서 종종 차이가 있다. 예를 들면, 영국 영어에서는 보통 **He *had* a bath.**라고 하지만, 미국 영어에서는 **He *took* a bath.**라고 한다.

I'am going to *have* a bath. 나는 목욕을 할 것이다.
I *took* a bath, my second that day. 나는 그날의 두 번째 목욕을 했다.

걷기와 수영과 같은 활동에 대해 말하는 경우, 미국 영어에서는 자주 **take**를 사용한다. 예를 들면, **He *took* a walk.**나 **She *took* a swim.**이라고 한다. 영국 영어에서는 때때로 **have**를 사용하지만 **He *went for* a walk.**나 **She *went for* a swim.**이라고 하는 것이 더 일반적이다.

Brody decided to *take* a walk. 브로디는 산책을 하기로 결정했다.
I went down to the ocean and *took* a swim. 나는 바다로 나가 수영했다.
After dinner we *went for* a walk. 저녁 식사 후에 우리는 산책하러 갔다.
She's *going for* a swim. 그녀는 수영하러 갈 것이다.

2 meals(식사)

현대 영어에서 식사를 한다고 할 때, **have**를 사용한다.

He *has* his meals at home. 그는 집에서 식사를 한다.
We might *have* dinner together. 우리 함께 식사 한번 해요.

과거에는 **have** 대신 **take**를 사용했으나, 현재 이 용법은 매우 격식 있게 들린다.

I always *took* my meals at White's. 나는 항상 와이츠의 집에서 식사를 했다.

➲ 식사와 관련된 동사에 대한 더 많은 정보는 Topic 표제어 Meals 참조.

---

have got

1 form and basic uses(형태와 기본 용법)

have got은 구어체에서 **have**와 같은 뜻으로 사용한다.

I *have got* two cats and a dog. 나는 고양이 두 마리와 개 한 마리를 갖고 있다.
You *have got* a problem. 당신은 문제점이 하나 있다.

have got, has got, had got은 보통 축약하여 발음한다. 누군가의 말을 받아 적을 때, **'ve got, 's got, 'd got**로 쓴다.

have got

I'*ve got* her address. 나는 그녀의 주소를 갖고 있다.
He'*s got* a beard now. 그는 지금 턱수염을 기르고 있다.
They'*d got* a special grant from the Institute. 그들은 연구소에서 특별 보조금을 받았다.

have got은 격식을 차린 문어체 영어에서는 사용하지 않는다. 미국 영어에서도 **have got**은 잘 사용하지 않는다.

have의 모든 뜻에 **have got**을 사용할 수는 없다. 어떤 상황이나 상태를 말할 때는 **have**를 사용하지만, 어떤 사건이나 행동을 말할 때는 사용하지 않는다. 예를 들면, **I've *got* a new car.**라고는 하지만, ~~**I've got a bath every morning.**~~이라고는 하지 않는다.

2 possession(소유)

소유, 관계, 성질, 모습을 말할 때, 일반적으로 **have got**을 사용한다.

I'*ve got* a rather curious table. 나는 다소 괴상한 탁자를 갖고 있다.
She'*s got* two sisters. 그녀는 여동생이 두 명 있다.
He'*s got* a lovely smile. 그는 아름다운 미소를 갖고 있다.
It's a nice town. It'*s got* very nice shops. 그곳은 멋진 도시이다. 그곳에는 매우 멋진 가게들이 있다.

3 illness(병)

질병에 대해 말할 때, **have got**을 자주 사용한다.

Sam'*s got* measles. 샘은 홍역에 걸렸다.
I'*ve got* an awful headache. 나는 심한 두통이 있다.

4 availability(이용 가능성)

어떤 것의 이용 가능 여부를 말할 때, **have got**을 사용한다.

Come in and have a chat when you'*ve got* time. 시간이 있을 때 들어가서 대화하자.
I think we'*ve got* an enormous amount to offer. 나는 우리가 제공할 아주 많은 양을 갖고 있다고 생각한다.

5 future events(미래의 일)

〔**have got** + 명사구〕 형식은 자신과 관련 있는 미래에 일어날 일을 언급할 때 사용할 수 있다.

I'*ve got* a date. 나는 데이트할 예정이다.
I'*ve got* an appointment with two Americans. 나는 두 명의 미국인과 약속이 있다.

〔**have got** + 명사구 + **-ing**〕 형식은 사전에 준비해 둔 것이거나 자신에게 영향을 미칠 일을 언급할 때 사용할 수 있다.

I'*ve got* two directors flying out first class. 나는 이사 두 사람이 일등석으로 비행기 여행을 할 수 있도록 해두었다.
I'*ve got* some more people coming. 오기로 되어 있는 사람이 더 있다.

〔**have got** + 명사구 + **to**부정사〕 형식은 반드시 해야 할 어떤 일을 말할 때 사용한다.

I'*ve got* some work to do. 나는 해야 할 몇 가지 일이 있다.
She'*s got* the house to clean. 그녀는 청소해야 할 집이 있다.

6 negatives(부정문)

부정문을 만들 때 **have**와 **got** 사이에 **not**을 넣으며, 거의 항상 **not**을 줄여 **n't**로 표기한다.

He ***hasn't got*** a moustache. 그는 콧수염이 없다.
I ***haven't got*** any graph paper. 나는 그래프 용지를 갖고 있지 않다.

미국 영어에서는 보통 위와 같이 사용하지 않고, **do not have**를 사용한다. 보통 **not**은 줄여서 **n't**로 표기한다.

I *don't have* a boyfriend. 나는 남자 친구가 없다.
I'm bored. I *don't have* anything to do. 나는 지루하다. 할 일이 전혀 없다.

7 questions(의문문)

의문문에서 주어는 **have**와 **got** 사이에 온다.

Have you *got* enough money for a taxi? 당신은 택시를 탈 돈이 있습니까?

I need a drink. What ***have*** you ***got***? 술을 마시고 싶습니다. 어떤 술을 갖고 있습니까?

미국 영어에서는 보통 위와 같은 형태를 사용하지 않고, 조동사 **do** 뒤에 주어와 **have**를 넣어 사용한다. 일부 영국 영어를 쓰는 사람들도 **do**와 **have**를 사용한다.

Do you ***have*** her address? 그녀의 주소를 갖고 있습니까?
What kind of animals ***do*** you ***have***? 어떤 종류의 동물을 갖고 있습니까?

8 past tense(과거시제)

영국 영어의 구어체에서 일반적으로 **have got**의 과거형은 **had got**을 사용한다.

He'***d got*** this interview at Oxford. 그는 옥스퍼드에서 이 인터뷰를 했다.
I didn't tell them I'***d got*** some other pearls. 나는 다른 진주를 좀 갖고 있다고 그들에게 말하지 않았다.

9 future tense(미래시제)

have got의 미래시제는 거의 사용하지 않으며, 대신 **have**의 미래시제를 사용한다.

I'm hoping he'***ll have*** more positive opinions at some point.
나는 그가 언젠가는 좀 더 긍정적인 의견을 가지기를 바라고 있다.
We'***ll have*** all morning to get them. 우리는 그것들을 얻기 위해 아침 시간을 전부 사용할 것이다.

10 infinitives and participles(부정사와 분사)

부정사나 분사를 만들 때, **have got**보다 **have**를 사용한다.

People with dishwashers always seem ***to have*** tidy kitchens.
식기 세척기가 있는 사람들은 대개 깨끗한 주방을 갖고 있는 것처럼 보인다.
I'd like ***to have*** a room like yours. 나는 당신의 방과 같은 방을 갖고 싶다.
He dreamed of ***having*** a car. 그는 자동차를 갖는 꿈을 꾸었다.

---

have got to

➲ Usage 표제어 **must** 참조.

---

have to

➲ Usage 표제어 **must** 참조.

---

he

he는 동사의 주어로 사용한다. 누구인지 알려져 있거나 앞서 언급한 성인 남자, 소년, 동물의 수컷을 가리킬 때, **he**를 사용한다.

He had a nervous habit of biting his nails. 그는 자기 손톱을 물어뜯는 초조해하는 습관이 있었다.
Bill had flown back from New York and ***he*** and his wife took me out to dinner.
빌이 뉴욕에서 비행기로 돌아온 후, 그와 그의 부인은 내게 저녁 식사를 대접했다.

주어 뒤에 관계사절이 오면, 본동사 앞에 **he**를 사용할 수 없다. 예를 들면, '내 자동차를 사려는 사람은 노리치에 산다.'는 **~~The man who is going to buy my car, he lives in Norwich.~~**가 아닌 **The man who is going to buy my car lives in Norwich.**라고 한다.

The man who came into the room was small and slender. 그 방에 들어온 남자는 작고 호리호리했다.
Professor Marvin, who was always early, was there already. 항상 일찍 나오는 마빈 교수는 이미 그곳에 나와 있었다.

---

he – she – they

1 'he'

he, him, his, himself는 때때로 부정대명사나 **person, child, student** 등과 같은 단어를 다시 가리킬 때 사용한다.

If anybody complained about this, ***he*** was told that things would soon get back to normal.
누군가가 이것에 대해 불평하면, 그 사람은 그 상황이 곧 정상으로 돌아갈 것이라는 말을 들었다.
It won't hurt a child to have ***his*** meals at a different time. 식사를 다른 시간에 해도 아이의 건강을 해치지는 않을 것이다.

언급된 사람이 남성이라는 것을 암시하기 때문에, 위의 용법에 반대하는 사람이 많다.

2 'he or she'

때때로 **he or she**, **him or her**, **his or her**, **himself or herself**를 사용할 수 있다.

Teach a child to dial 999 and read out the telephone number from which ***he or she*** is speaking.
어린아이에게 999번을 돌리고 말하고 있는 곳의 전화번호를 소리 내어 읽도록 가르치세요.
New species are usually given the name of their finder, but there is nothing to prevent ***him or her*** waiving this right.
새로 발견한 종(種)은 일반적으로 발견한 사람의 이름을 따서 짓지만 그들이 원하지 않으면 그렇게 하지 못한다.
Nothing excuses the child from ***his or her*** own responsibilities. 어떤 경우에도 아이가 자신의 책임을 면할 수는 없다.
Anyone can call ***himself or herself*** a psychologist, even if untrained and unqualified.
훈련을 받지 않고 자격증이 없을지라도, 누구나 자신을 심리학자라고 부를 수 있다.

특히 같은 문장 안에 위와 같은 표현이 두 개 이상 쓰일 때, 이상하고 부자연스럽다고 생각해서 사용하지 않는 사람들이 많다.

글에서는 **he or she**를 **s/he**로 쓰기도 한다.

It is worth asking your doctor if ***s/he*** knows of anyone locally.
당신의 주치의에게 그 지역에 아는 사람이 있는지 물어볼 만한 가치가 있다.

3 'they'

회화에서 대부분의 사람들은 **they**, **them**, **their**를 사용한다.

Nearly everybody thinks ***they***'re middle class. 거의 모든 사람들이 자신을 중산층이라고 생각한다.
If I think someone may attempt to take an overdose, I will spend hours talking to ***them***.
만약 누군가가 약물을 과다 복용하려고 할지도 모른다고 생각되면, 나는 몇 시간을 들여서라도 그들과 이야기를 할 것이다.
Don't hope to change anyone or ***their*** attitudes. 어떤 사람이나 그의 태도를 바꾸기를 바라지 마세요.

예전에는 위의 용법이 잘못된 것으로 간주되었으나 구어체뿐만 아니라 글에서도 점점 일반적으로 사용되고 있다. 이 책에는 보통 **they**, **them**, **their**를 사용한다.

위와 같은 용법을 모두 사용하지 않는 경우도 자주 있으며, 때로는 이를 복수형을 사용할 수도 있다. 예를 들면, '모든 학생은 자신의 방을 갖고 있다.'는 **Every student has his own room.** 대신 ***All* the students have *their* own rooms.**라고 한다. 또 다른 예로, '방 안에 들어가는 사람들은 구두를 벗어야 한다.'는 **Anyone who goes inside must take off his shoes.** 대신 ***People* who go inside must take off *their* shoes.**라고 한다.

---

headache

have a *headache*는 두통이 있다라는 뜻이다.

I told Derek I had ***a headache***. 나는 데릭에게 두통이 있다고 말했다.

headache는 가산명사로, **have headache**라고 하지 않는다.

---

headline

➲ Usage 표제어 title 참조.

---

headmaster – principal

영국에서 남자 교장은 **headmaster**, 여자 교장은 **headmistress**라고 한다. 미국에서는 사립학교의 교장만 **headmaster**나 **headmistress**라고 하며, 이외의 학교 교장은 **principal**이라고 한다.

영국에서는 대학 총장을 **principal**, 미국에서는 보통 **president**라고 한다.

Dr Susan Danby, ***Principal*** of the College of the Royal Academy of Dancing, 1979-99.
1979년부터 1999년까지 왕립 무용 아카데미의 총장이었던 수잔 댄비 박사.

...a high-profile team of business people and educators, including former Yale ***president*** Benno Schmidt.
전 예일대 총장인 베노 슈미트를 포함한 사업가들과 교육자들로 구성된 세간의 이목을 끄는 팀.

---

heap – stack – pile

1 'heap'

heap은 보통 정리되지 않고 산더미같이 쌓인 사물이라는 뜻이다.

Now, the house is a ***heap*** of rubble. 이제 그 집은 잡석 더미이다.

2 'stack'

stack은 평평한 사물이 겹겹이 쌓여 있는 잘 정리된 사물 더미라는 뜻이다.

...a neat ***stack*** of dishes. 깔끔하게 쌓여진 접시들.

3 'pile'

pile은 잘 정리되어 있거나, 또는 정리되어 있지 않은 사물 더미라는 뜻이다.

...a neat ***pile*** of clothes. 단정하게 쌓여진 옷들.

---

hear

1 'hear' in the present(현재 들리는 소리에 사용하는 hear)

hear는 어떤 소리가 귀에 들려 알아차리다라는 뜻이다.

I ***can hear*** a car. 자동차 소리가 들린다.

ℹ 위와 같은 문장에 보통 can을 사용한다. 예를 들면, '라디오 소리가 들린다.'는 ~~I hear a radio.~~가 아닌 I *can hear* a radio.라고 한다. 또한 진행시제도 쓰지 않으므로, ~~I am hearing a radio.~~라고 하지 않는다.

hear의 과거와 과거분사는 **heard**[həːrd]이며, 과거에 어떤 소리를 들었다고 할 때는 **heard**나 **could hear**를 사용한다.

She ***heard*** no further sounds. 그녀는 더 이상 소리를 듣지 못했다.
Below me I ***could hear*** the roar of a waterfall. 나는 아래쪽에서 폭포의 굉음을 들을 수 있었다.

2 'hear' in the past(과거에 들었던 소리에 사용하는 hear)

그러나 갑자기 어떤 소리를 들었다고 할 경우, **heard**를 사용해야 한다.

I ***heard*** a shout. 나는 고함 소리를 들었다.

〔**heard · could hear + 목적어 + -ing**〕 형식은 누군가가 어떤 일이 계속해서 일어나고 있다는 것을 들었을 때 사용할 수 있다.

He ***heard*** Alan ***shouting*** and ***laughing***. 그는 앨런이 큰 소리로 떠들면서 웃고 있는 것을 들었다.
I ***could hear*** him ***crying***. 나는 그가 울고 있는 소리를 들었다.

〔**heard + 목적어 + 원형부정사**〕 형식은 과거 어느 때에 일어난 일이나 행위의 전 과정을 들었다는 것을 나타낸다.

I ***heard*** him ***dash*** into the bathroom. 나는 그가 화장실로 급히 들어가는 소리를 들었다.
I ***heard*** Amy O'Shea ***cry out*** in fright. 나는 에이미 오쉐아가 놀라서 울부짖는 소리를 들었다.

> **주의** 능동형 문장에서 **hear**를 사용할 때는 **to**부정사를 사용하지 않는다. 예를 들면, ~~I heard him to open the door.~~라고 하지 않는다.

3 passive use(수동형 문장에 사용하기)

hear를 사용한 수동형 문장은 〔be heard + to부정사 · -ing〕 형식을 사용할 수 있다.

〔be heard + to부정사〕 형식은 완결된 일이나 행위를 나타낼 때 사용한다.

He ***was heard to say*** 'We're not going to have any more of this.'
그가 "우리는 더 이상 이것을 용납하지 않을 것이다."라고 말하는 것이 들렸다.

〔be heard + -ing〕 형식은 계속해서 일어나고 있는 일이나 행위를 나타낼 때 사용한다.

Her companions ***could be heard playing*** games. 그녀의 친구들이 게임을 하고 있는 소리가 들렸다.

➲ Usage 표제어 listen to 참조.

---

heat

격식을 차리지 않는 영어에서 날씨가 몹시 더운 것을 강조할 때, **boiling**이나 **scorching**을 사용한다.

'It's ***boiling*** in here', complained Miriam. "여기는 찜통 더위야."라고 미리암이 불평했다.
That race was run in ***scorching*** weather. 그 경주는 몹시 더운 날씨에 진행되었다.

겨울철의 온도가 평균 기온보다 높은 경우, **mild**를 사용한다. 일반적으로 **hot**은 **warm**보다 온도가 더 높으며, **warm**은 보통 쾌적하다는 의미를 함축한다.

The area is famous for its ***mild*** winter climate. 이 지역은 포근한 겨울 날씨로 유명하다.
It was too ***hot*** even for a gentle stroll. 가볍게 산책하기에는 날씨가 너무 더웠다.
...a ***warm*** evening. 따뜻한 저녁.

---

help

1 'help' as a transitive verb(타동사로 사용하는 help)

help는 어떤 일을 쉽게 할 수 있도록 누군가를 돕다라는 뜻이다. **help**가 이러한 뜻일 경우, 〔**help** + 목적어 + **to** 부정사 · 원형부정사〕 형식을 사용할 수 있다. 예를 들면, '나는 그가 책상을 옮기는 일을 도와주었다.'는 **I *helped him to move* the desk.**나 **I *helped him move* the desk.**라고 하며, 의미상의 차이는 없다.

We must try to ***help students to have*** confidence in their ability.
우리는 학생들이 자신의 능력에 대한 자신감을 갖도록 도와주려고 노력해야 한다.
Something went wrong with his machine so I ***helped him fix*** it.
그의 기계가 고장이 나서 나는 그가 그것을 고치는 것을 도와주었다.

2 'help' as an intransitive verb(자동사로 사용하는 help)

〔help + to부정사 · 원형부정사〕 형식을 사용할 수 있다. **someone *helps do/to do* something**은 어떤 사람이 어떤 일을 할 수 있도록 돕다라는 뜻이다.

My mum used to ***help cook*** the meals for the children. 내 어머니께서는 아이들을 위해 요리하는 것을 도와주곤 하셨다.
Dora ***helped to carry*** the wounded off the battlefield. 도라는 전쟁터에서 부상자들을 실어 나르는 일을 도와주었다.

something *helps do/to do* something은 어떤 사물이 다른 어떤 일이 더 쉽게 이뤄질 수 있도록 도와주다라는 뜻이다.

The money ***helped keep*** me off the streets for a while. 그 돈으로 나는 당분간 길거리에서 지내지 않아도 되었다.
This ***helped to improve*** the competitiveness of American exports.
이것은 미국 수출품의 경쟁력을 높이는 데 도움이 되었다.

> **주의** [help + -ing] 형식을 사용할 수 없다. 예를 들면, '나는 그가 책상을 옮기는 것을 도왔다.'는 ~~I helped him moving the desk.~~나 ~~I helped moving the desk.~~라고 하지 않는다.

3 'cannot help'

cannot help **doing something**은 어떤 일을 하지 않을 수 없다라는 뜻이다.

I ***couldn't help teasing*** him a little. 나는 그를 좀 놀리지 않을 수 없었다.

> 주의 [cannot help +to부정사] 형식을 사용하지 않는다. 예를 들면, ~~I couldn't help to tease him a little.~~이라고 하지 않는다.

---

her

her는 동사나 전치사의 목적어가 될 수 있다. 이미 언급했거나 신원이 밝혀진 여자, 소녀, 동물의 암컷을 가리킬 때 **her**를 사용한다.

They gave ***her*** the job. 그들은 그녀에게 그 일자리를 주었다.
I knew your mother. I was at school with ***her***. 나는 너희 어머니를 알고 있었다. 나는 그녀와 학교를 같이 다녔다.

> 주의 한 문장에서 주어와 같은 사람을 가리키는 경우, 간접목적어로 **her**가 아닌 재귀대명사 **herself**를 사용한다.
> Rose bought ***herself*** a piece of cheese for lunch. 로즈는 점심 식사로 치즈 한 조각을 샀다.

---

here

1 'here'

현재 자신이 있는 장소를 가리킬 때, **here**를 사용한다.

I'm glad you'll still be ***here*** next year. 당신이 내년에도 여전히 이곳에 있을 거라니 기쁩니다.
We're allowed to come ***here*** at any time. 우리는 언제든지 여기에 올 수 있도록 허락받았다.

> 주의 here 앞에 전치사 **to**를 사용할 수 없다. 예를 들면, ~~We're allowed to come to here at any time.~~이라고 하지 않는다.

2 'here is' and 'here are'

주의를 환기시키거나 어떤 것을 소개할 때, 문장의 처음에 **here is**와 **here are**를 사용할 수 있다. 표준 영어에서 단수명사구 앞에는 **here is**, 복수명사구 앞에는 **here are**를 사용한다.

Here is a summer soup that is almost a meal in itself. 그 자체로 거의 한 끼 식사가 될 수 있는 여름철 수프가 여기에 있다.
Here are the addresses to which you should apply. 당신이 신청해야 할 주소가 여기에 있다.

---

here – hear

두 단어는 모두 [hiə*r*]로 발음한다.

1 'here'

자신이 있는 장소를 가리킬 때, **here**를 사용한다.

Come ***here***. 이쪽으로 오세요.
She left ***here*** at eight o'clock. 그녀는 8시에 이곳을 떠났다.

➲ Usage 표제어 here 참조.

2 'hear'

hear는 귀를 통해 소리를 인식하다, 즉 '듣다'라는 뜻이다.

Did you ***hear*** anything unusual? 이상한 소리를 들었습니까?

➲ Usage 표제어 hear 참조.

---

high – tall

1 'high'

바닥에서 꼭대기까지 평균치보다 더 먼 범위의 사물들을 묘사할 때, **high**를 사용한다. 예를 들면, **a high hill**(높은 언덕)이나 **a high fence**(높은 울타리) 등이 있다.

...the ***high*** mountains of northern Japan. 일본 북부의 높은 산들.
...the ***high*** walls of the prison. 교도소의 높은 담장들.

2 'tall'

보통보다 더 높으며 너비보다 높이가 더 높은 사물을 묘사할 때, **tall**을 사용한다. 예를 들면, **a tall tree**(높은 나무)나 **a tall chimney**(높은 굴뚝) 등이 있다.

...a lawn of ***tall*** waving grass. 나부끼는 긴 잔디가 있는 잔디밭.
...a ***tall*** heron standing on one leg. 한쪽 다리로 서 있는 키가 큰 왜가리.

사람을 묘사할 경우, 항상 **tall**을 사용한다.

...a ***tall*** handsome man. 키 크고 잘생긴 남자.
She was a young woman, fairly ***tall*** and slim. 그녀는 꽤 키가 크고 날씬한 젊은 여자였다.

i 갓난아기를 묘사할 경우에는 tall이 아닌 long을 사용한다.

Baby Megan McDonald was 22 inches ***long*** when she was born.
갓난아기 메건 맥도널드는 태어났을 때, 신장이 22인치였다.

3 another meaning of 'high'(high의 다른 의미)

high는 지표면에서 멀리 떨어진 곳에, 즉 '높은 곳에 있는'이라는 뜻도 있다. 예를 들면, **a high window**(높은 곳에 있는 창)나 **a high shelf**(높은 곳에 있는 선반) 등이 있다.

...a large room with a ***high*** ceiling. 천장이 높은 큰 방.

---

high school

미국에서 **high school**은 18세까지의 학생들을 위한 학교이다. 영국에서 이런 종류의 학교를 지칭하는 일반적인 용어는 **secondary school**이다.

---

him

him은 동사나 전치사의 목적어가 될 수 있다. 이미 언급했거나 신원이 밝혀진 남자, 소년, 동물의 수컷을 가리킬 때, **him**을 사용한다.

He asked if you'd ring ***him*** when you got in. 그는 당신이 들어오면 그에게 전화를 할 것인지를 물었다.
There's no need for ***him*** to worry. 그는 걱정할 필요가 전혀 없다.

주의 한 문장에서 주어와 같은 사람을 가리킬 때, 간접목적어로 **him**이 아닌 재귀대명사 **himself**를 사용한다.
He poured ***himself*** a whisky. 그는 자신의 잔에 위스키를 따랐다.

---

hire – rent – let

1 'hire' and 'rent'

짧은 기간 동안 무언가를 사용하기 위해 금액을 지불할 때, **hire**나 **rent**를 사용한다. 영국 영어에서는 **hire**를 사용하며, 미국 영어에서는 **rent**를 사용한다.

We ***hired*** a car from a local car agency and drove across the island.
우리는 지역 자동차 대여소에서 차를 빌려서 그 섬을 횡단했다.
He ***rented*** a car for the weekend. 그는 주말에 사용하기 위해 자동차를 빌렸다.

오랜 기간 동안 무언가를 사용하기 위해 정기적으로 돈을 지불할 때, 보통 **hire**가 아닌 **rent**를 사용한다.

A month's deposit may be required before you can ***rent*** the house.
집을 빌리기 전에 한 달분의 보증금이 필요할 수도 있다.

2 'hire out'

누군가로부터 어떤 것을 빌릴 때, **hire out**을 사용한다.

Companies ***hiring out*** narrow boats report full order books.
운하용 거룻배를 임대하는 회사들은 주문이 꽉 찼다고 말한다.

3 'rent out'

누군가로부터 오랜 기간 동안 어떤 것을 빌릴 때, **rent out**을 사용한다.

They had to ***rent out*** the upstairs room. 그들은 위층의 방을 임대해야만 했다.

4 'let' and 'let out'

누군가로부터 건물이나 땅을 빌릴 때, **let**이나 **let out**을 사용한다. **let**의 과거와 과거분사는 **letted**가 아닌 **let**이다.

The cottage ***was let*** to an actress from London. 그 오두막집은 런던에서 온 여배우에게 임대되었다.
I couldn't sell the London flat, so I ***let*** it ***out***. 나는 런던의 아파트를 팔지 못해서 세를 주었다.

위와 같은 용법을 미국 영어보다 영국 영어에서 더 흔히 사용한다. 미국 영어에서는 일반적으로 **rent**나 **rent out**을 사용한다.

The house was ***rented*** to a tenant farmer. 그 집은 소작인 농부에게 임대되었다.
He repaired the boat and ***rented*** it ***out*** for $150. 그는 그 보트를 고쳐서 150달러에 빌려 주었다.

---

historic – historical

1 'historic'

역사적으로 중요했거나 미래에 중요할 것으로 여겨지는 일에 **historic**을 사용한다.

...their ***historic*** struggle for emancipation. 해방을 위한 그들의 역사적인 투쟁.
...a ***historic*** decision. 역사적인 결정.

2 'historical'

어떤 사람이나 사물이 작가에 의해 구상된 것이라기보다 과거에 실제로 존재했거나 일어났다고 할 때, **historical**을 사용한다.

Which ***historical*** figure would be guest of honour at your house-warming party?
집들이 파티에 어떤 역사적인 인물을 주빈으로 모실 것입니까?

소설, 연극, 영화에서 과거의 실제 사건이나 가상의 사건을 다루다라는 뜻에 **historical**을 사용한다.

...Richard of Bordeaux, a ***historical*** play by Gordon Daviot. 고든 데이비엇의 역사극인 보르도의 리처드.

historical은 역사와 관련된 일부 단체의 이름에 사용한다.

...the German ***Historical*** Institute. 독일사 연구소.

그러나 역사 교육과 관련된 것을 말할 때, 명사 앞에 **historic**이나 **historical**이 아닌 **history**를 사용한다.

...a ***history*** book. 역사 책.
...a ***history*** lesson. 역사 수업.

---

hit

hit는 어떤 사람이나 사물을 강한 힘으로 빠르게 건드리다, 즉 '때리다'라는 뜻이다. **hit**의 과거와 과거분사는 **hitted**가 아닌 **hit**이다.

He ***hit*** the burglar with a candlestick. 그는 촛대로 도둑을 때렸다.
The truck ***had hit*** a wall. 트럭이 벽을 들이받았다.

---

hold

1 'hold' used to mean carry(carry의 뜻으로 사용하는 hold)

hold는 손으로 무언가를 '잡다' 또는 '붙들다'라는 뜻이다. **hold**의 과거와 과거분사는 **holded**가 아닌 **held**이다.

I ***held*** the picture up to the light. 나는 그 그림을 들어 불빛에 비추어 보았다.
A baby should ***be held*** for feedings and comforting, and at other times.
수유하고 달랠 때, 그리고 평상시에 아기를 들어 안아야 한다.

2 used to mean 'have'(have의 뜻으로 사용하기)

hold는 때때로 '가지다' 또는 '소유하다'의 뜻으로 사용한다. 예를 들면, licence와 passport 등의 단어와 함께 사용한다.

You need to ***hold*** a work permit. 당신은 노동 허가서를 소지해야 한다.

hold는 opinion과 같은 단어와도 함께 사용한다.

He ***held*** firm opinions which usually conflicted with my own. 그는 보통 나와 상충되는 확고한 의견을 갖고 있었다.
This soon dispelled any foolish notions they might ***hold*** about Baldwin's ability.
이것은 볼드윈의 능력에 대해 그들이 갖고 있었을지도 모르는 어리석은 관념을 곧 일소해 버렸다.

위의 두 가지 용법은 다소 격식을 차린 표현이므로, 회화체에서는 보통 hold가 아닌 have를 사용한다.

He doesn't need to ***have*** a licence. 그는 면허증을 소유해야 할 필요가 없다.
I ***have*** very strong opinions about electoral reform. 나는 선거 개혁에 대한 매우 강력한 신념을 갖고 있다.

---

holiday – vacation

1 'holiday'

영국 영어에서는 직장이나 학교를 떠나서 시간을 보내는 것이 허락되는 기간, 즉 '휴가'나 '방학'을 holiday 또는 holidays라고 한다.

The school had undergone repairs during the ***holiday***. 학교 건물을 방학 동안에 수리했다.
One day after the Christmas ***holidays*** I rang her up. 크리스마스 휴가 후 어느 날, 나는 그녀에게 전화를 했다.

집을 떠나서 즐기는 기간을 holiday라고 한다.

He thought that Vita needed a ***holiday***. 그는 비타가 휴가가 필요하다고 생각했다.
I went to Marrakesh for a ***holiday***. 나는 마라케시에 휴가차 갔다.

해마다 이와 같이 오랜 기간을 보내는 경우, holidays라고 한다.

Where are you going for your ***holidays***? 당신은 어디로 휴가를 갈 예정입니까?

ℹ holiday나 holidays 앞에 일반적으로 한정사나 소유격을 사용한다. 예를 들면, ~~I went to Marrakesh for holidays~~.라고 하지 않는다.

직장이나 학교를 떠나서 시간을 보내고 있거나 집을 떠나 즐거운 시간을 보내고 있다고 할 때, on holiday를 사용한다.

Remember to turn off the gas when you go ***on holiday***.
휴가를 갈 때는 가스 밸브를 잠그고 가는 것을 잊지 마세요.

미국 영어에서 holiday는 중요한 사건을 기념하기 위해 사람들이 일을 하지 않는 하루를 말한다. 영국 영어에서는 이와 같은 날을 bank holiday라고 한다.

미국인들이 the holidays라고 하는 경우, 크리스마스와 새해를 포함하는 연말이라는 뜻이다. 때때로 추수 감사절(11월 말)도 the holidays에 포함된다.

Now that ***the holidays*** are over, Christmas trees on sidewalk curbs are a familiar sight.
이제 휴가 기간이 끝났기 때문에 보도 연석에 있는 크리스마스트리는 눈에 익숙한 광경이다.

2 'vacation'

미국 영어에서 vacation은 직장이나 학교를 떠나서 보내는 오랜 기간이나 집을 떠나서 즐기는 기간을 나타낸다.

Harold used to take a ***vacation*** at that time. 해럴드는 그 당시 휴가를 가곤 했다.

영국의 종합 대학이나 단과 대학에서 수업을 공식적으로 중단하는 몇 주를 vacation이라고 한다.

I've a lot of reading to do over the ***vacation***. 나는 방학 중에 읽어야 할 것이 많다.

3 'vac'

영국 학생들은 회화에서 자주 **vacation**을 **vac**이라고 줄여서 말한다.

Think ahead to exams, orals, long ***vac*** courses. 시험, 구두 시험, 긴 방학 강좌에 대해 미리 생각해라.

---

home

1 'home'

home은 자신이 살고 있으며 소속감을 느끼는 곳이다. 일반적으로 **home**은 자신이 살고 있는 집을 가리키지만, 자신이 살고 있는 도시, 지역, 국가를 가리킬 때도 사용할 수 있다.

His father worked away from ***home*** for much of Jim's first five years.
짐의 아버지는 그가 다섯 살 때까지 대부분 집을 떠나 일을 했다.

Jack dreamed of ***home*** from his prisoner-of-war camp. 잭은 전쟁 포로 수용소에서 고향에 대한 꿈을 꾸었다.

특정한 사람의 집을 가리킬 때는 **the home**이 아닌 **his home, her home, home**이라고 한다.

The biographer Victoria Glendinning is selling ***her home*** in Ireland.
전기 작가 빅토리아 글렌디닝은 아일랜드에 있는 자신의 집을 팔려고 한다.

Their children have left ***home***. 그들의 자식들은 집을 떠났다.

> **주의** **home** 바로 앞에 **to**를 사용하지 않는다. 예를 들면, '우리는 집으로 갔다.'는 ~~**We went to home.**~~이 아닌 **We went *home*.**이라고 한다.
>
> Come ***home*** with me. 나와 함께 집에 가요.
>
> The policeman escorted her ***home***. 그 경찰관은 그녀를 집으로 바래다 주었다.

밖에 나가지 않고 집에 머무르다는 영국 영어에서는 **stay at home**, 미국 영어에서는 **stay home**이라고 한다.

Oh, we'll just have to ***stay at home*** for the weekend. 오, 우리는 주말에 집에 머물러야 할 것 같아요.

What was Cindy supposed to do? ***Stay home*** all day and dust the house?
신디가 해야 할 일이 무엇이었나요? 온종일 집에 있으면서 먼지를 터는 것이었나요?

2 'the home' and 'a home'

일반적으로 집을 말할 때, **the home**이나 **a home**을 사용한다.

Their view of women is that their place is in ***the home***. 여자에 대한 그들의 견해는 집에서 가사를 돌봐야 한다는 것이다.

A home should be as clean as you can get it. 집은 될 수 있는 한 깨끗한 상태로 유지해야 한다.

자신이 살 집을 갖고 있지 않은 상황을 묘사하는 경우에도 **a home**을 사용한다.

I want ***a home*** and children. 나는 집과 자식을 원한다.

I had never had ***a home*** of my own. 나는 내 집을 가져본 적이 없었다.

〔**a** + 형용사 + **home**〕 형식은 특정한 집을 말할 때 사용한다. 예를 들면, '그녀는 쾌적한 집을 갖고 있다.'는 **She has *a pleasant home*.**이라고 한다.

I long for ***a happy home*** but my daughters are so difficult.
나는 행복한 가정 생활을 염원하지만 딸들을 다루기가 매우 힘들다.

He has ***a nice home*** in Bradford. 그는 브래드포드에 멋있는 집을 갖고 있다.

---

homely

미국 영어에서 **homely**는 '못생긴'이라는 뜻이다.

He was presumably Caporelli's neighbor, this meek-looking, ***homely*** man in the tweed jacket.
트위드 재킷을 입은 온순해 보이는 이 못생긴 남자는 카포렐리의 이웃 사람으로 추정되었다.

A broad grin spread across his ***homely*** features. 그의 못생긴 얼굴에 환한 웃음이 퍼졌다.

영국 영어에서 못생기다라고 할 때는 **homely**가 아닌 **plain**을 사용한다.

...a ***plain*** plump girl with pigtails. 꽁지머리를 한 뚱뚱하고 못생긴 여자 아이.

영국 영어에서 **homely**는 행동이 친절하고 꾸밈없고 '순수한'이라는 뜻이다.

He greeted us in his usual ***homely*** manner. 그는 평상시처럼 친절한 태도로 우리를 맞이했다.

---

homework – housework

1 'homework'

homework는 학생들에게 집에서 하도록 주어진 일, 즉 '숙제'라는 뜻이다. 숙제를 하다는 **make homework**가 아닌 **do homework**라고 한다.

He never did any ***homework***. 그는 숙제를 전혀 하지 않았다.

2 'housework'

housework는 집에서 하는 청소나 세탁 등의 일, 즉 '집안일'이라는 뜻이다.

She relied on him to do most of the ***housework***. 그녀는 대부분의 집안일을 그에게 의지했다.

> 주의 **homework**와 **housework**는 모두 불가산명사이므로, **a homework**나 **houseworks**라고 하지 않는다.

---

hood

➲ Usage 표제어 bonnet – hood 참조.

---

hope

hope는 동사나 명사로 사용한다.

1 used as a verb(동사로 사용하기)

hope는 특정한 일이 사실이 되거나 실제로 일어나길 '바라다'라는 뜻이다.

She ***hoped*** she wasn't going to cry. 그녀는 자신이 울지 않기를 바랐다.

I sat down, ***hoping*** to remain unnoticed. 나는 눈에 띄지 않기를 바라면서 앉아 있었다.

2 'I hope'

상대방이 즐거운 시간을 보내기를 바랄 때, **I hope**를 자주 사용한다. **hope** 뒤에는 미래시제나 단순현재시제를 사용할 수 있다. 예를 들면, '당신이 그 영화를 즐겁게 보기를 바란다.'는 ***I hope you'll enjoy*** **the film.**이나 ***I hope you enjoy*** **the film.**이라고 한다.

I hope you'll enjoy your stay in Roehampton. 나는 당신이 로햄프턴에 체류하면서 즐거운 시간을 갖기를 바랍니다.

I hope you get well very soon. 나는 당신이 곧 회복되기를 바랍니다.

ⓘ *hope someone is going to do* something은 상대방이 원하지 않은 일을 하도록 부탁하거나 상기시킬 때 사용한다.

I hope you're going to show me what you're working on. 나는 당신이 무슨 일을 하고 있는지 보여 주기를 바란다.

Next time I come ***I hope you're going to be*** a lot more entertaining.
다음에 내가 오면 당신이 훨씬 더 재미있는 사람이 되기를 바란다.

3 'I hope so'

어떤 것을 사실이라고 말하거나 어떤 일이 사실인지 물어볼 경우, 그에 대한 대답으로 사실이면 좋을 것 같다는 바람을 나타낼 때 **I hope so.**라고 한다.

'I will see you in the church.' – '***I hope so***.' "저는 당신을 교회에서 뵙겠습니다." – "그렇게 되기를 바랍니다."

'You'll be home at six?' – '***I hope so***.' "집에 6시에 있을 거죠?" – "그렇게 되기를 바랍니다."

ⓘ ~~I hope it~~.이라고 하지 않는다.

4 'I hope not'

마찬가지로 어떤 것이 사실이 아니었으면 좋겠다는 바람을 나타낼 때, **I hope not.**을 사용한다.

'You haven't lost the ticket, have you?' - '***I hope not***.' "표를 잃어버리지 않으셨나요?" - "그렇지 않기를 바랍니다."

ℹ ~~I don't hope so~~.라고 하지 않는다.

5 'hope' used as a noun(명사로 사용하는 hope)

hope는 원하는 일이 일어날지도 모른다는 확신, 즉 '희망'이라는 뜻이다.

The government ignored the problem in the ***hope*** that it would go away.
정부는 그 일이 자연스럽게 없어질 것이라는 희망을 갖고 그 문제를 무시했다.

She never completely gave up ***hope***. 그녀는 결코 완전히 희망을 버리지 않았다.

어떤 일이 일어나는 것이 불가능하다고 생각할 때, **there is *no hope of* it happening**이라고 한다.

There seemed to be ***no hope of*** winning. 이길 가망이 전혀 없어 보였다.

The infantry had ***no hope of*** keeping up with the tanks. 그 보병들은 탱크를 따라갈 희망이 전혀 없었다.

ℹ no hope 뒤에 of 이외의 다른 전치사를 사용하지 않는다.

---

hopefully

1 used after a verb(동사 뒤에 사용하기)

hopefully는 특정한 일이 일어날 것에 '희망을 가지고'라는 뜻이다.

She continued to gaze ***hopefully*** in their direction. 그녀는 희망을 가지고 그들이 있는 방향을 계속 바라보았다.

For the first time in a long time, she smiles ***hopefully***. 그녀는 오랜만에 처음으로 희망을 갖고 웃고 있다.

이와 같은 **hopefully**의 용법은 회화체보다는 문어체에서 주로 나타난다.

2 used as a sentence adverb(문장부사로 사용하기)

hopefully는 일반적으로 문장부사로 사용한다. 말하려는 내용이 사실이거나 사실일 것이라고 기대하고 있음을 나타낼 때, **hepefully**를 붙인다.

Hopefully, future fossil-hunters will unearth some evidence to resolve this question.
바라건대 미래의 화석 탐험가들이 이 의문을 풀 수 있는 어떤 증거를 발굴할 것이다.

They've learnt a few lessons which, ***hopefully***, will put them back on track.
그들은 아마 자신들을 제 길로 돌아가게 해줄 몇 가지 교훈을 배웠다.

영국 영어에서 **hopefully**의 위와 같은 용법은 최근에 와서야 사용하기 시작했고, 반대하는 사람들도 일부 있다. 그러나 현재는 회화체나 문어체에서 자주 사용하고 있다. 영어에서는 **hopefully**와 같은 뜻이 있는 다른 부사가 없다.

---

horrible – horrid – horrific – horrifying – horrendous

1 describing unpleasant events or experiences(좋지 않은 사건이나 경험 묘사하기)

horrid를 제외한 단어들은 매우 기분이 나쁘고 충격적인 일, 경험, 이야기 등을 묘사할 때 사용할 수 있다.

Still the ***horrible*** shrieking came out of his mouth. 여전히 그의 입에서 끔찍한 비명이 흘러나왔다.

It was one of the most ***horrific*** experiences of my life. 그것은 나의 일생에서 가장 끔찍한 경험 중의 하나였다.

...the ***horrifying*** descriptions of life in the trenches. 참호 생활의 소름이 끼치는 묘사.

...the ***horrendous*** murder of a prostitute. 엽기적인 창녀 살인 사건.

2 expressing dislike(싫은 감정 나타내기)

회화에서 사람이나 사물에 대해 싫은 감정을 나타낼 때, **horrible**과 **horrid**를 사용한다. 이들 단어는 기분이 나쁘고 역겹거나 우울하게 하는 거의 모든 것을 묘사하는 데 사용할 수 있다.

The hotel was ***horrible***. 그 호텔은 형편없었다.

His suit was a ***horrible*** colour. 그의 양복은 색깔이 엉망이었다.
We had to live in a ***horrid*** little flat. 우리는 역겨운 작은 아파트에 살아야만 했다.

3 for emphasis(강조하기)

〔horrible + 명사〕 형식은 어떤 것이 얼마나 나쁜지 강조할 때에도 사용한다. 예를 들면, '나는 끔찍한 실수를 했다.'는 **I've made a *horrible* mistake.**라고 한다.

Everything's in a ***horrible*** muddle. 모든 것이 매우 뒤죽박죽이 된 상태에 있다.

4 'horrendous'

해결하기 매우 어려운 일을 묘사할 때, 보통 **horrendous**를 사용한다.

...***horrendous*** problems. 해결하기 어려운 문제들.
The cost can be ***horrendous***. 그 경비는 엄청날 수도 있다.

---

hospital

hospital은 의사와 간호사가 아픈 사람들을 돌보는 곳, 즉 '병원'이라는 뜻이다.

영국 영어에서 어떤 병원인지 언급하지 않고 누군가가 병원에 입원 중이라고 할 때는 **in hospital**을 사용한다.

I used to visit him ***in hospital***. 나는 입원 중인 그를 방문하곤 했다.
The mother broke down completely and had to go ***into hospital***.
어머니의 건강이 완전히 나빠져서 병원에 입원해야 했다.

미국 영어에서는 입원 중이라고 할 때는 **in hospital**이 아닌 **in the hospital**이라고 한다.

She will be better off ***in the hospital***. 그녀는 병원에 입원해서 더 나아질 것이다.
She broke a bone in her back and spent some time ***in the hospital***.
그녀는 등뼈가 부러져 병원에 얼마 동안 입원했다.

미국 영어나 영국 영어 모두 어떤 일이 특정한 병원에서 일어났다고 할 때, 보통 **at the hospital**을 사용한다.

I was working ***at the hospital***. 나는 그 병원에서 일하고 있었다.

---

house

house는 자신이 살고, 소유하거나 세 내어 빌린 건물, 즉 '집'이라는 뜻이다.

'나는 집에 가려고 한다.'는 보통 ~~**I am going to my house.**~~가 아닌 **I am going *home*.**이라고 한다. 또한, '그녀는 집에 있었다.'는 ~~**She was in her house.**~~가 아닌 **She was at *home*.**이라고 한다.

Brody arrived ***home*** a little before five. 브로디는 5시 조금 전에 집에 도착했다.
I'll finish the script at ***home***. 나는 집에서 대본을 끝마칠 것이다.

➲ Usage 표제어 home 참조.

---

housework

➲ Usage 표제어 homework – housework 참조.

---

how

1 ways of doing things(어떤 일을 하는 방법)

의문문과 설명문에서 어떤 것을 하는 방법을 말할 때, **how**를 사용한다.

How do you get rid of a nasty smell? 당신은 어떻게 고약한 냄새를 제거합니까?
Tell me ***how*** to get there. 그곳에 가는 방법을 나에게 말해 주세요.
This is ***how*** I make a vegetable curry. 이것이 내가 채소 카레를 만드는 방법이다.

주의 '…한 방법대로'라는 뜻에 how 대신 **like, as, the, way**를 사용한다. 예를 들면, ~~He walks to work every day, how his father did~~.라고 하지 않는다.

➲ Usage 표제어 like – as – the way 참조.

2 asking about someone's health(상대방의 건강 상태 물어보기)

〔how + be동사〕 형식은 건강 상태를 물어볼 때 사용한다.

How are you? 건강하십니까?

How is she? All right? 그녀의 건강은 어떻습니까? 괜찮지요?

How is your son this morning? 오늘 아침 당신 아들의 컨디션이 어떻습니까?

주의 사람의 성격이나 모습을 물어볼 때, how를 사용하지 않는다. 예를 들면, '당신의 상사는 어떤 사람입니까?'는 ~~How is your boss?~~가 아닌 ***What* is your boss *like*?**라고 한다.

'*What*'s his mother *like*?' "그의 어머니는 어떤 분이세요?"

3 asking about impressions(인상에 대해 물어보기)

〔how + be동사〕 형식은 어떤 일에 대한 인상을 물어볼 때 사용한다.

How was your trip? 여행은 어땠습니까?

How was the smoked trout? 훈제 송어는 어땠습니까?

주의 어떤 사물이나 장소에 대해 묘사할 때는 how가 아닌 **what...like?**를 사용한다. 예를 들면, **How is Birmingham?**은 상대방에게 버밍엄이 어떤 곳인지 물어보는 것이 아닌 그곳에서 살거나 일하는 것을 즐기는지를 물어보는 것이다. ***What* is Birmingham *like*?**는 버밍엄에 대한 묘사를 나타낸다.

What is Fiji *like*? 피지는 어떤 곳인가요?

'당신은 버밍엄에 대해 어떻게 생각하십니까?'는 ~~How do you think of Birmingham?~~이 아닌 ***What do you think of* Birmingham?**이라고 한다.

What do you think of his writing style? 그의 글 쓰는 스타일에 대해 당신은 어떻게 생각하십니까?

What did you think of Holland? 당신은 네덜란드에 대해 어떻게 생각했습니까?

4 commenting on a quality(품질 평가하기)

과거에는 사람이나 사물이 가졌던 특성의 정도를 말할 때, 〔how + 형용사〕 형식을 사용했다. 예를 들면, '그는 아주 영리하구나!'는 ~~How he is clever!~~가 아닌 **How clever he is!**라고 했다.

현대 영어에서는 일반적으로 위와 같은 문장을 사용하지 않는다. **How clever he is!** 대신 **He's so clever.**, **Isn't he clever?**, **What a clever man!**이라고 한다.

They're so childish. 그들은 아주 유치하다.

Aren't they amazing? 그것들은 놀랍지 않습니까?

What a beautiful girl! 아름다운 소녀네요!

방금 전에 말한 내용에 대한 의견을 말할 때, **how** 다음에 형용사만 온다.

'She has a flat there as well.' – '*How* nice!' "그녀는 그곳에도 아파트를 갖고 있어요." – "굉장하군요."

'To my surprise, I found her waiting for me at the station.' – '*How* kind!'
"놀랍게도 그녀가 역에서 나를 기다리고 있었어요." – "정말 친절하네요."

The paper listed me as dead? *How* strange.
그 서류에 내가 죽은 사람으로 기재되었다고요? 정말 이상하네요.

➲ 방금 전에 말한 내용에 대해 의견을 말하는 다른 방법은 Topic 표제어 Reactions 참조.

however

1 'however'

이미 말한 내용과 대조되는 의견을 추가할 때, **however**를 사용한다.

The more I talked, the more silent Eliot became. ***However***, I left thinking that I had created quite an impression.
내가 말을 하면 할수록 엘리엇은 침묵을 더해 갔다. 하지만 나는 매우 깊은 인상을 주었다고 생각하면서 떠났다.
Losing at games doesn't matter to some women. Most men, ***however***, can't stand it.
게임에 지는 것은 일부 여성들에게는 상관이 없지만 대부분의 남자들은 패배를 참을 수 없어 한다.

however는 어떤 일을 어떻게 하든지 별다른 차이가 없을 때 사용한다.

You can do it ***however*** you want. 당신이 원하는 방법대로 그것을 할 수 있다.
However we add that up, it does not make a dozen. 우리가 아무리 그것을 더해도 한 다스가 되지 않는다.

2 'how ever'

일어난 일에 대해 놀라움을 나타낼 때, 의문문의 앞에 때때로 how ever를 사용한다. 예를 들면, '도대체 어떻게 당신이 이곳에 도착했나요?'는 How did you get here? 대신 ***How ever*** did you get here?라고 한다.

How ever did you find me? 도대체 어떻게 당신은 나를 찾았어요?

how ever는 항상 how와 ever로 분리하여 사용하므로, ~~However did you find me?~~라고 하지 않는다.

---

how much

어떤 물건의 가격을 물어볼 때, how much를 사용한다. 예를 들면, '저 티셔츠는 얼마입니까?'는 ***How much*** is that T-shirt?라고 한다.

I like that dress – ***how much*** is it? 저 드레스가 마음에 드는데, 얼마입니까?

ⓘ ~~How much is the price of that T-shirt?~~라고 하지 않는다.

어떤 물건의 가격을 물어볼 때, 〔how much + be동사〕 형태를 사용한다. 금액을 물어볼 경우에는 이 형태를 쓰지 않는다. 예를 들면, '그의 수입은 얼마입니까?'는 ~~How much is his income?~~이 아닌 What is his income?, What does he earn?, How much does he earn?이라고 한다.

마찬가지로, '바깥의 온도는 몇 도입니까?'는 ~~How much is the temperature outside?~~가 아닌 ***What*** is the temperature outside?라고 한다. 또한, '도쿄의 인구는 얼마나 됩니까?'는 ~~How much is the population of Tokyo?~~가 아닌 ***What*** is the population of Tokyo?라고 한다.

What is the basic rate of income tax? 소득세의 기본 세율은 얼마입니까?
What is the lowest temperature it's possible to reach? 도달 가능한 최저 온도는 몇 도입니까?

---

huge

➲ Usage 표제어 small – large 참조.

---

hundred

a hundred나 one hundred는 숫자 '100'이라는 뜻으로, there are ***a hundred*** things/***one hundred*** things라고 할 수 있다.

She must have had ***a hundred*** cats at least. 그녀는 적어도 100마리의 고양이를 갖고 있음에 틀림없다.
The group claimed the support of over ***one hundred*** MPs. 그 단체는 100명 이상의 국회의원의 후원을 요구했다.

ⓘ there are 'hundred' things라고 하지 않는다.

hundred 앞에 다른 숫자가 와도 hundred 끝에 -s를 붙이지 않는다.

There are more than ***two hundred*** languages spoken in Nigeria.
나이지리아에서는 200개 이상의 언어가 사용되고 있다.

100 이상의 숫자를 읽을 때, 영국 영어에서는 hundred 다음에 and를 사용한다. 그러나 미국 영어에서는 때때로 and를 생략한다. 예를 들어, 370의 경우 영국 영어에서는 three hundred and seventy로 읽지만, 미국 영어에서는 three hundred seventy로 읽는다.

...*nine hundred and eighty-three* votes. 983표.
...*a hundred fifty* pounds. 150파운드.

hunting – shooting

미국 영어에서 **hunting**은 총을 사용하여 스포츠를 하거나 식량을 구하기 위해 야생 동물이나 새를 죽이는 것, 즉 '사냥'이라는 뜻이다.

...the shotgun the President used when he went deer ***hunting***. 대통령이 사슴 사냥을 나갈 때 사용한 엽총.

영국 영어에서 **hunting**은 일반적으로 말을 탄 사람들과 개들이 여우를 쫓아 죽이는 사냥을 뜻한다. **shooting**은 총기를 사용하여 동물과 새를 죽이는 것을 말한다.

Fox ***hunting*** with hounds was voted illegal in Scotland.
사냥개를 데리고 하는 여우 사냥은 스코틀랜드에서는 투표에 의해 불법화되었다.
Grouse ***shooting*** begins in August. 뇌조 사냥은 8월에 시작된다.

hurt

hurt는 동사나 형용사로 사용한다.

1 used as a verb(동사로 사용하기)

hurt는 우연히 '다치게 하다'라는 뜻이다. **hurt**의 과거와 과거분사는 **hurted**가 아닌 **hurt**이다.

...a young boy who had fallen down and ***hurt*** himself. 넘어져서 다친 어린 소년.
How did you ***hurt*** your finger? 어쩌다가 손가락을 다치셨어요?

a part of your body *hurts*는 신체의 일부분에 통증을 느끼다라는 뜻이다.

My leg was beginning to ***hurt***. 다리가 아프기 시작했다.

미국 영어에서 **someone *hurts***라고 말할 수 있다.

When that anesthetic wears off, you're going to ***hurt*** a bit. 마취에서 깨어나면 당신은 약간 아플 것이다.

영국 영어를 쓰는 일부 사람들도 위와 같이 **hurt**를 사용하나 일반적이지는 않다.

2 used as an adjective(형용사로 사용하기)

다친 사람을 묘사할 때, 형용사 **hurt**를 사용한다.

Nobody in the bunker seemed to be ***hurt***. 벙커 안의 누구도 다치지 않은 것처럼 보였다.
His comrades asked him if he ***was hurt***. 그의 동료는 그가 부상을 당했는지 물었다.

누군가가 심한 부상을 입었을 때, **'very hurt'**가 아닌 **badly hurt**나 **seriously hurt**라고 한다.

The soldier was ***badly hurt***. 그 군인은 크게 다쳤다.
Last year 107 child pedestrians were killed and 5,000 ***seriously hurt*** in car accidents.
작년에 107명의 어린이 보행자가 자동차 사고로 죽고 5,000명이 중상을 입었다.

일반적으로 명사 앞에는 **hurt**가 아닌 **injured**를 사용한다. 예를 들면, '부상당한 병사'는 **a hurt soldier**가 아닌 **an injured soldier**라고 한다.

➲ Usage 표제어 **injure** 참조.

hyphen

➲ Topic 표제어 **Punctuation**과 **Spelling** 참조.

I i

I

I는 말을 하거나 글을 쓰는 사람 자신을 가리키며, 주어로 사용한다. I는 항상 대문자로 쓴다.

I shall be leaving soon. 나는 이곳을 곧 떠날 것이다.
I like your dress. 나는 당신의 드레스가 마음에 든다.

주어의 일부로 I를 사용할 수 있다. 예를 들면, '내 친구와 나는 시실리에 갈 계획이다.'는 ~~I and my friend are gong to Sicily.~~가 아닌 ***My friend and I*** **are going to Sicily.**라고 한다.

My mother and I stood beside the road and waited. 어머니와 나는 길가에 서서 기다렸다.
My brothers and I are musicians. 남동생들과 나는 음악인이다.

ℹ is 앞에는 I를 사용하지 않는다.

➲ Usage 표제어 me 참조.

identical

identical은 둘 이상의 사물이 모든 면에서 매우 '똑같은'이라는 뜻이다.

...twenty or thirty suitcases with ***identical*** blue labels. 똑같은 파란색 라벨이 붙은 이삼십 개의 여행 가방들.

어떤 사물이 다른 사물과 똑같다고 할 때, **identical with**나 **identical to**를 사용하며 의미상의 차이는 없다.

Chemically, it is almost ***identical to*** limestone. 화학적으로 보면, 그것은 석회암과 거의 동일하다.
Is creativity ***identical with*** intelligence? 창의성은 지성과 동일한가?

i.e.

➲ Usage 표제어 namely – i.e. 참조.

if

1 possible situations(가능한 상황)

가능한 상황을 말하는 조건절을 이끌 때, **if**를 사용한다.

If a tap is dripping, it needs a new washer. 만약 수도꼭지에서 물이 떨어지면, 볼트의 고리쇠를 새것으로 갈아야 한다.
If you can thread a needle, you can mend a fuse. 만약 바늘에 실을 꿸 수 있다면, 전기 퓨즈도 갈아 끼울 수 있다.

미래에 일어날지도 모르는 상황일 때, **if**를 사용한다. 이때 조건절에는 미래시제가 아닌 단순현재시제를 사용한다.

If all ***goes*** well, Voyager II will head on to Uranus.
만약 모든 일이 잘 진행된다면, 보이저 2호는 천왕성을 향해 항진할 것이다.
If nuclear weapons ***are employed*** in a world war, the world will be destroyed.
만약 핵무기를 세계 전쟁에 사용한다면, 이 세계는 파괴될 것이다.

누군가가 어떤 일을 하도록 제안할 때, 때때로 조건절에 **if**를 사용한다. 일반적으로 조건절에는 단순현재시제를 사용한다.

If you ***look*** in the middle of the picture, you'll see Mrs Galsworthy.
그 사진의 중간쯤을 보면 당신은 골즈워디 부인을 찾을 수 있을 것이다.

과거에 일어났던 상황을 나타낼 때, **if**를 사용하기도 한다.

They sat on the grass *if* it was fine. 날씨가 좋을 때 그들은 풀밭에 앉아 있었다.
If it was raining, we usually stayed indoors. 비가 내릴 때 우리는 보통 실내에 머물렀다.

과거에 일어날 가능성은 있었으나 실제로 일어나지 않은 일에도 **if**를 사용한다. 이때 조건절에는 단순과거시제가 아닌 과거완료시제를 사용한다.

If he *had realized* that, he would have run away. 만약 그가 그 일을 알았다면 도망갔을 것이다.
If she *had not married*, she would probably have become something special in her field.
만약 그녀가 결혼을 하지 않았다면 아마 자신의 분야에서 특별한 사람이 되었을지도 모를 것이다.

2 unlikely situations(일어나지 않을 상황)

존재하지 않는 상황이나 일어날 가능성이 없는 사건을 말할 때에도 조건절에 **if**를 사용한다. 이때 조건절에는 현재시제가 아닌 단순과거시제를 사용한다.

The older men would find it difficult to get a job *if* they *left* the farm.
노인들이 농장을 떠난다면 직업을 구하기 어렵다는 것을 알게 될 것이다.
If I *frightened* them, they might take off and I would never see them again.
만약 내가 그들을 놀라게 한다면 그들이 떠나 버려서, 나는 다시는 그들을 보지 못할 것이다.

조건절의 주어가 **I, he, she, it, there**나 단수명사인 경우, 동사는 **was** 대신 **were**를 사용해도 옳은 것으로 간주한다.

If I *were* in his circumstances, I would do the same thing.
만약 내가 그가 처한 상황에 있다면, 나도 그와 같은 행동을 할 것이다.
Mr Fatchett said that if the policy *were* to be dropped, it would be better to do it in October.
패체트 씨는 만약 그 정책을 폐기해야 한다면 10월에 하는 것이 더 좋겠다고 말했다.
If education *were* even better organized, there would be no complaint about the content or level of work required.
만약 교육이 훨씬 더 잘 기획된다면, 요구되는 학습의 수준이나 내용에 대한 불만이 없을 것이다.

그러나 **If I were you**를 제외하고, 회화에서는 보통 **was**를 사용한다.

If I *was* an architect, I'd re-design this house. 만약 내가 건축가라면 이 집을 다시 설계할 것이다.
There is no quarantine at the stud so if it *was* there the virus would have spread by now.
그 목축장에는 검역소가 없어서 만약 그곳에 바이러스가 있다면 지금쯤 퍼졌을 것이다.
This would still be true if Britain *was* out of the Community.
만약 영국이 유럽 공동체에 속해 있지 않다면 이것은 여전히 사실일 것이다.

회화에서는 **was**나 **were**를 모두 사용할 수 있으나, 격식을 갖춘 글에서는 **were**를 사용해야 한다.

3 in reported questions(간접의문문에 사용하기)

if는 간접의문문에도 사용된다.

I asked her *if* I could help her. 나는 그녀에게 도와줘도 될지 물었다.
He inquired *if* her hair had always been that colour. 그는 그녀의 머리카락이 항상 그 색깔이었는지 물어보았다.
I wonder *if* you'd give the children a bath. 나는 당신이 아이들을 목욕시킬 수 있는지 궁금하다.

➲ **Grammar** 표제어 **Reporting** 참조.

---

ill – sick

1 'ill' and 'sick'

병에 걸렸거나 건강에 이상이 생겼다고 할 때, **ill**과 **sick**을 사용한다.

Davis is *ill*. 데이비스는 몸이 아프다.
...a *sick* child. 병든 아이.
Your uncle is very *sick*. 당신의 삼촌은 매우 아프다.

영국 영어를 쓰는 대부분의 사람들은 부사 없이는 명사 앞에 **ill**을 사용하지 않는다. 예를 들면, '몸이 많이 아픈 여자'는 **an ill woman**이 아닌 **a seriously ill woman**이라고 한다.

...a terminally ***ill*** patient. 말기 환자.

미국 영어와 스코틀랜드 영어에서는 **ill** 앞에 부사를 사용하지 않아도, **ill**을 때때로 명사 바로 앞에 사용한다.

We had to get medical help for our ***ill*** sisters. 우리는 아픈 여동생들이 치료를 받도록 해야 했다.

> 주의 건강 상태가 더 나빠지다라고 할 경우에는 **iller**나 **more ill**이 아닌 **worse**를 사용한다.
> Each day Kunta felt a little ***worse***. 쿤타는 날이 갈수록 조금씩 건강이 악화되는 것을 느꼈다.

2 'be sick'

be sick은 위(胃)에서 나온 음식을 토해 내다라는 뜻이다.

➲ Usage 표제어 **sick** 참조.

> 주의 몸에 부상을 입거나 다치다라고 할 경우에는 **ill**이나 **sick**이 아닌 **injured**나 **hurt**를 사용한다.
> ➲ Usage 표제어 injure와 hurt 참조.

illness – disease

1 'illness'

have an *illness*는 건강에 이상이 생겨서 정상적으로 일하거나 살아갈 수 없다라는 뜻이다. 병은 신체의 여러 부위에 영향을 줄 수 있다. 또한 병이 오랜 시간이나 짧은 시간 동안 지속되고 끼치는 영향이 심각하거나 심각하지 않을 수도 있다.

Most members believed that Stephen's ***illness*** was due to overwork.
대부분의 회원은 스테판의 병은 과로 때문이라고 믿었다.

illness 앞에 **long**, **short**, **serious**, **mild** 등의 형용사를 사용할 수 있다.

He died at the age of 66 after a ***long illness***. 그는 오랜 투병 생활 끝에 66세로 죽었다.
He was still not properly on his feet after a ***serious illness***. 그는 중병을 앓고 난 후에 아직도 제대로 서지 못했다.

2 'disease'

disease는 박테리아나 감염으로 인해 생긴 특정한 종류의 '병'이라는 뜻이며, 자주 다른 사람으로부터 전염될 수 있다.

I have a rare eye ***disease***. 나는 희귀한 눈 질환이 있다.
Whooping cough is a dangerous ***disease*** for babies. 백일해는 갓난아기에게 위험한 질병이다.

동물과 식물이 걸리는 병에도 **disease**를 사용한다.

...cattle ***disease***. 광우병.
...Dutch Elm ***disease***. 느릅나무병.

illusion – delusion

잘못된 믿음을 갖고 있다고 할 때, **illusion**이나 **delusion**을 사용한다.

They have the ***illusion*** that every contingency can be worked out in advance.
그들은 모든 우발적인 사건을 미리 방지할 수 있다고 착각하고 있다.
One patient had the ***delusion*** that he was Trotsky. 한 환자는 자신이 트로츠키라는 망상을 갖고 있었다.

어떤 사람이 환상이나 공상에 빠져 있다고 할 때, **be *under an illusion/a delusion***이라고 한다.

Finally, I think he wanted me because he was ***under the illusion*** that I was loaded with money.
결국, 그는 내가 돈이 많은 것으로 오해해서 나를 원했다고 생각한다.
I still laboured ***under*** the nice middle-class ***delusion*** that everyone was a good guy at heart.
나는 모든 사람들이 마음은 본래 착하다고 여기는 선한 중산층의 착각 속에서 아직도 헤매고 있었다.

***suffer from* an illusion/a delusion**은 환상이나 망상으로 고통을 받다라는 뜻이다.

A man who has had a leg amputated often ***suffers from*** the ***delusion*** that the leg is still there.
한쪽 다리를 잃은 사람은 자신의 다리가 아직도 정상일 거라는 착각으로 자주 고통받는다.

have an *illusion of* something은 사실상 존재하지 않는 것을 존재하는 것으로 믿다라는 뜻이다.

We have an ***illusion of freedom***. 우리는 자유에 대한 환상을 갖고 있다.

In return they are allowed the ***illusion of a guiltless life***. 그 대신에 그들은 죄가 없는 인생에 대한 환상을 갖게 된다.

illusion은 무언가가 어떤 것으로 보이거나 들리지만, 그것이 또 다른 것이거나 전혀 존재하지 않는 것이라는 뜻으로도 사용한다.

It might be an optical ***illusion*** but he actually seems to lift some horses in races when they are tired.
그것이 착시일 수도 있지만 그는 경주에서 말들이 지칠 때 그들을 들어올리는 것처럼 보인다.

I fancy I can hear her voice, but that must be an ***illusion***.
나는 그녀의 목소리가 들린다고 생각하지만 그것은 환청임에 틀림없다.

위와 같은 의미로 **delusion**을 사용하지 않는다.

---

imaginary – imaginative

1 'imaginary'

어떤 것이 현실이 아닌, 사람의 상상 속에만 존재하다라는 뜻에 **imaginary**를 사용한다.

Many children develop fears of ***imaginary*** dangers. 많은 어린이들은 가상의 위험에 대한 두려움을 키운다.

...pictures of completely ***imaginary*** plants. 완전히 가상의 식물을 그린 그림들.

2 'imaginative'

새롭고 흥미로운 일에 대한 아이디어가 풍부한 사람을 나타낼 때, **imaginative**를 사용한다.

...an ***imaginative*** schoolteacher. 상상력이 풍부한 교사.

아이디어나 상상력이 풍부하다고 할 때에도 **imaginative**를 사용한다.

...an ***imaginative*** scheme. 상상력이 풍부한 기획.

---

imagine

imagine은 어떤 상황을 생각하고 마음속에 그 상황에 대한 그림을 그리거나 공상을 하다, 즉 '상상하다'라는 뜻이다.

It is difficult to ***imagine*** anyone wanting to run the marathon in this summer smog.
이런 여름 스모그 상태에서 마라톤을 하겠다는 사람이 있을 것이라고는 상상하기 어렵다.

Try to ***imagine*** you're sitting on a cloud. 당신이 구름 위에 앉아 있다고 상상해 보세요.

〔imagine + -ing〕 형식을 사용한다.

She could not imagine ***living*** with Daniel. 그녀는 다니엘과 같이 사는 것을 상상할 수 없었다.

It is hard to imagine anyone ***starting*** a war. 누군가가 전쟁을 시작하는 것은 상상하기 어려운 일이다.

ℹ 〔imagine + to부정사〕 형식을 사용하지 않는다. 예를 들면, ~~She could not imagine to live with Daniel.~~이라고 하지 않는다.

imagine에는 어떤 일이 사실일 것 같다고 생각하다라는 뜻도 있다.

I ***imagine*** there would be difficulties if you were expected to make a profit.
나는 만약 당신이 수익을 올릴 것이라고 기대한다면, 어려움이 있을 것이라고 생각한다.

I ***imagine*** that sooner or later he'll ask you to join him there.
나는 조만간 그가 당신에게 그곳에 자신과 함께 참석해 달라고 부탁할 것으로 예상한다.

상대방이 어떤 일이 사실인지 물어보는 경우, '내가 생각하기에 그것은 사실인 것 같다.'는 **I imagine so.**나 **I would imagine so.**라고 대답한다.

'Can he bite through that?' – '***I imagine so***.' "그가 저것을 물어 끊을 수 있을까요?" – "그렇게 할 수 있을 겁니다."

'Was that the point of it all?' – '***I would imagine so***.' "그것이 그 모든 것의 요점이었나요?" – "그런 것 같아요."

i 위와 같은 뜻에 ~~I imagine it.~~을 사용하지 않는다.

'imagine something is not' true 대신 ***don't imagine something is*** true라고 한다.

I *don't imagine we'll have* a problem, anyway. 어쨌든 우리에게 문제가 생길 것이라고 생각하지 않는다.

immediately

1 used as an adverb(부사로 사용하기)

immediately는 일반적으로 부사로 사용하며, 어떤 일이 지체 없이 일어나다라는 뜻이다.

I have to go down to Brighton *immediately*. It's very urgent. 나는 브라이튼에 곧바로 가야 한다. 매우 급한 일이다.
She finished her cigarette, then lit another one *immediately*.
그녀는 담배 한 대를 다 피운 후에 곧바로 또 한 대에 불을 붙였다.

어떤 일이 끝나자마자 곧바로 다른 일이 일어나다라는 뜻에 **immediately after**를 사용한다.

He had to see a client *immediately after* lunch. 그는 점심 식사 후에 바로 고객을 만나야 했다.
They must have contacted him *immediately after* my meeting with them last Tuesday.
지난 화요일에 그들은 나와 회의를 한 후에 즉시 그에게 연락을 했음이 틀림없다.

어떤 것이 다른 사물 위에 매우 가까이 있다라는 뜻에 **immediately above**를 사용한다. 비슷한 방식으로 **under**, **opposite**, **behind** 등의 전치사와 함께 **immediately**를 사용할 수 있다.

...a window on the second floor *immediately above* the entrance. 출입구 바로 위에 있는 2층 창문.
The first layer of fat is *immediately under* the skin. 첫 번째 지방층은 피부 바로 아래에 있다.
This man had seated himself *immediately behind* me. 이 사람은 바로 내 뒷자리에 앉아 있었다.

2 used as a conjunction(접속사로 사용하기)

미국 영어가 아닌 영국 영어에서는 **immediately**를 접속사로도 사용한다. 어떤 일이 일어나자마자 다른 일이 일어나거나 곧바로 그 일을 할 때, **immediately**를 사용한다.

Immediately I finish the show I get changed and go home. 나는 그 쇼를 끝내고 곧바로 옷을 갈아입고 집에 간다.
Contact can be made *immediately* the door is opened. 문이 열리는 즉시 바로 연락이 가능합니다.

위와 같은 문장에서 **immediately** 뒤에는 미래시제가 아닌 단순현재시제를 사용한다. 예를 들면, '나는 도착하자마자 그 일을 할 것이다.'는 ~~**I will do it immediately I will arrive.**~~가 아닌 **I will do it *immediately* I *arrive*.**라고 한다.

immigrant

➲ Usage 표제어 emigration – immigration – migration 참조.

immigration

➲ Usage 표제어 emigration – immigration – migration 참조.

imply – infer

1 'imply'

imply는 실제로 말하지는 않고 어떤 것이 사실이라는 것을 '암시하다'라는 뜻이다.

Somehow he *implied* that he was the one who had done all the work.
어쨌든 그는 자신이 그 모든 일을 한 사람이라는 것을 넌지시 비쳤다.
Her tone *implied* that her time and her patience were limited.
그녀의 어조는 시간과 인내심이 한계에 도달했음을 암시했다.

2 'infer'

infer는 가지고 있는 정보에 기초하여 어떤 것이 사실이라는 결론을 내리다, 즉 '추측하다'라는 뜻이다.

I *inferred* from what she said that you have not been well.
나는 그녀가 말한 것으로 볼 때, 당신의 건강이 좋지 않다고 생각했다.

It is only from doing experiments that cause-and-effect relationships can be *inferred*.
원인과 결과의 관계를 추론할 수 있는 것은 오직 실험을 통해서이다.

---

important

important는 형용사로, 어떤 것이 매우 중요하거나 가치가 있거나 필요하다라는 뜻에 사용한다.

This is the most *important* part of the job. 이것이 그 일의 가장 중요한 부분이다.

It is *important* to get on with your employer and his wife. 당신의 고용주와 그의 부인과 잘 지내는 것은 중요하다.

주의 액수나 양이 매우 크다고 말할 때, **important**가 아닌 **considerable**이나 **substantial**을 사용한다. 예를 들면, '아주 많은 액수의 돈'은 ~~an important sum of money~~라고 하지 않는다.

He claimed he had been paid a *substantial* sum for working for MI5.
그는 MI5에서 근무할 때, 상당한 액수의 돈을 받았다고 주장했다.

A *considerable* amount of rain had fallen. 상당한 양의 비가 내렸다.

---

in

1 used to say where something is(사물의 위치를 말할 때 사용하기)

사람이나 사물이 어디에 있는지 혹은 어떤 일이 어디서 일어나는지를 말할 때, 전치사 in을 사용한다.

Colin was *in* the bath. 콜린은 욕실에 있었다.

I wanted to play *in* the garden. 나는 정원에서 놀고 싶었다.

How much is the hat *in* the window? 쇼윈도에 있는 저 모자는 얼마입니까?

In Hamburg the girls split up. 그 소녀들은 함부르크에서 헤어졌다.

때때로 in은 최상급과 함께 사용한다. 예를 들면, **the tallest building *in* Tokyo**는 '도쿄에서 가장 높은 건물'이라는 뜻이다.

Hakodate is the oldest port *in* Hokkaido. 하코다테는 홋카이도에서 가장 오래된 항구이다.

...the biggest lizards *in* the world. 세계에서 가장 큰 도마뱀들.

2 used to say where something goes(어떤 것이 어디로 가는지 말할 때 사용하기)

어떤 장소로 들어가거나 무언가를 용기에 넣을 때, 부사로 in을 사용한다.

There was a knock at Howard's door. 'Come *in*,' he shouted.
하워드의 집 현관에서 노크 소리가 나자, 그는 "들어오세요."라고 소리쳤다.

She opened her bag and put her diary *in*. 그녀는 가방을 열고 자신의 일기장을 그 안에 넣었다.

때때로 전치사 in은 into와 같은 뜻으로 사용한다.

She threw both letters *in* the bin. 그녀는 두 장의 편지를 모두 쓰레기통으로 버렸다.

➲ Usage 표제어 into 참조.

3 used with expressions of time(시간의 표현과 함께 사용하기)

시간의 표현과 함께 어떤 일이 얼마나 걸리는지 말할 때, 주로 in을 사용한다.

He learned to drive *in six months*. 그는 6개월 안에 운전하는 방법을 배웠다.

He was dead *in a few seconds*. 그는 잠시 후에 죽었다.

미래에 어떤 일이 일어나기 전까지 시간이 얼마나 걸릴 것인지 말할 때에도 in을 사용한다.

In another few minutes it will be dark. 몇 분 더 지나면 어두워질 것이다.

어떤 일이 특정한 연도, 월, 계절에 일어날 때, **in**을 사용한다.

In 1872, Chicago was burned to the ground. 1872년에 시카고는 화재로 잿더미가 되었다.

In April we prepared to make our first trip to Europe. 4월에 우리는 첫 번째 유럽 여행을 준비했다.

It'll be warmer ***in the spring***. 봄에는 더 따뜻해질 것이다.

어떤 일이 아침, 오후, 저녁마다 정기적으로 일어날 때, **in**을 **the**와 함께 사용한다.

I have stopped reading the papers. I go swimming instead ***in the morning***.
나는 아침마다 신문을 읽는 것을 그만두고 대신 수영을 하러 간다.

You could sit there ***in the evening*** and listen to the radio. 당신은 저녁마다 그곳에 앉아서 라디오를 들을 수 있을 것이다.

➲ Usage 표제어 **morning, afternoon, evening** 참조.

그러나 어떤 일이 밤마다 정기적으로 일어나다라고 할 때는 **in**을 사용하지 않는다. 대신 **the** 없이 **at**을 사용한다.

There were no lights in the street ***at night.*** 밤거리에 불빛이 없었다.

➲ Usage 표제어 **night** 참조.

> **주의** 어떤 일이 특정한 날이나 요일에 일어난 경우에는 **in**이 아닌 **on**을 사용한다.
>
> ***On Tuesday*** they went shopping again. 그들은 화요일에 다시 쇼핑을 갔다.
>
> Caro was born on ***April 10th***. 카로는 4월 10일에 태어났다.
>
> 미국 영어에서는 때때로 요일 앞에 **on**을 생략한다.
>
> I've got a party ***Wednesday***. 나는 수요일에 파티가 있다.
>
> ***Friday*** we had promised that we would have dinner at his house.
> 우리는 그의 집에서 저녁 식사를 하기로 금요일에 약속했다.

ⓘ 어떤 일이 얼마 동안 지속되거나 계속될 때, **in**이 아닌 **for**를 사용한다.

I have known you ***for a long time***. 나는 오랫동안 당신과 알고 지내 왔다.

I had been with my company ***for ten years***. 나는 회사에서 10년 동안 일했었다.

➲ Usage 표제어 **for** 참조.

4 used to mean 'wearing' (wearing의 뜻으로 사용하기)

누군가가 무언가를 착용하고 있을 때, 때때로 **in**을 사용하기도 한다.

The bar was full of men ***in*** cloth caps. 그 술집은 납작한 모자를 쓴 남자들로 꽉 차 있었다.

➲ Usage 표제어 **wear** 참조.

> **주의** 외국어 구사 능력을 말하는 경우에는 **in**을 사용하지 않는다. 예를 들면, '그녀는 러시아어를 한다.'는 ~~**She speaks in Russian.**~~ 이 아닌 **She speaks Russian.**이라고 한다.
>
> ➲ Usage 표제어 **speak – talk** 참조.

incapable

be ***incapable of doing*** something은 어떤 일을 할 수 있는 능력을 갖고 있지 않다는 뜻이다.

He was ***incapable of enjoying*** himself. 그는 스스로 즐길 수 있는 능력이 없었다.

This woman sounds as if she is totally ***incapable of loving*** anyone.
이 여자의 말은 마치 그녀가 다른 사람을 전혀 사랑할 수 없는 것처럼 들린다.

be 'incapable of do' something이라고 하지 않는다.

in case

➲ Usage 표제어 **case** 참조.

include

include는 어떤 사물을 이루고 있는 일부분 중 하나로 다른 사물을 가지고 있다, 즉 '포함하다'라는 뜻이다.

He is a former president of the Campania region, which ***includes*** the Naples.
그는 나폴리를 포함하고 있는 캄파니아 지역을 관할하던 전(前) 지사장이다.

A good British breakfast always ***includes*** sausages. 훌륭한 영국식 아침 식사에는 항상 소시지가 포함되어 있다.

> 주의 어떤 것의 모든 부분을 말하는 경우에는 include가 아닌 comprise를 사용한다.
> ➲ Usage 표제어 comprise 참조.

indeed

1 used after an adjective or adverb(형용사나 부사 뒤에 사용하기)

〔very + 형용사 · 부사 + indeed〕 형식을 사용하여 형용사나 부사의 뜻을 더욱 강조할 수 있다.

I think it's ***very good indeed***. 나는 그것이 실로 매우 좋다고 생각한다.
She had got ***very angry indeed***. 그녀는 정말로 매우 화가 났다.
They can run ***very fast indeed***. 그들은 실로 매우 빨리 달릴 수 있다.

> 주의 very를 사용하지 않고는 형용사나 부사 뒤에 indeed를 사용할 수 없다. 예를 들면, ~~I think it's good indeed.~~라고 하지 않는다.

2 used after a noun(명사 뒤에 사용하기)

〔very + 형용사 + 명사 + indeed〕 형식을 사용한다.

That's a ***very good answer indeed***. 그것은 정말 실로 좋은 대답이다.
It is a ***very rare bird indeed***. 그 새는 정말 실로 희귀한 새이다.

ⓘ ~~That's a good answer indeed.~~나 ~~It is a rare bird indeed.~~라고 하지 않는다.

Thank you very much indeed.도 자주 사용하는 표현이다.

'I will confirm that by phone or by telex.' – '***Thank you very much indeed***.'
"제가 그것을 전화나 텔렉스로 확인할 것입니다." – "실로 진심으로 고맙습니다."

Thank you very much indeed for having us here. 여기에 우리를 초대해 주셔서 진심으로 감사합니다.

ⓘ ~~Thank you indeed.~~라고 하지 않는다.

indicate – show

1 talking about evidence and results(증거와 결과에 대해 말하기)

indicate는 일반적으로 show와 같은 뜻이 있다. 증거나 연구 결과를 말하는 경우, 비슷한 뜻으로 indicate와 show를 때때로 사용할 수 있다.

Evidence ***indicates*** that the experiments were unsuccessful. 증거는 실험이 성공하지 못했음을 보여 주고 있다.
Evidence ***shows*** that doctors are working harder. 증거는 의사들이 열심히 일하고 있다는 것을 보여 준다.

2 used with a person as subject(주어가 사람인 경우에 사용하기)

그러나 indicate와 show는 주어가 사람인 경우, 항상 같은 방식으로 사용하지는 않는다.

indicate는 누군가가 다른 사람에게 사물이 어디에 있는지 일반적으로 손가락으로 가리키거나 고개를 끄덕여 가르쳐 주다라는 뜻이다. indicate가 위와 같은 뜻일 경우, 소설에서만 사용한다.

'The car's just down there,' she said, ***indicating*** it with a nod of her head.
"그 차는 바로 저 아래에 있어요."라고 그녀는 고개를 끄덕여 그 차가 어디에 있는지 가르쳐 주었다.

She sat down in the armchair that Mrs Jones ***indicated***. 그녀는 존스 부인이 가리키는 안락의자에 앉았다.

indicate가 위와 같은 뜻일 때, 간접목적어를 간혹 사용하지만 일반적인 용법은 아니다. 간접목적어 앞에는 항상 to가 온다.

Without speaking, he ***indicated to him*** the inside of the hut. 그는 아무 말 없이 그 남자에게 헛간의 안쪽을 가리켰다.

show는 상대방이 어떤 사물을 볼 수 있고 조사할 수 있도록 보여 주거나 가져다주다라는 뜻이다. **show**가 이러한 뜻인 경우, 항상 간접목적어가 뒤따라온다. 간접목적어가 직접목적어 뒤에 오면 간접목적어 앞에 **to**를 사용한다.

I ***showed William*** what I had written. 내가 썼던 글을 윌리엄에게 보여 주었다.

Fetch that drawing you did and ***show*** it ***to the doctor***. 네가 그린 저 그림을 가져와서 의사 선생님께 보여 드려라.

indoors – indoor

1 'indoors'

indoors는 부사로 사용한다. go ***indoors***는 건물 안으로 들어가다라는 뜻이다.

Let's go ***indoors***. 안으로 들어갑시다.

어떤 일이 건물 안에서 일어나다라는 뜻에 indoors를 사용한다.

I spent all the evenings ***indoors***. 나는 저녁 시간 내내 실내에서 보냈다.

Since she was ***indoors***, she had not been wearing a coat. 그녀는 실내에 있었기 때문에 코트를 입지 않아 왔다.

2 'indoor'

indoor는 명사 앞에 사용하는 형용사이다. 건물 안에 존재하는 사물이나 그곳에서 일어나는 활동을 나타낼 때 indoor를 사용한다.

...***indoor*** swimming pools. 실내 수영장.

...***indoor*** games. 실내 게임.

industrious – industrial

1 'industrious'

industrious는 '부지런한'이라는 뜻이다.

He was ***industrious*** and strove to improve himself. 그는 부지런했고 자신을 계발하려고 노력했다.

The people were ***industrious*** and very thrifty. 그 사람들은 부지런하고 매우 검소했다.

2 'industrial'

공장에서 물건을 만드는 데 관련된 일과 공정을 언급할 때는 **industrious**가 아닌 **industrial**을 사용한다.

They have increased their ***industrial*** production in recent years.
그들은 최근 몇 년 동안 산업 생산량을 증가시켜 왔다.

...the future of ***industrial*** relations in Britain. 영국의 노사 관계의 앞날.

infamous

➲ Usage 표제어 famous – well-known – notorious – infamous 참조.

infer

➲ Usage 표제어 imply – infer 참조.

inferior

one thing is ***inferior to*** another는 어떤 사물이 다른 사물보다 질이 더 떨어지다라는 뜻이다.

His photographs were ***inferior to*** those taken by Ernie. 그의 사진들은 어니가 찍은 것에 비해 질이 떨어졌다.

Tolstoy's thinking was vastly ***inferior to*** his fiction. 톨스토이의 사상은 그의 소설에 비해 크게 뒤떨어졌다.

ⓘ inferior 뒤에 to 이외의 다른 전치사를 사용하지 않는다.

---

inflammable

➲ Usage 표제어 flammable – inflammable – non-flammable 참조.

---

inflate – blow up

1 'inflate'

inflate는 타이어, 풍선, 공기 침대 등에 공기나 가스를 가득 주입하다, 즉 '부풀리다'라는 뜻이다.

...a rubber dinghy that took half an hour to ***inflate***. 부풀리는 데 30분이 소요된 고무 구명보트.

2 'blow up'

inflate는 격식을 차리거나 전문적인 용어이다. 회화에서 일반적으로 타이어, 풍선, 공기 침대에 바람을 넣다라고 할 때는 **blow up**을 사용한다.

She ***blew up*** the airbed. 그녀는 공기 침대에 바람을 넣었다.

She would buy her son a dinghy and a pump to ***blow*** it ***up***.
그녀는 아들에게 고무보트와 그 안에 공기를 넣을 펌프를 사줄 것이다.

---

influence

1 used as a noun(명사로 사용하기)

사람의 행동이나 결정에 영향을 주는 사람이나 사물이 가진 힘을 가리킬 때, 명사 **influence**를 사용한다.

His wife had a lot of ***influence***. 그의 부인은 많은 영향력을 갖고 있었다.

His teachings still exert a strong ***influence***. 그의 가르침은 여전히 강한 영향력을 행사하고 있다.

영향을 받은 사람이나 사물을 언급하는 경우, **on**을 사용한다.

He was a bad ***influence on*** the children. 그는 아이들에게 나쁜 영향을 주는 사람이었다.

We shall be looking at the ***influence*** of religion ***on*** society. 우리는 종교가 사회에 미치는 영향에 대해 살펴볼 것이다.

> **주의** 어떤 일의 결과로 생겨난 변화나 사건을 나타낼 때는 **influence**가 아닌 **effect**를 사용한다.
> The incident had a great ***effect*** on Serge. He was very shocked by it.
> 그 사건은 서지에게 대단한 영향을 미쳤다. 그는 그 일로 매우 큰 충격을 받았다.
> The intense heat had no ***effect*** on the spacecraft. 그 강렬한 열은 우주선에 아무런 영향을 끼치지 못했다.
> ➲ Usage 표제어 affect – effect 참조.

2 used as a verb(동사로 사용하기)

influence를 동사로 사용하면, 한 사람이나 사물이 다른 사람이나 사물에 영향을 주다라는 뜻이다.

I didn't want him to ***influence*** me in my choice. 나는 내 선택에 있어서 그 남자에게 어떤 영향도 받고 싶지 않았다.

There was little opportunity to ***influence*** foreign policy. 외교 정책에 영향을 줄 기회가 거의 없었다.

ⓘ influence를 동사로 사용하는 경우, 뒤에 on을 사용하지 않는다.

---

inform

inform someone ***of*** something은 다른 사람에게 어떤 일에 대해 알리다라는 뜻이다.

He intended to ***inform*** her ***of*** his objections. 그는 그녀에게 반대 의사를 알리려 했다.

〔inform + 목적어 + that절〕 형식을 자주 사용한다.

I ***informed*** her ***that I was unwell***. 나는 내 건강이 좋지 않다고 그녀에게 알려 주었다.

She ***informed*** me ***that she had not changed her plans***. 그녀는 나에게 자신의 계획을 변경하지 않았다고 알려 주었다.

위와 같이 inform에 that절을 사용할 경우, 일반적으로 that을 생략하지 않는다. 예를 들면, ~~I informed her I was unwell.~~이라고 하지 않는다.

inform은 상당히 격식을 차린 단어이며, 회화에서는 보통 tell을 사용한다.

➲ Usage 표제어 tell 참조.

information – news

1 'information'

information은 획득하거나 받은 사실로 구성된 '정보'라는 뜻이다.

You can obtain ***information*** about support groups from your physician.
당신은 후원 단체에 대한 정보를 담당 의사에게 얻을 수 있다.

I wanted ***information*** on washable nappies and where to buy them from.
나는 세탁할 수 있는 기저귀와 그것을 살 수 있는 곳에 대한 정보를 원했다.

information은 불가산명사이므로, an information이나 informations가 아닌 piece of information을 사용한다.

I kept wondering what use I could make of this ***piece of information***.
나는 이 정보를 어떻게 사용할 수 있는지 계속 생각했다.

give someone information은 누군가에게 어떤 정보를 주다라는 뜻이다.

He thought I'd ***given*** them the information. 그는 내가 그 정보를 그들에게 주었다고 생각했다.

'tell' people information이라고 하지 않는다.

어떤 일에 대한 정보를 언급할 때, information ***about/on*** something이라고 한다.

I'd like some information ***about*** trains, please. 나는 열차에 관한 정보를 얻고 싶습니다.
I'm afraid that I have no information ***on*** that. 유감스럽게도 그것에 대한 정보가 전혀 없습니다.

2 'news'

신문, 텔레비전, 라디오에서 최근에 일어난 일을 말할 때는 information이 아닌 news를 사용한다.

He's recently been in the ***news***. 그는 최근에 뉴스에 출연했다.
It was on the ***news*** at 8.30. 그것은 8시 30분 뉴스에 나왔다.

➲ Usage 표제어 news 참조.

in front of

➲ Usage 표제어 front 참조.

injure

1 'injure' used as a verb(동사로 사용하는 injure)

injure는 신체의 일부에 '상처를 입히다'라는 뜻이다.

The earthquake killed 24,000 people and ***injured*** 77,000. 그 지진으로 24,000명이 죽고 77,000명이 부상당했다.
A number of bombs have exploded seriously ***injuring*** at least five people.
많은 폭탄으로 최소 다섯 명이 중상을 입었다.

우연히 자신의 신체 일부를 손상시키는 경우, ***injure*** oneself나 ***injure*** a part of one's body라고 한다.

He's going to ***injure*** himself if he isn't careful. 조심하지 않으면 그는 다칠 것이다.
Peter recently ***injured*** his right hand in a training accident. 피터는 최근 훈련 도중에 사고로 오른손을 다쳤다.

> **주의** injure는 자동사로 사용할 수 없다. 예를 들면, '그는 자동차 사고로 다쳤다.'는 ~~He injured in a car accident~~.가 아닌 ***He was injured*** **in a car accident.**라고 한다.
> Seventy policemen ***were injured*** in the fighting. 경찰 70명이 그 전투에서 부상당했다.

사람의 신체에 가해진 손상을 가리키는 동사가 많이 있다.

➲ 더 많은 정보는 Usage 표제어 damage 참조.

2 'injured' used as an adjective(형용사로 사용하는 injured)

injured는 흔히 형용사로 사용한다.

Thousands of ***injured*** people still lay among the ruins. 수천 명의 부상자들이 아직도 폐허 속에 누워 있었다.
East Grinstead won 3-1 without Van Asselt, who was ***injured***.
이스트 그린스테드는 부상당한 반 어셀트 없이 3 대 1로 이겼다.

injured 앞에 **badly**, **seriously**, **critically** 등의 부사를 자주 사용한다.

She was not ***badly injured***. 그녀는 심하게 부상을 입지는 않았다.
A man lay ***critically injured*** for eight hours after his car skidded off a road and smashed into trees.
한 남자는 그의 자동차가 도로에서 미끄러져 나무에 부딪친 후, 아주 심하게 상처를 입고 8시간 동안 누워 있었다.

➲ Usage 표제어 hurt 참조.

inquire – enquire – ask

1 'inquire' and 'enquire'

inquire와 **enquire**는 어떤 것에 대한 정보를 '요구하다'라는 뜻이며, 두 단어의 의미상의 차이는 없다. **inquire**는 특히 미국 영어에서 흔히 사용된다.

We ***inquired*** about the precise circumstances surrounding the arrest.
우리는 체포할 당시의 자세한 상황에 대해 질의를 했다.
I ***enquired*** about the scenery and Beaumont told me it was being built in a carpenter's shop in Waterloo.
내가 연극의 무대 장치에 대해 묻자, 보몬트는 그것이 워털루의 한 목공소에서 제작되고 있는 중이라고 말했다.

〔**inquire** · **enquire** + **wh-**절〕 형식을 사용할 수 있다.

She ***inquired how Ibrahim was getting on***. 그녀는 이브라힘이 어떻게 지내고 있는지 물어보았다.
I ***enquired what kind of aircraft he had commanded*** before returning home.
나는 그가 고향으로 돌아오기 전에 어떤 종류의 비행기를 조종했는지 물어보았다.

글에서 어떤 말을 인용할 때, **inquire**나 **enquire**를 때때로 사용한다.

'Anything you need?' ***inquired*** the girl. "필요한 것이 있어요?"라고 그 여자 아이가 물었다.
'Who compiles these reports?' Philip ***enquired***. "누가 이 보고서를 취합하나요?"라고 필립이 물었다.

> **주의** **inquire**나 **enquire** 뒤에 직접목적어를 사용하지 않는다. 예를 들면, ~~**He inquired her if she was well.**~~이라고 하지 않는다.

2 'ask'

inquire와 **enquire**는 상당히 격식을 차린 단어이다. 회화에서는 보통 **ask**를 사용하며, 이 경우 직접목적어를 사용하거나 사용하지 않을 수도 있다.

She ***asked*** about his work. 그녀는 그의 일에 대해 물어보았다.
I ***asked him*** what he wanted. 나는 그에게 원하는 것이 무엇인지 물었다.

insane

➲ Usage 표제어 mad 참조.

insensible

be ***insensible to*** a physical sensation은 신체 감각을 느끼지 못하다라는 뜻으로, insensible은 격식을 차린 단어이다.

We believe that all animals should be rendered ***insensible to*** pain before slaughter.
우리는 모든 동물이 도살 시 고통 없이 이루어져야 한다고 생각한다.

insensible은 **sensible**의 반대말이 아니다. 어떤 사람이 바보 같은 행동을 할 때는 **insensible**이 아닌 **silly**나 **foolish**를 사용한다.

You're a ***silly*** little boy. 너는 어리석은 놈이다.
It would be ***foolish*** to tell such things to a total stranger.
전혀 모르는 사람에게 그런 것을 말한다면 그것은 어리석은 행동일 것이다.

inside

1 used as a preposition(전치사로 사용하기)

사람이나 사물이 건물이나 차 안에 있는 경우, 전치사 **inside**를 사용한다.

The policemen ***inside*** the building opened fire on the crowd. 건물 안에 있던 경찰들이 군중에게 발포하기 시작했다.
Two minutes later we were safely ***inside*** the taxi. 2분 후에 우리는 안전하게 택시에 타고 있었다.

ⓘ 위의 뜻에 inside of를 사용하지 않는다.

2 used as an adverb(부사로 사용하기)

inside는 부사로도 사용한다.

My main concern was to get the man away from the house because my wife and children were ***inside***.
나의 주된 관심사는 그 사내를 집에서 쫓아버리는 것이었는데, 그 이유는 아내와 아이들이 집에 있었기 때문이었다.
'I have been expecting you,' she said, inviting him ***inside***.
그녀는 "나는 당신이 오기를 기다리던 중입니다."라고 말하면서 그를 안으로 안내했다.

insist

insist on doing something은 어떤 일을 할 것을 확고히 말하고 실제로 그 일을 하다라는 뜻이다.

He ***insisted on paying*** for the meal. 그는 식사 비용을 자기가 내겠다고 우겼다.
He ***insists on getting paid*** a hundred dollars just to appear on the talk show.
그는 단지 그 토크 쇼에 출연하는 것만으로 100달러를 받아야 한다고 주장한다.

ⓘ 'insist to do' something이라고 하지 않는다.

in spite of – despite

1 'in spite of'

어떤 일이 일어나지 못하도록 막거나 사실일 수밖에 없는 놀라운 상황을 말할 경우, **in spite of**를 사용한다. 이때 철자는 **inspite of**가 아닌 **in spite of**라고 표기한다.

The morning air was still clear and fresh, ***in spite of*** all the traffic and the crowd.
많은 교통량과 군중이 있음에도 불구하고, 아침 공기는 여전히 깨끗하고 상쾌했다.
In spite of poor health, my father was always cheerful.
건강 상태가 건강 상태가 좋지 않음에도 불구하고, 나의 아버지는 항상 기운이 넘쳤다.

> **주의** 어떤 상황에서도 영향을 받지 않을 것이라고 말할 때는 **in spite of**가 아닌 **regardless of**나 **whatever**를 사용한다. 예를 들면, '능력에 상관없이 누구라도 참여할 수 있다.'는 ~~**Everyone can take part, in spite of their ability.**~~가 아닌 **Everyone can take part *regardless of* their ability.**나 **Everyone can take part *whatever* their ability.**라고 한다.

If they are determined to strike, they will do so ***regardless of*** what the law says.
만약 그들이 파업을 결정한다면, 법 규정과 관련 없이 그렇게 할 것이다.
Bridgemere – ideal for a visit ***whatever*** the weather or time of year.
1년 중 날씨나 시간을 불문하고 방문하기에 더할 나위 없이 좋은 브리지미어.

in spite of를 접속사로 사용하지 않는다. 예를 들면, '우리가 항의했음에도 불구하고, 그들은 그를 데리고 가버렸다.'는 ~~**In spite of we protested, they took him away.**~~가 아닌 ***Although*** **we protested, they took him away.**라고 한다.

Although he was late, he stopped to buy a sandwich. 그는 지각했음에도 불구하고 샌드위치를 사려고 멈추었다.
Gretchen kept her coat on, ***although*** it was warm in the room.
방이 따뜻했음에도 불구하고 그레첸은 코트를 계속 입고 있었다.

2 'despite'

despite는 **in spite of**와 같은 뜻이며, **despite** 뒤에 **of**를 사용하지 않는다.

Despite the differences in their ages they were close friends. 그들은 나이 차가 있음에도 불구하고 친한 친구였다.
The cost of public services has risen steeply ***despite*** a general decline in their quality.
공공 서비스의 비용은 전반적인 질이 낮은데도 불구하고 급격히 상승했다.

---

instead – instead of

1 'instead'

instead는 부사로, 방금 전에 언급한 일이 아닌 다른 일을 하는 경우에 사용한다.

Judy did not answer. ***Instead*** she looked out of the taxi window.
주디는 대답을 하지 않았다. 대신 그녀는 택시의 창밖을 바라보았다.
Robert had a great desire to turn away, but ***instead*** he led her towards the house.
로버트는 돌아가고 싶은 큰 충동을 느꼈지만 그렇게 하는 대신 그녀를 집으로 데리고 갔다.

2 'instead of'

instead of는 전치사로, 어떤 것을 행하거나 사용하거나 사실인 일과 대조하여, 행해지지 않았거나 사용되지 않았거나 사실이 아닌 일을 소개할 때 사용한다.

We have had many converts when we offer people a free juice ***instead of*** their usual coffee.
우리가 사람들에게 늘 주던 커피 대신 무료 주스를 제공하자 다른 가게를 찾던 많은 사람들이 몰려들었다.
If you want to have your meal at seven o'clock ***instead of*** five o'clock, you can.
당신이 식사 시간을 5시 대신 7시로 변경하기를 원하면 그렇게 할 수 있다.

do something *instead of doing* something else는 어떤 일을 하는 대신에 다른 일을 하다라는 뜻이다.

You could always write this ***instead of using*** your word processor.
당신은 워드프로세서를 사용하는 대신 이것을 항상 글로 쓸 수 있다.
I went up the tributary ***instead of sticking*** to the river. 나는 그 강에 머물지 않고 그 강의 지류까지 갔다.

ⓘ do something 'instead to do' something else라고 하지 않는다.

---

instruct

instruct는 다른 사람에게 어떤 일을 하라고 지시하다라는 뜻이다. **instruct**가 이러한 뜻일 경우, 〔**instruct** + 목적어 + **to**부정사〕 형식을 사용한다.

The judge ***instructed them to keep*** silent. 그 판사는 그들에게 조용히 하라고 지시했다.
General Geldenhuys ***has instructed me to take*** a full statement from you.
겔덴휴이즈 장군은 나에게 당신에게서 완전한 진술서를 받아오라는 지시를 했다.

위와 같은 경우, 목적어 없이 **instruct**를 사용하지 않는다. 예를 들면, '그는 죄수들을 데려가라고 지시했다.'는 ~~**He instructed to take the prisoners away.**~~가 아닌 **He *gave instructions for* the prisoners *to be taken away*.**나 **He *gave instructions that* the prisoners *should be taken away*.**라고 한다.

She ***gave instructions for*** Lady Illingworth ***to be cremated***. 그녀는 일링워스 부인을 화장(火葬)하라고 지시했다.

You *had given instructions that* physical force *should* if necessary *be used*.
당신이 필요하다고 생각되면 물리적인 힘을 사용하라고 지시했다.

---

insure

➲ Usage 표제어 assure – ensure – insure 참조.

---

intense – intensive

1 'intense'

intense는 '매우 대단한' 또는 '강한'이라는 뜻이다.

...*intense* heat. 강한 열기.
I could not help feeling *intense* discomfort. 나는 심한 불편함을 느끼지 않을 수 없었다.

2 'intensive'

intensive는 짧은 시간에 어떤 일을 성취하기 위해 많은 에너지나 노력을 쏟아 붓다, 즉 '집중적인'이라는 뜻이다.

Intensive training courses are provided by the local authority. 집중적인 훈련 과정이 지역 당국에서 시행되고 있다.
...my last *intensive* preparations for my Ph.D. 내 박사 학위를 위한 집중적인 마지막 준비.

---

intention

1 'intention to' and 'intention of'

어떤 일을 하려는 의도를 나타낼 때, intention to do나 intention of doing을 사용할 수 있다.

To date, seven candidates have declared their *intention to run* for president.
지금까지 후보자 7명이 대통령 선거에 입후보할 의향이 있다고 선언했다.
They announced their *intention of cutting* down all the trees. 그들은 모든 나무를 베겠다는 계획을 발표했다.

누군가가 어떤 것을 하려는 의도가 있다고 할 때, ***it is*** someone's ***intention to do*** something이라고 한다.

It had been her intention to walk around Ougadougou. 오가도구를 걸어서 둘러보는 것이 그녀의 의도였다.
It is still *my intention to resign*. 나는 사임하겠다는 의사를 여전히 갖고 있다.

ⓘ 'it is someone's intention of doing' something이라고 하지 않는다.

2 'with the intention'

누군가가 또 다른 일을 하려고 어떤 일을 계획해서 할 때, do something ***with the intention of doing*** something else라고 할 수 있다.

The troops had come *with the intention of firing* on the crowd. 그 군대는 군중들에게 발포할 작정으로 다가왔다.

ⓘ do something 'with the intention to do' something else라고 하지 않는다.

3 'no intention'

have no intention of doing something은 어떤 일을 할 의도가 전혀 없다라는 뜻이다.

She *had no intention of spending* the rest of her life working as a waitress.
그녀는 웨이트리스로 남은 여생을 보낼 의도가 전혀 없었다.

ⓘ 'have no intention to do' something이라고 하지 않는다.

---

interested – interesting

1 'interested'

사람이나 사물에 대해 더 많이 알고 싶은 경우, be ***interested in*** something/someone이라고 한다.

I am very ***interested in*** politics. 나는 정치에 매우 관심이 있다.
Ellen seemed genuinely ***interested in*** him and his work.
엘렌은 그와 그의 직업에 대해 진심으로 관심이 있는 것처럼 보였다.

ℹ interested 뒤에 in 이외의 다른 전치사를 사용하지 않는다.

➲ 상대방에 대해 더 많은 것을 알고 싶어할 때 사용하는 단어에 대한 정보는 Usage 표제어 **curiosity** 참조.

어떤 일을 하고 싶은 경우, **be *interested in doing* something**이라고 한다.

I was ***interested in seeing*** different kinds of theatre. 나는 여러 종류의 극장에 가보고 싶었다.
I'm only ***interested in finding out*** what the facts are. 나는 단지 사실이 무엇인지를 알아내고 싶을 뿐이다.

ℹ be 'interested to do' something이라고 하지 않는다.

2 'interesting'

interested를 **interesting**과 혼동해서는 안 된다. 어떤 사람이나 사물이 더 많이 알고 싶게 하는 성질이나 특징이 있는 경우, **be *interesting***이라고 한다.

I've met some very ***interesting*** people. 나는 매우 흥미로운 사람들을 만났다.
...some ***interesting*** old coins. 흥미를 끄는 오래된 동전들.

> **주의** 많은 돈을 받는 일을 말할 때는 **interesting**을 사용하지 않는다. 예를 들면, 누군가가 많은 봉급을 받는 경우, 그 사람의 직업은 **interesting**이 아닌 **well-paid**라고 한다.
>
> They go on to get university degrees and ***well-paid*** careers in business.
> 그들은 대학 학위를 받아 돈을 많이 버는 직종에 취업하게 될 것이다.
> Sylvia found herself a series of quite ***well-paid*** secretarial jobs.
> 실비아는 봉급을 매우 많이 받는 비서직을 얻었다.

---

interior – internal

1 'interior'

interior는 건물이나 차의 '내부'라는 뜻이다.

...the fire that destroyed the ***interior*** of the Savoy Theatre. 사보이 극장의 내부를 소실시켰던 화재.
The car's ***interior*** was becoming stuffy. 그 차 안은 후덥지근해졌다.

건물이나 차량의 내부를 가리킬 때, 〔형용사 **interior** + 명사〕 형식을 자주 사용한다.

The ***interior*** walls were coated with green mould. 내부 벽은 초록색 점토로 덧입혀져 있었다.
I put the ***interior*** light on and looked at her. 나는 실내등을 켜고 그녀를 쳐다보았다.

2 'internal'

차량이나 건물을 제외한 다른 것의 내부를 가리킬 때는 보통 **interior**가 아닌 **internal**을 사용한다.

A pig's ***internal*** organs match our own in size and weight. 돼지의 내장은 인간의 것과 크기 및 무게 면에서 일치한다.

---

into

전치사 **into**는 움직임과 관련하여 사용한다. 사람이나 사물이 어디로 가는지, 사물이 어디에 놓여 있는지를 말할 때, **into**를 사용한다.

I went ***into*** the church. 나는 교회 안으로 들어갔다.
He shook a little dust ***into*** the basin. 그는 그 대야에 있는 약간의 먼지를 털어 냈다.

그러나 **here**와 **there** 앞에는 **into**가 아닌 **in**을 사용한다.

Come ***in*** here. 여기로 들어오세요.
She went ***in*** there and stood at the foot of his bed. 그녀는 그곳으로 들어가서 그의 침대의 발치에 섰다.

put, throw, drop, fall 등의 동사 뒤에는 뜻이 같은 **into**나 **in**을 사용한다.

William ***put*** the letter ***into*** his pocket. 윌리엄은 자신의 주머니에 그 편지를 넣었다.
He locked the bag and put the key ***in*** his pocket. 그는 가방에 열쇠를 채우고 자신의 호주머니에 집어넣었다.
He crumpled the envelope up and threw it ***into*** his wastebasket. 그는 봉투를 구긴 후, 쓰레기통으로 던져 버렸다.
She threw both letters ***in*** the bin. 그녀는 두 편지를 모두 쓰레기통에 버렸다.
He fell ***into*** an ornamental pond. 그는 관상용 연못에 빠졌다.
The dog slipped and fell ***in*** the water. 그 개는 미끄러져 물속에 빠졌다.

---

intolerable – intolerant

1 'intolerable'

intolerable은 상황이 너무 나빠서 '참을 수 없는'이라는 뜻이다.

They find this situation ***intolerable***. 그들은 이 상황이 참을 수 없다고 생각한다.
...the things that made his life ***intolerable***. 그의 삶을 견딜 수 없도록 만든 일들.

2 'intolerant'

intolerant는 상대방이 자신과 다른 의견을 갖지 못하게 하거나 다른 의견을 표하지 않게 하다, 즉 '용납하지 않는'이라는 뜻이다.

She is ***intolerant*** by nature. 그녀는 선천적으로 완고하다.
...***intolerant*** attitudes toward non-Catholics. 천주교 신도가 아닌 사람에게 대하는 적대적인 태도.

---

invaluable

invaluable은 사람이나 사물이 대단히 '유용한'이라는 뜻이다.

He was an ***invaluable*** source of information. 그는 유용한 정보 제공자였다.
This experience proved ***invaluable*** later on. 이 경험은 후에 매우 귀중한 것으로 판명되었다.

invaluable은 valuable의 반대말이 아니다. 어떤 사물이 전혀 가치가 없다고 할 경우, it is ***worthless/not worth anything***이라고 한다.

The goods are often ***worthless*** by the time they arrive. 상품이 도착할 때 종종 쓸모없게 되어 버리는 경우가 있다.
I started collecting his pictures when they ***weren't worth anything***.
나는 그의 그림들의 가격이 전혀 나가지 않을 때 수집하기 시작했다.

---

invent – discover

1 'invent'

invent는 어떤 사람이 최초로 새로운 것을 생각해 내거나 만들어 내다, 즉 '발명하다'라는 뜻이다.

Walter Hunt and Elias Howe ***invented*** the sewing machine. 월터 헌트와 엘리아스 호우는 재봉틀을 발명했다.

2 'discover'

이미 존재하고 있으나 지금까지 알려지지 않은 것을 처음 발견할 때는 invent가 아닌 discover를 사용한다.

Herschel ***discovered*** a new planet. 허셀은 새로운 행성을 발견했다.
Having found these fragments, the team of researchers ***discovered*** a way to date them.
이러한 파편들을 가지고 연구팀은 그것들의 연대를 측정하는 방법을 발견했다.

---

invite

invite는 다른 사람을 파티나 식사에 오라고 부탁하다, 즉 '초대하다'라는 뜻이다.

The Hogans ***invited*** me to a cocktail party. 호간 가족은 나를 칵테일 파티에 초대했다.
He ***invited*** Alexander to dinner. 그는 알렉산더를 만찬에 초대했다.

i 위와 같은 문장에서는 반드시 to를 사용해야 한다. ~~I invited her my party.~~라고 하지 않는다.

다른 사람이 즐길 것이라고 생각하여 어떤 일을 부탁하는 경우, ***invite*** **someone *to do* something**이라고 한다.

He *invited* Axel *to come* with him. 그는 액셀에게 그와 함께 가자고 부탁했다.

Dr Kiryushin *invited* Medvedev and his son *to visit* him.
기류신 박사는 메드베데프 부자에게 그를 방문할 것을 권유했다.

ⓘ invite someone 'for doing' something이라고 하지 않는다.

---

involved

1 used after a link verb(연결동사 뒤에 사용하기)

연결동사 **be**나 **get** 뒤에 형용사 **involved**를 사용한다. **be *involved in* an activity**는 어떤 활동에 참가하고 있다라는 뜻이다.

Should religious leaders get *involved in* politics? 종교 지도자들이 정치에 관여해야 하는가?

In all, 6,000 companies are *involved in* producing the parts that are needed for these aircraft.
모두 6,000개의 회사가 이들 비행기에 필요한 부품을 생산하는 데 관여하고 있다.

2 used after a noun(명사 뒤에 사용하기)

involved는 명사 바로 뒤에 사용한다. ***involved* in something**은 어떤 일에 영향을 받거나 참여하는 사람들이라는 뜻이다.

We never managed to get anything done, simply because of the large number of people *involved*.
우리는 아무 일도 해내지 못했는데, 그것은 단지 관련된 사람들이 많았기 때문이었다.

None of the parents or students *involved* came to the hearing.
관련이 있는 학부모들이나 학생들 누구도 그 청문회에 참석하지 않았다.

논의되고 있는 일의 중요한 점을 언급할 때도 명사 바로 뒤에 **involved**를 사용한다.

There is quite a lot of work *involved*. 매우 많은 일이 연관되어 있다.

She had no real understanding of the problems *involved*.
그녀는 관련된 문제들에 대해 전혀 제대로 이해하지 못하고 있었다.

3 another meaning(또 다른 뜻)

involved에는 다른 뜻이 있다. **be involved**는 어떤 과정이나 상황이 매우 복잡하다라는 뜻이다. **involved**가 이러한 뜻일 경우, 동사 뒤나 명사 앞에 온다.

The problem's a little bit more *involved* than I suggested. 그 문제는 내가 제안한 것보다 좀 더 복잡했다.

We had long, *involved* discussions. 우리는 길고 복잡한 토론을 했다.

---

irritated

➲ Usage 표제어 nervous 참조.

---

issue

something *is issued to* someone은 어떤 것이 누군가에게 공식적으로 주어지다라는 뜻이다.

Radios *were issued to* the troops. 무전기가 군대에 지급되었다.

The boots *issued to* them had fallen to bits. 그들이 받은 장화는 몹시 닳아졌다.

영국 영어에서 **someone *is issued with* something**은 누군가에게 무언가가 지급되다라는 뜻이다.

She *was issued with* travel documents. 그녀는 여행 증명서를 발급 받았다.

Staff *will be issued with* new grey-and-yellow designer uniforms.
직원들에게 회색과 노란색의 새로운 디자이너 유니폼이 지급될 것이다.

미국 영어에서는 **someone 'is issued with' something**이라고 하지 않는다.

it

1 used to refer to things(사물을 가리킬 때 사용하기)

방금 전에 언급한 사물, 동물, 그 밖의 것을 가리킬 때, **it**을 사용한다.

...a tray with glasses on ***it***. 유리컵 여러 개가 올려져 있는 쟁반.

The horse must have been thirsty, because ***it*** went straight to the fountain and drank.
그 말이 바로 분수로 가더니 물을 마신 것으로 봐서, 목이 말랐음에 틀림없다.

The strike went on for a year before ***it*** was settled. 그 파업은 해결될 때까지 1년 동안 지속되었다.

> **주의** 주어 뒤에 관계사절이 따르면 본동사 앞에 **it**을 사용하지 않는다. 예를 들면, '내가 일하는 도시는 런던 부근에 있다.'는 ~~**The town where I work, it is near London.**~~이 아닌 **The town where I work *is* near London.**이라고 한다.
>
> The bitter fighting which has split the Party in recent years ***has*** finally reached the General Council.
> 최근 당을 분열케 한 당파 간의 치열한 싸움은 마침내 총회로 파급되었다.
>
> The message that indiscriminate use of insecticides does not produce higher yields ***seems*** to be getting through.
> 무차별한 살충제의 사용이 곡물의 높은 생산성을 보장하지 않는다는 메시지가 전해지는 것 같다.
>
> The cave, which Ralph Solecki has been excavating, ***has yielded*** a rich selection of Neanderthal remains.
> 랠프 솔레키가 발굴해 오고 있는 그 동굴에서 많은 종류의 네안데르탈인의 유물이 발굴됐다.

2 used to refer to situations(상황을 가리킬 때 사용하기)

어떤 상황, 사실, 경험을 가리킬 때에도 **it**을 사용한다.

I like ***it*** here. 나는 이곳이 좋다.

She was frightened, but tried not to show ***it***. 그녀는 두려웠으나 두려움을 드러내지 않으려고 애썼다.

> **주의** [like + -ing · to부정사] 형식에서 -ing나 to부정사 앞에 **it**을 사용하지 않는다. 예를 들면, '나는 공원에서 걷는 것을 좋아한다.'는 ~~**I like it, walking in the park.**~~가 아닌 **I like walking in the park.**라고 한다. 마찬가지로, '나는 직접 빵을 구워 먹는 것을 좋아한다.'는 ~~**I prefer it, to make my own bread.**~~가 아닌 **I prefer to make my own bread.**라고 한다.
>
> I ***like being*** in your house. 나는 당신 집에 있는 것을 좋아한다.
> I ***enjoy working*** with women. 나는 여자들과 같이 일하는 것을 즐긴다.
> I ***want to be*** a successful solo artist. 나는 성공적인 독주자가 되고 싶다.

3 used with link verbs(연결동사와 함께 사용하기)

it은 **be**동사 등의 연결동사의 주어로도 자주 사용하며, 이때 **it**은 일반적으로 방금 전에 언급한 것을 가리킨다.

I like your Hungarian accent. I think ***it's*** quite attractive.
나는 당신의 헝가리어 말투를 좋아한다. 나는 그것이 꽤 매력적이라고 생각한다.

So you don't like them? ***It's*** a pity. 그래서 당신은 그들을 싫어합니까? 안타깝네요.

〔**it + be**동사〕 형식은 시간, 날짜, 요일을 나타낼 때에도 사용한다.

It's seven o'clock. 7시이다.

It's Sunday morning. 일요일 아침이다.

〔**it +** 연결동사〕 형식은 날씨나 명암을 나타낼 때에도 사용한다.

It was terribly cold. 몹시 추웠다.

It was a windy afternoon. 바람이 부는 오후였다.

It's getting dark. 점점 어두워지고 있다.

4 used to describe an experience(경험을 묘사할 때 사용하기)

〔**it +** 연결동사 **+** 형용사 **+ -ing · to**부정사〕 형식은 경험을 나타낼 때 사용한다. 예를 들면, '호숫가를 걷는 것은 기분이 좋았다.'는 **Walking by the lake was nice.** 대신 ***It was* nice walking by the lake.**라고 한다.

It's nice ***hearing your voice again***. 당신의 목소리를 다시 들으니 좋습니다.

It was sad ***to see her the victim of continual pain***.
계속되는 통증으로 고통받고 있는 그녀를 보는 것은 슬픈 일이었다.

〔it + 연결동사 + 형용사 + 장소부가어 here · on the beach 등〕 형식은 특정한 장소에서의 경험을 나타낼 때 사용한다.

It is very quiet and pleasant *here*. 여기는 매우 조용하고 쾌적한 곳이다.
It was warm *in the restaurant*. 그 식당 안은 따뜻했다.
It was cosy *in the car*. 자동차 안은 편안했다.

5 used to comment on a situation(어떤 상황에 대한 의견을 말할 때 사용하기)

〔it + 연결동사 + 형용사 · 명사구 + that절〕 형식은 전체적인 상황에 대한 의견을 말할 때 사용한다.

It is lucky *that I am going abroad*. 내가 해외로 가는 것은 행운이다.
It's a pity *you didn't stay*. 당신이 머물지 않아서 안타깝다.

형용사 뒤에 때때로 that절 대신 wh-절을 사용한다.

It's funny *how people change*. 사람들이 어떻게 변하는지는 재미있다.
Get a carpet cleaner to do your carpets. *It's* amazing *what they can do*.
양탄자 청소부를 불러서 양탄자를 청소하세요. 그들이 하는 것을 보면 놀랄 것입니다.

> **주의** 어떤 것이 존재한다고 할 때, [it + 연결동사 + 명사구] 형식이 아닌 [there + 연결동사 + 명사구] 형식을 사용한다. 예를 들면, '오늘 밤 이 도로는 교통량이 많다.'는 ~~It's a lot of traffic on this road tonight.~~이 아닌 ***There's*** **a lot of traffic on this road tonight.**이라고 한다.
>
> *There's* a lecturer in the Law Faculty called Hodgson. 법학부에 호지슨이라고 불리는 강사가 있다.
> *There was* no room in the cottage. 그 별장에는 방이 하나도 없었다.
> *There will be* no one to help you. 당신을 도울 사람은 아무도 없을 것이다.
>
> ➲ Usage 표제어 there 참조.

---

its – it's

1 'its'

its는 소유격 한정사로, 어떤 것이 사물, 장소, 동물, 어린아이에게 소속되거나 관련이 있음을 나타낼 때 사용한다.

He discovered the river had lost *its* beauty. 그는 그 강 자체의 아름다움이 사라져 버린 것을 발견했다.
The pig managed to keep *its* balance. 그 돼지는 가까스로 균형을 유지했다.
She hoisted the child on her shoulder and started patting *its* back.
그녀는 그 아이를 어깨에 올리고 등을 토닥거리기 시작했다.

2 'it's'

it's는 it is나 it has를 축약한 형태이다.

It's just like riding a bike – you never forget. 그것은 자전거를 타는 것과 같아서 당신은 절대 잊어버리지 않을 것이다.
It's been very nice talking to you. 당신과 이야기를 나눠서 매우 즐거웠습니다.

J j

jam

➲ Usage 표제어 marmalade – jam – jelly 참조.

job

➲ Usage 표제어 work 참조.

joke

joke는 사람들을 웃기기 위해 말하거나 행동하는 것, 즉 '농담'이라는 뜻으로, 크게 세 가지로 쓰인다.

make/crack **a joke**는 재치 있는 말을 하다라는 뜻이다.

He debated about whether to ***make*** a joke about shooting rabbits.
그는 토끼 사냥에 대한 농담을 해야 할지에 대해 숙고했다.

He even ***cracked*** the odd joke about my drinking too much.
그는 심지어 내가 술을 너무 많이 먹는 것에 대해 어울리지 않는 농담까지 했다.

joke는 이전에 듣거나 읽거나 만들어 낸 것이며, 사람을 즐겁게 해주기 위해 반복하는 재치 있거나 재미있는 말이라는 뜻이다. joke가 이런 뜻일 경우, ***tell*** **a joke**는 농담을 하다라는 뜻이다.

Tell Uncle Henry that joke you ***told*** us. 당신이 우리에게 해준 농담을 헨리 아저씨에게 해주세요.
He has a way of screwing up his face when he is ***telling*** a joke. 그는 농담을 할 때, 얼굴을 찡그리는 버릇이 있다.

joke는 다른 사람을 바보로 만드는 행동을 하다, 즉 '놀리다' 또는 '조롱하다'라는 뜻이다. joke가 이런 뜻일 경우, ***play*** **a joke** ***on*** **someone**은 다른 사람을 놀리다라는 뜻이다.

They're ***playing*** a joke ***on*** you. 그들은 당신을 놀리고 있다.

> 주의 'say' a joke나 'do' a joke라고 하지 않는다.

jolly

➲ Usage 표제어 happy – sad 참조.

journal

journal은 특정한 관심을 가진 사람들을 위한 잡지, 즉 '전문지'라는 뜻이다. 많은 잡지사들은 Journal을 잡지 이름의 일부로 사용하고 있다.

...the British Medical ***Journal***. 영국의 의학 전문지.

journal은 일기의 오래된 표현이기도 하며, 문어적인 단어이다.

He had been keeping a ***journal*** of his travels. 그는 여행 일지를 계속 기록해 오고 있었다.

> 주의 신문은 journal이라고 하지 않는다.

journey – trip – voyage – excursion

1 'journey'

journey는 땅, 공중, 바다를 지나서 어떤 곳에서 다른 곳으로 여행하는 과정, 즉 '여정(旅程)'이라는 뜻이다.

...a *journey* of over 2,000 miles. 2,000마일이 넘는 여정.

make* a *journey는 어떤 곳에서 다른 곳으로 여행하다라는 뜻이다.

He *made* the *journey* to Mardan. 그는 마르단으로 여행을 했다.

go on* a *journey는 여행을 가다라는 뜻이다.

He *went on* a *journey* to London. 그는 런던으로 여행을 갔다.

ⓘ 'do' a journey라고 하지 않는다.

동사 journey는 어떤 장소로 여행하다라는 뜻으로, 문어적인 용법이다.

The nights became colder as they *journeyed* north. 그들이 북쪽으로 갈수록 밤은 점점 추워졌다.

2 'trip'

trip은 어떤 곳에서 다른 곳으로 이동하여 짧은 기간 동안 체류하다가 출발한 곳으로 되돌아오는 여행이라는 뜻이다.

...a business *trip* to Milan. 밀라노로의 출장.

ⓘ 동사 trip은 위와 같은 뜻으로 사용하지 않는다.

3 'voyage'

voyage는 배나 우주선을 타고 어떤 곳에서 다른 곳으로 가는 '오랜 여행'이라는 뜻이다.

The ship's *voyage* is over. 그 배의 항해는 끝났다.
...the *voyage* to the moon in 1972. 1972년의 달 여행.

4 'excursion'

excursion은 관광객으로 구경을 하거나 특정한 일을 하기 위한 '짧은 여행'이라는 뜻이다.

The tourist office organizes *excursions* to the palace of Knossos. 그 여행사는 크노소스 궁전 유람을 준비하고 있다.

---

just

어떤 일이 매우 짧은 시간 전에 일어났다고 할 때, **just**를 사용한다. 영국 영어에서는 일반적으로 **just**를 현재완료 시제와 함께 사용한다. 예를 들면, '나는 방금 도착했다.'는 **I've *just* arrived.**라고 한다.

I'*ve just* bought a new house. 나는 방금 새집을 샀다.

미국 영어에서는 일반적으로 단순과거시제를 사용한다. **I've just arrived.** 대신 **I *just* arrived.**라고 한다.

He *just* died. 그는 조금 전에 죽었다.
I *just* broke the pink bowl. 나는 분홍색 사발을 방금 깨트렸다.

영국 영어를 쓰는 일부 사람들도 단순과거시제를 사용하지만, 영국에서는 보통 위와 같은 표현을 잘못된 것으로 생각한다.

> **주의** '완전하지 않게'라는 뜻을 나타낼 때는 **partly**와 같은 부사와 함께 **just**를 사용하지 않는다. 예를 들면, '그 일은 일부분만 완성되었다.'는 ~~**The job is just partly done.**~~이 아닌 **The job is *only partly* done.**이라고 한다.
> This is *only partly* true. 이것은 일부분만 사실이다.
> He was *only partially* successful. 그는 부분적으로만 성공했다.
> Dazed and *only half* awake, he was still in his underwear. 그는 멍하니 반쯤 깨어 있었고, 아직도 속옷 차림이었다.

---

just now

➲ Usage 표제어 now 참조.

K k

keep

1 used as a transitive verb(타동사로 사용하기)

keep은 사람이나 사물을 특정한 상태나 장소에 있게 하다라는 뜻이다. keep의 과거와 과거분사는 keeped가 아닌 kept이다.

She ***kept*** her arm around her husband as she spoke. 그녀는 말을 하면서 남편을 팔로 껴안았다.

They ***had been kept*** awake by nightingales. 그들은 나이팅게일(딱샛과의 작은 새) 소리에 깨어 있었다.

2 used as an intransitive verb(자동사로 사용하기)

keep은 특정한 상태에 있다, 즉 '유지하다'라는 뜻이다.

They've got to hunt for food to ***keep*** alive. 그것들은 살아남기 위해 먹잇감을 사냥해야 한다.

표지판에서 ***Keep Out***은 어떤 곳에 가지 말라고 경고하는 뜻이다.

3 used with an '-ing' form(-ing형과 함께 사용하기)

〔keep + -ing〕 형식은 두 가지 용법으로 사용할 수 있다.

어떤 일을 여러 번 되풀이할 때, 〔keep + -ing〕 형식을 사용할 수 있다.

The phone ***keeps ringing***. 전화가 계속 울리고 있다.

My mother ***keeps asking*** questions. 내 어머니는 계속 질문을 한다.

어떤 일이 계속 일어나면서 끝이 나지 않을 때에도 〔keep + -ing〕 형식을 사용할 수 있다.

I turned back after a while, but he ***kept walking***. 잠시 후, 나는 돌아섰지만 그는 계속 걷고 있었다.

The bonfire is still burning. I think it'll ***keep going*** all night.
모닥불이 여전히 타고 있다. 나는 모닥불이 밤새도록 탈 것이라고 생각한다.

강조를 하기 위해서 keep 대신 keep on을 사용할 수 있다.

Did he give up or ***keep on trying***? 그는 포기했는가 아니면 계속 시도했는가?

> 주의 keep to do라고 말하지 않는다.

kerb

➲ Usage 표제어 curb – kerb 참조.

killing

kill과 비슷한 뜻으로 사용하는 여러 단어가 있다.

murder는 어떤 사람이 다른 사람을 고의로 '죽이다'라는 뜻이다.

...the body of a ***murdered*** religious and political leader. 살해된 종교, 정치 지도자의 시신.

주로 정치적인 이유로 중요한 사람이 살해된 경우에는 assassinate를 사용한다.

The plot to ***assassinate*** Martin Luther King. 마틴 루터 킹을 암살하려는 음모.

많은 사람들이 살해된 경우에는 slaughter나 massacre를 때때로 사용한다.

Thirty four people were ***slaughtered*** while queuing up to cast their votes.
투표하기 위해 줄을 서 있던 34명의 사람들이 학살당했다.

300 civilians are believed to have been ***massacred*** by the rebels.
시민 300명이 반란군에 의해 학살당한 것으로 여겨진다.

고기를 얻기 위해 동물을 도살하는 것을 나타낼 때에도 **slaughter**를 사용할 수 있다.
Chicken farms are having to ***slaughter*** their stock. 양계장은 닭을 도살할 수밖에 없는 상황이다.

---

kind

kind는 명사나 형용사로 사용할 수 있다.

1 used as a noun(명사로 사용하기)

사람이나 사물의 종류를 나타낼 때, **kind**를 가산명사로 사용한다. **all**이나 **many**와 같은 단어 뒤에는 **kind**가 아닌 **kinds**를 사용한다.

It will give you an opportunity to meet all ***kinds*** of people.
그것은 당신에게 온갖 부류의 사람들을 만날 수 있는 기회를 줄 것이다.
Soil derives from many ***kinds*** of rock. 많은 종류의 암석에서 토양을 얻는다.
The trees were filled with birds of all ***kinds***. 나무들에는 온갖 종류의 새들로 가득했다.

〔**kinds of** + 단수명사 · 복수명사〕 형식을 사용할 수 있다. 예를 들면, '나는 대부분의 종류의 자동차를 좋아한다.'는 **I like most kinds of *cars*.**나 **I like most kinds of *car*.**라고 한다. 그러나 단수명사를 사용하는 것이 더 격식을 차린 표현이다.

I met all different kinds of ***people***. 나는 온갖 유형의 사람들을 만났다.
People have been working hard to produce the kinds of ***courses*** that we need.
사람들은 우리가 필요한 모든 종류의 과정을 만들기 위해 열심히 일해 왔다.
I've seen this in several kinds of ***profession***. 나는 이것을 여러 전문 업종에서 보아 왔다.
There will be two kinds of ***certificate***. 두 가지 종류의 자격증이 있을 것이다.

〔**kind of** + 단수명사〕 형식을 사용한다.

I'm not the kind of ***person*** to get married. 나는 결혼할 부류의 사람이 아니다.
He gave me the fleshy leaf of a kind of ***cactus***. 그는 나에게 일종의 선인장과 같은 두꺼운 잎을 주었다.
She makes the same kind of ***point*** in another essay. 그녀는 또 다른 글에서 같은 종류의 주장을 하고 있다.

회화에서는 **kind**와 함께 **these**와 **those**를 자주 사용한다. 예를 들면, '나는 이러한 종류의 영화를 좋아하지 않는다.'는 **I don't like these kind of films.** 또는 **I don't like those kind of films.**라고 한다. 그러나 이 용법이 잘못되었다고 생각하는 사람이 많으므로 쓰지 않는 것이 가장 좋다. 대신에 **I don't like *this kind of film*.**이나 **I don't like *that kind of film*.**이라고 해야 한다.

There are problems with ***this kind of explanation***. 이러한 종류의 설명은 문제가 있다.
We're always equipped to handle ***that kind of question***. 우리는 항상 그러한 종류의 질문에 대처할 준비가 되어 있다.

또한 '나는 이러한 종류의 영화를 좋아하지 않는다.'는 **I don't like films *of this kind*.**라고 한다.

This appears to be the natural way of interpreting data ***of this kind***.
이것은 이러한 종류의 데이터를 해석하는 자연스러운 방법으로 보인다.

회화에서는 자주 **like this, like that, like these**를 사용한다.

I hope we see many more enterprises ***like this***. 나는 이러한 종류의 기업을 더 많이 보기를 바란다.
I'd read a few books ***like that***. 나는 그런 종류의 책을 몇 권 읽었다.
I'm sure they don't have chairs ***like these***. 나는 그들이 이러한 종류의 의자를 갖고 있지 않다고 확신한다.

일부 사람들은 모호하거나 불확실하게 어떤 것을 묘사할 때, **kind of**를 사용한다.

➲ 위와 같은 용법에 대한 더 많은 정보는 **Usage** 표제어 **sort of – kind of** 참조.

2 used as an adjctive(형용사로 사용하기)

kind가 형용사인 경우, 완전히 다른 뜻으로 사용한다. 온화하고 친절한 행동을 나타낼 때, **kind**를 사용한다.

Gertrude had been immensely ***kind***. 거트루드는 한없이 친절했다.
'Need some help?' he asked in a ***kind*** voice. "도움이 필요하세요?"라고 그가 친절한 목소리로 물었다.

항상 친절하게 행동하는 사람을 나타낼 때도 **kind**를 사용한다.

He was a thoroughly ***kind*** and generous man. 그는 아주 친절하고 관대한 사람이었다.
I find them all very pleasant and extremely ***kind*** and helpful.
나는 그들 모두가 매우 상냥하고 몹시 친절하며 도움이 된다고 생각한다.

be *kind to* someone else는 다른 사람에게 친절하게 대하다라는 뜻이다.

She's been very ***kind to*** you. 그녀는 당신을 매우 친철히 대해 왔다.
He was so ***kind to*** young people. 그는 젊은 사람들에게 매우 친절했다.

ℹ kind가 위와 같은 뜻일 경우, kind 뒤에 to 이외의 다른 전치사를 사용하지 않는다.

---

kindly

kindly는 부사나 형용사로 사용할 수 있다.

1 used as an adverb(부사로 사용하기)

누군가가 어떤 일을 친절하게 할 때, **kindly**를 사용한다.

Priscilla played with Edal ***kindly*** and patiently. 프리실라는 에달과 친절하고 인내심 있게 놀아 주었다.
She smiled very ***kindly***. 그녀는 매우 친절하게 미소지었다.

상대방에게 감사의 뜻을 표할 때, **kindly**를 사용할 수 있다.

They ***kindly*** contributed to our funds. 그들은 친절하게도 우리의 기금에 기부했다.
Manfred and Mrs Mount are very ***kindly*** taking me back.
맨프레드와 마운트 부인은 매우 친절하게도 나를 다시 데려다 주는 중이다.

일부 사람들은 다른 사람에게 성가신 어떤 일을 해달라고 부탁할 때, **kindly**를 사용한다. 이는 다소 오래된 용법이다.

Kindly stand back a minute, please. 잠깐 뒤로 물러서 주세요.

2 'take kindly'

do not *take kindly to* something은 어떤 것을 마지못해 받아들이다라는 뜻이다.

He doesn't ***take too kindly to*** discipline. 그는 규율을 그다지 순순히 받아들이지 않는다.
It is hard to imagine her ***taking kindly to*** too much interference.
그녀가 너무 많은 간섭을 기꺼이 받아들일 것이라고 상상하는 것은 어려운 일이다.

3 used as an adjective(형용사로 사용하기)

kindly는 때때로 **kind**와 같은 뜻의 형용사로 사용한다. 이는 다소 오래된 용법이다.

They are ***kindly*** people. 그들은 친절한 사람들이다.
He had been given shelter by a ***kindly*** villager. 그는 친절한 마을 사람에게서 거처를 얻었다.

---

know

1 awareness of facts(사실의 인식)

know는 어떤 것이 사실이라는 것을 '알고 있다'라는 뜻이다. **know**의 과거는 **knowed**가 아닌 **knew**이며, 과거분사는 **known**이다.

I ***knew*** that she had recently graduated from law school. 나는 그녀가 최근에 법대를 졸업했다는 것을 알고 있었다.
I ***should have known*** that something was seriously wrong. 나는 무엇인가가 매우 잘못되었음을 알았어야 했다.

> **주의** **know**에는 진행시제를 사용하지 않는다. 예를 들면, '나는 이것이 사실이라는 것을 알고 있다.'는 ~~I am knowing that this is true.~~가 아닌 **I *know* that this is true.**라고 한다.

2 'I know'

영국 영어에서 자신이 이미 알고 있는 사실을 다른 사람이 말하는 경우, ~~I know it~~.이 아닌 **I know.**라고 한다.

'The stuff's very good.' – '*I know*.' "그 물건은 아주 좋은 것이야." – "저도 알아요."

'That's not their fault, Peter.' – 'Yes, *I know*.' "그것은 그들의 잘못이 아니야, 피터." – "네, 저도 알아요."

3 'want to know'

〔want to know + wh-절〕 형식은 누군가가 어떤 정보를 필요로 할 때 사용한다.

Mrs Fleming *wants to know* what you feel about it. 플레밍 부인은 당신이 그것에 대해 어떻게 느끼는지 알고 싶어한다.

Celia *wants to know* what really happened. 셀리아는 정말로 무슨 일이 있었는지 알기를 원한다.

4 'let...know'

let **someone** ***know*** **something**은 누군가가 어떤 정보를 받으면 상대방에게 알려 주다라는 뜻이다.

I'll find out about the car and *let* you *know* what's happened.
내가 그 차에 대해 알아보고 정보를 얻게 되면 무슨 일이 있었는지 당신에게 알려 줄 것이다.

You will *let* me *know* if she turns up again, won't you? 그녀가 다시 나타나면 저에게 알려 줄 거죠, 그렇지 않아요?

5 acquaintance and familiarity(면식과 친숙함)

사람, 장소, 사물을 잘 알고 있거나 친숙할 때, **know**를 사용한다.

Do you *know* David? 당신은 데이비드를 아나요?

He *knew* London well. 그는 런던에 대해 잘 알고 있었다.

Do you *know* the poem 'Kubla Khan'? 당신은 'Kubla Khan'이라는 시를 알고 있나요?

6 'get to know'

사람이나 장소를 서서히 잘 알게 될 경우, ***get to know*** **someone/somewhere**라고 한다.

I *got to know* some of the staff quite well. 나는 일부 직원들과 매우 잘 알게 되었다.

I really wanted to *get to know* America. 나는 정말로 미국이라는 나라에 대해 알게 되기를 원했다.

> 주의 '알게 되다'의 뜻으로 **get to** 없이 **know**를 사용하지 않는다.

7 'know how to'

know how to **do something**은 누군가가 어떤 일을 하는 데 필요한 지식이 있다라는 뜻이다.

No one *knew how to* repair it. 아무도 그것을 고치는 방법을 몰랐다.

Do you *know how to* drive? 당신은 운전하는 방법을 아십니까?

ℹ 'know to' do something이라고 하지 않는다.

---

knowledge

knowledge는 사람들의 마음속에 있는 어떤 주제에 대한 정보와 이해, 즉 '지식'이라는 뜻이다.

...advances in scientific *knowledge*. 과학적 지식의 진보.

All *knowledge* comes to us through our senses. 우리의 모든 지식은 감각 기관을 통해 얻어진다.

knowledge는 불가산명사이므로, **knowledges**나 **a knowledge**라고 하지 않는다. 어떤 주제에 대한 사람의 지식은 **someone's** ***knowledge of*** **a subject**라고 한다.

Her *knowledge of* French and Italian was good. 그녀의 프랑스어와 이탈리아어에 대한 지식은 훌륭했다.

My *knowledge of* the play was a great help. 연극에 대한 내 지식은 많은 도움이 되었다.

ℹ knowledge 뒤에 of 이외의 다른 전치사를 사용하지 않는다.

L l

lack

lack은 명사나 동사로 사용한다.

1 used as a noun(명사로 사용하기)

lack of는 어떤 것이 충분하지 않거나 전혀 존재하지 않음을 나타낸다.

I hated the *lack of* privacy in the dormitory. 나는 기숙사에서는 사생활이 없는 것이 싫었다.

2 used as a verb(동사로 사용하기)

lack **a quality**는 사람이나 사물이 특징이 없다라는 뜻이다.

I don't believe the club *lacks* ambition. 나는 그 클럽이 야망이 부족하다고는 믿지 않는다.

It *lacked* the power of the Italian cars. 그 자동차는 이탈리아 차 특유의 힘이 부족했다.

ⓘ 'lack of' a quality라고 하지 않는다.

lady

Usage 표제어 woman – lady 참조.

landscape

Usage 표제어 scene – sight – view – landscape – scenery 참조.

lane – path

1 'lane'

lane은 차가 다닐 수 있는 시골의 '좁은 길'이라는 뜻이다. 또한 lane에는 도로의 가장자리에 그어진 선이나 두 줄로 그어진 선을 나타내는 주요 도로의 일부, 즉 '차선'이라는 뜻도 있다.

The lorry was travelling at 20 mph in the slow *lane*. 그 트럭은 저속 차선에서 시속 20마일로 운행 중이었다.

2 'path'

차는 다닐 수 없고 사람만 다닐 수 있는 좁고 긴 땅을 가리킬 때는 lane이 아닌 path나 footpath를 사용한다.

Feet had worn a *path* in the rock. 사람들의 발길에 닳아서 바위에 길이 났다.

Can a landowner keep a bull in a field crossed by a public *footpath*?
토지 소유자는 공용 도로가 관통하는 들판에서 황소를 키울 수 있나요?

large

Usage 표제어 big – large – great와 small – large 참조.

last – lastly

last는 형용사나 부사로 사용한다.

1 'last' used as an adjective(형용사로 사용하는 last)

last **thing/event/person**은 다른 모든 것들의 끝에 오는 사물, 사건, 사람을 뜻한다.

He missed the ***last*** bus. 그는 막차를 놓쳤다.
They met for the ***last*** time just before the war. 그들은 전쟁이 일어나기 바로 전에 마지막으로 만났다.
He was the ***last*** man out of Esseph at the time of its earthquake.
그는 지진이 일어났을 때 에세프를 탈출한 마지막 사람이었다.

어떤 사람이나 사물이 그 부류의 마지막임을 강조하는 경우, **last** 앞에 **very**가 온다.

Those were his ***very last*** words. 그것들은 바로 그의 마지막 발언이었다.
I decided at the ***very last*** minute to go. 나는 마지막 순간에 가기로 결심했다.

latest는 때때로 위와 비슷한 방식으로 사용한다.

➲ Usage 표제어 latest – last 참조.

2 'last' used as an adverb(부사로 사용하는 last)

last는 어떤 일이 특정한 사건 이후로 일어나지 않았다라는 뜻이다.

They ***last*** saw their homeland nine years ago. 그들은 9년 전에 조국을 마지막으로 보았다.
It's a long time since we met ***last***. 우리가 마지막으로 만난 이후로 오랜 시간이 흘렀다.

last는 연속되는 비슷한 일의 제일 '마지막 것'이라는 뜻으로도 쓰인다. 이러한 경우에 **last**는 문장의 끝에 온다.

He added the milk ***last***. 그는 마지막으로 우유를 추가했다.
Mr Ross was meant to have gone first, but in fact went ***last***. 로스 씨는 먼저 가려고 했지만, 실제로는 마지막에 갔다.

3 'lastly'

연속되는 일의 '마지막으로'라는 뜻에 **lastly**를 사용하며 절의 처음에 사용할 수 있다.

They wash their hands, arms and faces, and ***lastly***, they wash their feet.
그들은 손, 팔, 얼굴을 씻고 마지막으로 발을 씻는다.

그러나 **last**와 **lastly**를 항상 같은 용법으로 사용하지는 않는다. 형용사 **last**는 연속되는 비슷한 일의 제일 마지막 것을 말할 때, 부사 **lastly**는 비슷하지 않은 일을 말할 때 사용한다. 예를 들면, **George rang his aunt *last*.**는 '조지는 여러 명에게 전화를 한 후, 마지막으로 숙모에게 전화했다.'는 뜻이며, ***Lastly* George rang his aunt.**는 '조지는 여러 가지 일을 한 후, 마지막으로 숙모에게 전화했다.'는 뜻이다.

lastly가 훨씬 더 흔히 사용된다. 토론에서 마지막 결론을 발표하거나, 마지막 질문을 하거나, 마지막 지시를 내리거나, 목록에서 마지막 항목을 언급할 때 **lastly**를 사용한다.

Lastly, no description of German biscuits would be complete without mentioning wafers.
마지막으로 웨이퍼를 언급하지 않고는 독일산 비스킷에 대해 완전히 설명했다고 할 수 없을 것이다.
Lastly I would like to ask about your future plans. 마지막으로 당신의 미래 계획에 대해 물어보고 싶다.

4 'at last'

오랫동안 기다렸거나 기대하던 일이 마침내 이루어진다고 할 때, **at last**나 **at long last**를 사용한다. 이 표현은 보통 문장의 처음이나 끝에 온다.

I'm free ***at last***. 나는 드디어 자유로운 상태가 되었다.
At long last I've found a girl who really loves me. 오랜 기다림 끝에 나를 진정으로 사랑해 주는 여자를 만났다.

5 'last' with time expressions(시간 표현과 함께 사용하는 last)

어떤 일이 언제 일어났는지 말할 때, **week**이나 **month** 앞에 **last**를 사용한다. 예를 들면, 지금은 8월이고 어떤 일이 7월에 일어났을 경우, **last month**를 사용한다.

He opened up another shop ***last month***. 그는 지난달에 가게를 하나 더 열었다.
The group held its first meeting ***last week***. 그 단체는 지난주에 첫 회의를 열었다.

ℹ the last month나 the last week이라고 하지 않는다.

last는 위와 비슷한 방식으로 축제, 계절, 달, 요일 등의 이름 앞에 사용할 수 있다.

Last Christmas he insisted on dressing up as Santa Claus.
지난 크리스마스에 그는 산타클로스로 변장하겠다고 졸랐었다.

She died *last autumn*. 그녀는 지난 가을에 사망했다.
Police seized other documents at his home *last March*. 경찰은 지난 3월에 그의 집에서 다른 서류들을 압류했다.
We saw a rare sight *last Saturday*. 우리는 지난 토요일에 희귀한 광경을 보았다.

그러나 **decade**(10년간), **century**(세기) 앞에는 위와 같은 방식으로 **last**를 사용하지 않는다. 예를 들면, **last decade**가 아닌 **in the last decade**나 **during the last decade**를 사용한다.

This was well known *during the last century*. 이것은 지난 세기 동안 잘 알려진 것이었다.

'어제 아침'이나 '어제 오후'는 **last morning, last afternoon**이 아닌 **yesterday morning, yesterday afternoon**이라고 한다.

It's not so warm this morning as it was *yesterday morning*. 오늘 아침은 어제 아침만큼 따뜻하지 않았다.
Yesterday afternoon we drove down the road from Wells Summit.
어제 오후 우리는 웰스 서미트에서 길을 따라 차를 몰고 갔다.

ℹ 어제 저녁은 last evening이 아닌 yesterday evening이나 last night이라고 한다.

Yesterday evening another British soldier was killed by gunmen in Lichfield.
어제 저녁에 또 다른 영국 군인이 리치필드에서 총격으로 사망했다.
I've been thinking about what we said *last night*. 나는 어제 저녁에 우리가 한 말에 대해 생각해 왔다.

6 'previous' and 'before'

과거의 어느 시점에 일어났던 일보다 이전의 기간을 나타낼 때는 **last**가 아닌 **previous**나 **before**를 사용한다. 예를 들면, 1983년에 일어난 일에 대해 이야기하고 있는데 1982년에 일어난 어떤 일을 언급하고자 할 경우, **the previous year**나 **the year before**를 사용한다.

We had had a row *the previous night*. 우리는 그 전날 저녁에 언쟁을 했다.
His village had been destroyed *the previous summer*. 그의 마을은 그 전년 여름에 파괴되었다.
The two had met in Bonn *the weekend before*. 그 둘은 그전 주말에 본에서 만났었다.
The quarrel of *the night before* seemed forgotten. 그 전날 저녁의 말다툼은 잊혀진 듯했다.

7 'before last'

가장 최근에 일어난 것보다 그 이전의 기간을 가리킬 때, **before last**를 사용한다. 예를 들면, **the year before last**는 재작년이라는 뜻이다.

Eileen was visiting friends made on a camping holiday *the year before last*.
에일린은 재작년에 캠핑 휴가 때 사귄 친구들을 방문하고 있었다.
I have not slept since *the night before last*. 나는 그저께 밤부터 잠을 못 잤다.

8 'the last'

현재부터 과거의 어느 시점까지의 기간에도 **the last**를 사용한다. 예를 들면, 오늘이 7월 16일이고 7월 2일부터 현재까지의 기간을 나타낼 때 **the**를 사용하여 **the last fortnight**(지난 2주일간)이라고 한다. 어떤 일이 이 기간 동안에 일어났다라고 할 때, **in the last fortnight**이나 **during the last fortnight**이라고 한다.

How many passports issued *in the last hundred days* remain to be checked?
지난 100일 동안 발행된 여권 중 몇 개가 확인되어야 하나요?
All this has happened *during the last few years*. 이 모든 일이 지난 몇 년 동안에 일어났다.

ℹ 이러한 예문에서 단어의 순서는 the hundred last days나 the few last years가 아니다.

---

last-named

➲ Usage 표제어 latter 참조.

---

late – lately

1 'late'

late는 형용사와 부사로 사용한다. **be *late* for somethng**은 정해진 시간이 지난 이후에 도착하다라는 뜻이다.

I was ten minutes ***late*** for my appointment. 나는 약속 시간에 10분 늦게 도착했다.

누군가가 늦게 도착하다라고 할 경우, **arrive late**라고 한다.

Etta arrived ***late***. 에타는 늦게 도착했다.

ⓘ arrive 'lately'라고 하지 않는다.

➲ **late**의 다른 뜻은 **Usage** 표제어 **former – late** 참조.

2 'lately'

부사 **lately**는 어떤 일이 짧은 시간 전부터 지금까지 일어나고 있음을 나타낸다.

As you know, I've ***lately*** been dabbling in psychology. 알다시피 나는 최근 심리학에 잠깐 손을 대고 있다.

➲ **lately**에 대한 더 많은 정보는 **Usage** 표제어 **recently – newly – lately** 참조.

---

later

➲ **Usage** 표제어 **after – later** 참조.

---

latest – last

계속해서 일어나는 일련의 사건 중 하나 또는 누군가가 계속해서 갖고 있거나 만들어 내는 일련의 사물 중 하나를 말할 때, **latest**나 **last**를 사용한다.

1 events(사건)

일련의 사건 중 하나가 현재 일어나고 있거나 방금 전에 일어났을 때, **the lastest one**을 사용한다.

The ***latest*** closure marks yet another chapter in the history of Gebeit.
최근의 폐쇄는 게베이트의 역사에 또 하나의 새로운 장을 열었다.

마지막 일로서 가장 최근에 일어난 일 이전의 사건을 가리킬 때, **last**를 사용한다. 어떠한 일이 최근에 일어나지 않았을 경우, 가장 최근에 일어난 일을 **last**라고 한다.

...the weeds that had grown since the ***last*** harvest. 마지막 수확을 한 이후에 자랐던 잡초.

2 things you have or produce(갖고 있거나 생산하는 사물)

어떤 사람이 일련의 사물을 계속 갖고 있거나 만들어 내는 경우, 현재 가지고 있거나 가장 최근에 생긴 것을 가리킬 때 **lastest**를 사용한다.

...her ***latest*** boyfriend. 그녀의 최근 남자 친구.
...her ***latest*** book. 그녀의 최근 책.

가장 최근에 가졌던 것보다 이전의 것을 가리킬 때, **last**를 사용한다. 또한 **last**는 최근에 갖고 있지 않거나 만들어 내지 못한 경우, 가장 가까운 시기의 것을 말한다.

Loach has not been idle since Family Life, his ***last*** film for the cinema.
로치는 자신의 지난 번 영화인 패밀리 라이프 이후로 한가하게 시간을 보내온 것은 아니다.

〔**last** + 숫자〕 형식은 한 개 이상의 사물을 나타낼 때 사용한다. 예를 들어, **his *last three* books**라고 한다.

Her ***last two*** pictures have been disasters. 그녀의 최근 두 개의 그림은 실패작이었다.

---

latter

the latter(후자)는 이미 언급한 두 개의 것 중 두 번째 것을 가리킬 때에만 사용할 수 있다.

Given the choice between working for someone else and being on call day and night for the family business, she'd prefer ***the latter***.
다른 사람의 회사에서 일하는 것과 밤낮 구분없이 일하는 가사 중에 하나를 선택하는 기회가 주어진다면 그녀는 후자를 선호할 것이다.

the last-named는 세 개 이상의 것 중 마지막 것을 가리킨다.

Sunsail has three yacht charter centres in the UK, at Port Solent, Plymouth and Largs, in Scotland. ***The last-named*** is a great place from which to begin a tour of Arran, Kintyre and Bute.
선세일사(社)는 영국에 세 개의 요트 대여 센터가 있는데 솔렌트, 플리머스, 스코틀랜드에 있는 라그스 항구이다. 마지막 라그스 항구는 애런, 킨타이어, 뷰트의 여행을 시작하기에 좋은 위치에 있다.

이미 언급한 두 개의 것 중 첫 번째 것을 가리킬 때, **the former**(전자 : 前者)를 사용한다.

These two firms are in direct competition, with ***the former*** trying to cut costs and increase profits.
이 두 회사는 직접적으로 경쟁을 하는 회사로, 전자는 원가 절감과 이익 증진을 위해 노력 중이다.

---

lawful

⊙ Usage 표제어 **legal – lawful – legitimate** 참조.

---

lawyer

1 'lawyer'

lawyer는 법적인 문제를 조언하거나 법정에서 변호하는 사람, 즉 '변호사'를 가리키는 일반적인 용어이다.

Her ***lawyer*** was presenting closing arguments to the jury. 그녀의 변호사는 배심원에게 마지막 변론을 하고 있었다.

2 'barrister'

barrister는 영국의 고등 법원에서 검찰 측과 피고인 측을 대신하여 변호하는 사람, 즉 '법정 변호사'를 말한다.

...the ***barrister*** who had represented Reed at the criminal trial. 형사 재판에서 리드를 변호했던 법정 변호사.

3 'advocate'

스코틀랜드에서는 **barrister**를 보통 **advocate**라고 한다.

...the defence teams, consisting of one Scottish ***advocate***, one Scottish solicitor, and one Libyan lawyer each.
스코틀랜드인 법정 변호사와 스코틀랜드인 사무 변호사, 리비아인 변호사로 각각 구성된 피고인 측 변호인단.

4 'solicitor'

영국에서 **solicitor**는 의뢰인의 법률적인 자문에 답해 주거나 법률 서류나 소송을 준비하거나 제한된 범위 내에서 변호하는 사람, 즉 '사무 변호사'를 말한다.

Anyone with a legal problem has to consult a ***solicitor***. 법적인 문제가 있는 사람은 사무 변호사에게 상의해야 한다.

5 'attorney'

미국에서 **attorney**는 법률적인 조언을 하거나 법정에서 변호를 할 자격이 있는 '변호사'를 말한다.

Blagg has not met with an ***attorney*** since his arrest late Wednesday evening.
블래그는 지난 수요일 저녁 늦게 체포된 후 변호사를 만나지 못하고 있다.

---

lay – lie

1 'lay'

lay는 타동사로, 동사 **lie**의 과거형으로도 쓰인다. **lay**는 어떤 장소에 사물을 조심스럽게 놓다라는 뜻이다.

Lay a sheet of newspaper on the floor. 바닥에 신문지 한 장을 놓아라.

lay의 3인칭 단수는 **lays**, **-ing**형은 **laying**, 과거와 과거분사는 **laid**이다.

Michael ***lays*** the box on the sand and looks at me. 마이클은 모래 위에 상자를 놓고 나를 쳐다보고 있다.

'I couldn't get a taxi,' she said, ***laying*** her hand on Nick's sleeve.
그녀는 닉의 소매에 손을 올려놓으면서, "택시를 잡을 수 없었어요."라고 말했다.

She ***laid*** the cigarette in the ash-tray. 그녀는 재떨이에 담배를 놓았다.

2 'lie' used as a verb(동사로 사용하는 lie)

자동사 **lie**에는 두 가지 뜻이 있다. **lie**의 뜻 중 한 가지로 '가로놓여 있다' 또는 '눕다'라는 뜻이 있다.

She would *lie* on the floor in her overalls. 그녀는 작업복을 입은 채로 마루에 누워 있곤 했다.

자동사 **lie**의 3인칭 단수는 **lies**, **-ing**형은 **lying**, 과거는 **lay**, 과거분사는 **lain**이다. 과거분사 **lain**은 거의 사용하지 않는다.

A dress *lies* on the floor. 드레스가 바닥에 놓여 있다.
The baby was *lying* on the table. 그 아기는 탁자 위에 누워 있었다.
I *lay* in bed in the dormitory. 나는 기숙사 침대에 누워 있었다.

lie에는 사실이 아닌 것을 알면서 말하거나 글로 쓰다, 즉 '거짓말하다'라는 뜻도 있다. **lie**의 3인칭 단수는 **lies**, **-ing**형은 **lying**, 과거와 과거분사는 **lied**이다.

Why should he *lie* to me? 왜 그가 나에게 거짓말을 해야 하는가?
Rudolph was sure that Thomas ***was lying***. 루돌프는 토마스가 거짓말을 하고 있다고 확신했다.
He ***had lied*** about never going back. 그는 다시 돌아가지 않겠다는 거짓말을 했다.

3 'lie' used as a noun(명사로 사용하는 lie)

명사 **lie**는 사실이 아닌 것을 알면서 말하거나 글로 쓰는 것, 즉 '거짓말'이라는 뜻이다.

He knew that all these statements were *lies*. 그는 이러한 모든 진술이 거짓말이라는 것을 알고 있었다.

tell **a** ***lie***는 거짓말하다라는 뜻이다.

I have never *told* a *lie* to my pupils. 나는 학생들에게 절대로 거짓말을 하지 않았다.

'say' a lie라고 하지 않는다.

---

lead

lead는 동사, 단수명사, 가산명사, 뜻과 발음이 완전히 다른 불가산명사 등으로 사용한다.

1 used as a verb(동사로 사용하기)

lead [liːd]는 상대방의 앞에 서서 인도하거나 옆에서 팔이나 손을 잡고 걸어가다라는 뜻이다. **lead**의 과거나 과거분사는 **leaded**가 아닌 **led** [led]이다.

My mother took me by the hand and *led* me downstairs. 어머니는 내 손을 잡고 아래층으로 데려갔다.
I had *led* her to the armchair and she sat down. 나는 그녀를 안락의자로 데려갔고 그녀는 의자에 앉았다.

2 'drive' and 'take'

누군가를 차를 태워서 어떤 장소에 데려다 줄 경우, **drive**나 **take** 대신 **lead**를 사용할 수 없다.

Ginny *drove* Mrs Yancy to the airport. 지니는 얀시 씨를 공항에 태워다 주었다.
It's his turn to *take* the children to school. 그가 아이들을 학교에 데려다 줄 차례이다.

3 used as a singular noun(단수명사로 사용하기)

lead는 경주나 시합에서 이기고 있는 사람이라는 뜻이다.

This win gave him the overall *lead*. 그는 이번 우승으로 전체 선두를 차지했다.

be ***in the lead***는 어떤 사람이 선두의 자리에 있다라는 뜻이다.

Hammond was well *in the lead* for the first 40 minutes. 해먼드는 처음 40분 동안 선두에 있었다.

4 used as a count noun(가산명사로 사용하기)

lead는 개를 통제하기 위해 개의 목에 매는 체인이나 긴 가죽 또는 플라스틱 줄을 뜻한다.

Always keep your dog on a *lead* in the street. 길에서는 항상 개에게 줄을 매주세요.

lead의 미국식 철자는 **leash**라고 한다.

Dog owners say they have to excercise their dogs without a ***leash***.
개 주인들은 개에게 줄을 매지 않고 운동시켜야 한다고 말한다.

5 used as an uncount noun(불가산명사로 사용하기)

lead [led]는 부드럽고 회색빛의 무거운 금속, 즉 '납'이라는 뜻이다.

...pipes made of ***lead***. 납으로 만든 파이프.

---

learn

1 knowledge and skills(지식과 기술)

learn은 공부나 훈련 등을 통해 지식이나 기술을 습득하다, 즉 '배우다'라는 뜻이다.

learn의 과거와 과거분사는 learned와 learnt를 둘 다 사용할 수 있지만, 미국 영어에서는 learnt를 거의 사용하지 않는다.

We first ***learned*** to cross-country ski at les Rousses. 우리는 처음에 크로스컨트리 스키를 레 루스에서 배웠다.
He ***had*** never ***learnt*** to read and write. 그는 읽고 쓰는 것을 한 번도 배운 적이 없었다.

2 'teach'

다른 사람에게 지식이나 기술을 가르치고 습득시키는 행위는 learn이 아닌 teach를 사용한다.

Mother ***taught*** me how to read. 어머니는 나에게 읽는 법을 가르쳐 주었다.

Usage 표제어 teach 참조.

3 learning from experience(경험을 통해 배우기)

경험을 통해 어떤 것을 더 잘하게 되거나 현명해지게 될 때, learn을 사용할 수 있다.

Industry and commerce ***have learned*** a lot in the last few years. 산업과 상업은 지난 몇 년간 많은 발전을 해왔다.

learn **something *from* an experience는 경험을 통해 어떤 일을 알게 되다라는 뜻이다.**

They ***had learned*** nothing ***from*** their early victories. 그들은 초기에 이룬 승리에서 아무것도 배우지 못했다.

위와 같은 문장에서 from 이외의 다른 전치사를 사용하지 않는다.

4 information(정보)

어떤 정보를 얻을 때, 〔learn + of + 명사구〕 형식이나 〔learn + that절〕 형식을 사용한다.

He ***had learned of his father's death in Australia.*** 그는 호주에서 자신의 아버지의 사망 소식을 알게 됐다.
She ***learned that her mother had been a nurse with the US Red Cross***.
그녀는 자신의 어머니가 미국 적십자사 간호사로 일했던 것을 알게 되었다.

---

leave

1 movement from a place(어떤 장소로부터의 움직임)

누군가가 다른 곳으로 가기 위해 어떤 장소를 떠난다고 할 때, leave를 사용한다. leave의 과거와 과거분사는 leaved가 아닌 left이다.

They ***left*** the house to go for a walk after tea. 그들은 차를 마시고 산책을 하려고 집을 나섰다.
I***'d left*** Pretoria in a hurry. 나는 급히 프리토리아를 떠났다.

'leave from' a place라고 하지 않는다.

2 'get away from' and 'depart from'

get away from과 depart from은 어떤 장소를 떠나다라는 뜻이다. get away from은 보통 어떤 장소를 떠나기를 몹시 열망하거나 바라다라는 뜻을 포함한다. depart는 격식을 차린 단어이다.

You've got to ***get away from*** home. 당신은 집에서 빠져나와야 한다.

When you *depart from* the airport, you will be driven to Paris.
당신이 공항에서 나오면 차를 타고 파리로 가게 될 것이다.

3 intransitive uses(자동사 용법)

leave는 자동사로 사용할 수 있다.

He stood up to *leave*. 그는 떠나려고 일어섰다.

go, get away, go away, depart 등은 누군가가 어떤 장소를 떠나다라는 뜻이다.

'I must *go*,' she said. "나는 가야만 해."라고 그녀가 말했다.
She wanted to *get away*. 그녀는 떠나고 싶어했다.
I told him to *go away*. 나는 그에게 사라지라고 말했다.
They watched the visitor *depart* as quietly as he had come.
그들은 그 방문객이 들어올 때만큼 조용히 나가는 것을 지켜보았다.

어떤 장소를 떠나거나 어떤 곳에서 휴가처럼 일정 시간을 보낸다고 할 때, get away와 go away를 자주 사용한다.

It's nice to *get away* in the autumn. 가을에 휴가를 가는 것은 기분 좋은 일이다.
What did you do over the summer? Did you *go away*? 당신은 지난 여름에 무엇을 했나요? 휴가를 갔나요?

4 transport(교통)

기차, 배 등의 교통수단이 특정한 시간이나 장소에서 출발할 때, leave, go, depart를 사용한다.

My train *leaves* Euston at 11.30. 내가 탈 기차는 11시 30분에 유스턴을 출발한다.
Our train *went* at 2.25. 우리가 탄 기차는 2시 25분에 출발했다.
Ships carrying toys and books were preparing to *depart* from Dover.
장난감과 책을 실은 배들이 도버에서 출항할 준비를 하고 있었다.

ℹ go away라고 하지 않는다.

5 movement to a place(어떤 장소로 향하는 움직임)

어떤 장소에서 다른 곳으로 가기 위해 사람이나 차가 이동할 때, leave for나 depart for를 사용한다.

She *left for* Geneva on May 5th. 그녀는 5월 5일에 제네바로 출발했다.
He would breakfast with his staff and then *depart for* Germany.
그는 직원들과 아침을 먹고 독일로 떠날 것이다.

ℹ 위와 같은 문장에서 for 이외의 다른 전치사를 사용하지 않는다.

6 movement from a person(사람에게서 멀어지는 움직임)

leave와 get away from은 어떤 사람이나 단체로부터 떠나다라는 뜻이다. 어떤 사람이나 단체로부터 떠나기를 열망할 때는 get away from을 사용한다.

I *left* Conrad and joined the Count at his table. 나는 콘래드를 떠나 백작이 있는 탁자에 앉았다.
I wish you could *get away from* all those people. 당신이 저 모든 사람들로부터 벗어날 수 있다면 좋을 텐데.

ℹ 'depart from' a person /group of people이라고 하지 않는다.

go away는 상대방이 당신과 이야기하고 싶지 않거나 함께 시간을 보내고 싶지 않다고 단호하게 말할 때 사용한다.

There was a knock at the door. '*Go away*!' Stroganov called.
문에서 노크 소리가 들리자, "사라져 버려!"라고 스트로가노프가 소리쳤다.
Go away now and leave me alone. 이제 내 앞에서 사라져서 나를 혼자 있게 해주세요.

---

left hand – left-handed

1 'left hand'

left hand는 왼쪽에 있는 부분이라는 뜻이다.

We were on the *left hand* side of the road. 우리는 그 도로의 왼쪽에 있었다.

2 'left-handed'

left-handed는 글을 쓰는 것과 같은 활동에서 오른손보다 주로 '왼손을 사용하는' 또는 '왼손잡이의'라는 뜻이다.

There is a place in London that supplies practically everything for ***left-handed*** people.
런던에는 왼손잡이를 위해 사실상 모든 물품을 파는 곳이 있다.

---

legal – lawful – legitimate

1 'legal' and 'lawful'

legal과 **lawful**은 '법에서 허용하는'이라는 뜻이며, **lawful**은 격식을 차린 단어이다.

A breath test showed he had drunk more than twice the ***legal*** limit for driving.
음주 측정에서 그는 운전을 허용하는 법적 기준치의 두 배 이상의 술을 마셨다는 것이 드러났다.

Capital punishment is ***legal*** in many countries. 사형 제도는 많은 나라에서 합법적이다.

Hunting is a ***lawful*** activity. 사냥은 합법적인 활동이다.

All his activities had been perfectly ***lawful***. 그의 모든 활동은 완전히 합법적이었다.

2 'legitimate'

legitimate는 법이나 규칙에 따라 '옳거나 용인할 수 있는'이라는 뜻이다.

...a ***legitimate*** business transaction. 합법적인 사업 거래.

legitimate에는 어떤 상황에서 '정당한'이라는 뜻도 있다.

Religious leaders have a ***legitimate*** reason to be concerned. 종교 지도자들은 관련된 정당한 이유가 있다.

someone is *legitimate*는 결혼한 부모 사이에서 태어난 사람이라는 뜻이다.

...evidence that he was his father's ***legitimate*** son. 그가 아버지의 합법적인 아들이라는 증거.

3 another meaning of 'legal'(legal의 다른 뜻)

legal은 '법과 관련된'이라는 뜻으로, **lawful**이나 **legitimate**는 이러한 뜻에 사용할 수 없다.

...the British ***legal*** system. 영국의 사법 제도.

...***legal*** language. 법률 용어.

4 'law' in front of nouns(명사 앞의 law)

법에 대한 연구와 관련이 있는 사람이나 일에 대해 말할 때는 명사 앞에 **legal**이 아닌 **law**를 사용한다.

...a ***law*** student. 법을 공부하는 학생.

He had only just received his ***law*** degree. 그는 법학사 학위를 이제 막 받았을 뿐이었다.

법과 관련된 장소나 기관 앞에는 **law**를 사용한다.

...the ***Law Courts***. 고등 법원.

...the ***Law Society***. 사무 변호사회.

---

legible

➲ Usage 표제어 readable 참조.

---

lend

➲ Usage 표제어 borrow – lend 참조.

---

less

1 used in front of nouns(명사 앞에 사용하기)

less는 불가산명사 앞에 사용하며, 어떤 것의 양이 다른 것보다 적거나 이전보다 더 적음을 나타낸다.

A shower uses *less* water than a bath. 샤워를 하는 것은 목욕을 하는 것보다 물을 더 적게 사용한다.
His work gets *less* attention than it deserves. 그의 작업은 마땅히 주목을 받아야 하지만 덜 주목받는다.
They wanted me to take much *less* money. 그들은 내가 훨씬 더 적은 돈을 받기를 원했다.

less는 때때로 복수명사 앞에 사용한다.

This proposal will mean *less* jobs and a dwindling rail network.
이 기획안은 직업 창출을 더욱 줄이고 철도 네트워크의 축소를 의미할 것이다.
Less people are going to university than usual. 대학에 가는 사람들이 평상시보다 더 줄어들고 있다.

복수명사 앞에 less가 아닌 fewer를 사용해야 한다고 주장하는 사람들도 있다.

There are *fewer* trees here. 이곳의 나무가 더 적다.
The new technology allows products to be made with *fewer* components than before.
새로운 기술은 전보다 더 적은 부품을 사용하여 제품을 만들 수 있게 해준다.

그러나 회화에서 fewer는 격식을 차린 단어이다. less나 fewer 대신 not as many나 not so many를 복수명사 앞에 사용한다. 이러한 표현은 회화와 글에서 모두 허용된다.

There are *not as many* cottages as there were. 이전만큼 오두막이 많지 않다.
There are*n't so many* trees there. 그곳에는 나무가 그렇게 많지 않다.

ℹ not as many와 not so many 뒤에 than이 아닌 as를 사용한다.

2 'less than' and 'fewer than'

〔less than + 명사구〕 형식은 어떤 것의 양이나 크기가 특정 수준이나 기준보다 아래에 있다고 할 때 사용한다.

It's hard to find a house in Beverly Hills for *less than* a million dollars.
베버리 힐스에서 백만 달러 이하의 주택을 구하는 것은 어려운 일이다.
I travelled *less than* 3000 miles. 내가 여행한 거리는 3,000마일이 되지 않았다.

사람이나 사물의 수를 가리킬 때, 명사구 앞에 때때로 less than을 사용한다.

The whole of Switzerland has *less than* six million inhabitants. 스위스의 전체 거주민은 6백만 명 이하이다.
The country's standing army consisted of *less than* a hundred soldiers.
그 나라의 상비군을 구성하는 병력은 100명 미만이었다.

위와 같은 경우, less than이 아닌 fewer than을 사용해야 한다고 주장하는 사람들도 있다.

He had never been in a class with *fewer than* forty children.
그는 40명 미만의 학생이 있는 반에서 수업을 해본 적이 한 번도 없었다.
In 1900 there were *fewer than* one thousand university teachers. 1900년에는 대학 교원 수가 1,000명 미만이었다.

회화에서는 less than을 사용하지만, 격식을 차린 글에서는 fewer than을 사용해야 한다. fewer than은 다음에 오는 명사구가 사람이나 사물의 수를 가리킬 때만 사용할 수 있다. 양이나 크기를 가리키는 명사구에는 fewer than을 사용하지 않는다.

3 'no less than'

〔no less than · no fewer than + 숫자〕 형식은 놀라울 정도로 많거나 크다고 생각할 때 사용한다.

By 1880, there were *no less than* fifty-six coal mines. 1880년까지 56개나 되는 석탄 광산이 있었다.
No fewer than five cameramen lost their lives. 5명이나 되는 촬영 기사가 사망했다.

격식을 차린 글에서는 no less than이 아닌 no fewer than을 사용해야 한다.

4 'less' used in front of adjectives(형용사 앞에 사용하는 less)

〔less + 형용사〕 형식은 사람이나 사물이 갖고 있는 성질이 전에 비해 더 떨어지거나 다른 사람이나 사물이 갖고 있는 것에 비해 더 적다고 할 때 사용할 수 있다.

From this time on, I felt *less* guilty. 나는 이 시간부터 죄의식을 덜 느꼈다.
Most of the other plays were *less* successful. 대부분의 다른 연극은 덜 성공적이었다.

주의 형용사의 비교급 앞에 less를 사용하지 않는다. 예를 들면, '오늘 날씨는 어제보다 덜 춥다.'는 ~~It is less colder than it was yesterday.~~가 아닌 **It is *less cold* than it was yesterday.**라고 한다.

5 'not as...as'

회화에서는 일반적으로 형용사 앞에 less를 사용하지 않는다. 예를 들면, '어제만큼 춥지 않다.'는 ~~It is less cold than it was yesterday.~~가 아닌 **It is *not as cold as* it was yesterday.**라고 한다.

No 14 Sumatra Road was ***not as pretty as*** Walnut Cottage.
14번 도로 수마트라 로드는 월너트 코티지만큼 아름답지는 않았다.

not so는 때때로 사용하지만 일반적인 표현은 아니다.

The officers here are ***not so young as*** the lieutenants. 이곳의 장교들은 중위들만큼 젊지 않다.

ℹ not as와 not so 뒤에 than이 아닌 as를 사용한다.

---

let

1 'let'

let은 다른 사람에게 '어떤 일을 하도록 허락하다'라는 뜻으로, (let + 목적어 + 원형부정사) 형식을 사용한다.

The farmer ***lets*** me ***live*** in a caravan behind his barn. 그 농부는 내가 헛간 뒤의 이동 주택에서 거주하도록 해주고 있다.
She never ***lets*** her ***leave*** home. 그녀는 그 여자가 집을 떠나는 것을 절대로 허락하지 않고 있다.
They sit back and ***let*** everyone else ***do*** the work. 그들은 뒤에 앉아서 모든 사람들이 그 일을 하도록 했다.

ℹ let 뒤에 to부정사나 -ing형을 사용하지 않는다. 예를 들면, '그는 내가 그의 전화를 사용할 수 있게 해준다.'는 ~~He lets me to use his telephone.~~이나 ~~He lets me using his telephone.~~이라고 하지 않는다.

let의 과거와 과거분사는 letted가 아닌 let이다.

He ***let*** Jack lead the way. 그는 잭이 앞장서도록 했다.
She ***had let*** him go off with her papers. 그녀는 그가 그녀의 서류들을 갖고 떠나게 했었다.

주의 동사 let은 수동형이 없다. 예를 들면, ~~He was let go.~~나 ~~He was let to go.~~라고 하지 않는다. 수동형에서는 allow나 permit과 같은 다른 동사를 사용한다.
Perhaps when he grew up he would ***be allowed to*** do as he pleased.
그가 자랐을 때, 하고 싶은 일을 다 할 수 있도록 허락될 것이다.
She was the only prisoner ***permitted to*** enter my cell. 그녀는 내 독방에 들어올 수 있도록 허락된 유일한 죄수였다.

2 'let...know'

let someone ***know*** something은 다른 사람에게 어떤 일에 대해 알려 주다라는 뜻이다.

I'll find out about the car and ***let*** you ***know*** what happened.
나는 그 차를 조사해서 무슨 일이 일어났는지 당신에게 알려 주겠다.
It doesn't matter so long as she ***lets*** her doctor ***know***.
그녀가 담당 의사에게 알려 주기만 한다면 그것은 문제가 되지 않는다.

3 'let me'

다른 사람에게 어떤 일을 해주겠다고 제의하는 경우, let me를 자주 사용한다.

Let me show you. 제가 당신에게 보여 주겠습니다.
Let me help you off with your coat. 당신이 코트를 벗을 수 있도록 도와드리겠습니다.

➲ 그 밖의 제안하는 방법은 Usage 표제어 Offers 참조.

4 another meaning(다른 뜻)

let one's house/land to someone은 정기적으로 돈을 받는 대가로 다른 사람에게 집이나 땅을 사용하도록 하다라는 뜻이다.

Usage 표제어 hire – rent – let 참조.

let go

Usage 표제어 release – let go 참조.

let's – let us

1 making a suggestion(제안하기)

말하는 사람과 상대방 모두가 어떤 일을 하자고 제안할 때, **let's**를 사용한다. **let's**는 **let us**를 축약한 형태이며, **let's** 뒤에는 **to**부정사가 아닌 원형부정사가 온다.

Let's go outside. 밖으로 나갑시다.
Let's decide what we want. 우리가 원하는 것으로 결정합시다.

let us는 격식을 차리는 영어에서만 제안의 의미로 사용한다.

Let us postpone the matter. 그 문제를 연기합시다.

말하는 사람과 상대방 모두가 어떤 일을 하지 말자고 제안할 때, **let's not**을 사용한다.

Let's not talk about that. 그것에 대해 이야기하지 맙시다.
Let's not waste time. 시간을 허비하지 맙시다.

영국 영어를 쓰는 일부 사람들은 **don't let's**를 사용한다.

Don't let's tell anyone. 아무에게도 이야기하지 맙시다.

격식을 차리지 않는 미국 영어에서는 **let's don't**를 때때로 사용한다.

Let's don't talk about it. 그것에 대해 이야기하지 맙시다.

그 밖의 제안하는 방법은 Topic 표제어 Suggestions 참조.

2 making a request(요청하기)

자신과 다른 사람을 대표하여 상대방에게 요청하는 경우, **let us**를 사용한다. 이때 **let us**를 **let's**로 축약하지 않는다.

Let us know what progress has been made. 어떤 진전이 이루어졌는지 우리에게 알려 주세요.
Please, ***don't let us*** be frightened of making mistakes. 우리가 실수하는 것에 대해 두려움을 느끼지 않게 해주세요.

lettuce

Usage 표제어 salad – lettuce 참조.

level

level은 양이나 중요성 등을 나타내는 등급상의 한 점, 즉 '수준'이라는 뜻이다.

The noise ***levels*** were too high. 소음의 수준은 너무 높았다.
We now have a high ***level*** of unemployment. 현재 우리의 실업률은 높은 수준에 있다.
These decisions are made well below the ***level*** of top management.
이러한 결정은 최고 경영진보다 훨씬 아래 수준에서 잘 이루어진다.

at **a particular level**은 어떤 것이 특정한 수준에 도달해 있음을 나타낸다.

Mammals maintain their body temperature ***at a constant level***. 포유동물은 일정한 수준으로 체온을 유지한다.
Corruption is rampant ***at all levels*** of government. 부패가 정부의 모든 계층에 만연되어 있다.

위와 같은 문장에서 at 이외의 다른 전치사를 사용하지 않는다.

USAGE

library – bookshop

1 'library'

library는 사람들이 보거나 빌릴 수 있는 책을 보관하는 건물, 즉 '도서관'이라는 뜻이다. 또한 library에는 책의 개인 수집품이나 책이 보관된 큰 집의 방, 즉 '서재'라는 뜻도 있다.

...the local ***library***. 지역 도서관.

I once stayed in one of his houses and saw his ***library***. 나는 한때 그의 집들 중 한 곳에 머물면서 그의 서재를 보았다.

2 'bookshop'

책을 파는 상점은 library라고 하지 않는다. 서점을 영국에서는 bookshop, 미국에서는 bookstore라고 한다.

...***bookshop*** window displays. 서점의 쇼윈도 진열.

My wife's sister Laura works in a ***bookstore***. 내 처제인 로라는 서점에서 일한다.

licence – license

1 'licence'

영국 영어에서 licence는 어떤 것을 하거나 사용하거나 소유할 수 있도록 허가해 주는 공식적인 '증서'라는 뜻이다.

I haven't got a television ***licence***. 나는 텔레비전 시청권을 갖고 있지 않다.

Keep your driving ***licence*** on you. 자동차 운전면허를 항상 소지하세요.

2 'license' used as a noun(명사로 사용하는 license)

미국 영어에서는 licence를 license라고 표기한다.

A photo identification, such as a driver's ***license***, is required. 운전면허와 같은 사진이 부착된 신분증이 요구된다.

3 'license' used as a verb(동사로 사용하는 license)

영국 영어와 미국 영어 모두 ***be licensed*** to do something은 어떤 일을 할 수 있다는 공식적인 허락을 받다라는 뜻이다.

These men ***are licensed*** to carry firearms. 이 사람들은 총기를 소지할 수 있는 허가증이 있다.

lie

➲ Usage 표제어 lay – lie 참조.

lift – elevator

1 'lift'

lift는 다른 사람을 자신의 차에 태워 어떤 장소에서 다른 장소로 '데려다 주다'라는 뜻이다.

She offered me a ***lift*** home. 그녀는 나를 집에 태워다 주겠다고 제의했다.

영국 영어에서 lift는 높은 건물 내에서 위아래로 움직이며 사람들을 한 층에서 다른 층으로 나르는 장치, 즉 '승강기'라는 뜻이다.

I took the ***lift*** to the eighth floor. 나는 승강기를 타고 8층에 갔다.

2 'elevator'

미국 영어에서는 승강기를 elevator라고 한다.

The ***elevator*** descended to the lobby. 승강기가 로비로 내려왔다.

➲ 동사 lift에 대한 더 많은 정보는 Usage 표제어 carry – take 참조.

light

light는 담배나 초 등에 '불을 붙이다'라는 뜻이다. **light**의 과거와 과거분사는 **lit** 또는 **lighted**이며, **lit**가 더 일반적이다.

He ***lit*** a cigarette. 그는 담배에 불을 붙였다.
I ***lighted*** a candle. 나는 초에 불을 붙였다.

be *lit*나 **be *lighted***는 거리, 건물, 방 등에 특정한 종류의 불이 켜져 있다라는 뜻으로, 예를 들면 전기 같은 것이 켜져 있다고 할 때 사용한다.

...a room ***lit*** by candles. 촛불이 켜진 방.
The room ***was lighted*** by a very small, dim bulb. 그 방은 매우 작고 희미한 전등이 켜져 있었다.

위와 같은 두 가지 의미로 **light**가 쓰일 때, 명사 앞에는 **lit**가 아닌 **lighted**를 사용한다.

Mitchell took the ***lighted*** cigarette from his lips. 미첼은 불이 붙은 담배를 그의 입에서 뗐다.
I noticed a ***lighted*** window across the street. 나는 길 건너에 불이 켜진 창문을 발견했다.

그러나 부사 뒤에는 **lit**를 사용한다.

...a freshly ***lit*** cigarette. 새로 불을 붙인 담배.
...the dimly ***lit*** department store. 희미하게 불이 켜진 상점.

like

like가 전치사나 접속사일 경우에는 동일한 뜻이지만, 동사일 경우엔 다른 뜻이 된다.

1 used as a preposition(전치사로 사용하기)

someone/something is *like* another는 어떤 사람이나 사물이 다른 것과 특성이나 행동이 비슷하다라는 뜻이다.

He looks ***like*** Father Christmas. 그는 산타클로스처럼 보인다.
His voice was ***like*** dripping honey. 그의 목소리는 꿀이 뚝뚝 떨어지듯이 달콤했다.

something is *like*는 사물이 어떤 상태나 모습이라는 뜻이다.

What was Essex ***like***? 에섹스는 어떤 모습이었습니까?
What did they taste ***like***? 그것들은 무슨 맛이었습니까?

2 used as a conjunction(접속사로 사용하기)

회화에서 **like**를 접속사로 사용하면, 어떤 것이 기억이나 상상 속의 내용과 같다라는 뜻을 나타낸다.

Is it ***like*** you remembered it? 그것은 당신이 기억한 것과 같습니까?

글에서는 **like** 대신 **how**를 사용하는 것이 더 좋다.

〔**like** + 주어 + **do**〕 형식은 어떤 사람의 행동이나 모습을 다른 사람과 비교할 때 사용한다. 예를 들면, '그녀는 어머니가 했던 것처럼 매일 호수에서 수영을 한다.'는 **She swims in the lake every day, *like* her mother *did*.**라고 한다.

➲ 위의 용법에 대한 더 많은 정보는 **Usage** 표제어 **like – as – the way** 참조.

사람이나 사물의 생김새나 행동을 묘사할 때, 다른 동사와 함께 **like**를 사용한다.

He did it ***like*** he was used to it. 그는 이전에 했던 것처럼 그 일을 했다.

위의 용법은 일반적으로 잘못된 표현으로 여겨지므로 **like** 대신 **as if**나 **as though**를 사용하는 것이 더 좋다.

➲ **Usage** 표제어 **as if** 참조.

3 used as a verb(동사로 사용하기)

***like* someone/something**은 어떤 사람이나 사물에 즐거움이나 매력을 느끼다라는 뜻이다.

She's a nice girl, I ***like*** her. 나는 그녀가 멋있는 여자라서 좋아한다.
Very few of the women ***liked*** Saigon. 그 여성들 중에서 사이공을 좋아하는 사람은 극히 적었다.

➲ 좋고 싫음을 나타내는 동사와 표현의 분류 목록은 Usage 표제어 like – dislike 참조.

주의 like는 진행시제로 사용할 수 없다. 예를 들면, '나는 땅콩을 좋아한다.'는 ~~I am liking peanuts.~~가 아닌 I ***like*** peanuts.라고 한다.

어떤 활동을 즐긴다고 할 때, (like + -ing) 형식을 사용할 수 있다.

I ***like reading***. 나는 책 읽는 것을 좋아한다.
I just don't ***like being*** in crowds. 나는 군중 속에 있는 것을 좋아하지 않는다.

어떤 사람이나 사물을 얼마나 좋아하는지 또는 어떤 활동을 얼마나 즐기는지 강조할 때, very much를 사용한다.

I ***like*** him ***very much***. 나는 그를 매우 좋아한다.
I ***like*** driving ***very much***. 나는 운전하는 것을 매우 좋아한다.

주의 like 뒤가 아닌 목적어 뒤에 very much를 사용한다. 예를 들면, ~~I like very much driving.~~이라고 하지 않는다.

누군가가 어떤 것을 좋아하는지 물어보는 경우, 긍정적인 대답은 Yes, I ***do***.라고 하며, ~~Yes, I like.~~라고 하지는 않는다.

'Do you like walking?' – 'Yes ***I do***, I love it.' "당신은 걷는 것을 좋아합니까?" – "예, 정말 좋아합니다."

주의 when이나 if로 시작하는 절 바로 앞에는 like가 아닌 like it을 사용한다. 예를 들면, '나는 집에 일찍 갈 수 있는 때를 좋아한다.'는 ~~I like when I can go home early.~~가 아닌 I ***like it*** when I can go home early.라고 한다.
The guests don't ***like it*** when they can't use the pool. 손님들은 수영장을 이용할 수 없을 때를 좋아하지 않는다.
I'd ***like it*** if you fell in love with Michael. 당신이 마이클과 사랑에 빠진다면 좋을 텐데.

4 'would like'

어떤 것을 권할 때, Would you like...?를 사용한다.

Would you like some coffee? 커피 드시겠습니까?

ℹ ~~Do you like some coffee?~~라고 하지 않는다.

상대방에게 어떤 일을 하도록 권할 때, (Would you like + to부정사) 형식을 사용한다.

Would you like to meet him? 그를 만나 볼래요?

ℹ Would you like... 뒤에 -ing형을 사용하지 않는다. 예를 들면, ~~Would you like meeting him?~~이라고 하지 않는다.

➲ 초대에 대한 더 많은 정보는 Topic 표제어 Invitations 참조.

가게나 카페에서 주문할 때, I'd like...를 사용한다.

I'd like some apples, please. 사과 좀 주세요.

➲ 요청에 대한 더 많은 정보는 Topic 표제어 Requests, orders, and instructions의 asking as a customer 참조.

매우 정중하게 상대방에게 어떤 일을 하도록 말할 때, I'd like you to...를 사용한다.

I'd like you to tell them where I am. 당신이 그들에게 내가 있는 곳을 말해 주기를 부탁드립니다.

➲ 명령이나 지시에 대한 더 많은 정보는 Topic 표제어 Requests, orders, instructions의 orders and instructions 참조.

---

like – as – the way

1 used as conjuctions(접속사로 사용하기)

행동이나 모습을 다른 사람과 비교할 때, 접속사로 like, as, the way를 사용할 수 있다. 접속사 다음의 절에 오는 동사는 보통 do를 사용한다. 예를 들면, '그는 자신의 아버지가 했던 것처럼 매일 직장에 걸어 다녔다.'는 He walked to work every day, ***like*** his father had done.이나 He walked to work every day, ***as*** his father had done.이나 He walked to work every day, ***the way*** his father had done.이라고 한다.

How can you live *like* she does? 당신은 어떻게 그녀가 사는 것처럼 살 수 있습니까?
They were people who spoke and thought *as* he did. 그들은 그 남자처럼 말하고 생각하는 사람들이었다.
Start lending things, *the way* people did in the war. 전쟁 중에 사람들이 그랬듯이 물건 대여를 시작하세요.

예전에 학습자들은 **as**를 사용하는 것만이 옳다고 배웠으나 현재 이 용법은 다소 격식을 차리거나 문어적인 표현처럼 여겨진다. 회화에서는 보통 **like**나 **the way**를 사용한다.

2 used as prepositons(전치사로 사용하기)

like와 **as**는 전치사로 사용할 수 있지만 일반적으로 의미는 같지 않다. 예를 들면, **do something *like* a particular kind of person**은 실제로는 그렇지 않지만 특정한 종류의 사람이 하는 방식으로 어떤 일을 하다라는 뜻이다.

We worked *like* slaves. 우리는 노예처럼 일했다.

do something *as* a particular kind of person은 누군가가 바로 그 특정한 종류의 사람으로서 어떤 일을 하다라는 뜻이다.

Over the summer she worked *as* a waitress. 여름 동안 그녀는 웨이트리스로 일했다.
I can only speak *as* a married man without children. 나는 어린아이가 없는 유부남의 입장에서만 말할 수 있다.

---

like – dislike

어떤 일을 얼마나 좋아하고 싫어하는지를 나타낼 때 사용하는 동사와 표현은 다음과 같다. 가장 좋아하는 것에서 가장 싫어하는 순서로 배열하였다.

- **adore**

She *adored* her parents and would do anything to please them.
그녀는 부모님을 너무 존경해서 그분들을 기쁘게 해드리기 위해서는 무슨 일이든 하려고 했다.

- **love, be crazy about, be mad about, be a great fan of**

We *loved* the food so much, especially the fish dishes. 우리는 그 음식을 무척 좋아했는데, 특히 생선 요리를 좋아했다.
He'*s* still *crazy about* both his work and his hobbies. 그는 여전히 일과 취미 모두에 몰두해 있다.
She's not as *mad about* sport as I am. 그녀는 나만큼 운동에 미쳐 있지는 않다.
I *am a great fan of* rave music. 나는 rave 음악을 아주 좋아한다.

- **like, be fond of, be keen on**

What music do you *like* best? 당신은 무슨 음악을 제일 좋아합니까?
She *was* especially *fond of* a little girl named Besty. 그녀는 특히 베스티라는 이름의 어린 여자 아이를 좋아했다.
Both companies *were keen on* a merger. 두 회사 모두 합병하기를 원했다.

- **don't mind**

I hope you *don't mind* me calling in like this, without an appointment.
제가 약속도 없이 이렇게 불쑥 찾아온 것이 당신에게 실례가 되지 않기를 바랍니다.

- **dislike**

We don't serve liver often because so many people *dislike* it.
우리는 싫어하는 사람이 많아서 간 요리를 자주 제공하지 않는다.

- **hate**

She *hated* hospitals and didn't like the idea of having an operation.
그녀는 병원을 싫어해서 수술하는 것에 대한 생각 자체를 싫어했다.

- **abhor, can't bear, can't stand, detest, loathe**

He was a man who *abhorred* violence and was deeply committed to reconciliation.
그는 폭력을 몹시 싫어해서 화해에 심혈을 기울인 사람이었다.
I *can't bear* people who make judgements and label me.
나는 자신들의 잣대로 나를 판단하고 규정하는 사람들을 참을 수가 없다.

I ***can't stand*** that man and his arrogance. 나는 저 남자와 그의 오만함을 참을 수가 없다.
Jean ***detested*** being photographed. 진은 사진 찍히는 것을 몹시 싫어했다.
The two men ***loathe*** each other. 그 두 사람은 서로를 증오한다.

---

likely

1 used as an adjective(형용사로 사용하기)

likely는 일반적으로 형용사로 쓰인다. 예를 들면, **be *likely to* happen**는 어떤 일이 일어날 것 같다라는 뜻이다.

These services are ***likely to*** be available to us all before long.
이러한 서비스가 머지않아 우리 모두에게 가능할 것 같다.

***it is likely that* something will happen**은 어떤 일이 일어날 가능성이 많은 것 같다라는 뜻이다.

It is likely that his symptoms will disappear of their own accord. 그의 증상은 저절로 사라질 것으로 보인다.
If this is your first baby, it's far more ***likely that*** you'll get to the hospital too early.
만약 이번이 당신의 첫 출산이라면, 매우 일찍 병원을 찾아갈 것 같다.

2 used as an adverb(부사로 사용하기)

회화에서 **likely**는 〔**most · more than · very** + 부사 **likely**〕 형식이나 **more likely than not**과 같은 구의 일부로 사용할 수 있지만, **likely** 단독으로는 부사로 사용하지 않는다.

One pupil will have been taught, ***most likely***, by five people. 아마 한 학생이 다섯 사람에게 배우게 될 것이다.
More than likely, the cause is a root rot fungus. 아마 그 원인은 뿌리가 썩는 균일 것이다.
More likely than not he will realize he is beaten. 아마 그는 자신이 졌다는 것을 깨닫게 될 것이다.

---

listen to

listen to는 어떤 소리나 다른 사람이 하는 말에 주의를 기울이다라는 뜻이다.

I do my ironing while ***listening to*** the radio. 나는 라디오를 들으면서 다리미질을 한다.
Listen carefully ***to*** what he says. 그가 하는 말을 주의 깊게 들으세요.
They wouldn't ***listen to*** me. 그들은 내 말을 들으려 하지 않았다.

> **주의** **listen**은 타동사가 아니므로, **'listen' a sound person**이나 **'listen' a person**이라고 하지 않는다.

음악 연주를 듣다라는 표현에는 일반적으로 **listen to**가 아닌 **hear**라고 한다.

That was the first time I ever ***heard*** Jimi Hendrix. 그때가 내가 지미 핸드릭스의 연주를 처음 들었던 때였다.
She can ***hear*** it played by a professional orchestra. 그녀는 그것을 전문 오케스트라의 연주로 들을 수 있다.

➲ Usage 표제어 hear 참조.

---

literal – literary – literate

1 'literal'

literal은 단어가 갖는 가장 기본적인 의미로, 즉 '문자 그대로의'라는 뜻이다.

She was older than I was, and not only in the ***literal*** sense.
그녀는 나보다 나이가 더 많았는데 나이가 많다는 것만을 의미하지는 않았다.
The ***literal*** meaning of the Greek word hamartia, translated as sin, is 'missing the mark'.
그리스어 hamartia는 '죄'로 번역되는데, 단어의 문자상의 의미는 '표적을 벗어난'이라는 뜻이다.

2 'literary'

literary는 일반적인 대화나 글이 아닌 시나 소설에서 특별한 효과를 나타낼 때 사용하는 단어나 표현이다.

'Awaken' and 'waken' are old-fashioned or ***literary*** words. 'awaken'과 'waken'은 오래되거나 문어적인 단어이다.

literary는 '문학과 관련된'이라는 뜻이다.

...*literary* critics. 문학 평론가들.
...*literary* magazines. 문학 잡지들.

3 'literate'

literate는 '글을 읽고 쓸 수 있는'이라는 뜻이다.

Only half the children are *literate*. 그 어린이들 절반 정도만 글을 읽고 쓸 수 있다.

---

little – a little

1 'little' used as an adjective(형용사로 사용하는 little)

little은 일반적으로 형용사로, 사물의 크기를 말할 때 사용한다.

...a *little* table with a glass top. 유리 덮개가 있는 작은 탁자.

➲ Usage 표제어 small – little 참조.

2 'a little' used as an adverb(부사로 사용하는 a little)

a little은 일반적으로 부사로 사용한다. 〔동사 + a little〕 형식이나 〔a little + 형용사 · 부사〕 형식은 적은 범위나 정도를 나타낸다.

They get paid for it. Not much. Just *a little*. 그들은 그 일에 대한 보수를 받는데, 액수가 많지 않고 매우 적다.
Trading is thought to have been *a little* disappointing. 교역량이 기대에 조금 못 미치는 것으로 생각된다.
The local football team is doing *a little* better. 지역 축구팀은 좀 더 나아지고 있다.
The celebrations began *a little* earlier than expected. 축하 행사는 예정보다 조금 일찍 시작되었다.

ⓘ 〔a little + 형용사 + 명사〕 형식을 사용할 수 없음에 주의한다.

➲ 정도를 나타낼 때 사용하는 여러 단어와 표현의 분류 목록은 Grammar 표제어 Adjuncts의 degree와 Grammar 표제어 Adverbs의 grading adverbs 참조.

3 used in front of nouns(명사 앞에 사용하기)

어떤 것의 양을 나타낼 때, 명사 앞에 little과 a littele을 사용한다. 이때 little과 a little의 의미는 다르다.

a little은 단순하게 어떤 것의 양이 적다는 것을 가리키며, little은 어떤 것이 조금밖에 없다는 것을 강조한다. 예를 들면, I have ***a little*** money.는 '나는 돈이 약간 있다.'는 뜻이며, I have ***little*** money.는 '나는 돈이 거의 없다.'는 뜻이다.

I had made *a little* progress. 나는 약간의 진전을 보였다.
It is clear that *little* progress was made. 진전이 거의 없었다는 것은 명백한 사실이다.
He started a new business with *a little* help from his friends. 그는 약간 친구들의 도움을 받아 새로운 사업에 착수했다.
Having an independent allowance will be *little* help. 자활 수당을 받는 것은 거의 도움이 되지 않을 것이다.

4 used as pronouns(대명사로 사용하기)

little과 a little은 대명사로도 사용하며, 용법은 비슷하다.

Beat in the eggs, *a little* at a time. 한 번에 조금씩 달걀을 휘저으세요.
Little has changed. 변화가 거의 없었다.

5 'not much'

회화에서는 little 대신 not much를 사용한다. 예를 들면, '나는 가진 돈이 거의 없다.'는 I have little money. 보다 I ***haven't got much*** money.나 I ***don't have much*** money.라고 한다.

I *haven't got much* appetite. 나는 입맛이 별로 없다.
You *haven't got much* to say to me, have you? 당신은 나에게 할 말이 거의 없죠, 그렇지요?
We probably *don't have much* time. 아마 우리는 시간이 거의 없을 것이다.
When you're 16 you *don't have much* experience. 너는 네가 16세일 때의 경험이 거의 없다.

주의 적은 수의 사람이나 사물을 말하는 경우, 가산명사 앞에 **a little**이나 **little**이 아닌 **a few**나 **few**를 사용한다. 예를 들면, '그녀는 닭을 몇 마리 갖고 있다.'는 ~~**She has a little hens.**~~가 아닌 **She has *a few* hens.**라고 한다. 마찬가지로, '그의 강의에 참석한 사람은 거의 없었다.'는 ~~**Little people attended his lectures.**~~가 아닌 ***Few* people attended his lectures.**나 ***Not many* people attended his lectures.**라고 한다.

➲ Usage 표제어 few – a few 참조.

live – leave

1 'live'

live는 특정한 장소에 있는 집에 '거주하다'라는 뜻이다.

I have some friends who ***live*** in Wandsworth. 나는 완즈워스에 살고 있는 친구들이 몇 명 있다.
I ***live*** in a flat just down the road from you. 나는 당신이 사는 곳의 길 바로 아래에 있는 아파트에 살고 있다.

live가 위와 같은 뜻일 경우, 진행시제로 사용할 수 없다. 얼마 전 이사를 했거나 일정 기간 동안 임시로 거주하는 경우에만 진행시제를 사용한다.

Her husband had been released from prison and ***was*** now ***living*** at the house.
그녀의 남편은 감옥에서 출소하여 당시에 그 집에서 살고 있었다.
Remember that you ***are living*** in someone else's home. 당신은 남의 집에서 살고 있다는 사실을 기억하세요.
We have to leave Ziatur, the town where we ***have been living***. 우리가 살아왔던 도시인 지아투흐를 떠나야 한다.

어떤 곳에 거주해 온 기간을 말할 때, 완료시제나 완료진행시제와 함께 전치사 **for**나 **since**를 사용한다. 예를 들면, **I have been living here *for* four years.**나 **I have been living here *since* 1988.** 또는 **I have lived here *since* 1988.**라고 한다. ~~**I am living here for four years**~~.나 ~~**I am living here since 1988.**~~라고 하지 않는다.

He has been living in France now ***for*** almost two years. 그는 이제 프랑스에 산 지 거의 2년이 되었다.
The Fayed brothers have been living in Britain ***since*** the 1960s.
파예드 형제는 1960년대부터 영국에서 거주하고 있다.
She has lived there ***since*** she was six. 그녀는 6살 때부터 그곳에서 살았다.

➲ Usage 표제어 for와 since 참조.

2 'leave'

live[liv]를 **leave**[liːv]와 혼동해서는 안 된다. **leave**는 어떤 장소를 떠나다라는 뜻이다.

We will ***leave*** the town by the old road. 우리는 구(舊)도로로 그 도시를 떠날 것이다.

➲ Usage 표제어 leave 참조.

lonely – lonesome

1 'lonely'

영국 영어에서 **lonely**는 혼자 있어서 행복하지 않다, 즉 '외로운'이라는 뜻이다.

Since he left India he had been ***lonely*** and homesick. 그는 인도를 떠난 후 외로워서 향수병에 걸렸다.

2 'lonesome'

미국 영어에서는 때때로 **lonely**가 아닌 **lonesome**을 사용한다.

I bet you told her how ***lonesome*** you were. 나는 당신이 얼마나 외로웠는지 그녀에게 말했으리라고 확신한다.

long

1 used to talk about length(길이를 말할 때 사용하기)

어떤 것의 길이를 나타낼 때, **long**을 사용한다.

...an area up to 3000 feet *long* and 900 feet wide. 최대 길이가 3,000피트이고 폭이 900피트인 지역.
How *long* is that side of the triangle? 삼각형의 그 변의 길이는 얼마나 됩니까?

2 talking about distance(거리 말하기)

한 곳에서 다른 곳까지의 먼 거리를 말할 때, **a long way**를 사용한다. 예를 들면, '여기에서 버밍엄까지는 먼 거리이다.'는 **It's *a long way* from here to Birmingham.**이라고 한다.

I'm *a long way* from London. 나는 런던에서 먼 거리에 있다.

ⓘ ~~It's long from here to Birmingham.~~이나 ~~I'm long from London.~~이라고 하지 않는다. 부정문에서는 far를 사용한다. 예를 들면, '여기에서 버밍엄까지는 멀지 않다.'는 It is *not far* from here to Birmingham.이라고 한다.

They had rented a villa *not far* from the Hotel Miranda. 그들은 미란다 호텔에서 멀지 않은 곳에 있는 별장을 세냈다.

의문문에도 **far**를 사용한다. 예를 들면, '여기서 버밍엄까지는 거리가 얼마입니까?'는 **How *far* is it from here to Birmingham?**이라고 한다.

How *far* is Amity from here? 여기서 애미티까지는 거리가 얼마입니까?

ⓘ 부정문과 의문문에 long을 사용하지 않는다.

이동한 거리의 범위를 말할 때는 **as long as**가 아닌 **as far as**를 사용한다. 예를 들면, '우리는 교회까지 걸어갔다.'는 **We walked *as far as* the church.**라고 한다.

Vita and Rosamund went with Harold *as far as* Bologna. 비타와 로자먼드는 볼로냐까지 해럴드와 함께 갔다.

3 used to talk about time(시간을 말할 때 사용하기)

부정문이나 의문문에서 **long**을 부사로 사용하면, '오래'라는 뜻이다.

Wilkins hasn't been with us *long*. 윌킨스는 우리와 오래 있지 않았다.
Are you staying *long*? 당신은 오래 머무를 겁니까?

〔**too + long**〕 형식이나 〔**long + enough**〕 형식에서 **long**은 '오랜 시간 동안'의 뜻으로도 사용할 수 있다.

He's been here *too long*. 그는 여기에 너무 오래 있었다.
You've been here *long enough* to know what we're like.
당신은 우리가 어떤 사람들인지 알기에 충분히 오래 여기에 있었다.

그러나 긍정문에서 '오랜 시간'은 **long**이 아닌 **a long time**을 사용한다.

We may be here *a long time*. 우리는 여기에 오랫동안 있을지도 모른다.
It may seem *a long time* to wait. 오래 기다리는 것 같아 보일 것이다.

긍정문에서 **long**의 비교급 **longer**와 최상급 **longest**도 오랜 시간이라는 뜻으로 사용한다.

Reform in Europe always takes *longer* than expected. 유럽의 개혁은 언제나 예상했던 것보다 더 오래 걸린다.
Korda's performance will linger *longest* in the memory. 코르더의 공연은 기억 속에 가장 오래 남을 것이다.

➲ 그 밖에 어떤 것이 얼마나 지속되는지를 나타내는 단어와 표현들의 분류 목록은 **Grammar** 표제어 **Adjuncts**의 **duration** 참조.

4 'no longer'

과거에 일어났던 일이 지금은 일어나지 않는 경우, **no longer**나 **any longer**를 사용한다.

We *no longer* feed our infants in this way. 우리는 더 이상 이런 방식으로 신생아에게 수유하지 않는다.
I noticed that he wasn't sitting by the door *any longer*. 나는 그가 더 이상 문 옆에 앉아 있지 않다는 것을 알아차렸다.

➲ 더 많은 정보는 **Usage** 표제어 **any more**의 **any longer** 참조.

---

look

1 'look at'

어떤 것을 향해 시선을 돌릴 때, **look at**를 사용한다.

Lang *looked at* his watch. 랭은 시계를 쳐다보았다.

She *looked at* the people around her. 그녀는 주위 사람들을 쳐다보았다.

look이 이런 뜻일 경우, at이 뒤따른다. 예를 들면, ~~Lang looked his watch.~~라고 하지 않는다.

> 주의 look를 see나 watch와 혼동해서는 안 된다.
> ➲ see와 watch의 차이점에 대한 설명은 Usage 표제어 see – look at – watch 참조.

다른 사람이나 사물을 보고 느끼는 특정한 감정을 표현할 때, 〔look + 부사 + at〕 형식을 사용한다. 예를 들면, '그녀는 슬픈 표정으로 남편을 바라보았다.'는 ~~She looked sad at her husband.~~가 아닌 She looked ***sadly*** at her husband.라고 한다.

Jack looked *uncertainly* at Ralph. 잭은 자신 없이 랠프를 쳐다보았다.
When he saw me, he looked *adoringly* at me! 그는 나를 볼 때, 흠모의 눈길로 바라보았다.

2 'look and see'

어떤 사건의 사실 여부를 눈으로 직접 보고 확인하는 경우, see나 look and see를 사용한다.

Have a look at your wife's face to *see* if she's blushing. 당신 부인이 얼굴을 붉히는지 한번 보세요.
Now let's *look and see* whether that's true or not. 이제 그것이 사실인지 아닌지 눈으로 직접 보고 확인합시다.

ⓘ 위와 같은 경우에는 look을 사용하지 않는다.

어떤 사건의 사실 여부를 눈이 아닌 다른 방법으로 확인할 경우, see를 사용할 수 있다. 예를 들면, **I'll *see* if George is in his office.**는 조지가 사무실에 있는지 전화해서 확인하겠다라는 뜻이다.

I'll just *see* if he's at home. 나는 그가 집에 있는지 알아보겠다.
I'll *see* if I can borrow a car for the weekend. 나는 주말에 차를 빌릴 수 있는지 알아볼 것이다.

3 used to mean 'seem'(seem의 뜻으로 사용하기)

look은 seem이나 appear의 뜻으로도 사용하며, 이 경우에는 look 뒤에 부사가 아닌 형용사를 사용하기도 한다. 예를 들면, '그녀는 슬퍼 보였다.'는 ~~She looked sadly.~~가 아닌 She looked ***sad***.라고 한다.

You look *very pale*. 당신은 매우 창백해 보인다.
The place looked *a bit bare*. 그곳은 좀 비어 있는 듯했다.

> 주의 어떤 것의 외형을 말하는 경우, seem의 뜻으로 look만을 사용한다.

---

look after – look for

1 'look after'

look after는 사람을 돌보거나 사물을 잘 간수하다라는 뜻이다.

She will *look after* the children during their holidays. 그녀는 그들의 휴가 동안 아이들을 돌볼 것이다.
It doesn't worry me who owns the club so long as it *is looked after*.
나는 그 클럽의 운영이 잘되는 한 누구의 소유인지 걱정하지 않는다.

2 'look for'

look for는 사람이나 사물이 어디에 있는지 '찾다'라는 뜻이다.

Were you *looking for* me, Miss Nicandra? 저를 찾고 있었습니까, 니칸드라 양?
He *looked for* his shoes under the bed. 그는 침대 밑에서 신발을 찾고 있었다.

---

look forward to

1 used with a noun(명사와 함께 사용하기)

be looking forward to something은 즐겁거나 설레는 마음으로 어떤 일을 기다리다라는 뜻이다.

They'*re* so much *looking forward to* the opportunity to watch our programmes.
그들은 우리 프로그램을 볼 기회를 학수고대하고 있다.

Is there any particular thing you ***are looking forward to*** next year? 내년에 기대하는 특별한 일이라도 있으십니까?

> **주의** to가 없이 위와 같은 표현을 사용하지 않는다. 예를 들면, ~~I am looking forward have the party.~~라고 하지 않는다. 또한 forward 뒤에 s를 붙여 forwards로는 사용하지 않는다.

2 used with an '-ing' form(-ing형과 함께 사용하기)

〔look forward to + -ing형〕 형식을 사용할 수 있다.

I was so much ***looking forward to talking*** to you. 나는 당신과 이야기하기를 학수고대하고 있었다.

I ***look forward to seeing*** you in Washington. 나는 워싱턴에서 당신을 만나기를 기대합니다.

> **주의** look forward to 뒤에 부정사를 사용하지 않는다. 예를 들면, ~~He's looing forward to go home.~~이라고 하지 않는다.

---

loose – lose

1 'loose'

형용사 **loose**[luːs]는 꽉 조여져 있지 않거나 고정되어 있지 않다, 즉 '느슨한'이라는 뜻이다.

The doorknob is ***loose***. 그 문의 손잡이는 느슨하다.

Mary wore ***loose*** clothes. 메리는 헐렁한 옷을 입고 있었다.

2 'lose'

동사 **lose**[luːz]는 어떤 물건을 더 이상 갖고 있지 않거나 어디 있는지 찾을 수 없다, 즉 '잃다'라는 뜻이다.

I do not want to ***lose*** my job. 나는 직장을 잃고 싶지 않다.

...a toll-free phone number to call if you ***lose*** your pet. 애완동물을 잃어버린 경우 전화하는 무료 전화번호.

lose의 3인칭 단수는 **loses**, **-ing**형은 **losing**, 과거와 과거분사는 **lost**이다.

They were willing to risk ***losing*** their jobs. 그들은 직장을 잃을 위험을 기꺼이 떠안으려고 했다.

He ***had lost*** his passport somewhere. 그는 어디에선가 여권을 분실했다.

---

lorry – truck

1 'lorry'

영국 영어에서 **lorry**는 도로로 짐을 싣고 갈 수 있는 큰 차량, 즉 '트럭'이다.

...a seven-ton ***lorry***. 7톤 트럭.

2 'truck'

미국 영어에서는 **lorry**를 **truck**이라고 한다. 영국 영어에서는 덮개가 없는 작은 화물차를 때때로 **truck**이라고 한다.

A blue ***truck*** drives up and delivers some boxes. 파란색 트럭이 들어와서 상자 몇 개를 배달한다.

영국 영어에서는 철도로 다니는 덮개 없는 차량(무개화차)을 **truck**이라고도 한다.

➲ Usage 표제어 **carriage – car – truck – wagon** 참조.

---

lose

➲ Usage 표제어 **loose – lose** 참조.

---

lot

1 'a lot of' and 'lots of'

사람이나 사물의 많은 수나 사물의 많은 양을 말할 때, 명사 앞에 **a lot of**나 **lots of**를 사용한다. 예를 들면,

a lot of money, lots of money라고 하며, lots of는 회화에서만 사용한다.

A lot of people thought it was funny. 많은 사람들이 그것을 재미있다고 생각했다.
We have quite *a lot of* newspapers. 우리는 꽤 신문지를 갖고 있다.
There's *a lot of* research to be done. 해야 할 연구가 많이 있다.
You've got *lots of* time. 당신은 시간이 많이 있다.

〔a lot of · lots of + 복수명사〕 형식이 주어이면 복수동사를 사용한다.

A lot of people *come* to our classes. 많은 사람들이 우리의 수업에 온다.
There are lots of things that *affect* people's livelihoods. 사람들의 생계에 영향을 미치는 것이 많이 있다.

〔a lot of · lots of + 불가산명사〕 형식이 주어이면 단수동사를 사용한다.

A lot of time *is* spent talking on the phone. 전화로 이야기하는 데 많은 시간을 보낸다.
There *is* lots of money to be made in advertising. 광고로 많은 돈을 벌어들인다.

2 'a lot' and 'lots'

어떤 것의 많은 양이나 합계를 나타낼 때, a lot을 사용한다.

I'd learnt *a lot*. 나는 많은 것을 배웠다.
I feel that we have *a lot* to offer. 나는 우리가 제공할 많은 것이 있다고 느낀다.

'아주 상당한 정도로' 또는 '자주'라는 뜻으로 부사 a lot을 사용한다.

You like Ralph *a lot*, don't you? 당신은 랠프를 많이 좋아하지요, 그렇지요?
They talk *a lot* about equality. 그들은 평등에 대해서 자주 이야기한다.

➲ 어떤 것이 더 적거나 어느 정도까지 사실이라고 말할 때 사용하는 단어와 표현의 분류 목록은 Grammar 표제어 Adjuncts의 degree 참조.

〔a lot + 비교급〕 형식도 사용한다. 예를 들면, 두 가지 사물의 기간의 차이를 강조할 때, 하나의 사물이 다른 것보다 훨씬 더 오래되다라는 뜻으로 one thing is ***a lot older*** than the other라고 한다.

The weather's *a lot warmer* there. 그곳의 날씨가 훨씬 더 따뜻하다.
I've known people who were in *a lot more serious* trouble than you.
나는 당신보다 훨씬 더 심각한 어려움에 처했던 사람들을 알고 있다.

〔a lot · lots + more〕 형식도 두 가지 것의 양이나 합계에 큰 차이가 있음을 강조할 때에 사용하며, lots는 회화에서만 사용한다.

He had gained *a lot more* sleep than the others. 그는 다른 사람들보다 훨씬 더 많이 잠을 잤었다.
She meets *lots more* people than I do. 그녀는 나보다 훨씬 더 많은 사람들을 만난다.

far도 위와 비슷한 방식으로 사용한다.

Far more research has been done on finding a cure for the problem in men than in women.
여성보다 남성의 문제를 치료할 방법을 찾기 위해 훨씬 더 많은 연구가 진행되어 왔다.
Workplaces today have *far more* women employed than in the past.
오늘날의 직장은 과거보다 훨씬 더 많은 여성을 고용하고 있다.

loudly

➲ Usage 표제어 aloud – loudly 참조.

love

사람이나 장소에 대한 강한 애정의 감정을 표현할 때, 동사 love를 사용한다.

She *loved* her husband deeply. 그녀는 남편을 깊이 사랑했다.
He *had loved* his aunt very much. 그는 고모를 매우 좋아했다.
He *loved* his country above all else. 그는 다른 어떤 것보다도 조국을 사랑했다.

누군가가 어떤 것으로 인해 즐거움을 느끼거나, 다른 사람과 어울리는 것을 즐긴다고 할 때는 보통 love가 아닌

like를 사용한다.

I *like* reading. 나는 책을 읽는 것을 좋아한다.
We *liked* him very much. 우리는 그를 매우 많이 좋아했다.

회화에서 사물이나 활동을 매우 좋아한다는 것을 강조할 때에도 like 대신 love를 사용한다.

I *love* your hairdo. 나는 너의 헤어스타일이 매우 마음에 든다.
I *love* reading his plays. 나는 그의 희곡을 읽는 것을 매우 좋아한다.

➲ 좋아하는 것을 표현할 때 사용하는 단어와 표현의 분류 목록은 Usage 표제어 like – dislike 참조.

low – lowly

1 'low'

low는 형용사나 부사로 사용한다. low는 바닥에서 꼭대기까지 거리가 얼마되지 않다, 즉 '낮은'이라는 뜻이다.

...a *low* brick wall. 낮은 벽돌담.
...*low* hills. 낮은 구릉들.

어떤 것이 지면과 아주 근접해 있는 경우, something is *low*라고 한다.

She made a *low* curtsey. 그녀는 무릎을 낮게 굽혀 인사했다.
He bumped his head on the *low* beams. 그는 낮은 기둥에 머리를 부딪혔다.

어떤 것이 지면과 아주 근접해서 움직이는 경우, low를 부사로 사용할 수 있다. 예를 들면, '그는 머리를 깊이 굽혀 인사했다.'는 He bowed *low*.라고 한다.

I asked him to fly *low* over the beach. 나는 그에게 해변 위로 낮게 날아 달라고 부탁했다.

ⓘ 위와 같은 경우 ~~He bowed lowly.~~나 ~~I asked him to fly lowly over the beach.~~라고 하지 않는다.

low는 '양, 가치, 정도가 적은'이라는 뜻이다.

...workers on *low* incomes. 저수입의 노동자들.
...*low* expectations. 낮은 기대치.

low를 위와 같은 뜻으로는 부사로 사용할 수 없지만, paid 앞에는 부사로 사용할 수 있다.

We must make *low*-paid work more attractive than welfare.
우리는 사회 복지보다 저임금 일자리에 더 흥미를 갖게 해야 한다.

형용사처럼 부사 low도 비교급과 최상급이 있다. low의 최상급은 ower이고, 최상급은 lowest이다.

In a series of quick, jerky movements he bent *lower* and *lower.*
그는 일련의 빠르고 경련적인 움직임을 보이면서 점점 더 낮게 몸을 구부렸다.
...the *lowest* paid workers in the country. 그 나라에서 가장 낮은 임금을 받는 노동자들.

2 'lowly'

형용사 lowly는 '계급, 신분, 중요도가 낮은'이라는 뜻으로 문어적인 단어이다.

...a *lowly* employee. 낮은 직급의 직원.
...her *lowly* social origins. 그녀의 천한 사회적 출신.

lowly의 비교급은 lowlier, 최상급은 lowliest이다.

luck

luck은 자신의 노력이라기보다 우연히 생긴 성공, 즉 '행운'이라는 뜻이다.

I had some wonderful *luck*. 나는 놀라운 행운을 얻었다.
All he did was shake hands and wish me *luck*. 그가 한 일이라고는 나와 악수를 하고 행운을 빌어 준 것뿐이었다.

luck은 불가산명사이므로, lucks나 a luck이라고 하지 않는다.

lucky – happy

1 'lucky'

누군가에게 좋은 일이 일어나거나 항상 행운이 있는 것처럼 보이는 경우, **lucky**를 사용한다.

You're a ***lucky*** girl. 당신은 운이 좋은 여자이다.
He was the ***luckiest*** man in the world. 그는 세상에서 가장 운이 좋은 사람이었다.

2 'happy'

누군가가 즐겁고 만족하다라고 할 때는 **lucky**가 아닌 **happy**를 사용한다.

Sarah's such a ***happy*** girl. 사라는 그와 같이 행복한 소녀이다.
Barbara felt tremendously ***happy***. 바버라는 굉장한 행복을 느꼈다.

luggage – baggage

영국 영어에서 **luggage**와 **baggage** 모두 여행할 때 갖고 다니는 가방으로 안의 내용물도 함께 가리킨다. **baggage**보다 **luggage**를 더 흔히 사용한다.

Leave your ***luggage*** in the hotel. 짐을 호텔에 놓고 오세요.

미국 영어에서 **luggage**는 비어 있는 가방이나 여행 가방, **baggage**는 내용물이 들어 있는 가방이나 여행 가방을 가리킨다.

...a decline in sales of hand-sized ***luggage***. 손에 맞는 크기의 가방의 판매량 감소.
The passengers went through immigration control and collected their ***baggage***.
승객들은 입국 심사를 통과하여 가방을 찾았다.

luggage와 **baggage**는 불가산명사이므로, **luggages**나 **a baggage**라고 하지 않는다.

lunch

Usage 표제어 dinner – lunch – luncheon 참조.

luxury – luxurious

1 'luxury'

luxury는 아름답고 호화스러운 환경에 둘러싸인 매우 편안함, 즉 '사치'라는 뜻이다.

We lived in great ***luxury***. 우리는 아주 사치스럽게 살았다.
...a life of ***luxury***. 사치스러운 생활.

luxury는 명사 앞에서 형용사로도 사용한다. 안락하고 값비싼 물건의 부류를 가리킬 때, **luxury**를 사용한다.

He could not afford ***luxury*** food on his pay. 그의 월급으로는 호화스러운 음식을 먹는 것을 감당할 수 없었다.
...a ***luxury*** car for the President. 대통령 전용 고급 자동차.

'명품'은 luxury things가 아닌 luxury goods 또는 luxuries라고도 한다.

We are not able to afford ***luxuries***. 우리는 명품을 사용할 수 있는 여유가 없다.

2 'luxurious'

luxurious는 특정한 부류를 언급하지 않고 안락하고 값비싼 물건을 묘사할 때 사용한다. **luxurious** 앞에 **very**나 **more**를 사용할 수 있다.

He let himself fall into the ***most luxurious*** of the armchairs. 그는 아주 호화로운 안락의자에 주저앉았다.

M m

machine – motor – engine

1 'machine'

machine은 특정한 일을 하려고 전기나 다른 형태의 동력을 사용하는 장비, 즉 '기계'라는 뜻이다.

...a washing ***machine***. 세탁기.

I put the coin in the ***machine*** and pulled the lever. 나는 기계에 동전을 넣고 레버를 당겼다.

2 'motor'

기계가 전기로 작동될 때 '동력을 움직임으로 바꾸는 기계의 부분'을 motor라고 한다.

...a malfunctioning fan ***motor*** in the attic space of the building. 건물 천장의 제대로 작동하지 않는 환기팬 모터.

3 'engine'

차량을 움직이게 하는 동력을 주는 기계 부분은 machine이라고 하지 않는다. 자동차, 버스, 트럭, 비행기의 이 부분을 일반적으로 engine이라고 한다.

He couldn't get his ***engine*** started. 그는 자동차 엔진의 시동을 걸 수 없었다.

The starboard ***engines*** were already running. 배의 우측 엔진은 이미 작동하고 있었다.

큰 배의 발동기는 engine, 작은 보트의 발동기는 motor라고 한다.

Black smoke belched from the ***engine*** into the cabin. 엔진에서 나오는 검은 연기가 선실로 내뿜어졌다.

We patched leaks, overhauled the ***motor***, and refitted her. 우리는 물이 새는 곳을 때우고 모터를 총정비하고 수리했다.

machinery

'일반적인 기계'를 machinery라고 한다.

Farmers import most of their ***machinery*** and materials. 농부들은 대부분의 농기계와 재료를 수입한다.

...a manufacturer of farm ***machinery***. 농기계 제조업자.

machinery는 불가산명사이므로, machineries나 a machinery라고 하지 않는다. 그러나 a piece of machinery라고는 할 수 있다.

He was called out to do some work on a ***piece of machinery*** that had broken down.
그는 고장 난 기계 하나를 고쳐 주고자 출동했다.

mad

1 'mad' and 'insane'

과거에는 이상한 행동을 하도록 하는 질병을 가진 사람을 미쳤다는 뜻으로 mad나 insane이라고 했으나, 현재는 비하하는 말로 여겨 살아 있는 사람에게는 일반적으로 사용하지 않는다. '정신 질환을 앓고 있는'이라는 뜻에는 mentally ill을 사용한다.

They were found to be ***mentally ill***. 그들은 정신 질환을 앓고 있는 것으로 진단되었다.

...the treatment of ***mentally ill*** patients. 정신병 환자들에 대한 치료.

정신 질환 환자를 말할 때 사용하는 단어가 많이 있다.

➲ Usage 표제어 madness 참조.

2 other meanings of 'mad' (mad의 다른 뜻)

바보 같은 행동이나 엉뚱한 제안을 묘사할 때, 흔히 **mad**나 **insane**을 사용한다.

Anyone could see it was a ***mad*** idea. 그 생각이 어리석다는 것은 누구나 알 수 있었다.
...the Community's ***insane*** agricultural policy. 지역 사회의 정신 나간 농업 정책.

회화에서 **mad**는 때때로 '화가 난'이라는 뜻으로 사용한다. **be *mad* at someone**은 어떤 사람에게 화가 나 있다라는 뜻이다.

People wanted to make money out of him and when he said no to them, they got ***mad***.
사람들은 그를 이용해서 돈을 벌려고 했는데 그가 거절하자 그들은 화를 냈다.
I guess that they're ***mad at*** me for getting them up so early. 내가 그들을 너무 일찍 깨워서 그들은 나에게 화가 난 듯하다.

3 'mad about'

mad about는 일어난 일에 대해 '화가 나 있는'이라는 뜻이다.

I'm pretty ***mad about*** it, I can tell you. 나는 그 일에 화가 아주 많이 나 있다고 당신에게 말할 수 있습니다.

mad about는 '어떤 활동을 아주 많이 즐기고 좋아하는'이라는 뜻이다.

How is Rosalind? Still ***mad about*** ponies? 로절린드는 어떻게 지내요? 여전히 조랑말에만 관심을 많이 갖고 있나요?
She loved dancing and was ***mad about*** the cinema. 그녀는 춤을 좋아했고 영화에 열을 올리고 있었다.

ℹ 위와 같은 mad의 용법은 격식을 차린 글에는 사용하지 않는다.

---

made from – made of – made out of

made는 동사 **make**의 과거와 과거분사이다.

➲ Usage 표제어 make 참조.

재료를 사용하여 사물을 만들 때 완성된 사물이 사용한 원재료와 완전히 달라진 형태를 나타내는 경우, **made from**, **made out of**, **made of**를 사용한다.

Our rope was ***made from*** ordinary hemp. 우리의 로프는 보통의 삼으로 만들어진 것이었다.
...artificial meat ***made out of*** soya-bean protein. 콩 단백질을 가공해서 만든 인조 고기.
...cloth ***made of*** goats' hair. 염소의 털로 만든 옷감.

독특하거나 놀라운 방법으로 제품이 만들어진 경우, 보통 **made out of**를 사용한다.

...a loincloth ***made out of*** a kitchen towel. 부엌 수건으로 만든 허리에 두르는 옷.

건축물의 부품이나 재료를 말하는 경우에는 **made from**이 아닌 **made of**나 **made out of**를 사용한다.

My cabin was ***made of*** logs. 나의 오두막은 통나무로 만들어진 것이었다.

---

madness

비정상적인 정신 상태의 사람을 표현할 때 단어 사용에 있어서 조심해야 한다. 형용사 **mad**, **insane**, **crazy**, **demented**, **deranged**와 명사 **lunatic**, **maniac**, **madman**은 모욕적인 표현으로 생각하여 오늘날에는 진지한 말과 글에서는 대개 사용을 기피한다.

대신 정신 질환을 앓고 있다고 할 경우, **someone is *mentally ill***이라고 한다. 그리고 심각한 정신 질환이 아닌 경우에는 **someone is *mentally disturbed/unbalanced***나 **someone has *psychological problems***라고 한다.

At least ninety percent of the men and women who kill themselves are ***mentally ill***.
자살하는 남녀의 적어도 90퍼센트는 정신 질환 환자이다.
...an institution for ***mentally disturbed*** children. 정신 지체아들을 위한 시설.
...the area of the jail reserved for women ***with psychological problems***.
정신 질환을 앓고 있는 여자 죄수용 감옥이 위치한 지역.

magazine – shop

1 'magazine'

magazine은 기사, 사진, 광고가 있는 주간 또는 월간 출판물, 즉 '잡지'라는 뜻이다.

Her face is on the cover of a dozen or more ***magazines***. 그녀의 얼굴이 12개 이상의 잡지 표지에 실려 있다.

2 'shop'

물건을 파는 건물이나 건물의 일부분을 말할 때, **magazine**이 아닌 **shop**을 사용한다.

...health food ***shops***. 건강식품 가게들.

magic – magical

1 'magic' used as a noun(명사로 사용하는 magic)

magic은 동화에 나오고 일부 사람들이 존재한다고 믿는 특별한 힘, 즉 '마술'이라는 뜻이다. 마술은 불가능해 보이는 일들을 일어나게 할 수 있다.

Janoo-Bai was suspected of practising ***magic***. 자누바이는 마술을 하고 있다고 의심되었다.

2 'magic' used as an adjective(형용사로 사용하는 magic)

〔**magic** + 명사〕 형식은 마술에 의해 어떤 물체나 발언이 어떤 일을 하거나 하는 것처럼 보이는 것을 가리킬 때 사용한다.

...a ***magic*** potion. 마술 용액.

...the ***magic*** password. 마술 암호.

3 'magical'

magical도 형용사 **magic**과 같은 뜻으로 사용한다.

...***magical*** garments. 마술 의상들.

...a ***magical*** car. 마술 자동차.

어떤 것이 마술과 관련되거나 마술에 의해 만들어진다고 할 때에도 **magical**을 사용한다.

...medieval ***magical*** practices. 중세의 마법 의식들.

...a little boy who has ***magical*** powers. 마력을 가진 어린 소년.

4 another meaning(다른 뜻)

magic과 **magical**은 어떤 일이 놀랍고 흥미롭다는 것을 말할 때도 사용할 수 있다.

...a truly ***magic*** moment. 정말로 놀라운 순간.

The journey had lost its ***magical*** quality. 그 여행은 그 즐거움의 본질을 잃었다.

mail

➲ Usage 표제어 **post – mail** 참조.

majority

1 'majority'

the majority **of people/things in a group**은 한 그룹의 사람이나 사물이 절반 이상이라는 뜻이다.

The majority of young mothers are totally dependent on their husbands' salaries.
젊은 엄마들의 과반수는 남편 월급에 전적으로 의존한다.

This is true in ***the majority*** of cases. 이것은 대부분의 경우에 사실이다.

뒤에 **of**를 사용하지 않는 **the majority**가 주어이면, 단수동사나 복수동사를 사용할 수 있다.

This tax will soon be abolished as far as the majority ***is*** concerned.
대부분의 사람들에 한해서 이 세금은 머지않아 폐지될 것이다.

The majority ***feel*** threatened by change. 대다수의 사람들은 변화에 위협을 느낀다.

그러나 〔the majority of + 복수명사 · 복수대명사〕 형식이 주어인 경우, 복수동사를 사용한다.

The majority of birds ***have*** much to gain from remaining inconspicuous.
대부분의 새는 눈에 띄지 않아서 얻는 이점이 많다.

2 'most of'

사물의 양이나 일부분은 the majority가 아닌 most of를 사용한다. 예를 들면, '그 숲의 절반 이상이 벌채되었다.'는 ~~The majority of the forest has been cut down.~~이 아닌 *Most of* the forest has been cut down.이라고 한다.

Most of the wood was rotten. 대부분의 목재는 썩어 있었다.

Mrs Leonard did ***most of*** the work. 레너드 부인이 그 일의 대부분을 했다.

➲ Usage 표제어 most 참조.

---

make

make는 여러 가지 방식으로 흔히 쓰이는 동사로, make의 과거와 과거분사는 made이다.

1 performing an action(행동하기)

어떤 행동을 한다고 말할 때, 흔히 make를 사용한다. 예를 들면, 어떤 것을 제안하다는 *make* a suggestion이라고 하며, 약속을 하다는 *make* a promise라고 할 수 있다.

I think that I ***made*** the wrong decision. 나는 잘못된 결정을 했다고 생각한다.

He ***made*** the shortest speech I have ever heard. 그는 내가 들었던 연설 중에 가장 짧게 했다.

In 1978 he ***made*** his first visit to Australia. 그는 1978년에 처음으로 호주를 방문했다.

위와 같은 형식으로 흔히 사용하는 명사들은 다음과 같다.

arrangement	choice	comment	decision	enquiry
journey	noise	plan	point	promise
remark	sound	speech	suggestion	tour
trip	visit			

특정한 행동이 아니고 일반적인 행동을 가리킬 때는 make가 아닌 do를 사용한다. 예를 들면, 무슨 행동을 해야 할지 알지 못하는 경우, someone does not know what to 'make'가 아닌 someone does not know what to *do*라고 한다.

What have you ***done***? 당신이 했던 일은 무엇입니까?

You've ***done*** a lot to help us. 당신은 우리를 돕는 데 많은 일을 해왔다.

We'll see what can be ***done***. 우리가 무엇을 할 수 있는지 알아보겠다.

2 making an object or substance(사물이나 물질 만들기)

***make* an object/a substance는 사물이나 물질을 만들거나 생산하다라는 뜻이다.**

Sheila ***makes*** all her own clothes. 쉘라는 자신의 옷을 모두 만들어 입는다.

You can ***make*** petroleum out of coal. 석탄에서 석유를 추출할 수 있다.

make a meal/drink는 식사나 음료를 만들다라는 뜻이다.

I ***made*** his breakfast. 나는 그의 아침 식사를 만들었다.

➲ Usage 표제어 cook 참조.

어떤 것을 만들거나 생산하는 것을 나타내기 위해 make를 사용하는 경우, make는 간접목적어를 취할 수 있다. *make* someone something이나 *make* something *for* someone이라고 한다.

I ***have made*** you a drink. 나는 당신이 마실 것을 만들었다.
We ***made*** collars ***for*** the horses. 우리는 말의 목에 대는 마구를 만들었다.
I shall have a copy ***made for*** you. 나는 당신에게 복사본 한 장을 만들어 줄 것이다.

3 making someone do something(어떤 일을 하도록 강요하기)

다른 사람이 어떤 일을 하도록 강요하는 경우, ***make someone do*** something이라고 한다.

You've got to ***make him listen***. 당신은 그가 귀기울이게 해야 한다.
Mama ***made him clean up*** the plate. 엄마는 그에게 접시를 깨끗이 닦도록 시켰다.

ℹ 위와 같은 능동태 문장에서 make 다음에 to부정사를 사용하지 않는다. 예를 들면, ~~You've got to make him to listen.~~이라고 하지 않는다.

그러나 수동태 문장에서는 to부정사를 사용한다.

They ***were made to pay*** $8.8 million in taxes. 그들은 세금으로 8백8십만 달러를 납부해야 했다.
One old woman ***was made to wait*** more than an hour. 어느 나이 든 여자는 한 시간 이상 기다려야 했다.

4 used to mean 'be'(be동사의 뜻으로 사용하기)

특정한 직업이나 역할에서 아주 성공하다라는 뜻으로 be동사 대신 make를 때때로 사용한다. 예를 들면, '그는 훌륭한 수상이 될 것이다.'는 He will be a good prime minister. 대신 He will ***make*** a good prime minister.라고 한다.

You really mean it when you say he'll ***make*** a good president?
당신은 그가 훌륭한 사장이 될 것이라고 말할 때 진심이었어요?
They ***make*** a good team. 그들은 훌륭한 팀을 이룬다.

5 used as a noun(명사로 사용하기)

make는 때때로 명사로도 사용한다. the ***make*** of something은 자동차나 라디오 등을 만든 회사 이름이라는 뜻이다.

My own boots were a different ***make***. 나의 장화는 다른 회사의 것이었다.

〔makes of + 복수명사 · 단수명사〕 형식을 사용한다. 예를 들면, '우리는 모든 자동차 제품을 판다.'는 We sell all makes of ***cars***.나 We sell all makes of ***car***.라고 한다. 그러나 단수형이 좀 더 격식을 차린 표현이다.

There are now over a hundred makes of ***micro-computers*** for sale.
현재 100곳 이상의 제조사의 마이크로 컴퓨터가 판매되고 있다.
...tests on well-known makes of ***car***. 유명 회사의 자동차들에 대한 시험.

그러나 〔make of + 단수명사〕 형식을 사용한다.

...a certain make of ***wristwatch***. 어떤 제조사의 손목시계.

---

make up

➔ Usage 표제어 comprise 참조.

---

male – masculine

1 'male'

형용사 male은 '아이를 낳을 수 없는 성(性)과 관련된'이라는 뜻으로, 사람이나 동물에 대해 말할 때 사용한다.

...***male*** nurses. 남자 간호사들.
...a young ***male*** chimpanzee. 어린 수컷 침팬지.

명사 male은 동물에만 사용하고 사람에게는 사용할 수 없다.

The ***males*** establish a breeding territory. 수컷은 번식을 위해 영역을 확보한다.

ℹ 남자와 소년을 말할 때 보통 male을 명사로 사용하지 않는다.

2 'masculine'

masculine은 여성보다는 '남성에게 전형적인'이라는 뜻이다.

Perhaps some kind of ***masculine*** pride was involved. 아마도 모종의 남성만이 갖는 자부심이 관련되어 있었을 것이다.
The Duke's study was very ***masculine***, with deep red wall-covering and oak shelves.
공작의 서재는 진한 붉은색 벽지와 참나무 책장으로 만들어져 매우 남성적인 느낌이었다.

ℹ 동물을 말할 때는 masculine을 사용하지 않는다.

---

man

1 'man'

man은 '성인 남자'라는 뜻으로, man의 복수형은 mans가 아닌 men이다.

Larry was a handsome ***man*** in his late fifties. 래리는 50대 후반의 잘생긴 남자였다.
He was visited by two ***men*** in the morning. 아침에 두 명의 남자들이 그를 방문했다.

'일반인'을 가리킬 때에도 man을 사용한다. 예를 들면, '인간이 환경을 파괴하고 있다.'는 **Human beings are destroying the environment.** 대신 ***Man* is destroying the environment.**라고 한다. man이 이런 뜻일 경우, 앞에 the를 사용하지 않는다.

Man is not inherently violent. 인간이 본질적으로 폭력적인 것은 아니다.
...the most dangerous substance known to ***man***. 인간에게 알려진 것 중 가장 위험한 물질.

개개인으로서의 '모든 인간'을 가리킬 때에 men을 사용할 수 있다.

All ***men*** are born equal. 모든 인간은 평등하게 태어났다.
Darwin concluded that ***men*** were descended from apes. 다윈은 인간이 원숭이의 후손이라는 결론을 내렸다.

2 'mankind'

mankind는 한 집단으로서의 모든 인간, 즉 '인류'라는 뜻이다.

You have performed a valuable service to ***mankind***. 당신은 인류에게 귀중한 봉사를 해왔다.

남성이 여성보다 더 중요하다는 것을 암시한다는 이유로, 남녀로 이루어진 인간, 인류를 man, men, mankind로 표현하는 데 반대하는 사람들도 있다.

3 another meaning of 'man'(man의 다른 뜻)

회화에서 여성의 남자 친구나 남편을 익살스럽게 가리킬 때, her man이라고 한다.

The two women have abandoned their ***men*** and are going to spend an evening in town.
두 여자는 남편을 집에 버려두고 하루 저녁을 시내에서 보낼 예정이다.

4 'husband'

그러나 대부분의 경우에는 남편은 her man이 아닌 her husband라고 한다.

---

manage – arrange

1 'manage'

manage to do something은 일을 성공적으로 수행하다라는 뜻이다.

Manuelito ***managed to avoid*** capture. 마뉴엘리토는 체포당하는 것을 피하는 데 성공했다.
How did you ***manage to do*** that? 당신은 어떻게 그 일을 해냈습니까?

ℹ manage 뒤에 -ing형이 아닌 to부정사를 사용한다.

2 'arrange'

manage 뒤에 that절을 사용하지 않는다. 예를 들면, 어떤 일을 준비하다는 ~~manage that something is~~

~~done~~이 아닌 arrange for something to be done이라고 한다.

He *had arranged for* roadblocks *to be erected*. 그는 도로 통행 차단벽 설치 준비를 끝냈다.

또한 ~~manage that someone does something~~이 아닌 ***arrange for*** someone ***to do*** something이라고도 한다.

I *had arranged for* a photographer *to take* pictures of the body.
나는 사진사가 그 신체 사진을 찍도록 준비해 두었다.

manifestation – demonstration

1 'manifestation'

a ***manifestation*** of something은 어떤 일이 일어나고 있거나 존재하고 있다는 징조라는 뜻이다.

...the first *manifestations* of student unrest in Britain. 영국에서 학생들의 소요 사태에 대한 첫 징조.

2 'demonstration'

반대나 찬성을 나타내기 위해 개최하는 '공개 모임'이나 '데모 행진'에는 manifestation이 아닌 demonstration을 사용한다.

The opposition staged a huge *demonstration*. 야당은 대규모 시위를 했다.

➲ Usage 표제어 demonstration 참조.

mankind

➲ Usage 표제어 man 참조.

manufacture – factory

1 'manufacture'

manufacture는 기계를 사용하여 제품을 만드는 것, 즉 '제조'라는 뜻이며, 불가산명사이다.

...the *manufacture* of nuclear weapons. 핵무기 제조.

2 'factory'

기계를 사용하여 물건을 만드는 건물, 즉 '공장'은 manufacture가 아닌 factory라고 한다.

➲ Usage 표제어 factory – works – mill – plant 참조.

many

1 'many' used in front of a plural noun(복수명사 앞에 사용하는 many)

〔many + 복수명사〕 형식은 많은 사람이나 사물을 말할 때 사용한다.

Many girls report that the experience is unpleasant. 많은 소녀들은 그 경험이 불쾌하다고 말한다.
Capital punishment is legal in *many* countries. 사형 제도는 많은 나라에서 법으로 허용하고 있다.

2 'many of'

〔many of + 복수대명사 · the · these · those · 소유격으로 시작하는 복수명사구〕 형식은 특정한 그룹에 속하는 많은 사람이나 사물을 말할 때 사용한다.

Many of them are being forced to give up. 그들 중 많은 사람들이 포기할 것을 강요당하고 있다.
Many of the inhabitants had fair skins. 주민들 중 많은 사람들은 하얀 피부였다.
Many of these caves are perfect for long-term occupation. 이러한 많은 동굴들은 오랜 기간 동안 머물기에 완벽하다.
Many of his books are still available. 그가 집필한 많은 책은 여전히 구입 가능하다.

This enables scientists to confirm *many of Einstein's ideas about relativity*.
이것을 통해 과학자들은 상대성에 대한 아인슈타인의 많은 원리를 확인할 수 있다.

3 'many' used as a pronoun(대명사로 사용하는 many)

큰 집단의 사람이나 사물을 가리킬 때, **many**를 대명사로도 사용한다. 이는 상당히 격식을 차린 용법이다.

Many were still lying where they had been injured. 많은 사람들이 자신들이 부상당한 곳에 여전히 누워 있었다.

> 주의 사물의 양을 말할 때는 **many**나 **many of** 대신 **much**나 **much of**를 사용한다.
> ➲ Usage 표제어 much 참조.

4 'many more'

두 그룹의 사람이나 사물 간의 규모의 차이를 강조할 때, **many more**를 사용할 수 있다.

I know *many more* country people than I do town people.
나는 도시에 사는 사람보다 시골에 사는 사람을 더 많이 알고 있다.

Why does man seem to have *many more* diseases than animals have?
왜 인간이 동물보다 훨씬 더 많은 질병에 걸리는 것처럼 보이는가?

---

mark – make

1 'mark'

mark는 표면에 난 '작은 얼룩'이나 '흠집'이라는 뜻이다.

...grease *marks*. 기름 얼룩.
There seems to be a dirty *mark* on it. 그것에 더러운 얼룩이 진 것 같다.

mark는 시험에서 얻는 '점수를 나타내는 숫자나 글자'라는 뜻으로도 쓰인다.

You need 120 *marks* out of 200 to pass. 당신은 200점 만점에 120점을 받아야 통과한다.

미국 영어에서는 일반적으로 **points**라고 한다.

I got 30 *points* on the test out of 60. 나는 시험에서 60점 만점에 30점을 받았다.

mark는 때때로 자동차나 기계의 이름에 〔**Mark** + 숫자〕 형식으로 사용한다.

...his *Mark II* Ford Cortina. 그의 마크 투 포드 코티나 자동차.

2 'make'

그러나 어떤 제품의 종류를 가리킬 때, **mark**라고 하지 않는다. 어느 회사 제품인지 나타내는 경우, 명사 **make**를 사용한다.

She couldn't tell what *make* of car he was driving. 그녀는 그가 어느 회사 자동차를 몰고 있는지 말할 수 없었다.

➲ Usage 표제어 make 참조.

---

marmalade – jam – jelly

1 'marmalade'

marmalade는 오렌지, 레몬, 라임, 그레이프프루트로 만든 단 음식으로, 영국 사람들은 빵이나 토스트 위에 발라서 아침 식사의 일부로 먹는다.

Harrod's Seville Orange *Marmalade*. 헤로드의 세빌 오렌지 마멀레이드.

2 'jam' and 'jelly'

영어에서 **marmalade**는 오렌지, 레몬, 라임, 그레이프프루트로 만든 음식만을 가리킨다. 예를 들면, 블랙베리, 딸기, 살구 등의 다른 과일로 만든 유사 음식을 가리킬 때는 사용하지 않는다. 이와 같은 음식은 영국 영어에서는 **jam**, 미국 영어에서는 **jam**이나 **jelly**라고 부른다.

My wife sent you this gooseberry *jam* of hers. 내 아내가 자신이 가지고 있던 이 구스베리 잼을 당신에게 보냈다.
...homemade raspberry *jelly* sandwiches. 집에서 만든 라즈베리 잼 샌드위치.

marriage – wedding

1 'marriage'

marriage는 결혼한 상태 또는 남편과 아내의 관계를 뜻한다.

Marriage might not suit you. 결혼은 당신에게 맞지 않을 수도 있다.
It has been a happy *marriage*. 행복한 결혼 생활을 해왔다.

결혼하는 행동을 가리킬 때에도 marriage를 사용할 수 있다.

Victoria's *marriage* to her cousin was not welcomed by her family.
자신의 사촌과 결혼하는 빅토리아는 그녀의 가족에게 환영받지 못했다.

2 'wedding'

그러나 두 사람이 결혼하는 의식을 가리킬 때는, 보통 marriage가 아닌 wedding을 사용한다.

He had been invited to the *wedding*. 그는 그 결혼식에 초대받았다.

married – marry

1 'married to'

be ***married to*** someone은 상대방이 자신의 남편 또는 아내라는 뜻이다.

Her daughter was *married to* a Frenchman. 그녀의 사위는 프랑스인이었다.

2 'marry'

marry someone은 특별한 의식을 통해 상대방이 자신의 남편 또는 아내가 되어 '결혼하다'라는 뜻이다.

I wanted to *marry* him. 나는 그와 결혼하기를 원했다.

ⓘ 'marry to' someone이라고 하지 않는다.

3 'get married'

일반적으로 목적어 없이 marry를 사용하지 않는다. 예를 들면, a person marries나 two people marry가 아니다. 목적어 없이 사용할 경우, they ***get married***라고 한다.

I'm *getting married* next month. 나는 다음 달에 결혼할 계획이다.
They *got married* in October, 1994. 그들은 1994년 10월에 결혼했다.

소설에서 때때로 marry를 목적어 없이도 사용하는데, 이는 오래된 용법이다.

Your sister and I have every right to *marry* if we wish to. 나와 당신 여동생은 원하면 결혼할 수 있는 모든 권리가 있다.

masculine

➲ Usage 표제어 male – masculine 참조.

match

어떤 사물이 다른 사물과 색깔이나 디자인이 같아서 잘 어울리다라고 할 때, match를 사용한다.

The lampshades *matched* the curtains. 그 전등갓은 커튼과 잘 어울렸다.
But when the suite arrived the chair didn't *match* the rest – it had different trimmings.
그러나 가구 세트가 도착했을 때 보니 의자가 장식이 달라서 다른 가구와 어울리지 않았다.

ⓘ match to라고 하지 않는다.

mathematics

mathematics는 숫자, 양, 도형 등에 관한 학습, 즉 '수학'이라는 뜻이다. 학교에서 수학을 과목으로 배울 때, 일반적으로 영국 영어에서는 maths, 미국 영어에서는 math라고 한다.

I enjoyed ***maths*** and that was my best subject. 나는 수학이 재미있었고 내가 가장 잘하는 과목이었다.
...methods for teaching English or ***Math***. 영어나 수학을 가르치는 방법들.

학교에서 배우는 과목이 아닌 학문으로서의 수학을 얘기할 때는 maths나 math가 아닌 mathematics라고 한다.

...the laws of ***mathematics***. 수학의 법칙들.

mathematics, maths, math는 모두 불가산명사이므로, 단수동사를 사용한다. 예를 들면, '내가 가장 좋아하는 과목은 수학이다.'는 ~~Maths are my favorite subject.~~가 아닌 Maths *is* my favorite subject.라고 한다.

matter

1 talking about a problem(문제를 말할 때 사용하기)

〔what · something · anything · nothing + the matter〕 형식은 어떤 문제나 어려움을 말할 때 사용한다. 형용사 wrong과 같은 뜻으로 the matter를 사용한다. 예를 들면, '무슨 문제가 있습니까?'는 Is something wrong? 대신 Is something the matter?라고 한다.

What's ***the matter***? 무슨 문제가 있습니까?
There's something ***the matter*** with your eyes. 당신 눈에 무슨 문제가 있다.
Is anything ***the matter***? 무슨 문제가 있습니까?
They told me there was nothing ***the matter***. 그들은 나에게 아무 문제가 없다고 말했다.

ⓘ 그 밖의 문장에서 위와 같은 뜻으로 the matter를 사용하지 않는다. 예를 들면, '문제는 우리는 그녀가 어디 있는지 모른다는 것이다.'는 ~~The matter is that we don't know where she is.~~라고 하지 않는다. the matter 대신 the problem이나 the trouble을 사용한다.

The problem is that she can't cook. 그녀가 요리할 수 없다는 것이 문제이다.
The trouble is there's a shortage of prime property. 문제는 좋은 매물이 부족하다는 데 있다.

2 'It doesn't matter'

상대방이 사과할 때, '괜찮아요.'라는 대답으로 It doesn't matter.라고 하며, ~~No matter.~~라고 하지 않는다.

'I've only got dried milk.' – '***It doesn't matter***.' "나는 분유만 있어요." – "괜찮아요."

➲ 사과에 응답하는 그 밖의 방법은 Topic 표제어 Apologizing 참조.

3 'no matter'

모든 상황에서 어떤 일이 일어나거나 어떤 일이 사실이라는 것을 나타낼 때, no matter what이나 no matter how 등으로 no matter를 사용한다.

They smiled almost continuously, ***no matter what*** was said. 그들은 무슨 말을 듣더라도 거의 계속해서 미소를 지었다.
I told him to report to me after the job was completed, ***no matter how*** late it was.
나는 그에게 아무리 늦은 시각이라도 그 일을 완성하면 보고하라고 말했다.

주된 진술의 내용을 놀라운 것으로 보이게 하는 어떤 것을 말할 때는 no matter가 아닌 in spite of를 사용한다. 예를 들면, '비가 오는 날씨에도 불구하고 우리는 경기를 계속 진행했다.'는 ~~No matter the rain, we carried on with the game.~~이 아닌 *In spite of* the rain, we carried on with the game.이라고 한다.

In spite of poor health, my father was always cheerful.
좋지 않은 건강 상태에도 불구하고 아버지께서는 항상 쾌활하셨다.
The morning air was still clear and fresh ***in spite of*** all the traffic.
아침 공기는 교통 혼잡에도 불구하고 여전히 맑고 상쾌했다.

4 used as a count noun(가산명사로 사용하기)

matter는 어떤 사람이 대처해야 하는 상황, 즉 '문제'라는 뜻이다.

It was a purely personal *matter*. 그것은 순전히 개인적인 문제였다.
She's very honest in money *matters*. 그녀는 돈과 관련된 문제에는 매우 정직하다.
This is a *matter* for the police. 이 일은 경찰이 해결해야 할 사안이다.

방금 전에 이야기한 상황을 가리킬 때, 복수형 **matters**를 사용한다.

There is only one applicant, which simplifies *matters*. 단 한 명의 지원자만 있어서 문제는 간단하다.
The murder of Jean-Marie will not help *matters*. 장 마리 살인 사건이 문제 해결에 도움이 되지 않을 것이다.

matters가 위와 같은 뜻일 경우, **matters** 앞에 **the**를 붙이지 않는다.

may

Usage 표제어 **might – may** 참조.

maybe – perhaps

어떤 일이 확신은 없지만 가능성이 있다고 할 때, **maybe**나 **perhaps**를 사용하며, 의미상의 차이는 없다.

Maybe he was wrong. 아마 그가 틀렸을 것이다.
Perhaps Andrew is right after all. 아마도 결국은 앤드루가 옳을 것이다.

maybe는 일반적으로 절의 앞에서만 사용한다.

Maybe he'll be prime minister one day. 아마 그는 언젠가 수상이 될 것이다.
I do think about having children, *maybe* when I'm 40. 아마도 내가 40세가 되면 자녀가 있을 거라고 생각한다.

perhaps는 절의 또 다른 위치에 사용할 수 있다.

If you live in the country, you can, *perhaps*, profit by buying and freezing local produce.
만약 당신이 농촌 지역에 살고 있다면 아마 지역 농산물을 구입하여 냉동시켜서 이익을 얻을 수 있을 것이다.
The Allies had better luck, *perhaps*, than they deserved. 연합국은 아마도 분에 넘치는 행운을 누렸던 것 같다.
It was *perhaps* Ellen's unconventional approach to life that made her such a great actress.
엘런을 그렇게 훌륭한 여배우로 만든 것은 아마 삶에 대한 그녀의 인습에 얽매이지 않는 접근 방식 덕분이었을 것이다.

그 밖에도 어떤 일에 대해 확신을 나타내는 단어의 분류 목록은 **Grammar** 표제어 **Adjuncts**의 **probability** 참조.

> **주의** **maybe**[méibi]와 **may be**[mei bi]를 혼동해서는 안 된다. **may be**는 **He *may be* the best person for the job.**(그는 그 일에 가장 적합한 사람일지도 모른다.)과 같은 문장에 사용한다.
>
> Usage 표제어 might - may 참조.

me

1 'me'

me는 동사나 전치사의 목적어로 사용하며, '자기 자신'을 가리킨다.

He told *me* about it. 그는 나에게 그것에 대해 말했다.
He looked at *me* reproachfully. 그는 비난하는 듯한 표정으로 나를 쳐다보았다.

> **주의** 표준 영어에서 **I**가 주어일 때, 문장의 간접목적어로 **me**를 사용할 수 없다. 예를 들면, '나는 술 한잔했다.'는 ~~**I got me a drink.**~~가 아닌 **I got *myself* a drink.**라고 한다.
>
> I poured *myself* a small drink. 나는 내 잔에 술을 한잔 따랐다.
> I had set *myself* a time limit of two years. 나는 스스로 2년이라는 시간 제한을 두었다.
>
> 표준 영어에서, 문장의 주어의 일부분으로 **me**를 사용하지 않는다. 예를 들면, '내 친구와 나는 떠날 것이다'는 ~~**Me and my friend are leaving.**~~이 아닌 ***My friend and I* are leaving.**이라고 한다.
>
> *My sister and I* were a bit worried. 내 누이와 나는 다소 걱정했다.
> *Father and I* both saw him. 아버지와 나는 둘 다 그를 보았다.

2 'it's me'

Who is it?(누구십니까?)이라고 질문을 받을 때, **It's me.**나 **Me.**라고 대답한다.

'Who is it?' – '***It's me***, Frank Rogers.' "누구세요?" – "저요. 프랭크 로저스입니다."

회화에서 어떤 일이 다른 사람이 아닌 바로 자신에게 적용된다는 것을 강조하는 경우, 〔**it's me** + 관계사절〕 형식을 사용한다. 예를 들면, '그녀가 원하는 사람은 바로 나다.'는 **She wants me.** 대신 **It's me she wants.**라고 할 수 있으며, ~~**It's I she wants**~~.라고 하지 않는다.

As long as ***it's me*** who's doing it, then it's all right. 그 일을 하는 사람이 나 자신인 경우라면, 그래도 괜찮다.

위와 같은 문장에서는 **it's me** 대신, **I'm the one**이라고도 할 수 있다.

I'm always ***the one*** who's got to do the talking. 항상 말을 해야 하는 사람은 바로 나다.

I'm the one who introduced them. 그들을 소개한 사람은 바로 나다.

어떤 일을 한 사람이 누구인지 물어보는 경우, '내가 했다.'라는 대답은 **I.**가 아닌 **Me.**나 **I did.**라고 한다.

'Who said that?' snapped Sid. – '***I did***,' said Mike.
"누가 그렇게 말했어요?"라고 시드가 날카롭게 말했다. – "내가 했어요."라고 마이크가 말했다.

---

mean

1 'mean' used as a verb(동사로 사용하는 mean)

mean은 일반적으로 동사로 쓰이며, **mean**의 과거와 과거분사는 **meaned**가 아닌 **meant**[ment]이다. **mean**은 단어나 표현의 뜻을 말할 때 사용한다. 예를 들면, **What does "promissory" *mean*?**('**promissory**'는 무슨 뜻입니까?)이라고 한다.

What does 'imperialism' ***mean***? '제국주의'는 무슨 뜻입니까?

'Pandemonium' ***means*** 'the place of all devils'. '복마전'은 '모든 악마가 사는 곳'이라는 뜻이다.

i 위와 같은 의문문에 조동사 does를 사용한다. 예를 들면, ~~What means "promissory?~~"라고 하지 않는다.

〔**mean** + **-ing**〕 형식은 어떤 태도나 행동이 함축하고 있는 의미를 말할 때 사용한다.

Healthy living ***means being*** physically, spiritually and mentally healthy.
건강한 삶은 육체적, 영적, 정신적으로 건강한 상태를 유지하는 것을 의미한다.

Some people will buy them even if it ***means defying*** the law.
일부 사람들은 그것이 법에 위반되는 일임에도 불구하고 구입할 것이다.

어떤 사람이 가리키거나 의도한 것을 나타낼 때에도 **mean**을 사용한다.

I know the guy you ***mean***. 나는 당신이 말하는 그 남자를 알고 있다.

I thought you ***meant*** you wanted to take your own car.
나는 당신이 자신의 자동차를 갖고 가기를 원한다고 말하는 것이라고 생각했다.

> 주의 의견이나 믿음을 말할 때는 **mean**이 아닌 **think**나 **believe**를 사용한다. 예를 들면, '대부분의 감독은 그가 사임해야 한다는 의견을 갖고 있다.'는 ~~**Most of the directors mean he should resign.**~~이 아닌 **Most of the directors *think* he should resign.**이라고 한다. 마찬가지로, '그의 백성들은 그가 하나님의 자손이라고 믿고 있다.'는 ~~**His subjects mean that he is descended from God.**~~이 아닌 **His subjects *believe* that he is descended from God.**이라고 한다.
>
> I ***think*** a woman has as much right to work as a man. 나는 여자도 남자와 같이 일할 수 있는 권리가 있다고 생각한다.
>
> Most scientists ***believe*** the atmosphere of Jupiter is too unstable for life.
> 대부분의 과학자는 목성의 대기가 생명체가 살기에 너무 불안정한 상태라고 믿는다.

2 'means' used as a noun(명사로 사용하는 means)

a *means* of doing something은 어떤 일을 가능하게 하는 방법이나 사물이라는 뜻이다.

Scientists are working to devise a ***means*** of storing this type of power.
과학자들은 이러한 형식의 힘을 저장할 수 있는 방법을 고안하기 위해 연구하고 있다.

The essential ***means*** of transport for the islanders remains the donkey.
그 섬 주민들의 가장 중요한 운송 수단은 여전히 당나귀이다.

means의 복수형 역시 means이다.

An attempt was made to sabotage the ceremony by violent ***means***.
폭력적인 수단에 의해서 그 의식을 방해하려는 시도가 있었다.

3 'by means of'

특정한 방법이나 사물을 사용하여 어떤 일을 할 때, **by means of**를 사용한다.

The rig is anchored in place ***by means of*** steel cables. 유정 굴착 장치는 강철 케이블에 의해서 제자리에 고정된다.

4 'by all means'

어떤 일을 할 수 있도록 기꺼이 허락할 때, **by all means**를 사용한다.

If you feel you need to ask any questions, ***by all means*** do so.
만약 당신이 묻고 싶은 질문이 있다면, 그렇게 하십시오.

'Would it be all right if I left a bit early?' – 'Yes, yes, ***by all means***.'
"조금 일찍 떠나도 되겠습니까?" - "예, 예, 그렇게 하세요."

> 주의 필요하다면 '어떤 방법을 사용해서라도'라는 뜻을 말할 때는, **by all means**가 아닌 **by any means**나 **by whatever means**를 사용한다. 예를 들면, '그는 모든 수단과 방법을 동원해서라도 지도자가 되려는 결심을 했다.'는 ~~**He was determined to become leader by all means.**~~가 아닌 **He was determined to become leader *by any means*.**나 **He was determined to become leader *by whatever means*.**라고 한다.
>
> We want justice and we will get it ***by any means*** necessary.
> 우리는 정의를 원하며 필요한 모든 수단을 동원해서 그것을 얻을 것이다.
>
> The prime minister wants to stay in power ***by whatever means*** and at whatever cost.
> 그 총리는 수단과 방법을 가리지 않고, 또한 어떤 대가를 치르고서라도 권력을 유지하기를 원한다.

5 'mean' used as an adjective(mean을 형용사로 사용하기)

미국 영어와 영국 영어에서 **mean**은 어떤 사람을 가리키거나 그 사람의 행동이 '잔인한'이라는 뜻이다.

The ***meanest*** fighter in the world. 세계에서 가장 잔인한 싸움꾼.

영국 영어에서 **mean**은 어떤 사람이 돈이나 사물을 많이 쓰지 않다, 즉 '인색한'이라는 뜻으로, 부정적인 의미를 갖는다.

Become a regular customer and don't be ***mean*** with the tips.
단골손님이 되어서 팁을 너무 아끼는 인색한 사람이 되지 마라.

미국 영어에서 일반적으로 **mean**은 위와 같은 뜻으로 사용하지 않는다.

---

meaning – intention – opinion

1 'meaning'

meaning은 단어, 표현, 몸짓 등이 나타내는 일이나 생각, 즉 '의미'라는 뜻이다.

The word 'guide' is used with various ***meanings***. 'guide'라는 단어는 다양한 뜻으로 사용한다.
This gesture has the same ***meaning*** throughout Italy. 이 몸짓은 이탈리아 전역에서 같은 뜻으로 사용하고 있다.

meaning **of what someone says**는 어떤 사람이 표현하려 하는 것이라는 뜻이다.

The ***meaning*** of the remark was clear. 그 말이 의도하는 바는 명백했다.

2 'intention'

누군가가 의도하는 것을 가리킬 때는 **meaning**이 아닌 **intention**을 사용한다. 예를 들면, '그의 의도는 밤이 되기 전에 그 국경에 도달하는 것이었다.'는 ~~**His meaning was to reach the border before nightfall.**~~이 아닌 **His *intention* was to reach the border before nightfall.**이라고 한다.

Their ***intention*** was to make the trip inconspicuous. 눈에 띄지 않게 여행을 하는 게 그들의 의도였다.

3 'opinion'

특정한 일에 대해 생각하는 것을 나타낼 때는 **meaning**이 아닌 **opinion**을 사용한다. 예를 들면, '나는 그가 사임을 해야 한다고 생각하는데, 당신은 어떤 의견을 갖고 있습니까?'는 ~~I think he should resign. What's your meaning?~~이 아닌 **I think he should resign. What's your *opinion*?**이라고 한다.

My ***opinion*** is that this is an absolute disaster for the club.
나의 의견은 이것이 그 클럽에 완전한 재앙을 가져올 거라는 것이다.

If you want my honest ***opinion***, I don't think it will work.
만약 당신이 내 솔직한 의견을 원한다면 내 생각에는 그것이 잘될 것 같지 않다.

---

meanness

영국 영어와 미국 영어에서는 많은 돈을 쓰지 않는 사람을 묘사할 때, 다음과 같은 형용사를 사용한다.

economical	frugal	miserly	parsimonious	penny-pinching
stingy	thrifty	tight	tight-fisted	

1 neutral words(중립적인 단어)

economical과 **frugal**은 중립적인 단어이다.

Spaghetti, ravioli, and noodles have for years been the staple dishes of ***economical*** Italian countryfolk.
스파게티, 라비올리, 국수는 오랫동안 검소한 이탈리아 시골 사람들의 주식이 되어 왔다.

Make some stringent economies, be as ***frugal*** as a monk. 엄격하게 절약하여 수도사처럼 검소하게 살아가라.

2 'thrifty'

thrifty는 칭찬을 할 때 사용하는 단어이다.

The people were industrious and very ***thrifty***. 그 사람들은 부지런하고 매우 검소했다.

3 words showing disapproval(부정적인 뜻을 나타내는 단어)

miserly, parsimonious, penny-pinching, stingy, tight, tight-fisted는 부정적인 뜻을 나타낼 때 사용하며, **parsimonious**는 격식을 차린 말이다.

He was a bit showy with money and overtipped for fear of being thought ***stingy***.
그는 돈으로 허세를 좀 부렸고 구두쇠라는 소리를 들을까봐 팁을 많이 주었다.

At home he was churlish, ***parsimonious***, and unloving to his daughters.
집에서 그는 야비하고 극도로 아끼며 딸들에게 애정이 없었다.

penny-pinching은 주로 언론인과 대중 연설가가 사용한다.

He said the Government's ***penny-pinching*** policies were causing loss of life.
그는 정부의 인색한 정책으로 인명 피해가 발생하고 있다고 말했다.

---

measurement – measure

1 'measurement'

measurement는 어떤 것을 '측정하여 얻은 결과'라는 뜻이다.

Check the ***measurements*** carefully. 주의해서 치수를 측정하세요.

Every ***measurement*** was exact. 모든 치수 측정은 정확했다.

2 'measure'

정부가 하는 행동을 가리킬 때는 **measurement**가 아닌 **measure**를 사용한다.

Measures had been taken to limit the economic decline. 경기 하락을 제한하기 위해 여러 조치가 시행되었다.

Day nurseries were started as a war-time ***measure*** to allow mothers to work.
주간 탁아소 제도는 어머니들이 일을 할 수 있게 전쟁 기간의 조치로서 시행했다.

media

media는 명사이며, 또 다른 명사인 medium의 복수형이다.

1 'the media'

텔레비전, 라디오, 신문 등의 언론을 가리킬 때, the media라고 한다.

I don't think he will want to say anything to ***the media***. 나는 그가 언론에 아무 말도 하고 싶지 않을 거라고 생각한다.

보통 the media에 복수동사를 사용하는 것이 옳다고 생각하지만, 일부 사람들은 단수동사를 사용한다.

The media ***have*** generally refrained from comment. 언론은 일반적으로 논평하는 것을 꺼려 왔다.
The media ***is*** full of pictures of tearful, anxious families. 언론은 눈물을 흘리며 걱정하는 가족 사진으로 도배되었다.

회화에서는 media의 단수형이나 복수형을 모두 사용하지만, 격식을 차린 글에서는 복수형을 사용해야 한다.

2 'medium'

medium은 생각을 표현하거나 의사를 표현하는 방법, 즉 '매체'라는 뜻이다. medium의 복수형은 mediums나 media이다.

He would prefer to be remembered for his talents in other ***mediums*** besides photography.
그는 사진 이외의 다른 매체를 통해서 자신의 재능이 기억되기를 원할 것이다.
Marketeers are keener on using a range of different ***media*** – radio, billboards, direct mail.
광고 기획가들은 라디오, 광고 게시판, 다이렉트 메일 등 다른 여러 가지 매체의 사용을 더 바라고 있다.

meet

meet는 일반적으로 동사이며, meet의 과거와 과거분사는 meeted가 아닌 met이다. meet은 어떤 장소에서 누군가를 우연히 만나 이야기하다라는 뜻이다.

I ***met*** a Swedish girl on the train. 나는 기차에서 스웨덴 소녀를 만났다.
I ***have met*** you here before. 나는 전에 여기에서 당신을 만난 적이 있다.

의도적인 만남을 가리킬 때, meet 또는 meet with를 사용한다.

meet with는 특히 미국 영어에서 흔히 사용한다.

I went with Mrs Mellish to ***meet*** some of the teachers. 나는 멜리시 부인과 함께 선생님 몇 분을 만나러 갔다.
We can ***meet with*** the professor Monday night. 우리는 월요일 저녁에 그 교수를 만날 수 있다.

memoirs – memories

1 'memoirs'

write one's ***memoirs***는 자신이 기억하는 사람과 사건에 대해 책을 쓰다라는 뜻이다.

He was busy writing his ***memoirs***. 그는 회고록을 쓰느라 바빴다.
They're making a movie of his war ***memoirs***. 그들은 그의 전쟁 회고록을 영화로 제작하고 있다.

2 'memories'

과거에 대해 기억하는 것들, 즉 '추억'을 가리킬 때는 memoirs가 아닌 memories를 사용한다.

My ***memories*** of a London childhood are happy ones. 런던에서의 내 어린 시절의 추억은 행복한 것들이다.
One of my earliest ***memories*** is of a total eclipse of the sun.
나의 아주 어릴 때의 기억들 중의 하나는 개기일식에 관한 것이다.

memory

Usage 표제어 souvenir – memory 참조.

mention

➲ Usage 표제어 comment – mention – remark 참조.

merry-go-round

➲ Usage 표제어 roundabout 참조.

metre – meter

1 'metre'

영국 영어에서 metre는 길이의 단위로, 39.37 inches에 해당한다.

The blue whale grows to over 30 ***metres*** long. 흰긴수염고래는 30미터 이상의 길이까지 자란다.

2 'meter'

미국 영어에서는 meter라고 표기한다.

I stopped about fifty ***meters*** down the road. 나는 길을 따라 가다 약 50미터 지점에서 정지했다.

영국 영어와 미국 영어 모두 측정하는 몇몇 기구를 meter라고도 한다.

...a parking ***meter***. 주차 시간을 재는 기구.

He'd come to read the gas ***meter***. 그는 가스 검침기를 보러 왔다.

middle – centre

1 'middle'

middle은 측면, 가장자리, 경계선에서 가장 멀리 떨어진 부분, 즉 '중앙'이라는 뜻이다.

In the ***middle*** of the lawn was a great cedar tree. 그 잔디밭 가운데에 큰 삼나무 한 그루가 있었다.

Foster was standing in the ***middle*** of the room. 포스터가 방 한가운데에 서 있었다.

2 'centre'

centre도 middle과 같은 방식으로 사용하나, 보통 middle보다 더 정확한 지점이나 위치를 가리킨다. 예를 들면, 수학에서 '원의 중심'은 the middle of a circle이 아닌 the ***centre*** of a circle이라고 한다.

...the ***centre*** of the cyclone. 사이클론의 중심.

미국 영어에서는 center라고 표기한다.

At the ***center*** of the monument was a photograph. 그 기념비의 중앙에 사진이 한 장 있었다.

3 other meanings of 'middle' (middle의 다른 뜻)

the ***middle*** of a road/river는 도로나 강의 중간이라는 뜻이다.

...white lines painted along the ***middle*** of the highway. 간선 도로의 중간을 따라 그려진 흰색 선들.

We managed to pull on to a sandbank in the ***middle*** of the river.
우리는 강의 중간에 있는 모래톱으로 간신히 저어 갔다.

ℹ 도로나 강의 중간이라는 뜻으로 centre를 사용하지 않는다.

the ***middle*** of an event/a period of time은 일이나 기간의 처음과 끝 사이의 중간 지점이라는 뜻이다.

We landed at Canton in the ***middle*** of a torrential storm.
우리는 한창 폭풍우가 맹렬하게 몰아치고 있는 도중에 캔턴에 상륙했다.

...the ***middle*** of December. 12월 중순.

ℹ 일이나 기간의 중간이라는 뜻으로 centre를 사용하지 않는다.

Middle Ages – middle age

1 'Middle Ages'

유럽 역사에서 **the Middle Ages**는 대략 서기 1,000년에서 1,400년 사이의 기간, 즉 '중세'라는 뜻이다.

This practice was common throughout ***the Middle Ages***. 이런 관행은 중세 전체에 걸쳐 흔한 것이었다.

2 'middle age'

middle age는 더 이상 젊지 않으나 아직 늙지도 않은 인생의 기간, 즉 '중년'이라는 뜻이다.

...the onset of ***middle age***. 중년의 시작.

Men tend to put on weight in ***middle age***. 남자들은 중년에 살이 찌는 경향이 있다.

3 'middle-aged'

중년의 나이에 도달한 경우, **middle-aged**를 사용한다. 이는 '중년의 나이인'이라는 뜻이다.

The boss was a ***middle-aged*** woman. 그 상사는 중년 여성이었다.

...a ***middle-aged***, married businessman. 중년의 결혼한 사업가.

might – may

might와 **may**는 주로 가능성을 말할 때 사용하며, 요청을 하거나, 허락을 부탁하거나, 제안을 할 때 사용한다. **might**와 **may**를 같은 뜻으로 사용할 때 **may**는 **might**보다 더 격식을 차린 단어이며, 이때 **might**와 **may**는 조동사이다.

➲ Grammar 표제어 Modals 참조.

회화에서는 부정형 **mightn't**를 자주 사용하며, **mayn't**는 잘 사용하지 않는다. 사람들은 보통 **may not**을 사용한다.

He ***mightn't*** have time for such things. 그는 그러한 일을 할 시간이 없을지도 모른다.

It ***may not*** be quite so depressing as you think.
그것은 당신이 생각하는 것처럼 그렇게 꽤 우울한 내용의 것은 아닐지도 모른다.

1 possibility: the present and the future(가능성: 현재와 미래)

어떤 일이 사실이거나 미래에 일어날 가능성이 있다고 할 때, **might**나 **may**를 사용한다.

His route from the bus stop ***might*** be the same as yours.
버스 정류장에서 그가 오는 길과 당신이 오는 길이 같을지도 모른다.

This ***may*** be why women enjoy going back to work.
아마도 이것은 여성이 직장으로 다시 돌아가는 것을 선호하는 이유일지도 모른다.

They ***might*** be able to remember what he said. 그들은 그가 말한 것을 기억할 수 있을지도 모른다.

Clerical work ***may*** be available for two students who want to learn about publishing.
출판에 대해 배우고 싶어하는 학생 두 명을 위한 사무직 일자리가 비어 있을지도 모른다.

같은 용법으로 **could**를 사용할 수 있지만 긍정문에서만 사용한다.

Don't eat it. It ***could*** be a toadstool. 그것을 먹지 마세요. 독버섯일 수도 있어요.

➲ Usage 표제어 can – could – be able to 참조.

어떤 일이 사실일 가능성이 상당히 높다고 할 때, **might well**이나 **may well**을 사용한다.

You ***might well*** be right. 당신이 옳을 가능성이 높다.

I think that ***may well*** have been the intention. 나는 그것이 의도였을 가능성이 크다고 생각한다.

어떤 일이 사실이 아닐 가능성이 있다고 할 때, **might not**이나 **may not**을 사용한다.

He ***might not*** be in England at all. 그가 영국에 체류하고 있지 않을 가능성이 있다.

That ***mightn't*** be true. 그것이 사실이 아닐 수도 있다.

That ***may not*** seem like a lot. 그것은 많아 보이지 않을 수도 있다.

> 주의 어떤 일이 불가능하다고 할 때, **might not**이나 **may not** 대신 **could not**, **cannot**, **can't**를 사용한다.
> ...knowledge which ***could not*** have been gained in any other way. 다른 방법으로는 얻는 것이 불가능한 지식.
> The court ***cannot*** know what you intended if it is not stated legally.
> 법관은 법적으로 진술한 변론서가 없으면 당신이 의도하는 바가 무엇인지 알 수 없다.
> You ***can't*** talk to the dead. 당신은 죽은 사람과 이야기할 수 없다.

어떤 일이 가능성이 있는지 물어볼 때, **may**를 사용하지 않는다. 예를 들면, '그가 옳을 수도 있어요?'는 ~~**May he be right?**~~가 아닌 ***Might*** **he be right?**나 보통 ***Could*** **he be right?**라고 한다.

Might it be even earlier? 그것이 훨씬 더 일찍 이루어질 가능성이 있는가?
Could this be true? 이것이 사실일 수 있는가?
Could he remember having seen the picture before? 그가 그 그림을 전에 보았다는 것을 기억할 가능성이 있을까요?

마찬가지로 '무슨 일이 일어날까?'는 ~~**What may happen?**~~이 아닌 보통 **What *is likely to* happen?**이라고 한다.

What ***are likely to*** be the ecological effects of intensive agricultural production?
집약적인 농업 생산이 생태계에 끼치는 영향으로 어떤 현상이 나타날 수 있을까요?

2 possibility: the past (가능성: 과거)

〔**might have** + 과거분사〕 형식이나 〔**may have** + 과거분사〕 형식은 과거에 어떤 일이 일어났을 가능성은 있으나 실제로 일어났는지, 또는 일어나지 않았는지는 알 수 없다고 할 때 사용한다.

Grandpapa ***might have*** secretly ***married*** Pepita. 할아버지는 비밀리에 페피타와 결혼했을지도 모른다.
I ***may have*** seemed to be overreacting. 나는 과잉 반응을 하고 있는 것처럼 보였을지도 모른다.

〔**could have** + 과거분사〕 형식도 위와 비슷하게 사용한다.

It is just possible that such a small creature ***could have*** preyed on dinosaur eggs.
그렇게 작은 동물이 공룡 알을 먹이로 삼았을 가능성이 있다.

〔**might have** + 과거분사〕 또는 〔**could have** + 과거분사〕 형식은 어떤 일이 과거에 일어나지 않았지만 일어날 가능성은 있었다는 뜻으로, 이러한 뜻에 〔**may have** + 과거분사〕 형식을 사용하지 않는다. 예를 들면, '만약 그가 발목을 다치지 않았더라면 경주에서 우승했을 수도 있었다.'는 ~~**If he hadn't hurt his ankle, he may have won the race.**~~가 아닌 **If he hadn't hurt his ankle, he *might have* won the race.**라고 한다.

A lot of men died who ***might have*** been saved. 구조될 수도 있었던 많은 사람이 목숨을 잃었다.

〔**might not have** + 과거분사〕 또는 〔**may not have** + 과거분사〕 형식은 어떤 일이 과거에 일어나지 않았거나 사실이 아니었을 가능성이 있다고 할 때 사용한다.

They ***might not have*** considered me as their friend. 그들은 나를 친구로 여기지 않았을 수도 있다.
My father ***mightn't have*** been to blame. 나의 아버지는 책임이 없었을지도 모른다.
The parents ***may not have*** been ready for this pregnancy.
그 부모는 이러한 임신에 준비되어 있지 않았을지도 모른다.

> 주의 어떤 일이 과거에 일어났거나 사실이었다는 것은 불가능한 일이라고 할 때는 **might not have**나 **may not have**가 아닌 **could not have**나 영국 영어에서는 **can not have**를 사용한다.
> The measurement ***couldn't have*** been wrong. 그 측정에 잘못이 있었다는 것은 불가능한 일이다.
> The girls ***cannot have*** been seriously affected by the system.
> 그 여자 아이들이 그 시스템에 심각한 영향을 받았을 가능성은 없다.
> An attack of this magnitude ***cannot have*** been planned in two weeks.
> 이런 정도의 공격을 2주 내에 계획한다는 것은 어림없는 일이었다.

3 requests and permission (요청과 허락)

격식을 차려서 어떤 일을 요청하고 부탁하거나 허락할 때, **might**와 **may**를 사용한다.

May I look around? 둘러봐도 됩니까?
Might we leave our bags here for a moment? 여기에 우리 가방을 잠깐 놔두어도 됩니까?
You ***may*** leave the table. 식탁에서 일어나셔도 됩니다.

➲ 더 많은 정보는 Topic 표제어 **Requests, orders, and instructions**와 **Permission** 참조.

4 suggestions(제안)

정중한 제안에도 might를 사용한다.

You *might* like to comment on his latest proposal. 당신은 최근 그의 제안에 대해 의견을 내놓을 수 있다.

I think it *might* be a good idea to stop the recording now. 나는 지금 녹음을 중단하는 것이 좋을 거라고 생각한다.

제안하는 방법에 대한 더 많은 정보는 Topic 표제어 Suggestions 참조.

---

migrate – migration – migrant

Topic 표제어 emigration – immigration – migration 참조.

---

mill

Usage 표제어 factory – works – mill – plant 참조.

---

million

a million이나 one million은 '백만'이라는 뜻이다.

million 앞에 다른 숫자를 넣을 때, million에 -s를 붙이지 않는다. 예를 들면, '5백만 명의 사람들'은 five millions people이 아닌 five million people이라고 한다.

...130 *million* litres. 1억3천 리터.

---

mind

mind는 명사나 동사로 사용한다.

1 used as a noun(명사로 사용하기)

mind는 생각할 수 있는 능력, 즉 '마음', '정신', '지능'이라는 뜻이다.

...the evolution of the human *mind*. 인간 지능의 진화.

Studying stretched my *mind* and got me thinking about things.
공부가 나의 정신을 신장시켜 사물에 대해 생각하게 했다.

2 'make up one's mind'

어떤 일을 하기로 결심할 때, ***make up one's mind*** to do something이라고 한다.

Egged on by Iago, Othello *makes up his mind* to kill Desdemona.
이아고의 부추김으로 오셀로는 데스데모나를 죽이기로 결심한다.

She *made up her mind* to write to Teddy Boylan. 그녀는 테디 보일란에게 편지를 쓰기로 결심했다.

위의 표현 뒤에 -ing형이 아닌 to부정사를 사용한다.

3 used as a verb(동사로 사용하기)

어떤 일을 하는 것에 반대하지 않는 경우, ***don't mind doing*** something이라고 한다.

I *don't mind walking*. 나는 걷는 것을 싫어하지 않는다.

'do not mind to do' something이라고 하지 않는다.

I don't mind라고 말함으로써 어떤 상황이나 제안에 반대하지 않는다는 것을 나타낸다.

'Do you want me to go and do it?' – '*I don't mind*, if you want to.'
"당신은 내가 가서 그 일을 하기를 원해요?" - "나는 반대하지 않으니 당신이 원하면 그렇게 해요."

I want to play for a top club and *I don't mind* where it is.
나는 최고의 클럽에서 경기하고 싶고 그곳이 어디에 있더라도 상관하지 않는다.

It was raining, but *he didn't mind*. 비가 오고 있었지만 그는 아랑곳하지 않았다.

ⓘ 위와 같은 문장에서 mind 뒤에 it을 사용하지 않는다.

minority

***a minority* of the people/things in a group은 한 그룹의 사람이나 사물의 절반보다 적은 소수를 말한다.**

Only ***a minority*** of cable and satellite viewers are shocked by what they see on television.
케이블과 위성 방송 시청자 중 소수만이 텔레비전에서 보는 것에 충격을 받는다.

a small minority(예를 들면 8%)나 a large minority(예를 들면 40%)라고 한다.

Only ***a small minority*** of children get a chance to benefit from the system.
소수의 아이들만이 그 시스템의 혜택을 받을 기회를 얻는다.

The incomes of ***a large minority*** of tenants are inadequate to enable them to pay their rents.
절반에 조금 미치지 못하는 임차인들은 임대료를 지불할 수 없을 정도로 충분한 돈을 벌지 못하고 있다.

of가 따라오지 않는 a minority가 주어인 경우 단수동사나 복수동사 둘 중 어느 쪽이나 사용 가능하나, 복수동사를 더 많이 사용한다.

Only a minority ***were*** active in pursuing their beliefs. 소수만이 그들의 믿음을 활발하게 추구했다.

〔a minority of + 복수명사〕 형식이 주어인 경우, 복수동사를 사용한다.

Only a minority of people ever ***become*** actively engaged on any issue.
어떤 문제에든 적극적으로 관여하게 되는 사람들은 소수일 뿐이다.

miserable

➲ Usage 표제어 happy – sad 참조.

mistake

1 'mistake'

mistake는 단어를 잘못 쓰는 등의 누군가가 저지르는 옳지 않거나 불행한 일, 즉 '실수'라는 뜻이다. *make* a mistake는 잘못을 저지르다라는 뜻이다.

He ***had made*** a terrible ***mistake***. 그는 중대한 잘못을 저질렀다.
We ***made*** the ***mistake*** of leaving our bedroom window open. 우리는 침실 창문을 열어 놓는 실수를 했다.

ⓘ 'do' a mistake라고 하지 않는다.

2 'fault'

기계나 구조물에 고장 난 것을 가리킬 때는 mistake가 아닌 fault를 사용한다.

There's usually a ***fault*** in one of the appliances. 전기 기구들 중의 하나에 대개 결함이 있다.
The machine has developed a ***fault***. 기계가 고장이 났다.

3 'in mistake for'

in mistake for는 '~을 잘못 알고', '~을 혼동하여'라는 뜻이다. someone took the first thing *in mistake for* the second thing은 어떤 사람이 의도했던 것이 아닌 다른 것을 가져갔다라는 뜻이다.

I had taken Ewen Waite's gun ***in mistake for*** my own. 나는 이웬 웨이츠의 총을 내 것으로 잘못 알고 가져갔다.

위와 비슷한 방식으로 여러 동사와 함께 in mistake for를 사용한다.

It may mean that Brigid was killed ***in mistake for*** Lauren.
아마도 그것은 브리지드를 로렌으로 잘못 알고 그녀를 죽였다는 의미일 것이다.

4 'by mistake'

그러나 실수로 어떤 일을 하다라고 할 경우에는 in mistake가 아닌 by mistake를 사용한다.

I once burst into his bedroom ***by mistake***. 나는 한 번 실수로 그의 침실에 뛰어들어간 적이 있었다.

Griffiths thought he had been sent there *by mistake*. 그리피스는 자신이 실수로 그곳에 보내졌다고 생각했다.

misused

Usage 표제어 disused – unused – misused 참조.

modern

Usage 표제어 new 참조.

moment

1 'moment'

moment는 매우 짧은 시간, 즉 '순간'이라는 뜻이다.

She hesitated for only a *moment*. 그녀는 아주 잠깐 주저했다.
A few *moments* later he heard footsteps. 잠시 후 그는 발자국 소리를 들었다.

2 'the moment'

어떤 일이 다른 일과 동시에 또는 그 직후에 일어나거나 행해질 때, **the moment**를 접속사로 사용한다.

The moment I saw this, it appealed to me. 나는 이것을 본 순간 마음이 끌렸다.

the moment로 시작하는 미래의 일을 말하는 절의 시제는 미래시제가 아닌 단순현재시제를 사용한다.

The moment he *shows up* I want to see him. 나는 그가 나타나자마자 그를 보고 싶다.

momentarily

momentarily는 아주 짧은 시간 동안, 즉 '잠시'라는 뜻이다.

She paused *momentarily* when she saw them. 그들을 보았을 때 그녀는 잠시 멈추었다.
He had *momentarily* forgotten that the Captain couldn't see. 그는 선장이 볼 수 없다는 사실을 잠시 잊었다.

미국 영어에서 **momentarily**는 특히 비행기의 출발이나 도착에 대한 공지에 사용하여 '매우 짧은 시간 내에'라는 뜻으로 사용하지만, 영국 영어에서는 이러한 용법으로 사용하지 않는다.

We will arrive *momentarily* in Paris. 우리는 곧 파리에 도착할 것이다.

money

money는 사물을 살 때 사용하는 '동전'이나 '지폐'이다. **money**는 불가산명사이므로, **moneys**나 **a money**라고 하지 않는다.

I spent all my *money* on sweets. 내가 가진 모든 돈을 사탕을 사는 데 써버렸다.
I had very little *money* left. 나는 돈이 거의 남아 있지 않았다.

money가 주어인 경우, 단수동사를 사용한다.

My money *has* been returned to me. 나에게 돈을 되돌려 주었다.
Money *isn't* everything. 돈이 전부는 아니다.

moral – morality – morale

1 'moral'

moral [mɔ́(ː)rəl] 은 형용사, 가산명사, 복수명사로 사용한다.

형용사 **moral**은 옳고 그른 행동과 관련되다, 즉 '도덕적인'이라는 뜻이다.

I have noticed a fall in *moral* standards. 나는 도덕적인 수준이 떨어지는 것을 느꼈다.

It is our ***moral*** duty to stay. 남아 있는 것은 우리의 도덕적 의무이다.

the *moral* of a story는 어떤 행동은 하고 다른 행동은 하지 말라는 것을 가르쳐 주는 교훈이라는 뜻이다.

The ***moral*** is clear: you must never marry for money. 교훈은 명백하다. 돈을 보고 결혼하지 마라.

morals는 '도덕적 행동의 원칙'이라는 뜻이다.

There can be no doubt about the excellence of his ***morals***. 그의 훌륭한 품행에 대해서는 의심할 여지가 없다.
We agreed that business ***morals*** nowadays were very low. 우리는 요즘의 기업 윤리가 아주 낮다는 데 동의했다.

2 'morality'

morality[mərǽləti]는 '행동의 옳고 그름을 판단하는 기준이 되는 생각'이라는 뜻이다.

Punishment always involves the idea of ***morality***. 처벌은 항상 도덕적 판단 기준과 관련되어 있다.
...standards of ***morality*** and justice in society. 사회의 도덕과 정의의 기준.

3 'morale'

morale[mərǽl | -rɑ́ːl]은 어렵고 위험한 상황에 처해 있을 때 가지는 자신감, 즉 '사기(士氣)'라는 뜻이다.

The ***morale*** of the men was good. 병사들의 사기는 높았다.

---

more

1 talking about a greater number or amount(더 많은 수나 양에 대해 말하기)

더 많은 수의 사람이나 사물 또는 어떤 것의 더 많은 양을 나타낼 때, **more**나 **more of**를 사용한다.

〔**more** + 한정사 · 소유격이 없는 명사〕 형식을 사용한다.

There are ***more people*** getting a better education than ever. 이전보다 더 많은 사람들이 더 나은 교육을 받고 있다.
Better management may enable one man to milk ***more cows***.
더 나은 운영 기술은 한 사람이 더 많은 젖소의 우유를 짤 수 있게 할 것이다.
They are offered ***more food*** than they need. 그들은 필요한 양보다 더 많은 음식을 제공받는다.

〔**more of** + 대명사〕 또는 〔**more of** + 한정사 · 소유격 + 명사〕 형식을 사용한다.

There are ***more of them*** seeking jobs than ever. 그들 중 직장을 구하고 있는 사람들이 전보다 더 많다.
I suppose I've read ***more of his novels*** than anybody else's.
나는 다른 어떤 사람보다 그의 소설을 더 많이 읽어 왔다고 생각한다.
He knew ***more of Mr Profumo's statement*** than he had hitherto admitted.
그는 자신이 그때까지 인정했던 것보다 프로퓨머 씨의 더 많은 진술을 알고 있었다.

2 talking about an additional number or amount(추가하는 숫자나 양을 말하기)

사람이나 사물의 숫자를 추가하거나 어떤 것의 양을 추가할 때에도 **more**나 **more of**를 사용한다.

More officers will be brought in. 더 많은 관리들이 오게 될 것이다.
We need ***more information***. 우리는 더 많은 정보가 필요하다.
More of the land is needed to grow crops. 농작물을 키우기 위해 더 많은 땅이 필요하다.
I sipped a little ***more of Otto's scotch***. 나는 오토의 스카치위스키를 조금 더 마셨다.

3 used with modifiers(수식어와 함께 사용하기)

〔수식어 **some** · **any** · **a lot** + **more** · **more of**〕 형식을 사용한다.

Bond promised he would buy her ***some more*** diamonds. 본드는 그녀에게 다이아몬드를 좀 더 사주겠다고 약속했다.
I don't want to hear ***any more of*** this crazy talk. 나는 더 이상 이런 정신 나간 이야기를 듣고 싶지 않다.
It will give us ***a lot more*** freedom. 그것은 우리에게 훨씬 더 많은 자유를 줄 것이다.
People are concerned about crime because there is ***much more of*** it.
사람들은 범죄에 대해 걱정하는데, 그것은 범죄가 훨씬 더 많이 늘었기 때문이다.

다음 단어와 표현은 〔수식어 + **more** · **more of** + 복수명사〕 형식에 사용한다.

any	far	lots	many
no	several	some	a few
a good many	a great many	a lot	

다음 단어와 표현은 〔수식어 + **more** · **more of** + 불가산명사 · 단수대명사〕 형식에 사용한다.

any	far	lots	much
no	rather	some	a bit
a good deal	a great deal	a little	a lot

ⓘ 〔수식어 + more · more of + 불가산명사 · 단수대명사〕 형식에 many, several, a few, a good many, a great many를 사용하지 않는다.

4 'more than'

한 그룹의 사람이나 사물이 특정한 숫자보다 더 많을 경우, 그 숫자 앞에 **more than**을 사용한다.

Police arrested ***more than 70*** people. 경찰은 70명 이상을 체포했다.

By the age of five, the child had a vocabulary of ***more than*** 2,000 words.
그 아이는 5살 때까지 2,000개 이상의 단어를 알았다.

He had been awake for ***more than forty-eight*** hours. 그는 48시간 동안 이상 깨어 있었다.

〔**more than** + 숫자 + 복수명사〕 형식이 주어인 경우, 복수동사를 사용한다.

More than 17,000 children ***are*** said to have written to him. 17,000명 이상의 아이들이 그에게 편지를 썼다고 전해진다.

More than 100 people ***were*** arrested. 100명 이상의 사람들이 체포되었다.

5 used as an adverb(부사로 사용하기)

more는 부사로, '더 큰 범위나 정도까지'라는 뜻이다.

What impressed me ***more*** was that she knew Tennessee Williams.
더욱 나를 감명케 한 것은 그녀가 테네시 윌리엄스를 알고 있다는 것이었다.

I couldn't have agreed ***more***. 나는 더는 동의할 수 없었다.

6 used in comparatives(비교급에 사용하기)

비교급을 만들 때, 〔**more** + 형용사 · 부사〕 형식을 사용하는 경우가 있다.

Your child's health is ***more important*** than the doctor's feelings. 당신 아이의 건강이 의사의 감(感)보다 더 중요하다.

Next time, I will choose ***more carefully***. 다음에는 더욱 신중히 선택할 것이다.

➲ Grammar 표제어 Comparative and superlative adjectives와 Comparative and superlative adverbs 참조.

---

morning

morning은 일어날 때 또는 동이 터서 정오나 점심시간까지의 시간인 하루의 일부분이다.

1 the present day(오늘)

'오늘 아침'은 **this morning**이라고 한다.

His plane left ***this morning***. 그가 탄 비행기는 오늘 아침에 떠났다.

'When did it come?' - '***This morning***.' "그것이 언제 왔어요?" – "오늘 아침이요."

'어제 아침'은 **yesterday morning**이라고 한다.

Yesterday morning there were more than 1,500 boats waiting in the harbour for the weather to improve.
어제 아침 항구에는 1,500척 이상의 보트가 날씨가 좋아지기를 기다리고 있었다.

'내일 아침'은 **tomorrow morning**이나 **in the morning**이라고 한다.

morning

You've got to be in court ***tomorrow morning***. 당신은 내일 아침 법원에 출두해야 한다.
Phone him ***in the morning***. 내일 아침에 그에게 전화하세요.

2 single events in the past(과거에 일어난 일)

과거의 특정한 어느 날 아침에 어떤 일이 일어났다고 하는 경우, 〔on + 특정한 날 아침〕 형식을 사용한다.

She left after breakfast ***on Saturday morning***. 그녀는 토요일 아침 식사 후에 떠났다.
On the morning of our departure, an old man came up and spoke to him.
우리가 떠나던 날 아침에 한 노인이 그에게 다가와서 이야기했다.

특정한 날에 일어난 일을 묘사하는 경우, **that morning**이나 **in the morning**이라고 할 수 있다.

That morning I flew from London to Johannesburg. 그날 아침에 나는 런던에서 요하네스버그행 비행기를 타고 갔다.
The tracks told me what had happened ***in the morning***.
그 발자국들이 그날 아침에 무슨 일이 있었는지 나에게 말해 주었다.

과거 어떤 날에서 그 전날의 아침 동안 일어난 일에 대해 언급하고자 할 때, **the previous morning**을 사용한다.

My head felt clear, as it had been ***the previous morning***. 내 머리는 그 전날 아침처럼 맑게 느껴졌다.

'그 다음날 아침'은 **the next morning**, **in the morning**, **next morning**, **the following morning**이라고 한다.

The next morning I got up early and ate my breakfast. 그 다음날 아침에 나는 일찍 일어나서 아침밥을 먹었다.
In the morning Bernard wanted to go out for fresh milk.
그 다음날 아침에 버나드는 신선한 우유를 사러 나가기를 원했다.
Next morning we drove over to Leysin. 그 다음날 아침에 우리는 레이신으로 차를 몰고 갔다.
The ship was due to sail ***the following morning***. 그 배는 그 다음날 아침에 출항할 예정이었다.

소설에서 특정한 날이 아닌 과거의 어느 날 아침에 어떤 일이 일어났다고 하는 경우, **it happened *one morning***이라고 한다.

One morning there was a fire in the prison camp. 어느 날 아침에 포로 수용소에 불이 났다.
Dennis Sheldon awoke ***one morning*** to discover that one-third of his plants had been stolen.
데니스 셀던은 어느 날 아침에 잠에서 깨어나 자신의 묘목의 3분의 1을 도둑맞았다는 것을 발견했다.

어떤 일이 1월의 어느 날 아침에 일어났다는 뜻으로 **one January morning**이나 **on a January morning**이라고 말할 수 있다.

We travelled overnight from Paris and arrived in London ***one cold February morning***.
우리는 파리에서부터 밤새도록 여행하여 2월의 추운 어느 날 아침에 런던에 도착했다.
One morning in 1936 I accompanied Bertha to church. 1936년 어느 날 아침, 나는 버사와 함께 교회에 갔다.
On a fine May morning Washington reviewed the troops. 5월의 화창한 어느 날 아침, 워싱턴은 군대를 사열했다.

3 talking about the future(미래에 대해 말하기)

어떤 일이 미래의 특정한 날 아침에 일어날 것이라고 하는 경우, 〔on + 특정한 날 아침〕 형식을 사용한다.

They're coming to see me ***on Friday morning.*** 그들은 금요일 아침에 나를 만나러 올 것이다.

어떤 일이 아침에 일어날 것이다라는 뜻으로 이미 미래의 어떤 날에 대해서 이야기하고 있는 중이라면, **something will happen *in the morning***이라고 한다.

The teams will arrive at Orpington on Sunday, when the South of England will play Vermont ***in the morning***.
그 팀들은 일요일에 오핑턴에 도착할 것인데, 그날 아침에 사우스오브잉글랜드 팀은 버몬트 팀과 경기를 할 것이다.

미래의 일을 말하다가 무언가가 다음날 아침에 일어날 것이라고 할 때, **the following morning**을 사용한다.

We will arrive in Delhi on Friday evening and set off for Nepal ***the following morning***.
우리는 델리에 금요일 저녁에 도착해서 그 다음날 아침에 네팔로 떠날 것이다.

4 regular events(규칙적인 일)

어떤 일이 매일 아침마다 규칙적으로 일어날 때, **in the morning**이나 **in the mornings**를 사용한다.

I have stopped reading the papers. I go swimming instead *in the morning*.
나는 신문 구독을 중지했다. 그 대신 아침마다 수영하러 간다.
The museums may open only *in the mornings*. 그 박물관들은 아침에만 개관할지도 모른다.
I had to get up very early *in the morning*. 나는 아침마다 매우 일찍 일어나야 했다.
She stayed in bed *in the mornings*. 그녀는 아침마다 자리에 누워 있었다.

어떤 일이 일주일에 한 번 특정한 요일의 아침에 일어날 때 〔on + 요일 + mornings〕 형식을 사용한다.
You can deposit and withdraw money *on Saturday mornings*. 당신은 토요일 아침마다 입금이나 출금이 가능하다.
My father mended shoes *on Sunday mornings*. 나의 아버지는 일요일 아침마다 구두를 수선했다.

미국 영어에서는 위와 같은 경우, **mornings**를 전치사 없이 부사로 사용할 수 있다.
The land I toured *mornings* on a bike was flat and fertile.
내가 아침마다 자전거를 타고 돌아다녔던 그 땅은 평평하고 비옥했다.

5 exact times(정확한 시간)

정확한 시간을 언급하고, 그 시간이 자정부터 정오 사이의 시간일 때, **in the morning**을 붙인다.
They often hold policy meetings at seven *in the morning*. 그들은 자주 아침 7시에 정책 회의를 한다.
It was five o'clock *in the morning*. 새벽 5시였다.

---

most

1 used to mean 'the majority' or 'the largest part'
(the majority나 the largest part의 뜻에 사용하기)

어떤 그룹의 사물이나 사람들의 대부분 또는 가장 큰 부분을 나타낼 때, **most**나 **most of**를 사용한다.

〔most + 복수명사〕 형식을 사용한다.
Most people don't enjoy their own parties. 대부분의 사람들은 그들의 파티를 즐기지 않는다.
In *most schools*, sports are compulsory. 대부분의 학교에서 운동은 필수 과목이다.

〔most of + 대명사 · 한정사 · 소유격 + 명사〕 형식을 사용한다.
Most of us have strong views on politics. 우리들 대부분은 정치에 대한 강력한 견해를 갖고 있다.
The trees cut out *most of the light*. 그 나무들이 대부분의 빛을 차단한다.
He used to spend *most of his time* in the library. 그는 대부분의 시간을 도서관에서 보내곤 했다.
Most of the region's timber is imported. 그 지역의 목재 대부분은 수입된다.

i most가 위와 같은 뜻인 경우, 〔한정사 + most〕 형식을 사용하지 않는다. 'the most part' of something이라고도 하지 않는다. 예를 들면, '그녀는 포도주의 대부분을 마셨다.'는 ~~She had drunk the most part of the wine.~~이 아닌 She had drunk *most of* the wine.이라고 한다.

2 used to form superlatives(최상급을 만들 때 사용하기)

최상급을 만들 때, 〔most + 형용사 · 부사〕 형식을 사용한다.
The head is the *most sensitive* part of the body. 머리는 가장 예민한 신체 부위이다.
These are the works I respond to *most strongly*. 이것들은 내가 가장 강한 감흥을 느끼는 작품들이다.

➲ Grammar 표제어 Comparative and superlative adjectives와 Comparative and superlative adverbs 참조.

3 used to mean 'very'(very라는 뜻으로 사용하기)

일부 사람들은 자신의 견해를 표현할 때, '아주'라는 뜻으로 〔most + 형용사 · 부사〕 형식을 사용한다. **good**이나 **big**과 같이 매우 흔히 쓰는 단어 앞에는 **most**를 사용하지 않는다.
That's *most* kind of you, Mr President. 매우 친절하십니다, 대통령 각하.
He always acted *most* graciously. 그는 항상 아주 우아하게 행동했다.

4 'really'

most는 very보다 더욱 강조를 나타내지만 이는 다소 격식을 차린 말이며, 오래된 표현이다. 회화에서 very보다 더 강조하는 단어로는 보통 really를 사용하며, 정도를 나타내는 형용사와 함께 쓸 수 있다.

It was ***really*** good, wasn't it, Andy? 앤디, 정말로 좋지 않았어요?
They were ***really*** nice people. 그들은 정말 좋은 사람들이었다.
We're doing ***really*** well actually. 실제로 우리는 아주 잘하고 있다.

---

motor

➲ Usage 표제어 machine 참조.

---

movie

➲ Usage 표제어 film 참조.

---

much

1 'very much'

어떤 것이 상당히 사실이라고 할 때, very much를 사용한다.

I enjoyed it ***very much***. 나는 그것을 아주 많이 즐겼다.

very much를 타동사와 함께 사용할 경우, 일반적으로 목적어 뒤에 오며 동사 바로 뒤에 very much를 사용하지 않는다. 예를 들면, '나는 그 파티를 매우 즐겼다.'는 ~~I enjoyed very much the party.~~가 아닌 **I *enjoyed* the party *very much*.**라고 한다.

very much를 that절이나 to부정사가 뒤에 오는 자동사와 함께 사용하는 경우, 동사 앞이나 뒤에 very much를 사용한다. '그녀는 무척 오고 싶어한다.'는 **She *very much wants* to come.**이나 **She *wants very much* to come.**이라고 한다.

We ***very much hope*** he'll continue to be able to represent you.
우리는 그가 계속해서 당신들을 대표해 줄 수 있기를 무척 바란다.
I ***hope very much*** you will be coming on Saturday. 나는 당신이 토요일에 오기를 무척 바란다.
We***'d very much*** like to give you a present. 우리는 당신에게 선물을 주기를 무척 바란다.
He ***would like very much*** to write to Dennis himself. 그는 데니스에게 자신이 편지 쓰기를 몹시 원한다.

> 주의 긍정문에서는 very 없이 much만을 사용하지 않는다. 예를 들면, '나는 그것을 아주 많이 즐겼다.'는 ~~I enjoyed it much.~~가 아닌 **I enjoyed it *very much*.**라고 한다. 다른 예로, '우리는 당신에게 선물을 매우 주고 싶다.'는 ~~We'd much like to give you a present.~~가 아닌 **We'd *very much* like to give you a present.**라고 한다.
>
> 부정문에서는 very 없이 much를 사용할 수 있다.
>
> I didn't like him ***much***. 나는 그를 별로 좋아하지 않았다.
> The situation isn't likely to change ***much***. 상황이 별로 변할 것 같지 않다.

부정문과 의문문에서 '자주'라는 뜻으로도 much를 사용한다.

She doesn't talk about them ***much***. 그녀는 그들에 대해서 자주 말하지 않는다.
Does he come here ***much***? 그가 여기에 자주 방문합니까?

> 주의 긍정문에서는 '자주'라는 뜻으로 much가 아닌 often을 사용한다. 예를 들면, '그는 여기에 자주 온다.'는 ~~He comes here much.~~가 아닌 **He *often* comes here.**라고 한다.

정도를 나타낼 때 사용하는 단어와 표현이 많이 있다.

➲ 분류 목록은 Grammar 표제어 Adjuncts의 degree 참조.

2 used with adjectives(형용사와 함께 사용하기)

much와 very much는 비교급(아래 참조) 앞에는 사용하지만, 일반적으로 다른 형용사 앞에는 사용하지 않는다. 그러나 -ed가 붙은 형용사 앞에는 사용한다.

Education is a ***much debated*** subject. 교육은 많은 논란을 일으키는 주제이다.

If anything on this list were to be served measurably below its best, I would be ***very much surprised***.
이 목록에 있는 무언가가 그것의 최상에 상당히 미달한다면 나는 매우 놀랄 것이다.

〔very much + 형용사 afraid · alike · alive · awake〕 형식을 사용한다.

I'm ***very much afraid*** that someone else has been killed. 나는 누군가 다른 사람이 살해되지 않았나 몹시 걱정스럽다.

Dolly and Molly were ***very much alike***. 돌리와 몰리는 매우 비슷했다.

The animal was not dead but ***very much alive***. 그 동물은 죽은 것이 아니라 멀쩡히 살아 있었다.

The children were ***very much awake***. 그 아이들은 초롱초롱하게 깨어 있었다.

3 used with comparatives(비교급과 함께 사용하기)

〔much · very much + 비교급 형용사 · 비교급 부사〕 형식으로도 사용한다. 예를 들면, 두 사물의 크기의 차이를 강조하는 경우, one thing is ***much bigger/very much bigger*** than the other라고 한다. 이는 어떤 것이 다른 것보다 훨씬 더 크거나 아주 훨씬 더 크다라는 뜻이다.

She was ***much older*** than me. 그녀는 나보다 훨씬 더 나이가 많았다.

Now I feel ***much more confident***. 이제 나는 훨씬 더 자신감을 느낀다.

The new machine was ***very much bigger*** and ***very much more complicated***.
새 기계는 훨씬 더 크고 복잡했다.

This could all be done ***very much more quickly***. 이것을 훨씬 더 빨리 완수할 수 있었다.

〔much more · very much more + 명사〕 형식은 두 사물의 양의 차이를 강조할 때 사용한다.

She ought to have been allowed ***much more time***. 그녀에게 훨씬 더 많은 시간을 주었어야만 했다.

Children, whose bones are growing, need ***much more calcium*** than adults.
어린이들은 뼈가 성장하므로 어른보다 훨씬 더 많은 칼슘이 필요하다.

We get ***very much more value*** for money. 우리가 치르는 돈의 값어치보다 훨씬 더 많은 것을 얻는다.

4 used with superlatives(최상급과 함께 사용하기)

〔much + 최상급 형용사〕 형식을 사용한다.

I thought he was ***much the best*** speaker. 나는 그가 최고의 강연자라고 생각했다.

...the Svalbard group of islands, of which Spitzbergen is ***much the largest***.
스피츠베르겐이 가장 큰 섬인 스발바르군도.

5 used with adjuncts and noun groups(부가어와 명사구를 함께 사용하기)

〔very + 부가어〕 형식이 아닌 〔very much + 부가어〕 형식을 사용한다.

She does things ***very much her own way***. 그녀는 자신의 방식으로 일을 처리한다.

Battle damage and fatigue left the eventual outcome of the fighting ***very much in doubt***.
전투로 인한 피해와 피로감은 전투의 최후 결과에 너무 많은 의문점을 남겼다.

〔very much + 명사구〕 형식은 특정한 사람이나 사물이 가지기를 기대할 수 있는 성질을 어떤 사람이나 사물이 모두 가졌다는 것을 강조하기 위해 사용한다.

He was ***very much a seaman***. 그는 매우 대단한 선원이었다.

He was ***very much a man of the people***. 그는 민중의 진정한 대변자였다.

6 'much too'

〔much too + 형용사〕 형식은 어떤 일을 할 수 없거나 이루지 못한 이유가 필요 이상으로 많은 어떤 성질을 가졌다고 말할 때 사용한다.

I knew where it was, but was ***much too polite*** to say.
나는 그것이 어디에 있는지 알고 있었으나 너무 배려한 탓에 말하지 못했다.

The rooms were ***much too cold*** for comfort. 그 방들은 너무 추워 안락하지 않았다.
The price is ***much too high***. 그 가격은 너무 비싸다.

ⓘ 위와 같은 문장에서 〔too much + 형용사〕 형식은 사용하지 않는다. 예를 들면, ~~The rooms were too much cold for comfort~~.라고 하지 않는다.

어떤 것이 필요하거나 원하는 양보다 훨씬 더 많은 경우, **there is *much too much* of something이라고 한다.**

Eating ***much too much salt*** can be dangerous during pregnancy.
소금을 지나치게 많이 섭취하면 임신 중에 위험할 수 있다.

그러나 사람이나 사물의 수가 필요하거나 원하는 수보다 훨씬 더 많은 경우, there are 'much too many' of them이 아닌 there are *far too many* of them이라고 한다.

Every middle-class child gets ***far too many toys***. 모든 중산층의 아이들은 너무 많은 장난감을 갖고 있다.

7 used as a determiner(한정사로 사용하기)

〔much + 불가산명사〕 형식은 어떤 것의 많은 양을 말할 때, 일반적으로 부정문, 의문문이나 too, so, as 뒤에서 사용한다.

I don't think there is ***much danger***. 나는 많이 위험하다고 생각하지 않는다.
Is this going to make ***much difference***? 이것이 아주 큰 차이를 나타낼까요?
It gave the President ***too much power***. 그것은 대통령에게 너무 많은 권력을 주었다.
There is ***so much financial hardship***. 너무 많은 경제적 어려움이 있다.
My only ambition in boxing is to make ***as much money*** as possible.
내가 권투에서 이루려는 단 한 가지 야망은 가능한 한 많은 돈을 버는 것이다.

8 'much of'

〔much of + 대명사 it · this · that〕 형식을 사용하며, much of 대신에 much를 사용하지는 않는다.

I still remember ***much of it*** in some detail. 나는 아직도 그것의 많은 부분을 어느 정도 자세히 기억하고 있다.
Much of this is already possible. 이것의 많은 부분이 이미 가능하다.

〔much of + 한정사 · 소유격으로 시작하는 명사구〕 형식으로도 사용한다.

Much of the recent trouble has come from outside. 최근 어려움의 많은 부분은 외부로부터 왔다.
Caroline devoted ***much of her life*** to education. 캐롤라인은 생애의 많은 부분을 교육에 바쳤다.

9 used as a pronoun(대명사로 사용하기)

어떤 것의 많은 양을 가리킬 때, 대명사로 much를 사용할 수 있다.

There wasn't ***much*** to do. 할 일이 많지 않았다.
Much has been gained from our discussions. 토론을 통해 우리는 많은 것을 얻었다.

ⓘ 긍정문에서 목적격 대명사로 보통 much가 아닌 a lot을 사용한다. 예를 들면, '그는 나비에 대해 많이 알고 있다.'는 ~~He knows much about butterflies~~. 대신, He knows *a lot* about butterflies.라고 한다.

She knows ***a lot*** about music. 그녀는 음악에 대해 많이 알고 있다.
I suppose they learned ***a lot*** by doing it. 나는 그들이 그것을 하면서 많은 것을 배웠다고 생각한다.

➲ Usage 표제어 lot 참조.

10 'how much'

가격을 물어볼 때, how much를 사용한다.

I like that dress – ***how much*** is it? 저 드레스가 마음에 드는데, 얼마입니까?

➲ Usage 표제어 how much 참조.

> **주의** 많은 수의 사람들이나 사물을 말할 때, **much나 much of가 아닌 many나 many of를** 사용한다.
> ➲ Usage 표제어 many를 참조할 것.

music – musical

1 'music'

music은 노래를 부르거나 악기를 연주할 때 나는 소리, 즉 '음악'이라는 뜻이다. **music**은 불가산명사이므로, 단수동사를 사용한다.

Their music *is* uplifting and fun. 그들의 음악은 기분을 좋게 하고 재미있다.

음악 한 곡은 **a music**이 아닌 **a piece of music**이라고 한다.

The only *pieces of music* he knew were the songs in the school's songbook.
그가 아는 음악은 학교 음악 책에 있는 노래들뿐이었다.

2 'musical' used as an adjective(형용사로 사용하는 musical)

musical은 형용사나 명사로 사용한다. 음악 연주나 공부와 관련된 것을 묘사할 때, 형용사로 **musical**을 사용한다.

...*musical* instruments. 악기들.
...a *musical* career. 음악 관련 직업.
...one of London's most important *musical* events. 런던의 가장 중요한 음악 관련 행사 중 하나.

어떤 사람이 음악에 재능이 있다고 할 때, **musical**을 사용한다.

He came from a *musical* family. 그는 음악에 재능이 있는 집안 출신이었다.

그러나 '음악 전공 학생'은 **a musical student**가 아닌 **a music student**이며, '음악 교사'는 **a musical teacher**가 아닌 **a music teacher**이다. 앞에 **musical**이 아닌 **music**을 사용하는 명사는 다음과 같다.

business	critic	department	festival
industry	lesson	library	room
shop	student	teacher	video

3 'musical' used as a noun(명사로 사용하는 musical)

musical은 이야기의 일부로, 노래와 때때로 춤이 곁들여진 연극이나 영화를 말한다.

She appeared in the *musical* 'Oklahoma'. 그녀는 뮤지컬 '오클라호마'에 출연했다.

must

must는 조동사로, 보통 어떤 것이 필요하거나 사실이라는 것을 믿는다고 할 때 사용한다.

➲ Grammar 표제어 Modals 참조.

1 'must', 'have to', 'have got to', 'need to'

have to, have got to, need to는 때때로 **must**와 같은 뜻으로 사용한다.

have got to는 격식 있는 영국 영어나 미국 영어에서 사용하지 않는다.

must의 부정형은 **must not**이나 **mustn't**이며, **have to**와 **have got to**의 부정형은 **don't have to**와 **haven't got to**이다. **need to**의 부정형은 **need not, needn't, don't need to**이다. 그러나 이들 부정형이 모두 같은 뜻을 가지고 있는 것은 아니며, 이에 대한 설명은 아래 **negative necessity**에 있다.

2 necessity in the present(현재의 필요성)

must, have to, have got to, need to는 모두 어떤 일이 이루어져야 한다고 할 때 사용한다.

I *must* leave fairly soon. 나는 곧바로 떠나야 한다.
It *must* be protected at all costs. 그것은 어떤 대가를 치르더라도 보호되어야 한다.
You *have to* find some compromise. 당신은 어떤 타협안을 찾아야 한다.
We*'ve got to* get up early tomorrow. 우리는 내일 아침 일찍 일어나야 한다.
A number of points *need to* be made about this. 이것에 대한 많은 주장이 입증되어야 한다.

must 뒤에는 to부정사가 아닌 원형부정사를 사용한다.

어떤 일이, 예를 들어 자기 일의 일부여서 규칙적으로 해야 한다고 말하는 경우, **must**가 아닌 **have to**를 사용해야 한다.

She *has to* do the house work while her brother reads. 그녀는 남동생이 책을 읽는 동안 집안일을 해야 한다.
Every year she *has to* do battle with city and state officials to keep the funds in place.
매년 그녀는 시와 주정부 관리들과 적당한 곳에 그 기금을 확보하기 위해 투쟁해야 한다.

특정한 때에 어떤 일을 해야 한다고 말하는 경우, **have got to**를 사용한다.

I*'ve got to* report to the office. 나는 사무실에 보고해야 한다.
We*'ve got to* get in touch with the builders. 우리는 그 건축주들과 연락을 취해야 한다.

격식을 차린 영어에서 규칙이나 법에 따라 어떤 일을 해야 한다고 말하는 경우, **must**를 사용한다.

People who qualify *must* apply within six months. 자격을 갖춘 사람은 6개월 이내에 신청해야 한다.

3 necessity in the past(과거의 필요성)

어떤 일이 과거에 필요했다고 말하는 경우, **must**가 아닌 **had to**를 사용한다.

She *had to* go to work immediately. 그녀는 바로 일을 하러 가야 했다.
We *had to* keep still for about four minutes. 우리는 약 4분 동안 움직이지 않고 있어야 했다.

4 necessity in the future(미래의 필요성)

어떤 일이 미래에 필요할 것이라고 말하는 경우, **will have to**를 사용한다.

He*'ll have to* go to the casualty department. 그는 병원의 응급실로 가야 할 것이다.

5 negative necessity(부정의 필요성)

어떤 일을 하지 않는 것이 중요하다고 말할 때, **must not**이나 **mustn't**를 사용한다.

You *must not* accept it. 당신은 그것을 받아들여서는 안 된다.
We *mustn't* forget the paraffin. 우리는 파라핀을 잊지 말아야 한다.

어떤 일을 할 필요가 없다고 말하는 경우, **don't have to, haven't got to, needn't, don't need to**를 사용한다.

I *don't have to* do it any longer. 나는 더 이상 그것을 할 필요가 없다.
It's all right if you *haven't got to* work. 당신이 일을 할 필요가 없으면 하지 않아도 괜찮아요.
You *needn't* be a Dickens scholar to get something out of Giannetti's ballet.
지아네티의 발레에서 무언가를 알아내기 위해 당신이 디킨스를 연구하는 학자가 될 필요는 없다.
You *don't need to* go into all the details. 당신은 상세한 내용을 모두 알 필요가 없다.

> 주의 어떤 일을 할 필요가 없다고 말할 때, **must not, mustn't, have not to**를 사용하지 않는다.

과거를 말하고, 과거의 특정한 때에 어떤 일을 해야 할 필요가 없었다고 말하는 경우, **didn't have to**나 **didn't need to**를 사용한다.

Fortunately, she *didn't have to* choose. 다행스럽게도 그녀는 선택해야 할 필요가 없었다.
I *didn't need to* say anything at all. 나는 전혀 아무 말도 할 필요가 없었다.

➲ Usage 표제어 need 참조.

6 strong belief(강한 믿음)

특정한 사실이나 상황 때문에 어떤 일이 사실이라는 강한 믿음을 갖고 있다고 할 때, **must**를 사용한다.

There *must* be some mistake. 어떤 실수가 있음에 틀림없다.
Oh, you *must* be Sylvia's husband. 오, 당신은 실비아의 남편임에 틀림없군요.

위와 같은 방식으로 **have to, have got to**를 사용할 수 있으나, 주어가 **you**인 경우에는 사용할 수 없다.

There *has to* be some kind of way out. 해결할 방법이 있음에 틀림없다.

Money ***has got to*** be the reason. 돈이 그 원인임에 틀림없다.

〔must + be + -ing〕 형식은 어떤 일이 일어나고 있다고 믿고 있다고 할 때 사용한다.

She ***must be exaggerating***. 그녀는 과장하여 말하고 있음에 틀림없다.

You ***must be getting*** a little tired of having people in your house.
당신은 집에 사람들을 들이는 일에 약간 진저리를 느끼고 있음에 틀림없다.

> 주의 어떤 일이 일어나고 있음을 믿고 있다고 할 때 〔must + be + -ing〕 형식을 사용하고, 〔must + 동사원형〕 형식을 사용하지 않는다. 예를 들면, '그는 현재 사무실에 없다. 집에서 일하고 있는 중임에 틀림없다.'는 ~~**He isn't in his office. He must work at home.**~~이 아닌 **He isn't in his office. He *must be working* at home.**이라고 한다.

어떤 것이 사실이 아니라고 믿고 있다고 말하는 경우에는 **must not**이나 **have not to**가 아닌 **cannot**이나 **can't**를 사용한다.

The two messages ***cannot*** both be true. 메시지 두 개 모두가 사실일 리는 없다.

You ***can't*** have forgotten me. 당신이 나를 잊었었을 리가 없다.

➲ Usage 표제어 can – could – be able to 참조.

---

mutual

두 사람이나 그룹이 서로에 대하여 같은 감정을 느끼는 경우, **mutual**이라고 한다.

I didn't like him and I was sure the feeling was ***mutual***.
나는 그를 좋아하지 않았고 그 역시 나와 같은 감정일 것이라고 확신했다.

There had been a great measure of ***mutual*** respect. 그들은 서로 상당할 정도로 존경하는 마음을 가지고 있었다.

두 사람이나 그룹이 서로에 대해 같게 행동하는 경우, 그 행동을 **mutual**로 묘사한다.

Single parents can join self-help groups for social life and ***mutual*** help.
편부모들은 자립 단체에 참가하여 서로 사귀고 서로 도울 수 있다.

They are in danger of ***mutual*** destruction. 그들은 상호 파괴의 위험에 빠져 있다.

두 사람이 어떤 것에 대해 같은 감정을 가지거나 같은 일에 관심이 있거나 같은 사람을 알다라는 것을 나타낼 때에도 **mutual**을 사용한다.

...their ***mutual*** indifference to children. 아이들에 대한 그들의 공통적인 무관심.

We discovered we had ***mutual*** interests in cricket and music.
우리 둘 모두 크리켓과 음악에 관심이 있다는 것을 알았다.

They had no ***mutual*** acquaintances. 그들 양쪽을 모두 알고 있는 사람들은 없었다.

위와 같은 용법은 글과 회화에서 많이 사용하나 일부 사람들은 잘못된 표현이라고 생각하므로 사용하지 않는 것이 좋다. 대신 다른 표현을 사용한다. 예를 들면, '우리는 같은 친구가 일부 있다는 것을 알았다.'는 **We discovered we had mutual friends.** 대신 **We discovered we had *some of the same* friends.**라고 한다. '우리 둘의 음악에 대한 사랑'은 **our mutual love of music** 대신 **the love *we both had* for music**이라고 한다.

N n

name

1 'name'

name은 사람이나 사물에 이름을 붙이다라는 뜻이다.

She wanted to ***name*** the baby Colleen. 그녀는 아기의 이름을 콜린이라고 짓기를 원했다.

He ***named*** his horse Circuit. 그는 그의 말 이름을 서킷이라고 지었다.

2 'name after'

영국 영어에서는 사람이나 사물에 의도적으로 특정한 사람이나 사물과 동일한 이름을 지어 주는 경우, **name after**를 사용한다.

She was ***named after*** her mother. 그녀는 자기 어머니와 같은 이름으로 지어졌다.

I was very surprised when I was asked if I would have a rose ***named after*** me.
나는 내 이름을 따서 장미꽃의 이름을 짓자는 요청에 깜짝 놀랐다.

3 'name for'

미국 영어에서는 **name for**라고도 한다.

They had a son, James, ***named for*** me. 그들에게는 내 이름을 딴 제임스라는 아들이 있었다.

They also ***named*** a locomotive ***for*** him. 그들은 그의 이름을 따서 기관차 이름도 지었다.

named

➲ Usage 표제어 called – named 참조.

namely – i.e.

방금 전에 언급한 것에 대한 더 많은 정보를 줄 때, **namely**나 **i.e.**를 사용할 수 있다.

1 'namely'

일반적으로 또는 간접적으로 바로 앞에서 가리킨 내용의 정확한 뜻을 나타낼 때, **namely**를 사용한다.

One group of people seems to be forgotten, ***namely*** pensioners.
한 그룹의 사람들이 빠져 있는 것 같은데, 바로 연금 수령자들이다.

This virus was shown to be responsible for causing a very common illness, ***namely*** glandular fever.
이 바이러스는 매우 흔한 질병을 일으키는 원인으로 밝혀졌는데, 바로 그 병은 선열이다.

2 'i.e.'

바로 앞에서 사용한 단어나 표현을 설명할 때, **i.e.**를 사용한다.

You must be an amateur, ***i.e.*** someone who has never competed for prize money in athletics.
당신은 아마추어임에 틀림없다. 즉 상금을 받기 위해 운동 경기에 참가한 적이 한 번도 없는 사람이다.

A good pass in French(***i.e.*** at least grade B) is desirable.
프랑스어에서 좋은 합격 점수(즉, 적어도 B급 이상)를 받는 것이 바람직하다.

nation

nation은 사회적, 정치적 구조를 가진 '나라'라는 뜻이다.

For a great part of the 19th century, Britain was the richest and most powerful ***nation*** on earth.
19세기 전반에 걸쳐 영국은 세계에서 가장 부유하고 강력한 나라였다.

어떤 나라의 국민을 가리킬 때에도 nation을 사용할 수 있다.

He appealed to the ***nation*** for self-restraint. 그는 국민들에게 자제(自制)를 호소했다.

ⓘ nation은 독립된 국가를 형성하지는 않았지만 같은 언어나 역사를 공유하는 사람들을 나타낼 때도 사용한다.

...the traditions and culture of the Great Sioux ***Nation***. 수 족의 전통과 문화.

그러나 단순히 장소를 가리킬 때는 nation이 아닌 country를 사용한다. 예를 들면, '당신은 어느 나라에서 왔습니까?'는 ~~What nation do you come from?~~이 아닌 What *country* do you come from?이라고 한다.

There are over a hundred edible species growing in this ***country***. 이 나라에는 식용 식물이 100가지 이상 있다.

Mexico is a large and diverse ***country***. 멕시코는 크고 다양한 특색을 가진 나라이다.

national – nationalist – nationalistic – patriotic

1 'national'

특정한 나라나 민족에 속하거나 그 나라나 민족의 대표되는 것을 나타낼 때, national을 사용한다.

...the ***national*** economy. 국가 경제.

...changes in the ***national*** diet. 국민 식습관의 변화.

2 'nationalist'

nationalist는 일반적으로 명사로 쓰이며, 자국의 정치적인 독립을 얻으려는 사람, 즉 '민족주의자'라는 뜻이다.

...Basque ***nationalists***. 바스크의 민족주의자들.

사람, 운동, 이념을 나타낼 때, 형용사로 nationalist를 사용할 수도 있다.

Nationalist leaders demanded the extension of democratic rights.
민족주의 지도자들은 민주적 권리의 신장을 요구했다.

...the ***nationalist*** movements of French West Africa. 프랑스령 서아프리카의 민족주의 운동.

3 'nationalistic'

자국에 강한 자부심을 느껴서 다른 나라보다 우월하다고 생각하는 경우, 그 사람이나 그 사람의 견해를 nationalistic이라고 묘사한다. 이 단어는 항상 그 사람의 견해에 찬성하지 않을 때 사용한다.

...an attempt to arouse ***nationalistic*** passions against the foreigner.
외국인에 대해 국수주의의 감정을 부추기는 시도.

4 'patriotic'

patriotic은 일반적으로 자국에 자부심을 느끼는 사람이나 자부심을 느끼는 감정, 즉 '애국자', '애국심'이라는 뜻이다. 이 단어는 항상 누군가의 감정을 인정할 때 사용한다.

...an earnest wish to enlist the ***patriotic*** spirit of the nation. 국민의 애국심을 구하고자 하는 진지한 기원.

I believe that this is the only way that an ordinary person can inspire others to be ***patriotic***.
나는 이것이야말로 평범한 사람이 다른 사람들의 애국심을 고취시킬 수 있는 유일한 방법이라고 믿는다.

nationality

nationality는 누군가가 법적으로 어느 나라에 속해 있는지를 나타내는 '국적'이라는 뜻이다. 예를 들면, 어떤 사람이 벨기에 국적을 가지고 있다고 할 때는 someone has Belgian *nationality*라고 한다.

He's got British ***nationality***. 그는 영국 국적의 사람이다.

They have the right to claim Hungarian ***nationality***. 그들은 헝가리 국적이라고 주장할 수 있는 권리가 있다.

ⓘ 사물의 원산지를 나타낼 때는 nationality를 사용하지 않는다. 예를 들면, '어떤 것이 스웨덴산이다.'는 ~~Something has Swedish nationality.~~가 아닌 Something *comes from* Sweden.이나 Something *was made in* Sweden.이라고 한다.

Most of the bauxite ***comes from*** Jamaica. 대부분의 보크사이트(알루미늄의 원광)는 자메이카산이다.
They use parts ***made in*** Britain to assemble their tractors.
그들은 트랙터를 조립하기 위해 영국산 부품을 사용한다.

---

nature

1 'nature'

살아 있는 모든 생물과 자연적인 과정을 나타낼 때, nature를 사용한다.

The most amazing thing about ***nature*** is its infinite variety. 자연에 관해 가장 경이로운 것은 무한한 다양성이다.
...the ecological balance of ***nature***. 자연의 생태학적인 균형.

nature가 위와 같은 뜻일 경우, nature 앞에 the를 사용하지 않는다.

2 'the country'

도회지에서 멀리 떨어져 있는 땅을 나타낼 때는 nature가 아닌 the country나 the countryside를 사용한다.

We live in ***the country***. 우리는 시골에 살고 있다.
We longed for ***the English countryside***. 우리는 영국 시골에 살기를 간절히 바랐다.

---

near – close

near, near to, close to는 어떤 사물이 다른 장소나 사물에서 가까운 곳에 위치함을 나타낸다. close가 이런 뜻일 경우, [klous]로 발음한다.

I live now in Reinfeld, which is ***near*** Lübeck. 나는 지금 뤼베크에서 가까운 레인필드에 살고 있다.
I stood very ***near to*** them. 나는 그들에게서 아주 가까운 곳에 서 있었다.
They owned a sheep station ***close to*** the sea. 그들은 바다에서 가까운 곳에 양을 키우는 목장을 가지고 있었다.

1 'nearby'

near와 close가 위와 같은 뜻일 경우, 〔near · close + 명사〕 형식이 아닌 〔nearby + 명사〕 형식을 사용한다.

He was taken to a ***nearby*** building to recuperate. 그는 회복하기 위해 가까운 건물로 옮겨졌다.
He took the bag and tossed it into some ***nearby*** bushes. 그는 가방을 집어 들어서 가까운 덤불 속으로 던져 버렸다.

그러나 명사 바로 앞에는 최상급 nearest를 사용할 수 있다.

They rush, stumbling, for the ***nearest*** exit. 그들은 가장 가까운 출구를 향해 장애물을 돌파한다.

2 other meanings(다른 뜻)

〔near + 명사〕 형식은 어떤 것이 특정한 것과 거의 같다고 할 때 사용할 수 있다.

...a state of ***near chaos***. 거의 혼란에 가까운 상태.
The right and left arms of the sea wall formed a ***near circle***. 좌우 양쪽의 방파제가 거의 원형을 이루고 있었다.

〔near + 형용사 + 명사〕 형식은 어떤 것이 형용사가 묘사한 성질을 거의 가지고 있다고 할 때 사용할 수 있다.

...a ***near fatal accident***. 거의 치명적인 사고.
The Government faces a ***near impossible dilemma***. 정부는 거의 해결 불가능한 딜레마에 처해 있다.

〔near · near to · close to + 명사〕 형식은 사람이나 사물이 거의 특정한 상태에 있다고 할 때에도 사용할 수 있다.

Her father was angry, her mother was ***near tears***. 그녀의 아버지는 화가 나 있었고, 어머니는 눈물을 흘리기 직전이었다.
...her anxiety on finding him again ***near to death***. 죽기 직전인 그를 다시 발견했을 때의 그녀의 불안함.
She was ***close to tears***. 그녀는 눈물을 흘리기 직전이었다.

친한 친구는 near friend가 아닌 *close* friend라고 한다.

His father was a ***close*** friend of Peter Thorneycroft. 그의 아버지는 피터 토니크로프트의 친한 친구였다.

가까운 친척은 ***close*** **relative**라고 한다.

She had no very ***close*** relatives. 그녀에게는 아주 가까운 친척이 없었다.

가까운 친척을 **near relative**라고도 하지만, 자주 사용하지는 않는다.

주의 형용사 **close**를 동사 **close**[klouz]와 혼동해서는 안 된다. 동사 **close**는 구멍이나 틈을 메우기 위해 어떤 것을 움직이다, 즉 '닫다'라는 뜻이다.

➲ Usage 표제어 close – closed – shut 참조.

nearly

➲ Usage 표제어 **almost – nearly** 참조.

necessary

1 used with an infinitive(부정사와 함께 사용하기)

it is necessary to do **a particular thing**은 특정한 일을 할 필요가 있다라는 뜻이다.

It is necessary to act fast. 빠른 움직임이 필요하다.

It is necessary to examine this claim before we proceed any further.
우리가 이 일을 좀 더 진행하기 전에, 이 주장을 검토할 필요가 있다.

2 used with 'for'(for와 함께 사용하기)

it is necessary *for someone* to do something은 누군가가 어떤 일을 하는 것이 필요하다라는 뜻이다.

It was necessary ***for me*** to keep active and not think about Sally.
나는 분주하게 움직이며 샐리에 대해 생각하지 않는 것이 필요했다.

In the early years, it is necessary ***for governments*** to directly subsidize rents.
초창기에는 정부가 집세를 직접 보조해 주는 것이 필요하다.

ℹ 위와 같은 문장에서 necessary를 사용할 경우, 주어로 가주어 it을 사용해야 한다. 예를 들면, '그녀는 여러 곳에 전화를 걸어야만 했다.'는 ~~She was necessary to make several calls.~~가 아닌 ***It was necessary for her*** to make several calls.라고 한다. 그러나 회화에서는 일반적으로 ***She had to*** make several calls.라고 한다.

➲ 위의 용법에 대한 **have to**의 더 많은 정보는 **Usage** 표제어 **must** 참조.

one thing is *necessary for* another는 첫 번째 일이 일어날 경우에만 두 번째 일이 일어날 수 있다라는 뜻이다.

Dreams are ***necessary for*** mental well-being. 꿈은 정신 건강을 위해 필요하다.

The drink-driving laws are ***necessary for*** safety on our roads. 음주 운전 금지법은 도로 교통안전을 위해 필요하다.

3 used with 'to'(to와 함께 사용하기)

something is *necessary to* someone은 어떤 것이 누군가에게 꼭 필요하다라는 뜻이다.

Solitude, no doubt, is ***necessary to*** the poet and the philosopher.
의심할 여지없이 고독은 시인과 철학자에게 꼭 필요하다.

An active social life was as ***necessary to*** her as meat and drink.
활동적인 사회생활은 더할 나위 없는 즐거움처럼 그녀에게 필수적인 것이었다.

need

need는 동사나 명사로 사용할 수 있다.

need의 부정형은 **need not**과 **do not need**이다. 이를 축약하여 **needn't**와 **don't need**로도 사용한다. 그러나 **need**의 모든 뜻에 이러한 형태를 사용할 수는 없다. **need**의 용법은 다음과 같다.

need

1 used as a transitive verb(타동사로 사용하기)

need는 어떤 것이 '필요하다'라는 뜻이다.

These animals ***need*** food throughout the winter. 이런 동물들은 겨울 내내 먹을 식량이 필요하다.
I don't ***need*** any help, thank you. 고맙지만, 나는 아무 도움도 필요 없다.

need가 위와 같은 뜻일 경우, 부정형은 **do not need**이다.

You ***do not need*** special clothes to meditate or even a special chair.
명상을 위해 특별한 옷을 입어야 하거나, 특별한 의자를 사용할 필요는 없다.
I ***didn't need*** any further encouragement. 나는 더 이상의 격려는 필요하지 않았다.

> **주의** **need**는 진행형을 사용하지 않는다. 예를 들면, '우리는 우유가 약간 필요하다.'는 ~~**We are needing some milk.**~~가 아닌 **We *need* some milk.**라고 한다.

2 used as an intransitive verb or modal(자동사나 조동사로 사용하기)

need to do는 어떤 일을 하는 것이 필요하다라는 뜻이다.

To pass examinations you ***need to work*** effectively. 시험에 합격하려면 공부를 효과적으로 해야 할 필요가 있다.
For an answer to these problems we ***need to look*** elsewhere.
이 문제들에 대한 답을 얻기 위해서 우리는 다른 곳을 찾을 필요가 있다.

ⓘ 위와 같은 문장에서 to를 사용해야 한다. 예를 들면, ~~To pass examinations you need work effectively.~~라고 하지 않는다.

그러나 부정문과 의문문에서는 **need to**나 **need**를 모두 사용할 수 있다. 예를 들면, '그는 갈 필요가 없다.'는 **He *doesn't need to* go.**나 **He *needn't* go.**라고 한다. ~~**He doesn't need go**~~.나 ~~**He needn't to go**~~.라고 하지 않는다.

You ***don't need to shout***. 당신은 크게 소리를 지를 필요가 없다.
You ***needn't talk*** about it unless you feel like it. 당신이 말하고 싶지 않으면, 그것에 대해 말할 필요가 없다.
'Congratulations, Mrs Taylor.' – 'What's on?' – '***Do I need to say***?'
"축하해요, 테일러 부인." – "무엇을요?" – "제가 말해야 하나요?"
Need I remind you that you owe the company twelve-and-a-half thousand pounds?
당신이 우리 회사에 1만 2천 5백 파운드의 빚을 지고 있다는 사실을 내가 상기시켜 줄 필요가 있을까요?

3 'must not'

doesn't need to나 **need not**은 어떤 일을 할 필요가 없다라는 뜻이다. 어떤 일을 하지 말아야 한다고 하는 경우에는 **need**가 아닌 **must not**이나 **mustn't**를 사용한다.

You ***must not*** accept it. 당신은 그것을 받아들여서는 안 된다.
We ***mustn't*** forget the paraffin. 우리는 파라핀을 잊어서는 안 된다.

➲ Usage 표제어 must 참조.

4 talking about the past(과거에 대해 말하기)

과거의 특정한 때에 어떤 일을 할 필요가 없었을 경우 **didn't need to**나 **didn't have to**를 사용하며, **needn't**라고 하지 않는다.

I ***didn't need to*** say anything at all. 나는 어떤 말도 할 필요가 없었다.
Fortunately, she ***didn't have to*** choose. 다행스럽게도 그녀는 선택할 필요가 없었다.

그러나 전달절에서는 **needn't**를 사용할 수 있다.

They knew they ***needn't*** bother about me. 그들은 나에 대해서는 걱정할 필요가 없다는 것을 알고 있었다.

needn't have는 어떤 일을 했지만 그럴 필요가 없었다라는 뜻이다.

I was wondering whether you were getting properly fed and looked after, but I ***needn't have*** worried, need I?
나는 네가 잘 먹고 보살핌을 받는지 걱정했는데 그럴 필요가 없었어, 그렇지?

5 'need' with '-ing' forms(need + -ing)

〔need + -ing〕 형식은 어떤 일을 할 필요가 있다고 할 때 사용한다. 예를 들면, '취사 도구를 씻을 필요가 있다.'는 The cooker needs to be cleaned.보다 The cooker ***needs cleaning***.이라고 한다.

The scheme ***needs improving***. 그 계획은 발전시켜야 한다.

...things that ***needed doing***. 할 필요가 있었던 것들.

6 used as a noun(명사로 사용하기)

어떤 것이 필요하다고 할 때 need for나 need of를 사용하는데, need for를 더 많이 사용한다.

...the centre's ***need for*** fresh supplies. 그 센터에서 필요로 하는 신선한 식품.

...his ***need for*** forgiveness. 그가 필요로 하는 용서.

It was a matter of recognizing my ***need of*** others. 그것은 다른 사람들에 대한 나의 필요성을 인식하는 문제였다.

어떤 것을 필요로 할 경우에는 in need for가 아닌 in need of를 사용한다.

He felt ***in need of*** a rest. 그는 휴식할 필요를 느꼈다.

The blackboards are ***in need of*** repair. 칠판은 수리할 필요가 있다.

7 'no need'

어떤 일을 하는 것이 불필요하다고 하는 경우, ***there is no need to do*** something이라고 한다.

There is no need to worry. 아무것도 걱정할 필요가 없다.

There was no need to awaken him because he knew exactly what was going on.
그는 무슨 일이 일어나고 있는지 정확히 알고 있었기 때문에 그를 깨울 필요가 없었다.

i 'it is no need to' do something이라고 하지 않는다.

---

negligent – negligible

1 'negligent'

negligent는 자신의 임무를 소홀히 하다, 즉 '태만한'이라는 뜻이다.

The jury determined that the airline was ***negligent*** in training and supervising the crew.
배심원단은 그 항공사가 승무원 훈련과 감독에 소홀했다고 결정을 내렸다.

2 'negligible'

negligible은 고려할 가치가 없을 정도로 아주 작거나 사소하다, 즉 '미미한'이라는 뜻이다.

The damage appears to have had a ***negligible*** effect on the yacht's speed.
그 파손은 요트의 속도에 미미한 영향을 끼쳤던 것처럼 보인다.

They can make extra copies of videotapes at a ***negligible*** cost.
그들은 매우 저렴한 비용으로 여분의 비디오 테이프를 만들 수 있다.

---

neither

1 'neither' and 'neither of'

두 사람이나 두 사물에 대해 부정적인 진술을 할 때, neither나 neither of를 사용한다. 〔neither + 단수 가산명사〕 형식, 〔neither of + 복수대명사〕 형식, 〔neither of + the · these · those · 소유격 + 복수명사〕 형식을 사용한다. 예를 들면, '두 아이 중 어떤 아이도 다치지 않았다.'는 ***Neither child*** was hurt.나 ***Neither of the children*** was hurt.라고 하며, 의미상의 차이는 없다.

Neither man spoke or moved. 두 남자 중 어느 누구도 말을 하거나 움직이지 않았다.

Neither of them spoke for several moments. 잠깐 그들 중 누구도 말을 하지 않았다.

> 주의 복수명사 앞에 of 없이 neither만 사용하지는 않는다. 예를 들면, ~~Neither the children was hurt.~~라고 하지 않는다. 또한 neither 뒤에 not을 사용하지도 않는다. 예를 들면, ~~Neither of the children wasn't hurt.~~라고 하지 않는다.

때때로 **neither of**와 명사구 뒤에 복수동사를 사용한다. 예를 들면, **Neither of the children *were* hurt.**라고 한다.

Neither of them ***are*** employees of the White House. 그들 중 누구도 백악관 소속 직원이 아니다.
...in those moments when neither of you ***are*** speaking. 당신들 둘 다 침묵하고 있는 순간에.

회화에서는 위의 용법을 허용하지만, 격식을 차린 글에서는 **neither of** 뒤에 항상 단수동사를 사용해야 한다.

2 used as a pronoun(대명사로 사용하기)

neither는 대명사로 쓰이는데, 이는 상당히 격식을 차린 용법이다.

Neither was suffering pain. 둘 다 통증을 느끼지 못했다.
She chose first one, then another, but ***neither*** was to her satisfaction.
그녀는 처음에 어떤 하나를 선택했다가 그 후에 다른 것을 선택 했으나 어느 것도 만족스럽지는 않았다.

3 adding a clause(절 덧붙이기)

부정문을 만들 때, 그 내용이 다른 사람이나 어떤 일에도 적용된다는 것을 나타내기 위해 **neither**를 사용할 수 있다. 〔**neither** + 조동사 · **be**동사 + 주어〕 형식을 사용한다.

'I didn't invite them.' – '***Neither did I.***' "저는 그들을 초대하지 않았어요." – "저도 그랬어요."
He'll never forget it, and ***neither will we***. 그는 결코 그것을 잊을 수 없을 것이며, 우리 역시 그럴 것이다.

---

neither...nor

글이나 격식을 차린 말에서 두 사람, 사물, 성질, 행위에 대해 부정적인 진술을 하기 위해 **neither**와 **nor**를 사용하여 같은 형태의 두 단어나 표현을 서로 연결한다. 첫 번째 단어나 표현 앞에는 **neither**가, 두 번째 단어나 표현 앞에는 **nor**가 온다. 예를 들면, '대통령이나 부통령 둘 다 오지 않았다.'는 **The President did not come and the Vice-President did not come.** 대신 ***Neither* the President *nor* the Vice-President came.**이라고 한다.

Neither he nor Melanie owe me any explanation. 그와 멜라니 둘 다 내게 어떤 변명도 할 필요가 없다.
He ***neither drinks nor smokes***. 그는 술을 마시거나 담배를 피우지 않는다.

> 주의 **neither** 뒤에 **or**를 사용하지 않는다. 예를 들면, ~~**He neither drinks or smokes.**~~라고 하지 않는다.

neither는 항상 **nor**와 연결된 문장의 첫 번째 단어나 표현 바로 앞에 오며, 그보다 더 앞에는 오지 않는다. 예를 들면, '그녀는 고기와 생선 둘 다 먹지 않았다.'는 ~~**She neither ate meat nor fish.**~~가 아닌 **She ate *neither meat nor fish*.**라고 한다.

회화에서는 일반적으로 **neither**나 **nor**를 사용하지 않는다. 예를 들면, '대통령은 오지 않았고, 부대통령 역시 오지 않았다.'는 **Neither the President nor the Vice-President came.** 대신 **The President didn't come and *neither did* the Vice-President.**라고 한다.

Margaret didn't talk about her mother and ***neither did*** Rosa.
마거릿은 자신의 어머니에 대해 말하지 않았고, 로사 역시 그랬다.
I won't give in to their threat, and ***neither will*** my colleagues.
나는 그들의 위협에 굴복하지 않을 것이며, 내 동료들도 그럴 것이다.

neither...nor 대신 일반적으로 **don't...or**를 사용하기도 한다. 예를 들면, '그녀는 고기나 생선을 먹지 않았다.'는 **She ate neither meat nor fish.** 대신 **She *didn't* eat meat *or* fish.**라고 하며, '그녀는 담배를 피우거나 술을 마시지 않는다.'는 **She neither smokes nor drinks.** 대신 **She *doesn't* smoke *or* drink.**라고 한다.

Karin's from abroad and ***hasn't any relatives or friends*** here. 카린은 외국에서 와서 이곳에 친척이나 친구가 없다.
You ***can't run or climb*** in shoes like that. 당신은 그런 신발을 신고서는 달리거나 올라갈 수 없다.

nervous – anxious – irritated

1 'nervous'

nervous는 미래에 어떤 것을 하거나 경험하게 될 일을 다소 '두려워하는'이라는 뜻이다.

...the child who is ***nervous*** about starting school. 처음으로 학교에 가는 것에 대해 두려워하는 아이.

2 'anxious'

다른 사람에게 일어나는 일을 걱정하는 경우에는 **nervous**가 아닌 **anxious**를 사용한다.

It's time to be going home – your mother will be ***anxious***. 집에 갈 시간이다. 너희 어머니가 걱정하실 것이다.

I had to deal with calls from ***anxious*** relatives. 나는 걱정하는 친척들의 전화를 받아야 했다.

➲ Usage 표제어 anxious 참조.

3 'irritated'

어떤 일이 계속되는 것을 막을 수 없어 짜증이 나는 경우에는 **nervous**가 아닌 **irritated**를 사용한다.

Perhaps they were ***irritated*** by the sound of crying. 그들은 아마 계속되는 울부짖는 소리에 짜증이 났을 것이다.

never

1 uses(용법)

어떤 일이 과거, 현재, 미래의 어느 때에도 일어나지 않을 경우, **never**를 사용한다.

She ***never*** asked him to lend her any money. 그녀는 그에게 돈을 빌려 달라고 한 적이 한 번도 없었다.

I will ***never*** give up. 나는 절대 포기하지 않을 것이다.

> **주의** never 앞에 do동사를 사용하지 않는다. 예를 들면, '그는 나에게 절대 편지를 쓰지 않는다.'는 ~~**He does never write to me.**~~가 아닌 **He *never writes* to me.**라고 한다.
>
> He ***never complains***. 그는 절대 불평하지 않는다.
>
> He ***never speaks*** to you, does he? 그는 당신에게 전혀 말하지 않죠, 그렇죠?

그러나 **never** 뒤에 **do**를 사용하여 내용을 강조하기도 한다. 예를 들면, **He *never does write* to me.**라고 한다.

I ***never do*** discover what happens next. 나는 다음에 무슨 일이 일어날지 전혀 모른다.

I ***never did want*** a council house. 나는 공영 주택을 원한 적이 결코 없었다.

> **주의** 보통 never와 다른 부정어를 함께 사용하지 않는다. 예를 들면, '나는 그곳에 가본 적이 없다.'나 '그들은 아무 말도 하지 않았다.'는 ~~**I haven't never been there.**~~나 ~~**They never said nothing.**~~이 아닌 **I have *never* been there.**나 **They *never* said *anything*.**이라고 한다.
>
> It was an experience I will ***never*** forget. 그것은 내가 결코 잊을 수 없는 경험이었다.
>
> I've ***never*** seen ***anything*** like it. 나는 그런 것을 본 적이 전혀 없다.

주어가 **nothing**, **no one** 등과 같은 부정어일 경우에는 **never**가 아닌 **ever**를 사용한다. 예를 들면, '아무 일도 일어나지 않을 것이다.'는 ~~**Nothing will never happen.**~~이 아닌 **Nothing will *ever* happen.**이라고 한다.

Nothing ever changes. 아무것도 변하지 않는다.

No one will ***ever*** know. 아무도 모를 것이다.

Nobody ever mentioned this to me. 아무도 나에게 이것을 말해 주지 않았다.

2 position in clause(절 안에서의 위치)

조동사를 사용하지 않는 경우, **never**는 **be**동사를 제외한 모든 동사의 앞에 온다.

He ***never allowed*** himself to lose control. 그는 자신이 자제력을 잃는 것을 결코 용납하지 않았다.

They ***never take*** risks. 그들은 결코 위험을 무릅쓰지 않는다.

- 일반적으로 〔be동사 + never〕 형식을 사용한다.

The road alongside the river ***was never*** quiet. 강을 따라 난 길은 한 번도 조용한 적이 없었다.

- 조동사를 사용하는 경우, never는 첫 번째 조동사 바로 뒤에 온다.

I ***have never known*** a year quite like this. 나는 이번과 같은 한 해를 경험한 적이 없다.
My husband says he ***will never retire***. 내 남편은 결코 은퇴하지 않을 것이라고 말한다.
He ***could never overtake*** his opponent. 그는 결코 자신의 경쟁자를 뛰어넘을 수 없었다.

- 그러나 강조를 하기 위해 do동사를 사용하는 경우, never는 do동사 앞에 온다.(위 참조.)

- 조동사를 한 개 이상 사용하는 경우, never는 첫 번째 조동사 바로 뒤에 온다.

He was one of the few people there who ***had never been arrested***.
그는 그곳에서 한 번도 체포된 적이 없는 몇 안 되는 사람들 중 한 명이었다.
The answers to such questions ***would never be known*** with certainty.
그런 문제들에 대한 답은 결코 확실히 알려지지 않을 것이다.

- 동사구에서 본동사를 생략하고 조동사 하나만 사용한 문장의 경우, never는 조동사 앞에 온다.

I do not want to marry you. I ***never*** did. I ***never*** will.
나는 당신과 결혼하기를 원치 않는다. 과거에도 원했던 적이 없고 미래에도 절대 그러지 않을 것이다.

- 소설에서 내용을 강조할 때, 때때로 〔never + 조동사 + 주어〕 형식을 사용한다.

Never had Dixon been so glad to see Margaret. 딕슨이 마거릿을 보고 그렇게 반가워하는 모습을 본 적이 한 번도 없었다.
Never had two hours gone so slowly. 두 시간이 그렇게 느리게 갔던 적이 없었다.

3 'never' with an imperative(명령문과 함께 사용하는 never)

명령문에 never를 사용하면 do not의 뜻으로, 절대로 어떤 일을 해서는 안 된다는 것을 강조한다.

Never attempt to apply eyeliner while driving a car. 절대로 운전 중에 아이라인을 그리려고 하지 마라.
Never use a natural fibre such as string to hang pictures. 사진을 걸기 위해 끈과 같은 천연 섬유를 절대 사용하지 마라.

---

newness

1 'new'

최근에 창조되었거나, 만들어졌거나, 세워졌거나, 시작된 것을 나타낼 때, new를 사용한다.

I recently bought a copy of the ***new*** book by Simon Singh. 나는 시몬 싱이 쓴 새로운 책 한 권을 최근에 샀다.
...***new*** methods of medical care. 새로운 의료 방법들.
...smart ***new*** houses. 멋있는 새 집들.

다른 것을 대체한 것을 나타낼 때도 new를 사용한다.

They would have to decorate and get ***new*** furniture. 그들은 장식을 하고 새 가구를 들여놓아야 할 것이다.
He loved his ***new*** job. 그는 새로 얻은 직장을 좋아했다.

new와 뜻이 비슷한 단어가 여러 개 있다.

2 'recent'

짧은 시간 전에 발생한 사건과 기간을 나타낼 때, 보통 recent를 사용한다.

...the ***recent*** kidnapping of a British judge. 최근에 일어난 영국인 판사의 납치 사건.
The energy conservation budget has been substantially reduced in ***recent*** years.
최근 몇 년 동안 에너지 보존 예산이 대폭 줄어들었다.

보통 recent는 물체에 대해서는 사용하지 않으며, 신문 기사나 사건 등에는 사용할 수 있다.

...a ***recent*** report from the Food and Agriculture Organization. (유엔) 식량 농업 기구의 최근 보고서.
You will need to take with you your passport and two ***recent*** black and white photographs.
당신은 여권과 최근에 찍은 흑백 사진 두 장을 가져가야 할 것이다.

정부와 특정한 직업을 가진 사람을 묘사할 때에도 **recent**를 사용한다.

...one of the most poorly drafted pieces of legislation produced by any ***recent*** government.
최근 정부가 제정한 법 중에서 가장 잘못된 법안 중의 하나.

Many ***recent*** composers have been less imaginative. 최근의 많은 작곡가들은 상상력이 뒤떨어지고 있다.

3 'modern' and 'present-day'

현존하는 것이 이전 것과 비교해서 차이가 난다는 것을 강조할 때, **modern**이나 **present-day**를 사용한다.

...***modern*** power stations. 현대적인 발전소.

...the stresses of ***modern*** life. 현대 생활의 스트레스.

By ***present-day*** standards, its technology was, of course, cumbersome and limited.
현대의 기준으로 본다면, 물론 그 기술은 엉성하고 제한된 것이었다.

4 'contemporary'

contemporary는 **modern**이나 **present-day**와 같은 뜻이지만, 일반적으로 추상적인 일이나 예술과 관련된 일을 나타낼 때에만 사용한다.

What is women's situation in ***contemporary*** society? 현대 사회에서 여성의 위치는 무엇인가?

Contemporary music is played there now. 지금 그곳에서 현대 음악이 연주되고 있다.

그 밖에 어떤 것이 과거의 동시대에 존재했다는 것을 나타낼 때에도 **contemporary**를 사용한다.

Contemporary records of the case do not, however, mention these two items.
그러나 그 사건에 대한 동시대의 기록은 이 두 항목에 대해서는 언급하지 않고 있다.

5 'current'

현존하지는 않지만 곧 없어지거나 변화될지도 모를 일을 나타낼 때, **current**를 사용한다.

...the root causes of our ***current*** crisis. 현재 위기의 근본 원인.

...Kitty King, Boyd Stuart's ***current*** girl friend. 보이드 스튜어트의 현재 여자 친구인 키티 킹.

---

newly

➲ Usage 표제어 **recently – newly – lately** 참조.

---

news

news는 최근 사건이나 변화한 상황을 누군가에게 알려 주는 정보, 즉 '소식'이라는 뜻이다.

I've got some good ***news*** for you. 나는 당신에게 알려 줄 좋은 소식을 갖고 있다.

Maureen was at home when she heard ***news*** of the Paddington disaster.
모린은 패딩턴 참사에 대한 소식을 들었을 때 집에 있었다.

텔레비전, 라디오, 신문에서 최근의 사건을 묘사하는 것을 가리킬 때에도 **news**라고 한다.

They continued to broadcast up-to-date ***news*** and pictures of these events.
그들은 이러한 사건들에 대한 최신 뉴스와 영상을 계속 방송했다.

news는 복수명사처럼 보이지만 실제로는 불가산명사이며, 주어일 경우 단수동사를 사용한다.

The news ***is*** likely to be received with apprehension. 그 소식을 우려하며 받아들일 것 같다.

I was still lying helpless in bed when the news ***was*** brought to me.
그 소식을 들었을 때, 나는 여전히 침대에서 무기력하게 누워 있었다.

'이 소식'이라고 할 때, **these news**가 아닌 **this news**라고 한다.

I had been waiting at Camp 3 for ***this news***. 나는 제3캠프에서 이 소식을 기다리고 있었다.

a news라고 하지 않으며, **some news**, **a bit of news**, **a piece of news**라고 한다.

I've got ***some good news*** for you. 나는 당신에게 알려 줄 좋은 소식을 갖고 있다.

I've had ***a bit of bad news***. 나는 약간의 나쁜 소식을 알고 있다.

A respectful silence greeted ***this piece of news***. 존경을 표하는 침묵 속에서 이 소식을 들었다.

a news item이나 an item of news는 텔레비전이나 신문에 난 기사라는 뜻이다.

...***a small news item*** in The Times last Friday. 지난주 금요일 타임즈 신문에 난 작은 기사.

An item of news in the Sunday paper caught my attention. 일요일 신문에 난 한 기사가 내 주의를 끌었다.

---

next

어떤 일이 일어날 거라고 말할 때, 보통 next를 사용한다. next는 사물의 물리적인 위치나 어떤 목록이나 연속물에서 차지하는 위치를 나타낼 때에도 사용할 수 있다.

1 talking about the future(미래 말하기)

〔next + week · month · year 등〕 형식은 어떤 일이 일어날 거라고 말할 때 사용한다. 예를 들면, 오늘이 수요일이고 어떤 일이 다음 주 월요일에 일어나는 경우, next week을 사용한다.

I'm getting married ***next month***. 나는 다음 달에 결혼할 예정이다.

I don't know where I will be ***next year***. 나는 내년에 어디에 있을지 모른다.

ⓘ next 앞에 the나 전치사를 사용하지 않는다. 예를 들면, the next week나 in the next week라고 하지 않는다.

주말, 계절, 달, 요일 앞에 the나 전치사 없이 next만 사용할 수도 있다.

Next weekend there is a by-election in Marseilles. 다음 주말에 마르세유에서 보궐 선거가 있다.

You must come and see us ***next autumn***. 당신은 내년 가을에 여기에 와서 우리를 만나야 한다.

He said he would be seventy-five ***next April***. 그는 자신이 다음 4월에 75세가 된다고 말했다.

Let's have lunch together ***next Wednesday***. 다음 수요일에 점심 식사를 같이 합시다.

그러나 decade나 century 앞에서는 next를 위와 같이 사용하지 않는다. 예를 들어, 앞으로 10년 동안 어떤 일이 일어날 것이라고 할 때, next decade가 아닌 in the next decade나 during the next decade를 사용한다.

In the next decade, tourism is expected to create more than 200,000 jobs.
앞으로 10년 동안 관광 산업을 통해 20만 개 이상의 일자리가 창출될 것으로 예상된다.

Local leaders predict that another 10,000 to 20,000 new jobs will be created in the borough ***during the next decade***.
지역 지도자들은 앞으로 10년 동안 1만 개에서 2만 개의 새로운 일자리가 그 자치 도시에 더 생겨날 것이라고 예측한다.

ⓘ 어떤 일이 내일 일어날 것이라고 할 때, next day가 아닌 tomorrow를 사용한다. 마찬가지로 어떤 일이 내일 아침, 내일 오후, 내일 저녁, 내일 밤에 일어날 것이라고 할 때, next morning, next afternoon, next evening, next night이 아닌 tomorrow morning, tomorrow afternoon, tomorrow evening, tomorrow night을 사용한다.

Can we meet ***tomorrow*** at five? 우리 내일 5시에 만날 수 있습니까?

I'm going down there ***tomorrow morning***. 나는 내일 아침에 그곳에 갈 예정이다.

We're all having dinner together ***tomorrow night***. 우리는 내일 밤에 모두 함께 저녁 식사를 할 예정이다.

> **주의** 같은 주에 있는 요일을 가리킬 때는 보통 〔next + 요일〕 형식이 아닌 〔on + 요일〕 형식을 사용한다. 예를 들면, 오늘이 월요일이고 4일 후 다른 사람에게 전화하려는 경우, ~~I will ring you next Friday.~~가 아닌 I will ring you ***on Friday***.라고 하며, 이는 '나는 당신에게 금요일에 전화할 것이다.'라는 뜻이다.
>
> He's going off to scout camp ***on Friday***. 그는 금요일에 스카우트 캠프로 떠날 예정이다.
>
> 같은 주에 있는 요일을 분명히 하고자 할 경우, 〔this + 요일〕 형식을 사용한다.
>
> The film opens ***this Thursday*** at various ABC Cinemas in London.
> 이 영화는 이번 목요일 런던의 여러 ABC 영화관에서 개봉한다.
>
> 마찬가지로, '이번 주말'이라는 뜻으로 this weekend를 사용할 수 있다.
>
> I might be able to go skiing ***this weekend***. 나는 이번 주말에 스키를 타러 갈 수 있을 것으로 생각한다.

현재로부터 미래의 시간을 나타낼 때, the next를 사용한다. 예를 들면, 오늘이 7월 2일이고 어떤 일이 7월 2일과 7월 23일 사이에 일어날 것이라고 할 때, in the next three weeks나 during the next three weeks를 사용한다.

Mr John MacGregor will make the announcement ***in the next two weeks***.
존 맥그리거 씨가 2주 이내에 공표할 것이다.

Caravan retailers fear a further slump in business ***during the next ten years***.
이동 주택 판매업자들은 앞으로 10년 동안 사업이 침체될까봐 우려하고 있다.

2 talking about the past(과거에 대해 말하기)

과거의 어느 다음날은 **the next day**나 **the following day**라고 한다.

I telephoned ***the next day*** and protested to the receptionist. 나는 다음날 접수원에게 전화하여 항의했다.

The following day I went to speak at a conference in Scotland.
다음날 나는 스코틀랜드에서 열린 회의에 연설하러 갔다.

소설에서 **next day**는 특히 문장의 처음에 사용한다.

Next day we all got up rather early. 다음날 우리 모두는 조금 일찍 일어났다.

과거 어느 날의 다음날 아침은 〔**next · the next · the following + morning**〕 형식을 사용할 수 있다.

Next morning he began to work but felt uninspired. 다음날 아침 그는 일을 시작했으나 신이 나지는 않았다.

The next morning, as I left for the office, a letter arrived for me.
다음날 아침 내가 사무실로 출근하려 할 때 나에게 편지가 한 통이 도착했다.

The following morning he checked out of the hotel and took the express to Paris.
다음날 아침 그는 호텔에서 나와 파리행 특급 열차를 탔다.

그러나 과거 어느 날의 다음날 오후, 저녁, 요일은 보통 〔**the following + afternoon · evening · 요일**〕 형식만을 사용한다.

I arrived at the village ***the following afternoon***. 나는 다음날 오후에 마을에 도착했다.

He was due to start ***the following Friday***. 그는 다음 금요일에 출발하기로 되어 있었다.

3 talking about physical position(물리적인 위치 말하기)

사람이나 사물이 다른 사람이나 사물 옆에 있다고 할 때, **next to**를 사용한다.

She went and sat ***next to*** him. 그녀는 가서 그의 옆에 앉았다.

There was a bowl of goldfish ***next to*** the bed. 침대 옆에 금붕어가 있는 어항이 있었다.

the next room은 벽으로 분리되어 있는 방, 즉 '옆방'이라는 뜻이다.

I can hear my husband in ***the next room***, typing away. 나는 남편이 옆방에서 타이핑하는 소리를 들을 수 있다.

마찬가지로, 극장이나 버스에서 **the next seat**는 자신이 앉아 있는 자리의 바로 '옆 자리'라는 뜻이다.

He became aware that the girl in ***the next seat*** was studying him with interest.
그는 옆 좌석에 앉은 여자 아이가 관심을 가지고 그를 살피는 것을 알게 되었다.

next는 **desk**, **bed**, **compartment** 등과 같은 명사와 같이 사용할 수 있다.

> **주의** 그러나 특정한 것이 같은 종류의 다른 것보다 더 가까이 있다고 할 때는 **next**가 아닌 **the nearest**를 사용한다. 예를 들면, '그들은 그를 가장 가까이 있는 병원에 데려갔다.'는 ~~**They took him to the next hospital.**~~이 아닌 **They took him to *the nearest hospital*.**이라고 한다.
>
> ***The nearest town*** is Brompton. 가장 가까이 있는 마을은 브롬턴이다.
>
> ***The nearest beach*** is 15 minutes' walk away. 가장 가까운 해변은 걸어서 15분 거리에 있다.

4 talking about a list or series(목록이나 시리즈 말하기)

목록이나 시리즈에서 말한 바로 다음의 것이라는 뜻에 **next**를 사용한다.

Let's go on to the ***next*** item of business – Harry's report on the situation in Central America.
자, 다음의 사업 아이템으로 넘어갑시다. 해리에게 중앙아메리카의 상황에 대한 보고를 듣겠습니다.

영국 영어에서 **the *next* thing *but one***은 다음 것의 바로 뒤에 오는 것이라는 뜻이다.

The ***next*** entry ***but one*** is another recipe. 다음 항목의 바로 뒤에 오는 항목은 또 다른 요리법이다.

nice

1 basic meaning(기본 뜻)

nice는 매우 흔히 사용하는 형용사이다. 다른 사람이나 사물을 좋아하거나, 어떤 것이 자신에게 즐거움을 준다고 할 때, nice를 사용한다.

He has ***nice*** eyes. 그는 멋진 눈을 가지고 있다.
It's a very ***nice*** town. 그곳은 아주 멋있는 도시이다.
I got a ***nice*** hat and a green dress. 나는 멋진 모자와 초록색 드레스를 샀다.

일부 사람들은 nice의 뜻이 명확하지 않아서 nice를 사용하는 것에 반대하는데, 그 주장의 일부만이 사실이다.

2 talking about people(사람에 대해 말하기)

사람이나 행위를 나타낼 때 nice를 사용하면 그 뜻은 명백해진다. **a *nice* man/woman**은 친절하고 사려 깊은 남자(여자)라는 뜻이다.

They seemed very ***nice*** men. 그들은 매우 친절해 보였다.
We've got very ***nice*** neighbours. 우리에게는 매우 친절한 이웃이 있다.

it is *nice of* someone to do something은 누군가가 보여 준 친절하고 사려 깊은 행동에 감사하다라는 뜻이다.

It's ***nice of*** you to say that. 그렇게 말씀해 주셔서 감사합니다.
How ***nice of*** you to come. 이렇게 와주셔서 정말 고맙습니다.

someone is *being nice to* someone else는 누군가가 다른 사람을 좋아하지 않을 때조차도 기분 좋고 친절하게 대해 주고 있다라는 뜻이다.

Promise you'll ***be nice to*** her when she comes back. 그녀가 돌아오면 친절히 대하겠다고 약속해라.

3 talking about enjoyment(즐거움에 대해 말하기)

시간을 즐겁게 보낸다는 뜻으로 nice를 일부 명사와 함께 사용할 수 있다. 예를 들면, **Have a *nice* evening.**은 '저녁 시간을 즐겁게 보내세요.'라는 뜻이다. 마찬가지로, **Did you have a *nice* holiday?**는 '휴가를 즐겁게 보냈나요?'라는 뜻이다.

They were having a ***nice*** time. 그들은 즐거운 시간을 보내고 있었다.
'Have a ***nice*** weekend.' – 'You too.' "주말을 즐겁게 보내세요." – "당신도요."

4 talking about things and places(사물과 장소 말하기)

좋아하는 사물이나 장소를 말할 때, 회화에서 nice를 사용할 수 있다. 그러나 격식을 차린 글에서는 뜻을 더 정확하게 표현하는 다른 형용사를 사용하는 것이 좋다.

...a ***delightful*** room. 쾌적한 방.
...a bottle of nail polish in an ***attractive*** shade. 아름다운 색깔의 매니큐어액 한 병.
It is one of the ***pleasantest*** places I know. 그곳은 내가 아는 가장 즐거운 장소 중 하나이다.

5 'nice' with other adjectives(다른 형용사와 함께 사용하는 nice)

회화에서는 nice를 다른 형용사와 함께 자주 사용한다. 예를 들면, **a room is *nice and warm***이나 **a *nice, warm* room**이라고 한다. 이와 같은 용법으로 nice를 사용하면, 방이 따뜻하기 때문에 좋다는 뜻이 된다.

The room is ***nice and clean***. 그 방은 깨끗해서 좋다.
It's ***nice and peaceful*** here. 이곳은 고요한 장소이기에 좋다.
I want a ***nice, warm, comfortable*** bed. 나는 따뜻하고 편안해서 마음에 드는 침대를 원한다.

night

1 'night', 'at night'

night은 하루 24시간 중 어두운 시간, 즉 '밤'이라는 뜻이다. 어떤 일이 밤마다 규칙적으로 일어나는 경우, **at night**을 사용한다.

The veranda was equipped with heavy wooden rain doors that were kept closed ***at night***.
그 베란다에는 튼튼한 나무로 만들어진 덧문이 설치되어 있는데, 그 문은 밤마다 잠긴다.

I used to lie awake ***at night*** watching the rain seep through the ceiling.
나는 밤마다 천장에서 비가 새는 것을 보며 잠이 깬 채 누워 있곤 했다.

일반적으로 **night**은 '하룻밤'을, **the night**은 '특정한 날의 밤'을 가리킨다.

He was at the hotel and intended to spend ***the night*** there. 그는 호텔에 있었고 그곳에서 그날 밤을 보내려고 했다.

Is that what you've come out here in the middle of ***the night*** to tell me?
당신은 이 밤중에 나에게 그 말을 하려고 여기에 온 것입니까?

2 the previous night(어젯밤)

어떤 일이 어젯밤에 일어났을 경우, **in the night**, **during the night**, **last night**을 사용한다.

I didn't hear Sheila ***in the night***. 나는 어젯밤에 쉴라의 소리를 듣지 못했다.

I had the strangest dream ***last night***. 나는 지난밤에 아주 이상한 꿈을 꾸었다.

어젯밤에 일어난 상황도 **last night**을 사용할 수 있다.

I didn't manage to sleep much ***last night***. 나는 어젯밤에 잠을 제대로 자지 못했다.

ℹ 어떤 일이 전날 저녁에 일어났다고 할 때에도 last night을 사용한다.

I met your husband ***last night***. 나는 어제 저녁에 당신의 남편을 만났다.

과거 어떤 날의 전날 밤은 **in the night**, **during the night**, **the previous night**을 사용한다.

His father had died ***in the night***. 그의 아버지는 그 전날 밤에 돌아가셨다.

There had been sporadic gunfire ***during the night***. 그 전날 밤에 간간이 총격이 있었다.

...the hill they had climbed ***the previous night***. 그들이 그 전날 밤에 올라갔던 언덕.

3 exact times(정확한 시간)

정확한 시간을 언급하여 밤이라는 것을 분명히 나타낼 때, **at night**을 사용한다.

This took place at eleven o'clock ***at night*** on our second day of travel.
이 일은 우리 여행의 둘째 날 밤 11시에 발생했다.

그러나 자정을 넘긴 시간이고 새벽 시간에는 **in the morning**을 사용한다.

It was five o'clock ***in the morning***. 오전 5시였다.

---

no

1 used as a reply(대답으로 사용하기)

no는 부정적인 대답에 사용할 수 있다.

'Is he down there already?' – '***No***, he's not there.' "그가 그곳에 벌써 도착했어요?" – "아니요, 그는 도착하지 않았어요."

'Did you come alone?' – '***No***. John's here with me.' "당신은 혼자 오셨어요?" – "아니요, 존과 같이 왔어요."

ℹ 부정적인 질문에 대한 부정적인 대답에는 no를 사용한다. 예를 들면, 스페인 사람에게 You aren't Italian, are you?(당신은 이탈리아 사람이 아니죠, 그렇죠?)라고 할 경우, 이탈리아 사람이 아니면 Yes가 아닌 No라고 대답한다.

'You don't smoke, do you?' – '***No***.' "당신은 담배를 피우지 않지요, 그렇지요?" – "안 피워요."

'It won't take you more than ten minutes, will it?' – '***No***.'
"당신이 그것을 하는 데 10분 이상 걸리지는 않겠죠, 그렇지요?" – "그렇게 안 걸려요."

2 used as a determiner(한정사로 사용하기)

〔**no** + 명사〕 형식에서 **no**는 '하나도 없는'이라는 뜻의 부정한정사로 쓰인다. 예를 들면, '그녀는 친구가 하나도 없다.'는 **She doesn't have any friends.** 대신 **She has *no friends*.**라고 한다.

I have ***no complaints***. 나는 아무 불평이 없다.

My children are hungry. We have ***no food***. 우리 아이들은 배가 고프고, 우리는 식량이 없다.

3 used with comparatives(비교급과 함께 사용하기)

형용사 비교급 앞에 not 대신 no를 사용한다. 예를 들면, '그녀는 여동생보다 키가 더 크지 않다.'는 ~~She isn't taller than her sister.~~ 대신 She is ***no taller*** than her sister.라고 한다.

The woman was *no older* than Kate. 그 여자는 케이트보다 나이가 많지 않았다.
...shells *no bigger* than a little fingernail. 작은 손톱보다 크지 않은 조개들.

그러나 명사 앞에는 no와 비교급을 사용하지 않는다. 예를 들면, a no older woman이나 a no bigger shell이라고 하지 않는다.

4 used with 'different'(different와 함께 사용하기)

different 앞에는 not 대신 no를 사용한다.

Kilkenny is *no different* from other towns, say locals. 킬케니는 다른 도시와 전혀 차이가 없다고 지역민들은 말한다.

5 used to forbid things(일을 금할 때 사용하기)

어떤 일을 허락하지 않는다는 것을 알릴 때, 게시문에 no를 자주 사용한다. no 뒤에는 -ing형이나 명사가 온다.

No smoking. 금연.
No entry. 출입 금지.
No wheeled vehicles beyond this point. (바퀴 달린) 차량은 이 지점을 넘어올 수 없음.

---

nobody

Usage 표제어 no one 참조.

---

noise

Usage 표제어 sound – noise 참조.

---

no longer

Usage 표제어 any more 참조.

---

none

1 'none of'

(none of + 복수명사) 형식은 특정한 그룹에서 각각의 사물이나 사람에 대해 부정적으로 진술할 때 사용한다.

None of these suggestions is very helpful. 이러한 제안 중 아무것도 그다지 유용하지 않다.
None of his rivals could mount a challenge. 그의 경쟁자 중 아무도 그에게 도전할 수 없었다.

(none of + 불가산명사) 형식은 어떤 것의 모든 부분에 대해 부정적으로 진술할 때 사용한다.

None of the furniture appeared out of place. 어떤 가구도 제자리에 있지 않은 것이 없었다.

(none of + 단수대명사 · 복수대명사) 형식을 사용할 수도 있다.

None of this seems to have made any impression on him. 이것 중 어느 부분도 그에게 감명을 주지 못할 것 같다.
We had *none of these* at home. 우리 집에는 이런 것이 하나도 없었다.

(none of + 목적격 대명사(us, them 등)) 형식을 사용하며, 이때 주격 대명사(we, they)는 사용하지 않는다.

None of us had been responsible for the reports. 우리 중 누구도 그 보고서에 책임이 없었다.
None of them had learned anything about the teaching of reading.
그들 중 누구도 읽기 지도 교습법에 대해 배운 적이 없었다.

(none of + 복수명사 · 복수대명사) 형식이 주어인 경우 복수동사나 단수동사를 사용하는데, 단수동사를 사용하는 것이 더 격식을 차린 표현이다.

None of his books *have* been published in England. 그의 책 중 어느 것도 영국에서 출간되지 않았다.

None of their matches ***has*** been staged at Old Trafford. 그들의 경기 중 어느 하나도 올드 트래퍼드에서 열리지 않았다.
None of them ***are*** real. 그것들 중 어느 것도 진짜가 아니다.
None of them ***is*** impressed. 그들 중 아무도 감명을 받지 못했다.

불가산명사나 단수대명사 앞에 **none of**를 사용할 때, 뒤에 오는 동사는 단수동사이다.

None of the wheat ***was*** ruined. 밀은 어느 것도 황폐화되지 않았다.
Yet none of this ***has*** seriously affected shares. 그러나 이것 중에는 어느 것도 지분에 심각한 영향을 주지는 않았다.

2 used as a pronoun(대명사로 사용하기)

none은 대명사로도 사용할 수 있다.

There were ***none*** left. 아무것도 남지 않았다.
He asked for some documentary proof. I told him that I had ***none***.
그는 증빙 서류를 요청했다. 나는 그에게 아무것도 갖고 있지 않다고 말했다.

> 주의 none of나 none 뒤에는 일반적으로 다른 부정어를 사용하지 않는다. 예를 들면, '준비된 사람은 아무도 없었다.'는 ~~None of them weren't ready.~~가 아닌 None of them ***were*** ready.라고 한다. 마찬가지로, 이미 문장 안에 부정어가 있을 때, 목적어로 none of나 none을 사용하지 않는다. 예를 들면, '나는 그것들 중 어느 것도 원하지 않았다.'는 ~~I didn't want none of them.~~이 아닌 I didn't want ***any*** of them.이라고 한다.

ℹ none이나 none of는 셋 이상의 사물이나 사람의 그룹에, neither나 neither of는 두 개의 사물이나 두 사람에 사용한다.

➲ Usage 표제어 neither 참조.

---

no one

no one이나 **nobody**는 한 사람도 없거나 특정한 그룹에서 한 명의 구성원도 없는 것을 나타낸다. 이들 두 단어의 의미상의 차이는 없다. 영국 영어에서는 **no-one**이라고도 쓰며, **nobody**는 항상 한 단어로 표기한다. **no one**과 **nobody**는 단수동사를 사용한다.

Everyone wants to be a hero, but ***no one*** wants to die. 누구나 영웅이 되고 싶어하지만 아무도 죽는 것을 원하지 않는다.
Nobody ***knows*** where he is. 그가 지금 어디 있는지 아무도 모른다.

> 주의 no one이나 nobody 뒤에는 일반적으로 다른 부정어를 사용하지 않는다. 예를 들면, '아무도 오지 않았다.'는 ~~No one didn't come.~~이 아닌 No one ***came***.이라고 한다. 마찬가지로 이미 문장 안에 부정어가 있을 때, 목적어로 no one이나 nobody를 사용하지 않는다. 예를 들면, '우리는 아무도 만나지 못했다.'는 ~~We didn't see no one.~~이 아닌 We didn't see ***anyone***.이나 We didn't see ***anybody***.라고 한다.
> You mustn't tell ***anyone***. 아무에게도 말해서는 안 된다.
> He didn't trust ***anybody***. 그는 아무도 믿지 않았다.

ℹ no one나 nobody 뒤에 of를 사용하지 않는다. 예를 들면, '그 어린이들 중 누구도 프랑스어를 할 수 없었다.'는 ~~No one of the children could speak French.~~가 아닌 ***None of*** the children could speak French.라고 한다.

None of the women will talk to me. 그 여자들 중 아무도 나와 이야기를 하지 않을 것이다.
It was something ***none of*** us could possibly have guessed.
그것은 아마 우리들 중 누구도 예측하지 못했던 일이었을 것이다.

➲ Usage 표제어 none 참조.

---

nor

1 'neither...nor'

두 사람이나 사물에 대해 부정적으로 진술할 때, **neither...nor**를 사용할 수 있다.

Neither Margaret ***nor*** John ***was*** there. 마거릿이나 존 둘 다 그곳에 없었다.
He spoke ***neither*** English ***nor*** French. 그는 영어나 프랑스어를 둘 다 구사하지 못했다.

➲ 더 자세한 설명은 Usage 표제어 neither...nor 참조.

2 used to link clauses(절을 연결할 때 사용하기)

부정적인 절을 연결할 때에도 nor를 사용한다. 두 번째 절의 처음에 nor가 오며, nor 뒤의 어순은 〔조동사 · be동사 + 주어 + 본동사〕 형식을 따른다.

The officer didn't believe me, ***nor did the girls*** when they came back.
경찰관은 내 말을 믿지 않았고, 돌아온 여자 아이들도 내 말을 믿지 않았다.

North does not explain what 'blame' he is speaking of, ***nor does he explain*** what the 'blame' is for.
노스는 그가 말하는 책임이 무엇인지, 그것이 무엇에 대한 책임인지도 설명하지 않는다.

〔and · but + nor〕 형식을 사용할 수 있다.

I would have nothing to do with it, ***and nor*** would most of us.
나는 그 일과 아무 관계가 없을 것이며, 우리들도 대부분 그렇다.

Prices are not going up, ***but nor*** are they falling. 물가가 오르고 있지 않지만, 떨어지고 있지도 않다.

일반적으로 nor를 문장의 처음에 사용하지 않으나, 좀 더 극적이고 강한 인상을 주기 위해서는 사용할 수 있다.

The overall ratings are virtually unchanged from earlier surveys. ***Nor*** has there been much change in the sense of job security.
전체적인 등급은 이전의 조사에서 실질적으로 변화된 것이 없고, 고용 안정성 면에서도 역시 별다른 변화가 없었다.

I do not want these letters. ***Nor*** do I even want any copies.
나는 이러한 편지를 원하지 않고, 편지의 어떤 복사본도 정말 원하지 않는다.

3 'nor' in replies(대답에 사용하는 nor)

nor는 부정적인 진술에 대한 대답에 사용할 수 있다. 방금 전에 말한 것이 다른 사람이나 사물에도 적용된다는 것을 나타낼 때, nor를 사용한다.

'I don't like him.' – '***Nor*** do I.' "저는 그를 좋아하지 않아요." – "저 역시 그래요."
'I can't stand much more of this.' – '***Nor*** can I.' "저는 이 일을 더 이상 참을 수 없어요." – "저 역시 그래요."

---

normally

Grammar 표제어 Adjuncts의 frequency 참조.

---

north – northern

1 'north'

north는 해가 뜨는 곳을 향해 서 있을 때 사람의 왼쪽에 있는 방향, 즉 '북쪽'이라는 뜻이다.

The land to the ***north*** and east was low-lying. 북쪽과 동쪽은 저지대였다.
There is a possibility of colder weather and winds from the ***north***.
날씨가 더 추워지고 북쪽에서 바람이 몰려올 가능성이 있다.

a ***north*** wind는 북풍이라는 뜻이다.

The ***north*** wind was blowing straight into her face. 북풍이 그녀 얼굴 정면으로 불어오고 있었다.

the ***north*** of a place는 북쪽으로 향해 있는 지역이라는 뜻이다.

Poaching started in the ***north*** of the country. 침입은 그 나라의 북부 지역에서 시작되었다.
The best asparagus comes from the Calvados region in the ***north*** of France.
최고 품질의 아스파라거스는 프랑스 북부의 칼바도스 지역에서 생산된다.

north는 국가, 주, 지역의 명칭에 사용한다.

They have hopes for business in ***North Korea***. 그들은 북한에서 사업하기를 바란다.
...the mountains of ***North Carolina***. 노스캐롤라이나의 산.
...ecological damage in ***North America***. 북아메리카의 생태계 파괴.

2 'northern'

그러나 국가나 지역의 북부 지역은 'north' part가 아닌 ***northern*** part라고 한다.

...Soya, the *northern* cape of Japan. 일본의 북쪽 곶인 소야.
...the *northern* tip of Caithness. 케이스네스의 북단.

마찬가지로, 북부 유럽이나 북부 영국은 **north Europe**이나 **north England**가 아닌 ***northern*** **Europe**이나 ***northern*** **England**라고 한다.

Bowman had flown over *northern* Canada. 보먼은 캐나다의 북부 상공을 비행했다.

---

northerly

northerly는 '북쪽의'라는 방향을 나타낸다.

We continued in a *northerly* direction. 우리는 북쪽을 향해 계속 움직여 갔다.

그러나 **a *northerly* wind**는 북쪽으로부터 불어오는 바람, 즉 '북풍'이라는 뜻이다.

...a *northerly* wind blowing off the sea. 바다에서 불어오는 북풍.

most northerly는 '최북단의'라는 뜻이며, **northernmost**도 같은 뜻으로 사용한다.

...the Summer solstice, when the sun reaches its *most northerly* point.
태양이 가장 북쪽 지점에 다다를 때인 하지.
...the *northernmost* tip of the British Isles. 영국 제도의 최북단.

---

northwards

1 'northwards'

move/look *northwards*는 북쪽을 향해 움직이거나 쳐다보다라는 뜻이다.

Morning Rose moved off slowly *northwards* from the jetty. 모닝 로즈호는 부두에서 북쪽을 향해 천천히 출항했다.

northwards는 부사로만 사용한다.

2 'northward'

미국 영어와 오래된 영국 영어에서는 **northwards** 대신 **northward**를 자주 사용한다.

Tropical storm Marco is pushing *northward* up Florida's coast.
열대성 폭풍 마르코는 플로리다의 해안을 따라 북상하고 있다.

영국 영어와 미국 영어 모두 **northward**를 때때로 명사 앞에서 형용사로 사용한다.

The *northward* journey from Jalalabad was no more than 120 miles.
잘랄라바드로부터 북쪽으로 가는 여행은 120마일밖에 되지 않았다.

---

no sooner

Usage 표제어 soon 참조.

---

not

not은 부정문을 만들 때 동사와 함께 사용한다.

1 position and form of 'not' (not의 위치와 형태)

not은 첫 번째 조동사 뒤에 온다.

They *are not seen* as major problems. 그것들은 중대한 문제로 여겨지지 않는다.
They *might not even notice*. 그들은 눈치조차 채지 못할지도 모른다.
Most people suffering from the disease *have not been exposed* unduly to radiation.
이 병으로 고통을 받는 대부분의 사람들은 방사선에 과도하게 노출되지는 않았다.

다른 조동사가 없을 경우 **do**를 조동사로 사용하며, **not** 뒤에는 동사원형을 사용한다.

The girl ***did not answer***. 그 여자 아이는 대답하지 않았다.
He ***does not speak*** English very well. 그는 영어를 아주 잘하지는 못한다.

회화에서 (be · have · do · 조동사 + not) 형식을 사용할 때는 보통 not을 완전히 발음하지 않는다. 다른 사람이 한 말을 적을 때는 일반적으로 not을 n't로 표기한다. n't를 동사 뒤에 붙일 경우 동사의 형태가 변형되기도 한다.

➲ 위에 대한 설명은 Grammar 표제어 Contractions 참조.

ⓘ 대부분의 동사는 조동사 없이 not을 사용하지 않는다. 예를 들면, '나는 그것을 좋아하지 않았다.'는 ~~I not liked it.~~이나 ~~I liked not it.~~이 아닌 I ***didn't like*** it.이라고 한다.

위와 같은 용법에는 두 가지 예외가 있다. not을 be동사와 함께 사용하는 경우, be동사 뒤에는 not이 온다.

I'***m not*** sure about this. 나는 이것에 대해 확신이 없다.
The program ***was not*** a success. 그 프로그램은 성공하지 못했다.

not을 본동사 have와 함께 사용하는 경우 때때로 조동사 없이 사용하기도 하는데, hasn't, haven't, hadn't의 축약형으로만 사용한다.

You ***haven't*** any choice. 당신은 어떤 선택권도 없다.
The sky ***hadn't*** a cloud in it. 하늘에는 구름 한 점도 없었다.

그러나 doesn't have, don't have, didn't have를 더 자주 사용한다.

This question ***doesn't have*** a proper answer. 이 문제에는 적절한 답이 없다.
We ***don't have*** any direct control of the rents. 우리는 집세를 직접적으로 통제할 방법이 없다.
I ***didn't have*** a cheque book. 나는 수표장이 없었다.

> **주의** not을 사용하여 부정의 뜻을 나타낼 때, 보통 nothing, never, none과 같은 다른 부정어는 사용하지 않는다. 예를 들면, '나는 그것에 대해 아무것도 모른다.'는 ~~I don't know nothing about it.~~이 아닌 I don't know ***anything*** about it.이라고 한다.

2 'not really'

not 뒤에 really를 사용하면 더 정중하고 부드럽게 부정적인 진술을 하는 표현이 된다.

Winning or losing is ***not really*** important. 이기거나 지는 것은 그렇게 중요하지 않다.
It ***doesn't really*** matter. 그것은 별로 문제가 되지 않는다.
I ***don't really*** want to be part of it. 나는 정말로 그것의 일부가 되기를 원하지 않는다.

상대의 질문에 대한 대답으로도 Not really.를 사용할 수 있다.

➲ Topic 표제어 Replies 참조.

3 'not very'

not을 형용사와 함께 사용하여 부정적인 진술을 하는 경우, (not + very + 형용사) 형식을 사용하여 진술을 부드럽게 할 수 있다.

The fees are ***not very high***. 수업료는 그다지 비싸지 않다.
I'm ***not very interested*** in the subject. 나는 그 과목에 별다른 흥미를 느끼지 않는다.
That's ***not a very good*** arrangement. 저것은 그다지 잘 정리되어 있지 않다.

> **주의** 어떤 것이 별로 좋지 않다고 할 때, something is ***not very good***이라고 한다. 이 표현을 제외하고는 very good의 뜻이 있는 단어 앞에는 not을 사용하지 않는다. 예를 들면, something is 'not excellent'나 something is 'not marvellous'라고 하지 않는다.

4 used with negative adjectives(부정적인 형용사와 함께 사용하기)

부정적인 뜻을 가지고 있는 형용사 앞에 not을 사용하여 긍정적인 진술을 만들기도 한다. 예를 들면, something is ***not unreasonable***은 어떤 일이 아주 합리적이다라는 뜻이다.

Frost and snow are ***not uncommon*** during these months. 요 몇 달 동안 서리와 눈이 내리는 날씨는 드문 일이 아니다.
It's ***not impossible*** that he'll succeed. 그가 성공하는 것은 불가능한 일이 아니다.

위와 같은 진술에 a와 철자가 짧은 형용사를 사용하는 경우, a 앞에 not이 온다. 철자가 긴 형용사에는 not이 a의 앞이나 뒤에 올 수 있다.

It's ***not a bad idea***. 그것은 괜찮은 생각이다.
It is ***not an unpleasant feeling***. 그것은 좋은 느낌이다.
This is ***a not unreasonable interpretation***. 이것은 합리적인 해석이다.

5 used with 'to'-infinitives(to부정사와 함께 사용하기)

〔not + to부정사〕 형식을 사용할 수 있다.

The Prime Minister has asked his ministers ***not to discuss*** the issue publicly any more.
수상은 장관들에게 그 문제를 더 이상 공개적으로 토론하지 말라고 요구했다.
I decided ***not to go in***. 나는 그곳에 들어가지 않기로 결정했다.
Be careful ***not to overdo*** it. 무리하지 않도록 조심해라!

6 'not' in contrasts(대조에 사용하는 not)

사실인 것과 사실이 아닌 것을 대조하기 위해서 두 단어나 표현을 not으로 연결할 수 있다.

The plaque confirmed that the paintings were a gift, ***not*** a bequest.
기념패는 그 그림이 유품이 아닌 선물이라는 것을 확인해 주었다.
The world can only be grasped by action, ***not*** by contemplation.
세상은 명상이 아닌 오로지 행동에 의해서만 파악할 수 있다.

마찬가지로 단어나 표현의 순서를 바꿔서 대조적인 표현을 만들 수 있다. 첫 번째 단어나 표현 앞에는 not을, 두 번째에는 but을 사용한다.

A passport was now ***not*** a right ***but*** a privilege. 여권은 이제 권리가 아니라 특권이었다.
He was caught, ***not*** by the police, ***but*** by a mob who beat him to death.
그는 경찰이 아닌 폭도에게 붙잡혀 맞아 죽었다.

7 used with sentence adverbs(문장부사와 함께 사용하기)

어떤 진술에 대해 부정적인 의견을 말할 때, **surprisingly**, **unexpectedly**, **unusually** 등의 문장부사를 not과 함께 사용할 수 있다.

Not surprisingly, the Council rejected the suggestion. 놀랄 일도 아니지만, 위원회에서 그 제안을 거부했다.
Not unexpectedly, the revelation caused enormous interest. 예상대로 그 폭로는 많은 관심을 불러일으켰다.
I find that ***not unusually*** a patient feels trapped or victimized by life.
나는 환자가 자신이 함정에 빠져 있거나 인생의 희생자라고 느낀다는 것을 흔히 발견한다.

8 'not all'

〔not + all · every-〕 형식은 문장의 주어로 사용한다. 예를 들면, '모든 뱀이 독을 갖고 있는 것은 아니다.'는 Some snakes are not poisonous. 대신 ***Not all*** snakes are poisonous.라고 한다.

Not all the houses we get offered have central heating. 우리에게 제공되는 모든 집이 중앙 난방이 되는 것은 아니다.
Not everyone agrees with me. 모두가 내 의견에 동의하는 것은 아니다.

9 'not only'

두 단어나 단어군을 연결할 때, 〔not only...but (also)〕 형식을 자주 사용한다.

➲ 위의 용법에 대한 설명은 Usage 표제어 not only 참조.

---

notable

➲ Usage 표제어 noticeable – notable 참조.

nothing

1 'nothing'

nothing은 '하나도 없는 것' 또는 '어떤 것의 일부분도 아닌 것'이라는 뜻이다. nothing이 주어인 경우, 단수동사를 사용한다.

Nothing ***is*** happening. 아무 일도 일어나지 않고 있다.

Nothing ***has*** been discussed. 아무것도 논의되지 않았다.

> 주의 nothing 뒤에는 보통 not 등의 다른 부정어를 사용하지 않는다. 예를 들면, ~~Nothing didn't happen.~~이 아닌 **Nothing *happened*.**라고 한다. 마찬가지로, '나는 아무 소리도 듣지 못했다.'는 ~~I couldn't hear nothing.~~이 아닌 **I couldn't hear *anything*.**이라고 한다.
>
> I did not say ***anything***. 나는 아무 말도 하지 않았다.
>
> He never seemed to do ***anything*** at all. 그는 전혀 아무것도 하지 않은 듯했다.

2 'nothing but'

〔nothing but + 명사구 · 원형부정사〕 형식은 '오직'이라는 뜻을 나타낸다. 예를 들면, '냉장고 안에 오직 치즈 한 조각만이 있었다.'는 **In the fridge there was only a piece of cheese.** 대신 **In the fridge there was *nothing but* a piece of cheese.**라고 한다.

For a few months I thought and talked of ***nothing but*** Jeremy.
나는 몇 달 동안 제러미에 대해서만 생각하고 이야기했다.

He did ***nothing but*** complain. 그는 그저 불평만 할 뿐이었다.

notice

notice는 명사나 동사로 사용할 수 있다.

1 used as a noun(명사로 사용하기)

notice는 정보를 주거나 지시를 하는 공공장소의 '표지판'이라는 뜻이다.

There was a ***notice*** on the lift saying it was out of order. 고장이라고 쓰인 안내문이 엘리베이터에 있었다.

2 'note'

짧은 내용의 격식을 차리지 않은 편지를 가리킬 때는 notice가 아닌 note를 사용한다.

I shall have to write a ***note*** to Eileen's mother to explain her hurt arm.
나는 아일린의 어머니에게 그녀의 다친 팔에 대해 설명하는 편지를 써야 할 것이다.

3 'take notice'

take notice of는 사람이나 사물에 '주의를 기울이다'라는 뜻이다.

I'll make her ***take notice of*** me. 나는 그녀가 나에게 관심을 갖게 만들 것이다.

Police officers taught residents to ***take notice of*** suspicious activities and unfamiliar cars and faces.
경찰관은 지역 주민들에게 수상한 행동이나 낯선 차량들과 사람들을 주의하라고 알려 주었다.

다른 사람이나 어떤 것에 주의를 기울이지 않는 경우, take no notice of나 do not take any notice of를 사용한다.

Her mother ***took no notice of*** her weeping. 그녀의 어머니는 그녀가 울고 있는 것을 본체만체했다.

They refused to ***take any notice of*** one another. 그들은 서로에게 관심을 갖는 것을 거부했다.

4 'notice' used as a verb(동사로 사용하는 notice)

어떤 것을 인식하게 되는 경우에는 take notice of가 아닌 notice를 사용한다.

I've ***noticed*** your hostility towards him. 나는 그에 대한 당신의 적대감을 눈치챘다.

He ***noticed*** two grey trucks parked near his house.
그는 자신의 집 근처에 두 대의 회색 트럭이 주차되어 있는 것을 알아챘다.

noticeable – notable

1 'noticeable'

noticeable은 무언가가 크거나 명백하여 '쉽게 알아볼 수 있는'이라는 뜻이다.

There has also been a ***noticeable*** increase in the number of people seeking counselling and psycho-therapy.
상담과 심리 치료를 받으려는 사람들의 숫자도 현저하게 증가하는 추세를 보이고 있다.

I experienced no ***noticeable*** ill effects. 나는 악영향을 크게 경험하지 않았다.

2 'notable'

notable은 중요하거나 '주목할 만한'이라는 뜻으로, 이는 상당히 격식을 차린 단어이다.

His most ***notable*** journalistic achievement was to bring out his own paper.
신문 기자로서 그의 가장 뛰어난 업적은 자신의 신문을 창간할 수 있었던 것이었다.

With a few ***notable*** exceptions, doctors are a pretty sensible lot.
몇몇 주목할 만한 예외를 제외하고 의사들은 아주 지각 있는 사람들이다.

not only

1 used with 'but' or 'but also'(but이나 but also와 함께 사용하기)

사물, 행위, 상황을 가리키는 두 단어나 단어군을 연결할 때, **not only**를 사용한다. (**not only** + 첫 번째 단어 · 단어군 + **but** (**also**) + 두 번째 단어 · 단어군) 형식을 사용한다. 보통 **but also** 뒤의 단어나 단어군이 **not only** 뒤의 단어나 단어군보다 더 놀랍거나, 보다 더 많은 정보를 주거나, 더 중요한 내용을 나타낸다.

The government radio ***not only*** reported the demonstration, ***but*** announced it in advance.
정부 라디오 방송은 시위가 일어난 것을 방송하기도 했지만, 일어날 것을 예측하여 발표하기도 했다.

Some parents are ***not only*** concerned with safety ***but also*** sceptical of the educational value of such trips.
일부 학부모는 그와 같은 여행의 안전 문제를 걱정하고 있을 뿐만 아니라, 그것의 교육적 가치에 대해서도 회의적이다.

We are interested in assessing ***not only*** what the children have learnt ***but*** how they have learnt it.
우리는 어린이들이 무엇을 배워 왔는가에 대한 것뿐만 아니라, 어떤 방법으로 그것을 배워 왔는가에 대한 평가에도 관심이 있다.

2 used with a pronoun(대명사와 함께 사용하기)

동사로 시작하는 단어군을 연결할 때, **but**이나 **but also**를 생략하고 대신 인칭대명사를 사용한다. 예를 들면, '마거릿은 그 파티에 왔을 뿐만 아니라 숙모도 데려왔다.'는 **Margaret not only came to the party but brought her aunt as well.** 대신 **Margaret not only came to the party, *she* brought her aunt as well.**이라고 한다.

Imported taps ***not only*** provide more variation, ***they*** are often more attractively designed.
수입산 수도꼭지는 종류가 더 다양할 뿐만 아니라 종종 더 멋지게 디자인되어 있다.

Her interest in your work has ***not only*** continued, ***it*** has increased.
당신의 일에 대한 그녀의 관심은 계속되고 있을 뿐만 아니라 더 커져가고 있다.

3 putting 'not only' first(not only를 문장의 처음에 사용하기)

not only가 문장의 처음에 와서 내용을 강조할 수 있는데, 이때 (**not only** + 조동사 · **be**동사 + 주어 + 본동사) 형식을 사용한다.

Not only did they send home substantial earnings, but they also saved money.
그들은 상당한 돈을 집에 보냈을 뿐만 아니라 저축까지 했다.

Not only do they rarely go on school outings, they rarely, if ever, leave Brooklyn.
그들은 학교 소풍을 거의 가지 않을 뿐만 아니라, 좀처럼 브루클린을 떠나지 않는다.

주어가 다른 두 절을 **not only...but also**로 연결하는 경우, **not only**는 문장의 처음에 와야 한다.

Not only were ***the locals*** all old, but ***the women*** still dressed in long black dresses.
지역 주민들은 모두 나이가 많았을 뿐만 아니라, 여자들은 여전히 긴 검정색 드레스를 입고 있었다.

Not only were ***the instruments*** unreliable, ***the crew*** had not flown together before.
계기를 믿을 수 없었을 뿐만 아니라 승무원들도 함께 비행한 경험이 없었다.

4 'not just'

때때로 **not only** 대신 **not just**를 사용한다.

It is ***not just*** the most fashionable but also one of the best restaurants in the West End.
그곳은 가장 세련될 뿐만 아니라, 웨스트엔드의 가장 좋은 식당 중의 하나이기도 하다.

I want to see more and more people ***not just*** voting in polling stations, but formulating the policies of the political parties.
나는 더욱더 많은 사람들이 투표소에서 투표할 뿐만 아니라, 많은 사람들이 정당들의 정책을 만드는 데 참여하는 것을 보고 싶다.

not just는 형용사, 명사, 구, 분사 앞에만 사용할 수 있으며 동사 앞에는 사용하지 않는다.

---

notorious

Usage 표제어 **famous – well-known – notorious – infamous** 참조.

---

now

1 'now'

now는 현재의 상황을 이전의 상황과 대조할 때 사용한다.

She gradually built up energy and is ***now*** back to normal.
그녀는 점점 에너지를 충전해서 지금은 정상적인 상태로 돌아왔다.

He knew ***now*** that he could rely completely on Paul Irving.
그는 이제 폴 어빙에게 전적으로 의존할 수 있다는 사실을 알았다.

Now he felt safe. 이제 그는 안전하다고 느꼈다.

2 'right now' and 'just now'

상황이 미래에 변할 수도 있지만 현재 어떤 상황이 존재한다고 할 때, 회화에서는 **right now**나 **just now**를 사용한다.

The new car market is in chaos ***right now***. 새 자동차 시장은 지금 혼돈 상태이다.

I'm awfully busy ***just now***. 나는 지금 매우 바쁘다.

어떤 일이 지금 일어나고 있다는 것을 강조할 때에도 **right now**를 사용한다.

The crisis for forests in many countries is occurring ***right now***.
바로 지금 많은 나라에서 삼림의 위기가 발생하고 있다.

어떤 일이 방금 전에 일어났다고 할 때, **just now**를 사용한다.

Did you feel the ship move ***just now***? 당신은 방금 전에 배가 움직이는 것을 느꼈습니까?

I told you a lie ***just now***. 나는 방금 전에 당신에게 거짓말을 했다.

어떤 일이 지연되지 않고 지금 곧바로 일어나게 될 것이라고 할 때, **now**나 **right now**를 사용한다.

He wants you to come and see him ***now***, in his room. 그는 당신이 지금 곧바로 자신의 방에 와서 만나기를 원한다.

I guess we'd better do it ***right now***. 나는 우리가 그것을 지금 곧바로 하는 것이 좋다고 생각한다.

ℹ 격식을 차린 글에서는 right now나 just now를 사용하지 않는다.

---

nowadays

nowadays는 과거와 현재의 시간, 즉 '요즘'이라는 뜻이다.

Life is so complicated ***nowadays***. 요즘에는 삶이 너무 복잡하다.

Why don't we ever see Jim ***nowadays***? 왜 우리는 요사이에 짐을 만날 수 없는가?

ℹ nowadays는 형용사가 아닌 부사이기 때문에 명사 바로 앞에 사용하지 않는다. 예를 들면, '요즘 아이들'은 nowadays children이라고 하지 않는다. 그러나 명사 바로 뒤에는 nowadays를 사용할 수 있다. 예를 들면, '요즘 아이들은 훨씬 더 많은 돈을 가지고 있다.'는 Children *nowadays* have much more money.라고 한다.

Kid *nowadays* are lazy. 요즘 아이들은 게으르다.

People *nowadays* have much greater expectations about their rights.
요즘 사람들은 자신들의 권리에 대해 훨씬 더 큰 기대를 하고 있다.

---

nowhere

어떤 일이 일어나거나 일어날 수 있는 장소가 없다고 할 때, **nowhere**를 사용한다.

There's *nowhere* for either of us to go. 우리 둘 다 아무 데도 갈 곳이 없다.

There was *nowhere* to hide. 숨을 곳이 아무 데도 없었다.

때때로 nowhere를 강조하기 위해 문장의 처음에 사용하는 경우, 〔nowhere + be동사 · 조동사 + 주어〕 형식을 사용한다.

Nowhere is language a more serious issue than in Hawaii.
하와이에서보다 언어가 더 심각한 문제가 되고 있는 곳은 어디에도 없다.

Nowhere have I seen any serious mention of this.
나는 이것에 대해 진지하게 언급하고 있는 것을 어디에서도 본 적이 없다.

> **주의** 보통 nowhere는 다른 부정어를 함께 사용하지 않는다. 예를 들면, '나는 그녀를 어디에서도 찾을 수 없었다.'는 ~~I couldn't find her nowhere.~~가 아닌 **I couldn't find her *anywhere*.**라고 한다.
>
> I changed my mind and decided not to go *anywhere*. 나는 마음을 바꿔서 어디에도 가지 않기로 결심했다.

---

number

1 'a number of'

a number of는 사물이나 사람이 '많은'이라는 뜻으로, 주어일 경우 복수동사를 사용한다.

A number of key issues *remain* unresolved. 많은 주요 쟁점이 아직 해결되지 않은 상태로 남아 있다.

An increasing number of women *are* taking up self-defence. 점점 더 많은 여자가 자기 방어를 하고 있다.

2 'the number of'

the number of는 특정한 종류의 사람이나 사물의 실제 수를 나타낼 때 사용하며, 주어인 경우 단수동사를 사용한다.

In the last 30 years, *the number of* electricity consumers *has* risen by 50 per cent.
지난 30년간 전기를 사용하는 사람들의 수가 50퍼센트 증가했다.

a number of나 **the number of**에 **large**나 **small**과 같은 형용사를 사용할 수 있다.

His private papers revealed little of interest except *a large number of* unpaid bills.
아주 많은 양의 미지급 청구서를 제외하고, 그의 개인 문서는 관심을 끌 만한 것이 거의 없었다.

The small number of samples involved precludes drawing any strong statistical correlation from the results.
(조사에) 포함된 표본의 수가 적어서 그 결과로부터 어떠한 유력한 통계적 상관관계도 이끌어내기가 힘들다.

그러나 위와 같은 문장에서 **big**이나 **little**은 사용하지 않는다.

O o

obedience

지시받은 것을 실행하고 쉽게 통제되는 사람을 말할 때 사용하는 단어는 다음과 같다.

acquiescent	compliant	docile	obedient	servile
slavish	submissive	subservient	tame	

1 indicating approval(동의의 표현)

특히 엄격한 권위 하에 있는 아이들이나 사람들에 대해 말하는 경우, **obedient**는 일반적으로 동의를 나타낸다.

She was, on the whole, an ***obedient*** little girl. 그녀는 대체로 말을 잘 듣는 어린 여자 아이였다.

Everyone ought to do military training. It would do them good and make them ***obedient***.
누구나 군사 훈련을 받아야 한다. 그것은 사람들에게 도움이 되고 규율을 잘 따르게 할 것이다.

acquiescent, compliant, docile, submissive는 자주 동의를 나타내기도 하지만 동의하지 않음을 부드럽게 표현할 때 사용하기도 한다.

The soldiers were grateful and ***docile***, and did not pester her.
그 군인들은 고마워하며 규율을 잘 지켰고 그녀를 귀찮게 하지 않았다.

...men who preferred their women to be ***submissive***. 자신의 여자들이 순종하는 것을 선호하는 남자들.

acquiescent와 **compliant**는 격식을 차린 단어이다.

Some children seem to be totally ***acquiescent***, always agreeing with the adult's view.
일부 아이들은 항상 어른들의 의견에 동의하여 전적으로 순종하는 것처럼 보인다.

She was fed up with being eternally ***compliant***. 그녀는 영원히 순종적이어야만 하는 것에 싫증이 났다.

2 indicating disapproval(비동의의 표현)

subservient와 **tame**은 동의하지 않음을 부드럽게 나타낸다.

His gesture of respect seemed old-fashioned and ***subservient***.
그의 존경의 표시는 고리타분하고 길들여진 것 같아 보였다.

I was too dull and ordinary a fellow, too ***tame*** for you. 나는 너무 둔하고 평범한 남자로 당신에게 너무 길들여져 있었다.

servile와 **slavish**는 동의하지 않음을 강하게 나타낸다.

For a student job he waited at table, but was demoted to washing up because his manner was not sufficiently ***servile***.
그는 아르바이트를 하려고 탁자에서 기다렸지만 그의 태도가 충분히 복종적이지 않다는 이유로 청소하는 일로 돌려졌다.

...a ***slavish*** conformity to the styles of their classmates. 급우들의 행태에 노예적인 순응.

3 animals(동물)

ℹ 인간에게 잡혀 조련되거나 길들여진 야생 동물을 말할 때, tame을 더 흔히 사용한다.

He sometimes let her play with his ***tame*** gazelle. 그는 때때로 그녀에게 길들여진 가젤과 놀도록 허락했다.

docile과 **obedient**는 동물을 묘사할 때에도 사용하며 동의를 나타낸다.

We call them wild horses, but they are ***docile***, gentle creatures.
우리는 그것들을 야생마라고 하지만 길들이기 쉽고 온순한 동물이다.

You cannot begin show jumping until your horse is ***obedient*** and supple.
당신의 말이 고분고분하고 유순해질 때까지 당신은 장애물 뛰어넘기를 시작할 수 없다.

obey

obey는 다른 사람이 무엇을 하라고 지시한 것을 하다, 즉 '복종하다'라는 뜻이다.

She wanted her daughter to ***obey*** her. 그녀는 딸이 말을 잘 듣기를 원했다.

Alfonsin issued the same order three times, but he ***was not obeyed***.
알폰신이 같은 지시를 세 번이나 내렸지만 그는 따르지 않았다.

명령이나 지시를 따르다라고 할 때도 obey를 사용한다.

In all 198 NCOs and men refused to ***obey*** orders. 198명의 하사관들과 병사들 모두 명령에 복종하기를 거부했다.

Be careful to ***obey*** the manufacturer's washing instructions. 제조업자가 명시한 방법대로 세탁하도록 주의하세요.

ⓘ 'obey to' a person / an order / an instruction이라고 하지 않는다.

object

object는 명사와 동사로 사용한다. 명사일 경우에는 [ɑ́(ː)bdʒekt, -dʒikt | ɔ́b-], 동사일 경우에는 [əbdʒékt]로 발음한다.

1 used as a noun(명사로 사용하기)

object는 고정된 모양이며 살아 있지 않은 것, 즉 '물체'라는 뜻이다.

...the shabby, black ***object*** he was carrying. 그가 나르고 있던 초라하고 검은 물체.

The icon is an ***object*** of great beauty. 그 성상(聖像)은 대단히 아름다운 물체이다.

object는 이루려고 하는 '목표' 또는 '목적'이라는 뜻도 있다.

My ***object*** was to publish a scholarly work on Peter Mourne.
나의 목표는 피터 몬에 대한 학술 연구를 출간하는 것이었다.

The ***object***, of course, is to persuade people to remain at their jobs.
그 목적은 당연히 사람들이 자신의 직장에 남도록 설득하는 것이다.

2 used as a verb(동사로 사용하기)

object to something은 어떤 일을 찬성하지 않는다는 뜻이다.

He does not ***object to*** loans in principle. 그는 원칙적으로 돈을 빌리는 것을 반대하지 않는다.

People have the opportunity to ***object to*** the proposed developments in their neighbourhood.
사람들은 지역 개발 계획에 반대를 표명할 기회가 있다.

object to doing something은 상대가 부탁한 일을 거절하다라는 뜻이다.

The women ***objected to cooking*** in the midday sun. 그 여자들은 대낮에 땡볕 아래서 요리하는 것을 거절했다.

This group ***did not object to returning***. 이 단체는 돌아가라는 지시를 거부하지 않았다.

ⓘ object to 뒤에 부정사가 아닌 -ing형을 사용한다.

가리키는 것이 명확한 경우에는 to 없이 object를 사용한다.

The men ***objected*** and the women supported their protest. 남자들은 항의를 반대했고 여자들은 지지했다.

Other authorities will still have the right to ***object***. 다른 당국은 여전히 반대할 권리를 갖고 있을 것이다.

〔object + that절〕 형식은 어떤 것에 찬성하거나 동의하지 않는 이유를 설명할 때 사용할 수 있다. 예를 들면, '그들은 내가 추가 업무를 하기를 원했지만, 이미 해야 할 일이 너무 많아서 거절했다.'는 **They wanted me to do some extra work, but I *objected that* I had too much to do already.**라고 하며, 이는 상당히 격식을 차린 용법이다.

The others quite rightly ***object that he is holding back the work***.
다른 사람들은 그가 그 일을 하기를 주저하고 있다고 아주 분명하게 반대한다.

It can be objected ***that the private sector will serve a different market***.
민간 부분이 다른 시장을 담당할 것이므로 그 일은 거부될 수 있다.

obligation – duty

1 'obligation' and 'duty'

obligation to do와 **duty to do**는 어떤 일을 해야 할 책임이 있다라는 뜻이다. 이와 같이 **obligation**과 **duty**를 사용하는 경우에 두 단어는 뜻이 같다.

The Government has an ***obligation to reverse*** the decline of this important industry.
정부는 이 중요한 산업의 쇠퇴를 되돌려야 할 책임이 있다.

Perhaps it was his ***duty to inform*** the police of what he had seen.
그가 목격했던 일을 경찰에 신고하는 것은 그의 의무였을지도 모른다.

2 'duties'

duties는 직업의 일부로 하는 일, 즉 '직무'라는 뜻이다.

She has been given a reasonable time to learn her ***duties***. 그녀에게 업무를 배우기에 적당한 시간이 주어졌다.
They also have to carry out many administrative ***duties***. 그들은 많은 행정 업무도 수행해야 한다.

i 직무는 obligations라고 하지 않는다.

oblige

oblige someone ***to do*** something은 누군가가 어떤 일을 해야 할 필요가 있다, 즉 '의무를 지우다'라는 뜻이다.

This decree ***obliges*** unions to delay strikes. 이 명령에 노동조합들은 파업을 연기해야 한다.
Security requirements ***obliged*** her to stop. 그녀는 안전의 필요성으로 중단해야 했다.

정중하게 행동하기 위해 또는 자신의 의무라고 생각해서 어떤 일을 해야 한다고 느낄 때, ***feel obliged*** to do를 사용한다.

He looked at me so blankly that I ***felt obliged*** to explain. 그가 단호하게 나를 쳐다봐서 설명해야 할 필요를 느꼈다.

> 주의 비인칭 구조에서는 **oblige**를 사용하지 않는다. 예를 들면, ~~**He looked at me so blankly that it obliged me to explain.**~~이라고 하지 않는다.

observance – observation

1 'observance'

observance는 규칙이나 습관을 지키거나 따르는 일, 즉 '준수'라는 뜻이며, 이는 상당히 격식을 차린 단어이다.

Local councils should use their powers to ensure strict ***observance*** of laws.
지역 위원회들은 법의 준수를 엄격히 따르게 하기 위해 자신들의 권력을 이용해야 한다.

2 'observation'

어떤 사람이나 사물을 주의 깊게 관찰하는 행동을 가리킬 때는 **observance**가 아닌 **observation**을 사용한다.

Stephens had crashed and was taken to hospital for ***observation***.
스티븐은 자동차 사고를 당해서 몸 상태를 살피기 위해 병원에 실려 갔다.

By far the greatest part of his work is careful ***observation*** and precise thinking.
그의 일 중에 단연코 가장 훌륭했던 부분은 세밀한 관찰과 정확한 사고이다.

obstinate

➲ Usage 표제어 **stubborn** 참조.

obtain

1 'obtain'

obtain은 원하거나 필요한 것을 '얻다'라는 뜻이다.

...my attempt to ***obtain*** employment. 직장을 구하려는 나의 시도.

He ***had obtained*** the papers during occasional visits to Berlin.
그는 가끔 베를린을 방문하는 동안에 그 서류를 손에 넣었었다.

2 'get'

obtain은 격식을 차린 단어로, 일반적으로 회화에서는 사용하지 않고 대신 get을 사용한다.

I ***got*** a job at the sawmill. 나는 제재소에 일자리를 얻었다.

He had been having trouble ***getting*** a hotel room. 그는 호텔 방을 잡는 데 어려움을 겪고 있었다.

글에서 obtain은 수동형으로 자주 사용한다.

All the above items ***can be obtained*** from Selfridges. 위의 모든 물품은 셀프리지스에서 구입할 수 있다.

You need to know where this kind of information ***can be obtained***.
당신은 이러한 정보를 어디서 얻을 수 있는지 알아 둘 필요가 있다.

ℹ 수동형 문장에서는 보통 get이 아닌 obtain을 사용한다. 예를 들면, '지도는 여행 안내소에서 얻을 수 있다.'는 ~~Maps can be got from the Tourist Office.~~가 아닌 Maps ***can be obtained*** from the Tourist Office.라고 하며, 회화에서는 ***You can*** get maps from the Tourist Office.라고 한다.

---

obvious

obvious는 어떤 것을 '쉽게 볼 수 있거나 이해할 수 있는'이라는 뜻이다.

It was painfully ***obvious*** that I knew very little about it. 내가 그것에 대해 거의 알지 못한 것은 너무도 명백한 사실이었다.

For ***obvious*** reasons, I preferred my house to his. 명백한 이유로 나는 그의 집보다 내 집을 선호했다.

be ***obvious to*** someone은 어떤 것이 누군가에게 명백하다라는 뜻이다.

The reasons are ***obvious to*** all of us. 그 이유는 우리 모두에게 명백하다.

It must have been ***obvious to*** everyone in Bristol what was happening.
브리스틀에 살고 있는 모든 사람들은 무슨 일이 일어나고 있는지 명백히 알고 있음에 틀림없다.

ℹ 위와 같은 문장에서 obvious 뒤에 to 이외의 다른 전치사를 사용하지 않는다.

---

occasion – opportunity – chance

1 'occasion'

occasion은 '특정한 일 또는 상황이 일어난 때'라는 뜻이다.

I remember the ***occasion*** vividly. 나는 그때를 생생하게 기억한다.

There are ***occasions*** when you must refuse. 당신이 거절해야 할 때가 있기 마련이다.

on a particular occasion은 특정한 때라는 뜻이다.

I think it would be better if I went alone ***on this occasion***. 이번에 나 혼자 간다면 더 좋을 거라고 생각한다.

I met him only ***on one occasion***. 나는 그를 딱 한 번 만났다.

occasion은 중요한 '행사', '의식', '축하 행사'라는 뜻도 있다.

It was a fitting conclusion to a memorable ***occasion***. 그것은 기억할 만한 행사에 알맞은 마무리였다.

They have the date fixed for the big ***occasion***. 그들은 큰 행사를 거행할 날짜를 정했다.

2 'opportunity' and 'chance'

어떤 일을 하기에 가능한 상황을 가리킬 때는 occasion이 아닌 opportunity나 chance를 사용한다.

I am very grateful to have had the ***opportunity*** of working with Paul. 나는 폴과 함께 일하게 되어서 대단히 기쁘다.

She put the phone down before I had a ***chance*** to reply. 그녀는 내가 대답하기도 전에 전화를 끊었다.

➲ Usage 표제어 opportunity와 chance 참조.

occasionally

➲ Grammar 표제어 Adjuncts의 frequency 참조.

occupation

➲ Usage 표제어 work 참조.

occur

occur는 어떤 사건이 '일어나다'라는 뜻이다.

The accident *occurred* at 8:40 a.m. 그 사고는 오전 8시 40분에 일어났다.
There is a revolution *occurring* in how people manage their money.
사람들이 자신의 돈을 관리하는 방법에 대한 혁신이 일어나고 있다.
Mistakes are bound to *occur*. 실수는 반드시 일어난다.

그러나 계획하지 않은 일에 대해 말할 때는 **occur**만 사용하는데, 이는 상당히 격식을 차린 표현이다. 회화에서는 보통 **happen**을 사용한다.

You might have noticed what *happened* on Tuesday. 당신은 화요일에 무슨 일이 일어났는지 알아차렸는지도 모른다.
A curious thing *has happened*. 이상한 일이 일어났다.

➲ Usage 표제어 happen 참조.

ℹ 계획한 일이 일어나다라고 할 때는 occur나 happen이 아닌 take place라고 한다.

The first meeting of this committee *took place* on 9 January. 이 위원회의 첫 회의는 1월 9일에 열렸다.
These lessons *took place* twice a week. 이러한 강의는 일주일에 두 번씩 열렸다.

어떤 일에 영향을 받는다고 할 때는 **occur to**가 아닌 **happen to**를 사용한다. 예를 들면, '나는 제인에게 무슨 일이 일어났는지 궁금하다.'는 ~~**I wonder what's occurred to Jane.**~~이 아닌 **I wonder what's *happened to* Jane.**이라고 한다.

She no longer cared what *happened to* him. 그녀는 그에게 무슨 일이 있었는지 더 이상 신경을 쓰지 않았다.
It couldn't *have happened to* a nicer man. 그러한 일은 더 착한 사람에게는 일어날 수 없었다.

occurs to는 '어떤 생각이 갑자기 떠오르다'라는 뜻이다.

The idea *had* never even *occurred to* him before. 그는 전에는 그 생각이 전혀 떠오르지 않았다.
The thought *had* just *occurred to* him. 그는 방금 그 생각이 떠올랐다.

떠오른 생각이 무엇인지 말할 경우, 〔**it occurred to someone** + **that**절 · **to**부정사절〕 형식을 사용한다.

It occurred to him *that he hadn't eaten anything since the night before*.
그는 전날 저녁부터 아무것도 먹지 않았다는 것이 생각났다.
It occurred to him *to tell the colonel of the problem*. 그는 그 문제를 대령에게 말해야 한다는 생각이 떠올랐다.

of

1 possession and other relationships(소유와 다른 관계)

소유를 나타낼 때, **of**를 사용한다. **of**는 사람이나 사물 사이의 다른 관계를 나타낼 때에도 사용한다.

...the home *of a sociology professor*. 사회학 교수의 집.
...the sister *of the Duke of Urbino*. 우르비노 공작의 여동생.
At the top *of the hill* Hilary Jackson paused for breath. 언덕 꼭대기에서 힐러리 잭슨은 잠시 한숨을 돌렸다.

〔**of** + 소유격 대명사 (**mine** · **his** · **theirs** 등)〕 형식은 특정한 사람과 관련된 한 무리의 사람들이나 사물들 중 한 명을 나타낼 때 사용한다. 예를 들면, '그는 내 친구 중 한 명이다.'는 **He is one of my friends.** 대신, **He is a friend *of mine*.**이라고 한다.

He's *a very good friend of mine*. 그는 내 친구들 중에서 매우 좋은 친구이다.

I talked to *a colleague of yours* recently. 나는 최근에 당신 동료들 중 한 명과 이야기를 했다.

〔of + 소유격〕 형식을 사용한다.

...*a friend of my mother's*. 내 어머니의 친구 중 한 명.

She was *a great friend of Lorna Cook's*. 그녀는 로나 쿡의 훌륭한 친구 중 한 명이었다.

특히 미국 영어에서는 때때로 소유격에 's(아포스트로피 에스)를 생략한다.

...*a close friend of the President*. 대통령의 친한 친구.

〔this, that, these, those로 시작하는 명사구 + of + 소유격 대명사〕 형식도 때때로 사용한다.

...*this experiment of mine*. 내가 한 이 실험.

...*those brilliant shining eyes of hers*. 그녀의 그 총명하고 반짝이는 눈.

> 주의 〔of + 목적격 대명사 (me, him, them)〕 형식이 아닌 〔소유격 한정사 (my, his, their) + 명사〕 형식을 사용한다. 예를 들면, '나의 여동생'은 the sister of me 대신 my sister라고 한다.
>
> *My* sister came down the other week. 내 여동생은 지난주에 내려왔다.
>
> He had *his* hands in *his* pockets. 그는 호주머니에 손을 넣었다.
>
> ...the future of *our* society. 우리 사회의 미래.
>
> ➲ Grammar 표제어 Possessive determiners 참조.

짧은 명사구 앞에는 of 대신 's(아포스트로피 에스)나 '(아포스트로피)만 사용한다. 예를 들면, the car of my friend 대신, my friend's car라고 한다.

...*Ralph's* voice. 랠프의 목소리.

...*Mr Duffield's* sister. 더필드 씨의 여동생.

...*my colleagues'* offices. 내 동료들의 사무실.

➲ Usage 표제어 's(아포스트로피 에스) 참조.

➲ 소유에 대한 더 많은 정보는 Topic 표제어 Possession and other relationships 참조.

2 descriptions(묘사)

어떤 것을 묘사할 때 형용사와 정도부사를 사용하는 대신 〔of + 명사구〕 형식을 사용한다. 예를 들면, '어떤 일이 매우 흥미롭다.'는 something is very interesting 대신 something is *of great interest*라고 하며, 이는 다소 격식을 차린 용법이다.

It will be *of great interest* to you. 그것은 당신에게 큰 흥미를 일으킬 것이다.

The result is *of little importance*. 그 결과는 아주 사소한 것이다.

어떤 행동에 대해 의견을 말하는 경우, 〔형용사 + of + 대명사〕 형식을 사용한다. of 뒤의 대명사는 그 행동을 한 사람을 가리킨다. 예를 들면, '당신이 한 행동은 바보 같은 짓이었다.'는 That was *stupid of you.*라고 한다.

It was *brave of them*. 그들이 한 행동은 용감했다.

I'm sorry, that was *silly of me*. 미안해요, 내가 어리석은 짓을 했어요.

3 authorship(원작자)

책의 저자나 노래의 작곡자의 이름을 밝힐 때는 of가 아닌 by를 사용한다.

...the latest book *by* Hilda Offen. 힐다 오펜의 최신작.

...a collection of pieces *by* Mozart. 모차르트의 작곡집.

마찬가지로 그림을 그린 화가를 밝힐 때는 by를, 그림의 주제가 되는 특정한 사람을 나타낼 때는 of를 사용한다.

...the famous painting *by* Rubens, The Straw Hat. 루벤스가 그린 유명한 작품, 'The Straw Hat.'

...a 16th century painting *of* Henry VIII. 헨리 8세를 그린 16세기 그림.

4 location(위치)

국가, 주, 도의 수도를 나타낼 때, of를 사용한다.

...Ulan Bator, the capital *of* Mongolia. 몽골의 수도인 울란 바토르.

그러나 특정한 나라나 지역에 위치하고 있는 도시나 마을을 나타낼 때는 **of**가 아닌 **in**을 사용한다.

...an old Spanish colonial town *in* Southern Ecuador. 남부 에콰도르에 있는 오래된 스페인의 식민지 도시.
My favourite town *in* Shropshire is Ludlow. 슈롭셔에서 내가 가장 좋아하는 도시는 러들로이다.

최상급 뒤에도 **of**가 아닌 **in**을 사용한다. 예를 들면, '도쿄에서 가장 높은 빌딩'은 **the tallest building of Tokyo**가 아닌 **the tallest building *in* Tokyo**라고 한다.

Hakodate is the oldest port *in* Hokkaido. 하코다테는 홋카이도에서 가장 오래된 항구이다.
...the biggest lizards *in* the world. 세계에서 가장 큰 도마뱀들.

5 materials(재료)

문어적이거나 오래된 글에서 사물의 재료를 언급할 때, 때때로 〔of + 명사구〕 형식을 사용한다.

The walls were *of bare plaster.* 그 벽은 맨흙으로 되어 있다.
...houses *of brick and stone.* 벽돌과 돌로 지어진 집들.

---

off

off는 전치사나 부사로, 어떤 것이 물체나 표면에서 떨어지다라고 할 때 사용한다.

He took his hand *off* her arm. 그는 그녀의 팔에서 손을 뗐다.
I knocked the clock *off* the bedside table. 나는 그 시계를 협탁에서 떨어뜨렸다.
The paint was peeling *off*. 그 페인트가 벗겨지고 있었다.

어떤 장소에서 떠나다라고 할 때에도 **off**를 부사로 사용한다.

The sailors ran *off*. 그 선원들은 떠났다.
He started the motor and drove *off* immediately. 그는 차의 시동을 걸고 바로 떠났다.

---

offer – give – invite

1 'offer'

offer는 어떤 사물을 갖거나 사용할 의사가 있는지 물어볼 때 사용한다.

He *offered* me a cigarette. I shook my head. 그는 내게 담배를 권했고, 나는 고개를 저었다.

2 'give'

상대가 받을 거라고 생각하여 사물을 건네다라고 할 때는 **offer**가 아닌 **give**를 사용한다.

She *gave* Minnie the keys. 그녀는 그 열쇠들을 미니에게 주었다.
He *gave* me a red jewellery box. 그는 나에게 빨간 보석 상자를 주었다.

3 'offer to'

***offer to do* something**은 어떤 일을 기꺼이 할 의사가 있다는 뜻이다.

He *offered to take* her home in a taxi. 그는 택시로 그녀를 집까지 기꺼이 바래다줄 의향이 있었다.
I *offered to answer* any questions they might have.
나는 그들이 궁금해하는 어떤 질문에도 기꺼이 대답할 의향이 있었다.

4 'invite'

상대방이 원하는 일이라고 생각하여 권할 때는 **offer**가 아닌 **invite**를 사용한다.

I *was invited* to attend future meetings. 나는 앞으로 있을 회의에 참석하도록 초대받았다.
She never once *invited* him to sit with them. 그녀는 그에게 그들과 한자리에 앉도록 권유한 적이 한 번도 없었다.

---

officer – official – office worker

1 'officer'

officer는 군대에서 권위 있는 지위를 가진 사람, 즉 '장교'라는 뜻이다.

...a retired army ***officer***. 퇴역한 육군 장교.

officer를 다른 직종에도 사용할 수 있다.

He was arrested and charged with assaulting ***a police officer***. 그는 경찰관을 폭행한 혐의로 체포되어 기소되었다.
Suddenly the ***press officer*** came out and announced the result. 갑자기 공보관이 나타나서 그 결과를 발표했다.

2 'official'

official은 특히 정부 기관이나 노동조합에서 권위 있는 지위를 가진 사람, 즉 '간부'라는 뜻이다.

Government ***officials*** have rejected calls for international intervention.
정부 당국자들은 국제 중재 요청을 거부해 왔다.
Management and union ***officials*** agreed to go to the Labour Relations Commission today.
회사 운영진과 노조 간부들은 오늘 노동 관계 위원회에 회부하기로 합의했다.

3 'office worker'

사무실에서 일하는 사람은 officer나 official이 아닌 office worker라고 한다.

Office workers have been found to make more mistakes when distracted by traffic noise.
사무실 직원들이 차량 소음 속에서 일할 때 더 많은 실수를 한다는 사실을 발견했다.

---

often

often은 어떤 일이 '자주' 일어날 때 사용한다.

1 position in clause(문장 속에서 often의 위치)

- **조동사가 없는 경우, be동사가 없으면 often은 동사 앞에 오고, be동사가 있으면 often은 be동사 뒤에 온다.**

  We ***often get*** very cold winters here. 우리는 자주 이곳에서 매우 추운 겨울을 보낸다.
  They ***were often*** hungry. 그들은 자주 배가 고팠다.

- **조동사가 있는 경우, often은 조동사 뒤에 온다.**

  She ***has often spoken*** of the individual's 'right to choose'. 그녀는 개인의 '선택할 권리'에 대해 자주 말해 왔다.
  He ***had often pointed*** this out to Lucy. 그는 루시에게 이것을 자주 지적했다.

- **한 개 이상의 조동사가 있는 경우, often은 첫 번째 조동사 뒤에 온다.**

  The facts ***had often been distorted***. 그 사실은 자주 왜곡되었다.
  It's a word you ***must often have come across***. 그것은 당신이 문득 떠올려 본 적이 있는 단어이다.

- **문장이 상당히 짧은 경우, often은 문장의 끝에 온다.**

  He's in London ***often.*** 그는 런던에 자주 체류한다.
  He could see Gertrude ***often.*** 그는 거트루드를 자주 만날 수 있었다.

- **글에서 긴 문장의 처음에는 often이 오기도 한다.**

  Often in the evening the little girl would be clutching at my knees while I held the baby.
  저녁에 내가 아기를 안고 있는 동안 어린 소녀는 자주 내 무릎을 움켜쥐곤 했다.

> 주의 짧은 시간 내에 어떤 일이 여러 번 일어나는 것을 말할 때는 **often**을 사용하지 않는다. 예를 들면, '나는 어제 그녀에게 여러 번 전화를 했다.'는 ~~I often phoned her yesterday.~~가 아닌 **I phoned her *several times* yesterday.**나 **I *kept phoning* her yesterday.**라고 한다.
>
> That fear was expressed ***several times*** last week. 그 공포감은 지난주에 몇 차례 표출되었다.
> Rather than correct her, I ***kept trying*** to change the subject.
> 나는 그녀의 잘못을 고쳐 주기보다 오히려 계속해서 그 주제를 바꾸려 했다.
>
> ➲ 빈도를 나타낼 때 사용하는 단어의 분류 목록은 **Grammar** 표제어 **Adjunct**의 **frequency** 참조.

2 other used of 'often'(often의 다른 용법)

어떤 일이 일어나거나 일어났던 횟수를 물어볼 때, how often을 사용한다.

How often do you need to weigh the baby? 얼마나 자주 아기의 몸무게를 재야 합니까?

How often have you done this programme? 당신은 프로그램을 얼마나 자주 시행했습니까?

많은 사람들이 어떤 일을 한 번만 하거나, 여러 사람들에 대해 어떤 것이 사실이라고 할 때에도 **often**을 사용할 수 있다.

People *often* asked me why I didn't ride more during the trip.
사람들은 내가 여행할 때 차를 타고 다니지 않는 이유를 자주 물었다.

Old people *often* don't like raw cabbage. 노인들은 보통 생 양배추를 싫어한다.

---

old

1 'old'

사람이나 사물의 나이를 말할 때 **old**를 가장 흔히 사용한다. 예를 들면, **someone is forty years *old***는 누군가의 나이가 40세이다라는 뜻이다.

The Law required witnesses to *be* at least *fourteen years old*.
법률 규정에 의하면 증인이 될 수 있는 자격은 적어도 14세 이상이어야 한다.

...bone fragments which *are three-and-a-half million years old*. 3백5십만 년이 된 뼛조각들.

old는 사람을 묘사하는 데도 사용할 수 있다. 예를 들면, '40세의 남자'는 **a forty-years-old man**이 아닌 **a *forty-year-old* man**이라고 한다.

...*a sixty-year-old man*. 60세의 남자.

Sue lives with *her five-year-old son* John in the West Country. 수는 다섯 살 난 아들 존과 웨스트컨트리에 살고 있다.

'40세의 남자'는 **a man of forty**라고도 하며, **a man of forty years old**라고는 하지 않는다.

Mary is *a tall, strong woman of thirty*. 메리는 키가 크고 힘이 센 30세의 여성이다.

Actually, he doesn't look bad for *a man of 62*. 사실 그는 62세 남자임에도 늙어 보이지 않는다.

➲ 그 밖의 나이를 표현하는 방법은 **Topic** 표제어 **Age** 참조.

2 asking about age(나이 물어보기)

사람이나 사물의 나이를 물어보는 경우, **how old**를 사용한다.

'*How old* are you?' – 'I'll be eight next year.' "몇 살이니?' – '내년에 여덟 살 돼요."

'*How old* is the Taj Mahal?' – 'It was built about 1640, I think.'
"타지마할은 언제 건립되었습니까?" – "약 1640년에 지어졌을 겁니다."

3 'older' and 'oldest'

old의 비교급은 **older**이고, 최상급은 **oldest**이다.

Harriet was ten years *older* than I was. 해리엇은 나보다 열 살이 더 많았다.

It claims to be the *oldest* insurance company in the world. 그 회사는 세계에서 가장 오래된 보험 회사라고 주장한다.

그러나 때때로 **elder**와 **eldest**를 사용하기도 한다.

➲ 자세한 설명은 **Usage** 표제어 **elder** 참조.

4 another meaning of 'old'(old의 다른 뜻)

나이가 많은 사람을 묘사할 때에도 **old**를 사용한다.

...a little *old* lady. 작은 노부인.

He was emaciated and he looked really *old*. 그는 야위고 정말로 늙어 보였다.

5 'elderly' and 'aged'

old의 위와 같은 용법은 때때로 무례하게 들리기도 하여 더 정중한 표현인 **elderly**를 사용한다.

I keep house for my *elderly* mother. 나는 연세가 드신 모친을 위한 집을 가지고 있다.

Like many *elderly* people, Mrs Carstairs could remember voices better than she did faces.
카스테어즈 부인은 많은 노인들처럼 얼굴보다 음성을 더 잘 기억할 수 있었다.

노인들을 자주 **the elderly**나 **the aged**로 표현한다.

...organizations which help ***the elderly***. 노인들을 돕는 기관들.

Hospital food seldom caters for the special needs of ***the aged***.
병원 음식은 좀처럼 노인들의 입맛에 맞게 제공되지 않는다.

ℹ 위와 같이 aged를 사용하는 경우 [eidʒd]라고 발음한다. 일반적으로는 [eidʒid]라고 발음하는데, children aged five(다섯 살 난 아이들)가 그 예이다.

6 old friends and old enemies(오랜 친구와 숙적)

old friend는 오랫동안 사귄 친구, **old enemy**는 오래전부터의 원수, 즉 '숙적'이라는 뜻이다. 이 경우에 꼭 나이 든 사람을 지칭하지는 않는다.

Some of the lads had taken the opportunity to visit ***old*** friends.
일부 사내아이들에게는 오랜 친구들을 방문할 기회가 주어졌었다.

He realized that the leader was an ***old*** enemy of his. 그는 그 지도자가 자신의 숙적이라는 사실을 알게 되었다.

7 'old' used to describe objects(사물을 묘사할 때 사용하는 old)

an *old* building/object는 오래전에 지은 건물이나 만들어진 사물이라는 뜻이다.

...a massive ***old*** building of crumbling red brick. 무너져 가는 빨간 벽돌로 된 오래된 큰 건물.

...wardrobes full of ***old*** clothes. 오래된 옷으로 꽉 찬 옷장들.

8 'ancient'

매우 오래된 건물이나 사물을 나타낼 때, **ancient**를 사용한다.

...the restoration of their ***ancient*** halls and manors. 그들의 오래된 저택과 장원(莊園)의 복원.

They discovered an ***ancient*** manuscript hidden in a chimney. 그들은 굴뚝에 숨겨져 있던 고문서를 발견했다.

매우 오래전에 살았던 사람을 나타낼 때에도 **ancient**를 사용한다.

The number zero was unknown to the ***ancient*** Greeks and Romans.
숫자 0은 고대 그리스인과 로마인에게 알려지지 않은 숫자였다.

We know the ***ancient*** Egyptians were keen flower arrangers.
우리는 고대 이집트인들이 꽃꽂이 연구가를 갈망했다는 사실을 알고 있다.

9 'old' used to mean 'former'(former의 뜻으로 사용하는 old)

old는 때때로 '전(前)'이라는 뜻으로 사용한다.

Mark was heartbroken when Jane returned to her ***old*** boyfriend.
마크는 제인이 전 남자 친구와 다시 사귀자 상심했다.

I still have affection for my ***old*** school. 나는 아직도 예전 학교에 대한 애착을 갖고 있다.

---

on

1 used to say where something is(사물의 장소 · 위치를 말할 때 사용하기)

on은 일반적으로 전치사로 사용한다. 사람이나 사물을 지탱하는 물체나 표면을 언급해서 위치를 나타낼 때, **on**을 사용한다.

When I came back, she was just sitting ***on*** the stairs. 내가 돌아왔을 때 그녀는 계단 위에 그냥 앉아 있었다.

There was a photograph of a beautiful girl ***on*** Daintry's desk.
데인트리의 책상 위에 아름다운 여자 아이 사진이 있었다.

사람이나 사물의 위치를 나타내는 방법으로 **on**을 사용한다. 예를 들면, 일하거나 사는 농장, 건축 부지, 주택 단지 등의 토지를 언급할 때 **on**을 사용한다.

Not many girls today want to live ***on*** a farm. 오늘날은 농장에서 살기를 원하는 여자들이 많지 않다.

...a labourer who worked ***on*** my father's building site. 내 아버지 소유의 건축 부지에서 일했던 노동자.

어떤 것이 존재하거나 발생한 섬을 언급할 때에도 **on**을 사용한다.

This plant is now found only ***on*** Lundy in the Bristol Channel. 이 식물은 현재 브리스틀 해협 룬디 섬에서만 발견된다.
I was born ***on*** Honshu, the main island. 나는 본토인 혼슈에서 태어났다.

⊙ 사물의 위치를 나타낼 때 보통 **in**이나 **at**을 사용한다. **Usage** 표제어 **in**과 **at** 참조.

2 used to say where something goes(사물의 방향을 말할 때 사용하기)

사람이나 사물이 어디에 떨어지거나 놓였는지를 나타낼 때, **on**을 사용한다.

He fell ***on*** the floor. 그는 바닥에 넘어졌다.
I put a hand ***on*** his shoulder. 나는 그의 어깨에 손을 얹었다.

onto는 **on**과 비슷한 방식으로 사용한다.

⊙ **Usage** 표제어 **onto** 참조.

버스, 기차, 배를 타다라고 할 때, **get on**을 사용한다.

George ***got on*** the bus with us. 조지는 우리와 같이 버스를 탔다.

⊙ 더 많은 정보는 **Usage** 표제어 **go into** 참조.

3 used to talk about time(시간을 말할 때 사용하기)

something happens *on* a particular day/date는 어떤 일이 특정한 날이나 요일에 일어나다라는 뜻이다.

She intended to come to see the play ***on*** the following Friday.
그녀는 그 다음 주 금요일에 그 연극을 보러 오려고 했다.
Caro was born ***on*** April 10th. 카로는 4월 10일에 태어났다.

⊙ 더 많은 정보는 **Topic** 표제어 **Days and dates** 참조.

어떤 일이 일어난 후에 바로 다른 일이 일어나다라고 할 때, **on**을 사용할 수 있다. 예를 들면, **something happens *on* someone's arrival**은 누군가가 도착한 후에 바로 어떤 일이 일어나다라는 뜻이다.

'It's so unfair,' Clarissa said ***on*** her return. "그것은 매우 불공평해요."라고 클라리사가 돌아오자마자 말했다.

4 subject of book(책의 주제)

책의 주제가 무엇인지 말할 때, **on**이나 **about**을 사용한다.

...a book ***on*** astronomy. 천문학에 관한 책.
...his book ***about*** the First World War. 제1차 세계 대전에 관한 그의 책.

> 주의 그러나 소설이나 연극 등의 창작물이 어떤 것을 다루는지를 말할 때는 **on**이 아닌 **about**을 사용한다. 예를 들면, '**Coral Island**는 무인도에 살고 있는 세 소년에 대한 소설이다.'는 ~~**The Coral Island is on three boys on a desert island.**~~가 아닌 **The Coral Island is *about* three boys on a desert island.**라고 한다.
>
> Ultimately, this is a novel ***about*** ethics. 이것은 궁극적으로 윤리에 관한 소설이다.
> ...a story ***about*** growing up. 성장기에 관한 이야기.

5 used as an adverb(부사로 사용하기)

on은 때때로 부사로 사용하기도 한다. 일반적으로 어떤 일이 계속 일어나거나 이루어지다라고 할 때, **on**을 사용한다.

His spirit lives ***on***. 그의 정신은 살아 있다.
She plodded ***on***, silently thinking. 그녀는 조용히 생각하면서 터벅터벅 걸어갔다.
I flew ***on*** to California. 나는 비행기를 타고 캘리포니아로 갔다.

---

once

1 used to mean 'only one time'(only one time의 뜻으로 사용하기)

something happens *once*는 어떤 일이 단 한 번 일어나다라는 뜻이다.

I've been out with him ***once***, that's all. 나는 그를 단 한 번 만난 것뿐이다.

I have never forgotten her, though I saw her only ***once***. 나는 그녀를 딱 한 번 보았음에도 불구하고 결코 잊을 수 없었다.

once가 위와 같은 뜻일 경우, once는 일반적으로 절의 끝에 온다.

2 used to talk about the past(과거를 말할 때 사용하기)

어떤 일이 과거의 불특정한 시기에 일어났다고 할 때에도 once를 사용한다.

I ***once*** investigated this story and it seems to be wholly untrue.
나는 이전에 이 이야기를 조사했는데 전부 거짓인 것 같다.

'***Once*** I saw a shooting star here,' Jeffrey says. "나는 이전에 이곳에서 유성을 보았어."라고 제프리가 말한다.

once가 위와 같은 뜻일 경우, 일반적으로 동사의 앞이나 절의 앞에 온다.

어떤 일이 과거에는 사실이었지만 더 이상 사실이 아니라고 할 때에도 once를 사용한다.

He had ***once*** been a big star but now he was finished. 그는 한때 유명인이었지만 더 이상 주목받지 못했다.

These carvings were ***once*** brightly coloured. 이 조각품들은 한때 밝은 색이었다.

She was in the trade herself ***once***. 그녀는 한때 무역업에 종사했다.

once가 위와 같은 뜻일 경우, be동사나 조동사의 뒤, 또는 절의 끝에 온다.

> 주의 미래의 일을 나타낼 때는 once를 사용하지 않는다. 먼 미래의 일에 대해서는 **one day,** 아주 가까운 미래의 일에 대해서는 **sometime**을 사용한다.
>
> ***One day***, you'll be very glad we stopped you. 당신은 언젠가 우리가 당신을 막은 것을 매우 고마워할 것이다.
>
> I'll give you a ring ***sometime***. 나는 머지않아 당신에게 전화를 할 것입니다.

3 'at once'

어떤 일을 즉시 하다라는 뜻을 나타낼 때, at once를 사용한다.

She stopped playing ***at once***. 그녀는 노는 것을 즉시 멈추었다.

I knew ***at once*** that something was wrong. 나는 뭔가가 잘못되었다는 것을 즉시 알았다.

---

one

1 used in front of a noun(명사 앞에 사용하기)

one은 '숫자 1'을 뜻한다. 명사 앞에서 사람이나 사물이 하나라는 것을 강조할 때, one을 사용한다.

He balanced himself on ***one*** foot. 그는 한 발로 섰다.

The two friends share ***one*** job. 두 친구가 하나의 일을 나눠서 하고 있다.

ⓘ 위와 같이 강조할 때에만 one을 사용한다. 그러나 보통 하나의 사물이나 사람을 말할 때는 a/an을 사용한다.

2 used instead of a noun group(명사구 대신 사용하기)

말하는 내용이 명확한 경우, a로 시작하는 명사구 대신 one을 사용할 수 있다. 예를 들면, '당신이 술 한잔 마시고 싶으면 제가 살게요.'는 If you want a drink, I'll get you a drink. 대신 If you want a drink, I'll get you *one*.이라고 한다.

Although she wasn't a rich customer, she looked and acted like ***one***.
그녀는 비록 부자 고객이 아니었지만 부자 고객처럼 보였고 그렇게 행동을 했다.

The cupboards were empty except for ***one*** at the top of the bookshelves.
그 책장의 제일 높은 곳에 있는 찬장을 제외하고 다른 찬장은 비어 있었다.

ⓘ 위와 같은 문장에서 one의 복수형은 ones가 아닌 some을 사용한다. 예를 들면, '당신이 포도를 좋아하면 제가 조금 갖다 줄게요.'는 ~~If you like grapes, I'll get you ones.~~가 아닌 If you like grapes, I'll get you *some*.이라고 한다.

The shelves contained Daisy's books, mostly novels but ***some*** on occult or mystical subjects.
그 책장들은 데이지의 책들로 차 있었는데 초자연적이고 신비한 주제의 일부 책을 제외하고는 거의 소설이었다.

We need more anti-tank helicopters. There are ***some***, but we need more.
우리는 대전차 헬리콥터가 더 필요하다. 일부는 있지만 더 많이 필요하다.

3 used instead of a noun(명사 대신 사용하기)

형용사 뒤에 명사가 올 때, 가산명사 대신 one(s)을 사용할 수 있다. 예를 들면, '나는 이 차를 오랫동안 타서 새 차 구입을 고려 중이다.'는 **I've had this car a long time, and I'm thinking of getting a new car.** 대신 **I've had this car a long time, and I'm thinking of getting *a new one*.**이라고 한다.

I got this trumpet for thirty pounds. It's quite ***a good one***. 나는 이 트럼펫을 30파운드에 샀는데 상당히 좋다.
This idea has become ***a very influential one***. 이 아이디어는 대단한 영향력을 미치게 되었다.
...buying old houses and building ***new ones***. 오래된 집을 사서 새로운 집을 짓는 것.

관계사절이나 전치사구 앞의 가산명사 대신 one(s)을 사용할 수 있다.

...a slightly higher class than ***the one you were born into***. 당신이 태어난 계급보다 약간 더 높은 계급.
Could I see that map again – ***the one with lines across it***? 지도를 다시 봐도 되나요? 그 위에 줄이 쳐 있는 거요.

a를 제외한 한정사 바로 뒤에 명사가 오는 경우, 단수 가산명사 대신 one을 사용할 수 있다. 예를 들면, '이 마스크들은 내가 아프리카에 있을 때 샀다. 저 마스크는 케냐에서 산 것이다.'는 **I bought these masks when I was in Africa. That mask came from Kenya.** 대신 **I bought these masks when I was in Africa. *That one* came from Kenya.**라고 한다.

We'll have to have a small fire. ***This one's*** too big. 우리는 작은 모닥불을 피워야 하는데 이 불은 너무 크다.
He took the steel tubes and wrapped ***each one*** carefully in the sacking.
그는 쇠 파이프를 집어 조심스럽게 올이 굵은 삼베에 하나씩 포장했다.
She had a plateful, then went back for ***another one***. 그녀는 음식 한 접시를 다 먹은 후 다른 접시를 가지러 갔다.

> 주의 〔the one + of + 사람 이름〕 형식을 사용하지 않는다. 예를 들면, '이것은 나의 머그잔이고 저것은 제인의 것이다.'는 ~~This is my mug. That's the one of Jane.~~이 아닌 **This is my mug. That's *Jane's*.**라고 한다.
> ...a northern accent like ***Brian's***. 브라이언과 같은 북부 지방의 말투.

4 'one of'

〔one of + 복수명사구〕 형식은 사람이나 사물 그룹 중의 하나를 말할 때 사용한다.

One of my students sold me her ticket. 내가 가르치는 학생들 중 한 명이 자신이 가진 표를 내게 팔았다.
The Institute of Directors(IOD) was one of the few business groups to back the move.
경영 관리자 협회는 그 운동을 지지한 몇 안 되는 사업 단체 중의 하나였다.

복수명사구 뒤에 단수동사를 사용한다.

One of Mirella Freni's first records ***was*** a collection of Puccini arias.
미렐라 프레니의 첫 음반 중의 하나가 푸치니의 아리아 모음집이었다.
One of them ***was*** also a mountain climber. 그들 중 한 명도 등산가였다.

one of는 최상급과 자주 사용한다.

...Mr Gordon Getty, ***one of the world's richest men***. 세계에서 가장 부유한 사람들 중 한 명인 고든 게티 씨.
It's ***one of the slowest cars*** on the market. 이 차는 시중에서 가장 느린 차 중의 하나이다.

5 used as an impersonal pronoun(비인칭대명사로 사용하기)

one은 때때로 일반적으로 어떤 일을 하거나 해야 한다고 나타내는 비인칭대명사로 사용한다. 이것은 상당히 격식을 차린 용법이다.

I'm a socialist but ***one*** doesn't talk about politics at the club.
나는 사회주의자이지만 그 클럽에서 정치 문제를 토론하지 않는다.

말하는 사람이 자신을 가리킬 때, I나 me 대신 one을 사용한다. 이것 또한 상당히 격식을 차린 용법이다.

One tries to take an interest in what is going on. 나는 어떤 일이 일어나는지 관심을 가지려고 노력한다.

one의 위와 같은 용법에 호응하는 소유격 한정사와 재귀대명사는 one's와 oneself이다.

Naturally, one wanted only the best for ***one's*** children. 당연히 자녀들에게 최고의 것을 주기를 원했다.
...the fear of making a fool of ***oneself***. 자기 자신을 바보로 만드는 것에 대한 두려움.

그러나 **one**을 문장의 주어로 사용한 경우, 일부 사람들은 **one's**와 **oneself** 대신 **his**와 **himself**를 사용한다. 이 용법은 영국 영어보다 미국 영어에서 더 일반적이다.

In these situations, one has to do ***his*** best. 이러한 상황에서 최선을 다해야 한다.

대부분의 영국 영어와 미국 영어에서는 위와 같은 뜻으로는 대체로 **one**을 사용하지 않는다. 일반적으로 어떤 일을 하거나 해야 한다고 말하는 다른 방법이 있다.

6 'you'

you는 상당히 보편적으로 쓰이는데, 특히 회화에서 흔히 사용한다. 이 책에서는 일반적으로 **you**를 사용한다.

There are things that have to be done and ***you*** do them and ***you*** never talk about them.
해야 할 일들이 있어서 그 일들을 하면 뒷말을 하지 않는다.

Instead of saying 'on their arrival', ***you*** can just say 'on arrival'. 'on their arrival' 대신 단지 'on arrival'이라고 말할 수 있다.

7 'people'

people 또한 상당히 보편적으로 사용한다.

People shouldn't leave jobs unfinished. 일을 끝내지 않고 그만두어서는 안 된다.

I don't think ***people*** should make promises they don't mean to keep.
나는 지키지 못할 약속을 하지 말아야 한다고 생각한다.

8 'we'

자신을 포함한 여러 사람들이 어떤 일을 한다고 할 때, **we**를 사용할 수 있다.

If you are not known to the Bank, ***we*** usually require someone to speak for you.
만약 우리가 그 은행과 거래가 없다면 일반적으로 당신을 대신해서 보증을 서줄 사람이 필요하다.

We say things in the heat of an argument that ***we*** don't really mean.
우리는 열띤 토론 중에 진정으로 의도하지 않는 말을 하기도 한다.

9 'they'

일반인이나 정체를 모르는 불특정한 다수를 가리킬 때, **they**를 때때로 사용한다.

Isn't that what ***they*** call love? 그것이 그들이 말하는 사랑이 아닌가?

They found the body in a dustbin. 그들은 쓰레기통에서 그 시체를 발견했다.

속담을 언급하거나 반복되는 소문을 말하는 경우, **they**를 사용하기도 한다.

They say that the camera never lies – but it doesn't always show the full picture.
카메라는 거짓말을 하지 않는다고 하지만 모든 상황을 항상 보여 주는 것은 아니다.

He marketed some of his compounds and made a fortune, ***they*** say.
돌아다니는 소문에 의하면 그는 합성물을 팔아서 돈을 많이 벌었다고 한다.

10 the passive(수동형)

위와 같은 단어와 능동형 동사 대신 수동형 동사를 사용할 수도 있다. 이 용법은 격식을 차린 글에서 상당히 보편적으로 사용한다.

If there is swelling and increasing pain, medical advice ***should be taken***.
만약 부어오르거나 통증이 심해지면 의학적인 조치를 취해야 한다.

Bookings ***must be made*** by the end of December. 예약은 12월 말까지 해야 한다.

---

one another

➲ Usage 표제어 **each other – one another** 참조.

---

only

only는 형용사나 부사로 사용한다.

only

1 used as an adjective(형용사로 사용하기)

〔only + 명사 · one〕 형식은 한 사람이나 하나의 사물, 그룹에는 해당되고 그 외의 사람, 사물, 그룹에는 해당되지 않을 때 사용한다. only 앞에는 the나 소유격이 온다.

Grace was ***the only survivor***. 그레이스 혼자만 살아남았다.
I was ***the only one*** smoking. 나 혼자만 담배를 피우고 있었다.
'Have you a spare one?' – 'No, it's ***my only copy*** unfortunately.'
"여분이 하나 더 있나요?" – "아뇨, 유감스럽게도 단 하나밖에 없는 사본입니다."

only가 위와 같은 뜻일 경우, 바로 뒤에 명사나 one이 와야 한다. 예를 들면, '그는 유일하게 탈출한 사람이었다.'는 ~~He was the only to escape.~~라고 하지 않는다. 명사를 분명하게 나타내기를 원하지 않을 경우, person이나 thing을 사용한다. 예를 들면, He was ***the only person*** to escape.라고 한다.

He was ***the only person*** authorized to issue documents of that sort.
그는 그러한 종류의 서류를 발행할 권한이 있는 유일한 사람이었다.
It was ***the only thing*** they could do. 그것은 그들이 할 수 있는 유일한 일이었다.

ℹ 또 다른 형용사나 숫자를 사용하는 경우, only는 그 앞에 온다.

The only English city he enjoyed working in was Manchester.
그가 즐겨 일했던 유일한 영국 도시는 맨체스터뿐이었다.
So I probably have ***the only three copies*** of the album in existence.
그래서 나는 아마 현존하는 앨범 세 장만 갖고 있을 것이다.

only 앞에는 보통 an을 사용하지 않지만 예외적인 경우도 있다. someone is ***an only child***는 누군가가 형제자매가 없다라는 뜻이다.

As ***an only child*** she is accustomed to adult company. 무남독녀인 그녀는 어른들과 어울리는 것에 익숙하다.

2 used as an adverb(부사로 사용하기)

어떤 하나의 일만 이루어지거나 일어나거나 특정한 상황과 관련이 있는 반면에, 그 밖에 나머지 일들은 이루어지지 않거나, 일어나지 않거나, 특정한 상황과 관련이 있지 않다고 할 때 부사로 only를 사용한다.

- only가 절의 주어만을 한정하는 경우, 주어 앞에 온다.

Only his close friends knew how much he idolized his daughters.
그의 친한 친구들만이 그가 얼마나 딸들을 아꼈는지 알고 있었다.
...the belief that ***only a completely different approach*** will be effective.
완전히 다른 접근 방법만이 효과적일 것이라는 믿음.

- be동사가 있는 경우, be동사 뒤에 only가 온다.

There ***is only*** one train that goes from Denmark to Sweden by night.
밤에 덴마크에서 스웨덴으로 가는 기차는 단 한 편뿐이다.

- be동사가 없고 only가 주어를 한정하지 않는 경우, only는 한정하는 것과 관계없이 동사 앞이나 첫 번째 조동사 바로 뒤에 온다. 예를 들면, '나는 주말에만 남동생을 만난다.'는 I see my brother only at weekends. 대신 I ***only*** see my brother at weekends.라고 한다.

The motorist ***only*** encounters serious traffic jams ***in the city centre***.
그 운전자는 도심에서만 극심한 교통 혼잡을 겪는다.
We could ***only*** choose ***two of them***. 우리는 그들 중에 둘만 선택할 수 있었다.
New technology will ***only*** be introduced ***by mutual agreement***. 새로운 기술은 상호 협정에 의해서만 도입될 것이다.

3 emphatic uses(강조 용법)

그러나 뜻을 분명히 하거나 강조하는 경우, 〔only + 단어 · 단어군 · 절〕 형식을 사용한다.

He played ***only instrumental music***. 그는 악기를 사용하는 음악만 연주했다.
You may borrow ***only one item*** at a time. 당신은 한 번에 한 품목만 빌려 갈 수 있다.
We excavate ***only when something interesting is found***. 우리는 흥미로운 것을 발견할 때에만 발굴을 한다.

〔강조하려는 단어 · 단어군 + only〕 형식을 사용하여 내용을 더 강조할 수 있다.

We insisted on being interviewed by ***women journalists only***. 우리는 여기자들과만 인터뷰할 것을 고집했다.
This strategy was used ***once only***. 이 전략은 단 한 번만 사용되었다.

글과 격식을 차린 연설에서 **only**를 문장의 처음에 사용할 경우, 〔**only** + 강조하려는 단어 · 단어군 · 절 + 조동사 · **be**동사 + 주절의 주어〕 형식을 사용한다.

Only here was it safe to prepare and handle hot drinks. 오직 이곳만이 뜨거운 음료를 준비하고 다루기에 안전했다.
Only then did Ginny realize that she still hadn't phoned her mother.
지니는 그때서야 어머니에게 아직 전화를 하지 않았다는 것을 깨달았다.
Only when drugs become unavailable will young people become drug-free.
마약을 구입할 수 없는 상황이 되어야 젊은이들이 마약에서 해방될 것이다.

위와 같은 방법 외에도 〔**it is only** · **it was only** + 강조하려는 단어〕 형식을 사용하여 내용을 강조하고, 나머지는 **that**절에 온다.

It is only now that his virtues are beginning to be more widely appreciated.
지금에 와서야 그의 진가가 더 많은 사람들에게 인정받기 시작하고 있다.
It was only when he started to take photographs that Defra officials stopped him.
그가 사진을 찍기 시작하자마자 환경 식품 농림부 관리원들이 그를 막았다.

4 'not only'

not only...but(also)를 사용하여 단어(군)를 연결할 수 있다.

➲ 자세한 설명은 **Usage** 표제어 **not only** 참조.

---

onto

사람이나 사물이 넘어지는 위치나 놓여 있는 장소를 나타낼 때, 일반적으로 전치사 **onto**를 사용한다.

He slumped down back ***onto*** his pillow. 그는 베개 위로 푹 쓰러졌다.
Place the bread ***onto*** a large piece of clean white cloth. 깨끗하고 크고 흰 천 조각 위에 빵을 놓으세요.

많은 동사 뒤에 **onto**와 **on**을 같은 뜻으로 사용할 수 있다.

I fell with a crash ***onto*** a sandy bank. 나는 모래 언덕 위로 요란한 소리를 내며 넘어졌다.
He fell ***on*** the floor with a thud. 그는 마룻바닥에 쿵 하고 넘어졌다.
Stuart put the reel of film ***onto*** the bench. 스튜어트는 벤치 위에 필름 한 통을 놓았다.
I put a hand ***on*** his shoulder. 나는 그의 어깨에 한 손을 올렸다.

그러나 **climb**이나 **lift**와 같은 뜻의 동사 뒤에는 **on**보다 **onto**를 사용해야 한다.

She climbed up ***onto*** his lap. 그녀는 그의 무릎 위로 올라갔다.
The little boy was hoisted ***onto*** a piano stool. 그 어린 소년은 피아노 의자 위로 들어 올려졌다.

hold *onto* something은 떨어지지 않기 위해 어떤 것을 붙잡거나 매달려 있다는 뜻이다. **hold**와 같은 의미를 갖는 동사 뒤에 **onto**는 전치사로, **on**은 부사로 사용한다.

She had to hold ***onto*** the edge of the table. 그녀는 탁자의 가장자리를 붙잡아야만 했다.
I couldn't put up my umbrella and hold ***on*** at the same time. 나는 동시에 우산을 펴거나 붙잡고 있을 수 없었다.
We were both hanging ***onto*** the side of the boat. 우리 둘 다 보트의 측면을 붙잡고 있었다.
He had to hang ***on*** to avoid being washed overboard. 그는 쓸려 가는 것을 막기 위해 붙잡아야만 했다.

ⓘ 때때로 onto를 두 단어로 분리하여 on to로 사용한다.

She sank ***on to*** a chair. 그녀는 의자에 풀썩 주저앉았다.

---

open

open은 동사와 형용사로 사용한다.

1 used as a verb(동사로 사용하기)

open은 더 이상 구멍이나 틈을 덮지 않도록 문 같은 것을 움직이다, 즉 '열다'라는 뜻이다.

She *opened* the door with her key. 그녀는 자신의 열쇠로 문을 열었다.
He *opened* the window and looked out. 그는 창문을 열고 밖을 내다보았다.

> 주의 주어가 사람인 경우, 〔open + 목적어〕 형식을 사용해야 한다. 예를 들면, '나는 가서 문을 열었다.'는 ~~I went to the door and opened.~~가 아닌 **I went to the door and *opened it*.**이라고 한다.
> I went to the starboard door, *opened it* and looked out. 나는 배의 우측 문으로 가서 문을 열고 밖을 내다보았다.

이야기를 할 때 **the door**나 **the window**와 같은 명사구가 주어인 경우에는 **open**을 자동사로 사용할 수 있다.

The door opened and a staff officer hurried in. 문이 열리고 직원 한 명이 급히 들어왔다.
The gates opened and the procession began. 문이 열리고 행진이 시작되었다.

2 used as an adjective(형용사로 사용하기)

문이나 창문이 덮여 있어야 할 구멍이나 틈을 덮지 않은 경우, **be *open***이라고 한다.

The door was *open*. 그 문은 열려 있었다.
He was sitting by the *open* window of the office. 그는 사무실의 열려 있는 창문 옆에 앉아 있었다.

> 주의 문이나 창문이 열려 있는 상태는 **be opened**가 아닌 **be *open***이라고 한다. **opened**는 동사 **open**의 과거와 과거분사이다. 문이나 창문을 여는 행동을 묘사하는 경우에만 **opened**를 사용한다.
> The front door *was opened*, then slammed shut. 앞문이 열린 뒤 쾅 하면서 닫혔다.

3 used after other verbs(다른 동사 뒤에 사용하기)

open은 **be**동사뿐만 아니라 다른 동사 뒤에 사용할 수 있다.

The doors of the ninth-floor rooms *hung open*. 9층의 방문들이 열려 있었다.
The front door *gaped open*. 앞문이 활짝 열려 있었다.

push 등의 움직임을 나타내는 동사 뒤에도 **open**을 사용할 수 있다.

Buller *pushed* the door fully *open*. 불러는 문이 활짝 열리도록 밀었다.
He noticed the way in which the drawer *slid open*. 그는 서랍을 부드럽게 여는 방법을 알아냈다.

i open은 위와 같이 위치나 움직임을 나타내는 동사 뒤에 사용하는 단어 중 하나이다. 그 밖의 형용사로 closed, shut, free, loose, straight, upright 등이 있고 경우에 따라 형용사나 부사로도 사용한다.

> 주의 전기 기구를 말할 때는 형용사나 동사로 **open**을 사용하지 않는다. 예를 들면, 스위치를 누르거나 손잡이를 돌려서 전기 기구를 작동시키는 경우에는 **open**이 아닌 **put on, switch on, turn on**이라고 한다.
> Do you mind if I *put* the light *on*? 전등을 켜도 되겠습니까?
> I went across and *switched on* the TV. 나는 가로질러 가서 텔레비전을 켰다.
> I *turned on* the radio as I always did upon waking. 나는 일어날 때마다 항상 라디오를 켰다.

---

opinion

opinion은 어떤 것에 대해 생각하는 것, 즉 '의견'이라는 뜻이다.

We would like to have your *opinion*. 우리는 당신의 의견을 듣고 싶습니다.
The students were eager to express their *opinions*. 그 학생들은 자신의 의견을 표현하고 싶어했다.

자신의 의견을 표현할 때, **in my opinion...**, **in Sarah's opinion...**, **in the opinion of the voters...** 등의 표현을 사용한다.

In my opinion, there are four key problems that have to be addressed.
내 생각에는 건의해야 할 네 가지 주요 문제점이 있다.
In King's opinion, rioting was 'absolutely wrong' as a form of protest.
국왕의 의견은 항의의 형태로 폭동을 일으킨 것은 '절대적으로 잘못'이라는 것이었다.
In the opinion of the Court of Appeal the sentence was too lenient.
항소 법원의 의견은 형량이 너무 관대하다는 것이었다.

격식을 차린 연설이나 글에서는 **It is my opinion that...**이나 **It is our opinion that...**을 사용한다.

It is my opinion that high school students should have the vote.
고등학생에게도 투표권을 주어야 한다는 것이 내 의견이다.

ⓘ To my opinion...이나 According to my opinion...이라고 하지 않는다.

➲ Usage 표제어 **point of view – view – opinion** 참조.

---

opportunity

1 'opportunity'

opportunity는 어떤 일을 할 가능성이 있는 상황, 즉 '기회'라는 뜻이다. 어떤 일을 할 기회는 **opportunity for**나 **opportunity to do**라고 한다.

They must regard it as *an opportunity for* a genuine new start. 그들은 그것을 진정한 새 출발의 기회로 여겨야 한다.
They don't even give them *the opportunity to become* better.
그들은 더 좋아질 수 있는 기회마저 다른 사람들에게 주지 않고 있다.

ⓘ 위와 같은 문장에서 opportunity 앞에 the나 an을 사용할 수 있다.

an opportunity for doing **something**은 어떤 일을 할 수 있는 기회라는 뜻이다. 특히 **opportunity** 앞에 **perfect**나 **excellent**와 같은 형용사를 사용할 수 있다.

This was *a marvellous opportunity for exchanging* gossip with the other girls.
이것은 다른 여자 아이들과 소문을 교환할 수 있는 절호의 기회였다.
This provides *an excellent opportunity for* bird-watching. 이것은 새를 관찰할 수 있는 좋은 기회를 제공한다.

the opportunity of doing **something**은 어떤 일을 할 수 있는 기회라는 뜻이다.

This gave him *the opportunity of developing* his talent as a teacher.
이것은 그에게 교사로서의 재능을 개발할 기회를 주었다.

ⓘ of가 뒤따라오는 경우 opportunity 앞에 an을 사용하지 않는다.

2 'no opportunity'

어떤 일을 할 기회가 없다고 할 경우, **there is *no opportunity to do*** **something**이라고 한다.

I suppose you had *no opportunity to bring* it. 나는 당신이 그것을 가져올 기회가 전혀 없었다고 생각한다.
For some reason he had had *no opportunity to eat* the day before.
이런저런 이유로 그는 전날 식사할 기회가 없었다.

ⓘ there is 'no opportunity of doing' something이라고 하지 않는다.

3 'chance'

chance은 **opportunity**와 비슷한 방식으로 사용한다.

➲ Usage 표제어 **chance** 참조.

---

opposite

opposite은 전치사, 명사, 형용사로 사용한다.

1 used as a preposition(전치사로 사용하기)

opposite은 건물이나 방이 도로나 복도에 의해 서로 분리되다, 즉 '반대편에 있는'이라는 뜻이다.

The hotel is *opposite* a railway station. 그 호텔은 기차역 반대편에 있다.
The bathroom was located *opposite* my room. 욕실은 내 방 건너편에 있었다.

두 사람이 서로 마주 보고 있다라는 뜻에도 **opposite**를 사용한다.

Lynn was sitting *opposite* him. 린은 그의 반대편에 앉아 있었다.

He drank off half his beer, still eyeing the Englishman ***opposite*** him.
그는 맥주 절반을 마시면서 여전히 건너편에 있는 영국인을 쳐다보고 있었다.

미국 영어에서는 위의 두 경우와 같은 상황을 말할 때, 일반적으로 opposite보다 across from을 사용한다.
Stinson has rented a home ***across from*** his parents. 스틴슨은 그의 부모님 집의 건너편에 세를 들었다.
He took a seat on one side of the table, and Judy sat ***across from*** him.
그는 탁자 한쪽에 앉았고 주디는 건너편에 앉았다.

2 used as a noun(명사로 사용하기)

두 사물이나 사람이 어떤 면에서 완전히 다른 경우, one is ***the opposite of*** the other라고 한다.

The opposite of right is wrong. 옳은 것의 반대는 옳지 않다는 것이다.
He was ***the exact opposite of*** Herbert, of course. 그는 물론 허버트와 정반대였다.

대조하는 것이 분명한 경우, of를 생략하고 the opposite을 사용한다.

Well, whatever he says you can bet he's thinking ***the opposite***.
자, 그가 무엇을 말하든지 그가 반대로 생각하고 있다고 당신은 장담할 수 있다.
They take the statement as true because ***the opposite*** is inconceivable.
그들이 그 진술을 사실로 받아들이는 이유는 반대되는 상황은 상상할 수도 없기 때문이다.

> 주의 opposite을 사용하여 사람이나 사물의 차이점을 나타내지 않는다.

3 used as an adjective(형용사로 사용하기)

opposite은 명사 앞이나 뒤에 오는 형용사로, 위치에 따라 뜻이 달라진다.

〔opposite + 명사〕 형식은 사물의 두 면 중 한쪽 면을 나타낼 때 사용한다.

I was moved to a room on the ***opposite*** side of the corridor. 나는 복도의 반대편에 있는 방으로 옮겨졌다.
On the ***opposite*** side of the room a telephone rang. 그 방의 반대편 방에서 전화벨이 울렸다.

〔opposite + 명사〕 형식은 어떤 것이 다른 것과 어느 면에서 완전히 다르다라고 할 때에도 사용한다.

Holmes took the ***opposite*** point of view. 홈스는 반대 견해를 취했다.
Such a policy would not promote human rights, it would achieve the ***opposite*** result.
그러한 정책은 인권을 증진시키지 않고 그 반대의 결과를 가져올 것이다.

〔명사 + opposite〕 형식은 다른 사람이나 사물이 자신이 있는 길, 복도, 방, 탁자 등의 건너편에 있다고 할 때 사용한다.

The elderly woman ***opposite*** glanced up at the ventilation window.
건너편의 나이 든 여자가 환기용 창문을 올려다 보았다.
In one of the smart new houses ***opposite***, a party was in progress.
건너편에 있는 멋진 새집들 중 한 곳에서 파티가 열리고 있었다.

i 길 건너편에 있는 집은 the opposite house가 아닌 the house on ***the opposite*** side of street나 the house ***opposite***이라고 한다.

4 'opposed'

opposite을 opposed와 혼동해서는 안 된다. be ***opposed to*** something은 어떤 일을 동의하지 않거나 반대하다라는 뜻이다.

I am ***opposed to*** capital punishment. 나는 사형 제도를 반대한다.

---

or

1 basic uses(기본 용법)

두 개 이상의 대안이나 가능성을 언급하는 경우, or를 사용한다. 명사, 명사구, 형용사, 부가어, 동사, 절을 연결할 때도 or를 사용한다.

Would you like some coffee ***or*** tea, Dr Floyd? 플로이드 박사님, 커피나 차 중 무엇을 드시겠습니까?
A bad tax ***or*** an unjust law can be changed. 잘못된 세금 정책이나 부당한 법은 변경될 수 있다.
It is better to defer planting if the ground is very wet ***or*** frosty.
땅이 습기가 매우 많거나 서리가 있으면 나무 심기를 늦추는 것이 좋다.
Girls may do some work with their mothers in the fields ***or*** help in the house.
여자 아이들은 어머니와 밭에 나가서 일을 하거나 집안일을 돕기도 한다.

2 used with negative words(부정어와 함께 사용하기)

부정어 뒤에는 **and** 대신 **or**를 사용한다. 예를 들면, '나는 커피나 차를 마시는 것을 좋아하지 않는다.'는 **~~I do not like coffee and tea.~~**가 아닌 **I do not like coffee *or* tea.**라고 한다.

The situation is just ***not*** fair on the children ***or*** their parents. 아이들에게나 부모들에게나 공정하지 않은 상황이다.
I am ***not*** detached ***or*** remote. 나는 격리되어 있거나 멀리 떨어져 있지 않다.

3 verb agreement(동사 일치)

or를 사용하여 둘 이상의 명사를 연결하는 경우에 복수 가산명사이면 복수동사를, 단수 가산명사나 불가산명사이면 단수동사를 사용한다.

Even minor amendments or innovations ***were*** given heavy publicity. 사소한 개정이나 혁명조차도 공표되었다.
If your son or daughter ***is*** taking drugs, it is no use being angry.
당신의 자녀가 마약을 복용하고 있는 경우 화를 내봐야 아무 소용이 없다.

4 'either ... or'

두 개의 대안을 언급하고 다른 대안은 없다고 할 때 **either ... or**를 사용한다. 첫 번째 대안 앞에는 **either**, 두 번째 대안 앞에는 **or**가 온다.

Most of the fuel rods were ***either*** wholly melted down ***or*** substantially damaged.
대부분의 연료봉이 완전히 녹아 없어졌거나 크게 부서졌다.

➲ Usage 표제어 **either ... or** 참조.

> 주의 **neither** 뒤에는 **or**가 아닌 **nor**를 사용한다.
> He speaks ***neither*** English ***nor*** German. 그는 영어도 독일어도 하지 못한다.
> ➲ Usage 표제어 neither ... nor 참조.

5 linking more than two items(두 개 이상의 항목 연결하기)

두 개 이상의 항목을 연결하는 경우, 일반적으로 마지막 것 앞에만 **or**가 오며 각각의 다른 항목 뒤에는 콤마가 온다. **or** 앞에 있는 콤마는 생략하기도 한다.

...flying from Heathrow, Manchester, Gatwick, ***or*** Glasgow. 히드로, 맨체스터, 개트윅, 글래스고로부터의 비행.
The costs of progress are all too often ignored, concealed ***or*** written off.
발전 비용은 너무 자주 무시되고 숨겨지거나 삭제되고 있다.

6 used to begin a sentence(문장의 처음에 사용하기)

or는 일반적으로 문장의 처음에 오지 않지만 다른 사람이 말하거나 생각한 것을 전하는 경우에는 문장의 처음에 오기도 한다.

I may go home and have a steak. ***Or*** I may have some spaghetti.
집에 가서 스테이크를 먹는 것이 좋을까, 아니면 스파게티를 먹는 것이 좋을까?
They say dogs grow to be like their masters. ***Or*** is it the other way round?
사람들이 말하기를 개는 주인을 닮아 간다고 하는데, 이와 반대로 주인이 개를 닮아 가는 걸까요?

7 used for correcting(내용을 고치는 데 사용하기)

잘못 말했던 내용을 고치거나, 바로 전에 말했던 것보다 더 적절한 단어나 표현이 생각나서 말을 바꾸려고 할 때, **or**를 사용할 수 있다.

The man was a fool, he thought, ***or*** at least incompetent.
그는 그 남자를 바보, 아니 적어도 무능력한 사람이라고 생각했다.

위와 같은 경우, **or** 뒤에 **rather**를 주로 사용한다.

He explained what the Crux is, ***or rather***, what it was. 그는 크럭스가 무엇인지를, 아니 무엇이었는지를 설명했다.

---

oral

➲ Usage 표제어 **aural – oral** 참조.

---

ordinary

➲ Usage 표제어 **usual – usually** 참조.

---

or else

➲ Usage 표제어 **else** 참조.

---

other

1 'the other'

두 사람이나 두 개의 사물 중 먼저 하나를 가리키고 두 번째 사람이나 사물을 가리킬 때, **the other**나 **the other one**을 사용한다.

They had two little daughters, one a baby, ***the other*** a girl of twelve.
그들에게는 두 명의 어린 딸이 있었는데 한 명은 갓난아이였고 다른 아이는 열두 살 난 소녀였다.

He blew out one of his candles and moved ***the other one***. 그는 촛불 중 하나는 끄고 다른 하나는 옮겨 두었다.

2 'the others'

여러 사람이나 사물 중 이미 가리킨 사람이나 사물을 제외한 나머지를 가리킬 때, **the others**를 사용한다.

Jack and ***the others*** paid no attention. 잭이나 다른 사람들은 아무런 관심을 갖지 않았다.

First, concentrate only on the important tasks, then move on to ***the others***.
먼저 중요한 업무에만 집중한 후에 나머지 업무로 넘어가세요.

3 'others'

특정한 유형의 일부 사람들이나 사물들을 가리킬 때, 같은 유형의 다른 사람들이나 사물들에는 **others**를 사용한다.

Some players are better than ***others*** in varied weather conditions.
일부 선수들은 변화하는 기후 조건에 다른 선수들보다 더 잘 적응한다.

One policeman was stabbed and three ***others*** received minor injuries.
경찰관 한 명이 칼에 찔렸고 다른 세 명은 경미한 부상을 입었다.

ℹ 위와 같은 문장에서 the others를 사용하지 않는다. 예를 들면, ~~Some writers are greater than the others.~~라고 하지 않는다.

4 'another'

특정한 유형의 사람이나 사물을 가리킬 때, 같은 유형의 또 한 명의 사람이나 하나의 사물에는 **another**나 **another one**을 사용한다.

I saw one girl whispering to ***another***. 나는 한 여자 아이가 또 다른 여자 아이에게 속삭이는 것을 보았다.

She had one plateful and then went back for ***another one***. 그녀는 음식 한 접시를 다 먹은 후 또 한 접시를 가지러 갔다.

➲ Usage 표제어 **another** 참조.

5 used in front of nouns(명사 앞에 사용하기)

〔**the other · other · another** + 가산명사〕 형식을 사용한다.

I was happy there, in spite of not getting on all that well with ***the other girls***.
나는 다른 여자 아이들과 잘 어울리지 못했음에도 불구하고 그곳에서 행복했다.

The roof was covered with straw and ***other materials***. 그 지붕은 짚과 다른 재료로 덮여 있었다.
He opened ***another shop*** last month. 그는 지난달에 또 다른 가게를 열었다.

---

otherwise

1 use and position in clause(절에서의 용법과 위치)

어떤 일이 일어나지 않아서 원하지 않은 상황이 발생할 수도 있음을 나타낼 때, **otherwise**를 사용한다. **otherwise**는 일반적으로 절의 처음에 온다.

Well you've got to laugh, haven't you? ***Otherwise***, you'd cry.
자, 당신은 웃어야 합니다. 그렇지요? 그렇지 않다면 당신은 울어 버릴 테니까요.

I'm lucky that I'm interested in school work, ***otherwise*** I'd go mad.
나는 학교 공부에 흥미를 느껴 행운이다. 그렇지 않았다면 미쳤을 것이다.

> 주의 **otherwise** 앞에 **or**를 사용하지 않는다.

2 used in relative clauses(관계사절에 사용하기)

otherwise는 때때로 조동사를 포함한 관계사절에 사용하며, 조동사의 뒤나 절의 끝에 온다.

They support services which would ***otherwise*** be uneconomic. 그들은 비경제적일 뿐인 활동들을 지지한다.
He was lured into a crime he would not ***otherwise*** have committed.
그는 저지르지 않을 수 있었던 범죄에 유인되었다.
We have met interesting people over the years, people we wouldn't have met ***otherwise***.
우리는 수년 동안 쉽게 만날 수 없는 흥미로운 사람들을 만나 왔다.

---

ought to

➲ Usage 표제어 **should – ought to** 참조.

---

out

1 'out of'

go *out of* a place는 어떤 장소에서 나가다, **get *out of* something**은 탈것 등에서 내리다라는 의미로, 더 이상 그곳에 있지 않다라는 뜻이다.

She rushed ***out of*** the house. 그녀는 집에서 뛰쳐나갔다.
He got ***out of*** the car. 그는 자동차에서 내렸다.
She's just got ***out of*** bed. 그녀는 바로 침대에서 일어났다.

ℹ 표준 영어에서는 위와 같은 문장에 of를 사용해야 한다. 예를 들면, ~~He got out the car.~~라고 하지 않는다.

➲ **go out**과 **get out**에 대한 더 많은 정보는 Usage 표제어 **go out** 참조.

일반적으로 **out** 뒤에 전치사 **from**을 사용하지 않는다. 그러나 **behind**나 **under**와 같은 전치사 앞에서는 **from**을 사용한다.

He came ***out from behind*** the table. 그는 탁자 뒤에서 나왔다.

2 'out' used as an adverb(부사로 사용하는 out)

어떤 장소를 떠나다라고 할 때, **out**을 부사로 사용할 수 있다.

I ran ***out*** and slammed the door. 나는 달려 나가면서 그 문을 쾅 닫았다.
Why don't we go ***out*** into the garden? 우리 정원으로 나가는 게 어때요?

be *out*은 누군가가 집에 없다라는 뜻이다.

He came when I was ***out***. 내가 외출했을 때 그가 왔다.

USAGE

outdoors – outdoor

1 'outdoors'

부사 **outdoors**는 어떤 일이 실내에서 일어나지 않다, 즉 '야외에서'라는 뜻이다.

He spent a good deal of his time ***outdoors***. 그는 많은 시간을 밖에서 보냈다.
School classes were held ***outdoors***. 학교 수업은 야외에서 진행되었다.

어떤 사람이 건물 밖으로 나가다는 보통 **go outdoors**가 아닌 **go outside**라고 한다.

➲ Usage 표제어 outside 참조.

2 'outdoor'

outdoor는 형용사로, 실내보다 야외에 있는 사물이나 야외에서 일어나는 행동을 묘사할 때 사용한다.

...an ***outdoor*** play area. 야외 놀이 공간.
If you enjoy ***outdoor*** activities, this is the trip for you. 만약 당신이 야외 활동을 좋아한다면 이 여행은 당신에게 적합하다.

outside

outside는 전치사나 부사로 사용한다.

1 used as a preposition(전치사로 사용하기)

사람이나 사물이 건물 내부가 아닌 건물과 가까운 곳에 있을 때, **outside**를 사용한다.

I parked ***outside*** the hotel. 나는 호텔 주변에 주차했다.
There are queues for jobs ***outside*** the shipping offices. 해운업 사무실 앞에 구직자들이 줄을 서 있다.

ⓘ 표준 영어에서 someone is 'outside of' a building이라고 하지 않는다.

2 used as an adverb(부사로 사용하기)

사람이나 사물이 밖에 있다는 **someone/something is *outside***라고 하며, 밖에서 어떤 일이 일어나다는 **something is happening *outside***라고 한다.

The shouting ***outside*** grew louder. 밖에서 외치는 소리가 점점 더 커졌다.
Please could you come and fetch me in 20 mins, I'll be waiting ***outside***.
20분 후에 와서 태워다 주세요. 밖에서 기다릴게요.

go *outside*는 건물 밖에 있으며 건물과 가까운 곳에 있다라는 뜻이다.

When they went ***outside***, a light snow was falling. 그들이 밖에 나가자 가볍게 눈발이 날리고 있었다.
Go ***outside*** and play for a bit. 밖에 나가서 잠깐 놀아라.

건물에서 조금 멀리 떨어진 곳에 가려고 나오는 경우에는 **go outside**가 아닌 **go out**을 사용한다.

Towards dark he went ***out***. 그는 어둠이 깔린 쪽을 향해 밖으로 나갔다.
I have to go ***out***, I'll be back late tonight. 나는 외출해야 하고, 오늘밤 늦게 돌아올 것이다.

어떤 사람이 현관이나 복도처럼 방에 가까이 있는 경우에도 **outside**를 사용한다.

I'd better wait ***outside*** in the corridor. 나는 복도에서 기다리는 것이 좋을 것 같아요.
Your father's lawyer is waiting ***outside***. 당신 아버지의 변호사가 밖에서 기다리고 있다.

3 another meaning of 'outside'(outside의 다른 뜻)

사람이나 사물이 국외에 있다고 할 때, **outside**는 가깝다는 뜻이 아니다. **be *outside* a country**는 어떤 나라 근처에 있거나 그곳으로부터 멀리 떨어져 있을 수도 있다라는 뜻이다.

...if you have lived ***outside*** Britain. 만약 당신이 영국에서 멀리 떨어진 곳에서 살았더라면.

over

over는 여러 가지 방법으로 사용하는 전치사이다.

1 position(위치)

one thing is ***over*** another thing은 어떤 사물이 다른 사물 바로 위에 있다라는 뜻이다.

I had reached the little bridge ***over*** the stream. 나는 시냇물 위에 있는 작은 다리에 도착했다.

...the monument ***over*** the west door. 서쪽 문 위에 있는 기념물.

2 movement(움직임)

go ***over*** something은 어떤 것을 가로질러서 건너편으로 가다라는 뜻이다.

Castle stepped ***over*** the dog. 캐슬은 개를 넘어갔다.

...on the way back ***over*** the Channel. 영국 해협을 건너 돌아오는 길에.

3 age(나이)

someone is ***over*** a particular age는 어떤 사람의 나이가 특정한 나이보다 더 많다는 뜻이다.

She was well ***over*** fifty. 그녀는 50살이 넘었다.

4 time(시간)

something happens ***over*** a period of time은 어떤 일이 어느 기간 동안에 일어나다라는 뜻이다.

He'd had flu ***over*** Christmas. 그는 크리스마스 동안 감기에 걸렸다.

Many strikes ***over*** the last few years have not ended successfully.
지난 몇 년 동안 일어난 많은 파업은 성공적으로 끝나지 않았다.

do something ***over*** a meal은 식사를 하면서 어떤 일을 하다라는 뜻이다.

It's often easier to discuss difficult ideas ***over*** lunch.
점심 식사 중에 어려운 아이디어를 토의하는 것이 더 쉬운 경우가 자주 있다.

➲ over에 대한 더 많은 정보는 Usage 표제어 above – over 참조.

overseas

overseas는 부사나 형용사로 사용한다.

1 used as an adverb(부사로 사용하기)

overseas는 한 나라와 바다를 사이에 두고 갈라져 있는 외국으로 가다, 즉 '해외로'라는 뜻이다.

Roughly 4 million Americans travel ***overseas*** each year. 해마다 약 4백만 명의 미국인이 해외로 여행을 간다.

2 used as an adjective(형용사로 사용하기)

〔overseas + 명사〕 형식은 바다를 사이에 두고 있는 다른 나라와의 관련된 일을 묘사할 때 사용한다. overseas는 foreign과 비슷한 뜻이지만 격식을 차린 표현으로, 특히 무역, 재정, 여행에 사용한다.

...major programmes of ***overseas*** aid. 해외 원조에 대한 주요 프로그램들.

...on a recent ***overseas*** visit. 최근 외국 방문에서.

ℹ 〔be동사 + overseas〕 형식에서는 위의 뜻으로 overseas를 사용하지 않는다. someone *is overseas*는 어떤 사람이 외국인이라는 뜻이 아닌 외국을 방문하고 있다라는 뜻이다.

Mr Barton ***is overseas*** and unavailable for comment last night.
바턴 씨는 외국에 있어서 어젯밤 일에 대한 논평을 할 수 없다.

overweight

➲ Usage 표제어 fatness 참조.

owing to

➲ Usage 표제어 due to 참조.

own

1 used after a possessive(소유격 뒤에 사용하기)

어떤 것이 특정한 사람이나 사물에 속하거나 관련이 있다는 것을 강조할 경우, 소유격 뒤에 **own**을 사용한다.

I took no notice till I heard ***my own*** name mentioned. 나는 내 이름이 불리는 것을 듣기 전까지 전혀 알아차리지 못했다.

These people have total confidence in ***their own*** ability. 이 사람들은 자신의 능력에 큰 신뢰감을 갖고 있다.

How far it also influenced ***the King's own*** beliefs, we cannot now be certain.
그것이 왕 자신의 믿음에 얼마나 영향을 미쳤는지 우리는 지금 확신할 수 없다.

Now ***the nuclear industry's own*** experts support these claims.
이제 핵 산업 전문가들도 이러한 주장을 지지하고 있다.

2 'own' with a number(숫자와 함께 own 사용하기)

own을 숫자와 사용할 경우, 〔**own** + 숫자〕 형식을 사용한다. 예를 들면, '그녀는 같은 충고를 자신의 세 아이들에게 해주었다.'는 ~~**She had given the same advice to her three own children.**~~이 아닌 **She had given the same advice to her *own three* children.**이라고 한다.

She was younger than my ***own two*** daughters. 그녀는 내 두 딸들보다 나이가 어리다.

3 'of one's own'

an own이 아닌 **my own**이나 **of my own**을 사용한다. 예를 들면, '내 소유의 집을 갖고 있다.'는 ~~**I've got an own place.**~~가 아닌 **I've got *my own* place.**나 **I've got a place *of my own*.**이라고 한다.

By this time Laura had got ***her own*** radio. 이때쯤 로라가 전용 라디오를 받았었다.

She says we cannot have ***our own*** key to the apartment. 그녀는 우리만의 아파트 열쇠를 가질 수 없다고 말한다.

What you need is a dry, clear, sparkling lemonade with little flavor ***of its own***.
당신이 필요로 하는 것은 자체의 풍미가 약간 있고, 달지 않으며, 맑고 탄산이 있는 레모네이드다.

4 emphasizing 'own'(own을 강조하기)

very own을 사용하여 강조를 할 수 있다.

...the aptly-named Inside Out, the prison's ***very own*** pop group.
'Inside Out'이라고 그럴듯하게 이름이 붙여진 감옥 자체에서 구성된 팝 그룹.

Accountants have a language of their ***very own***. 회계사들은 그들 나름의 언어를 갖고 있다.

5 'own' without a noun(명사를 사용하지 않는 own)

말하는 대상이 명확한 경우, **own** 뒤의 명사를 생략할 수 있다. 그러나 이때 **own** 앞에는 항상 소유격이 와야 한다.

...people whose principles and values they had thought were the same as ***their own***.
원리와 가치관이 그들의 것과 같다고 생각했던 사람들.

I refused to clean the cell unless I was given clothes other than ***my own*** to wear.
나는 내 옷 외에 다른 입을 옷이 생기기 전까지 그 방을 청소하는 것을 거부했다.

6 'on one's own'

be *on one's own*은 혼자 있다라는 뜻이다.

She lived ***on her own***. 그녀는 혼자 살았다.

do something *on one's own*은 다른 사람의 도움 없이 어떤 것을 혼자서 하다라는 뜻이다.

We can't solve this problem ***on our own***. 우리 자신의 힘으로 이 문제를 해결할 수 없다.

P p

pace – footstep – footprint

1 'pace'

pace는 사람이 걷는 평상시의 보폭인 '한 걸음'이라는 뜻이다.

He'd only gone a few ***paces*** before he stopped again. 그는 겨우 몇 걸음을 걸어가다가 다시 멈추어 섰다.

The waiter stepped back a ***pace***, watching his customer carefully.
웨이터는 한 걸음 뒤로 물러서서 그의 손님을 조심스럽게 쳐다보았다.

2 'footstep'

사람이 걸을 때 나는 발소리는 pace가 아닌 **footstep**이라고 한다.

They heard ***footsteps*** and turned round. 그들은 발소리를 듣고 뒤를 돌아보았다.

3 'footprint'

땅 위에 새겨진 사람의 발자국은 pace가 아닌 **footprint**라고 한다.

There were no ***footprints*** or any signs of how the burglars got in.
어떠한 발자국도 없었고 도둑들이 어떻게 들어왔는지에 대한 아무런 단서도 없었다.

package

➲ Usage 표제어 **parcel – package – packet** 참조.

packet

➲ Usage 표제어 **parcel – package – packet** 참조.

painful

1 'painful'

어떤 것으로 인해 고통스럽다고 할 경우, **something is *painful***이라고 한다.

My boots are still ***painful***. 장화를 신으면 여전히 아프다.

...a long and ***painful*** illness. 고질적이며 고통스러운 병.

a part of your body is *painful*은 신체의 일부가 아프다라는 뜻이다.

My back is so ***painful*** that I cannot stand upright. 나는 등이 너무 아파서 똑바로 설 수가 없었다.

My legs are stiff but not ***painful***. 나는 다리가 뻣뻣하긴 하지만 아프지는 않다.

2 'in pain'

어떤 사람이 통증을 느끼다라고 하는 경우, **someone is 'painful'**이 아닌 **someone is *in pain***이라고 한다.

He was ***in pain*** and could not move into a comfortable position.
그는 통증을 느껴서 편안한 자세로 움직일 수 없었다.

pair – couple

1 'a pair of'

a pair of는 구두처럼 함께 사용하는 동일한 크기의 모양을 가진 두 개의 사물, 즉 '한 쌍'이라는 뜻이다.

...*__a pair of__* new gloves. 새로운 장갑 한 켤레.
He bought *__a pair of__* hiking boots. 그는 등산화 한 켤레를 샀다.

a pair of가 위와 같이 쓰이는 경우, 단수동사나 복수동사를 사용할 수 있다.

He put on a pair of brown shoes which *__were__* waiting there for him.
그는 그곳에 자신을 위해 준비되어 있던 갈색 구두 한 켤레를 신었다.
Not a single pair of shoes *__was__* on display. 단 한 켤레의 구두도 전시되어 있지 않았다.

바지, 안경, 가위처럼 동일한 크기와 모양을 가진 두 개의 주요 부분으로 구성된 물건을 가리킬 때에도 **a pair of**를 사용한다.

She put on *__a pair of__* glasses. 그녀는 안경을 썼다.
There would be a razor in the bathroom or *__a pair of__* scissors. 욕실에 면도기나 가위가 있을 것이다.

a pair of가 위와 같은 뜻일 경우, 단수동사를 사용한다.

On a hook behind the door *__was__* an old pair of grey trousers.
그 문 뒤의 옷걸이에 오래된 회색 바지 한 벌이 걸려 있었다.
A good pair of binoculars *__is__* essential if you want to spot these birds.
이러한 새들을 관찰하려면 성능이 좋은 망원경이 필수적이다.

2 'a couple of'

a couple of는 '두 사람'이나 '두 개의 물건'이라는 뜻이다.

They've been helped by *__a couple of__* newspaper reporters. 그들은 두 신문 기자의 도움을 받아 왔다.
We'd had *__a couple of__* dances. 우리는 춤을 두 번 추었다.

a couple of는 복수동사와 함께 사용한다.

There *__were__* a couple of tables littered with saucepans. 소스 냄비들로 어질러진 두 개의 탁자가 있었다.
On the hallstand *__were__* a couple of periodicals. 홀 스탠드 위에 두 권의 정기 간행물이 있었다.

격식을 차린 글에서는 **a coulpe of**를 사용하지 않는다.

3 referring to two people as a 'pair'(두 사람을 pair라고 지칭하기)

두 사람이 어떤 일을 같이 하거나 어떤 관계를 맺고 있는 경우, **pair**라고 한다. 이는 조금 익살스럽게 표현하는 용법이다.

They'd always been a devoted *__pair__*. 그들은 항상 서로에게 헌신적인 단짝이었다.
They were a somewhat sinister *__pair__*. 그들은 다소 악의 있는 단짝이었다.

위와 같은 뜻의 **pair**가 주어인 경우, 복수동사를 사용한다.

The pair *__were__* wanted for the theft of certain jewellery. 두 사람은 특정한 보석을 훔치길 원했다.

4 referring to two people as a 'couple'(두 사람을 couple이라고 지칭하기)

두 사람이 부부 혹은 남자친구나 여자친구 등과 같은 긴밀한 관계인 경우, **couple**(한 쌍)이라고 한다.

In Venice we met a South African *__couple__*. 우리는 베니스에서 남아공인 부부를 만났다.
This would raise pensions for married *__couples__* considerably. 이것은 부부들을 위한 연금을 상당히 올려 줄 것이다.

couple이 주어인 경우, 일반적으로 복수동사를 사용한다.

Behind me a couple *__were__* pushing a pram. 내 뒤에 있는 부부가 유모차를 밀고 있었다.

---

pants – shorts

영국 영어에서 **pants**는 성인 남녀나 어린이들이 속옷으로 입는 의류, 즉 '팬티'라는 뜻이다. **pants**는 다리를 넣을 수 있는 두 개의 구멍과 허리와 엉덩이를 지탱해 주는 탄력성이 있는 둥근 모양으로 이루어져 있다. 때때로 남자 팬티는 **underpants**, 여자 팬티는 **panties**나 **knickers**라고 한다.

I put on my bra and *__pants__*. 나는 브래지어와 팬티를 입었다.

미국 영어에서 남자 팬티는 **shorts**나 **underpants**라고 하며, 여자 팬티는 일반적으로 **panties**라고 한다.

미국 영어에서 **pants**는 남자나 여자의 바지라는 뜻이다.

He wore brown corduroy ***pants*** and a white cotton shirt. 그는 갈색 코르덴 양복 바지와 흰색 면 셔츠를 입었다.

영국 영어와 미국 영어 모두 무릎과 허벅지 일부가 드러나는 짧은 바지를 **shorts**라고 한다. **pants**와 **shorts**는 모두 복수명사이다. **pants**나 **shorts**를 주어로 사용할 경우, 복수동사를 사용한다.

The pants ***were*** big in the waist. 그 팬티는 허리 사이즈가 컸다.
His grey shorts ***were*** sticking to him with sweat. 그의 회색 반바지는 땀으로 몸에 달라붙었다.

> **주의** 한 벌의 팬티나 반바지는 **a pants**나 **a shorts**가 아닌 **a pair of pants**나 **a pair of shorts**라고 한다.
> It doesn't take long to choose ***a pair of pants***. 팬티 한 벌을 고르는 데 많은 시간이 걸리지 않는다.
> He is wearing ***a pair of shorts*** and a thin sweater. 그는 반바지 한 벌에 얇은 스웨터를 입고 있다.

a pair of shorts나 **a pair of pants**가 주어일 경우, 일반적으로 단수동사를 사용한다.

I like a pair of pants that ***fits*** well. 나는 내게 잘 맞는 팬티를 좋아한다

---

paper

paper는 글을 쓰거나 사물을 포장하는 재료, 즉 '종이'라는 뜻이다.

The students will all be equipped with pencils and ***paper***. 학생들 모두 연필과 종이를 갖추게 될 것이다.

정보가 적혀 있는 여러 장의 종이는 **papers**라고 한다.

He consulted the ***papers*** on his knee. 그는 자기의 무릎 위에 서류를 놓고 봤다.

종이 한 장은 **paper**가 아닌 **a sheet of paper**라고 하며, 그 크기가 작으면 **a piece of paper**라고 한다.

He wrote his name at the top of a blank ***sheet of paper***. 그는 빈 종이의 맨 위에 이름을 적었다.
Rudolph picked up the ***piece of paper*** and gave it to her. 루돌프는 종이 한 장을 집어서 그녀에게 주었다.

신문은 주로 **papers**라고 한다.

I read about the riots in the ***papers***. 나는 신문에서 그 폭동 관련 기사를 읽었다.
...The Daily News, the country's largest daily ***paper***. 나라에서 가장 큰 일간 신문인 데일리 뉴스.

---

parcel – package – packet

1 'parcel' and 'package'

parcel이나 **package**는 어떤 곳으로 옮겨지거나 우편으로 보낼 수 있는 것을 포장한 물체, 즉 '소포'라는 뜻이다. 두 단어 간에 의미상의 차이는 거의 없으며, **parcel**은 **package**보다 더 규칙적인 모양을 갖고 있다.

International charities sent ***parcels*** of food and clothes to the refugees.
국제 자선 단체에서 난민들에게 음식과 옷이 담긴 꾸러미를 보냈다.
I am taking this ***package*** to the post office. 나는 이 소포를 우체국에 가져갈 것이다.

미국 영어에서는 **parcel**보다 **package**를 더 자주 사용한다.

2 'packet'

packet은 적은 양의 내용물을 담아 판매하는 작은 용기로, 얇은 판지로 만든 작은 상자나 종이, 플라스틱 재질로 만든 '가방'이나 '봉투'라는 뜻이다.

The room was littered with cups and cigarette ***packets***. 그 방은 컵들과 담배갑들로 어질러진 상태였다.
Check the washing instructions on the ***packet***. 그 용기에 있는 세탁 방법을 확인하세요.

미국 영어에서는 보통 **packets**을 **packages**나 **packs**라고 한다.

a packet of나 **a package of**는 용기와 내용물 또는 내용물 자체만을 가리킬 때 사용할 수 있다.

He took ***a package of*** cigarettes out of his pocket. 그는 호주머니에서 담배 한 갑을 꺼냈다.

All I've had to eat today is *a packet of* crisps. 내가 오늘 먹은 것은 감자튀김 한 봉지가 전부이다.

pardon

pardon은 어떤 사람의 행동이나 태도를 '용서해 주다'라는 뜻이며, 이는 오래된 영어 표현이다.

She asked him to *pardon* her rudeness. 그녀는 그에게 자신의 무례함을 용서해 달라고 했다.

'죄송합니다.'라고 사과할 때는 **I beg your pardon.**이라고 한다.

미국 영어를 쓰는 일부 사람들은 **Pardon me.**라고 한다.

Topic 표제어 Apologizing 참조.

parking – car park

주차장을 가리킬 때, **parking**이라는 단어를 사용하지 않는다. 영국 영어에서는 주차장을 **car park**, 미국 영어에서는 **parking lot**이라고 한다.

A multi-storey *car park* with room for 300 cars has already opened.
자동차 300대를 수용할 수 있는 다층 주차장이 이미 개장되었다.

The high school *parking lot* was filled with police cars. 그 고등학교 주차장은 경찰차들로 가득 차 있었다.

자동차를 주차하는 행위나 주차된 상태를 가리킬 때만 **parking**을 사용한다.

...a 'No *Parking*' sign. '주차 금지'라는 표지판.

part

part는 명사나 동사로 사용할 수 있다.

1 used as a noun(명사로 사용하기)

〔**part of** · **a part of** + 단수 가산명사 · 불가산명사〕 형식은 어떤 것을 구성하는 조각들이나 요소들 중 하나임을 나타낸다.

Economic measures must form *part of* any solution to this crisis.
이 위기를 해결할 방법의 일부로 경제 대책을 구상해야 한다.

Conducting business online has become *a part of* everyday life.
온라인으로 사업을 운영하는 것은 일상생활의 일부가 되었다.

2 'some of'

복수명사구 앞에는 **part of**나 **a part of**가 아닌 **some of**를 사용한다. 예를 들면, '일부 군인들은 총을 갖고 있지 않다.'는 ~~**Part of the soldiers have no rifles.**~~가 아닌 ***Some of* the soldiers have no rifles.**라고 한다.

Some of the singers were having trouble getting to the theatre.
일부 가수들은 극장에 들어가는 데 어려움을 겪고 있었다.

Some of them went up north. 그들 중 일부는 북쪽으로 갔다.

마찬가지로, '많은 집들은 평평한 지붕을 갖고 있다.'는 ~~**A large part of the houses have flat roofs.**~~가 아닌 ***Many of* the houses have flat roofs.**라고 한다.

Many of the old people were blind. 나이 든 사람들 중 많은 사람들이 맹인이었다.

Usage 표제어 some과 many 참조.

3 used as a verb(동사로 사용하기)

동사 **part**는 일반적으로 전치사 **from**이나 **with**와 함께 사용한다. ***part from* someone**은 누군가를 떠나거나 그 사람과의 관계를 청산하다라는 뜻으로, 이는 격식을 차리거나 문어적인 용법으로 쓰인다.

He has confirmed he *is parting from* his Swedish-born wife Eva.
그는 스웨덴 태생 부인인 에바와 헤어질 거라는 사실을 확인시켜 주었다.

be parted from someone/something은 어떤 사람이나 사물과 같이 있기를 원하지만 그렇게 할 수 없다라는 뜻이다.

He had never ***been parted from*** her before. 그는 전에 그녀와 떨어져 본 적이 전혀 없었다.

It's natural that a mother should not wish to ***be parted from*** her children.
어머니가 자식들과 떨어지려고 하지 않는 것은 자연스러운 현상이다.

part with something은 값어치가 있거나 계속 갖고 싶은 어떤 물건을 다른 사람에게 주거나 팔다라는 뜻이다.

She didn't want to ***part with*** the money. 그녀는 그 돈을 주기를 원하지 않았다.

I took the book, thanked her, and told her I would never ***part with*** it.
나는 그 책을 받고, 그녀에게 감사하다고 했고, 그 책을 언제나 간직하겠다고 말했다.

---

partly

➲ Grammar 표제어 Adjuncts의 extent 참조.

---

party

party는 사람들이 먹고, 마시고, 춤추고, 이야기하거나, 게임을 하면서 즐기는 사교적인 행사라는 뜻이다. 어떤 사람이 파티를 여는 경우, ***have/give/throw*** a party라고 한다. 이때 throw는 격식을 차리지 않는 단어이다.

We ***are having*** a party on the beach. 우리는 해변에서 파티를 열 것이다.

She and Tim ***were giving*** a party. 그녀와 팀은 파티를 하고 있었다.

We ***threw*** a huge birthday party. 우리는 성대한 생일 파티를 열었다.

ⓘ 'make' a party라고 하지 않는다.

---

pass

동사 pass는 여러 가지 뜻으로 사용한다.

1 movement(움직임)

pass는 사람이나 사물을 지나쳐 가다라는 뜻이다.

We ***passed*** the New Hotel. 우리는 뉴호텔을 지나갔다.

Please let us ***pass***. 우리를 지나가게 해주세요.

같은 방향으로 달리는 앞의 차량을 추월하다라고 할 경우, 미국 영어에서는 pass를, 영국 영어에서는 overtake를 사용한다.

The getaway car ***passed*** another car at an estimated 100 mph.
그 도주 차량은 앞에서 달리는 다른 자동차를 시속 약 100마일로 추월했다.

When he eventually ***overtook*** the last truck, he pulled over to the inside lane.
그가 마침내 마지막 트럭을 추월하자 안쪽 차선으로 차를 세웠다.

pass something to someone은 어떤 사물을 손으로 집어서 누군가에게 건네주다라는 뜻이다.

She ***passed*** me her glass. 그녀는 나에게 컵을 건네주었다.

Pass me Philip's card, would you? 필립의 카드를 건네주시겠어요?

2 time(시간)

pass time in a particular way는 특정한 방법으로 시간을 보내다라는 뜻이다.

We ***passed*** a pleasant afternoon together. 우리는 함께 기분 좋은 오후를 보냈다.

Am I to ***pass*** all my life abroad? 나는 평생을 해외에서 보내야 할까요?

➲ 위와 같은 pass의 용법에 대한 더 많은 정보는 Usage 표제어 spend – pass 참조.

3 tests and exams(시험)

pass a test/an exam은 시험에 합격하다라는 뜻이다.

I ***passed*** my driving test in Holland. 나는 네덜란드에서 운전면허 시험에 합격했다.
She told me that I ***had passed***. 그녀는 내가 합격했다고 말했다.

> 주의 결과에 대한 언급 없이 시험을 치르다라고 할 때는 **pass**가 아닌 **take**를 사용한다.
> She's ***not yet taken*** her driving test. 그녀는 아직 운전면허 시험을 치른 적이 없다.

---

past

1 time before the present(현재 이전의 시간)

past는 명사나 형용사로 사용할 수 있으며, 현재 이전의 기간을 가리킨다.

He never discussed his ***past***. 그는 자신의 과거에 대해 논의한 적이 한 번도 없었다.
I've spent most of the ***past*** eight years at sea. 나는 지난 8년간 대부분의 시간을 바다에서 지냈다.

2 telling the time(시간 말하기)

영국 영어에서는 특정한 시간 이후에 몇 분이 지났는지 나타낼 때, **past**를 사용한다.

It's ten ***past*** eleven. 11시 10분이다.
I went back to bed and slept until quarter ***past*** eight. 나는 다시 잠을 자러 가서 8시 15분까지 잠을 잤다.

미국 영어에서는 보통 **after**를 사용한다.

It's ten ***after*** eleven. 11시 10분이다.
I arrived back in my room around a quarter ***after*** twelve. 나는 12시 15분 경에 다시 내 방에 도착했다.

➔ 그 밖의 시간을 말하는 방법은 **Topic** 표제어 **Time** 참조.

3 going near something(어떤 것에 가까이 가기)

어떤 사람이 특정한 방향으로 가고 있을 때 어떤 것의 근처를 지나가고 있음을 나타내는 경우, **past**를 전치사나 부사로도 사용한다.

He walked ***past*** Lock's hat shop. 그는 록 모자 가게를 지나 걸어갔다.
People ran ***past*** laughing. 사람들이 웃으면서 뛰어 지나갔다.

4 'passed'

pass의 과거나 과거분사는 **past**가 아닌 **passed**이다.

As she ***passed*** the library door, the telephone began to ring.
그녀가 그 도서관 문을 지났을 때, 전화벨이 울리기 시작했다.
The Act ***was passed*** at the end of last year. 법안은 작년 말에 통과되었다.

---

patriotic

➔ **Usage** 표제어 **national – nationalist – nationalistic – patriotic** 참조.

---

pay

돈에 대해 언급할 때, **pay**를 동사나 명사로 사용할 수 있다. **pay**의 과거와 과거분사는 **payed**가 아닌 **paid**이다.

1 used as a verb(동사로 사용하기)

pay for something은 어떤 것을 실행하거나 제공해 준 사람에게 그 대가로 돈을 지불하다라는 뜻이다.

Pupils would be ***paid for*** any work they did. 학생들은 그들이 했던 어떤 일에 대해서도 돈을 지불받게 될 것이다.
Willie ***paid for*** the drinks. 윌리는 술값을 지불했다.

ⓘ 위와 같은 문장에서 pay 뒤에 for를 사용해야 한다.

주의 다른 사람이 마신 술값을 대신 내주다라고 할 때는 'pay' someone the drink가 아닌 ***buy*** someone the drink라고 한다.

Let me *buy* you a drink. 제가 한잔 사겠습니다.
Monty *bought* Kaspar at least half-a-dozen whiskies. 몬티는 카스파에게 적어도 위스키 여섯 병을 사주었다.

다른 사람이 먹은 음식 값을 대신 내주다라고 할 경우에는 'pay' someone a meal이 아닌 ***buy*** someone a meal이나 ***treat*** someone ***to*** a meal이라고 한다.

I'll *buy* you lunch. 제가 당신에게 점심 식사를 대접하겠습니다.
She offered to *treat* them *to* dinner. 그녀는 그들에게 저녁 식사를 대접하겠다고 제의했다.

2 used as a noun(명사로 사용하기)

pay는 '임금'이나 '봉급'이라는 뜻이다.

She lost three weeks' *pay*. 그녀는 3주치 봉급을 받지 못했다.
They paid 6.5 per cent of their *pay* to the National Insurance Fund.
그들은 국립 보험 기금에 봉급의 6.5퍼센트를 지불했다.

i a pay라고 하지 않는다. 예를 들면, ~~It's a good pay.~~가 아닌 The *pay* is good.이라고 한다.

The *pay* is dreadful. 보수가 많지 않다.

3 other meanings(그 밖의 뜻)

pay a call / visit는 방문하다라는 뜻이다.

We went to *pay* a call on some people I used to know. 우리는 내가 알고 지냈던 사람 몇 명을 만나러 갔다.
It would be nice if you *paid* me a visit. 당신이 나를 방문해 준다면 좋을 텐데.

➲ Usage 표제어 call과 visit 참조.

pay attention to something은 어떤 일에 주의를 집중하다라는 뜻이다.

Look, *pay* attention to what I'm saying. 자, 제가 말하는 것에 주의를 집중해 주세요.

➲ Usage 표제어 attention 참조.

penny

pennies는 일반적으로 각기 다른 여러 종류의 동전을 가리킨다.

He took two *pennies* out of his pocket. 그는 호주머니에서 동전 두 개를 꺼냈다.

영국에서는 돈의 액수에 pence(미국의 cent와 같은 단위)나 p를 사용한다.

It only cost fifty *pence*. 그것은 단돈 50펜스였다.
Admission for children is 50*p*. 어린이 입장료는 50펜스이다.

➲ Topic 표제어 Money 참조.

people – person

1 'people'

people은 복수명사이며, 복수동사를 사용한다. people은 일반적으로 특정한 그룹의 남녀를 가리킬 때 가장 많이 사용한다.

There were 120 *people* at the lecture. 그 강의에 120명이 참석했다.
We'll talk to the *people* concerned and see how they feel.
우리는 관련된 사람들과 상의하여, 그들이 어떤 생각을 갖고 있는지를 알아볼 것이다.

한 무리의 남녀, 어린이를 가리킬 때에도 people을 사용할 수 있다.

...the Great Fire of Chicago, when 250 *people* were killed. 250명이 사망한 시카고의 대화재.

특정한 나라, 부족, 인종의 모든 남녀, 어린이를 가리킬 때, people을 흔히 사용한다.

The British *people* deserve a lot better. 영국 국민은 더 나은 대우를 받을 만하다.

2 'peoples'

여러 나라, 부족, 인종의 모든 남녀, 어린이를 가리킬 때, **people**의 복수형인 **peoples**를 주로 사용한다.

Mediterranean ***peoples*** gesticulate more freely than northern Europeans.
지중해 연안 민족들은 북부 유럽 민족들보다 더 자유롭게 몸짓을 사용한다.

3 another use of 'people' (people의 다른 용법)

일반적인 사람이라는 뜻으로 **people**을 사용할 수 있다.

I don't think ***people*** should make promises they don't mean to keep.
나는 사람들이 지키지 못할 약속은 하지 말아야 한다고 생각한다.

She could not resist being unkind to ***people***. 그녀는 사람들에게 불친절하게 대할 수밖에 없었다.

ⓘ 일반적인 사람을 나타내는 방법이 여러 가지가 있다.

➲ 더 많은 정보는 Usage 표제어 one 참조.

4 'person'

person은 가산명사로, 개별적인 남자, 여자, 어린이, 즉 '개인'이라는 뜻이다.

There was far too much meat for one ***person***. 한 사람이 먹기에는 고기가 너무 많았다.

They think you are a suitable ***person*** to join the church.
그들은 당신이 목사가 되기에 적합한 사람이라고 생각한다.

person의 일반적인 복수형은 **people**이며, 격식을 차린 영어에서는 때때로 **persons**를 사용하기도 한다.

The bomb exploded killing 111 ***persons***. 그 폭탄이 폭발하여 111명이 사망했다.

---

percentage – per cent

percentage는 전체를 동등하게 100개의 부분으로 나눌 때 전체에서 어떤 것이 차지하는 비율을 퍼센트라고 한다. 〔숫자 + **per cent** · %〕 형식을 사용한다. 예를 들면, 1,000명이 사는 한 마을에 어린이가 250명이라면 전체 인구에서 아이들이 차지하는 비율은 25 **per cent**(25%)이다.

What is the ***percentage*** of nitrogen in air? 공기 중에 질소가 몇 퍼센트 있는가?

He won 28.3 ***per cent*** of the vote. 그는 28.3퍼센트의 득표를 얻었다.

미국 영어에서는 때때로 **percent**라고 한 단어로 붙여서 표기한다.

Remember that 90 ***percent*** of most food is water. 거의 모든 음식의 90퍼센트가 수분임을 기억하세요.

전체 비율과 비교해 대략 얼마나 많은지 또는 적은지를 나타낼 때에도 퍼센트를 사용한다. 예를 들면, **a large percentage**나 **a small percentage**는 어떤 것의 전체의 많은 퍼센트 또는 적은 퍼센트를 차지하고 있다는 뜻이다.

It's ***a tiny percentage*** of the total income. 그것은 전체 수입 중에 아주 적은 비율을 차지하고 있다.

A high percentage of the share capital is held by Scottish institutions.
높은 비율의 주식 자본을 스코틀랜드 기관이 보유하고 있다.

〔**percentage** + 복수명사〕 형식이 주어인 경우, 복수동사를 사용한다.

A good percentage of the people ***were*** his own age. 그 사람들 중 상당한 비율이 그와 같은 나이였다.

〔**percentage** + 단수명사〕 형식이 주어인 경우, 단수동사를 사용한다.

A high percentage of the pet population ***has*** been adopted off the streets.
길거리에 버려진 애완동물 중 상당한 비율이 입양되었다.

---

perfect

1 'perfect'

perfect는 가능한 한 모든 것을 다 갖춘 것이나 다름없는 상태이다, 즉 '완벽한'이라는 뜻이다.

She speaks ***perfect*** English. 그녀는 완벽한 영어를 구사한다.
I've got the ***perfect*** solution. 나는 완전한 해결책을 갖고 있다.

회화에서 일부 사람들은 정말 아주 좋다라는 뜻으로 **perfect**를 사용한다. 일반적으로 다른 것보다 더 나은 것은 **more perfect**로, 어떤 종류에서 가장 좋은 것에는 **most perfect**를 사용한다.

The resulting film is ***more perfect*** than a genuine live broadcast. 녹화 방송은 실제 생방송보다 더 낫다.
Some claim its acoustics to be the ***most perfect*** in the world.
일부 사람들은 그곳의 음향 시설은 세계에서 가장 뛰어나다고 주장한다.

2 'perfectly'

perfect의 부사는 **perfect**가 아닌 **perfectly**를 사용한다. 예를 들면, '그녀는 그 일을 완전히 끝냈다.'는 **~~She did it perfect~~.**가 아닌 **She did it *perfectly*.**라고 한다.

The plan worked ***perfectly***. 그 계획은 완벽하게 이루어졌다.
He was dressed ***perfectly***. 그는 옷을 완벽하게 차려입었다.

---

perhaps

➲ Usage 표제어 **maybe – perhaps** 참조.

---

permissible – permissive

1 'permissible'

permissible은 어떤 일이 규칙, 법, 협정에 어긋나지 않아서 그것을 갖거나 하도록 허락받다, 즉'허용하는'이라는 뜻이다.

Towing caravans up to 2.30m wide are ***permissible*** in Norway.
노르웨이에서는 트레일러를 견인하는 폭을 법적으로 2미터 30센티까지 허용하고 있다.
I understood that it was ***permissible*** to ask a question. 나는 질문을 하는 것이 허용된다고 이해했다.

2 'permissive'

permissive는 일부 사람들이 거부감을 느끼는 일, 특히 성적인 행동의 자유에 대해 사회나 사람이 '관대한'이라는 뜻이다.

We live in a ***permissive*** age. 우리는 관용의 시대에 살고 있다.
Baby-boomers are realising that their ***permissive*** approach didn't work.
베이비 붐 세대는 그들의 관대한 접근 방식이 효과를 내지 못했다는 것을 깨닫고 있다.

---

permission

permission은 다른 사람이 어떤 일을 하도록 승인하는 것, 즉 '허락'이라는 뜻이다.

He gave me ***permission*** to go. 그는 나에게 가도 좋다고 허락을 했다.
You can't do it without ***permission***. 당신은 허락 없이 그 일을 할 수 없다.

permission은 불가산명사로, **permissions**나 **a permission**이라고 하지 않는다. 어떤 일을 하겠다고 상대방에게 요청하여 그 일을 하도록 허락받다라는 뜻에 **get**이나 **obtain**을 사용한다.

I went as often as I could ***get*** permission. 나는 허락받을 수 있는 한 자주 갔다.
Consul-General Lee obtained permission for an autopsy. 리 총영사는 부검을 하도록 허락을 받았다.

ⓘ 'take' permission' to do something이라고 하지 않는다.

어떤 일을 하도록 허락받다라고 할 때 **have**나 **have got**을 사용한다.

I ***have*** permission to tell you how things went in Bonn.
나는 본에서 일이 어떻게 진행됐는지 당신에게 말하라는 허락을 받았다.
We***'ve got*** permission to climb the Tower. 우리는 런던탑에 올라갈 수 있다는 허가를 받았다.

permissive

➲ Usage 표제어 permissible – permissive 참조.

permit

➲ Usage 표제어 allow – permit – let 참조.

persecute – prosecute

1 'persecute'

persecute는 정치적이나 종교적 믿음을 가졌다는 이유로 다른 사람들을 계속해서 못살게 하고 고통을 주다, 즉 '박해하다'라는 뜻이다.

Members of these sects ***are*** ruthlessly ***persecuted***. 이러한 종파들의 구성원들은 무지막지한 박해를 받고 있다.
They claimed that nobody ***is persecuted*** for religious belief.
그들은 그 누구도 종교적인 믿음 때문에 박해를 받아서는 안 된다고 주장했다.

2 'prosecute'

prosecute는 범죄를 저지른 사람을 고발하여 재판에 회부하다, 즉 '기소하다'라는 뜻이다.

He ***was prosecuted*** for drunken driving. 그는 음주 운전으로 기소되었다.
Trespassers ***will be prosecuted***. 불법 침입자는 기소될 것이다.

person

➲ Usage 표제어 people – person 참조.

personal – personnel

1 'personal'

personal [pə́ːrsənəl]은 형용사이다. 특정한 사람이 어떤 사물을 소유하고 있거나 그것과 관련있다고 할 때, personal을 사용한다.

This is my ***personal*** opinion. 이것이 나의 개인적인 의견이다.
...book, furniture, and other ***personal*** belongings. 책, 가구, 다른 개인 소유물.

2 'personnel'

personnel [pə̀ːrsənél]은 명사이며, 회사나 조직에서 일하는 사람들이라는 뜻이다.

We've advertised for extra security ***personnel***. 우리는 추가로 안전 요원을 고용한다는 광고를 했다.
There has been very little renewal of ***personnel*** in higher education.
고등 교육 분야의 직원들에 대한 쇄신은 거의 일어나지 않고 있다.

personnel은 복수명사로, personnels나 a personnel이라고 하지 않는다.

persuade

➲ Usage 표제어 convince – persuade 참조.

petrol

➲ Usage 표제어 gas – petrol 참조.

parmacist

➲ Usage 표제어 chemist – pharmacist 참조.

pharmacy

Usage 표제어 chemist's – drugstore – pharmacy 참조.

phenomenon

phenomenon은 일어나거나 존재하고 보이거나 경험할 수 있는 것, 즉 '현상'이라는 뜻이다.

We are witnessing a very significant *phenomenon*. 우리는 매우 중대한 현상을 목격하고 있는 중이다.
Many theories have been put forward to explain this *phenomenon*.
이러한 현상을 설명하는 데 많은 이론이 제시되어 왔다.

phenomenon의 복수형은 phenomenons가 아닌 phenomena이다.

...scientific explanations of natural *phenomena*. 자연 현상에 대한 과학적인 설명들.
All of these *phenomena* required explanation. 이 모든 상황에 대한 설명이 필요했다.

주의 phenomena는 오로지 복수형이어서, a phenomena나 this phenomena라고 하지 않는다.

phone

phone **someone**은 누군가의 전화번호를 눌러 전화로 말하다, 즉 '전화걸다'라는 뜻이다.

I went back to the motel to *phone* Jenny. 나는 모텔로 돌아와서 제니에게 전화했다.
I *phoned* him and offered him a large salary. 나는 그에게 전화하여 많은 급여를 주겠다고 제안했다.

phone **a place**는 어떤 장소에 전화를 걸다라는 뜻이다.

He *phoned* the police station and spoke to the officer in charge.
그는 경찰서에 전화해서 담당 경찰관과 통화를 했다.
Each day we *phoned* Geneva Airport for a weather forecast.
우리는 매일 제네바 공항에 전화하여 일기 예보를 물었다.

phone 뒤에 to가 오지 않는다.

physician – physicist

1 'physician'

physician은 수술보다는 약으로 병이나 상처를 치료하는 '내과 의사'라는 뜻으로, 격식을 차려서 말할 때 사용하는 오래된 단어이다.

...a highly respected Victorian *physician* and surgeon. 빅토리아 시대에 높이 평가되던 내과 의사 겸 외과 의사.

2 'physicist'

physicist는 물리학을 연구하거나 물리학과 관련된 연구를 하는 사람, 즉 '물리학자'라는 뜻이다.

...a nuclear *physicist*. 핵 물리학자.

physique – physics

1 'physique'

physique [fizíːk]는 신체의 형태나 몸집, 즉 '체형'이라는 뜻이다.

...a good-looking lad with a fine *physique*. 균형이 잡힌 몸매의 잘생긴 사내.

2 'physics'

열, 빛, 소리, 전기 등의 과학적인 연구, 즉 '물리학'은 physique가 아닌 physics [fíziks]라고 한다.

...nuclear *physics*. 핵물리학.

pick

● Usage 표제어 choose 참조.

picture

● Usage 표제어 film 참조.

pile

● Usage 표제어 heap – stack – pile 참조.

place

place는 일반적으로 명사로 사용한다.

1 used in descriptions(묘사에 사용하기)

건물, 방, 도시, 지역을 묘사하는 경우, 형용사 뒤에 place를 사용할 수 있다. 예를 들면, '리치먼드는 좋은 곳이다.'는 Richmond is nice. 대신 Richmond is a nice ***place***.라고 한다.

It's a beautiful ***place***. 그곳은 아름다운 장소이다.
He's building himself a really comfortable ***place*** to live in. 그는 자신이 살기에 아주 편안한 집을 짓고 있다.

2 saying where something is(어떤 것이 어디에 있는지 말하기)

(the place + where절) 형식은 어떤 것이 어디에 있는지를 나타낼 때 사용한다. 예를 들면, '이곳은 내가 자동차를 주차한 곳이다.'는 This is ***the place where*** I parked my car.라고 한다.

He reached ***the place where*** I was standing. 그는 내가 서 있던 곳에 도착했다.
He said he would walk with me to ***the place where*** I had been knocked down.
그는 내가 쓰러졌던 곳으로 나와 같이 걸어서 가겠다고 말했다.

> **주의** (place + where + to부정사절) 형식이 아닌 (place+to부정사절) 형식을 사용한다. 예를 들면, '나는 자동차를 주차할 곳을 찾고 있는 중이다.'는 ~~I'm looking for a place where to park my car.~~가 아닌 I'm looking for ***a place to park*** my car. 또는 I'm looking for ***a place where I can park*** my car.나 I'm looking for ***somewhere to park*** my car.라고 한다.
>
> I always tried to find ***a place to hide***. 나는 항상 숨을 곳을 찾으려고 했다.
> It was ***a place where they could go*** swimming or surfing. 그곳은 그들이 수영이나 서핑을 할 수 있는 장소였다.
> We had to find ***somewhere to stop*** for lunch. 우리는 점심을 먹으러 들를 수 있는 곳을 찾아야 했다.

3 'anywhere'

영국 영어에서 의문문이나 부정문에는 보통 any place가 아닌 anywhere를 사용한다. 예를 들면, '그녀는 여동생 없이는 혼자 아무 곳도 가지 않는다.'는 ~~She never goes to any place without her sister.~~가 아닌 She never goes ***anywhere*** without her sister.라고 한다.

I changed my mind and decided not to go ***anywhere***. 나는 마음을 바꾸어 아무 데도 가지 않기로 결정했다.
Is there an ashtray ***anywhere***? 어딘가에 재떨이가 있습니까?

(US) 미국 영어에서는 때때로 anywhere 대신 to 없이 anyplace를 사용한다.
He doesn't stay ***anyplace*** for very long. 그는 어떤 곳에서나 그다지 오래 머무르지 않는다.

4 'there'

방금 전에 언급한 장소를 다시 가리킬 때는 that place가 아닌 there를 사용한다. 예를 들면, '나는 들판으로 차를 몰고 가 그곳에 세워 두었다.'는 ~~I drove my car into a field and left it in that place.~~가 아닌 I drove my car into a field and left it ***there***.라고 한다.

I decided to try Newmarket. I soon found a job ***there***.
나는 뉴마켓에서 찾아보기로 결정하였고 그곳에서 바로 일자리를 찾았다.
I must get home. Bill's ***there*** on his own. 나는 집에 가야 한다. 빌이 거기에 혼자 있다.

5 'seat'

사람이 앉을 수 있는 자리를 가리킬 때 **place**나 **seat**을 사용하지만, **seat**을 더 자주 사용한다.

There was only one ***seat*** free on the train. 기차에 한 자리만 비어 있었다.

6 'room'

열려 있거나 비어 있는 공간을 가리킬 때는 불가산명사로 **place**가 아닌 **room**이나 **space**를 사용해야 한다. 무언가로 둘러싸인 실내 공간을 가리키는 경우, **room**을 더 많이 사용한다.

There's not enough ***room*** in the bathroom for both of us. 그 화장실은 우리 둘이 사용하기에 공간이 충분하지 않다.

Leave plenty of ***space*** between you and the car in front. 당신과 앞쪽에 있는 자동차 사이에 충분한 공간을 남겨 두세요.

7 'place' used as a verb(동사로 사용하는 place)

place를 동사로 사용하는 경우, **put**과 같은 뜻이다.

Some of the women lit candles and ***placed*** them carefully among the flowers.
일부 여성이 촛불을 켜서 꽃 사이에 조심스럽게 놓았다.

➲ Usage 표제어 **place – put** 참조.

8 'take place'

take place는 어떤 일이 일어나다라는 뜻이다.

The talks will ***take place*** in Vienna. 그 회담은 비엔나에서 열릴 것이다.

...the changes which ***are taking place*** at the moment. 지금 일어나고 있는 변화.

---

place – put

1 'place' and 'put'

동사 **place**와 **put**은 흔히 같은 뜻으로 쓰이는데, **place**는 **put**보다 더 격식을 차린 말로 주로 글에서 사용한다. ***place*** **something somewhere**는 사물을 어떤 곳에 놓아두다라는 뜻이다. 가지런히 또는 조심스럽게 사물을 어떤 곳에 놓아둘 때, 때때로 **place**를 사용한다.

She ***placed*** the music on the piano and sat down. 그녀는 피아노 위에 악보를 올려놓고 자리에 앉았다.

Each piece of furniture is carefully ***placed***, as in a gallery. 각각의 가구가 화랑처럼 조심스럽게 배치되어 있다.

2 pressure(압력)

place/put **pressure on someone**은 누군가에게 어떤 일을 하도록 압력을 가하다라는 뜻이다.

Renewed pressure ***will be placed*** on the Government this week. 재개된 압력이 이번 주에 정부에 가해질 것이다.

He may have ***put*** pressure on her to agree. 그는 그녀에게 압력을 가해 동의하게 할지도 모른다.

3 adverts(광고)

place/put **an advert in a newspaper**는 돈을 지불하고 신문에 광고를 내다라는 뜻이다.

We ***placed*** an advert in an evening paper. 우리는 한 석간신문에 광고를 냈다.

You could ***put*** an advert in the 'Mail'. 당신은 메일 지에 광고를 낼 수 있다.

---

plain

➲ Usage 표제어 **homely** 참조.

---

play

1 children's games(어린이들의 게임)

play는 어린이들이 장난감을 갖고 놀거나 게임을 하면서 즐거운 시간을 보내다라는 뜻이다.

The kids went off to ***play*** on the swings. 아이들이 그네를 타려고 밖으로 나갔다.

2 sports and games(운동과 게임)

정기적으로 어떤 운동이나 게임을 하다라는 뜻에 **play**를 사용한다.

Ray and I ***play*** squash at least three times a week. 레이와 나는 일주일에 적어도 세 번 이상 스쿼시를 한다.
Do you ***play*** chess? 당신은 체스를 합니까?

특정한 때에 열린 게임, 경기, 시합에 직접 참가하다라고 할 때, **play in**을 사용한다.

I hope to ***play in*** many more matches for Celtic. 나는 셀틱을 위해 더 많은 경기를 하길 바란다.

3 'game'

두 명 이상이 서로 경쟁하는 운동이나 다른 활동을 가리키는 명사로는 **play**가 아닌 **game**을 사용한다.

You need two people to play this ***game***. 이 게임을 하는 데 두 명이 필요하다.
In a ***game*** like tennis, the score is kept by the umpire. 테니스 같은 경기는 심판이 득점을 기록한다.

4 tapes and records(테이프와 레코드)

play에는 음향 기계에 테이프, 레코드, **CD**를 넣어 틀다라는 뜻도 있다.

I'll ***play*** you the tape in a minute. 나는 그 테이프를 네게 곧 틀어 줄 것이다.
She ***played*** her CDs too loudly. 그녀는 CD를 너무 크게 틀었다.

그러나 영화나 텔레비전 프로그램을 보여 주다라고 할 때는 **play**가 아닌 **show**를 사용한다.

One evening the school ***showed*** a cowboy film. 어느 날 저녁에 학교에서 카우보이 영화를 보여 주었다.
The BBC World Service television news ***showed*** the same film clip.
BBC 월드 서비스 텔레비전 뉴스에서 같은 영화 장면을 보여 주었다.

5 musical instruments(악기)

악기로 음악을 연주하다라는 뜻에도 **play**를 사용한다.

He sometimes ***played*** the organ in the cathedral. 그는 때때로 성당에서 오르간을 연주했다.

어떤 사람이 특정한 악기를 연주할 능력을 갖고 있다고 하는 경우, 악기 앞에 **the**를 사용한다. 예를 들면 '그녀는 피아노를 연주한다.'는 **She *plays the piano*.**라고 하고, '그는 플루트를 연주한다.'는 **He *plays the flute*.**라고 한다.

Uncle Rudi ***played the cello***. 루디 아저씨는 첼로를 연주했다.

그러나 록과 재즈 연주자들은 보통 **the**를 생략하여 사용한다. **She *plays piano.***(그녀는 피아노를 연주한다.) 또는 **He *plays guitar.***(그는 기타를 연주한다.)라고 한다.

There was one kid who ***played sax***. 색소폰을 연주하는 한 아이가 있었다.

6 used as a noun(명사로 사용하기)

명사 **play**는 극장, 라디오, 텔레비전에서 상영하는 글, 즉 '희곡'이나 '각본'이라는 뜻이다.

It's my favorite Shakespeare ***play***. 그것은 내가 제일 좋아하는 셰익스피어의 희곡이다.

---

pleased – disappointed

다음의 형용사는 즐거움이나 실망감을 표현할 때 사용한다. 가장 즐거움을 나타내는 형용사에서 가장 실망스러움을 나타내는 형용사의 순서로 단어를 배열하였다.

- **thrilled**, **overjoyed**

I was so ***thrilled*** to get a good report from him. 나는 그에게서 기분 좋은 보고를 받게 되어 너무 기뻤다.
He was ***overjoyed*** at his son's return. 그는 아들이 돌아오자 감격스러워했다.

- **delighted**

I know Frank will be ***delighted*** to see you. 나는 프랭크가 당신을 보면 기뻐할 것임을 안다.

- **glad, pleased**

The people seem genuinely ***glad*** to see you. 그 사람들은 당신을 진심으로 환영하는 것 같아 보인다.
They're ***pleased*** to be going home. 그들은 집으로 가는 것을 기뻐하고 있다.

- **satisfied**

We are not ***satisfied*** with these results. 우리는 이 결과에 만족하지 않는다.

- **resigned, philosophical**

Pauline was already ***resigned*** to losing her home. 폴린은 이미 가정을 잃을 각오를 하고 있었다.
I was always ***philosophical*** about being ill. 나는 병에 걸리는 것에 대해 항상 관조적이었다.

- **disappointed**

I was ***disappointed*** that Kluge was not there. 나는 그곳에 클루지가 없어서 실망했다.

- **upset**

After she died I felt very, very ***upset***. 그녀가 죽은 후 나는 매우 불행했다.

- **shattered, devastated**

It is desperately sad news and I am absolutely ***shattered*** to hear it.
그것은 너무도 슬픈 소식이어서 나는 그 소식을 듣고 완전히 충격을 받았다.
Teresa was ***devastated***, her dreams shattered. 테레사는 자신의 꿈이 산산조각이 나자 망연자실했다.

---

pleasure

pleasure는 '행복', '만족', '즐거움'의 감정이라는 뜻이다.

McPherson could scarcely conceal his ***pleasure*** at my resignation.
맥퍼슨은 나의 사임에 대해 만족해하는 그의 마음을 거의 숨기지 못했다.
I can't understand how people can kill for ***pleasure***. 나는 사람들이 쾌락을 위해 살인하는 것을 도저히 이해할 수 없다.

일반적으로 pleasure는 불가산명사이다. 예를 들면, '어떤 것이 즐거움을 주다'는 something gives you 'a pleasure'가 아닌 something gives you *pleasure*라고 한다.

I don't think any other book I have written has given me such great ***pleasure***.
나는 내가 쓴 어떤 책도 그렇게 큰 기쁨을 주었던 책은 없다고 생각한다.
The event gave enormous ***pleasure*** to a lot of people. 그 행사는 많은 사람들에게 큰 즐거움을 주었다.

the *pleasure of doing* something은 어떤 일을 하는 즐거움이라는 뜻이다.

I'd travel a thousand miles just for the ***pleasure of meeting*** you.
당신을 만나는 즐거움을 위해 나는 천 마일이라도 갈 것이다.
The soil has been tended here not for profit or prestige but for the ***pleasure of growing and caring for*** living things.
그 땅은 수익성이나 명성을 주지는 않지만, 살아 있는 것을 키우고 가꾸는 즐거움을 주었다.

ℹ the 'pleasure to do' something이라고 하지 않는다.

---

point

1 'point'

point는 자신의 생각, 의견, 사실을 표현하는 말이라는 뜻이다.

That's a very good ***point***. 그것은 아주 좋은 의견이다.
I want to make several quick ***points***. 나는 몇 가지 간단한 의견을 말하겠다.

point에는 어떤 것의 한 측면이나 세부 사항, 어떤 사람의 성격 중 한 면이라는 뜻도 있다.

The two books have some interesting ***points*** in common. 두 책은 공통적으로 몇 가지 재미있는 점이 있다.
His best ***point*** was his communication, from the players to the catering staff.
그가 가진 가장 큰 장점은 선수부터 음식을 담당하는 직원까지 의사소통을 원활하게 하는 것이었다.

2 'the point'

the point는 어떤 상황에서 가장 중요한 사실, 즉 '요점'이라는 뜻이다.

The point is that everyone's got something to offer. 요점은 누구나 제공할 수 있는 무언가를 가졌다는 것이다.

Philip, I may as well come straight to ***the point***. I'm pregnant.
필립, 요점을 바로 말하는 것이 낫겠어요, 나는 임신했어요.

You've all missed ***the point***. 당신들 모두 요점을 벗어났다.

the point of doing something은 어떤 일을 하는 이유라는 뜻이다.

What was ***the point of attempting*** to live together? 함께 살려고 한 이유는 무엇이었습니까?

I didn't see ***the point of boring*** you with all this. 나는 이 모든 것이 당신을 싫증나게 하는 이유라고 생각하지 않았다.

3 'no point'

there is no point in doing something은 어떤 일이 목적이 전혀 없거나 아무 성과도 없다는 뜻이다.

There's no point in talking to you. 당신과 이야기해 봐야 아무 도움이 되지 않는다.

There's not much point in thinking about it. 그것에 대해 생각해 봐도 별 성과가 없다.

ⓘ 'there is no point to do' something이라고 하지 않는다. 'it is no point in doing' something이라고도 하지 않는다.

4 'full stop'

문장의 끝에 오는 구두점(.)을 **point**라고 하지 않는다. 구두점을 영국 영어에서는 **full stop**, 미국 영어에서는 **period**라고 한다.

➔ 더 많은 정보는 Topic 표제어 Punctuation과 Numbers and fractions 참조.

---

point of view – view – opinion

1 'point of view'

a particular ***point of view***는 특정한 관점이라는 뜻이며, 어떤 상황의 한 측면을 고려할 때 사용한다.

From a practical ***point of view*** it is quite irrelevant. 실질적인 측면에서 볼 때, 그것은 매우 연관성이 없다.

From the commercial ***point of view*** they have little to lose. 상업적인 측면에서 보면 그들은 잃을 것이 거의 없다.

a person's ***point of view***는 어떤 것에 대한 누군가의 일반적인 관점이나 영향을 미치거나 그와 관계 있는 것을 느끼는 방식이라는 뜻이다.

We understand your ***point of view***. 우리는 당신의 관점을 이해한다.

I tried to see things from Frank's ***point of view***. 나는 프랭크가 보는 관점에서 사태를 보려 했다.

2 'view' and 'opinion'

특정한 일에 대한 의견이나 믿음을 지칭할 때는 **point of view**가 아닌 **view**나 **opinion**을 사용한다.

Mr Carr's ***view*** is that the Bill is not anti-trade union. 카 씨의 견해는 빌이 반노동조합이 아니라는 것이다.

If you want my honest ***opinion***, I don't think it will work.
나의 솔직한 의견을 말하라고 한다면, 그 일이 잘되지 않을 것이라 생각한다.

view는 주로 복수명사인 **views**로 사용한다.

Your ***views*** have always been respected here. 당신의 의견들은 이곳에서 항상 존경받아 왔다.

He was sent to jail for his political ***views***. 그는 자신의 정치적 신념 때문에 교도소에 수감되었다.

someone's opinions/views *on* or *about* a particular matter는 어떤 특정한 일에 대해 갖는 의견이나 견해라는 뜻이다.

He always asked for her opinions ***on*** every aspect of his work.
그는 항상 자신의 모든 일 하나하나에 대해 그녀의 의견을 물었다.

I have strong views ***about*** politics and the Church. 나는 정치와 교회에 대해 단호한 견해를 갖고 있다.

말하는 내용에 **in my opinion**이나 **in his view** 등을 추가할 수 있다. 이는 말하는 사람의 생각을 표하거나 그것이 사실이 아닐 수도 있다라는 뜻에 사용한다.

Well he's not making a very good job of it ***in my opinion***. 글쎄, 내 생각에는 그가 그 일을 아주 잘하고 있는 것 같지 않아.
Such a proposal ***in his view*** would do nothing but harm. 그는 그러한 제안은 피해만 주게 되리라고 생각한다.

---

police

the police는 사람들이 법을 준수하도록 책임을 진 공식 조직, 즉 '경찰'이라는 뜻이다. 이들은 사람과 재산을 보호하며 범죄자를 체포한다.

He had called ***the police***. 그는 경찰에 전화했다.
Contact ***the police*** as soon as possible after a burglary. 강도 사건이 발생하는 즉시 경찰에 연락하세요.

police는 복수명사로 주어일 경우, 복수동사를 사용한다.

The police ***were*** called to the scene of the crime. 경찰이 범죄 현장에 소집되었다.

경찰관 한 명을 **police**라고 하지 않는다. 경찰관 한 명은 **a police officer**, **a policeman**, **a policewoman**이라고 한다.

You have made a very serious allegation against a ***police officer***. 당신은 한 경찰관에게 저항한 중대한 혐의가 있다.
He had been a ***policeman*** for six years. 그는 6년 동안 경찰관으로 근무했다.
Many of the younger ***policewomen*** resented not being allowed to take part in tougher assignments.
많은 젊은 여자 경찰관들은 좀 더 격렬한 업무에서 배제되고 있는 것에 분개했다.

---

politics – policy – political

1 'politics'

명사 **politics**는 두 가지 뜻으로 사용한다. 일반적으로 국가나 사회에서 권력을 획득하고 유지하고 사용하는 방법을 나타낼 때, **politics**를 사용한다.

They are reluctant to take part in ***politics***. 그들은 마지못해 정치에 참여하고 있다.
I have no idea what his ***politics*** are. 나는 그의 정치적 성향이 무엇인지 전혀 모른다.

'정치'라는 뜻의 **politics**가 주어인 경우, 단수동사나 복수동사를 사용할 수 있다. 그러나 대부분은 단수동사를 사용한다.

Politics ***is*** by no means the only arena in which women are excelling.
정치는 여성이 뛰어난 재능을 발휘할 수 있는 유일한 수단만이 결코 아니다.
I have no idea what his politics ***are***. 나는 그의 정책이 무엇인지 전혀 모른다.

politics는 나라를 다스리는 방법과 권력을 획득하여 사용하는 방법에 대한 학문, 즉 '정치학'이라는 뜻도 있다. 이러한 뜻의 **politics**가 주어인 경우, 단수동사를 사용한다.

Politics ***is*** a wide subject. 정치학은 범위가 넓은 과목이다.

2 'policy'

politic은 명사가 아니다. 그러므로 정부나 정당이 합의한 행동이나 계획 과정, 즉 '정책'을 가리키는 경우, 명사 **policy**를 사용한다.

There is no change in our ***policy***. 우리의 정책에는 아무 변화가 없다.
He was criticized for pursuing a ***policy*** of reconciliation. 그는 화해의 정책을 추진하는 것에 대해 비판을 받았다.

3 'political'

형용사 **political**은 '정치와 관련된'이라는 뜻이다. 이러한 뜻에는 **politic**을 사용하지 않는다.

The Canadian government is facing another ***political*** crisis. 캐나다 정부는 또 다른 정치적인 위기를 맞고 있다.
...the major ***political*** parties. 주요 정당들.

USAGE

pollution

pollution은 일반적으로 독성 화학 물질이 스며들어 가서 어떤 지역의 물이나 대기가 더럽고 불순하고 위험한 상태, 즉 '오염', '공해'라는 뜻이다.

...changes in the climate due to ***pollution*** of the atmosphere. 대기권의 오염으로 인한 기후의 변화.

pollution은 불가산명사이므로, **pollutions**나 **a pollution**이라고 하지 않는다.

pore – pour

pore와 pour 모두 [pɔːr]로 발음한다.

1 'pore'

pore는 사람이나 동물의 피부에 난 조그만 구멍, 즉 '모공'이라는 뜻이다.

There was dirt in the ***pores*** around his nose. 그의 코 주위의 모공이 지저분했다.

2 'pore over'

pore over는 어떤 글이나 지도 등을 '자세히 살펴보다'라는 뜻이다.

We spent hours ***poring over*** travel brochures. 우리는 여행 안내서를 자세히 살펴보는 데 여러 시간을 보냈다.

3 'pour'

pour는 용기 속의 액체를 흘러나오게 하다, 즉 '붓다'라는 뜻이다.

The waiter ***poured*** the wine into her glass. 그 웨이터는 그녀의 잔에 포도주를 부었다.

it *is pouring*은 비가 세차게 쏟아지고 있다라는 뜻이다.

It ***was*** absolutely ***pouring***. 비가 아주 세차게 내리고 있었다.

4 'poor'

형용사 **poor**[puər]를 때때로 [pɔːr]라고 발음한다.

position – post – job

1 'position' and 'post'

어떤 사람이 정규직을 갖고 있을 경우, 격식을 차린 영어에서는 **position**이나 **post**라고 한다. 구인 광고를 할 때, 자주 **position**이나 **post**로 쓰며, 지원자는 보통 이들 단어 중 하나를 사용한다.

...top management ***positions***. 최고 경영직.

She is well qualified for the ***post***. 그녀는 그 직위에 아주 적격이다.

2 'job'

회화에서는 위와 같은 의미로 **position**이나 **post**가 아닌 **job**을 사용한다.

He's afraid of losing his ***job***. 그는 직장을 잃는 것을 두려워한다.

사람들이 돈을 받고 일을 하는 활동을 가리키는 다른 명사가 많이 있다.

➲ 위의 단어에 대한 정보는 **Usage** 표제어 **work** 참조.

possess

사람이나 사물이 성질, 능력, 특징을 갖고 있다고 할 때, 일반적으로 동사 **possess**를 사용한다.

Energetic and sagacious, Snodgrass ***possessed*** the very qualities needed.
활동적이고 총명한 스노드그래스는 필요한 바로 그 자질을 갖추었다.

For hundreds of years London ***possessed*** only one bridge. 수백 년 동안 런던에는 단 한 개의 다리만 있었다.

possess는 상당히 격식을 차린 용법이다. 회화에서는 possess가 아닌 have나 have got을 사용한다.

➲ Usage 표제어 have와 have got 참조.

법률 영어에서 possess는 사물이나 물질을 소유하거나 가지고 있다라는 뜻이다.

They were found guilty of *possessing* petrol bombs. 그들은 화염병을 소지한 혐의로 유죄 판결을 받았다.
...the arrest of the mayor on charges of *possessing* cocaine. 코카인을 소지한 혐의로 체포된 시장.

possibility – opportunity

1 'possibility'

there is a ***possibility*** of something은 어떤 일이 일어나거나 사실일 가능성이 있다라는 뜻이다.

There was just a *possibility* that they had taken the wrong road. 그들이 잘못된 길을 갔을 가능성도 있었다.
We must accept the *possibility* that we might be wrong. 우리는 틀릴 가능성이 있다는 사실을 받아들여야 한다.

there is ***no possibility*** of something은 어떤 일이 일어나거나 사실일 가능성이 전혀 없다라는 뜻이다.

There was now *no possibility* of success. 현재로서는 성공할 가능성이 전혀 없었다.
There was *no possibility* that she hadn't heard Jane. 그녀가 제인의 소식을 듣지 못했을 가능성은 전혀 없었다.

someone is talking/thinking about the ***possibility of doing*** something은 누군가가 어떤 일을 할지 하지 않을지를 고려하고 있다라는 뜻이다.

He began talking about the *possibility of living* together as a family.
그는 한 가족으로 같이 살지 아닐지를 생각하기 시작했다.

ⓘ someone talks/thinks about the 'possibility to do'라고 하지 않는다.

2 'opportunity'

어떤 일을 할 수 있는 여건이 조성되어 있는 상황에는 possibility to do가 아닌 opportunity to do나 opportunity of doing을 사용한다.

➲ Usage 표제어 opportunity 참조.

possible – possibly

1 'possible'

possible은 형용사로, 어떤 일을 할 수 있거나 달성할 수 있다, 즉 '가능한'이라는 뜻이다.

It is *possible* for us to measure his progress. 우리는 그의 진전 상황을 측정할 수 있다.
A breakthrough may be *possible* next year. 내년에는 돌파구가 마련될지도 모른다.

possible을 사용하여 as soon as possible과 as much as possible 등의 표현을 자주 쓴다. do something ***as soon as possible***은 될 수 있는 한 빨리 어떤 일을 하다라는 뜻이다.

I like to know *as much as possible* about my patients. 나는 환자들에 대해 될 수 있는 한 많은 것을 알고 싶다.
He sat *as far* away from the others *as possible*. 그는 가능한 한 다른 사람들과 멀리 떨어져 앉았다.

ⓘ do something 'as soon as possibly'/'as much as possibly'라고 하지 않는다.

아마도 어떤 것이 사실이거나 옳을 것이라고 할 때에도 possible을 사용한다.

It is *possible* that he said these things. 그가 말한 이러한 것들이 사실일 가능성이 있다.
That's one *possible* answer. 그것은 가능성 있는 하나의 대답이다.

2 'possibly'

부사 possibly는 어떤 일에 대해 확신할 수 없다, 즉 '아마도'라는 뜻이다.

Television is *possibly* to blame for this. 아마도 텔레비전이 이 일에 책임이 있을 것이다.

That explained why his flat had been searched, and *possibly* why he'd been killed.
그것은 그의 아파트가 수색당한 이유이며 그가 살해당한 이유일 수도 있다.

➲ 어떤 일에 대해 확신 여부를 나타낼 때 사용하는 단어의 분류 목록은 Grammar 표제어 Adjuncts의 probability 참조.

매우 정중하게 어떤 일을 해달라고 부탁할 때에도 possibly를 사용한다. 예를 들면, '저를 시내까지 태워 주시겠어요?'는 ***Could you possibly*** **give me a lift to town?**이라고 한다.

Could you possibly check if a Mr Keith Dayton was on the aircraft?
죄송하지만, 키스 데이톤 씨가 그 비행기에 탔는지 확인해 주시겠어요?

➲ 요청에 대한 더 많은 정보는 Topic 표제어 Requests, orders, and instructions 참조.

post – mail

1 'post' and 'mail'

편지와 소포를 모아서 배달하는 우체국 업무를 영국 영어에서는 일반적으로 **post**, 미국 영어에서는 **mail**이라고 한다. 때때로 영국 영어에서도 **mail**을 사용하는데, 예를 들면, **Royal Mail**(영국 우정 공사)의 명칭과 같은 경우이다.

There is a cheque for you in the *post*. 당신에게 우편으로 배달된 수표가 있다.
Winners will be notified by *post*. 우승자들은 우편으로 통보될 것입니다.
Your reply must have been lost in the *mail*. 당신의 회신은 우편 배달 중에 분실되었음에 틀림없다.

특정한 때에 배달된 편지나 소포를 영국 영어에서는 **post**, 미국 영어에서는 **mail**이라고 한다. 일부 영국 사람들도 **mail**이라고 한다.

They read their bosses' *post*. 그들은 그들의 사장들이 보낸 편지를 읽었다.
I started to read my *mail*. 나는 내 편지를 읽기 시작했다.

편지나 소포를 보내다라는 뜻으로 영국 영어에서는 **post**나 **parcel**, 미국 영어에서는 **mail**을 사용한다.

Some of the letters *had been posted*. 편지들 중 일부가 우편으로 보내졌다.
...the magazine that her friend *had mailed* to her. 그녀의 친구가 그녀에게 우편으로 보낸 잡지.

2 'postage'

편지나 소포를 보낼 때 지불하는 돈의 액수를 가리킬 때는 **post**나 **mail**을 사용하지 않는다. 영국 영어와 미국 영어에서는 **postage**라고 한다.

Send 25p extra for *postage* and packing. 우편료와 포장 비용으로 25펜스의 추가 비용을 보내세요.

postgraduate

➲ Usage 표제어 graduate 참조.

postpone

➲ Usage 표제어 delay – cancel – postpone – put off 참조.

pour

➲ Usage 표제어 pore – pour 참조.

power – strength

1 'power'

power는 어떤 사람이 다른 사람들의 활동을 제어할 수 있는 능력이라는 뜻이다.

...people in positions of *power*. 권력을 행사할 수 있는 직위에 있는 사람들.
It gave the President too much *power*. 그것은 대통령에게 너무나 많은 권력을 주었다.

2 'strength'

육체적인 에너지나 무거운 사물을 옮길 수 있는 능력(힘)을 가리킬 때는 **power**가 아닌 **strength**를 사용한다.

They were recovering their ***strength*** before setting off again. 그들은 다시 출발하기 전에 체력을 회복하고 있었다.

I admired his immense physical ***strength***. 나는 그의 엄청난 체력에 감탄했다.

---

practically

➲ Grammar 표제어 **Adjuncts**의 **extent** 참조.

---

practice – practise

영국 영어에서 **practice**는 명사이며, **practise**는 동사이다.

1 used as an uncount noun(불가산명사로 사용하기)

practice는 자신의 능력을 향상시키기 위해 규칙적으로 무언가를 하는 것, 즉 '연습'이라는 뜻이다.

Skating's just a matter of ***practice***. 스케이팅은 연습이 중요하다.

I help them with their music ***practice***. 나는 그들이 음악 연습을 하도록 도와준다.

2 used as a count noun(가산명사로 사용하기)

practice는 습관처럼 규칙적으로 하는 일이라는 뜻이다.

Benn began the ***practice*** of holding regular meetings. 벤은 정기 회의를 여는 것을 관례화하기 시작했다.

...the ancient Japanese ***practice*** of binding the feet from birth. 태어날 때부터 전족을 하는 고대 일본의 풍습.

3 used as a verb(동사로 사용하기)

동사 **practise**는 어떤 일을 규칙적으로 하거나 참가하다라는 뜻이다.

I played the piece I ***had been practising*** for months. 나는 몇 달 동안 연습했던 곡을 연주했다.

He was brought up in a family which ***practised*** traditional Judaism.
그는 전통적인 유대주의를 실천하는 한 가정에서 자랐다.

미국 영어에서는 동사로 **practise** 대신 명사와 같은 철자인 **practice**를 사용한다.

I ***practiced*** and I learned the headstand. 나는 연습을 하여 물구나무서기를 익혔다.

---

precede

➲ Grammar 표제어 **proceed – precede** 참조.

---

prefer

prefer **one person/thing *to* another**는 첫 번째 언급한 사람이나 사물을 더 좋아하다라는 뜻이다.

I ***prefer*** Barber ***to*** his deputy. 나는 그의 대리인보다 바버를 더 좋아한다.

I became a teacher because I ***preferred*** books and people ***to*** politics.
내가 교사가 된 이유는 정치보다 책과 사람을 더 좋아했기 때문이다.

ℹ 위와 같은 문장에서 to 이외의 다른 전치사를 사용하지 않는다. prefer는 흔히 일반 회화에서 다소 격식을 차린 표현이므로, like...better와 would rather 등의 구어 표현을 더 빈번하게 사용한다. 예를 들면, '나는 테니스보다 축구를 더 좋아한다.'는 I prefer football to tennis. 대신 ***I like*** football ***better*** than tennis.라고 한다. '나는 사과를 먹는 것을 더 좋아한다.'는 I'd prefer an apple. 대신 ***I'd rather*** have an apple.이라고 한다. '나는 걷는 것을 더 좋아한다.'는 I'd prefer to walk. 대신 ***I'd rather*** walk.라고 한다.

---

preferable

one thing is *preferable to* another는 어떤 것이 다른 것보다 더 낫거나 적합하다라는 뜻이다.

Knowledge is always ***preferable to*** ignorance. 무지보다 지식이 항상 더 낫다.

Gradual change is ***preferable to*** sudden, large-scale change. 대규모의 급격한 변화보다 점진적인 변화가 더 낫다.

ℹ preferable 뒤에 to 이외의 다른 전치사를 사용하지 않는다. 또한 one thing is 'more preferable than' another 라고 하지 않는다.

---

prepare

prepare **a meal**은 식사로 먹을 음식을 만들거나 준비하다라는 뜻이다. **prepare**는 음식을 만들다라는 뜻으로 사용할 수 있는 여러 동사 중의 하나이다.

➲ 더 많은 정보는 Usage 표제어 cook 참조.

---

present

〔형용사 **present** + 명사〕 형식은 과거나 미래의 일보다 현재의 일을 나타낼 때 사용한다.

...the government's ***present*** economic difficulties. 정부가 현재 처해 있는 경제 문제들.
The ***present*** system has many failings. 현재 제도는 많은 단점이 있다.

형용사 **present**는 명사 앞에서 어떤 사람이 과거나 미래보다는 현재의 직업, 역할, 직함을 갖고 있다는 뜻으로도 사용한다.

The ***present*** chairperson is a woman. 현 의장은 여성이다.
The author has the full support of the ***present*** Lord Montgomery. 그 저자는 현직 몽고메리 경의 열렬한 후원을 받는다.

〔be동사 + **present**〕 형식일 때에는 뜻이 달라진다. **someone *is present at* an event**는 어떤 사람이 행사에 참석하다라는 뜻이다.

He ***had been present at*** the dance. 그는 무도회에 참석했다.
I ***was*** once ***present at*** a meeting in the Ministry of Education. 나는 교육부 회의에 단 한 번 참석했다.

ℹ 위와 같은 문장에서 at 이외의 다른 전치사를 사용하지 않는다.

언급하는 행사가 명확한 경우 누군가가 참석하다라는 뜻으로 **someone *is present***라고 한다.

The Lord Mayor and Lady Mayoress of Westminster ***were present***. 웨스트민스터의 시장과 시장 부인이 참석했다.

위와 같은 뜻으로 〔명사 + **present**〕 형식도 사용할 수 있다.

There was a photographer ***present***. 한 명의 사진사가 참석했다.
I had more to lose than any other person ***present***. 참석한 다른 누구보다도 잃은 것이 가장 많은 사람은 나이다.

---

presently

1 used to mean 'soon' (soon의 뜻으로 사용하기)

presently는 어떤 일이 '곧' 일어날 것이다라는 뜻이다.

He will be here ***presently***. 그는 곧 여기에 도착할 것이다.
I shall have more to say ***presently***. 곧 내가 더 많은 말을 해야 할 것이다.

과거를 말하는 경우, 어떤 일이 일어난 바로 뒤에 다른 일이 일어났다고 할 때 **presently**를 사용한다.

Presently all was quiet again. 곧 모든 사람들이 다시 조용해졌다.
He was shown to a small office. ***Presently***, a young woman in a white coat came in.
그가 작은 사무실에 나타난 후, 바로 뒤에 하얀 코트를 입은 젊은 여성이 들어왔다.

presently의 위의 두 가지 용법 모두 다소 오래된 용법이다.

2 used to mean 'now' (now의 뜻으로 사용하기)

be동사 뒤에 **presently**를 사용하여 현재(**now**)라는 뜻으로 사용하는 일부 사람들이 있다.

...the oil and gas rigs that are ***presently*** in operation. 현재 작동 중인 석유와 가스 굴착 장치.
She is ***presently*** developing a number of projects. 그는 현재 여러 계획을 진전시키고 있다.

영국에서 이러한 용법으로 **presently**를 쓰는 것은 상당히 최근의 일이어서, 일부 사람들은 이 용법을 받아들이지 않고 있다. **presently** 대신 **at present**를 사용할 수 있다.

He is ***at present*** serving a life sentence. 그는 현재 무기 징역을 선고받고 복역 중이다.

The comet is ***at present*** between the constellations of Pegasus and Delphinius.
그 혜성은 현재 페가수스와 델피니우스 성좌 사이에 위치하고 있다.

at present를 문장의 앞이나 끝에 사용할 수 있으나, **presently**가 현재(**now**)의 뜻일 경우, 이러한 방법으로 사용할 수 없다.

At present there is a world energy shortage. 현재 세계는 에너지가 부족한 상태에 있다.

We're short of staff ***at present***. 우리는 현재 직원이 부족하다.

---

press

press는 특정 지역의 신문이나 글을 쓰는 기자를 가리킨다. 영국 영어에서 **press**가 주어인 경우, 단수동사나 복수동사를 사용한다.

Small wonder the press ***is*** hostile to the prime minister. 언론이 수상에게 적대적이라는 것은 조금 놀라운 일이다.

...a number of cases where the press ***have*** been very aggressive. 언론이 매우 공격적인 수많은 사례들.

미국 영어에서는 단수동사를 선호한다.

The Supreme Court will consider whether the press ***is*** protected from being sued by someone promised confidentiality.
대법원은 비밀을 약속받은 사람에게 고소당한 언론을 보호해 주어야 하는지 아닌지를 숙고할 것이다.

---

pretty

Usage 표제어 **beauty** 참조.

---

prevent – protect

1 'prevent'

prevents someone ***from doing*** something은 다른 사람이 어떤 일을 하지 못하게 하다라는 뜻이다.

My only idea was to ***prevent*** him ***from speaking***. 나의 유일한 아이디어는 그가 말하는 것을 막는 것이었다.

Cotton mittens will ***prevent*** the baby ***from scratching*** his own face.
면 벙어리장갑은 갓난아이가 자기 얼굴에 상처 내는 것을 막아줄 것이다.

'prevent someone to do' something이라고 하지 않는다.

2 'protect'

어떤 것을 좋지 않거나 해로운 일에서 안전하게 보호한다고 할 때는 **prevent**가 아닌 **protect**를 사용한다.

Babies ***are protected*** against diseases like measles by their mother's milk.
갓난아이는 모유를 먹음으로써 홍역과 같은 질병을 예방한다.

She had his umbrella to ***protect*** her from the rain. 그녀는 비를 피하려고 그의 우산을 가져갔다.

---

previous

Usage 표제어 **last – lastly** 참조.

---

previously

1 'previously' and 'before'

before나 **previously**는 과거의 어느 시점을 기준으로 그 이전의 시간을 나타낼 때 사용한다.

He had died a month ***before***. 그는 더 앞서 한 달 전에 죽었다.

She had rented the flat some fourteen months ***previously***. 그녀는 더 앞서 약 14개월 전에 그 아파트를 임대했다.

➲ Usage 표제어 before 참조.

2 'ago'

현재를 기준으로 한 그 이전의 기간에는 **ago**만 사용한다.

We met two years ***ago***. 우리는 2년 전에 만났다.

➲ Usage 표제어 ago 참조.

3 'for'

과거, 현재, 미래 중 어떤 기간이 얼마 동안 지속되었는지, 또는 어떤 일이 중간에 다른 일이 일어나지 않고 얼마 동안 지속되었는지를 나타낼 때 **for**를 사용한다.

She slept ***for*** eight hours. 그녀는 8시간 동안 잠을 잤다.
He will be away ***for*** three weeks. 그는 3주 동안 다른 곳에 있을 것이다.
I hadn't seen him ***for*** four years. 나는 그를 못 본 지 4년이 되었다.

➲ Usage 표제어 for 참조.

4 'since'

어떤 기간이 언제 시작되었는지 나타낼 때, **since**를 사용한다.

She has been with the group ***since*** it began. 그녀는 그 그룹이 생겨난 이래로 함께 해왔다.
...the first civilian president ***since*** the coup 17 years ago. 17년 전에 쿠데타가 일어난 이후 최초의 민간인 대통령.

어떤 일이 일어난 마지막 시간이나 중간에 어떤 일이 일어나지 않은 상태에서 얼마의 시간이 지났는지를 나타낼 때도 **since**를 사용한다.

She hadn't eaten ***since*** breakfast. 그녀는 아침 식사 후부터 아무것도 먹지 않았다.
It was a long time ***since*** she had been to church. 그녀가 교회에 간 것은 오랜만이었다.

➲ Usage 표제어 since 참조.

---

price – cost

1 'price' and 'cost'

price와 **cost**는 어떤 사물을 살 때 지불해야 하는 돈의 액수, 즉 '가격'이라는 뜻이다.

...the ***price*** of sugar. 설탕 가격.
...an increase in the ***cost*** of fertilizer. 비료 가격의 인상.

ⓘ 위와 같은 문장에서 price나 cost 뒤에 of 이외의 다른 전치사를 사용하지 않는다.

어떤 것을 하거나 만들 때 필요한 액수를 가리킬 경우에도 **cost**를 사용할 수 있다.

The building was recently restored at a ***cost*** of £500,000. 그 건물은 최근에 50만 파운드의 비용을 들여 복원되었다.
They are now manufactured by the billion at a ***cost*** of a few pence each.
그것들은 현재 수십 억 개 단위로 개당 몇 펜스의 비용으로 만들어졌다.

위와 같은 뜻으로는 **price**를 사용하지 않는다.

2 'costs'

사업 등의 일을 운영할 때 필요한 총 액수를 가리킬 때, 복수명사 **costs**를 사용한다.

She decided she needed to cut her ***costs*** by half. 그녀는 경비를 반으로 줄여야겠다고 결심했다.
Moulton's have had to raise their prices still higher to cover increased ***costs***.
몰톤은 증가된 비용을 보상하기 위해 가격을 훨씬 더 인상해야 했다.

3 'cost' used as a verb(cost를 동사로 사용하기)

어떤 사물에 지불하는 돈의 액수에 대해 말할 때, **cost**를 동사로 사용한다.

The dress ***costs $200***. 그 옷값은 200달러이다.

How much do they *cost*? 그것들은 얼마인가요?

동사 cost는 두 개의 목적어를 사용하여 특정한 상황에서 어떤 것에 얼마의 돈을 지불했는지를 나타낸다. cost의 과거와 과거분사는 costed가 아닌 cost이다.

A two-day stay there *cost me $125*. 나는 그곳에 이틀 머물렀는데, 125달러를 지불했다.

ⓘ 위와 같은 문장에서 cost 뒤에 to를 사용하지 않는다.

price – prize

1 'price'

price [prais]는 어떤 것을 사는 데 지불해야 하는 '가격'이라는 뜻이다.

The *price* is still only five dollars. 가격은 아직도 단돈 5달러이다.

➲ Usage 표제어 price – cost 참조.

2 'prize'

prize [praiz]는 경기나 게임에 이기거나 좋은 일을 한 사람에게 준 것, 즉 '상(賞)'이라는 뜻이다.

He won a *prize* in a crossword competition. 그는 크로스워드 퍼즐 대회에서 상을 받았다.

...the Nobel *Prize* for Peace. 노벨 평화상.

pride

다음 단어는 자신이나 다른 사람에 대한 존경, 호감, 적대감 등을 나타내는 단어이다.

arrogant	conceited	haughty	proud	self-respecting
self-satisfied	smug	supercilious	vain	

1 words used to show approval(호감을 나타낼 때 사용하는 단어)

proud와 **self-respecting**은 칭찬의 뜻으로 사용한다.

...with millions of decent, *proud*, hard-working people. 예의 바르고 자부심이 있으며 근면한 수백만의 사람들과 함께.

...so that they grow into responsible and *self-respecting* citizens.
그들이 책임감 있고 자신을 존중하는 시민들이 되도록.

그러나 **proud**는 때때로 부정적인 뜻을 나타낼 때 사용하기도 한다.

She was too *proud* to apologize. 그녀는 사과를 하기에는 너무나 자존심이 강했다.

2 words used to show disapproval(비호감을 나타낼 때 사용하는 단어)

arrogant, **conceited**, **haughty**, **self-satisfied**, **smug**, **supercilious**는 자신이 다른 사람보다 더 잘났다고 생각하는 사람을 묘사할 때 사용하며 이들 단어는 부정적인 뜻을 나타낸다.

I hope he didn't sound like a *conceited* know-it-all. 나는 그가 우쭐대며 아는 체하는 사람처럼 보이지 않길 바란다.

...his smooth, *smug* brother-in-law. 유들유들하고 잘난 체하는 그의 처남.

They were standing by themselves looking *supercilious* and remote.
그들은 자신이 오만하고 냉담하게 보이도록 하며 서 있었다.

다른 사람에게 불쾌하게 행동하는 사람을 묘사할 때, **arrogant**를 사용한다.

My husband was an *arrogant*, bullying little drunkard. 나의 남편은 건방지고 남을 괴롭히는 술주정뱅이였다.

haughty는 회화가 아닌 글에서 사용한다.

He spoke in a *haughty* tone. 그는 건방진 목소리로 말했다.

vain도 비호감을 나타내는 단어이다. 매우 잘생기거나 아주 똑똑하거나 재주가 있다고 생각하는 사람을 비판할 때 사용한다.

I think he is shallow, *vain* and untrustworthy. 내 생각에 그는 천박하고 허영적이며 믿을 만한 가치가 없는 사람인 것 같다.

principal – principle

1 'principal'

principal은 형용사나 명사로 사용할 수 있다. 형용사 principal은 한 무리에서 가장 중요한 사물이나 사람이다, 즉 '주요한'이라는 뜻이다.

His ***principal*** interest in life was to be the richest man in Britain.
그의 인생에서 주요 관심사는 영국에서 최고의 부자가 되는 것이었다.

...the ***principal*** character in James Bernard Fagan's play. 제임스 버나드 페이건의 연극에서의 주인공.

명사 principal은 학교나 전문대학에서 책임을 지고 있는 사람, 즉 초·중등학교 '교장'이나 전문대학의 '학장'이라는 뜻이다.

Complaints from the students began arriving at the ***principal's*** office.
학생들의 불만이 교장실로 들어오기 시작했다.

...Mr Patrick Miller, ***principal*** of Esher College. 에셔 대학의 학장인 패트릭 밀러 씨.

➲ Usage 표제어 **headmaster – principal** 참조.

2 'principle'

principle은 항상 명사로 사용하며, 행동해야 하는 일반 규칙, 즉 '도덕 기준', '원칙'이라는 뜻이다.

...a man of high ***principles***. 높은 도덕 기준을 가진 사람.

The ***principles*** of equality in recruitment deserves to be highly prized.
직원 채용에 있어서 평등의 원칙은 높이 평가받을 가치 있는 일이다.

print – publish

1 'print'

print는 기계를 사용하여 많은 부수의 책이나 신문을 '인쇄하다'라는 뜻이다.

The book ***is printed*** on fine acid-free paper. 그 책은 산(酸)이 포함되지 않은 양질의 종이에 인쇄되었다.

2 'publish'

publish는 책이나 신문을 인쇄하여 대중에게 판매하기 위해 '출판하다'라는 뜻이다.

Dr Johnson's dictionary ***was published*** in 1755. 존슨 박사의 사전은 1755년에 출간되었다.

prison

1 used as a count noun(가산명사로 사용하기)

prison은 공식적으로 범죄자나 다른 사람을 가둬 두고 도망가지 못하게 하는 건물, 즉 '교도소'라는 뜻이다.

The ***prison***'s inmates are being kept in their cells. 교도소의 수감자들은 감방에 모두 수감 중이다.

2 used as an uncount noun(불가산명사로 사용하기)

어느 교도소인지에 대한 언급 없이 어떤 사람이 교도소에 있다고 하는 경우, someone is ***in prison***이라고 한다.

He died ***in prison***. 그는 수감 중에 사망했다.

마찬가지로, 어떤 사람이 감옥에 수감되다는 someone is sent ***to prison***이라고 하고, 석방되다는 someone is released ***from prison***이라고 한다.

He was eventually sent ***to prison*** for a very long time. 그는 결국 감옥에서 아주 오랫동안 수감되어야만 했다.

ℹ 특정한 교도소를 가리키지 않는 경우, prison 앞에 the를 사용하지 않는다.

prize

➲ Usage 표제어 **price – prize** 참조.

probably

어떤 진술이 정말 사실인 것 같다고 할 때, probably를 사용한다.

- 조동사와 본동사로 이루어진 동사구를 사용할 때, probably는 조동사 뒤에 온다. 예를 들면, '그는 아마 곧 올 것이다.'는 ~~He probably will come soon.~~이 아닌 He ***will probably come*** soon.이라고 한다.

  He*'s probably telling* the truth. 그는 아마 사실을 말하고 있을 것이다.

  Chaucer *was probably born* in this area. 초서는 아마도 이 지역에서 태어났을 것이다.

- 한 개 이상의 조동사를 사용한 경우, probably는 첫 번째 조동사 뒤에 온다.

  Next year I *shall probably be looking* for a job. 나는 아마 내년에 직장을 구해야 할 것이다.

  I*'ll probably be sent* back to London. 나는 아마 런던으로 돌려보내질 것이다.

- 조동사가 없을 때, be동사를 제외한 동사 앞에 probably가 온다.

  He *probably misses* the children. 그는 아마도 아이들을 그리워하고 있을 것이다.

  He *probably kept* your examination papers. 그는 아마도 당신의 시험지를 갖고 있을 것이다.

- 동사가 be동사일 경우, probably는 동사 뒤에 온다.

  You*'re probably* right. 당신이 옳을지도 모른다.

  The owner *is probably* a salesman. 주인은 외판원일지도 모른다.

- 부정문에서 won't나 can't 등과 같은 축약형을 사용하는 경우, probably는 축약형 앞에 온다.

  They *probably won't help*. 그들은 아마 도와주지 않을 것이다.

  They *probably don't want* us to have it. 그들은 아마도 우리가 그것을 갖는 것을 원하지 않을 것이다.

- probably는 절 앞에서도 사용할 수 있다.

  Probably it was just my imagination. 그것은 단지 나의 상상이었을지도 모른다.

  400 children go to registered child-minders, and *probably* thousands more spend their day with illegal minders.
  400명의 어린이들이 공인된 보모에게 보살핌을 받으며 아마 수천 명이 공인되지 않은 보모와 함께 지낼 것이다.

ℹ probably를 문장 뒤에 사용하지 않는다.

➲ 어떤 일에 얼마나 확신하는지를 나타낼 때 사용하는 단어의 분류 목록은 Grammar 표제어 Adjuncts의 probability 참조.

problem

명사 problem은 일반적으로 두 가지 뜻이 있다.

1 an unsatisfactory situation(불만족스러운 상황)

problem은 처리해야 할 불만족스러운 상황, 즉 '문제'라는 뜻이다.

...the *problem* of refugees. 난민들의 문제.

have a problem은 누군가에게 문제가 있다라는 뜻이다.

I think we may *have a problem* here. 나는 여기에 어떤 문제점이 있을지도 모른다고 생각한다.

They *have financial problems*. 그들은 재정적인 문제들을 갖고 있다.

have problems doing **something**은 누군가가 어떤 것을 하는 데 어려움을 겪고 있다라는 뜻이다.

They *have such problems paying back* debts that private credit is drying up.
그들은 빚을 갚는 데 너무나 어려움을 겪고 있어서 개인 신용을 잃어가고 있다.

Already Third World countries *have desperate problems feeding, educating, and clothing* their people.
이미 제3세계 국가들은 그들의 국민을 먹이고 교육하며 입히는 문제를 해결하는 데 어려움을 겪고 있다.

ℹ 'have problems to do' something이라고 하지 않는다.

2 'reason'

어떤 상황이 일어난 이유를 설명할 때는 **problem why**가 아닌 **reason why**를 사용한다. 예를 들면, '그가 여기에 오지 못한 이유는 아프기 때문이다.'는 ~~**The problem why he couldn't come is that he is ill.**~~이 아닌 **The *reason* why he couldn't come is that he is ill.**이라고 한다.

The ***reason*** why tents were useless was that the build-up of snow simply crushed them.
텐트들이 무용지물이었던 이유는 쌓인 눈이 그것들을 뭉갰기 때문이다.

➲ 더 많은 정보는 Usage 표제어 reason 참조.

3 a puzzle(문제 풀이)

problem은 논리적 사고나 수학으로 풀어야 하는 수수께끼, 즉 '문제'라는 뜻이기도 하다.

With mathematical ***problems***, you can save time by approximating.
당신은 수학 문제에서 근사치를 구함으로써 시간을 줄일 수 있다.

...his friends, one of whom solved a difficult chess ***problem***. 그의 친구들 중 한 명이 어려운 체스 문제를 풀었다.

proceed – precede

1 'proceed'

proceed[prəsíːd] **to do something**은 어떤 일을 마친 후에 다른 일을 하다라는 뜻이다.

He ***proceed*** to explain. 그는 설명하기 시작했다.
She ***proceeded*** to hand over the key to my room. 그녀는 이어서 내 방으로 열쇠를 갖다 주었다.

소설과 격식을 차린 영어에서 ***proceeds* in a particular direction**은 어떤 사람이 특정한 방향으로 계속 가다라는 뜻이다.

He ***proceeded*** downstairs. 그는 아래층으로 내려갔다.
...as we were ***proceeding*** along Chiswick High Street. 우리가 치즈윅 하이 스트리트를 따라 나아가던 중에.

2 'precede'

precede[prisíːd] **an event**는 어떤 사건이 다른 사건 전에 일어나다라는 뜻이며, 격식을 차린 단어이다.

The children's dinner ***was preceded*** by party games. 아이들의 저녁 식사 전에 파티 게임이 진행되었다.

produce – product

1 'produce' used as a verb(동사로 사용하는 produce)

produce는 일반적으로 동사로 사용하며, [prədjúːs]로 발음한다. ***produce* a result/an effect**는 어떤 결과나 효과가 일어나게 하는 원인이 되다라는 뜻이다.

His comments ***produced*** an angry response. 그의 논평은 성난 반응을 불러일으켰다.
All our efforts have not ***produced*** an agreement. 우리의 모든 노력에도 불구하고 합의를 이끌어내지 못했다.

***produce* goods/food**는 많은 양의 제품이나 식품을 만들거나 재배하다라는 뜻이다.

...factories ***producing*** domestic electrical goods. 국산 가전 제품을 생산하는 공장들.
Farmers must ***produce*** a good deal more than they need. 농부들은 필요한 것보다 더 많은 양을 생산해야 한다.

2 'produce' used as a noun(명사로 사용하는 produce)

명사 **produce**[próudjuːs, prá(ː)- | prɔ́djuːs, -dʒuːs]는 대규모로 재배하는 '식품'이라는 뜻이다.

Sugar became the chief ***produce*** of the Caribbean. 설탕은 카리브 사람들의 주 생산물이 되었다.

3 'product'

products는 대량으로 제조하여 판매하는 '제품'이라는 뜻이다.

Manufacturers spend huge sums of money advertising their ***products***.
제조업자들은 제품을 광고하는 데 아주 많은 돈을 쓴다.

profession

Usage 표제어 work 참조.

professor – teacher

1 'professor'

영국 대학에서 **professor**는 '학과의 최고 선임 교수'라는 뜻이다.

...Professor Cole. 콜 교수.

He was ***Professor*** of English at Strathclyde University. 그는 스트래스클라이드 대학의 영문학과 선임 교수였다.

미국과 캐나다 대학의 **professor**는 영국과 달리 반드시 학과의 최고 선임 교수가 아닌 정교수라는 뜻이다.

2 'teacher'

초 · 중 · 고등학교 교사나 이와 비슷한 교육 기관의 교사는 **professor**가 아닌 **teacher**라고 한다.

I'm a qualified French ***teacher***. 나는 자격을 갖춘 불어 교사이다.

...her chemistry ***teacher***. 그녀의 화학 선생.

programme – program

programme은 특별한 목적을 위해 개발된 '계획'이라는 뜻이다.

미국 영어에서는 **programme**을 **program**이라고 표기한다.

The company has major ***programmes*** of research and development.
그 회사는 연구와 개발에 대한 중요한 프로그램들을 갖고 있다.

There has been a lot of criticism of the new nuclear power ***program***.
새로운 핵 발전 프로그램에 대한 비평이 많이 제기되어 왔다.

텔레비전이나 라디오에 방영되는 연극, 토론, 쇼 등을 **programme**이라고 한다. 미국 영어에서는 이 단어를 **program**으로 표기한다.

...the last ***programme*** in our series on education. 교육에 대한 우리의 시리즈 중 마지막 프로그램.

Then Mr Gill watched a British television ***program***. 그러고 나서 질 씨는 영국의 텔레비전 프로그램을 보았다.

computer *program*은 컴퓨터의 특정 작동을 수행하기 위해 사용하는 지시 체계를 말한다. 이 경우에는 미국과 영국 모두 **program**으로 표기한다.

Whatever you do, you must run an anti-virus ***program*** on your computer at all times.
당신이 무슨 일을 하든 항상 바이러스 방지용 프로그램을 작동해야 한다.

...the chances of an error occurring in a computer ***program***. 컴퓨터 프로그램에서 오류가 발생할 확률.

progress

progress는 어떤 것이 점진적으로 나아지거나 어떤 목표를 달성하는 데 더 가까워지거나 완성해 가는 과정, 즉 '발전'이라는 뜻이다.

...technological ***progress***. 기술적인 발전.

They came in from time to time to check on my ***progress***. 그들은 때때로 와서 나의 진전 상황을 확인했다.

progress는 불가산명사이므로 **progresses**나 **a progress**라고 하지 않는다. **make progress**는 '진행하다' 또는 '진보하다'라는 뜻이다.

She ***is making good progress*** with her German. 그녀는 독일어 공부에 상당한 진전을 보이고 있다.

The offensive had got off well and ***was making progress***. 공격이 잘 시작되었고 진행 중이었다.

do progress라고 하지 않는다.

prohibit

prohibit은 어떤 일을 하는 것을 금하거나 불법화하다, 즉 '금지하다'라는 뜻이다.

We *prohibit* air guns and other weapons that might wound someone.
우리는 다른 사람을 다치게 할지도 모를 공기총이나 다른 무기의 소지를 금하고 있다.

She believes that nuclear weapons should *be* totally *prohibited*.
그녀는 핵무기를 완전히 금지해야 한다고 믿고 있다.

someone ***is prohibited from doing*** something은 누군가가 어떤 일을 하는 것을 금지하다라는 뜻이다.

Guests *were* once *prohibited from entering* the kitchen. 방문객들이 부엌에 들어오는 것을 한때 금지한 적이 있었다.
The country had a law *prohibiting* employees *from striking*. 그 나라는 노동자의 파업을 법으로 금지했다.

ℹ someone 'is prohibited to do' something이라고 하지 않는다.

proper

형용사 proper는 여러 가지 뜻으로 사용한다.

1 used to mean 'real' (real의 뜻으로 사용하기)

〔proper + 명사〕 형식은 앞에서 언급한 명사가 실제 사람이나 사물임을 나타낼 때 사용한다.

Have you been to a *proper* doctor? 당신은 실력 있는 의사에게 진찰을 받은 적이 있습니까?
He's never had a *proper* job. 그는 직업다운 직업을 가져 본 적이 전혀 없다.

2 used to mean 'correct' (correct의 뜻으로 사용하기)

〔proper + 명사〕 형식은 어떤 것이 정확하거나 적합하다고 할 때에도 사용한다.

Everything was in its *proper* place. 모든 것이 제자리에 있었다.
What's the *proper* word for those things? 그러한 것들에 대한 적절한 단어는 무엇입니까?

3 used to mean 'acceptable' (acceptable의 뜻으로 사용하기)

proper는 행동 방식이 옳거나 받아들일 만하다, 즉 '적당한' 또는 '적합한'이라는 뜻으로, 이는 오래된 용법이다.

It wasn't *proper* for a man to show his emotions. 남자가 자신의 감정을 표출하는 것은 수용되지 않았다.

4 used to mean 'main' (main의 뜻으로 사용하기)

주요 장소나 중심부를 가리킬 때 〔명사 + proper〕 형식을 때때로 사용한다.

By the time I got to the village *proper* everyone was out to meet me.
내가 그 마을의 중심부에 도착했을 때, 모든 사람들이 나와서 맞이해 주었다.

property

property는 '소유물'이라는 뜻이다.

The field is the University's *property*. 그 운동장은 대학교 소유이다.
Eventually the piano became my *property*. 결국 그 피아노는 나의 소유물이 되었다.

property는 '재산'이라는 뜻으로도 사용한다.

Her *property* passes to her next of kin. 그녀의 재산은 가까운 친척에게 상속된다.
Their *property* was confiscated and they were driven back to the ghettos.
그들의 재산이 압수되었고 빈민가로 쫓겨났다.

property를 위의 두 용법으로 사용하는 경우, 불가산명사이므로 properties라고 하지 않는다.

propose

1 suggestions(제안)

propose는 계획이나 생각을 말하여 다른 사람들이 생각하고 결정하게 하다, 즉 '제안하다'라는 뜻이다.

British Airways ***has proposed*** a one-way surcharge of $57. 영국항공사는 57달러의 편도 추가 요금을 제안했다.
This would help them to become accustomed to the methods we ***proposed***.
이것은 우리가 제안한 방법들에 대해 그들이 친숙해지는 데 도움이 될 것이다.

propose that something ***should be done***이나 ***propose*** that something ***be done***은 어떤 일을 해야 한다고 제안하다라는 뜻이다.

They ***proposed*** that political strikes ***should be made*** illegal.
그들은 정치적인 파업이 불법으로 규정되어야 한다고 제안했다.
The staff association ***proposed*** that a mediator ***be nominated***. 직원조합에서 중재인을 지명할 것을 제안했다.

ℹ 위와 같은 문장에서 to부정사를 사용하지 않는다. 예를 들면, ~~The staff association proposed a mediator to be nominated~~.라고 하지 않는다.

2 intentions(의도)

propose to do something은 어떤 일을 하려는 의도가 있다라는 뜻이다.

I ***propose to focus attention*** on one type of resource. 나는 한 가지 형식의 출처에 초점을 맞추어야겠다.
I ***propose to undertake*** a further and thorough review of the documentary evidence.
나는 좀 더 깊고 철저한 서류 증거에 대해 검토하는 방향으로 하겠다.

propose doing something도 위와 같은 뜻으로 사용할 수 있다.

So what do you ***propose doing*** now? 그래서 당신은 현재 무엇을 하겠다는 것인가?

ℹ 'propose to not do' something이 아닌 ***do not propose to do*** something이라고 한다.

I ***do not propose to get deeply involved*** in it. 나는 그것에 대해 깊이 관여하기를 원하지 않는다.
I ***do not propose to discuss*** this matter. 나는 이 문제에 대해 토의하는 것을 원하지 않는다.

prosecute

➲ Usage 표제어 persecute – prosecute 참조.

protest

protest는 동사나 명사로 사용할 수 있지만 품사에 따라 발음이 달라진다.

1 used as a verb(동사로 사용하기)

동사 **protest**[prətést]는 누군가가 어떤 일에 대해 공개적으로 '반대하다'라는 뜻이다. **protest about**이나 **protest against**의 표현을 사용할 수 있다.

He was criticized for ***protesting about*** Gerald Brooke's imprisonment.
그는 제럴드 브룩의 구속 반대에 대해 비판을 받았다.
Groups of women took to the streets to ***protest against*** the arrests.
여성 단체 회원들은 체포한 것에 대한 항의 시위를 하기 위해 거리로 나갔다.

미국 영어를 쓰는 일부 사람들은 **protest**를 타동사로 사용하는데, 어떤 일에 대해 항의하다라는 뜻이다.

He ***protested*** the action in a telephone call to the President. 그는 대통령에게 전화로 그 조치에 대해 항의했다.

영국 영어에서는 **protest**를 위와 같이 사용하지 않는다.

protest를 전달동사로도 사용할 수 있다. 이 경우 **protest**는 어떤 사람이 사실과 반대되는 것을 말하거나 제시하는 경우, 그것이 사실이라고 '주장하다'라는 뜻이다.

They ***protested*** that they had never heard of him. 그들은 그에 대한 소식을 전혀 듣지 못했다고 주장했다.

'You're wrong,' I ***protested***. 나는 "당신은 틀렸어."라고 주장했다.

2 used as a noun(명사로 사용하기)

명사 **protest**[próutest]는 공개적으로 어떤 일에 반대를 나타내는 행동, 즉 '항의'라는 뜻이다.

They joined in the ***protests*** against the government's proposals.
그들은 정부의 제안에 반대하는 항의 집회에 참가했다.

...a letter of ***protest***. 항의 서한.

---

proud

be *proud of*는 어떤 사람이 갖고 있는 것이나 그 사람이 한 일을 자랑스럽게 생각하다라는 뜻이다.

He was ***proud of his son-in-law***. 그는 사위를 자랑스러워했다.
We were all tired but ***proud of our efforts***. 우리는 모두 피곤했지만 자신들의 노력에 자부심을 느꼈다.

be *proud to do*는 어떤 일을 하는 것을 기쁘게 생각하다라는 뜻이다.

She's ***proud to work*** with you. 그녀는 당신과 함께 일하는 것을 기쁘게 생각한다.

---

prove – test

1 'prove'

prove는 어떤 일이 틀림없이 사실이거나 정확하다는 것을 보여 주는 증거를 제공하다, 즉 '증명하다'라는 뜻이다.

He was able to ***prove*** that he was an American. 그는 자신이 미국인이었음을 증명할 수 있었다.
The autopsy ***proved*** that she had drowned. 부검 결과, 그녀가 익사했음이 증명되었다.

2 'test'

사람이나 사물이 얼마나 좋은지 혹은 나쁜지를 실제적인 방법으로 확인하는 경우에는 **prove**가 아닌 **test**를 사용한다.

I will ***test*** you on your knowledge of French. 나는 당신의 프랑스어에 대한 지식을 시험할 것이다.
A number of new techniques ***were tested***. 많은 신기술이 실험되었다.

---

provide

1 'provide with'

provide는 누군가가 필요로 하거나 원하는 것을 주거나 갖게 해주다, 즉 '제공하다'라는 뜻이다. 어떤 사람에게 원하는 것을 제공해 주다라고 할 경우, ***provide*** **someone *with* something**이라고 한다.

The embassy ***had provided*** him ***with*** cash to buy new clothes.
대사관에서 그에게 새옷을 살 수 있도록 현금을 제공했다.
The government cannot ***provide*** all young people ***with*** a job. 정부는 모든 젊은이들에게 일자리를 제공할 수 없다.

ⓘ 위와 같은 문장에서 with를 사용해야 한다. 'provide someone' something이라고 하지 않는다.

2 'provide for'

provide **something *for* someone**은 누군가에게 어떤 것을 제공하다라는 뜻이다.

Most animals ***provide*** food ***for*** their young. 대부분의 동물은 자신의 새끼에게 먹이를 준다.
One player wants to ***provide*** nursing care ***for*** his mother-in-law. 한 선수는 그의 장모가 간호를 받기를 원한다.

ⓘ 위와 같은 문장에서 for 이외의 다른 전치사를 사용하지 않는다.

provide for **someone**은 어떤 사람에게 필요한 돈, 음식, 옷 등을 정기적으로 주다라는 뜻이다.

Parents are expected to ***provide for*** their children. 부모는 자식을 부양해야 할 의무가 있다.
I just want to be sure you***'re provided for***. 나는 당신이 부양받는지 확인하고 싶다.

위와 같은 문장에서는 **for**를 사용해야 한다. 그러므로 **'provide' someone**이라고 하지 않는다.

pub

영국에서 **pub**이나 **public house**는 친구를 만나거나 술을 마시는 건물, 즉 '술집'이라는 뜻이다. 일반적으로는 **pub**을 사용하며, **public house**는 격식을 차린 연설과 글에서만 사용한다.

He was in the ***pub*** most evenings and always offered us drinks.
그는 저녁에는 대부분 술집에 있어서 항상 우리에게 술을 사주었다.

미국 영어에서는 위와 같이 술을 마시면서 사교를 할 수 있는 곳을 보통 **bar**라고 한다.

...the city's most popular country-western ***bar***. 시내에서 가장 인기 있는 컨트리 음악 술집.

➲ Usage 표제어 bar 참조.

public

'일반 대중'은 **the public**이라고 한다. 영국 영어에서는 **the public**이 주어인 경우, 단수동사나 복수동사 중 하나를 사용할 수 있다.

I think that the public ***has*** learnt that we have to wait for news.
나는 일반 대중이 소식을 기다려야 함을 알고 있다고 생각한다.

The public ***are*** entitled to know what happened. 일반 대중은 무슨 일이 일어났는지 알 권리가 있다.

미국 영어에서는 단수동사를 선호한다.

public house

➲ Usage 표제어 pub 참조.

public school – state school

영국과 웨일스에서 **public school**은 사립학교(**private school**)인 중등 교육 기관을 말하며, 학부모가 자녀의 학비를 부담해야 한다.

He then won a scholarship to a local ***public school***. 그러고 나서 그는 지역 사립학교에서 장학금을 받았다.

스코틀랜드와 미국에서 **public school**은 정부의 재정 보조금을 받는 공립학교이다. 영국과 웨일스에서는 이를 **state school**이라고 한다.

...a government-operated ***public school***. 국영 공립학교.

Our ***state schools*** are doing nothing to address that problem.
우리 공립학교들은 그 문제를 해결하기 위한 아무런 조치도 취하지 않고 있다.

Oxford still enrols the lowest percentage of ***state-school*** pupils of all UK universities.
옥스퍼드 대학은 여전히 영국의 모든 대학 중 가장 낮은 비율로 공립학교 출신 학생의 입학을 허락하고 있다.

publish

➲ Usage 표제어 print – publish 참조.

pupil

➲ Usage 표제어 student 참조.

purposefully – purposely

1 'purposefully'

purposefully는 확실한 목적과 그 목적을 달성하려는 강한 욕구를 가지고 어떤 일을 하다, 즉 '의도적인'이라는 뜻이다.

He strode ***purposefully*** towards the barn. 그는 의도적으로 헛간으로 성큼성큼 갔다.

He walked ***purposefully*** out through the secretary's office. 그는 비서실을 의도적으로 지나 밖으로 걸어 나갔다.

2 'purposely'

purposely는 어떤 일을 우연이라기보다 일부러 하다, 즉 '고의로'라는 뜻이다.

They are ***purposely*** withholding information. 그들은 고의로 정보를 주지 않고 있다.

Her voice was ***purposely*** low. 그녀는 목소리를 일부러 낮게 내었다.

---

purse

purse는 돈을 넣는 아주 작은 지갑으로, 특히 여자들이 사용하는 것이다.

My ***purse*** disappeared from my bag during a bus journey. 버스를 타고 가던 도중에 내 가방에서 지갑이 없어졌다.

미국 영어에서도 **purse**는 여성의 핸드백(**handbag**)이라는 뜻이다.

She looked at me and then reached in her ***purse*** for cigarettes.
그녀는 나를 보자 담배를 꺼내려고 자신의 핸드백으로 손을 뻗었다.

---

put

put은 어떤 사물을 옮겨서 특정한 장소나 위치에 '놓아두다'라는 뜻이다. **put**의 과거와 과거분사 모두 **putted**가 아닌 **put**이다.

She ***put*** her hand on his arm. 그녀는 그의 팔에 자신의 손을 올렸다.

I ***put*** her suitcase on the table. 나는 그녀의 여행 가방을 탁자에 놓았다.

put은 그 밖에도 많은 뜻이 있으며, 일부 뜻에서 **put** 대신 **place**를 사용할 수 있다.

➲ **put**에 대한 더 많은 정보는 **Usage** 표제어 **place – put** 참조.

---

put off

➲ **Usage** 표제어 **delay – cancel – postpone – put off** 참조.

---

put up with

➲ **Usage** 표제어 **bear** 참조.

Q q

quality

만들어지거나 생산된 물건의 품질이 좋고 나쁨을 나타낼 때, **quality**를 사용할 수 있다.

The ***quality*** of the photograph was poor. 그 사진의 품질은 좋지 않았다.
Over the years they have received many awards for the high ***quality*** of their products.
수년 동안 그들은 고품질의 제품으로 많은 상을 받아 왔다.

be of good quality는 품질이 좋다는 뜻이고, **be of poor quality**는 품질이 나쁘다는 뜻이다.

The dresses – all ***of good quality*** – had had their labels removed. 양질의 드레스만이 라벨이 제거되었다.
The treatment and care provided were also ***of poor quality***. 제공받은 치료와 간호도 질이 낮았다.
Television ensures that films ***of high quality*** are exhibited to large audiences.
텔레비전은 많은 시청자가 고품질의 영화를 볼 수 있게 해준다.

〔**good quality** · **high quality**+명사〕 형식도 사용할 수 있다.

I've got some ***good quality*** paper. 나는 고품질 종이를 약간 갖고 있다.
Teaching is backed up by the ***highest quality*** research. 교육은 높은 수준의 연구에 의해 뒷받침되고 있다.

어떤 것이 높은 수준임을 가리킬 때, 〔**quality**+명사〕 형식도 사용할 수 있다.

...***quality*** Australian fiction. 호주의 우수한 소설.
The employers don't want ***quality*** work any more. 고용주들은 더 이상 높은 수준의 업무를 원하지 않는다.

quarrel – fight

1 'quarrel'

quarrel은 두 명 이상의 사람들 간의 성난 '언쟁'이나 계속되는 '논쟁'이라는 뜻이다.

He got in a ***quarrel*** with that wild Wainright boy. 그는 버릇없는 저 아이와 다투었다.
There wasn't any evidence of ***quarrels*** between them. 둘 사이에 다툼이 있었다는 어떠한 증거도 없었다.

2 'fight'

주먹이나 무기를 사용하여 서로에게 상처를 내려는 일, 즉 '싸움'이라는 뜻일 경우에는 **quarrel**이 아닌 **fight**를 사용한다.

He had had a ***fight*** with Smith and bloodied his nose. 그는 스미스와 싸워서 코피를 흘렸다.

question

1 'out of the question'

be *out of the question*은 어떤 일을 할 수 없어서 고려할 가치가 없다라는 뜻이다.

She knew that a holiday this year was ***out of the question***. 그녀는 올해에는 휴가를 갈 수 없다는 사실을 알고 있었다.
It has been so cold that gardening has been ***out of the question***.
추운 날씨가 계속되어 정원을 가꾸는 일을 전혀 생각도 하지 못하고 있다.

2 'beyond question'

어떤 일에 대해 의심할 여지가 전혀 없다고 할 때는 **out of the question**이 아닌 **beyond the question**을 사용한다.

She knew ***beyond question*** that I was a person who could be trusted.
그녀는 내가 믿을 수 있는 사람이라는 것을 분명히 알고 있었다.
It remains, ***beyond question***, one of the premier races in the international calendar.
그 경마 대회가 국제 연중 행사에서 최고 대회 중의 하나라는 것은 의심할 여지가 없다.

---

quick

➲ Usage 표제어 speed 참조.

---

quiet – quite

1 'quiet'

quiet는 형용사로, 아주 작은 소리를 내다, 즉 '조용한'이라는 뜻이다.

Bal said in a ***quiet*** voice, 'I have resigned.' 발은 조용한 목소리로 "직장을 그만두었어요."라고 말했다.
Such submarines are very ***quiet*** and almost impossible to detect.
그런 잠수함들은 매우 조용해서 탐지하는 것이 거의 불가능하다.

quiet는 소음이 거의 없다, 즉 '고요한' 또는 '한적한'이라는 뜻이다.

It was very ***quiet*** there; you could just hear the wind moving in the trees.
그곳은 아주 고요해서 나무에 스치는 바람 소리도 들을 수 있었다.

2 'quite'

quiet [kwáiət]를 quite [kwait]와 혼동해서는 안 된다. 어떤 것이 대체로 사실임을 나타낼 때, quite를 사용한다.

---

quite

1 used in front an adjective, adverb and noun(형용사, 부사, 명사 앞에 사용하기)

〔quite + 형용사 · 부사〕 형식은 어떤 것이 대체로 사실이지만, 아주 완전한 사실은 아니라고 할 때 사용한다.

He was ***quite*** young. 그는 꽤 젊었다.
The end of the story can be told ***quite*** quickly. 그 이야기의 결말은 상당히 빠르게 전달될 수 있다.

미국 영어에서 위와 같은 quite의 용법은 영국 영어에서처럼 흔히 쓰이지 않는다. 대신 미국 영어에서는 fairly 나 somewhat을 사용한다.

This is a ***fairly*** typical example. 이것은 상당히 전형적인 예다.
Homes have become ***somewhat*** more affordable in recent months.
최근 몇 달 동안 주택을 다소 쉽게 구입할 수 있게 되었다.

〔quite a + 형용사 + 명사〕 형식도 사용할 수 있다. 예를 들면, '그날은 상당히 추운 날씨였다.'는 It was quite cold. 대신 It was *quite a cold day.*라고 한다.

It's ***quite a good job***. 그것은 상당히 좋은 직업이다.
She was ***quite a pretty girl***. 그녀는 상당히 아름다운 여자 아이였다.

ℹ 위와 같은 문장에서 quite는 a 앞에 온다. 예를 들면, ~~It was a quite cold day~~.라고 하지 않는다.

> **주의** 형용사와 부사의 비교급 앞에는 **quite**가 아닌 **a bit, a little, slightly**를 사용한다. 예를 들면, '기차는 버스보다 좀 더 빠르다.'는 ~~**The train is quite quicker than the bus.**~~가 아닌 **The train is *a bit* quicker than the bus.**라고 한다.
>
> I ought to do something ***a bit more ambitious***. 나는 좀 더 야심찬 일을 해야 한다
> He arrived at their bungalow ***a little earlier*** than he expected.
> 그는 생각했던 것보다 조금 더 일찍 그들의 방갈로에 도착했다.
> The risk of epidemics may be ***slightly higher*** in crowded urban areas.
> 전염병의 위험은 혼잡한 도시 지역이 조금 더 높을지도 모른다.

quite는 정도나 범위를 나타내는 여러 단어나 표현 중의 하나이다. 분류 목록은 Grammar 표제어 Adjuncts의 degree와 extent 참조.

2 used for emphasis(강조에 사용하기)

quite는 또 다른 뜻으로도 사용할 수 있다. 형용사, 부사, 동사 앞에 quite를 사용하여, 어떤 일이 완전히 사실이거나 매우 사실임을 강조한다.

You're ***quite*** right. 네가 틀림없이 옳다.

I saw its driver ***quite*** clearly. 나는 그 차의 운전자를 아주 분명히 보았다.

I ***quite*** understand. 나는 확실하게 이해한다.

동사를 강조하는 부사의 목록은 Grammar 표제어 Adjuncts의 emphasis 참조.

R r

raise

◐ Usage 표제어 rise – raise 참조.

rapid

◐ Usage 표제어 fast 참조.

rarely

◐ Grammar 표제어 Adjuncts의 frequency 참조.

rather

1 used as adverb of degree(정도부사로 사용하기)

rather는 적은 정도, 즉 '조금'이라는 뜻이다. 그러나 rather는 실질적인 의미 없이 뒤에 따르는 단어나 표현을 부드럽게 만들 때 사용하기도 한다. 예를 들면, 부탁을 거절할 때 **I'm busy.**(나는 바쁘다.)보다 **I'm *rather* busy.**(나는 조금 바쁘다.)라고 하면 더 정중한 표현이 된다.

I'm ***rather*** puzzled by this question. 나는 이 질문을 받고 약간 당황했다.
He did it ***rather*** badly. 그는 그 일을 다소 엉망으로 했다.

rather는 일반적으로 형용사나 부사 앞에 오지만, 단수명사구 앞에도 사용할 수 있다.

I'm in ***rather*** a hurry. 나는 다소 서두르고 있다.
He was ***rather*** a silent young man. 그는 다소 말이 없는 젊은 남자였다.

ⓘ He was *rather **a*** silent young man.과 He was ***a** rather* silent young man. 둘 다 쓸 수 있지만 rather a를 더 많이 사용한다.

like가 전치사인 경우 다소 '~같은', '~처럼'의 뜻으로, 〔rather + like〕 형식을 사용할 수 있다.

This animal looks and behaves ***rather like*** a squirrel. 이 동물은 모습이나 행동이 다소 다람쥐 같다.
The food, ***rather like*** that provided by motorway cafes, has become a bit of a joke.
그 음식은 고속도로 휴게소에서 제공하는 음식처럼 다소 형편없어졌다.

think와 hope 같은 동사 앞에도 rather를 사용한다.

I ***rather*** think it was three hundred and fifty pounds. 나는 그것이 350파운드였다고 생각한다.
I ***rather*** hoped that one day you would get married. 나는 언젠가 당신이 결혼하기를 바랐다.

ⓘ 정도를 나타내는 여러 단어와 표현이 있다.

◐ 분류 목록은 Grammar 표제어 Adjuncts의 degree와 Adverbs의 grading adverbs 참조.

위와 같은 뜻으로는 rather를 미국 영어보다 영국 영어에서 더 많이 사용한다.

2 used as an emphasizer(강조어로 사용하기)

good과 well을 강조할 때, 〔rather + good · well〕 형식을 사용한다. something is ***rather* good**은 어떤 것이 아주 좋다라는 뜻이다.

There's a teashop near here that does ***rather*** good toasted muffins.
아주 맛있게 구운 머핀을 파는 한 찻집이 이 근처에 있다.

The company thought I did *rather* well. 그 회사는 내가 일을 아주 잘 수행했다고 생각했다.

미국 영어에서는 위와 같은 문장에서 rather보다 pretty를 훨씬 더 많이 사용한다.

Your writing's *pretty* good, it really is. 당신 작품은 정말로 아주 훌륭하다.

3 'would rather'

would rather do **something은 어떤 일을 하고 싶다라는 뜻이다.**

I'll order tea. Or perhaps you ***would rather have*** coffee.
나는 홍차를 주문할 겁니다. 당신은 커피를 마시는 게 나을 것 같은데 어떻습니까?

'What was all that about?' – 'I'm sorry, I'*d rather not say*.'
"그것은 무엇에 대한 것이었나요?" – "죄송하지만, 말하지 않는 것이 좋겠어요."

위와 같은 문장에서 〔would rather + 원형부정사〕 형식을 사용한다.

〔would rather + 절〕 형식은 어떤 일이 일어나거나 이루어지기를 원할 때에도 사용할 수 있다. 이때 절의 시제는 단순과거시제를 사용한다.

Would you *rather* she *came* to see me? 당신은 그녀가 나를 만나러 오기를 원합니까?

'May I go on?' – 'I'*d rather* you *didn't*.' "계속해도 되겠습니까?" – "그러지 않는 것이 좋을 것 같습니다."

4 'rather than'

rather than은 같은 형태의 단어나 표현을 연결하는 접속사처럼 사용한다. 사실인 것을 사실이 아닌 것과 비교할 때, rather than을 사용한다.

I have used familiar English names *rather than* scientific Latin ones.
나는 과학적인 라틴어 이름보다 친근한 영어 이름을 사용해 왔다.

It made him frightened *rather than* angry. 그 일은 그를 화나게 했다기보다 놀라게 했다.

Gambling was a way of redistributing wealth *rather than* acquiring it.
도박은 부를 얻는 것이라기보다 재분배하는 방식이었다.

5 correcting a mistake(말을 정정하기)

말을 정정하거나 앞서 한 말보다 더 적절한 말이 생각나는 경우에도 rather를 사용할 수 있다.

Suddenly there stood before him, or *rather* above him, a gigantic woman.
갑자기 그 남자 앞에, 아니 그 남자 위쪽에 거대한 여자가 서 있었다.

He explained what the Crux is, or *rather*, what it was. 그는 남십자성이 무엇인지, 아니 무엇이었는지 설명했다.

---

rational

Usage 표제어 reasonable – rational 참조.

---

reach

Usage 표제어 arrive – reach 참조.

---

read

1 reading to yourself(자기 자신이 읽기)

read [riːd]는 어떤 글을 보고 이해하다, 즉 '읽다'라는 뜻이다.

Why don't you *read* your letter? 당신 편지를 읽어 보는 게 어때?

read의 과거와 과거분사는 readed가 아닌 read [red]이다.

I *read* through the whole paper. 나는 신문에 나온 모든 내용을 읽었다.

Have you *read* that article I gave you? 제가 당신에게 준 기사를 읽어 보았습니까?

2 reading to someone else(다른 사람에게 읽어 주기)

read **something to someone**은 책 같은 것을 다른 사람이 들을 수 있게 소리 내어 읽어 주다라는 뜻이다. **read**가 이런 뜻일 경우, 두 개의 목적어를 사용한다. 간접목적어가 대명사인 경우, 일반적으로 간접목적어가 직접목적어 앞에 온다.

I'm going to read *him* some of my poems. 나의 시 몇 편을 그에게 읽어 줄 것이다.

간접목적어가 대명사가 아닌 경우에는 일반적으로 직접목적어 뒤에 간접목적어가 온다. 이와 같은 경우, 간접목적어 앞에 전치사 **to**를 사용한다.

Read books *to your baby* – this helps to develop language and listening skills.
당신 아이에게 책을 읽어 주세요. 이것이 언어와 청취력 발전에 도움이 됩니다.

직접목적어가 대명사인 경우에도 직접목적어 뒤에 간접목적어가 온다.

You will have to read it *to him*. 당신은 그것을 그에게 읽어 주어야 할 것이다.

Grammar 표제어 **Verbs**의 **ditransitive verbs** 참조.

직접목적어를 생략할 수도 있다.

I'll go up and *read to Sam* for five minutes. 나는 올라가서 샘에게 5분 동안 책을 읽어 줄 것이다.

3 reading a subject(과목 공부하기)

영국 영어에서 **read**는 대학에서 과목을 공부하다, 즉 '전공하다'라는 뜻이다.

He went up to Magdalen College to *read* history. 그는 맥덜린 칼리지에서 역사학을 전공했다.

미국 영어에서는 **read**를 위와 같이 사용하지 않는다.

readable – legible

1 'readable'

readable은 책이나 기사의 내용이 재미있고, 지루하지 않고, 이해하기 어렵지 않다, 즉 '읽기 쉬운'이라는 뜻이다.

He has written a most *readable* and entertaining autobiography.
그는 가장 쉽게 읽을 수 있고 재미있는 자서전을 집필했다.

2 'legible'

글에 쓰여진 필체 등이 인식하기 쉬운 경우, **readable**이 아닌 **legible**이라고 한다.

The inscription is still perfectly *legible*. 비석에 새겨진 글씨는 아직도 완전하게 읽을 수 있다.

ready

1 used after a verb(동사 뒤에 사용하기)

someone is ***ready***는 어떤 일을 할 준비가 되어 있다라는 뜻이다.

Are you *ready* now? I'll take you back to your flat. 지금 준비됐나요? 내가 당신 아파트로 데려다 줄게요.
We were getting *ready* for bed. 우리는 잠을 잘 준비를 하고 있었다.

something is ***ready***는 어떤 것이 준비되어 사용할 수 있다라는 뜻이다.

Lunch is *ready*. 점심이 준비되어 있다.
Go and get the boat *ready*. 가서 그 보트를 탈 수 있도록 준비하세요.

위의 뜻으로 쓰일 경우, 명사 앞에 ready를 사용할 수 없다.

2 used in front of a noun(명사 앞에 사용하기)

〔**ready** + 명사〕 형식은 어떤 것이 준비되어 있어 매우 빠르고 쉽게 사용할 수 있을 때 사용한다.

His calves are healthy and there is a ***ready*** market for his veal abroad.
그의 송아지들은 건강했으며 해외 송아지 시장에 내보낼 편리한 시장이 한 곳 있다.
I have no ***ready*** explanation for this fact. 나는 이러한 사실을 설명할 준비가 되어 있지 않다.

ready **money**는 수표가 아닌, 바로 사용할 수 있는 지폐나 동전, 즉 '현금'이라는 뜻이다.
...people who performed services for ***ready*** money. 현금을 받기 위해 행사를 진행한 사람들.
...£3,000 in ***ready*** cash. 현금 3천 파운드.

---

real

어떤 것이 실제로 존재한다고 할 때, **real**을 사용한다.
...***real*** or imagined feelings of inferiority. 실제 또는 가상의 열등감.
Robert squealed in mock terror, then in ***real*** pain.
로버트는 모의 테러에서 울부짖었고, 그러고 나서 실제로도 고통을 느꼈다.

물질이나 사물이 인조가 아닌 진짜라고 할 때에도 **real**을 사용한다.
I would never wear ***real*** fur. 나는 결코 천연 모피를 입지 않을 것이다.
Rudolph couldn't tell whether the jewellery was ***real*** or not. 루돌프는 그 보석이 진짜인지 가짜인지 구분할 수 없었다.

미국 영어를 쓰는 일부 사람들은 강조하기 위해 형용사나 부사 앞에 **real**을 사용한다.
That suit looks ***real*** nice. 그 옷은 정말로 멋있어 보인다.
I'm being looked after ***real*** well. 나는 정말로 보살핌을 잘 받고 있다.

영국 영어와 미국 영어에서는 일반적으로 위와 같은 용법을 잘못된 것으로 여기므로, **real** 대신 **really**를 사용해야 한다.
It was ***really*** good. 그것은 아주 좋았다.
He did it ***really*** carefully. 그는 그 일을 아주 조심스럽게 했다.

➲ Usage 표제어 **really** 참조.

---

realize

➲ Usage 표제어 **understand** 참조.

---

really

회화에서 말하는 것을 강조할 때, **really**를 사용한다. **really**는 강조하려는 동사, 형용사, 부사 앞에 온다.
I ***really*** enjoyed that. 나는 그것을 정말로 즐겼다.
It was ***really*** good. 그것은 정말로 좋았다.
He did it ***really*** carefully. 그는 그 일을 정말로 신중히 했다.

조동사 앞이나 뒤에 **really**가 온다. 예를 들면, '그는 정말로 오고 있다.'는 **He *really is* coming.**이나 **He *is really* coming.**이라고 하며 의미상의 차이는 없다.
We ***really are*** expecting it to be a best-seller. 우리는 그것이 베스트셀러가 되기를 진심으로 기대하고 있다.
It ***would really*** be too much trouble. 정말 너무 큰 문제가 될 것이다.

〔**really** + 형용사 · 부사〕 형식에서 **really**는 **very**와 비슷한 뜻이다. **really**는 동사 앞이나 뒤에 올 수 있다. 예를 들면, **Gilbert *is really* clever.**는 길버트는 아주 명석하다는 뜻이지만, **Gilbert *really is* clever.**는 길버트가 아주 명석해서 놀라움을 표현하거나 다른 사람에게 그 사실을 확신시켜 줄 때 사용한다.
This ***is really*** serious. 이 일은 정말 심각하다.
He ***really is*** famous. 그는 정말 유명한 사람이다.

> **주의** 격식을 차린 글에서는 **really**가 아닌 **very**나 **extremely**를 사용한다.

reason

the *reason for* something은 어떤 일이 왜 일어나고 존재하고 행해졌는지를 설명하는 사실이나 상황이라는 뜻이다.

I asked the *reason for* the decision. 나는 그런 결정을 내린 이유를 물었다.
The *reason for* this relationship is clear. 이 관계에 대한 이유는 명백하다.

ℹ 위와 같은 문장에서 reason 뒤에 for 이외의 다른 전치사를 사용하지 않는다.

a person's *reason for doing* something은 누군가가 어떤 일을 하는 이유라는 뜻이다.

One of the *reasons for coming* to England is to make money. 영국에 오는 이유 중 하나는 돈을 벌기 위해서이다.
The women's *reasons for wearing* wigs are various. 여성들이 가발을 착용하는 이유는 다양하다.

the *reason why* something happens/is done은 어떤 일이 일어나거나 행해진 이유라는 뜻이다.

There are several *reasons why we can't do that*. 우리가 그 일을 할 수 없는 여러 가지 이유가 있다.

그러나 어떤 일이 행해진 실질적인 이유를 설명하는 경우에는, 〔**the reason + why**〕 형식이 아닌 〔**the reason + that**절〕 형식을 사용한다.

The *reason that Daniel had come under suspicion* was that he'd gone to work for Bob.
대니얼이 의심을 받게 된 이유는 밥 대신 일하러 갔기 때문이었다.
The *reason I'm calling you* is that I know Larry talked with you earlier.
내가 전화를 건 이유는 래리가 사전에 당신과 일찍이 얘기했다는 것을 알고 있기 때문이다.

ℹ 위와 같은 문장에서 두 번째 절 역시 that절이다. 이때 that절 대신 because로 시작하는 절을 사용하는 사람들도 있다.

The reason they are not like other boys is *because* they have been brought up differently.
그들이 다른 소년들과 다른 이유는 다른 환경에서 자라 왔기 때문이다.

because의 위와 같은 용법은 구어체에서 아주 흔히 사용한다. 그러나 일부 사람들은 잘못된 것으로 여기므로 사용하지 않는 것이 좋다.

---

reasonable – rational

1 'reasonable'

reasonable은 사람이 공정하고 합리적으로 행동하다, 즉 '분별이 있는'이라는 뜻이다.

Our mother was always very *reasonable*. 우리 어머니는 항상 매우 합리적이었다.
I can't do that, Morris. Be *reasonable*. 모리스, 저는 그것을 할 수 없어요. 합리적으로 생각해요.

reasonable에는 제안이나 판단 등이 공정하거나 합리적이어서 받아들일 만하다, 즉 '합리적인', '논리적인'이라는 뜻도 있다.

Rules and procedures need to be accepted as *reasonable* by those who operate them.
그것을 운영하는 사람들이 규칙이나 절차를 합리적으로 받아들일 필요가 있다.
There was no *reasonable* explanation for her decision. 그녀의 결정은 합리적으로 설명할 수 없다.

2 'rational'

감정보다 이성에 바탕을 두어 명료하게 생각하고, 결정하고, 판단하는 경우, **rational**을 사용한다.

Let's talk about this like two *rational* people. 이에 관해 이성적인 두 사람답게 얘기해 봅시다.

이성적인 사람의 행동을 **rational**이라고 묘사할 수도 있다.

This was a totally *rational* response to a set of complex problems.
이것은 몇 가지 복잡한 문제에 대한 완전히 이성적인 대응이었다.

---

receipt – recipe

1 'receipt'

receipt [risíːt]는 돈이나 제품을 받았다는 것을 확인하는 종이, 즉 '영수증'이라는 뜻이다.

We've got ***receipts*** for each thing we've bought. 우리가 구입한 각 물건에 대한 영수증을 받았다.

2 'recipe'

음식의 조리법을 설명하는 지침을 가리킬 때, **receipt**가 아닌 **recipe** [résəpi]를 사용한다.

...an old Polish ***recipe*** for beetroot soup. 근대 뿌리로 만든 옛날 폴란드 수프 조리법.

receive

receive **something**은 누군가가 주거나 보낸 물건을 받다라는 뜻으로, **get**과 비슷한 용법으로 사용한다. 격식을 차린 글에는 **receive**를, 회화에서는 **get**을 사용한다. 예를 들면, 업무용 편지에서 '나는 존스 씨에게 편지를 받았다.'는 **I *received* a letter from Mr Jones**.라고 하지만, 회화에서는 **I *got* a letter from Mr Jones**.라고 한다.

The police ***received*** a call from the house at 4.50 a.m. 경찰은 새벽 4시 50분에 그 집에서 걸려 온 전화를 받았다.
I ***got*** a call from the President. 나는 대통령에게서 걸려 온 전화를 받았다.

임금, 봉급, 연금을 받는다고 할 때, **receive**나 **get**을 사용할 수 있다.

His mother ***received*** no pension or compensation. 그의 어머니는 연금이나 보상금을 받지 못했다.
He ***was getting*** a very low salary. 그는 아주 적은 봉급을 받고 있었다.

도움이나 충고를 받는다고 할 때에도 **receive**나 **get**을 사용할 수 있다.

She is said to ***have received*** help from Lord Cowper. 그녀는 쿠퍼 경에게 도움을 받아 왔다고 한다.
Get advice from your local health department. 지역 보건소에서 진찰을 받으세요.

recent

➲ Usage 표제어 newness 참조.

recently – newly – lately

어떤 일이 아주 짧은 기간 전에 일어났다고 할 때, **recently**와 **newly**를 둘 다 사용한다. 의미상의 차이는 없지만 **newly**는 **-ed** 형태와 같이 사용하고 일반적으로 명사 앞에 온다.

...the ***newly elected*** Government. 새로 선출된 정부.
On the ***newly painted*** white wall was a photograph of the President.
새로 칠해진 하얀 벽에 대통령의 사진이 걸려 있었다.

recently는 문장에서 여러 위치에 올 수 있다.

...his ***recently*** established Internet business. 최근에 그가 설립한 인터넷 사업.
Recently a performance of Macbeth was given there. 최근에 그곳에서 맥베스의 공연이 있었다.
There was ***recently*** a formal inquiry. 최근에 공식 청문회가 열렸다.
I have ***recently*** re-read all his books. 나는 최근에 그의 저서를 전부 다시 읽었다.

어떤 일이 조금 전에 시작되어 지금도 계속 일어나고 있다고 할 때, **recently**나 **lately**를 사용할 수 있다. **newly**는 이러한 뜻에 사용할 수 없다.

They have ***recently*** been taking German lessons. 그들은 요즘 독일어 수업을 받고 있다.
Lately he's been going around with Miranda Watkins. 그는 최근에 미란다 왓킨스와 사귀고 있다.

recognize – realize

1 'recognize'

recognize **someone/something**은 사람이나 물건을 전에 본 적이 있거나 설명을 들어서 알고 있다, 즉 '알아보다'라는 뜻이다.

She didn't ***recognize*** me at first. 그녀는 처음에 나를 알아보지 못했다.
They are trained to ***recognize*** the symptoms of radiation-sickness.
그들은 방사능병 증상을 인지하기 위한 교육을 받았다.

recognize something은 어떤 것이 문제가 있다는 것을 받아들이다, 즉 '인식하다'라는 뜻이다.
Government are beginning to ***recognize*** the problem. 정부는 그 문제를 인식하기 시작한다.
We ***recognize*** this as a genuine need. 우리는 이것이 진정으로 필요하다고 인식한다.

2 'realize'

사실을 알게 되다는 recognize가 아닌 realize라고 한다.
I ***realized*** that this man wasn't going to hurt me. 이 남자가 나를 해치지 않을 거라는 것을 깨달았다.
She ***realized*** that she could not reach the shore. 그녀는 그 해변까지 갈 수 없다는 것을 깨달았다.

recommend

recommend는 사람이나 물건을 칭찬하며 다른 사람들에게 이용하거나 사라고 권하다, 즉 '추천하다'라는 뜻이다.
I asked my friends to ***recommend*** a doctor who is good with children.
나는 친구들에게 어린이를 잘 진찰하는 의사를 추천해 달라고 부탁했다.
We strongly ***recommend*** the publications listed on the back page of this leaflets.
우리는 이 전단지의 뒷면에 있는 출판물을 강력하게 추천한다.

사람이나 사물을 특정한 직업이나 목적에 추천할 때, ***recommend*** someone/something ***for*** a job/purpose라고 한다.
Nell was ***recommended for*** a job as a nursery governess. 넬은 보모 겸 가정교사 자리에 추천되었다.
I ***recommend*** hill running ***for*** strengthening thighs. 나는 허벅지 강화를 위해 언덕 달리기를 추천합니다.

recommend a particular action은 어떤 특정한 행동을 권하다라는 뜻이다.
They ***recommended*** a merger of the two biggest supermarket groups.
그들은 가장 큰 두 개의 슈퍼마켓 그룹의 합병을 권했다.
The doctor may ***recommend*** limiting the amount of fat in your diet.
그 의사는 당신이 먹는 음식의 지방의 양을 제한할 것을 권할지도 모른다.

누군가가 어떤 일을 하거나 해야만 한다고 권할 경우, ***recommend that someone does*** something이나 ***recommend that someone should do*** something이라고 한다.
It is not ***recommended that students pay*** in advance. 학생들이 미리 돈을 내는 것을 권장하지 않는다.
The Committee must decide whether or not to ***recommend that the President should resign***.
위원회는 대통령의 사임을 요구해야 할지 말아야 할지 결정해야 한다.

recommend someone to do something은 누군가에게 어떤 일을 하도록 권장하다라는 뜻이다.
Although they have eight children, they do not ***recommend other couples to have*** families of this size.
그들은 8명의 아이가 있지만 다른 부부에게 이 정도의 대가족을 갖는 것을 권하지는 않는다.

i 일부 사람들은 위와 같은 어법이 잘못됐다고 여기므로, Although they have eight children, they do not ***recommend that other couples should have*** families of this size.라고 한다.

> **주의** 'recommend someone' a particular action이라고 하지 않는다. 예를 들면, '나는 당신에게 파리 방문을 추천한다.'는 ~~I recommend you a visit to Paris.~~가 아닌 I ***recommend a visit*** to Paris.나 I ***recommend visiting*** Paris.나 I ***recommend that you visit*** Paris.라고 한다.

recover

recover는 병이나 부상에서 회복하여 '건강을 되찾다'라는 뜻이다.

It was weeks before he fully ***recovered***. 그는 몇 주 전에 완전히 회복했다.

recover는 매우 격식을 차린 단어로, 회화에서는 보통 **get better**를 사용한다.

He soon ***got better*** after a few days in bed. 그는 병상에 며칠 누워 있다가 곧 상태가 좋아졌다.

병에서 회복하다는 ***recover from*** **an illness**라고 할 수 있다.

How long do people take to ***recover from*** sickness of this kind? 이러한 병에서 회복하려면 얼마나 오래 걸립니까?

ⓘ 'get better from' an illness라고 하지 않는다.

---

referee

➲ **Usage** 표제어 **umpire – referee** 참조.

---

refuse

refuse는 동사나 명사로 사용한다. 동사이면 [rifjú:z], 명사이면 [réfju:s]로 발음한다.

1 used as a verb(동사로 사용하기)

refuse **to do something**은 어떤 일을 의도적으로 하지 않겠다고 확실히 말하다, 즉 '거절하다'라는 뜻이다.

He ***refused*** to accept their advice. 그는 그들의 조언을 받아들이지 않았다.

Three employees were dismissed for ***refusing*** to join a union. 노동조합 가입을 거부한 세 명의 직원은 해고되었다.

2 'reject'

어떤 생각이나 믿음에 동의하지 않는 경우, **refuse**가 아닌 **reject**를 사용한다.

Some people ***reject*** the idea of a mixed economy. 일부 사람들은 혼합 경제의 개념을 받아들이지 않는다.

It was hard for me to ***reject*** my family's religious beliefs.
내 가족이 종교적인 믿음을 받아들이지 않는 것은 나에게 힘든 일이었다.

3 used as a noun(명사로 사용하기)

refuse가 명사일 경우, 버리는 물건들, 즉 '쓰레기'라는 뜻이다.

...a dump ***refuse***. 쓰레기 더미.

This department is also responsible for ***refuse*** collection. 이 부서는 쓰레기 수거에 대한 책임도 있다.

그 밖에도 버리는 물건을 가리키는 단어가 여러 가지 있다.

➲ 더 많은 정보는 **Usage** 표제어 **rubbish** 참조.

---

regard

regard **someone/something** ***as*** **a particular thing**은 어떤 사람이나 사물을 특별한 것으로 생각하다라는 뜻이다.

I ***regard*** it ***as*** one of my masterpieces. 나는 그것을 내가 만든 걸작 중의 하나로 여긴다.

Kenworthy did not ***regard*** himself ***as*** an expert on language. 켄워디는 자신이 언어의 전문가라고 생각하지 않았다.

사람이나 사물이 특정한 것으로 생각되거나 특정한 성질이 있다고 생각될 경우, **someone/something** ***is regarded as being*** **a particular thing**이나 **someone/something** ***is regarded as having*** **a particular quality**라고 한다.

The play ***was regarded as being*** of mixed merits. 그 연극은 여러 장점이 뒤섞인 것으로 여겨졌다.

The couple ***are regarded as having*** one of the strongest marriages in showbiz.
그 부부는 연예계에서 가장 막강한 부부 중 하나로 여겨진다.

ⓘ someone/something 'is regarded to be' a particular thing이나 someone/something 'is regarded to have' a particular quality라고 하지 않는다.

regret – be sorry

1 sadness and disappointment(슬픔과 실망)

일어난 일이나 한 일에 대해 슬픔이나 실망을 느낄 때, **regret**과 **be sorry**를 사용한다. **regret**이 **be sorry**보다 더 격식을 차린 표현이다.

regret something과 ***be sorry about*** something은 어떤 일에 대해 후회하거나 유감을 느끼고 있다라는 뜻이다.

I immediately ***regretted*** my decision. 곧바로 내가 한 결정을 후회했다.
I'*m* more *sorry about* losing Pat. 나는 패트를 잃은 것이 더욱 유감스럽다.

어떤 일이 일어난 것에 대해 후회하거나 유감스럽다고 할 경우, ***regret/be sorry*** **that something has happened**라고 한다.

Pisarev ***regretted*** that no real changes had occurred. 피사레프는 실질적인 변화가 일어나지 않은 것이 유감스러웠다.
He ***was sorry*** he had agreed to stay. 그는 자신이 남기로 했던 것에 유감스러워했다.

어떤 일을 한 것에 대해 후회하다는 ***regret doing*** **something**이라고 한다.

None of the women I spoke to ***regretted making*** this change.
내가 이야기한 여자들 중 누구도 이러한 변화를 이뤄낸 것을 후회하지 않았다.

ℹ 'be sorry doing' something이라고 하지 않는다.

2 apologizing(사과하기)

어떤 일에 대해 사과하는 경우, **be sorry about**을 사용한다.

She ***was very sorry about*** all the trouble she'd caused. 그녀는 자신이 일으킨 모든 문제에 대해 매우 깊이 사과했다.

ℹ be 'sorry for' something이라고 하지 않는다.

회화에서는 사과할 때, **regret**을 사용하지 않는다. **regret**은 공식적인 편지와 성명에서만 사용한다.

London Transport ***regrets*** any inconvenience caused by these delays.
런던 교통국은 이러한 연착으로 인한 불편에 사과의 말씀을 드립니다.

➲ 그 밖의 사과 표현에 대한 정보는 **Topic** 표제어 **Apologizing** 참조.

3 giving bad news(나쁜 소식 전하기)

상대방에게 나쁜 소식을 전할 때, ***I'm sorry to*** **tell you...**를 사용한다. 격식을 차린 편지에서는 **I *regret to*** **tell you...**를 사용한다.

I'***m sorry to*** tell you this, but the Board have changed their opinion of you.
위원회에서 당신에 대한 판단을 변경했다는 소식을 전하게 되어 유감입니다.
I ***regret to*** inform you that your application has not been successful.
당신의 신청서가 거절되었음을 알리게 되어 유감입니다.

reject

➲ **Usage** 표제어 **refuse** 참조.

related

something is ***related to*** something else는 두 사물이 어떤 측면에서 관련되어 있다라는 뜻이다.

This species is ***related to*** the familiar grass snake Natrix natrix.
이 종(種)은 독이 없는 뱀으로 잘 알려진 유럽산 유혈목이와 관련되어 있다.
Physics is closely ***related to*** mathematics. 물리학은 수학과 밀접하게 관련되어 있다.

ℹ 위와 같은 문장에서 to 이외의 다른 전치사를 사용하지 않는다.

relation – relative – relationship

relation, relative, relationship은 사람들 사이의 관계를 가리킬 때 사용한다.

1 'relation' and 'relative'

relation과 **relative**는 가족 구성원, 즉 '친척'이라는 뜻이다.

I said that I was a ***relation*** of her first husband. 나는 그녀의 첫 번째 남편과 친척 관계라고 말했다.
His wife had to visit some of her ***relatives***. 그의 부인은 그녀의 친척들 몇몇을 방문해야만 했다.

relations는 사람 간 또는 단체 간의 접촉과 상대방을 대하는 태도라는 뜻이다.

Apparently ***relations*** between husband and wife had not improved. 확실히 남편과 부인의 관계가 개선되지 않았다.
The unions should have close ***relations*** with management. 노동조합들은 경영진과 친밀한 관계를 가져야 한다.

2 'relationship'

두 사람이나 단체 간의 관계를 나타내는 경우, **relationship**도 **relations**와 비슷한 방식으로 사용할 수 있다.

The old ***relationship*** between the friends was quickly re-established. 오랜 친구 사이의 관계가 빨리 회복되었다.
Pakistan's ***relationship*** with India has changed dramatically. 파키스탄과 인도의 관계가 극적으로 변했다.

relationship은 특히 두 사람 간의 성적 감정이나 로맨틱한 감정을 포함하는 친밀한 관계라는 뜻으로도 사용한다.

When the ***relationship*** ended two months ago, he said he wanted to die.
두 달 전에 그 관계가 끝났을 때 그는 죽고 싶다고 말했다.

relax

relax는 차분하고, 걱정을 덜하고, 긴장이 풀린 상태로 있다, 즉 '편히 쉬다'라는 뜻이다.

Make the room dark, get into bed, close your eyes, and ***relax***. 방을 어둡게 하고 침대로 가서 눈을 감고 쉬세요.
Some people can't even ***relax*** when they are at home. 일부 사람들은 집에 있어도 편히 쉬지 못하는 경우가 있다.

ℹ relax는 재귀동사가 아니므로, relax oneself라고 하지 않는다.

release – let go

release와 **let go**는 비슷한 의미로 사용한다. 그러나 **release**가 **let go**보다 더 격식을 차린 표현이다. ***release*** **a person/an animal**이나 ***let*** **a person/an animal** ***go***는 사람이나 동물을 놔주거나 풀어 주다라는 뜻이다.

They had just ***been released*** from prison. 그들은 감옥에서 막 풀려나왔다.
Eventually I ***let*** the frog ***go***. 결국 나는 개구리를 놓아주었다.

release나 **let go of**는 잡고 있던 것을 놓아주다라는 뜻이다.

He ***released*** her hand quickly. 그는 그녀의 손을 재빨리 놓았다.
'***Let go of*** me,' she said. 그녀는 "나를 놓아줘."라고 말했다.

relieve – relief

1 'relieve'

relieve [rilíːv]는 동사로, 불편한 감정이나 상황을 줄이거나 없애다, 즉 '완화하다'라는 뜻이다.

Anxiety may ***be relieved*** by talking to a friend. 친구와 이야기하면 걱정거리가 해소될 것이다.
The passengers in the plane swallow to ***relieve*** the pressure on their eardrums.
비행기 승객들은 고막이 울리는 것을 줄이려고 침을 삼킨다.

someone/something ***relieves*** you ***of*** unpleasant feeling/difficulty는 어떤 사람이나 일이 누군가를 안 좋은 기분이나 어려운 상황에서 벗어나게 해주다라는 뜻이다.

The news ***relieved*** him ***of*** some of his embarrassment. 그 소식은 그가 약간은 당황하지 않도록 해주었다.

2 'relief'

relief [rilíːf]는 명사로, 불쾌한 일이 멈추었거나 일어나지 않아서 기분이 좋음, 즉 '안도'라는 뜻이다.

I breathed a sigh of ***relief***. 나는 안도의 한숨을 쉬었다.

To my ***relief***, he found the suggestion acceptable. 다행스럽게도 그가 그 제안을 받아들였다.

relief는 매우 가난하거나 배고픈 사람들에게 주는 돈, 음식, 옷, 즉 '구호품'이라는 뜻도 있다.

We are providing ***relief*** to vulnerable refugees, especially those who are sick.
우리는 취약한 난민들, 특히 병든 난민들에게 구호물자를 제공하고 있다.

---

remain – stay

remain과 stay는 동일한 의미로 자주 사용하며, remain이 stay보다 더 격식을 차린 표현이다. remain이나 stay는 특정한 상태를 계속 유지하다라는 뜻이다.

Oliver ***remained*** silent. 올리버는 침묵했다.

I ***stayed*** awake. 나는 깨어 있었다.

remain/stay in a place는 어떤 장소를 떠나지 않고 그곳에 있다라는 뜻이다.

I was allowed to ***remain*** at home. 나는 집에 있도록 허락을 받았다.

Fewer women these days ***stay*** at home to look after their children.
요즘에는 소수의 여자들만이 집에서 아이들을 돌본다.

어떤 것이 여전히 존재하는 경우에는 stay가 아닌 remain을 사용할 수 있다.

Even today remnants of this practice ***remain***. 오늘날까지 이러한 관행의 잔재가 남아 있다.

He was cut off from what ***remained*** of his family. 그는 가족과 지속해 온 관계를 단절당했다.

stay in a town/hotel/house는 도시, 호텔, 집에 잠시 머무르다라는 뜻이다.

How long can you ***stay*** in Brussels? 당신은 브뤼셀에서 얼마나 머물 수 있습니까?

She ***was staying*** in the same hotel as I was. 그녀는 내가 머물렀던 호텔에 묵고 있었다.

ⓘ 위와 같은 뜻에 remain을 사용하지 않는다.

---

remark

➲ Usage 표제어 comment – mention – remark 참조.

---

remember – remind

1 'remember'

remember는 마음속에 여전히 과거의 사람들이나 일에 대한 인상이 남아 있어서 생각이 나다, 즉 '기억하다'라는 뜻이다.

I ***remember*** the look on Gary's face as he walked out the door. 나는 방을 걸어 나가는 게리의 표정을 기억하고 있다.

He ***remembered*** the man well. 그는 그 남자를 잘 기억했다.

ⓘ 일반적으로 remember에 진행시제를 사용하지 않는다. 예를 들면, ~~I am remembering the look on Gary's face as he walked out the door.~~라고 하지 않는다.

remember 뒤에 -ing형이나 to부정사를 사용할 수 있지만, 의미는 서로 다르다. 과거에 한 일에 대한 인상이 남아 있는 경우, ***remember doing*** something이라고 한다.

I ***remember asking*** one of my sons about this. 나는 이것에 대해 아들 중 한 명에게 물어본 기억이 난다.

하려고 했던 일을 기억하는 경우, ***remember to do*** something이라고 한다.

He *remembered to turn* the gas off. 그는 가스 불을 꺼야 한다는 것을 기억했다.

2 'remind'

상대방이 하려고 작정한 일에 대해 상대방에게 언급하는 경우, **remember**가 아닌 **remind**를 사용한다.

Usage 표제어 remind 참조.

---

remind

remind someone ***of*** fact/event는 이미 알고 있는 사실이나 일을 상기시키다라는 뜻이다.

She *reminded* him *of* two appointments. 그녀는 그에게 두 건의 약속이 있다는 것을 상기시켜 주었다.

You do not need to *remind* people *of* their mistakes. 당신은 사람들에게 그들의 실수를 일깨워 줄 필요가 없다.

remind someone ***that*** something is the case는 어떤 것이 사실임을 일깨워 주다라는 뜻이다.

I *reminded* him *that* we had a wedding to go to on Saturday.
나는 그에게 우리가 토요일에 결혼식에 참석해야 한다고 알려 주었다.

remind someone ***to do*** something은 누군가에게 어떤 일을 하라고 다시 한 번 일러 주거나, 누군가가 하려고 했던 것이었다고 말해 주다라는 뜻이다.

She *reminded* me *to wear* the visitor's badge at all times.
그녀는 나에게 항상 방문자 명찰을 다는 것을 상기시켜 주었다.

Remind me *to speak* to you about Davis. 당신에게 데이비스에 관해 말하는 것을 나에게 상기시켜 주세요.

remind someone 'of doing' something이라고 하지 않는다.

someone/something ***reminds*** you ***of*** another person/thing은 어떤 사람이나 사물이 자신에게 다른 사람이나 사물을 떠올리게 하다라는 뜻이다.

Your son *reminds* me *of* you at his age. 당신 아들을 보면 그 나이 때의 당신이 생각난다.

위와 같은 문장에서 of를 사용한다.

---

remove – move

1 'remove'

remove는 어떤 것을 '치우다'라는 뜻이다.

The tea-ladies came in to *remove* the cups. 차 심부름하는 여자들이 컵을 치우려고 들어왔다.

He *removed* his hand from the man's collar. 그는 그 남자의 멱살을 잡았던 손을 내려놓았다.

2 'move'

자신의 소유물을 가지고 다른 집에 살기 위해 가는 경우, **remove**가 아닌 **move**라고 한다.

Send me your new address if you *move*. 만약 당신이 이사하면 새 주소를 나에게 보내 주세요.

Last year my parents *moved* from Hyde to Stepney. 작년에 우리 부모님께서는 하이드에서 스테프니로 이사했다.

영국 영어에서는 **move house**라고도 한다.

Cats sometimes get lost when families *move house*. 고양이는 가족이 이사를 하는 경우 때때로 집을 잃어버린다.

---

rent

Usage 표제어 hire – rent – let 참조.

---

repair

Usage 표제어 restore – repair 참조.

request

request는 명사나 동사로 사용한다.

1 used as a noun(명사로 사용하기)

어떤 일을 해주거나 제공해 주기를 요청하는 경우, **make a *request***라고 한다.

My friend made me a polite ***request***. 친구는 나에게 정중하게 요청했다.
The Minister had granted the ***request***. 장관은 그 요청을 들어주었다.

어떤 것을 요청하는 경우, **make a *request for* something**이라고 한다.

He agreed to my ***request for*** psychiatric help. 그는 정신과 치료를 받아야 한다는 내 요청을 받아들였다.

2 used as a verb(동사로 사용하기)

request **something**은 어떤 것을 요청하다라는 뜻이다.

The President ***requested*** an emergency session of the United Nations. 대통령은 UN에 긴급 회의를 요청했다.
Mr Dennis said he ***had requested*** access to a telephone. 데니스 씨는 전화를 할 수 있게 해달라고 요청했다고 말했다.

request가 동사인 경우, 뒤에 for를 사용하지 않는다.

require

require **something**은 어떤 것이 필요하거나, 어떤 것을 갖고 싶다라는 뜻이다.

Is there anything you ***require***? 필요한 것이 있습니까?
We cannot guarantee that any particular item will be available when you ***require*** it.
우리는 당신이 필요한 때에 그 품목을 확실하게 제공할 수 있다는 보장을 할 수 없다.

require는 격식을 차린 단어이므로, 회화에서는 **require**를 사용하지 않고, **need**나 **want**를 사용한다.

I won't ***need*** that book any more. 나는 저 책이 더 이상 필요 없을 것이다.
All they ***want*** is a holiday. 그들이 원하는 것은 휴가이다.

something *is required*는 어떤 일을 하기 위해서는 다른 것이 필요하다라는 뜻이다.

Parliamentary approval would ***be required*** for any scheme. 어떤 계획이든지 의회의 승인이 필요하다.
An increase in funds might well ***be required***. 기금의 증액이 필요할지도 모른다.

be required to **do something**은 규칙이나 법 때문에 어떤 일을 해야 한다는 뜻이다.

All the boys ***were required to*** study religion. 모든 소년에게 종교 과목은 필수였다.

research – search

1 'research'

research는 어떤 것을 연구하거나 어떤 것에 대한 사실을 발견하고자 하는 일, 즉 '연구'라는 뜻이다. **do research**는 연구를 하다라는 뜻이다.

I had come to India to ***do*** some ***research*** into Anglo-Indian literature.
나는 앵글로 인디언 문학에 대해 연구하기 위해 인도에 갔다.

어떤 사람이 하고 있는 연구는 **one's research(es)**라고 한다. 일반적으로 **research**는 **my**, **his**, **Gordon's** 등과 같은 소유격 뒤에서만 사용한다.

Soon after, Faraday began ***his researches*** into electricity. 얼마 후 패러데이는 전기에 대한 연구를 시작했다.
...***Kinsey's research*** on sexual behavior. 성행위에 대한 킨제이의 조사 연구.

2 'search'

신중하게 살펴서 어떤 것을 찾으려는 시도, 즉 '수색'은 **research**가 아닌 **search**라고 한다.

A huge *search* for the missing documents was mounted. 없어진 서류들을 찾는 대규모 탐색이 시작되었다.
A quick *search* of the boat revealed nothing. 그 보트를 찾기 위한 신속한 탐색은 아무 성과가 없었다.

---

resign – retire

1 'resign'

resign은 하던 일을 그만두고 직장을 떠나다, 즉 '사임하다'라는 뜻이다. 일을 그만두는 연령과 관계가 없고, 다른 직장을 다시 구할 수 있는 경우에 **resign**을 사용한다.

A hospital administrator has *resigned* over claims he lied to get the job.
병원 관리자는 직장을 구하기 위해 거짓말을 한 것 때문에 사임했다.

2 'retire'

retire는 직장을 떠나고 일을 그만두다, 즉 '은퇴하다'라는 뜻으로, 주로 연금을 받을 나이가 되어 그만두는 경우를 말한다. 프로 운동선수들이 운동을 그만두는 경우, 상당히 젊을지라도 **retire**를 사용한다.

At the age when most people *retire*, he is ready to face a new career.
대부분의 사람들이 은퇴할 나이에 그는 새로운 경력을 가질 준비가 되어 있다.

I have decided to *retire* from Formula One racing at the end of the season.
나는 시즌 마지막에 포뮬러 원 자동차 경주 선수 생활에서 은퇴하기로 결심했다.

---

respectable – respectful

1 'respectable'

respectable은 사람들에게 인정받거나 도덕적으로 옳다고 여겨지다, 즉 '존경할 만한'이라는 뜻이다.

He came from a perfectly *respectable* middle-class family. 그는 매우 존경받는 중산층 집안 출신이었다.

2 'respectful'

respectful은 어떤 사람이나 사물에 대해 존경을 표시하다, 즉 '경의를 표하는'이라는 뜻이다.

The woman kept a *respectful* silence. 그 여자는 경의를 표하는 침묵을 지켰다.
The Security Officer was standing at a *respectful* distance holding a plastic cup of coffee.
경호원은 플라스틱 커피 잔을 들고 조금 거리를 두고 서 있었다.

---

responsible

1 'responsible for'

be ***responsible for doing*** something은 어떤 일을 해야 할 책임과 의무가 있다라는 뜻이다.

The children were *responsible for cleaning* their own rooms.
어린이들은 자신의 방을 청소할 책임이 있었다.

ⓘ be 'responsible to do' something이라고 하지 않는다.

안 좋은 일이 일어난 것에 대해 책임이 있다고 할 때는 **be *responsible for* something**이라고 할 수 있다.

They were charged with being *responsible for* the death of two policemen.
그들은 두 명의 경관을 살해한 혐의로 기소되었다.

ⓘ 위와 같은 문장에서 responsible 뒤에는 for 이외의 다른 전치사를 사용하지 않는다.

2 used after a noun(명사 뒤에 사용하기)

명사 뒤에 **responsible**을 사용할 수 있다. **the person *responsible***은 어떤 일에 대한 책임이 있는 사람이라는 뜻이다.

I hope they get the man *responsible*. 나는 그들이 책임 있는 사람을 구하기를 바란다.
The company *responsible* refused to say what happened.
책임을 져야 할 회사는 무슨 일이 있었는지 말하기를 거부했다.

3 used in front of a noun(명사 앞에 사용하기)

그러나 명사 앞에 responsible을 사용하면 완전히 다른 뜻이 된다. a ***responsible*** person은 다른 사람의 관리 없이도 적절하고 분별 있게 행동하기 때문에 믿을 수 있는 사람이라는 뜻이다.

...*responsible* members of the local community. 지역 공동체의 책임을 다하는 구성원들.

responsible behavior는 분별 있고 올바른 행동이라는 뜻이다.

I thought it was a very *responsible* decision. 나는 그것이 매우 옳은 결정이라고 생각했다.

---

rest

〔the rest of + 불가산명사〕 형식이 주어이면, 단수동사를 사용한다.

The rest of the *food was* delicious. 나머지 음식은 맛있었다.

〔the rest of + 복수명사〕 형식이 주어이면, 복수동사를 사용한다.

The rest of the *boys were* delighted. 나머지 소년들은 기뻐했다.

---

restful – restless

1 'restful'

restful은 어떤 것이 마음을 진정시키고 편하게 해주다, 즉 '휴식을 주는', '편안한'이라는 뜻이다.

The lighting is *restful*. 그 조명은 편안하게 해준다.

2 'restless'

a ***restless*** child는 가만히 있거나 조용히 있지 못하는 아이라는 뜻이다.

Some babies are tense and *restless* during the early weeks. 일부 갓난아이들은 처음 몇 주는 긴장하고 불안해한다.

someone is ***restless***는 하는 일에 싫증을 느껴서 다른 일을 하고 싶어하다라는 뜻이다.

I knew within a fortnight I should feel *restless* again. 나는 2주 이내에 다시 싫증을 낼 것을 알았다.

---

restore – repair

1 'restore'

restore는 오래된 건물, 그림, 가구 등을 수리하고 깨끗하게 하여 원상태로 돌려놓다, 즉 '복원하다'라는 뜻이다.

Several million pounds will be required to *restore* the theatre. 그 극장을 복원하는 데 수백만 파운드가 소요될 것이다.
I asked whether the pictures could *be restored*. 나는 그 그림들을 복원할 수 있는지 물어보았다.

2 'repair'

repair는 망가지거나 제대로 작동하지 않는 물건을 '고치다'라는 뜻이다.

No one knew how to *repair* the engine. 아무도 그 엔진을 고치는 방법을 몰랐다.

---

result – effect

1 'result'

result는 먼저 발생한 일 때문에 벌어진 사건이나 상황, 즉 '결과'라는 뜻이다.

The *result* of this was months of anguish and guilt. 이것에 대한 결과는 몇 달 동안의 고민과 죄책감이었다.
I nearly missed the flight as a *result* of going to Havana. 아바나에 간 것 때문에 나는 그 비행기를 거의 놓칠 뻔했다.
Twice he followed his own advice, with disastrous *results*. 그가 두 번이나 자신의 충고에 따른 결과는 참담했다.

2 'effect'

어떤 것이 사물이나 사람을 변화시키는 경우, result가 아닌 effect를 사용한다.

Road transport has a considerable ***effect*** on our daily lives.
도로 교통은 우리의 일상생활에 상당한 영향을 미치고 있다.

retarded

과거에는 학습하는 데 어려움이 있는 정신 장애를 가진 아이들을 **retarded**, **backward**, **simple**, **educationally subnormal**이라고 했다. 그러나 이는 모욕적으로 들리므로 요즘에는 사용하지 않는다. 형용사 **mentally handicapped**는 이러한 종류의 정신 장애를 가진 아이들을 묘사할 때 사용한다. 그러나 가장 적절한 표현은 **children with special needs**나 **children with learning difficulties**이다.

...a school for ***children with special needs***. 특수 아동을 위한 학교.
Food supplements may help ***children with learning difficulties*** to make big improvements.
식품을 통한 영양 보충은 학습 장애 아동의 학습 능력을 크게 증진시키는 데 도움이 될지 모른다.

ⓘ 육체적인 장애를 가진 어린이들도 **children with special needs**라고한다.

➲ **Usage** 표제어 **crippled** 참조.

retire – retiring

1 'retire'

retire는 직장을 떠나고 일도 그만두다, 즉 '은퇴하다'라는 뜻으로, 주로 연금을 받을 나이가 되어 그만두는 경우를 말한다.

Gladys ***retired*** at the age of sixty-eight. 글래디스는 68세에 은퇴했다.
They had decided to ***retire*** from farming. 그들은 농장 일에서 은퇴하기로 결정했다.

➲ **Usage** 표제어 **resign – retire** 참조.

2 'retiring'

형용사 **retiring**에는 두 가지 뜻이 있다.

머지않아 현재의 직을 사임하고 다른 사람이 그 일을 대신 할 예정임을 나타낼 때, **MP**(국회의원)나 **chairman**(의장) 등의 명사 앞에 **retiring**을 사용한다.

...Jim Dacre, the ***retiring*** Labour MP. 사임할 노동당 국회의원 짐 데이커.
The ***retiring*** President of the Methodist Conference. 사임할 감리교단 회장.

매우 조용하며 사람을 만나는 것을 꺼리는 내성적인 사람을 묘사할 때에도 **retiring**을 사용한다.

She was a shy, ***retiring*** girl. 그녀는 수줍고 내성적인 소녀였다.

return

1 going back(돌아오기)

return **to a place**는 어떤 곳에 갔다가 돌아오다라는 뜻이다.

I ***returned*** to my hotel. 나는 호텔로 돌아왔다.
Mr Platt ***returned*** from Canada in 1995. 플랫 씨는 1995년에 캐나다에서 돌아왔다.

ⓘ 'return back' to a place라고 하지 않는다.

return은 상당히 격식을 차린 단어로, 회화에서는 보통 **go back**, **come back**, **get back**을 사용한다.

I ***went back*** to the kitchen and poured my coffee. 나는 부엌으로 돌아가서 커피를 따랐다.
I have just ***come back*** from a holiday in the Highlands. 나는 스코틀랜드 고지대에서 휴가를 보내고 방금 돌아왔다.
I've got to ***get back*** to London. 나는 런던으로 돌아가야 한다.

return은 명사로도 사용한다. 누군가가 어떤 장소로 돌아오는 경우, 그 사람의 도착을 **someone's *return***이라고 한다.

It was published only after his ***return*** to Russia in 1917. 그 책은 1917년 그가 러시아로 돌아간 후에야 출간되었다.

어떤 곳에서 돌아오자마자 바로 다른 일이 일어날 때, **on**으로 시작하는 전치사구를 사용한다. 예를 들면, '그는 런던에 돌아오자마자 외무부에서 근무할 것을 제의받았다.'는 ***On his return*** **to London, he was offered a post at the Foreign Office.**라고 한다.

On his return to Paris he painted a series of portraits. 그는 파리로 돌아오자마자 여러 개의 초상화를 그렸다.
On her return she wrote the last paragraph of her autobiography.
그녀는 돌아오자마자 자서전의 마지막 부분을 썼다.

2 giving or putting something back(어떤 것을 돌려주거나 다시 갖다 놓기)

return **something**은 가져갔거나 빌려 간 것을 돌려주거나 다시 갖다 놓다라는 뜻이다.

He borrowed my best suit and didn't ***return*** it. 그는 내 가장 좋은 슈트를 빌려 가서 돌려주지 않았다.
We ***returned*** the books to the shelf. 우리는 책들을 선반에 다시 갖다 놓았다.

ⓘ return something back이라고 하지 않는다.

3 'bring back'

과거에 사용한 관행이나 방법을 다시 사용하는 경우, **return**이 아닌 **bring back**이나 **reintroduce**라고 한다.

He was all for ***bringing back*** the cane as a punishment in schools.
그는 학교에서 체벌로 회초리를 다시 사용하는 것에 대찬성이었다.
They ***reintroduced*** a scheme to provide housing for refugees.
그들은 난민들에게 피난처를 제공하기 위한 계획을 재도입했다.

---

review

➲ Usage 표제어 **critic – critical – critique** 참조.

---

reward – award

유익한 일이나 좋은 일을 해서 받는 '보상', '상'을 **reward**나 **award**라고 한다.

1 'reward'

reward는 일반적으로 돈처럼 금전적인 가치가 있는 것, 즉 '상금'이라는 뜻이다.

Hearst announced a ***reward*** of £50,000 for information.
허스트는 정보 제공의 대가로 5만 파운드의 상금을 주겠다고 공표했다.

2 'award'

award는 상금, 자격증, 메달 등과 같은 것, 즉 '상'이라는 뜻이다.

The only ***award*** he had ever won was the Toplady Prize for Divinity.
지금까지 그가 받은 유일한 상은 Toplady Prize for Divinity였다.

---

rid

1 'get rid of'

rid는 보통 **get rid of**의 표현에 사용한다. ***get rid of*** **something/someone**은 원하지 않는 사물이나 사람을 더 이상 갖지 않도록 조치를 취하다, 즉 '제거하다'라는 뜻이다.

She bathed thoroughly to ***get rid of*** the last traces of make-up.
그녀는 남은 화장 자국을 지우려고 깨끗하게 목욕을 했다.
We had to ***get rid of*** the director. 우리는 그 감독을 해임해야만 했다.

2 'rid' used as a verb(동사로 사용하는 rid)

rid는 동사로도 사용할 수 있다. ***rid*** **a place/oneself** ***of*** **something**은 어떤 일이 더 이상 존재하거나 영향이

미치지 않도록 없애다라는 뜻이다. **rid**의 과거와 과거분사는 **ridded**가 아닌 **rid**이다.

We must ***rid*** the country ***of*** this wickedness. 우리는 이러한 사악함을 이 나라에서 없애야 한다.
He ***had rid*** himself ***of*** his illusion. 그는 자신의 환상에서 벗어났다.

---

ride

1 'ride'

ride는 동물, 자전거, 오토바이 등을 '타고 가다'라는 뜻이다.

Every morning he used to ***ride*** his mare across the fields. 그는 매일 아침 암말을 타고 들판을 가로질러 가곤 했다.
They overcome their fears and learn to swim or ***ride*** a bike. 그들은 두려움을 극복하고 수영이나 자전거 타기를 배운다.

ride의 과거는 **rided**가 아닌 **rode**이며, 과거분사는 **ridden**이다.

Nill Mackenzie ***rode*** a Suzuki, ahead of Sito Pons, who rode a Honda.
닐 매켄지는 스즈키 오토바이를 타고 혼다 오토바이를 탄 시토 폰즈를 앞서 달려갔다.
He was the best horse I ***have*** ever ***ridden***. 그 말은 내가 타본 말 중에서 가장 뛰어났다.

2 'ride on'

동물, 자전거, 오토바이 등을 타다라고 할 경우, **ride on**이라고도 할 수 있다.

At the end of the film Gregory Peck ***rode*** off with Ingrid Bergman ***on*** a horse.
그 영화의 마지막에서 그레고리 펙은 잉그리드 버그먼을 말에 태우고 갔다.
He ***rode*** around the campus ***on*** a bicycle. 그는 자전거를 타고 캠퍼스를 누볐다.

3 'drive'

차, 트럭, 기차를 운전하다라고 할 경우에는 **ride**가 아닌 **drive**를 사용한다.

It was her turn to ***drive*** the car. 그녀가 운전할 차례였다.
Dennis has never learned to ***drive***. 데니스는 운전을 배운 적이 전혀 없다.

그러나 자신이 승객으로 타고 있는 경우에는 **drive**가 아닌 **ride in**을 사용한다.

We ***rode*** back ***in*** a taxi. 우리는 택시를 타고 돌아왔다.
He prefers travelling on the tube to ***riding in*** a limousine. 그는 리무진보다 지하철로 다니는 것을 좋아한다.

---

right

right는 어떤 일이 '올바르거나 적합한'이라는 뜻이다.

You've got the pronunciation ***right***. 당신의 발음은 정확하다.
You must do things in the ***right*** order. 당신은 올바른 순서대로 일을 해야 한다.

회화에서 **right**는 부사로도 사용한다. 예를 들면, '그는 그 일을 공정하게 처리했다.'는 **He did it *right*.**라고 한다. 그러나 글에서는 이 용법을 사용하지 않는 것이 좋다. 대신에 **He did it *the right way***.나 **He did it *in the right way***.라고 한다.

I assured him that he was playing exactly ***the right way***.
나는 그가 올바른 방법으로 정확하게 경기를 하는 중이라고 확신시켜 주었다.
I thought I handled it ***in the right way***. 나는 그것을 올바른 방법으로 처리했다고 생각했다.

---

ring

***ring* someone**은 전화를 걸어서 상대방과 말하다, 즉 '전화하다'라는 뜻이다. **ring**의 과거는 **ringed**나 **rung**이 아닌 **rang**이다.

I ***rang*** Aunt Jane this evening. 나는 오늘 저녁에 제인 아주머니에게 전화를 했다.

ring의 과거분사는 **rung**이다.

Mr Carlin said he ***had rung*** Mr Macalister at Glasgow CID.

칼린 씨는 글래스고 경찰국의 매컬리스터 씨에게 전화했다고 말했다.

ring **a place**는 어떤 장소에 전화를 하다라는 뜻이다.

You must ***ring*** the hospital at once. 당신은 즉시 병원에 전화해야 한다.

회화에서는 **ring** 대신 **ring up**을 자주 사용하는데, 의미상의 차이는 없다.

He ***had rung up*** Emily and told her all about it. 그는 에밀리에게 전화해서 그것에 대한 모든 것을 말했다.

ⓘ ring to나 ring up to를 사용하지 않는다.

미국 영어에서는 **ring** 대신 **call**을 사용하며, 일부 영국인도 이와 같이 사용한다.

He promised to ***call*** me soon. 그는 내게 곧 전화를 하겠다고 약속했다.
He ***called*** Colonel Ocker at regimental headquarters. 그는 연대 본부의 오커 대령에게 전화를 했다.

---

rise – raise

rise와 **raise**는 일반적으로 동사로 사용한다.

1 'rise'

자동사 **rise**는 어떤 것이 위쪽으로 움직이다, 즉 '오르다'라는 뜻이다.

Thick columns of smoke ***rise*** from the houses. 그 집들로부터 짙은 연기 기둥이 피어오른다.

rise의 3인칭 단수는 **rises**, **-ing**형은 **rising**, 과거는 **rose**, 과거분사는 **risen**이다.

The birds ***rose*** screaming around them. 새들이 그들 주위에서 날카롭게 지저귀며 날아올랐다.
The sun ***had risen*** behind them. 태양은 그들 뒤에서 솟아올랐다.

rise는 '양이 증가하다'라는 의미로도 사용할 수 있다.

Commission rates are expected to ***rise***. 수수료가 인상될 것으로 예상된다.
Prices ***rose*** by more than 10% per annum. 물가가 연간 10퍼센트 이상 올랐다.

rise는 앉아 있다가 일어나는 것을 나타내기도 한다. 이와 같은 용법은 주로 소설에서 사용한다.

Dr Willoughby ***rose*** to greet him. 윌러비 의사는 일어서서 그를 환대했다.

일어서다라고 할 때, 회화에서는 보통 **rise** 대신 **stand up**을 사용한다.

I put down my glass and ***stood up***. 나는 컵을 내려놓고 일어섰다.

잠에서 깨어나다라고 할 때에도 **rise**를 사용할 수 있다. **rise**의 이러한 용법은 주로 소설에서 어떤 등장인물이 잠에서 깨어난 시간을 나타낼 때 사용한다.

They ***had risen*** at dawn. 그들은 새벽에 일어났다.

회화에서 잠에서 깨어나다라고 할 때는 일반적으로 **rise**가 아닌 **get up**을 사용한다.

Mike decided it was time to ***get up***. 마이크는 일어날 시간이 되었다고 결정했다.

ⓘ get up out of bed라고 하지 않는다.

2 'raise'

타동사 **raise**는 어떤 것을 더 높은 장소로 옮겨 놓다라는 뜻이다.

He tried to ***raise*** the window, but the sash cord was broken.
그는 창문을 들어 올리려고 시도했으나 창틀 줄이 망가졌다.
She ***raised*** her eyebrows in surprise. 그녀는 놀라서 눈썹을 치켜세웠다.

➲ **raise**의 다른 뜻은 **Usage** 표제어 **bring up – raise – educate** 참조.

3 used as nouns(명사로 사용하기)

rise와 **raise**는 명사로도 사용한다. **rise**는 액수나 양의 '증가'를 뜻한다.

The price ***rises*** are expected to continue. 물가 상승은 계속될 것으로 예상된다.
...the ***rise*** in crime. 범죄의 증가.

영국 영어에서 rise는 '임금이나 봉급의 인상'이라는 뜻으로도 사용한다.

He went to ask for a ***rise***. 그는 임금 인상을 요구하러 갔다.

미국 영어에서는 임금이나 봉급의 인상을 raise라고 한다.

He thought about asking his boss for a ***raise***. 그는 사장에게 임금 인상을 요구하는 것에 대해 생각했다.

---

risk

risk는 명사나 동사로 사용한다.

1 used as a noun(명사로 사용하기)

risk는 좋지 않은 일이 일어날 가능성, 즉 '위험'이라는 뜻이다.

There is very little ***risk*** of infection. 전염될 위험은 거의 없다.
There's a serious ***risk*** that the main issues will be forgotten. 주요 쟁점들이 잊혀질 심각한 위험에 처해 있다.

2 used as a verb(동사로 사용하기)

risk doing something은 결과적으로 다른 일을 발생시킬 수 있는 일을 하다라는 뜻이다.

They were unwilling to ***risk bombing*** their own troops.
그들은 자신의 군대에 폭탄을 투하하는 위험을 감수하지 않으려 했다.

risk doing something에는 위험 부담을 안고 어떤 일을 하다라는 뜻도 있다.

If you have an expensive rug, don't ***risk washing*** it yourself.
비싼 양탄자를 갖고 있는 경우, 자신이 세탁하다가 생길 수 있는 위험을 무릅쓰지 마라.

'risk to do' something이라고 하지 않는다.

---

rob – steal

1 'rob'

동사 rob은 소설이나 신문 기사에서 자주 사용한다.

누군가가 당신의 물건을 가져간 경우, someone ***robs you of*** something이라고 한다.

Pirates boarded the vessels and ***robbed the crew of*** money and valuables.
해적들이 배 위에 올라와서 선원들의 돈과 귀중품을 약탈했다.
The two men ***were robbed of*** more than £700. 두 사람은 700파운드가 넘는 돈을 도난당했다.

물건을 도난당했을 경우, be robbed라고 한다.

He was kicked to death after ***being robbed*** near a cashpoint machine.
그는 현금 인출기 근처에서 강도를 당한 후 발로 차여 죽었다.

누군가가 한 건물에서 여러 가지 물건을 훔친 경우, someone ***robs*** the building이라고 한다.

The only way I can get money is to ***rob*** a few banks. 내가 돈을 구할 수 있는 유일한 방법은 은행을 몇 곳 터는 것뿐이다.

2 'steal'

동사의 목적어가 사람이면 rob을 사용하지만, 목적어가 도둑맞은 물건이면 steal을 사용한다.

My first offence was ***stealing*** a pair of binoculars. 내 첫 번째 범행은 쌍안경 한 개를 훔치는 것이었다.

Usage 표제어 steal 참조.

robber

● Usage 표제어 thief – robber – burglar 참조.

rock

● Usage 표제어 stone 참조.

role – roll

role과 roll 모두 [roul]로 발음한다.

1 'role'

role은 상황이나 사회에서의 '지위'와 '역할'이라는 뜻이다.

What is the ***role*** of the University in modern society? 현대 사회에서 대학이 해야 할 역할은 무엇입니까?
He had played a major ***role*** in the formation of the United Nations. 그는 UN을 설립하는 데 결정적인 역할을 했다.

role은 배우나 가수가 영화, 연극, 오페라, 뮤지컬 등에서 연기하는 등장인물 중의 한 사람, 즉 '배역'이라는 뜻도 있다.

She played the leading ***role*** in The Winter's Tale. 그녀는 The Winter's Tale에서 주연을 맡았다.

2 'roll'

roll은 아주 작은 '빵 한 덩어리'라는 뜻이다.

...a ***roll*** and butter. 빵 한 덩어리와 버터.

roll은 긴 옷감이나 종이 같은 것을 여러 번 감아 놓은 뭉치라는 뜻도 있다.

...a ***roll*** of wallpaper. 벽지 한 두루마리.

rotary

● Usage 표제어 roundabout 참조.

round

● Usage 표제어 around – round – about 참조.

roundabout

영국 영어에서 roundabout이나 merry-go-round는 수평으로 회전하는 큰 기계 장치로, 아이들이 탈 수 있도록 플라스틱이나 나무로 만든 차량이나 동물이 있는 것, 즉 '회전목마'라는 뜻이다.

The children's ***roundabout*** was £1 a ride. 어린이 회전목마는 한 번 타는 데 1파운드였다.

미국 영어에서 이러한 기구를 보통 carousel이라고 한다.

...a 1903 fairground ***carousel*** is being restored. 복구 중인 놀이공원의 1903 회전목마.

영국 영어에서 roundabout은 여러 길이 합쳐지는 '로터리'라는 뜻이다. 원하는 도로까지 원형도로를 돌아서 운전할 수 있다.

The turning is off the ***roundabout*** where the A140 meets Norwich's ring road.
그 분기점은 A140이 노리치 순환 도로와 만나는 로터리에서 떨어져 있다.

미국 영어에서는 roundabout을 traffic circle이나 rotary라고 한다.

Staff said the ***traffic circle*** has successfully slowed down vehicle traffic.
직원들은 그 교차로로 인해 교통량이 성공적으로 줄어들었다고 말했다.

rubbish

영국 영어에서는 남은 음식물이나 필요 없는 물건, 즉 '쓰레기'를 **rubbish**라고 한다.

...unwanted household ***rubbish***. 필요 없는 가정 쓰레기.

미국 영어에서 음식물 쓰레기는 **garbage**라고 하고, 그 밖의 다른 쓰레기는 **trash**라고 한다.

...rotting piles of ***garbage***. 썩어 가는 쓰레기 더미.

They dumped their ***trash*** on the street. 그들은 길거리에 쓰레기를 버렸다.

영국 영어와 미국 영어 모두 '폐기물'을 **refuse**라고 하며, 이는 격식을 차린 단어이다.

The District Council made a weekly collection of ***refuse***. 지역 위원회는 일주일에 한 번 폐기물을 수거했다.

rude

be *rude to* someone은 어떤 사람에 대한 행동이 정중하지 않다, 즉 '무례하게 대하다'라는 뜻이다.

Gertrude felt she had been ***rude to*** Sylvia. 거트루드는 자신이 실비아에게 무례하게 대해 왔다는 것을 느꼈다.

I was rather ***rude to*** a young nurse. 나는 젊은 간호사에게 다소 무례하게 대했다.

rude 뒤에 to 이외의 다른 전치사를 사용하지 않는다.

run

run은 걷기와 비슷하나, 더 빠르고 더 큰 걸음으로 움직이다, 즉 '달리다'라는 뜻이다. **run**의 과거는 **runned**나 **run**이 아닌 **ran**이며, 과거분사는 **run**이다.

Karl ***ran*** over to see if he could help. 칼은 자신이 도울 수 있는지 보기 위해 달려갔다.

Two men ***had run*** out of the wood. 두 남자가 숲에서 도망쳐 나왔다.

run의 다른 뜻은 **Usage** 표제어 **stand** 참조.

S s

's

1 used to form possessives(소유격을 만들 때 사용하기)

사람이나 동물을 나타내는 명사가 단수형일 때, 's(아포스트로피 에스)를 붙여서 소유격을 만든다.

...***Ralph's*** voice. 랠프의 목소리.
...the ***President's*** conduct. 대통령의 행위.
...the ***princess's*** aides. 공주의 보좌관.
...the ***horse's*** eyes. 말의 눈.

복수명사가 **s**로 끝나면 '(아포스트로피)만 붙인다.

...my ***colleagues'*** offices. 내 동료들의 사무실.
...their ***parents'*** activities. 그들 부모들의 활동.

복수명사가 **s**로 끝나지 않으면 **'s**를 붙여서 소유격을 만든다.

...***women's*** rights. 여성의 권리.
...***children's*** games. 아이들의 놀이.

사람의 이름이 **s**로 끝나는 경우, 보통 **'s**를 붙여서 소유격을 만든다.

...***Charles's*** Christmas present. 찰스의 크리스마스 선물.
...***Mrs Jones's*** dressing-table. 존스 부인의 화장대.

격식을 차린 글에서는 사람의 이름이 **s**로 끝나더라도 '(아포스트로피)만 붙인다.

...a statue of ***Prince Charles'*** grandfather King George VI. 찰스 왕자의 할아버지인 조지 6세의 동상.

사물의 소유격에는 보통 **'s**를 사용하지 않는다. 예를 들면, '건물의 정면'은 ~~**the building's front**~~가 아닌 **the front *of the building***이라고 하며, '내 자전거에 달려 있는 벨'은 ~~**my bicycle's bell**~~이 아닌 **the bell *on my bicycle***이라고 한다.

...the bottom ***of the hill***. 언덕의 아래쪽.
...the end ***of August***. 8월의 마지막 날.

2 pronouns(대명사)

다음 대명사에 **'s**를 붙일 수 있다.

another	anybody	anyone	everybody	everyone	nobody
no-one	one	other	somebody	someone	

It puts ***one's*** problems in perspective. 그것은 사람들이 갖고 있는 문제점들을 균형 있게 볼 수 있도록 한다.
One side gives in too easily and accepts the ***other's*** demands.
한쪽이 너무 쉽게 굴복하여 상대방의 요구를 받아들인다.

그 밖의 대명사의 소유격은 소유격 한정사라고 한다.

➲ 더 자세한 내용은 **Grammar** 표제어 **Possessive determiners** 참조.

3 other uses of possessives(소유격의 다른 용법)

영국 영어에서 어떤 사람이 사는 집을 가리킬 때, 사람의 이름 뒤에 **'s**를 붙인다. 예를 들면, '기네스의 집에서 그를 만났다.'는 **I met him at *Gwyneth's*.**라고 한다.

Afterward Gene invited her to a party at ***Ford's***. 그 후에 진은 그녀를 포드의 집에서 열리는 파티에 초대했다.

영국 영어에서는 가게를 가리킬 때, **'s**를 붙이기도 한다. 예를 들면, **chemist's**(약국), **tobacconist's**(담배 가게), **greengrocer's**(채소 가게) 등이 있다.

Louise went back to the ***chemist's*** to get the rest of the prescription.
루이스는 나머지 처방약을 사기 위해 약국으로 다시 갔다.

In Sydney, he had run a ***newsagent's***. 시드니에서 그는 신문 보급소를 운영했었다.

〔be동사 + 's로 끝나는 짧은 명사구〕 형식은 어떤 것이 누구에게 속하는지를 나타낸다. 예를 들면, **Whose is this coat?**(이 코트는 누구 것입니까?)라는 물음에 **It's my mother's.**(그것은 저희 어머니 것입니다.)라고 대답할 수 있다.

One of the cars was ***his wife's***. 자동차 중 한 대는 그의 부인의 것이었다.

ℹ 격식을 차린 글에서는 위와 같은 구조를 사용하지 않고, belong to를 사용한다. 수식하는 어구가 있는 경우에도 belong to를 사용한다. 예를 들면, '그것은 이웃집에 사는 남자의 것이다.'는 ~~It is the man next door's~~.가 아닌 It *belongs to* the man next door.라고 한다.

The painting ***belongs to*** a man living in Norfolk. 그 그림은 노퍽에 살고 있는 남자의 것이다.

4 other uses of 's('s의 다른 용법)

's(아포스트로피 에스)에는 소유격 용법 이외에 세 가지의 다른 용법이 있다.

- 주어가 대명사인 경우, 특히 대명사 뒤에서 동사 **is**를 축약하여 사용할 수 있다.

He's a novelist. 그는 소설가이다.
It's fantastic. 그것은 환상적이다.
There's no hurry. 서두를 필요가 없다.

- **has**가 조동사일 때, 축약하여 사용할 수 있다.

He's got a problem. 그에게 문제가 하나 있다.
She's gone home. 그녀가 집에 가버렸다.

- **let us**를 축약하여 사용할 수 있다.

Let's go outside. 밖으로 나갑시다.

➲ 위의 용법에 관한 더 많은 정보는 **Usage** 표제어 **let's – let us** 참조.

---

sack

sack은 감자와 석탄 등을 나르거나 저장할 때 사용하는 거칠게 짠 큰 '자루'라는 뜻이다.

1 'bag' and 'sack'

영국 영어에서 종이로 만든 작은 용기나, 쇼핑한 물건이나 개인적인 물건을 넣는 데 사용하는 손잡이가 있는 용기를 가리킬 때는 **sack**이 아닌 **bag**이라고 한다.

➲ **Usage** 표제어 **bag** 참조.

🇺🇸 그러나 미국 영어에서는 종이로 만든 작은 용기를 가리킬 때, **sack**을 사용한다.

The woman gave Kelly the total and put all her purchases in a paper ***sack***.
그 여자는 켈리에게 돈을 지불한 후, 그녀가 산 모든 물건을 종이봉투에 집어넣었다.

2 'pocket'

돈과 그 밖의 작은 물건을 넣는 옷의 일부, 즉 '주머니'를 가리킬 때는 **sack**이 아닌 **pocket**이라고 한다.

The man stood with his hands in his ***pockets***. 그 남자는 두 손을 주머니에 넣고 서 있었다.

---

sad

➲ **Usage** 표제어 **happy – sad** 참조.

safe

➲ Usage 표제어 save – safe 참조.

salad – lettuce

1 'salad'

salad는 생야채를 넣어 섞은 것, 즉 '샐러드'라는 뜻이다. 샐러드만 먹거나 다른 음식과 함께 샐러드를 먹을 수도 있다.

A ***salad*** of tomato, onion and cucumber. 토마토, 양파, 오이 샐러드.

2 'lettuce'

샐러드는 보통 **lettuce**(상추) [létəs | -is]라는 야채의 큰 녹색 잎을 포함한다. 그러나 이 야채를 **salad**라고 하지 않는다.

Tear the ***lettuce*** into bite-sized pieces. 상추를 한 입에 먹을 수 있는 크기로 찢으세요.

salary – wages

노동에 대해 정기적으로 지급받는 돈을 **salary**나 **wages**라고 한다.

1 'salary'

salary는 1년간 지급받는 돈의 총액, 즉 '연봉'을 말하며, 주로 교사 등의 전문직에 종사하는 사람들이 받는다.

She earns a high ***salary*** as an accountant. 그녀는 회계사로 높은 연봉을 받는다.

2 'wages'

노동에 대해 매주 받는 돈을 **wages**라고 한다.

His ***wages*** will double to £15,000 a week at Ipswich.
입스위치에서 그의 임금은 한 주에 15,000파운드로 두 배가 될 것이다.

3 'wage'

일반적으로 버는 돈의 액수, 즉 '임금'을 **wage**라고 한다.

They're campaigning for a legal minimum ***wage***. 그들은 법정 최저 임금을 보장하기 위해 캠페인을 진행하고 있다.
...the problems of bringing up children on a low ***wage***. 적은 임금으로 아이들을 양육해야 하는 문제들.

sale

1 'sale'

the *sale* of something은 물건을 파는 행동이나 물건이 팔리는 경우라는 뜻이다.

One such measure was stricter control of the ***sale*** of dynamite.
그러한 대책의 하나는 다이너마이트 판매를 더 엄격히 규제하는 것이었다.
...the ***sale*** of the Elliotdale property. 엘리엇데일에 소재한 부동산 판매.

sale은 상점에서 물건을 정가보다 할인된 가격으로 파는 행사라는 뜻이다.

Debenhams are having a ***sale.*** 데븐햄스 백화점에서 세일을 하고 있다.

2 'for sale'

for sale이나 **up for sale**은 어떤 물건을 주인이 '팔려고 내놓은'이라는 뜻이다.

I enquired if the horse was ***for sale***. 나는 그 말을 팔 것인지 물었다.
Their house is ***up for sale***. 그들의 집은 매물로 나와 있다.

3 'on sale'

on sale은 상품을 '살 수 있는'이라는 뜻이다.

The only English newspaper ***on sale*** was the Morning Star. 살 수 있는 유일한 영자 신문은 모닝스타였다.

The jackets had only been ***on sale*** a week. 재킷은 일주일 동안만 팔았다.

미국 영어에서 **buy something *on sale***은 세일 행사 등에서 어떤 것을 할인된 가격으로 사다라는 뜻이다.

On sale. Slacks marked down from $39.95 to $20.00.
할인 중. 헐렁한 바지들을 39달러 95센트에서 20달러로 할인 판매함.

---

salute – greet

1 'salute'

salute는 군인 등이 어떤 사람에게 인사나 존경의 표시로 오른손을 올리다, 즉 '경례하다'라는 뜻이다.

One of the company stepped out and ***saluted*** the General. 중대원 중 한 사람이 앞으로 나와서 장군에게 경례했다.

2 'greet'

현대 영어에서 동사 **salute**는 위와 같이 '경례하다'의 뜻으로만 사용한다. 사람을 만나서 친근함이나 반가움을 표현하는 경우에는 **salute**가 아닌 **greet**를 사용한다.

He ***greeted*** his mother with a hug. 그는 어머니를 포옹으로 맞이했다.

He hurried to ***greet*** his guests. 그는 손님을 맞이하기 위해 급히 서둘렀다.

---

same – similar

same은 거의 항상 **the**와 함께 사용한다.

1 'the same'

two/more things are *the same*은 두 개 이상의 사물이 똑같다라는 뜻이다.

Both categories may be present and both may look ***the same***.
두 부류가 있는데 둘 다 같아 보일지도 모른다.

In essence, all computers are ***the same***. 본질적으로 모든 컴퓨터는 똑같다.

2 'the same as'

one thing is *the same as* another thing은 어떤 물건이 다른 물건과 똑같다라는 뜻이다.

It is really just ***the same as*** any other police work. 그것은 정말로 경찰의 다른 임무와 똑같다.

24 Springburn Terrace was ***the same as*** its neighbours. 스프링번 테라스 24번지는 이웃집들과 똑같았다.

ⓘ 위와 같은 문장에서 the same 뒤에 as 이외에 다른 전치사를 사용하지 않는다.

〔**the same + 명사 + as**〕 형식을 사용할 수 있다. 예를 들면, '그녀는 여동생과 같은 사무실에서 일을 하고 있다.'는 **She works in *the same office as* her sister.**라고 한다.

It was ***the same colour as*** the wall. 그것은 벽과 똑같은 색깔이었다.

They're not in ***the same position as*** the other universities. 그들은 다른 대학들과 똑같은 입장에 있지 않다.

행동을 비교할 때에도 **the same as**를 사용한다. 예를 들면, '그녀는 여동생이 했던 것과 똑같은 행동을 했다.'는 **She did *the same as* her sister did.** 또는 **She did *the same as* her sister.**라고 한다.

He did exactly ***the same as*** John did. 그는 존과 똑같은 행동을 했다.

They've got to do their housekeeping ***the same as*** anybody else. 그들은 다른 사람들과 똑같이 집안일을 해야 한다.

3 'the same...that'

〔**the same + 명사 + that절**〕 형식을 사용할 수도 있다.

They made exactly ***the same recommendations that are now finally being implemented.***
그들은 마침내 현재 시행되고 있는 바로 그 건의를 했다.

That was *the same year that he won the British Open.* 그 해는 그가 브리티시 오픈에서 우승했던 바로 그 해였다.

4 modifiers used with 'the same' (the same과 함께 사용하는 수식어)

〔수식어 **exactly · nearly + the same**〕 형식을 사용할 수 있다.

I had the impression that on the far side the view would be ***exactly the same.***
나는 다른 쪽 조망도 똑같을 거라는 생각을 했다.

This is ***practically the same as*** on the previous sheet. 이것은 이전의 지면 내용과 사실상 같은 것이다.

5 'similar'

similar는 어떤 사람이나 사물이 가지고 있는 특징 중의 일부를 다른 사람이나 사물도 가지고 있다, 즉 '비슷한'이라는 뜻이다.

The two men were remarkably ***similar***. 그 두 사람은 매우 비슷했다.

The letters are basically very ***similar.*** 그 편지들은 기본적으로 아주 비슷하다.

one thing is *similar to* another thing은 어떤 것이 다른 것과 비슷하다라는 뜻이다.

It is ***similar to*** the rest of the field. 그것은 들판의 나머지 부분과 비슷하다.

Do you run programs ***similar to*** that overseas? 당신은 해외 프로그램과 비슷한 프로그램을 운영합니까?

어떤 사람이나 사물을 방금 전에 말한 다른 사람이나 사물과 비교하는 경우, 명사 앞에 **similar**를 사용한다.

Many of today's adults have had a ***similar*** experience. 현대의 많은 성인들이 비슷한 경험을 해왔다.

6 modifiers used with 'similar' (similar와 함께 사용하는 수식어)

〔수식어 **rather · very + similar**〕 형식을 사용할 수 있다.

His own background was ***rather similar to*** my own. 그의 배경은 나의 배경과 좀 비슷했다.

My problems are ***very similar to*** yours. 나의 문제는 당신의 문제와 매우 비슷하다.

---

satisfactory – satisfying

1 'satisfactory'

satisfactory는 어떤 것이 받아들일 만하거나 필요나 목적을 채우다, 즉 '만족한'이라는 뜻이다.

His doctor described his state of health as fairly ***satisfactory.***
의사는 그의 건강 상태가 상당히 양호하다고 설명했다.

It's not a ***satisfactory*** system. 그것은 만족할 만한 시스템이 아니다.

2 'satisfying'

즐거움과 성취감을 주는 일을 말할 때는 **satisfactory**가 아닌 **satisfying**을 사용한다.

There's nothing more ***satisfying*** than doing the work you love.
당신이 좋아하는 일을 하는 것보다 더 성취감을 주는 것은 없다.

It's wonderful to have a ***satisfying*** hobby. 즐거움을 주는 취미를 갖는 것은 멋진 일이다.

---

satisfied

be *satisfied with* something은 원했던 일을 하여 만족하다라는 뜻이다.

Children at this age are ***satisfied with*** simple answers. 이 연령층의 어린이들은 간단한 대답에 만족한다.

Are you ***satisfied with*** the pay structure in your company? 당신은 회사의 급여 체계에 만족하십니까?

ℹ 위와 같은 문장에서 with 이외에 다른 전치사를 사용하지 않는다.

〔부사 **well · completely · quite + satisfied + with**〕 형식을 사용할 수 있다.

He was ***well satisfied with*** the progress that had been made so far.
그는 지금까지 이루어진 진전에 대해 충분히 만족했다.

We were ***quite satisfied with*** the catalogue. 우리는 그 카탈로그에 대해 꽤 만족했다.

어떤 일에 만족하거나 실망하는 정도를 나타내는 단어의 분류 목록은 Usage 표제어 pleased – disappointed 참조.

save – safe

1 'save'

동사 **save** [seiv]는 위험이나 죽음에서 어떤 사람을 '구하다'라는 뜻이다.

He risked death to ***save*** his small daughter from a fire. 그는 화재로부터 어린 딸을 구하려고 죽음을 무릅썼다.

save **money**는 돈을 쓰지 않고 조금씩 모으다, 즉 '저축하다'라는 뜻이다.

They had managed to ***save*** enough to buy a house. 그들은 집을 살 수 있는 정도의 돈을 저축하는 데 성공했다.

2 'safe'

형용사 **safe** [seif]는 어떤 일로부터 피해를 당할 위험 없이 '안전한'이라는 뜻이다.

We're ***safe*** now. They've gone. 우리는 이제 안전하다. 그들은 갔다.

safe가 사람을 묘사하는 경우, 명사 앞에 사용하지 않는다.

savings

Usage 표제어 economics 참조.

say

1 'say'

say는 목소리를 사용하여 '말을 하다'라는 뜻이다. **say**의 과거와 과거분사는 **sayed**가 아닌 **said** [sed]이다.

어떤 사람이 한 말을 직접 인용하는 경우, **say**를 사용한다.

'I've never felt so relaxed,' she ***said***. "나는 이렇게 편안함을 느껴 본 적이 없어."라고 그녀가 말했다.

'Listen, Rudy,' he ***said***, 'I'm not getting any younger.'
"내 말 들어요. 루디. 나는 더 이상 젊어지지 않아요."라고 그가 말했다.

He ***said***, 'Gertrude, I'm an awful liar.' 그는 "거트루드, 나는 거짓말을 잘해."라고 말했다.

글에서 어떤 사람의 말을 인용하는 경우, **say** 대신 사용할 수 있는 동사가 많이 있다.

Grammar 표제어 Reporting 참조.

그러나 회화에서는 항상 **say**를 사용하며, 누구의 말을 인용하는지 먼저 언급한다.

She ***said***, 'Just drop me a postcard when you're coming.'
그녀는 "당신이 오기 전에 나에게 우편엽서를 보내 주세요."라고 말했다.

〔주어 + **said** + **it**〕 형식에서 **it**은 어떤 것에 대해 한 말 전체를 대신 가리킨다. 예를 들면, "제인은 '지금 갈 거야.'라고 매우 조용히 말했다."는 **Jane said, "I'm going now." She *said it* very quietly.**라고 한다.

He hadn't ***said it*** very nicely. 그는 그 말을 그다지 친절하게 말하지 않았다.

I just ***said it*** for something to say. 나는 어떤 말을 하기 위해 그 말을 했다.

그러나 실제로 한 말보다 내용 전체를 가리키는 경우에는 **it**이 아닌 **so**를 사용한다. 예를 들면, '나는 그의 생각에 동의하지 않아서, 그에게 동의할 수 없다고 말했다.'는 ~~**I didn't agree with him and I said it.**~~이 아닌 **I didn't agree with him and I *said so*.**라고 한다.

Why didn't you ***say so*** earlier? 왜 그 말을 미리 하지 않았어요?

If you ***say so***, I suppose I'll have to accept it. 당신이 그렇게 말하면, 당신 말을 받아들여야 할 것 같네요.

〔**say** + **that**절〕 형식은 어떤 사람이 한 말을 그대로 전하지 않고 내용만 전달할 때 사용한다.

Officials ***said*** that at least one soldier had been killed. 관리들은 적어도 한 명의 군인이 피살되었다고 말했다.

주의 〔say + 간접목적어〕 형식을 사용하지 않는다. 예를 들면, '그 여자는 내게 칼스로프 씨가 며칠 전에 떠났다고 말했다.'는 ~~The woman said me that Mr Calthrop had left some days before.~~가 아닌 The woman ***said*** that Mr Calthrop had left some days before.나 The woman ***told me*** that Mr Calthrop had left some days before.라고 한다.

2 'tell'

말하는 사람과 듣는 사람 모두를 언급하는 경우, 보통 **say**보다 **tell**을 사용한다. **tell**의 과거와 과거분사는 **told**이다. 예를 들면, '나는 그에게 그의 어머니가 도착했다고 말했다.'는 **I said to him that his mother had arrived.** 대신 **I told him that his mother had arrived.**라고 한다.

He ***told*** me that he had once studied chemistry. 그는 한때 화학을 공부했다고 나에게 말했다.

'He has the ability to run a business,' one financial analyst ***told*** me.
"그는 사업을 운영할 능력을 가졌다."라고 한 재무 분석가가 나에게 말했다.

마찬가지로 어떤 명령이나 지시를 누구에게 했는지 말하는 경우, **say**가 아닌 **tell**을 사용한다.

She ***told*** me to be careful. 그녀는 나에게 조심하라고 주의를 주었다.

I ***was told*** to sit on the front bench. 나는 제일 앞좌석에 앉으라는 지시를 받았다.

***tell* a story/lie/joke**는 이야기, 거짓말, 농담을 하다라는 뜻이다.

You'***re telling*** lies now. 당신은 지금 거짓말을 하고 있다.

Mr Crosby, the organist, ***told*** jokes and stories. 오르간 연주자 크로스비 씨는 농담을 하면서 이야기를 했다.

ℹ make/crack a joke라고도 하지만 뜻은 같지 않다.

➲ **Usage 표제어 joke 참조.**

'say' a story/lie/joke라고 하지 않는다.

3 'ask'

질문을 하다는 **'say' a question**이 아닌 ***ask* a question**이라고 한다.

Jill began to ***ask*** Fred a lot of questions about his childhood.
질은 프레드에게 그의 어린 시절에 대해 많은 질문을 하기 시작했다.

I wasn't the only one ***asking*** questions. 내가 질문을 하는 유일한 사람은 아니었다.

4 'give'

명령을 내리거나 지시를 하다는 **'say' an order/instruction**이 아닌 ***give* an order/instruction**이라고 한다.

He ***gave*** an order for special food to be brought to Harold. 그는 해롤드에게 특별한 음식을 제공하라고 명령했다.

He ***had given*** instructions that a peaceful protest could go ahead. 그는 평화 시위를 진행하라고 지시했다.

5 'call'

어떤 사람을 특정한 방식으로 묘사할 때, 〔**say + that**절〕 형식을 사용한다. 예를 들면, '그는 내가 거짓말쟁이라고 말했다.'는 **He said that I was a liar.**이지만, 더 간단한 방법은 **call**을 사용하여 **He *called* me a liar.**라고 하는 것이다.

She ***calls*** me lazy and selfish. 그녀는 내가 게으르고 이기적이라고 말한다.

6 'talk about'

토론하고 있는 내용을 말할 때는 **say**가 아닌 **talk about**을 사용한다. 예를 들면, '그는 잉카 문명의 관습에 대해 이야기했다.'는 ~~**He said about the customs of the Incas.**~~가 아닌 **He *talked about* the customs of the Incas.**라고 한다.

He ***talked about*** the pleasures and problems of adopting children.
그는 아이들 입양의 기쁨과 문제점에 대해 이야기했다.

scarce – scarcely

1 'scarce'

형용사 **scarce**는 어떤 것이 아주 조금밖에 없다, 즉 '부족한'이라는 뜻이다.

Good quality land is ***scarce***. 양질의 토지가 부족하다.
...a place where water is ***scarce***. 물이 부족한 곳.

2 'rare'

어떤 것이 흔하지 않아서 흥미롭다고 할 때는 **scarce**가 아닌 **rare**를 사용한다.

...a flower so ***rare*** that few botanists have ever seen it. 너무 희귀하여 식물학자도 본 사람이 거의 없는 꽃.
Diane's hobby is collecting ***rare*** books. 다이안의 취미는 진귀한 책을 수집하는 것이다.

3 'scarcely'

부사 **scarcely**는 형용사 **scarce**와는 전혀 다른 뜻이다. **scarcely**는 '거의', '간신히'라는 뜻으로, 상당히 격식을 차린 단어이다.

...a denim jacket ***scarcely*** warm enough for mid-winter. 한겨울 추위에 따뜻함을 겨우 유지하는 데님 상의.
It was a very young man who had said this, ***scarcely*** more than a boy.
이 말을 했던 사람은 매우 젊은 사람으로 거의 소년에 가까웠다.

> **주의** **scarcely**는 부정적인 뜻이 있으므로, 한 문장에서 **not**과 함께 사용하지 않는다. 예를 들면, '나는 생계를 거의 꾸릴 수 없다.'는 ~~I am not scarcely able to earn a living.~~이 아닌 **I am *scarcely* able to earn a living.**이라고 한다.

동사구를 사용한 문장에서 **scarcely**는 조동사 뒤에 온다. 예를 들면, '나는 겨우 몸을 가눌 수 있었다.'는 ~~I scarcely could stand.~~가 아닌 **I *could scarcely* stand.**라고 한다.

I ***can scarcely*** remember what we ate. 나는 우리가 무엇을 먹었는지에 대해 거의 기억할 수 없다.
The two characters ***could scarcely*** be more different. 그 두 사람의 성격은 매우 달랐다.

좀 더 긴 문장 구조에서 어떤 일이 일어난 뒤에 바로 또 다른 일이 일어났다고 할 때, 때때로 **scarcely**를 사용한다.

The noise had ***scarcely*** died away when someone started to laugh again.
그 소음이 사라지자마자 누군가가 다시 큰 소리로 웃기 시작했다.

ℹ 위와 같은 문장에는 than이 아닌 when을 사용한다. 예를 들면, ~~The noise had scarcely died away than someone started to laugh again.~~이라고 하지 않는다.

소설에서 때때로 **scarcely**는 문장의 처음에 오는데, 이때 〔**scarcely + had · be동사 + 주어**〕 형식을 사용한다.

Scarcely had the car drawn to a halt when armed police surrounded it.
차가 멈추자마자 무장한 경찰들이 에워쌌다.
Scarcely was the letter bomb case cleared up when more bombs went off in the capital.
그 우편 폭탄 사건이 해결된 직후 수도에서 더 많은 폭탄이 터졌다.

scene – sight – view – landscape – scenery

1 'scene'

명사 **scene**에는 여러 가지 뜻이 있다.

scene은 연극, 영화, 소설의 한 부분, 즉 '장면'이라는 뜻이다.

...the balcony ***scene*** from 'Romeo and Juliet'. '로미오와 줄리엣'에서의 발코니 장면.
It was like some ***scene*** from a Victorian novel. 그것은 빅토리아 시대를 다룬 소설에 나오는 것 같은 장면이었다.

the *scene* of an accident/a crime은 사고나 범죄 현장이라는 뜻이다.

They were only a few miles from the ***scene*** of the crime. 그들은 범죄 현장으로부터 불과 몇 마일 떨어진 곳에 있었다.

특정한 시간에 어떤 장소에서 일어나고 있는 일에 대한 인상을 나타낼 때, a ***scene*** of a particular kind를 사용한다.

...a *scene* of domestic tranquility. 고요한 집안의 광경.
The moon rose over a *scene* of extraordinary destruction. 완전히 파괴된 광경 위로 달이 솟아올랐다.

2 'sight'

sight는 특정한 물건이나 사람의 모습에 대한 인상을 나타낸다.

The room was a remarkable ***sight***. 그 방은 놀라운 광경이었다.
He was an awful ***sight***. 그는 아주 형편없는 모습이었다.

사람이 보는 것을 가리킬 때 흔히 사용하는 명사는 다음과 같다.

3 'view'

view는 창문이나 높은 곳에서 보는 것을 나타낸다.

The window of her flat looked out on to a superb ***view*** of London.
그녀의 아파트 창문을 통해 런던의 멋진 경치를 내려다볼 수 있었다.
From the top there is a fine ***view***. 그곳의 맨 위로 올라가면 전망이 좋다.

4 'landscape'

landscape는 어떤 지역을 여행하면서 보는 것을 나타내며, 그 지역이 아름다운지 그렇지 않은지와 관계없이 사용할 수 있다.

The ***landscape*** seemed desolate. 그곳의 풍경은 삭막해 보였다.
...the industrial ***landscape*** of eastern Massachusetts. 동부 매사추세츠 지역의 공업 지역 경관.

5 'scenery'

scenery는 전원의 아름다운 경치를 나타낸다.

We had time to admire the ***scenery***. 우리는 시골 경치를 감상하는 시간을 가졌다.

ℹ scenery는 불가산명사이므로, a scenery나 sceneries라고 하지 않는다.

---

sceptic – sceptical

1 'sceptic'

명사 sceptic은 다른 사람이 믿는 것에 대해 의심을 갖는 사람, 즉 '회의론자'라는 뜻이다.

The ***sceptic*** may argue that there are no grounds for such optimism.
회의론자는 그런 낙관론에 아무런 근거가 없다고 주장할지 모른다.
He will need to polish his arguments if he is to convince the ***sceptics***.
그는 의문을 제기하는 사람들을 설득하기 위해서는 자신의 주장을 좀 더 다듬어야 할 것이다.

2 'sceptical'

형용사 sceptical은 어떤 일에 대해 의심하다, 즉 '회의적인'이라는 뜻이다.

Robert's father was ***sceptical*** about hypnotism. 로버트의 아버지는 최면의 효과에 대해 의심을 했다.
At first Meyer had been ***sceptical***. 처음에 메이어는 믿지 않으려 했다.

🇺🇸 sceptic과 sceptical의 미국식 철자는 **skeptic**과 **skeptical**이다.

---

scholar

scholar는 학교, 대학교, 그 밖의 기관이 주는 장학금을 받는 어린이나 학생, 즉 '장학생'이라는 뜻이다.

...a Rhodes ***scholar***. 로즈 장학생.

어떤 학문을 연구하고 그 학문에 대해 많이 아는 '학자'를 때때로 scholar라고 하는데, 이는 다소 오래된 용법이다.

...Benjamin Jowett, the theologian and Greek ***scholar***. 신학자이며 그리스학 학자인 벤자민 조웨트.

➲ Usage 표제어 student 참조.

---

school – university

1 used as count nouns(가산명사로 사용하기)

영국 영어와 미국 영어에서 **school**은 초 · 중 · 고등학교, **university**는 대학교를 가리킨다.

2 used as uncount nouns(불가산명사로 사용하기)

미국 영어에서 **school**이 초 · 중 · 고등학교와 대학 모두를 가리킬 때, 앞에 **a**나 **the**를 사용하지 않는다. 어떤 사람이 초 · 중 · 고등학교나 대학에 다니고 있다고 할 때는 **someone is *in school***이라고 한다.

All the children were ***in school***. 모든 어린이들이 재학 중이었다.

She is doing well ***in school***. 그녀는 학교에서 좋은 성적을 올리고 있다.

미국 영어에서 **Where did you go to school?**이라고 하면, 이는 당신은 어느 대학을 졸업했습니까?(**What college or university did you study in?**)라는 뜻이다.

영국 영어에서 **school**은 초 · 중 · 고등학교를 가리킨다. 어떤 사람이 초 · 중 · 고등학교에 다니고 있다는 **someone is *at school***이라고 하며, 어떤 사람이 대학에 다니고 있다는 **someone is *at university***라고 한다.

I was ***at school*** with her. 나는 그녀와 같은 학교를 다녔다.

Her one aim in life is to go to ***university***. 그녀가 가진 인생의 한 가지 목표는 대학에 진학하는 것이다.

➲ Usage 표제어 student 참조.

---

scissors

scissors는 2개의 날카로운 날이 붙어 있는 작은 도구, 즉 '가위'라는 뜻이다. 종이, 천, 머리카락 등의 물건을 자를 때 가위를 사용한다.

scissors는 복수명사이므로, **a scissors**가 아닌 **some scissors**나 **a pair of scissors**라고 한다.

I wish I'd brought ***some scissors***. 가위를 몇 개 가져올 걸 그랬다.

She took ***a pair of scissors*** and cut his hair. 그녀는 가위를 가지고 와서는 그의 머리카락을 잘랐다.

---

search

search는 동사나 명사로 사용한다.

1 used as a verb(동사로 사용하기)

search **a place/person**은 무언가를 찾기 위해 어떤 장소나 사람을 철저히 조사하다, 즉 '수색하다'라는 뜻이다.

Armed troops ***searched*** the hospital yesterday. 무장한 군인들이 어제 그 병원을 수색했다.

He stood with his arms outstretched while Fassler ***searched*** him.
파슬러가 그의 몸을 수색하는 동안 그는 두 팔을 벌리고 서 있었다.

ⓘ 물건을 찾다는 search가 아닌 search for이다. 그러나 일반적으로 look for를 사용한다.

He'***s looking for*** his keys. 그는 자신의 열쇠를 찾고 있다.

2 used as a noun(명사로 사용하기)

search는 어떤 것을 주의 깊게 살펴 무언가를 발견하려는 시도, 즉 '수색'이라는 뜻이다.

I found the keys after a long ***search***. 나는 오랜 수색 끝에 열쇠를 찾았다.

...the ***search*** for oil. 석유를 찾기 위한 탐색.

seat

Usage 표제어 sit 참조.

see

동사 see에는 여러 가지 뜻이 있다. see의 과거는 seed가 아닌 saw이며, 과거분사는 seen이다.

1 using your eyes(사람의 눈으로 보기)

see에는 사람의 눈을 통해 어떤 것을 인식하다라는 뜻이다.

We *can see* the horizon now. 우리는 지금 수평선을 볼 수 있다.

위와 같은 문장에서 보통 can을 사용한다. 예를 들면, '나는 바다를 보고 있다.'는 ~~I see the sea~~.가 아닌 I *can see* the sea.라고 한다. 또한 ~~I am seeing the sea~~.와 같이 진행시제를 사용하지 않는다.

someone ***could see*** something은 과거에 사람의 눈을 통해 어떤 것을 인식했다라는 뜻이다.

He *could see* Wilson's face in the mirror. 그는 거울에 비친 윌슨의 얼굴을 보았다.

someone ***saw*** something은 어떤 사람이 과거에 어떤 것을 알아차렸다라는 뜻이다.

We suddenly *saw* a vessel through a gap in the fog. 우리는 문득 안개 사이로 배가 있는 것을 알아차렸다.

〔saw · could see + 목적어 + -ing〕 형식은 어떤 일이 계속 진행되는 것을 보았다고 할 때 사용한다.

I *saw* Benjamin *standing* there patiently. 나는 벤자민이 참을성 있게 거기에 서 있는 것을 보았다.
They *could see* the planes *coming in* over the fields. 그들은 들판 너머에서 비행기가 몰려오고 있는 것을 볼 수 있었다.

〔saw + 목적어 + 원형부정사〕 형식은 어떤 일이나 행동을 시작부터 끝까지 모두 다 보았다고 할 때 사용한다.

He *saw* the tears *come* to her eyes. 그는 그녀의 눈에 눈물이 고이는 것을 보았다.
I *saw* Bogeslavski *get* to his feet. 나는 보게슬라브스키가 두 발로 일어서는 것을 보았다.

> 주의 능동형에서 동사 see는 뒤에 to부정사가 아닌 원형부정사를 사용한다. 예를 들면, '나는 그가 그 책을 가져가는 것을 보았다.'는 ~~I saw him to take the book~~.이 아닌 I saw him ***take*** the book.이라고 한다.

2 passive use(수동형에 사용하기)

see를 사용한 수동형 문장은 to부정사나 -ing형이 뒤따른다. 〔be + seen + to부정사〕 형식은 완전히 끝난 사건이나 행동을 말할 때 사용한다.

One pilot *was seen to bail out*. 조종사 한 사람이 낙하산으로 탈출한 것이 목격되었다.

〔be + seen + -ing〕 형식은 계속해서 일어나고 있었던 사건이나 행동을 말할 때 사용한다.

A man *was seen walking* into the sea. 한 남자가 바다 속으로 걸어 들어가고 있는 게 보였다.

> 주의 see를 look at, watch와 혼동해서는 안 된다.
> 이들 단어의 차이에 대한 설명은 Usage 표제어 see – look at – watch 참조.

3 meeting someone(어떤 사람을 만나기)

see는 '방문하다' 또는 약속하여 '만나다'라는 뜻으로도 자주 사용한다.

It would be a good idea for you to *see* a doctor. 당신은 의사에게 진찰을 받는 게 좋을 것이다.

두 사람이 사랑해서 규칙적으로 서로 만나는 경우, they ***are seeing*** each other라고 한다. see가 이 뜻일 경우, 일반적으로 진행시제를 사용한다.

Does he know we *are seeing* each other? 우리 둘이 서로 사귀고 있다는 사실을 그가 알고 있습니까?

4 understanding(이해)

see는 '이해하다'라는 뜻으로 매우 자주 사용한다.

I don't quite ***see*** how they can argue that. 나는 어떻게 그들이 그런 주장을 할 수 있는지 잘 모르겠다.
He didn't seem to notice much, if you ***see*** what I mean.
만약 당신이 내 말이 무엇을 의미하는지 알겠지만 그는 그다지 알고 있는 것 같지 않았다.

어떤 것을 이해했다라고 할 때, 흔히 **I see.**라고 한다.

'Humbert is Dolly's real father.' – '***I see***.' "험버트가 돌리의 진짜 아버지예요." – "아, 그렇군요."

see가 '이해하다'라는 뜻일 경우, **can**이나 **could**와 같이 사용할 수도 있다.

I ***can see*** why Mr Smith is worried. 나는 스미스 씨가 왜 걱정을 하는지 이해할 수 있다.
I ***could see*** his point. 나는 그가 말하는 요점을 이해할 수 있었다.

ℹ see가 '이해하다'라는 뜻인 경우, 진행시제로 사용하지 않는다. 예를 들면, '나는 당신의 말뜻을 이해한다.'는 ~~I am seeing what you mean.~~이 아닌 I *see* what you mean.이라고 한다.

5 attending to something(어떤 것을 확인하기)

어떤 일이 되고 있는지 다른 사람을 시켜서 확인하거나 자신이 직접 확인한다고 할 때, **see**나 **see to it**을 사용한다.

See that everything is marked with your initials. 모든 것에 당신의 이니셜이 쓰여 있는지를 확인해 보세요.
I'll ***see to it*** that there is some action. 어떤 조치를 취하도록 신경을 쓰겠다.

어떤 일에 주의를 기울이다라고 할 때, **see to**나 **see about**을 사용한다.

A man was there to ***see to*** our luggage. 한 남자가 그곳에서 우리의 짐을 지키고 있었다.
Rudolph went into the station to ***see about*** Thomas's ticket.
루돌프는 토마스의 표를 살 수 있는지 알아보기 위해 역 안으로 들어갔다.

---

see – look at – watch

1 'see'

see는 눈을 통해 어떤 것을 인식하거나 알아차리다라는 뜻이다.

We ***saw*** the black smoke rising over the barbed wire. 우리는 철조망 너머로 피어오르는 검은 연기를 보았다.

➜ Usage 표제어 **see** 참조.

2 'look at'

look at은 어떤 것을 향해 눈을 돌리다라는 뜻이다.

He ***looked at*** the food on his plate. 그는 자신의 접시에 있는 음식을 보았다.
People ***looked at*** her in astonishment. 사람들은 놀라서 그녀를 바라보았다.

➜ Usage 표제어 **look** 참조.

3 'watch'

watch는 일어나고 있거나 일어날 일에 관심이 있어서 주의를 기울여 보다라는 뜻이다.

We stopped and refuelled at Ti Tree and ***watched*** the sunset.
우리는 티 트리라는 동네에 차를 멈추고 기름을 넣으며 해가 지는 것을 쳐다보았다.

〔**watch** + 목적어 + 원형부정사〕 형식은 어떤 일이나 행동의 모든 과정을 주의 깊게 보다라고 할 때 사용한다.

He ***watched*** her ***climb*** into a compartment. 그는 그녀가 객차 내의 방으로 올라가는 것을 보았다.

〔**watch** + 목적어 + **-ing**〕 형식은 계속 일어나고 있는 어떤 행동을 주의 깊게 보고 있었다고 할 때 사용한다.

They ***watched*** Sheila ***driving around*** in her yellow car.
그들은 쉴라가 그녀의 노란색 차로 여기저기 운전하고 돌아다니고 있는 것을 지켜보았다.

4 sightseeing(관광)

어떤 것을 보거나 구경하기 위해 어떤 곳으로 가다는 ***go to see*** something이라고 한다.

He ***went*** to India ***to see*** the Taj Mahal. 그는 타지마할을 보러 인도에 갔다.

He *went* to the zoo *to see* the giant pandas. 그는 자이언트 판다를 보러 동물원에 갔다.

5 entertainment and sport(연예와 스포츠)

연예나 스포츠를 보는 경우, see나 watch를 사용한다. **see a play/film**은 연극이나 영화를 관람하다라는 뜻이다.

I *saw* my first stage play here in London, at the age of 12. 나는 12살에 런던의 이 극장에서 연극 공연을 처음 보았다.
We *saw* Greta Garbo in 'Queen Christina'. 우리는 영화 '여왕 크리스티나'에서 그레타 가르보를 보았다.

연극이나 영화를 보다라고 할 때는 look at이나 watch를 사용하지 않는다.

텔레비전을 보다라고 할 때, watch를 사용한다. 그러나 특정한 텔레비전 프로그램을 시청하다라고 할 때는 watch나 see를 사용한다.

He spends several hours *watching* television. 그는 텔레비전을 보는 데 몇 시간을 보낸다.
...a rugby match he *watched* on television. 그가 텔레비전에서 본 럭비 경기.
I *saw* it on television after the news. 나는 텔레비전에서 뉴스 뒤에 그것을 보았다.

마찬가지로 축구 등의 스포츠 경기를 보다라고 할 때는 watch를 사용하지만, 특정한 경기를 보다라고 할 때는 watch나 see를 사용한다.

More people *are watching* cricket than ever before. 전보다 더 많은 사람들이 크리켓을 보고 있다.
Did you *watch* the match against Romania, Garry? 게리, 루마니아와의 시합을 보았나요?
...those of us who *saw* England's defeat at Wrexham. 우리들 중에서 렉섬에서의 영국 팀의 패배를 본 사람들.

---

seek

seek는 도움, 충고, 문제에 대한 해결책 등을 얻기 위해 노력하다, 즉 '구하다'라는 뜻이다.

I *was seeking* the help of someone who spoke French. 나는 프랑스어를 할 수 있는 사람의 도움을 구하고 있었다.
Always *seek* professional legal advice before entering into any agreement.
어떤 협정을 맺든 항상 그 전에 전문가의 법적인 조언을 구하라.

ⓘ seek for라고 하지 않는다.

seek의 과거와 과거분사는 seeked가 아닌 sought이다.

Some units and formations *sought* the earliest opportunity to surrender.
일부 부대와 편대는 항복할 가장 빠른 기회를 찾았다.
His views on the war *were sought* by the American press. 미국의 언론은 전쟁에 대한 그의 견해를 알고 싶어했다.

글에서는 seek를 자주 사용하나, 회화에서는 일반적으로 사용하지 않는다. 회화에서는 seek 대신 try to get이나 try to find를 사용한다.

I *tried to get* their support for a trade union. 나는 노동조합에 대한 그들의 지지를 얻기 위해 노력했다.
They *tried to find* other work. 그들은 다른 일을 찾으려고 노력했다.

현대 영어에서 사람이나 사물을 찾다라고 할 경우, seek 대신 look for를 사용한다.

I've been *looking for* you all over. 나는 사방으로 당신을 찾아다녔다.
I *looked for* it for ages before I found it. 오랫동안 찾은 끝에 나는 그것을 발견했다.

---

seem

사람이나 사물이 특정한 인상을 줄 때, seem을 사용한다.

1 used with adjectives(형용사와 함께 사용하기)

보통 seem 뒤에 형용사가 온다. 어떤 사람이 행복한 것 같다고 할 때는 someone ***seems*** happy나 someone ***seems to be*** happy라고 하며, 두 문장에서 의미상의 차이는 없다.

Even minor problems *seem* important. 사소한 문제라도 중요하게 보인다.
You *seem to be* very interested. 당신은 매우 관심이 있어 보인다.

그러나 등급을 매길 수 없는 형용사와 같이 쓰는 경우에는 〔seem + to be + 형용사〕 형식을 사용한다. 예를 들면, '그는 혼자 있는 것 같았다.'는 ~~He seemed alone.~~이 아닌 He ***seemed to be*** alone.이라고 한다.

She *seemed to be* asleep. 그녀는 잠들어 있는 것처럼 보였다.

➲ 등급을 매길 수 없는 형용사에 대한 설명은 Grammar 표제어 Adjectives 참조.

〔seem + 형용사 + 전치사 to + 사람〕 형식은 어떤 사람이나 사물이 누군가에게 특정한 인상을 주었다고 할 때 사용한다.

He always *seemed old to me*. 나에게는 그가 항상 늙어 보였다.

This attitude *seemed nonsensical to the general public*. 이러한 태도는 일반 대중에게 터무니없어 보였다.

2 used with noun groups(명사구와 함께 사용하기)

형용사 대신 〔seem · seem to be + 명사구〕 형식을 사용하기도 한다. 예를 들면, '그녀는 친절해 보였다.'는 She seemed nice. 대신 She ***seemed a nice person***. 또는 She ***seemed to be a nice person***. 이라고 한다. 회화에서는 흔히 She ***seemed like a nice person***.이라고 한다.

It *seemed a long time* before the food came. 음식이 오기까지 오랜 시간이 걸린 것 같았다.

She *seems to be a very nice girl.* 그녀는 매우 상냥한 소녀처럼 보인다.

It *seemed like a good idea*. 그것은 좋은 아이디어 같았다.

ⓘ seem 뒤에 as를 사용하지 않는다. 예를 들면, ~~It seemed as a good idea.~~라고 하지 않는다.

명사구에 한정사만 있고 형용사가 없는 경우, seem to be를 사용한다. 예를 들면, '그가 그 차의 주인인 것 같았다.'는 ~~He seemed the owner of the car.~~가 아닌 He ***seemed to be the owner*** of the car.라고 한다.

The parcel *seemed to be a gift* for our children. 그 소포는 우리 아이들을 위한 선물인 것 같았다.

What *seems to be the trouble*? 무엇이 문제인 것 같습니까?

3 used with verbs(동사와 함께 사용하기)

seem 뒤에 to be 대신 다른 부정사를 사용할 수도 있다. 예를 들면, '그는 도움이 필요한 것처럼 보였다.'는 He ***seemed to need*** help.라고 한다. ***It seemed that he needed*** help.나 ***It seemed as though he needed*** help.라고도 할 수 있다.

The experiments *seem to prove* that sugar is not very good for you.
그 실험은 설탕이 우리 몸에 그다지 좋지 않다는 것을 증명해 주는 것 같다.

It did seem to me *that she was* far too romantic. 나에게는 그녀가 너무 낭만적인 것처럼 보였다.

It seemed as though the war had ended. 전쟁이 끝난 것같이 보였다.

---

seldom

seldom은 격식을 차리거나 문어적인 단어이다. 어떤 일이 아주 가끔 일어난다고 할 때, seldom을 사용한다.

1 position in clause(문장에서의 위치)

- 조동사가 없는 경우, be동사를 제외한 동사 앞에는 보통 seldom이 온다.

He *seldom bathed*. 그는 목욕을 거의 하지 않았다.

It *seldom rains* there. 그곳은 비가 거의 내리지 않는다.

- seldom은 be동사 뒤에 온다.

The waiting time *was seldom* less than four hours. 대기 시간이 4시간 미만인 경우는 거의 없었다.

- 조동사가 여러 개 있는 경우, seldom은 첫 번째 조동사 뒤에 온다.

That's why these dishes *are seldom served* at state banquets.
그것이 정부의 공식 연회에서 이런 음식들이 좀처럼 제공되지 않는 이유이다.

I *can seldom use* these reports as nobody would believe them.
아무도 믿지 않을 것이기 때문에 나는 이런 보고서들을 좀처럼 이용할 수 없다.

- seldom은 때때로 문장의 처음에 와서 〔seldom + 조동사 + 주어 + 본동사〕 형식이 된다.

Seldom did a week pass without a request for information. 정보를 요청하지 않는 주가 거의 없었다.
Seldom can there have been such a happy meeting. 그런 행복한 만남은 좀처럼 있을 수 없었다.

2 'hardly ever'

회화에서는 일반적으로 **seldom** 대신 **hardly ever**를 사용한다.

People are *hardly ever* fooled by that. 사람들이 그러한 것에 속는 일은 거의 없다.
I must confess that I've *hardly ever* been to the British Museum.
나는 대영 박물관에 거의 가본 적이 없다는 사실을 고백해야만 한다.

◆ 빈도를 나타내는 단어와 표현의 분류 목록은 **Grammar** 표제어 **Adjuncts**의 **frequency** 참조.

select

◆ Usage 표제어 **choose** 참조.

self-conscious – confident

1 'self-conscious'

self-conscious는 다른 사람들이 자신에 대해 어떤 평가를 할지 걱정하다, 즉 '의식하는'이라는 뜻이다.

I stood there, feeling *self-conscious*. 나는 남의 이목을 의식하며 거기에 서 있었다.
Patrick is *self-conscious* about his thinness. 패트릭은 자신의 야윈 몸에 대해 남의 눈을 의식한다.

2 'confident'

confident, **self-confident**, **self-assured**는 어떤 사람이 자신의 능력, 자질, 생각에 대해 '자신감이 넘치는'이라는 뜻이다.

...a witty, young and *confident* lawyer. 재치 있고, 젊고, 자신감이 넘치는 변호사.
She was remarkably *self-confident* for her age. 그녀는 나이에 비해 놀랄 정도의 자신감을 가지고 있었다.
His comments were firm and *self-assured*. 그의 논평은 확고하고 자신감에 차 있었다.

semester

◆ Usage 표제어 **term – semester** 참조.

send – sent

1 'send'

send와 **sent**는 같은 동사의 다른 형태로, 발음이 비슷하기 때문에 혼동하기 쉽다. **send** [send]는 동사원형이다. **send**는 어떤 것을 다른 사람에게 우편과 같은 것을 통해 '보내다'라는 뜻이다.

The children used to *send* me a card at Christmas. 아이들은 크리스마스 때에 내게 카드를 보내곤 했다.

2 'sent'

sent [sent]는 **send**의 과거와 과거분사이다.

I drafted a letter and *sent* it to the President. 나는 편지의 초안을 잡은 후, 그것을 대통령에게 보냈다.
He *had sent* Axel a telegram. 그는 엑슬에게 전보를 보냈다.

sensible – sensitive

1 'sensible'

sensible **person**은 감정보다 이성을 바탕으로 하여 현명한 결정과 판단을 내리는 사람이라는 뜻이다.

She was a *sensible* girl and did not panic. 그녀는 현명한 소녀여서 당황하지 않았다.

2 'sensitive'

sensitive에는 두 가지 뜻이 있다.

sensitive **person**은 다른 사람의 말이나 행동에 쉽게 화를 내거나 못마땅해하는 사람이라는 뜻이다.

You really must stop being ***sensitive*** about your accent.
당신은 자기의 억양에 대해 과민 반응을 보이는 것을 정말로 그만두어야 한다.

This may make a ***sensitive*** child tense and apprehensive. 이것은 민감한 아이에게 긴장감과 걱정을 안겨 줄 수도 있다.

그러나 **be *sensitive* to something**은 어떤 문제나 감정을 이해하고 관심을 보이다라는 뜻이다.

We're trying to make people more ***sensitive*** to the difficulties faced by working mothers.
우리는 직장에 다니는 어머니들의 고충에 일반인들이 좀 더 관심을 갖게 하기 위해 노력하고 있다.

Picasso was courteous and ***sensitive to*** my feelings. 피카소는 정중했고 내 기분을 배려해 주었다.

---

serious

1 'serious'

serious는 문제나 상황이 걱정스럽거나 두려울 만큼 좋지 않다, 즉 '심각한'이라는 뜻이다.

Bad housing is one of the most ***serious*** problems in the inner cities.
열악한 주거 환경은 도심 지역의 가장 심각한 문제 중 하나이다.

...a ***serious*** illness. 심각한 병.

serious **matters**는 중요하고 심사숙고할 가치가 있는 일이라는 뜻이다.

It's time to get down to the ***serious*** business of the meeting. 회의의 중요한 용건을 다루기 시작해야 할 시간이다.

I think this is a ***serious*** point. 나는 이것이 중요한 점이라고 생각한다.

어떤 사람이 진지하다고 할 경우, serious를 사용한다.

...a rather ***serious*** girl. 다소 진지한 여자 아이.

사람의 표정이 심각할 때, serious라고 묘사하기도 한다.

She had a ***serious***, thoughtful face. 그녀는 심각하고 생각에 잠긴 얼굴이었다.

Don't look so ***serious***! 그렇게 심각한 얼굴을 하지 마세요!

2 'serious about'

someone is *serious about* doing something은 어떤 일을 실행할 확고한 의지를 갖고 있다라는 뜻이다.

This would prove that we were ***serious about*** overcoming the obstacles.
우리가 그 난관을 극복할 확실한 의지를 갖고 있었다는 것을 이것이 증명해 줄 것이다.

If the government is ***serious about*** encouraging us to save, it should overhaul the system.
만약 정부가 우리에게 저축을 장려할 확실한 의지가 있다면, 시스템을 정밀 조사해야 한다.

ℹ 위와 같은 문장에서 about 이외에 다른 전치사를 사용하지 않는다.

---

sew

➲ Usage 표제어 sow – sew 참조.

---

shadow – shade

1 'shadow'

shadow는 빛과 표면 사이에 어떤 것이 있을 때 표면에 만들어지는 검은 형체, 즉 '그림자'라는 뜻이다.

An oak tree cast its ***shadow*** over a tiny round pool. 참나무 한 그루가 작고 둥근 물웅덩이 위에 그림자를 드리우고 있었다.

어떤 것이 빛을 차단해서 장소가 어두워 그늘이 진 경우, in shadow라고 한다.

The whole canyon is ***in shadow***. 계곡 전체가 그늘져 있다.

2 'shade'

햇볕이 미치지 않아서 어둡고 시원한 '그늘'을 **the shade**라고 한다.

They sat in ***the shade*** between the palms. 그들은 야자나무 사이의 그늘에 앉아 있었다.
I moved my chair into ***the shade***. 나는 의자를 그늘로 옮겼다.

---

shall – will

1 'shall' and 'will'

미래에 대해 말하거나 질문을 할 때, **shall**과 **will**을 사용한다.

다른 사람의 말을 받아 적을 때, **shall**이나 **will**의 축약형 **-'ll**을 대명사 뒤에 쓴다.

He'll come back. 그는 돌아올 것이다.
They'll spoil our picnic. 그들은 우리의 소풍을 망칠 것이다.

shall과 **will**의 부정형은 **shall not**과 **will not**으로, 회화에서는 **shan't**[ʃænt | ʃɑːnt]나 **won't**[wount]로 줄여 말한다. **shan't**는 다소 오래된 표현으로 미국 영어에서는 거의 사용하지 않는다.

I ***shan't*** ever do it again. 나는 그것을 다시는 하지 않을 것이다.
You ***won't*** hear much about it. 당신은 그것에 대해 많이 듣지는 못할 것이다.

will은 모든 대명사나 명사구를 주어로 사용하지만, **shall**은 **I**나 **we**만 주어로 사용한다. 그러나 오늘날 대부분의 사람들은 **shall**보다 **will**을 사용하는 경향이 있다.

But I hope some day I ***will*** meet you. 그러나 나는 언젠가 당신을 만나기를 희망한다.
We ***will*** be able to defend them. 우리는 그들을 지킬 수 있을 것이다.
I ***shall*** not be travelling to Blackpool for the Labour Party conference.
나는 노동당 회의에 참석하기 위해서 블랙풀에 가지 않을 것이다.

will보다 **shall**을 사용하는 특별한 경우는 다음과 같다.

2 suggestions(제안)

다른 사람에게 어떤 일을 같이 할 것을 제안할 때, **Shall we...?**를 사용한다.

Shall we go and see a film? 우리 영화 보러 갈까?

위와 같은 뜻을 나타낼 때, **Let's...shall we?**도 사용할 수 있다.

Let's try out one for size, ***shall we***? 사이즈가 맞는지 하나 시험해 볼까요?

3 asking for advice(충고 요청하기)

상대방에게 제안하거나 충고를 요청할 경우, **shall I**나 **shall we**를 사용한다.

What ***shall I*** give them for dinner? 제가 그들에게 저녁 식사로 어떤 음식을 주는 게 좋을까요?
Where ***shall we*** go for our drink? 우리가 술을 마시러 어디로 가는 게 좋을까요?

4 offering(제의)

어떤 일을 제의하는 경우, **Shall I...?**를 사용한다.

Shall I shut the door? 문을 닫을까요?

다음은 **will**의 몇 가지 특별한 용법이다.

5 requests(부탁)

어떤 것을 부탁할 때, **will you**를 사용한다.

Will you please destroy all my papers? 제 서류를 전부 없애 주겠어요?
Don't let this out, ***will you***, Dixon? 이 말을 아무에게도 하지 마세요. 그렇게 해줄래요, 딕슨?

➲ Topic 표제어 **Requests, orders, and instructions** 참조.

6 invitations(초대)

초대를 할 때에도 **will you**나 부정형 **won't you**를 사용한다. 이때 **won't you**를 사용하면 매우 공손한 표현이 된다.

Will you stay to lunch? 점심 식사 하고 가실래요?

Won't you sit down, Inspector? 검사관님, 자리에 앉으시겠습니까?

➲ Topic 표제어 Invitations 참조.

7 ability(능력)

어떤 일을 할 수 있을 거라고 말할 때, 때때로 **will**을 사용한다.

This ***will cure*** anything. 이것은 어떤 것도 고칠 수 있을 것이다.

The car ***won't start***. 그 차는 시동이 걸리지 않을 것이다.

> 주의 보통 **when**, **before**, **as soon as** 등으로 시작하는 절에 **shall**이나 **will**을 사용하지 않는다. 예를 들면, '나는 집에 도착하자마자 전화를 할 것이다.'는 ~~**I'll ring as soon as I shall get home.**~~이 아닌 **I'll ring as soon as I *get* home.**이라고 한다.

---

shave

shave는 면도기로 얼굴에 난 털을 깎다, 즉 '면도하다'라는 뜻이다.

When he ***had shaved*** and dressed, he went down to the kitchen.
그는 면도를 한 후 옷을 입고 아래층 부엌으로 내려갔다.

shave는 재귀동사가 아니므로, 일반적으로 **shave oneself**라고 하지 않는다. 회화에서는 보통 **shave**보다 **have a shave**를 사용한다.

I can't remember when I last ***had a shave***. 내가 언제 마지막으로 면도를 했는지 기억나지 않는다.

---

she

1 used as the subject of a verb(동사의 주어로 사용하기)

she는 동사의 주어로 사용한다. 이미 말했거나 정체를 알고 있는 성인 여자, 소녀, 동물의 암컷을 가리킬 때, **she**를 사용한다.

'So long,' Mary said as ***she*** passed Miss Saunders. 메리는 손더스 양을 지나치면서 "다음에 보자."라고 말했다.

The eggs of the female mosquito can only mature if ***she*** has a meal of human blood.
암컷 모기의 난자는 암컷 모기가 인간의 피를 빨아먹어야만 완전히 자랄 수 있다.

주어 뒤에 관계사절이 따르는 경우, 그 문장의 본동사 앞에 **she**를 사용하지 않는다. 예를 들면, '옆집에 사는 여자는 의사이다.'는 ~~**The woman who lives next door, she is a doctor**~~.가 아닌 **The woman who lives next door is a doctor.**라고 한다.

The woman who owns this cabin will come back in the autumn.
이 통나무집 주인인 그 여자는 가을에 돌아올 것이다.

2 used to refer to things(사물을 가리킬 때 사용하기)

국가, 배, 자동차를 가리킬 때, **it** 대신 **she**를 사용하기도 한다.

Now Britain needs new leadership if ***she*** is to play a significant role shaping Europe's future.
영국이 유럽의 미래를 결정하는 데 중요한 역할을 하려면, 이제는 새로운 리더십이 필요하다.

When the repairs had been done ***she*** was a fine and beautiful ship.
배의 수선이 끝나니 그것은 멋있고 아름다운 배가 되었다.

sheep – lamb

1 'sheep'

sheep은 농장에서 기르는 두꺼운 털을 가진 동물로 '양'이라는 뜻이다. **sheep**의 복수형은 **sheeps**가 아닌 **sheep**이다.

...six hundred ***sheep***. 600마리의 양.
...grassland on which a flock of ***sheep*** were grazing. 양떼가 풀을 뜯고 있었던 초원.

2 'lamb'

새끼 양이나 양고기를 **lamb**이라고 한다. 다 자란 양의 고기를 **mutton**이라고도 하지만 지금은 잘 사용하지 않는다.

ship

➲ Usage 표제어 **boat – ship** 참조.

shooting

➲ Usage 표제어 **hunting – shooting** 참조.

shops

가게의 주인이나 운영자를 나타내는 단어를 사용하여, 특정한 종류의 가게를 가리킬 수 있다.

Down the road there is another ***greengrocer***. 길 아래에 또 다른 채소 장수가 있다.
Bring me back a paper from the ***newsagent***. 신문 판매업자에게서 산 신문을 다시 가져와라.

또한 뒤따라오는 명사 없이 소유격 **'s**를 사용하기도 한다.

...items which can be purchased at the ***greengrocer's***. 그 야채 가게에서 살 수 있는 품목.
She also cleans offices and serves in a local ***newsagent's***.
그녀는 사무실 청소를 하면서 또한 동네의 신문 보급소에서 일을 하고 있다.

hairdresser(미용실, 미용사)나 **dentist**(치과 의사)와 같이, 서비스를 제공하는 사람이나 사업을 가리키는 다른 단어도 위와 같이 사용할 수 있다.

Three or four times a week they'll go to the ***hairdresser***. 그들은 일주일에 서너 번씩 미용실에 가곤 한다.
It's worse than being at the ***dentist's***. 그것은 치과에서 치료를 받는 것보다 더 힘든 일이다.

shop – store

1 'shop'

영국 영어에서는 상품을 파는 건물이나 건물의 일부를 보통 **shop**이라고 한다. 미국 영어에서는 이를 **store**라고 하는데, 예외로 한 가지 종류의 상품만 파는 아주 작은 가게는 **shop**이라고 한다. 영국 영어에서는 매우 큰 가게를 **store**라고 하기도 한다.

...a record ***shop***. 음반 가게.
...a local record ***store***. 동네 음반 가게.

영국 영어와 미국 영어에서, 서로 다른 종류의 상품을 판매하는 독립된 상품별 매장을 가지고 있는 큰 상점을 **department store**(백화점)라고 한다.

The furnishings department of a large ***department store***. 대형 백화점의 가구 판매장.

2 'shop' used as a verb(동사로 사용하는 shop)

shop을 동사로 사용하면, 가게에 가서 물건을 사다라는 뜻이다.

I usually ***shop*** on Saturdays. 나는 보통 토요일마다 쇼핑을 한다.

그러나 가게에서 물건을 사다는 보통 **shop**보다 **go shopping**이라고 한다.

They ***went shopping*** after lunch. 그들은 점심 식사 후에 쇼핑을 했다.

3 'shopping'

shopping은 자주 명사로 쓰이며, 두 가지 뜻이 있다. **shopping**은 가게나 백화점에서 물건을 사는 행동을 말한다.

I don't like ***shopping***. 나는 쇼핑을 좋아하지 않는다.

또한, **shopping**은 가게나 백화점에서 방금 전에 산 물건을 말한다.

She put her ***shopping*** away in the kitchen. 그녀는 사온 물건을 부엌에 놔두었다.

shopping은 불가산명사이므로, **a shopping**이나 **shoppings**라고 하지 않는다.

음식과 같이 주기적으로 필요한 물건을 사러 가게에 가다라고 할 때, **do the shopping**이나 **do one's shopping**을 사용한다.

Who's going to ***do the shopping***? 누가 생필품을 사러 갈 거죠?

She went to the next town to ***do her shopping***. 그녀는 생필품을 사러 옆 도시에 갔다.

---

shore

➲ Usage 표제어 **beach – shore – coast** 참조.

---

short – shortly – briefly

1 'short'

형용사 **short**는 보통 어떤 일이 길지 않은 시간 동안 지속되다, 즉 '짧은'이라는 뜻이다.

...a ***short*** holiday. 짧은 휴가.

He uttered a ***short*** cry of surprise. 그는 놀라서 짧은 비명을 질렀다.

2 'shortly'

shortly를 부사로 사용하면 '곧'이라는 뜻으로, 이는 오래된 표현이다.

They should be returning ***shortly***. 그들은 곧 돌아올 것이다.

어떤 일 바로 뒤에 다른 일이 일어났다고 할 때, **shortly**를 사용하기도 한다.

She died ***shortly*** afterwards. 그녀는 그 후에 바로 죽었다.

Very ***shortly*** after I joined the church, I became a preacher. 나는 그 교회에 다닌 지 얼마 되지 않아 목사가 되었다.

3 'briefly'

어떤 일이 짧은 시간 동안 일어나거나 지속될 때는 **shortly**가 아닌 **briefly**를 사용한다. 예를 들면, '그녀는 그들에게 어떤 일이 일어났는지를 짧게 말했다.'는 ~~**She told them shortly what had happened.**~~가 아닌 **She told them *briefly* what had happened.**라고 한다.

She told them ***briefly*** what had happened. 그녀는 그들에게 무슨 일이 일어났는지 짧게 말했다.

---

shorts

➲ Usage 표제어 **pants – shorts** 참조.

---

should

1 basic uses(기본 용법)

should는 때때로 **ought to**나 **would**와 비슷한 뜻으로 사용한다.

➲ Usage 표제어 **should – ought to** 참조.

should의 부정형은 **should not**으로, 이때 **not**은 보통 완전히 발음하지 않는다. 다른 사람의 말을 받아 적을 때는 **shouldn't**로 쓴다.

다음은 자주 사용되지는 않지만 **should**의 용법들이다. 이러한 방식으로 **should**를 사용하는 경우에는 그것을 완전하게 발음하며 축약형인 **'d**(아포스트로피 디)로 사용하지 않는다.

2 'should' in subordinate clauses(종속절에 사용하는 should)

특히 글에서 **should**는 종속절에 사용하며, **propose**나 **suggest**와 같은 동사 뒤의 **that**절에 사용한다.

He proposes that the Government ***should*** hold an inquiry. 그는 정부가 청문회를 열어야 한다고 제안한다.
His vets advised that the horse ***should*** be put down. 수의사는 그 말을 도살 처분해야 한다고 그에게 조언했다.

ℹ 위의 경우 should를 생략하고 동사원형만 사용할 수도 있는데, 이는 다소 격식을 차린 용법이다.
Someone suggested that they ***break*** into small groups. 어떤 사람은 그것들을 소그룹으로 나누어야 한다고 제안했다.

격식을 차린 영어에서는 때때로 조건절에 **should**를 사용한다.

We worry about them having to suffer taunts and ridicule if anyone ***should*** find out.
우리는 만약 누군가가 그들을 찾아내서 조롱하고 멸시할까봐 걱정한다.

조건절에서는 **should**가 문장의 처음에 오는 〔**should + 주어 + 본동사**〕 형식을 사용할 수도 있다.

Should ministers decide to instigate an inquiry, we would welcome it.
만약 장관들이 청문회 개최를 결정한다면 우리는 환영할 것이다.

회화와 대부분의 글에서 조건절에 **should**를 사용하는 것은 불필요하다. 따라서 **should**가 아닌 단순현재시제의 동사를 사용한다. 예를 들면, '만약 그가 온다면, 우리는 그에게 이야기를 할 것이다.'는 **If he should come, we will talk to him**. 대신 **If he *comes*, we will talk to him**.이라고 한다.

3 requests and offers(요청과 제안)

공식적인 요청이나 제안의 조건절의 경우, 주절에 **should**를 사용한다.

I ***should*** be obliged if you would send them to me. 만약 당신이 그것들을 내게 보내 준다면 감사하겠습니다.
If you know of a better method, I ***should*** be delighted to try it.
만약 당신에게 더 좋은 방법이 있다면, 나는 그것을 기쁘게 시도할 것이다.

should like를 사용하여 요청을 나타내기도 한다.

I ***should like*** a large cutlet, please. 큰 커틀릿을 주세요.

ℹ 상대에게 어떤 일을 요청하거나 제안할 때, should보다 would를 더 선호한다.
If I could help, I ***would*** be delighted to do anything I can.
만약 내가 도울 수 있다면, 내가 할 수 있는 어떤 일이라도 기쁘게 할 것이다.
I ***would like*** to ask you one question please. 나는 당신에게 한 가지 질문을 하고 싶다.

4 announcements(발표)

어떤 일을 할 거라고 공식적으로 발표하는 경우, **should like**를 사용한다.

We ***should like*** to make the following proposals. 우리는 다음과 같은 제안을 하고자 합니다.

ℹ 위와 같은 뜻에는 would를 더 선호한다.
I ***would like*** to make some general observations. 나는 일반적인 소견을 좀 말하고 싶다.

5 purpose clauses(목적절)

목적절의 주어 **I**나 **we** 뒤에 **should**를 사용한다.

He left the dirty things in his bedroom on purpose so that ***I should*** see them.
그는 일부러 침실에 더러운 것들을 놔뒀는데, 나에게 그것들을 보여 주려고 했다.

ℹ 위와 같은 뜻일 경우, would를 선호한다.

6 wishes and requests(소망과 요청)

should like는 소망을 나타내는 표현이다.

I *should like* to live in the country. 나는 그 나라에서 살고 싶다.

shouldn't like는 원하지 않음을 나타낸다.

I *shouldn't like* Amanda to see more of him than is absolutely unavoidable.
나는 아만다가 피할 수 없는 경우를 제외하고, 그를 더 이상 만나기를 원하지 않는다.

ℹ 위의 두 가지 용법도 should보다 would를 선호한다.

I *would like* to be able to help. 나는 당신에게 도움을 주고 싶다.
I *wouldn't like* to live in the city. 나는 그 도시에 살기를 원하지 않는다.

7 possible situations(가능한 상황)

〔I · we + should〕 형식은 특정한 상황에서 어떤 일이 확실히 일어난다고 할 때 사용한다.

I *should* be very unhappy on the continent. 내가 그 대륙에서 산다면 매우 불행할 것이다.

ℹ 위와 같은 용법에서도 would를 선호하며, I와 we 이외의 다른 대명사 뒤에는 should가 아닌 would를 사용한다.

We *would* be glad to have money of our own. 우리에게 자산이 있다면 기쁠 것이다.

---

should – ought to

1 forms and pronunciation(형태와 발음)

should를 ought to와 비슷한 뜻으로 사용하는 경우, should를 줄여 -'d로 쓸 수 없다.

➲ Usage 표제어 should – would 참조.

should와 ought to의 부정형은 should not과 ought not to로, not은 보통 완전히 발음하지 않는다. 다른 사람이 한 말을 받아 적을 때, shouldn't, oughtn't to로 쓴다.

2 expectation(예상)

어떤 일이 일어날 것을 예상할 때, should, ought to를 사용한다.

We *should* be there by dinner time. 우리는 그곳에 저녁 식사 시간까지 갈 것이다.
It *ought to* get better as it goes along. 그 일은 진행됨에 따라 더 나아질 것이다.

어떤 일이 이미 일어났다고 예상하고 있다고 할 때, should have, ought to have를 사용한다.

Dear Mom, you *should have* heard by now that I'm O.K.
사랑하는 어머니, 제가 잘 있다는 소식을 지금쯤 들으셨을 겁니다.

〔should + have + 과거분사〕 형식은 과거에 어떤 일이 일어날 것을 예상했으나, 실제로는 일어나지 않았을 때 사용한다.

Two bags which *should have* gone to Rome were loaded aboard a flight to Milwaukee.
로마로 가야 했던 두 개의 가방이 밀워키로 가는 비행기에 실려 가버렸다.
The brandy I'd swallowed *ought to have* knocked me silly. 내가 마신 브랜디로 인해 나는 기절했어야 했다.

ℹ 위와 같은 뜻에 〔have + 과거분사〕 형식을 사용한다. 예를 들면, ~~The brandy I'd swallowed ought to knock me silly.~~라고 하지 않는다.

3 moral rightness(도덕적인 올바름)

어떤 일이 도덕적으로 올바르다라고 할 때, should, ought to를 사용한다.

Crimes *should* be punished. 범죄는 처벌하는 게 올바르다.
This *should not* be allowed to continue. 이러한 일이 계속되도록 허용하는 것은 올바르다.
I *ought to* call the police. 내가 경찰을 부르는 게 올바르다.
We *ought to* be doing something about it. 우리가 그것에 대해 무언가 하는 게 올바르다.

4 giving advice(충고하기)

어떤 사람에게 충고할 경우, **you should**, **you ought to**를 사용한다.

I think ***you should*** get in touch with your solicitor. 나는 당신이 변호사와 상담해야 한다고 생각한다.

I think ***you ought to*** try a different approach. 나는 당신이 다른 접근 방법을 시도해 봐야 한다고 생각한다.

---

shout

1 'shout'

shout는 최대한 크게 소리 지르다, 즉 '외치다'라는 뜻이다.

The children on the sand ***were shouting*** with excitement. 모래밭 위의 어린이들이 흥분해서 소리를 지르고 있었다.

'Stop it!' he ***shouted***. "그만두세요!"라고 그가 큰 소리로 외쳤다.

2 'shout to'

shout to **someone**은 멀리 떨어져 있는 사람을 큰 소리로 부르다라는 뜻이다.

'What are you doing down there?' he ***shouted to*** Robin.
"거기서 무엇을 하고 있습니까?"라고 그는 로빈에게 큰 소리로 외쳤다.

Our sergeant ***shouted to*** a battalion of soldiers carrying guns: 'The war's over!'
우리 하사관이 총을 들고 있는 일단의 병사들에게 "전쟁이 끝났다."라고 외쳤다.

3 'shout at'

화가 나서 가까이 있는 사람에게 큰 소리로 외치다라고 할 경우에는 **shout to**가 아닌 **shout at**을 사용한다.

Jefferson ***shouted at*** him, 'Get in! Get in!' 제퍼슨은 그에게 "들어와, 들어와." 라고 외쳤다.

She ***shouted at*** us for spoiling her lovely evening. 그녀는 자신의 아름다운 밤을 망쳤다고 우리에게 소리를 질렀다.

shout to나 **shout at**과 함께 **to**부정사를 사용할 수 있다. ***shout to*** **someone** ***to do*** **something**이나 ***shout at*** **someone** ***to do*** **something**은 누군가에게 어떤 일을 하라고 소리를 지르다라는 뜻이다.

An officer ***shouted to*** us ***to stop*** all the noise. 경찰관이 우리에게 떠들지 말라고 소리를 질렀다.

She ***shouted at*** him ***to speak up***. 그녀는 그에게 큰 소리로 말하라고 소리쳤다.

---

show

➲ Usage 표제어 **indicate – show** 참조.

---

shrink

1 'shrink'

shrink는 어떤 것이 더 작아지다, 즉 '줄어들다'라는 뜻이다.

Sometimes the rains fail and the rivers ***shrink*** or dry up. 때때로 비가 오지 않아서 강물이 줄어들거나 말라 버린다.

Be generous, as the tomatoes will ***shrink*** as they cook. 조금 더 주세요. 토마토는 요리하면 부피가 줄어들거든요.

2 'shrank'

shrink의 과거는 **shrinked**나 **shrunk**가 아닌 **shrank**이고 과거분사는 **shrunk**이다.

Last year the economy ***shrank*** by 7 per cent. 작년에 경제 규모가 7퍼센트 줄어들었다.

Their workforce of 25,000 ***has shrunk*** to 8,000. 그들의 직원 수는 2만 5천 명에서 8천 명으로 줄어들었다.

3 'shrunken'

형용사 **shrunken**은 명사 앞에 사용한다. **a** ***shrunken*** **thing/person**은 더 작아진 사물이나 사람이라는 뜻이다.

...old women selling ***shrunken*** baboon heads. 쭈그러든 비비 원숭이 머리를 팔고 있는 할머니들.
...a ***shrunken*** old man. 몸집이 쭈그러든 노인.

shut

➲ Usage 표제어 close – closed – shut 참조.

sick

1 'sick'

sick은 병에 걸리거나 건강에 이상이 있다, 즉 '아픈'이라는 뜻이다.

...a ***sick*** baby. 병에 걸린 어린아이.
He still looked ***sick***. 그는 여전히 아파 보였다.

➲ Usage 표제어 ill – sick 참조.

2 'be sick'

be sick은 음식을 위(胃)에서 입으로 토하다라는 뜻이다.

I think I'm going to ***be sick***. 나는 토할 것 같다.
He was kneeling by the lavatory ***being violently sick***. 그는 변기 옆에 무릎을 꿇고 앉아 심하게 토하고 있었다.

ℹ George is being sick.은 '조지는 먹은 음식을 토하고 있다.'이며, George is sick.은 '조지가 몸이 아프다.'라는 뜻이다. 그러나 George was sick.은 '조지는 먹은 음식을 토했다.'와 '조지는 아팠다.'의 두 가지 뜻을 모두 나타낸다.

3 'vomit' and 'throw up'

vomit는 be sick과 같은 뜻으로, 상당히 격식을 차린 말이다. 회화에서 일부 사람들은 be sick 대신 throw up이라고 한다.

She was stricken with pain and began to ***vomit***. 그녀는 심한 통증을 느끼면서 구토를 시작했다.
I think I'm going to ***throw up***. 나는 토할 것 같다.

4 'feel sick'

feel sick은 토할 것 같다라는 뜻이다.

Flying always makes me ***feel sick***. 나는 비행기를 타면 항상 멀미가 난다.

sight

➲ Usage 표제어 scene – sight – view – landscape – scenery 참조.

sightseeing

sightseeing은 일반적으로 관광객이 재미있는 곳을 보기 위해 도시나 지역을 방문하는 행위, 즉 '관광'이라는 뜻이다.

...a two-week tour, allowing some time in all the major cities for ***sightseeing***.
모든 주요 도시를 관광할 수 있는 시간이 주어지는 2주간의 여행 .

sightseeing은 불가산명사로 sightseeings나 a sightseeing이라고 하지 않지만, a sightseeing trip이라고는 할 수 있다.

I took a ***sightseeing trip*** on one of those tourist buses. 나는 그 관광버스 중의 한 대를 타고 관광 여행을 했다.

go sightseeing이나 do some sightseeing이라고도 한다.

Vita and Violet ***went sightseeing***. 비타와 바이올렛은 관광 여행을 갔다.
I decided to ***do some sightseeing***. 나는 관광을 좀 하기로 했다.

sign – signature

1 'sign'

sign은 서류 등에 '서명하다'라는 뜻이다. 예를 들어, 서류를 작성했거나 어떤 서류의 내용에 동의하는 경우에 sign을 사용한다.

I was in the act of ***signing*** a traveller's cheque. 나는 여행자 수표에 서명하던 중이었다.
...an order ***signed*** by the Home Secretary. 내무 장관이 서명한 지시.

sign **one's name**은 자신의 이름을 서류에 쓰다라는 뜻이다.

Sign your name in the book each time you use the photocopier.
복사기를 사용할 때마다 대장에 당신의 이름을 쓰세요.

2 'signature'

그러나 '서명'은 **sign**이 아닌 **signature**라고 한다.

Nino scrawled his ***signature*** on the bottom of the slip. 니노는 종이의 제일 아래에 이름을 휘갈겨 썼다.
...petitions bearing thousands of ***signatures***. 수천 명이 서명한 청원서.

similar

➲ Usage 표제어 **same – similar** 참조.

since

1 'since'

과거의 특정한 시점부터 지금까지의 시간을 나타낼 때, **since**를 사용한다.

Exam results have improved rapidly ***since*** 1999. 시험 결과가 1999년부터 급속히 나아졌다.
I've been wearing glasses ***since*** I was three. 나는 세 살 때부터 안경을 썼다.

ⓘ 위와 같은 문장에서 since와 함께 완료시제를 사용한다. ~~It is on my desk since 1959~~.이나 ~~I am wearing glasses since I was three~~.라고 하지 않는다.

since가 어떤 일이 일어난 후 얼마의 시간이 지났음을 의미할 경우에는 단순시제를 사용한다. 예를 들면, '나는 그를 5년 전에 마지막으로 보았다.'는 **I last saw him five years ago.** 대신 **It's five years *since* I last saw him.**이라고 한다.

It's three months ***since*** you were here last. 당신이 여기에 마지막으로 왔다 간 후 3개월의 시간이 지났다.
It's years ***since*** I saw a photo of him. 내가 그의 모습이 담긴 사진을 본 후 몇 년이 지났다.

2 'for'

그러나 어떤 일이 얼마나 오랫동안 사실이었는지를 말하는 경우에는 **since**가 아닌 **for**를 사용한다.

We've been married ***for*** seven years. 우리는 7년 동안 결혼 생활을 유지해 왔다.

➲ Usage 표제어 **for** 참조.

3 'during' and 'over'

어떤 것이 계속해서 얼마 동안 일어나고 있는지를 말하는 경우, **during**이나 **over**를 사용한다.

A considerable amount of rain has fallen ***during*** the past two years. 지난 2년 동안 아주 많은 양의 비가 내렸다.
Things have become noticeably worse ***over*** the past two or three months.
지난 2, 3개월 사이에 상황이 눈에 띄게 악화되었다.

➲ Usage 표제어 **during**과 **over** 참조.

4 'from...to'

어떤 것이 언제 시작하고 끝났는지를 말하는 경우, **from**과 **to**를 사용한다.

Lord Charteris of Amisfield was private secretary to the Queen *from* 1972 *to* 1977.
아미스필드의 차터리스 경은 1972년부터 1977년까지 여왕의 개인 비서였다.

to 대신에 till이나 until을 사용할 수 있다.

...*from* nine in the morning *till* 5 p.m. 아침 9시부터 오후 5시까지.

ℹ since와 to는 함께 사용하지 않는다. 예를 들면, …~~private secretary to the Queen since 1972 to 1977~~이라고 하지 않는다.

5 used to mean 'because'(because의 뜻으로 사용하기)

since는 because의 뜻으로도 사용한다.

Aircraft noise is a particular problem here *since* we're close to Heathrow Airport.
우리는 히스로 공항에 인접해 있기 때문에, 비행기의 소음은 우리에게 특별한 문제이다.

➲ Usage 표제어 because 참조.

sink

1 'sink'

sink는 어떤 것이 천천히 아래로 '가라앉다'라는 뜻으로, 특히 물속으로 가라앉다라고 할 때 사용한다.

The boat *was sinking*. 보트는 침몰하고 있었다.

***sink* a ship은 배를 침몰시키다라는 뜻이다.**

The Confederates managed to *sink* one ship and damage another.
연합국은 가까스로 배 한 척을 침몰시켰고 또 다른 한 척은 파손시켰다.

2 'sank' and 'sunk'

sink의 과거는 sunk나 sinked가 아닌 sank이고, 과거분사는 sunk이다.

The boat *sank* to the bottom of the lake. 배는 호수의 밑바닥에 가라앉았다.
The leading craft *was sunk* almost immediately by the artillery. 앞서 가던 배가 포격에 의해 곧바로 침몰했다.

3 'sunken'

형용사 sunken은 명사 앞에 사용하며, 바다나 호수의 밑바닥에 가라앉은 어떤 것을 묘사할 때 사용한다.

...the remains of a *sunken* battleship. 침몰한 군함의 잔해.

sit

1 describing a movement(움직임 묘사하기)

sit이나 sit down은 사람의 엉덩이가 어떤 것에 걸칠 때까지 몸을 낮추다, 즉 '앉다'라는 뜻이다. sit의 과거와 과거분사는 sitted가 아닌 sat이다.

앉을 자리를 명시할 때, sit down보다 보통 sit을 사용한다.

A strange woman came and *sat next to her*. 낯선 여자가 와서 그녀 옆에 앉았다.
Sit on this chair, please. 이 의자에 앉으세요.

앉을 자리를 명시하지 않을 경우, sit down을 사용한다.

She *sat down* and poured herself a cup of tea. 그녀는 앉아서 차를 따랐다.

2 saying where someone is(사람이 어디에 있는지 말하기)

***be sitting* somewhere는 어떤 곳에 걸터앉다라는 뜻이다. 표준 영어에서는 'be sat' somewhere라고 하지 않는다.**

They *are sitting* at their desks. 그들은 책상 앞에 앉아 있다.
She *was sitting* on the edge of the bed. 그녀는 침대의 가장자리에 앉아 있었다.

3 prepositions used with 'sit' (sit과 함께 사용하는 전치사)

어떤 곳에 앉다라고 할 때, 일반적으로 **sit on**을 사용한다.

We *were sitting on* hard little chairs. 우리는 딱딱하고 작은 의자 위에 앉아 있었다.

그러나 팔걸이가 달린 의자에 앉을 경우에는 **sit in**을 사용한다.

He *was sitting* quietly *in* his armchair, smoking a pipe.
그는 파이프 담배를 피우면서 안락의자에 조용히 앉아 있었다.

예를 들어, 글을 쓰기 위해 책상에 앉거나 식사를 하기 위해 식탁에 가까이 앉을 경우에는 **sit at**을 사용한다.

I *was sitting at* my desk reading. 나는 책상 앞에 앉아 책을 읽고 있었다.

4 another meaning of 'sit' (sit의 다른 뜻)

영국 영어에서 ***sit* an exam**은 시험을 치르다라는 뜻이다.

June and July are the traditional months for *sitting* exams. 6월과 7월은 전통적으로 시험을 치르는 달이다.

Usage 표제어 exam – examination 참조.

5 'seat'

sit [sit]과 **seat** [siːt]을 혼동해서는 안 된다. **seat**은 앉는 자리, 즉 '좌석'이라는 뜻이다.

The girl in the next *seat* was watching him. 옆자리에 앉은 여자 아이가 그를 쳐다보고 있었다.
I had a reserved *seat* from Holland to Denmark. 나는 네덜란드에서 덴마크로 가는 좌석을 예약했다.

소설에서 **seat**을 때때로 재귀동사로 사용한다. ***seat oneself* somewhere**는 어떤 자리에 스스로 앉다라는 뜻이다.

'Thank you,' she said, *seating herself* on the sofa. "고맙습니다."라고 그녀가 소파에 앉으면서 말했다.

***be seated* somewhere**는 어떤 곳에 앉아 있다라는 뜻이다.

General Tomkins *was seated* behind his desk. 톰킨스 장군은 책상 뒤에 앉아 있었다.

---

size

size에 대한 더 많은 정보는 Topic 표제어 Measurements 참조.

---

skeptic – skeptical

Usage 표제어 sceptic – sceptical 참조.

---

skid

Usage 표제어 slide 참조.

---

skilful – skilled – talented

1 'skilful'

skilful은 어떤 일을 아주 잘하다, 즉 '능숙한'이라는 뜻이다.

...a great team with a lot of *skilful* players. 유능한 선수가 많은 훌륭한 팀.
The girl had grown more *skilful* with the sewing-machine. 그 여자 아이는 재봉틀을 다루는 기술이 더 능숙해졌다.

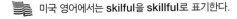

미국 영어에서는 **skilful**을 **skillful**로 표기한다.

2 'skilled'

사람을 나타내는 명사 앞에 **skilled**가 오면, 특정한 일에 숙련되어 그 일을 아주 능숙하게 처리하는 사람을 나타낸다.

A *skilled* engineer takes four years to train. 숙련된 기술자가 되는 데에는 4년의 훈련 기간이 필요하다.

일을 나타내는 명사 앞에 **skilled**가 오면, 숙련된 기술자만이 할 수 있는 일을 나타낸다.

Wood turning is ***skilled*** work. 목재 가공은 숙련된 기술을 요하는 일이다.

Weaving was a highly ***skilled*** job, requiring a five-year apprenticeship.
베 짜기는 고도의 기술을 요하는 일로 5년의 견습 기간이 요구된다.

3 'talented'

어떤 일을 하는 데에 선천적인 재능을 가진 사람을 묘사할 때, **talented**를 사용한다.

...a ***talented*** writer. 재능이 있는 작가.

여러 가지 일을 선천적으로 잘할 수 있는 사람을 묘사할 때에도 **talented**를 사용한다.

...***talented*** children. 다재다능한 어린이들.

The whole family was so ***talented***. 가족들 모두 다재다능했다.

---

skinny

➲ Usage 표제어 **thinness** 참조.

---

sleep – asleep

1 'sleep'

sleep은 명사나 동사로 사용한다. **sleep**의 과거와 과거분사는 **sleeped**가 아닌 **slept**이다.

sleep은 눈을 감은 채 의식이 없는 자연적인 휴식 상태, 즉 '잠'이라는 뜻이다.

I haven't been getting enough ***sleep*** recently. 나는 요사이 잠을 충분히 자지 못했다.

sleep은 수면 상태에 있다, 즉 '잠을 자다'라는 뜻이다.

He was so exited he could hardly ***sleep***. 그는 너무 흥분해서 거의 잠을 잘 수 없었다.

I ***had not slept*** or eaten for three days. 나는 3일 동안 자거나 먹지 못했다.

2 'asleep'

어떤 사람이 잠이 들어 있다고 할 때, 일반적으로 동사 **sleep**이 아닌 〔**be**동사 + **asleep**〕 형식을 사용한다. 예를 들면, '고든은 잠을 자고 있다.'는 ~~**Gordon sleeps.**~~나 ~~**Gordon is sleeping.**~~이 아닌 **Gordon *is asleep*.**이라고 한다.

She ***was asleep*** in the guest room when we walked in. 우리가 들어갔을 때, 그녀는 객실에서 잠을 자고 있었다.

어떤 사람이 얼마 동안 잠을 잤는지를 말할 때 또는 규칙적인 수면 행동을 말할 때와 같이, 복합문에 **sleep**을 사용한다.

She ***slept*** till ten in the morning. 그녀는 아침 10시까지 잠을 잤다.

He ***slept*** on the kitchen floor. 그는 부엌 바닥에서 잠을 잤다.

> **주의** **asleep**은 동사 뒤에만 사용하고 명사 앞에는 사용하지 않는다. 예를 들면, '잠이 든 아이'는 **an asleep child**가 아닌 **a sleeping child**라고 한다.
>
> I glanced down at the ***sleeping*** figure. 나는 잠을 자고 있는 사람을 쳐다보았다.

asleep 앞에는 **very**나 **completely**가 아닌 **sound**, **fast**, **deeply** 등을 수식어로 사용한다.

Chris is still ***sound asleep*** in the other bed. 크리스는 아직도 다른 쪽 침대에서 깊이 잠들어 있다.

Colette had been ***fast asleep*** when he left her. 그가 클레트를 두고 떠났을 때, 그녀는 깊이 잠들어 있었다.

Miss Haynes was ***very deeply asleep***. 헤인즈 양은 아주 깊게 잠이 든 상태였다.

3 'go to sleep'

go to sleep은 잠을 자러 가다라는 뜻이다.

They ***had*** both ***gone to sleep***. 그들은 둘 다 잠을 자러 갔다.

Now ***go to sleep*** and stop worrying about it. 이제 가서 자고 그 일에 대해 걱정하지 마라.

4 'fall asleep'

fall asleep은 갑자기 또는 뜻밖에 잠이 들다라는 뜻이다.

The moment my head touched the pillow I ***fell asleep***. 나는 베개를 베자마자 잠이 들었다.

5 'get to sleep'

get to sleep은 어렵게 잠이 들다라는 뜻으로, 시끄러운 장소에 있거나 어떤 일이 걱정되어 잠이 잘 안 올 때 사용할 수 있다.

Could you turn that radio down – I'm trying to ***get to sleep***. 라디오 소리를 줄여 주세요. 나는 잠을 자고 싶어요.

I couldn't ***get to sleep*** until six in the morning. 나는 새벽 6시까지 잠을 자지 못했다.

6 'go back to sleep'

go back to sleep은 잠에서 깨었다가 다시 잠을 자다라는 뜻이다.

She turned over, hugged her pillow, and ***went back to sleep***. 그녀는 몸을 뒤틀어 베개를 껴안더니, 다시 잠이 들었다.

7 'send...to sleep'

***send* someone *to sleep*은 무언가가 어떤 사람을 잠들게 하다라는 뜻이다.**

I brought him a hot drink, hoping it would ***send*** him ***to sleep***.
나는 그에게 따뜻한 음료를 가져다주면서, 그것을 먹고 그가 잠이 들기를 바랐다.

---

slide – skid

1 'slide'

slide는 어떤 것이 표면 위로 매끄럽게 움직이다, 즉 '미끄러지다'라는 뜻이다.

Tears were ***sliding*** down his cheeks. 눈물이 그의 뺨에 흘러내리고 있었다.

slide의 과거와 과거분사는 slided가 아닌 slid이다.

The gate ***slid*** open at the push of a button. 버튼을 누르자 그 문이 미끄러지듯이 열렸다.

2 'skid'

물에 젖어 있거나 얼어붙은 길에서 자동차가 옆으로 미끄러지는 움직임을 묘사할 때는 slide가 아닌 skid를 사용한다.

The car moved forward, ***skidding*** on the loose snow. 그 자동차는 앞쪽으로 가다가 눈밭으로 미끄러졌다.

We ***skidded*** into the ditch. 우리는 도랑으로 미끄러졌다.

---

slightly

➲ Grammar 표제어 Adjuncts의 degree와 Adverbs의 grading adverbs 참조.

---

slim

➲ Usage 표제어 thin 참조.

---

small – large

다음 형용사는 사물의 크기를 나타낼 때 사용한다. 가장 작은 것에서 가장 큰 것의 순서로 나열하였다.

- **microscopic, infinitesimal**

...***microscopic*** fibres of protein. 단백질의 극히 작은 섬유질.

...mineral substances present in ***infinitesimal*** amounts in the soil. 토양에 포함되어 있는 극소량의 광물질.

- **tiny, minute, miniature, diminutive, minuscule**

Though she was ***tiny***, she had a very loud voice. 그녀는 몸집은 작았지만 목소리는 아주 컸다.
Only a ***minute*** amount is needed. 아주 소량만이 필요하다.
He looked like a ***miniature*** version of his handsome and elegant big brother.
그는 잘생기고 기품 있는 그의 맏형의 축소판처럼 보였다.
She noticed a ***diminutive*** figure standing at the entrance. 그녀는 현관에 서 있는 아주 작은 체구의 사람을 알아보았다.
While Rolls Royce are still British-owned their sales are ***miniscule***.
롤스로이스가 여전히 영국의 소유임에도 그것의 판매량은 아주 적다.

- **small, little**

The window was far too ***small*** for him to get through. 그가 빠져나가기에 그 창문은 너무 작았다.
We sat around a ***little*** table, eating and drinking wine. 우리는 작은 탁자 주위에 앉아 음식을 먹고 포도주를 마셨다.

- **medium-sized, average-sized**

...a ***medium-sized*** saucepan. 중간 크기의 냄비.
Most ***average-sized*** women just aren't born to be ultra tiny.
대부분의 평균 몸집의 여자들은 태어날 때 매우 작게 태어나지는 않는다.

- **large, big, great**

He was a ***large*** man with thick dark hair. 그는 검은 머리에 숱이 많은 몸집이 큰 사람이었다.
The car was too ***big*** to fit into our garage. 그 자동차는 너무 커서 우리 차고에 맞지 않았다.
...a ***great*** hall as long and high as a church. 교회처럼 길고 높은 큰 홀.

- **huge, enormous, massive**

...a tiny little woman with ***huge*** black glasses. 커다란 검은 안경을 쓴 아주 작은 여자.
The main bedroom is ***enormous***. 주 침실은 아주 큰 규모이다.
There was evidence of ***massive*** fraud. 엄청난 사기 행각의 증거가 있었다.

- **vast, immense, gigantic, colossal**

...farmers who own ***vast*** stretches of land. 광대한 토지를 소유한 농부들.
...an ***immense*** cloud of smoke. 엄청난 연기.
Britain faces a ***gigantic*** problem over the disease. 영국은 그 질병에 대한 아주 큰 문제에 봉착했다.
There has been a ***colossal*** waste of public money. 공공 자금에 대한 대규모 낭비가 있었다.

ⓘ 형용사 minute는 [mainjú:t]로 발음한다.

➲ Usage 표제어 **small – little**과 **big – large – great** 참조.

---

small – little

사람이나 물건이 작다고 할 때, **small**과 **little**을 사용한다. 두 단어의 용법에는 몇 가지 중요한 차이가 있다.

1 position in clause(절 안에서의 위치)

〔small + 명사〕 형식이나 〔be동사 + small〕 형식을 사용한다.

They escaped in ***small boats***. 그들은 작은 보트로 탈출했다.
She ***is small*** for her age. 그녀는 나이에 비해 체구가 작다.

〔little + 명사〕 형식을 사용하고, 〔be동사 + little〕 형식은 사용하지 않는다. 예를 들면, **a *little* town**(소도시)이라고 하지만, ~~The town is little.~~이라고는 하지 않는다.

...a ***little table*** with a glass top. 유리판 덮개가 있는 작은 탁자.
...a ***little piece*** of rock. 작은 돌멩이.

2 used with grading adverbs(정도부사와 함께 사용하기)

〔정도부사 quite · rather + small〕 형식을 사용한다.

...***quite small*** changes in climate. 기후의 미세한 변화.

...a ***rather small*** paper knife. 아주 작은 종이 자르는 칼.

Grammar 표제어 Adverbs의 grading adverbs 참조.

little 앞에는 위와 같은 정도부사를 사용하지 않는다.

〔very · too + small〕 형식을 사용할 수 있다.

The trees are full of ***very small*** birds. 나무는 아주 작은 새들로 가득하다.
...houses which are ***too small***. 너무 작은 집들.

little이 형용사일 때, little 앞에 very나 too를 사용하지 않는다. 예를 들면, ~~I have a very little car.~~나 ~~Our house is very little.~~이라고 하지 않는다.

3 comparatives and superlatives(비교급과 최상급)

small의 비교급은 smaller, 최상급은 smallest이다.

They are ***smaller***, darker birds. 그것들은 더 작고 더 검은 새이다.
...the ***smallest*** yachts in the fleet. 그 선단에서 가장 작은 요트.

little의 비교급은 littler, 최상급은 littlest이지만, 잘 사용하지 않고 대부분 회화에서만 사용한다.

The ***littler*** boy spoke rapidly. 더 작은 아이가 재빨리 말했다.
You used to be the ***littlest*** boy in the school. 너는 학교에서 가장 작은 소년이었다.

4 used with other adjectives(다른 형용사와 함께 사용하기)

little 앞에 다른 형용사를 사용할 수도 있다.

...a ***nice little*** man. 멋있는 작은 남자.
...a ***historic little*** ship. 역사적으로 유명한 작은 배 한 척.

일반적으로 small 앞에는 다른 형용사를 사용하지 않는다.

사물의 크기를 나타내는 형용사의 분류 목록은 Usage 표제어 small – large와 Usage 표제어 little – a little 참조.

---

smell

smell은 명사나 동사로 사용한다. smell의 과거와 과거분사는 smelled이고, 영국 영어에서는 smell의 과거와 과거분사를 smelt로 사용하기도 한다.

1 used as a noun(명사로 사용하기)

명사 smell은 코를 통해 인식하는 어떤 것의 성질, 즉 '냄새'라는 뜻이다.

...the ***smell*** of fresh bread. 갓 구워 낸 빵 냄새.
What's that ***smell***? 무슨 냄새입니까?

2 used as an intransitive verb(자동사로 사용하기)

smell을 자동사로 쓰면 좋지 않은 냄새를 인식하다라는 뜻이다.

The fridge is beginning to ***smell***. 냉장고에서 냄새가 나기 시작하고 있다.

smell of a particular thing은 어떤 장소나 사물에서 특정한 것의 냄새가 나다라는 뜻이다.

The room ***smelled of*** cigars. 그 방에서 담배 냄새가 났다.
Her clothes ***smelt of*** smoke. 그녀의 옷에서 담배 냄새가 났다.

위와 같은 뜻일 때는 smell of를 사용하며, ~~The room smelled cigars.~~라고 하지 않는다.

smell like another place/thing은 어떤 장소나 사물의 냄새가 다른 장소나 사물의 냄새와 비슷하다라는 뜻이다.

Our kitchen ***smelt like*** a rubber factory. 우리 부엌에서 고무 공장 같은 냄새가 났다.
The tutor's breath ***smelled like*** a full ashtray. 그 강사의 입에서 담배꽁초로 가득한 재떨이 같은 냄새가 났다.

〔smell + 형용사〕 형식은 어떤 것에서 좋거나 나쁜 냄새가 나다라고 할 때 사용할 수 있다.

What is it? It *smells delicious*. 그게 뭔가요? 맛있는 냄새가 나는데요.

The papers *smelt musty and stale*. 그 신문은 곰팡이 냄새와 케케묵은 냄새가 났다.

ℹ smell 뒤에 부사를 사용하지 않는다. 예를 들면, ~~smell deliciously~~라고 하지 않는다.

3 used as a transitive verb(타동사로 사용하기)

can smell **something은 코를 통해 어떤 것의 냄새를 인식할 수 있다라는 뜻이다.**

I *can smell* the aroma from the frying trout in the kitchen. 부엌에서 송어를 튀기는 고소한 냄새가 난다.

He *could smell* the rich fragrance of bamboo freshly chopped. 그는 갓 쪼갠 대나무의 진한 향을 맡을 수 있었다.

ℹ 위와 같은 문장에서 보통 can이나 could를 사용한다. 예를 들면 '가스 냄새가 난다.'는 ~~I smell gas~~.가 아닌 I *can smell* gas.라고 한다. 또한 smell은 진행시제를 쓸 수 없으므로, ~~I am smelling gas~~.라고 하지 않는다.

과거의 특정한 때에 어떤 냄새를 맡았다고 하는 경우, 단순과거시제인 smelled나 smelt를 사용한다.

He *smelled* the smell of burning fat. 그는 노린내를 맡았다.

I *smelt* smoke, so I got up and came out. 나는 연기 냄새가 나서 잠에서 깨어 밖으로 나왔다.

---

smile

smile은 동사나 명사로 사용한다.

1 used as a verb(동사로 사용하기)

smile은 즐거움이나 기쁨 때문에 '미소를 짓다'라는 뜻이다.

When he saw me, he *smiled* and waved. 그는 나를 보자 미소 지으며 손을 흔들었다.

someone *smiles at* you는 누군가가 자신을 바라보며 친절함과 상냥함의 표시로 미소를 짓다라는 뜻이다.

The girl *was smiling at* me. 그 여자 아이가 나를 보고 미소 짓고 있었다.

ℹ 위와 같은 문장에서 at 이외의 다른 전치사를 사용하지 않는다.

2 used as a noun(명사로 사용하기)

smile은 미소를 지을 때 얼굴에 나타나는 표정, 즉 '웃음'이라는 뜻이다.

Barber welcomed me with a *smile*. 바버는 나를 웃음으로 환영해 주었다.

He's got a nice *smile*, hasn't he? 그는 멋있는 웃음을 짓는 사람이에요, 그렇지요?

someone *gives* you *a smile*은 어떤 사람이 당신에게 미소를 짓다라는 뜻이다.

'How nice to see you.' He *gave me a smile*. "당신을 만나서 정말 반가워요."라면서 그는 나에게 미소를 지었다.

---

so

so는 여러 가지 뜻으로 사용한다.

1 referring back(다시 가리키기)

〔do동사 + so〕 형식은 방금 전에 했던 행동을 다시 가리킬 때 사용한다. 예를 들면, '그는 길을 건너갔다. 그러면서 콧노래를 불렀다.'는 He crossed the street. As he crossed the street, he hummed a tune. 대신 He crossed the street. As he *did so*, he hummed a tune.이라고 한다.

He went to close the door, tripping as he *did so* over a pair of boots.
그는 문을 닫으러 가면서 장화 한 켤레에 걸려 넘어졌다.

A signal which should have turned red failed to *do so*. 신호등은 빨간색으로 바뀌었어야 했지만 그러지 못했다.

〔if조건절 + so〕 형식을 사용한다. 예를 들면, '체스터필드에 가본 적이 있으세요? 만약 그러셨다면 교회의 나선형 첨탑을 기억하실 것입니다.'는 Have you been to Chesterfield? If you have been to Chesterfield,

you will remember the twisted spire on the church. 대신 **Have you been to Chesterfield? *If so*, you will remember the twisted spire on the church.**라고 한다.

Do you enjoy romantic films? ***If so***, you should watch the film on ITV tonight.
낭만적인 영화를 좋아하십니까? 만약 그렇다면 ITV에서 오늘 저녁에 방영하는 영화를 보십시오.
Will that be enough? ***If so***, do not ask for more. 그것으로 충분하겠습니까? 만약 그렇다면 더 이상 요구하지 마세요.

특히 상대방의 말에 대답을 하는 경우, 전달동사 뒤에 **so**를 자주 사용한다. 예를 들면, '**Is Alice at home?**(앨리스는 집에 있습니까?)'이라는 물음에 '**I think so.**(그런 것 같아요.)'라고 대답한다.

'Are you all right?' – 'I ***think so***.' "괜찮습니까?" - "그런 것 같습니다."
'Is there anything else you want to tell me?' – 'I ***don't think so***.'
"나에게 할 말이 더 있습니까?' - "그렇지 않은 것 같습니다."
'Is it to rent?' – 'I ***believe so***.' "그것을 세놓을 것입니까?' - "그럴 거예요."
'Will you be able to take driving lessons at your new school?' – 'I ***expect so***.'
"당신은 새로운 학교에서 운전 교습을 받을 수 있습니까?' - "그럴 거예요."

so와 함께 흔히 사용하는 전달동사로는 **believe**, **expect**, **hope**, **say**, **suppose**, **tell**, **think**가 있다.

➲ Usage 위 단어의 각 표제어 참조.

so는 **I'm afraid** 뒤에서도 위와 같은 방식으로 사용한다.

'So you think you could lose?' – '***I'm afraid so***.' "그래서 당신이 질 수도 있다고 생각합니까?" - "그런 것 같습니다."

어떤 사람이나 사물에 대한 내용이 다른 사람이나 사물에도 해당된다고 할 때, **so**를 사용한다. 〔**so** + **be**동사 · **have**동사 · 조동사 + 절의 주어〕 형태를 사용한다.

His shoes are brightly polished; ***so is his briefcase***. 그의 구두는 반짝반짝 광이 나 있고 서류 가방도 마찬가지이다.
Etta laughed heartily, and ***so did he***. 에타가 마음껏 웃자 그 역시 그렇게 웃었다.
'He looks very hot and dry.' – '***So would you*** if you had a temperature of 103.'
"그는 아주 덥고 갈증 나 보인다." - "만약 온도가 103°라면 당신도 그럴 것이다."

2 used for emphasis(강조에 사용하기)

so를 사용하여 형용사를 강조할 수 있다. 예를 들면, '오늘은 몹시 춥다.'는 **It's *so cold* today.**라고 한다.

I was ***so busy***. 나는 아주 바빴다.
These games are ***so boring***. 이 게임은 아주 지루하다.

그러나 〔형용사 + 명사〕 형식에서는 **so**가 아닌 **such**를 사용하여 〔**such** + (**a/an**) + 형용사 + 명사〕 형식을 사용한다. 예를 들면, '오늘은 아주 추운 날이다.'는 **It's *such a cold day* today.**라고 한다.

She was ***so nice***. 그녀는 매우 친절했다.
She was ***such a nice girl***. 그녀는 아주 친절한 여자 아이였다.
The children seemed ***so happy***. 그 아이들은 매우 행복해 보였다.
She seemed ***such a happy woman***. 그녀는 아주 행복한 여자인 것 같았다.

➲ Usage 표제어 such 참조.

〔한정사 **the** · **this** · **that** · **these** · **those** · 소유격 + 부사 + 형용사 + 명사〕 형식에는 **so**나 **such**를 사용하지 않는다. 예를 들어, '우리는 아주 오래된 이 도시를 처음 방문했다.'는 ~~**It was our first visit to this so old town.**~~이 아닌 **It was our first visit to *this very old town*.**이라고 한다.

He had recovered from ***his very low state*** of the previous evening.
그는 전날 저녁의 아주 침울했던 상태에서 회복했다.
I sincerely hope that ***these very unfortunate people*** will not be forgotten.
나는 몹시 불운한 이 사람들을 잊지 않길 진심으로 바란다.

부사를 강조할 때에도 **so**를 사용한다.

I sleep ***so soundly***. 나는 아주 깊이 잠을 잔다.
Time seems to have passed ***so quickly***. 시간이 아주 빨리 간 것 같다.

3 'ever so'

회화에서 so를 강조할 때, ever so를 사용한다.

I am *ever so grateful* to you for talking to me. 당신이 나에게 이야기를 해줘서 너무 고맙다.
She's *ever so serious*. 그녀는 아주 진지하다.

4 'so...that' used to mention a result(결과를 언급할 때 사용하는 so...that)

〔so + 형용사 + that절〕 형식은 사람이나 사물이 어떤 성질을 대단히 많이 가지고 있어서 어떤 일이 일어나다라고 할 때 사용한다.

The crowd was *so* large *that it overflowed the auditorium*. 관중이 너무 많아서 강당에 넘쳐 날 정도였다.
We were *so* angry *we asked to see the manager*. 우리는 너무 화가 나서 지배인을 만날 것을 요구했다.

ℹ 두 번째 절에 so를 사용하지 않는다. 예를 들면, ~~We were so angry so we asked to see the manager.~~라고 하지 않는다.

〔so + 부사 + that절〕 형식도 위와 비슷한 방식으로 사용한다.

He dressed *so* quickly *that he put his boots on the wrong feet*. 그는 너무 급하게 옷을 입느라 장화를 바꿔 신었다.
She had fallen down *so* often *that she was covered in mud*.
그녀는 너무 자주 넘어져서 온몸이 진흙으로 덮여 있을 정도였다.

〔so + 형용사〕 형식 대신 〔such + (a/an) + (형용사) + 명사 + that절〕 형식을 사용한다. 예를 들면, '그 집은 너무 커서 우리는 그것을 팔기로 결정했다.'는 **The house was so big that we decided to sell it.** 대신 **It was *such a big house* that we decided to sell it.**이라고 한다.

The change was *so gradual* that it escaped the tourists' notice.
변화는 아주 차츰차츰 일어나서 관광객들이 알아차리지 못했다.
This can be *such a gradual process* that you are not aware of it happening.
이 일은 아주 점진적으로 진행되어서 당신은 그것이 일어나고 있는 것을 알아차리지 못할 수도 있다.

뜻을 보다 더 강조하기 위해, 〔so + 형용사 + be동사 · 조동사 + 주어〕 형식을 사용한다.

So rapid is the rate of progress that advance seems to be following advance on almost a monthly basis.
발전율이 너무 빨라서 거의 월 단위로 다음 발전이 이루어지는 것 같다.
So successful have they been that they are moving to Bond Street.
그들은 아주 번창해서 본드 스트리트로 이전할 것이다.

위의 형식은 글과 방송에서만 사용하며, 회화에서는 사용하지 않는다.

방금 전에 말했던 상황의 결과를 소개할 때는 so, and so, so that을 사용한다.

He speaks very little English, *so* I talked to him through an interpreter.
그가 영어를 거의 하지 못해서 나는 통역을 통해 이야기했다.
My offer met with no response *and so I* tried again. 내 제안에 대한 반응이 없어서 다시 제안했다.
My suitcase had become damaged, *so that* the lid would not stay closed.
나의 여행 가방이 부서져서 뚜껑이 닫히지 않았다.

5 'so that' in purpose clauses(목적절에 사용하는 so that)

특정한 목적을 위하여 어떤 일을 하다라고 할 때에도 so that을 사용한다.

He has to earn lots of money *so that* he can buy his children nice food and clothes.
그는 아이들에게 좋은 음식과 옷을 사줄 수 있도록 돈을 많이 벌어야 한다.

---

so – very – too

형용사나 부사, 또는 much나 many와 같은 단어의 뜻을 강조할 때, so, very, too를 사용한다. 그러나 그 용법은 각각 다르다.

1 'very' and 'so'

very는 가장 단순한 강조어이며, 그 이상의 다른 뜻은 없다. so는 말하는 사람의 즐거움, 놀라움, 실망과 같은 감정적인 반응을 나타낸다.

John makes me *so* angry! 존은 나를 몹시 화나게 한다.
Oh thank you *so* much! 오, 정말 고맙습니다.

so는 that으로 시작하는 결과절 앞에서도 사용한다.

The procession was forced to move *so* slowly *that* he arrived three hours late.
그 행렬은 아주 천천히 움직여야 해서 그는 세 시간 늦게 도착했다.

➲ Usage 표제어 so 참조.

2 'too'

과도하거나 바람직하지 않은 양 때문에 특정한 결과가 생기지 않거나 생길 수 없다는 것을 나타낼 때, too를 사용한다.

She does wear *too* much make-up at times. 그녀는 가끔 화장을 너무 진하게 한다.
He was *too* late to save her. 그가 그녀를 구하기에는 너무 늦었다.

➲ Usage 표제어 too 참조.

---

soccer

➲ Usage 표제어 football 참조.

---

social – sociable – socialist

1 'social'

형용사 social은 명사 앞에 사용하며, 일반적으로 '사회와 관련된'이라는 뜻이다.

...statistics on crime and other *social* problems. 범죄와 기타 사회 문제들에 대한 통계 자료.
...the government's *social* and economic policy. 정부의 사회와 경제 관련 정책.

사람들이 서로 만나 즐기는 여가 활동과 관련된 것을 나타낼 때에도 social을 사용할 수 있다.

We've met at *social* and business functions. 우리는 사교와 사업 관련 모임에서 만나 왔다.
Social interaction and *social* contacts are an important need for every human being.
사회적인 교류와 접촉은 모든 인간에게 중요한 욕구이다.

2 'sociable'

우호적이며 다른 사람과 잘 대화하는 사교적인 사람을 묘사할 때는 social이 아닌 sociable을 사용한다.

Adler was an outgoing, *sociable* kind of man. 애들러는 외향적이며 사교적인 사람이었다.

특정한 때에 하는 행동을 묘사할 때에도 sociable을 사용한다. sociable은 많은 사람과 허물없이 어울리다라는 뜻이다.

Kitty had tried to be *sociable* to everyone. 키티는 모두에게 허물없이 대하려고 했다.

3 'socialist'

사회주의와 관련된 것을 의미하거나 사회주의를 신봉하는 사람을 묘사할 때는 social이 아닌 socialist를 사용한다.

...*socialist* policies. 사회주의 정책들.
...the *socialist* leader, Felipe Gonzales. 사회주의 지도자 펠리페 곤잘레스.

---

society

1 used as an uncount noun(불가산명사로 사용하기)

하나의 거대하게 조직된 사람들의 집단, 즉 '사회'를 society라고 한다.

Women must have equal status in ***society***. 여성은 사회에서 동등한 지위를 누려야 한다.
We are going to have to change the whole structure of ***society***. 우리는 사회의 전체 구조를 변화시켜야 할 것이다.

society가 위와 같은 뜻일 경우, society 앞에 a나 the를 사용하지 않는다.

2 used as a count noun(가산명사로 사용하기)

특정한 나라의 사람들을 하나의 조직된 집단으로 나타낼 때, society라고 한다.

We live in a multi-racial ***society***. 우리는 다민족 사회에 살고 있다.
...the increasing complexity of industrial ***societies***. 산업 사회의 증가하는 복잡성.

society는 같은 관심이나 목적을 갖고 있는 사람들의 '단체'라는 뜻으로도 사용한다.

...the Royal Horticultural ***Society***. 왕립 원예회.
...the ***Society*** of African Culture. 아프리카 문화 협회.

---

solicitor

Usage 표제어 lawyer 참조.

---

some

1 used as a determiner(한정사로 사용하기)

〔some + 복수명사〕 형식은 사람이나 사물이 무엇인지, 그 수가 얼마인지를 밝히지 않을 때 사용한다.

Some children were barefoot. 일부 어린이들은 맨발이었다.
I have ***some important things*** to tell them. 나는 그들에게 할 몇 가지 중요한 말이 있다.

〔some + 불가산명사〕 형식은 양을 구체적으로 밝히지 않고 대략적으로 말할 때에도 사용할 수 있다.

She had a piece of pie and ***some coffee***. 그녀는 파이 한 조각과 약간의 커피를 마셨다.
But ***some caution*** is advised. 그러나 약간의 주의가 요구된다.

〔some + 복수명사〕 형식이 주어이면, 복수동사를 사용한다.

Some hunting lodges ***were*** also manor houses. 일부 사냥터의 산막은 영주의 저택이기도 했다.
If you are doing it yourself, here ***are*** some suggestions. 만약 당신 스스로 그것을 할 것이라면, 여기 몇 가지 제안이 있다.

〔some + 불가산명사〕 형식이 주어이면, 단수동사를 사용한다.

Some action ***is*** necessary. 어떤 행동이 필요하다.
There***'s*** some pizza left from dinner. 저녁 식사 후 남은 피자가 좀 있다.

2 used as a quantifier(수량사로 사용하기)

〔some of + the · these · those · 소유격 + 복수명사구〕 형식은 특정한 집단에 속하는 사람이나 사물의 숫자를 말할 때 사용한다.

...***some of the large airlines***. 대형 항공사 중 일부.
...***some of these people*** have young children. 이 사람들 중 일부는 어린 자녀가 있다.
...***some of those ideas*** we'd talked about. 우리들이 이야기했던 아이디어 중 일부.
...***some of Edgar Allen Poe's stories***. 에드거 앨런 포의 소설 중 일부.

마찬가지로 〔some of + the · this · that · 소유격 + 단수명사구〕 형식은 어떤 것의 일부를 말할 때 사용한다.

We did ***some of the journey*** by night. 우리는 그 여행의 일부를 밤에 했다.
Somebody might take ***some of his money*** away. 누군가 그의 돈 중에서 일부를 가져갈지도 모른다.

〔some of + 복수대명사 · 단수대명사〕 형식을 사용할 수 있다.

Some of these are included in this leaflet. 이러한 것들의 일부는 이 설명서 안에 포함되어 있다.
Some of it is very beautiful. 그것의 일부는 아주 아름답다.

some of 뒤에 we나 they가 아닌 us나 them을 사용한다.

I think *some of us* find it a bit intrusive. 나는 우리들 중 일부가 그것을 약간 방해되는 것으로 여긴다고 생각한다.

They spread out and *some of them* went up north. 그들은 흩어져서 일부는 북쪽으로 올라갔다.

3 used as a pronoun(대명사로 사용하기)

some 자체를 복수대명사나 단수대명사로 사용한다.

Some activities are very dangerous and *some* are not so dangerous.
일부 활동은 아주 위험하고 다른 일부는 그렇게 위험하지 않다.

'You'll need some graph paper.' – 'Yeah, I've got *some* at home.'
"당신은 그래프 용지가 필요할 거예요." – "네, 집에 좀 있어요."

> 주의 부정문에서 목적어의 일부를 나타낼 때는 some이 아닌 any를 사용한다. 예를 들면, '나는 돈이 한 푼도 없다.'는 ~~I don't have some money.~~가 아닌 I don't have *any* money.라고 한다.
> I hadn't had *any* breakfast. 나는 아침 식사를 전혀 하지 않았다.
> It won't do *any* good. 그것은 아무 도움이 안 될 것이다.

4 used in questions(의문문에 사용하기)

의문문에서 some이나 any를 목적어의 일부로 사용할 수 있다. 어떤 것이 사실인지 확인하기 위해 물어보는 경우, some을 사용한다. 예를 들어, 어떤 사람이 질문하기 원한다고 생각할 때, Do you have *some* questions? 나 You have *some* questions?라고 할 수 있다. 그러나 다른 사람이 질문이 있는지 없는지 모르는 경우에는 Do you have *any* questions?라고 한다.

Sorry – have I missed out *some* questions? 죄송합니다만, 제가 몇 가지 질문들을 빠뜨렸습니까?

Were you in *any* danger? 당신은 뭔가 위험에 처했습니까?

5 duration(지속)

〔some + time · hours · months 등〕 형식은 어떤 일이 상당히 오랫동안 지속됨을 나타낸다.

You will be unable to restart the car for *some time*. 당신은 상당 기간 동안 그 자동차를 재시동할 수 없을 것이다.

I did not meet her again for *some years*. 나는 수년 동안 그녀를 다시 만나지 않았다.

아주 짧은 기간을 나타내는 경우, some을 사용하지 않는다. 이때는 a short time이라고 하거나, hours나 months 앞에 a few를 사용한다.

The chiefs would be there in *a short time*. 우두머리들이 곧 그곳에 갈 예정이다.

Patey and I were due to arrive only *a few days* before the transmission.
패티와 나는 그 방송이 시작되기 며칠 전에 도착할 예정이었다.

---

someone – somebody

1 used in statements(평서문에 사용하기)

지칭하는 사람에 대한 언급없이 누군가를 가리킬 때 someone이나 somebody를 사용하며, 의미상의 차이는 전혀 없다.

Carson sent *someone* to see me. 카슨은 나를 만나게 하려고 누군가를 보냈다.

There was an accident and *somebody* got killed. 사고가 나서 누군가 죽었다.

> 주의 일반적으로 부정문에서는 목적어의 일부로 someone과 somebody를 사용하지 않는다. 예를 들면, '나는 노팅엄에 사는 사람은 아무도 모른다.'는 ~~I don't know someone who lives in Nottingham.~~이 아닌 I don't know *anyone* who lives in Nottingham.이라고 한다.
> There wasn't *anyone* there. 그곳에는 아무도 없었다.
> There wasn't much room for *anybody* else. 다른 누구에게도 충분한 공간이 없었다.

2 used in questions(의문문에 사용하기)

의문문에서 someone, somebody, anyone, anybody를 목적어의 일부로 사용할 수 있다. 어떤 사람에게 사실 여부를 묻는 경우, someone이나 somebody를 사용한다. 예를 들면, 상대방이 내가 공원에서 누군가를 만났다고 생각할 경우, Did you meet ***someone*** in the park?라고 하고, 내가 공원에서 어떤 사람을 만났는지를 알 수 없는 경우, Did you meet ***anyone*** in the park?라고 한다.

Marit, did you have *someone* in your room last night? 매리트, 어젯밤에 네 방에 누군가 있었지?
Was there *anyone* behind you? 당신 뒤에 누가 있었습니까?

> 주의 [someone · somebody + of + 복수명사] 형식이 아닌 [one + of + 복수명사] 형식을 사용한다. 예를 들면 '내 친구들 중 한 명은 조각가이다.'는 ~~Someone of my friends is a sculptor.~~가 아닌 ***One of*** my friends is a sculptor.라고 한다.
> *One of his friends* made a radio from spare parts. 그의 친구들 중 한 명이 남은 부품으로 라디오를 조립했다.
> 'Where have you been?' *one of them* asked. "어디를 갔다 오셨어요?"라고 그들 중 한 명이 물었다.

3 'some people'

someone과 somebody의 복수형은 some people이다.

Some people attempted to dash across the bridge. 어떤 사람들은 그 다리를 재빨리 건너려고 시도했다.
The law may be held to be unsatisfactory by *some people*.
일부 사람들은 그 법을 만족하지 못한 것으로 여길지도 모른다.

---

someplace

➲ Usage 표제어 somewhere 참조.

---

something

1 used in statements(평서문에 사용하기)

어떤 것에 대한 정확한 언급을 하지 않고 물건, 상황 등을 가리킬 때, something을 사용한다.

Hendricks saw *something* ahead of him. 헨드릭스는 자기 앞에 있는 무엇인가를 보았다.
It's *something* that has often puzzled me. 그것은 나를 자주 혼란스럽게 하는 일이다.

> 주의 일반적으로 부정문에서는 목적어의 일부로 something이 아닌 anything을 사용한다. 예를 들면, '우리는 아무것도 먹지 못했다.'는 ~~We haven't had something to eat.~~이 아닌 We haven't had ***anything*** to eat.이라고 한다.
> I did not say *anything*. 나는 아무것도 말하지 않았다.
> He never seemed to do *anything* at all. 그는 전혀 아무것도 하지 않은 것처럼 보였다.

2 used in questions(의문문에 사용하기)

의문문에서 목적어의 일부로 something과 anything을 사용하는데, 사실 여부를 확인하기 위해 물어볼 때는 something을 사용한다. 예를 들면, 만일 상대방이 내가 찬장에서 무언가를 찾았다고 생각한다면 'Did you find ***something*** in the cupboard?(당신은 찬장에서 무언가를 찾았지요?)'라고 말하고, 만일 상대방이 내가 찬장에서 무언가를 찾았는지를 모를 경우에는 'Did you find ***anything*** in the cupboard?(당신은 찬장에서 무엇이라도 찾았나요?)'라고 한다.

Has *something* happened? 어떤 일이 일어났습니까?
Did you buy *anything*? 무엇이라도 샀습니까?

---

sometimes – sometime

1 'sometimes'

어떤 일이 항상 일어나지 않고 때때로 일어난다고 할 때, sometimes를 사용한다.

Queues were *sometimes* a quarter of a mile long. 행렬이 때때로 4분의 1마일에 달했다.
Sometimes I wish I was back in Africa. 때때로 나는 아프리카로 돌아가고 싶다.

➲ 그 밖에 어떤 일의 빈도를 나타내는 단어와 표현의 분류 목록은 Grammar 표제어 Adjuncts의 frequency 참조.

2 'sometime'

sometimes를 sometime과 혼동해서는 안 된다. sometime은 불분명하거나 아직 정해지지 않은 과거나 미래의 '어떤 시간에'라는 뜻이다.

Can I come and see you ***sometime***? 언젠가 당신을 만나러 가도 될까요?

sometime을 자주 some time으로 표기한다.

He died ***some time*** last year. 그는 작년 어느 날 죽었다.

---

somewhat

Usage 표제어 fair – fairly 참조.

---

somewhere

어디를 가리키는지를 정확히 언급하지 않고 어떤 장소를 말할 때, somewhere를 사용한다.

I was ***somewhere*** in Greenwich Village. 나는 그리니치 빌리지의 어딘가에 있었다.
They lived ***somewhere*** near Bournemouth. 그들은 본머스 근방의 어떤 곳에 살았다.
I'm not going home yet. I have to go ***somewhere*** else first.
나는 아직 집에 가지 않을 것이다. 먼저 가야 할 다른 곳이 있다.

> **주의** 일반적으로 부정문에서는 목적어의 일부로 somewhere를 사용하지 않는다. 예를 들면, '나는 어디에서도 내 모자를 찾을 수가 없다.'는 ~~I can't find my hat somewhere.~~가 아닌 **I can't find my hat *anywhere*.**라고 한다.
> I changed my mind and decided not to go ***anywhere***. 나는 마음을 바꿔서, 어디에도 가지 않기로 결정했다.
> I haven't got ***anywhere*** to live. 나는 살 곳이 아무 데도 없다.

의문문에서 somewhere나 anywhere를 사용한다. 상대방의 긍정적인 대답을 기대할 때는 보통 somewhere를 사용하고, 상대방의 대답이 긍정일지 부정일지 모를 때는 somewhere나 anywhere를 사용한다.

Are you taking a trip ***somewhere***? 당신은 어딘가로 여행을 할 계획입니까?
Is there an ashtray ***anywhere***? 어딘가에 재떨이가 있나요?

미국 영어를 쓰는 일부 사람들은 somewhere 대신 someplace라고 한다.

She had seen it ***someplace*** before. 그녀는 전에 그것을 어디에선가 보았다.
Why don't you boys sit ***someplace*** else? 얘들아, 너희들 어디 다른 데 앉는 게 어때?

someplace를 때때로 some place로 표기한다.

Why don't we go ***some place*** where it's quieter? 좀 더 조용한 장소로 가는 게 어떻습니까?

---

soon

1 talking about the future(미래에 대해 말하기)

지금으로부터 짧은 시간 내에 어떤 일이 일어날 것이라고 할 때, soon을 사용한다.

It should be ready ***soon***. 그것은 곧 준비될 것이다.
We may very ***soon*** reach the limit of what we can cram on to a silicon chip.
우리는 실리콘 칩에 넣을 수 있는 양의 한계에 곧 도달할지 모른다.

2 talking about the past(과거에 대해 말하기)

과거에, 어떤 일이 일어난 뒤에 바로 다른 일이 일어났다고 할 때, soon을 사용한다.

The mistake was very ***soon*** spotted. 그 잘못은 곧바로 발견되었다.
The glum faces ***soon*** changed to smiles. 시무룩한 얼굴 표정은 곧 웃음으로 바뀌었다.

3 position in sentence(문장 내에서의 위치)

soon은 주로 문장의 처음이나 끝에 온다.

Soon unemployment will start rising. 실업률이 곧 올라가기 시작할 것이다.
I will see you *soon*. 나는 당신을 곧 만날 것이다.

동사구를 사용한 문장에서는 첫 번째 조동사 뒤에 **soon**이 오기도 한다. 예를 들면, '우리는 곧 집에 도착할 것이다.'는 ~~**We soon will be home.**~~이 아닌 **We *will soon* be home.**이라고 한다.

It *will soon be* Christmas. 크리스마스가 곧 다가올 것이다.
Herbert *was soon taking part* in numerous plays. 허버트는 곧 수많은 연극에서 배역을 맡을 예정이었다.

조동사가 없는 경우, **be**동사를 제외하고는 동사 앞에 **soon**이 온다.

I *soon forgot* about our conversation. 나는 곧 우리의 대화에 대해 잊어버렸다.
I *soon discovered* that this was only partly true. 나는 이것이 일부분만 사실이라는 것을 곧 발견했다.

be동사가 있는 경우, **be**동사 뒤에 **soon**이 온다.

She *was soon* asleep. 그녀는 곧 잠이 들었다.

4 'how soon'

어떤 일이 일어나기까지 소요될 시간을 물어볼 경우, **how soon**을 사용한다.

How soon do I have to make a decision? 언제까지 결정해야 합니까?
How soon are you returning to Paris? 당신은 언제까지 파리로 돌아올 예정입니까?

5 'as soon as'

어떤 일이 일어나자마자 곧바로 다른 일이 일어나다라고 할 때, **as soon as**를 사용한다.

As soon as she got out of bed, the telephone stopped ringing.
그녀가 잠자리에서 일어나자마자, 전화벨 소리가 그쳤다.
As soon as we get the tickets, we'll send them to you. 표를 구하자마자, 우리는 그것들을 당신에게 보낼 것이다.

6 'no sooner'

어떤 일이 일어난 뒤에 바로 다른 일이 일어나다라고 할 때, 특히 글에서 **no sooner**를 사용한다. **no sooner**는 첫 번째 절의 본동사 앞에 오고, 두 번째 절은 **than**으로 시작한다.

You *no sooner* pour your aperitif *than* the bell goes. 당신이 식전 반주를 따르자마자 벨이 울린다.

no sooner가 때때로 문장의 처음에 오면 〔**No sooner + 조동사 + 주어 + 본동사**〕 형식을 사용한다.

No sooner did I reach the surface than I was pulled back again. 나는 땅에 닿자마자 바로 다시 끌려갔다.

---

sorry

어떤 일에 대해 사과할 때, **Sorry.**나 **I'm sorry.**라고 한다.

'You're giving me a headache with all that noise.' – '*Sorry*.'
"당신은 그 소음으로 내 머리를 아프게 하고 있어요." – "미안합니다."
I'm sorry I'm so late. 늦어서 죄송합니다.

i sorry는 동사가 아니라 형용사이므로, ~~I sorry.~~라고 하지 않는다.

➲ 사과에 대한 더 많은 정보는 **Topic** 표제어 **Apologizing**과 **Usage** 표제어 **regret – be sorry** 참조.

---

sort

사람이나 사물의 종류를 나타낼 때, **sort**를 명사로 사용한다. **sort**는 가산명사이며, **all**과 **several** 같은 단어 뒤에는 **sort**가 아닌 **sorts**를 사용한다.

There are all *sorts* of reasons why this is true. 이것이 사실이라는 여러 가지 이유가 있다.
There are several *sorts* of stitching. 바느질에는 여러 가지 종류가 있다.

〔**sorts of + 복수명사 · 단수명사**〕 형식을 사용한다. 예를 들면, '그들은 온갖 종류의 신발을 팔고 있다.'는 **They sell most sorts of *shoes*.**나 **They sell most sorts of *shoe*.**라고 하는데, 단수명사가 더 격식을 차린 표현이다.

There were five different sorts of ***biscuits***. 다섯 종류의 비스킷이 있었다.
There are two sorts of ***double star***. 이중성(星)에는 두 가지 종류가 있다.

〔sort of + 단수명사〕 형식을 사용한다.

I know you're interested in this sort of ***thing***. 나는 당신이 이런 종류의 일에 관심이 있다는 것을 알고 있다.
'What sort of ***iron*** did she get?' – 'A steam iron.' "그녀는 어떤 종류의 다리미를 샀습니까?" – "스팀다리미입니다."

회화에서 자주 these와 those를 sort와 함께 사용한다. 예를 들면, '나는 그런 종류의 직업을 좋아하지 않는다.'는 **I don't like these sort of jobs.** 또는 **I don't like those sort of jobs.**라고 한다. 그러나 이 용법은 일반적으로 잘못된 것으로 여겨지므로 사용하지 않는 것이 좋다. 대신 **I don't like *this sort of job***.이나 **I don't like *that sort of job***.이라고 한다.

They never fly in ***this sort of weather***. 그들은 이러한 날씨에는 절대로 비행하지 않는다.
I've had ***that sort of experience*** with other photographers. 나는 다른 사진작가들과 그러한 경험을 했다.

위와 같은 뜻으로 **I don't like jobs *of this sort*.**(나는 이러한 종류의 직업을 좋아하지 않는다.)라고도 한다.

A device ***of this sort*** costs a good deal of money. 이러한 종류의 기구는 상당한 돈이 든다.

회화에서는 자주 like this, like that, like these를 사용한다.

I want to know what evidence people are using when they make statements ***like this***.
나는 사람들이 이런 진술을 할 때 어떤 증거를 사용하는지 알고 싶다.
I haven't studied any subjects ***like that***. 나는 그런 과목을 공부해 본 적이 없다.
Scenes ***like these*** are found in every city in Britain. 이러한 광경들은 영국 어느 도시에서나 발견할 수 있다.

---

sort of – kind of

회화에서 〔sort of · kind of + 명사〕 형식은 특정한 사물의 특징 중 일부를 갖고 있다는 것을 나타낼 때 사용한다.

There's a ***sort of*** ridge. Do you see? 능선 같은 것이 있지요, 보입니까?
I'm a ***kind of*** anarchist, I suppose. 나는 일종의 무정부주의자인 것 같다.

일부 사람들은 〔sort of + 형용사 · 동사 등〕 형식도 사용하며, 이때의 sort of는 별다른 뜻이 없다.

I'm ***sort of*** fond of him. 나는 그를 좀 좋아한다.
I've ***sort of*** heard of him, but I don't know who he is. 나는 그에 대해 좀 듣기는 했지만, 그가 누구인지 모른다.
He was ***sort of*** banging his head against a window. 그는 창문에 머리를 부딪쳤다.

미국 영어를 쓰는 일부 사람들은 위와 비슷한 뜻으로, 특히 형용사 앞에서 kind of를 사용한다.

I felt ***kind of*** sorry for him. 나는 그에게 좀 미안한 느낌이 들었다.

---

sound

sound는 명사, 동사, 형용사로 사용한다.

1 used as a noun(명사로 사용하기)

sound는 사람이 듣는 특정한 것, 즉 '소리'라는 뜻이다.

He heard the ***sound*** of footsteps in the hall. 우리는 홀에서 발자국 소리를 들었다.
He opened the door without a ***sound***. 그는 소리 없이 문을 열었다.

sound는 들을 수 있는 모든 소리라는 뜻도 있다.

Sound travels more slowly through cold water than through warm water.
소리는 따뜻한 물속보다 차가운 물속에서 더 천천히 퍼진다.

> 주의 sound를 noise와 혼동해서는 안 된다.
> ➲ 두 단어의 차이점에 대한 설명은 Usage 표제어 sound – noise 참조.

2 used as a verb(동사로 사용하기)

〔sound + 형용사구〕 형식은 자신이 듣는 것을 묘사할 경우에 사용한다.

The deep foghorn ***sounded alarmingly close***. 묵직한 농무 경적 소리가 놀랄 만큼 가깝게 들렸다.

〔sound + 형용사구〕 형식은 어떤 사람이 말할 때 주는 인상을 묘사할 때 사용할 수도 있다.

'Ah,' Piper said. He ***sounded a little discouraged***. "아!" 하고 파이퍼가 말했는데, 그는 좀 낙담한 것 같았다.

〔sound + 형용사구〕 형식은 바로 전에 들었거나 읽은 것이 주는 인상을 묘사할 때 사용한다.

'They've got a small farm down in Devon.' - 'That ***sounds nice***.'
"그들은 데본 아래쪽에 작은 농장을 구했어요." – "그거 좋군요."

That ***sounds a bit complicated***. 그것은 좀 복잡하게 들린다.

ⓘ 진행시제를 사용하지 않는다. 예를 들면, ~~That is sounding nice.~~라고 하지 않는다. 또한 sound 뒤에 부사가 아닌 형용사가 따라온다. 즉, ~~That sounds nicely.~~라고 하지 않는다.

3 'sound like'

〔sound like + 명사구〕 형식은 어떤 소리가 다른 소리와 비슷하다고 할 때 사용한다.

One of this animal's commonest calls ***sounds like the miaow of a cat***.
이 동물이 내는 가장 일반적인 소리 중의 하나는 고양이 소리와 비슷하다.

Her footsteps ***sounded like pistol shots***. 그녀의 발자국 소리는 권총을 발사하는 소리 같았다.

〔sound like + 명사구〕 형식은 어떤 사람이 말하는 방식이 다른 사람이 말하는 방식과 비슷하다고 할 때에도 사용한다.

He ***sounded like a small boy boasting***. 그는 자랑하는 꼬마처럼 말했다.

You ***sound*** just ***like an insurance salesman***. 당신은 보험 설계사와 같은 말을 하는군요.

〔sound like + 명사구〕 형식은 어떤 것이 내는 소리 때문에 그것이 무엇인지 인식할 수 있다고 말할 때도 사용한다.

They were playing a symphony that ***sounded like Haydn or Mozart***.
그들은 하이든 아니면 모차르트의 곡처럼 들리는 교향곡을 연주하고 있었다.

〔sound like + 명사구〕 형식은 어떤 사람이 바로 전에 묘사했던 것에 대한 의견을 나타낼 때에도 사용한다.

That ***sounds like a good idea***. 그거 좋은 생각인 것 같다.

4 'sound' used as an adjective(형용사로 사용하는 sound)

형용사 sound는 명사나 동사와 뜻이 전혀 다르다. sound를 형용사로 사용할 경우, 어떤 것이 건강하고 좋은 상태에 있다라는 뜻이다.

My heart is basically ***sound***. 나의 심장은 원래 건강하다.

sound는 논리나 충고가 합리적이고 이성을 바탕으로 한다고 할 때도 사용한다.

Cook met every objection with ***sound*** arguments. 쿡은 합당한 주장으로 모든 반대에 대항했다.

5 'sound asleep'

someone is ***sound asleep***은 어떤 사람이 아주 깊고 평온히 잠을 자고 있다라는 뜻이다.

Chris is still ***sound asleep*** in the other bed. 크리스는 아직도 다른 침대에서 깊이 잠들어 있다.

---

sound – noise

1 used as count nouns(가산명사로 사용하기)

sound는 들을 수 있는 '소리'라는 뜻이며, noise는 듣기에 불쾌하거나 예상치 못한 소리, 즉 '소음'이라는 뜻이다. 기계의 소음이나 사람과 동물의 소음을 가리킬 때도 sound를 사용한다.

A sudden ***noise*** made Brody jump. 갑작스러운 소음이 브로디를 팔짝 뛰게 했다.

Dolphins produce a great variety of ***noises***. 돌고래는 온갖 종류의 소음을 낸다.

2 used as uncount nouns(불가산명사로 사용하기)

sound와 noise는 불가산명사이다. sound는 공기, 물 등을 통과하는 진동의 결과로 들리는 소리를 나타내는 일반적인 용어이다.

...the speed of ***sound***. 소리의 속도.

ⓘ sound를 위와 같은 뜻으로 사용하는 경우, the sound라고 하지 않는다.

sound 앞에 **much**나 **a lot of**를 사용하지 않는다. 예를 들면, '시끄러운 소리가 많이 났다.'는 ~~**There was a lot of sound.**~~가 아닌 **There was a lot of noise.**라고 한다.

Is that the wind making ***all that noise***? 바람이 그 모든 소음을 일으키고 있습니까?
Try not to make ***so much noise***. 소음을 많이 내지 않도록 하세요.

---

south

1 'south'

the *south* [sauθ]는 태양이 떠오르는 방향을 쳐다볼 때 자신의 오른쪽에 있는 방향, 즉 '남쪽'이라는 뜻이다.

Most of the house overlooks the city to the ***south***. 대부분의 집들은 남향으로 도시를 내려다보고 있다.
To the ***south***, an hour's drive away, lay Benidorm. 남쪽으로 자동차로 한 시간 정도의 거리에 베니돔이 위치하고 있었다.

a *south* wind는 '남쪽에서 불어오는 바람'이라는 뜻이다.

The bigger islands gave some shelter from the ***south*** wind. 더 큰 섬들은 남풍을 피할 수 있는 은신처를 제공했다.

the *south* of a place는 남쪽에 있는 지역, 즉 '남부 지방'이라는 뜻이다.

He died at his home in Antibes in the ***south*** of France. 그는 프랑스 남부의 앙티브에 있는 자신의 집에서 죽었다.

국가, 주, 지역의 이름에 **South**를 사용한다.

...the Republic of ***South Korea***. 대한민국.
...a senator from ***South Carolina***. 남캐롤라이나의 상원의원.
...the rivers of ***South America***. 남아메리카 대륙의 강들.

2 'southern'

그러나 국가나 지역의 남부 지역은 **south part**가 아닌 ***southern*** [sʌ́ðərn] **part**라고 한다.

...the ***southern*** tip of South America. 남아메리카의 최남단 지역.
...the ***southern*** half of England. 영국의 남반부.

마찬가지로, **south England**나 **south Europe**이 아닌 ***southern*** **England**나 ***southern*** **Europe**이라고 한다.

...the cities of ***southern*** Spain. 스페인 남부 지역의 도시들.

---

southerly

southerly [sʌ́ðərli]는 '남쪽의'라는 방향을 나타낸다.

Peter headed in a ***southerly*** direction. 피터는 남쪽으로 향했다.

그러나 **a *southerly* wind**는 남쪽에서 불어오는 바람이라는 뜻이다.

The dunes afford the house some shelter from the ***southerly*** gales.
모래 언덕이 남쪽에서 불어오는 강풍으로부터 그 집을 보호한다.

most southerly는 '최남단의'라는 뜻이며, **southernmost**도 이와 같은 뜻이다.

...the ***most southerly*** tip of Bear Island. 베어 아일랜드의 최남단.
...Aswan, Egypt's ***southernmost*** city. 이집트 최남단의 도시인 아스완.

southwards – southward

1 'southwards'

move/look ***southwards***는 남쪽을 향해 움직이거나 보다라는 뜻이다.

He took the road *southwards* into the hills. 그는 언덕으로 가는 남쪽의 길을 택했다.
The Duke turned to stare *southwards*. 공작은 몸을 돌려 남쪽을 응시했다.

southwards는 항상 부사이다.

2 'southward'

미국 영어와 오래된 영국 영어에서는 부사 southwards 대신 southward를 자주 사용한다.

We headed *southward* on Route 95. 우리는 95번 도로에서 남쪽으로 향했다.

영국 영어와 미국 영어에서는 southward를 명사 앞에 형용사로 흔히 사용한다.

While I was sitting there I observed a large flying object coming from a *southward* direction.
나는 거기에 앉아 있던 중에 남쪽 방향에서 큰 물체가 날아오고 있는 것을 보았다.

souvenir – memory

1 'souvenir'

souvenir[sùːvəníər]는 휴가, 장소, 행사를 기억하기 위해 사거나 보관하는 물건, 즉 '기념품'이라는 뜻이다.

He kept a spoon as a *souvenir* of his journey. 그는 여행 기념품으로 스푼을 보관했다.

2 'memory'

기억하는 것을 말할 때는 souvenir가 아닌 memory를 사용한다.

Her earliest *memory* is of singing at the age of four to wounded soldiers.
그녀의 가장 어렸을 때 기억은 네 살 때 부상당한 군인들에게 노래를 불러 준 것이다.
She had no *memory* of what had happened. 그녀는 무슨 일이 있었는지에 대한 기억이 전혀 없다.

memory는 '기억력'을 말한다.

You've got a wonderful *memory*. 당신은 기억력이 매우 좋다.
A few things stand out in my *memory*. 몇 가지의 일이 내 기억 속에 뚜렷이 남아 있다.

sow – sew

동사 sow와 sew는 둘 다 [sou]로 발음한다.

1 'sow'

sow는 땅에 '씨를 뿌리다'라는 뜻이다. sow의 과거는 sowed이다. 과거분사는 sown과 sowed가 있는데, sown을 더 많이 사용한다.

An enemy came and *sowed* weeds among the wheat. 적이 와서 밀밭에 잡초 씨를 뿌렸다.
Spring wheat should *be sown* as early as you can get the land ready.
봄밀은 땅에 씨를 뿌릴 준비가 되자마자 파종을 해야 한다.

2 'sew'

sew는 바늘과 실을 사용하여 헝겊 조각을 붙이다, 즉 '바느질하다'라는 뜻이다. sew의 과거는 sewed이다. 과거분사는 sewed와 sewn이 있는데, sewn을 더 많이 사용한다.

She *sewed* all her own dresses. 그녀는 자신의 모든 옷을 바느질했다.
Before I went to Alice Springs I *had* never *sewn* a dress or mended a sock.
나는 앨리스 스프링스에 가기 전에는 옷을 바느질하거나 양말을 기운 적이 한 번도 없었다.

speak – say – tell

1 'speak'

speak는 목소리를 사용하여 말을 만들다, 즉 '말하다'라는 뜻이다. **speak**의 과거는 **speaked**가 아닌 **spoke**이고, 과거분사는 **spoken**이다.

Both leaders ***spoke*** warmly of the frankness of their discussions.
두 지도자는 토론의 솔직함에 대해 호의적으로 말했다.

A lot of women I've ***spoken*** to agree with me. 나와 말을 해본 많은 여자들이 내 의견에 동의한다.

2 'say'

어떤 사람이 한 말을 전해 줄 때는 **speak**가 아닌 **say**를 사용한다. 예를 들면, '그는 의사가 도착했다고 말했다.'는 ~~**He spoke that the doctor had arrived.**~~가 아닌 **He *said* that the doctor had arrived.**라고 한다.

I ***said*** that I would like to teach English. 나는 영어를 가르치고 싶다고 말했다.

He ***said*** it was an accident. 그는 그 일이 사고였다고 말했다.

3 'tell'

듣는 사람의 말을 언급하는 경우, **tell**을 사용한다.

He ***told*** me that he was a farmer. 그는 나에게 자신이 농부였다고 말했다.

I ***told*** her what the doctor had said. 나는 그녀에게 의사가 말했던 내용을 전해 주었다.

➲ **Usage** 표제어 **say**와 **tell** 참조.

4 'talk'

➲ **speak**를 **talk**와 혼동해서는 안 된다. 두 단어의 차이점에 대한 설명은 **Usage** 표제어 **speak – talk** 참조.

speak – talk

speak와 **talk**는 뜻이 매우 비슷하지만, 용법에는 몇 가지 차이점이 있다.

1 'speaking' and 'talking'

someone *is speaking*은 어떤 사람이 자신의 목소리로 말을 하고 있다라는 뜻이다.

He hadn't looked at me once when I ***was speaking***. 내가 말하고 있을 때 그는 나를 한 번도 쳐다보지 않았다.

'So we won't waste any time,' he said, ***speaking*** rapidly.
"그래서 우리는 어떤 시간도 허비하지 않을 거야."라고 그가 재빨리 말했다.

그러나 두 명 이상이 대화하는 경우에는 보통 **they 'are speaking'**이 아닌 **they *are talking***이라고 한다.

The old man was sitting near us as we ***were talking***.
그 노인은 우리가 이야기를 하고 있을 때 우리들 가까이에 앉아 있었다.

They sat in the kitchen drinking and ***talking***. 그들은 부엌에 앉아서 마시면서 이야기를 하고 있었다.

2 used with 'to' and 'with'(to, with와 함께 사용하기)

speak to나 **talk to**는 어떤 사람과 대화하다라는 뜻이다.

I saw you ***speaking to*** him just now. 나는 당신이 방금 그와 이야기를 하고 있는 것을 보았다.

I enjoyed ***talking to*** Anne. 나는 앤과 말하는 것을 즐겼다.

미국 영어를 쓰는 일부 사람들은 **speak with**나 **talk with**를 사용한다.

When he ***spoke with*** his friends, he told them what had happened.
그는 친구들과 이야기할 때, 무슨 일이 있었는지 말했다.

I ***talked with*** his mother many times. 나는 그의 어머니와 수차례 이야기했다.

전화 통화를 할 때 어떤 사람과 통화하기를 원한다는 말은, **talk to**가 아닌 **speak to**를 사용한다.

Hello. Could I ***speak to*** Sue, please? 안녕하세요. 수와 통화할 수 있을까요?

3 used with 'about'(about과 함께 사용하기)

speak about은 강연에서 한 무리의 사람들에게 어떤 것을 설명하다, 즉 '강연하다'라는 뜻이다.

I *spoke about* my experiences at University. 나는 대학에서 내 경험에 대해 강연을 했다.

회화에서 **the thing someone *is talking about***은 어떤 사람이 토의하고 있는 주제라는 뜻이다.

You know the book I*'m talking about*. 너는 내가 말하고 있는 책을 알고 있다.

what* someone *is talking about은 어떤 사람이 말하고 있는 것을 일반적으로 가리킬 때 사용한다.

What are you *talking about*? 당신은 무엇에 대해 이야기하고 있습니까?

두 사람 이상이 토론하다는 **they 'are speaking about' it**이 아닌 **they *are talking about* it**이라고 한다.

The men *were talking about* some medical problem. 그 사람들은 의학 문제에 대해 토의를 하고 있었다.
Everybody *will be talking about* it at school tomorrow. 내일 학교에서는 모두가 그것에 대해 이야기하고 있을 것이다.

4 languages(언어)

someone *speaks/can speak* a foreign language는 누군가가 외국어를 말하거나 말할 수 있다라는 뜻이다.

They *spoke* fluent English. 그들은 유창하게 영어를 구사했다.
How many languages *can* you *speak*? 당신은 몇 개의 언어를 구사할 수 있습니까?

'talks' a foreign language라고 하지 않는다.

> **주의** 외국어를 말하는 능력에 대해 이야기하는 경우, **in**이나 진행시제를 사용하지 않는다. 예를 들면, '그녀는 네덜란드어를 말할 수 있다.'는, ~~She speaks in Dutch.~~나 ~~She is speaking Dutch.~~라고 하지 않는다. 그러나 어떤 사람들이 말하는 것을 듣는 경우, **Those people *are speaking in* Dutch.**나 **Those people *are talking in* Dutch.**라고 한다.
>
> She heard two voices *talking in* French. 그녀는 프랑스어를 말하는 두 명의 목소리를 들었다.
> They *are speaking in* Arabic. 그들은 아랍어로 말하고 있다.

5 other transitive uses(다른 타동사 용법)

speak와 **talk**는 몇 가지 다른 타동사 용법이 있다.

말을 하다라고 할 때, ***speak* words**라 한다.

He *spoke* the words firmly and clearly. 그는 확고하고 명확하게 말했다.

'talk' words라고 하지 않는다.

talk sense는 '사리에 맞는 말을 하다'라는 뜻이며, **talk nonsense**는 '사리에 맞지 않는 말을 하다'라는 뜻이다. 마찬가지로 **talk politics**는 '정치에 대해 이야기하다'라는 뜻이며, **talk sport**는 '스포츠에 대해 이야기하다'라는 뜻이다.

He *was talking sense* for once. 그는 이번만은 사리에 맞는 말을 하고 있었다.
Don't *talk nonsense*. 허튼소리 하지 마라.
We used to sit down and *talk politics* all evening. 우리는 앉아서 저녁 내내 정치에 대해 이야기하곤 했다.
The guests were mostly middle-aged men *talking business*.
손님들 대부분은 중년 남성들로 사업 이야기를 하고 있었다.

위와 같은 용법에 **speak**를 사용할 수 없다.

6 reflexive use(재귀 용법)

someone *is talking to* oneself는 어떤 사람이 혼잣말을 하다라는 뜻이다.

She seemed to *be talking to herself*. 그녀는 혼잣말을 하고 있는 것처럼 보였다.
I'm always daydreaming and *talking to myself*. 나는 항상 공상에 빠져 혼잣말을 한다.

ⓘ someone 'is speaking to' oneself라고 하지 않는다.

specially

Usage 표제어 especially – specially 참조.

spectacle – spectacles

1 'spectacle'

spectacle은 평범하지 않거나 인상적인 '광경'이나 '경치'라는 뜻이다.

I was confronted with an appalling ***spectacle***. 나는 처참한 광경에 직면했다.

She stood at the head of the stairs and surveyed the ***spectacle***. 그녀는 계단 꼭대기에 서서 멋진 경치를 둘러보았다.

2 'spectacles'

spectacles는 '안경(glasses)'이라는 뜻으로, 격식을 차린 말이며 오래된 표현이다.

...a schoolteacher in horn-rimmed ***spectacles***. 뿔테 안경을 쓴 교사.

speech – talk

make a ***speech***나 give a ***talk***는 미리 준비한 것을 청중 앞에서 말하다, 즉 '연설하다', '강연하다'라는 뜻이다.

1 'speech'

speech는 만찬, 결혼식, 공개 회의 등의 공식적인 행사에서 하는 '연설'이라는 뜻이다.

We listened to an excellent ***speech*** by the President. 우리는 대통령의 훌륭한 연설을 들었다.

Mr Macmillan presented the prizes and made a ***speech*** on the importance of education.
맥밀란 씨는 시상을 한 후, 교육의 중요성에 대한 연설을 했다.

2 'talk'

talk는 speech보다 격식을 차리지 않은 말로, 정보를 줄 때 사용한다.

Angus Wilson came here and gave a ***talk*** last week. 앵거스 윌슨이 지난주에 여기에 와서 간단한 연설을 했다.

That's what you said in your ***talk*** this lunchtime. 그것은 점심 시간에 당신이 말한 내용이다.

speed

어떤 것이 굉장한 속도로 움직이거나 일어날 때, **fast**, **quick**, **rapid**, **swift**를 사용한다. **rapid**와 **swift**는 일반적으로 회화에서는 사용하지 않는다.

1 'fast'

fast를 형용사와 부사로 사용하며, fastly라는 부사는 없다.

...***fast*** communications. 빠른 통신.

I ran as ***fast*** as I could. 나는 가능한 한 빨리 달렸다.

2 'quick'

quick은 형용사로, 일반적으로 부사로는 사용하지 않는다. 부사로 쓸 때는 quickly를 사용한다.

It is this muscle which gives us our ***quick***, springing movements.
우리에게 빠르고 탄력있는 움직임을 제공하는 것은 바로 이 근육이다.

I walked ***quickly*** up the passage. 나는 빠른 속도로 통로를 걸어 올라갔다.

회화에서는 quick의 비교급인 quicker를 부사로 사용한다.

I swam on a bit ***quicker***. 나는 조금 더 빨리 수영을 했다.

Goats could ruin a farmer's field ***quicker*** than baboons.
염소는 비비(개코원숭이)보다 더 빨리 농장의 밭을 망칠 수 있다.

글에서는 보통 **more quickly**를 사용한다.

He began to speak ***more quickly***. 그는 더 빨리 말하기 시작했다.

최상급 **quickest**를 말이나 글에서 부사로 사용한다.

...and Freedman reacted ***quickest*** to head the ball into the net.
그리고 프리드맨은 가장 재빨리 반사적으로 움직여서 공을 네트를 향하여 헤딩하였다.

3 'rapid' and 'swift'

rapid와 **swift**는 형용사이며, 이에 상응하는 부사로 **rapidly**와 **swiftly**를 사용한다.

Jobs tend to be plentiful at a time of ***rapid*** economic growth.
급속한 경제 성장 시기에는 일자리가 많아지는 경향이 있다.

They walked ***rapidly*** past the churchyard. 그들은 교회 묘지를 빨리 걸어 지나갔다.

...a ***swift*** decision. 신속한 결정.

He walked ***swiftly*** towards home. 그는 집을 향해 재빠르게 걸어갔다.

4 asking about speed(속도에 대해 물어보기)

어떤 것의 속도를 물어보는 경우, 일반적으로 **fast**를 사용한다.

How ***fast*** is the fish swimming? 그 물고기는 얼마나 빨리 헤엄치고 있습니까?

...looking out of the windows to see how ***fast*** we were going.
우리가 얼마나 빠른 속도로 가고 있는지 보기 위해 창밖을 내다보며.

5 vehicles(차량)

어떤 차량이 굉장한 속도로 움직일 수 있다고 할 때, **fast**를 사용한다.

...a ***fast*** car. 빠른 속력을 낼 수 있는 자동차.

6 people(사람)

일반적으로 사람을 수식할 때는 형용사 **fast**를 사용하지 않지만, **driver**와 **runner**와 같은 단어 앞에는 **fast**를 사용한다. **driver**는 얼마나 빠르게 운전하고 있는지, **runner**는 얼마나 빨리 달릴 수 있는지를 말할 때 사용한다.

Not being a ***fast*** driver, I was glad I had parked close to the hall.
나는 날쌘 운전사가 아니었기에, 홀 가까이에 주차해서 기뻤다.

7 changes(변화)

어떤 것이 증가하거나 줄어드는 속도를 말하는 경우, 보통 **rapid**를 사용한다.

People are worried about the ***rapid*** and massive increase in military spending.
사람들은 군사비가 빠르게 대폭 증가하는 데 대해 우려하고 있다.

8 no delay(지체 없음)

어떤 일이 지체 없이 일어날 때, **fast, immediate, quick, rapid, swift**를 사용한다.

I only got a ***fast*** return on my investment once. 내가 투자한 돈이 곧바로 이익을 낸 적이 단 한 번 있었다.

My ***immediate*** reaction was just disgust. 나의 즉각적인 반응은 메스꺼움뿐이었다.

They are pressing for a ***quick*** resumption of arms negotiations.
그들은 무기 협상을 빨리 재개하도록 압력을 가하고 있다.

...managers plagued by demands for ***rapid*** decisions. 빨리 결정해 달라는 요구에 시달리는 경영자들.

The response was ***swift*** and intense. 반응은 빠르고 강렬했다.

9 short duration(짧은 지속)

어떤 일이 짧은 시간 동안 지속될 때, **quick, rapid, swift**를 사용한다.

...a ***quick*** visit. 단기간의 방문.

You are likely to make a ***rapid*** recovery. 당신은 단기간 내에 회복할 것 같습니다.

...the ***swift*** descent from gentility to near-poverty. 우아한 생활에서 빈곤에 가까운 생활로의 급락.

speed – speed up

speed는 명사나 동사로 사용한다.

1 used as a noun(명사로 사용하기)

speed는 사람이나 사물이 움직이는 '속도'라는 뜻이다.

He increased his *speed* to 115 mph. 그는 시속 115마일로 속도를 올렸다.
...the *speed* of light. 빛의 속도.

at이나 with로 시작하는 전치사구에 자주 speed를 사용한다. 사람이나 사물이 특정한 속도로 움직이다라는 뜻에 ***at* a *speed***를 사용한다.

He goes on driving *at the same speed*. 그는 같은 속도로 계속 운전한다.
The bullets hit Ilie Popescu *at a speed of 1,350 feet per second*.
일리에 포페스쿠는 초속 1,350피트의 총알에 맞았다.

어떤 것이 얼마나 빠르게 움직이는지를 강조하는 경우, 〔at + 형용사 + speed〕 형식을 사용한다.

I drove *at great speed* to West Bank. 나는 아주 빠른 속도로 웨스트 뱅크로 차를 몰았다.
A plane flew low over the ship *at lightning speed*. 비행기 한 대가 번개와 같은 속도로 배 위로 낮게 날아갔다.

어떤 일이 얼마나 빨리 일어나거나 행해지는지를 강조하는 경우, 〔with + 형용사 + speed〕 형식을 사용한다.

The shape of their bodies changes *with astonishing speed*. 그들의 몸매는 놀라울 만큼 빠른 속도로 변한다.
They have succeeded in expanding their industries *with remarkable speed*.
그들은 자신들의 산업을 아주 빠른 속도로 확장하는 데 성공했다.

2 used as a verb(동사로 사용하기)

소설에서 speed는 어떤 곳으로 빨리 움직이거나 이동하다라는 뜻이다. speed가 이러한 뜻일 경우, speed의 과거와 과거분사는 sped이다.

They *sped* along Main Street towards the highway. 그들은 메인 스트리트를 따라 고속도로로 차를 빨리 몰고 갔다.
They drove through Port Philip and *sped* on down south. 그들은 포트 필립을 지나 남쪽으로 속력을 내서 운전했다.

3 'speed up'

speed up은 어떤 것이 움직이거나, 일어나거나 혹은 어떤 일을 더 빨리 하다라는 뜻이다.

They're way ahead of us. *Speed up*! 그들이 우리를 훨씬 앞서고 있어요. 속력을 내세요.

speed up의 과거와 과거분사는 speeded up이다.

Tom *speeded up* and overtook them. 탐은 속력을 내서 그들을 따라잡았다.
The process *is* now *being speeded up*. 현재 그 과정에 박차를 가하고 있다.

spend

돈이나 시간을 쓴다고 할 때, 일반적으로 동사 spend를 사용한다. spend의 과거와 과거분사는 spended가 아닌 spent이다.

1 money(돈)

spend는 물건을 사기 위해 돈을 사용하다라는 뜻이다.

I had no very clear idea how much I *had spent*. 나는 돈을 얼마나 소비했는지 명확히 생각나지 않았다.
Her husband *had spent* all her money. 그녀의 남편이 그녀의 모든 돈을 다 써버렸다.

spend money ***on*** something은 어떤 것에 돈을 쓰다라는 뜻이다.

We always spend a lot of money *on* parties. 우리는 항상 파티를 하는 데 많은 돈을 지출한다.
The buildings need a lot of money spent *on* them. 건물들에는 많은 돈을 써야 한다.

ℹ 위와 같은 문장에서 on 이외에 다른 전치사를 사용하지 않는다.

2 time(시간)

spend는 일정 시간 동안 처음부터 끝까지 어떤 일을 하다라는 뜻이다.

I *spent all day* typing information into a computer. 나는 컴퓨터에 정보를 타이핑하는 데 하루 종일 걸렸다.
They *spent the night* chatting intimately. 그들은 친숙하게 대화를 하면서 그날 저녁을 보냈다.

◐ 위의 용법에 대한 더 많은 정보는 Usage 표제어 spend – pass 참조.

---

spend – pass

1 'spend' and 'pass'

spend와 pass는 시간에 대해 말할 때 비슷한 방법으로 사용한다. ***spend*** **a period of time doing something**은 어떤 일을 하는 데 시간을 소비하다라는 뜻이다.

We *spent the evening* talking about art and the theatre.
우리는 예술과 연극에 대해 이야기하면서 그날 저녁 시간을 보냈다.
She woke early, meaning to *spend all day* writing.
그녀는 글을 쓰는 데 하루 종일 시간을 보낼 작정으로 일찍 일어났다.

ⓘ spend a period of time 'in doing', 'on doing', 'to do' something이라고 하지 않는다.

spend에는 어떤 장소에서 시간을 보내다라는 뜻도 있다.

He *spent most of his time* in the library. 그는 대부분의 시간을 도서관에서 보냈다.
We found a hotel where we could *spend the night*. 우리는 그날 밤을 보낼 호텔을 찾았다.

어떤 사람이 다른 사람과 같이 시간을 보내다라는 뜻으로 **spend**나 **pass**를 쓸 수 있는데, 이는 다소 오래된 표현이다.

I *spent an evening* with Davis. 나는 어느 날 저녁을 데이비스와 같이 보냈다.
We *passed a pleasant afternoon* together. 우리는 함께 유쾌한 오후를 보냈다.

2 'to pass the time'

do something *to pass the time*은 어떤 일을 기다리는 도중에 다른 일에 전념하여 시간을 보내다라는 뜻이다.

He had brought a book along *to pass the time*. 그는 시간을 때우려고 책을 한 권 가져왔다.
To pass the time they played Scrabble. 그들은 시간을 때우려고 스크래블 게임을 했다.

3 'have'

어떤 일을 하면서 즐거운 시간을 갖는 경우, **'pass'/'spend' a good time**이 아닌 ***have*** **a good time**이라고 한다.

We'*re just having a good time* being boyfriend and girlfriend right now.
우리는 이성 친구로 지금 즐거운 시간을 보내고 있다.
A lot of my friends *had a marvellous time* over New Year. 많은 내 친구들이 새해 첫날 아주 즐거운 시간을 보냈다.

---

spite

◐ Usage 표제어 in spite of – despite 참조.

---

spoil

◐ Usage 표제어 destory – spoil – ruin 참조.

---

spokesman

1 'spokesman'

spokesman은 단체나 어떤 집단의 대표로 말해 달라고 부탁받은 사람, 즉 '대변인'이라는 뜻이다.

A *spokesman* for the school said the expulsions were a precautionary measure.
학교 대변인은 퇴학이 예방적인 조치라고 말했다.

'We regret the heavy loss of life and call upon all involved to show respect for the rule of law,' a White House *spokesman* said.
백악관 대변인은 "우리는 많은 희생자가 생긴 것에 대해 유감을 표하며, 관련자 모두에게 법을 지켜 줄 것을 요청한다."라고 말했다.

2 'spokeswoman'

과거에는 남녀 구분 없이 대변인에 **spokesman**을 사용했으나, 현재는 여자 대변인의 경우에는 **spokeswoman**을 사용한다.

A *spokeswoman* said official grant figures might need to be revised.
여성 대변인은 정부 보조금의 수치가 정정되어야 할지도 모른다고 말했다.

A police *spokeswoman* said 'This man is extremely dangerous.'
경찰 여성 대변인은 "이 남자는 아주 위험한 인물이다."라고 말했다.

3 'spokesperson'

spokesperson은 남녀 모두에게 사용할 수 있는 상당히 새로운 단어이다.

A *spokesperson* for the regime said that there was an explosion in an ammunition depot.
그 정권의 대변인은 탄약 창고에서 폭발이 있었다고 말했다.

---

spring

spring은 명사나 동사로 사용한다.

1 used as a noun(명사로 사용하기)

spring은 겨울과 여름 사이의 계절, 즉 '봄'이라는 뜻이다.

어떤 일이 매년 봄에 일어난다고 할 경우, **something happens *in spring*/*in the spring***이라고 한다.

In spring birds nest there. 봄에는 새들이 그곳에 둥지를 튼다.
...a huge flower bed which is full of tulips *in the spring*. 봄이면 튤립으로 가득 차는 거대한 화단.

ⓘ something happens 'in the springs'라고 하지 않는다.

2 used as a verb(동사로 사용하기)

spring은 사람이나 동물이 갑자기 위나 앞으로 움직이다라는 뜻이다. **spring**의 과거는 **springed**가 아닌 **sprang**이고, 과거분사는 **sprung**이다.

She *sprang* to her feet. 그녀는 벌떡 일어섰다.
The lions *had sprung* out to kill passing antelope. 사자들이 지나가는 영양(羚羊)을 사냥하기 위해 갑자기 튀어나왔다.

미국 영어에서는 때때로 **spring**의 과거를 **sprung**으로 사용한다.

She *sprung* at him, and aimed a wild blow at his face.
그녀는 그에게 갑자기 달려들어 그의 얼굴을 향해 거칠게 주먹을 날렸다.

---

stack

➲ Usage 표제어 heap – stack – pile 참조.

---

staff

어떤 단체에서 일하는 사람들을 **staff**라고 한다.

She was invited to join the *staff* of the BBC. 그녀는 BBC에서 직원으로 일하자는 제안을 받았다.
The police questioned me and all the *staff*. 경찰은 나를 비롯한 모든 직원에게 신문했다.

staff 뒤에 복수동사나 단수동사를 사용할 수 있지만, 복수동사를 더 일반적으로 쓴다.

The staff *are* very helpful. 직원들은 많은 도움을 주고 있다.
The teaching staff *is* well-qualified and experienced. 교사진은 자질이 뛰어나고 노련하다.

> 주의 어떤 단체에서 일하는 직원 한 명은 **staff**가 아닌 **a member of staff**라고 한다.
> There are two students to every *member of staff*. 모든 직원들에게 두 명의 학생이 배정되어 있다.
> At times *members of HQ staff* adopted a secretive attitude. 가끔 본부의 직원들은 무언가 숨기는 태도를 취했다.

stair

Usage 표제어 step – stairs 참조.

stand

일반적으로 **stand**는 동사이며, 과거와 과거분사는 **standed**가 아닌 **stood**이다.

1 saying where someone is(어떤 사람이 어디 있는지를 말하기)

stand는 몸을 똑바로 세우고 다리를 곧게 펴서 발로 몸무게를 지탱하다, 즉 '서다'라는 뜻이다. 표준 영어에서는 **'be stood' somewhere**라고 하지 않는다.

He *is standing* in the middle of the road. 그는 길 가운데 서 있다.
She *was standing* at the bus stop. 그녀는 버스 정류장에 서 있었다.

2 saying where someone goes(어떤 사람이 어디로 가는지 말하기)

어떤 사람이 다른 장소로 이동하여 그곳에 서 있다고 할 때에도 **stand**를 사용한다.

She told the girls to *stand* aside and let her pass.
그녀는 그 여자 아이들에게 자신이 지나갈 수 있도록 옆으로 비켜서 달라고 말했다.
She came and *stood* close to him. 그녀는 그의 가까이에 와서 서 있었다.

3 'stand up'

앉아 있던 사람이 자리에서 일어나다라고 할 때에도 때때로 **stand**를 사용한다.

The children *stood* and applauded. 어린이들이 일어서서 박수갈채를 보냈다.

그러나 일반적으로 앉아 있는 사람이 일어나다라고 할 때는 **stand up**을 사용한다.

Lewis Jones refused to *stand up* when I came into the room.
내가 그 방에 들어왔을 때 루이스 존스는 일어서기를 거부했다.
I put down my glass and *stood up*. 나는 잔을 내려놓고 일어섰다.

4 'cannot stand'

cannot stand **someone/something**은 사람이나 어떤 일을 전혀 좋아하지 않다라는 뜻이다.

She *can't stand* children. 그녀는 어린아이를 좋아하지 않는다.

5 'stand' in an election(선거에서의 stand)

영국 영어에서 ***stand*** **in an election**은 선거에 입후보하다라는 뜻이다.

She was invited to *stand* as the Liberal candidate. 그녀는 자유당 후보로 입후보하라는 제의를 받았다.
He *has stood* for Parliament 21 times. 그는 국회의원에 21차례 입후보했다.

미국 영어에서는 **stand**가 아닌 **run**을 사용한다.

He then *ran* for Governor of New York. 그러고 나서 그는 뉴욕 주지사로 입후보했다.

stare

Usage 표제어 gaze – stare 참조.

start – begin – commence

1 used with noun groups(명사구와 함께 사용하기)

start, begin, commence는 모두 어떤 일을 특정한 시기부터 하다, 즉 '시작하다'라는 뜻이다.

My father ***started*** work when he was ten. 우리 아버지는 10살 때부터 일을 시작했다.
The US is prepared to ***begin*** talks immediately. 미국은 바로 협상을 시작할 준비가 되어 있다.
I ***commenced*** a round of visits. 나는 순회 방문을 시작했다.

이들 단어 사이에 의미상의 차이는 없으나, commence는 격식을 차린 말이며 회화에서는 사용하지 않는다.

begin의 과거는 beginned나 begun이 아닌 began이며, 과거분사는 begun이다.

Strathclyde Police ***began*** a search for the boy's parents. 스트래스클라이드주 경찰은 그 소년의 부모를 찾기 시작했다.
The company ***has begun*** a programme of rationalization. 그 회사는 합리화 프로그램을 시작했다.

2 used with other verbs(다른 동사와 함께 사용하기)

〔start · begin + to부정사 · -ing〕 형식을 사용한다.

Ralph ***started to run***. 랠프는 달리기 시작했다.
He ***started laughing***. 그는 웃기 시작했다.
I ***was beginning to feel*** better. 나는 회복되는 것을 느끼기 시작했다.
We ***began chattering*** and ***laughing*** together. 우리는 같이 떠들고 웃기 시작했다.

ℹ starting과 beginning 뒤에는 -ing형이 아닌 to부정사를 사용한다. 예를 들면, '기분이 나아져서 더 먹기 시작하고 있다.'는 ~~Now that I feel better I'm beginning eating more~~.가 아닌 Now that I feel better, I'm beginning to eat more.라고 한다.

commence 뒤에는 to부정사가 아닌 -ing형을 사용한다.

He let his oars sink into the water and ***commenced pulling*** with long strokes.
그는 자신의 노를 물속에 집어넣고 크게 젓기 시작했다.

3 used as intransitive verbs(자동사로 사용하기)

어떤 일이 특정한 시간부터 일어나다라고 할 때, start, begin, commence는 자동사로 사용한다.

His meeting ***starts*** at 7. 그의 회의는 7시에 시작한다.
My career as a journalist was about to ***begin***. 나는 기자라는 직업으로 막 첫발을 내딛으려 하고 있었다.
He had been held for 9 months when his trial ***commenced***. 재판이 시작되었을 때, 그는 9개월째 감옥에 갇혀 있었다.

4 special uses of 'start'(start의 특별한 용법)

start에는 몇 가지 특별한 뜻이 있다. 이러한 뜻에는 begin이나 commence를 사용하지 않는다.

어떤 기계나 엔진을 시동하여 움직이게 한다고 할 때도 start를 사용한다.

He couldn't get his engine ***started***. 그는 자동차 엔진의 시동을 걸 수 없었다.
He ***started*** the car and drove off. 그는 자동차의 시동을 걸고 몰고 갔다.

어떤 사람이 사업을 시작하거나 단체를 설립한다고 할 때 start를 사용한다.

He scraped up the money to ***start*** a restaurant. 그는 간신히 돈을 구해서 식당을 개업했다.
Now is probably as good a time as any to ***start*** a business.
지금이 아마 어느 때 못지않게 사업을 시작하기에 좋은 때일 것이다.

stationary – stationery – stationer

stationary와 stationery는 뜻은 완전히 다르지만, 똑같이 [stéiʃənèri | -ʃənəri]라고 발음한다.

1 'stationary'

형용사 stationary는 차가 움직이지 않고 '정지해 있는'이라는 뜻이다.

...a ***stationary*** car. 정지해 있는 차.
Only use the handbrake when your vehicle is ***stationary***. 차가 정지해 있을 때는 핸드 브레이크만 사용해라.

2 'stationery'

명사 **stationery**는 종이, 봉투, 펜 등 글 쓰는 데 사용하는 기구들, 즉 '문방구'라는 뜻이다.

The same number said it was acceptable to steal small items, such as ***stationery*** from work.
같은 수의 사람들이 직장에서의 사무용품과 같은 사소한 물건을 몰래 가져가는 것은 용납해야 한다고 말했다
...the office ***stationery*** cupboard. 사무용품을 넣어 두는 선반.

3 'stationer'

문구점을 **stationer**나 **stationer's**라고 하며, **stationery**라고 하지 않는다.

...a high street ***stationer***. 번화가에 있는 문구점.
...a ***stationer's*** in Islington. 이즐링턴에 있는 문구점.

미국 영어에서는 일반적으로 **stationer's**를 사용하지 않는다.

statistics – statistical

1 'statistics'

statistics는 정보를 분석하여 얻은 숫자로 나타낸 사실, 즉 '통계 자료'라는 뜻이다.

I happen to have the official ***statistics*** with me. 마침 나에게 공식적인 통계 자료가 있다.
...the difference in road accident ***statistics*** between north and south Europe.
북부와 남부 유럽 간의 도로 교통사고에 대한 통계 수치의 차이.

statistics가 '통계'라는 뜻일 때는 복수명사이며 복수동사를 사용한다.

The same statistics ***are*** fed into the computer. 같은 통계 수치가 컴퓨터에 입력된다.
Statistics never ***prove*** anything. 통계는 어떤 사실도 전혀 증명하지 않는다.

statistics는 통계를 다루는 수학의 분야, 즉 '통계학'이라는 뜻으로도 사용한다.

...a Professor of ***Statistics***. 통계학과 교수.

statistics가 '통계학'이라는 뜻일 때는 불가산명사이며, 단수동사를 사용한다.

Statistics ***has*** never been taught here before. 통계학은 이전에 이곳에서 가르친 적이 전혀 없었다.

2 'statistical'

'통계와 관련된', '통계학적인'이라는 뜻일 때는 **statistic**이 아닌 형용사 **statistical**을 사용한다.

Statistical techniques are regularly employed. 통계학적인 기법은 정기적으로 사용된다.
The report contains a great deal of ***statistical*** information. 그 보고서는 상당량의 통계학적인 정보를 담고 있다.

stay

➲ Usage 표제어 **remain – stay** 참조.

steal

steal은 물건을 돌려줄 의사 없이 허락받지 않고 가져가다, 즉 '훔치다'라는 뜻이다.

He tried to ***steal*** a caravan from a caravan site. 그는 이동 주택 주차장에서 이동 주택을 하나 훔치려 했다.
My first offence was ***stealing*** a pair of binoculars 나의 첫 범죄는 쌍안경 한 개를 훔친 것이었다.

steal의 과거는 **stealed**가 아닌 **stole**이고, 과거분사는 **stolen**이다.

Armed raiders disguised as postmen ***stole*** 50 bags of mail. 우체부로 가장한 무장 괴한들이 50개의 우편낭을 훔쳤다.
My car ***was stolen*** on Friday evening. 내 자동차를 금요일 저녁에 도난당했다.
He was sentenced to probation for receiving ***stolen*** property. 그는 장물 취득으로 집행 유예를 선고받았다.

주의 어떤 것을 도난당했을 경우, **steal**이나 **take**를 사용한다. 그러나 동사의 목적어가 사람인 경우에는 **rob**을 사용한다.

I ***had stolen my father's money***. 나는 아버지의 돈을 훔쳤다.
I know you***'ve taken my stamps***. 당신이 나의 우표를 훔친 것을 알고 있다.
They ***robbed*** me and stole my car. 그들은 나를 약탈하고 자동차를 훔쳐 갔다.

step – stairs

1 'step'

step은 다른 층으로 이동할 때 발을 올려놓는 높이 세워진 평평한 표면, 즉 '계단'이라는 뜻이다.

Mind the ***step***. 계단 조심하세요.
She was sitting on the top ***step***. 그녀는 맨 위 계단에 앉아 있었다.

가파른 비탈이나 건물 밖에 있는 계단을 flight of steps라고 한다.

...a ***flight*** of concrete steps. 일련의 콘크리트 계단.
We walked in silence up a ***flight*** of stairs. 우리는 조용히 계단을 걸어 올라갔다.

2 'stairs'

건물 안에 있는 계단은 stairs나 staircase라고 한다.

I was running up and down the ***stairs***. 나는 계단을 위아래로 뛰어다니고 있었다.
There was a large hall with a big ***staircase*** winding up from it.
그곳에서 구부러져 올라가는 큰 계단이 있는 거대한 홀이 있었다.

still

still은 어떤 상황이 계속되는 것을 나타낼 때 사용하는 가장 흔한 단어이다.

1 position in sentence(문장 안에서의 위치)

- **일반적으로 동사구를 사용한 문장의 경우, 첫 번째 조동사 뒤에 still이 온다. 예를 들면, '그는 여전히 기다리고 있었다.'는 ~~He still was waiting.~~이 아닌 He *was still* waiting.이라고 한다.**

He ***could still*** get into serious trouble. 그는 여전히 심각한 곤경에 빠질 가능성이 있었다.
I***'ve still*** got three left. 나에게 아직도 세 개가 남아 있다.
Individual payments ***had still*** not been calculated. 개인의 지불액은 아직 계산되지 않았다.

- **조동사가 없는 경우, be동사를 제외한 동사 앞에 still이 온다.**

She ***still lives*** in London. 그녀는 아직 런던에 살고 있다.

- **be동사가 있는 경우, 그 뒤에 still이 온다.**

She ***was still*** beautiful. 그녀는 여전히 아름다웠다.
There ***is still*** a chance the plan could collapse. 그 계획이 실패할 가능성이 아직도 있다.

- **회화에서 still은 때때로 문장의 끝에 오기도 한다.**

We have a lot to do ***still***. 우리는 아직도 할 일이 많다.

그러나 still이 위와 같은 뜻일 때, 문장의 처음에 사용해서는 안 된다.

2 used with 'even if'(even if와 함께 사용하기)

even if나 even though로 시작하는 문장에 still을 자주 사용한다.

But ***even if*** they do change the system, they've still got an economic crisis on their hands.
그러나 그들이 그 제도를 변경하더라도, 여전히 해결해야 할 과제로 경제 위기가 남아 있다.

➲ 위의 용법에 대한 더 많은 정보는 Usage 표제어 even 참조.

3 used in negative clauses(부정절에 사용하기)

부정절에서 내용을 강조하기 위해 **still**을 사용할 수 있다. 이때 **still**은 첫 번째 조동사 앞에 온다.

I ***still don't*** understand. 나는 아직도 이해 못한다.
Pollard ***still*** did not know Uzi's last name. 폴라드는 여전히 우지의 성(姓)이 무엇인지 몰랐다.

그러나 어떤 일이 현재까지 일어나지 않았다고 할 때는 부정문에서 **still**이 아닌 **yet**을 사용한다. **yet**은 **not**의 뒤나 절의 끝에 온다.

I haven't ***yet*** met Davis. 나는 아직 데이비스를 만나지 못했다.
It isn't dark ***yet***. 아직 어둡지 않다.

➲ Usage 표제어 yet 참조.

---

sting – bite

1 'sting'

보통 **sting**은 동사로 사용하며, **sting**의 과거와 과거분사는 **stang**이나 **stinged**가 아닌 **stung**이다. **sting**은 벌, 말벌, 전갈 등과 같은 생물체가 피부를 찔러서 몸 안으로 독을 찔러 넣다, 즉 '쏘다'라는 뜻이다.

Bees do not normally ***sting*** without being provoked. 일반적으로 벌은 자극하지 않으면 쏘지 않는다.
Perry was taken to hospital, ***stung*** by a wasp inside the mouth. 페리는 말벌이 입 안을 쏘아서 병원으로 실려 갔다.

2 'bite'

모기나 개미가 물다라고 할 때는 **sting**이 아닌 **bite**를 사용한다. **bite**의 과거와 과거분사는 **bit**와 **bitten**이다.

The mosquitoes always made her swell up when they ***bit*** her. 그녀는 모기에 물릴 때마다 항상 부어올랐다.
A mosquito ***had bitten*** her on the wrist. 모기 한 마리가 그녀의 손목을 물었다.

bite는 뱀이 물다라는 뜻으로도 쓰인다.

In Britain you are more likely to be struck by lightning than ***bitten*** by a snake.
영국에서는 뱀에 물리는 것보다 벼락을 맞을 확률이 더 크다.

---

stone

1 'stone' and 'rock'

stone은 땅에서 발견되고 흔히 건물을 지을 때 사용하는 딱딱하고 단단한 물질, 즉 '돌'이라는 뜻이다.

The bits of ***stone*** are joined together with cement. 돌덩이들은 시멘트와 혼합한다.
...a ***stone*** wall. 돌담.

영국 영어에서 **stone**은 손으로 집을 수 있는 '작은 돌'이라는 뜻이다.

Roger picked up a ***stone*** and threw it. 로저는 돌멩이를 집어서 던졌다.

🇺🇸 미국 영어에서는 **stone**을 **rock**이라고도 한다.

She bent down, picked up a ***rock*** and threw it into the trees.
그녀는 몸을 숙여서 돌멩이 한 개를 집어 든 후 나무에 던졌다.

영국 영어와 미국 영어에서 **rock**은 땅이나 바다에서 튀어나와 있거나 산에서 떨어져 나온 큰 돌, 즉 '바위'라는 뜻이다.

2 'stone' and 'pit'

영국 영어에서 **stone**은 체리, 야자, 살구와 같은 과일의 크고 단단한 씨를 말한다.

...a cherry ***stone***. 체리 씨.

🇺🇸 미국 영어에서는 이러한 씨를 **pit**라고 한다.

stop

어떤 일을 더 이상 하지 않을 때, 일반적으로 동사 stop을 사용한다. stop 뒤에는 -ing형이나 to부정사를 사용하는데, 서로 뜻이 다르다.

1 'stop doing'

stop doing something은 어떤 일을 특정한 시간 이후에 더 이상 하지 않다라는 뜻이다.

We all *stopped talking*. 우리 모두 하던 얘기를 멈추었다.

He couldn't *stop crying*. 그는 울음을 그칠 수가 없었다.

2 'stop to do'

stop to do something은 다른 일을 하기 위해 하고 있는 일을 중단하다라는 뜻이다. 예를 들어, **She stopped to admire the view.**라고 하면, 그녀가 걸음을 멈춘 후 다시 걷기 시작하기 전에 경치를 보고 감탄했다라는 뜻이다.

Several of the men he passed recognized him and *stopped to speak*.
그가 지나친 여러 남자들이 그를 알아보고 말을 걸기 위해 걸음을 멈추었다.

I *stopped to tie* my shoelace. 나는 구두끈을 매려고 멈추었다.

3 'stop somebody doing something'

stop someone doing something이나 ***stop someone from doing*** something은 누군가가 어떤 일을 하는 것을 막다라는 뜻이다.

Did any of them try to *stop you coming*? 그들 중 누군가가 당신이 오는 것을 막으려 했습니까?

How do you *stop a tap dripping*? 수도꼭지에서 물이 떨어지는 것을 어떻게 막습니까?

Nothing was going to *stop Sandy from being a writer*. 어떤 것도 샌디가 작가가 되는 것을 막을 수 없었을 것이다.

something 'stops someone to do' something이라고 하지 않는다.

4 'stop' and 'stay'

누군가가 어떤 곳에 잠깐 머무르고 있다고 할 때, 영국 영어의 회화에서는 때때로 **stop**을 사용한다.

They'*re stopping* a couple of nights. 그들은 이틀 밤을 머무를 것이다.

I can go and *stop* with my brother for a couple of days. 나는 가서 이틀간 남동생과 머물 수 있다.

글을 쓸 때나 미국 영어에서는 **stop**이 아닌 **stay**를 사용한다.

The children *were staying* with Betty's stepmother in Glasgow.
아이들은 글래스고에서 베티의 계모와 함께 머물고 있었다.

store

Usage 표제어 shop – store 참조.

storey – floor

1 'storey'

건물의 각 층들을 **storeys**나 **floors**라고 하며, 건물의 층수를 말할 경우에는 보통 **storeys**를 사용한다. 예를 들면, '새 병원은 5층이다.'는 **The new hospital is *five storeys* high.**라고 하며, '나는 6층짜리 건물에서 일한다.'는 **I work in a *six-storey* building.**이라고 한다.

...a house with *four storeys*. 4층짜리 주택.

...a *single-storey* building. 단층 건물.

미국 영어에서는 **storey**를 **story**라고 표기하며, **story**의 복수형은 **stories**이다.

...a *four-story* building 4층짜리 건물.

...three hotel towers, each 30 *stories* high. 각각 30층 높이의 고층 호텔 세 개 .

2 'floor'

어떤 건물의 특정한 층을 나타낼 경우에는 보통 **storey**가 아닌 **floor**를 사용한다.

My office is on the second ***floor***. 나의 사무실은 2층에 있다.

...a ground ***floor*** flat. 아파트 1층.

story – storey

1 'story'

story는 사람을 즐겁게 하려고 글로 쓰거나 말하는 상상의 인물과 사건에 대한 기술, 즉 '이야기' 또는 '소설'이라는 뜻이다. **story**의 복수형은 **stories**이다.

Tell me a ***story***. 저에게 이야기 하나 해주세요.

Her ***stories*** about the boy wizard have sold 27.5 million copies.
마법사 소년에 대한 그녀의 소설은 2천7백5십만 부가 팔렸다.

story는 '실화'라는 뜻으로도 사용한다.

We had succeeded in selling the ***story*** of the expedition to the Daily Express.
우리는 데일리 엑스프레스지에 탐험 이야기를 파는 데 성공했다.

미국 영어에서는 건물의 한 층을 **story**라고도 한다.

The house was four ***stories*** high. 그 집은 4층짜리였다.

2 'storey'

영국 영어에서는 건물의 한 층을 **storey**라고 한다.

The house was four ***storeys*** high. 그 집은 4층짜리였다.

➲ **Usage** 표제어 **storey – floor** 참조.

strange – unusual

1 'strange'

strange는 당황케 하거나 불안케 할만큼 어떤 것이 친숙하지 않거나 예기치 않다, 즉 '이상한'이라는 뜻이다.

It was ***strange*** to hear her voice again. 그녀의 목소리를 다시 들으니 이상했다.

I had a ***strange*** dream last night. 나는 어젯밤 이상한 꿈을 꾸었다.

2 'unusual'

어떤 것이 일반적이지 않다고 하는 경우에는 **strange**가 아닌 **unusual**을 사용한다.

He had an ***unusual*** name. 그는 독특한 이름을 가졌다.

The California race is over the ***unusual*** distance of one mile and a half.
캘리포니아 경주는 이례적으로 거리가 1.5마일이 넘는다.

➲ 평범하지 않은 사람을 묘사할 때 사용하는 단어의 분류 목록은 **Usage** 표제어 **unusual** 참조.

strangeness

외모나 성격이 다른 사람과 다르다는 것을 묘사할 때 사용하는 형용사는 다음과 같다.

bizarre	curious	extraordinary	funny
interesting	odd	peculiar	queer
strange	striking	unusual	weird

예를 들면, **She's odd.** 또는 **She's an odd woman.**은 '그녀는 이상한 성격의 여자이다.'라는 뜻이며, 사람의 성격을 나타낸다. **She looks odd.** 또는 **She has an odd face.**는 '그녀는 이상하게 생겼다.'라는 뜻으로, 사람의 외모를 나타낸다.

1 'unusual'

unusual은 호감이나 비호감의 감정을 드러내지 않는 중립적인 단어이다.

I was not prepared for this ***unusual*** man. 나는 독특한 성격의 이 사람에 대해 준비가 되어 있지 않았다.
They have replanted many areas with rare and ***unusual*** plants.
그들은 많은 지역에 희귀하고 독특한 식물을 새로 심어 왔다.

2 'interesting' and 'striking'

interesting과 striking은 호감을 나타낼 때 사용하며, striking은 사람의 성격이 아닌 외모를 묘사할 때만 사용한다.

...filling your life up with ***interesting*** new acquaintances. 새로 사귄 호감이 가는 사람들로 당신의 삶을 채우는 것.
You've got a very interesting face. ***Striking***. 당신은 아주 호감이 가는 형의 얼굴인데요. 매력적이에요.

3 'extraordinary'

어떤 사람의 성격을 묘사할 때 extraordinary를 사용하면, 일반적으로 호감을 나타낸다.

She was an ***extraordinary***, fascinating woman. 그녀는 독특하고 매력 있는 여자였다.

4 other words(다른 단어)

bizarre, curious, funny, odd, peculiar, queer, strange, weird 등은 사람의 모습이나 성격이 재미있거나 불쾌하다는 뜻을 나타낸다.

His old school tie and blazer looked distinctly ***bizarre***. 그의 오래된 학생복 넥타이와 상의는 아주 기괴하게 보였다.
There was something a bit ***odd*** about this woman. 이 여자는 어딘가 조금 기이한 점이 있었다.
The girl was wearing a very ***peculiar*** trouser suit. 그 여자는 매우 괴상한 정장 바지를 입고 있었다.
He's different. He's ***weird***. 그는 달라. 묘한 사람이야.

---

stranger

stranger는 전에 만난 적이 한 번도 없는 사람, 즉 '낯선 사람'이라는 뜻이다.

A ***stranger*** appeared. 낯선 사람이 나타났다.
Antonio was a ***stranger*** to all of us. 안토니오는 우리 모두에게 낯선 사람이었다.

> 주의 외국인은 stranger가 아닌 foreigner라고 하는데, 이는 다소 정중하지 않은 표현이다. 대신 someone ***from abroad***나 someone ***from overseas***로 사용하는 것이 좋다.
> ...***visitors from abroad***. 해외에서 온 방문객들.
> ...a very large rise in postgraduate ***students from overseas***. 해외에서 온 대학원생의 대폭 증가.

---

street

street는 일반적으로 집이나 다른 건물이 늘어서 있는 도시나 큰 마을의 길, 즉 '거리'라는 뜻이다.

The two men walked slowly down the ***street***. 두 남자가 거리를 따라 천천히 걸었다.
They went into the café across the ***street***. 그들은 거리 건너편의 카페로 들어갔다.

시골길을 가리킬 때는 street를 사용하지 않는다.

---

strike

strike는 손, 막대기 등으로 사람이나 사물을 때리다라는 뜻으로, 이는 격식을 차린 표현이다.

He ***was striking*** his dog with his whip. 그는 자신의 개를 채찍으로 때리고 있었다.

strike의 과거와 과거분사는 striked가 아닌 struck이다.

The young man ***struck*** his father. 그 젊은 남자는 자신의 아버지를 때렸다.

He ***had struck*** her only in self-defence. 그는 오직 자신을 방어하기 위해 그녀를 때렸다.

어떤 것이 사람의 마음에 미치는 영향을 묘사할 때, 다음과 같이 **strike**를 사용한다.

아이디어나 생각이 갑자기 머릿속에 떠오른다고 할 때, **strike**를 사용한다.

It ***struck*** him how foolish his behavior had been.
자신이 아주 바보 같은 행동을 해왔다는 생각이 갑자기 그의 머릿속에 떠올랐다.

어떤 일이 누군가에게 특정한 인상을 준다고 할 때도 **strike**를 사용할 수 있다.

Gertie ***strikes*** me as a very silly girl. 거티는 매우 바보 같은 여자 아이라는 인상을 나에게 준다.
How did London ***strike*** you? 런던이 당신에게 준 인상은 어땠습니까?

be struck by **something**은 어떤 일에 강한 인상을 받다라는 뜻이다.

I ***was struck by*** his good manners. 나는 그의 좋은 매너에 강한 인상을 받았다.

strong

형용사 **strong**은 사람을 묘사할 때 여러 가지 방법으로 사용한다. **strong**은 강한 근육을 가지고 있어 무거운 물건을 들어올리거나 옮길 수 있는 능력이 있다, 즉 '힘이 센'이라는 뜻이다.

Claudia was young, ***strong***, and healthy. 클로디아는 젊고 힘이 세며 건강했다.
The little boy has grown into a tall, ***strong*** man. 그 작은 소년이 키가 크고 튼튼한 남자로 성장했다.

strong **personality**는 매우 자신감에 차 있고 다른 사람들의 영향을 쉽게 받지 않는 사람, 즉 '강한 성격을 가진 사람'이라는 뜻이다.

But Alan is a ***strong*** personality with leadership qualities that are fantastic for this club.
그러나 앨런은 이 클럽에 꼭 들어맞는 지도자의 자질을 갖춘 강인한 인물이다.

strong believer in **something**은 어떤 것이 아주 좋거나 바람직한 것이라고 확신하고 있는 사람이라는 뜻이다.

The Secretary of State is a ***strong believer in*** parental involvement in classrooms.
국무 장관은 학교 수업에 부모가 참여하는 게 좋다는 강한 확신을 가지고 있다.

strong supporter of **a person/an organization**은 어떤 사람이나 단체를 열렬하게 지지하는 사람이라는 뜻이다.

I'm still a ***strong supporter of*** the NHS. 나는 국민 건강 보험을 여전히 강력하게 지지한다.

> **주의** 담배를 많이 피우는 사람은 **strong smoker**가 아닌 **heavy smoker**라고 하고, 술을 많이 마시는 사람은 **strong drinker**가 아닌 **heavy drinker**라고 한다.

strongly

사람의 감정이나 태도에 대해 말할 경우, **strongly**를 사용하는데, 어떤 것에 아주 강력하게 찬성하다라는 뜻이다.

I feel this very ***strongly***. 나는 이것을 매우 강하게 느낀다.
He remains ***strongly*** opposed to commercial radio. 그는 상업 라디오 방송에 강력히 반대하고 있다.

strongly advise **someone to do something**은 어떤 사람에게 이롭도록 강력하게 충고하다라는 뜻이다.

I ***strongly advise*** you to get someone to help you. 나는 당신에게 다른 사람의 도움을 받으라고 강력하게 충고합니다.

> **주의** 사람이 사물을 손에 쥐는 방법을 묘사할 때는 **strongly**가 아닌 **tightly**나 **firmly**를 사용한다.
> ...the rifle which he gripped ***tightly*** in his right hand. 그의 오른손에 꽉 쥐어져 있었던 엽총.
> He held her arm ***firmly***. 그는 그녀의 팔을 꽉 잡았다.
>
> 어떤 일을 열심히 하다라고 할 경우에는 **strongly**가 아닌 **hard**를 사용한다.
> He had worked ***hard*** all his life. 그는 평생을 열심히 일했다.

stubbornness

원하는 일을 하기로 한 번 결정하면, 자신의 마음을 바꾸지 않는 사람을 묘사할 때 사용하는 단어는 다음과 같다.

firm	intransigent	obstinate	ornery(美)
pig-headed	rigid	steadfast	stubborn

1 positive words(긍정적인 단어)

사람의 행동에 대해 긍정적인 뜻을 나타낼 때, **firm**이나 **steadfast**를 사용한다. **steadfast**는 다소 문어적인 단어이다.

If parents are ***firm***, children accept discipline. 만약 부모가 확고하다면, 어린이들은 벌을 받아들인다.

He relied on the calm and ***steadfast*** Kathy. 그는 조용하고 확고한 캐시에게 의지했다.

2 negative words(부정적인 단어)

부정적인 뜻을 나타낼 때, **stubborn**, **obstinate**, **pig-headed**, **rigid**, **intransigent**를 사용한다. **intransigent**는 격식을 차린 말이다.

He and his officials remained as ***stubborn*** as ever. 그와 그의 관리들은 여전히 완고했다.

...an ***obstinate*** and rebellious child. 고집이 세고 반항적인 아이.

They can be stupid and ***pig-headed***. 그들은 우둔하며 옹고집일 가능성이 있다.

My father is very ***rigid*** in his thinking. 내 아버지의 생각은 매우 확고하다.

He told them how ***intransigent*** the racists in his country had been.
그는 그들에게 자기 조국의 인종 차별주의자들이 얼마나 완고했는지를 말했다.

student

1 'student'

영국 영어에서 **student**는 대학이나 전문 대학에서 공부하는 학생이라는 뜻이다.

...medical ***students***. 의대생들.

...the ***students*** of Edinburgh University. 에든버러 대학의 학생들.

미국 영어에서는 초 · 중 · 고등학교와 대학에 다니는 모든 학생을 **student**라고 한다.

...high school ***students***. 고등학생들.

2 'schoolchildren'

영국 영어에서는 초 · 중 · 고등학교 학생을 일반적으로 **schoolchildren**, **schoolboys**, **schoolgirls**라고 한다.

Each year the sanctuary is visited by thousands of ***schoolchildren***.
해마다 그 신성한 장소에 수천 명의 학생들이 방문한다.

...when I was still a ***schoolboy***. 내가 아직 학생이었을 때.

...the number of ***schoolgirls*** attracted to engineering. 공학에 관심이 있는 여학생의 수.

3 'pupils'

영국에서는 특정한 학교에 다니는 학생들을 공식적으로 **pupils**라고 한다.

...a school with more than 1300 ***pupils***. 1300명 이상의 학생이 있는 학교.

미국 영어에서는 때때로 **pupil**을 위와 같은 용법으로도 사용하지만, 일반적으로는 개인 교습을 받는 학생을 가리킨다.

I try to teach a ***pupil*** to swing the club correctly. 나는 제자에게 골프채를 정확하게 휘두르도록 가르치려고 노력한다.

4 'children'

그러나 회화에서는 **pupils**가 아닌 **children**이라고 한다.

We have forty-three ***children*** in Fairacre School. 우리 페어에이커 학교에는 43명의 아이들이 다니고 있다.

subconscious – unconscious

1 used as a noun(명사로 사용하기)

subconscious는 의식하지 못하는 상태에서 사람의 행동에 영향을 미치는 마음, 즉 '잠재의식'이라는 뜻이다.

The memory of it all was locked deep in my ***subconscious***.
그 모든 것에 대한 기억은 내 잠재의식 속에 깊이 간직되어 있었다.

2 used as an adjective(형용사로 사용하기)

형용사 **subconscious**는 명사 앞에서 사용하기도 한다.

The ***subconscious*** mind forgets nothing. 잠재의식 속의 마음은 아무것도 잊어버리지 않는다.
He was urged on by some ***subconscious*** desire to punish himself.
그는 자신을 처벌해야 한다는 어떤 잠재된 욕구를 강하게 느꼈다.

3 'unconscious'

어떤 사람이 의식이 없는 경우에는 **subconscious**가 아닌 **unconscious**를 사용한다.

The blow knocked him ***unconscious***. 그는 그 타격으로 의식을 잃고 쓰러졌다.

subject

subject는 책이나 대화 같은 것에서 토의되는 것, 즉 '주제'라는 뜻이다.

He knew what the ***subject*** of the meeting was. 그는 회의의 주제가 무엇인지 알고 있었다.
What was the ***subject*** of the opera you planned to write? 당신이 쓰려고 계획한 오페라의 주제는 무엇이었습니까?

ⓘ the subject of a book/talk 'is about' something이라고 하지 않는다.

subway – underground

1 'subway'

subway는 번잡한 도로 밑의 보행자용 길, 즉 '지하도'라는 뜻이다.

You feel worried if you walk through a ***subway***. 당신은 지하도를 걸어가면 두려움을 느낀다.

일부 미국 도시에서 **subway**는 전동차가 지하 터널로 다니는 철도 시스템인 '지하철'이라는 뜻으로도 사용한다.

I don't ride the ***subway*** late at night. 나는 늦은 밤에 지하철을 타지 않는다.

2 'underground'

영국에서는 런던과 글래스고의 지하철을 **subway**가 아닌 **Underground**라고 한다. 런던의 지하철은 **tube**라고도 한다.

He crossed London by ***Underground***. 그는 지하철로 런던을 지나갔다.
I took the ***tube*** and then the train. 나는 지하철을 탄 다음 기차를 탔다.

succeed

succeed in doing something은 성취하려고 했던 것을 이루다라는 뜻이다.

I ***succeeded in getting*** the job. 나는 그 일자리를 얻는 데 성공했다.

ⓘ 'succeed to do' something이라고 하지 않는다.

successful

successful은 성취하려고 했던 것을 이루다, 즉 '성공적인'이라는 뜻이다.

...a ***successful*** attempt to land on the moon. 달에 착륙하려는 성공적인 시도.

If this method is not ***successful***, consult your health visitor or doctor.
만약 이 방법이 성공하지 않는다면, 방문 간호사나 의사와 상의해라.

be *successful in doing* something은 어떤 일을 하는 데 성공하다라는 뜻이다.

On finishing his training, he ***was successful in obtaining*** a post at Halifax.
그는 훈련을 마치자마자 핼리팩스에서 요직을 얻는 데 성공했다.

'be successful to do' something이라고 하지 않는다.

---

such

1 referring back(다시 가리키기)

***such* a thing/person**은 방금 전에 설명하거나 언급하거나 경험한 것과 비슷한 사물, 사람이라는 뜻이다.

We could not believe ***such a thing***. 우리는 그런 것을 믿을 수가 없었다.

〔**such + 단수명사 + as this**〕 형식이나 〔**such + 복수명사 + as these**〕 형식을 사용하는데, 이는 상당히 격식을 차린 용법이다.

How can we make sense of ***such a story as this***? 어떻게 우리가 이런 이야기를 이해할 수 있겠는가?
It's the only way to behave at ***such times as these***. 그것이 이런 때에 행동할 수 있는 유일한 방법이다.

위와 같은 문장은 종종 어순을 바꾸어 사용한다. 예를 들면, **such times as these**는 **times such as these**나 **times like these**로 바꾸어 사용할 수 있다.

They were not involved in ***issues such as this***. 그들은 이와 같은 문제에 연루되어 있지 않았다.
There is nothing wrong in having ***thoughts like these***. 이와 같은 생각을 갖는 것은 전혀 잘못된 것이 아니다.

> **주의** 현재 눈앞에 존재하고 있는 것이나 자신이 있는 장소를 말할 경우에는 **such**가 아닌 **like**를 사용한다. 예를 들면, '나는 그런 시계를 갖고 싶다.'는 ~~**I'd like such a watch.**~~가 아닌 **I'd like a watch *like that*.**이라고 한다. 마찬가지로, '이런 도시에서는 할 일이 별로 많지 않다.'는 ~~**There's not much to do in such a town.**~~이 아닌 **There's not much to do in a town *like this*.**라고 한다.
>
> I would have thought I was free in a place ***like this***. 나는 이런 곳에서라면 자유롭다고 생각했을 것이다.
> I'm sure they don't have chairs ***like these***. 나는 그들이 이런 의자를 갖고 있지 않다고 확신한다.

2 'such as'

어떤 것의 예를 들 경우, 두 개의 명사구 사이에 **such as**를 사용한다.

...a game of chance ***such as*** roulette. 룰렛처럼 운에 맡긴 게임.

때때로 〔**such + 첫 번째 명사구 + as + 두 번째 명사구**〕 형식을 사용한다.

We talked about ***such*** subjects ***as*** the weather. 우리는 날씨와 같은 주제에 대해 이야기했다.

3 'such' used for emphasis(such를 강조에 사용하기)

명사구에서 형용사를 강조할 때, 때때로 **such**를 사용한다. 예를 들면, '그는 아주 친절한 사람이다.'는 **He's a nice man.** 대신 **He's *such a nice man*.**이라고 한다.

She was ***such a nice girl***. 그녀는 아주 상냥한 여자였다.
She seemed ***such a happy woman***. 그녀는 아주 행복한 여자처럼 보였다.

ℹ 명사구가 단수 형태일 경우, a를 사용한다. 예를 들면, ~~She was such nice girl.~~이나 ~~She was a such nice girl.~~이라고 하지 않는다.

뜻을 더욱 강조하기 위해 **such** 대신 **ever such**를 쓰는 사람들도 있다.

I think that's ***ever such a nice photo***. 나는 그것이 아주 멋있는 사진이라고 생각한다.

ℹ 글에서는 ever such를 사용하지 않는다.

방금 전에 묘사하거나 말한 사물이나 사람을 가리키며, 그 사물이나 사람이 갖고 있는 성질을 강조할 때도 **such**를 사용한다. 예를 들면, '나는 그녀를 그렇게 따분한 곳에서 만나게 되어 놀랐다.'는 **It was a very dull place.**

I was surprised to see her there. 대신 I was surprised to see her in ***such a dull place***.라고 한다.

I was, of course, impressed to meet *such a famous actress*.
나는 물론, 그렇게 유명한 여배우를 만나게 되어서 감명을 받았다.

You really shouldn't tell *such obvious lies*. 당신은 정말 그렇게 뻔한 거짓말을 해서는 안 된다.

4 'such...that': mentioning a result(such...that: 결과 말하기)

〔such + (a/an) + (형용사) + 명사 + that절〕 형식은 사람이나 사물이 어떤 성질을 대단히 많이 가지고 있어서 어떤 일이 일어나다라고 말하는 경우에 사용한다.

A few boas grow to *such a length* that they can tackle creatures as big as goats.
몇몇 보아 뱀은 엄청난 길이로 자라서 염소만큼 큰 동물을 공격할 수 있다.

This can be *such a gradual process* that you are not aware of it happening.
이것은 아주 천천히 진행되어서, 당신은 그것이 일어나고 있는 것을 의식하지 못할 수도 있다.

---

suffer – put up with – stand – bear

1 'suffer'

suffer는 어떤 사람이 고통을 느끼거나 나쁜 경험을 하다라는 뜻이다.

He *suffered* a lot of discomfort. 그는 많은 불편을 겪었다.

Young *suffered* imprisonment and intimidation. 영은 투옥과 협박을 당했다.

2 'put up with'

어떤 사람의 무례한 행동을 참다라고 말할 때는 suffer가 아닌 put up with를 사용한다.

The local people have to *put up with* gaping tourists.
지역 주민들은 입을 딱 벌리고 멍한 표정으로 다니는 관광객의 행동을 참아야 한다.

3 'stand' and 'bear'

어떤 사람을 전혀 좋아하지 않는 경우에는 'can't suffer' someone이 아닌 ***can't stand*** someone이나 ***can't bear*** someone이라고 한다.

She said she *couldn't stand* him. 그녀는 그를 싫어한다고 말했다.

I *can't bear* kids. 나는 아이들을 싫어한다.

---

suggest

suggest는 어떤 것을 계획이나 아이디어로 고려해 보라고 '제안하다'라는 뜻이다.

Your bank manager will probably *suggest* a personal loan. 당신의 은행 지점장이 아마 개인 대출을 제안할 것이다.

We have to *suggest* a list of possible topics for next term's seminars.
우리는 다음 학기 세미나의 가능한 주제 목록을 제출해야 한다.

ℹ 보통 suggest는 사람을 가리키는 명사나 대명사가 바로 뒤에 오지 않는다. 일반적으로 그 사람을 가리키는 명사나 대명사 앞에는 전치사 to를 사용해야 한다. suggest someone something이 아닌 ***suggest*** something ***to*** someone이라고 해야 한다.

John Caskey first *suggested this idea to me*. 존 케스키가 처음으로 이러한 아이디어를 나에게 제안했다.

suggest가 '권하다'라는 뜻일 때에만 ***suggest*** someone ***to do*** something이라고 하고, 어떤 일을 할 것을 '제안하다'라고 할 때는 suggest ***that*** someone ***does*** something이라고 한다.

Beatrice *suggested that he spend the summer at their place*.
비어트리스는 그가 여름을 그들의 집에서 보낼 것을 제안했다.

위와 같은 문장에서 that절에는 단순시제를 사용하지만 원형부정사를 사용할 수도 있는데, 이는 격식을 차린 용법이다.

The committee suggest that even greater emphasis *be placed* upon this effort.
위원회는 이러한 노력을 더욱더 강조할 것을 제안한다.

때때로 조동사 **might**와 **should**를 사용할 수 있는데, 이는 격식을 차린 용법이다.

Sometimes he would suggest that the destitute ***might*** turn to their own families for support.
그는 때때로 가난한 사람들이 부양에 대해 그들 자신의 가족들에 의존할 것을 제안하곤 했다.

It's unfair of you to suggest that I ***should*** remain faithful to a dead man.
죽은 사람에게 계속 내가 충성할 것을 제안하다니 당신은 공정하지 못하다.

주의 **suggest**를 **advise**와 혼동해서는 안 된다. **suggest**는 다른 사람에게 어떤 것을 계획이나 아이디어로 고려해 보라고 '제안하다'라는 뜻이고, **advise**는 어떤 사람에게 무엇을 해야 한다고 말하다, 즉 '충고하다'라는 뜻이다.

I ***advised him to leave*** as soon as possible. 나는 그에게 가능한 한 빨리 떠나라고 충고했다.

➲ Usage 표제어 advise와 Topic 표제어 Advising someone과 Suggestions 참조.

suit – suite

1 'suit'

suit [suːt]는 동사나 명사로 사용한다.

suit는 어떤 것이 누군가에게 사용하기 편리하거나 받아들일 만하거나 적합하다라는 뜻이다.

Would Monday ***suit*** you? 월요일이 당신에게 편리할까요?
A job where I was indoors all day wouldn't ***suit*** me. 하루 종일 실내에서 일하는 직업은 나에게 적합하지 않을 것이다.

ⓘ suit to라고 하지 않는다.

suit는 상하의가 같은 옷감으로 만들어진 한 벌의 옷, 즉 '정장 한 벌'이라는 뜻이다.

He arrived at the office in a ***suit*** and tie. 그는 정장에 넥타이를 매고 사무실에 도착했다.

2 'suite'

suite [swiːt]는 명사로, 호텔의 침실 · 욕실 · 거실 등이 이어져 있는 방, 즉 '스위트룸'이라는 뜻이다.

They always stayed in a ***suite*** at the Ritz. 그들은 항상 리츠 호텔의 스위트룸에 머물렀다.

suite는 응접실이나 화장실에 배치된 '한 세트의 가구'라는 뜻으로도 사용한다.

I need a three-piece ***suite*** for the lounge. 나는 라운지에 세 개짜리 가구 세트가 필요하다.

suitable

be ***suitable for***는 어떤 사람이나 사물이 특정한 사람이나 목적에 적합하다라는 뜻이다.

These flats are not really ***suitable for*** families with children.
이들 아파트는 어린아이가 있는 가족이 살기에 정말 적합하지는 않다.
Farm tractors are not ***suitable for*** small plots of land. 농장 트랙터는 소규모 경작지에는 적합하지 않다.

ⓘ 위와 같은 문장에서 for 이외에 다른 전치사를 사용하지 않는다.

suitcase

➲ Usage 표제어 **bag** 참조.

summer

summer는 봄과 가을 사이의 계절, 즉 '여름'이라는 뜻이다.

어떤 일이 매년 여름마다 일어나다는 **something happens *in summer/in the summer***라고 한다.

Auckland is sub-tropical, with sweltering noon temperatures ***in summer***.
오클랜드는 아열대 지역에 있어 여름날의 정오에는 찌는 듯이 덥다.
Mist is common here even ***in the summer***. 여기는 여름에도 안개가 흔하다.

ⓘ something happens 'in the summers'라고 하지 않는다.

sunk – sunken

➲ Usage 표제어 sink 참조.

superior

one person/thing is ***superior to*** another는 어떤 사람이나 사물이 다른 사람이나 사물에 비해 더 뛰어나다라는 뜻이다.

I secretly felt *superior to* him. 나는 은연중에 그에 대한 우월감을 느꼈다.
The film is vastly *superior to* the book. 그 영화는 책보다 훨씬 더 낫다.

ⓘ superior 뒤에 to 이외에 다른 전치사를 사용하지 않는다. one person/thing is 'more superior to' another라고도 하지 않는다.

supper

일부 사람들은 저녁 식사를 **supper**라고 한다. 다른 일부 사람들은 밤에 잠자리에 들기 직전에 먹는 적은 음식을 가리킬 때, **supper**를 사용하기도 한다.

➲ 더 많은 정보는 **Topic** 표제어 **Meals** 참조.

supply

supply someone ***with*** something은 어떤 사람에게 어떤 물건을 제공하다, 즉 '공급하다'라는 뜻이다.

I can *supply* you *with* food and drink. 나는 당신에게 음식과 음료를 제공해 줄 수 있다.
The Baird Co. *supplies* Hollywood *with* everything from decorative wall posters to fictional police badges.
베어드 사(社)는 할리우드에 장식용 벽 포스터에서부터 가짜 경찰관 배지에 이르기까지 모든 것을 공급한다.

ⓘ 위와 같은 문장에서 with를 사용한다. 예를 들면, ~~I can supply you food and drink.~~라고 하지 않는다.

something ***is supplied to*** someone은 어떤 것이 어떤 사람에게 제공되다라는 뜻이다.

This system ensures that heat *is supplied to* all customers at an adequate temperature.
이러한 시스템은 난방이 모든 수요자에게 적당한 온도로 공급되는 것을 보증해 준다.
Much of the material *supplied to* the army was faulty. 군에 납품된 많은 물자에 하자가 있었다.

support

support는 어떤 사람이 추구하는 목표에 동의하고 그 사람이 성공하도록 돕다, 즉 '지지하다'라는 뜻이다.

We *supported* the nurses by taking industrial action. 우리는 노동 쟁의를 벌임으로써 그 간호사들을 지지했다.
A lot of building workers *supported* the campaign. 많은 건설 노동자들이 그 캠페인을 지지했다.

support에는 어떤 스포츠 팀이 승리하기를 바라다, 즉 '응원하다'라는 뜻도 있다.

He *has supported* Oldham Athletic all his life. 그는 평생 올드햄 어슬레틱 팀을 응원해 왔다.

support에는 어떤 사람에게 필요한 돈이나 물건을 주다, 즉 '부양하다'라는 뜻도 있다.

He has a wife and three children to *support*. 그는 부양할 부인과 세 명의 아이가 있다.

> **주의** **support**는 다음 경우에 사용하지 않는다.
>
> 어떤 사람이 고통이나 불쾌한 상황을 받아들이다라고 말할 때는 **support**가 아닌 **bear, put up with, tolerate**을 사용한다.
>
> It was painful of course but I *bore* it. 그것은 물론 고통스러웠지만 나는 견뎌 냈다.
> You have to *put up with* these inconveniences. 당신은 이러한 불편을 참아야 한다.
> She can no longer *tolerate* the position that she's in. 그녀는 자신이 처한 상황을 더 이상 견뎌 낼 수 없다.

어떤 사람이 찬성하지 않는 일을 허용하다라고 말할 때는 **support**가 아닌 **put up with**나 **tolerate**를 사용한다. 어떤 사람이 그 일을 허용하지 않는 경우, ***won't stand for* it**이라고 한다.

I've *put up with* more than enough from you already. 나는 당신에 대해 이미 많이 참아 왔다.
...the tendency to *tolerate* the extremes of human behavior. 극단적인 인간 행위에 대한 관용의 경향.
I *won't stand for* any more of your disobedience. 나는 당신의 불복종에 대해 더 이상 참지 않을 것이다.

어떤 것을 아주 싫어하는 경우에는 **'can't support'**가 아닌 **can't bear**나 **can't stand**를 사용한다.

I *can't bear* the thought of being without him. 내가 그 남자 없이 살아간다는 생각은 정말 하기 싫다.
She *can't stand* children. 그녀는 아이들을 몹시 싫어한다.

---

suppose – assume

1 'suppose'

suppose는 어떤 것이 아마 사실일 거라고 생각하다, 즉 '추측하다'라는 뜻이다.

I *suppose* it was bound to happen. 나는 그 일이 일어날 수밖에 없었다고 생각한다.
I *suppose* he left fairly recently. 나는 그가 아주 최근에 떠났다고 추측한다.

2 'assume'

assume은 어떤 일이 사실일 가능성을 확신하여 사실인 것처럼 행동하다, 즉 '추정하다'라는 뜻이다.

I *assumed* that he had started working as soon as he left.
나는 그가 떠나자마자 바로 일을 시작했을 것이라고 추정했다.
When you have a language degree, people *assume* that you speak the language fluently.
당신이 어떤 언어에 대한 학위를 갖고 있으면, 사람들은 당신이 그 언어를 유창하게 구사할 것이라고 믿는다.

suppose나 **assume** 뒤에 〔**to be** + 명사〕 형식을 사용하지 않는다.

3 'don't suppose'

어떤 일이 사실이라고 생각하지 않는다고 할 경우, ***suppose*** **something is** ***not*** **the case** 대신 ***don't suppose that it is*** **the case**라고 한다.

I *don't suppose you would be prepared* to stay in Edinburgh.
나는 당신이 에든버러에 머물 준비가 되어 있지 않을 것이라고 생각하는데요.

4 'I suppose so'

어떤 것이 사실이라고 말하거나 사실인지 물어볼 경우, 그것에 대한 확신이 없거나 열성이 없는 상태에서 긍정적인 동의를 할 때는 **I suppose so.**라고 한다.

'So it was worth doing?' – '*I suppose so*.' "그것이 그렇게 할 만한 가치가 있는 일이었나요?" – "그럴 겁니다."

ⓘ ~~I suppose it~~.이라고 하지 않는다.

5 'I suppose not'

마찬가지로 부정적인 말에 동의하는 경우, **I suppose not.**이라고 한다.

'It doesn't often happen.' – 'No, *I suppose not*.' "그 일은 자주 일어나지 않아요." – "그래요, 자주 일어나지 않지요."

6 'suppose' used as a conjunction(접속사로 사용하는 suppose)

앞으로 일어날 가능성 있는 상황이나 행동을 고려하여 그것이 어떤 영향을 미칠지 생각하게 될 때, 접속사로 **suppose**를 사용한다.

Suppose we don't say a word, and somebody else finds out about it.
만약 우리가 아무 말도 하지 않는다면, 다른 사람이 그것을 알아낼 것이다.

supposing도 **suppose**와 비슷한 방법으로 사용한다.

Supposing something should go wrong, what would you do then?
만약 일이 잘못된다면, 당신은 어떻게 할 건가요?

7 'be supposed to'

be supposed to be done은 규칙, 지시, 관습 때문에 어떤 일을 해야 한다는 뜻이다.

You ***are supposed to*** report it to the police as soon as possible.
당신은 이 일을 가능한 한 빨리 경찰에 알려야 할 것이다.

I'***m not supposed to*** talk to you about this. 나는 이 일에 대해 당신에게 이야기하지 않을 것이다.

be supposed to be true는 사람들이 일반적으로 어떤 일을 사실이라고 생각하다라는 뜻이다.

The hill ***was supposed to*** be haunted by a ghost. 그 언덕은 유령이 나타나는 곳이라고 여겨졌다.

She ***was supposed to*** be very good as an actress. 그녀는 아주 훌륭한 여배우로 생각되었다.

ℹ something 'is suppose to' be done/be true라고 하지 않는다.

---

sure

➲ Usage 표제어 certain – sure 참조.

---

surely – definitely – certainly – naturally

1 'surely'

앞서 말한 내용을 강조하거나 이미 일어난 일에 반대하는 것을 강조할 경우, **surely**를 사용한다.

Prince Charles speaks of becoming a multi-faith king. ***Surely***, what we really need in the 21st century is a no-faith king.
찰스 왕자는 여러 종교를 믿는 왕이 되겠다고 하는데, 확실히 21세기에 우리에게 필요한 것은 종교를 갖지 않은 왕이다.

Their lawyers and advisers assured us that they have not broken the rules, but ***surely*** this is not good practice.
그들의 변호사와 고문들은 그들이 규정을 어기지 않았다고 우리에게 주장했지만, 확실히 이것은 좋은 관행이 아니다.

2 'definitely' and 'certainly'

단순히 서술문을 강조할 때는 **surely**가 아닌 **definitely**를 사용한다.

They were ***definitely*** not for sale. 그것들은 틀림없이 파는 물건이 아니었다.

The call ***definitely*** came from your phone. 전화는 분명히 당신에게서 왔다.

영국 영어에서 상대방의 말에 동의하거나 사실 여부를 확인할 경우에는 **surely**가 아닌 **certainly**를 사용하기도 한다.

Ellie was ***certainly*** a student at the university but I'm not sure about her brother.
엘리는 그 대학의 학생임에 틀림이 없었으나 나는 그녀의 남동생에 대해서는 잘 알지 못한다.

'You keep out of their way, don't you?' – 'I ***certainly*** do.'
"그들의 일에 참견하지 말아 주시겠어요?" – "물론 그렇게 하겠어요."

🇺🇸 미국 영어에서는 상대방의 요청과 진술에 동의할 때, **surely**나 **certainly**를 사용한다.

'It is still a difficult world for women.' – 'Oh, ***certainly***.'
"아직도 여자들이 살아가기에 힘든 세상입니다." – "아, 맞습니다."

Surely, yes, I agree entirely with that. 네, 맞습니다. 나는 그 의견에 전적으로 동의해요.

어떤 일이 미래에 일어날 것이라는 것을 강조할 때는 **surely**가 아닌 **definitely**나 **certainly**를 사용한다.

The Conference will ***definitely*** be postponed. 그 회의는 틀림없이 연기될 것이다.

If nothing is done, there will ***certainly*** be an economic crisis.
만약 아무 일도 하지 않는다면, 틀림없이 경제 위기가 생길 것이다.

3 'naturally'

특정한 상황에서 어떤 사람이 예상한 대로 행동하고 있다는 것을 강조할 때는 **surely**가 아닌 **naturally**를 사용한다.

Dina was crying, so ***naturally*** Hannah was upset. 디나가 울고 있어서 자연히 한나는 당황했다.

surgery

1 used as an uncount noun(불가산명사로 사용하기)

영국 영어와 미국 영어에서 **surgery**는 외과 의사가 병들거나 손상된 부분을 다룰 수 있도록 사람의 몸을 절개해서 하는 치료, 즉 '수술'이라는 뜻이다.

He underwent ***surgery*** at Queen's Medical Centre. 그는 퀸스 메디컬 센터에서 수술을 받았다.

2 used as a count noun(가산명사로 사용하기)

영국 영어에서 **surgery**는 의사나 치과의에게 상담과 간단한 치료를 받으러 가는 건물이나 방, 즉 '의원', '진료실'이라는 뜻이다.

His ***surgery*** was rebuilt three years ago. 그의 진료실은 3년 전에 재건축되었다.

미국 영어에서는 진료실을 **office**라고 한다.

Dr Peabody's ***office*** was just across the street. 의사 피보디의 진료실은 바로 길 건너편에 있었다.

surprise

surprise는 동사나 명사로 사용한다.

1 used as a verb(동사로 사용하기)

surprise는 기대하지 못해서 '깜짝 놀라다'라는 뜻이다.

Dad's reply ***surprised*** me. 아버지의 대답은 나를 놀라게 했다.
Her sudden death ***had surprised*** everybody. 그녀의 갑작스러운 죽음으로 모두가 놀랐다.

surprise는 진행형으로 사용하지 않는다. 예를 들면, **~~What you say is surprising me.~~**라고 하지 않는다.

2 used as a noun(명사로 사용하기)

surprise는 명사로도 사용하며, '놀람'이라는 뜻이다.

The ruling came as a ***surprise*** to everyone. 그 판결은 모두에게 의외였다.
It was a great ***surprise*** to find out I had won something.
내가 무엇인가에서 우승했다는 것을 알았는데, 그것은 대단히 놀랄 만한 일이었다.

소설에서 때때로 **to my surprise**나 **to her surprise** 등의 표현을 사용하는데, 이는 어떤 사람이 일어난 일에 놀라다라는 뜻이다.

To her surprise he sat down. 그녀가 놀랍게도 그 남자가 앉아 있었다.

ⓘ 위와 같은 표현에서 to 이외에 다른 전치사를 사용하지 않는다.

3 'surprised'

surprised는 형용사이며, be ***surprised to see*** something이나 be ***surprised to hear*** something은 기대하지 않은 일을 보거나 듣고 놀라다라는 뜻이다.

I was ***surprised to see*** her return home so soon. 나는 그녀가 집에 그렇게 빨리 돌아오는 것을 보고 놀랐다.
You'll be ***surprised to learn*** that Charles Boon is living here.
당신은 찰스 분이 여기에 살고 있다는 사실을 알면 놀랄 것이다.

> **주의** be 'surprised at seeing'/'surprised at hearing' something이나 be 'surprise to' see/hear something이라고 하지 않는다.

suspicious

➲ Usage 표제어 doubtful – dubious – suspicious 참조.

sweetcorn

➲ Usage 표제어 corn 참조.

sweets – candy

1 'sweets'

영국 영어에서는 캔디나 초콜릿 같은 작고 단 음식을 **sweets**라고 한다.

She urged her children not to eat too many ***sweets***. 그녀는 아이들에게 단것을 너무 많이 먹지 말라고 설득했다.

2 'candy'

미국 영어에서는 **sweets**를 **candy**라고 하며, 불가산명사로 사용한다.

You eat too much *candy*. It's bad for your teeth. 당신은 사탕을 너무 많이 먹는다. 그것은 당신의 치아에 좋지 않다.

swift

➲ Usage 표제어 speed 참조.

sympathetic – nice – likeable

1 'sympathetic'

sympathetic은 문제가 있는 사람을 친절하게 대하거나 이해해 주다, 즉 '인정 있는'이라는 뜻이다.

My boyfriend was very *sympathetic* and it did make me feel better.
내 남자 친구는 이해심이 많아서 그 덕에 내 기분이 좋아졌다.

ℹ 때때로 마음을 끄는 연극이나 소설의 등장인물을 sympathetic이라고 한다.

There were no *sympathetic* characters in my book. 내 책에는 독자의 마음을 끄는 등장인물이 없었다.

2 'nice' and 'likeable'

어떤 사람이 아주 호감이 가고 쉽게 좋아지는 경우에는 **sympathetic**이 아닌 **nice**나 **likeable**을 사용한다.

He was a terribly *nice* man. 그는 정말 좋은 남자였다.

...a very *likeable* and attractive young man. 아주 호감이 가고 매력적인 젊은 남자.

➲ Usage 표제어 nice 참조.

T t

take

take는 영어에서 매우 흔히 사용하는 동사 중의 하나로, 용법이 다양하다. **take**의 3인칭 단수는 **takes**, **-ing**형은 **taking**, 과거는 **took**, 과거분사는 **taken**이다.

1 actions and activities(행동과 활동)

〔take + 행동을 나타내는 명사〕 형식은 어떤 행동을 한다고 할 때 사용한다.

She ***took*** a shower. 그녀는 샤워를 했다.
He formed the habit of ***taking*** long, solitary walks. 그는 오랫동안 혼자 산책하는 습관을 가졌다.

➲ 위의 용법에 대한 더 많은 정보는 Usage 표제어 have – take 참조.

2 moving things(물건 옮기기)

어떤 사물을 다른 곳으로 옮기다라고 할 때, **take**를 사용한다.

Don't forget to ***take*** your umbrella. 우산 갖고 가는 것을 잊지 마세요.
He has to ***take*** the boxes to the office every morning. 그는 매일 아침 사무실에 상자를 갖고 가야 한다.

➲ 위의 용법에 대한 더 많은 정보는 Usage 표제어 carry – take 참조.

> **주의** **take**를 **bring**이나 **fetch**와 혼동해서는 안 된다.
> ➲ 몇 가지 차이점에 대한 설명은 Usage 표제어 bring – take – fetch 참조.

3 exams and tests(시험)

시험이나 테스트를 마치는 경우에도 **take**를 사용할 수 있다.

She***'s not yet taken*** her driving test. 그녀는 아직 운전면허 시험을 치르지 않았다.

4 time(시간)

어떤 일을 하는 데 어느 정도의 시간이 걸린다고 할 때, **take**를 사용한다.

How long will it ***take***? 그것을 하는 데 얼마나 걸립니까?
It may ***take*** them several weeks to get back. 그들이 돌아오는 데 몇 주가 걸릴지도 모른다.

take place

어떤 일이 일어나다라고 할 때, **take place**를 사용한다.

The wedding ***took place*** on the stage of the Sydney Opera House.
그 결혼식은 시드니 오페라 하우스의 무대에서 거행되었다.
A second revolution in fashion ***took place*** just after World War I.
제2차 패션 혁명은 제1차 세계 대전 직후에 일어났다.

happen과 **occur**는 비슷한 뜻이지만, 계획하지 않은 일을 말할 때만 사용할 수 있다. **take place**는 계획한 일이나 계획하지 않은 일에 모두 사용할 수 있다.

The talks ***will take place*** in Vienna. 그 회담은 비엔나에서 개최될 것이다.
The accident ***took place*** on Saturday morning in the village of Whiston.
그 사고는 토요일 아침 휘스턴 마을에서 일어났다.

ℹ take place는 자동사이므로, something 'was taken place'라고 하지 않는다. 즉 수동형이 없다.

talented

◆ Usage 표제어 skilful – skilled – talented 참조.

talk

talk는 동사나 명사로 사용할 수 있다.

1 used as a verb(동사로 사용하기)

talk는 '말을 하다'라는 뜻이다.

Nancy's throat was so sore that she could not ***talk***. 낸시는 목이 너무 아파서 말을 할 수 없었다.

누군가가 한 말을 전할 때는 **talk**가 아닌 **say**를 사용한다. 예를 들면, '그는 택시가 도착했다고 말했다.'는 **He ~~talked that the taxi had arrived.~~**가 아닌 **He *said* that the taxi had arrived.**라고 한다.

I ***said*** that I would like to teach English. 나는 영어를 가르치고 싶다고 말했다.

누군가가 한 말을 전할 때, 목적어로 듣는 사람을 언급할 경우에는 **tell**을 사용한다.

He ***told*** me that Sheldon would be over to see me in a few days.
그는 나에게 셀던이 며칠 후 나를 만나러 올 거라고 말했다.

◆ Usage 표제어 say와 tell 참조.

talk를 **speak**와 혼동해서는 안 된다.

◆ 두 단어의 차이점에 대한 설명은 Usage 표제어 speak – talk 참조.

2 used as a noun(명사로 사용하기)

give a *talk*는 청중에게 일정한 시간 동안 말하다, 즉 '강연을 하다'라는 뜻이다.

Colin Blakemore came here and gave a ***talk*** a couple of years ago.
콜린 블레이크모어는 2년 전에 이곳에 와서 강연을 했다.

◆ 위의 용법에 대한 더 많은 정보는 Usage 표제어 speech – talk 참조.

tall

◆ Usage 표제어 high – tall 참조.

tasteful – tasty – delicious

1 'tasteful'

tasteful은 어떤 것이 매력적이고 우아하다, 즉 '멋있는'이라는 뜻이다. 또한 가구, 장식품, 옷 등을 가리킬 때, **tasteful**을 사용할 수 있다.

The bedroom was simple but ***tasteful***. 그 침실은 단순하지만 우아했다.
He always sent the most ***tasteful*** Christmas cards. 그는 항상 가장 멋진 크리스마스카드를 보냈다.

2 'tasty'

tasty는 음식이 '맛이 있는'이라는 뜻이다.

Try this ***tasty*** dish for supper with a crispy salad. 저녁 식사로 아삭아삭한 샐러드를 곁들인 맛있는 이 요리를 드셔 보세요.
The seeds, when toasted, are ***tasty*** and nutritious. 그 씨는 볶으면 맛있고 영양가가 있다.

3 'delicious'

일반적으로 '단 음식'이라는 뜻을 나타낼 때는 **tasty**가 아닌 **delicious**를 사용해야 한다.

Martha makes the most ***delicious*** chocolate pudding. 마사는 가장 맛있는 초콜릿 푸딩을 만든다.

tasteless – distasteful

1 'tasteless'

tasteless는 어떤 것이 천박하고 매력이 없다, 즉 '멋없는'이라는 뜻이다.

...a flat crammed with spectacularly ***tasteless*** objects d'art. 끔찍하게 조악한 미술 세공품들로 가득한 아파트.
Apart from a few ***tasteless*** remarks, he was reasonably well-behaved.
몇 마디 품위 없는 말을 제외하면 그는 품행이 꽤 단정했다.

tasteless food는 아주 맛없는 음식이라는 뜻이다.

...cold, ***tasteless*** pizzas. 식어서 맛없는 피자.

2 'distasteful'

distasteful은 어떤 것을 좋아하지 않거나 찬성하지 않다, 즉 '싫은'이라는 뜻이다.

Unnecessary slaughter of animals is ***distasteful*** to most people.
불필요하게 동물을 도살하는 것은 대부분의 사람들이 싫어한다.

ℹ distasteful은 tasteful의 반대말이 아니다.

tasty

➜ Usage 표제어 tasteful – tasty 참조.

tea

1 the drink(음료)

tea는 차나무 잎사귀를 말린 잎에 끓인 물을 부어 만든 음료, 즉 '홍차'라는 뜻이다. 영국에서는 일반적으로 홍차에 우유를 넣어서 마신다.

She poured herself another cup of ***tea***. 그녀는 홍차 한 잔을 더 마시려고 차를 잔에 따랐다.
She went into the kitchen to make a fresh pot of ***tea***. 그녀는 새로운 홍차 한 주전자를 만들려고 부엌으로 갔다.

2 meals(식사)

tea는 두 가지 다른 식사를 가리킬 때도 사용한다. 일부 사람들은 오후에 먹는 가벼운 식사를 가리킬 때, tea를 사용한다. 이 식사는 일반적으로 샌드위치와 케이크, 홍차로 구성되어 있으며, 때때로 afternoon tea라고 한다. 일부 영국 사람들은 초저녁에 먹는 저녁 식사를 가리킬 때, tea를 사용한다.

➜ 위의 용법에 대한 더 많은 정보는 Topic 표제어 Meals 참조.

teach

1 teaching a subject(과목을 가르치기)

teach는 사람들이 과목을 알거나 이해할 수 있도록 설명하다, 즉 '가르치다'라는 뜻이다. teach의 과거와 과거분사는 teached가 아닌 taught이다.

I ***taught*** history for many years. 나는 수년 동안 역사를 가르쳤다.
English ***will be taught*** in primary schools. 영어는 초등학교에서 배우게 될 것이다.

teach가 위와 같은 뜻일 때, 간접목적어가 자주 따라온다. (teach + 간접목적어 + 직접목적어) 형식이나 (teach + 직접목적어 + to + 간접목적어) 형식을 사용한다.

...the guy that taught ***us English*** at school. 학교에서 우리에게 영어를 가르친 남자.
I found a job teaching ***English to a group of adults*** in Paris.
나는 파리에서 성인들에게 영어를 가르치는 일자리를 얻었다.

2 teaching a skill(기술을 가르치기)

teach **someone** ***to do*** **something**은 누군가에게 어떤 일을 하는 방법을 알려 주다라는 뜻이다.

He ***taught*** me ***to sing*** a song. 그는 나에게 노래 부르는 방법을 가르쳐 주었다.

Boylan ***had taught*** him ***to drive***. 보일란은 그에게 운전하는 방법을 가르쳤다.

위와 같이 **teach**를 **to**부정사와 함께 사용하면 직접목적어를 사용해야 한다. 예를 들면, ~~**Boylan had taught to drive.**~~라고 하지 않는다.

위와 같은 뜻에 **to**부정사 대신에 **-ing**형을 사용하기도 한다. 예를 들면, '나는 그들에게 스키 타는 법을 가르쳤다.'는 **I taught them to ski.** 대신 **I taught them** ***skiing.***이나 **I taught them** ***how to ski.***라고 한다.

She taught them ***singing*** because she enjoyed it herself. 그녀는 자신이 좋아서 그들에게 노래 부르는 방법을 가르쳤다.

My mother taught me ***how to cook***. 어머니는 나에게 요리하는 방법을 가르쳐 주었다.

team

team은 운동 경기에서 다른 그룹의 사람들과 겨루는 한 그룹의 사람들, 즉 '팀'이라는 뜻이다.

He got into the New Zealand rugby ***team*** in 1978. 그는 1978년에 뉴질랜드 럭비 팀에 들어갔다.

team을 주어로 사용하는 경우, 단수동사나 복수동사를 사용할 수 있다.

The team ***has*** qualified again for Italy next summer.
그 팀은 내년 여름에 이탈리아 대표로 경기에 참가할 자격을 다시 얻었다.

Redknapp's team ***have*** lost their last five away games. 레드냅 팀은 지난 다섯 번의 원정 경기에서 패했다.

technique – technology

1 'technique'

technique는 어떤 일을 하는 방법, 즉 '기법'이라는 뜻이다.

...the ***techniques*** of film-making. 영화를 만드는 기법들.

...modern management ***techniques***. 현대 경영 기법들.

훈련과 연습을 통해 개발하는 기술과 능력이라는 뜻에 **technique**를 사용한다.

He went off to the Amsterdam Academy to improve his ***technique***.
그는 기량을 높이기 위해 암스테르담 아카데미에 진학했다.

2 'technology'

technology는 산업에서와 같이 실용적인 목적을 위해서 과학적인 지식을 사용하는 것, 즉 '기술'이라는 뜻이다.

...our belief in the power of modern ***technology***. 현대 기술의 힘에 대한 우리의 믿음.

Computer ***technology*** can be expected to change. 컴퓨터 기술에 변화가 있을 것으로 기대할 수 있다.

telegram

➲ Usage 표제어 wire 참조.

tell

tell은 여러 가지 용법으로 흔히 사용하는 동사이다. **tell**의 과거와 과거분사는 **telled**가 아닌 **told**이다.

1 information(정보)

tell은 누군가에게 어떤 정보를 주다, 즉 '알리다'라는 뜻이다. **tell**은 일반적으로 **that**절이나 **wh-**절을 사용하여 정보를 준다.

Tell Father *the carpenter has come*. 아버지에게 목수가 도착했다고 전해 주세요.
I told her *what the doctor had said*. 나는 그녀에게 의사가 한 말을 전해 주었다.

tell의 직접목적어가 정보를 알려 주는 명사구인 경우, (**tell** + 간접목적어 + 직접목적어) 형식을 사용한다. 직접목적어가 대명사가 아닌 경우에는 간접목적어가 앞에 온다.

She told *him the news*. 그녀는 그에게 그 소식을 알려 주었다.
I never told *her a thing*. 나는 그녀에게 아무것도 알려 주지 않았다.

tell의 직접목적어가 대명사일 때, (**tell** + 직접목적어 + **to** + 간접목적어) 형식을 사용한다.

I've never told *this to anyone else* in my whole life. 나는 이 일을 평생 아무에게도 말하지 않았다.

앞서 언급한 정보를 다시 가리킬 때, **tell** 뒤에는 **it**이 아닌 **so**를 사용한다. 예를 들면, '나는 그의 말에 동의하지 않아서 그렇게 말했다.'는 ~~I didn't agree with him and I told him it.~~이 아닌 **I didn't agree with him and I *told him so*.**라고 한다.

She knows that you and I adore each other. I have *told her so*.
그녀는 당신과 내가 서로 존경한다는 것을 알고 있다. 나는 그녀에게 그렇게 말했다.
'Then how do you know she's well?' – 'She *told me so*.'
"그러면 그녀가 건강하다는 것을 어떻게 아는가?" – "그녀가 제게 그렇게 말했어요."

2 stories, jokes, lies(이야기, 농담, 거짓말)

***tell* a story/joke**는 이야기하거나 농담을 하다라는 뜻이다.

She *told* me the story of her life. 그녀는 나에게 자신의 신상에 관한 이야기를 해주었다.
How often do you see a woman *telling* a joke in a pub? 술집에서 여자가 농담을 하는 것을 얼마나 자주 보십니까?

농담을 하다라고 할 때, 동사 **make**나 **crack**을 사용할 수도 있다.

➲ 더 많은 정보는 **Usage** 표제어 **joke** 참조.

***tell* a lie**는 거짓말을 하다라는 뜻이다.

We *told* a lot of lies. 우리는 거짓말을 많이 했다.

***tell* the truth**는 사실을 말하다라는 뜻이다.

We knew that he was *telling the truth*. 우리는 그가 진실을 말하고 있다는 것을 알고 있었다.
I wondered why I *hadn't told* Mary *the truth*. 나는 왜 내가 메리에게 사실을 말하지 않았을까 의아했다.

이야기, 농담, 거짓말을 하다라고 할 때, **tell**의 간접목적어는 직접목적어 앞이나 뒤에 올 수 있다.

His friend *told me this story*. 그의 친구가 이 이야기를 나에게 말해 주었다.
Many hours had passed when Karen finished *telling her story to Kitty*.
카렌이 키티에게 그녀의 이야기를 마쳤을 때는 시간이 많이 지나 있었다.

3 orders(명령)

***tell* someone *to do* something**은 누군가에게 어떤 일을 하라고 명령하거나 지시하다라는 뜻이다. **tell**이 이런 뜻일 경우, (**tell** + 목적어 + **to**부정사) 형식을 사용한다.

Tell Martha to build a fire. 마사에게 불을 지피라고 말해라.
They *told us to put on* our seat-belts. 그들은 우리에게 안전벨트를 매라고 말했다.

> **주의** 목적어 없이는 위와 같이 **tell**을 사용하지 않는다. 예를 들면, ~~**They told to put on our seat belts.**~~라고 하지 않는다.

4 recognizing the truth(사실 인식하기)

someone *can tell* what is happening/what is true는 무슨 일이 일어나고 있는지 또는 무엇이 사실인지를 정확하게 판단할 수 있다라는 뜻이다.

I *can usually tell* when I'm being lied to. 다른 사람이 나에게 거짓말을 할 때, 나는 보통 알 수 있다.
I *couldn't tell* what they were thinking. 나는 그들이 무슨 생각을 하고 있는지 알 수 없었다.

ⓘ tell이 위와 같은 뜻일 때, 보통 can, could, be able to를 함께 사용한다.

temperature

Topic 표제어 Measurements 참조.

term – semester

1 'term'

영국의 초 · 중 · 고등학교는 세 학기로 나누어지고, 미국은 네 학기로 나누어진다.

...the summer ***term***. 여름 학기.

2 'semester'

영국에서는 전문대학이나 종합 대학도 세 학기로 나누어진다.

미국의 전문대학이나 종합 대학은 편의에 따라 두 학기(**two semesters**), 세 학기(**three trimesters**), 네 학기(**four quarters**)로 나누어진다.

The first ***semester*** starts in three weeks. 첫 번째 학기는 3주 후에 시작한다.

terrible – terribly

1 'terrible'

형용사 **terrible**은 두 가지 용법으로 사용한다. 회화에서 어떤 것이 기분을 매우 나쁘게 하거나 그것의 질이 아주 좋지 않다고 할 때, **terrible**을 사용한다.

I know this has been a ***terrible*** shock to you. 나는 이 일이 당신에게 엄청난 충격을 준 것을 알고 있다.

His eyesight was ***terrible***. 그의 시력은 형편없이 나빴다.

글이나 회화에서 어떤 일이 매우 충격적이거나 비참하다고 할 때, **terrible**을 사용한다.

That was a ***terrible*** air crash last week. 지난주에 일어난 비행기 추락 사고는 매우 비참했다.

2 'terribly'

어떤 일이 얼마나 충격적이거나 비참한지를 강조할 때, 때때로 부사 **terribly**를 사용한다.

My son has suffered ***terribly***. He has lost his best friend.
나의 아들은 몹시 충격을 받았는데, 그의 가장 친한 친구가 죽었기 때문이다.

The wound bled ***terribly***. 그 상처에서 피가 철철 흘러나왔다.

그러나 **terribly**는 사람의 감정이나 사물의 성질의 정도가 크다는 것을 강조할 때 훨씬 더 자주 사용한다.

I'm ***terribly*** sorry. 대단히 죄송합니다.

We all miss him ***terribly*** and are desperate for him to come home.
우리 모두는 그를 몹시 그리워하며, 그가 집에 돌아오기를 손꼽아 기다린다.

It's a ***terribly*** dull place. 그곳은 굉장히 따분한 곳이다.

격식을 차린 글에서는 위와 같이 **terribly**를 사용하지 않는다.

test

test는 어떤 과목을 얼마나 아는지 보여 주기 위해 답하는 일련의 질문, 즉 '시험'이라는 뜻이다. ***take/do*** **a test**는 시험을 치르다라는 뜻이다.

All candidates will be required to ***take*** an English language ***test***.
모든 지원자는 영어 시험을 치르는 게 필수일 것이다.

We ***did*** another ***test***. 우리는 또 다른 시험을 보았다.

test는 어떤 일을 얼마나 잘할 수 있는지 보여 주기 위해 하는 일련의 행동이라는 뜻도 있다. 이와 같은 뜻으로도 **take a test**를 사용한다.

She*'s* not yet ***taken*** her driving ***test***. 그녀는 아직 운전면허 시험을 치르지 않았다.

ⓘ 'make' a test라고 하지 않는다.

pass **a test는 시험에 합격하다라는 뜻이다.**

I ***passed*** my driving test in Holland. 나는 네덜란드에서 운전면허 시험에 합격했다.

> 주의 ***pass*** **a test**는 시험에 합격하다라는 뜻이고, ***take/do*** **a test**는 시험을 치르다라는 뜻이다.

fail **a test는 시험에 불합격하다라는 뜻이다.**

I told her I thought I'd ***failed*** the test. 나는 그녀에게 시험에 불합격한 것 같다고 말했다.

text – article

1 'text'

text는 책이나 잡지의 서문, 그림, 색인 등을 제외한 '본문 내용'이라는 뜻이다.

The illustration and ***text*** were beautifully produced. 삽화와 본문은 아름답게 구성되었다.

2 'article'

신문이나 잡지에 쓰여진 기사는 text가 아닌 article이라고 한다.

Four years ago Clive Norling wrote an ***article*** in the Times. 4년 전에 클리브 놀링은 타임즈에 기사 한 편을 썼다.

than

1 'than' used with comparatives(비교급과 함께 사용하는 than)

than은 주로 비교급 형용사와 부사 뒤에 오며, (than + 명사구 · 절 · 부가어) 형식을 사용한다.

The cataloguing is more difficult ***than the other part of the work***.
목록을 작성하는 것이 다른 작업 부분보다 더 어렵다.

I am happier ***than I have ever been***. 나는 이전보다 더 행복하다.

They had to work harder ***than expected***. 그들은 예상했던 것보다 더 열심히 일해야 했다.

Last year, terrorist activities were worse ***than in any of the previous twelve years***.
지난해 테러리스트의 활동은 지난 12년 중에서 최악이었다.

than 뒤에 인칭대명사를 단독으로 사용하는 경우, 목적격 대명사(me, him 등)를 사용해야 한다.

My brother is younger than ***me***. 내 남자 형제는 나보다 더 어리다.

Lamin was shorter than ***her***. 라민은 그녀보다 키가 더 작았다.

그러나 than 뒤의 대명사가 절의 주어인 경우, 주격 대명사를 사용한다.

They knew my past much better than ***she did***. 그들은 내 과거를 그녀보다 훨씬 더 잘 알고 있었다.

He's taller than ***I am***. 그는 나보다 키가 더 크다.

(비교급 형용사를 포함한 명사구 + than) 형식을 사용할 수 있다. 예를 들면, '수잔은 남동생보다 더 만족해하는 아이였다.'는 Suzanne was more contented than her brother. 대신 Suzanne was *a more contented baby than* her brother.라고 한다.

Kairi was ***a more satisfactory pet than*** Tuku had been. 카이리는 투쿠보다 더 만족을 주는 애완동물이었다.

Willy owned ***a larger collection of books than*** anyone else I have ever met.
윌리는 내가 만난 다른 누구보다도 더 많은 책을 소장하고 있었다.

(명사 + 비교급 형용사 + than) 형식을 사용할 수도 있다. 예를 들면, '나는 리치필드보다 더 큰 도시에서는 살고 싶지 않다.'는 I wouldn't like to live in a town which is larger than Lichfield. 대신 I wouldn't like to live in a town *larger than* Lichfield.라고 한다.

We were then living in a house ***bigger than*** we required. 그때 우리는 필요한 규모보다 더 큰 집에 살고 있었다.

...packs of cards ***larger than*** he was used to. 그가 익숙해 있던 것보다 더 큰 카드팩들.

[than + to부정사 · 원형부정사] 형식을 사용할 수 있다.

He is more likely to continue his crimes ***than to stop***. 그는 범죄 행위를 중지하기보다는 계속할 가능성이 더 많다.

The number of seats is more likely to rise to 151 ***than fall*** to 149.
의석 수가 149개로 줄어들기보다는 151개로 증가할 가능성이 더 많다.

[than + -ing] 형식을 사용할 수도 있다.

Putting a good product on the market involves more ***than just producing*** it.
시장에 좋은 제품을 내놓는 것은 단순히 그것을 생산하는 것 이상을 필요로 한다.

2 'than ever'

[비교급 + than + ever · ever before] 형식을 사용할 수도 있다. 예를 들면, **something is bigger *than ever*/bigger *than ever before***는 어떤 것이 항상 컸지만 현재처럼 큰 적이 없었다는 것을 강조한다.

Bill worked harder ***than ever***. 빌은 어느 때보다 더 열심히 일했다.

He was now farming a bigger area ***than ever before***. 그는 이제 어느 때보다 더 큰 땅에 농사를 짓고 있었다.

> **주의** **not as**나 **not so**를 사용하여 비교할 때는 **than**을 사용하지 않는다. 예를 들면, '그는 누나만큼 키가 크지 않다.'는 ~~**He is not as tall than his sister.**~~가 아닌 **He is not as tall *as* his sister.**라고 한다.
>
> ➲ Usage 표제어 as...as 참조.
>
> ➲ Grammar 표제어 Comparative and superlative adjectives와 Comparative and superlative adverbs 참조.

3 'more than'

어떤 그룹의 사람이나 사물의 숫자가 특정한 숫자보다 더 많다고 할 때, **more than**을 사용한다.

...in a city of ***more than*** a million people. 백만 명 이상의 도시에서.

There are ***more than*** two hundred and fifty species of shark. 250종 이상의 상어가 있다.

➲ 위의 용법에 대한 더 많은 정보는 **Usage** 표제어 **more** 참조.

[more than + 형용사] 형식을 사용하여 내용을 강조할 수도 있다. 예를 들면, '당신이 올 수 있다면, 나는 매우 기쁠 것이다.'는 **If you can come, I shall be very pleased.** 대신 **If you can come, I shall be *more than* pleased.**라고 할 수 있다. 이는 상당히 격식을 갖춘 표현이다.

I am ***more than satisfied*** with my achievements in Australia. 호주에서 내가 이룬 성과에 나는 아주 만족한다.

You would be ***more than welcome***. 당신은 대환영을 받을 것입니다.

4 'more...than'

[more + A + than + B] 형식은 어떤 것이 'B라기보다는 A이다'라는 뜻으로 사용할 수 있다.

This is ***more*** a war movie ***than*** a western. 이것은 서부 영화라기보다 전쟁 영화이다.

5 'less than' and 'fewer than'

어떤 것의 양이 특정한 수준보다 낮다고 할 때, **less than**을 사용한다.

The formerly robust war hero weighed ***less than*** a hundred pounds.
예전에 건장한 전쟁 영웅이었던 그 사람의 몸무게는 100파운드도 되지 않았다.

어떤 그룹의 사람이나 사물의 숫자가 특정한 숫자보다 더 적다고 할 때, **less than**이나 **fewer than**을 사용한다.

In 1900 there were ***fewer than*** one thousand university teachers in the United Kingdom.
1900년에 영국의 대학교수는 1000명도 되지 않았다.

➲ 위의 용법에 대한 더 많은 정보는 **Usage** 표제어 **less** 참조.

6 'rather than'

사실인 것을 사실이 아닌 것과 비교할 때, **rather than**을 사용한다.

Its interests lay in London ***rather than*** in Nottingham. 그것의 관심사는 노팅엄보다는 런던에 있었다.

She was angry ***rather than*** afraid. 그녀는 걱정을 하기보다 화가 나 있었다.

➲ 더 많은 정보는 **Usage** 표제어 **rather** 참조.

7 'no sooner...than'

소설에서는 than을 no sooner 뒤에 자주 쓰며, 이는 첫 번째 일이 일어난 바로 뒤에 두 번째 일이 일어나다라는 뜻이다.

No sooner had he closed his eyes *than* he fell asleep. 그는 눈을 감자마자 잠이 들었다.

➲ 위의 용법에 대한 더 많은 정보는 Usage 표제어 soon 참조.

> 주의 barely, hardly, scarcely 뒤에는 than이 아닌 when을 사용한다. 예를 들면, '그가 들어오자마자 전화벨이 울렸다.'는 **He ~~had barely got in than the telephone rang.~~**이 아닌 **He had barely got in *when* the telephone rang.**이라고 한다.
>
> ➲ Usage 표제어 bare – barely, hard – hardly, scarce – scarcely 참조.

8 'different than'

미국 영어를 쓰는 일부 사람들은 different than을 사용하기도 한다.

I love the English style of football. It's so *different than* ours.
나는 영국식 축구를 좋아하는데, 그것은 우리나라 축구와는 아주 다르다.

➲ Usage 표제어 different 참조.

---

thank

1 'thank you'

thank는 주로 Thank you나 Thanks와 같은 표현에 사용한다.

➲ 위의 용법에 대한 설명은 Topic 표제어 Thanking someone 참조.

2 'thank' used as a verb(동사로 사용하는 thank)

thank는 동사로도 사용하며, 누군가에게 감사를 표하다라는 뜻이다.

She smiled at him, *thanked* him, and drove off. 그녀는 그를 향해 웃으며 감사를 표한 후, 차를 몰고 떠났다.

thank **someone *for* something**은 어떤 일에 대해 누군가에게 감사하다라는 뜻이다.

I *thanked* Jenny *for* her time, patience and sense of humour.
나는 제니에게 그녀가 시간을 내준 것과 인내심과 유머 감각에 대해 감사했다.
He *thanked* me *for* what I had done. 그는 내가 한 일에 대해 감사를 표했다.

thank **someone *for doing* something**은 어떤 일을 한 것에 대해 누군가에게 감사하다라는 뜻이다.

He *thanked* the miners *for coming*. 그는 광부들이 와준 것에 대해 감사를 표했다.

ℹ thank someone 'to do' something이라고 하지 않는다.

---

that

that은 다음과 같은 세 가지 주요 용법이 있다.

1 used to refer back(앞에 나온 말을 다시 지칭하기)

이미 언급했거나 알고 있는 것을 가리킬 때, 여러 가지 방법으로 that을 사용한다. 이 경우에는 항상 that[ðæt]으로 발음한다.

That car was my pride and joy. 저 자동차는 나의 자존심이자 즐거움이었다.
How about natural gas? Is *that* an alternative? 천연가스는 어떻습니까? 그것이 하나의 대안이 될 수 있겠습니까?

➲ Usage 표제어 that – those 참조.

2 used in 'that'-clauses(that절에 사용하기)

that절의 시작에 that을 사용하며, 이 경우에는 보통 [ðət]으로 발음한다.

He said *that the police had directed him to the wrong room*. 그는 경찰이 엉뚱한 방을 가르쳐 주었다고 말했다.
Mrs Kaul announced *that the lecture would now begin*. 카울 씨는 이제 강의가 시작될 것이라고 알렸다.

➲ Grammar 표제어 'That'-clauses와 Reporting 참조.

3 used in relative clauses(관계사절에 사용하기)

또한 that은 한정적 용법의 관계사절을 시작할 때 관계대명사로도 사용하며, 이 경우에는 보통 [ðət]으로 발음한다.

I reached the gate *that* opened onto the lake. 나는 호수 쪽으로 열린 문에 도달했다.

➲ Grammar 표제어 Relative clauses 참조.

> **주의** 원인절의 시작에는 that이 아닌 as나 since를 사용한다. 예를 들면, '특히 눈이 너무 세차게 쏟아지고 있었기 때문에, 제인은 톰이 늦게 도착하는 것을 걱정했다.'는 ~~Jane was worried because Tom was late, especially that it was snowing so heavily.~~가 아닌 ...especially *as* it was snowing so heavily나 ...especially *since* it was snowing so heavily라고 한다.
>
> I do feel isolated, especially *as* we're not active in our community.
> 특히 우리가 지역 사회에서 활동적이지 않기 때문에 나는 고립감을 느낀다.
> I'm forever on a diet, *since* I put on weight easily. 나는 쉽게 살이 찌기 때문에 항상 음식 조절을 한다.
>
> ➲ Usage 표제어 because의 'as' and 'since' 참조.

---

that – those

사람, 사물, 사건, 기간을 가리킬 때, 다양한 방법으로 that과 those를 사용한다. 둘 다 한정사나 대명사의 역할을 할 수 있으며, those는 that의 복수형이다.

1 referring back(다시 지칭하기)

이미 언급했거나 알고 있는 사람, 사물, 사건을 다시 가리킬 때, that이나 those를 사용한다.

I knew *that* meeting would be difficult. 나는 그 회의가 어려울 것임을 알았다.
'Did you see him?' – 'No.' – '*That*'s a pity.' "그를 만났나요?" – "아니요." – "안타깝네요."
Not all crimes are committed for *those* reasons. 모든 범죄가 그러한 이유로 일어나지는 않는다.
One problem is you're going to get oxides of nitrogen, but one can remove *those*, I think.
한 가지 문제점은 질소 산화물을 얻게 되는 것인데, 그러나 그것들을 제거할 수 있다고 생각한다.

2 things you can see(볼 수 있는 사물)

가까이 있지는 않지만 볼 수 있는 사람이나 사물을 가리킬 때에도 that이나 those를 사용할 수 있다.

Look at *that* bird! 저기 있는 새를 보세요!
Don't be afraid of *those* people. 저 사람들을 두려워하지 마세요.

3 'that' used to refer to a person(사람을 가리킬 때 사용하는 that)

그러나 사람을 가리킬 때는 일반적으로 대명사 that을 사용하지 않고, 누구인지 밝히거나 물어볼 때만 사용한다.

'Who's the woman with the handkerchief?' – '*That*'s my wife.'
"손수건을 든 저 여자는 누구입니까?" – "저 여자는 제 아내입니다."
'Who's *that*?' "저 사람은 누구입니까?"

➲ 전화할 때 사용하는 that의 용법에 대한 정보는 Topic 표제어 Telephoning 참조.

4 saying when something happened(어떤 일이 일어난 때 말하기)

〔that + day · morning · afternoon〕 형식은 같은 날에 그 밖의 다른 일이 일어났다는 것을 나타낼 때 사용할 수 있다.

There were no services *that day*, and the church was empty. 그날은 예배가 없어서 교회가 비어 있었다.
Paula had been shopping in Sapele *that morning*. 파울라는 그날 아침 사펠리에서 쇼핑을 하고 있었다.

〔that + week · month · year〕 형식은 어떤 일이 같은 주, 달, 해에 일어났다는 것을 나타낼 때 사용할 수 있다.

There was a lot of extra work to do ***that week***. 그 주에는 해야 할 추가 업무가 많았다.
Later ***that month*** 11,000 attended another party at Maidenhead.
그달 하순에 11,000명이 메이든헤드에서 열린 또 다른 파티에 참석했다.

5 talking about a part of something(어떤 것의 일부 말하기)

장소나 사물의 특정한 부분을 나타낼 때, **the** 대신 **that**을 사용할 수 있다. 이는 다소 격식을 차린 용법이다.

The company mines ore in ***that part of northeastern Minnesota*** known as the Iron Range.
그 회사는 미네소타 북동부의 아이언 레인지라고 알려진 지역에서 광석을 채굴한다.

마찬가지로 다수의 사람이나 사물의 그룹 중에서 일부를 나타낼 때, 복수명사 앞에 **the** 대신 **those**를 사용할 수 있다.

...***those*** firms with the most progressive policies. 가장 진보적인 정책을 펴는 그 회사들.

비슷한 용법으로 **those**를 대명사로 사용할 수 있다.

Many were finding it difficult to make ends meet, especially ***those*** with young children.
많은 사람들, 특히 어린 자녀가 있는 사람들은 빚을 지지 않고 살아가는 것이 어렵다고 느끼고 있었다.

6 'this' and 'these'

this와 **these**를 **that**과 **those**와 비슷한 용법으로 사용한다.

➲ 두 단어의 차이점에 대한 설명은 **Usage** 표제어 **this – that** 참조.

---

the

1 basic uses(기본 용법)

정관사 **the**는 이미 언급했거나 듣는 사람 또는 읽는 사람이 알고 있는 사람이나 사물을 가리킬 때 사용하며, 명사구 앞에 온다.

A man and a woman were struggling up ***the dune***. ***The man*** wore shorts, a T-shirt, and basketball sneakers. ***The woman*** wore a print dress.
한 남녀가 힘들게 모래 언덕을 오르고 있었다. 남자는 반바지와 티셔츠에 농구화를 신었고, 여자는 무늬 있는 드레스를 입고 있었다.

말하는 사람이 누구인지 사물이 무엇인지 나타낼 때, **the** 뒤에 전치사구나 관계사절 등의 수식어를 추가한다.

I've no idea about ***the geography of Scotland***. 나는 스코틀랜드의 지리에 대해서 아는 게 전혀 없다.
That is a different man to ***the man that I knew***. 저 사람은 내가 알고 있던 사람과는 다르다.

〔**the** + 단수명사〕 형식은 단 하나만 있는 사물을 가리킬 때 사용한다.

They all sat in ***the sun***. 그들 모두 햇볕이 드는 곳에 앉아 있었다.
The sky was a brilliant blue. 하늘은 눈부시게 푸르렀다.

2 types of thing or person(사물이나 사람의 유형)

〔**the** + 단수 가산명사〕 형식은 특정한 유형의 모든 사물에 대해 일반적인 진술을 할 때 사용한다.

The computer allows us to deal with a lot of data very quickly.
컴퓨터는 우리가 많은 양의 데이터를 매우 빨리 처리할 수 있게 한다.
My father's favorite flower is ***the rose***. 우리 아버지는 장미꽃을 가장 좋아하신다.

ℹ 복수명사를 사용하여 위와 비슷한 진술을 할 수 있다. 이 경우에는 the를 사용하지 않는다.

It is then that ***computers*** will have their most important social effects.
바로 그때 컴퓨터가 가장 중요한 사회적 영향을 미치게 될 것이다.
If you like ***movies high on machismo and low on credibility***, this is for you.
남성미가 넘치고 신뢰도가 낮은 영화를 좋아한다면, 이 영화는 당신에게 적합하다.

ℹ 마찬가지로, 일반적인 뜻으로 사용하는 경우에는 불가산명사에 the를 사용하지 않는다. 예를 들면, '오염은 심각한 문제이다.'는 ~~The pollution is a serious problem.~~이 아닌 *Pollution* is a serious problem.이라고 한다.

...victims of ***crime***. 범죄의 피해자들.
Alcoholism causes ***disease*** and ***death***. 알코올 중독은 질병과 사망의 원인이다.

〔the + rich · poor · young · old · unemployed 등〕 형식은 특정한 유형의 모든 사람들을 가리킬 때 사용할 수 있다.

Only ***the rich*** could afford his firm's products. 부자들만이 그의 회사 제품을 살 수 있었다.
They were discussing the problem of ***the unemployed***. 그들은 실업자들에 대한 문제를 토의하고 있었다.

ℹ 위와 같은 단어를 사용하는 경우, 뒤에 -s나 -es를 붙이지 않는다. 예를 들면, the unemployeds라고 하지 않는다.

3 nationalities(국적)

〔the + 국적을 나타내는 형용사〕 형식은 특정한 나라에 사는 사람들이나 그 나라 출신인 사람들의 무리를 가리킬 때 사용한다.

They will be increasingly dependent on the support of ***the French***.
그들은 프랑스 국민들의 지지에 점점 더 의존하게 될 것이다.

➲ Topic 표제어 Nationality words 참조.

4 systems and services(시스템과 서비스)

〔the + 단수 가산명사〕 형식은 시스템이나 서비스를 가리킬 때 사용한다.

I don't like using ***the phone***. 나는 전화를 사용하는 것을 좋아하지 않는다.
How long does it take on ***the train***? 기차를 타고 가면 시간이 얼마나 걸립니까?

5 musical instruments(악기)

악기를 연주할 수 있는 능력을 나타낼 때, 보통 〔the + 악기 이름〕 형식을 사용한다.

You play ***the guitar***, I see. 당신은 기타를 연주하지요. 알았어요.
I can't play ***the piano***. 나는 피아노를 연주할 수 없다.

그러나 록이나 재즈 음악가들은 악기 이름 앞의 the를 보통 생략한다.

...the night spot where John played ***guitar***. 존이 기타를 연주한 야간 업소.

6 professions(직업)

때때로 명사구 앞에 the를 붙여서 유명한 사람의 직업과 이름을 나타낸다. 예를 들면, '가수 질 고메즈'는 ***the singer*** Jill Gomez라고 한다.

...***the Russian poet*** Yevtushenko. 러시아 시인 예프투셴코.

한 사람이 두 가지 직업을 가진 경우, and로 연결하여 두 직업 모두 언급할 수 있다. 예를 들면, '피아노 연주자이며, 지휘자인 데니엘 바렌보임'은 ***the pianist and conductor*** Daniel Barenboim이라고 한다.

ℹ 위와 같이 두 직업을 언급할 경우에는 the를 한 번만 사용한다. ~~the pianist and the conductor Daniel Barenboim~~이라고 하지 않는다.

...***the Irish writer and critic*** Maeve Binchy. 아일랜드인 작가이자 비평가인 메이브 빈치.

언론인과 방송인은 때때로 the를 생략한다.

...an event chaired by ***writer and critic*** Hermione Lee. 작가이자 비평가인 헤르미오네 리가 진행하는 행사.

7 institutions(기관)

전치사와 church, college, home, hospital, prison, school, university 등의 단어 사이에는 보통 the를 사용하지 않는다.

Will we see you ***in church*** tomorrow? 우리 내일 교회에서 만날 수 있을까요?
I was ***at school*** with her. 나는 학교에서 그녀와 같이 있었다.

➲ 위의 각 단어에 대한 Usage 표제어 참조.

USAGE

8 meals(식사)

일반적으로 식사 명칭 앞에는 the를 사용하지 않는다.

I open the mail immediately after ***breakfast***. 나는 아침 식사 후 바로 메일을 열어 본다.

I haven't had ***dinner*** yet. 나는 아직 저녁 식사를 하지 못했다.

Topic 표제어 Meals 참조.

9 used instead of a possessive(소유격 대신 사용하기)

특히 신체 부위에 가해지는 행위를 나타낼 때, 소유격 한정사 대신 the를 사용한다.

She hit him smartly and swiftly on ***the head***. 그녀는 그의 머리를 세고 재빠르게 때렸다.

He took her by ***the arm*** and began drawing her firmly but gently away.
그는 그녀의 팔을 잡고 그녀를 힘있게 그러나 부드럽게 끌고 가기 시작했다.

Grammar 표제어 Possessive determiners 참조.

10 used with superlatives and comparatives(최상급과 비교급에 사용하기)

보통 the는 최상급 형용사 앞에 사용한다.

...***the smallest*** church in England. 영국에서 가장 작은 교회.

일반적으로 최상급 부사 앞에는 the를 사용하지 않는다.

...the language they know ***best***. 그들이 가장 잘 아는 언어.

일반적으로 비교급 형용사나 부사 앞에는 the를 사용하지 않는다.

The model will probably be ***smaller***. 그 모델은 아마 더 작을 것이다.

I wish we could get it done ***quicker***. 나는 우리가 그것을 더 빨리 끝낼 수 있기를 바란다.

그러나 위의 용법에는 몇 가지 예외가 있다.

더 많은 정보는 Grammar 표제어 Comparative and superlative adjectives와 Comparative and superlative adverbs 참조.

---

their

Usage 표제어 there 참조.

---

them

1 used to refer to a plural noun(복수명사를 가리킬 때 사용하기)

them은 동사나 전치사의 목적어로 사용할 수 있다. 앞서 언급했거나 이미 알고 있는 사람들이나 사물들을 가리킬 때, them을 사용한다.

Those children are now getting ready for kindergarten; some of ***them*** may be disappointed.
그 어린이들은 지금 유치원에 취학할 준비를 하고 있는데, 그들 중 일부는 실망할지도 모른다.

She gathered the last few apples and stuffed ***them*** into a bag.
그녀는 마지막으로 남은 사과 몇 개를 모아서 자루에 넣었다.

> 주의 주어와 같은 사람을 문장의 목적어로 하는 경우, them이 아닌 themselves를 사용한다.
> Imagine if you had never taught your children how to dress ***themselves***.
> 당신의 자녀들에게 당신이 옷을 입는 법을 결코 가르쳐 주지 못했다고 상상해 봐라.

2 used to mean 'him or her'(him or her의 뜻으로 사용하기)

성별이 불분명한 사람을 가리킬 때, him or her 대신 them을 사용할 수 있다. 그러나 이를 잘못된 표현으로 생각하는 사람도 있다.

If anyone phones, tell ***them*** I'm out. 누군가 나에게 전화하거든, 나갔다고 전해 주세요.

Usage 표제어 he – she – they 참조.

there

there는 두 가지 주요 용법이 있다. be동사와 같은 동사 앞에 사용하거나, 장소부사로 there를 사용한다.

1 used in front of 'be'(be동사 앞에 사용하기)

〔there + be동사〕 형식은 어떤 것이 존재하거나 일어나거나 특정한 장소에 있다는 것을 나타낼 때 사용한다. there를 이와 같이 사용하는 경우 보통 [ðər]나 [ðeər]로 발음하며, 천천히 또는 주의 깊게 말할 때에는 [ðər]로 발음한다.

There must *be* a reason. 이유가 있음에 틀림없다.
There was an accident and somebody got killed. 사고가 나서 누군가가 죽었다.
There was a new cushion on one of the settees. 긴 의자 중 한 개에 새 쿠션이 있었다.

〔there + be동사〕 형태에서 there 뒤에 단수명사구가 오면 단수동사, 복수명사구가 오면 복수동사를 사용한다.

There is a fire on the fourth floor. 4층에 불이 났다.
'*There are* people who want to kill me right now,' he said.
그는 "지금 당장 저를 죽이려고 하는 사람들이 있어요."라고 말했다.

회화에서 일부 사람들은 복수명사구 앞에 there's를 사용한다. 예를 들면, '안개가 끼면, 충돌 사고가 더 많이 일어난다.'는 **If it's foggy, *there's* more *collisions*.**라고 하는데, 이러한 용법은 일반적으로 잘못된 표현으로 간주된다.

> **주의** 전치사 since를 사용하여 어떤 일이 일어난 후 얼마의 시간이 지났는지 나타낼 때, there is이나 there are가 아닌 it is를 사용한다. 예를 들면, '그녀가 런던에 도착한 지 4일이 되었다.' 또는 '그녀는 4일 전에 런던에 도착했다.'는 ~~There are four days since she arrived in London.~~이 아닌 ***It's* four days since she arrived in London.**이나 **She arrived in London four days *ago*.**라고 한다.
>
> *It's* three months since you were here last. 당신이 여기를 마지막으로 다녀간 지 3개월이 지났다.
> Her husband died four years *ago*. 그녀의 남편은 4년 전에 죽었다.

2 'there seems to be...'

there seems to be...는 어떤 것이 존재하는 것 같거나 그것이 특정한 장소에 있는 것 같다는 뜻이다. 예를 들면, '무슨 오해가 있는 것 같다.'는 ~~There seems a misunderstanding.~~이 아닌 ***There seems to be* a misunderstanding.**이라고 한다.

There seems to be a problem. 문제가 있는 것 같다.
I'm sorry, *there seems to be* a dirty mark on it. 죄송하지만, 그것에 더러운 자국이 있는 것 같습니다.

3 'there happens to be...'

there happens to be...는 어떤 것이 우연히 특정한 장소에 있다는 뜻이다. 예를 들면, '우연히도 다음 거리에 우체국이 있었다.'는 ~~There happened a post office in the next street.~~이 아닌 ***There happened to be* a post office in the next street.**이라고 한다.

There happened to be a roll of thin nylon tubing lying on the desk.
우연히 책상 위에 얇은 나일론 관 한 통이 있었다.

4 used with other verbs(다른 동사와 함께 사용하기)

격식을 차린 영어에서 there 뒤에 be동사, seem, happen이 아닌 다른 동사가 오면, 어떤 것이 존재하거나 특정한 장소에 있다는 뜻이다.

But *there* still *remains* a major puzzle. 그러나 여전히 큰 의문점이 남아 있다.
There follow two examples of Tarot stories, written by the authors.
저자들이 쓴, 타로 이야기에 대한 두 가지 예가 뒤따른다.

소설에서 어떤 일이 갑자기 일어났다고 할 때, there was나 there came을 사용한다.

There was a tremendous explosion and the boat disintegrated.
갑자기 거대한 폭발이 일어나서 그 보트는 완전히 부서졌다.
There came the crack of a shot. 갑자기 총소리가 났다.

5 used as an adverb(부사로 사용하기)

그 밖의 주요한 용법으로, 앞서 언급한 장소를 가리킬 때 **there**를 사용한다. 이 경우, **there**는 [ðəer]로 발음한다.

I must get home. Bill's ***there*** on his own. 나는 집에 가야 해. 빌이 거기에 혼자 있거든.
Come into the kitchen. I spend most of my time ***there*** now.
부엌으로 들어오세요. 나는 요즘 대부분의 시간을 거기서 보내요.

> 주의 **there** 앞에는 전치사 **to**를 사용하지 않는다. 예를 들면, '나는 그곳에 가기를 좋아한다.'는 ~~**I like going to there.**~~가 아닌 **I like going *there*.**라고 한다.
> My family live in India. I still go ***there*** often. 우리 가족은 인도에 살고 있다. 나는 아직도 그곳에 자주 간다.
> 종속절을 이끌 때는 **there**가 아닌 **where**를 사용한다. 예를 들면, '나는 여동생이 기다리는 공원으로 돌아갔다.'는 ~~**I went back to the park, there my sister was waiting.**~~이 아닌 **I went back to the park, *where* my sister was waiting.**이라고 한다.
> There was still fear in closed communities, ***where*** everyone knew everyone else's business.
> 폐쇄적인 사회에서는 여전히 두려움이 있었는데, 그곳에서는 모두가 서로의 일을 알고 있었다.

6 'their'

발음이 같은 **there**와 **their**를 혼동해서는 안 된다. **their**는 어떤 것이 특정한 사람, 동물, 사물에 속하거나 관련되어 있을 때 사용한다.

I looked at ***their*** faces. 나는 그들의 얼굴을 보았다.
What would they do when they lost ***their*** jobs? 만약 그들이 직장을 잃는다면 무엇을 할 것인가?

---

these

Usage 표제어 this – these 참조.

---

they

they는 주어로 사용할 수 있다. 앞서 언급했거나 이미 알고 있는 사람들이나 사물들을 가리킬 때 사용한다.

All universities have chancellors. ***They*** are always rather senior people.
모든 대학에는 총장이 있다. 그들은 항상 나이가 좀 많은 사람들이다.
The women had not expected a visitor and ***they*** were in their everyday clothes.
그 여자들은 방문자가 올 것이라는 예상을 하지 못해서, 평상복 차림을 하고 있었다.

> 주어 뒤에 관계대명사절이 뒤따를 때, 주절의 동사 앞에 they를 사용하지 않는다. 예를 들면, '옆집에 사는 사람들은 돼지를 키운다.'는 ~~The people who live next door, they keep pigs.~~가 아닌 The people who live next door keep pigs.라고 한다.

Two children who were rescued by their father from a fire are in a critical condition.
불 속에서 그들의 아버지에 의해 구조된 두 어린이는 위중한 상태이다.
Two girls who had been following him came to a halt. 그를 뒤따라온 두 여자 아이들은 걸음을 멈췄다.

일반적인 사람들이나 실제로 알려져 있지 않은 한 무리의 사람들을 가리킬 때, **they**를 사용하기도 한다.

They say that a former nurse makes the worst patient. 사람들은 왕년의 간호사가 가장 까다로운 환자가 된다고 말한다.
In Bradford, ***they*** put special teachers in areas with a high percentage of immigrants.
브래드포드에서는 이민자 비율이 높은 지역에 특별 교사들을 배치한다.

Usage 표제어 one 참조.

성별이 불분명한 개인을 가리킬 때에도 **he or she** 대신 **they**를 사용할 수 있다.

I was going to stay with a friend, but ***they*** were ill. 나는 한 친구와 같이 지낼 계획이었는데, 그 친구는 몸이 아팠다.

Usage 표제어 he – she – they 참조.

주의 여러 개의 사물이 존재하거나 특정한 장소에 있다고 할 때는 **they are**가 아닌 **there are**를 사용한다. 예를 들면, '냉장고에 와인이 두 병 있다.'는 ~~They are two bottles of wine in the fridge.~~가 아닌 ***There are* two bottles of wine in the fridge.**라고 한다.

There are always plenty of jobs to be done. 항상 해야 할 일이 많다.

➲ Usage 표제어 there 참조.

---

thief – robber – burglar

남의 물건을 훔치거나 빼앗는 사람, 즉 '도둑'은 **thief**라고 한다. 은행이나 가게 등에서 물건을 훔치려고 폭력이나 위협을 가하는 '강도'는 **robber**라고 한다.

...an armed *robber* who raided an off-licence. 주류 판매 면허점을 덮친 무장 강도.

burglar는 집이나 건물 등에 침입하여 물건을 훔치는 '좀도둑'이라는 뜻이다.

The average *burglar* spends just 2 minutes inside your house. 웬만한 도둑은 집을 터는 데 2분밖에 안 걸린다.

---

think

동사 **think**는 여러 가지 방법으로 사용한다. **think**의 과거와 과거분사는 **thinked**가 아닌 **thought**이다.

1 used with a 'that'-clause(that절과 함께 사용하기)

〔**think + that절**〕 형식은 어떤 일에 대한 의견이나 결정을 언급할 때 사용할 수 있다.

I *think you should go*. 내 생각에 당신이 가야 할 것 같다.
I *thought I'd wait*. 나는 기다리기로 했다.

think가 위와 같은 뜻일 때는 진행시제를 사용하지 않는다. 예를 들면, ~~**I am thinking you should go.**~~라고 하지 않는다.

어떤 일이 사실이 아니라고 생각한다는 **someone thinks something is not the case** 대신 **someone *doesn't think* something *is* the case**라고 한다.

I *don't think* they really represent the people. 나는 그들이 그 사람들을 진정으로 대표한다고 생각하지 않는다.
I *don't think* there is any doubt about that. 나는 그것에 의심할 점이 전혀 없다고 생각한다.

2 'I think so'

누군가가 어떤 일이 사실인지 묻는 경우, '그렇게 생각한다'라는 대답은 ~~**I think it.**~~이 아닌 **I think so.**라고 한다.

'Do you think my mother will be all right?' – '*I think so*.'
"저희 어머니의 상태가 좋아질 것 같습니까?" – "그렇게 생각합니다."

'그렇게 생각하지 않는다'라는 대답은 **I don't think so.**라고 한다. **I think not.**이라고도 할 수 있지만, 이는 다소 격식을 차린 말이다.

'I have another friend, Barbara Robson. Do you know her?' – '*I don't think so*.'
"나는 바버라 랍슨이라는 또 다른 친구가 있어요. 그녀를 아세요?" – "모르는 것 같아요."
'She doesn't want a real investigation, does she?' – '*I think not*.'
"그녀는 실제 조사를 원하지 않지요, 그렇지요?" – "그런 것 같아요."

3 using a continuous tense(진행시제에 사용하기)

someone *is thinking*은 누군가가 어떤 일을 고려 중이다라는 뜻이다. **think**가 이런 뜻일 때는 진행시제를 사용한다.

I'll fix us both a gin-and-tonic while I'*m thinking*. 생각하는 동안, 나는 우리 둘이 마실 진토닉 칵테일을 만들 것이다.
You *have been thinking*, haven't you? 생각해 봤지요, 그렇지 않나요?

누군가가 마음속으로 특정한 시간에 생각하고 있는 것을 나타낼 때에도 진행시제를 사용한다.

That's what I *was thinking*. 그것이 내가 생각하고 있었던 것이다.

It's very difficult to determine what the other people ***are thinking***.
다른 사람들이 무엇을 생각하고 있는지 알아내는 것은 아주 어렵다.

다른 사물이나 사람에 대해 생각하고 있다고 할 때, be thinking about나 be thinking of를 사용할 수 있다.

I spent hours in the warmth of the bathtub ***thinking about*** China.
나는 따뜻한 물로 채운 욕조에서 중국에 대해 생각하면서 여러 시간을 보냈다.

She ***was thinking of*** her husband. 그녀는 남편을 생각하고 있었다.

be *thinking of doing* something은 어떤 일을 할 것을 고려 중이다라는 뜻이다.

I ***was thinking of voting*** Conservative this time. 나는 이번에는 보수당에 투표하려고 생각하고 있었다.

ⓘ 'be thinking to do' something이라고 하지 않는다.

---

thinness

몸에 살이 거의 없는 마른 사람을 묘사할 때 사용하는 단어는 다음과 같다.

bony	emaciated	lanky	lean	scrawny
skinny	slender	slight	slim	spare
thin	trim	underweight	willowy	

1 neutral words(중립적인 단어)

thin은 마른 사람의 외모를 중립적으로 묘사할 때 사용한다.

She was tall and ***thin***, with fairish hair. 그녀는 키가 크고 말랐으며 머리는 금발에 가까웠다.

2 words used for approval(호감을 나타내는 데 사용하는 단어)

마른 사람의 모습을 표현할 때, lean, slender, slim, slight, spare, trim 등의 호감을 나타내는 단어를 사용한다. 이 중에 slim을 가장 많이 사용하며, 나머지 단어는 주로 소설에서 사용한다.

She used to be pretty and ***slim***. 그녀는 아름답고 날씬했었다.

The door sprang open and a ***lean***, well-tailored man stepped out.
문이 확 열리면서 날씬하고 몸에 잘 맞는 옷을 입은 남자가 걸어 나왔다.

...a beautiful ***slender*** girl with a strong American accent. 강한 미국식 악센트로 말하는 아름답고 날씬한 소녀.

3 words used for disapproval(비호감을 나타내는 데 사용하는 단어)

비호감을 나타내는 단어는 bony, scrawny, skinny가 있다.

She was rather ugly and ***skinny***. 그녀는 다소 못생기고 깡말랐다.

...a ***scrawny*** woman with dyed black hair. 머리를 검게 염색한 깡마른 여자.

underweight는 충분히 먹지 않거나 병으로 몸무게가 줄어 '아주 마른'이라는 뜻이며, emaciated는 아주 말라서 '여윈'이라는 뜻이다.

Many people who are ***underweight*** are happy with their size. 많은 마른 사람들은 자신의 몸매 사이즈에 만족해한다.

...***emaciated*** kids begging for milk. 우유를 구걸하는 여윈 아이들.

4 'lanky' and 'willowy'

lanky와 willowy는 키가 크고 마른 사람을 묘사할 때 사용한다. lanky는 다소 우스꽝스러운 단어이며, willowy는 호감을 나타내는 단어이다.

Quentin was a ***lanky*** boy with long skinny legs. 쿠엔틴은 마르고 다리가 길며 멀쑥한 소년이었다.

...looking so much more slender and ***willowy*** than in her photo. 사진에서보다 훨씬 더 날씬하고 나긋나긋해 보이는.

---

this – that

this와 that은 한정사나 대명사로 사용한다. this와 that의 복수형은 these와 those이다.

this – that

➲ Usage 표제어 this – these와 that – those 참조.

이 표제어에서는, 이들 단어를 사용하는 용법의 유사점과 차이점을 다룬다.

1 referring back(다시 가리키기)

이미 언급한 사람, 사물, 일 등을 다시 가리킬 때, **this**, **these**, **that**, **those**를 사용한다. 일반적으로 **that**과 **those**보다는 **this**와 **these**를 더 많이 사용한다.

New machines are of course more expensive and ***this*** is something one has to consider.
새 기계들은 당연히 더 비싸서 우리는 이 점을 고려해야 한다.

So, for all ***these*** reasons, my advice is to be very, very careful.
그래서 이러한 모든 이유로, 내 충고는 매우 조심하라는 것이다.

앞에 나온 명사를 다시 가리킬 때, 〔**that** · **those** + 명사〕 형식을 사용한다.

You haven't shown any interest in the identity of the ***person*** who's been poisoned or how ill ***that person*** is.
당신은 중독된 사람의 정체나 그 사람의 상태가 얼마나 위중한지에 대해서 아무 관심도 보이지 않았다.

Staff suggest ***books*** for the library, and normally we're quite happy to get ***those books***.
직원들이 도서관에 소장할 책을 추천하면, 우리는 보통 그 책을 갖춰 놓는 것에 꽤 만족한다.

누군가가 앞서 한 진술을 다시 가리킬 때는 보통 **this**가 아닌 **that**을 사용한다.

'She was terribly afraid of offending anyone.' – '***That***'s right.'
"그녀는 누군가의 감정을 상하게 할까 봐 몹시 두려워했어요." – "그건 맞아요."

'***That***'s a good point,' he said to reporters over and over in response to various demands.
기자들의 여러 가지 요구에 대해 그는 "그것은 아주 좋은 지적입니다."라는 응답을 여러 번 되풀이했다.

2 present and past(현재와 과거)

사건이나 상황을 나타낼 때, **this**나 **that**을 사용할 수 있다.

계속 존재하는 상황이나 일어나는 일을 가리킬 때, **this**를 사용한다.

'My God,' I said, '***This*** is awful.' 나는 "맙소사, 이건 끔찍해."라고 말했다.

I'm sorry to barge in on you like ***this***. 제가 이렇게 당신 일에 끼어들어 죄송합니다.

This whole business has gone on too long. 이 모든 일이 너무 오래 지속되었다.

최근에 일어난 사건이나 상황을 가리킬 때, **that**을 사용한다.

I knew ***that*** meeting would be difficult. 나는 그 회의가 어려울 거란 걸 알았다.

That was a terrible air crash last week. 그것은 지난주에 일어난 끔찍한 비행기 추락 사고였다.

3 closeness(근접)

자신과 매우 가까이 있는 사람이나 사물을 나타낼 때, **this**나 **these**를 사용한다. 예를 들면, 자신의 손에 사물을 들고 있거나 자기 앞의 책상이나 탁자 위에 있는 그 사물을 가리킬 때, **this**를 사용한다.

'What is ***this***?' said a policeman, holding up a canister of shaving cream.
경찰관은 면도용 크림 통을 집어 들면서 "이것은 뭡니까?"라고 물었다.

This coffee tastes like tea. 이 커피 맛은 홍차 같다.

Wait a minute. I just have to sort ***these*** books out. 잠깐 기다리세요. 저는 바로 이 책들을 정리해야 해요.

보거나 들을 수 있지만 손을 내밀어서 닿을 수 없을 만큼 떨어져 있는 사람이나 사물을 가리킬 때, **that**이나 **those**를 사용한다.

Look at ***that*** bird! 저기 있는 새를 보아라!

Can you move ***those*** books off there? 저 책들을 저곳으로 옮겨 주시겠습니까?

두 개의 사물을 비교할 때 말하는 사람과 가까운 것은 **this**, 멀리 떨어져 있는 것은 **that**을 사용할 수 있다.

This one's nice but I don't like ***that*** one much. 이것은 좋은데 저것은 별로 마음에 들지 않는다.

This side of the street doesn't get the sun in the afternoon. 거리의 이쪽 면은 오후에는 햇볕이 들지 않는다.

this – these

사람, 사물, 상황, 사건, 시간을 가리킬 때, 여러 가지 방법으로 **this**와 **these**를 사용한다. 이들 단어는 한정사나 대명사로 사용할 수 있으며, **this**의 복수형은 **these**이다.

1 referring back(다시 가리키기)

앞서 언급한 사람, 사물, 일을 다시 가리킬 때, **this**나 **these**를 사용한다.

He's from the Institute of English Language in Bangkok. ***This*** institute has been set up to serve language teachers in the area.
그는 방콕의 영어 교육원 출신이다. 이 학원은 그 지역의 영어 교사들을 돕기 위해 설립되었다.

Tax increases may be needed next year to do ***this***. 이것을 시행하기 위해 내년에 세금 인상이 필요할지도 모른다.

These particular students are extremely bright. 이런 특별한 학생들은 아주 총명하다.

Where once it had been surrounded by other villas, ***these*** had long since made way for hotels.
한때 다른 별장들로 둘러싸여 있었던 이 별장들은 그 이후로 오랫동안 호텔들에게 자리를 내주었다.

앞서 언급한 사람을 가리킬 때는 대명사로 **this**가 아닌 **he**나 **she**를 사용한다.

He was known to all as Eddie. 그는 모두에게 에디로 알려져 있었다.

'So long,' Mary said as ***she*** passed Miss Saunders. 메리는 손더스 양을 지나치면서 "또 봐요."하고 말했다.

회화에서 사람이나 사물을 처음으로 언급하는 경우, 많은 사람들이 **this**와 **these**를 한정사로 사용한다.

Then ***this*** guy came to the door of the class and he said, 'Mary Tinker, you're wanted out here.'
그러고 나서 이 남자는 교실 문까지 와서, "메리 틴커, 당신을 만나고 싶어하는 사람이 여기 왔어요."라고 말했다.

At school we had to wear ***these*** awful white cotton hats. 학교에서 우리는 이런 형편없는 하얀 면 모자를 써야 했다.

2 closeness(근접)

자신과 매우 가까이에 있는 사람이나 사물을 가리킬 때, **this**나 **these**를 사용할 수 있다. 예를 들면, 자신이 책을 들고 있는 경우, 그 책을 ***this* book**이라고 한다.

This book is sensational. 이 책은 선풍적인 인기를 얻고 있다.

The colonel handed him the bag. '***This*** is for you,' he said.
대령은 그에게 가방을 건네주며 "이것은 당신 것이오."라고 말했다.

Get ***these*** kids out of here. 이 아이들을 여기에서 내보내세요.

I'm sure they don't have chairs like ***these***. 나는 그들에게 이런 의자가 없을 거라고 확신합니다.

어떤 사람을 가리킬 때는 보통 **this**를 대명사로 사용하지 않는다. 그러나 누군가의 신원을 밝히거나 물어볼 때는 **this**를 인칭대명사로 사용한다. 예를 들면, 누군가를 소개하는 경우 **this**를 사용하며, 한 사람 이상을 소개하는 경우에도 **these**가 아닌 **this**를 사용한다.

This is Bernadette, Mr Zapp. 잽 씨, 이분은 버나데트입니다.

This is my brother Andrew and his wife Claire. 이쪽은 제 남동생 앤드류와, 그의 아내 클레어입니다.

전화를 하는 경우, 자신이 누구인지를 밝힐 때에도 **this**를 사용한다.

'Sally? ***This*** is Martin Brody.' "셀리? 나 마틴 브로디야."

3 present situations(현재의 상황)

현재 존재하는 상황이나 일어나고 있는 일을 가리킬 때, **this**를 사용한다.

You know a lot about ***this*** situation. 당신은 이 상황에 대해서 많은 것을 알고 있다.

This is an opportunity to put into practice thoughts I have had for some time.
이것은 내가 오랫동안 생각해 왔던 것을 실행해 볼 수 있는 기회이다.

4 'this' and 'these' in time expressions(시간 표현에 사용하는 this와 these)

시간의 표현에 **this**를 사용하는 방법은 다음과 같다.

오늘 아침은 **this morning**, 오늘 오후는 **this afternoon**, 오늘 저녁은 **this evening**이라고 한다.

I've got to go to the University ***this morning***. 나는 오늘 아침 그 대학교에 가봐야 한다.

I was here ***this afternoon***. Have you forgotten? 나는 오늘 오후에 여기에 있었어요. 잊어버렸어요?
Come and have a drink with me ***this evening***. 오늘 저녁에 와서 술 한잔합시다.

그러나 '오늘'은 **this day**가 아닌 **today**라고 한다.

I had a letter ***today*** from my solicitor. 나는 변호사가 보낸 편지 한 장을 오늘 받았다.

'오늘 저녁'은 **this night**이 아닌 **tonight**이며, '어제 저녁'은 **last night**이라고 한다.

We left our bedroom window open ***last night***. 우리는 지난밤에 침실 창문을 열어 놓았다.
I think I'll go to bed early ***tonight***. 나는 오늘 밤 일찍 잠을 잘 생각이다.

이번 주는 **this week**, 이번 달은 **this month**, 올해는 **this year**라고 한다.

They're talking about going on strike ***this week***. 그들은 이번 주에 파업을 시작하는 것에 대해 이야기하고 있다.
The Congress was held in Portoviejo earlier ***this month***. 의회는 이번 달 초에 포르토비에호에서 열렸다.

다가오는 주말, 요일, 달, 계절을 가리킬 때, **this**와 함께 사용한다.

Come down there with me ***this weekend***. 이번 주말에 그곳에 나와 같이 가자.
Let's fix a time. ***This Sunday***. Four o'clock. 시간을 정합시다. 이번 주 일요일 4시로 합시다.

그러나 이전의 주말, 요일, 달, 계절을 가리킬 때에도 **this**와 함께 사용한다.

His presence ***this weekend*** was especially ominous. 지난 주말에 그가 나타난 것은 특히 불길한 징조였다.
This summer he also authorised £15 million to provide emergency shelters for the homeless.
지난 여름 그는 마찬가지로 집이 없는 사람들에게 비상 숙소를 제공하기 위해 천오백만 파운드를 승인했다.

these days는 '요즘'이라는 뜻으로, 부가어나 일반 명사구로도 사용할 수 있다.

The prices ***these days*** are absolutely astronomical. 요즘 물가는 아주 천문학적이다.
Kids are less attentive in ***these days of instant gratification***.
욕구가 즉각적으로 충족되는 오늘날에는 아이들의 주의력이 예전만 못하다.

5 'that' and 'those'

that과 **those**는 **this**와 **these**와 비슷한 용법으로 사용한다.

➲ 두 단어의 차이점에 대한 설명은 **Usage** 표제어 **this – that** 참조.

---

those

➲ **Usage** 표제어 **that – those** 참조.

---

though

➲ **Usage** 표제어 **although – though** 참조.

---

thousand

a thousand나 **one thousand**는 숫자 '1,000'이라는 뜻이다. 어떤 것이 천 개가 있다는 **there are *a thousand* things/*one thousand* things**라고 한다.

We'll give you ***a thousand*** dollars for the story. 우리는 당신에게 그 소설의 대가로 천 달러를 줄 것이다.
...a ship about ***one thousand*** yards off shore. 해안에서 약 천 야드 떨어져 있는 배 한 척.

there are 'thousand' things라고 하지 않는다.

thousand 앞에 다른 숫자가 오는 경우, **thousand**를 변형시키지 않는다. 예를 들면, **five thousands**가 아닌 **five thousand**라고 한다.

...seven ***thousand*** dollars. 7,000달러.
...five ***thousand*** acres. 5천 에이커.

USAGE

threaten

threaten to do **something은 누군가를 해치거나 기분을 상하게 하겠다고 위협하다라는 뜻이다.**

The police ***threatened to*** imprison me. 경찰은 나를 감옥에 집어넣겠다고 위협했다.

He ***threatened to*** resign. 그는 사임하겠다고 위협했다.

ℹ 'threaten doing' something이라고 하지 않는다.

threaten **someone *with* an action은 어떤 행동을 하겠다고 위협하다라는 뜻이다.**

The group's members ***were threatened with*** imprisonment.
그 단체의 회원들은 감옥에 집어넣겠다는 협박을 받았다.

The 21-year-old claimed she ***was threatened with*** death. 21세의 여자가 살해 협박을 받았다고 주장했다.

ℹ 위와 같은 문장에서 with 이외의 다른 전치사를 사용하지 않는다.

till

➲ Usage 표제어 until – till 참조.

time

➲ 이 표제어는 time이라는 단어의 용법을 다룬다. 시간을 말하는 것에 대한 정보나, 시간에 대해 말할 때 사용하는 전치사와 부사에 대한 정보는 Topic 표제어 Time 참조.

1 'time'

time은 시간, 날, 년 등으로 기간을 잰 것이라는 뜻이다.

...a period of ***time***. 한 기간.

More ***time*** passed. 더 많은 시간이 지나갔다.

시간이 얼마나 걸리는지 또는 지속되는지를 나타내는 경우에는 보통 **time**을 사용하지 않는다. 예를 들면, '그 과정은 2년이 걸렸다.'는 ~~**The course took two years' time.**~~이 아닌 **The course took *two years*.**라고 한다. 또한 '각각의 노래가 10분 동안 지속된다.'는 ~~**Each song lasts ten minutes' time.**~~이 아닌 **Each song lasts *ten minutes*.**라고 한다.

The whole process probably takes ***twenty-five years***. 그 모든 과정은 아마 25년이 걸릴 것이다.

The Mount Vernon tour lasts ***4 hours***. 버논 산 관광은 4시간 동안 지속된다.

그러나 어떤 일이 일어나기 전까지 걸리는 시간이 얼마인지 나타내는 경우에는 **time**을 사용할 수 있다. 예를 들면, '우리는 2년 후에 결혼할 예정이다.'는 **We are getting married *in two years' time*.**이라고 한다.

The exchange ends officially ***in a month's time***. 그 교역은 한 달 후에 공식적으로 끝난다.

In a few days' time, she may change her mind. 며칠이 지나면 그녀가 마음을 바꿀지도 모른다.

보통 **time**은 불가산명사이므로, **a time**이라고 하지 않는다. 예를 들면, '나는 쇼핑 갈 시간이 없다.'는 ~~**I haven't got a time to go shopping.**~~이 아닌 **I haven't got *time* to go shopping.**이라고 한다.

I didn't know if we'd have ***time*** for tea. 나는 우리가 차를 마실 시간이 있을지 몰랐다.

2 'a...time'

그러나 어떤 것이 얼마나 걸리거나 지속되는지를 나타내는 경우, 〔**a**+ 형용사 + **time**〕 형식을 사용할 수 있다. 예를 들면, 어떤 것을 하는 데 오랜 시간이 걸린다는 **take *a long time,*** 짧은 시간이 걸린다는 **take *a short time***이라고 한다.

The proposal would take quite ***a long time*** to discuss in detail.
그 제안을 세세하게 토의하려면, 아주 오랜 시간이 걸릴 것이다.

After ***a short time*** one of them said 'It's all right, we're all friends here.'
잠시 후에 그들 중 한 명이 "괜찮아, 여기에 있는 우리 모두 친구들이야."라고 말했다.

다음 표현처럼 전치사 **for**를 사용하거나 생략할 수도 있다.

They had been camped there ***for a long time***. 그들은 그곳에서 오랫동안 야영을 했다.
He's going to have to wait ***a very long time***. 그는 아주 오랫동안 기다려야 할 것이다.
They worked together ***for a short time***. 그들은 잠시 동안 같이 일했다.
You've only been in the firm ***quite a short time***. 당신은 아주 짧은 기간 동안 그 회사에 근무했다.

someone *is having a good time*은 즐거운 시간을 보내고 있다라는 뜻이다.

Downstairs, Eva ***was having a wonderful time***. 에바는 아래층에서 즐거운 시간을 보내고 있었다.
Did you ***have a good time*** up in Edinburgh? 당신은 에든버러에서 즐거운 시간을 보냈습니까?

ℹ 위와 같은 문장에서는 a를 사용해야 한다. 예를 들면, ~~Eva was having wonderful time.~~이라고 하지 않는다.

3 'a time'

for a time이나 after a time은 '상당히 긴 시간'이라는 뜻이다.

She sat down ***for a time*** on a rush-seated chair. 그녀는 받침에 골풀을 댄 의자에 한동안 앉아 있었다.
After a time the pain passed. 한참이 지난 후에 통증이 사라졌다.

〔a time + 한정어〕 형식은 어떤 일이 사실이었거나 사실인 기간을 가리킬 때에도 사용한다.

The ancient microfossils may date from ***a time before there were genes***.
그 고대 미생물 화석들은 유전 인자가 존재하기 이전의 것일지도 모른다.
I cannot remember ***a time when a Prime Minister allowed so much freedom for the expression of dissent***.
어떤 수상도 지금과 같이 반대 의견을 표현할 수 있는 자유를 허용했던 때를 본 적이 없다.

4 used to mean 'occasion' (occasion의 뜻으로 사용하기)

〔the · that + time + 한정어〕 형식은 어떤 일이 일어났거나 일어날 때를 가리킬 때 사용한다.

By ***the time the waiter brought their coffee***, she was drunk.
웨이터가 커피를 가져왔을 때 그녀는 이미 술에 취해 있었다.
Do you remember ***that time when Adrian phoned up***? 당신은 애드리안이 전화했던 때를 기억합니까?

time이 위와 같은 뜻일 때 〔the + first · last + time〕 형식을 사용할 수 있다.

It was ***the first time*** she spoke. 그것은 그녀가 처음으로 말문을 연 때였다.
When was ***the last time*** I saw you? 내가 당신을 마지막으로 본 때가 언제였습니까?

the first time과 the next time 등의 표현을 자주 부가어로 사용한다.

The next time he would offer to fight. 다음번에는 그가 싸움을 청할 것이다.
The second time I hired a specialist firm. 나는 두 번째로 전문 회사를 고용했다.

the가 없는 next time도 부가어이다.

You'll see a difference ***next time***. 당신은 다음번에는 차이점을 이해할 것이다.
Next time you will do everything right. 당신은 다음번에는 모든 일을 제대로 할 것이다.

5 'on time'

어떤 일이 정시에 일어난다고 할 때, on time을 사용한다.

He turned up regularly ***on time*** for guard duty. 그는 경비 근무를 위해 항상 정시에 나타났다.
He might play poker until dawn but he was always ***on time***. 그는 새벽까지 포커를 치더라도, 항상 정시에 출근했다.

6 'in time'

on time을 in time과 혼동해서는 안 된다. in time은 특정한 행사에 늦지 않다는 뜻에 사용한다.

We're just ***in time***. 우리는 막 때맞춰 왔다.
He returned to his hotel ***in time*** for a late supper. 그는 야식을 먹으러 제시간에 호텔로 돌아왔다.

일이나 업무 등을 끝내야 하는 시간이나 그 시간 전에 끝내다라고 할 때, in time을 사용한다.

I can't do it ***in time***. 나는 그것을 제때에 할 수 없다.

in time에는 또 다른 뜻이 있다. 어떤 일이 많은 시간이 지난 후에 결국 일어난다고 할 때도 in time을 사용한다.

In time the costs will decrease. 시간이 흐르면 가격이 하락할 것이다.
In time I came to see how important this was. 결국 나는 이것이 얼마나 중요한지를 깨닫게 되었다.

tiny

Usage 표제어 small – large 참조.

tiresome – tiring

1 'tiresome'

tiresome은 사람이나 사물이 '화나게 하고, 골치 아프게 하거나, 지겹게 하는'이라는 뜻이다.

She can be a very *tiresome* child at times. 그녀는 가끔 매우 골치 아픈 어린아이가 될 수 있다.
I really came to ask you some rather *tiresome* questions. 나는 사실 당신에게 조금 골치 아픈 질문을 하려고 왔습니다.

2 'tiring'

tiring은 사람을 '피곤하게 하는'이라는 뜻이다.

We should have an early night after such a *tiring* day. 우리는 너무도 피곤한 하루를 보냈으므로 일찍 잠을 자야 한다.

title – headline

1 'title'

title은 책, 연극, 그림, 곡의 '제목'이라는 뜻이다.

He wrote a book with the *title* 'The Castle.' 그는 'The Castle'이라는 제목의 책을 썼다.
'Walk under Ladders' is the *title* of her new play. 'Walk under Ladders'는 그녀가 쓴 새로운 희곡의 제목이다.

2 'headline'

신문 기사 위에 큰 글자로 인쇄된 글은 title이 아닌 headline이라고 한다.

All the *headlines* are about the Ridley affair. 모든 신문의 헤드라인이 리들리의 추문에 관한 것이다.

to

to는 전치사로서 여러 가지 용법으로 사용한다. 보통 [tə]로 발음하나, 모음으로 시작하는 단어 앞에서는 [tu]로, 문장의 끝에 오면 [tuː]로 발음한다.

1 destination(도착지)

어떤 사람이 가는 장소를 언급하는 경우, to를 사용한다.

I'm going with her *to Australia*. 나는 그녀와 같이 호주로 갈 예정이다.
The children have gone *to school*. 아이들은 학교에 갔다.
I made my way back *to my seat*. 나는 내 자리로 돌아갔다.

here나 there 앞에는 to를 사용하지 않는다. 예를 들면, '우리는 매년 그곳에 간다.'는 ~~We go to there every year.~~가 아닌 We go *there* every year.라고 한다.

Before I came *here*, there were a few offers from other clubs.
내가 여기에 오기 전에 다른 클럽에서 제의가 몇 번 있었다.
His mother was from New Orleans and he went *there* every summer.
그의 어머니가 뉴올리언스 출신이어서 그는 매년 여름에 그곳에 갔다.

home 앞에도 to를 사용하지 않는다.

I want to go *home*. 나는 집에 가고 싶다.
I'll pick the parcels up on my way *home*. 나는 집에 가는 도중에 소포들을 찾을 것이다.

2 direction(방향)

도착하려고 하는 장소를 나타낼 때, **to**를 사용할 수 있다.

We're sailing ***to Europe***. 우리는 유럽으로 항해할 예정이다.

We used to go through Yugoslavia on our way ***to Greece***.
우리는 그리스로 가는 도중에 유고슬라비아를 지나가곤 했다.

그러나 사람이나 사물이 움직이는 일반적인 방향을 나타낼 때는 **to**가 아닌 **towards**를 사용한다. 예를 들면, '그 보트는 해변 쪽으로 떠내려가고 있었다.'는 ~~**The boat was drifting to the shore.**~~가 아닌 **The boat was drifting *towards* the shore.**라고 한다.

He saw his mother running ***towards him***. 그는 어머니가 자신을 향해 달려오는 것을 보았다.

We started to walk back ***towards Heathrow***. 우리는 히드로 쪽으로 되돌아 걷기 시작했다.

towards 대신 **toward**를 때때로 사용하기도 한다.

They walked along the pathway ***toward the house***. 그들은 그 집을 향해 난 샛길을 따라 걸었다.

어떤 것을 향해 쳐다본다고 할 때, **towards**나 **toward**를 사용한다.

She glanced ***towards the mirror***. 그녀는 거울 쪽을 힐끗 보았다.

He stood looking ***toward the rear of the restaurant***. 그는 식당의 뒤쪽을 바라보고 서 있었다.

사람이나 어떤 것이 가리키거나 향하고 있는 것을 나타낼 때, **to**, **towards**, **toward**를 사용할 수 있다.

He was pointing ***to an oil tanker*** somewhere on the horizon.
그는 수평선상의 어딘가에 있는 유조선을 가리키고 있었다.

The window faced ***towards Paris***. 그 창문은 파리를 향해 나 있었다.

'Turn in here,' he said, pointing ***toward a footpath***. "여기서 돌리시오."라고 그는 인도 쪽을 가리키며 말했다.

3 position(위치)

어떤 것의 위치를 나타낼 때, **to**를 사용할 수 있다. 예를 들면, **something is *to* one's left**는 어떤 것이 왼쪽에 더 가까이 위치해 있다라는 뜻이다.

My father was in the middle, with me ***to his left*** carrying the umbrella.
아버지는 가운데에 계셨고, 나는 우산을 들고 아버지의 왼쪽에 있었다.

To the west lies Gloucester. 서쪽에 글로스터가 위치해 있다.

어떤 것이 어디에 매여 있거나 붙어 있거나, 또는 무언가에 닿아 있다는 것을 나타낼 때에도 **to**를 사용할 수 있다.

I was planning to tie him ***to a tree***. 나는 그를 나무에 묶어 놓으려고 계획 중이었다.

He clutched the parcel ***to his chest***. 그는 꾸러미를 가슴에 껴안았다.

4 time(시간)

to가 시간을 나타내는 경우, **until**(~까지)과 비슷한 뜻을 나타낸다.

Breakfast was from 9 ***to 10***. 아침 식사는 9시부터 10시까지였다.

Only ten shopping days ***to Christmas***. 크리스마스까지 쇼핑할 수 있는 날은 열흘뿐이다.

5 indirect objects(간접목적어)

〔직접목적어 + **to** + 간접목적어〕 형식을 사용한다.

He showed the letter ***to Barbara***. 그는 그 편지를 바버라에게 보여 주었다.

She had given German lessons ***to a leading industrialist***. 그녀는 한 일류 기업가에게 독일어를 가르쳤다.

➲ **Grammar** 표제어 **Verbs**의 **ditransitive verbs** 참조.

6 used in infinitives(부정사절에 사용하기)

to가 이끄는 특정한 종류의 절을 **to**부정사절이라고 한다.

He was doing this ***to make me more relaxed***. 나를 더 편안하게 해주기 위해 그는 이것을 하고 있었다.

The rocket soon begins ***to accelerate upwards***. 그 로켓은 곧 위쪽으로 가속이 붙기 시작할 것이다.

➲ **Grammar** 표제어 **'To'-infinitive clauses** 참조.

주의 모두 [tuː]로 발음하는 too나 two를 to와 혼동해서는 안 된다. 앞서 한 말이 다른 사람이나 사물에도 적용된다는 것을 나타낼 때, too를 사용한다.

I'm on your side. Seibert is ***too***. 나는 당신 편이다. 자이버트도 당신 편이다.

어떤 것의 양이나 정도가 바람직하거나 받아들일 수 있는 것 이상이라는 것을 나타낼 때에도 too를 사용한다.

Eggs shouldn't be kept in the fridge, it's ***too*** cold. 달걀을 냉장고에 보관해서는 안 된다. 그곳은 온도가 너무 낮다.

➲ Usage 표제어 too 참조.

two는 '숫자 2'라는 뜻이다.

The ***two*** boys glanced at each other. 두 소년은 서로 흘끗 쳐다보았다.

today

today는 말을 하거나 글을 쓰고 있는 날, 즉 '오늘'이라는 뜻이다.

I had a letter ***today*** from my solicitor. 나는 사무 변호사에게서 오늘 편지를 받았다.

Today is Thursday. 오늘은 목요일이다.

오늘 아침, 오늘 오후, 오늘 저녁이라고 할 때는 today가 아닌 this를 사용한다.

His plane left ***this morning***. 그가 탄 비행기는 오늘 아침 떠났다.

Can I take it with me ***this afternoon***? 내가 그것을 오늘 오후에 가져갈 수 있습니까?

Come and have a drink with me ***this evening***. 오늘 저녁에 와서 나하고 술 한잔하자.

toilet

1 'toilet'

toilet은 배관과 연결되어 있고 신체에서 노폐물을 배설할 때 사용하는 큰 수세식 변기라는 뜻이다.

영국 영어에서는 화장실을 toilet이라고 한다. 이러한 화장실이 집 안에 있으면 lavatory, loo, cloakroom, WC라고도 한다. lavatory와 WC는 다소 오래된 단어이며, loo는 회화에서만 사용한다.

Annette ran and locked herself in the ***toilet***. 아네트는 달려가 화장실에 들어가서 문을 잠갔다.

미국 영어에서는 화장실을 bathroom이라고 한다. washroom이나 john이라고도 하며, john은 회화에서만 사용한다.

She had gone in to use the ***bathroom***. 그녀는 화장실을 사용하려고 안으로 들어갔다.

2 'conveniences'

영국 영어에서는 공공장소의 화장실을 conveniences나 public conveniences라고 한다. 여성 전용은 the ladies, 남성 전용은 the gents라고 한다.

...a row of porcelain ***conveniences***. 자기(磁器)로 된 변기가 한 줄로 늘어선 공중 화장실.

...a quick visit to ***the ladies'*** to re-apply lipstick. 립스틱을 다시 바르려고 잠깐 여자 화장실에 들어가기.

미국 영어에서는 공공장소의 화장실을 rest room, comfort station, washroom이라고 한다. 여성 전용은 the ladies' room, 남성 전용은 the men's room이라고 한다.

He walked into the men's ***rest room*** and looked at himself in the mirror.
그는 남자 화장실로 걸어 들어가서 거울에 자신을 비춰 보았다.

tolerate

➲ Usage 표제어 bear 참조.

too

too는 부사나 정도부사로 사용할 수 있다.

1 used as an adverb(부사로 사용하기)

앞서 한 말이 다른 사람이나 다른 것에 적용된다는 것을 나타낼 때, 부사로 too를 사용한다.

Of course, you know Africa *too*, don't you? 물론 당신도 아프리카를 알고 있지요, 그렇지요?

Hey, where are you from? Brooklyn? Me *too*! 이봐요, 어디서 왔어요? 브루클린? 저도 그래요.

➲ Usage 표제어 also – too – as well 참조.

2 used as a grading adverb(정도부사로 사용하기)

양이나 질의 정도가 원하거나 받아들일 수 있는 것 이상이라는 뜻을 나타낼 때, 형용사나 부사 앞에 too를 사용한다.

By then he was far *too large* to sleep in a crib. 그때는 그가 아기 침대에서 잠을 자기에는 몸집이 너무 컸다.

I realized my mistake *too late*. 나는 잘못을 너무 늦게 깨우쳤다.

too 앞에는 very가 아닌 much나 far를 사용한다. 예를 들면, '그 슬리퍼는 그녀에게 너무 작았다.'는 ~~The slipper was very too small for her~~.가 아닌 **The slipper was *much* too small for her.** 또는 **The slipper was *far* too small for her.**라고 한다.

That may well seem *much too dramatic*. 그것은 너무 극적으로 보일지도 모른다.

The eyes were *far too deeply* set. 눈이 굉장히 움푹 들어갔다.

too 앞에 rather, slightly, a bit을 사용할 수 있다.

The dress was *rather too small* for her. 그 드레스는 그녀에게 상당히 작았다.

They sat round a table that was *slightly too long and shiny* for the simple meal it carried. 그들은 간단한 식사를 하기에는 다소 길고 번쩍거리는 식탁 주위에 둘러앉았다.

My sister's boots were *a bit too small* for her long feet. 내 여동생의 부츠는 긴 발에 비해 너무 작았다.

ⓘ too 앞에 fairly, quite, pretty를 사용하지 않는다.

일반적으로 〔too + 형용사 + 명사〕 형식을 사용하지 않는다. 예를 들면, '이 장화들은 너무 크다.'는 ~~These are too big boots~~.가 아닌 **These boots *are too big*.**이라고 한다.

그러나 격식을 차리거나 문어체에서는 때때로 〔too + 형용사 + a · an + 명사〕 형식을 사용한다. 예를 들면, '이것은 여기에서 다루어지기에는 너무 복잡한 문제이다.'는 ~~This is a too complex problem to be dealt with here~~.가 아닌 **This is *too complex a problem* to be dealt with here.**라고 한다.

That's *too easy an answer*. 그것은 너무 쉬운 대답이다.

Somehow, Francis seems *too nice a man* for the job. 아무튼 프란시스는 그 일을 하기에 아주 적격인 듯하다.

3 used as an intensifier(강조어로 사용하기)

일부 사람들은 누군가가 한 일에 대해 감사를 표할 때, kind 등의 단어 앞에 too를 사용한다.

You're *too kind*. 당신은 아주 친절하십니다.

그러나 형용사나 부사를 강조하기 위해서는 보통 too가 아닌 very를 사용한다. 예를 들면, '나는 새 자동차에 매우 만족한다.'는 ~~I am too pleased with my new car~~.가 아닌 **I am *very* pleased with my new car.**라고 한다.

She was upset and *very angry*. 그녀는 흥분했고 매우 화가 나 있었다.

Think *very carefully*. 매우 주의 깊게 생각해 보세요.

➲ Usage 표제어 very 참조.

4 'too much' and 'too many'

〔too much + 불가산명사〕 형식은 어떤 것이 필요하거나 원하는 양보다 더 많이 있다고 할 때 사용할 수 있다.

There is *too much chance* of error. 잘못을 저지를 가능성이 너무 많다.

They said I was earning ***too much money***. 그들은 내가 돈을 너무 많이 벌고 있다고 말했다.

〔too little + 불가산명사〕 형식은 어떤 것이 필요하거나 원하는 양보다 너무 적다고 할 때 사용할 수 있다.

Too little money was made available. 아주 적은 돈만 구할 수 있었다.
There would be ***too little moisture*** for plants to get started again.
식물들이 다시 자라기에는 수분이 너무 적을 것이다.

〔too many + 가산명사〕 형식은 사람이나 사물의 수가 필요하거나 원하는 것보다 더 많다고 할 때 사용할 수 있다.

I was making ***too many mistakes***. 나는 너무나 많은 잘못을 저지르고 있었다.

〔too few + 가산명사〕 형식은 사람이나 사물의 수가 필요하거나 원하는 것보다 더 적다고 할 때 사용할 수 있다.

Too few people nowadays are interested in literature. 요즘에는 문학에 관심을 가진 사람들이 너무 적다.

〔much too much · far too much + 불가산명사〕 형식은 어떤 것이 필요하거나 원하는 양보다 훨씬 더 많이 있다고 할 때 사용할 수 있다.

This would leave ***much too much power*** in the hands of the judges.
이러한 조치는 과도하게 많은 권력을 판사들에게 주게 될 것이다.
There's ***far too much attention*** being paid to these people. 이 사람들은 너무나 많은 주목을 받고 있다.

〔far too many + 가산명사〕 형식은 사람이나 사물의 수가 필요하거나 원하는 것보다 훨씬 더 많다는 뜻으로 사용할 수 있다. 이때 much too many를 사용하지 않는다.

Every middle-class child gets ***far too many toys***. 모든 중산층 아이들은 너무나 많은 장난감을 갖고 있다.

〔far too few + 가산명사〕 형식은 사람이나 사물의 수가 필요하거나 원하는 것보다 훨씬 더 적다는 뜻으로 사용한다.

There were ***far too few lifeboats***. 구명보트의 수가 너무나 적었다.

> **주의** 명사가 뒤따르지 않는 형용사 앞에는 **too much**나 **much too much**를 사용하지 않는다. 예를 들면, '축구를 하기에는 너무 덥다.'는 ~~It's too much hot to play football.~~이 아닌 **It's *too hot* to play football.**이나 **It's *much too hot* to play football.**이라고 한다.

---

tools

특정한 일을 하는 데 도움을 얻기 위해 사용하는 사물이나 도구를 가리키는 일반적인 단어는 다음과 같다.

appliance	device	gadget	implement	instrument
machine	tool	utensil		

1 'tool'

tool은 어떤 것을 제작하거나 모양을 만들거나 고칠 때 사용하는 간단한 사물, 즉 '연장'이라는 뜻이다. 예를 들면, 망치, 톱, 삽, 스패너를 말한다.

Remember to put all your ***tools*** away safely. 연장을 모두 안전하게 치워 두는 것을 기억해라.
...a glass-cutting ***tool***. 유리를 자르는 연장.

power tools는 '전동 공구'라는 뜻이다.

Keep ***power tools*** out of children's reach. 전동 공구를 어린이들의 손이 닿지 않는 곳에 두어라.

어떤 일을 달성할 때 사용하는 도구도 **tools**라고 할 수 있는데, 이는 아주 격식을 차린 용법이다.

Textbooks became the essential ***tools*** of the teacher. 교과서는 교사의 필수 도구가 되었다.

2 'implement'

implement는 땅을 파거나 요리에 사용하는 간단한 도구로, 이는 격식을 차린 단어이다.

The earliest wooden ***implements*** known are spears, clubs and sharpened sticks.
알려져 있는 최초의 나무로 만든 도구는 작살, 몽둥이, 날카롭게 깎은 막대기이다.
Don't use metal ***implements*** such as spoons when using non-stick pans.
숟가락과 같은 금속 조리 기구를 코팅된 냄비에 사용하지 마세요.

3 'instrument'

instrument는 과학적이거나 의학적인 목적으로 사용하거나, 또는 어떤 것을 측정하는 데 사용하는 물건, 즉 '기구'라는 뜻이다.

...surgical and dental ***instruments***. 수술이나 치과에 사용하는 의료 기구들.

a musical instrument는 바이올린, 드럼, 플루트와 같은 악기를 말한다.

The drum is one of the oldest ***musical instruments***. 북은 가장 오래된 악기 중의 하나이다.

4 'utensil'

utensil은 일반적으로 소스 냄비나 숟가락과 같이, 요리를 할 때 사용하는 용기나 작은 사물이며, 이는 격식을 차린 단어이다.

Students usually provide their own crockery, cutlery, cooking ***utensils*** and bedding.
학생들은 보통 자신들이 사용할 식기, 스푼, 포크, 나이프, 요리 도구와 침구를 준비한다.

5 'device' and 'gadget'

device나 **gadget**은 일반적으로 매우 작은 사물로, 종종 복잡하거나 특별한 형태로 이루어져 있다. 이들 중 일부는 전기로 작동하는 것도 있다. **gadget**은 격식을 차리지 않은 단어이며, 부정적인 뜻을 나타내는 데 자주 사용한다.

...a tiny 'pacemaker' – a ***device*** that sends pulses of electricity to activate the heart.
작은 페이스메이커 – 심장을 뛰게 하기 위해 전기 자극을 보내는 기구.

A dangerous new ***gadget*** will make it easy for bosses to spy on their staff.
위험한 새 도구가 사장이 직원들을 쉽게 감시할 수 있게 할 것이다.

6 'machine'

machine은 어떤 일을 하기 위해 전기 또는 다른 형태의 동력을 사용하는 장비, 즉 '기계'라는 뜻이다. **machine**이 매우 큰 경우도 있다.

...when Walter Hunt and Elias Howe invented the sewing ***machine***.
월터 헌트와 엘리어스 하우가 재봉틀을 발명했을 때.

Employers have to provide workplaces, ***machines*** and methods of work that are safe.
고용주는 직원에게 일할 장소, 기계, 안전하게 일하는 방법을 제공해야 한다.

7 'appliance'

보통 **appliance**는 가정에서 사용하는 '가전제품'으로, **washing machine**(세탁기), **cooker**(요리 도구) 등이 있다. **appliance**는 격식을 차린 단어이다.

...household ***appliances***. 가전제품.

---

touch – affect

1 'touch'

touch는 어떤 것에 손가락이나 손을 '가볍게 대다'라는 뜻이다.

The metal is so hot I can't ***touch*** it. 그 금속은 너무 뜨거워서 나는 손을 댈 수 없다.
Madeleine stretched out her hand to ***touch*** his. 매들린은 손을 뻗어서 그의 손을 만지려 했다.

be touched **by something**은 어떤 일에 감동을 받아서 슬퍼지거나 동정심이 생기거나 고맙게 여기다라는 뜻이다.

I ***was touched*** that he should remember the party where he had kissed me for the first time.
나는 그가 처음으로 나에게 키스를 했던 그 파티를 기억하고 있다는 사실에 감동받았다.

I ***was touched*** by his thoughtfulness. 나는 그의 세심한 배려에 감동받았다.

2 'affect'

어떤 것이 사람이나 사물을 변화시키거나 영향을 준다고 할 때는 **touch**가 아닌 **affect**를 사용한다. 예를 들면, '우리는 이 계획들이 우리 마을에 무슨 영향을 미칠지 알고 싶었다.'는 ~~**We wanted to know how these proposals would touch our town.**~~이 아닌 **We wanted to know how these proposals would**

affect **our town.**이라고 한다.

...the ways in which computers can ***affect*** our lives. 컴퓨터가 우리의 일상생활에 영향을 주는 방법들.

The disease ***affected*** Jane's lungs. 그 병은 제인의 폐에 영향을 주었다.

toward – towards

➲ Usage 표제어 **to**의 **direction** 참조.

traffic

도로를 따라 움직이는 모든 차량을 가리킬 때, **traffic**을 사용한다.

In many areas rush-hour ***traffic*** lasted until 11am. 출근 시간의 교통 혼잡은 많은 지역에서 오전 11시까지 지속되었다.

traffic은 불가산명사로, **traffics**나 **a traffic**이라고 하지 않는다.

traffic circle

➲ Usage 표제어 **roundabout** 참조.

translate

translate는 어떤 언어를 다른 언어로 말하거나 쓰다, 즉 '번역하다'라는 뜻이다.

These jokes would be far too difficult to ***translate***. 이러한 농담은 번역하기가 대단히 어려울 것이다.

translate one language *into* another는 어떤 것을 한 언어에서 다른 언어로 번역하다라는 뜻이다.

An interpreter was going to translate his words ***into*** English. 한 통역자가 그의 말을 영어로 통역할 예정이었다.

My books have been translated ***into*** many languages. 내 책들은 많은 언어로 번역되었다.

ⓘ 위와 같은 문장에서 into 이외의 다른 전치사를 사용하지 않는다.

transport – transportation

1 'transport'

영국 영어에서는 교통수단을 일반적으로 **transport**라고 한다.

It's easier to travel if you have your own ***transport***. 자신의 교통수단이 있다면 여행을 하는 것이 더 용이하다.

The new museum must be accessible by public ***transport***.
새로운 박물관은 대중 교통수단으로 접근할 수 있어야 한다.

transport는 불가산명사로, 한 대의 차량을 **a transport**라고 하지 않는다.

영국 영어에서는 한 곳에서 다른 곳으로 사물이나 승객을 실어 나르는 움직임, 즉 '수송'을 가리킬 때, **transport**를 사용한다.

The goods were ready for ***transport*** and distribution. 그 물품은 수송과 배급을 할 준비가 되어 있었다.

High ***transport*** costs make foreign goods too expensive. 높은 운송 비용이 수입 물품 가격을 너무 비싸게 만들고 있다.

2 'transportation'

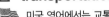

미국 영어에서는 교통수단과 수송이라는 두 가지 뜻에 모두 **transportation**을 사용한다.

Do you two children have ***transportation*** home? 너희 두 어린이들은 집에 갈 교통수단이 있니?

...long-distance ***transportation***. 장거리 수송.

trash

➲ Usage 표제어 **rubbish** 참조.

travel

travel은 동사나 명사로 사용할 수 있다. 영국 영어에서 **travel**의 3인칭 단수는 **travels**, -ing형은 **travelling**, 과거와 과거분사는 **travelled**이다. 미국 영어에서 **travel**의 3인칭 단수는 **travels**, -ing형은 **traveling**, 과거와 과거분사는 **traveled**이다.

1 used as a verb(동사로 사용하기)

travel **to a place**는 어떤 장소로 이동하다라는 뜻이다.

I *travelled* to work by train. 나는 기차를 타고 직장에 갔다.

travel은 여러 장소로 여행을 가다라는 뜻으로, 특히 외국 여행 시 사용한다.

They brought news from faraway places in which they *travelled*.
그들은 자신들이 여행한 머나먼 곳의 소식을 가져왔다.

You have to have a passport to *travel* abroad. 당신은 외국 여행을 가려면 여권을 소지해야 한다.

2 used as a noun(명사로 사용하기)

travel을 명사로 사용하면 여행을 하는 행동을 뜻한다. **travel**이 이런 뜻일 경우, 불가산명사이다.

They arrived after four days of hard *travel*. 그들은 4일간의 고된 여행을 마친 후에 도착했다.

...air *travel*. 항공 여행.

3 'travels'

누군가가 여러 곳을 여행하거나, 특히 자신이 사는 곳에서 멀리 떨어진 여러 곳을 여행한 경우에는 복수형을 사용하여 **travels**라고 할 수 있다.

Marsha told us all about her *travels*. 마샤는 자기가 다닌 여행들에 대해 우리에게 전부 이야기해 주었다.

...rare plants and trees collected during lengthy *travels* in the Far East.
극동 지역을 오랫동안 여행하던 중에 수집한 희귀 식물들과 나무들.

ⓘ 'a travel'이라고 하지 않으며 a journey, a trip, a voyage라고 한다.

➲ Usage 표제어 **journey – trip – voyage – excursion** 참조.

trip

➲ Usage 표제어 **journey – trip – voyage – excursion** 참조.

trouble

1 used as an uncount noun(불가산명사로 사용하기)

trouble은 대부분의 경우 불가산명사로 사용하며, 어떤 일을 다루는 데 겪는 '어려움'이라는 뜻이다.

The obstacles were causing more *trouble* than the enemy. 그 장애물들이 적보다 더 큰 어려움을 주고 있었다.

This would save everyone a lot of *trouble*. 이것이 누구에게나 많은 어려움을 덜어 줄 것이다.

have trouble doing **something**은 누군가가 어떤 일을 하는 데 어려움을 겪고 있다라는 뜻이다.

Did you *have any trouble finding* your way here? 이곳을 찾아오는 데 어떤 어려움은 없었습니까?

ⓘ 'have trouble to do' something이라고 하지 않는다.

2 'troubles'

troubles는 일상생활에서 부딪치는 '문제'라는 뜻이다.

It helps me forget my *troubles* and relax. 그것은 내가 시름을 잊고 편안해지는 데 도움을 준다.

ⓘ 단 하나의 문제를 보통 a trouble이라고 하지 않는다.

3 'the trouble'

어떤 것의 특정한 일부가 문제를 일으키고 있는 경우, 그 문제의 일부를 **the trouble**이라고 한다.

It's getting a bit expensive now, that's ***the trouble***. 그것이 현재 조금 비싸져서 문제이다.

The trouble is there's a shortage of prime property. 문제점은 고급 부동산이 부족하다는 것이다.

---

trousers

trousers는 허리 아래쪽의 신체와 각각의 다리를 분리하여 감싸는 천 조각, 즉 '바지'라는 뜻이다. **trousers**는 복수명사이고, 복수동사를 사용한다.

His trousers ***were*** covered in mud. 그의 바지는 진흙투성이였다.

a trousers가 아닌 **some trousers**나 **a pair of trousers**라고 한다.

It's time I bought myself ***some new trousers***. 내가 입을 새 바지를 몇 벌 사야 할 때이다.

Claud was dressed in ***a pair of black trousers***. 클라우드는 검정색 바지를 입고 있었다.

a pair of trousers가 주어인 경우에는 일반적으로 단수동사를 사용한다.

There ***was*** a pair of trousers in his carrier-bag. 그의 쇼핑백 안에 바지 한 벌이 있었다.

trouser를 다른 명사 앞에 자주 사용한다.

The waiter took a handkerchief from his ***trouser pocket***. 그 웨이터는 바지 주머니에서 손수건을 꺼냈다.

Hamo was rolling up his ***trouser leg***. 하모는 바짓가랑이를 걷어올리고 있었다.

미국 영어에서는 **trousers**를 주로 전문적인 내용에 사용한다. 바지라는 뜻의 단어는 **pants**나 **slacks**를 더 흔하게 사용한다.

---

truck

Usage 표제어 **carriage – car – truck – wagon**과 **lorry – truck** 참조.

---

true – come true

1 'true'

a *true* story/statement는 지어내거나 상상하지 않은 사실에 기초한 이야기나 말이라는 뜻이다.

The story about the murder is ***true***. 그 살인에 대한 이야기는 사실이다.

Unfortunately it was ***true*** about Sylvie. 불행하게도 실비에 관한 것은 사실이었다.

2 'come true'

어떤 꿈, 기원, 예측이 실제로 일어나다라고 할 때 **come true**를 사용한다.

Remember that some dreams ***come true***. 어떤 꿈들은 실현된다는 것을 기억해라.

The worst of the predictions might ***come true***. 예상하는 최악의 상황이 사실이 될지도 모른다.

become true라고 하지 않는다.

---

trunk

Usage 표제어 **boot – trunk** 참조.

---

try – attempt

try와 **attempt**는 동사나 명사로 사용할 수 있다. **try**의 3인칭 단수는 **tries**, **-ing**형은 **trying**, 과거와 과거분사는 **tried**이다.

try – attempt

1 'try' used as a verb(동사로 사용하는 try)

try to do something은 어떤 일을 하기 위해 노력하다라는 뜻이다.

My sister *tried to cheer me up*. 여동생은 나를 격려하려고 애썼다.
He *was trying* his best *to understand*. 그는 최선을 다해 이해하려 하고 있었다.

try and do something이라고도 하며, try to do something과 의미상의 차이는 없다.

Try and see how many of these questions you can answer.
당신이 대답할 수 있는 질문이 얼마나 되는지 알아보도록 하시오.
We must *try and understand*. 우리는 이해하도록 노력해야 한다.

ⓘ try의 동사원형(명령형이나 부정사로 사용하거나 조동사의 뒤에 있는 경우처럼) 뒤에만 and를 사용할 수 있다. 예를 들면, '나는 그녀를 도우려고 노력하고 있었다.'는 ~~I was trying and help her.~~나 ~~I was trying and helping her.~~가 아닌 I *was trying to help* her.라고 한다.

try doing something은 어떤 것이 얼마나 유익하거나 효과가 있는지 또는 즐거운 것인지 알기 위해 어떤 일을 시도해 보다라는 뜻이다.

He *tried changing* the subject. 그는 주제를 바꿔 보았다.
Have you ever *tried painting*, Humbert? 햄버트, 페인트칠을 해본 적이 있어요?

2 'attempt' used as a verb(동사로 사용하는 attempt)

attempt to do something은 어떤 일을 시도해 보다라는 뜻이다. attempt는 try보다 더 격식을 차린 단어이다.

Some of the crowd *attempted to break* through police cordons.
일부 군중은 경찰의 비상 경계선을 돌파하려고 시도했다.
Rescue workers *attempted to cut* him from the wreckage. 구조 대원들이 그를 잔해에서 빼내려고 시도했다.

ⓘ 'attempt and do' something이나 'attempt doing' something이라고 하지 않는다.

3 'try' and 'attempt' used as nouns(명사로 사용하는 try와 attempt)

누군가가 어떤 일을 시도하는 것을 try나 attempt로 나타낼 수 있다. try는 일반적으로 회화에서만 사용하며, 글에서는 보통 attempt를 사용한다.

After a few *tries* they gave up. 그들은 몇 번 시도해 본 후 포기했다.
The young birds manage to fly several kilometers at their first *attempt*.
어린 새들은 처음 시도하는 비행에서 수 킬로미터를 날아갈 수 있다.

어떤 일을 시도하다라고 할 때 ***have a try at*** something이나 ***give*** something ***a try***를 사용한다.

You*'ve had a good try at* it. 당신은 그것을 잘 시도했다.
'I'll go and see him in the morning.' – 'Yes, *give* it *a try*.'
"저는 아침에 그를 만나러 갈 것입니다." – "예, 한번 시도해 보세요."

또한, ***make an attempt to do*** something이라고 할 수도 있다.

He *made an attempt to call* Courtney; she wasn't in. 그는 코트니에게 전화를 했지만, 그녀는 없었다.
Two recent reports *made an attempt to assess* the success rate of the project.
최근의 보고서 두 개가 그 프로젝트의 성공률을 평가하려는 시도를 했다.

4 'trying'

형용사 trying은 동사 try와 뜻이 다르다. 형용사 trying은 어떤 사람이나 사물이 '짜증 나게 하는' 또는 '괴로운'이라는 뜻이다.

I find him very *trying*. 나는 그가 아주 짜증 나는 사람이라는 것을 알고 있다.
It had been a most *trying* experience for them. 그것은 그들에게는 아주 괴로운 경험이었다.

USAGE

type

명사 type은 사람이나 사물의 '종류'라는 뜻으로, 가산명사이다. **all**과 **many** 뒤에는 **type**이 아닌 **types**를 사용한다.

...hundreds of ships of every size and ***type***. 각종 크기와 형태의 수백 척의 배들.

...in hospitals of ***all types***. 모든 종류의 병원에서.

...***many types*** of public services. 여러 가지 형태의 공공 서비스.

〔**types of** + 복수명사 · 단수명사〕 형식을 사용할 수 있다. 예를 들면, '그는 대부분의 야채류를 먹는다.'는 **He eats most types of *vegetables*.**나 **He eats most types of *vegetable*.**이라고 하는데, 단수명사를 사용하는 것이 더 격식을 차린 표현이다.

How many types of ***people*** live in these households? 이 가구들에는 얼마나 많은 유형의 사람들이 살고 있습니까?

This only happens with certain types of ***school***. 이러한 일은 특정한 종류의 학교에서만 일어난다.

〔숫자 + **types of** + 단수명사〕 형식을 사용한다.

There are three types of ***muscle*** in the body. 신체에는 세 가지 형태의 근육이 있다.

...two types of ***playgroup***. 두 가지 형태의 보육원.

〔**type of** + 단수명사〕 형식을 사용한다.

He was an unusual type of ***actor***. 그는 특이한 유형의 배우였다.

This type of ***problem*** is common in families. 이러한 유형의 문제는 많은 가족에게 흔히 일어난다.

회화에서는 **these type**과 **those type**을 흔히 사용한다. 예를 들면, **These type of books are boring.**이나 **Those type of books are boring.**이라고 하는데, 이 용법은 일반적으로 잘못된 것으로 생각되므로 사용하지 않는 것이 좋다. 그 대신 ***This type of book* is boring.**이나 ***That type of book* is boring.**이라고 해야 한다.

This type of person has very little happiness. 이러한 유형의 사람들은 행복을 거의 느끼지 못한다.

I could not be happy in ***that type of household***. 나는 그런 유형의 가정에서 행복할 수가 없었다.

books of this type을 사용하기도 한다.

Conferences of this type have already been held. 이러한 유형의 회의는 이미 열린 적이 있다.

U u

ultimately – lately

1 'ultimately'

연속적으로 일어나는 일의 마지막 결과를 나타낼 때, **ultimately**를 사용한다.

The discovery may ***ultimately*** lead to the development of new contraceptives.
그 발견은 최종적으로 새로운 피임약의 개발로 이어질지도 모른다.

The rebels hoped to create bad feeling and ***ultimately*** war between Spain and the United States.
반란군은 나쁜 감정을 불러일으켜서 궁극적으로 스페인과 미국 간에 전쟁이 일어나기를 바랐다.

어떤 상황에 대한 기본적인 사실로 주의를 환기시킬 때에도 **ultimately**를 사용한다.

Ultimately, the problems are not scientific but moral. 근본적으로 그 문제점은 과학적인 것이 아닌 도덕적인 것이다.

It is ***ultimately*** the fault of the universities. 그것은 근본적으로 대학의 잘못이다.

2 'lately'

어떤 일이 바로 얼마 전부터 일어나고 있음을 나타낼 때는 **ultimately**가 아닌 **lately**를 사용한다. 예를 들면, '내 건강 상태가 얼마 전부터 좋지 않다.'는 ~~**Ultimately I have been feeling rather unwell.**~~이 아닌 **I have been feeling rather unwell *lately*.**라고 한다.

➲ Usage 표제어 **recently – newly – lately** 참조.

umpire – referee

umpire나 **referee**는 경기를 정정당당하게 하는지 그리고 규칙을 어기지 않는지 확인하는 사람, 즉 '심판(원)'이라는 뜻이다.

1 'umpire'

심판을 **umpire(s)**라고 부르는 경기는 다음과 같다.

badminton	baseball	cricket	table tennis
tennis	volleyball		

2 'referee'

심판을 **referee**라고 부르는 경기는 다음과 같다.

basketball	billiards	boxing	football
rugby football	snooker	wrestling	

하키 경기의 심판은 **umpire**와 **refree** 둘 다 사용할 수 있다.

unconscious

➲ Usage 표제어 **subconscious** 참조.

under – below – beneath

1 'under'

under는 거의 항상 전치사로 사용한다. 어떤 물건이 다른 물체의 아래에 있다고 할 때, under를 사용한다. 예를 들면, 마루에 있는 물체가 탁자나 의자 아래에 있다고 할 때, under를 사용한다.

There was a cask of beer ***under*** the bench. 벤치 아래에 맥주 한 통이 있었다.

A path runs ***under*** the trees. 좁은 샛길이 나무 밑으로 나 있다.

2 'underneath'

underneath는 under와 비슷한 뜻으로 전치사나 부사로 사용할 수 있다.

The tortoise was ***underneath*** the table. 거북이는 탁자 아래에 있었다.

There was a portrait with an inscription ***underneath***. 밑바닥에 글이 새겨진 초상화 한 점이 있었다.

3 'below'

below는 일반적으로 부사로 사용한다. 어떤 사물이 다른 사물보다 훨씬 더 낮은 위치에 있다고 할 때, below를 사용한다. 예를 들면, 산 정상 아래에 계곡이 있을 경우에 below를 사용한다.

You can see the town spread out ***below***. 당신은 저 아래에 펼쳐진 도시를 볼 수 있다.

Down ***below*** in the valley the chimneys were smoking. 계곡 저 아래쪽에서는 굴뚝에서 연기가 뿜어져 나오고 있었다.

4 'beneath'

beneath는 전치사나 부사로 사용할 수 있다. beneath는 under나 below와 뜻이 비슷하며 다소 격식을 차린 단어이다.

...the feel of the soft ground ***beneath*** his feet. 발 아래 부드러운 땅의 감촉.

The Minister stared out of the window into the circular courtyard ***beneath***.
장관은 창밖으로 아래에 펼쳐진 원형 정원을 바라보았다.

understand – realize

1 'understand'

understand는 다른 사람이 말하는 것을 '이해하다'라는 뜻이다.

His lecture was confusing; no one could ***understand*** the terminology.
그의 강의는 혼란스러웠다. 그가 사용하는 전문 용어를 아무도 이해할 수가 없었다.

...listening to stories that are hard to ***understand***. 이해하기 어려운 이야기를 귀담아듣는 중.

어떤 것이 사실임을 알고 있다고 할 때도 understand를 사용한다.

I ***understand*** he's had several wives. 나는 그에게 여러 명의 부인이 있다는 사실을 알고 있다.

There was no definite evidence, I ***understand***, which could be brought against her.
그녀에게 불리하게 작용할 만한 확실한 증거가 전혀 없었다는 것을 나는 알고 있다.

2 'realize'

어떤 것을 인식하게 되다라고 할 때는 understand가 아닌 realize를 사용한다. 예를 들면, '그는 일을 멈출 때까지 시간이 얼마나 늦었는지를 알아차리지 못했다.'는 ~~**Until he stopped working he hadn't understood how late it was.**~~가 아닌 **Until he stopped working he *hadn't realized* how late it was.**라고 한다.

As soon as I saw him, I ***realized*** that I'd seen him before. 나는 그를 보자마자 전에 본 적이 있다는 사실을 깨달았다.

understanding

➲ Usage 표제어 comprehension – understanding 참조.

underweight

Usage 표제어 thinness 참조.

unhappy

Usage 표제어 happy – sad 참조.

uninterested

Usage 표제어 disinterested – uninterested 참조.

unique

1 used to mean 'the only one'(the only one의 뜻으로 사용하기)

unique는 어떤 종류 중에서 '유일한'이라는 뜻이다.

This is a ***unique*** opportunity. 이것은 유일한 기회이다.

Humans are ***unique*** because they have the capacity to choose what they do.
인간은 그들이 할 일을 선택할 수 있는 능력이 있기 때문에 유일무이한 존재이다.

〔totally · absolutely + unique〕 형식을 사용하여 내용을 강조할 수 있다.

By the late 1980's the country had full employment – an ***absolutely unique*** achievement.
1980년대 말까지 그 나라는 완전 고용이었는데 단연코 유례 없는 업적이었다.

almost unique는 어떤 것이 아주 독특하다라는 뜻이다.

You suffer from an ***almost unique*** mental condition. 너는 아주 독특한 정신 질환으로 고통을 받고 있다.

2 used to mean 'unusual'(unusual의 뜻으로 사용하기)

일부 사람들은 '유별난'이라는 뜻으로 unique를 사용한다. 예를 들면, 어떤 것이 매우 혹은 다소 유별나다라고 할 경우, very unique나 rather unique를 사용한다.

Oh, I say, that's ***rather unique***, isn't it? 아, 제가 생각하기에 저것은 조금 유별난 것 같아요, 그렇지 않나요?
I realized I had hit on something ***pretty unique***. 나는 아주 특이한 물체에 부딪쳤다는 것을 깨달았다.

unique의 이러한 용법은 일반적으로 잘못된 것으로 간주된다.

university

Usage 표제어 school – university 참조.

unless

특정한 상황에서만 어떤 일이 일어나거나 사실일 수 있을 때만, 보통 unless를 사용한다. 예를 들면, '회사에서 내 경비를 지급하지 않는 한 나는 프랑스에 가지 않을 것이다.'는 **I will go to France only if the firm pays my expenses.** 대신 **I will *not* go to France *unless* the firm pays my expenses.**라고 한다.

In Scotland you have no right to keep people off your land ***unless*** they are doing damage.
스코틀랜드에서는 사람들이 피해를 끼치지만 않는다면 당신은 당신의 땅에서 그들을 쫓아낼 권리가 없다.

ℹ 종속절에서는 단순현재시제를 사용한다. 예를 들면, ~~I will not go to France unless the firm will pay my expenses~~.라고 하지 않는다.

unless를 사용하여 과거의 상황을 나타낼 때, unless 뒤에 단순과거시제를 사용한다.

She wouldn't go with him ***unless*** I ***came*** too. 나 역시 오지 않았다면 그녀는 그와 함께 가지 않았을 것이다.

어떤 일이 일어나지 않거나 사실이 아닌 유일한 상황을 나타낼 때에도 **unless**를 사용한다. 예를 들면, '그만두라는 말을 듣지 않는 한 우리는 계속 가구를 판매할 것이다.'는 **If we are not told to stop, we will carry on selling the furniture.** 대신 **We will carry on selling the furniture *unless* we are told to stop.**이라고 한다.

The mail will go by air *unless* it is quicker by other means.
다른 운송 방법이 더 빠르지 않는 한 그 우편물은 항공편으로 보내질 것이다.

We might as well stop *unless* you've got something else you want to talk about.
더 할 말이 없으면 멈추는 것이 낫다.

> 주의 특정한 상황이 존재하지 않는다면 어떤 것이 일어나거나 사실이라고 할 때, **unless**가 아닌 **if**를 사용한다. 예를 들면, 감기에 걸린 경우, '내가 감기에 걸리지 않았다면, 그 파티에 갔을 것이다.'는 ~~I would go to the party unless I had this cold.~~가 아닌 **I would go to the party *if I didn't have* this cold.**라고 한다.
> She'd be pretty *if she didn't wear* so much make-up. 그녀는 그렇게 진하게 화장하지 않으면 예쁠 것이다.

unqualified – disqualified

1 'unqualified'

unqualified는 자신의 일과 관련된 시험에 통과하지 못했거나 시험을 치르지 못한, 즉 '자격이 없는'이라는 뜻이다.

...some *unqualified* member of the teaching staff. 교육 요원 중에 자격이 없는 일부 사람들.

2 'disqualified'

be disqualified는 법이나 규칙을 어겨서 어떤 일을 할 수 없다고 공식적으로 통보를 받다, 즉 '자격을 박탈당하다'라는 뜻이다.

They *were disqualified* from driving. 그들은 운전면허를 취소당했다.

If convicted, she could *be disqualified* from public office for up to seven years.
만약 유죄 판결을 받으면, 그녀는 공직에서 길게는 7년 동안 일을 할 수 없다.

unsatisfied – dissatisfied

1 'unsatisfied'

unsatisfied는 요구 등에 대한 부응이 '만족스럽지 않은'이라는 뜻이다.

There is already an *unsatisfied* demand for timber products. 목재 수요가 벌써 만족스럽지 않다.

2 'dissatisfied'

dissatisfied는 누군가가 처한 상황이나 삶에 만족하지 않고 변화를 원하는, 즉 '불만스러운'이라는 뜻이다.

People are utterly *dissatisfied* with the economic situation. 사람들은 경제 상황을 전적으로 불만스러워한다.

The universities produced a number of *dissatisfied* idealists. 대학은 불만스러운 이상주의자를 많이 배출했다.

unsociable

➲ **Usage** 표제어 **anti-social – unsociable** 참조.

until – till

until과 **till**은 전치사나 접속사로 사용하며 의미상의 차이는 없다. **till**은 일반적으로 회화에서 사용하며, 격식을 차린 글에는 사용하지 않는다.

1 used as prepositions(전치사로 사용하기)

어떤 일을 특정한 시간까지 한다고 할 때, **until**과 **till**을 사용한다.

He continued to practise as a vet *until* 1960. 그는 1960년까지 수의사로 일을 계속했다.

I said I'd work *till* 4 p.m. 나는 오후 4시까지 일하겠다고 말했다.

언급한 시간까지 어떤 일을 멈추지 않고 계속하는 것을 강조할 때, **up until**, **up till**, **up to**를 사용할 수 있다.

Up until 1950 coal provided over 90% of our energy needs.
석탄은 1950년대까지 우리 에너지원의 90퍼센트 이상을 공급했다.

Etta had not *up till* then taken a very active part in the discussion.
에타는 그때까지 토의에 매우 적극적으로 참여하지 않았다.

Up to now they've had very little say. 그들은 지금까지 거의 말을 하지 않았다.

어떤 일이 특정한 기간 이전에 일어나지 않을 때, **until**이나 **till**을 사용한다.

Details will not be available *until* January. 1월까지는 자세한 내용을 알 수 없을 것이다.

We didn't get back *till* two. 우리는 2시까지 돌아오지 못했다.

2 used with 'after'(after와 함께 사용하기)

after로 시작하는 구와 함께 **until**이나 **till**을 사용할 수 있다.

The Count had resolved to wait *until after Christmas* to propose to Gertrude.
백작은 거트루드에게 프러포즈하는 것을 크리스마스 후까지 늦추기로 결심했다.

We didn't get home *till after midnight*. 우리는 자정이 지나서도 집에 도착하지 못했다.

> **주의** 어떤 일이 특정한 기간 이전에 일어날 것이라고 할 때, **until**이나 **till**이 아닌 **by**를 사용한다. 예를 들면, '그 일을 4시까지 마칠 것이다.'는 ~~**The work will be finished until four o'clock.**~~이 아닌 **The work will be finished *by* four o'clock.**이라고 한다.
>
> *By* 8.05 the groups were ready. 8시 5분까지 그 그룹은 준비를 마쳤다.
>
> Total sales in these countries reached 1 million *by* 1980. 이들 나라에서의 총 매출은 1980년까지 100만에 달했다.

3 used with 'from'(from과 함께 사용하기)

〔**from** + **until** · **till**〕 형식은 어떤 일의 시작과 종료를 말할 때 사용한다.

The ticket office will be open *from* 10.00am *until* 1.00pm. 매표소는 오전 10시부터 오후 1시까지 열 것이다.

They seem to be working *from* dawn *till* dusk. 그들은 새벽부터 해질녘까지 일하고 있는 것 같다.

위와 같은 문장에서 **until**이나 **till** 대신 **to**를 사용할 수 있다. 미국 영어를 쓰는 사람들 중 일부는 **through**를 사용하기도 한다.

Open daily 10.00–17.00 *from* 23rd March *to* 3rd November.
3월 23일부터 11월 3일까지 매일 아침 10시부터 저녁 5시까지 문을 연다.

I was in college *from* 1927 *through* 1932. 나는 1927년부터 1932년까지 대학에 다녔다.

4 saying how much time there is(주어진 시간이 얼마인지 말하기)

특정한 일 이전에 주어진 시간을 나타낼 경우, 보통 **until**이나 **till**보다는 **to**를 사용한다.

Only ten shopping days *to* Christmas. 크리스마스까지 쇼핑할 수 있는 날은 오직 열흘뿐이다.

> **주의** 시간을 말할 때는 **until**이나 **till**, 위치를 말할 때는 **as far as**를 사용한다. 예를 들면, '그녀는 우체국까지 걸어갔다.'는 ~~**She walked until the post office.**~~가 아닌 **She walked *as far as* the post office.**라고 한다.
>
> I walked *as far as* her office. 나는 그녀의 사무실까지 걸어갔다.
>
> They have gone *as far as* the Cantabrian mountains. 그들은 칸타브리안 산맥까지 갔다.

5 used as conjunctions(접속사로 사용하기)

명사구 대신 **until**이나 **till** 뒤에 종속절을 사용할 수 있다.

Stay here with me *until* help comes. 도와주러 올 때까지 이곳에서 나와 같이 있어 주세요.

They concentrate on one language *till* they go to university.
그들은 대학에 진학할 때까지 한 언어를 집중적으로 공부한다.

i 종속절에서는 미래시제 대신 단순현재시제를 사용한다. 예를 들면, ~~Stay here with me until help will come.~~이라고 하지 않는다.

종속절에서 현재완료시제로도 사용할 수 있다. 예를 들면, '당신이 아침 식사를 마칠 때까지, 나는 여기서 기다릴 것이다.'는 ~~**I'll wait here until you will have had your breakfast.**~~가 아닌 **I'll wait here until you *have had* your breakfast.**라고 한다.

Tell him I won't discuss anything ***until*** ***I've spoken*** to my wife.
내 아내와 이야기하기 전에는 아무것도 토의하지 않을 거라고 그에게 말해 주세요.

과거의 일에는 **until**이나 **till** 뒤에 단순과거시제나 과거완료시제를 사용한다.

The Geneva visit remained secret ***until*** it ***was exposed*** by the Sunday Times.
제네바 방문은 선데이 타임스 신문에 발표되기 전까지 비밀에 부쳐졌다.

He continued watching ***until*** I ***had driven off*** in my car.
그는 내가 자동차를 몰고 완전히 떠날 때까지 계속 지켜보고 있었다.

unused

Usage 표제어 **disused – unused – misused** 참조.

up

1 'up'

up은 주로 전치사나 부사로 사용한다. 일반적으로 사람이나 사물이 더 높은 위치나 장소로 이동할 때, **up**을 사용한다.

I carried my suitcase ***up*** the stairs behind her. 나는 내 여행 가방을 그녀 뒤에 있는 계단위로 옮겼다.
The coffee was sent ***up*** from the kitchen below. 아래층의 부엌에서 위층으로 커피를 보냈다.
Bill put ***up*** his hand. 빌은 손을 위로 올렸다.

사람이나 물건이 높은 곳에 위치해 있을 때에도 **up**을 사용한다.

He was ***up*** in his bedroom. 그는 위층에 있는 자신의 침실에 있었다.
...comfortable houses ***up*** in the hills. 언덕 위에 있는 안락한 집들.

2 'up to'

누군가가 더 높은 장소로 올라갈 때, **up to**를 사용할 수 있다.

I went ***up to*** the top floor. 나는 꼭대기 층으로 올라갔다.

누군가가 출발한 곳보다 더 북쪽으로 이동하다라는 뜻에도 **up to**를 사용한다.

I thought of going ***up to*** Yorkshire. 나는 요크셔까지 갈 생각이었다.
Why did you come ***up to*** Edinburgh? 왜 에든버러까지 오셨습니까?

영국 영어에서는 특별한 이유 없이도 **to** 대신 **up to**를 사용하기도 한다.

The other day I went ***up to*** the supermarket. 어느 날 나는 슈퍼마켓에 갔다.
We all went ***up to*** the pub. 우리는 모두 술집에 갔다.

upset

Usage 표제어 **pleased – disappointed** 참조.

upstairs

go *upstairs*는 계단을 통해 위층으로 올라가다라는 뜻이다.

He went ***upstairs*** and pulled down the blind. 그는 위층으로 올라가서 블라인드를 내렸다.

be *upstairs*는 사람이나 사물이 현재 있는 층보다 더 높은 층에 있다라는 뜻이다.

...the student who lives ***upstairs***. 2층에 사는 학생.
He had a revolver ***upstairs*** in a drawer beside his bed. 그는 위층의 자기 침대 옆 서랍에 권총을 갖고 있었다.

ⓘ upstairs 앞에 to, at, in을 사용하지 않는다.

upwards – upward

1 'upwards'

영국 영어에서 **move/look *upwards*는** 현재 있는 곳보다 '더 높은 곳을 향해' 움직이거나 보다라는 뜻이다.

She stretched ***upwards*** to the curtain pole. 그녀는 위쪽의 커튼 봉을 향해 손을 뻗었다.
He had happened to look ***upwards***. 그는 우연히 위쪽을 쳐다보았다.

upwards는 항상 부사로 사용한다.

2 'upward'

미국 영어에서는 보통 **upwards** 대신 **upward**를 사용한다.

I began to climb ***upward*** over the steepest ground. 나는 가장 경사가 급한 곳을 향하여 오르기 시작했다.

영국 영어와 미국 영어 모두 **upward**를 형용사로 사용한다. ***upward* movement/look**은사 람이나 사물이 위쪽으로 움직이거나 쳐다보다라는 뜻이다.

...a quick ***upward*** flick of the arm. 재빠르게 팔을 홱 움직임.
He would steal ***upward*** glances at the clock. 그는 눈을 치켜뜨고 시계를 슬쩍 훔쳐보았다.

upward가 형용사인 경우, 명사 앞에만 사용할 수 있다.

urge

***urge* someone *to do* something**은 누군가가 어떤 일을 하도록 열심히 설득하다라는 뜻이다.

I ***urged him to take*** a year off to study drawing. 나는 그에게 그림 공부를 1년 동안 쉬라고 설득했다.
Father Swiebel ***urged him to talk***. 스위벨 신부는 그에게 이야기하라고 권했다.

ⓘ 〔urge + 목적어 + to부정사〕 형식을 사용해야 한다. 예를 들면, '그는 그들에게 머물러 달라고 설득했다.'는 ~~He urged to stay~~.가 아닌 He ***urged them to stay***.라고 한다.

글에서는 〔**urge + that**절〕 형식을 사용할 수 있으며, **that**절에는 **should**나 동사원형을 사용한다.

The Press Commission ***urged that*** the ownership of the press and broadcasting ***should be kept*** separate.
신문 위원회는 신문과 방송의 소유권이 분리되어야 한다고 촉구했다.
Sir Fred ***urged that*** Britain ***join*** the European Monetary System.
프레드 선생은 영국이 유럽 통화 제도에 참여해야 한다고 촉구했다.

글에서는 〔**urge** + 행동의 과정을 가리키는 목적어〕 형식을 사용할 수도 있다.

US officials ***urged*** restraint. 미국 관리들은 자제할 것을 촉구했다.
The report ***urged*** a more positive role for local government.
그 보고서는 지방 정부가 좀 더 분명한 역할을 할 것을 촉구했다.

us

us는 주로 동사나 전치사의 목적어로 사용할 수 있다. 자신과 한 사람 이상의 다른 사람들을 가리킬 때, **us**를 사용한다.

Why didn't you tell ***us***? 왜 우리에게 말해 주지 않았어요?
There wasn't room for ***us*** all. 우리 모두를 수용할 공간이 없었다.

> **주의** 표준 영어에서는 **we**가 주어이면 **us**를 목적어로 사용하지 않고, 재귀대명사 **ourselves**를 사용한다. 예를 들면, '우리는 음료수를 조금 샀다.'는 ~~**We bought us some drinks.**~~가 아닌 **We bought *ourselves* some drinks.**라고 한다.
> After the meeting we introduced ***ourselves***. 우리는 회의 후에 자기소개를 했다.

use – used – used to

1 'use'

use[juːz]는 특정한 결과를 얻기 위해 어떤 것을 가지고 일을 하다, 즉 '사용하다'라는 뜻이다.

They ***used*** the money to buy foreign technology. 그들은 해외에서 개발된 기술을 도입하기 위해 돈을 사용했다.

It is better not to ***use*** a knife. 칼을 사용하지 않는 것이 더 낫다.

명사 use[juːs]는 어떤 것을 활용하는 행위, 즉 '사용'이라는 뜻이다.

...the dangers of the large-scale ***use*** of fertilisers and insecticides.
비료와 살충제의 대규모 사용으로 인해 생겨나는 위험.

2 'used'

used[juːst]는 명사 앞에서 형용사로 사용할 수 있다. 어떤 물건이 다른 사람이 소유한 적이 있거나 전에 사용해서 더러워진 것을 나타낼 때, **used**를 사용한다.

...a ***used*** glass on the coffee table. 탁자 위에 있는, 쓰던 유리잔.

Would you buy a ***used*** car from this man? 이 사람한테서 중고차를 사시겠어요?

3 'used to'

used to[juːs tuː, juːs tə]는 어떤 일이 과거에 규칙적으로 일어났음을 나타낸다. 마찬가지로, 어떤 일이 과거에 사실이었다는 뜻에 **used to**를 사용한다.

She ***used to*** tell me stories about people in India and Egypt.
그녀는 나에게 인도와 이집트 사람들에 대한 이야기를 해주곤 했다.

I ***used to*** be told I looked quite handsome. 나는 꽤 잘생겼다는 얘기를 듣곤 했다.

I ***used to*** be afraid of you. 나는 당신을 두려워하곤 했다.

4 'used to' in negative structures(부정문에서 사용하는 used to)

어떤 일이 과거에 일어나지 않았거나 사실이 아니었다고 할 때, **didn't use to**를 사용한다.

The house ***didn't use to*** be so clean. 그 집은 그렇게 깨끗한 적이 없었다.

> 주의 많은 사람들이 **didn't use to** 대신 **didn't used to**를 사용한다. 그러나 일부 사람들은 이 용법이 잘못되었다고 생각한다.
> They ***didn't used to*** mind what we did. 그들은 우리가 한 일에 신경 쓰지 않았다.

과거에 어떤 일이 일어났거나 사실이었던 적이 한 번도 없었다고 할 때, **never used to**를 사용할 수도 있다.

Where I was before, we ***never used to*** have posters on the walls.
내가 전에 있던 곳에서 우리는 벽에 포스터를 붙인 적이 없었다.

Snooker and darts ***never used to*** be televised sports.
스누커와 다트는 텔레비전에 한 번도 방영된 적이 없는 스포츠였다.

위와 같은 뜻에 **used not to**를 사용할 수도 있는데, 이는 상당히 격식을 차린 용법이다.

It ***used not to*** be taxable, but now it will be subject to tax.
전에는 그것에 세금을 부과하지 않았으나 이제는 과세 대상이 될 것이다.

ⓘ 표준 영어에서는 usedn't to라고 하지 않는다.

5 'used to' in questions(의문문에 사용하는 used to)

yes/no의문문에 used to를 쓰는 경우, 〔**did** + 주어 + **use to**〕 형식을 사용한다.

Did you use to do that, when you were a kid? 당신이 어린아이였을 때, 그 일을 하곤 했습니까?

> 주의 많은 사람들은 의문문에 **use to** 대신 **used to**를 사용한다. 그러나 일부 사람들은 이 용법이 잘못되었다고 생각한다.
> ***Did you used to*** play with your train? 당신은 기차를 가지고 놀곤 했습니까?

wh-의문문에서도 **used to**를 사용할 수 있다. **wh-**의문사가 주어이거나 주어의 일부인 경우, 조동사 없이 〔**wh-**

의문사 + used to〕 형식을 사용한다.

What used to annoy you most about him? 그가 당신을 가장 짜증나게 한 일은 무엇인가요?

wh-의문사가 목적어이거나 목적어의 일부인 경우, 〔wh-의문사 + do + 주어〕 형식을 사용한다.

What did you used to do on Sundays? 당신은 일요일마다 무슨 일을 하곤 했습니까?

6 familiarity(친숙함)

used to에는 또 다른 뜻으로, 어떤 것에 익숙해져 그것을 받아들이다라는 뜻이 있다.

It doesn't frighten them. They're *used to* it. 그것은 그들을 놀라게 하지 않는다. 그들은 그것에 익숙해져 있다.

I'm *used to* having my sleep interrupted. 나는 잠을 자다가 방해받는 것에 익숙해져 있다.

> **주의** 위와 같은 뜻으로 항상 [be동사 + used to + 명사 · -ing] 형식을 사용한다. used to가 과거의 규칙적인 일을 가리키는 경우, 뒤에는 항상 be동사가 아닌 부정사가 따라온다.
>
> Usage 표제어 accustomed to 참조.

---

usual – usually

1 'usual'

특정한 상황에서 매우 자주 일어나거나 자주 사용한다고 할 때, usual을 사용한다.

They are not taking the *usual* amount of excercise. 그들은 평소의 운동량만큼 하고 있지 않다.

He sat in his *usual* chair. 그는 평상시에 앉는 의자에 앉았다.

usual 뒤에는 a가 아닌 the나 소유격이 온다.

it is ***usual for*** a person/an animal ***to do*** something은 사물이나 동물이 무언가를 하는 것은 일상적이다라는 뜻이다.

It is *usual for* union representatives *to meet* regularly. 노동조합 대표들이 정기적으로 만나는 것은 일상적인 일이다.

It was quite *usual for* the ponies *to wander* short distances.
조랑말들이 짧은 거리를 다니는 것은 상당히 일상적인 일이다.

ⓘ it is 'usual that' a person/an animal 'does' something이라고 하지 않는다.

2 'ordinary'

어떤 것이 평범하다고 할 때는 usual이 아닌 ordinary를 사용한다. 예를 들면, '나는 초콜릿 비스킷은 없고, 일반적인 비스킷만 갖고 있다.'는 ~~I haven't got any chocolate biscuits, only usual ones.~~가 아닌 **I haven't got any chocolate biscuits, only *ordinary* ones.**라고 한다.

These children should be educated in an *ordinary* school. 이 어린이들은 일반 학교에서 교육을 받아야 한다.

It was furnished with *ordinary* office furniture. 그곳은 일반 사무용 가구가 갖춰져 있었다.

3 'usually'

특정한 상황에서 어떤 일이 매우 자주 일어난다고 할 경우, 부사 usually를 사용한다.

She *usually* found it easy to go to sleep at night. 그녀는 보통 밤에 쉽게 잠이 든다는 것을 알게 되었다.

He realized he was talking more freely than he *usually* did with strangers.
그는 평소에 낯선 사람과 얘기하던 때보다 더 자유롭게 말하고 있음을 깨달았다.

4 'as usual'

어떤 일이 특정한 때 일어나거나 특정한 상황에서 자주 일어나는 경우, as usual을 사용한다.

Nino sounded a little drunk, *as usual*. 니노는 평소처럼 조금 취한 목소리였다.

She wore, *as usual*, her black dress. 그녀는 평소처럼 검은 드레스를 입고 있었다.

ⓘ as usually라고 하지 않는다.

V v

vacation

Usage 표제어 holiday – vacation 참조.

variety

1 'a variety of'

a variety of **things/people은 다양한 종류의 물건이나 사람이라는 뜻이다.**

West Hampstead has ***a variety of*** good shops and supermarkets.
웨스트 햄스테드에는 다양한 종류의 괜찮은 상점들과 슈퍼마켓이 있다.
There were not easy aims to achieve, for ***a variety of*** reasons. 여러 가지 이유로 목표를 달성하기가 쉽지 않았다.

a variety of 뒤에는 복수동사가 온다.

A variety of treatment methods ***exist***. 다양한 종류의 치료법이 존재한다.

다양한 종류의 사람이나 사물이 있는 것을 강조하는 경우, variety 앞에 great나 wide를 사용할 수 있다.

A great variety of animals survive there. 아주 많은 종류의 동물이 그곳에 살고 있다.
The college library had ***a wide variety of*** books. 대학 도서관은 다양한 종류의 책을 갖추고 있었다.

2 used as a count noun(가산명사로 사용하기)

식물이나 동물의 종류를 나타낼 때, 〔variety of + 명사〕 형식을 사용할 수 있다.

The courgettes were from Spain, as was one ***variety of*** lettuce. 쿠르젯은 상추의 일종으로 스페인에서 들여왔다.
There are numerous ***varieties of*** fish to choose from. 수많은 종류의 생선 중에서 고를 수 있다.

〔varieties of + 단수명사 · 복수명사〕 형식을 사용할 수 있으며, 단수명사가 더 격식을 차린 표현이다.

Dozens of varieties of ***roses*** are carefully cultivated. 수십 종의 장미가 정성스럽게 재배되고 있다.
There are many varieties of ***water turbine*** on the market. 시장에는 다양한 종류의 많은 수력 발전 기계가 있다.

〔variety of + 단수명사〕 형식을 사용한다.

Each variety of ***tree*** has its own name. 각 종류의 나무마다 자기 이름을 갖고 있다.

very

1 basic use(기본적인 용법)

형용사나 부사를 강조할 때, very를 사용한다.

...a ***very small*** child. 매우 작은 어린이.
That's ***very nice*** of you. 정말 친절하시군요.
Think ***very carefully***. 아주 주의 깊게 생각해 보세요.

2 used with '-ed' words(-ed로 끝나는 단어와 함께 사용하기)

-ed로 끝나는 감정형용사나 상태형용사를 강조할 때, very를 사용할 수 있다. 예를 들면, '나는 매우 지루했다.'는 I was *very bored*.라고 하고, '그녀는 매우 놀랐다.'는 She was *very frightened*.라고 한다.

He seemed ***very interested*** in everything. 그는 모든 것에 대단히 흥미를 느끼는 것 같았다.
Joe must have been ***very worried*** about her. 조는 그녀를 몹시 걱정했음에 틀림없다.

그러나 수동태에서 -ed로 끝나는 단어를 강조할 때는 very를 사용하지 않는다. 예를 들면, '그는 아주 호감을 받

았다.'는 ~~He was very liked.~~가 아닌 He was *well liked.*라고 한다. 마찬가지로, '그녀는 칭찬을 많이 받았다.'는 ~~She was very admired.~~가 아닌 She was *much admired.*, She was *very much admired.*, She was *greatly admired.*라고 한다.

Argentina were *well beaten* by Italy in the first round. 아르헨티나는 1차전에서 이탈리아에 형편없이 패했다.
I was *much influenced* by many writers. 나는 많은 작가들에게 크게 영향을 받았다.
He *is very much resented* by the unions. 그는 노동조합 때문에 매우 화가 났다.
She was *greatly changed* in appearance. 그녀의 모습은 많이 변해 있었다.

잠에서 완전히 깨어나 있다는 be *very awake*가 아닌 be *wide awake*나 be *fully awake*를 사용한다.

He was *wide awake* by the time we reached my flat. 우리가 내 아파트에 도착했을 때, 그는 완전히 깨어 있었다.
He was not *fully awake*. 그는 잠에서 완전히 깬 상태가 아니었다.

아주 깊은 잠을 자다는 be 'very asleep'이 아닌 be *sound asleep/fast asleep/deeply asleep*을 사용한다.

Chris is still *sound asleep* in the other bed. 크리스는 다른 침대에서 여전히 깊이 잠들어 있다.
Charlotte had been *fast asleep* when he left her. 샬롯은 그가 떠나자 바로 잠들었다.
Miss Haynes was *very deeply asleep*. 하인즈 양은 아주 깊이 잠이 들어 있었다.

두 개의 물건이 완전하게 떨어져 있다는 be 'very apart'가 아닌 be *far apart*라고 한다.

His two hands were *far apart*. 그의 두 손은 완전히 떨어져 있었다.

극단적인 성질을 나타내는 형용사에는 very를 사용하지 않는다. 예를 들면, very enormous라고 하지 않는다. 이러한 형용사는 다음과 같다.

absurd	awful	brilliant	delighted	enormous
essential	excellent	furious	huge	massive
perfect	splendid	terrible	wonderful	

3 comparatives and superlatives(비교급과 최상급)

비교급에는 very가 아닌 much나 far를 사용한다. 예를 들면, '톰은 나보다 훨씬 더 빨랐다.'는 ~~Tom was very quicker than I was.~~가 아닌 Tom was *much quicker* than I was.나 Tom was *far quicker* than I was.라고 한다.

It was *much colder* than before. 전보다 날씨가 훨씬 더 추웠다.
It is *far better* picture than the other one. 그것은 다른 것보다 훨씬 더 좋은 사진이다.

best, worst나 -est로 끝나는 최상급 앞에 very를 사용할 수 있다.

It's one of Shaw's *very best* plays. 그것은 쇼우의 가장 뛰어난 연극 중의 하나이다.
...the *very worst* crimes. 가장 악질적인 범죄들.
...the *very latest* photographs. 아주 최근의 사진들.

그러나 the most로 시작하는 최상급에는 very가 아닌 much, by far, far and away 등을 사용한다.

He is *much the most likely* winner. 그는 가장 유력한 우승 후보이다.
He insists that, of all his novels, 'The Hammer of God' was *by far the most difficult* to write.
그는 자신의 모든 소설 중에서 'The Hammer of God'이 집필하기 가장 어려웠던 소설이라고 말한다.
This is *far and away the most important* point. 이것이 단연코 가장 중요한 점이다.

4 used with 'first', 'next' and 'last'(first, next, last와 함께 사용하기)

처음, 다음, 마지막을 강조할 때, first, next, last 앞에 very를 사용할 수 있다.

Last week, I was their *very first* guest. 지난주에 나는 그들의 제일 첫 손님이었다.
The *very next* day we held a jumble sale in the village hall. 바로 다음날 우리는 마을 회관에서 자선 바자회를 열었다.
Those were his *very last* words. 그것이 그의 유언이었다.

주의 사람이나 사물이 유난히 어떤 성질을 많이 갖고 있어서 어떤 상황이 발생하다라고 할 때는 very가 아닌 so를 사용한다. 예를 들면, '그의 모습이 너무 우스꽝스럽게 보였기 때문에, 우리는 웃을 수밖에 없었다.'는 ~~He looked very funny that we couldn't help laughing.~~이 아닌 He looked *so* funny that we couldn't help laughing.이라고 한다.

USAGE

> He found the girl *so* attractive that he fell in love. 그는 그녀가 너무나 매력적이어서 사랑에 빠졌다.
> He had shouted *so* hard that he had no voice left. 그는 너무 힘껏 소리를 질러서 더 이상 목소리가 나오지 않았다.
> ➲ Usage 표제어 so 참조.

5 prepositions(전치사)

ahead of나 **behind**와 같은 전치사 앞에는 **very**가 아닌 **well**이나 **far**를 사용한다.

Applications are ***well ahead of*** last year's. 작년보다 신청자가 훨씬 많다.

Davids was not ***far behind*** Zinedine Zidane as one of the outstanding talents of the World Cup.
데이비드는 탁월한 실력을 갖춘 월드컵 선수로서 지네딘 지단에 버금갔다.

6 prepositional phrases(전치사구)

전치사구 앞에는 **very**가 아닌 **very much**나 **greatly**를 사용한다. 예를 들면, '그는 케이트와 깊은 사랑에 빠졌다.'는 ~~**He was very in love with Kate.**~~가 아닌 **He was *very much* in love with Kate.**라고 한다.

The findings were ***very much in line with*** previous medical thinking.
그 조사 결과는 이전의 의학적인 사고와 매우 같은 것이었다.

I was ***greatly in awe of*** Jane at first. 나는 처음에 제인을 매우 두려워했다.

---

very much

➲ Usage 표제어 much 참조.

---

vest

영국 영어에서 **vest**는 보온을 위해 셔츠나 블라우스, 정장 등의 옷 안에 입는 상의, 즉 '속옷'이라는 뜻이다.

He wore a ***vest*** under his shirt. 그는 셔츠 안에 속옷을 입었다.

미국 영어에서는 이러한 종류의 옷을 **undershirt**라고 한다.

...a v-necked jersey cut to reveal a flannel ***undershirt***. 플란넬 내복이 드러나는 V자로 파인 스웨터.

미국 영어에서 **vest**는 단추가 달리고 소매가 없는 남성용 의류로서, 셔츠 위 재킷 안에 입는 옷, '조끼'를 말한다. 영국 영어에서는 이를 **waist-coat**라고 한다.

...a navy blue ***vest*** with black buttons. 검은색 단추가 달린 짙은 감색 조끼.
...an Indian ***waistcoat*** embroidered with mirrors. 반짝이로 수놓은 인디언 조끼.

---

victim – casualty

1 'victim'

범죄, 자연재해, 심각한 병으로 고통받고 있는 사람을 **victim**이라고 한다.

...a rape ***victim***. 성폭행 피해자.
We have been the ***victims*** of a monumental swindle. 우리는 희대의 사기 사건의 피해자다.
After about two weeks, the ***victim's*** hair started to fall out. 약 2주 후부터 환자의 머리가 빠지기 시작했다.

2 'casualty'

전쟁이나 사고로 부상을 당하거나 죽은 사람, 즉 '사상자'는 **victim**이 아닌 **casualty**라고 한다.

There were heavy ***casualties*** on both sides. 양쪽 모두 아주 많은 사상자가 났다.
The ***casualty*** figure has increased. 사상자의 숫자가 늘어나고 있다.
The ***casualties*** were taken to the nearest hospital. 사상자들은 가장 가까운 병원으로 후송되었다.

영국에서 **casualty**나 **the casualty ward**는 사람들이 사고로 다치거나 갑자기 아파서 응급 치료를 받으러 가는 병원의 한 부분, 즉 '응급 치료소'나 '응급실'이라는 뜻이다.

I was taken to *casualty* at St. Thomas's Hospital. 나는 성 토마스 병원의 응급실로 후송되었다.

응급실을 **Accident and Emergency**나 **A and E**라고도 한다. 미국 영어에서는 **Emergency Room**이나 **ER**이라고 한다.

---

view

1 'view'

view는 어떤 주제에 대한 '생각'이나 '의견'이라는 뜻이다.

He was sent to jail for his political *views*. 그는 정치적인 신념 때문에 수감되었다.

I have strong *views* about politics and the Church. 나는 정치와 교회에 대한 확고한 견해를 가지고 있다.

➲ **Usage** 표제어 **point of view – view – opinion** 참조.

창문이나 높은 곳에서 볼 수 있는 것, 즉 '경치'를 나타낼 때에도 **view**를 사용한다.

From the top there is a fine *view*. 꼭대기에는 좋은 경치가 펼쳐져 있다.

The window of her flat looked out on to a superb *view* of London.
그녀의 아파트 창문으로 런던 최고의 경치가 보였다.

2 'in view of'

어떤 일이 일어나야 하는 이유를 나타낼 때, **in view of**를 사용한다.

The folder was marked 'Very Secret', not surprisingly, *in view of* the contents.
그 서류철은 내용물로 인해, 놀랄 것도 없이 '극비'라고 쓰여 있었다.

In view of the fact that all the other members of the group are going, I think you should go too.
그룹의 다른 멤버도 모두 간다는 사실을 볼 때, 나는 당신도 그곳에 가야 한다고 생각한다.

3 'with a view to'

궁극적으로 어떤 일을 하기 위해 다른 일을 하다라고 할 때, **with a view to**를 사용한다.

We have exchanged letters *with a view to* meeting to discuss these problems.
이 문제들을 논의하기 위한 회의를 갖기 위해서 우리는 서로 편지를 교환했다.

They entered into talks *with a view to* amalgamation. 그들은 서로 통합을 목적으로 이야기를 시작했다.

---

visit

1 used as a verb(동사로 사용하기)

visit **a place**는 어떤 장소에 흥미가 있어서 보러 가다, 즉 '방문하다'라는 뜻이다.

He had arranged to *visit* a number of museums in Paris. 그는 파리에 있는 많은 박물관을 방문할 계획을 세웠다.

I could *visit* Blackpool next. 나는 다음으로 블랙풀을 방문할 것이다.

visit **someone**은 다른 사람의 집에 그 사람을 만나러 가거나 잠깐 머물다라는 뜻이다.

I *visited* the newly-married couple. 나는 신혼부부를 방문했다.

She *visited* some of her relatives for a few days. 그녀는 자신의 친척들을 며칠 동안 방문했다.

치료를 받거나 조언을 듣기 위해 의사나 변호사를 찾아가다라는 뜻에도 **visit**를 사용할 수 있다.

He persuaded me to *visit* a doctor. 그는 나에게 병원에 가보라고 설득했다.

You might need to *visit* a solicitor before thinking seriously about divorce.
당신은 심각하게 이혼을 고려하기 전에 변호사를 만나는 것이 좋을 것이다.

미국 영어를 쓰는 일부 사람들은 **visit** 대신 **visit with**를 사용한다.

She wanted to *visit with* her family for a few weeks. 그녀는 자신의 가족을 몇 주간 방문하고 싶어했다.

그러나 미국 영어에서 **visit with**는 '누군가와 이야기하다'라는 뜻이다.

You and I could *visit with* each other undisturbed. 당신과 나는 방해받지 않고 이야기할 수 있었다.

2 used as a noun(명사로 사용하기)

visit는 명사로도 사용한다. ***make*** a visit는 '어떤 장소를 방문하다'라는 뜻이고, ***pay*** a visit는 '누군가를 방문하다'라는 뜻이다.

He ***made*** a ***visit*** to the prison that day. 그는 그날 감옥을 방문했다.
It was after nine o'clock, too late to ***pay*** a ***visit*** to Sally. 9시가 지나서 샐리를 방문하기에는 너무 늦은 시간이었다.

ℹ 'do' a visit라고 사용하지 않는다.

---

visual – visible

1 'visual'

visual은 '시각적인' 또는 '시각의'라는 뜻이다.

Visual jokes are an increasing part of modern fashion. 시각적인 장난은 최근 유행에서 늘고 있다.
...exhibitions of the ***visual*** arts. 시각 예술 전시회.

2 'visible'

visible은 어떤 것이 눈으로 볼 수 있을 정도로 크거나 볼 수 있는 위치에 있다, 즉 '눈에 보이는'이라는 뜻이다.

These tiny creatures are hardly ***visible*** to the naked eye. 이 작은 생명체들은 육안으로는 거의 보이지 않는다.
Beyond them the volcano's peak, just ***visible*** from this angle, shone gold tinged with pink.
그것들 너머로 화산 꼭대기를 이 각도에서 보면, 분홍빛이 도는 금빛으로 빛났다.

---

voyage

➲ Usage 표제어 journey – trip – voyage – excursion 참조.

W w

wages

➲ Usage 표제어 salary – wages 참조.

wagon

➲ Usage 표제어 carriage – car – truck – wagon 참조.

waist – waste

waist와 waste 모두 [weist]로 발음한다.

1 'waist'

명사 waist는 엉덩이 위의 신체 중앙 부위, 즉 '허리'라는 뜻이다.

She tied an apron around her ***waist***. 그녀는 허리에 앞치마를 둘렀다.
He was naked from the ***waist*** up. 그는 허리 위로는 아무것도 걸치지 않았다.

2 'waste' used as a verb(동사로 사용하는 waste)

waste는 일반적으로 동사로 사용하며, 중요하지 않거나 불필요한 것에 시간, 돈, 에너지를 '낭비하다'라는 뜻이다.

You***'re wasting*** your time. 당신은 당신의 시간을 낭비하고 있다.
Let's not ***waste*** money on a court case. 법정 공방에 돈을 허비하지 말자.

3 'waste' used as a noun(명사로 사용하는 waste)

a waste of something은 시간, 돈, 에너지 등에 대한 낭비라는 뜻이다.

I'll never do that again. It's ***a waste of*** time. 나는 저 일을 다시는 하지 않을 것이다. 그것은 시간 낭비이다.
It's ***a waste of*** money hiring skis. 스키를 대여하는 것은 돈 낭비이다.

waste에는 또 다른 뜻이 있다. 어떤 물질의 유용한 부분이 제거되어서 더 이상 필요하지 않은 물질, 즉 '쓰레기'나 '폐기물'을 가리킬 때, waste를 사용한다.

The river was thick with industrial ***waste***. 그 강은 산업 폐기물로 가득했다.

waistcoat

➲ Usage 표제어 vest 참조.

wait

1 'wait'

wait는 어떤 일이 일어나거나 누군가가 도착할 때까지 같은 장소에 머물거나 다른 일을 하지 않다, 즉 '기다리다'라는 뜻이다.

I ***waited*** in a reception room until a secretary came for me. 나는 응접실에서 비서가 나를 위해 올 때까지 기다렸다.
She ***had been waiting*** in the queue to buy some stamps. 그녀는 우표를 사기 위해 줄을 서서 기다리고 있었다.
The man ***waited***, and said nothing. 그 남자는 기다리면서 아무 말도 하지 않았다.

2 'wait for'

wait for는 사물이나 사람을 기다리다라는 뜻이다.

I'm staying here and I'*ll wait for* her call. 나는 여기 있으면서 그녀의 전화를 기다릴 것이다.

And if he's not there yet, then stick around and *wait for* him.
만약 그가 거기에 아직 도착하지 않았으면 그 주위에 머물면서 기다려라.

wait for a person/thing ***to do*** something은 어떤 일을 하기 위해서 사람이나 사물을 기다리다라는 뜻이다.

She *waited for* me *to say something*. 그녀는 내가 무언가를 말하기를 기다렸다.

I *waited for* Donald *to come here*. 나는 도날드가 여기에 오기를 기다렸다.

> 주의 wait는 타동사가 아니므로, 사람이나 사물을 기다린다고 할 때에는 wait가 아닌 wait for를 써야 한다.
> ➲ Usage 표제어 await 참조.

---

wake – waken

➲ Usage 표제어 awake 참조.

---

wallet

wallet은 특히 남자가 지폐와 신용 카드 등의 작은 사물을 보관하는 가죽이나 플라스틱으로 만든 작고 납작한 용기, 즉 '지갑'이라는 뜻이다.

미국 영어에서 때때로 남자 지갑은 **billfold**, 여자 지갑은 **pocketbook**이라고 한다.

➲ Usage 표제어 purse 참조.

---

want

1 basic use(기본 용법)

want는 어떤 것에 대한 필요를 느끼거나 갖기를 '원하다'라는 뜻이다.

Do you *want* a cup of coffee? 커피 한 잔 마시고 싶으세요?

All they *want* is a holiday. 그들이 원하는 모든 것은 휴가이다.

ℹ 일반적으로 want는 진행시제를 사용하지 않는다. 예를 들면, ~~All they are wanting is a holiday.~~라고 하지 않는다.

2 used with a 'to'-infinitive(to부정사와 함께 사용하기)

want to do something은 어떤 일을 하기를 원하다라는 뜻이다.

They *wanted to go* shopping. 그들은 쇼핑하러 가고 싶었다.

I *want to ask* a favour of you, Anna. 안나, 당신에게 부탁이 있어요.

ℹ 'want to not do' something 또는 'want not to do' something이 아닌 ***don't want to do*** something이라고 한다.

I *don't want to discuss* this. 나는 이것에 대해 토론하고 싶지 않다.

He *didn't want to come*. 그는 오고 싶어하지 않았다.

don't want 뒤에 to부정사절 대신에 때때로 to만 사용할 수 있다. 예를 들면, '나는 초청받았으나 가고 싶지 않았다.'는 **I was invited to go, but I didn't want to go.** 대신 **I was invited to go, but *I didn't want to.***라고 한다. 그러나 ~~**I was invited to go, but I didn't want it.**~~이라고 하지 않는다.

I could finish it by October, but I just *don't want to*. 나는 그것을 10월까지 마칠 수 있으나 단지 그렇게 하고 싶지가 않다.

I think that it is very wrong to force people to work if they *don't want to*.
나는 사람들이 원하지 않는데 일을 강제로 시키는 것은 잘못되었다고 생각한다.

want someone ***to do*** something은 누군가가 어떤 일을 하기를 원하다라는 뜻이다.

I ***want*** him ***to learn*** to read. 나는 그가 글을 읽는 법을 배우기를 원한다.
The little girl ***wanted*** me ***to come*** and play with her. 그 어린 여자 아이는 내가 가서 놀아 주기를 원했다.

want 뒤에는 **that**절을 사용하지 않는다. 예를 들면, ~~**I want that he should learn to read.**~~라고 하지 않는다.

3 'wish'

want와 **wish**는 비슷한 뜻이지만 용법이 다르다. [**wish + to**부정사] 형식에서의 **wish**는 **want**와 같은 뜻이지만 더 격식을 차리는 표현에 사용한다.

She ***wished to consult*** him about her future. 그녀는 자신의 장래에 대해 그에게 상담하기를 원했다.

➲ **Usage** 표제어 **wish** 참조.

4 requests(요청)

상대방에게 요청할 때, **want**를 사용하면 일반적으로 정중한 표현이 되지 않는다. 예를 들면, 가게에 가서 '성냥 한 갑을 주세요.'라고 할 때는 **I want a box of matches, please.**보다 **Could I have a box of matches, please?** 또는 **A box of matches, please.**라고 하는 것이 더 낫다.

➲ **Topic** 표제어 **Requests, orders, and instructions** 참조.

5 another meaning of 'want'(want의 다른 뜻)

want에는 또 다른 뜻이 있다. **something *wants doing***은 어떤 것이 행해질 필요가 있다라는 뜻이다.

We've got a couple of jobs that ***want doing*** in the garden. 우리는 정원에서 해야 할 일이 두 가지 정도가 있다.
The windows ***wanted cleaning***. 그 창문을 청소할 필요가 있다.

ⓘ 위와 같은 문장에서 to부정사를 사용하지 않는다. 예를 들면, ~~We've got a couple of jobs that want to be done in the garden.~~이라고 하지 않는다.

6 'be about to'

어떤 일을 막 하려고 할 때는 **want to**가 아닌 **be about to**를 사용한다. 예를 들면, '내가 코트를 입고 막 나가려던 바로 그때 전화벨이 울렸다.'는 ~~**I had put on my coat, and was just wanting to leave when the telephone rang.**~~이 아닌 **I had put on my coat, and *was* just *about to* leave when the telephone rang.**이라고 한다.

Her father ***is about to*** retire soon. 그녀의 아버지는 곧 은퇴하려고 하신다.
He ***was just about to*** go on stage again. 그는 바로 다시 무대에 서려고 했다.

---

wardrobe

➲ **Usage** 표제어 **cupboard – wardrobe – closet** 참조.

---

wash

1 used as a transitive verb(타동사로 사용하기)

wash는 물과 비누나 세제로 어떤 것을 깨끗이 '씻다'라는 뜻이다.

He got a job ***washing*** dishes in a pizza parlour. 그는 피자 가게에서 접시 닦는 일을 구했다.
She ***washes*** and irons his clothes. 그녀는 그의 옷을 세탁하고 다림질한다.

신체 부위를 씻다라는 뜻으로 **wash**를 사용한다.

First ***wash*** your hands. 먼저 손을 씻으세요.
She combed her hair and ***washed*** her face. 그녀는 머리를 빗고 세수를 했다.

2 used as a intransitive verb(자동사로 사용하기)

wash는 특히 손과 얼굴의 신체 부위를 씻다라는 뜻이며, 주로 소설에서 사용한다.

She got up and ***washed***. 그녀는 일어나서 씻었다.

3 'have a wash'

회화에서 **have a wash**는 몸을 씻다라는 뜻이다.

He ***was having a wash***. 그는 씻고 있었다.

They look as if they ***haven't had a wash***. 그들은 씻지 않은 사람처럼 보인다.

4 'wash up'

미국 영어에서 **wash up**은 특히 손과 얼굴의 신체 부위를 씻다라는 뜻이다.

He headed to the bathroom to ***wash up***. 그는 씻으려고 화장실로 향했다.

영국 영어에서 **wash up**은 이런 뜻이 아니라, 요리하거나 식사할 때 사용하는 냄비, 접시, 컵, 나이프와 포크, 숟가락 등을 설거지하다라는 뜻이다.

We ***washed up*** in the kitchen while the coffee heated on the stove.
우리는 스토브에서 커피가 데워질 동안 부엌에서 설거지를 했다.

5 'wash your hands'

영국 영어에서 **Where can I *wash my hands*?**는 '화장실이 어디에 있습니니까?'라는 뜻으로, 이는 정중한 표현이다.

---

washroom

Usage 표제어 **toilet** 참조.

---

waste

Usage 표제어 **waist – waste** 참조.

---

way

1 'way'

특정한 결과를 얻기 위해서 수행하는 방법을 가리킬 때, **way**를 사용한다. 어떤 일을 하는 방법은 **a *way of doing* something**이나 **a *way to do* something**이라고 하며, 의미상의 차이는 없다.

...the most effective ***way of helping*** the unemployed. 실업자들을 돕는 가장 효과적인 방법.

...the best ***way to help*** a fourteen-year-old with reading problems.
독해에 문제가 있는 한 14세 아이를 돕는 가장 좋은 방법.

ℹ 〔소유격+way+of+-ing〕 형식에서 〔of+-ing〕 대신 to부정사를 사용하지 않는다.

...a nurse who is willing to fit in with ***your way of doing*** things. 당신이 일을 하는 방식에 기꺼이 맞춰 주는 간호사.

They are part of ***the author's way of telling*** his story. 그것들은 작가가 자신의 이야기를 전개하는 방식의 일부이다.

2 'means'

어떤 일을 달성하는 수단을 나타낼 때, 〔**way of** + 명사〕 형식이 아닌 〔**means of** + 명사〕 형식을 사용한다. 예를 들면, 교통수단의 하나로서 동물이나 차량을 가리킬 때, **a way of transport**가 아닌 **a *means* of transport**라고 한다.

The essential ***means of transport*** for the islanders was the donkey.
그 섬에 사는 사람들의 주요 교통수단은 당나귀였다.

...the use of drums as a ***means of communication***. 의사소통 수단으로써의 북의 사용.

3 used in adjuncts of manner(방법의 부가어에 사용하기)

in* a particular *way는 '특정한 방식으로'라는 뜻이다.

It was done ***in a very civilized way***. 그것은 매우 문화적인 방식으로 행해졌다.

She smiled ***in a friendly way***. 그녀는 친근하게 웃었다.

We have to describe this *in some other way*. 우리는 이 일을 약간 다른 접근 방식으로 설명해야 한다.

방법의 부가어가 〔this · that + way〕 형식인 경우, 일반적으로 this나 that 앞의 in을 생략한다.

I can do it *this way*. 나는 그것을 이런 식으로 할 수 있다.

It might be done *that way*. 그것은 그런 식으로 행해질 것이다.

〔the · 소유격 + way〕 형식에서도 in을 생략한다.

We don't look at things *the same way*. 우리는 사물을 같은 방식으로 보지 않는다.

I'm going to handle this *my way*. 나는 이 일을 내 방식대로 처리할 것이다.

4 used with relative clauses(관계사절과 함께 사용하기)

〔the way + 한정적 용법의 관계사절〕 형식을 사용하는 경우, 한정적 용법의 관계사절은 that절(that은 생략 가능)이나 in which로 시작하는 절을 사용할 수 있다. 예를 들면, '그녀가 이야기한 방식'은 ***the way*** she told the story, ***the way that*** she told the story, ***the way in which*** she told the story라고 할 수 있으며, 의미상의 차이는 없다.

It's *the way* they used to do it. 그것은 그들이 그 일을 이전에 했던 방식이다.

He didn't like *the way that* his father spoke to his mother.
그는 아버지가 어머니에게 말하는 방식이 마음에 들지 않았다.

...*the way in which* we treat our juveniles. 우리가 청소년을 대하는 방식.

5 'in the way'

어떤 사람이나 사물이 앞을 가로막아서 자유롭게 움직이지 못하거나 분명하게 보이지 않을 때, in the way나 in one's way를 사용한다.

A large tree was *in the way*. 큰 나무 한 그루가 길을 가로막고 있었다.

Why did you stand *in the way*? 당신은 왜 길을 막고 서 있었는가?

Get *out of my way*. 비켜라.

6 'on the way'

어떤 일이 길 가는 도중에 일어나다라고 할 때는 in the way나 in one's way가 아닌 on the way나 on one's way를 사용한다.

On the way she went into the sweet shop. 그녀는 가던 도중에 과자점으로 들어갔다.

Lynn was *on her way* home. 린은 집으로 가던 길이었다.

7 used as a grading adverb(정도부사로 사용하기)

way는 정도부사로 사용한다. 어떤 것이 아주 멀리 떨어져 있거나, 특정한 수준이나 양보다 훨씬 낮거나 높다는 것을 강조할 때, way를 사용한다.

Way down in the valley to the west is the town of Freiburg.
서쪽으로 골짜기를 따라 아주 깊이 들어가면 프라이부르크라는 도시가 있다.

These exam results are *way* above average. 이들의 시험 결과는 평균보다 월등히 높다.

---

we

주어 we는 자신과 한 명 이상의 다른 사람들을 가리킬 때 사용한다.

We could hear the birds singing. 우리는 새들이 지저귀는 것을 들을 수 있었다.

We both sat down. 우리 둘은 자리에 앉았다.

자신이 글을 쓰거나 말하는 대상에 포함될 때, we를 사용할 수 있다.

If you had to stay in town *we* might have dinner together.
당신이 도시에 머무른다면, 우리는 함께 저녁 식사를 할 텐데요.

i you and we나 we and you라고 사용하지 않는다. 예를 들면, '우리는 존을 만나러 가야 합니다.'는 ~~You and we must go and see John~~. 대신 *We* must go and see John.이라고 한다.

wear

1 'wear'

wear는 옷, 신발, 모자, 장갑, 보석, 화장품, 안경 등을 몸에 '착용하다'라는 뜻이다. wear의 과거는 weared가 아닌 wore이며, 과거분사는 worn이다.

...a girl who *wore* spectacles. 안경을 낀 여자 아이.
I*'ve worn* the same suit for five years. 나는 같은 옷을 5년 동안 입어 왔다.

2 'dressed in'

be *dressed in*은 특정한 옷을 입다라는 뜻이다.

...a man *dressed in* a grey suit. 회색 정장을 입은 남자.

그러나 옷을 제외한 모자, 신발, 장갑, 보석, 화장품, 안경에는 be 'dressed in'을 사용하지 않는다.

➔ Usage 표제어 dress 참조.

3 'in'

옷, 신발, 모자, 장갑을 착용하고 있다고 언급할 때, in을 사용한다. in은 일반적으로 명사구 바로 뒤에 온다.

...a small girl *in a blue dress* watching a cricket match. 파란색 옷을 입고 크리켓 경기를 관람하는 작은 여자 아이.
The bar was full of men *in cloth caps*. 그 술집은 천으로 만든 모자를 쓴 남자들로 꽉 찼다.

부가어의 일부로 in을 사용할 수 있다.

...when I see you walking along *in your light-blue suit*. 연한 파란색 정장을 입고 길을 걷고 있는 당신을 볼 때.
I stood all alone *in my Sunday dress*. 나는 나들이옷을 입고 혼자 서 있었다.

ⓘ 어떤 옷을 입고 있을 때, 보통 〔be동사 + in〕 형식을 사용하지 않는다. 예를 들면, '메리는 빨간색 드레스를 입고 있었다.'는 ~~Mary was in a red dress~~.가 아닌 Mary *was wearing* a red dress.라고 한다.

그러나 〔be동사 + in + 소유격 한정사(his, my 등)〕 형식을 사용할 수 있다.

I *was in my dark suit and my university tie*. 나는 어두운 색 정장과 내 대학 넥타이를 했다.
Hilary was *in her nightdress and dressing gown*. 힐러리는 잠옷과 실내복을 입고 있었다.

누군가가 그 옷만 입고 있다고 할 때, 때때로 in을 사용한다. 예를 들면, '조지는 팬티만 입고 있었다.'는 George was *in* his underpants. 또는 George was wearing only his underpants.라고 한다.

He was standing in the hall *in his underpants*. 그는 홀에서 팬티만 입고 서 있었다.
He opened the door *in his pyjamas*. 그는 파자마만 입고 문을 열었다.

be *in shirtsleeves*/*in one's shirtsleeves*는 날씨가 덥거나 일을 열심히 해서 상의를 입지 않고 셔츠만 입고 있다라는 뜻이다.

I started coming to work *in shirtsleeves*. 나는 셔츠만 입고 일하러 가기 시작했다.
I lay on the bed *in my shirtsleeves*. 나는 셔츠 차림으로 침대에 누웠다.

be *in one's stockinged feet*는 양말이나 스타킹을 신거나 타이츠를 입었지만 신발을 신지 않았다라는 뜻이다.

I stood five-and-a-half feet tall *in my stockinged feet*. 나는 신발을 벗은 키가 5.5피트였다.

weather – whether

1 'weather'

weather는 비가 오는지 구름이 끼었는지 햇볕이 나는지 더운지 추운지를 나타내는 '날씨'라는 뜻이다.

The *weather* was good for the time of year. 날씨가 계절에 알맞았다.
...bad *weather* conditions. 좋지 않은 날씨.

weather는 불가산명사이므로, 앞에 a를 쓰지 않는다. 예를 들면, '우리는 며칠간 날씨가 좋지 않을 거라고 예상한다.'는 ~~We can expect a bad weather in the next few days~~.가 아닌 We can expect *bad*

weather **in the next few days.**라고 한다.

They remained on the move for seventeen days, in *appalling weather*.
그들은 아주 열악한 날씨에 17일 동안 이동을 계속했다.

The journey to Fyn, in *perfect May weather*, was beautiful. 완벽한 5월의 날씨에 핀 섬으로의 여행은 훌륭했다.

'날씨가 아주 좋다.'는 ~~It's lovely weather.~~가 아닌 **The weather *is lovely*.**라고 한다.

And the weather *was awful*. It hardly ever stopped raining.
그리고 날씨는 아주 좋지 않았다. 비가 거의 그치지 않고 계속 내렸다.

2 'whether'

weather를 **whether**와 혼동해서는 안 된다. **whether**는 두 개 이상의 대안을 말할 때 사용한다. 예를 들면, '나는 외출해야 할지 집에 있어야 할지 모르겠다.'는 **I don't know *whether* to go out or stay at home.**이라고 한다.

Usage 표제어 **whether** 참조.

---

weave

weave는 방직기를 사용하여 날줄과 씨줄을 교차하여 '옷감을 짜다'라는 뜻이다. **weave**의 과거는 **weaved**가 아닌 **wove**이며, 과거분사는 **woven**이다.

They were famous for the brilliant patterns of cloth they *wove*.
그들은 자신들이 짜는 멋있는 무늬의 옷감으로 유명했다.

'Broadloom' just means that the cloth *was woven* on a loom over 6 feet wide.
'광폭 융단'이란 폭이 6피트가 넘는 직조기에서 짠 옷감을 의미한다.

weave에는 또 다른 뜻이 있다. ***weave one's way*** **somewhere**는 다른 곳으로 가면서 부딪치지 않으려고 방향을 이리저리 움직여 가다라는 뜻이다. **weave**가 이런 뜻일 경우, **weave**의 과거와 과거분사는 **wove**가 아닌 **weaved**이다.

A stout woman *weaved her way* along the edge of the pool.
뚱뚱한 여자가 풀장 가장자리를 따라 이리저리 방향을 바꾸며 갔다.

---

wedding

Usage 표제어 **marriage – wedding** 참조.

---

week

week는 7일의 기간, 즉 '일주일'이라는 뜻이다. 일주일의 시작을 일요일로 보기도 하고 월요일로 보기도 한다.

That was a terrible air crash last *week*. 지난주에 있었던 사고는 참혹한 비행기 사고였다.

She won't be back till next *week*. 그녀는 다음 주나 되어야 돌아올 것이다.

in the week이나 **during the week**은 주말이 아닌 '주 중'이라는 뜻이다.

In the week, we get up at seven. 우리는 주 중에 7시에 일어난다.

I can never be bothered to cook much *during the week*. 나는 주 중에 많은 음식을 만드는 게 전혀 귀찮지 않다.

Usage 표제어 **last, next, this** 참조. Topic 표제어 **Days and dates** 참조.

---

weekday

weekday는 일주일 중에 주말인 토요일과 일요일을 제외한 날, 즉 '평일'이라는 뜻이다.

She spent every *weekday* at meetings. 그녀는 주 중에 매일을 회의 참석으로 보냈다.

If you want to avoid the crowds, it's best to come on a *weekday*.
당신이 군중을 피하기를 원하면, 주 중에 가는 게 가장 좋은 방법입니다.

토요일은 때때로 평일로 여겨지기도 한다.

The Tower is open 9:30 to 6:30 on ***weekdays*** and 2:00 to 6:00 on Sundays.
그 탑은 주 중에 9시 30분부터 6시 30분까지 열고, 일요일에는 2시부터 6시까지 연다.

something happens *on weekdays*는 어떤 일이 주 중에 일어나다라는 뜻이다.

I visited them ***on weekdays*** for lunch. 나는 점심 식사를 하러 주 중에 그들을 방문했다.
Commercials are limited to 12 minutes per hour ***on weekdays***. 광고 방송은 주 중에 시간당 12분으로 제한된다.

미국 영어에서는 on을 때때로 생략하기도 한다.
Weekdays after six, I'd go fetch him for dinner. 나는 주 중 6시 이후에 저녁 식사를 같이 하기 위해 그를 데리러 가곤 했다.

---

weekend

1 'weekend'

weekend는 연달아 있는 토요일과 일요일로, 금요일 저녁까지 포함시키기도 한다. 유럽, 북아메리카, 호주의 사람들은 대부분 주말에 직장이나 학교에 가지 않는다.

I spent the ***weekend*** at home. 나는 집에서 주말을 보냈다.
Traffic was normal for an August ***weekend***. 교통량은 8월의 주말치고는 정상이었다.

2 regular events(규칙적인 일)

영국 영어에서 at weekends는 '주말마다 규칙적으로'라는 뜻이다.

The tower is often open to the public ***at weekends***. 그 탑은 주말마다 종종 일반에게 공개된다.

미국 영어와 호주 영어에서는 보통 on weekends라고 한다.
On weekends I rarely work more than 8 hours. 나는 주말에는 거의 8시간 이상 일하지 않는다.

미국 영어에서는 때때로 on을 생략하기도 한다.
I stayed in the city ***weekends*** and did errands. 나는 주말마다 시내에 머물면서 심부름을 했다.

3 single events(단일 사건)

during **a particular weekend는 '특정한 주말 동안에'라는 뜻이다.**

Air and sea travel seems certain to be disrupted ***during the Bank Holiday weekend*** by industrial action.
법정 공휴일에 일어난 파업으로 항공과 해상 교통이 정상 운행을 할 수 없다는 게 확실해 보인다.

평일을 기준으로 the weekend나 this weekend는 지난 주말이나 다음 주말을 가리킨다. the weekend 앞에는 at, during, over를 사용할 수 있으며, this weekend 앞에는 다른 전치사를 사용하지 않는다.

Nine people were killed in road accidents ***at the weekend***. 지난 주말에 자동차 사고로 9명이 죽었다.
I may well call you ***over the weekend***. 나는 아마 주말 동안 너를 방문할 것이다.
His first film, The Producers, was shown on television ***this weekend***.
그가 처음 만든 영화 'The Producers'가 지난 주말에 텔레비전에 방영되었다.
We might be able to go skiing ***this weekend***. 우리는 이번 주말에 스키를 타러 갈 수 있을지도 모르겠다.

---

weep

➲ Usage 표제어 cry – weep 참조.

---

welcome

welcome은 동사, 명사, 형용사로 쓰이며, 인사말이 될 수도 있다.

1 used as a verb(동사로 사용하기)

동사 welcome은 누군가를 '환대하다'라는 뜻이다.

He moved eagerly towards the door to ***welcome*** his visitor. 그는 방문객을 환대하기 위해 열성적으로 문 쪽으로 갔다.

2 used as a noun(명사로 사용하기)

어떤 장소에서 환영받는 방식을 묘사할 때, **welcome**을 명사로 사용한다. 예를 들면, **someone is given *a warm welcome***은 따뜻한 환영을 받다라는 뜻이다.

He was given ***a warm welcome*** by the President of Harvard himself.
하버드 총장이 직접 나서서 그를 따뜻하게 맞이해 주었다.

We always receive ***a wonderful welcome*** from the warm and friendly staff.
우리는 따뜻하고 친절한 직원들에게 항상 굉장한 환영을 받는다.

3 used as an adjective(형용사로 사용하기)

형용사 **welcome**은 어떤 장소에 누군가가 온 것을 사람들이 기쁘게 생각하다, 즉 '환영받는'이라는 뜻이다.

All members of the public are ***welcome***. 일반 대중은 모두 환영합니다.
I was a ***welcome*** visitor in both camps. 나는 두 진영에서 환영받는 방문자였다.

ℹ welcome의 형용사는 welcomed가 아닌 welcome이다. 예를 들면, ~~I was a welcomed visitor in both camps~~.라고 하지 않는다.

형용사 **welcome**에는 어떤 것을 얻게 되거나 어떤 일이 일어나서 기쁘다라는 뜻도 있다.

The money is ***welcome***, of course. 물론 돈은 환영합니다.
...a ***welcome*** cup of cocoa. 환영의 코코아 한 잔.

4 used as a greeting(인사로 사용하기)

현재 있는 곳에 도착한 사람을 환영하는 인사로 **welcome**을 사용하는데, 이는 다소 격식을 차린 말이다.

Welcome to Peking. 베이징에 오신 것을 환영합니다.
Welcome home, Marsha. 마르샤, 집에 온 것을 환영합니다.
Welcome back. 돌아온 것을 환영합니다.

---

well

1 used before a statement(진술 전에 사용하기)

어떤 말을 할 때 아무 뜻 없이 사용하는 '음...' 또는 '저...' 등과 같은 뜻으로 **well**을 사용한다. 그러나 때때로 말하려는 것을 주저하거나 불확실한 내용을 말하려고 할 때에도 사용할 수 있다.

'Is that right?' – '***Well***, I think so.' "저것이 맞습니까?" – "음, 그렇게 생각합니다."

자신이 앞서 한 말을 고치는 경우에도 **well**을 사용한다.

We walked along in silence for a bit; ***well***, not really silence, because she was humming.
우리는 침묵 속에서 잠시 걸었다. 아니, 그녀의 흥얼거림 때문에 실제로 침묵은 아니었다.

It took me years, ***well*** months at least, to realize that he'd lied to me.
그가 나에게 거짓말했던 것을 알아차리는 데 수년, 아니 적어도 몇 달이 걸렸다.

2 used as an adverb(부사로 사용하기)

높은 수준이나 대단한 정도로 어떤 일을 하는 것을 나타낼 때, **well**을 사용한다.

He handled it ***well***. 그는 그것을 잘 다루었다.
The strategy has worked very ***well*** in the past. 그 전략은 여태까지 아주 잘되었다.
They did not look after my family very ***well***. 그들은 우리 가족을 별로 잘 돌봐 주지 않았다.

수동형 문장에 사용한 과거분사를 강조할 때, **well**을 사용한다.

You seem to be ***well liked*** everywhere. 당신은 여러 곳에서 크게 환영받을 것 같다.
Argentina were ***well beaten*** by Italy in the first round. 아르헨티나는 1차전에서 이탈리아에 참패를 당했다.

〔**well** + 전치사 **ahead of** · **behind** 등〕 형식도 사용한다.

Applications are ***well ahead of*** last year's. 신청자는 지난해보다 월등히 많다.
The border now lay ***well behind*** them. 현재 그 경계선은 그들이 있는 곳보다 훨씬 뒤쪽에 있다.

부사 well의 비교급은 better, 최상급은 best이다.

People are ***better*** housed than ever before. 사람들은 전보다 나은 곳에 살고 있다.

What works ***best*** is a balanced, sensible diet. 균형 있고 적절한 음식 섭취가 가장 효과적이다.

3 used as an adjective(형용사로 사용하기)

well은 형용사로도 사용하며, 어떤 사람이 병이 없고 '건강한'이라는 뜻이다.

She looked ***well***. 그녀는 건강해 보였다.

I am very ***well***, thank you. 고맙습니다. 저는 아주 건강합니다.

영국 영어를 쓰는 대부분의 사람들은 명사 앞에 well을 사용하지 않는다. 예를 들면, ~~He's a well man.~~이 아닌 **He's *well*.**이라고 한다. 그러나 미국이나 스코틀랜드에서는 때때로 명사 앞에 사용하기도 한다.

형용사 well의 비교급은 없지만, 아픈 사람의 건강이 좋아지다라고 말할 때, better를 사용할 수 있다.

He seems ***better*** today. 그는 오늘 상태가 호전된 것 같아 보인다.

He is much ***better*** now. He's fine. 그는 지금 훨씬 더 좋아졌다. 그는 좋은 상태이다.

병이나 부상에서 완전히 회복하다라고 할 때, better를 흔히 사용한다.

I hope you'll be ***better*** soon. 나는 당신이 빨리 낫기를 바란다.

Her cold was ***better***. 그녀는 감기가 나았다.

4 'as well'

어떤 것에 대해 더 많은 정보를 주는 경우, as well을 사용한다.

Filter coffee is definitely better for your health than boiled coffee. And it tastes nicer ***as well***.
필터 커피는 끓인 커피보다 당신의 건강에 훨씬 더 좋을 뿐만 아니라 맛도 더 좋다.

They will have a difficult year next year ***as well***. 그들은 내년에도 힘든 한 해를 보내게 될 것이다.

➲ Usage 표제어 also – too – as well 참조.

---

well-known

➲ Usage 표제어 famous – well-known – notorious – infamous 참조.

---

were

1 used to talk about the past(과거를 말할 때 사용하기)

were는 be동사의 과거시제의 복수형이며, 2인칭 동사이다.

They ***were*** only fifty miles from the coast. 그들은 해안에서 겨우 50마일 떨어진 곳에 있었다.

We ***were*** quite busy that week. 우리는 그 주에 상당히 바빴다.

You ***were*** only twelve at the time. 그때 너는 단지 열두 살이었다.

2 used in conditional clauses(조건절에 사용하기)

조건절에 were를 사용하여, 존재하지 않는 상황이나 일어날 가능성이 거의 없는 상황을 나타낸다. 주어가 I, he, she, it, there나 단수명사일 때, was 대신 were를 사용하는 것이 올바르게 여겨진다.

If I ***were*** in his circumstances, I would go his way too. 만약 내가 그의 처지에 있다면, 나도 그의 생각대로 할 것이다.

Mr Fatchett said that if the policy ***were*** to be dropped, it would be better to do it in October.
패트체트 씨는 그 정책을 폐기한다면 10월에 하는 게 좋을 거라고 말했다.

그러나 회화에서는 **If I *were* you**라는 표현을 제외하고는 보통 was를 사용한다.

If I ***was*** an architect, I'd re-design this house. 만약 내가 건축가라면 이 집을 다시 설계할 텐데.

'If the country ***was*** properly run there wouldn't be needy people,' Kitty said.
키티는 "그 나라가 잘 운영된다면 가난한 사람이 없을 텐데."라고 말했다.

회화에서는 was나 were를 모두 사용할 수 있으나, 격식을 차린 글에는 were를 사용해야 한다.

주의 were [wə(:)r]를 where [hweər]와 혼동해서는 안 된다. 장소나 위치를 진술하거나 질문할 때, where를 사용한다.
Where can I get my book published? 어디에서 나의 책을 출간할 수 있을 것인가?
➲ Usage 표제어 where 참조.

west

1 'west'

west는 해가 지는 것을 보려고 쳐다보는 방향, 즉 '서쪽'이라는 뜻이다.

The next settlement is two hundred miles to the ***west***. 가까운 마을은 서쪽으로 200마일 떨어져 있다.
Jupiter and Saturn will be low in the ***west***. 목성과 토성이 서쪽에 낮게 위치할 것이다.

west wind는 서쪽에서 불어오는 바람이라는 뜻이다.

A warm ***west*** wind rushed to us across the downs. 따뜻한 서풍이 저지대를 건너서 우리에게 빠르게 불어왔다.

the ***west*** of place는 서쪽 방향에 있는 지역이라는 뜻이다.

...in remote rural areas of the ***west*** of Ireland. 아일랜드 서부의 오지 농촌 지역에 있는.

주(州)나 지역의 이름에 West를 사용한다.

...***West Virginia***. 웨스트 버지니아.
...a town in ***West Sumatra***. 웨스트 수마트라에 있는 한 도시.

2 'western'

일반적으로 서부 지역은 west part가 아닌 ***western*** part라고 한다.

...the northern and ***western*** parts of the United Kingdom. 영국 북서부 지역.

마찬가지로, west Europe이나 west France가 아닌 ***western*** Europe이나 ***western*** France라고 한다.

...the peoples of ***western*** Europe. 서부 유럽 민족들.
...***western*** Nigeria. 서부 나이지리아.

미국, 캐나다, 서부 유럽 국가, 다른 공업 선진국들과 관련된 사람이나 사물을 묘사할 때, Western을 사용할 수 있다.

...pressure from ***Western*** governments. 서방 정부들로부터의 압력.
...the defects of ***Western*** society. 서구 사회의 결점들.

westerly

westerly는 '서쪽의'라는 방향을 나타낸다.

...a ***westerly*** journey. 서쪽으로 가는 여행.

그러나 a ***westerly*** wind는 서쪽에서 불어오는 바람이라는 뜻이다.

The ship was driven by the incessant ***westerly*** gales. 그 배는 서쪽에서 쉴 새 없이 불어오는 강풍을 받으면서 전진했다.

most westerly는 '가장 서쪽의'라는 뜻이며, westernmost와 같은 뜻으로 사용한다.

...the ***most westerly*** of the Falkland islands. 포클랜드 섬 중에서 가장 서쪽에 위치한 섬.
...the extreme isolation of living in the ***westernmost*** part of the province.
그 지역의 가장 서쪽에 위치한 곳에서의 철저히 고립된 생활.

westwards – westward

1 'westwards'

move/look ***westwards***는 서쪽을 향해 가거나 보다라는 뜻이다.

The reef stretches *westwards* from the tip of Florida. 그 암초는 플로리다 끝자락에서 서쪽으로 뻗어 있다.
Ten minutes later we were flying *westwards* over the great marshes.
우리는 10분 후에 광활한 늪지대 위를 지나 서쪽으로 날아가고 있었다.

westwards는 항상 부사로 사용한다.

2 'westward'

미국 영어와 오래된 영국 영어에서는 westwards 대신 westward가 자주 사용된다.
He sailed *westward* from Palos de la Frontera. 그는 팔로스데라프론테라에서 서쪽으로 항해했다.

미국 영어와 영국 영어 모두 때때로 westward를 명사 앞에 형용사로 사용한다.
...the *westward* expansion of the city. 서부 도시로의 확장.

---

what

1 asking for information(정보 물어보기)

어떤 것에 대한 정보를 물어보는 경우, what을 대명사나 한정사로 사용할 수 있다. what을 대명사로 사용하는 경우에는 주어, 목적어, 동사의 보어와 전치사의 목적어로 쓰일 수 있다.

What happened to the crew? 승무원들에게 무슨 일이 일어났습니까?
What did she say then? 그 다음에 그녀는 뭐라고 말했습니까?
What is your name? 당신의 이름은 무엇입니까?
What did he die of? 그는 무슨 원인으로 죽었습니까?

i what이 동사의 목적어인 경우, 조동사, 주어, 본동사가 따라온다. 또한 what이 전치사의 목적어인 경우, 전치사는 일반적으로 의문문의 끝에 온다.

2 used as a determiner(한정사로 사용하기)

what을 한정사로 사용하는 경우, 일반적으로 동사의 목적어의 일부가 된다.

What books can I read on the subject? 그 주제에 대해 제가 무슨 책을 읽을 수 있습니까?
What qualifications do you have? 당신은 어떤 자격 요건을 갖추고 있나요?
What car did you hire? 당신은 어떤 차를 빌렸습니까?

> **주의** 제한된 사람이나 어떤 것 중에서 무엇을 선택할지를 묻는 질문에는 의문사로 what이 아닌 which를 사용한다. 예를 들면, '어느 손가락을 다쳤어요?'는 ~~What finger have you hurt?~~가 아닌 ***Which* finger have you hurt?**라고 한다.
> When you get your daily paper, *which page* do you read first? 일간 신문을 받으면, 어느 면을 먼저 읽습니까?
> *Which department* do you want? 당신은 어떤 부서를 원합니까?

시간을 물어보는 경우, 〔what + time〕 형식을 사용한다.
What time is it? 몇 시입니까?
What time does the coach get in? 장거리 버스는 몇 시에 도착합니까?

3 used in reported clauses(간접화법절에 사용하기)

간접화법절에 what을 주로 사용한다.
I asked her *what had happened*. 나는 그녀에게 무슨 일이 있었는지 물어보았다.
I don't know *what to do*. 나는 무엇을 해야 할지 모르겠다.
I find it difficult to understand *what people are saying*.
나는 사람들이 무슨 말을 하고 있는지 이해하기 어렵다는 것을 안다.

➲ Grammar 표제어 Reporting 참조.

4 'what...for'

사물의 사용 목적을 상대방에게 물어볼 때, what과 for를 사용한다. 이때 what은 의문문의 시작에 오며, for는 의문문의 끝에 온다. 예를 들면, '이 손잡이는 어떤 용도입니까?'는 ***What* is this handle *for*?**라고 한다.

What are those lights *for*? 그 전등의 용도는 무엇입니까?

이유를 물어보는 경우, **what...for** 형식을 사용한다. 예를 들면, '당신이 쳐다보는 이유가 무엇입니까?'는 ***What* are you staring *for*?**라고 한다.

What are you going *for*? 가려는 이유가 무엇입니까?

5 'what if'

특정한 어려움이 발생하여 어떤 일을 해야 할지 물어보는 경우, **what if**를 사용한다. 예를 들면, '버스가 오지 않으면 어떻게 할까요?'는 ***What if* the bus doesn't come?**이라고 한다.

What if it's really bad weather? 날씨가 아주 나쁘면 어떻게 할까요?

What if this doesn't work out? 이 일이 잘 해결되지 않는다면 어떻게 할까요?

6 'what about'

〔what about + 명사구〕 형식은 누군가에게 무엇을 상기시키거나 어떤 일에 대해 주의를 환기시킬 때 사용한다.

What about the others on the list? 그 목록의 다른 것들은요?

What about your breakfast? 아침 식사는요?

ℹ what about으로 시작하는 질문은 상대방의 대답을 기대하기보다 무언가를 하기를 권할 때 사용한다.

7 used in relative clauses(관계사절에 사용하기)

명사관계사절이라는 특수한 종류의 관계사절의 시작에 때때로 **what**을 사용한다. 이러한 형식의 명사관계사절은 명사구의 기능을 하며, 주어, 목적어, 보어, 전치사의 목적어로 쓰일 수 있다. 명사관계사절에서 **what**은 **the thing which**나 **the things which**라는 뜻이다.

What he said was perfectly true. 그가 했던 말은 완전히 사실이었다.

They did not like *what he wrote*. 그들은 그가 쓴 글을 좋아하지 않았다.

I'm *what's generally called a traitor*. 나는 이른바 배신자이다.

That is a very good account of *what happened*. 저것은 무슨 일이 일어났는지에 대해 매우 잘 설명해 주고 있다.

〔명사관계사절 **what**절 + **is** · **was**〕 형식은 언급하고자 하는 것에 관심을 집중할 때 자주 사용한다.

What I need is a lawyer. 내가 필요한 것은 변호사이다.

What we as a nation want is not words but deeds. 하나의 국가로서 우리가 원하는 것은 말이 아니라 행동이다.

What impressed me most was their sincerity. 나를 가장 감동시킨 것은 그들의 성실성이었다.

〔**what** + 주어 + **do**〕 형식도 위와 비슷한 뜻이다. 이런 문장 뒤에는 〔**be**동사 + **to**부정사 · 원형부정사〕 형식을 사용한다. 예를 들면, '나는 곧바로 조지에게 편지를 썼다.'는 **I wrote to George immediately.** 대신 ***What I did* was to write to George immediately.**라고 한다.

What Stephen did was to interview a lot of old people. 스티븐이 한 일은 많은 노인들을 면담하는 것이었다.

What you need to do is to choose five companies to invest in.
당신이 해야 할 일은 투자할 다섯 개의 회사를 선별하는 것이다.

주의 한정적 용법의 관계사절이나 계속적 용법의 관계사절에는 **what**을 사용하지 않는다. 예를 들면, ~~**The man what you met is my brother.**~~(당신이 만난 그 사람은 내 남동생이다.)나 ~~**The book what you lent me is very good.**~~(당신이 나에게 빌려 준 책은 매우 좋은 책이다.)이라고 하지 않는다. 이러한 문장에서는 **who, which, that**과 같은 관계대명사를 쓰거나 전혀 쓰지 않는다.

➲ Grammar 표제어 Relative clauses 참조.

8 used to mean 'whatever'(whatever의 뜻으로 사용하기)

what은 **whatever**와 같은 뜻이며, 둘 다 대명사와 한정사로 사용할 수 있다.

Do *what* you like. 당신이 좋아하는 것은 무엇이든지 해라.

People survived by sharing out *what money* they could get from cattle work.
사람들은 목축 일을 하며 번 돈을 나누어 쓰면서 살아남았다.

➲ Usage 표제어 whatever 참조.

9 used in exclamations(감탄문에 사용하기)

what은 감탄문에 자주 사용한다.

What a marvellous idea! 멋진 생각이야!

What fun! 아주 재미있네요!

Topic 표제어 Reactions 참조.

---

whatever

whatever는 대명사, 한정사, 부사로 사용할 수 있다.

1 used as a pronoun or determiner(대명사나 한정사로 사용하기)

특정한 종류의 것이나 모든 것을 가리킬 때, 대명사나 한정사로 whatever를 사용한다.

I went to the library and read *whatever* I could find about Robert Owen.
나는 도서관에 가서 로버트 오웬에 대해 찾을 수 있는 것은 무엇이든 읽었다.

She was doing *whatever* she could to stay alive. 그녀는 살아남기 위해 할 수 있는 모든 일을 하고 있었다.

She had to rely on *whatever* books were lying around. 그녀는 주변에 뒹구는 어떤 책이든지 의존해야만 했다.

일어날 수 있는 모든 상황에서 어떤 것이 사실이라고 할 때에도 whatever를 사용할 수 있다.

I will come back. *Whatever* happens, I'll find a way. 나는 돌아올 것이다. 무슨 일이 일어나도, 해결책을 찾을 것이다.

Whatever brand you use, you will need four times as many teaspoonfuls as before.
당신이 어떤 상표의 제품을 사용하든지 찻숟가락으로 전보다 4배의 양을 넣어야 할 것이다.

2 used as an adverb(부사로 사용하기)

특정한 종류의 것이 전혀 없다는 것을 강조할 때, nothing 뒤 또는 no로 시작하는 명사구 뒤에 whatever를 사용한다.

He knew *nothing whatever* about it. 그는 그것에 대해 전혀 알지 못했다.

There is *no scientific evidence whatever* to support such a view.
그러한 견해를 뒷받침할 어떠한 과학적인 증거도 없다.

3 used in questions(의문문에 사용하기)

의문문에 what ever를 사용하여 놀라움을 표현한다.

What ever does it mean? 도대체 그것이 무슨 의미인가?

what ever를 때때로 whatever로 표기한다.

Whatever is the matter? 도대체 그것이 무슨 문제가 된다는 것인가?

Whatever do you want to go up there for? 당신이 거기에 가고 싶어하는 이유가 도대체 무엇인가?

그러나 많은 사람들이 whatever가 잘못되었다고 여기므로 what ever로 쓰는 것이 더 낫다.

---

when

1 used in questions(의문문에 사용하기)

어떤 일이 일어났거나, 일어날 시기를 물어볼 때, when을 사용한다.

When did you arrive? 당신은 언제 도착했습니까?

When are you getting married? 당신은 언제 결혼할 계획입니까?

'I have to go to Germany.' – '*When*?' – 'Now.' "저는 독일에 가야 해요." – "언제요?" – "지금요."

2 used in time clauses(시간절에 사용하기)

어떤 일이 특정한 시기에 일어났거나, 일어나거나, 일어날 것이라고 할 때, 시간절에 when을 사용한다.

He left school *when he was eleven*. 그는 11살에 학교를 그만두었다.

When I have free time, I always spend it fishing. 나는 여유가 있을 때 항상 낚시를 하면서 보낸다.

when절의 내용이 미래에 관한 것일 경우에는 미래시제가 아닌 단순현재시제를 사용한다.

When you *arrive* in Britain, you will have to pass through immigration control.
영국에 도착하면 당신은 입국 심사를 통과해야 할 것이다.

Stop when you *feel* that your muscles have had enough.
당신은 근육이 버틸 수 있는 한도까지 도달했다고 생각할 때 그만두세요.

3 'when' and 'if'

when을 if와 혼동해서는 안 된다. 일어날지도 모르는 사건이나 상황을 나타낼 때는 if를, 일어나기를 예상하는 일을 나타낼 때는 when을 사용한다. 예를 들면, *If* we buy a new car, you must come for a drive.는 '차를 사야 할지 말아야 할지 아직 결정을 못했다.'라는 의미이고, *When* we buy a new car, you must come for a drive.는 '새 차를 사기로 결정했다.'라는 의미이다.

4 'when', 'as', and 'while'

어떤 사건이 발생한 그 당시에 일어나고 있었던 일을 나타낼 경우, 주절에서는 일어나고 있던 일에 대한 설명을 먼저 시작하고, when으로 시작하는 종속절에서는 일어난 사건을 언급한다.

I was just going out *when there was a knock at the door*.
문에서 노크하는 소리가 들렸을 때, 나는 밖으로 막 나가는 중이었다.

I was dancing *when I felt the floor collapsing*. 바닥이 무너져 내리는 것을 느꼈을 때, 나는 춤을 추고 있었다.

어떤 사건이 발생했을 때 일어나고 있었던 일을 나타낼 때에도 as나 while을 사용할 수 있다. 그러나 when절과 달리, 주절에서는 일어난 사건을 설명하고, as나 while로 시작하는 종속절에서는 일어나고 있는 일을 언급한다.

As I was walking one day in Hyde Park, I noticed two elderly ladies.
어느 날 하이드 파크에서 걷고 있던 중에 나는 나이가 지긋한 두 명의 여성을 보았다.

While I was standing outside Woolworth's, I saw Jeremy. 나는 울워스 밖에 서 있던 중에 제레미를 보았다.

두 개의 사건이 동시에 일어나고 있다고 하는 경우, 보통 while로 시작하는 절을 사용한다.

What were you thinking about *while I was getting the drinks*?
내가 마실 것을 준비하고 있을 때, 당신은 무슨 생각을 하고 있었어요?

I disliked the noise of football *while I was working*. 나는 일을 하던 중에 축구하는 소리가 들리는 게 싫었다.

5 used in non-finite clauses(비정동사절에 사용하기)

when은 정동사보다 부정사나 분사를 포함하는 비정동사절에서 흔히 사용한다.

〔when + to부정사〕 형식의 절은 명령이나 지시를 전할 때 사용할 수 있다.

You need to know *when to buy the right wines at the right price*.
당신은 제값에 좋은 포도주를 살 수 있는 때를 알아 두어야 한다.

글에서는 〔when + 현재분사〕 형식을 자주 사용한다. 예를 들면, '나는 기차로 여행할 때 책을 자주 읽는다.'는 I often read a book when I am travelling by train. 대신, I often read a book *when travelling by train*.이라고 한다.

Adults sometimes do not realize their own strength *when dealing with children*.
성인들은 어린이들을 다룰 때 때때로 자신의 강점을 인식하지 못한다.

Two other important matters must be considered by anglers *when deciding where to fish*.
낚시하는 사람들이 낚시할 장소를 고를 때 두 가지 다른 중요한 요소를 고려해야 한다.

마찬가지로, 글에서는 〔when + 과거분사〕 형식을 사용한다. 예를 들면, '그는 간섭을 받을 때 매우 화를 낸다.'는 When he is interrupted, he gets very angry. 대신 *When interrupted*, he gets very angry.라고 한다.

Michael used to look hurt and surprised *when scolded*.
마이클은 야단을 맞았을 때 상심하고 놀라는 것처럼 보이곤 했다.

When asked whether he was from Britain or France, he said he was Jamaican.
그가 영국 사람인지 프랑스 사람인지 질문받았을 때 자메이카 사람이라고 말했다.

6 used with prepositional phrases and adjectives(전치사구 및 형용사와 함께 사용하기)

글에서는 〔when + 전치사구 · 형용사 necessary, possible 등〕 형식을 사용한다. 예를 들면, '당신이 파리에 가면, 루브르 박물관에 가보세요.'는 When you are in Paris, you should visit the Louvre. 대신 ***When in Paris***, you should visit the Louvre.라고 한다.

When under stress, he took one bath after another. 그는 스트레스를 받아서 목욕을 한 후, 한 번 더 했다.
She had spoken only ***when necessary***. 그녀는 필요한 경우에만 말했다.
Fresh yeast can be used ***when available***. 갓 만든 이스트를 필요할 때 사용할 수 있다.

7 used in relative clauses(관계사절에 사용하기)

when은 계속적 용법의 관계사절에 자주 사용한다.

I want to see you at 12 o'clock, ***when you go to lunch***. 나는 당신이 점심을 먹으러 가는 12시에 만나고 싶다.
The Fleishers arrived on a Wednesday, ***when I was alone***.
플레셔 가족은 내가 혼자 있었을 때인 어느 수요일에 도착했다.

〔time · day · year + when으로 시작하는 한정적 용법의 관계사절〕 형식을 사용할 수도 있다.

There had been ***a time when she thought they were wonderful***.
그녀는 그들이 칭송할 만했다는 생각을 한 적이 있었다.
This is ***the year when the profits should start***. 올해는 이익을 내기 시작해야 할 때이다.

➲ Grammar 표제어 Relative clauses 참조.

8 used with 'why'(why와 함께 사용하기)

when은 시간과 관련되지 않은 특별한 용법이 있다. 〔why로 시작하는 의문문 + when절〕 형식은 누군가 한 말에 놀라움이나 동의하지 않음을 표현할 때 사용한다. when절은 놀라움이나 동의하지 않음에 대한 이유를 나타낸다.

Why should he do me an injury ***when he has already saved my life***?
그는 내 생명을 이미 구했는데 왜 내게 상해를 가하려 하겠는가?
Why worry her ***when it's all over***? 모든 일이 다 끝났는데 왜 그녀를 걱정하게 하세요?

---

whenever

1 used in time clauses(시간절에 사용하기)

어떤 일이 일어나거나 사실인 경우에 다른 일이 항상 일어나거나 사실이라는 것을 말할 때, 시간절에 whenever를 사용한다.

Whenever she had a cold, she only ate fruit. 그녀는 감기에 걸릴 때마다 과일만 먹었다.
She always called at the vicarage ***whenever she was in the area***.
그녀는 그 지역에 올 때마다 항상 목사관을 방문했다.

미래를 나타낼 경우, whenever절에는 미래시제가 아닌 단순현재시제를 사용한다.

Come and see me whenever you ***feel*** depressed. 당신이 우울할 때 언제라도 나를 보러 와라.

every time과 each time도 whenever와 비슷한 용법으로 사용할 수 있다.

Every time I go to that class I panic. 내가 그 강의에 참석할 때마다 나는 공포에 질린다.
He flinched ***each time she spoke***. 그는 그녀가 말할 때마다 위축되었다.

2 used with 'possible'(possible과 함께 사용하기)

시간절 대신, 〔whenever + possible〕 형식을 사용할 수 있다. 예를 들면, '그녀는 그를 만날 수 있을 때마다 만났다.'는 ~~She met him whenever it was possible for her to meet him.~~이 아니라 간단하게 She met him ***whenever possible***.이라고 한다.

I avoided conflict ***whenever possible***. 나는 가능한 한 대립을 피했다.
It paid to speak the truth ***whenever possible***. 가능한 한 진실을 말한 보람이 있었다.

where

1 used in questions(의문문에 사용하기)

장소나 위치에 대해 질문할 때, where를 사용한다.

Where's Jane? 제인은 어디에 있습니까?
Where does she live? 그녀는 어디에 살고 있습니까?
Where is the station? 그 역은 어디에 있습니까?

사람이나 사물이 오고 있거나 가고 있는 장소를 물어볼 때에도 where를 사용한다.

Where does all this energy come from? 이 모든 에너지는 어디에서 오나요?
Where are you going? 당신은 어디에 가고 있는 중입니까?
Where do you want to fly to? 당신은 비행기를 타고 어디에 가고 싶습니까?

2 used in place clauses(장소절에 사용하기)

사람이나 사물이 있는 위치나 장소를 나타내는 경우, 장소절에 where를 사용한다.

He said he was happy *where he was*. 그는 자신이 있던 곳에서 행복했다고 말했다.
He left it *where it lay*. 그는 놓여 있던 곳에 그것을 두었다.
...an official policy which encouraged people to stay *where they were*.
사람들이 거주했던 곳에 계속 살 수 있도록 장려하는 정부 정책.

장소절은 일반적으로 주절 뒤에 오지만, 소설에서는 주절 앞에 오기도 한다.

Where Kate had stood last night, Maureen now stood. 케이트가 지난밤에 서 있던 곳에 이제는 모린이 서 있었다.
Where the pink cliffs rose out of the ground there were often narrow tracks winding upwards.
분홍빛 절벽이 땅 위로 우뚝 선 곳에, 구불구불한 좁은 길이 종종 위쪽으로 나 있었다.

3 used in reported clauses(간접화법절에 사용하기)

간접화법절에 where를 자주 사용한다.

I think I know *where we are*. 나는 우리가 어디에 있는지 알 것 같다.
I asked someone *where the cheapest accommodation was*.
나는 어떤 사람에게 어디에서 가장 저렴한 가격으로 숙박할 수 있는지 물어보았다.

일부 간접화법동사 뒤에 〔where + to부정사〕 형식의 비정동사절을 사용할 수 있다.

How did you know *where to find me*? 당신은 제가 있는 곳을 어떻게 알았습니까?

➲ Grammar 표제어 Reporting 참조.

4 used in relative clauses(관계사절에 사용하기)

계속적 용법의 관계사절에 where를 자주 사용한다.

He came from Herne Bay, *where Lally had once spent a holiday*.
그는 랠리가 한때 휴가를 보낸 적 있는 헤른 베이에서 왔다.
She carried them upstairs to the art room, *where the brushes and paint had been set out*.
그녀는 그것들을 붓과 물감이 구비되어 있는 위층의 화실로 가지고 갔다.

〔place · room · street + where로 시작하는 한정적 용법의 관계사절〕 형식을 사용할 수 있다.

...*the place where they work*. 그들이 일하는 곳.
...*the room where I did my homework*. 내가 숙제를 했던 그 방.
...*the street where my grandmother had lived*. 나의 할머니께서 살고 계셨던 그 거리.

〔situation · stage + where로 시작하는 한정적 용법의 관계사절〕 형식을 사용할 수 있다.

We have *a situation where people feel afraid of going out*. 우리는 사람들이 외출하기를 꺼리는 상황에 처해 있다.
You get to *a stage where you need a new challenge*. 당신은 당신에게 새로운 도전이 필요한 무대에 서게 된다.
I've reached *the point where I'm about ready to retire*. 나는 은퇴를 준비해야 할 시점에 지금 도달해 있다.

➲ Grammar 표제어 Relative clauses 참조.

5 used with 'possible' and 'necessary'(possible, necessary와 함께 사용하기)

〔where + 형용사 possible · necessary〕 형식은 '언제' 또는 '언제라도'와 같은 뜻이다.

Where possible, prisoners with long sentences were put in the same blocks.
가능한 언제라도 장기 복역하는 죄수들은 같은 건물에 수용되었다.

Help must be given ***where necessary***. 필요한 곳에 도움을 주어야 한다.

---

wherever

1 used in place clauses(장소절에 사용하기)

어떤 장소에서든지 어떤 일이 발생하거나 사실인 경우, 장소절에 wherever를 사용한다.

Soft-stemmed herbs and ferns spread across the ground ***wherever there was enough light***.
연한 줄기 약초나 양치식물은 빛이 충분한 어느 곳에서든 땅으로 퍼져 나간다.

In Bali, ***wherever you go***, you come across ceremonies.
발리에서 당신은 가는 곳마다 축제 행사를 보게 된다.

Wherever I looked, enemies lurked. 보는 곳마다 적들이 잠복하고 있었다.

어떠한 사실이 어떤 장소와 관련되어 있는지는 중요하지 않다고 할 때에도 wherever를 사용할 수 있다.

Wherever it is, you aren't going. 그곳이 어디이든 간에 당신은 가지 않을 것이다.

2 used with 'possible'(possible과 함께 사용하기)

〔wherever + 형용사 possible · practicable〕 형식은 '언제' 또는 '언제라도'와 같은 뜻이다.

All experts agree that, ***wherever possible***, children should learn to read in their own way.
모든 전문가들은 가능한 한 어린이들이 자신의 방식대로 읽는 법을 배워야 한다는 것에 동의한다.

3 used in questions(의문문에 사용하기)

의문문에서 놀라움을 표현할 때, where ever를 사용할 수 있다.

Where ever did you get that hat? 그 모자는 도대체 어디에서 났는가?

where ever를 때때로 wherever로 붙여 쓴다.

Wherever did you get that idea? 그런 아이디어는 도대체 어디에서 얻었는가?

Wherever have you been? 도대체 당신은 어디 갔다 왔는가?

그러나 많은 사람들이 wherever가 잘못된 것으로 여기므로, 두 단어로 분리하여 where ever로 쓰는 것이 더 낫다.

---

whether

피전달절과 조건절에 whether를 사용한다.

1 used in reported clauses(피전달절에 사용하기)

피전달절에 〔동사 know · ask · wonder + whether절〕 형식을 사용할 수 있다. 이는 두 개 이상의 대안을 제시할 때 사용하며, 첫 번째 대안은 whether 뒤에, 두 번째 대안은 or 뒤에 온다.

I don't know ***whether he's in or out***. 나는 그가 안에 있는지 외출했는지 모른다.

I was asked ***whether I wanted to stay at a hotel or at his home***.
나는 호텔에 머물지 그의 집에 머물지를 질문받았다.

서로 상반되는 두 가지 대안을 말할 때, 한 가지 대안은 생략해도 된다. 예를 들면, '나는 그가 있는지 없는지를 알 수 없다.'는 I don't know whether he's in or out. 대신에 간단하게 I don't know ***whether he's in***.이라고 말할 수 있다.

Lucy wondered ***whether Rita had been happy***. 루시는 리타가 행복했는지 불행했는지 궁금했다.

She didn't say ***whether he was still alive***. 그녀는 그가 아직도 살았는지 죽었는지 말하지 않았다.

I asked Professor Fred Bailey *whether he agreed*.
나는 프레드 베일리 교수에게 그가 동의하는지 안 하는지 물어보았다.

2 'whether...or not'

or not을 사용하여 두 번째 대안을 나타낼 수도 있다. or not을 문장 끝에 두거나, whether 바로 뒤에 둘 수도 있다.

I didn't know *whether* to believe him *or not*. 나는 그를 믿어야 할지 말아야 할지 몰랐다.
The barman didn't ask *whether or not* they were over eighteen.
그 술집 종업원은 그들이 18세 이상인지 아닌지 물어보지 않았다.

3 'if'

whether 대신에 if를 쓰기도 하는데, 특히 두 번째 대안을 생략하는 문장 구조에 사용한다.

I asked her *if I could help her*. 내가 그녀를 도울 수 있는지 물었다.
I rang up to see *if I could get seats*. 나는 좌석을 구할 수 있는지 알아보려고 전화했다.

4 reporting uncertainty(불확실성 전달하기)

〔whether + to부정사〕 형식은 특정한 행동을 할 것인지에 대해 확신하지 못하거나 또는 그 상황을 대처하는 방법에 대해 확신하지 못할 때 사용한다.

I've been wondering *whether to retire*. 나는 은퇴를 해야 할지 말아야 할지 생각 중이다.
He didn't know *whether to feel glad or sorry at his dismissal*.
그는 자신의 해고에 기뻐해야 할지 슬퍼해야 할지 몰랐다.

5 used in conditional clauses(조건절에 사용하기)

어떤 상황에서도 사실이라는 것을 나타낼 때, whether...or not절을 사용한다.

He's going to buy a house *whether he gets married or not*. 그는 결혼을 하든지 하지 않든지 간에 집을 살 것이다.

6 'weather'

whether를 같은 발음의 weather와 혼동해서는 안 된다. 비가 오거나 바람이 불거나 덥거나 춥거나 하는 날씨에 weather를 사용한다.

...the wet *weather* which persisted through the holiday. 휴가 기간 내내 계속되었던 비 오는 날씨.

➲ Usage 표제어 weather – whether 참조.

---

which

which는 한정사나 대명사로 사용할 수 있다.

1 asking for information(정보 묻기)

제한된 수의 사물이나 사람 중 하나에 대한 정보를 물어보는 경우, which를 사용한다. which로 시작하는 명사구나 대명사 which는 주어, 목적어, 보어로 사용하거나, 전치사의 목적어로도 쓰일 수 있다.

Which mattress is best? 어떤 매트리스가 최고로 좋습니까?
Which came first? 누가 먼저 왔습니까?
Which hotel did you want? 당신은 어느 호텔을 원했습니까?
Which do you fancy? 당신은 어떤 것을 좋아합니까?
Which one is the robber? 어떤 사람이 강도입니까?
Which is her room? 어느 것이 그녀의 방입니까?
Which station did you come from? 당신은 어느 역에서 왔습니까?
Using a dishwasher or washing up by hand – *which* do you opt for?
식기 세척기와 손으로 설거지하는 것 중 당신은 어느 것을 선택하겠습니까?

ⓘ 명사구가 동사나 전치사의 목적어인 경우, 목적어 뒤에 조동사가 오고 그 뒤에는 주어와 본동사가 온다. 명사구가 전치사의 목적어인 경우에도 전치사는 보통 그 절의 끝에 온다.

2 used in reported clauses(피전달절에 사용하기)

피전달절에 **which**를 자주 사용한다.

Do you know ***which country he played for***? 그가 어느 나라 팀 선수로 경기했는지 알고 있습니까?

I don't know ***which to believe***. 나는 어느 것을 믿어야 할지 모르겠다.

➲ Grammar 표제어 Reporting 참조.

3 used in relative clauses(관계사절에 사용하기)

which는 한정적 용법의 관계사절과 계속적 용법의 관계사절에서 모두 관계대명사로 사용할 수 있으며, 항상 사람이 아닌 사물을 가리킨다.

Last week we heard about the awful conditions ***which exist in British prisons***.
우리는 지난주에 영국 감옥들의 끔찍한 상태에 대해 들었다.

I'm teaching at the Selly Oaks Centre, ***which is just over the road***.
나는 길 건너에 있는 셀리 오크스 센터에서 가르치고 있다.

관계사절에서 **family, committee, group** 등의 집합명사 뒤에 **which**나 **who**를 사용할 수 있다. **which** 뒤에는 단수동사를 사용하고, **who** 뒤에는 일반적으로 복수동사를 사용한다.

He is chairing a scientific group ***which has*** set itself the task of preventing liver cancer.
그는 간암을 예방하는 일을 하는 과학 단체의 의장직을 맡고 있다.

...a separate ethnic group ***who have*** their own language. 자신의 고유 언어를 가진 독립된 인종 집단.

...the importance of a family ***who loves*** you. 당신을 사랑하는 가족의 중요성.

> **주의** which가 계속적 용법의 관계사절의 주어인 경우에는 뒤에 다른 대명사를 사용하지 않는다. 예를 들면, '그는 완전히 망가져 버린 그림을 유심히 쳐다보았다.'는 ~~He stared at the painting, which it was completely ruined.~~가 아닌 **He stared at the painting, *which* was completely ruined.**라고 한다.
>
> ➲ Grammar 표제어 Relative clauses 참조.

---

whichever

whichever는 한정사나 대명사가 될 수 있으며, 두 가지 다른 방법으로 사용된다.

먼저 여러 대안 중 어느 것이 일어나거나 선택되어도 상관없다고 할 때, **whichever**를 사용할 수 있다.

The United States would be safe ***whichever side won***. 어느 쪽이 승리하더라도 미국은 안전할 것이다.

Whichever way you look at it, neutrality is folly. 당신이 그것을 어떤 식으로 보든지 중립은 어리석은 짓이다.

We will immediately refund your money in full, or replace the item, ***whichever you prefer***.
우리는 바로 전액을 환불하든지 그 물품을 교환해 주든지 당신이 원하는 대로 해줄 것이다.

어떤 사물의 범위가 의도하던 것 혹은 바로 그것임을 가리킬 때 **whichever**를 사용할 수 있다.

Use ***whichever soap powder is recommended by the manufacturer***.
제조업자가 추천한 가루 비누라면 어떤 것이든 사용하세요.

Use ***whichever of the forms is appropriate***. 적당한 양식이면 어느 것이라도 사용하세요.

---

while

1 used in time clauses(시간절에 사용하기)

while은 두 가지 일이 동시에 일어날 때 사용한다.

He stayed with me ***while Dad talked with Dr Leon***. 그는 아버지가 레온 의사와 이야기하는 동안 나와 같이 있었다.

While I was overseas she was in Maritzburg studying. 내가 해외에 있을 때, 그녀는 마리츠버그에서 공부하고 있었다.

2 used in non-finite clauses(비정동사절에 사용하기)

글에서 **while**로 시작하는 비정동사절을 자주 사용한다. 예를 들면, '나는 텔레비전을 보면서 자주 뜨개질을 한다.'

는 I often knit while I am watching television. 대신 I often knit ***while watching*** television.이라고 한다.

Mark watched us ***while pretending not to***. 마크는 쳐다보지 않는 척하면서 우리를 주시했다.

Working without a desk, he tends to interview visitors ***while hunched at the edge of his chair***.
그는 책상이 없는 곳에서 일하기 때문에, 자신의 의자 가장자리에 구부리고 앉아 방문객들을 면담하는 경향이 있다.

3 used with prepositional phrases(전치사구와 함께 사용하기)

글에서 while은 때때로 절이 아닌 전치사구가 뒤따른다. 예를 들면, '나는 휴가 중에 그 소식을 들었다.'는 I heard the news while I was on holiday. 대신, I heard the news ***while on holiday***.라고 한다.

They wanted a place to stay ***while in Paris***. 그들은 파리에 체류할 동안 머물 곳이 필요했다.

4 'while' in concessive clauses(양보절에 사용하는 while)

while은 시간과 관련 없는 특별한 용법이 있다. 누군가가 말하는 것과 대조되는 절을 이끌 때, while을 사용한다.

Fred gambled his money away ***while Julia spent all hers on dresses***.
프레드가 자신의 돈을 도박하는 데 쓴 반면에, 줄리아는 자신의 모든 돈을 옷을 사는 데 썼다.

While I have some sympathy for these fellows, I think they went too far.
이 사람들에 대한 동정심을 갖고 있지만, 그들은 도가 지나쳤다고 생각한다.

5 'a while'

a while은 '잠시'라는 뜻이다.

After ***a while***, my eyes became accustomed to the darkness. 잠시 후에 내 눈은 어둠에 적응했다.

➲ Grammar 표제어 awhile – a while 참조.

---

whilst

whilst는 while과 같은 뜻이면서 격식을 차린 말이다. 시간절과 양보절에 whilst를 사용한다.

Her sister had fallen ***whilst walking in her sleep at night***. 그녀의 여동생은 잠결에 걷다가 넘어졌다.

Raspberries have a matt, spongy surface ***whilst blackberries have a taut, shiny skin***.
라즈베리는 광택이 없고 물렁물렁한 표면을 갖고 있지만, 블랙베리는 표면이 팽팽하고 광택이 있다.

회화와 미국 영어에서는 whilst를 사용하지 않는다.

---

who – whom

who와 whom은 대명사로 사용한다.

1 asking for information(정보 묻기)

어떤 사람이 누구인지 물어보는 경우, who를 사용한다. who는 주어, 목적어, 보어, 전치사의 목적어로 사용할 수 있다.

Who invited you? 누가 당신을 초대했습니까?
Who are you going to invite? 당신은 누구를 초대하려고 합니까?
Who are you? 당신은 누구십니까?
Who did you dance with? 당신은 누구와 춤을 추었습니까?

ⓘ who가 동사나 전치사의 목적어인 경우, 〔who + 조동사 + 주어 + 본동사〕 형식을 사용한다. 또한 who가 전치사의 목적어인 경우, 전치사는 절의 끝에 온다.

who 대신 whom을 사용하면 격식을 차린 표현이 된다. 이때 whom은 동사나 전치사의 목적어로만 사용할 수 있다.

Whom shall we call? 우리는 누구에게 전화해야 할까요?
By ***whom*** are they elected? 그들은 누구에 의해 선출되었습니까?

ⓘ whom이 전치사의 목적어인 경우, 전치사는 whom 앞에 온다.

2 used in reported clauses(간접화법절에 사용하기)

간접화법절에 who를 자주 사용한다.

She didn't know ***who I was***. 그녀는 내가 누구인지 알지 못했다.

We have to find out ***who did this***. 우리는 누가 이 일을 했는지 밝혀내야 한다.

➲ Grammar 표제어 Reporting 참조.

3 used in relative clauses(관계사절에 사용하기)

who와 whom 모두 한정적 용법의 관계사절이나 계속적 용법의 관계사절에 사용할 수 있다.

He's the man ***who I saw last night***. 그는 내가 지난밤에 본 바로 그 남자이다.

Joe, ***who was always early***, was there already. 항상 일찍 왔던 조는 거기에 이미 와 있었다.

...two girls ***whom I met in Edinburgh***. 에든버러에서 만난 두 명의 여자 아이.

...Lord Scarman, ***for whom I have immense respect***. 내가 아주 존경하는 스카만 경.

관계사절에서 **family**, **committee**, **group** 등의 집합명사 뒤에는 **who**나 **which**를 사용할 수 있다. **who** 뒤에는 일반적으로 복수동사를, **which** 뒤에는 단수동사를 사용한다.

...a separate ethnic group ***who have*** their own language. 고유 언어를 가지고 있는 하나의 독립된 민족 집단.

...the importance of a family ***who loves*** you. 당신을 사랑하는 가족의 중요성.

He is chairing a scientific group ***which has*** set itself the task of preventing liver cancer.
그는 간암을 예방하는 일을 하는 과학 단체의 의장직을 맡고 있다.

> **주의** who가 계속적 용법의 관계사절의 주어인 경우에는 그 뒤에 대명사를 사용하지 않는다. 예를 들면, '그는 크게 충격을 받은 어머니에게 말했다.'는 ~~He told his mother, who she was very shocked.~~가 아닌 He told his mother, *who* was very shocked.라고 한다.

---

whoever

1 used in statements(평서문에 사용하기)

묘사하는 상황에 관련된 사람을 가리킬 때, **whoever**를 사용한다.

If death occurs at home, ***whoever discovers the body*** should contact the family doctor.
어떤 사람이 집에서 죽은 경우, 누가 그 사체를 발견하든지 가정의에게 알려야 한다.

You can have ***whoever you like*** to visit you. 좋아하는 사람이 누구든지 간에 당신은 당신을 방문하는 사람들이 생길 수 있다.

누구인지 모르는 사람을 가리킬 때에도 **whoever**를 사용한다.

Whoever answered the telephone was a very charming woman.
전화를 받은 사람이 누구인지 모르지만 아주 매력적인 여자였다.

그 사람이 누구인지가 상황에 아무 영향을 미치지 않을 때에도 **whoever**를 사용한다.

Whoever wins this civil war, there will be little rejoicing at the victory.
어느 쪽이 이번 내전에 이기더라도 승리의 즐거움은 거의 없을 것이다.

Whoever you vote for, prices will go on rising. 누구에게 투표를 하더라도 물가는 계속 상승할 것이다.

2 used in questions(의문문에 사용하기)

의문문에서 **who ever**를 사용하면 놀라움을 나타낸다.

Who ever told you that ? 도대체 누가 그렇게 말했어요?

who ever를 때때로 **whoever**로 붙여 쓴다.

Whoever could that be at this time of night? 이 늦은 밤중에 도대체 누구일까요?

그러나 많은 사람들이 이러한 형태가 잘못된 것이라고 여기므로 두 단어로 분리하여 **who ever**로 쓰는 것이 좋다.

whole

1 'the whole of' and 'whole'

the whole of는 어떤 것의 전부라는 뜻이다.

...*the whole of July*. 7월 내내.

...*the whole of Europe*. 유럽 전체.

I was cold throughout *the whole of my body*. 나의 온몸에 찬 기운이 느껴졌다.

〔the whole of + 명사구〕 형식 대신에 간단하게 〔the whole + 명사구〕 형식을 사용할 수 있다. 예를 들면, '그 집 전체에 불이 났다.'는 **The whole of the house was on fire.** 대신, **of the**를 생략하여 ***The whole house* was on fire.**라고 한다.

I spent *the whole day* in the Prado. 나는 프라도에 온종일 있었다.

They're the best in *the whole world*. 그들은 전 세계에서 최고이다.

〔this · that · 소유격 + whole〕 형식을 사용할 수 있다.

I just want to say how sorry I am about *this whole business*. 나는 이 일 전부에 대해 얼마나 미안한지 말하고 싶다.

I've never told this to anyone else in *my whole life*. 나는 평생 이 말을 절대 아무에게도 하지 않았다.

특정한 종류의 모든 것임을 강조할 때, **a whole**을 사용할 수 있다.

I played Macbeth for *a whole year*. 나는 일 년 내내 맥베드 배역을 맡았다.

You can easily devote *a whole morning* to it. 당신은 오전 내내 마음 편히 그것에 전념할 수 있다.

복수명사 앞에도 위와 같이 **whole**을 사용할 수 있다.

There were *whole speeches* I did not understand. 내가 완전히 이해하지 못했던 연설의 내용이 있었다.

ℹ 복수명사 앞의 whole은 all과는 다른 뜻이다. 예를 들면, ***All*** the buildings have been destroyed.는 '모든 빌딩이 부서졌다.'는 뜻이고, ***Whole*** buildings have been destroyed.는 '몇몇 빌딩이 완전히 부서졌다.'는 뜻이다.

2 'as a whole'

〔명사 + as a whole〕 형식은 한 대상에 대한 모든 것을 말하며, 그것을 하나의 단위로 간주하고 있다는 것을 강조할 때 사용한다.

Is this true just in India, or in the world *as a whole*?
이러한 일이 인도에서만 사실일까, 아니면 세계 전체에서 모두 일어나는 일일까?

In the country *as a whole*, she reckons, average house prices will jump by 19%.
전국적으로 그녀는 평균 집값이 19퍼센트까지 뛰어오를 것으로 추정한다.

3 'on the whole'

일반적으로는 자신의 말이 사실이지만, 모든 경우에 사실인 것은 아니라고 할 때, 서술문에 **on the whole**을 사용한다.

One or two were all right, but *on the whole* I used to hate going to lectures.
한 개나 두 개의 강의는 괜찮았지만, 대체로 나는 강의 듣는 것을 싫어하곤 했다.

I don't pretend that housework is fun because *on the whole* it isn't.
나는 집안일이 대체로 재미가 없어서 재미있는 체하지 않는다.

whom

➔ Grammar 표제어 who – whom 참조.

whose

1 used in relative clauses(관계사절에 사용하기)

사물이나 사람이 다른 것에 소속되거나 관련되는지를 보여 줄 때, 관계사절의 처음에 **whose**[*h*us, hu:z]를 포함하는 명사구를 사용한다. **whose**는 한정적 용법의 관계사절과 계속적 용법의 관계사절에 사용한다.

whose를 포함하는 명사구는 주어나 동사의 목적어, 또는 전치사의 목적어로 쓰일 수 있다. whose가 전치사의 목적어인 경우, 전치사는 문장의 처음이나 끝에 온다.

...a woman ***whose husband*** had deserted her. 남편에게 버림받은 여자.
...Martin Brown, ***whose autobiography*** I have been reading. 내가 읽고 있는 마틴 브라운 전기.
...the governments ***in whose territories*** they operate. 그들이 운영하는 정부의 지역들.
...some strange fragment of thought ***whose origin*** I have no idea ***of***.
어디에서 온 것인지 모르는 이상한 생각의 단편들.

2 used in questions(의문문에 사용하기)

어떤 것이 누구에게 속하거나 관련되는지 물어보는 경우, 의문문에 한정사나 대명사로 whose를 사용할 수 있다.

Whose fault is it? 그것은 누구의 잘못입니까?
Whose car were they in? 그들은 누구의 차 안에 있었습니까?
Whose is this? 이것은 누구의 것입니까?

3 used in reported clauses(피전달절에 사용하기)

whose는 피전달절에도 사용한다.

It would be interesting to know ***whose idea it was***. 그것이 누구 생각이었는지 아는 것은 흥미 있는 일이다.
Do you know ***whose fault it is***? 당신은 그것이 누구의 잘못인지 알고 있습니까?
It's hard to say ***whose dog it is***. 그 개가 누구의 소유인지 말하기 어렵다.

➲ Grammar 표제어 Reporting 참조.

> 주의 who is와 who has는 때때로 [hu:z]로 발음한다. 누군가가 한 말을 적을 때, who is나 who has를 who's로 쓰며 whose로 쓰지 않는다.
> 'Edward drove me here.' – '***Who's*** Edward?' "에드워드가 저를 여기에 태워다 주었어요." – "에드워드가 누구지요?"
> ...an American author ***who's*** settled in London. 런던에 정착한 한 미국인 작가.

---

why

1 used in questions(의문문에 사용하기)

이유를 물어보는 경우, why를 사용한다.

'I had to say no.' – '***Why***?' "나는 아니라고 대답해야 했어." – "왜?"
Why did you do it, Martin? 마틴, 왜 그런 짓을 했습니까?

2 used when no answer is expected(대답을 기대하지 않는 경우에 사용하기)

대답을 기대하지 않는 의문문에 때때로 why를 사용한다. Why don't로 질문하면 제안을 나타낸다.

Why don't we all go? 우리 모두 가는 게 어떻습니까?
Why don't you write to her yourself? 당신이 직접 그녀에게 편지 쓰는 게 어떻습니까?

Why should로 질문하면, 어떤 일을 할 이유가 없다는 것을 강조한다.

Why should I be angry with you? 내가 당신에게 화낼 이유가 없지 않습니까?
'Will you come?' – 'No, ***why should*** I?' "당신이 올래요?" – "아뇨, 제가 왜 그래야 합니까?"

Why shouldn't로 질문하면, 어떤 일을 못할 이유가 없다는 것을 강조한다.

Why shouldn't he go to college? 그가 대학에 가지 말아야 할 이유라도 있습니까?

〔why + 원형부정사〕 형식은 어떤 행동이 무의미하다는 것을 나타낸다.

Why ring the police? It wouldn't do any good. 경찰에 전화를 왜 합니까? 아무런 도움이 안 될 겁니다.

3 used in reported clauses(피전달절에 사용하기)

피전달절에 자주 why를 사용한다.

I knew ***why Solly had been killed***. 나는 솔리가 살해당한 이유를 알고 있었다.
He wondered ***why she had come***. 그는 그녀가 왜 왔었는지 궁금했다.
You never really told me ***why you and Dad got divorced***.
당신은 나에게 아버지와 왜 이혼했는지 한 번도 확실하게 말해 주지 않았다.

의미가 명백한 경우, 피전달절 대신에 **why**를 사용할 수 있다. 예를 들면, '나는 그녀가 왜 그를 좋아하지 않는지 모르겠다.'는 **She doesn't like him. I don't know why she doesn't like him.** 대신, **She doesn't like him. I don't know *why*.**라고 할 수 있다.

They won't call me David – I don't know ***why***. 그들은 나를 데이비드라고 부르지 않겠다고 하는데 그 이유를 모르겠다.
He's certainly cheerful, though I can't think ***why***. 그는 확실히 기분이 들떠 있는데 나는 그 이유를 모르겠다.

4 used in relative clauses(관계사절에 사용하기)

reason 뒤에 오는 한정적 용법의 관계사절에 **why**를 사용한다.

That is a major reason ***why they were such poor countries***. 그것이 그 나라들이 그토록 가난했던 주된 이유이다.
There are several good reasons ***why I have a freezer***. 내가 냉동고를 갖고 있는 여러 가지 합당한 이유가 있다.

〔**the reason + why**〕 형식을 사용할 때 한정적 용법의 관계사절에서 **why** 대신 **that**을 사용하거나 대명사를 전혀 사용하지 않을 수도 있다. 예를 들면, '내가 온 이유'는 **the reason why I came** 대신, **the reason that I came**이나 **the reason I came**이라고 한다.

The reason that consumption went down was because real incomes were plunging.
소비가 하락한 이유는 실질 소득이 줄고 있었기 때문이다.
That's ***the reason I'm checking it now***. 그것이 내가 지금 그것을 조사하고 있는 이유이다.

---

wide – broad

한쪽에서 다른 쪽까지 폭이 넓다고 할 때, **wide**나 **broad**를 사용한다. **a street/river is *wide/broad***는 길거리나 강이 넓다라는 뜻이다. 회화에서는 **wide**를 더 많이 사용한다.

There were no shops on this ***wide*** street. 이렇게 폭이 넓은 거리에 가게가 하나도 없었다.
The streets of this town are ***broad***. 이 도시의 도로는 폭이 넓다.
In front of them was a long, ***wide*** river. 그들 앞에 길고 넓은 강이 있었다.
He thought of the prisoners peering out at the ***broad*** river. 그는 넓은 강을 쳐다보고 있던 죄수들을 생각했다.

사물의 폭(幅)을 나타낼 때는 보통 **broad**보다는 **wide**를 사용한다.

...a ***wide*** bed. 폭이 넓은 침대.
Six men came stumbling out through a ***wide*** doorway. 넓은 출입구를 통해 6명의 남자가 비틀거리며 나왔다.

사람의 신체적 특징을 묘사할 때는 보통 **wide**가 아닌 **broad**를 사용한다.

He was tall, with ***broad*** shoulders. 그는 키가 크고 우람한 어깨를 가졌다.
...a ***broad***, hefty Irish nurse. 크고 힘이 센 아일랜드 간호사.

---

widow – widower

1 'widow'

남편이 죽고 다시 결혼하지 않은 여자, 즉 '미망인'을 **widow**라고 한다.

I had been a ***widow*** for five years. 나는 미망인이 된 지 5년이 되었다.

죽은 남자의 미망인을 **his widow**라고 한다.

His savings had been left to ***his widow***. 그의 예금은 미망인에게 남겨졌다.
...Coretta Scott King, ***widow of Martin Luther King***. 마틴 루터 킹의 미망인인 코레타 스캇 킹.

2 'widower'

부인이 죽고 다시 결혼하지 않은 남자, 즉 '홀아비'를 **widower**라고 한다.

I'm a ***widower*** in my late forties. 나는 40대 후반의 홀아비이다.

그러나 죽은 여자의 남편을 her widower라고는 하지 않는다.

will

Usage 표제어 shall – will 참조.

win – defeat – beat

1 'win'

win은 전쟁, 싸움, 놀이, 경쟁에서 상대를 물리치고 '이기다'라는 뜻이다. win의 과거와 과거분사는 winned가 아닌 won [wʌn] 이다.

The Party ***won*** a convincing victory at the polls. 그 당은 투표에서 압도적으로 승리했다.
They ***had won*** a great victory. 그들은 아주 큰 승리를 쟁취했다.

2 'defeat' and 'beat'

적(敵)이나 상대를 패배시키다라는 뜻에는 win을 사용하지 않는다. 전쟁이나 전투에서 한쪽이 다른 쪽을 이기다라고 할 때는 defeat를 사용한다.

The French ***defeated*** the English troops. 프랑스군이 영국군을 격파했다.

놀이나 경쟁에서 한 사람이나 한편이 다른 사람이나 다른 편을 이기다라고 할 때, defeat나 beat를 사용한다.

Hampstead ***defeated*** Bath 18-9. 햄스태드가 바스를 18 대 9로 이겼다.
They were playing draughts and she ***beat*** him. 그들은 체커 게임을 했고, 그녀가 그를 이겼다.

wind

wind는 명사나 동사로 사용할 수 있다.

1 used as a noun(명사로 사용하기)

wind [wind, waind] 는 이동하는 공기의 흐름, 즉 '바람'이라는 뜻이다.

...an icy ***wind*** blowing clouds of snow.. 많은 눈을 몰고 오는 차디찬 바람.
...a leaf blown on the ***wind***. 바람에 날리는 낙엽.

2 used as a verb(동사로 사용하기)

동사 wind [wind] 는 일반적으로 수동형 문장에 사용한다. be ***winded*** by something은 몸에 큰 타격을 받아서 폐 속의 공기가 갑자기 빠져나가 잠시 숨을 쉬지 못하다라는 뜻이다. wind의 과거와 과거분사는 winded이다.

If you go too fast, you get ***winded***. 당신이 너무 빨리 가면 숨이 찰 것이다.
I fell with a crash onto a sandy bank, ***winded*** but not hurt.
나는 부딪쳐서 모래 더미로 떨어졌고 숨은 찼지만 다치지는 않았다.

동사 wind [waind] 는 위와 완전히 다른 뜻이다. 동사 wind는 길이나 강이 어떤 방향으로 '구부러지다'라는 뜻이다.

The Moselle ***winds*** through some 160 miles of tranquil countryside.
모젤 강은 한적한 농촌 지역을 160마일 관통하여 구불구불 흐른다.

동사 wind의 과거와 과거분사는 wound이며, [waund] 로 발음한다.

The road ***wound*** through the desolate salt ranges. 그 도로는 황량한 소금 산맥을 지나 구불구불하게 나 있었다.

동사 wind [waind] 는 어떤 것을 다른 물체의 물체의 주위에 '감다'라는 뜻도 있다. 예를 들면, ***wind*** a wire round a stick은 막대기 주위를 철사로 여러 번 감다라는 뜻이다.

She started to ***wind*** the bandages around her arm. 그녀는 팔에 붕대를 감기 시작했다.

He had a long green woollen scarf ***wound*** about his neck. 그는 길고 푸른 양모 스카프를 목 주위에 둘렀다.

손목시계나 시계를 작동시키기 위해 시계태엽을 여러 번 감다라고 할 때도 **wind**를 사용한다.

I still hadn't ***wound*** my watch so I didn't know the time. 나는 시계태엽을 감지 않아 몇 시인지 몰랐다.

wound가 [wuːnd]로도 발음되어 명사나 동사로도 사용되는데, 뜻은 완전히 달라진다.

➲ Usage 표제어 wound 참조.

---

winter

winter는 가을과 봄 사이의 계절인 '겨울'이라는 뜻이며, 날씨가 추운 계절이다.

It was a terrible ***winter***. 혹독한 겨울이었다.

...a dark ***winter's*** night. 캄캄한 겨울 밤.

어떤 일이 매년 겨울마다 일어나는 경우, **in winter**나 **in the winter**를 사용한다.

In winter, the Tower closes an hour earlier. 그 타워는 겨울에 한 시간 일찍 문을 닫는다.

In the winter, the path is uneven, it can be icy. 그 길은 겨울에는 울퉁불퉁하고 얼음으로 뒤덮인다.

ⓘ in the winters라고 하지 않는다.

---

wire – telegram

1 'wire'

wire는 사물을 묶거나 전기와 전기 신호의 운반에 사용하는 길고 가는 금속 조각, 즉 '철사'라는 뜻이다.

🇺🇸 미국 영어에서는 전송된 것을 인쇄하여 집이나 사무실로 배달하는 '전보'를 **wire**라고도 한다.

2 'telegram'

영국 영어에서는 '전보'를 보통 **telegram**이라고 한다.

---

wish

wish는 명사나 동사로 사용할 수 있다.

1 used as a noun(명사로 사용하기)

wish는 얻거나 달성하기 어려운 일에 대한 '갈망'이나 '소망'이라는 뜻으로 자주 사용한다.

She told me of her ***wish*** to leave the convent. 그녀는 수녀원을 떠나고 싶어하는 자신의 소망을 나에게 말했다.

They are driven on partly by a ***wish*** for democracy. 민주주의에 대한 염원이 그들을 어느 정도 이끈다.

2 used as a verb(동사로 사용하기)

wish가 동사인 경우, 보통 뒤에 **that**절이 온다. 이때 **wish**는 어떤 일이 일어날 것 같지 않거나 불가능하지만 사실이기를 바라다라는 뜻이다.

I ***wish*** I lived nearer London. 나는 런던에서 더 가까이 살기를 바란다.

They never have enough resources and they ***wish*** that they had more.
그들은 충분한 자원이 전혀 없어서 더 많은 자원을 갖기를 바란다.

ⓘ that절에는 현재시제가 아닌 과거시제를 사용한다. 예를 들면, '나는 친구가 많았으면 좋을 텐데.'는 ~~I wish I have more friends~~.가 아닌 I wish that I *had* more friends.라고 한다, 마찬가지로, '나는 내 자동차를 팔면 좋을 텐데.'는 ~~I wish I have sold my car~~.가 아닌 I wish I *had sold* my car.라고 한다.

I wish I ***had*** more time for it. 나는 그 일을 할 시간이 더 많이 있었으면 좋겠다.

I wish I ***had asked*** her more about her stage career. 나는 그녀에게 무대 경력에 대해 더 많이 물어봤어야 했다.

I envy you. I wish I ***was going*** away too. 나는 당신이 부럽다. 나도 떠나 버렸으면 좋겠다.

과거의 일을 나타낼 때 사용하는 that절의 시제는 현재의 일을 기원할 때와 같은 시제인 과거시제를 사용한다. 예를 들면, '그녀는 토스카나에 살기를 바랐다.'는 **She wished she *lived* in Tuscany.**나 **She wishes she *lived* in Tuscany.**라고 한다.

The inspector wished he ***carried*** a gun. 그 형사는 그가 총을 갖고 있기를 바랐다.
He wished he ***had phoned*** for a cab. 그는 그가 전화로 택시를 부르기를 바랐다.
There were some days when Johnnie wished that he ***was working*** for the Americans.
조니는 미국인들을 위해 일하기를 바랐던 때가 있었다.

wish that절의 주어가 **I, he** 등의 단수대명사나 단수명사구인 경우에는 **was**나 **were**를 사용할 수 있다. **were**는 특히 영국 영어에서 다소 격식을 차린 용법이다.

Sometimes, I wish I ***was*** back in Africa. 나는 때때로 아프리카로 돌아갔으면 하고 바란다.
I often wish I ***were*** really wealthy. 나는 정말 부자였으면 하고 바란다.
He wished it ***was*** time for Lamin to return. 그는 라민이 돌아올 때가 되었기를 바랐다.
My sister occasionally wished that she ***were*** a boy. 나의 여동생은 가끔 남자였으면 하고 바랐다.

that절에 **could**를 사용할 수도 있다.

I wish I ***could*** paint. 나는 그림을 그릴 수 있으면 좋겠다.
He wished he ***could*** believe her. 그는 그녀를 믿을 수 있기를 바랐다.

또한 **that**절에 **would**를 사용할 수도 있다. ***wish* that something *would* happen**은 어떤 일이 일어나기를 바라는데 아직 일어나지 않아서 화가 나거나 걱정이 되거나 낙담하다라는 뜻이다.

I wish he ***would*** come! 그가 왔으면 좋을 텐데.
I wish she ***would*** explain it to me. 그녀가 나에게 그것을 설명해 주었으면 좋을 텐데.

***wish* someone *would* do something**은 어떤 일을 하기를 원했는데 아직 하지 않아서 화가 나거나 낙담하다라는 뜻이다.

I wish you ***would*** try to understand. 당신은 이해하려고 노력했으면 좋았을 텐데.
I wish you ***would*** get your facts right before you get into such a state.
당신이 그러한 상태에 도달하기 전에 그 사실을 정확히 파악했어야 했는데.

〔**wish + to**부정사〕 형식도 사용할 수 있다. ***wish to do* something**은 어떤 일을 하기를 원하다라는 뜻이다.

They are in love and ***wish to marry***. 그들은 사랑에 빠져서 결혼하기를 원한다.
We do not ***wish to waste*** our money. 우리는 돈을 낭비하고 싶지 않다.

그러나 **wish to**는 격식을 차린 용법으로, 보통 **want**를 사용한다.

I ***want to be*** an actress. 나는 여배우가 되고 싶다.
He ***doesn't want to get up***. 그는 일어나고 싶어하지 않는다.

> **주의** 미래의 바람을 단순하게 표현하는 경우에는 **wish that**절이 아닌 **hope that**절을 사용한다. 예를 들면, '당신이 핀란드에서 좋은 시간을 보내기를 바란다.'는 ~~**I wish you'll have a nice time in Finland.**~~가 아닌 **I *hope you'll have* a nice time in Finland.**나 **I *hope you have* a nice time in Finland.**라고 한다.
>
> I ***hope I'll see*** you before you go. 당신이 떠나기 전에 만나고 싶다.
> I ***hope you like*** this village. 당신이 이 동네를 좋아하기를 바란다.

그러나 **wish**가 두 개의 목적어를 사용하는 타동사이면 때때로 미래의 바람을 나타낼 수 있다.

May I ***wish you luck*** in writing your book. 당신이 쓰고 있는 책의 성공을 기원한다.
I ***wish you every possible happiness***. 당신이 가능한 한 행복하기를 소망한다.
She shook hands with Alix and ***wished her a happy vacation***.
그녀는 알릭스와 악수를 했고 그녀가 행복한 휴가를 보내기를 바랐다.

with

1 basic uses(기본 용법)

어떤 사람이나 사물이 다른 사람이나 사물과 한 장소에 같이 있다고 할 때, **with**를 사용한다.

I stayed ***with her*** until dusk. 나는 어두워질 때까지 그녀와 같이 있었다.
He spent several seasons there ***with a man called Cartwright***.
그는 그곳에서 여러 계절을 카트라이트라는 남자와 함께 보냈다.
Put the knives ***with the other cutlery***. 칼을 다른 주방 용구와 함께 넣으세요.

do something *with* a tool/an object는 도구나 사물을 사용하여 어떤 일을 하다라는 뜻이다.

Clean mirrors ***with a mop***. 걸레로 거울을 깨끗이 닦으세요.
He brushed back his hair ***with his hand***. 그는 손으로 머리를 뒤로 빗어 넘겼다.

2 used to mention an opponent(상대방을 언급할 때 사용하기)

fight나 **quarrel**과 같은 동사 뒤에 **with**를 사용한다. 예를 들면, '두 사람이 싸우고 있다'는 **one person is fighting *with* the other**라고 한다.

He was always fighting ***with his brother***. 그는 항상 남동생과 싸우고 있었다.
Judy was quarreling ***with Bal***. 주디는 밸과 다투고 있었다.

마찬가지로, **fight**나 **quarrel**과 같은 명사 뒤에 **with**를 사용할 수 있다.

...my quarrel ***with Greenberg***. 그린버그와의 다툼.
...a naval war ***with France***. 프랑스와의 해전.

3 used in descriptions(묘사에 사용하기)

사람이나 사물이 갖고 있는 모습이나 물리적 특징을 나타낼 때, 그 명사구 바로 뒤에 **with**를 사용한다.

...an old man ***with a beard***. 턱수염을 기른 노인.
...an old house ***with steep stairs and dark corridors***. 급경사의 계단과 어두운 복도가 있는 오래된 집.

ⓘ 사람이나 사물의 신원이나 정체를 나타낼 때, with를 사용한다. 예를 들면, '빨간 머리카락에 키가 큰 남자'는 the tall man *with* red hair라고 한다.

...the man ***with the bright, staring eyes***. 반짝이고 응시하는 듯한 눈을 한 남자.
...the house ***with the blue shutters***. 파란색 덧문이 있는 집.

사람이 입고 있는 것을 언급할 때는 보통 **with**가 아닌 **in**을 사용한다.

...an old peasant woman ***in a black dress***. 검은색 드레스를 입은 나이 든 여자 소작인.
The bar was full of men ***in cloth caps***. 그 술집은 천으로 만든 모자를 쓴 남자들로 꽉 찼다.

➲ Usage 표제어 **wear** 참조.

within

1 location(위치)

어떤 것 안에 있거나 둘러싸여 있다고 할 때, **within**을 사용한다.

The prisoners demanded the freedom to congregate ***within the prison***.
죄수들은 감옥 내에서 모일 수 있는 자유를 요구했다.
The central shrine was a huge copper dome ***within a railing***. 중앙 전당은 난간 안쪽의 아주 큰 구리 돔이었다.

위와 같은 용법은 상당히 격식을 차린 용법으로, 보통 **inside**를 사용한다.

Ibrahim waited ***inside*** the house for a few moments. 이브라힘은 잠시 그 집 안에서 기다렸다.
She couldn't see whether all four men were sitting ***inside*** the car.
그녀는 차 안에 남자 네 명 모두가 앉아 있는지 볼 수 없었다.

➲ Usage 표제어 **inside** 참조.

2 limits(한계)

within **a particular limit는 '특정한 한계를 넘지 않거나 허용된 것 이상을 넘지 않는'이라는 뜻이다.**

Within these limitations there were a number of options open to me.
이러한 제약 내에서 내가 선택할 수 있는 여러 가지 대안이 있었다.

We must ask the schools to keep *within their budget*. 우리는 예산 범위 내에서 경영하기를 학교에 요구해야 한다.

3 time(시간)

within **a particular length of time은 '특정한 시간이 지나가기 전에'라는 뜻이다.**

Within six years a fifty-mile canal was cut. 6년 내에 50마일의 수로를 팠다.

The population doubled *within a few hundred years*. 수백 년 내에 인구가 두 배로 증가하였다.

4 'by'

within을 by와 혼동해서는 안 된다. *by* a particular time은 '특정한 시간까지' 또는 '그 시간 이전에'라는 뜻이다.

By two in the morning I had to come to a conclusion. 나는 새벽 2시까지 결론을 내려야 했다.

By 8.05 the group were in position. 그 그룹은 8시 5분까지 제자리에 있었다.

➲ Usage 표제어 by 참조.

---

without

without은 사람이나 사물이 무엇인가 갖고 있지 않을 때 사용한다.

I have never allowed my husband to see me *without any clothes on*.
나는 남편에게 아무 옷도 입고 있지 않은 모습을 보인 적이 한 번도 없다.

...city slums *without lights, roads or water*. 전기, 도로, 물이 없는 도시 빈민가.

do one thing *without* doing another thing은 어떤 일을 하지 않고 다른 일을 하다라는 뜻이다.

They drove into town *without talking* to each other. 그들은 서로 대화를 하지 않은 채 시내로 차를 몰고 갔다.

'Goodbye, dear,' Mrs Saunders said, *without looking* up.
"안녕히 가세요."라고 소운더스 부인은 쳐다보지도 않은 채 말했다.

ⓘ 위와 같은 문장에는 without 뒤에 부정사가 아닌 -ing형을 사용한다. 예를 들면, '아무에게도 방해받지 않고 밤에 외출할 수 있었다.'는 ~~I could go out at night without to disturb anyone~~.이 아닌 I could go out at night *without* disturbing anyone.이라고 한다.

---

woman – lady

1 used as a noun(명사로 사용하기)

일반적으로 성인 여성을 woman [wúmən]이라고 한다.

...a tall, dark-eyed *woman* in a simple brown dress. 평범한 갈색 드레스를 입은 키가 크고 눈동자가 검은 여자.

woman의 복수형은 womans나 womens가 아닌 women [wímin]이다.

There were men and *women* working in the fields. 들판에는 일하는 남자들과 여자들이 있었다.

여자를 공손히 부를 때 lady를 사용할 수 있는데, 특히 말하는 장소에 그 여자가 있을 경우에 사용한다.

...a rich American *lady*. 부유한 미국 여자분.

There is a Japanese *lady* here, looking for someone who looks like you.
이곳에서 한 일본 여자분이 당신처럼 생긴 누군가를 찾고 있다.

ⓘ 나이가 많은 여자는 old woman보다 old lady나 elderly lady라고 부르는 것이 좋다.

There's a little *old lady* who drives a horse and buggy around town.
말 한 필이 끄는 마차로 시내를 다니는 작은 노부인이 있다.

...*elderly ladies* living on their own. 혼자 사는 나이 지긋한 여성들.

여러 여자를 부를 때나 연설에서 '숙녀 여러분'이라고 말할 때는 **women** 대신 **ladies**라고 부른다.

Ladies, could I have your attention, please? 숙녀 여러분, 제 말에 주의를 기울여 주시겠어요?
Good evening, *ladies* and gentlemen. 신사 숙녀 여러분, 안녕하십니까?

2 used as a modifiers(수식어로 사용하기)

때때로 **woman**과 **lady**를 다른 명사 앞의 수식어로 사용한다.

...a *woman politician*. 여성 정치인.
...a *lady novelist*. 여류 소설가.

복수명사 앞에는 **woman**이 아닌 **women**을 사용한다.

...*women drivers*. 여성 운전자들.
...*women candidates*. 여성 후보자들.

그러나 복수명사 앞에서도 **ladies**가 아닌 **lady**를 사용한다.

...*lady traffic wardens*. 여성 교통 단속자들.
The two most important *lady guests* were Karen Blixen and Edith Sitwell.
가장 중요한 두 명의 여성 초청자들은 카렌 블릭센과 에디스 시트웰이었다.

> **주의** 여자 의사들이나 교사들을 **lady doctors**, **lady teachers**보다 **doctors**, **teachers**로 부르기를 선호하지만, 성별을 나타낼 필요가 있을 경우에는 **women doctors**와 **women teachers**와 같이 사용한다.

➲ Usage 표제어 **female – feminine – effeminate**와 **girl** 참조. Topic 표제어 **Male and female** 참조.

---

wonder

1 basic use(기본 용법)

어떤 일에 대해 생각하고, 그 일이 무엇인지 추측하거나 더 이해하려고 할 때, 일반적으로 동사 **wonder**를 사용한다.

And I keep *wondering* about the parents whose kids never come back.
그리고 나는 자식들이 두 번 다시 돌아오지 않은 그 부모에 대해 계속 궁금하다.

2 used with 'wh'-clauses(wh-절과 함께 사용하기)

〔**wonder + wh-절**〕 형식을 자주 사용한다.

I *wonder what she'll look like*. 나는 그녀가 어떻게 생겼을지 궁금하다.
I *wonder which hotel it was*. 나는 그것이 어느 호텔이었는지 궁금하다.

3 used with 'if' and 'whether'(if, whether와 함께 사용하기)

〔**wonder + if절 · whether절**〕 형식도 사용한다. 예를 들면, **you *wonder if* something is the case**는 어떤 사실에 대해 생각하고 사실인지 아닌지 판단하려고 노력하다라는 뜻이다.

He *wondered if Dominic was going to give him a signal*. 그는 도미닉이 그에게 신호를 보낼지 궁금했다.
He was beginning to *wonder whether Gertrude was there at all*.
그는 거트루드가 거기에 정말 있었는지 궁금해하기 시작했다.

ⓘ 위와 같은 문장에는 that절을 사용하지 않는다. 예를 들면, ~~He wondered that Dominic was going to give him a signal.~~이라고 하지 않는다.

wonder는 때때로 초대하는 말에서 **if**와 함께 사용한다.

➲ Topic 표제어 **Invitations**의 **casual invitations** 참조.

4 used to express surprise(놀라움을 표현할 때 사용하기)

wonder에는 또 다른 뜻이 있다. ***wonder at* something**은 어떤 일에 놀라다라는 뜻이며, 주로 글에서 사용한다.

He liked to sit and *wonder at all that had happened*. 그는 앉아서 일어났던 모든 일에 대해 놀라워하는 것을 좋아했다.

위와 같은 뜻으로 사용하는 경우, **wonder** 뒤에 **that**절을 사용할 수 있다.

She only wondered ***that she could have been so blind for so long***.
그녀는 다만 그렇게 오랫동안 자신이 너무도 맹목적으로 살아 왔는지도 모른다는 사실에 놀랐다.

---

wood

1 used as an uncount noun(불가산명사로 사용하기)

wood는 나무줄기와 나뭇가지로 이루어진 가구 등의 사물을 만들 때 사용하는 물질, 즉 '나무'라는 뜻이다.

...a piece of ***wood***. 나무 한 조각.
The screw are very fine and won't split the ***wood***. 그 나사못은 매우 가늘어서 그 나무를 쪼갤 수 없을 것이다.

ⓘ 나무 한 조각을 a wood라고 하지 않는다.

2 'wooden'

나무로 만들어진 것을 가리킬 때, 일반적으로 명사 앞에 **wood**가 아닌 **wooden**을 사용한다.

...a ***wooden*** box with instructions on the lid. 사용 설명서가 뚜껑에 쓰인 나무 상자.
They were all sitting at a long ***wooden*** table. 그들 모두 긴 나무 탁자에 앉아 있었다.

3 'wood' used as a count noun(가산명사로 사용하는 wood)

wood는 나무가 서로 밀집해 있는 넓은 지역, 즉 '숲'이라는 뜻이다.

...the big ***wood*** where the pheasants lived. 꿩들이 살았던 큰 숲.

때때로 아주 큰 숲을 **the woods**라고 한다.

They walked through ***the woods*** towards the main house. 그들은 저택 본관을 향해 숲을 지나서 걸어갔다.

미국인들은 보통 **woods**를 단수형과 복수형 모두에 사용하는데, 나무가 있는 지역을 가리키는 경우에는 단수형을 사용하지 않는다.

4 'forest'

forest는 나무가 대단히 많은 지역, 즉 '숲'이라는 뜻이다.

They had their picnic in a clearing in the ***forest***. 그들은 숲의 개간지로 소풍을 갔다.
...Sherwood ***Forest***. 셔우드 산림지.

---

work

work는 동사나 명사로 사용할 수 있다.

1 used as a verb(동사로 사용하기)

work는 돈을 받고 '일하다'라는 뜻이다.

I'***m not working*** any more. 나는 더 이상 직장을 다니지 않는다.
I used to ***work*** in a hotel. 나는 전에 호텔에서 일했다.

직업이 무엇인지 말할 때, **work as**를 사용할 수 있다.

Pam ***works as*** a careers officer. 팸은 직업 상담사로 일한다.

ⓘ 동사 work는 단순시제와 진행시제에서의 뜻이 다르다. 임시 직업을 말할 때는 -ing형과 함께 진행시제를 사용하지만, 영구적인 일을 말할 때는 단순시제를 사용한다. 예를 들면, ***I'm working*** in London.은 상황이 일시적이고 곧 다른 곳으로 옮긴다는 뜻을 내포한다. ***I work*** in London.은 런던에서 영구적으로 일한다는 뜻을 내포한다.

2 used as an uncount noun(불가산명사로 사용하기)

work는 돈을 받고 일하는 직업이라는 뜻이다.

...people who can't find ***work***. 직장을 구할 수 없는 사람들.

...different types of ***work***. 여러 가지 종류의 직업.

직업이 있다는 **be *in work***라고 한다.

Fewer and fewer people are ***in work***. 직업이 있는 사람들이 점점 줄어들고 있다.

직업이 없다는 **be *out of work***라고 한다.

There are one and a half million people ***out of work*** in this country. 이 나라에는 1백 5십만 명의 실업자가 있다.

직장을 말할 때에도 **work**를 사용하는데, 이러한 뜻일 경우 **work** 앞에 한정사를 사용하지 않는다.

He too drives to ***work*** by car. 그 역시 자동차로 출근한다.
I can't leave ***work*** till five. 나는 5시 이전에는 퇴근할 수 없다.

3 'works'

때때로 사물을 만드는 장소, 즉 '공장'을 **works**라고 한다.

➲ **Usage** 표제어 **factory – works – mill – plant** 참조.

4 nouns with a similar meaning(비슷한 뜻으로 사용하는 명사)

돈을 받고 일하는 활동이라는 뜻과 관련된 명사는 다음과 같다.

business	employment	job	occupation
position	post	profession	trade

5 'employment'

work와 비슷한 뜻의 **employment**는 격식을 차린 단어이며, **work**처럼 불가산명사이다.

Of those who had paid jobs, perhaps only half were in full-time ***employment***.
봉급을 받고 일하는 사람들 중 아마 절반 정도만이 정규직이었을 것이다.
There is no hope of regular ***employment*** as an agricultural labourer.
농촌 노동자로서 정규직에 대한 희망이 전혀 없다.

어떤 나라나 지역에서 직업을 가진 사람의 수를 나타낼 때에도 **employment**를 사용한다.

...the government's committment to full ***employment***. 완전 고용에 대한 정부의 공약.
Only 18 per cent thought ***employment*** would rise over the next year.
18퍼센트만이 내년에 고용이 늘어날 것이라고 생각했다.

6 'job'

job은 돈을 받고 하는 '일'이라는 뜻으로, 가산명사이다.

Her mother had a cleaning ***job***. 그녀의 어머니는 청소 일을 했다.
Well, congratulations on your new ***job***. 자, 새로운 직장을 얻은 것을 축하해요.

해야 할 필요가 있는 특정한 일을 가리킬 때에도 **job**을 사용할 수 있다.

It will be a long ***job***, I'm afraid. 그것은 오랜 시간이 걸리는 일이어서 걱정이 됩니다.
It's always better to concentrate on the ***job*** in hand. 항상 현재 진행 중인 임무에 집중하는 게 더 좋다.

7 'piece of work' and 'task'

바로 위에서 언급한 '해야 할 필요가 있는 특정한 일'을 **piece of work**라고 할 수도 있다. **task**는 상당히 격식을 차린 표현으로, 어렵고 즐겁지 않은 일이라는 뜻이다.

...a means of doing an essential ***piece of work***. 필수적인 임무를 실행하는 하나의 방법.
The first ***task*** is to raise educational level. 첫 임무는 교육 수준을 높이는 것이다.

8 'position' and 'post'

격식을 차린 영어에서는 **job** 대신 **position**과 **post**를 사용한다. 구인 광고의 경우, **position**이나 **post**를 사용하며 구직 신청자 역시 이들 두 단어 중 하나를 사용한다.

I have today resigned my ***position*** as director and chief executive of Rangers.
나는 오늘 레인저스의 이사 겸 회장직을 사임했다.
Today the Foreign Ministry announced that the Ambassador to Cuba is retiring from his ***post***.
오늘 외무부는 주(駐)쿠바 대사가 은퇴할 것이라고 발표했다.

9 'occupation'

occupation은 '직업'이라는 뜻이며, 공식적인 서류에서 자주 사용한다.

The Judge asked his ***occupation***. 'Security consultant,' he replied.
판사가 그에게 직업을 묻자 '안전 상담원'이라고 대답했다.
...men preparing to switch to a new ***occupation***. 새로운 직업으로 바꿀 준비를 하고 있는 남자들.

ℹ 문서의 양식에 직업을 쓸 경우, 직업이 없으면 student(학생), housewife(주부), unemployed(실직), retired(퇴직)와 같이 적을 수 있다.

10 'profession' and 'trade'(profession과 trade)

특별한 훈련을 필요로 하는 직업의 종류를 가리킬 때, profession이나 trade를 사용한다.

profession은 격식을 차린 단어로, 공식적인 훈련을 필요로 하는 높은 지위의 직업, 즉 '전문직'이라는 뜻이다. 예를 들어, 의사, 교사, 변호사가 있다.

Both her parents had been school teachers and after college she entered the same ***profession***.
그녀의 부모 모두 교사였고, 대학 졸업 후 그녀는 같은 직종의 일을 시작했다.

특정한 전문직의 모든 사람들을 가리킬 때에도 profession을 사용할 수 있다. 예를 들면, the teaching ***profession***이나 the medical ***profession***이라고 한다.

There would be an outcry from ***the legal profession*** if these proposals were seriously put forward.
이러한 제안들이 진지하게 제기된다면 법조계에서 강한 반발이 있을 것이다.

trade는 숙련이 필요한 일의 형태로, 일반적으로 제조나 수리와 관련된 기술직을 말한다.

Learning a ***trade*** such as plumbing does not take as long as earning a four-year degree.
배관공과 같은 기술은 대학에서 4년제 학위를 딸 정도의 오랜 시간이 필요하지 않다.
He was the son of a newspaperman and he never thought there was any other ***trade*** to follow.
그는 신문 기자의 아들이었고, 그것 이외의 다른 기술을 배울 생각을 전혀 하지 않았다.

물건을 사고팔거나 관광객에게 음식을 가져다주는 것과 같은 일을 나타낼 때도 trade를 사용한다.

More than other businesses, the antiques ***trade*** depends on confidence.
다른 사업보다도 골동품 거래업은 신뢰에 달려 있다.
The absence of a tourist ***trade*** will bring more economic hardships.
관광객의 부재는 경제적으로 더욱 어려움을 가져올 것이다.

11 'business'

사물을 제조하고 구매하거나 판매하는 것과 관련된 일을 가리킬 때, business를 사용한다.

You were in the film ***business***? 당신은 영화 산업에 관여했지요?
You'd better go into the oil ***business*** or become a banker. 당신은 석유 사업을 하거나 은행가가 되는 게 좋을 것 같다.

---

worse

worse는 bad와 badly의 비교급이다.

➲ Usage 표제어 bad – badly 참조.

---

worst

worst는 bad와 badly의 최상급이다.

➲ Usage 표제어 bad – badly 참조.

worth

worth는 전치사나 명사로 사용할 수 있다.

1 used as a preposition(전치사로 사용하기)

be *worth* an amount of money는 어떤 것을 팔았을 때, 그 액수의 돈을 받을 가치가 있다라는 뜻이다.

His yacht is ***worth*** $1.7 million. 그의 요트는 170만 달러의 값어치가 있다.
...a two-bedroom house ***worth*** $550,000. 55만 달러짜리 침실 두 개가 있는 집.

worth는 동사가 아니므로, ~~His yacht worths $1.7 million.~~이라고 하지 않는다.

2 used as a noun(명사로 사용하기)

〔숫자 + **pounds**, **dollars** 등의 화폐 단위 + **worth**〕 형식은 어떤 물건을 팔면 받을 수 있는 돈의 액수를 나타낸다.

...about fifty pence ***worth*** of chocolate. 약 50펜스짜리 초콜릿.
...12 million pounds ***worth*** of gold and jewels. 1천 2백만 파운드의 값어치가 있는 금과 보석들.

소유한 사물에 대한 가치를 말할 때는 **worth**가 아닌 **value**를 사용한다. 예를 들면, '그의 집의 가치가 많이 올랐다.'는 ~~The worth of his house has greatly increased.~~가 아닌 **The *value* of his house has greatly increased.**라고 한다.

What will happen to the ***value*** of my property? 나의 부동산 가치에 무슨 일이 일어날까요?
The ***value*** of the horse is now in excess of £500,000. 그 말의 가치는 현재 50만 파운드 이상이다.

worthless

➲ Usage 표제어 invaluable 참조.

would

1 form and pronunciation(형태와 발음)

would는 조동사이며, 용법이 다양하다.

대명사 뒤에 **would**가 올 때 보통 완전히 발음하지 않는다. 누군가가 하는 말을 받아 적을 때, 대명사 뒤의 **would**는 **'d**로 쓴다. **would**의 부정형은 **would not**으로, 보통 **not**은 완전히 발음하지 않는다. 누군가가 하는 말을 받아 적을 때, **would not**은 보통 **wouldn't**라고 쓴다.

2 'should'

때때로 **would**를 **should**와 비슷한 뜻으로 사용한다.

➲ Usage 표제어 should 참조.

다음은 **would**의 몇 가지 용법이다. 이런 용법에는 **should**를 사용할 수 없다.

3 talking about the past(과거에 대해 말하기)

과거에는 규칙적으로 일어났으나 더 이상 일어나지 않는 일을 나타낼 때, **would**를 사용할 수 있다.

We ***would*** normally spend the winter in Miami. 우리는 보통 마이애미에서 겨울을 보내곤 했다.
She ***would*** often hear him grumbling. 그녀는 그가 투덜거리는 것을 자주 듣곤 했다.

위와 유사한 방식으로 used to를 사용한다.

She ***used to*** get quite cross with Lally. 그녀는 랠리에게 곧잘 화를 내곤 했다.
In the afternoons, I ***used to*** hide and read. 오후가 되면 나는 숨어서 책을 읽곤 했다.

어떤 상태나 상황이 과거에는 존재했으나 더 이상 존재하지 않는다고 할 때, **used to**를 사용한다. 그러나 이러한 뜻에 **would**를 사용할 수 없다.

I'm not quite as sure as I ***used to*** be. 나는 예전만큼 확신하지 못한다.

〔would have + 과거분사〕 형식은 과거에 어떤 일이 일어날 가능성이 있었지만 실제로는 일어나지 않았음을 나타낸다.

It ***would have*** been unfair if we had won. 우리가 이겼더라면 불공평했을 것이다.
I ***would have*** said yes, but Julie talked us into staying at home.
나는 그렇다고 대답하고 싶었지만, 줄리는 우리가 집에 있도록 설득했다.

과거에 일어났던 일을 나타낼 때 **would not**을 사용하면, 과거에 어떤 일을 하기를 꺼려했거나 거절했다는 특별한 뜻을 나타낸다.

They just ***would not*** believe what we told them. 그들은 우리가 말한 것을 믿으려고 하지 않았다.

어떤 사람의 미래에 대한 생각을 나타낼 때, 소설에서 **would**를 때때로 사용한다.

He thought to himself how wonderful it ***would*** taste. 그는 그것을 먹으면 얼마나 맛있을지 혼자서 생각했다.
Would he always be like this? 그가 항상 이렇게 행동할까요?

4 used in conditional sentences(조건문에 사용하기)

존재하지 않는 상황을 나타낼 때, 조건문에 **would**를 사용한다. 이때 주절에는 **would**, 조건절에는 단순과거시제, 과거진행시제, **could**를 사용한다.

If I ***had*** enough money, I ***would*** buy the car. 만약 내가 돈이 충분히 있다면 그 자동차를 샀을 것이다.
If he ***was coming***, he ***would*** ring. 만약 그가 오고 있다면 나에게 전화를 할 것이다.
If I ***could afford*** it, I ***would*** buy a boat. 만약 내가 여유가 있다면 보트 한 척을 살 것이다.

> 주의 위와 같은 문장에서는 조건절에 would를 사용하지 않는다. 예를 들면, ~~If I would have enough money, I would buy the car.~~라고 하지 않는다.

과거에 일어날 수도 있었지만 실질적으로는 일어나지 않은 사건을 언급하는 경우, 조건문에 **would have**를 사용한다. 주절에는 〔**would have** + 과거분사〕 형식을, 조건절에는 과거완료시제를 사용한다.

Perhaps if he ***had realized***, he ***would have*** run away while there was still time.
만약 그가 알았다면 시간이 있을 때 도망갔을 것이다.
If he ***had been beaten***, he ***would have*** been unlucky. 만약 그가 경기에 졌다면 불행했을 것이다.

5 used in reported clauses(피전달절에 사용하기)

would는 피전달절에도 사용한다.

He asked if I ***would*** answer some questions. 그는 나에게 몇 가지 질문에 대답할 수 있냐고 물었다.
He made me promise that I ***would*** never break the law. 그는 내가 법을 절대 어기지 않겠다는 약속을 하게 했다.
I felt confident that everything ***would*** be all right. 나는 모든 것이 괜찮을 거라고 확신했다.

➲ Grammar 표제어 Reporting 참조.

6 requests, orders, and instructions(요청, 명령, 지시)

요청할 때, **would**를 사용할 수 있다.

Would you do me a favour? 제 부탁을 들어주시겠어요?

명령이나 지시를 할 때에도 **would**를 사용할 수 있다.

Put the light on, Bryan, ***would*** you? 브라이언, 불을 켜주시겠어요?
Would you ask them to leave, please? 당신이 그들에게 떠나라고 요청해 주시겠어요?

➲ Topic 표제어 Requests, orders, and instructions 참조.

7 offers and invitations(제공과 초대)

어떤 것을 제공하거나 누군가를 초대할 경우, **Would you...?**라고 한다.

Would you like a drink? 음료수 한잔 드시겠어요?
Would you care to stay with us? 우리와 함께 있을래요?.

⊙ Topic 표제어 Offers와 Invitations 참조.

영국 영어에서 때때로 **should**를 사용하는 곳에, 미국 영어에서는 **would**를 사용한다.

⊙ Usage 표제어 should 참조.

---

wound

1 form and pronunciation(형태와 발음)

wound는 [waund]나 [wuːnd]로 발음한다. [waund]로 발음하는 경우, **wound**는 동사 **wind**의 과거와 과거분사이다.

⊙ Usage 표제어 wind 참조.

wound는 [wuːnd]로 발음하는 경우, 명사나 동사로 사용한다.

2 used as a noun(명사로 사용하기)

wound는 총이나 칼 등의 무기 때문에 생긴 몸의 '상처'또는 '부상'이라는 뜻이다.

...a soldier with a leg ***wound***. 한쪽 다리에 부상을 당한 군인.

The ***wound*** is healing nicely. 부상은 잘 회복되고 있다.

3 used as a verb(동사로 사용하기)

wound는 무기를 사용하여 몸에 '상처를 내다'라는 뜻이다.

He ***had been badly wounded*** in the fighting. 그는 전투에서 아주 심하게 부상당했다.

He ***was wounded*** in the leg. 그는 다리에 상처를 입었다.

4 'injury'

어떤 사람이 교통사고나 자연재해 등으로 사고를 당한 경우, **someone receives a 'wound'**나 **someone 'is wounded'**가 아닌 **someone receives an *injury***나 **someone *is injured***라고 한다.

A fall on the head is a common ***injury*** for a baby. 머리를 부딪치는 일은 갓난아기에게 흔한 부상이다.

12 people died and 40 ***were injured*** in the crash. 그 충돌로 12명이 죽고 40명이 부상당했다.

⊙ Usage 표제어 injure 참조.

---

write

1 'write' and 'write down'

write나 **write down**은 펜이나 연필을 사용하여 표면에 글, 편지, 숫자 등을 '쓰다'라는 뜻이다. **write**의 과거형은 **wrote**이고, 과거분사는 **written**이다.

I ***wrote*** down what the boy said. 나는 소년이 말한 것을 받아 적었다.

...the page on which the words ***are written***. 글이 적힌 페이지.

2 writing a letter(편지 쓰기)

write는 정보나 사건을 종이에 적어서 다른 사람에게 보내다, 즉 '편지를 쓰다'라는 뜻도 있다. **write**가 이러한 뜻일 경우, 두 개의 목적어를 취한다. 이때 간접목적어가 대명사이면 직접목적어 앞에 온다.

We wrote ***them*** a threatening letter. 우리는 그들에게 협박 편지를 썼다.

I wrote ***him*** a very nice letter. 나는 그에게 아주 멋진 편지를 썼다.

간접목적어가 대명사가 아닌 경우에는 직접목적어 뒤에 오며, 간접목적어 앞에 **to**를 사용한다.

I wrote a letter ***to my sister*** asking her to come up to my house.
나는 여동생에게 집으로 오라고 요청하는 편지를 썼다.

Once a week, on Tuesdays, she wrote a letter ***to her husband***.
그녀는 일주일에 한 번 화요일마다 남편에게 편지를 썼다.

직접목적어를 생략하기도 한다. ***write to*** **someone**은 어떤 사람에게 편지를 쓰다라는 뜻이다.

She ***wrote to*** me last summer. 그녀는 지난 여름 나에게 편지를 썼다.

I ***wrote to*** Kettles and we arranged a number of successful meetings.
나는 케틀스에게 편지를 썼고 우리는 성공적인 여러 차례의 회합을 가졌다.

미국 영어에서는 자주 **to**를 생략한다.

If there is anything you want, ***write*** me. 만약 원하는 게 있으면 저에게 편지하세요.

I had a letter from a friend. He ***wrote*** me I'd better be careful in Russia.
나는 친구에게서 편지를 받았다. 그는 내가 러시아에 있을 때는 조심하는 게 좋겠다는 내용의 편지를 썼다.

쓰고 있는 편지의 주제를 소개할 때, 편지의 서두에 **I am writing...**이라고 쓴다.

Dear Morris, ***I am writing*** to ask whether you would care to come and visit us during the Easter vacation.
모리스, 부활절 휴일에 우리를 방문해 주실 수 있는지 묻고자 편지를 씁니다.

ℹ 'I write to ask...'라고 쓰지 않는다.

Y y

yard

명사 **yard**는 크게 두 가지로 쓰인다.

1 measurement(측정)

yard는 영국 도량형에서 길이를 측정하는 단위이다. 1야드는 36인치이며, 약 91.4센티미터다.

Jack was standing under a tree about ten ***yards*** away. 잭은 10야드 정도 떨어져 있는 나무 아래에서 서 있었다.

ⓘ 영국에서는 yard보다 metre가 더 흔히 사용되고 있다.

➲ Topic 표제어 Measurements 참조.

2 area behind a house(집 뒤의 뜰)

영국 영어와 미국 영어 모두 **yard**나 **back yard**는 집에 부속된 땅, 즉 '뒤뜰'이라는 뜻이다. 영국 영어에서 **yard**는 단단한 지면과 주위에 벽이 있는 집 뒤의 작은 지역을 가리키며, 상당히 넓은 지역은 **garden**이나 **back garden**이라고 한다. 미국 영어에서 **yard**는 잔디가 자라고 있는 집 옆에 있는 상당히 넓은 지역을 가리킨다.

year

year는 1월 1일부터 12월 31일, 즉 '365일이나 366일'을 뜻한다.

...at the end of next ***year***. 내년 말에.
The school has been empty for ten ***years***. 그 학교는 10년 동안 비어 있다.

사람이나 사물의 나이를 나타내는 경우, **year**를 사용할 수 있다.

She is now ***seventy-four years old***. 그녀는 현재 74세이다.
A friend of mine has just bought a house which is ***about 300 years old***.
내 친구는 얼마 전에 300년이 된 집을 샀다.

나이에 **year**를 사용하는 경우, **year** 뒤에는 **old**가 온다. 예를 들면, ~~**She is now seventy four years.**~~라고 하지 않는다.

➲ Topic 표제어 Age와 Usage 표제어 old 참조.

yes

누군가의 말에 동의하거나, 어떤 것이 사실이라고 말하거나, 어떤 것을 받아들일 때, **yes**를 사용한다.

'There's always tomorrow, sir.' – '***Yes***, you're right.' "선생님, 언제나 내일은 있어요." – "그래, 네 말이 맞아."
'Is that true?' – '***Yes***.' "저것은 사실입니까?" – "예."
'Tea?' – '***Yes***, thanks.' "차 드시겠어요?" – "예, 고맙습니다."

주의 부정적인 내용의 질문에 대해 긍정의 대답을 하는 경우, **yes**라고 해야 한다. 예를 들면, **Aren't you going out this evening?**(당신은 오늘 밤에 외출하지 않을 겁니까?)이라는 질문에 대한 긍정의 대답은 ***Yes*, I am.**으로, '아니요, 저는 외출할 것입니다.'라는 뜻이며, ~~**No, I am.**~~이라고 하지 않는다. 마찬가지로, **Haven't you met John?**(당신은 존을 만난 적이 없지요?)의 긍정의 대답은 ***Yes*, I have.**로, '아니요, 저는 그를 만난 적이 있습니다.'라는 뜻이다.

'Haven't you any socks or anything with you?' – '***Yes***, in that suitcase.'
"당신은 지금 양말이나 그와 비슷한 것을 갖고 있지 않지요?" – "아니요, 내 가방에 갖고 있습니다."
'Didn't you get a dictionary from him?' – '***Yes***, I did.' "그에게서 사전을 받지 못했지요?" – "아니요, 받았습니다."

마찬가지로, 부정적인 내용에 동의하지 않는 경우, **yes**라고 한다. 예를 들면, **He doesn't want to come.**(그는 여기에 오는 것을 원하지 않습니다.)의 부정적인 대답은 ***Yes*, he does.**(아니요, 그는 여기에 오는 것을 원합니다.)이다.

'That isn't true.' – 'Oh ***yes***, it is.' "그것은 사실이 아닙니다." – "아니요, 그것은 사실입니다."

---

yesterday

yesterday는 오늘의 전날, 즉 '어제'라는 뜻이다.

It was hot ***yesterday***. 어제는 더웠다.

We spent ***yesterday*** in Glasgow. 우리는 어제 글래스고에서 시간을 보냈다.

'어제 아침'은 **yesterday morning**, '어제 오후'는 **yesterday afternoon**이라고 한다.

Yesterday morning there were more than 1500 boats waiting in the harbour for the weather to improve.
1,500척이 넘는 보트가 어제 아침에 항구에서 날씨가 좋아지기를 기다리고 있었다.

Heavy rain fell here ***yesterday afternoon***. 어제 오후에 이곳에 폭우가 내렸다.

'어제 저녁'을 **yesterday evening**이라고 할 수 있지만, 일반적으로는 **last night**을 더 많이 사용한다.

I met your husband ***last night***. 나는 어제저녁에 당신 남편을 만났다.

I've been thinking about what we said ***last night***. 나는 어제저녁에 우리가 한 말을 생각해 보았다.

last night을 '어젯밤'이라고 할 수 있다.

We left our bedroom window open ***last night***. 우리는 어젯밤에 침실 창문을 열어 두었다.

He never made it home at all ***last night***. 그는 어제저녁에 집에 오려고 했으나 오지 못했다.

ℹ yesterday night이라고 하지 않는다.

글에서 **yesterday**는 때때로 과거, 특히 가까운 과거를 언급할 때 사용한다.

The worker of today is different from the worker of ***yesterday***. 오늘날의 직업인은 과거의 직업인과 다르다.

---

yet

1 used in negative sentences(부정문에 사용하기)

부정문에서 어떤 일이 현재까지 일어나지 않고 있을 때, **yet**을 사용한다. 회화에서 **yet**은 일반적으로 문장의 끝에 온다.

It isn't dark ***yet***. 아직 어둡지 않다.

I haven't decided ***yet***. 나는 아직 결정을 하지 않았다.

글에서는 **not** 뒤에 바로 **yet**이 온다.

Computer technology has ***not yet*** reached its peak. 컴퓨터 기술은 아직 정점에 도달하지 못하고 있다.

The city had ***not yet*** been bombed. 그 도시는 아직 폭격을 맞지 않았다.

2 'have yet to'

어떤 일이 일어나는 것을 기대하지 않는다고 할 경우, **have not yet happened** 대신 **have yet to happen**이라고 한다.

I ***have yet to meet*** a man I can trust. 나는 신뢰할 수 있는 남자를 아직 만나지 못했다.

How it will work ***has yet to be seen***. 그것이 어떻게 작동할지 모른다.

3 used in questions(의문문에 사용하기)

의문문에서 어떤 일이 일어났는지 물어볼 때, **yet**을 자주 사용한다. **yet**은 문장의 끝에 온다.

Have you done that ***yet***? 벌써 그것을 했나요?

Have you had your lunch ***yet***? 벌써 점심을 드셨어요?

미국 영어에서는 위와 같은 의문문에서 단순과거시제를 사용한다. 예를 들면, ***Did*** **you** ***have*** **your lunch yet?**이라고 한다.

4 'already'

yet과 **already**를 혼동해서는 안 된다. 어떤 일이 예상했던 것보다 더 빨리 일어나서 놀라움을 나타낼 때, 의문문의 끝에 **already**를 사용한다.

Is he down there ***already***? 그가 그곳에 벌써 와 있나요?

You mean you've been there ***already***? 당신이 벌써 그곳에 가 있다는 말입니까?

➲ Usage 표제어 **already** 참조.

5 'still'

어떤 일이 계속 일어나고 있을 때는 **yet**이 아닌 **still**을 사용한다. 예를 들면, '나는 아직까지 내 짐을 기다리고 있다.'는 ~~I am yet waiting for my luggage.~~가 아닌 **I am *still* waiting for my luggage.**라고 한다.

He ***still*** doesn't understand. 그는 여전히 이해하지 못하고 있다.

Brian's toe is ***still*** badly swollen. 브라이언의 발가락은 아직도 심하게 부어 있다.

➲ Usage 표제어 **still** 참조.

6 'just yet'

어떤 일을 바로 할 마음이 없다고 할 때, **just yet**을 사용한다.

It is too risky to announce an increase in our charges ***just yet***.
우리가 수수료를 인상하겠다는 소식을 당장 알리는 것은 위험하다.

There may be other reasons not to panic ***just yet***. 지금 당장 공포에 떨지 않아도 될 다른 이유들이 있을지도 모른다.

---

you

말을 하거나 글을 쓰는 대상을 가리킬 때, **you**를 사용한다. **you**는 주어나 목적어, 혹은 전치사의 목적어로 사용한다.

Have ***you*** got any money? 당신은 돈을 갖고 있습니까?

I have nothing to give ***you***. 나는 당신에게 줄 것이 아무것도 없다.

I want to come with ***you***. 나는 당신과 함께 가고 싶다.

특정한 사람이나 그룹보다 일반적인 사람을 가리킬 때, **you**를 사용할 수 있다. 특히 이 책의 예문에서는 '일반적인 사람'이라는 뜻으로 **you**를 자주 사용하였다.

➲ Usage 표제어 **one** 참조.

---

your – you're

1 your

어떤 것이 말하고 있는 대상에게 속해 있거나 그 대상과 관련이 있을 때, **your**([jər, jɔː]나 [juər, juə])를 사용한다.

Will you pick ***your*** clothes up off the floor? 바닥에 떨어진 당신의 옷을 주워 줄래요?

Where's ***your*** father? 당신의 아버지는 어디 계십니까?

2 you're

you are를 때때로 [jɔː]라고도 발음한다. 누군가가 말한 것을 듣고 받아 적는 경우에는 **your**가 아닌 **you're**라고 써야 한다.

You're quite right. 네가 틀림없이 옳다.

You're not an expert. 당신은 전문가가 아니다.

yourself – yourselves

you가 한 문장의 주어이며 주어와 동일한 사람을 지칭할 경우, 동사나 전치사의 목적어로 **yourself**를 사용한다.

Are you feeding ***yourself*** properly? 당신은 적당히 먹고 있습니까?
You might be making a fool of ***yourself***. 당신은 자신을 바보로 만들고 있는지도 모른다.

yourself의 복수형은 **yourselves**이며, 동사나 전치사의 목적어로 사용한다.

I hope you both behaved ***yourselves***. 너희 둘 다 얌전히 있기를 바란다.
Don't you boys ever think for ***yourselves***? 너희는 혼자서 생각해 본 적이 있기는 하니?

yourself와 **yourselves**는 명령문에서도 종종 사용한다.

Control ***yourself***. 자신을 통제하세요.
Please help ***yourselves*** to another drink. 한 잔 더 드세요.

문장의 주어를 강조하기 위해서 **yourself**와 **yourselves**를 사용할 수 있다.

You don't even know it ***yourself***. 네 자신도 그것을 알지 못한다.
Neither Andy Sutcliffe nor his team can do anything about it directly, but you ***yourselves*** can.
앤디 서트클리프나 그의 팀이 직접 그것을 할 수 없지만 너희들은 할 수 있다.

do something *yourself*는 남의 도움 없이 어떤 일을 혼자 하다라는 뜻이다.

You didn't do this ***yourself***, did you? 이것을 혼자 한 것은 아니겠죠?

youth

1 used as an uncount noun(불가산명사로 사용하기)

youth는 사람의 일생 중 '어린 시절'이나 '청소년기'를 말한다.

We change and learn from ***youth*** to old age. 우리는 젊은 시절부터 노년에 이르기까지 변화하고 배운다.

youth가 위와 같은 뜻일 때, 불가산명사이며 단수동사와 함께 쓰인다.

Youth ***has*** always been the time for rebellion. 청소년기는 언제나 반항의 시기이다.

2 used as a count noun(가산명사로 사용하기)

youth는 소년이나 청년, 특히 '10대 청소년'이라는 뜻이다. 이 용법은 주로 글에서 나타난다.

The road was occupied by a long line of ***youths*** and young girls carrying black flags.
검은 깃발을 든 젊은 청년과 젊은 여자들의 긴 행렬이 그 길을 점거했다.

3 used as a plural noun(복수명사로 사용하기)

the youth of **a place/country**는 특정 장소나 나라에 사는 젊은이들이라는 뜻으로, 격식을 차린 말이다.

...***the youth of*** America. 미국의 젊은이들.

the youth of **a particular period**는 특정한 시기나 시대에 사는 젊은이들이라는 뜻이다.

...***the youth of*** today. 오늘날의 젊은이들.

youth가 위와 같은 뜻일 때, 복수명사이며 복수동사와 함께 쓰인다.

The youth of the country ***are*** too often uncouth, unfit, and uncivilised.
그 나라의 젊은이들은 너무 버릇없고, 부적당하며 야만적이다.
Today's youth ***are*** very cynical. 현대의 젊은이들은 매우 냉소적이다.

Z z

z

문자 **z**를 영국 영어에서는 **zed** [zed]라고 하며, 미국 영어에서는 **zee** [ziː]라고 한다.

zero

zero는 숫자 '0'으로, 미국 영어에서는 회화와 글에서 모두 **zero**를 사용한다.

Why are we so crazy about getting the thing down to ***zero***?
왜 우리는 그 일을 아무것도 없는 제로 상태까지 내리려고 안달하고 있나요?

There we stood, five men holding infants between ***zero*** and three.
우리가 서 있던 곳에 다섯 남자가 갓난아이에서 세 살 사이의 어린아이들을 안고 서 있었다.

영국 영어에서는 일반적으로 과학적인 글에서만 **zero**를 사용한다.

...a scale ranging from ***zero*** to seven. 0에서 7까지의 눈금 사이.

The gravitational pull would grow weaker until we reached the very centre of the planet, when it would be ***zero***.
중력의 끌어당기는 힘은 지구의 중심을 향해 갈수록 점점 약해지고, 지구 중심에 가까이 도달하면 0이 될 것이다.

영국 영어에서는 회화에서 숫자 0을 보통 **nought**나 **oh**라고 한다.

...***nought*** point nine. 0.9.

...linguistic development between the ages of ***nought*** and one. 0세에서 1세 사이의 언어 발달.

You arrive at Paloma at ***oh*** two thirty-five. 여러분은 2시 35분에 팔로마에 도착합니다.

➲ Topic 표제어 **Numbers and fractions**의 **zero** 참조.

Collins Cobuild English *Usage*

GRAMMAR SECTION

Adjectives

형용사는 사람이나 사물을 묘사하거나 그것에 대해 정보를 줄 때 사용하는 품사이다.

1 form(형태)

형용사의 형태는 변하지 않는다. 그러므로 수식하려는 명사의 단수와 복수, 남성과 여성 등의 구분 없이 동일한 형태의 형용사를 사용한다.

We were looking for a *good* place to camp. 우리는 야영하기에 좋은 장소를 찾고 있었다.
Good places to fish were hard to find. 낚시를 하기에 좋은 장소를 발견하기 어려웠다.

2 graded adjectives(등급을 매길 수 있는 형용사)

등급을 매길 수 있는 형용사는 사람이나 사물이 가진 특정한 성질을 나타내는 형용사이다. 예를 들면, **sad, pretty, happy, wise** 등이 있다.

...a *sad* story. 슬픈 이야기.
...a *small* child. 작은 아이.

graded는 묘사되는 사람이나 사물의 특정한 성질이 많거나 적다는 뜻이다. 이에 해당하는 형용사는 **very, rather** 등과 같은 등급을 매기는 부사를 사용하여, 사람이나 사물이 갖는 어떤 성질의 양을 나타낼 수 있다.

➲ Grammar 표제어 Adverbs 참조.

...a *very pretty* girl. 매우 아름다운 한 소녀.
...a *rather clumsy* person. 다소 서투른 한 사람.

3 comparatives and superlatives(비교급과 최상급)

형용사의 등급을 매기는 또 다른 방법은 비교급과 최상급인 **-er, -est**와 **more, most**를 사용하는 것이다. 비교급은 어떤 것이 다른 것에 비해 더 많은 성질이 있거나, 예전에 가졌던 것보다 더 많은 성질을 가지고 있을 때 사용한다. 최상급은 어떤 것이 같은 종류의 것들 중에서, 혹은 특정한 그룹이나 장소에서 다른 어떤 것보다 더 많은 성질을 가질 때 사용한다.

➲ Grammar 표제어 Comparative and superlative adjectives 참조.

4 ungraded adjectives(등급을 매길 수 없는 형용사)

등급을 매길 수 없는 형용사는 어떤 것이 특정한 형태임을 나타내는 형용사이다. 예를 들어, **'financial help'**에서 **financial**은 도움의 한 유형을 가리키는 형용사로, 도움의 여러 가지 분야들 중 '금전적인 분야'로 분류하는 역할을 한다.

...my *daily* shower. 내가 매일 하는 샤워.
...*Victorian* houses. 빅토리아 시대풍의 집들.
...*civil* engineering. 토목 공학.

GRAMMAR

5 colour adjectives(색깔을 나타내는 형용사)

색깔을 나타내는 형용사는 사물의 색깔을 나타낼 때 사용한다.

...a small ***blue*** car. 작고 파란 자동차.
Her eyes are ***green***. 그녀의 눈동자는 초록색이다.

색깔을 더욱 정확하게 표현하기 위해서 색깔을 나타내는 형용사 앞에 **light, pale, dark, bright** 등과 같은 단어가 온다.

...***light brown*** hair. 연한 갈색 머리카락.
...a ***bright green*** suit. 밝은 초록빛 정장.
...a ***dark blue*** dress. 짙은 파란색 드레스.

색깔을 나타내는 단어를 명사로 사용할 수도 있다. 이 경우에는 일반적으로 한정사가 없는 단수형으로 사용한다.

I like ***blue***. 나는 파란색을 좋아한다.
Christina always wore ***red***. 크리스티나는 항상 빨간색 옷을 입었다.
Yellow is my favorite colour. 노란색은 내가 가장 좋아하는 색이다.

어떤 색의 명암을 나타낼 때, 색깔을 나타내는 단어는 복수형이나 한정사가 있는 단수형으로 사용한다.

They blended in well with the ***greens*** of the landscape. 그것들은 주위 경관의 초록색과 조화를 잘 이루었다.
The shadows had turned ***a deep blue***. 그늘은 짙은 파란색으로 변했다.

6 emphasizing adjectives(강조형용사)

어떤 것의 묘사나 정도를 강조할 때, 명사 앞에 강조형용사를 사용한다.

He made me feel like a ***complete*** idiot. 그는 나를 완전히 멍청이처럼 느끼게 만들었다.
Some of it was ***absolute*** rubbish. 그것의 일부는 완전히 쓰레기였다.
World Cup tickets are ***dead*** expensive you know. 알다시피 월드컵 관람권은 엄청 비싸다.
The redundancy of skilled workers is a ***terrible*** waste. 숙련된 노동자들을 해고하는 것은 엄청난 낭비다.
It was the ***supreme*** arrogance of the killer that dismayed him. 그를 당황하게 한 것은 바로 그 살인자의 오만함이었다.

다음 형용사는 강조형용사이다.

absolute	awful	complete	dead	entire
mere	outright	perfect	positive	pure
real	sheer	simple	supreme	terrible
total	true	utter		

7 specifying adjectives(상술(詳述)형용사)

상술형용사는 가리키는 것이 어떤 것인지를 구체적으로 정확하게 나타낼 때 사용하는 형용사로, 후치한정사(**postdeterminers**)라고도 한다. 이러한 형용사는 한정사 뒤에 오거나, 다른 형용사 앞에 온다.

...the ***following*** brief description. 다음에 오는 간략한 묘사.
He wore his ***usual*** old white coat. 그는 평상시 입던 낡은 흰색 코트를 입었다.

상술형용사는 숫자 앞에 사용할 수 있다.

What has gone wrong during the ***last*** ten years? 지난 10년 동안 무엇이 잘못되어 왔습니까?

다음 형용사는 위와 같은 방법으로 사용한다.

additional	certain	chief	entire	existing
first	following	further	last	main
next	only	opposite	other	particular
past	present	previous	principal	remaining
same	specific	usual	whole	

GRAMMAR

8 adjectives with special endings(단어 끝이 특수한 형용사)

-ed나 **-ing**로 끝나는 형용사가 많이 있다.

- Grammar 표제어 **'-ed' adjectives**와 **'-ing' adjectives** 참조.
- 단어가 **-ic**와 **-ical**로 끝나는 형용사에 대한 정보는 Grammar 표제어 **'-ic' and '-ical' words** 참조.
- 단어가 **-ly**로 끝나는 형용사에 대한 정보는 Grammar 표제어 **'-ly' words** 참조.

9 compound adjectives(복합형용사)

복합형용사는 두 개 이상의 단어로 구성된 형용사로, 일반적으로 형용사들 사이에 하이픈(-)을 사용한다. 복합형용사는 등급을 매길 수 있는 형용사, 등급을 매길 수 없는 형용사, 색깔을 나타내는 형용사 등에 사용한다.

He was giving a very ***light-hearted*** talk. 그는 매우 즐겁게 이야기하고 있었다.

Olivia was driving a long, ***low-slung, bottle-green*** car.
올리비아는 길고 차대가 낮은 암녹색 자동차를 운전하고 있었다.

...a ***good-looking*** girl. 아름다운 소녀.

...a ***part-time*** job. 비정규직.

10 position of adjectives(형용사의 위치)

대부분의 형용사는 수식하려는 명사 앞에 위치하여, 그 명사에 대한 더 많은 정보를 제공하는 역할을 한다.

She bought a loaf of ***white*** bread. 그녀는 흰 빵 한 덩어리를 샀다.

There was no ***clear*** evidences. 어떤 확실한 증거도 없었다.

> **주의** 일반적으로 명사나 **one**이 뒤따르는 경우를 제외하고, 한정사 뒤에 형용사만 단독으로 사용할 수 없다. 예를 들면, '그는 나에게 그것들을 모두 보여 주었지만, 나는 가장 큰 것을 택했다.'는 ~~**He showed me all of them, but I preferred the large.**~~가 아닌 **He showed me all of them, but I preferred the large one.**이라고 한다.
>
> - Usage 표제어 **one** 참조.
> - **the rich**와 같이 한 무리의 사람들을 가리킬 때, 〔**the** + 형용사〕 형식의 용법에 대한 정보는 Usage 표제어 **the** 참조.

대부분의 형용사는 **be, become, get, seem, feel**과 같은 연결동사 뒤에서 문장의 보어로 사용할 수 있다.

The room was ***large*** and ***square***. 그 방은 크고 사각형이었다.

I felt ***angry***. 나는 화가 났다.

Nobody seemed ***amused***. 아무도 즐거워 보이지 않았다.

He was so exhausted that he could hardly keep ***awake***. 그는 몹시 지쳐서 거의 잠을 참을 수가 없었다.

일부 형용사는 명사 앞에 사용할 수 없고, 연결동사를 사용한 문장의 보어로만 사용하여 특정한 뜻을 나타낸다. 예를 들면, '그녀는 혼자였다.'는 ~~**She was an alone girl.**~~이 아닌 **She was alone.**이라고 한다. 연결동사 뒤에서 보어로만 사용하는 형용사는 다음과 같다.

afraid	alike	alive	alone	ashamed
asleep	awake	glad	ill	ready
sorry	sure	well		

연결동사의 보어로만 사용하는 형용사가 많이 있다.

보어로 사용되는 형용사는 명사 앞에 쓸 수 없으므로, 동일한 뜻의 다른 형용사를 사용해야 한다. 예를 들면, '놀란 어린이'는 **the afraid child** 대신에 **the frightened child**라고 한다.

11 coordination of adjectives(형용사 간의 대등관계)

두 개 형용사가 연결동사의 보어로 사용될 때, 형용사 사이에 접속사(보통 **and**)를 사용한다. 형용사가 세 개 이상일 경우, 각 형용사 사이에 콤마를 사용하고, 마지막 형용사 앞에만 **and**를 사용한다.

The day was ***hot and dusty***. 그날은 덥고 먼지가 많았다.

The house was ***old, damp and smelly***. 그 집은 낡고 습하며 악취가 났다.

명사 앞에 형용사가 두 개 이상일 경우, 일반적으로 형용사들을 **and**로 분리하지 않는다. 예를 들어, '키가 작고, 뚱뚱한 노인'은 ~~a short, fat and old man~~이 아닌 **a short, fat, old man**이라고 한다.

➲ 형용사 연결 방법에 대한 더 많은 정보는 **Usage** 표제어 **and** 참조.

12 order of adjectives(형용사의 순서)

명사 앞에 형용사가 두 개 이상일 경우, 일반적인 순서는 다음과 같다.

등급을 매길 수 있는 형용사 〉 색깔을 나타내는 형용사 〉 등급을 매길 수 없는 형용사
(graded adjectives) (colour adjectives) (ungraded adjectives)

...a ***little white wooden*** house. 작고 하얀 목재로 지어진 집.
...***rapid technological*** advance. 급속한 기술 발전.
...a ***large circular*** pool of water. 물로 채워진 큰 원형 수영장.
...a necklace of ***blue Venetian*** beads. 파란색 베니스풍의 구슬로 만들어진 목걸이.

그러나 **circular**와 **rectangular**와 같이 모양을 나타내는 등급을 매길 수 없는 형용사는 색깔을 나타내는 형용사 앞에 자주 온다.

...the ***rectangular grey*** stones. 직사각형의 회색 돌들.
...the ***circular yellow*** patch on the lawn. 잔디밭에 있는 둥글고 노란 헝겊 조각.

13 order of graded adjectives(등급을 매길 수 있는 형용사의 순서)

등급을 매길 수 있는 형용사의 순서는 다음과 같다.

의견(opinions) 〉 크기(size) 〉 성질(quality) 〉 연령(age) 〉 모양(shape)

We shall have a ***nice big*** garden with two apple trees. 우리는 사과나무 두 그루가 있는 멋지고 큰 정원을 갖게 될 것이다.
It had ***beautiful thick*** fur. 그것은 아름답고 두꺼운 가죽을 갖고 있었다.
...***big, shiny*** beetles. 크고 빛나는 딱정벌레들.
He had ***long curly*** red hair. 그는 긴 빨간색 곱슬머리를 가졌다.
She put on her ***dirty old*** fur coat. 그녀는 더럽고 낡은 가죽 코트를 입었다.

ⓘ a nice big garden이나 a lovely big garden이라고 할 때, 정원이 다른 이유 때문에 좋다는 것이 아니라 커서 좋다는 뜻이다.

➲ **Usage** 표제어 **nice** 참조.

14 order of ungraded adjectives(등급을 매길 수 없는 형용사의 순서)

명사 앞에 등급을 매길 수 없는 형용사의 일반적인 순서는 다음과 같다.

연령(age) 〉 모양(shape) 〉 국적(nationality) 〉 재료(material)

...a ***medieval French*** village. 중세 시대의 프랑스 마을.
...a ***rectangular plastic*** box. 직사각형 플라스틱 상자.
...an ***Italian silk*** jacket. 이탈리아산 비단으로 만든 재킷.

기타 다른 유형의 등급을 매길 수 없는 형용사는 일반적으로 국적을 나타내는 형용사 뒤에 온다.

...the ***Chinese artistic*** tradition. 중국의 예술 전통.
...the ***American political*** system. 미국의 정치 제도.

15 position of comparatives and superlatives(비교급과 최상급의 위치)

비교급과 최상급은 일반적으로 명사구 안에 있는 모든 형용사의 앞에 온다.

Some of the ***better English*** actors have gone to live in Hollywood.
잘나가는 영국의 배우들 중 일부가 할리우드에 거주하려고 떠났다.
These are the ***highest monthly*** figures on record. 이것들은 기록상 가장 높은 월별 수치이다.

16 noun modifiers(명사수식어)

명사수식어는 명사 앞에 위치하여 다른 명사를 수식하는 명사이다. 형용사와 명사수식어가 함께 쓰일 경우의 어순은 〔형용사 + 명사수식어 + 명사〕 이다.

He works in the ***French film*** industry. 그는 프랑스 영화계에서 일한다.
He receives a ***large weekly cash*** payment. 그는 주급을 많이 받는다.

17 adjectives after a noun(명사 뒤의 형용사)

형용사는 일반적으로 명사 뒤에 오지 않지만, 다음의 경우는 예외이다.

형용사 뒤에 전치사구나 to부정사절이 오면, 형용사는 명사 뒤에 올 수 있다.

...a warning to people ***eager for a quick cure***. 빠른 치유를 간절히 바라는 사람들에게 주는 경고.
...the sort of weapons ***likely to be deployed against it***. 그것에 대항하여 배치되기 쉬운 무기의 종류.

형용사 **alive**와 **awake**는 최상급, 부사 뒤 또는 〔**first · last · only · every · any** + 명사〕 뒤에 온다.

Is Phil Morgan the only man ***alive*** who knows all the words to that song?
그 노래의 모든 가사를 알고 있는 유일한 생존자가 필 모건입니까?
She sat at the window, until she was the last person ***awake***.
그녀가 마지막으로 깨어 있는 사람이 될 때까지 창문 옆에 앉아 있었다.

일부 격식을 차린 형용사는 명사 뒤에서만 사용한다.

designate	elect	emeritus	extraordinaire	incarnate
manqué	par excellence			

...British Rail's ***chairman designate***, Mr Robert Reid. 영국 철도 공사의 회장으로 내정된 로버트 레이드 씨.
She was now the ***president elect***. 그녀는 이제 대통령 당선자가 되었다.
Doctors, lawyers and engineers are ***professionals par excellence***. 의사, 변호사, 공학자는 뛰어난 전문직이다.

18 adjectives before or after a noun(명사 앞이나 뒤에 오는 형용사)

일부 형용사는 명사 앞이나 뒤, 어디에 위치해도 의미상의 차이가 없다.

affected	available	deluxe	enough	payable
required	suggested			

Newspapers were the only ***available*** source of information. 신문만이 유일하게 이용할 수 있는 정보원이었다.
...the number of teachers ***available***. 동원할 수 있는 교사의 수.
I'll do it by ***next*** Friday. 나는 다음 금요일까지 그것을 할 것이다.
Your account will be posted to you on Thursday ***next***. 다음 목요일에 당신의 계산서를 우편으로 보낼 것이다.

최상급 혹은 〔**first · last · only · every · any** + 명사〕의 앞이나 뒤에 올 수 있는 형용사는 다음과 같다.

free	imaginable	necessary	open	possible
vacant	visible			

...the best ***possible*** environment. 가능한 한 최상의 환경.
I said you'd assist him in every way ***possible***. 나는 당신이 가능한 한 모든 방법을 동원해서 그를 도와줄 것이라고 말했다.

일부 형용사는 명사 앞이나 뒤에 위치함에 따라 그 의미가 달라진다. 예를 들면, **the concerned mother**는 '걱정을 하는 어머니'라는 뜻이고, **the mother concerned**는 단순히 '앞에서 언급했던 어머니'라는 뜻이다.

...the approval of interested and ***concerned*** parents. 관심이 있고 염려스러운 부모의 동의.
The idea needs to come from the individuals ***concerned***. 그 아이디어는 언급한 개인에게서 나와야 한다.

위치에 따라 그 의미가 달라지는 형용사는 다음과 같다.

concerned	involved	present	proper	responsible

➲ 각 단어에 대한 정보는 Usage 표제어 각 단어 참조.

19 adjectives after measurements(측정 단위 뒤에 위치하는 형용사)

크기를 나타내는 일부 형용사는 숫자나 한정사로 구성된 명사구나 측정 단위를 나타내는 명사 뒤에 위치할 수 있다. 이와 같은 형식으로 사용하는 형용사는 다음과 같다.

deep	high	long	square
tall	thick	wide	

He was about ***six feet tall***. 그는 키가 약 6피트였다.
The island is only ***29 miles long***. 그 섬의 길이는 29마일에 불과했다.

위와 같은 형용사 중 일부는 **knee**(무릎), **ankle**(발목), **waist**(허리)와 같은 명사 뒤에 사용할 수도 있다.

The grass was ***knee high***. 그 잔디는 무릎 정도의 높이였다.
The track ahead was ***ankle deep*** in mud. 전방의 길은 진흙이 발목까지 왔다.

➲ Topic 표제어 Measurements 참조.

old도 위와 비슷한 방식으로 명사구 뒤에 사용한다.

➲ Topic 표제어 Age 참조.

20 adjectives with prepositions and other structures
(전치사 및 기타 구조와 함께 사용하는 형용사)

일부 형용사는 특정한 전치사, **to**부정사, **that**절 형식이 뒤따른다. 이는 형용사 자체만으로는 나타내려고 하는 뜻이 불분명하거나 불완전하기 때문이다. 예를 들면, 누군가가 어떤 것을 좋아한다고 할 경우, 단순히 **someone is 'fond'**가 아닌 **someone is *fond of* something**이라고 해야 한다.

They are very ***fond of*** each other. 그들은 서로 몹시 좋아한다.
The sky is ***filled with*** clouds. 하늘은 구름으로 가득 차 있다.

다음 형용사들은 연결동사 바로 뒤에 형용사를 사용할 때 전치사를 동반해야 한다.

accustomed to	adapted to	allergic to	attributable to
attuned to	averse to	conducive to	devoted to
impervious to	injurious to	integral to	prone to
proportional to	proportionate to	reconciled to	resigned to
resistant to	subject to	subservient to	susceptible to
unaccustomed to			

He seemed to be becoming ***accustomed to*** my presence. 그는 나의 존재에 익숙해져 가는 것 같았다.
For all her experience, she was still ***prone to*** nerves. 모든 경험에도 불구하고 그녀는 신경과민에 빠지는 경향이 있었다.

aware of	bereft of	capable of	characteristic of
desirous of	devoid of	fond of	heedless of
illustrative of	incapable of	indicative of	mindful of
reminiscent of	representative of		

Smokers are well ***aware of*** the dangers to their own health. 흡연자들은 자신의 건강에 끼치는 위험에 대해 잘 안다.
We must be ***mindful of*** the consequences of selfishness. 우리는 이기심의 결과에 주의해야 한다.

unhampered by	descended from	inherent in	lacking in
rooted in	steeped in	swathed in	contingent on
conversant with	filled with	fraught with	riddled with
tinged with			

GRAMMAR

...the dangers ***inherent in*** an outbreak of war. 전쟁 발발로 인한 내재된 위험.
Her homecoming was ***tinged with*** sadness. 그녀의 귀향은 슬픔으로 휩싸였다.

일부 형용사의 경우, 두 개의 전치사 중에서 하나를 선택하여 사용할 수 있다. 다음 형용사들은 일반적으로 또는 항상 연결동사 바로 뒤에 사용하며, 제시된 전치사 중 하나를 선택해서 사용한다.

burdened by / with	dependent on / upon	immune from / to
inclined to / towards	incumbent on / upon	intent on / upon
parallel to / with	reliant on / upon	stricken by / with

We are in no way ***immune from*** this danger. 우리는 이러한 위험을 피할 방법이 없다.
He was curiously ***immune to*** teasing. 그는 이상하게도 놀리는 것에 영향을 받지 않았다.

➲ to부정사절이나 that절이 뒤따르는 형용사 목록은 Grammar 표제어 'To'-infinitive clauses와 'That'-clauses 참조.

Adjuncts

1 adjuncts and adverbs	11 emphasis
2 manner	12 focus
3 aspect	13 probability
4 opinion	14 position: manner, place, time
5 place	15 putting the adjunct first
6 time	16 position: frequency, probability
7 frequency	17 position: degree, extent
8 duration	18 position: emphasizing
9 degree	19 position: focusing
10 extent	

1 adjuncts and adverbs(부가어와 부사)

부가어와 부사를 구분해서 사용하는 것이 중요하다.

부가어는 어떤 일이 언제, 어떻게, 어디에서, 어떤 상황에서 일어나는지에 대한 정보를 줄 때 사용하는 단어나 구로, 문장에서 기능적인 역할을 한다.

반면에 부사는 부가어로 사용할 수도 있는 한 단어이다.

사실상 부가어는 흔히 부사로 사용하지만 부사구나 전치사구로도 사용할 수 있고, 일부 명사구도 부가어로 사용할 수 있다.

부가어의 주요 형태는 방법, 관점, 의견, 장소, 시간, 빈도, 기간, 정도, 범위, 강조, 초점, 가능성을 나타낸다. 다음은 각각의 부가어 형태에 대한 설명과 문장에서 부가어의 위치에 대한 자세한 내용이다.

➲ 절을 연결할 때 사용하는 **moreover, however, at the same time** 등과 같은 부가어에 대한 더 많은 정보는 **Grammar** 표제어 **Linking adjuncts**를 참조.

2 manner(양태 · 방법)

양태 · 방법을 나타내는 부가어는 어떤 일이 일어나거나 행해진 방법을 나타낼 때 사용하며, 부사, 부사구, 전치사구 등이 있다.

They looked ***anxiously*** at each other. 그들은 걱정스럽게 서로를 쳐다보았다.
He did not play ***well enough*** to win. 그는 승리할 만큼 경기를 잘하지 못했다.
She listened ***with great patience*** as he told his story.
그녀는 그가 이야기를 하는 동안 엄청난 인내심을 가지고 들어주었다.

GRAMMAR

양태 · 방법을 나타내는 부가어는 일반적으로 양태 · 방법부사로, 대부분의 경우 형용사에 **-ly**를 붙여서 만든다. 예를 들면, **quitely, badly**는 형용사 **quite**와 **bad**에 **-ly**를 붙인 것이다.

➲ Grammar 표제어 '-ly' words 참조.

I didn't play ***badly***. 나는 경기를 못하지는 않았다.
He reported ***accurately*** what they had said. 그는 그들이 말한 내용을 정확히 전했다.

양태 · 방법부사 중 일부는 형용사와 같은 형태이며 비슷한 뜻을 갖고 있다. 가장 일반적으로 쓰는 양태 · 방법부사들은 다음과 같다.

direct	fast	hard	late
loud	quick	right	slow
solo	straight	tight	wrong

I've always been interested in ***fast*** cars. 나는 빠른 속도를 내는 자동차에 항상 관심을 가져왔다.
The driver was driving too ***fast***. 그 운전자는 너무 빨리 차를 몰고 있었다.

형용사 **good**의 양태 · 방법부사는 **well**이다.

He is a ***good*** dancer. 그는 훌륭한 댄서이다.
He dances ***well***. 그는 춤을 잘 춘다.

ⓘ well은 사람의 건강 상태를 묘사하는 형용사로도 쓰인다.

'How are you?' – 'I am very ***well***, thank you.' "건강이 어떻습니까?" – "저는 매우 건강해요. 고마워요."

3 aspect(관점)

-ly로 끝나는 부사라고 해서 모두 양태 · 방법부사는 아니다. 특히 어떤 것을 분류할 때 사용하는 형용사에서 파생된 **-ly**부사는 말하는 것에 대한 관점을 명확하게 해줄 때 사용한다. 예를 들면, 어떤 것이 정치 분야나 정치적인 관점에서 중요하다고 할 때, **politically important**라고 한다. 다음 목록은 가장 일반적으로 사용하는 부사이다.

biologically	commercially	economically	emotionally
financially	geographically	intellectually	logically
morally	outwardly	politically	psychologically
racially	scientifically	socially	statistically
technically	visually		

It would have been ***politically*** damaging for him to retreat. 물러나는 것은 그에게 정치적인 타격을 줄 수도 있었다.
We had a very bad year last year ***financially***. 우리는 재정적으로 작년 한 해를 매우 힘들게 보냈다.

위와 같은 관점을 나타내는 부사에 **speaking**을 붙여 관용적으로 사용하는 경우가 많다. 예를 들면, **technically speaking**은 '기술적인 관점에서'라는 뜻이다.

He's not a doctor, ***technically speaking***. 기술적인 관점에서 그는 의사가 아니다.
There are some signs of spring, ***economically speaking***, in the latest figures.
경제적 관점에서 말하면, 최근의 수치에서 경제가 반등하는 징조가 있다.

4 opinion(의견)

그 밖의 **-ly**부사는 반응, 의견, 사실, 사건을 나타내는 부가어로, 이를 '문장부사'라고도 한다.

Surprisingly, most of my help came from the technicians.
놀랍게도, 내가 받은 도움의 대부분은 기술자들이 제공한 것이었다.
Luckily, I had seen the play before so I knew what it was about.
다행스럽게도, 나는 전에 그 연극을 봐서 무슨 내용인지 알고 있었다.

➲ 위와 같은 부사의 목록은 Topic 표제어 Opinions 참조.
➲ 그 밖의 작은 단위의 -ly부사구에 대한 정보는 Grammar 표제어 '-ly' words 참조.

GRAMMAR

> **주의** 일부 -ly부사에는 형용사에서 기원한 것처럼 보여도, 그 뜻이 완전히 다른 경우가 있다. 예를 들면, 부사 **hardly**와 형용사 **hard**는 완전히 다른 뜻이다.
>
> This has been a long ***hard*** day. 오늘은 길고 힘든 하루였다.
>
> Her bedroom was so small she could ***hardly*** move in it. 그녀의 침실은 너무 좁아서 거의 움직일 수가 없었다.
>
> ➲ 더 많은 정보는 Usage 표제어 awful – awfully, bare – barely, hard – hardly, late – lately, scarce – scarcely, short – shortly, brief – briefly, terrible – terribly 참조.

5 place(장소)

장소를 나타내는 부가어는 어떤 일이 일어나는 장소나 목적지를 나타낼 때 사용하며, 일반적으로 부사(구)나 전치사구이다.

A plane flew ***overhead***. 비행기가 머리 위로 날아갔다.

The children were playing ***in the park***. 그 어린이들은 공원에서 놀고 있었다.

No birds or animals came ***near the body***. 어떤 새나 동물도 그 사체 가까이에 가지 않았다.

➲ 장소를 나타내는 부가어에 대한 정보는 **Topic** 표제어 **Place**와 **Usage** 표제어 각각의 부사와 전치사 참조.

6 time(시간)

시간을 나타내는 부가어는 어떤 일이 일어난 때를 말할 때 사용한다.

She will be here ***soon***. 그녀는 곧 여기에 올 것이다.

He was born ***on 3 April 1925***. 그는 1925년 4월 3일에 태어났다.

Come and see me ***next week***. 다음 주에 저를 만나러 오세요.

➲ 시간을 나타내는 부가어에 대한 정보는 **Topic** 표제어 **Days and dates**과 **Time, Usage** 표제어 각 단어 참조.

7 frequency(빈도)

빈도를 나타내는 부가어는 어떤 일이 얼마나 자주 일어나는지를 말할 때 사용한다.

다음은 빈도를 나타내는 부가어로, 어떤 일이 가장 드물게 일어나는 부가어부터 가장 자주 일어나는 부가어의 순서로 나열하였다.

- **never**

  That was a mistake. We'll ***never*** do it again. 그것은 실수였다. 우리는 그런 실수를 결코 다시는 하지 않을 것이다.

- **rarely, seldom, hardly ever, not much, infrequently**

  I very ***rarely*** wear a raincoat because I spend most of my time in a car.
  나는 대부분의 시간을 차 안에서 보내기 때문에 우비를 거의 입지 않는다.

  We were ***seldom*** at home. 우리는 거의 집에 있지 않았다.

  We ate chips every night, but ***hardly ever*** had fish.
  우리는 매일 저녁에 감자튀김을 먹었지만, 생선은 거의 먹어 본 적이 없었다.

  'Can you hear it where you live?' He shook his head. '***Not much***.'
  "당신이 사는 곳에서 그것을 들을 수 있어요?" 그는 고개를 가로저었다. "거의 들을 수 없어요."

  The bridge is used ***infrequently***. 그 다리는 거의 사용되지 않는다.

- **occasionally, periodically, intermittently, sporadically, from time to time, now and then, once in a while, every so often**

  He still misbehaves ***occasionally***. 그는 아직도 가끔씩 버릇없이 군다.

  Meetings are held ***periodically*** to monitor progress on the case.
  회의는 그 문제의 과정을 감시하고자 정기적으로 열린다.

  The talks went on ***intermittently*** for three years. 그 협상은 3년 동안 간간이 이어졌다.

  The distant thunder from the coast continued ***sporadically***.
  해변으로부터 멀리 떨어진 곳에서 뇌성이 드문드문 계속되었다.

  Her daughters visited him ***from time to time*** when he was ill.
  그녀의 딸들은 그가 아팠을 때 이따금씩 그에게 문병을 갔다.

My father has a collection of magazines to which I return every ***now and then***.
아버지께서는 내가 가끔씩 되돌려주는 잡지를 수집하신다.

Once in a while she phoned him. 그녀는 종종 그에게 전화를 했다.

Every so often the horse's heart and lungs are checked. 때때로 그 말은 심장과 폐를 검진받았다.

- **sometimes**

You must have noticed how tired he ***sometimes*** looks. 당신은 가끔 그가 얼마나 피곤해 보였는지 눈치챘어야 했다.

- **often, frequently, regularly, a lot**

They ***often*** spent Christmas at Prescott Hill. 그들은 자주 프레스콧 힐에서 크리스마스를 보냈다.

Iron and folic acid supplements are ***frequently*** given to pregnant women.
임산부에게는 철분과 엽산 보충제가 자주 제공된다.

He also writes ***regularly*** for 'International Management' magazine.
그 역시 정기적으로 'International Management'지에 기고한다.

They went out ***a lot***, to the Cafe Royal or The Ivy. 그들은 카페 로열이나 더 아이비에 많이 갔다.

- **usually, generally, normally**

They ate, as they ***usually*** did, in the kitchen. 그들은 평상시처럼 부엌에서 음식을 먹었다.

It is ***generally*** true that the darker the fruit the higher its iron content.
과일의 색깔이 검을수록 철분 함량이 더 높다는 것은 일반적으로 사실이다.

Normally, the transportation system in Paris carries 950,000 passengers a day.
평상시에는 파리의 교통망을 통해 하루에 95만 명의 승객을 수송한다.

- **nearly always**

They ***nearly always*** ate outside. 그들은 대체로 외식을 했다.

- **always, all the time, constantly, continually**

She's ***always*** late for everything. 그녀는 항상 모든 것에서 늦다.

He was looking at me ***all the time***. 그는 시종일관 나를 쳐다보고 있었다.

The direction of the wind is ***constantly*** changing. 바람의 방향이 지속적으로 바뀌고 있다.

She cried almost ***continually***. 그녀는 거의 계속해서 울었다.

ⓘ regularly와 periodically는 상당히 일정한 간격으로 일어나는 일을 나타내며, intermittently와 sporadically는 불규칙적인 간격으로 일어나는 일을 나타낸다.

He writes ***regularly*** for 'International Management' magazine.
그는 'International Managment'지에 정기적으로 기고를 한다.

The talks went on ***intermittently*** for three years. 그 회담은 3년간 간헐적으로 지속되었다.

8 duration(기간)

기간을 나타내는 부가어는 어떤 것이 얼마나 걸리는지 혹은 얼마나 지속되는지를 말할 때 사용한다. 다음은 기간을 나타내는 부가어로 사용하는 부사로, 최소 기간에서 최대 기간의 순서로 배열하였다.

- **briefly**

Guerillas captured and ***briefly*** held an important provincial capital.
게릴라는 중요한 주도(州都)를 점령해 잠시 점유하고 있었다.

- **temporarily**

The peace agreement has at least ***temporarily*** halted the civil war.
평화협정은 적어도 일시적으로는 내란을 정지시켰다.

- **long**

Repairs to the cable did not take too ***long***. 케이블을 수선하는 데 그렇게 오래 걸리지는 않았다.

- **indefinitely**

I couldn't stay there ***indefinitely***. 나는 그곳에 무기한으로 머물러 있을 수가 없었다.

GRAMMAR

- **always, permanently, forever**

We will ***always*** remember his generous hospitality. 우리는 그의 관대한 호의를 항상 기억할 것이다.
The only way to lose weight ***permanently*** is to completely change your attitudes towards food.
몸무게를 영구히 줄이는 유일한 방법은 음식에 대한 당신의 자세를 완전히 변화시키는 것이다.
I think that we will live together ***forever***. 내 생각에 우리는 영원히 함께 살 것 같다.

ℹ long은 일반적으로 의문문과 부정문에서만 사용한다.
Have you known her ***long***? 그녀를 안 지 오래되었습니까?
I can't stay there ***long***. 나는 그곳에 오래 머물 수가 없다.

9 degree(정도)

정도를 나타내는 부가어는 어떤 상태나 행동의 정도 또는 강도를 나타낼 때 사용한다. 다음의 정도를 나타내는 부가어는동사와 함께 사용한다. 매우 낮은 정도에서 매우 높은 정도의 순서로 배열하였다.

- **little**

On their way back to Marseille, they spoke very ***little***. 그들은 마르세유로 돌아가는 도중에 거의 말을 하지 않았다.

- **a bit, a little, slightly**

This girl was ***a bit*** strange. 이 소녀는 조금 낯설었다.
He complained ***a little*** of a nagging pain between his shoulder blades.
그는 어깨뼈 사이의 경미한 통증을 호소했다.
Each person learns in a ***slightly*** different way. 각각의 사람들은 약간 다른 방식으로 배운다.

- **rather, fairly, quite, somewhat, sufficiently, adequately, moderately, pretty**

I'm afraid it's ***rather*** a long story. 유감이지만 이야기가 다소 길다.
Both ships are ***fairly*** new. 두 척의 배는 상당히 새것이다.
I was ***quite*** a long way away, on the terrace. 나는 그 테라스에서 꽤 멀리 떨어진 곳에 있었다.
A recent public opinion survey has come up with ***somewhat*** surprising results.
최근 실시한 여론 조사에서 다소 놀라운 결과가 나왔다.
She recovered ***sufficiently*** to accompany Chou on his tour of Africa in 1964.
그녀는 1964년 아프리카 여행에 슈와 동행할 수 있을 정도로 충분히 회복했다.
I speak the language ***adequately***. 나는 그 언어를 적당히 구사한다.
...a ***moderately*** attractive woman. 적당히 매력 있는 한 여자.
I had a ***pretty*** good idea what she was going to do. 나는 그녀가 무엇을 하려고 했는지 짐작하고 있었다.

- **significantly, noticeably**

The number of MPs now supporting him had increased ***significantly***.
그를 지지하는 국회의원의 수가 상당히 증가했다.
Standards of living were deteriorating rather ***noticeably***. 생활 수준이 다소 현저히 악화되고 있었다.

- **very much, a lot, a great deal, really, heavily, greatly, strongly, considerably, extensively, badly, dearly, deeply, hard, soundly, well**

I love my family ***very much***. 나는 가족을 아주 많이 사랑한다.
I like you ***a lot***. 나는 당신을 많이 좋아한다.
He depended ***a great deal*** on his wife for support. 그는 생활비를 아내에게 상당히 의존했다.
They were ***really*** nice people. 그들은 정말로 친절한 사람들이었다.
It has been raining ***heavily*** all day. 온종일 비가 세차게 내리고 있었다.
People would benefit ***greatly*** from a pollution-free vehicle. 사람들은 무공해 차량으로 크게 이득을 보게 될 것이다.
He is ***strongly*** influenced by Spanish painters such as Goya and El Greco.
그는 고야와 엘 그레코와 같은 스페인 화가들에게 강한 영향을 받았다.
Children vary ***considerably*** in the rate at which they learn these lessons.
아이들마다 이러한 교훈을 배우는 속도가 상당히 다르다.
All these issues have been ***extensively*** researched in recent years.
최근 몇 년간 이러한 모든 문제가 광범위하게 조사되었다.

The bomb destroyed a police station and ***badly*** damaged a church.
폭탄은 경찰서를 파괴했으며 교회를 심하게 손상시켰다.

I would ***dearly*** love to marry. 나는 정말로 결혼하고 싶다.

Our meetings and conversations left me ***deeply*** depressed. 우리가 참여한 모임과 대화는 나를 매우 우울하게 했다.

It was snowing ***hard*** by then. 그때까지 눈이 세차게 내리고 있었다.

Duke was ***soundly*** defeated in this month's Louisiana governor's race.
듀크는 이번 달의 루이지애나 주지사 선거에서 완전히 패배했다.

Wash your hands ***well*** with soap. 손을 비누로 잘 씻으세요.

- **remarkably, enormously, intensely, profoundly, immensely, tremendously, hugely, severely, radically, drastically**

For his age, he was in ***remarkably*** good shape. 그는 나이에 비해 상당히 좋은 몸매를 가지고 있었다.

Blackwell is 59, strong looking and ***enormously*** energetic. 블랙웰은 59세로 강한 모습이며, 엄청나게 활동적이다.

The fast-food business is ***intensely*** competitive. 패스트푸드 산업은 대단히 경쟁적이다.

This has ***profoundly*** affected my life. 이것은 내 인생에 깊이 영향을 주었다.

I enjoyed this movie ***immensely***. 나는 이 영화를 굉장히 즐겼다.

The business is ***tremendously*** profitable. 이 사업은 엄청나게 수익성이 있다.

...a ***hugely*** successful businessman. 크게 성공한 사업가.

The UN wants to send food aid to 10 countries in Africa ***severely*** affected by the drought.
유엔은 가뭄으로 심한 피해를 입은 아프리카의 10개국에 식량 원조를 하기를 원한다.

...two large groups of people with ***radically*** different beliefs and cultures.
철저하게 다른 종교와 문화를 가진 큰 두 집단의 사람들.

As a result, services have been ***drastically*** reduced. 그 결과, 서비스는 크게 감소했다.

i 완전함을 나타내거나 동사를 강조할 때에도 quite를 사용한다.

➲ **Usage 표제어 quite 참조.**

위의 부사 중 일부는 오직 하나의 동사나 제한된 동사구와 함께 사용하며, 이러한 부사를 사용한 문장은 다음과 같다.

We ***love*** him ***dearly***. 우리는 그를 무척 사랑합니다.

I should ***dearly like*** to meet her. 나는 그녀를 만나기를 간절히 원합니다.

The corn ration was ***drastically reduced***. 옥수수 배급량이 크게 줄었다.

Our attitude to the land itself must be ***radically changed***. 토지 그 자체에 대한 우리의 태도를 크게 변화시켜야 한다.

He protested that he had not touched it, but was disbelieved and ***soundly beaten***.
그는 그것에 손을 대지 않았다고 항의를 했으나, 거짓으로 여겨져 심하게 구타당했다.

➲ 형용사와 다른 부사 앞에 오는 정도부사의 용법에 대한 정보는 **Grammar** 표제어 **Adverbs**의 **grading adverbs** 참조.

10 extent(범위)

범위를 나타내는 부가어는 어떤 일이 일어나거나, 사실이 되는 범위를 나타낼 때 사용한다. 다음의 범위를 나타내는 부가어는 동사와 함께 사용한다. 가장 낮은 범위에서 가장 큰 범위의 순서로 배열하였다.

- **partly, partially**

It's ***partly*** my fault. 그것은 부분적으로 내 잘못이다.

Lisa is deaf in one ear and ***partially*** blind. 리사는 한 쪽 귀가 멀었고, 눈이 부분적으로 보이지 않는다.

- **largely**

His appeals have been ***largely*** ignored. 그의 간청은 대부분 무시되었다.

- **almost, nearly, practically, virtually**

The couple have been dating for ***almost*** three years. 그 남녀는 거의 3년 동안 사귀고 있다.

The beach was ***nearly*** empty. 그 해변은 거의 비었다.

He'd known the old man ***practically*** all his life. 그는 실제적으로 그 노인을 평생 알아 왔다.

It would have been ***virtually*** impossible to research all the information.
모든 정보를 조사하는 것은 실질적으로 불가능할 수도 있었다.

- **completely, entirely, totally, quite, fully, perfectly, altogether, utterly**

Dozens of flats had been ***completely*** destroyed. 수십 채의 아파트가 완전히 파괴되었다.
...an ***entirely*** new approach. 완전히 새로운 접근 방법.
The fire ***totally*** destroyed the top floor. 화재로 꼭대기 층이 파괴되었다.
Her sense of humour is ***quite*** different from her mother's.
그녀의 유머 감각은 그녀의 어머니의 유머 감각과 완전히 다르다.
I don't ***fully*** agree with that. 나는 저것에 대해 전적으로 동의하지 않는다.
They are ***perfectly*** safe to eat. 그것들은 먹는 데 아무런 해가 없다.
When Artie stopped calling ***altogether***, Julie found a new man.
아티가 외치는 것을 멈췄을 때, 줄리는 한 낯선 남자를 발견했다.
The new laws coming in are ***utterly*** ridiculous. 새 법안들은 완전히 터무니없다.

11 emphasis(강조)

강조를 나타내는 부가어는 동사에 의해 묘사되는 행위를 강조할 때 사용하며, 항상 부사이다. 강조부사는 다음과 같다.

absolutely	certainly	just	positively
quite	really	simply	totally

I ***quite*** agree. 나는 전적으로 동의한다.
I ***simply*** adore this flat. 나는 이 아파트가 무척 마음에 든다.

일부 강조부사는 형용사를 강조할 때 사용한다.

➲ Grammar 표제어 Adverbs 참조.

12 focus(초점)

초점을 나타내는 부가어는 어떤 상황과 관련된 핵심 주제를 나타낼 때 사용하며, 항상 부사이다. 이러한 초점부사는 다음과 같다.

chiefly	especially	mainly	mostly
notably	particularly	predominantly	primarily
principally	specially	specifically	

I'm ***particularly*** interested in classical music. 나는 특히 클래식 음악에 관심이 있다.
We want ***especially*** to thank the numerous friends who encouraged us.
우리는 특히 용기를 북돋워 준 많은 친구에게 감사를 표하고 싶다.

일부 초점부사는 말하는 것과 관련된 것 중의 오직 한 가지를 강조할 때 사용한다. 이러한 초점부사는 다음과 같다.

alone	exclusively	just	only
purely	simply	solely	

This is ***solely*** a matter of money. 이것은 단지 돈에 관한 문제다.
It's a large canvas covered with ***just*** one colour. 그것은 단지 한 색깔로 칠해진 큰 캔버스이다.

추가 정보에 초점을 맞출 때, 범위를 나타내는 부사인 **largely, partly, entirely**를 사용할 수 있다.

The house was cheap ***partly*** because it was falling down.
그 집은 부분적으로 상태가 좋지 않아 붕괴의 위험이 있다는 이유로 값이 쌌다.

usually와 **often** 등과 같은 빈도부사도 위와 같이 추가 정보에 초점을 맞출 때 사용한다.

They often fought each other, ***usually*** as a result of arguments over money.
그들은 돈에 대해 논쟁을 벌인 결과 서로 자주 다투었다.

13 probability(가능성)

가능성을 나타내는 부가어는 어떤 일에 대해 얼마나 확신하는지를 나타낼 때 사용한다. 다음의 부사와 부사구는 가능성이나 확신을 나타내며, 확신이 가장 낮은 것에서 가장 높은 것의 순서로 배열하였다.

- conceivably

The mission could ***conceivably*** be accomplished within a week.
생각하건대 그 임무를 이번 주 내에 수행할 수 있을 것이다.

- possibly

Excercise will not only lower blood pressure but ***possibly*** protect against heart attacks.
운동은 혈압을 낮출 뿐만 아니라 어쩌면 심장 마비도 예방할 것이다.

- perhaps, maybe

Millson regarded her thoughtfully. ***Perhaps*** she was right. 밀슨은 그녀를 사려 깊게 대했다. 그녀가 옳았을지도 모른다.
Maybe she is in love. 아마도 그녀는 사랑에 빠진 것 같다.

- hopefully

Hopefully, you won't have any problems after reading this.
아마도 이것을 읽고 나면 당신에게 아무 문제도 생기지 않을 것이다.

- probably

Van Gogh is ***probably*** the best-known painter in the world. 반 고흐는 아마 세계에서 가장 잘 알려진 화가일 것이다.

- presumably

He had gone to the reception desk, ***presumably*** to check out.
추측컨대, 그는 체크아웃 하러 호텔 프런트로 갔을 것이다.

- almost certainly

The bombs are ***almost certainly*** part of a much bigger conspiracy.
폭탄들은 훨씬 더 큰 음모의 일부분임이 거의 확실하다.

- no doubt, doubtless

She's a very sweet woman, as you ***no doubt*** know by now.
그녀는 매우 사랑스러운 여자인데, 지금쯤 당신은 그녀가 그렇다는 것을 틀림없이 알고 있을 것이다.
He will ***doubtless*** try and persuade his colleagues to change their minds.
그가 동료들의 마음을 돌리려고 노력하며 설득하려는 것은 의심의 여지가 없을 것이다.

- definitely

I'm ***definitely*** going to get in touch with these people. 나는 확실히 이 사람들과 연락할 것이다.

14 position: manner, place, time(위치: 양태 · 방법, 장소, 시간)

양태 · 방법, 장소, 시간을 나타내는 부가어는 일반적으로 본동사 뒤에 오며, 동사 뒤에 목적어가 있을 경우에는 목적어 뒤에 온다.

She ***sang*** beautifully. 그녀는 노래를 멋지게 불렀다.
Thomas made his decision ***immediately***. 토머스는 곧바로 결정했다.

하나의 절에 한 개 이상의 부가어를 사용할 경우, 일반적인 어순은 〔양태 · 방법 + 장소 + 시간〕이다.

They were sitting ***quite happily in the car***. 그들은 차 안에서 아주 행복하게 앉아 있었다.
She spoke ***very well at the village hall last night***. 그녀는 어젯밤 마을 회관에서 매우 능숙하게 연설을 했다.

동사의 목적어가 길 경우, 부가어는 목적어 앞에 오기도 한다.

He could picture ***all too easily*** the consequences of being found by the owners.
그는 주인들에 의해 아주 쉽게 발각되는 결과를 상상할 수 있었다.
Later I discovered ***in a shop in Monmouth*** a weekly magazine about horse-riding.
그 후에 나는 몬머스의 한 가게에서 승마에 관한 주간지를 발견했다.

〔양태 · 방법부사 + 본동사〕 형식도 사용할 수도 있다.

He ***carefully*** wrapped each component in several layers of foam rubber.
그는 각각의 부품을 여러 겹의 기포 고무로 조심스럽게 포장했다.
Dixon ***swiftly*** decided to back down. 딕슨은 재빨리 철회하기로 결정했다.
He ***silently*** counted four, then put the receiver down. 그는 조용히 넷까지 세고 난 후, 수신기를 내려놓았다.

GRAMMAR

동사가 문장의 끝에 있는 경우, 양태 · 방법부사는 동사 앞에 오지 않고 동사 바로 뒤에 온다. 예를 들면, '그녀는 조심스럽게 귀를 기울였다.'는 ~~**She carefully listened.**~~가 아닌 **She listened *carefully*.**라고 한다. 그러나 소설이나 격식을 차린 연설에서 **Smith gladly obliged.**와 같이 부사가 주어의 태도를 묘사하는 경우, 동사 앞에 올 수 있다.

I ***gladly*** gave in. 나는 기꺼이 포기했다.
His uncle ***readily*** agreed. 그의 삼촌은 선뜻 동의했다.

동사구가 한 개 이상의 조동사를 포함하고 있을 경우, 특히 조동사가 서법조동사(**can, could, may** 등)이면, 양태 · 방법부사는 본동사의 앞이나 첫 번째 조동사 뒤에 온다.

I felt that the historical background had been ***very carefully*** researched.
나는 역사적인 배경이 매우 신중히 조사되었다는 것을 느꼈다.
She had ***carefully*** measured out his dose of medicine. 그녀는 그가 복용할 약의 양을 조심스럽게 재어 나누었다.
Still, Brody thought, one death would probably be ***quickly*** forgotten.
아직도 브로디는 한 사람의 죽음은 빨리 잊혀질 것이라고 생각했다.
Provided you are known to us, arrangements can ***quickly*** be made to reimburse you.
만약 우리가 당신을 알고 있다면, 당신에게 보상할 준비가 빨리 이루어질 수 있다.

i 양태 · 방법부사는 문장에 동사의 목적어가 있을 경우에는 목적어 뒤에, 목적어가 없을 경우에는 동사 뒤에 온다.

Teddy did everything ***perfectly***. 테디는 모든 일을 완벽하게 했다.
You played ***well***. 너는 경기를 잘했다.

동사가 수동태일 경우, 양태 · 방법부사는 동사 앞이나 조동사 뒤에 올 수 있다.

I had been ***well*** conditioned by the world in which I grew up. 나는 내가 성장한 세상에서 상당한 영향을 받았다.
In the sharp blacks and whites from the midday sun Bond was ***well*** camouflaged.
정오에 내리쬐는 태양의 눈부신 흑백의 대비 속에서, 본드는 잘 위장되었다.

대부분의 양태 · 방법부사 중 **-ly**로 끝나지 않는 단어들, 예를 들어 **hard**와 **loud**는 동사 뒤 또는 목적어 뒤에서만 사용한다.

You work ***too hard***. 당신은 너무 열심히 일한다.

그러나 **fast**는 예외적으로 진행시제에서 현재분사인 본동사 앞에서도 사용한다.

We are ***fast*** becoming a nation fed entirely on canned and processed food.
우리는 통조림과 가공식품만을 주식으로 삼는 나라로 급변되고 있는 중이다.

부가어가 전치사구인 경우, 동사의 앞이나 뒤가 아닌 문장의 끝에 온다. 예를 들면, '그는 그녀를 이상한 눈빛으로 바라보았다.'는 ~~**He in a strange way looked at her.**~~가 아닌 **He looked at her *in a strange way*.**라고 한다.

One consequence is that the horse's incisor teeth become worn down ***in an unusual way***.
하나의 결론은 그 말의 앞니가 특이한 형태로 닳아져 있었다는 것이다.
He had been brought up through each level ***in the proper manner***.
그는 각 단계를 통해 적절한 방법으로 양육되었다.
It just fell out ***by accident***. 그것은 우연히 넘어졌다.

15 putting the adjunct first(부가어를 문장의 처음에 위치하기)

소설이나 서술적인 이야기에서 양태 · 방법을 나타내는 부가어는 때때로 문장의 처음에 오기도 한다. 이는 부가어를 더 강조하기 위해서이다.

Gently I took hold of Mary's wrists to ease her arms away. 나는 메리의 팔을 풀려고 부드럽게 그녀의 손목을 잡았다.
Slowly people began to desert the campaign. 사람들은 서서히 선거 운동을 포기하기 시작했다.
With a sigh, he rose and walked away. 한숨을 쉬면서 그는 일어나서 걸어나갔다.

마찬가지로, 어떤 사건의 경위를 설명할 때 시간이나 기간을 나타내는 부가어는 주로 문장의 처음에 사용한다.

At eight o'clock I went down for my breakfast. 8시 정각에 나는 아침밥을 먹으러 내려갔다.
In 1937 he retired. 그는 1937년에 은퇴했다.
For years I'd had to hide what I was thinking. 나는 생각하고 있었던 것을 몇 년 동안 감춰야만 했다.

어떤 장면을 묘사하거나, 어떤 이야기를 하거나, 어떤 장소에 일어난 일과 다른 장소에서 일어난 일을 대조하는 경우, 장소를 나타내는 부가어를 문장의 처음에 사용한다.

In the kitchen there was a message for him from his son. 부엌에는 아들이 그에게 보낸 메시지가 있었다.

In Paris there was a massive wave of student riots. 파리에서 학생들의 대규모 폭동이 있었다.

ℹ 부가어가 문장의 처음에 오면, 품사가 도치되는 경우가 있다. 이때는 〔부가어 + 동사 + 주어〕 형식을 사용한다.

At the very top of the steps was a bust of Shakespeare on a pedestal.
계단의 가장 높은 곳에 셰익스피어의 흉상이 받침대 위에 있었다.

She rang the bell for Sylvia. *In* came a girl she had not seen before.
그녀가 실비아를 부르기 위해 벨을 울리자, 전에 보지 못했던 한 여자 아이가 들어왔다.

주어가 대명사이면, 도치하지 않는다.

Off *they ran*. 그들은 도망가버렸다.

> **주의** 〔부가어 + 대명사 + be동사〕 형식은 사용할 수 없다. 예를 들면, '그것은 계단의 제일 높은 곳에 있었다.'는 ~~At the top of the steps it was.~~가 아닌 **It was at the top of the steps.**라고 한다. 그러나 부정적인 뜻의 부가어가 문장의 처음에 오는 경우, 주어가 대명사라도 도치를 한다.
>
> *Never* have so few been commanded by so many.
> 아주 적은 숫자의 사람들이 아주 많은 숫자에 의해 지배된 적은 없었다.
>
> *On no account* must they be let in. 어떠한 경우라도 그들을 들여보내서는 안 된다.
>
> ➲ Grammar 표제어 Inversion 참조.

의견을 나타내는 부가어는 문장부사로, 일반적으로 문장의 처음에 온다.

➲ Topic 표제어 Opinions 참조.

GRAMMAR

16 position: frequency, probability(위치: 빈도, 가능성)

빈도나 가능성을 나타내는 부가어는 조동사가 있을 경우에 첫 번째 조동사 뒤에 오고, 본동사가 있을 경우에는 본동사 앞에 온다. 이러한 부가어는 일반적으로 부사이다.

Landlords have *usually* been able to evade land reform. 토지 소유주들은 일반적으로 토지 개혁을 피해 올 수 있었다.

Women are *often* encouraged to do the jobs that don't particularly interest men.
여자들은 남자들이 특별하게 관심을 갖지 않는 직업에 종사하도록 자주 설득받는다.

They can *probably* afford another one. 그들은 아마 다른 것을 감당할 수 있는 능력이 있을 것이다.

This *sometimes* led to trouble. 이것은 때때로 문제를 불러일으켰다.

빈도나 가능성을 나타내는 부가어는 문장의 처음에 올 수도 있다.

Sometimes people expect you to do more than is reasonable.
사람들은 때때로 당신이 합리적인 것 이상을 하기를 기대한다.

Presumably they'd brought him home and he'd invited them in.
추측하건대, 그들이 그를 집으로 데려왔고 그가 그들을 집으로 초대했을 것이다.

빈도나 가능성을 나타내는 부가어는 문장에 조동사가 없을 때, 연결동사인 be동사 뒤에 위치한다.

They are *usually* right. 그들은 대개 옳다.

He was *definitely* scared. 그는 분명히 겁을 먹었다.

ℹ 가능성을 나타내는 부사는 don't와 won't와 같은 부정적인 뜻의 축약형 앞에 온다.

They *definitely don't* want their girls breaking the rules.
그들은 절대로 자신의 딸들이 그 규칙들을 어기는 것을 원하지 않는다.

He *probably doesn't* really want them at all. 그는 아마도 전혀 그것들을 원하지 않을 것이다.

It *probably won't* be that bad. 그것이 아마 그렇게 나쁘지는 않을 것이다.

maybe와 perhaps는 일반적으로 문장의 처음에 온다.

Maybe I ought to go back there. 아마도 나는 그곳으로 돌아가야 할 것 같다.

Perhaps they just wanted to warn us off. 아마도 그들은 우리에게 그저 떨어지라고 경고하기를 원했던 것 같다.

17 position: degree, extent(위치: 정도, 범위)

정도와 범위를 나타내는 일부 부사는 일반적으로 본동사의 앞에 온다. 문장에 조동사가 있을 경우, 첫 번째 조동사 뒤나 본동사 앞에 위치하는데, 이러한 부사는 다음과 같다.

almost	largely	nearly	rather
really	quite	virtually	

He ***almost*** crashed into a lorry. 그는 트럭에 거의 부딪힐 뻔했다.

She ***really*** enjoyed the party. 그녀는 정말로 그 파티를 즐겼다.

So far we have ***largely*** been looking at the new societies from the inside.
지금까지 우리는 대부분 내부에서 새로운 사회를 바라보고 있었다.

This finding has been ***largely*** ignored. 이러한 발견은 대부분 묵살되었다.

정도와 범위를 나타내는 다른 부사는 본동사 앞이나 뒤(목적어가 있을 경우) 또는 목적어 뒤에 온다. 이러한 부사는 다음과 같다.

badly	completely	greatly	heavily
little	seriously	severely	strongly
totally			

Mr Brooke ***strongly*** criticized the Bank of England. 브룩 씨는 영국 은행을 강력하게 비판했다.

I disagree ***completely*** with John Taylor. 나는 존 테일러와 완전히 의견이 다르다.

That argument doesn't convince me ***totally***. 그 논쟁은 나에게 전적으로 확신을 주지 않는다.

정도를 나타내는 일부 부가어는 거의 대부분 동사 뒤, 또는 동사의 목적어 뒤에 오며, 일반적으로 부사이다. 이러한 부사와 부사구는 다음과 같다.

a bit	a great deal	a little	a lot
hard	hugely	immensely	moderately
remarkably	terribly	tremendously	

The audience enjoyed it ***hugely***. 청중들은 그것을 대단히 즐겼다.

I missed you ***terribly***. 나는 당신을 몹시 그리워했다.

Annual budgets varied ***tremendously***. 1년 예산은 엄청나게 변했다.

18 position: emphasizing(위치: 강조하기)

강조를 나타내는 부가어는 일반적으로 주어, 조동사, be동사 뒤에 오며, 항상 부사이다.

I ***absolutely*** agree. 나는 전적으로 동의한다.

I would ***just*** hate to have a daughter like her. 나는 그녀와 같은 딸이 있다면 정말 싫을 것이다.

That kind of money is ***simply*** not available. 그런 종류의 돈은 사용 불가능하다.

i 부가어는 don't와 won't와 같은 부정적인 뜻의 축약형 앞에 온다.

It ***just*** can't be done. 그것은 정말 이루어질 수 없다.

That ***simply*** isn't true. 그것은 전혀 사실이 아니다.

19 position: focusing(위치: 초점)

초점을 나타내는 부가어는 일반적으로 첫 번째 조동사 뒤, 본동사 앞 또는 초점을 맞추려는 단어의 앞에 오며, 항상 부사이다.

Up to now, the law has ***mainly*** had a negative role in this area.
지금까지, 그 법은 주로 이 지역에서 부정적인 역할을 했다.

This at least told him what he ***chiefly*** wanted to know.
이것은 그가 가장 알고 싶어 했던 것에 대해 최소한의 것을 알려 주었다.

I survive ***mainly*** by pleasing others. 나는 주로 다른 사람들을 칭찬해 주며 살아간다.

동사가 be동사이며 조동사가 없는 경우, 초점부사는 be동사 뒤에 온다.

Economic development ***is primarily*** a question of getting more work done.
경제 발전은 더 많은 일을 어떻게 할 것인가에 대한 질문에 중점을 둔다.

초점부사 **alone**과 **only**는 절에서 위와 다른 위치에 올 수 있다.

➲ Usage 표제어 **alone – lonely**와 **only** 참조.

> 주의 부가어는 일반적으로 동사와 목적어 사이에 위치하지 않는다. 예를 들면, '나는 영어를 매우 좋아한다.'는 ~~I like very much English.~~가 아닌 **I like English very much.**라고 한다.

Adverbs

부사(**adverb**)는 어떤 일이 어떻게, 언제, 어디에서, 어떤 상황에서 일어나는지에 대한 정보를 제공할 때 사용하는 품사이다. 예를 들면, **quickly, well, now, here** 등이 있다.

Sit there ***quietly***, and listen to this music. 조용히 거기에 앉아서 이 음악을 들으세요.
Everything we used was bought ***locally***. 우리가 사용한 모든 것은 현지에서 구입한 것들이었다.

➲ 사건과 상황에 대한 정보를 줄 때 사용하는 부사에 대한 자세한 정보는 Grammar 표제어 **Adjuncts** 참조.

1 grading adverbs(정도부사)

일부 정도부사는 형용사나 다른 부사 앞에서 사용한다.

...a ***rather*** clumsy person. 약간 서투른 사람.
...an ***extremely*** disappointed young man. 완전히 낙담한 젊은 남자.
He prepared his speech ***very*** carefully. 그는 자신의 연설을 매우 신중하게 준비했다.
We were able to hear everything ***pretty*** clearly. 우리는 모든 것을 아주 명확하게 들을 수 있었다.

〔정도부사 + 형용사〕 형식은 형용사의 뜻을 더 강하게 하거나 강조하기 위해 사용하며, 때때로 강의어(**intensifier**)라고 한다. 이러한 부사는 다음과 같다.

awfully	dreadfully	exceptionally	extremely
greatly	highly	horribly	incredibly
really	remarkably	terribly	very

They're ***awfully*** brave. 그들은 정말 용감했다.
The other girls were ***dreadfully*** dull. 다른 여자 아이들은 지독히 아둔했다.

ⓘ greatly는 -ed형용사와 different, superior와 같은 형용사 앞에서만 사용할 수 있다.

He was not ***greatly*** surprised to learn that she had left. 그는 그녀가 떠났다는 사실을 알고 그다지 놀라지는 않았다.

다음 정도부사는 성질이 적거나 보통임을 나타내며, 낮은 정도에서 높은 정도의 순서로 배열하였다.

- **faintly**

  She felt ***faintly*** ridiculous. 그녀는 어렴풋이 터무니없다고 느꼈다.

- **a bit, a little, slightly**

  I think people feel ***a bit*** more confident. 나는 사람들이 좀 더 자신감을 가지고 있다고 생각한다.
  We were ***a little*** late. 우리는 조금 늦었다.
  I couldn't help feeling ***slightly*** disappointed. 나는 약간 실망할 수밖에 없었다.

- **rather, quite, fairly, somewhat, relatively, moderately**

  I'm afraid it's ***rather*** a long story. 유감이지만, 다소 이야기가 길다.
  I felt ***quite*** bitter about it at the time. 나는 그 당시 그것에 대해 꽤 괴로워했다.
  Both ships are ***fairly*** new. 두 척의 배는 모두 새것이다.
  He explained ***somewhat*** unconvincingly that the company was paying for everything.
  그는 회사에서 모든 경비를 부담할 거라는 것이 다소 확신이 서지 않는 듯이 설명했다.

GRAMMAR

I like to think I'm ***relatively*** easy to get along with. 나는 상대적으로 쉽게 사귈 수 있는 사람이라고 생각하기를 좋아한다.
...a ***moderately*** attractive woman. 적당히 매력적인 한 여성.

- reasonably

I can dance ***reasonably*** well. 나는 춤을 상당히 잘 출 수 있다.

- pretty

I had a ***pretty*** good idea what she was going to do. 나는 그녀가 무엇을 하려고 했는지 짐작하고 있었다.

i 형용사를 강조할 때, quite를 사용할 수 있다.

Usage 표제어 quite 참조.

a bit와 **a little**은 형용사가 **be**와 같은 연결동사 뒤에 사용될 때 형용사 앞에서만 사용할 수 있으며, 〔**a bit · a little** + 형용사 + 명사〕 형식은 사용할 수 없다. 예를 들면, '그 일은 조금 기분이 좋지 않은 일이었다.'는 ~~**It was a bit unpleasant experience.**~~가 아닌 **It was a bit unpleasant.**라고 한다.

Usage 표제어 bit와 little – a little 참조.

극단적인 성질의 정도를 나타내는 **astonishing, furious, wonderful** 등의 형용사를 수식할 때, 강조부사를 사용한다.

...a ***quite*** astonishing ignorance of human nature. 인간의 본성에 대한 아주 놀라운 무지.
I think he's ***absolutely*** wonderful. 내 생각에 그는 아주 멋있는 사람이다.

형용사 앞에 오는 강조부사는 다음과 같다.

absolutely	altogether	completely	entirely
perfectly	quite	simply	totally
utterly			

purely는 등급을 매길 수 없는 형용사나 보어 앞에 사용하며, 어떤 종류 중에서 한 가지뿐인 것을 나타내기 때문에 등급을 매길 수 있는 형용사와 함께 사용할 수 없다.

The action had been ***purely*** instinctive. 그 행동은 단지 본능적이었다.
...something that appears at first glimpse to be a ***purely*** local issue.
첫눈에 전적으로 지역 문제인 것 같이 보이는 어떤 것.

2 adding to a description(묘사 추가)

문장에서 사람이나 사물의 추가적인 묘사를 하기 위해 등급을 매길 수 있는 형용사에서 파생된 부사를 형용사 앞에 사용할 수 있다. 예를 들면, 어떤 사람이 자신감에 차 있고 차분하다고 할 경우, **coolly confident**라고 표현할 수 있다.

...her ***nervously polite*** manner. 신경질적으로 공손한 그녀의 태도.
...these ***proudly individual*** characters. 이 잘난 체하는 독특한 성격.
...a ***beautifully sunny*** day. 아름답고 화창한 어느 날.

Auxiliaries

1 forms and uses(형태와 용법)

조동사는 동사구를 만들기 위해 본동사와 함께 사용하는 동사이다. 조동사 **be**와 **have**는 시제를 구성할 때 사용한다. 또한 조동사 **be**는 수동태 문장에 사용하고, 조동사 **do**는 대체적으로 일반동사의 의문문과 부정문에서 사용한다.

I ***am*** feeling reckless tonight. 나는 오늘 밤 무모함을 느끼고 있다.
They ***have been*** looking for you. 그들은 당신을 찾고 있다.
Thirteen people ***were*** killed. 열세 명이 사망했다.
Did you see him? 당신은 그를 보았습니까?
I ***do*** not remember her. 나는 그녀를 기억하지 못한다.

⊙ Grammar 표제어 Tenses와 Questions, 그리고 Usage 표제어 not 참조.
⊙ 행동을 강조하거나 초점을 맞출 때 사용하는 do의 용법은 Usage 표제어 do 참조.

다음의 규칙에 따라 조동사가 온다. **have**는 완료시제에, **be**는 진행시제와 수동태에 사용한다.

Twenty-eight flights ***have been*** cancelled. 28개의 비행편이 취소되었다.
Three broad strategies ***are being*** adopted. 세 가지 큰 방향의 전략이 채택되고 있다.

> **주의** 조동사 **do**는 다른 조동사와 결합하여 사용하지 않는다.

위에서 〔조동사 + 본동사〕 형식을 사용했을 경우, 조동사는 종종 본동사 없이 사용한다.

I didn't want to go but a friend of mine ***did***. 나는 가고 싶지 않았으나 친구 중 한 명은 가고 싶어 했다.
'Have you been there before?' – 'Yes, I ***have***.' "전에 거기에 가본 적이 있나요?" – "예, 있어요."

⊙ Grammar 표제어 Ellipsis와 Topic 표제어 Replies 참조.

조동사 **be, have, do**는 인칭, 시제, 분사의 종류에 따라 다음의 표와 같은 형태를 취한다.

		be	have	do
Simple present(단순현재)	I	am	have	do
	you, we, they, 복수명사구	are		
	he, she, it, 단수명사구	is	has	does
Simple past(단순과거)	I, he, she, it, 단수명사구	was	had	did
	you, we, they, 복수명사구	were		
Participles(분사)	present participle(현재분사)	being	having	doing
	past participle(과거분사)	been	had	done

2 modals(조동사)

can, should, might, may 등의 서법조동사도 조동사에 속하며, 다른 조동사 **be, have** 앞에 올 수 있다.

The law ***will*** be changed. 그 법은 변경될 것이다.
She ***must*** have been dozing. 그녀는 틀림없이 졸고 있었다.

⊙ 더 많은 정보는 Grammar 표제어 Modals 참조.

3 contractions(축약)

⊙ 조동사의 축약형에 대한 정보는 Grammar 표제어 Contractions 참조.

Broad negatives

1 broad negatives(준부정어)

준부정어는 평서문을 부정적인 뜻으로 만들 때 사용하는 단어군 중의 하나이다.

We were ***scarcely*** able to move. 우리는 거의 움직일 수가 없었다.
Fathers and sons very ***seldom*** now go together to football matches.
요즘은 부자가 함께 축구 경기를 관람하러 가는 경우가 아주 드물다.

준부정어는 다음과 같다.

barely	hardly	rarely	scarcely	seldom

문장 안에서 준부정어의 위치는 **never**와 유사하다.

⊙ Usage 표제어 never 참조.

2 with 'any' words(any-로 시작하는 단어와 함께 사용하기)

어떤 것이 거의 없다고 말할 경우, 〔준부정어 + **any, any-**로 시작하는 단어〕 형식을 사용할 수 있다.

There is ***rarely any*** difficulty in finding enough food. 충분한 음식물을 찾아내는 데 아무런 어려움도 없는 상태이다.

Hardly anybody came. 거의 아무도 오지 않았다.

3 almost

준부정어 대신, 〔**almost + no, never** 등의 부정어〕 형식을 사용할 수 있다. 예를 들면, '남은 음식이 거의 없었다.' 라고 할 때, **There was hardly any food left.**는 **There was almost no food left.**와 같은 의미이다.

They've ***almost no*** money for anything. 그들은 어떤 것도 살 수 없을 정도로 돈이 거의 없었다.

Some men ***almost never*** begin conversations. 어떤 사람들은 대화를 거의 하려고 하지 않는다.

4 tag questions(부가의문문)

준부정어를 포함한 평서문의 부가의문문을 만들 경우, 평서문 끝의 부가절은 부정문을 부가의문문으로 만들 때와 마찬가지로 긍정의 형태가 된다.

She's hardly the right person for the job, ***is she***? 그녀는 거의 그 일에 적합한 사람이 아니지요, 그렇지요?

You seldom see that sort of thing these days, ***do you***? 당신은 요사이 그러한 일을 보지 못했지요, 그렇지요?

➲ 일부 준부정어의 뜻과 사용에 대한 더 많은 정보는 **Usage** 표제어 **bare – barely, hard – hardly, scarce – scarcely, seldom** 참조.

Clauses

절은 동사가 포함된 단어군으로, 절이 하나인 문장을 단문이라고 한다.

I waited. 나는 기다렸다.

She married a young engineer. 그녀는 젊은 공학자와 결혼했다.

1 main clauses(주절)

중문은 두 개 이상의 주절로 구성된 문장으로, 두 문장은 똑같은 비중을 차지하며 각각 독립된 행동과 상황을 나타낸다. 중문에서의 절은 **and, but, or** 등과 같은 등위접속사로 연결한다.

He met Jane at the station ***and*** they went shopping. 그는 제인을 역에서 만나 쇼핑을 갔다.

I wanted to go ***but*** I felt too ill. 나는 가고 싶었으나 몸이 너무 아팠다.

You can come now ***or*** you can meet us there later. 당신은 지금 오거나 아니면 그곳에서 나중에 우리를 만날 수 있다.

ⓘ 첫 번째 절과 두 번째 절의 주어가 같을 경우, 두 번째 절의 주어는 생략할 수 있다.

I wrote to him but received no reply. 나는 그에게 편지를 썼으나 회답을 받지 못했다.

2 subordinate clauses(종속절)

복문은 최소 한 개의 주절과 한 개의 종속절로 구성된 문장이다. 종속절은 주절에 추가 정보를 제공하는 역할을 하는 절로, **because, if, whereas that, wh-**어와 같은 접속사로 시작한다. 종속절은 주절의 앞, 뒤, 중간에 모두 올 수 있다.

When he stopped, no one said anything. 그가 멈추었을 때, 그 누구도 아무 말도 하지 않았다.

They were going by car ***because it was more comfortable***.
그들은 차로 가던 중이었는데, 그것이 더 편안했기 때문이었다.

I said ***that I should like to come***. 나는 가고 싶다고 말했다.

My brother, ***who lives in New York***, is visiting us next week.
뉴욕에 살고 있는 내 남동생이 다음 주에 우리를 방문할 것이다.

➲ **Grammar** 표제어 **Subordinate clauses**와 **Relative clauses** 참조.
➲ 전달동사 뒤에 사용하는 **that**절과 **wh-**절에 대한 더 많은 정보는 **Grammar** 표제어 **Reporting** 참조.

3 finite clauses(정동사절)

정동사절은 항상 어떤 일이 일어난 시간을 나타내며, 시제가 있다.

I ***went*** there last year. 나는 작년에 거기에 갔다.
Did you see him? 당신은 그를 보았습니까?

4 non-finite clauses(비정동사절)

비정동사절은 분사나 부정사로 시작한 종속절로, 어떤 일이 일어난 시각을 나타내지 않으며 시제가 없다.

Quite often ***while talking to you*** they'd stand on one foot.
당신에게 말하는 동안 매우 자주 그들은 한 발로 서 있곤 했다.

He pranced about ***feeling very important indeed***. 그는 정말 매우 중요하다고 느끼면서 의기양양하게 걸었다.

I wanted ***to talk to her***. 나는 그녀와 이야기하길 원했다.

➲ Grammar 표제어 '-ing' forms, Past participles, 'To'-infinitive clauses 참조.

Comparative and superlative adjectives

GRAMMAR

1 comparative adjectives(비교급 형용사)

비교급 형용사는 어떤 것이 다른 것과 같은 성질을 더 많이 가지고 있거나, 또는 전에 갖고 있던 것에 비해 더 많을 경우에 사용한다. 비교급 형용사는 **smaller**처럼 **-er**을 추가하거나 **more interesting**처럼 형용사 앞에 **more**를 넣어 만든다.

...the battle for ***safer*** and ***healthier*** working environments. 더 안전하고 위생적인 작업 환경을 위한 투쟁.

Current diesel engines are ***more efficient*** than petrol engines in terms of miles per gallon.
현재의 디젤 엔진은 갤런당 마일면에서 휘발유 엔진보다 더 효율적이다.

2 superlative adjectives(최상급 형용사)

최상급 형용사는 어떤 것이 같은 종류 중에서 가장 뛰어난 성질을 갖고 있거나, 또는 특정한 그룹이나 장소에 있는 다른 어떤 것보다 더 많은 것을 갖고 있다고 할 경우에 사용한다. 최상급 형용사는 **smallest**처럼 **-est**를 추가하거나 **most interesting**처럼 형용사 앞에 **most**를 넣어 만들며, 일반적으로 형용사 앞에 **the**가 온다.

...the ***oldest*** building in the city. 도시에 있는 가장 오래된 건물.

A house or a self-contained flat is the ***most suitable*** type of accommodation for a family.
집이나 일체 설비가 완비된 아파트는 가족에게 가장 적합한 주거 형태이다.

> **주의** 회화에서 두 개의 사물을 비교할 때, 사람들은 비교급보다 최상급을 자주 사용한다. 예를 들면, 기차 편과 버스 편을 비교할 때, '기차가 더 빠르다.'는 **The train is quicker.**라고 하기보다 **The train is quickest.**라고 표현한다. 그러나 격식을 차린 글에서는 이와 같은 최상급을 사용해서는 안 된다.

3 forming comparative and superlative adjectives(비교급과 최상급 형용사 만들기)

비교급과 최상급을 만들 때, 형용사에 **-er**과 **-est**를 붙일지 **more**와 **most**를 붙일지는 형용사의 음절 수에 따라 다르다.

1음절로 끝나는 형용사는 보통 끝에 **-er, -est**를 붙인다.

tall → taller → tallest　　quick → quicker → quickest

형용사의 끝이 단모음과 단자음으로 끝날 경우, 자음을 하나 더 붙인다.(단, 자음이 **w**인 경우는 제외한다.)

big → bigger → biggest　　fat → fatter → fattest

형용사가 **e**로 끝나면 **e**를 없앤다.

rare → rarer → rarest　　wide → wider → widest

일반적으로 **dry**의 비교급은 **drier**이며, 최상급은 **driest**이다. 그러나 **y**로 끝나는 다른 1음절 형용사(**shy, sly, spry**)는 **y**를 **i**로 변형하지 않고 **-er**과 **-est**를 붙인다.

4 two syllables(2음절)

y로 끝나는 2음절 형용사는 **y**를 **i**로 바꾸고, **-er**과 **-est**를 붙인다. 이러한 단어에는 **angry, dirty, silly** 등이 있다.

dirty → dirtier → dirtiest
happy → happier → happiest
easy → easier → easiest

다른 2음절 형용사는 보통 **more**와 **most**를 붙여 비교급과 최상급을 만들지만, **clever**와 **quiet**는 **-er**과 **-est**를 붙여서 비교급과 최상급을 만든다.

몇몇 2음절 형용사는 이 두 가지 형태의 비교급과 최상급을 모두 사용한다.

I can think of many ***pleasanter*** subjects. 나는 더 많은 즐거운 과목을 생각할 수 있다.

It was ***more pleasant*** here than in the lecture room. 그 강의실보다 이곳에서 더 즐거웠다.

Exposure to sunlight is one of the ***commonest*** causes of cancer.
햇볕에 노출하는 것은 암을 일으키는 가장 일반적인 원인 중의 하나이다.

...five hundred of the ***most common*** words. 가장 흔히 사용하는 단어 중 5백 개.

위의 두 가지 형태의 비교급과 최상급을 모두 사용할 수 있는 형용사는 다음과 같다.

angry	busy	clever	common
cruel	gentle	handsome	hungry
likely	mature	narrow	obscure
pleasant	polite	quiet	remote
shallow	simple	stupid	subtle

bitter의 최상급은 **most bitter**나 **bitterest**이며, **tender**의 최상급은 **most tender**나 **tenderest**이다.

5 three or more syllables(3음절 이상)

3음절 이상의 형용사는 비교급과 최상급에 보통 **more**와 **most**를 쓴다.

dangerous → more dangerous → most dangerous
ridiculous → more ridiculous → most ridiculous

그러나 **un-**으로 시작하는 3음절 형용사인 경우, 위의 방식을 적용하지 않는다. 예를 들면, **unhappy, unlucky** 등은 **more, most**나 **-er, -est**를 사용하여 비교급과 최상급을 만든다.

He felt crosser and ***unhappier*** than ever. 그는 어느 때보다 더 화를 내며 불행하다고 느꼈다.

He may be ***more unhappy*** seeing you occasionally. 그는 당신을 가끔 만나서 더 불행할지도 모른다.

6 irregular forms(불규칙형)

비교급과 최상급이 불규칙적으로 변화하는 형용사도 있다.

bad → worse → worst
far → farther / further → farthest / furthest
good → better → best
old → older / elder → oldest / eldest

far와 old의 형태에 대한 더 많은 정보는 Usage 표제어 farther – further, elder – eldest, older – oldest 참조.

7 'little'

표준 영어에서는 little의 비교급이나 최상급이 없으므로, 비교할 때에는 smaller와 smallest를 사용한다.

8 'ill'

ill은 비교급이나 최상급이 없다. 그러므로 비교급을 사용하고자 할 경우, worse를 사용한다.

Each day Kunta felt a little ***worse***. 쿤타는 날마다 조금씩 더 악화되는 것을 느꼈다.

9 colour adjectives(색깔을 나타내는 형용사)

일반적으로 등급을 매길 수 있는 형용사에만 비교급과 최상급이 있지만, 기본 색깔을 나타내는 일부 형용사도 비교급이나 최상급이 있다.

His face was ***redder*** than usual. 그의 얼굴은 평소보다 더 붉었다.
...some of the ***greenest*** scenery in America. 미국에서 가장 푸른 몇몇 경치.

10 compound adjectives(복합형용사)

복합형용사의 비교급과 최상급은 일반적으로 형용사 앞에 more나 most를 사용한다.

nerve-racking → more nerve-racking → most nerve-racking

일부 복합형용사는 한 단어의 비교급과 최상급처럼 첫 번째 오는 형용사나 부사를 비교급과 최상급으로 만든다. 이러한 복합형용사는 more와 most를 붙이기보다는 오히려 첫 단어만 비교급과 최상급으로 만든다.

good-looking → better-looking → best-looking
well-known → better-known → best-known

첫 번째 단어에만 비교급이나 최상급이 있는 복합형용사는 다음과 같다.

good-looking	high-paid	long-lasting	long-standing
low-paid	short-lived	well-behaved	well-dressed
well-known	well-off		

11 another use of 'most'(most의 다른 용법)

most는 very라는 뜻으로 일부 형용사 앞에 사용한다.

This book was ***most interesting***. 이 책이 매우 재미있었다.
My grandfather was ***a most extraordinary*** man. 내 조부께서는 매우 별난 분이셨다.

Usage 표제어 most 참조.

12 'more or less'

〔more or less + 형용사 · 기타 단어〕 형식은 어떤 일이 사실과 거의 가깝다는 것을 나타내며, 다른 것과 비교할 때는 사용할 수 없다.

The basic federal organization remained ***more or less intact***. 기초 연방 조직은 대체로 손대지 않은 채로 유지되었다.
I had gradually become ***more or less immune*** to feeling of every kind.
나는 모든 종류의 감정에 서서히 어느 정도 면역이 되었다.

13 using comparatives(비교급 사용하기)

비교급은 명사 앞에 오거나 연결동사 뒤에 보어로 사용할 수 있다.

Their demands for a ***bigger*** defence budget were refused. 더 많은 국방 예산에 대한 그들의 요구는 거절되었다.
To the ***brighter, more advanced*** child, they will be challenging.
더 총명하고 진도를 앞서 가는 아이들에게 그것들은 도전이 될 것이다.
Be ***more careful*** next time. 다음 번에는 더욱 조심하세요.
His breath became ***quieter***. 그의 숨소리는 더 조용해졌다.

비교급은 명사구에 있는 모든 형용사 앞에 위치한다.

Some of ***better*** English actors have gone to live in Hollywood.
더 나은 영국 배우 중 일부는 할리우드에서 살기 위해 떠났다.

14 comparatives with 'than'(than과 함께 사용하는 비교급)

〔비교급 + than + 명사구 · 절〕 형식은 비교의 대상이나 비교의 내용을 구체적으로 나타낼 때 사용한다.

My brother is younger ***than me***. 남동생은 나보다 어리다.
I was a better writer ***than he was***. 나는 그보다 더 나은 작가였다.
I would have done a better job ***than he did***. 나는 그가 했던 것보다 더 훌륭히 임무를 완수했을 것이다.

15 linked comparatives(연결 비교급)

〔the + 비교급... the + 비교급〕 형식은 어떤 것의 질이나 양이, 다른 것의 질이나 양과 서로 연관되어 있다는 것을 나타낼 때 사용한다.

The larger the organization, ***the less*** scope there is for decision.
조직이 커지면 커질수록, 결정하는 범위는 점점 줄어든다.

The earlier you detected a problem, ***the easier*** it is to cure.
문제를 더 일찍 발견하면 발견할수록, 해결하기가 더 쉬워진다.

i 위와 같은 문장 구조에 비교급 형용사나 부사, more, less, fewer 등을 사용할 수도 있다.

16 using superlatives(최상급 사용하기)

최상급은 명사 앞이나 연결동사 뒤의 보어로 사용할 수 있다.

He was the ***cleverest*** man I ever knew. 그는 내가 아는 사람 중에서 가장 영리한 사람이었다.
Now we come to the ***most important*** thing. 지금 우리는 가장 중요한 일에 직면해 있다.
He was the ***youngest***. 그는 가장 나이가 어렸다.

최상급은 명사구에 있는 모든 형용사 앞에 위치한다.

These are the ***highest*** monthly figures on record. 이것들은 기록상 월별로 가장 높은 수치이다.

일반적으로 최상급 앞에 the가 온다. 그러나 비교가 어떤 사물의 그룹과 연관되지 않을 때에는 연결동사 뒤의 the를 생략한다. 또한 회화나 격식을 차리지 않는 글에서 사물의 그룹과 비교할 때에도 때때로 the를 생략한다.

Beef is ***nicest*** slightly underdone. 소고기는 살짝 구웠을 때가 가장 맛있다.
Wool and cotton blankets are generally ***cheapest***. 일반적으로 양털과 면 담요가 가장 저렴하다.

> **주의** 뒤에 비교하려는 사물의 그룹을 나타내는 문장 구조가 오는 최상급의 경우, the를 생략할 수 없다. 예를 들면 '아만다는 우리 중에서 가장 나이가 어렸다.'는 ~~Amanda was youngest of our group.~~가 아닌 Amanda was ***the*** youngest of our group.이라고 한다. 그리고 최상급 앞의 the 대신 소유격을 사용할 수 있다.
>
> ...***the school's*** most famous headmaster. 그 학교에서 가장 유명한 교장 선생님.
> ...***my*** newest assistant. 나의 가장 새로운 조수.

17 indicating group or place(그룹이나 장소 나타내기)

비교하는 것이 명확한 경우, 〔the + 최상급〕 형식을 사용할 수 있다. 그러나 관련된 그룹이나 장소를 나타낼 필요가 있는 경우, 다음과 같은 방법을 사용한다.

- of로 시작하는 부분을 나타내는 전치사구 또는 in으로 시작하는 장소를 나타내는 전치사구

Henry was the biggest ***of them***. 헨리는 그들 중에서 몸집이 가장 컸다.
These cakes are probably the best ***in the world***. 이 케이크들은 아마도 세계에서 최고일 것이다.
...one of the worst deserts ***in Australia***. 호주 최악의 사막 중의 하나.

- 관계사절

The visiting room was the worst ***I had seen***. 그 손님방은 내가 본 것 중에서 최악이었다.
That's the most convincing answer ***that you've given me***. 그것은 당신이 나에게 주었던 가장 확실한 대답이다.

- **-ible**이나 **-able**로 끝나는 형용사

...the longest ***possible*** gap. 길이가 가장 길 가능성이 있는 틈.

...the most beautiful scenery ***imaginable***. 상상할 수 있는 가장 아름다운 경치.

18 'of all'

〔**the** + 최상급 + **of all**〕 형식은 어떤 것이 그와 같은 종류의 것이나, 그 그룹에 있는 다른 어떤 것보다 더 많은 성질이 있다는 것을 강조할 때 사용한다.

The third requirement is the most important ***of all***. 세 번째 요구 조건이 그중에서 가장 중요하다.

We are unlikely yet to have discovered the oldest fossils ***of all***.
우리는 그중에서 가장 오래된 화석을 아직 발견하지 못한 것 같다.

19 with ordinal numbers(서수와 함께 사용하기)

〔**second** 등의 서수 + 최상급〕 형식은 어떤 것이 그와 같은 종류의 것이나 그 그룹 안에 있는 거의 모든 다른 것보다 더 많은 성질이 있다는 것을 말할 때 사용한다. 예를 들면, '세계에서 두 번째로 높은 산'은 **a mountain is the second highest mountain in the world.**라고 한다. 이는 가장 높은 산을 제외한 어떤 산보다 더 높다는 뜻이다.

...Mobil, the ***second biggest*** industrial company in the United States. 미국에서 두 번째로 큰 공업 회사인 모빌.

It is Japan's ***third largest*** city. 그곳은 일본에서 세 번째로 큰 도시이다.

20 comparison with 'less' and 'least'(less, least를 이용한 비교)

〔**less** + 형용사〕 형식은 어떤 사물이 예전에 가졌던 만큼 또는 다른 사물만큼 많은 성질을 갖고 있지 않다는 것을 나타낼 때 사용한다.

➲ Usage 표제어 less 참조.

The cliffs here were ***less high***. 이곳에 있는 절벽들은 덜 높았다.

As the days went by, Sita became ***less anxious***. 날이 갈수록 시타는 덜 걱정스러웠다.

〔**least** + 형용사〕 형식은 어떤 사물이 다른 어떤 사물보다도 더 적은 성질을 가지고 있거나, 특정한 그룹이나 장소에 있는 다른 어떤 것보다 성질이 더 적다는 것을 나타낼 때 사용한다.

This is the ***least popular*** branch of medicine. 이것은 의학 분야에서 가장 알려지지 않았다.

GRAMMAR

Comparative and superlative adverbs

비교급과 최상급 부사는 어떤 일이 과거에 일어났거나 이루어졌던 방법과, 현재 일어나거나 이루어지는 방법을 비교할 때 사용한다. 또한 한 사람이나 사물의 행위를 그 밖의 사람이나 사물의 행위와 비교할 때도 사용한다.

1 forming comparative and superlative adverbs(비교급과 최상급 부사 만들기)

비교급 부사는 〔**more** + 부사〕 형식을 사용한다.

He began to speak ***more quickly***. 그는 더 빨리 말하기 시작했다.

The people needed business skills so that they could manage themselves ***more effectively***.
사람들은 스스로가 더 효율적으로 관리하기 위해 사업 기술이 필요했다.

최상급 부사는 〔**most** + 부사〕 형식을 사용한다.

You are likely to have bills which can ***most easily*** be paid by post.
당신은 가장 쉽게 우편으로 지불할 수 있는 청구서를 받게 될 것이다.

The country ***most severely*** affected was Holland. 가장 심하게 영향을 받은 나라는 네덜란드였다.

2 single-word forms(한 단어 형태)

매우 일상적으로 쓰는 어떤 부사들은 한 단어로 된 비교급과 최상급을 가지며, **more**와 **most**를 사용하지 않는다. 예를 들어, **well**의 비교급은 **better**, 최상급은 **best**이다.

...when I got to know him ***better***. 내가 그를 더 잘 알게 되었을 때.

Why don't you go back to doing what you do ***best***? 당신이 가장 잘하는 것으로 돌아가서 하는 게 어때요?

부사 **badly**의 비교급은 **worse**, 최상급은 **worst**이다.

Socially, my wife fares ***worse*** than I do. 사회적으로 내 아내는 나보다 더 불리한 대접을 받고 있다.
Those in the poorest groups are ***worst*** hit. 가장 가난한 집단인 그들이 가장 큰 타격을 받고 있다.

그러나 **badly**의 비교급 **more badly**와 최상급 **most badly**에는 특별한 뜻이 있다.

➲ **Usage** 표제어 **bad – badly** 참조.

형용사와 부사가 같은 형태일 경우, 같은 비교급과 최상급 형태를 취한다. 다음은 부사로 사용하든지 형용사로 사용하든지 비교급과 최상급이 같다.

close	deep	early	far
fast	hard	long	loud
low	near	quick	slow
straight	tight	wide	

They worked ***harder,*** they were more honest. 그들은 더 열심히 일했고 더 정직했다.
The person who sang ***loudest*** took the rest of us with him.
가장 크게 노래를 부른 사람이 그와 함께 남은 우리를 데리고 갔다.

부사로 사용하는 **late**의 비교급은 **later**, 최상급은 **latest**이며, **soon**의 비교급은 **sooner**, 최상급은 **soonest**이다.

3 'the' with superlatives(최상급과 함께 사용하는 the)

한 단어로 구성된 최상급 부사에 **the**를 사용할 수 있지만, 현대 영어에서는 잘 사용하지 않는 편이다.

The old people work ***the hardest***. 노인들이 가장 열심히 일한다.
Sports in general are about who can run ***the fastest***. 일반적으로 스포츠는 누가 가장 빨리 달릴 수 있느냐에 대한 것이다.

Comparison

비교급 형용사나 비교급 부사는 어떤 사물이 다른 어떤 사물보다 더 많은 성질을 갖거나, 그 전에 갖고 있는 것보다 더 많은 성질을 갖고 있을 때 사용한다.

The climbing became ***more difficult***. 등산이 더 어려워졌다.
I thought I could deal with it ***better than Ivan***. 나는 내가 이반보다 그것에 더 잘 대처할 수 있을 거라고 생각했다.

➲ **Grammar** 표제어 **Comparative and superlative adjectives**와 **Comparative and superlative adverbs** 참조.

어떤 사물이 다른 사물과 똑같거나, 똑같은 방식으로 다른 일이 이루어지는 것을 나타내는 단어와 문장 구조를 사용하여 비교할 수도 있다.

Once she returned to Woodland, life went on very much ***as*** before.
그녀가 우드랜드로 돌아오자, 삶은 전만큼이나 매우 잘 지속되었다.
You're just ***as bad as*** your sister. 당신은 당신의 여동생만큼 나쁘다.
He looked ***like*** an actor. 그는 배우처럼 보였다.
Their life expectancy is about ***the same as*** ours. 그들의 평균 수명은 우리들과 거의 같다.

➲ **Usage** 표제어 **as, as...as, like – as – the way, same – similar** 참조.

Complements

보어(**complement**)는 **be**와 같은 연결동사 뒤에 오는 형용사나 명사구이며, 문장의 주어에 대해 더 많은 정보를 제공해 주는 역할을 한다.

The children seemed ***frightened***. 그 아이들은 깜짝 놀란 듯했다.
He is ***a geologist***. 그는 지질학자이다.

➲ 절의 목적어를 묘사하는 보어는 다음의 **object complements** 참조.

Complements

1 adjectives as complement(보어로서의 형용사)

형용사나 형용사구를 보어로 사용하는 연결동사는 다음과 같다.

appear	be	become	come
feel	find	get	go
grow	keep	look	pass
prove	remain	seem	smell
sound	stay	taste	turn

We were *very happy*. 우리는 매우 행복했다.
The other child looked *a bit neglected*. 다른 아이는 다소 보살핌을 받지 못하는 것처럼 보였다.
Their hall was *larger than his whole flat*. 그들의 홀이 그의 전체 아파트보다 더 컸다.
She looked *worried*. 그녀는 걱정하는 듯했다.
It smells *nice*. 그것에서는 좋은 냄새가 난다.

주의 연결동사 뒤에 보어로 부사를 사용하지 않는다. 예를 들면, '우리는 매우 행복했다.'는 ~~We felt very happily.~~가 아닌 **We felt very happy.**라고 한다.

연결동사 **come, go, turn**은 일부 형용사를 보어로 사용할 수 있다.

➲ 이것과 **get, grow**의 용법에 대한 더 많은 정보는 **Usage** 표제어 **become** 참조.

2 noun groups as complements(보어로서의 명사구)

명사구를 보어로 사용하는 연결동사는 다음과 같다.

be	become	comprise	constitute
feel	form	look	make
prove	remain	represent	seem
sound			

He always seemed *a controlled sort of man*. 그는 항상 자신을 자제하는 성격을 가진 사람같이 보였다.
He'll make *a good president*. 그는 좋은 대통령이 될 것이다.
I feel *a bit of a fraud*. 나는 약간의 속임수를 느낀다.

ℹ 사람의 직업을 나타내는 명사 앞에는 a나 an을 사용해야 한다. 예를 들면, ~~She's journalist~~.가 아닌 She's a journalist.라고 한다.

3 pronouns as complements(보어로서의 대명사)

어떤 것의 정체를 나타내거나 어떤 일을 묘사할 때, 때때로 대명사를 보어로 사용한다.

It's *me* again. 또 나야.
This one is *yours*. 이것은 당신 것이다.
You're *someone who does what she wants*. 당신은 그녀가 원하는 것을 해주는 사람이다.

4 'to'-infinitive clauses(to부정사절)

➲ **It's an easy mistake to make.**처럼 보어 뒤의 **to**부정사 용법에 대한 정보는 **Grammar** 표제어 **'To'-infinitive clauses** 참조.

5 other verbs with complements(보어와 함께 사용하는 다른 동사)

행동과 과정을 가리키는 일부 동사들 뒤에 보어가 올 수 있다. 예를 들면, '그는 부상을 당하지 않고 무사히 돌아왔다.'는 **He returned. He had not been harmed.** 대신, 보어를 사용하여 **He returned unharmed.**라고 한다. 이와 같이 보어를 사용하는 동사는 다음과 같다.

GRAMMAR

arrive	be born	die	emerge
escape	grow up	hang	lie
return	sit	stand	stare
survive	watch		

George ***stood motionless*** for at least a minute. 조지는 움직이지 않고 적어도 일 분 동안 서 있었다.

I used to ***lie awake*** watching the rain seep through the roof.
나는 잠이 깬 채 누워서 지붕에서 비가 스며드는 것을 바라보곤 했다.

He ***died young***. 그는 젊은 나이에 죽었다.

부정적인 뜻을 지닌 형용사들, 특히 **unannounced, unhurt, untouched** 등과 같이 접두어 **un-**이 붙은 단어들이 보어로 사용된다.

I considered arriving ***unannounced*** at his front door, but rejected the idea.
나는 그에게 알리지 않고 그의 현관 앞에 도착하려고 했으나, 그 생각을 버렸다.

The man's car was hit by rifle fire but he escaped ***unhurt***.
그 남자의 자동차는 소총 사격을 받았으나, 그는 다치지 않고 빠져나왔다.

6 object complements(목적격 보어)

일부 타동사는 특정한 뜻으로 쓰일 때 목적어 뒤에 보어가 온다. 이처럼 주어가 아닌 목적어를 부가 설명하는 보어를 목적격 보어라고 한다. 형용사를 목적격 보어로 사용하는 타동사는 다음과 같다.

believe	call	certify	colour
consider	count	declare	eat
find	hold	judge	keep
label	leave	make	presume
pronounce	prove	rate	reckon
render	serve	term	think

Willie's jokes ***made*** her ***uneasy***. 윌리의 농담이 그녀를 불안하게 했다.

He had ***proved*** them all ***wrong***. 그는 그들이 모두 잘못되었다는 것을 증명했다.

The journal 'Nature' ***called*** this book ***dangerous***. 'Nature'라는 잡지에서 이 책이 위험하다고 묘사했다.

They ***held*** him ***responsible*** for the brutal treatment they had endured.
그들 자신들이 견뎌 냈던 잔인한 대우에 대해 그가 책임이 있다고 생각했다.

일부 동사는 매우 제한적인 범위에서만 목적격 보어를 사용한다.

to drive someone crazy / mad	to rub something dry / smooth
to burn someone alive	to scare someone stiff / silly
to get someone drunk / pregnant	to send someone mad
to keep someone awake	to shoot someone dead
to knock someone unconscious	to set someone free
to open something wide	to squash something flat
to paint something red, blue, etc	to sweep something clean
to pat something dry	to turn something white, black, etc
to pick something clean	to wipe something clean / dry
to plane something flat / smooth	

She ***painted*** her eyelids ***deep blue***. 그녀는 자신의 눈꺼풀에 짙은 파란색으로 칠했다.

Waves of insecurity ***kept*** him ***awake*** at night. 불안감이 엄습하여 그는 밤에 계속 깨어 있었다.

He ***wiped*** the bottle ***dry*** with a dishcloth. 그는 행주로 그 병을 닦았다.

다음 타동사는 명사구를 목적격 보어로 사용한다.

appoint	believe	brand	bring up
call	consider	crown	declare
designate	elect	find	hold
judge	label	make	nominate
presume	proclaim	prove	reckon
term	think		

They ***brought*** him up ***a Christian***. 그들은 그를 기독교인으로 키웠다.
If you ***elect*** me ***president***, you'll be better off four years from now.
여러분이 저를 대통령으로 선출해 준다면, 앞으로 4년간 여러분은 더 나은 삶을 살게 될 것입니다.
In 1910 Asquith ***made*** him ***a junior minister***. 애스퀴스는 1910년에 그를 하급 장관으로 임명했다.

다음 타동사는 명칭을 목적격 보어로 사용한다.

call	christen	dub	name
nickname			

Everyone ***called*** her ***Molly***. 모두가 그녀를 몰리라고 불렀다.

Conjunctions

접속사(conjunction)는 두 개의 절이나 구, 혹은 단어를 연결하는 품사로, 등위접속사와 종속접속사로 나누어진다.

1 coordinating conjunctions(등위접속사)

등위접속사는 두 개의 주절이나 두 개의 형용사와 같이 문법적인 유형이 같은 절, 구, 단어를 연결한다. 등위접속사는 다음과 같다

and	but	nor	or
then	yet		

Anna had to go into town ***and*** she wanted to go to Bride Street.
애너는 시내로 가야 했고 브라이드가로 가기를 원했다.
I asked if I could borrow her bicycle ***but*** she refused. 나는 그녀의 자전거를 빌릴 수 있냐고 물었지만 그녀는 거절했다.
Her manner was hurried ***yet*** painstakingly courteous. 그녀의 태도는 서두르고 있었지만, 애써 예의를 차렸다.

nor, then, yet은 and 뒤에, nor, then은 but 뒤에 사용할 수 있다.

Eric moaned something ***and then*** lay still. 에릭은 어떤 것을 불평한 후에 가만히 있었다.
It is a simple game ***and yet*** interesting enough to be played with skill.
그것은 간단한 게임이지만 기술이 있어야 할 만큼 재미있었다.
Institutions of learning are not taxed ***but nor*** are they much respected.
교육 기관은 세금을 내지 않을 뿐만 아니라, 많은 존경을 받지도 못 한다.

주어가 같은 절을 등위접속사로 연결할 때, 일반적으로 두 번째 절에서는 주어를 반복하지 않는다.

She was born in Budapest ***and*** raised in Manhattan. 그녀는 부다페스트에서 태어나서 맨해튼에서 자랐다.
He didn't yell ***or*** scream. 그는 고함을 지르거나 소리를 지르지 않았다.
When she saw Morris she went pale, ***then*** blushed. 그녀는 모리스를 보자 얼굴이 창백해졌다가 다시 붉어졌다.

➲ 더 많은 자세한 정보는 **Usage** 표제어의 **and, but, nor, or** 참조.

2 subordinating conjunctions(종속접속사)

종속접속사는 종속절을 이끈다. 이 경우 종속절은 두 문장 사이에 올 필요가 없고, 문장의 첫 번째 절을 이끈다.

He only kept thinking about it ***because*** there was nothing else to think about.
그는 다른 것에 대해 생각할 것이 아무것도 없었기 때문에, 오직 그 일만 계속해서 생각했다.
When the jar was full, he turned the water off. 병이 가득 차자, 그는 물을 잠갔다.

Although she was eighteen, her mother didn't like her to stay out late.
그녀가 18살임에도 불구하고 그녀의 어머니는 그녀가 늦게까지 밖에 있는 것을 좋아하지 않았다.

매우 자주 사용하는 종속접속사는 다음과 같다.

although	as	because	if
though	unless	whereas	when
whenever	while		

➲ 종속접속사와 여러 가지 형태의 종속절을 이끌 때 사용하는 접속사에 대한 정보는 **Grammar** 표제어 **Subordinate clauses** 참조.

Continuous tenses

1 continuous tenses(진행시제)

진행시제는 〔be동사 + 현재분사〕 형식으로, 어떤 특정한 시점의 일시적인 상황에 대해 말할 때 사용한다.

➲ Grammar 표제어 Tenses 참조.

진행시제를 사용하는 동사를 때때로 동작동사(**dynamic verb**)라고 한다.

The video industry ***has been developing*** rapidly. 비디오 산업은 급속도로 발전해 오고 있다.
He***'ll be working*** nights next week. 그는 다음 주에 야근할 것이다.

2 stative verbs(상태동사)

일반적으로 진행시제를 사용하지 않는 동사들이 많이 있다. 이러한 종류의 동사를 흔히 상태동사(**stative verb**)라고 한다.

다음 동사들은 동사 자체가 가지는 일반적이거나 혹은 기본적인 뜻일 때는 진행시제를 사용할 수 없다.

admire	adore	appear	astonish
be	believe	belong to	concern
consist of	contain	deserve	desire
despise	detest	dislike	envy
exist	fit	forget	hate
have	hear	imagine	impress
include	interest	involve	keep
know	lack	last	like
look like	love	matter	mean
owe	own	please	possess
prefer	reach	realize	recognize
remember	resemble	satisfy	see
seem	sound	stop	suppose
surprise	survive	suspect	understand
want	wish		

3 'be'

be동사는 일반적으로 진행시제에서 본동사로 사용하지 않는다. 그러나 어떤 사람이 특정한 시간 동안 지속한 태도나 행동을 묘사할 때, 진행시제에 **be**동사를 사용할 수 있다.

You***'re being*** naughty. 당신은 개구쟁이같이 굴고 있다.

4 'have'

have가 소유의 뜻일 경우, 진행시제에 사용할 수 없다. 누군가가 어떤 일을 하고 있다는 것을 나타낼 때에는 **have**를 진행시제에 사용할 수 있다.

We ***were*** just ***having*** a philosophical discussion. 우리는 그저 철학적인 토론을 하고 있었다.

GRAMMAR

➲ Usage 표제어 have 참조.

5 other verbs(그 밖의 동사)

일부 동사를 진행시제로 사용하지 않는 경우, 매우 특정한 뜻을 갖는다. 예를 들면, **smell**을 진행시제에 사용하면, 의도적으로 어떤 것의 냄새를 맡다라는 뜻이지 어떤 냄새가 나다라는 뜻이 아니다.

She ***was smelling*** her bunch of flowers. 그녀는 자신의 꽃다발의 냄새를 맡고 있었다.

The air ***smelled*** sweet. 공기가 상쾌했다.

다음 동사들은 괄호 안의 뜻으로 사용하는 경우, 진행시제로 사용할 수 없다.

depend (be related to) : 어떤 것에 관련되어 있다
measure (have length) : 길이가 ~이다
taste (of something) : 어떤 것을 맛보다
weigh (have weight) : 무게가 ~나가다
feel (have an opinion) : 어떤 의견이 있다
smell (of something) : 어떤 것의 냄새가 나다
think (have an opinion) : 어떤 의견이 있다

Contractions

1 basic forms(기본형)

축약(contraction)는 주어와 조동사, 또는 조동사와 **not**을 결합하여 한 단어로 만드는 것이다.

I'm getting desperate. 나는 절박해지고 있다.

She ***wouldn't*** believe me. 그녀는 나를 믿지 않을 것이다.

어떤 사람이 말한 내용을 글로 적거나, 예를 들어 친구에게 보내는 편지와 같이 회화체로 글을 쓰는 경우에도 축약어를 사용한다.

be동사는 본동사나 조동사로 사용되는 경우 축약형을 사용한다. 그러나 **have**동사가 본동사로 사용되는 경우에는 일반적으로 축약형을 사용하지 않는다.

다음의 표는 인칭대명사와 **be, have, will, shall, would**를 결합한 축약어이다.

be – 단순현재		
I am	I'm	[aim]
you are	you're	[jər], [juər]
he is	he's	[*h*iz], [hi:z]
she is	she's	[ʃi(:)z]
it is	it's	[its]
we are	we're	[wiər]
they are	they're	[ðeər]

's는 사람의 이름, 단수명사, wh-어에도 붙여 쓸 수 있다.
there's, here's, that's 형태도 있다.

have – 단순현재		
I have	I've	[aiv]
you have	you've	[ju(:)v]
he has	he's	[*h*i:z], [hi:z]
she has	she's	[ʃi(:)z]
it has	it's	[its]
we have	we've	[wi(:)v]
they have	they've	[ðeiv]

's는 사람의 이름, 단수명사, wh-어에도 붙여 쓸 수 있다.
there's, there've(잘 사용하지 않음), that's 형태도 있다.

have - 단순과거		
I had	I'd	[aid]
you had	you'd	[ju(:)d]
he had	he'd	[*h*id], [hi:d]
she had	she'd	[ʃi(:)d]
it had	it'd	[itəd]
we had	we'd	[wi(:)d]
they had	they'd	[ðeid]
there'd, who'd 형태도 있다.		

will/shall		
I shall/will	I'll	[ail]
you will	you'll	[ju(:)l]
he will	he'll	[*h*il], [hi:l]
she will	she'll	[ʃi(:)l]
it will	it'll	[itəl]
we will	we'll	[wi(:)l]
they will	they'll	[ðeil]
'll은 사람의 이름과 명사에도 붙일 수 있다.(구어체에서) there'll, who'll, what'll, that'll 형태도 있다.		

would		
I would	I'd	[aid]
you would	you'd	[ju(:)d]
he would	he'd	[*h*id], [hi:d]
she would	she'd	[ʃi(:)d]
it would	it'd	[itəd]
we would	we'd	[wi(:)d]
they would	they'd	[ðeid]
there'd, who'd, that'd 형태도 있다.		

주의 축약어가 문장의 끝에 위치하면 축약하여 사용할 수 없다. 예를 들면, '나는 하겠다고 말했다.'는 ~~I said I'd.~~가 아닌 **I said I would.**라고 해야 한다.

2 negative contractions(부정 축약어)

다음의 표는 **be**, **do**, **have**, 조동사, 준조동사와 **not**을 함께 결합한 축약어이다.

be		
are not	aren't	[ɑ:*r*nt]
is not	isn't	[íznt]
was not	wasn't	[wʌ́znt, wɑ́(:)z- | wɔ́z-]
were not	weren't	[wə:*r*nt]

do		
do not	don't	[dount]
does not	doesn't	[dʌ́znt]
did not	didn't	[dídnt]

have		
have	haven't	[hǽvnt]
has	hasn't	[hæznt]
modals(조동사)		
cannot	can't	[kænt ǀ kaːnt]
could not	couldn't	[kúdənt]
might not	mightn't	[máitnt]
must not	mustn't	[mʌ́snt]
ought not	oughtn't	[ɔ́ːtnt]
shall not	shan't	[ʃænt ǀ ʃɑːnt]
should not	shouldn't	[ʃúdnt]
will not	won't	[wount]
would not	wouldn't	[wúdnt]
semi-modals(준조동사)		
dare not	daren't	[deərnt]
need not	needn't	[níːdnt]

주의 표준 영어에서는 **am not**의 축약형이 없지만 회화와 격식을 차리지 않는 글에서는 **I'm not**을 사용한다. 그러나 의문문과 의문 부가절에서는 **aren't I?**를 사용한다.

Aren't I brave? 제가 용감하지 않습니까?

I'm right, ***aren't I***? 내가 옳아요, 그렇지 않아요?

아주 격식을 차리지 않는 영어에서는 때때로 **ain't**를 사용한다. 그러나 이는 잘못된 표현이라고 생각하는 사람이 많다.

I certainly ***ain't*** going to retire. 나는 확실히 은퇴하지 않을 것이다.

표준 영어에서는 〔대명사 + 조동사 축약어 · **have** 축약어 + **not**〕 형식보다는 〔대명사 + 조동사, **have**의 부정 축약어〕 형식을 선호하여 사용한다. 예를 들면, **I'll not, I'd not, I've not**보다 **I won't, I wouldn't, I haven't**를 더 많이 사용한다. 그러나 **be**동사의 경우에는 두 가지 모두 사용한다. 예를 들면, **you're not**과 **he's not**은 **you aren't**와 **he isn't** 만큼이나 일반적으로 사용한다.

You aren't responsible. 당신은 책임이 없다.

You're not responsible. 당신은 책임이 없다.

3 modals and 'have'(조동사와 have)

조동사 **have**는 **could, might, must, should, would** 뒤에 올 때 대체적으로 완전히 발음되지 않는다. 그러나 글에서 대화를 전할 때, **could've, might've, must've, should've, would've**의 축약어를 자주 사용한다.

I ***must've*** fallen asleep. 아마 내가 잠이 들었음에 틀림없다.

You ***should've*** come to see us. 당신은 우리를 만나러 왔어야 했다.

Determiners

한정사(**determiner**)는 명사 앞에 와서 가리키는 것이 특정한 것 또는 특별한 형태의 어떤 것임을 나타낼 때 사용한다. 한정사는 특정한정사와 일반한정사로 나누어진다.

1 specific determiners(특정한정사)

특정한정사는 말하는 사람이 가리키는 사람이나 사물을 상대방이 아는 경우에 사용한다. 이러한 특정한정사는 다음과 같다.

- 정관사 : the

The man began to run towards ***the*** boy. 그 남자는 그 소년을 향해 달려가기 시작했다.

- 지시사 : this, that, these, those

How much is it for ***that*** big box? 저 큰 상자는 얼마입니까?
Young people don't like ***these*** operas. 젊은 사람들은 이런 오페라를 좋아하지 않는다.

- 소유격 한정사 : my, your, his, her, its, our, their

I'd been waiting a long time to park ***my*** car. 내 차를 주차하려고 오랜 시간을 기다려 왔다.
Her face was very red. 그녀의 얼굴은 아주 붉었다.

➲ Usage 각 표제어와 Grammar 표제어 Possessive determiners 참조.

2 general determiners(일반한정사)

일반한정사는 어떤 사람이나 사물을 처음 말하거나, 또는 그 사람이나 사물이 정확하게 누구인지 혹은 무엇인지 말하지 않고 일반적으로 가리킬 때 사용한다. 이러한 일반한정사는 다음과 같다.

a	a few	a little	all
an	another	any	both
each	either	enough	every
few	fewer	less	little
many	more	most	much
neither	no	other	several
some			

There was ***a*** man in the lift. 그 엘리베이터 안에 한 남자가 있었다.
You can stop at ***any*** time you like. 당신은 언제든지 원하는 때에 중단할 수 있다.
There were ***several*** reasons for this. 이것에 대한 여러 가지 이유가 있었다.

➲ Usage 각 표제어와 Grammar 표제어 Quantity 참조.

3 related pronouns(관련된 대명사)

한정사로 사용하는 대부분의 단어들은 대명사로도 사용한다.

This is a very complex issue. 이것은 아주 복합적인 문제이다.
Have you got ***any*** that I could borrow? 내가 빌릴 수 있는 어떤 것이라도 있나요?
There is ***enough*** for all of us. 우리 모두에게 돌아갈 만큼 충분하다.

그러나 the, a, an, every, no, other 등과 소유한정사는 대명사로 사용할 수 없다. 이 경우에는 a나 an 대신 one을, every 대신 each를, no 대신 none을, other 대신 others를 대명사로 사용한다.

Have you got ***one***? 당신이 한 개를 갖고 있습니까?
Each has a separate box and number. 각각에는 분리된 상자와 숫자가 있다.
There are ***none*** left. 아무것도 남아 있지 않다.
Some stretches of road are more dangerous than ***others***. 어떤 도로 구간은 다른 구간보다 더 위험하다.

'-ed' adjectives

-ed로 끝나는 형용사들이 많이 있다.

1 related to verbs(동사와 관련된 -ed형용사)

-ed로 끝나는 대부분의 형용사는 타동사의 과거분사와 같은 형식이며, 수동적인 뜻을 나타낸다. 예를 들면, a ***frightened*** person은 '어떤 일로 인해 놀란 사람'이라는 뜻이다.

When I saw my face in the mirror, I was ***astonished*** at the change.
내 얼굴을 거울에 비춰 보았을 때, 나는 변한 내 모습에 깜짝 놀랐다.
Soak ***dried*** fruit in water before cooking it. 말린 과일은 요리하기 전에 물에 담그세요.

일부 과거분사는 -ed로 끝나지 않더라도 -ed형용사로 취급하며, 수동적인 뜻을 나타낸다.

It is a good idea to get at least two ***written*** estimates. 최소한 두 군데에서 견적서를 받는다는 것은 좋은 생각이다.

...searching for a ***lost*** ball. 잃어버린 공 찾기.

-ed형용사 중 일부는 자동사와 관련되어 능동의 뜻을 나타낸다. 예를 들면, **an *escaped* prisoner**는 '탈출한 한 명의 죄수'라는 뜻이다. 능동의 뜻을 나타내는 단어들은 다음과 같다.

accumulated	dated	escaped	faded
fallen	retired	swollen	wilted

She is the daughter of a ***retired*** army officer. 그녀는 퇴역한 육군 장교의 딸이다.

...a tall woman with a ***swollen*** leg. 다리가 부은 키 큰 여자.

2 related to verbs but different in meaning(동사와 관련되어 있으나 뜻이 다른 -ed형용사)

-ed형용사 중 일부는 형태상으로는 동사와 관련되어 있지만, 그 동사의 일반적인 의미와는 다른 뜻을 갖는다. 예를 들면, ***attach* something to something else**는 '어떤 것에 다른 것을 붙이거나 고정하다'라는 뜻이지만, **a person is *attached* to someone/something**은 '어떤 사람이나 사물을 좋아하는 사람'이라는 뜻이다.

동사의 일반적인 의미와 다른 뜻을 가진 형용사는 다음과 같다.

advanced	attached	determined	disposed
disturbed	guarded	marked	mixed
noted			

The tiles ***had been attached*** with an inferior adhesive material and were already beginning to fall off.
그 타일들은 질이 낮은 접착제로 붙여져서 타일이 이미 떨어지기 시작하고 있었다.

'Oh, yes,' says Howard, 'I'm quite ***attached*** to Henry. I've known him for ages.'
하워드는 "아, 예. 저는 헨리를 꽤 좋아해요. 그를 안 지 오래되었지요."라고 말한다.

3 related to nouns(명사와 관련된 -ed형용사)

〔명사 + **-ed**〕 형식의 형용사들은 어떤 사람이나 사물이 그 명사 자체가 가리키는 것을 소유하고 있다고 할 때 사용한다. 예를 들면, **a *bearded* man**은 '턱수염이 있는 남자'라는 뜻이다. 〔명사 + **-ed**〕 형식의 형용사는 다음과 같다.

armoured	barbed	beaded	bearded
detailed	flowered	freckled	gifted
gloved	hooded	pointed	principled
salaried	skilled	spotted	striped
turbaned	veiled	walled	winged

The visitor was a ***bearded*** man with mean and unreliable eyes.
그 방문객은 야비하고 신뢰할 수 없는 눈을 가진 턱수염이 있는 남자였다.

Every ***skilled*** adult reader takes all of this for granted. 숙련된 모든 성인 독자는 이 모든 것을 당연하게 받아들인다.

4 not related to verbs or nouns(동사나 명사와 관련이 없는 -ed형용사)

위에서 설명한 동사나 명사와 관련이 없는 **-ed**형용사가 있다. 예를 들면, 형용사 **antiquated**는 동사와 관련되어 있지 않은데, **antiquate**라는 동사가 없기 때문이다. 동사나 명사와 직접적인 관련이 없는 형용사는 다음과 같다.

antiquated	ashamed	assorted	beloved
bloated	concerted	crazed	deceased
indebted	rugged	sophisticated	

It was not until the 1970s that a ***concerted*** effort was made to import the game of pool into Britain.
1970년대가 되어서야 당구 경기를 영국에 들여오려는 공동의 노력이 있었다.

GRAMMAR

Without language, complex social systems and ***sophisticated*** technology would be impossible.
언어가 없이는, 복잡한 사회 제도와 정교한 기술은 불가능할 것이다.

Ellipsis

- **1** used in place of a verb group
- **2** 'be'
- **3** 'have' used as a main verb
- **4** 'have' used as an auxiliary
- **5** 'to-'infinitive clauses
- **6** 'dare' and 'need'
- **7** 'would rather'
- **8** 'had better'
- **9** in conversation
- **10** in coordinate clauses

1 used in place of a verb group(동사구 대신 사용하기)

문장 속의 단어 중에 생략해도 의미가 분명한 경우, 그 단어를 생략할 수 있다. 대부분의 경우에는 동사구 전체를 대신하는 조동사를 쓰거나, 〔동사구 + 목적어〕를 대신하는 조동사를 쓴다. 예를 들면, '존은 그것을 좋아하지 않겠지만, 레이첼은 좋아할 것이다.'는 **John won't like it but Rachel will like it.** 대신 **John won't like it but Rachel will.**이라고 한다.

They would stop it if they ***could***. 그들이 그것을 중단할 수 있다면 그렇게 할 텐데.

I never did go to Stratford, although I probably ***should have***.
나는 스트래트퍼드에 갔어야 했는데, 그곳에 한 번도 간 적이 없었다.

...a topic which should have attracted far more attention from philosophers than it ***has***.
철학자들로부터 그것이 주의를 끌어왔던 것보다 훨씬 더 많은 주의를 끌었어야만 했던 주제.

위의 예문에서 완전한 절을 사용하면 부자연스러우므로 일부 단어를 생략하는 것이 더 좋다.

첫 번째 절에서 조동사 **do**를 사용했거나 연결동사 **be**를 제외한 동사가 일반동사의 단순현재시제나 단순과거시제일 때, 두 번째 절에서 **do, does, did** 등을 대신 사용한다.

Do farmers still warrant a ministry all to themselves? I think they ***do***.
농부들에게는 아직도 자신들을 위한 정부 부서가 필요할까? 내 생각에 그들은 그럴 것이다.

I think we want it more than they ***do***. 나는 그들이 원하는 것보다 우리가 더 많이 원한다고 생각한다.

He went shopping yesterday; at least, I think he ***did***. 그는 어제 쇼핑을 갔다. 적어도 나는 그가 그랬다고 생각한다.

2 'be'

그러나 연결동사 **be**를 대신할 때, 조동사 **do**를 사용하지 않고 **be** 형태를 사용한다. 첫 번째 절에서 **be**동사를 조동사로 사용하면, 두 번째 절의 조동사는 **do**가 아닌 **be**동사를 사용해야 한다.

'I think you're right.' – 'I'm sure I ***am***.' "제 생각에 당신이 옳아요." – "제가 옳다고 확신해요."

'He was driving too fast.' – 'Yes, I know he ***was***.'
"그는 너무 빠르게 운전하고 있었어요." – "예, 나는 그가 그랬다는 것을 알아요."

두 번째 절에서 동사구에 조동사가 포함될 경우, 일반적으로 〔조동사 + **be**동사〕 형식을 사용한다.

'He thought that the condition was hereditary in his case.' – 'Well, it ***might be***.'
"그는 자신의 건강 상태가 유전적인 것이라고 생각했어요." – "글쎄요, 그럴 수도 있지요."

연결동사 **be**를 제외한 다른 연결동사 **seem, look, sound** 등은 연결동사 **be**와 대비하기 위해 두 번째 절에서 〔조동사 + **be**동사〕 형식을 사용한다.

'It ***looks*** like tea to me.' – 'Yes, it ***could be***.' "내가 보기에 그것은 홍차 같다." – "예, 그럴 수도 있어요."

수동형 문장에서 **be**동사는 항상 조동사 뒤에 오는 것은 아니지만, 자주 조동사 뒤에 온다.

He argued that if tissues ***could be*** marketed, then anything ***could be***.
그는 직물을 시장에 팔 수 있다면 무엇이든 판매할 수 있다고 주장했다.

3 'have' used as a main verb(본동사로 사용하는 have)

첫 번째 절에서 소유를 나타내는 **have**를 본동사로 사용하면, 두 번째 절의 본동사는 **have**나 **do**를 사용한다.

미국 영어에서는 보통 **do**를 사용한다.

She probably has a temperature – she certainly looks as if she ***has***.
그녀는 아마도 열이 있는 것 같다. - 그녀는 확실히 열이 있는 것처럼 보인다.

...since the Earth has a greater diameter than the Moon ***does***. 지구의 지름이 달의 지름보다 더 크기 때문에.

두 번째 예문에서 than 뒤의 동사를 생략하여, since the Earth has a greater diameter than the Moon이라고 할 수도 있다.

4 'have' used as an auxiliary(조동사로 사용하는 have)

첫 번째 절에서 사용한 현재완료시제를 두 번째 절에서 다시 되풀이하여 사용할 때, 조동사 **have**만 사용하고 본동사는 생략한다.

'Have you visited Rome? I ***have***.' "로마에 가본 적이 있어요? 저는 가봤어요."

완료수동태를 나타내기 위해 첫 번째 절에서 조동사 **have**를 사용할 때, 두 번째 절에서는 보통 **been**을 추가하지 않는다. 예를 들면, '당신은 인터뷰를 안 했나요? — 저는 했는데요.'는 **Have you been interviewed yet? — I have.**라고 한다.

그러나 **have**가 조동사 뒤에 오는 경우에는 **been**을 생략할 수 없다.

I'm sure it was repeated in the media. It ***must have been***.
나는 그것이 언론에서 반복되었다고 확신한다. 그랬음이 틀림없다.

Priller noticed that they were not flying in tight formation as they ***should have been***.
프릴러는 그들이 했어야 했던 것처럼 촘촘한 편대 대형으로 비행을 하고 있지 않다는 것을 알아차렸다.

5 'to'-infinitive clauses(to부정사절)

행위나 상태가 이미 언급된 경우에는, 동사 뒤에 **to**부정사절 대신에 **to**만 사용할 수 있다.

Don't tell me if you don't want ***to***. 당신이 원하지 않으면 나에게 말하지 마라.

At last he agreed to do what I asked him ***to***. 드디어 그는 내가 그에게 요구한 것을 하겠다고 동의했다.

6 'dare' and 'need'

부정문에서 **dare**와 **need** 뒤에 동사를 생략할 수 있다.

'I don't mind telling you what I know.' – 'You ***needn't***. I'm not asking you to.'
"제가 아는 것을 당신에게 말해 줄게요." - "그럴 필요는 없어요. 그걸 요구하는 것이 아니에요."

'You must tell her the truth.' – 'But, Neill, I ***daren't***.'
"당신은 그 사실을 그녀에게 말해야 해요." - "하지만 닐, 저는 감히 그럴 수 없어요."

미국 영어에서는 축약어 **daren't**를 사용하지 않고, **don't dare**를 사용한다.

I hear her screaming and I ***don't dare*** open the door. 나는 그녀가 비명을 지르는 소리를 듣고는 감히 문을 열 수 없다.

7 'would rather'

마찬가지로 부정문이나 **if**절에서 **would rather**를 사용하면, **would rather** 뒤의 동사를 생략할 수 있다.

It's just that I'***d rather not***. 단지 내가 하지 않는 게 낫다는 것이다.

We could go to your place, if you'***d rather***. 당신이 원한다면, 우리는 당신의 집을 방문할 수도 있습니다.

8 'had better'

had better 뒤의 동사는 긍정문일 때 자주 생략하여 사용한다.

'I can't tell you.' – 'You'***d better***.' "저는 당신에게 말할 수 없어요." - "그러는 게 좋겠어요."

그러나 일반적으로 **be**동사는 생략하지 않는다.

'He'll be out of town by nightfall.' – 'He'***d better be***.'
"해가 지기 전까지 그는 그 도시에서 벗어날 거야." - "그러는 게 좋겠네요."

GRAMMAR

9 in conversation(회화에서)

회화에서는 대답과 질문에 자주 생략을 한다.

Topic 표제어 Agreeing and disagreeing, Reactions, Replies와 Grammar 표제어 Questions 참조.

10 in coordinate clauses(등위절에서)

두 개의 등위절 중에 두 번째 절을 자주 생략한다. 예를 들면, and나 or 뒤에 따르는 절을 생략한다.

Usage 표제어 and 참조.

The Future

미래시제의 형태는 Grammar 표제어 Tenses 참조.

1 talking about future(미래에 대해 말하기)

미래의 일을 나타내는 방법은 여러 가지가 있다. 미래에 대한 예측에는 will이나 shall을 사용하지만, shall은 그다지 자주 사용하지 않는다.

Usage 표제어 shall – will 참조.

The weather tomorrow *will be* warm and sunny. 내일 날씨는 따뜻하고 화창할 것이다.
I'm sure you *will enjoy* your visit to the zoo. 나는 당신이 동물원에 가는 것을 즐거워할 거라고 확신한다.

어떤 일의 귀결로 자연스럽게 발생할 다른 일을 가리킬 경우, 미래진행시제를 사용한다.

You*'ll be starting* school soon, I suppose. 당신은 학교 생활을 곧 시작할 것이라고 나는 짐작하고 있다.
Once the war is over, they*'ll be cutting down* on staff. 일단 전쟁이 끝나면, 그들은 직원을 감원할 것이다.

어떤 일이 일어날 것임을 확신하는 경우, 회화에서 be bound to를 사용할 수 있다.

Marion*'s bound to be* back soon. 매리언이 곧 돌아올 것은 확실하다.
The parade*'s bound to be cancelled* now. 퍼레이드는 지금쯤 취소되었을 거라고 확신한다.

때때로 be sure to와 be certain to를 사용하기도 한다.

She*'s sure to find out* sooner or later. 그녀는 조만간 알게 될 것이라고 확신한다.
He*'s certain to be* elected. 그는 선출될 것이라고 확신한다.

곧 일어날 것 같은 일을 나타낼 때, be going to를 사용한다.

It*'s going to rain*. 비가 내릴 것이다.
I*'m going to be* late. 나는 늦을 것이다.

매우 빨리 일어날 것 같은 일을 나타낼 때, be about to를 사용한다.

Another 385 people *are about to lose* their jobs. 추가로 385명이 그들의 직장을 곧 잃게 될 것이다.
She seemed to sense that something terrible *was about to happen*.
그녀는 무서운 일이 막 일어날 거라고 느끼는 것 같았다.
I *was just about to serve* dinner when there was a knock on the door.
내가 식사 대접을 막 하려고 할 때, 문에서 노크 소리가 들렸다.

아주 가까운 미래에 일어날 일을 가리킬 때, 〔be on the point of + -ing〕 형식을 사용할 수도 있다.

She *was on the point of bursting* into tears. 그녀는 막 울음을 터트리려고 했다.
You may remember that I *was on the point of asking* you something else when we were interrupted by Doctor Smithers.
당신이 기억할지 모르겠지만 스미더스 박사가 끼어들었을 때, 나는 당신에게 다른 질문을 막 하려고 했어요.

2 intentions and plans(의도나 계획)

앞으로 어떤 일을 할 자신의 의도를 나타낼 때는 will이나 be going to를 사용하고, 다른 사람의 의도를 나타낼 때에는 be going to를 사용한다.

I*'ll ring* you tonight. 나는 오늘 밤에 당신에게 전화할 것이다.

I'*m going to stay* at home. 나는 집에 머무를 것이다.
They'*re going to have* a party. 그들은 파티를 열 예정이다.

> **주의** be going to는 동사 go와 함께 사용하지 않는다. 예를 들면, '나는 다음 주에 휴가를 갈 예정이다.'는 **I'm going to go away next week.**보다는 **I'm going away next week.**이라고 한다.

➲ 의도를 표현하는 방법에 대한 정보는 Topic 표제어 Intentions 참조.

미래에 하기로 결정한 계획이나 준비를 나타낼 때, 현재진행시제를 사용할 수도 있다.

I'*m meeting* Bill next week. 나는 다음 주에 빌을 만날 예정이다.
They'*re getting married* in June. 그들은 6월에 결혼할 것이다.

때때로 미래진행시제를 사용하기도 한다.

I'*ll be seeing* them when I've finished with you. 나는 당신과 일을 마치고 그들과 만나게 될 것이다.

글이나 격식을 차린 연설에서 미래의 특정한 시간에 일어나도록 의도된 사건을 나타낼 때, **be due to**를 사용한다.

He *is due to start* as a courier shortly. 그는 곧 특사로서 일을 시작하게 될 예정이다.
The centre'*s due to be completed* in 1996. 센터는 1996년에 완공될 예정이다.

곧 일어날 예정이거나 시간표나 스케줄에 따라 정기적으로 일어나는 일을 나타낼 때는, 단순현재시제를 사용한다.

My flight *leaves* in half an hour. 내가 탈 비행기는 30분 후에 출발한다.
Our next lesson *is* on Thursday. 우리의 다음 강의는 목요일에 있을 것이다.

글이나 방송에서 〔be동사 + to부정사절〕 형식은 어떤 일이 곧 일어날 예정임을 나타낸다.

A national centre to promote the efficient use of energy *is to be set up*.
효율적인 에너지 사용을 증진하기 위한 국립 센터가 설립될 예정이다.
The Prime Minister *is to visit* Hungary and Czechoslovakia in the autumn.
총리는 가을에 헝가리와 체코슬로바키아를 방문할 예정이다.

GRAMMAR

3 using the future perfect(미래완료 사용)

미래의 특정한 시간 이전에 일어날 일을 나타낼 때, 미래완료시제를 사용한다.

By the time we phone he'*ll* already *have started*. 우리가 전화할 무렵이면 그는 이미 일을 시작하고 있을 것이다.
By 2002, he *will have worked* for twelve years. 2002년까지 그는 12년간 근무하는 것이 될 것이다.

4 present tenses in subordinate clauses(종속절의 현재시제)

일부 종속절에서는 미래의 일을 나타낼 때 현재시제를 사용한다. 예를 들면, 조건절과 시간절에서 미래에 대해 말할 때는 일반적으로 단순현재시제나 현재완료시제를 사용한다.

If he comes, I'll let you know. 그가 오면, 내가 너에게 알려 줄 것이다.
Please start *when you are ready*. 당신이 준비되면 시작하세요.
We won't start *until everyone arrives*. 우리는 모든 사람들이 도착할 때까지는 출발하지 않을 것이다.
I'll let you know *when I have arranged everything*. 내가 모든 것을 준비하면 당신에게 알려 줄 것이다.

in case가 이끄는 원인절에서도 미래시제 대신에 현재시제를 사용한다.

It would be better if you could arrive back here a day early, *just in case there are some last minute details to talk over*.
마지막으로 자세하게 상의할 일이 있을 것에 대비하여, 당신이 여기에 하루 일찍 돌아온다면 더 좋을 것 같다.

➲ 종속절에 사용하는 시제에 대한 더 많은 정보는 Usage 표제어 if와 Grammar 표제어 Subordinate clauses 참조.

한정적 용법의 관계사절에서 주절의 시제가 미래를 명확하게 가리킬 경우, 관계사절에는 미래시제 **will**이 아닌 단순현재시제를 사용한다.

Any decision *that you make* will need her approval. 당신이 어떤 결정을 하든 간에 그녀의 동의가 필요할 것이다.
Give my love to any friends *you meet*. 당신이 만나는 어떤 친구에게라도 제 안부를 전해 주세요.
The next woman *I marry* is not going to be so damned smart.
내가 결혼할 다음 여자는 그렇게 똑똑하지는 않을 것이다.

그러나 미래에 일어날 일이라는 것을 확실하게 강조할 필요가 있거나, 관계사절에서 가리키는 일이 나중에 일어날 일이라고 할 때, 관계사절에 will을 사용한다.

Thousands of dollars can be spent on something *that will be worn for only a few minutes*.
단 몇 분 동안에 없어질 것에 수천 달러의 돈을 소비할 수도 있다.

The only people *who will be killed* are those who have knowledge which is dangerous to our cause.
살해될 유일한 사람들은 우리의 대의명분에 위험한 지식을 가진 사람들이다.

I send my boys to a good public school so that they will meet people *who will be useful to them later on*.
나중에 도움을 줄 수 있는 사람들을 만나게 하기 위해 나는 내 아들들을 사립학교에 보낼 것이다.

어떤 일의 발생 시점이 전달하거나 인지하는 시점과 거의 동일할 때, 미래 사건을 가리키는 간접의문문과 이와 비슷한 형식의 절에 현재시제를 사용한다.

I'll telephone you. If I say it's Hugh, you'll know *who it is*.
나는 당신에게 전화를 할 것이다. '휴'라고 하면 당신은 누구인지 알게 될 것이다.

그러나 미래의 일이 어떤 말을 전해 준 후에 일어날 예정인 경우, 간접의문문에 will을 사용한다.

I'll tell you *what I will do*. 나는 무엇을 하게 될지 당신에게 말할 것이다.

〔hope + that절〕 형식에서 that절의 시제는 미래의 일이라도 단순현재시제를 자주 사용한다.

I hope you *enjoy* your holiday. 나는 당신이 휴가를 즐기기를 바랍니다.

➲ 또 다른 that절의 시제에 대한 정보는 Grammar 표제어 Reporting 참조.

'-ic' and '-ical' adjectives

-ic나 -ical로 끝나는 형용사들이 많이 있다.

1 adjectives related to '-ic' nouns(-ic로 끝나는 명사와 관련된 형용사)

-ical로 끝나는 형용사는 때때로 -ic로 끝나는 명사와 관련이 있다. 다음 두 목록은 -cal로 끝나는 형용사와 관련이 있는 -ic로 끝나는 명사이다.

- 사물을 가리키는 명사

arithmetic	comic	logic	magic
music	tactic		

The finance for *musical* performances comes from the audiences.
음악 공연을 하는 데 드는 비용은 청중들의 입장료로 충당한다.

It's simply a *tactical* move. 그것은 단순히 전술적인 움직임이다.

- 사람을 가리키는 명사

comic	critic	cynic	fanatic
mystic	sceptic		

...a *cynical* contempt for truth and decency. 진실과 고상함에 대한 냉소적인 경멸.

...a *fanatical* supporter of the government. 정부의 열렬한 지지자.

ℹ comic, fanatic, magic, mystic 등은 단어 자체를 형용사로 사용할 수 있다. 그러나 -ic로 끝나는 명사들 중에 fabric, panic, relic 등은 -ical로 끝나는 형용사와 아무런 관련이 없다.

2 adjectives related to '-ics' nouns(-ics로 끝나는 명사와 관련된 형용사)

단어의 끝이 -ics로 끝나는 명사의 경우, 이와 관련된 형용사의 단어 끝은 -ic나 -ical로 끝난다. -ic로 끝나는 형용사와 관련된 명사는 다음과 같다.

GRAMMAR

acoustics	acrobatics	aerobatics	aerobics
aerodynamics	athletics	basics	economics
electronics	genetics	graphics	gymnastics
heroics	histrionics	italics	linguistics
obstetrics	specifics	thermodynamics	

...the rapid progress being made in the field of ***genetic*** research. 유전 연구 분야에서 이루어지고 있는 급속한 진전.
...students with ***linguistic*** ability. 언어학적인 능력이 있는 학생들.

-ical로 끝나는 형용사와 관련된 **-ics**로 끝나는 명사는 다음과 같다.

aeronautics	classics	ethics	hysterics
mathematics	physics	statistics	tropics

...the kinds of ***ethical*** and moral problems that will arise. 윤리적이고 도덕적으로 발생할 문제점들.
It's nothing to get ***hysterical*** about, darling. 여보, 그것에 대해 지나치게 흥분할 필요가 전혀 없어요.

i logistics는 두 개의 형용사 logistic과 logistical을 사용할 수 있다.

3 '-ic' and '-ical' adjectives(-ic와 -ical로 끝나는 형용사)

-ic나 **-ical**로 끝나는 형용사의 의미상의 차이는 없다.

다음의 형용사 세트는 의미가 유사하다.

cyclic – cyclical	egoistic – egoistical	egotistic – egotistical
fanatic – fanatical	geographic – geographical	geometric – geometrical
ironic – ironical	logistic – logistical	mystic – mystical
problematic – problematical	rhythmic – rhythmical	syntactic – syntactical

There was some scattered ***ironic*** applause from the crowd.
청중들로부터 비꼬는 듯한 박수갈채가 산발적으로 쏟아졌다.
He smiled a friendly, slightly ***ironical*** smile. 그는 친근하면서 약간 비웃는 듯한 미소를 지었다.
The whole business becomes ***problematic***, tinged with anxiety.
그 사업 전체가 불안감을 띠면서 많은 문제가 생겼다.
The relationship between private business and government remains ***problematical***.
민간 사업과 정부 간 관계에는 많은 문제가 있다.

때때로 **-ic**와 **-ical**로 끝나는 형용사 세트의 뜻이나 용법에는 차이가 있다.

➲ **Usage** 표제어 **classic – classical, comic – comical, electric – electrical, historic – historical, magic – magical** 참조.
➲ **economic**과 **economical**의 차이점은 **Usage** 표제어 **economics** 참조.

4 other '-ic' adjectives(-ic로 끝나는 기타 형용사)

위에서 언급하지 않은 일부 형용사는 명사에 **-ic**를 붙인 형태이다. 예를 들면, **a drink is alcoholic**은 술이 알코올을 함유하다라는 뜻이며, **something that is magnetic**은 자석처럼 금속 물질을 붙게 하다라는 뜻이다.

He took a carving knife from a ***magnetic*** board on the wall.
그는 벽에 있는 자석판으로부터 조각용 칼 한자루를 집었다.
I was getting more and more ***journalistic*** work. 나는 신문 · 잡지에 관련된 일을 점점 더 많이 하게 되었다.
...distributing ***photographic*** products to retailers. 사진 관련 제품을 소매업자에게 공급하는.

때때로 **-ic**로 끝나는 형용사와 명사와의 연관 관계가 분명하지 않은 경우가 있다. 예를 들면, **ironic**은 **iron**이 아닌 **irony**에서, '살아 있는 것들과 관련된'이라는 뜻의 **organic**은 **organ**이 아닌 **organisms**에서 만들어졌다.

Imperatives

누군가에게 어떤 일을 시키거나 하지 말라고 할 때, 명령문을 사용한다. 명령문에는 일반적으로 주어가 없다.

1 form(형태)

동사의 명령형은 동사원형과 같다.

Come here. 여기로 오세요.
Take two tablets every four hours. 약은 두 알씩 4시간마다 드세요.

부정명령문은 〔don't + 동사원형〕 형식인데, 격식을 차린 영어에서는 〔do + not + 동사원형〕 형식을 사용한다.

Don't touch that wire! 저 전선을 만지지 마세요.
Don't be afraid of them. 그들을 두려워하지 마세요.
Do not forget to leave the key on the desk. 책상 위에 열쇠를 놓아두는 것을 잊지 마세요.

2 emphasis and politeness(강조와 정중함)

명령형은 일반적으로 문장의 처음에 오지만, 강조를 하기 위해서는 〔always · never + 동사원형〕 형식을 사용한다.

Always check that you have enough money first. 항상 충분한 돈이 있는지를 먼저 확인하세요.
Never believe what he tells you. 그가 당신에게 하는 말을 절대 믿지 마세요.

강조하기 위해 do를 사용할 수도 있다.

Do be careful! 조심해라!

더 정중한 표현을 위해 명령문의 처음이나 끝에 please를 사용할 수 있다.

Please don't do that. 그렇게 하지 말아요.
Follow me, *please*. 저를 따라 오세요.

때때로 명령문 뒤에 의문부가절을 추가하여 요청, 성급함, 분노를 표현할 때 사용한다.

Post the letter for me, *will you*? 저 대신에 편지를 보내주세요, 그렇게 해주실래요?
Hurry up, *can't you*? 서둘러요, 그렇게 해주실래요?

➲ Topic 표제어 Requests, orders, and instructions 참조.

어떤 사람을 가리키거나, 강조하거나, 분노를 나타낼 때, 주어 you를 때때로 사용한다.

You get in the car this minute! 너 지금 바로 차에 타!

> **주의** 명령문은 종종 상대방에게 무례하거나 퉁명스럽게 들릴 수 있으므로 주의한다.
>
> ➲ 명령문의 대체 용법에 대한 상세한 정보는 Topic 표제어 Advising someone, invitations, Requests, orders, and instructions, Suggestions, Warning someone 참조.

3 conditional use(조건절처럼 쓰이는 명령문)

〔명령문 + and, or로 시작하는 절〕 형식은 때때로 if you...로 시작하는 조건절의 형식과 유사한 뜻을 가지고 있다. 예를 들면, '저 조각을 빼버리면, 모든 것이 무너질 것이다.'는 Take that piece away, and the whole lot falls down.(= If you take that piece away, the whole lot falls down.)이라고 하며, '이 자리에서 사라지지 않으면, 경찰을 부르겠다.'는 Go away or I'll call the police.(= If you don't go away, I'll call the police.)라고 한다.

Say that again, *and* I'll hit you. 그 말을 다시 했다가는 당신을 때려 줄 것이다.
Hurry up, or you'll be late for school. 서둘러라, 그렇지 않으면 학교에 늦을 것이다.

Infinitives

1 infinitives with and without 'to'(to부정사와 원형부정사)

부정사에는 두 종류가 있다. 한 종류는 〔to + 동사원형〕 형태인 to부정사이다.

GRAMMAR

I wanted *to escape* from here. 나는 이곳에서 탈출하기를 원했다.
I asked Don Card *to go* with me. 나는 돈 카드에게 함께 가자고 요청했다.

Grammar 표제어 'To'-infinitive clauses 참조.

또 다른 종류는 to가 없는 부정사로, 원형부정사라고도 한다. 원형부정사는 동사원형과 형태가 같다. 이 표제어에서는 원형부정사의 용법을 설명해 놓았다.

They helped me *get* settled here. 그들은 내가 이곳에 정착하는 데 도움을 주었다.

2 used after other verbs(다른 동사 뒤에 사용하기)

원형부정사는 어떤 사람이 보거나, 듣거나, 알아차리는 완료된 행위를 나타낼 때 사용한다.

She heard him *fall* down the stairs. 그녀는 그가 계단에서 떨어지는 소리를 들었다.
The kids at the Youth Club just don't want to listen to anybody *speak*.
유스 클럽에 있는 아이들은 누구든 말하는 것을 듣고 싶어 하지 않는다.

〔동사 + 목적어 + 원형부정사〕 형식을 사용하는 동사는 다음과 같다.

feel	hear	listen to	notice
see	watch		

I *felt her touch* my hand. 나는 그녀가 내 손을 만지는 것을 느꼈다.
Chandler did not *notice him enter*. 챈들러는 그가 들어오는 것을 알아차리지 못했다.

위와 같은 동사들은 목적어 뒤에 원형부정사 대신 -ing형을 사용할 수도 있다.

Grammar 표제어 '-ing' forms 참조.

3 'have', 'let', and 'make'

〔have · let · make + 목적어 + 원형부정사〕 형식은 누군가에게 어떤 일을 하도록 시키거나 강요할 때 사용한다.

Have him *recommend a club that best fits your needs*.
그로 하여금 당신의 욕구를 가장 충족시키는 클럽을 하나 추천하도록 해보세요.
Don't let Tim *go* by himself! 팀 혼자 가도록 하지 마세요.
They made me *write* all the details down again. 그들은 나에게 모든 상세한 내용을 다시 쓰게 했다.

4 'know'

영국 영어에서는 부정문, 단순과거절, 완료절에 〔know + 목적어 + 원형부정사〕 형식을 사용하지만, 미국 영어에서는 원형부정사 대신 to부정사를 사용한다.

I never knew him *smoke* before breakfast. 나는 그가 아침 식사 전에 담배를 피운다는 것을 전혀 몰랐다.
Have you ever known him *buy* a round? 그가 모두에게 술 한잔 산 적이 있는가?
I've never known him *to be* unkind. 나는 그가 불친절한 행동을 한 것을 본 적이 전혀 없다.

5 'help'

〔help + 목적어 + 원형부정사〕 형식을 사용할 수도 있다. 이때 도움을 받는 사람을 나타낼 필요가 없는 경우에는 목적어를 생략할 수 있다.

John *helped the old lady carry* the bags upstairs. 존은 연세가 드신 할머니의 가방을 위층으로 옮기는 것을 도와주었다.
We got up and *helped clear up* the debris of the party. 우리는 일어나서 파티 후의 쓰레기를 청소하는 것을 도와주었다.

〔help + 목적어 + to부정사〕 형식을 사용할 수도 있다.

Usage 표제어 help 참조.

주의 수동태에서 위에서 언급한 동사를 사용할 때, 동사 뒤에는 원형부정사가 아닌 to부정사를 사용한다.
...magazines which nobody *was ever seen to buy*. 아무도 사는 것을 본 적이 없는 잡지들.
I resent *being made to feel* guilty. 나는 죄책감을 느끼도록 강요당한 것에 화가 난다.
...if people *are helped to liberate* themselves. 사람들이 자신들을 자유롭게 하는 데 도움이 된다면.

GRAMMAR

6 used after modals(조동사 뒤에 사용하기)

ought를 제외한 모든 조동사 뒤에는 원형부정사를 사용한다.

I must ***go***. 나는 가야 한다.
Can you ***see*** him? 당신은 그를 볼 수 있습니까?

➲ Grammar 표제어 Modals 참조.

〔had better · would rather + 원형부정사〕 형식을 사용한다.

I had better ***go***. 나는 가는 게 좋겠다.
Would you rather ***do*** it yourself? 당신이 스스로 하는 것이 나을 것 같지 않나요?

〔dare · need + 원형부정사〕 형식을 때때로 사용한다.

I daren't ***leave*** before six. 나는 6시 이전에는 떠날 용기가 나지 않는다.
Need you ***pay*** him right now? 당신이 지금 당장 그에게 돈을 지불할 필요가 있나요?

➲ Usage 표제어 dare와 need 참조.

7 other uses(다른 용법)

〔Why + 원형부정사〕 형식은 자신이 생각하기에 어떤 행위가 바보 같거나 쓸데없다는 것을 나타낼 때 사용한다.

Why ***wait*** until then? 왜 그때까지 기다립니까?

〔Why not + 원형부정사〕 형식은 누군가에게 어떤 일을 제안할 때 사용한다.

Why not ***come*** with us? 우리와 함께 가는 게 어때?

〔be동사 + 원형부정사〕 형식은 사람이나 사물이 하거나 해야 할 일을 말할 때 사용한다. 이때 주어는 all이나 what으로 시작하는 절을 사용해야 한다.

All he did was ***open*** the door. 그가 한 일이라고는 문을 연 것뿐이었다.
What it does is ***cool*** the engine. 그것이 하는 것은 엔진을 냉각시키는 것이다.

> 주의 전치사 뒤에는 원형부정사가 아닌 **-ing**형을 사용할 수 있다.
> ➲ Grammar 표제어 '-ing' forms 참조.

'-ing' adjectives

-ing로 끝나는 형용사들이 많이 있다.

1 related to transitive verbs(타동사와 관련된 -ing형용사)

-ing로 끝나는 형용사는 타동사의 현재분사와 형태나 뜻이 비슷하다. 예를 들면, an *astonishing* fact는 '사람을 놀라게 하는 사실'이라는 뜻이다.

...her ***annoying*** habit of repeating what I had just said. 내가 방금 했던 말을 반복하는 그녀의 짜증스러운 버릇.
...a brilliantly ***amusing*** novel. 아주 재미있는 소설.

ⓘ 위와 같이 -ing형용사는 a *boring* lecture(지루한 강의)처럼 어떤 감정을 일으키는 사람이나 사물을 자주 묘사한다. 반면에 -ed형용사는 a *bored* student(지루해하는 학생)처럼 어떤 감정에 영향을 받은 사람이나 사물을 묘사한다.

➲ Grammar 표제어 '-ed' adjectives 참조.

타동사의 현재분사인 형용사가 감정을 나타내지 않는 경우, 〔목적어 + -ing〕 형식의 복합형용사로 자주 사용할 수 있다.

The news was listened to by at least half the ***German-speaking*** population.
적어도 독일어를 사용하는 인구의 절반이 그 뉴스를 들었다.
Each colony would be completely ***self-governing***. 각 식민지는 완전히 자치 정부로 운영될 것이다.

2 related to intransitive verbs(자동사와 관련된 -ing형용사)

자동사와 관련된 일부 **-ing**형용사는 과정, 변화, 상태를 나타낸다. 예를 들면, **a *decreasing* number of things**는 ‘줄어드는 사물의 수’라는 뜻이고, **an *existing* law**는 ‘현존하는 법’이라는 뜻이다. 〔**be**동사 + **-ing**로 끝나는 형용사〕 형식은 진행시제의 본동사 역할을 한다.

When she cried she looked old and vulnerable, like an ***ageing*** monkey.
그녀가 눈물을 흘렸을 때, 나이 든 원숭이처럼 늙고 약해 보였다.

Much of the world’s tanker fleet ***is ageing***. 세계의 많은 유조선들은 노후화되고 있다.

...an ***increasing*** amount of leisure time. 늘어나는 여가 시간의 양.

Efficiency and productivity ***are increasing***. 효율성과 생산성이 증가하고 있다.

자동사와 관련된 **-ing**형용사는 다음과 같다.

ageing	bleeding	booming	bursting
decreasing	diminishing	dwindling	dying
existing	increasing	living	prevailing
recurring	reigning	remaining	resounding
rising	sleeping		

3 related to verbs but different in meaning

(동사와 관련 있지만 의미가 다른 -ing로 끝나는 형용사)

-ing형용사는 형태상으로 동사와 관련 있지만, 동사의 일반적인 의미와는 다르다. 예를 들면, 동사 **dash**는 ‘빨리 움직이다’라는 뜻이지만, 형용사 **dashing**은 ‘세련된’이라는 뜻이다. 동사와 관련이 있는 것처럼 보이지만, 그 뜻이 동사와 다른 형용사는 다음과 같다.

becoming	dashing	disarming	engaging
fetching	halting	promising	retiring
trying			

She kept ***dashing*** out of the kitchen to give him a kiss. 그녀는 부엌에서 달려나와서 그에게 키스했다.

I used to be told I looked quite ***dashing***. 나는 꽤 세련돼 보인다는 말을 듣곤 했다.

4 not related to verbs(동사와 관련이 없는 -ing형용사)

일부 **-ing**형용사는 동사와 전혀 관련이 없다. 예를 들면, **appetize, bald, scathe** 등과 같은 동사는 없다. 동사와 관련이 없는 **-ing**형용사는 다음과 같다.

appetizing	balding	cunning	enterprising
excruciating	impending	neighbouring	scathing
unwitting			

...the ***appetizing*** aromas of the dishes I produced for myself. 내가 먹으려고 만든 음식의 식욕을 돋우는 냄새.

Pitman glanced at the fat, ***balding*** man sitting beside him.
피트먼은 옆에 앉아 있는 뚱뚱하고 머리가 벗겨지기 시작한 남자를 힐끗 보았다.

He launched into a ***scathing*** attack on Gates. 그는 게이츠에게 가혹한 공격을 하기 시작했다.

5 used for emphasis in informal speech(격식을 차리지 않는 말에서 강조하는 -ing형용사)

다음 **-ing**형용사들은 격식을 차리지 않는 말에서 강조할 때 사용한다.

blinking	blithering	blooming	flaming
flipping	raving	stinking	

위와 같은 형용사는 항상 명사 앞에 오며, 연결동사 뒤의 보어로 사용할 수 없다.

If you plan to join the others, you might tell your ***blinking*** brother.
만약 당신이 다른 사람들과 합류할 계획이면, 당신은 당신의 지긋지긋한 동생에게 이야기할지도 모를 것이다.

GRAMMAR

위와 같은 형용사는 특정한 명사와 함께 사용하는데, 다음과 같은 예가 있다.

He's in America, according to that ***blithering idiot*** Pete.
허튼소리를 하는 바보 피트의 말에 의하면, 그는 미국에 있다고 한다.

I knew that I was carrying on a dialogue with a ***raving lunatic***.
나는 헛소리를 하는 미치광이와 대화를 하고 있다는 것을 알았다.

i 위와 같은 형용사는 원어민이 아닌 사람에게는 부적절하게 들리므로 사용하지 않는 것이 좋다.

> 주의 위와 같은 형용사 중 **fucking**과 **sodding**은 아주 격식을 차리지 않는 말에서 강조하기 위해 사용한다. 그러나 이들 단어는 상대방에게 매우 불쾌감을 주므로 사용하지 않는 것이 좋다.

'-ing' forms

1 form
2 continuous tenses
3 after verbs
4 choice of '-ing' form and 'to'-infinitive
5 after the object of a verb
6 '-ing' forms after conjunctions
7 separate '-ing' clauses
8 active meaning
9 passive meaning
10 subject and '-ing' form
11 after a noun
12 used like nouns
13 other uses

1 form(형태)

-ing형을 현재분사(**present participle**)라고도 하며, 〔동사원형 + **-ing**〕 형식을 사용한다. 예를 들면, **asking, eating, passing** 등이 있다. 또한 **dying, making, putting**처럼 때때로 철자가 바뀌기도 한다.

- **-ing**형의 변화를 보여 주는 표는 **Grammar** 표제어 **Verbs** 참조.
- 형용사로 사용하는 **-ing**형에 대한 정보는 **Grammar** 표제어 **'-ing' adjectives** 참조.
- **It was difficult saying goodbye.**와 같은 문장에서 사용하는 **-ing**형의 용법은 **Usage** 표제어 **it** 참조.

2 continuous tenses(진행시제)

-ing형은 흔히 동사의 진행시제의 일부분으로 쓰인다.

He ***was sleeping*** in the other room. 그는 다른 방에서 잠을 자고 있었다.
Cathy ***has been looking*** at the results. 캐시는 그 결과들을 보고 있었다.

- **Grammar** 표제어 **Tenses**와 **Continuous tenses** 참조.

3 after verbs(동사 뒤에 사용하기)

어떤 행동과 관련되어 있는 누군가의 행동 양식이나, 어떤 일을 할 때 그 일에 대해 보이는 태도를 말할 때, 동사 뒤에 **-ing**로 시작하는 절이 목적어로 온다. **ing**절을 목적어로 취하는 동사는 다음과 같다.

admit	adore	avoid	chance
commence	consider	delay	deny
describe	detest	dislike	dread
enjoy	escape	fancy	finish
imagine	involve	keep	mind
miss	postpone	practise	recall
resent	resist	risk	stop
suggest			

He wisely ***avoided mentioning the incident to his boss***. 그는 사장에게 그 사건에 대해 언급하는 것을 지혜롭게 피했다.
They ***enjoy working together***. 그들은 함께 일하는 것을 즐긴다.

GRAMMAR

You must ***keep trying***. 당신은 계속 노력해야 한다.

〔need · require · want + -ing〕 형식에는 수동의 뜻이 있다. 예를 들면, something ***needs*** doing은 '어떤 일이 행해져야 한다(it needs to be done)'는 뜻이다. 미국 영어에서는 수동태로 to부정사를 사용하므로, 위와 같은 구조는 일반적이지 않다.

It ***needs dusting***. 먼지를 털어낼 필요가 있다.
The beans ***want picking***. 콩은 수확되어야 한다.
The room ***needs to be cleaned***. 그 방은 청소가 필요하다.

deserve와 merit는 때때로 위와 같은 방식으로 사용하기도 한다.

4 choice of '-ing' form and 'to'-infinitive(-ing형과 to부정사의 선택)

일부 동사는 뒤에 -ing절이나 to부정사절 중에 어느 것을 사용하더라도 의미상의 차이는 없다.

It ***started raining*** soon after we set off. 우리가 출발한 직후에 비가 내리기 시작했다.
Then it ***started to rain***. 그 후에 비가 내리기 시작했다.

-ing절이나 to부정사절을 사용해도 의미가 같은 동사는 다음과 같다.

begin	bother	cease	continue
deserve	hate	intend	like
love	omit	prefer	start

go on, regret, remember, try 등은 -ing나 to부정사를 사용함에 따라 뜻이 달라진다.

➲ Usage 표제어 go on, regret – be sorry, remember – remind, try – attempt 참조.

5 after the object of a verb(동사의 목적어 뒤에 사용하기)

일부 동사, 특히 지각동사는 목적어 다음에 -ing절이 오며, 목적어가 가리키는 사람이나 사물이 어떤 일을 하고 있다는 뜻을 나타낸다.

I ***saw him looking at me***. 나는 그가 나를 쳐다보고 있는 것을 보았다.
A blast ***brought her home crashing down on top of her***. 돌풍으로 그녀의 집이 그녀 위로 무너져 내렸다.

〔목적어 + -ing절〕 형식에 사용하는 동사는 다음과 같다.

bring	catch	feel	find
have	hear	keep	leave
listen to	notice	observe	photograph
picture	prevent	save	see
send	set	show	spot
watch			

위의 동사들 중 일부는 〔목적어 + 원형부정사〕 형식을 사용할 수도 있다.

➲ Grammar 표제어 Infinitives 참조.

6 '-ing' forms after conjunctions(접속사 뒤의 -ing형)

종속접속사 뒤에 주어나 조동사가 없는 -ing절을 사용할 수 있다. 이러한 형식은 종속절과 주절의 주어가 같거나, 종속절의 주어가 특정한 주어가 아닐 때에만 사용한다.

I deliberately didn't read the book ***before going to see the film***. 나는 그 영화를 보기 전에, 일부러 책을 읽지 않았다.
When buying a new car, it is best to seek expert advice. 새 자동차를 살 때, 전문가의 조언을 구하는 것이 가장 좋다.

➲ Grammar 표제어 Subordinate clauses 참조.

GRAMMAR

7 separate '-ing' clauses(분사 구문)

어떤 사람이 두 가지 행동을 동시에 하는 것을 묘사하는 경우, 〔-ing절 + 주절〕 형식을 사용한다. 주어가 누구인지 명확한 경우, 〔주절 + -ing절〕 형식을 사용할 수도 있다.

Walking down Newbury Street, they spotted the same man again.
그들은 뉴버리 스트리트를 걸어가던 중에 똑같은 사람을 다시 발견했다.

He looked at me, *suddenly realising that he was talking to a stranger*.
그가 나를 쳐다보더니, 낯선 사람과 이야기하고 있다는 것을 갑자기 깨달았다.

누군가가 어떤 일을 한 후에 곧바로 다른 일을 하는 경우, 첫 번째 일을 -ing절에, 두 번째 일을 주절에서 묘사해야 한다.

Leaping out of bed, he dressed so quickly that he put his boots on the wrong feet.
그는 침대에서 뛰쳐나온 후에 너무 급하게 옷을 입다 보니 부츠를 바꾸어 신었다.

> **주의** -ing절의 주어와 주절의 주어가 다른 경우, -ing절을 주절 앞에 사용해서는 안 된다. 예를 들면, **Driving home later that night, the streets were deserted.**(그날 밤 늦게 집으로 차를 몰고 갈 때, 그 거리는 텅 비어 있었다.)라고 하면 그 거리가 운전하고 있는 중이라는 뜻을 암시하게 된다. 그러나 주절의 동사가 타동사이고 능동태인 경우, 주절 뒤에 목적어와 관련된 -ing절을 사용한다. 예를 들면, **They spotted the same man again, walking down Newbury Street.**는 '그들은 뉴버리 스트리트를 걸어가는 같은 남자를 다시 발견했다.'라는 뜻이다. 그러므로 문장을 모호하게 하지 않도록 해야 한다.

8 active meaning(능동적인 뜻)

-ing절은 능동적인 의미를 가지고 있다.

'You could play me a tune,' said Simon, *sitting* down.
"저에게 한 곡 연주해 주세요."라고 사이먼이 자리에 앉으면서 말했다.

Glancing at my clock, I saw that it was midnight. 나는 시계를 흘깃 본 후, 자정인 것을 알았다.

특히 글에서 having으로 시작하는 절을 사용한다. 예를 들면, '이미 식사를 마친 존은 일찍 떠났다.'는 **John, who had already eaten, left early.** 대신 **John, having already eaten, left early.**라고 한다.

Ash, *having forgotten* his fear, had become bored and restless. 애슈는 공포감을 잊자 지루하고 불안해했다.

Having beaten Rangers the previous week, Aberdeen were entitled to be confident about their ability to cope with Celtic.
지난주에 레인저스 팀을 이긴 후, 애버딘은 셀틱 팀과 겨룰 수 있는 능력에 대해 자신감을 가질 자격이 있었다.

9 passive meaning(수동적인 뜻)

〔having been + 과거분사〕 형식은 수동적인 의미를 나타낸다.

Having been declared insane, he was confined for four months in a prison hospital.
그는 정신병자로 선고되자, 교도소 병원에 4개월간 감금되었다.

10 subject and '-ing' form(주어 + -ing형)

문장에서 〔주어 + -ing형〕 형식은 주절에서 말한 사실과 관련이 있거나 그 이유를 언급할 때 사용한다.

Bats are surprisingly long-lived creatures, *some having a life-expectancy of around 20 years*.
박쥐는 놀라울 정도로 오래 사는 생물체이며, 일부 박쥐들의 수명은 약 20년이다.

Her eyes glistening with tears, she stood up and asked the Council: 'What am I to do?'
눈물로 눈을 반짝이며 그녀는 일어나서 위원회에 "제가 무엇을 해야 합니까?"라고 물었다.

Ashton being dead, the whole affair must now be laid before Colonel Browne.
애슈턴이 죽었기 때문에 이제 모든 일은 브라운 대령 앞에 놓인 것이 틀림없다.

The subject having been opened, he had to go on with it. 그 주제가 공개되어서 그는 계속 진행해야 했다.

-ing절의 주어가 주절의 주어와 밀접한 관련이 있거나, -ing형이 being이나 having일 때, 위와 같은 형식을 사용한다. 때때로 절의 처음에 with가 온다.

The old man stood up *with tears running down his face*. 그 노인은 눈물을 흘리면서 일어섰다.

주절의 주어와 -ing절의 주어가 밀접한 관련이 없거나, 또는 -ing형이 being이나 having이 아닌 경우, 절의 처음에 항상 with를 사용해야 한다.

With the conditions increasing from breezy to windy, she had plenty of chances to show off her control.
산들바람에서 강한 바람으로 거세지는 상황이 되자, 그녀는 자신의 조종 능력을 과시할 수 있는 충분한 기회를 갖게 되었다.

Our correspondent said it resembled a frontline city, *with helicopters patrolling overhead*.
우리 특파원은 헬리콥터들이 머리 위에서 순찰하는 가운데 그곳이 최전선의 도시와 닮았다고 말했다.

11 after a noun(명사 뒤에 사용하기)

〔명사 · **those** · 부정대명사 + **-ing**절〕 형식은 어떤 사람의 직업이나 하고 있는 동작을 말하여 그 사람의 정체를 밝히거나 묘사할 때 사용한다.

She is now a British citizen *working for the Medical Research Council*.
그녀는 현재 영국 시민으로 의학 연구 위원회에서 일하고 있다.

Many of those *crossing the river* had brought books. 그 강을 건너는 많은 사람들이 책을 가져왔다.

Anyone *following this advice* could find himself in trouble.
이 충고를 따르는 누구라도 자신이 어려움에 처해 있다는 것을 알 수 있었다.

-ing절은 관계사절과 비슷한 기능을 한다.

12 used like nouns(명사처럼 사용하기)

-ing형이 명사처럼 사용될 때, 때때로 동명사(**gerund**)나 동사적 명사(**verbal noun**)라고 한다. 이때 **-ing**형은 절의 주어, 목적어, 보어로 사용할 수 있다.

Does slow *talking* point to slow mental development? 말을 천천히 하는 것은 정신적인 발달이 늦다는 것을 나타냅니까?

Most men regarded *shopping* as women's work. 대부분의 남자들은 쇼핑을 여자들의 일로 생각했다.

His hobby was *collecting* old coins. 그의 취미는 오래된 동전을 수집하는 것이었다.

to를 비롯한 전치사 뒤에 **-ing**형을 사용할 수 있다.

They get a thrill *from taking* it home and *showing* it to their parents.
그들은 그것을 집에 가져가서 부모에게 보여 준다는 것에 마음이 떨렸다.

Local corner shops object *to seeing* their more expensive personal service undermined *by* cut-price supermarket-style *selling*.
지역 구멍가게는 상대적으로 비싼 자신들의 개인 서비스가 가격을 할인하는 슈퍼마켓 스타일의 판매에 의해 침식당하게 내버려 두는 것에 반대한다.

-ing형 앞에 한정사를 사용하지 않을 때, **-ing**형은 직접목적어를 사용할 수 있다. 그러나 한정사를 사용할 경우에는 목적어 앞에 **of**를 넣어야만 한다.

I somehow didn't get round to *taking the examination*. 나는 웬일인지 그 시험를 치를 수 없었다.

...an interview recorded during *the making of Karel Reisz's film*. 카렐 라이츠의 영화 제작 기간 동안 녹음된 인터뷰.

일이나 취미와 같은 일반적인 형태의 행위를 언급할 경우, 〔동사의 목적어 + **-ing**〕 형식의 복합명사를 사용한다.

He regarded *film-making* as the most glamorous job on earth.
그는 영화 제작을 세상에서 가장 화려한 직업이라고 여겼다.

As a child, his interests were drawing and *stamp collecting*.
어린아이로서 그의 관심사는 그림 그리기와 우표 수집이었다.

ℹ 이때 목적어에 복수명사가 아닌 단수명사를 사용함에 주의한다. 예를 들면, '우표 수집'은 stamps collecting이 아닌 stamp collecting이다. -ing형을 소유격과 함께 사용할 수 있는데, 이는 다소 격식을 차린 표현이다.

Your being in the English department means that you must have chosen English as your main subject.
당신이 영어과에 있는 것으로 보아 영어를 주과목으로 택했음에 틀림없다.

'I think *my mother's being* American had considerable advantage,' says Lady Astor's son.
에스터 여사의 아들은 "내 생각에 우리 엄마는 미국인이라 상당한 이점이 있었던 것 같아."라고 말한다.

비슷한 방식으로 〔대명사 · 명사 + **-ing**〕 형식을 사용할 수 있으며, 이는 덜 격식을 차린 표현이다.

What do you reckon on the prospects of *him being* re-elected?
당신은 그가 재선할 가능성에 대해 어떻게 생각하십니까?

GRAMMAR

단어의 끝이 **-ing**인 명사들 중 특히 여가 활동을 가리키는 것은, 동사와 관련되어 있지 않지만 다른 명사로부터 형성되거나 관련된 동사보다 훨씬 일상적인 뜻을 나타낸다.

ballooning	caravanning	hang-gliding	pot-holing
power-boating	skateboarding	skydiving	tobogganing

Camping and ***caravanning*** are increasingly cost-attractive. 캠핑이나 카라반 여행은 비용면에서 더 효율적이다.
Skateboarding has come back with a vengeance. 스케이트보드가 다시 크게 유행했다.

13 other uses(그 밖의 용법)

다음 **-ing** 단어는 종속접속사로 사용할 수 있다.

assuming	considering	presuming	providing
supposing			

The payments would gradually increase to £1,298, ***assuming*** interest rates stayed the same.
이율이 그대로 지속된다고 가정하면 지불 금액은 1,298파운드까지 점진적으로 증가할 것이다.
Supposing you heard that I'd died in the night, what would you feel?
내가 지난밤에 죽었다는 소식을 들었다면, 당신은 어떨까?

-ing 단어 중 일부는 전치사나 복합전치사로 사용할 수 있다. 이와 같은 **-ing** 단어들은 다음과 같다.

according to	barring	concerning	considering
depending on	excepting	excluding	following
including	owing to	regarding	

The property tax would be set ***according to*** the capital value of the home.
재산세는 그 집의 자산 평가에 따라 정해질 것이다.
There seems no reason why, ***barring*** accidents, Carson should not surpass the late Doug Smith's total.
사고를 제외하고 카슨이 고(故) 더그 스미스의 총액을 능가하지 말아야 할 이유는 없을 것 같다.
We had already closed the party down shortly after midnight, ***following*** complaints from residents.
우리는 이웃 주민들의 항의를 받은 후, 자정 직후에 파티를 마쳤다.

Inversion

도치(**inversion**)는 동사구의 일부 혹은 모두를, 주어 앞으로 이동시켜서 문장 내의 단어의 순서를 바꾸는 것을 의미한다. 이때 〔조동사 + 주어 + 본동사〕 형식을 사용한다. 조동사가 사용되지 않을 경우, 동사가 **be**동사가 아니면 **do** 형태의 동사를 사용한다.

1 in questions(의문문에서)

의문문에서는 일반적으로 도치를 사용한다.

Are you ready? 당신은 준비되었습니까?
Can John swim? 존은 수영을 할 수 있습니까?
Did he go to the fair? 그는 박람회에 갔습니까?
Why ***did you*** fire him? 당신은 왜 그를 해고했습니까?
How many ***are there***? 그곳에는 얼마나 많이 있습니까?

말한 내용을 상대방이 확인해 주기를 기대하고 있거나, 이미 말한 내용에 대해 놀라움, 관심, 의심, 분노 같은 반응을 표현하기를 바랄 때에는 도치를 하지 않는다.

You've been having trouble? 걱정거리가 있나요?
She's not going to do it? 그녀가 그것을 하지 않는다고?
'She's gone home.' – '***She's*** gone back to Montrose?' "그녀는 집에 가버렸어요." – "그녀가 몬트로스로 돌아갔다고?"

GRAMMAR

> 주의 wh-의문문은 wh-어가 주어가 아니면 도치를 해야 한다. 예를 들면, '그녀는 무슨 생각을 했습니까?'는 ~~What she thought?~~가 아닌 **What did she think?**라고 해야 한다. 그러나 wh-어가 주어일 경우에는 도치를 하지 않는다. 예를 들어, **Who was there?**(누가 그곳에 갔나요?)가 있다. 또한 간접의문문에서는 도치를 사용하지 않는다. 즉 '그녀는 내가 무엇을 하고 있냐고 물었다.'는 ~~She asked what was I doing.~~이 아닌 **She asked what I was doing.**이라고 한다.
>
> ➲ Grammar 표제어 Reporting 참조.

2 after place adjuncts(장소를 나타내는 부가어 뒤에 사용하기)

장소나 장면 묘사에서 장소를 나타내는 부가어가 문장의 처음에 올 경우, 도치를 한다. 이런 구조는 주로 글에서 나타난다.

On the ceiling ***hung dustpans and brushes***. 쓰레받기들과 솔들이 천장에 매달려 있었다.

Beyond them ***lay the fields***. 그것들 너머로 들판이 펼쳐져 있었다.

Behind the desk ***was a middle-aged woman***. 중년의 한 여자가 그 책상 뒤에 있었다.

ⓘ 위와 같은 경우, 본동사는 주어 앞에 온다.

주의를 환기시킬 때, **here**와 **there** 뒤에서 도치를 한다.

Here'***s the money,*** go and buy yourself a watch. 여기 돈이 있으니 가서 당신 시계를 사세요.

Here ***comes the cloud of smoke***. 여기 자욱한 연기가 있다.

There'***s another one!*** 저기에 또 하나가 있어요.

> 주의 주어가 인칭대명사일 때는 도치를 하지 않는다.
>
> Here ***he comes***. 여기 그가 온다.
>
> There ***she is***. 그녀가 저기에 있다.

3 after negative adjuncts(부정을 나타내는 부가어 뒤에 사용하기)

준부정부사 혹은 그 밖의 부정을 나타내는 부가어가 강조를 위해 절의 처음에 올 때, 도치를 한다. 이런 문장 구조는 격식을 차린 말과 글에 사용한다.

Never ***have I*** experienced such agony. 나는 그러한 고통을 겪어 본 적이 한 번도 없었다.

Seldom ***have enterprise and personal responsibility*** been more needed.
기업과 개인의 책임이 더 많이 요구된 적은 거의 없었다.

Rarely ***has so much time*** been wasted by so many people.
그렇게 많은 시간이 그렇게 많은 사람들에 의해 낭비된 적이 거의 없었다.

The police said the man was extremely dangerous and that on no account ***should he*** be approached.
경찰은 그 사람이 아주 위험하니 절대로 접근해서는 안 된다고 말했다.

ⓘ 격식을 차린 말이나 글에서 〔only + 부가어〕 형식이 절의 처음에 오는 도치도 가능하다.

Only then ***would I*** ponder the contradictions inherent in my own personality.
그런 다음에야 비로소 나는 내 자신의 성격에 내재하는 모순에 대해 깊이 생각할 것이다.

➲ Usage 표제어 only 참조.

4 after 'neither' and 'nor'(neither와 nor 뒤에 사용하기)

앞서 나온 부정적인 서술 내용이 뒤에 다른 사람이나 그룹에도 똑같이 적용될 경우, **neither**와 **nor** 뒤에서 도치를 한다.

'I can't remember.' – 'Neither ***can I***.' "기억할 수 없어요." – "저도 그래요."

Research assistants don't know how to do it, and nor ***do qualified tutors***.
연구 보조원들은 그것을 어떻게 하는 것인지 모르고, 자격이 있는 가정교사도 모른다.

5 after 'so'(so 뒤에 사용하기)

앞서 나온 긍정적인 서술 내용이 뒤에 다른 사람이나 그룹에도 똑같이 적용될 경우, **so** 뒤에서 도치를 한다.

'I've been through the Ford works at Dagenham.' – 'So ***have I***.'
"저는 다겐햄에 있는 포드 자동차사를 거쳐 왔어요." – "저도 그래요."

GRAMMAR

'I hate KB.' – 'So *do I*. A most unsociable place, isn't it?'
"저는 KB클럽을 싫어해요." – "저도 마찬가지예요. 매우 비사교적인 곳이죠, 그렇지 않나요?"
'Skating's just a matter of practice.' – 'Yes, well, so *is skiing*.'
"스케이팅은 연습에 달렸어요." – "예, 그래요. 스키도 마찬가지예요."
Bioff went to jail. So *did the national president*. 비어프는 감옥에 갔고, 전국 회장도 마찬가지였다.

ℹ 누군가가 무엇을 해야 한다고 강조하거나 놀라움을 표현할 때, so 뒤에서는 도치를 하지 않는다.
'It's on the table behind you.' – 'So *it is*.' "그것은 당신 뒤에 있는 탁자 위에 있어요." – "그렇군요."
'I feel very guilty about it.' – 'So *you should*.' "저는 그것에 대해 매우 죄책감을 느끼고 있어요." – "당신은 그래야 해요."

6 other uses(그 밖의 용법)

접속사로 시작하지 않는 조건절에서 도치를 하면, 이는 격식을 차린 표현이다.
Had the two tied, victory would have gone to Todd. 그 둘이 비겼다면, 승리는 토드에게 돌아갔을 것이다.

as 뒤의 비교급에서도 도치를 할 수 있다.
The piece was well and confidently played, as *was Peter Maxwell Davies' 'Revelation and Fall'*.
피터 맥스웰 데이비스의 'Revelation and Fall'처럼 그 곡은 훌륭하고 자신있게 연주되었다.
Their father, George Churchill, also made jewellery, as *did their grandfather*.
그의 할아버지가 했던 것처럼 아버지 조지 처칠도 보석 세공을 했다.

인용문 뒤에서 자주 도치를 한다.

➲ Grammar 표제어 Reporting 참조.

Irregular verbs

불규칙동사(irregular verb)는 과거 · 과거분사가 -ed의 규칙적인 형태로 변화하지 않는 동사이다. 일부 불규칙 동사의 경우 과거형은 규칙적으로 변하지만, 과거분사가 두 개인 동사의 경우, 그 중 한 개는 불규칙적으로 변한다. 더 일반적인 형태는 다음 표에서 첫 번째 과거분사이다.

base form(기본형)	past form(과거형)	past participle(과거분사)
mow	mowed	mowed, mown
prove	proved	proved, proven
sew	sewed	sewed, sewn
show	showed	showed, shown
sow	sowed	sowed, sown
swell	swelled	swelled, swollen

일부 불규칙동사는 두 개의 과거형과 두 개의 과거분사를 가지고 있는데, 다음 표에서 제시된 첫 번째 형태가 더 자주 사용된다. 이 중 일부는 규칙적으로 변화하지 않고 모두 불규칙적으로 변화한다.

base form(기본형)	past form(과거형)	past participle(과거분사)
bid	bid, bade	bid, bidden
burn	burned, burnt	burned, burnt
bust	busted, bust	busted, bust
dream	dreamed, dreamt	dreamed, dreamt
dwell	dwelled, dwelt	dwelled, dwelt
hang	hanged, hung	hanged, hung
kneel	kneeled, knelt	kneeled, knelt
lean	leaned, leant	leaned, leant
leap	leaped, leapt	leaped, leapt
lie	lied, lay	lied, lain

base form(기본형)	past form(과거형)	past participle(과거분사)
light	lit, lighted	lit, lighted
smell	smelled, smelt	smelled, smelt
speed	sped, speeded	sped, speeded
spell	spelled, spelt	spelled, spelt
spill	spilled, spilt	spilled, spilt
spoil	spoiled, spoilt	spoiled, spoilt
weave	wove, weaved	woven, weaved
wet	wetted, wet	wetted, wet
wind	wound, winded	wound, winded

미국 영어에서는 **burnt, leant, learnt, smelt, spelt, spilt, spoilt** 등의 형태는 사용하지 않으므로, 규칙동사를 사용한다. **burnt**와 **spilt**는 때때로 형용사로 사용하며, 일부 동사는 형태에 따라 의미가 달라지기도 한다. 예를 들면, 동사 **hang**의 과거와 과거분사는 대부분 '매달다, 걸다'의 뜻으로 **hung**을 사용한다. 그러나 '목매달아 처형하다'는 뜻으로 쓰일 때는 **hanged**를 사용한다.

Usage 표제어 **bid, hang, lay – lie, speed – speed up, weave, wind** 참조.

다음의 표는 불규칙적으로 변하는 과거와 과거분사이다.

base form (기본형)	past form (과거)	past participle (과거분사)	base form (기본형)	past form (과거)	past participle (과거분사)
arise	arose	arisen	go	went	gone
awake	awoke	awoken	grind	ground	ground
be	was / were	been	grow	grew	grown
bear	bore	born	have	had	had
beat	beat	beaten	hear	heard	heard
become	became	become	hide	hid	hidden
begin	began	begun	hit	hit	hit
bend	bent	bent	hold	held	held
bet	bet	bet	hurt	hurt	hurt
bind	bound	bound	keep	kept	kept
bite	bit	bitten	know	knew	known
bleed	bled	bled	lay	laid	laid
blow	blew	blown	lead	led	led
break	broke	broken	leave	left	left
breed	bred	bred	lend	lent	lent
bring	brought	brought	let	let	let
build	built	built	lose	lost	lost
burst	burst	burst	make	made	made
buy	bought	bought	mean	meant	meant
cast	cast	cast	meet	met	met
catch	caught	caught	pay	paid	paid
choose	chose	chosen	plead	pled	pled
cling	clung	clung	put	put	put
come	came	come	quit	quit	quit
cost	cost	cost	read	read [red]	read [red]
creep	crept	crept	rend	rent	rent
cut	cut	cut	ride	rode	ridden
deal	dealt	dealt	ring	rang	rung
dig	dug	dug	rise	rose	risen
draw	drew	drawn	run	ran	run

base form (기본형)	past form (과거)	past participle (과거분사)	base form (기본형)	past form (과거)	past participle (과거분사)
drink	drank	drunken	saw	sawed	sawn
drive	drove	driven	say	said	said
eat	ate	eaten	see	saw	seen
fall	fell	fallen	seek	sought	sought
feed	fed	fed	sell	sold	sold
feel	felt	felt	send	sent	sent
fight	fought	fought	set	set	set
find	found	found	shake	shook	shaken
flee	fled	fled	shed	shed	shed
fling	flung	flung	shine	shone	shone
fly	flew	flown	shoe	shod	shod
forbear	forbore	forborne	shoot	shot	shot
forbid	forbade	forbidden	shrink	shrank	shrunk
forget	forgot	forgotten	shut	shut	shut
forgive	forgave	forgiven	sing	sang	sung
forsake	forsook	forsaken	sink	sank	sunk
forswear	forswore	forsworn	sit	sat	sat
freeze	froze	frozen	slay	slew	slain
get	got	got	sleep	slept	slept
give	gave	given	slide	slid	slid
sling	slung	slung	swing	swung	swung
slink	slunk	slunk	take	took	taken
speak	spoke	spoken	teach	taught	taught
spend	spent	spent	tear	tore	torn
spin	spun	spun	tell	told	told
spread	spread	spread	think	thought	thought
spring	sprang	sprung	throw	threw	thrown
stand	stood	stood	thrust	thrust	thrust
steal	stole	stolen	tread	trod	trodden
stick	stuck	stuck	understand	understood	understood
sting	stung	stung	wake	woke	woken
strew	strewed	strewn	wear	wore	worn
stride	strode	stridden	weep	wept	wept
strive	strove	striven	win	won	won
swear	swore	sworn	wring	wrung	wrung
sweep	swept	swept	write	wrote	written
swim	swam	swum			

미국 영어에서는 **get**의 과거분사로 **got** 대신 **gotten**을 자주 사용한다.

Usage 표제어 **gotten** 참조.

GRAMMAR

Linking adjuncts

1 position(위치)

연결부가어는 하나의 절과 다른 절의 사이나, 문장과 문장 사이를 연결할 때 사용하는 단어와 구이다. 일반적으로 절의 앞에 오거나, 주어나 첫 번째 조동사 뒤에 온다.

It will never be possible to release these criminals. ***Moreover***, as the years go by, there are bound to be other similar cases.

이 범죄자들이 석방될 가능성은 결코 없을 것이다. 더욱이 해가 갈수록 이와 유사한 다른 사건이 일어나게 되어 있다.

Many species have survived. The effect on wild flowers, ***however***, has been enormous.
많은 종(種)이 살아남았다. 그러나 야생화에 끼친 영향은 막대했다.

He has seen it all before and has ***consequently*** developed a feeling for what will happen next.
그는 이전에 그것을 모두 보아 온 결과, 다음에 무슨 일이 일어날지에 대해 견해를 밝혔다.

2 adding information(정보 추가하기)

요점이나 정보를 추가할 때 사용하는 연결부가어는 다음과 같다.

also	as well	at the same time	besides
furthermore	moreover	on top of that	too

His first book was published in 1932, and it was followed by a series of novels. He ***also*** wrote a book on British pubs.
그가 쓴 첫 책은 1932년에 출간되었고 뒤이어 소설집이 출간되었다. 또한 영국의 술집에 대한 책도 집필했다.

This limits both their reliability and their scope. The smaller nations, ***moreover***, cannot afford them.
이것은 그들의 신뢰와 시야를 모두 제한한다. 더구나, 작은 국가들은 그것들에 대한 여유가 없다.

Usage 표제어 **also – too – as well** 참조.

3 giving a parallel(병렬구조 제시하기)

같은 관점이나 주장의 또 다른 예를 들 때 사용하는 연결부가어는 다음과 같다.

again	by the same token	equally	in the same way
likewise	similarly		

Retaining nuclear weapons may be significantly different from acquiring them, and, ***by the same token***, relinquishing them may be different from refraining from acquiring them.
핵무기를 보유하는 것은 그것을 취득하는 것과 상당히 다를지도 모르는데, 마찬가지로 그것을 폐기하는 것은 취득을 자제하는 것과는 다른 일일지도 모른다.

I still remember clearly the time and place where I first saw a morning glory in full bloom. ***Similarly***, I remember the first occasion when I saw a peacock spread its tail.
나는 처음으로 나팔꽃이 활짝 피어 있는 것을 본 장소와 시간을 여전히 기억하고 있다. 마찬가지로, 나는 공작이 꼬리를 펼쳤던 것을 처음 본 그때를 기억하고 있다.

4 contrasting(대조하기)

대조하거나, 대안을 제시할 때 사용하는 연결부가어는 다음과 같다.

all the same	alternatively	by contrast	conversely
even so	however	instead	nevertheless
nonetheless	on the contrary	on the other hand	rather
still	then again	though	

They were too good to allow us to score, but ***all the same*** they didn't play that well.
그들은 너무 잘해서 우리에게 득점을 허용하지 않았지만, 경기를 그렇게 잘한 것도 아니었다.

I would not have been surprised if he had smashed the bottle in my face. ***Instead***, he sank back in his chair, gasping for breath.
그가 그 병으로 내 얼굴을 때렸다 해도 놀라지 않았을 것이다. 대신 그는 의자에 기대어 앉아 가쁜 숨을 몰아쉬었다.

He always had good manners. He was very quiet, ***though***. 그는 무척 조용했지만 태도는 항상 예의가 발랐다.

though의 위치에 대한 정보는 **Usage** 표제어 **although – though** 참조.

5 indicating a result(결과 나타내기)

앞서 언급한 내용이 사실이기 때문에, 지금 말하려는 상황이 존재한다는 것을 나타낼 때 사용하는 연결부가어는 다음과 같다.

GRAMMAR

accordingly	as a result	consequently	hence
so	thereby	therefore	thus

Sales are still running at a lower rate than a year ago. ***Consequently*** stocks, with their attendant cost, have grown.
판매 부문이 1년 전보다 여전히 더 하락하고 있다. 그 결과 종업원의 임금과 재고가 증가했다.

The terrain was more thickly wooded here, and ***thus*** more favourable to the defenders.
이 지역은 좀 더 울창하게 나무가 자라고 있어서 방어자들에게 더 유리했다.

so는 항상 절의 앞에 온다.

His father had been a Member of Parliament and Chairman of the Isle of Wight County Council. ***So***, as with so many of his famous family, Sir Charles Baring's own life was dominated by public service.
그의 아버지는 국회의원이면서, 와이트 섬 주의회 의장을 역임했다. 그래서 그의 많은 유명한 일가처럼 찰스 베링 경도 일생을 공직 생활로 보냈다.

6 indicating sequence(순서 나타내기)

어떤 일이 일어난 후에 다른 일이 일어났다는 것을 나타내며, 두 문장을 연결할 때 사용하는 연결부가어는 다음과 같다.

afterwards	at last	at once	before long
eventually	ever since	finally	immediately
instantly	last	later	later on
next	presently	since	soon
soon after	subsequently	suddenly	then
within minutes	within the hour		

Philip had a shrimp salad sandwich with Sy Gootblatt in the Silver Steer restaurant on campus. ***Afterwards***, Sy went back to his office.
필립은 캠퍼스에 있는 실버 스티어 식당에서 사이 굿블라트와 함께 새우 샐러드 샌드위치를 먹었다. 그 후에 사이는 사무실로 돌아갔다.

Usage 표제어 **after – afterwards – later, eventually – finally, last – lastly, presently, soon** 참조.

어떤 사건이 다른 사건보다 이전에 일어났거나, 다른 사건보다 앞서서 일어날 것을 나타낼 때 사용하는 연결부가어는 다음과 같다.

beforehand	earlier	first	in the meantime
meanwhile	previously		

Then he went out to Long Beach to thank his benefactor. Arrangements had been made ***beforehand***, of course.
그러고 나서 그는 자신의 후원자에게 감사를 표하러 롱 비치로 갔다. 물론 약속은 미리 해두었다.

Ask the doctor to come as soon as possible. ***Meanwhile***, give first–aid treatment.
가능한 한 빨리 의사를 불러요. 그 사이에 응급 치료를 해주세요.

Usage 표제어 **first – firstly** 참조.

어떤 일이 다른 일과 동시에 일어났다는 것을 나타낼 때 사용하는 연결부가어는 다음과 같다.

at the same time	meanwhile	simultaneously	throughout

Barrie and John very unselfishly offered to go back down. ***Meanwhile***, the Italians were just coming into sight.
배리와 존은 사심 없이 다시 내려갈 것을 제안했다. 그 사이에 이탈리아 사람들이 여기로 막 오고 있는 것이 눈에 띄었다.

GRAMMAR

'-ly' words

1 adverbs related to adjectives(형용사와 관련된 부사)

대부분의 **-ly**로 끝나는 단어들은 양태·방법, 관점, 의견, 정도, 범위를 나타내는 부사이다. **-ly**로 끝나는 부사는 관련 어원의 형용사와 비슷한 뜻으로 사용한다.

They were hoping to bring a ***quick*** end to the civil war. 그들은 내전을 빨리 끝내기를 바라고 있었다.

...tasks that I would ordinarily have expected to finish ***quickly*** and easily.
내가 평소에 빠르고 쉽게 끝내기를 기대했었던 임무들.

She succeeded in retaining her ***political*** independence. 그녀는 정치적인 독립을 유지하는 데 성공했다.

...where societies remained ***politically*** independent of their neighbours.
사회가 그 이웃 사회로부터 정치적으로 독립된 상태를 유지하는 곳.

This is hardly ***surprising***. 이것은 거의 놀라운 일이 아니다.

Surprisingly, I was not dismissed. 놀랍게도, 나는 해고되지 않았다.

It is very easy to do ***severe*** damage to your eyes. 그것은 당신 눈에 쉽게 심한 손상을 입힐 수 있다.

The roots are ***severely*** damaged. 그 뿌리들은 심하게 손상되어 있다.

부사를 만들 때, 일반적으로 〔형용사 + **ly**〕 형식을 사용한다.

bad	→	badly	beautiful	→	beautifully
quiet	→	quietly	safe	→	safely

형용사의 마지막 철자에 따라 때때로 철자를 변형해야 한다.

	adjective(형용사)	adverb(부사)
-le를 -ly로 바꾸기	gentle	gently
-y를 -ily로 바꾸기	easy	easily
-ic를 -ically로 바꾸기	automatic	automatically
-ue를 -uly로 바꾸기	true	truly
-ll을 -lly로 바꾸기	full	fully

ℹ 다음을 주의한다.

- 형용사 whole과 관련된 부사는 wholly이다.
- 보통 -y로 끝나는 1음절의 형용사는 -ly를 추가하여 wryly나 shyly 등과 같이 만든다.
- dry와 관련된 부사는 drily나 dryly로 표기한다.
- public의 부사는 publicly이다.

➲ 양태·방법, 관점, 의견, 정도, 범위의 **-ly**로 끝나는 부사에 대한 더 많은 정보는 **Grammar** 표제어 **Adjuncts** 참조.

2 adverbs related to nouns(명사와 관련된 부사)

다음 예문에 쓰인 부사는 형용사가 아닌 명사에서 파생한 부사이다.

The other change, ***namely*** the increase in electronic equipment, has slowed down.
다른 변화, 즉 전자 장비의 증가세가 둔화되었다.

Here the problem is ***partly*** economic. 이곳의 문제는 부분적으로 경제적인 것이다.

I am ***purposely*** picking out examples of children with mixed rates of development.
나는 의도적으로 다양한 발달 속도를 가진 아이들의 예를 추리고 있는 중이다.

3 adverbs not related to adjectives or nouns(형용사나 명사와 관련이 없는 부사)

명사나 형용사와 직접적으로 관련이 없는 **-ly**로 끝나는 부사는 다음과 같다.

accordingly	exceedingly	manfully	mostly
presumably			

GRAMMAR

You have a clear picture of how much you have to repay and can plan ***accordingly***.
당신은 갚아야 할 돈이 얼마인지 확실히 생각하여 알맞게 계획을 세울 수 있다.

I could just see Simon ***manfully*** wielding a shovel. 나는 사이먼이 남자답게 삽을 휘두르는 것을 방금 볼 수 있었다.

4 '-ly' adjectives(-ly로 끝나는 형용사)

-ly로 끝나는 단어 중 일부는 부사가 아닌 형용사이다.

Current solar cells are too ***costly*** for commercial use. 현존하는 태양 전지들은 상업용으로 쓰기에는 너무 비싸다.

...an ***elderly*** man with bushy eyebrows. 덥수룩한 눈썹의 나이가 지긋한 한 남자.

My husband said how ***lonely*** he had been while I was away. 내 남편은 내가 없는 동안 얼마나 외로웠는지를 말했다.

I mustn't ask ***silly*** questions any more. 나는 더 이상 바보 같은 질문을 해서는 안 된다.

> 주의 위와 같이 **-ly**로 끝나는 형용사에서 부사를 만들 수는 없다. 한편 **-ly**로 끝나는 형용사는 〔전치사 + **-ly**로 끝나는 형용사 + **way, manner, fashion** 등〕 형식으로 사용할 수 있다. 예를 들면, '그는 친절하게 미소를 지었다.'는 **He smiled in a friendly way.**라고 한다. **kindly**는 형용사나 부사로 사용할 수 있다.
>
> ➲ Usage 표제어 kindly와 homely 참조.

5 adjectives related to nouns(명사와 관련된 형용사)

사람을 가리키는 명사에서 파생된 **-ly**로 끝나는 형용사는 사람들이 대부분 갖고 있거나 가져야 하는 성질을 나타낸다.

brotherly	cowardly	fatherly	friendly
gentlemanly	manly	miserly	motherly
neighbourly	saintly	scholarly	sisterly
soldierly	womanly		

Tell them how ***cowardly*** you were as a boy at school. 네가 학생일 때 얼마나 비겁했는지를 그들에게 말해 주어라.

She treated him in a cordial, ***sisterly*** way. 그녀는 그를 누이같이 친절하게 대접했다.

6 adjectives and adverbs(형용사와 부사)

-ly로 끝나는 단어 중 일부는 형용사나 부사로 사용한다. 이들은 시간을 나타내는 명사와 관련되어 있으며, 정기적으로 일어나는 일을 묘사할 때 나타낸다.

daily	fortnightly	hourly	monthly
quarterly	weekly	yearly	

...***daily*** or ***weekly*** visits to a children's clinic. 어린이 진료소에 날마다 또는 매주 방문.

Maids were usually paid ***monthly.*** 가정부들은 보통 매달 월급을 받았다.

Modals

1 word order and form(어순과 형태)

서법조동사는 조동사의 일종으로, 어떤 일의 가능성, 필요성을 나타내거나 상대방에게 요청, 제의, 제안을 할 때 사용한다. 또한 더 재치 있게 말하거나 정중하게 말하기 위해 사용할 수도 있다. 서법조동사는 다음과 같다.

can	could	dare	may
might	must	need	shall
should	will	would	

서법조동사는 항상 동사구의 처음에 온다. 모든 서법조동사는 동사원형(원형부정사)이 뒤따른다.

I ***must leave*** fairly soon. 나는 곧바로 떠나야 한다.

Things ***might have been*** so different. 상황은 아주 달랐을지도 모른다.

People ***may be watching***. 사람들이 주시하고 있을지도 모른다.

➲ Grammar 표제어 Ellipsis 참조.

서법조동사 **dare**와 **need**는 본동사로도 사용한다. **He doesn't dare climb the tree.**(그는 그 나무에 올라갈 용기가 없다.)에서 **dare**는 본동사이지만, **He dare not climb the tree.**(그는 나무에 올라갈 용기가 없다.)에서 **dare**는 서법조동사이다.

Usage 표제어 dare와 need 참조.

조동사는 한 가지 형태로만 사용하므로, 3인칭 단수현재시제의 **-s**형이나 **-ing**형, **-ed**형이 없다.

There's nothing ***I can*** do about it. 내가 그것에 대해 할 수 있는 일은 아무것도 없다.
I'm sure ***he can*** do it. 나는 그가 그 일을 해낼 수 있을 거라고 확신합니다.

2 short forms(축약형)

shall, will, would는 일반적으로 완전히 발음하지 않는다. 누군가가 한 말을 받아 적거나 회화체로 적을 때, 대명사 뒤에 **shall**과 **will** 대신 **'ll**을, **would** 대신 **'d**를 붙인다.

Grammar 표제어 Contractions 참조.

I'll see you tomorrow. 내일 뵙겠습니다.
Posy said ***she'd*** love to stay. 포지는 머물고 싶다고 말했다.

명사 뒤에도 **will** 대신 **'ll**을 붙일 수 있다.

My ***car'll*** be outside. 내 자동차가 밖에 있을 것이다.

> 주의 **shall, will, would**가 문장의 끝에 오면 축약하지 않는다.
> Paul said he'd come, and I hope he ***will***. 폴은 오겠다고 말했고, 나는 그가 오기를 바란다.

의문문에서도 **shall, will, would**를 완전한 형태로 사용한다.

Shall I open the door for you? 문을 열어 드릴까요?
Will you hurry up! 서둘러 주세요!
Would you like an apple? 사과를 드시겠어요?

조동사 **had**의 축약형은 **'d**이다.

I'd heard it many times. 나는 그 말을 여러 번 들은 적이 있었다.

have가 **could, might, must, should, would** 뒤에 오면 축약하여 사용하기도 한다. 대화를 전달하는 글에서 **could've, might've, must've, should've, would've**로 자주 사용한다.

I ***must've*** fallen asleep. 나는 잠이 들었었음에 틀림없다.
You ***should've*** come to see us. 당신은 우리를 만나러 왔어야 했다.

not을 조동사와 함께 사용하는 경우, 완전히 발음하지 않고 **n't**로 줄여서 발음한다.

Grammar 표제어 Contractions 참조.
ought to와 had better와 같이 한 단어 이상으로 이루어진 조동사에 대한 정보는 Grammar 표제어 Phrasal modals 참조.
조동사 용법에 대한 더 많은 정보는 각 단어에 대한 Usage 표제어 참조. Topic 표제어 Advising someone, Invitations, Offers, Opinions, Permission, Suggestions 참조.
미래를 나타내는 will과 과거를 나타내는 would의 용법에 대한 정보는 Grammar 표제어 The Future와 The Past 참조.

Modifiers

수식어(**modifier**)는 명사 앞에서, 명사의 뜻을 더 명확하게 하거나 명사가 가리키는 사물에 대한 정보를 추가로 제공하는 한 단어나 단어군이다. 수식어는 다음과 같다.

- 형용사

This is the ***main*** bedroom. 이곳은 주(住)침실이다.
After the crossroads look out for the ***large white*** building. 사거리를 지난 후에 큰 하얀 빌딩을 찾으세요.
A ***harder*** mattress often helps with back injuries. 좀 더 딱딱한 매트리스는 종종 허리 부상 치료에 도움이 된다.

Grammar 표제어 Adjectives 참조.

GRAMMAR

- 명사

...the ***music*** industry. 음악 산업.

...***tennis*** lessons. 테니스 레슨.

➲ Grammar 표제어 Noun modifiers와 Topic 표제어 Possession and other relationships 참조.

- 장소명

...a ***London*** hotel. 런던의 한 호텔.

...***Arctic*** explorers. 북극 탐험가들.

➲ Topic 표제어 Places 참조.

- 장소부사와 방향부사

...the ***downstairs*** television room. 아래층에 위치한 텔레비전을 보는 방.

The ***overhead*** light went on. 머리 위에 있는 전등이 켜졌다.

➲ Topic 표제어 Places 참조.

- 시간

Castle was usually able to catch the ***six thirty-five*** train from London.
캐슬은 평소에는 런던에서 오는 6시 35분 기차를 탈 수 있었다.

Every morning he would set off right after the ***eight o'clock*** news.
그는 매일 아침 8시 뉴스가 끝나자마자 출발하곤 했다.

➲ Topic 표제어 Time 참조.

Noun groups

명사군은 때때로 명사구(noun phrase)라고도 하며, 주어, 목적어, 보어, 절의 부가어나 전치사의 목적어 역할을 하는 단어군을 말한다.

Strawberries are very expensive now. 지금 딸기는 매우 비싸다.

He was eating ***an apple***. 그는 사과를 먹고 있었다.

That's ***a good idea***. 그것은 좋은 생각이다.

I swam ***the other day***. 나는 일전에 수영을 했다.

She wanted a ***job*** in ***the oil industry***. 그녀는 정유 업계의 일자리를 원했다.

명사구는 명사 그 자체를 말하거나, 한정사, 형용사 또는 다른 수식어를 포함할 수도 있다.

...picking ***apples*** on an autumn afternoon. 어느 가을날 오후에 사과 따기.

Peel, core, and slice ***the apples***. 사과 껍질을 벗기고, 가운데를 파낸 후에 얇게 자르세요.

She noticed the two apple trees, already bearing a crop of ***small green apples***.
그녀는 사과나무 두 그루를 보았는데, 작은 녹색의 사과들이 이미 매달려 있었다.

The apples hanging above us were tinged with pink. 우리의 머리 위에 달려 있는 사과들은 분홍색을 띠고 있었다.

대명사도 명사구가 될 수 있다.

I've got two boys, and ***they*** both enjoy playing football. 나는 두 명의 사내아이가 있는데, 둘 다 축구를 즐긴다.

Someone is coming to mend ***it*** tomorrow. 어떤 사람이 그것을 고치러 내일 올 것이다.

➲ Grammar 표제어 Adjectives, Determiners, Modifiers, Nouns, Pronouns, Qualifiers 참조.

Noun modifiers

명사수식어(noun modifier)는 다른 명사 앞에 위치하여, 어떤 사람이나 사물에 대한 더 구체적인 정보를 제공하는 명사이다. 명사수식어는 거의 단수형이다.

...the ***car*** door. 자동차 문.

...a ***football*** player. 한 축구 선수.

...a ***surprise*** announcement. 기습 발표.

GRAMMAR

일부 복수명사를 수식어로 사용할 때, 복수형을 그대로 사용한다.

Grammar 표제어 Nouns의 plural nouns 참조.

영어에서는 명사수식어를 매우 흔히 사용한다. 명사수식어는 두 명사의 다양한 관계를 나타내며, 그 용법은 다음과 같다.

- 사물의 원료나 재료 : **cotton socks**(면 양말)
- 특정한 장소에서 만들어지는 것 : **a glass factory**(유리 공장)
- 사람이 하는 일 : **a football player**(축구 선수)
- 사물이 있는 장소 : **my bedroom curtains**(내 침실의 커튼), **Brighton Technical College**(브라이튼 실업 전문학교)
- 사건이 일어나는 시간 : **the morning mist**(아침 안개), **her wartime activities**(그녀의 전시 활동)
- 사물의 본질이나 크기 : **a surprise attack**(기습 공격), **a pocket chess-set**(포켓용 체스 세트)

Topic 표제어 Possession and other relationships 참조.

여러 개의 명사수식어를 함께 사용할 수 있다.

...***car body repair*** kits. 자동차 차체 수리 공구 세트.
...a ***family dinner*** party. 가족 디너파티.
...a ***Careers Information*** Officer. 직업 정보 담당자.

〔형용사 + 명사수식어〕 형식을 사용할 수 있다.

...a ***long*** car journey. 긴 자동차 여행.
...a ***new scarlet*** silk handkerchief. 새 주홍색 비단 손수건.
...***complex*** business deals. 복잡한 사업 거래.

GRAMMAR

Nouns

1 count nouns	7 collective nouns
2 uncount nouns	8 proper nouns
3 variable nouns	9 compound nouns
4 mass nouns	10 abstract and concrete nouns
5 singular nouns	11 nouns followed by prepositions
6 plural nouns	

명사(noun)는 사람이나 사물의 이름을 나타내는 품사이다. 명사는 가산명사, 불가산명사, 가변명사, 물질명사, 단수명사, 복수명사, 집합명사, 고유명사 등 크게 8가지 유형으로 나뉜다.

1 count nouns(가산명사)

가산명사는 사람이나 사물을 숫자로 셀 수 있는 명사를 말한다. 가산명사에는 단수형과 복수형의 두 가지 형태가 있다. 가산명사의 복수형은 단어의 끝이 보통 **-s**로 끝난다.

복수형을 만드는 법에 대한 상세한 정보는 Grammar 표제어 Plural forms of nouns 참조.

가산명사의 단수형 앞에는 **a, another, every, the** 등의 한정사가 온다.

They left ***the house*** to go for ***a walk*** after tea. 그들은 차를 마신 후에 산책을 하기 위해 집을 나섰다.

주어가 단수명사이면, 단수동사를 사용한다.

My son ***likes*** playing football. 내 아들은 축구 하는 것을 좋아한다.
The address on the letter ***was*** wrong. 편지의 주소는 잘못되어 있었다.

가산명사의 복수형은 한정사 없이 사용할 수도 있고, 한정사와 함께 사용할 수도 있다. 그러나 일반적으로 한 종류의 사물을 가리킬 때는 한정사를 사용하지 않는다. 특정한 사물의 그룹을 가리킬 경우에는 **the**나 **my** 등과 같은 한정사를 사용한다. 사물의 수를 나타낼 때는 **many**나 **several** 등과 같은 한정사를 사용한다.

Does the hotel have large ***rooms***? 그 호텔에는 큰 방이 있습니까?

The rooms at Watermouth are all like this. 워터마우스의 방들은 모두 이것과 같다.

The house had ***many rooms*** and a terrace with a view of Etna.
그 집에는 많은 방과 에트나 산의 전망을 볼 수 있는 테라스가 있다.

주어가 복수명사이면, 복수동사를 사용한다.

These cakes ***are*** delicious. 이 케이크들은 맛있다.

가산명사 앞에 숫자를 쓸 수 있다.

...***one*** table. 테이블 한 개.

...***two*** cats. 고양이 두 마리.

...***three hundred*** pounds. 300파운드.

2 uncount nouns(불가산명사)

불가산명사는 각각의 물체나 사건보다는 물질, 성질, 감정, 행동의 종류 등을 가리키는 명사를 말한다. 불가산명사는 단수형으로만 사용한다.

I needed ***help*** with my ***homework***. 나는 숙제를 하는데 도움이 필요했다.

The children had great ***fun*** playing with the puppets. 그 아이들은 꼭두각시 인형을 가지고 아주 재미있게 놀았다.

주의 영어에서는 불가산명사이지만, 다른 언어에서는 가산명사나 복수명사가 되는 명사가 있다.

advice	baggage	equipment	furniture
homework	information	knowledge	luggage
machinery	money	news	traffic

불가산명사 앞에 부정관사 **a**나 **an**을 사용하지 않는다. 그러나 지명되었거나 알려져 있는 사물을 가리킬 때는 정관사 **the**나 소유격 한정사를 사용한다.

I liked ***the music***, but the words were boring. 나는 그 음악이 마음이 들었지만 가사는 따분했다.

Eva clambered over the side of the boat into ***the water***. 에바는 보트 옆으로 기어올랐다가 물속으로 빠졌다.

She admired ***his vitality***. 그녀는 그의 체력에 감탄했다.

주어가 불가산명사인 경우, 단수동사를 사용한다.

Electricity ***is*** dangerous. 전기는 위험하다.

Food ***was*** expensive in those days. 그 당시에는 음식이 비쌌다.

불가산명사는 숫자 뒤에 사용하지 않는다. 그러나 **a piece of** 같은 구나 **some**과 같은 단어를 사용해 불가산명사의 양을 나타낼 수 있다.

➲ Grammar 표제어 Quantity 참조.

I want ***some privacy***. 나는 약간의 프라이버시를 원한다.

I pulled ***the two pieces of paper*** from my pocket. 나는 호주머니에서 두 장의 종이를 꺼냈다.

주의 **-ics** 또는 **-s**로 끝나는 불가산명사의 경우, 복수명사처럼 보여도 복수동사가 아닌 단수동사를 사용해야 한다.
Mathematics is too difficult for me. 수학은 나에게는 너무 어렵다
Measles is in most case a harmless illness. 홍역은 대부분의 경우 무해한 질병이다

-ics나 **-s**로 끝나는 불가산명사는 다음과 같다.

GRAMMAR

- 교과목과 활동

acoustics	aerobics	aerodynamics	aeronautics
athletics	classics	economics	electronics
ethics	genetics	gymnastics	linguistics
logistics	mathematics	mechanics	obstetrics
physics	politics	statistics	thermodynamics

- 게임

billiards	bowls	cards	checkers
darts	draughts	skittles	tiddlywinks

- 병명(病名)

diabetes	measles	mumps	rabies
rickets			

3 variable nouns(가변명사)

가변명사는 가산명사와 불가산명사의 성격을 둘 다 가지고 있는 명사이다. 어떤 것의 한 가지 이상의 보기를 들 때, 예를 들어 **an injustice**나 **injustices**와 같이 쓸 수 있다. 또한 한 부류의 개체를 지칭할 때, 예를 들어 **a cake**나 **cakes**와 같이 쓸 수 있다. 이런 경우에는 가산명사처럼 쓰지만, 좀 더 일반적으로 어떤 것을 지칭할 때는 불가산명사로 쓴다.

He has been in ***prison*** for ten years. 그는 10년 동안 감옥에 수감되어 있었다.
Staff were called in from ***a prison*** nearby to help stop the violence.
폭동 진압을 돕기 위해 가까운 교도소에서 직원들을 불러들였다.
...the problems of British ***prisons***. 영국 교도소들의 문제점.
They ate all their chicken and nearly all the stewed ***apple***. 그들은 닭을 모두 먹고 사과 스튜도 거의 다 먹었다.
She brought in a tray on which were toast, butter, ***an apple***, and some marmalade.
그녀는 토스트, 버터, 사과 한 개 그리고 약간의 마멀레이드를 쟁반에 가져왔다.
There was a bowl of red ***apples*** on the window sill. 창문턱에 빨간 사과들이 담긴 그릇이 있었다.

4 mass nouns(물질명사)

물질명사는 물질을 가리킬 때 불가산명사와 같은 역할을 한다. 또한 어떤 물질의 형태나 특정 제품을 나타낼 때는 가산명사처럼 사용하기도 한다. 예를 들면, **Use detergent.**(세제를 사용하세요.)가 있다. 물질명사가 물질의 종류나 브랜드를 가리킬 때는 가산명사와 같이 사용한다. 예를 들면, **Use a strong detergent.**(강력한 세제를 사용하세요.)와 **More detergents are now available.**(이제 구입할 수 있는 더 많은 브랜드의 세제들이 나와 있다.)과 같은 경우이다.

I pass the lighted window of a shop where ***perfume*** is sold. 나는 향수를 파는 가게의 불 켜진 진열창을 지나간다.
I found ***an*** interesting new ***perfume*** last week. 지난주에 나는 관심을 끄는 새로운 종류의 향수를 발견했다.
Department stores are finding that French ***perfumes*** are selling slowly.
백화점들은 프랑스산 향수들이 잘 팔리지 않고 있다는 사실을 깨닫고 있다.
The roast chicken is filled with ***cheese*** and spinach. 그 통닭은 치즈와 시금치로 속이 채워져 있다.
I was looking for ***a cheese*** which was soft and creamy. 나는 부드러우면서 크림과 같은 종류의 치즈를 찾고 있었다.
There are plenty of delicious ***cheeses*** made in the area. 그 지역에서 만들어지는 맛있는 많은 종류의 치즈들이 있다.

5 singular nouns(단수명사)

특정한 의미를 지니며, 단수로만 사용하는 명사들이 있다. 단수명사는 항상 한정사와 같이 사용한다. 단수명사가 주어인 경우, 단수동사를 사용한다.

The sun was shining. 태양이 빛나고 있었다.
He's always thinking about ***the past*** and worrying about ***the future***.
그는 항상 과거에 대해 생각하고 미래에 대해 걱정을 한다.

They were beginning to find Griffiths' visits rather ***a strain***.
그들은 그리피스의 방문을 좀 피곤하게 느끼기 시작하고 있었다.

There was ***a note*** of satisfaction in his voice. 그의 목소리는 만족한 어조였다.

6 plural nouns(복수명사)

특정한 의미를 지니며, 복수로만 사용하는 명사들이 있다. 예를 들면, '상품'은 **a good**이 아닌 **goods**라고 한다. 복수명사가 주어일 경우, 복수동사를 사용한다.

Take care of your ***clothes***. 당신의 옷을 잘 간수하세요.

The weather ***conditions*** were the same. 날씨의 상황은 같았다.

주의 위의 명사들 앞에는 일반적으로 숫자를 사용하지 않는다. 예를 들면, **two clothes**나 **two goods**라고 하지 않는다.

두 부분이 연결되어 하나가 되는 물건을 가리키는 일부 복수명사는 다음과 같다.

- 착용물

glasses	jeans	knickers	panties
pants	pyjamas	shorts	tights
trousers			

- 사람들이 사용하는 도구

binoculars	pincers	pliers	scales
scissors	shears	tweezers	

하나의 사물을 가리키는 경우, 위의 명사 앞에 **some**을 사용한다.

I wish I'd brought ***some scissors***. 가위를 가져올 걸 그랬다.

하나의 사물을 가리키는 경우에는 **a pair of**, 둘 이상의 사물을 나타낼 경우에는 **two pairs of, three pairs of** 등으로 사용할 수 있다.

I was sent out to buy ***a pair of scissors***. 가위 하나를 사오라고 나를 내보냈다.

Liza had given me ***three pairs of jeans***. 리자는 세 벌의 청바지를 나에게 주었다.

위와 같은 복수명사가 다른 명사 앞에서 수식어로 사용될 때, 단어 끝의 **-s**나 **-es**를 없앤다.

...my ***trouser*** pocket. 내 바지 주머니.

...***pyjama*** trousers. 파자마 바지.

그러나 다음 복수명사는 다른 명사 앞에서도 복수형 그대로 사용한다.

arms	binoculars	clothes	glasses
jeans	sunglasses		

...***arms*** control. 군비(軍費) 제한.

...***clothes*** pegs. 빨래집게.

7 collective nouns(집합명사)

집합명사는 사람이나 사물의 그룹을 가리키는 명사로, 다음의 예가 이에 해당한다.

army	audience	committee	company
crew	enemy	family	flock
gang	government	group	herd
navy	press	public	staff
team			

집합명사의 단수형은 그룹을 하나로 보느냐 또는 여러 개로 보느냐에 따라서 단수동사나 복수동사를 사용할 수 있다. 영국 영어에서는 복수동사를 좀 더 일반적으로 사용하며, 미국 영어에서는 대부분 단수동사를 선호한다.

Our ***family isn't*** poor any more. 우리 가족은 더 이상 가난하지 않다.

My ***family are*** perfectly normal. 내 가족은 완벽하게 정상적이다.

앞에 나온 집합명사를 뒤에서 다시 가리킬 때, 앞에서 단수동사를 사용했으면 단수대명사나 단수한정사를, 복수동사를 사용했으면 복수대명사나 복수한정사를 사용한다.

The government ***has*** said ***it*** would wish to do this only if there was no alternative.
정부는 다른 대안이 전혀 없는 경우에만 이러한 방법을 사용하겠다고 말했다.

The government ***have*** made up ***their*** minds that ***they***'re going to win. 정부는 이기겠다고 결심했다.

그러나 단수동사를 사용한 집합명사라도 단수명사를 사용한 절과 분리되어 있는 다른 절에서 다시 가리킬 때, 복수대명사나 한정사를 사용하기도 한다.

The team ***was*** not always successful but ***their*** rate of success far exceeded expectations.
그 팀은 항상 성공을 거두지는 못했지만, 그들의 성공률은 예상치를 훨씬 초과했다.

His family ***was*** waiting in the next room, but ***they*** had not yet been informed.
그의 가족이 옆방에서 기다리고 있었지만, 그들은 아직 소식을 전해 듣지 못했었다.

영국 영어에서는 스포츠팀이나 단체의 이름을 집합명사처럼 사용하여 단수명사나 복수명사 모두 가능하지만, 미국 영어에서는 단수명사로 사용하는 것이 일반적이다.

Liverpool is leading 1-0. 리버풀 팀이 1 대 0으로 앞서고 있다.

Liverpool are attacking again. 리버풀 팀이 다시 공격하고 있다.

Sears is struggling to attract shoppers. 시어즈는 쇼핑객을 끌어들이기 위해 안간힘을 쓰고 있다.

> 주의 단수형 집합명사가 주어인 경우 복수동사를 사용할 수 있지만, 그렇다고 해서 복수 가산명사와 같은 역할을 하지는 않는다. 또한 단수형 집합명사 바로 앞에는 숫자를 사용할 수 없다. 예를 들면, '세 명의 승무원이 죽었다.'는 ~~**Three crew were killed.**~~가 아닌 **Three of the crew were killed.** 또는 **Three members of the crew were killed.**라고 한다.

대부분의 집합명사가 한 그룹 이상을 나타낼 때, 복수형으로 사용한다. 그러나 **press**(신문들이나 신문 기자들)와 **public**(한 나라의 일반 대중)은 복수형이 없다.

GRAMMAR

8 proper nouns(고유명사)

사람, 장소, 기구, 기관, 배, 잡지, 책, 연극, 그림 등에서 유일무이한 것들의 이름을 고유명사라고 한다. 고유명사는 첫 철자를 대문자로 쓰고, 때때로 한정사와 함께 사용하지만 일반적으로 복수형은 없다.

➲ Topic 표제어 **Names and titles**와 **Places** 참조.

...Mozart. 모차르트.

...Romeo and Juliet. 로미오와 줄리엣.

...the President of the United States. 미국 대통령.

...the United Nations. 유엔.

...the Seine. 센 강.

9 compound nouns(복합명사)

복합명사는 두 개 이상의 명사를 연결해서 사용하는 명사이다. 복합명사는 각 단어를 분리해서 쓰거나, 단어 사이를 하이픈으로 연결하거나, 첫 두 명사 사이를 하이픈(-)으로 연결하기도 한다.

His luggage came sliding towards him on the ***conveyor belt***.
그의 짐이 컨베이어 벨트를 타고 그를 향해 미끄러져 왔다.

There are many ***cross-references*** to help you find what you want.
당신이 원하는 것을 찾을 수 있도록 도움을 주는 전후 참조가 많이 있다.

It can be cleaned with a spot of ***washing-up liquid***. 그것은 소량의 세제 용액을 사용하여 깨끗하게 할 수 있다.

복합명사는 그 밖에도 여러 가지 방법으로 사용한다. 자세한 내용은 **Cobuild** 사전을 참조하기 바란다.

➲ -ing로 끝나는 복합명사에 대한 정보는 **Grammar** 표제어 **'-ing' forms** 참조.
➲ 복합명사의 복수형에 대한 정보는 **Grammar** 표제어 **Plural forms of nouns** 참조.

10 abstract and concrete nouns(추상명사와 구상명사)

추상명사는 눈으로 볼 수 없거나 손으로 만질 수 없는 것, 즉 성질, 생각, 경험을 가리키는 명사를 말한다.

...a boy or girl with ***intelligence***. 총명함을 가진 소년 혹은 소녀.
We found Alan weeping with ***relief*** and ***joy***. 우리는 앨런이 안도와 환희의 눈물을 흘리고 있는 것을 보았다.
I am stimulated by ***conflict***. 나는 의견 대립에 의해 자극을 받는다.

추상명사는 종종 가변명사로 사용할 수 있다. 어떤 사물의 구체적인 예를 들 때에는 가산명사와 같은 역할을 하고, 그렇지 않은 경우에는 불가산명사와 같은 역할을 한다.

➲ 3 variable nouns 참조.

Russia had been successful in previous ***conflicts***. 러시아는 이전의 분쟁들에서 성공을 거두어 왔었다.

구상명사는 눈으로 보거나 손으로 만질 수 있는 명사를 말한다. 사물, 동물, 사람 등을 가리키는 구상명사는 일반적으로 가산명사이다.

...a broad ***highway*** with shady ***trees***. 그늘진 나무가 있는 넓은 고속도로.

furniture, equiqment 등과 같은 집합적 사물을 가리키는 일부 명사는 불가산명사이다.

➲ 2 uncount nouns 참조.

물질명사는 일반적으로 불가산명사이다.

There is not enough ***water***. 물이 충분하지 않다.

그러나 어떤 물질의 특정한 종류나 상표를 가리키는 경우에는 가산명사와 같은 역할을 한다.

➲ 4 mass nouns 참조.

11 nouns followed by prepositions(전치사가 뒤따르는 명사)

[추상명사 + 전치사구] 형식은 명사와 관련되어 있는 것이 무엇인지를 나타낼 때 사용한다. 특정한 명사 뒤에 사용하는 전치사는 표현이 정해져 있어서 선택의 여지가 없다.

I demanded ***access to*** a telephone. 나는 전화를 걸 수 있게 해달라고 요구했다.
...his ***authority over*** them. 그들에 대한 그의 권위.
...the ***solution to*** our energy problem. 우리의 에너지 문제에 대한 해결책.

- [명사 + **to**로 시작하는 전치사구] 형식을 사용하는 명사는 다음과 같다.

access	addiction	adherence	affront
allegiance	allergy	allusion	alternative
answer	antidote	approach	aversion
contribution	damage	devotion	disloyalty
exception	fidelity	immunity	incitement
introduction	preface	prelude	recourse
reference	relevance	reply	resistance
return	sequel	solution	susceptibility
threat	vulnerability	witness	

- [명사 + **for**로 시작하는 전치사구] 형식을 사용하는 명사는 다음과 같다.

admiration	appetite	aptitude	bid
craving	credit	cure	demand
desire	disdain	dislike	disregard
disrespect	hunger	love	need
provision	quest	recipe	regard
remedy	respect	responsibility	room
substitute	sympathy	synonym	taste
thirst			

- 〔명사 + on, upon으로 시작하는 전치사구〕 형식을 사용하는 명사는 다음과 같다.

assault	attack	ban	comment
concentration	constraint	crackdown	curb
dependence	effect	embargo	hold
insistence	reflection	reliance	restriction
stance	tax		

- 〔명사 + with로 시작하는 전치사구〕 형식을 사용하는 명사는 다음과 같다.

affinity	collusion	dealings	dissatisfaction
familiarity	identification	intersection	sympathy

- 〔명사 + with, between으로 시작하는 전치사구〕 형식을 사용하는 명사는 다음과 같다.

collision	connection	contrast	correspondence
encounter	intimacy	link	parity
quarrel	relationship		

- 〔명사 + 특정한 전치사〕 형식을 사용하는 명사들의 예는 다음과 같다.

authority over	control over	departure from	escape from
excerpt from	foray into	freedom from	grudge against
insurance against	quotation from	reaction against	relapse into
safeguard against			

위에서 살펴본 바와 같이 비슷한 뜻을 가진 명사는 동일한 전치사를 사용한다. 예를 들면, **appetite, craving, desire, hunger, thirst** 등은 전치사 **for**를 사용하고, **acceleration, decline, fall, drop, rise** 등은 전치사 **in**을 사용한다.

GRAMMAR

Objects

1 direct objects(직접목적어)

목적어(**object**)는 명사나 명사구로, 사람이나 사물이 행위에 연관되어 있지만 그 행위를 직접 수행하지는 않는다. 목적어는 동사 뒤에 위치하며, 때때로 직접목적어라고도 한다.

He closed ***the door***. 그는 문을 닫았다.

It was dark by the time they reached ***their house***. 그들이 집에 도착했을 무렵에는 어두워져 있었다.

Some of the women noticed ***me***. 그 여자들 중의 몇 사람은 나를 알아봤다.

2 indirect objects(간접목적어)

일부 동사는 두 개의 목적어를 취한다. 예를 들면, **I gave John the book.**(나는 존에게 그 책을 주었다.)에서 **the book**은 직접목적어이고, **John**은 간접목적어이다. 간접목적어는 대개 어떤 행동으로 이익을 얻거나, 그 결과로 어떤 사물을 받는 사람을 가리킨다. 간접목적어의 위치는 〔주어(**S**) + 동사(**V**) + 간접목적어(**IO**) + 직접목적어(**DO**)〕 형식이나, 〔주어(**S**) + 동사(**V**) + 직접목적어(**DO**) + 전치사 + 간접목적어(**IO**)〕 형식과 같다.

Dad gave ***me*** a car. 아버지께서 나에게 자동차를 주셨다.

He handed his room key to ***the receptionist***. 그는 방 열쇠를 접수원에게 건넸다.

➔ 더 많은 정보는 **Grammar** 표제어 **Verbs**의 **ditransitive verbs** 참조.

3 prepositional objects(전치사의 목적어)

전치사도 목적어를 취한다. 전치사 뒤의 명사구를 전치사의 목적어라고 한다.

I climbed up ***the tree***. 나는 그 나무를 기어올랐다.

Miss Burns looked calmly at ***Marianne***. 번스 양은 메리앤을 조용히 바라보았다.

Woodward finished the second page and passed it to ***the editor***.
우드워드는 두 번째 페이지를 완료한 후 편집자에게 넘겼다.

Grammar 표제어 Prepositions 참조.

The Passive

1 form and usage(형태와 용법)

수동태(passive)는 행동에 의해 영향을 받는 사람이나 사물이 주어인 동사구를 말한다. 예를 들면, **He was helped by his brother.**(그는 남동생의 도움을 받았다.)에서 **was helped**가 수동태 동사구이다. 능동태는 주어가 어떤 행동을 하는 주체인 사람이나 사물을 가리킬 때 사용하는데, **His brother helped him.**(남동생이 그를 도왔다.)에서 **helped**가 능동태 동사이다.

수동태는 어떤 행위를 하는 사람이나 사물보다 그 행위에 의해 영향을 받는 사람이나 사물에 더 관심을 가지거나, 누가 그 행위를 했는지를 알지 못할 때 사용한다. 수동태를 사용할 때, **He was helped.**(그는 도움을 받았다.)와 같이 행위자를 언급하지 않아도 된다.

수동태 동사구는 〔**be**동사 + 과거분사〕 형식을 사용한다. 예를 들면, **eat**를 수동태 과거형으로 사용하는 경우, **be**동사의 과거형(**was, were**)과 **eat**의 과거분사(**eaten**)를 결합하여 사용한다. **to**부정사의 수동태 **to be eaten**이나, **-ing**형 수동태 **being eaten** 등의 형태도 있다.

더 자세한 정보는 Grammar 표제어 Tenses 참조.

목적어를 갖는 대부분의 타동사는 수동태로 사용할 수 있다.

The room ***has been cleaned***. 방이 깨끗이 청소되었다.
Some very interesting work ***is being done*** on this. 이것에 대해 매우 흥미로운 어떤 작업이 진행되고 있다.
The name of the winner ***will be announced*** tomorrow. 우승자의 이름이 내일 발표될 것이다.

주의 다음 타동사는 수동태로 사용할 수 없거나 거의 사용하지 않는다.

elude	escape	flee	get	have
let	like	race	resemble	suit

자동사와 전치사로 구성된 구동사들도 수동태로 사용할 수 있다.

In some households, the man ***was referred to*** as the master. 어떤 가정에서는 남자를 주인이라고 불렀다.
Sanders asked if such men could ***be relied on*** to keep their mouths shut.
샌더스는 그러한 남자들이 입을 다물고 있을 것이라고 믿을 수 있는지 물었다.

i 동사 뒤에 바로 전치사가 따라오지만, 전치사 뒤에 명사구가 오지 않는 것은 그 명사구를 수동태 문장의 주어로 사용하고 있기 때문이다.

2 'by' and 'with'

수동태 문장에서 어떤 행위를 한 사람이나 사물을 나타낼 때, 전치사 **by**를 사용한다.

He had been poisoned ***by his girlfriend***. 그는 여자 친구에 의해 독살되었다.
He was brought up ***by an aunt***. 그는 고모에 의해 양육되었다.

수동태 문장에서 어떤 행위를 할 때 사용한 사물을 나타낼 때, 전치사 **with**를 사용한다.

A circle was drawn in the dirt ***with a stick***. 막대기로 땅에 동그라미를 그렸다.
Moisture must be drawn out first ***with salt***. 우선 소금으로 습기를 제거해야 한다.

3 object complements(목적격 보어)

일부 동사는 목적어 뒤에 보어를 취한다. 이때 보어는 목적어를 묘사하는 형용사나 명사구이다.

Grammar 표제어 Complements의 object complements 참조.

GRAMMAR

수동태 문장에서 목적격 보어는 동사구 바로 뒤에 위치한다.

In August he ***was elected Vice President of the Senate***. 8월에 그는 상원의 부의장으로 선출되었다.

If a person today talks about ghosts, he ***is considered ignorant or mad***.
오늘날 어떤 사람이 유령에 대해 말한다면, 그는 무지하거나 미친 사람으로 여겨진다.

4 'get'

회화에서 수동태를 만들 때, be 대신 get을 때때로 사용한다.

Our car ***gets cleaned*** about once every two months. 우리는 차를 약 두 달에 한 번씩 청소한다.

My husband ***got fined*** in Germany for crossing the road. 내 남편은 도로 무단 횡단으로 독일에서 벌금을 물었다.

5 in report structures(전달문에서)

➲ 수동태에서의 전달동사의 용법에 대한 정보는 Grammar 표제어 Reporting 참조.

The Past

➲ 과거시제의 형태는 Grammar 표제어 Tenses 참조.

1 talking about the past(과거에 대해 말하기)

단순과거시제는 과거의 일을 가리킬 때 사용한다.

She ***opened*** the door. 그녀는 문을 열었다.

One other factor ***influenced*** him. 다른 한 요소가 그에게 영향을 끼쳤다.

어떤 일이 정확하게 언제 일어났는지, 얼마 동안 일어났는지, 규칙적으로 일어났는지를 나타내기 위해서는, 시간을 나타내는 단어와 표현을 추가해야 한다.

The Prime Minister ***flew*** to New York ***yesterday***. 그 수상은 어제 뉴욕으로 비행기를 타고 갔다.

He ***thought for a few minutes***. 그는 잠시 동안 생각을 했다.

They ***went*** for picnics ***most weekends***. 그들은 주말에는 대부분 소풍을 갔다.

한 사건이 일어나기 전에 어떤 일이 계속 진행되고 있었거나, 그 사건이 일어난 후에도 지속적으로 그 일이 발생했을 때, 과거진행시제를 사용한다.

We ***were driving*** towards the racetrack when a policeman stepped in front of our car to ask for identification.
한 경찰관이 신분증 제시를 요구하기 위해 우리의 차 앞을 막아설 때까지 우리는 경마장을 향해 운전하고 있었다.

While they ***were approaching*** the convent, a couple of girls ran out of the gate.
그들이 수녀원에 다가가고 있는데 두 명의 여자 아이들이 문밖으로 달려 나왔다.

과거에 존재했었던 어떤 일의 일시적인 상황을 말할 때에도 과거진행시제를 사용한다.

Our team ***were losing*** 2–1 at the time. 우리 팀은 그때 2 대 1로 지고 있었다.

We ***were staying*** with friends in Italy. 우리는 이탈리아에서 친구들과 함께 머물고 있었다.

2 regular events(규칙적인 일)

과거에 정기적으로 일어난 일을 나타낼 때, 단순과거 대신 〔would · used to + 동사원형〕 형식을 사용할 수 있다.

We ***would*** normally ***spend*** the winter in Miami. 우리는 보통 마이애미에서 겨울을 보내곤 했다.

She ***used to get*** quite cross with Lally. 그녀는 랠리에게 몹시 화를 내곤 했다.

used to는 지금은 더 이상 일어나지 않는 상황을 나타낼 때도 사용한다.

People ***used to believe*** that the earth was flat. 사람들은 과거에 지구가 평평하다고 믿었다.

지금은 더 이상 일어나지 않는 상황에는 would를 사용하지 않는다.

3 perfect tenses(완료시제)

과거 어느 때 일어난 일이 현재까지 영향을 미치고 있을 경우, 현재완료시제를 사용한다.

I'm afraid I'***ve forgotten*** my book, so I don't know. 내 책을 잊고 온 것 같다. 그래서 잘 모르겠다.

GRAMMAR

Have you ***heard*** from Jill recently? How is she? 최근에 질에게서 소식이 있었어요? 그녀는 어떻게 지내요?

또한 과거의 어느 때 시작되어 지금까지 계속 진행되는 상황을 말할 때, 현재완료시제를 사용한다.

I ***have known*** him for years. 나는 그를 수년간 알고 지냈다.
He ***has been*** here since six o'clock. 그는 6시부터 여기에 와 있다.

최근의 한 사건이 얼마간 계속 발생했음을 강조할 경우, 현재완료 진행시제를 사용한다.

She***'s been crying***. 그녀는 지금도 울고 있다.
I***'ve been working*** hard all day. 나는 온종일 열심히 일을 해오고 있다.

과거 어느 시점을 기준으로 그 이전에 어떤 일이 일어나서 과거 그 시점까지 영향을 끼칠 때, 과거완료시제를 사용한다.

I apologized because I ***had left*** my wallet at home. 나는 집에 지갑을 놓고 와서 사과를 했다.
He learned that the fence between the two properties ***had been removed***.
그는 두 소유지 사이에 울타리가 제거된 것을 알게 되었다.

과거 이전의 시점에 시작하여 과거에도 여전히 지속되는 경우, 과거완료 진행시제를 사용한다.

I was about twenty. I ***had been studying*** French for a couple of years.
내가 스무 살 정도였을 때, 나는 2년 동안 프랑스어를 배우고 있었다.
He ***had been working*** there for ten years when the trouble started.
그가 그곳에서 10년간 일을 하던 중에 그 문제가 시작되었다.

4 future in the past(과거에서의 미래)

과거의 특정한 때에 미래의 일을 나타낼 때, **would**, **was/were going to**, 과거진행시제를 사용한다.

He thought to himself how wonderful it ***would taste***. 그는 그것이 얼마나 맛이 있을지 혼자 생각했다.
Her daughter ***was going to do*** the cooking. 그녀의 딸이 요리를 할 예정이었다.
Mike ***was taking*** his test the week after. 마이크는 그 다음 주에 시험을 치를 예정이었다.

Past participles

1 basic uses(기본 용법)

완료시제, 수동태, 경우에 따라서 형용사를 만들 때, 동사의 과거분사를 사용한다. 과거분사를 형용사로 사용하는 경우, **-ed**형용사라고 한다.

Advances have ***continued***, though actual productivity has ***fallen***. 실제 생산성은 떨어졌지만 진보는 계속되고 있다.
Jobs are still being ***lost***. 실직이 여전히 계속되고 있다.
We cannot refuse to teach children the ***required*** subjects.
우리는 아이들에게 필수 과목들을 가르치는 것을 거부할 수 없다.

➲ Grammar 표제어 Tenses와 '-ed' adjectives 참조.

과거분사는 불규칙동사를 제외하고 동사의 과거형과 같다.

➲ Grammar 표제어 Irregular verbs 참조.

2 in non-finite clauses(비정동사절에서 사용하기)

문장에서 과거분사로 시작하는 비정동사절은 수동적인 의미를 가지고 있다. 예를 들면, '그녀는 그들의 배신에 슬퍼서 사임했다.'는 **She was saddened by their betrayal and resigned.** 대신 **Saddened by their betrayal, she resigned.**라고 한다. 주절은 과거분사로 시작하는 비정동사절에서 설명한 상황에 따라 생겨난 결과, 또는 그 상황에 이어 일어나는 연관된 사건을 가리킬 수 있다.

Stunned by the swiftness of the assault, the enemy were overwhelmed.
재빠른 기습에 놀라, 적들은 어찌할 바를 몰랐다.
Granted an amnesty and prematurely released, she rallied her followers and continued the struggle.
사면과 조기 석방이 이루어지자, 그녀는 자신의 추종자들을 모아 투쟁을 계속했다.

GRAMMAR

위와 같은 구문은 특히 감정을 나타내는 과거분사와 함께 사용하는데, 이러한 구문 대신 〔**having been · after having been · after being** + 과거분사〕 형식을 사용하기도 한다.

Having been left fatherless in early childhood he was brought up by his uncle.
그는 어린 시절에 아버지께서 안 계셔서 삼촌의 손에서 자랐다.

...the prints of two hands pressed on the stone ***after having been dipped in red paint***.
빨간 페인트에 담근 후에 바위에 눌러 찍은 양손 자국.

After being left for an hour in the shower room, we were placed in separate cells.
한 시간 동안 샤워실에 있다가 우리는 각각의 방에 배정되었다.

주절과 종속절의 주어가 같을 때, 주어나 조동사 없이 종속접속사로 시작되는 절에 과거분사를 사용할 수 있다.

Dogs, ***when threatened***, make themselves smaller and whimper like puppies.
개들은 위협을 느낄 때 몸을 움츠리고 강아지처럼 낑낑거린다.

Although now recognised as an important habitat for birds, the area of Dorset heathland has been cut in half since 1962.
지금은 새들의 중요한 서식지로 인정받고 있지만, 히스가 무성한 도셋 황야 지역은 1962년 이래 반으로 줄어들었다.

3 after nouns(명사 뒤에 사용하기)

〔사람을 나타내는 명사 · 부정대명사 · **those** + 과거분사〕 형식을 사용하여, 수식받는 사람이 누구인지 이 사람에게 어떤 일이 일어났는지를 묘사할 수 있다.

...a successful method of bringing up children ***rejected by their natural parents***.
친부모로부터 버림받은 어린이들을 성공적으로 양육하는 방법.

Many of those ***questioned in the poll*** agreed with the party's policy on defence.
여론 조사에서 질문을 받은 많은 사람들이 그 정당의 국방 정책에 동의했다.

It doesn't have to be someone ***appointed by the government***. 정부에 의해 임명된 사람이 아니어도 된다.

Phrasal modals

구조동사(**phrasal modal**)는 다른 동사와 함께 단일 동사구를 이루며, 조동사가 하는 역할과 동일한 방식으로 동사의 의미에 영향을 끼치는 구이다.

일부 구조동사는 **be**나 **have**로 시작한다. 예를 들면, **be able to, be bound to, be going to, have got to, have to**가 있다. 이러한 구에서 첫 번째 단어인 **be**와 **have**는 동사 **be**와 **have**가 변하는 것처럼 주어와 시제에 따라 형태가 변화한다. 예를 들면, **I am bound to fall asleep., She is bound to fall asleep., We have to leave tonight., They had to leave last night.** 등과 같은 식이다. 하지만 다른 구조동사는 이와 같은 방식으로 변하지 않는다. 예를 들면, **I would rather go by bus.**나 **He would rather go by bus.** 등과 같다. 구조동사는 다음과 같다.

be able to	had best	had better	be bound to
be going to	have got to	have to	be liable to
be meant to	ought to	would rather	would just as soon
would sooner	be supposed to	be sure to	be unable to
used to	would do well to		

It ***was supposed to*** last for a year and actually lasted eight.
그것은 일 년간 지속되기로 예정되었으나, 실제로는 8년간 지속되었다.

We ***would do well not to*** add salt to our diet at all. 우리는 식단에 소금을 전혀 첨가하지 않는 것이 좋을 것이다.

The deep sea diving ***is bound to*** take me away from home a good deal.
심해 잠수를 하려면 나는 집에서 아주 멀리 떠나야 한다.

She ***is able to*** sit up in a wheelchair. 그녀는 휠체어에서 똑바로 앉을 수 있다.

He ***used to*** shout at people. 그는 사람들에게 소리를 지르곤 했다.

I ***would sooner*** give up sleep than miss my evening class.
나는 저녁 강의를 빼먹는 것보다는 차라리 잠자는 것을 포기하겠다.

Phrasal verbs

1 phrasal verbs(구동사)

구동사(phrasal verb)는 〔동사 + 부사〕, 〔동사 + 전치사〕, 〔동사 + 부사 + 전치사〕 형식으로 하나의 뜻을 나타낸다. 구동사에 사용하는 부사나 전치사를 문법 용어로 불변화사(particle)라고도 한다. 구동사는 동사의 원래의 뜻을 확장하거나 새로운 뜻을 만들어낸다.

The pain gradually ***wore off***. 고통은 서서히 사라졌다.
I had to ***look after*** the kids. 나는 아이들을 돌봐야만 했다.
They ***broke out of*** prison. 그들은 감옥에서 탈출했다.
Kroop tried to ***talk*** her ***out of*** it. 크루프는 그녀를 설득하여 그 일을 못하게 하려 했다.

2 position of objects(목적어의 위치)

- 구동사가 〔타동사 + 부사〕 형식으로 이루어진 경우, 동사의 목적어는 부사의 앞이나 뒤에 온다.

Don't give ***the story*** away, silly! 바보같이 그 이야기를 말하지 마세요!
I wouldn't want to give away ***any secrets***. 나는 어떤 비밀도 누설하고 싶지 않다.

- 그러나 동사의 목적어가 대명사일 경우, 대명사는 부사 앞에 온다.

He cleaned ***it*** up. 그는 그것을 깨끗이 청소했다.
I answered ***him*** back and took my chances. 나는 그에게 말대꾸를 하면서 결연히 맞서 보았다.

- 구동사가 〔타동사 + 전치사〕 형식으로 이루어진 경우, 〔타동사 + 목적어 + 전치사 + 전치사의 목적어〕 형식을 사용한다.

They agreed to let ***him*** into ***their little secret***. 그들은 자신들의 사소한 비밀을 그에게 알려 주기로 동의했다.
The farmer threatened to set ***his dogs*** on ***them***. 농부는 개들이 그들을 공격하게 하겠다고 위협했다.

- 동사와 전치사가 결합한 구동사가 하나의 타동사 역할을 하는 경우, 〔동사 + 전치사 + 목적어〕 형식을 사용한다.

I love looking after ***the children***. 나는 아이들을 돌보는 것을 좋아한다.
Elaine wouldn't let him provide for ***her***. 일레인은 그가 그녀를 부양하는 것을 허락하지 않을 것이다.
...friends who stuck by ***me*** during the difficult times. 내가 어려움에 처했을 때 곁에 있어 준 친구들.

- 구동사가 〔타동사 + 부사 + 전치사〕 형식으로 이루어진 경우, 동사의 목적어는 일반적으로 부사 앞에 온다.

Multinational companies can play ***individual markets*** off against each other.
다국적 기업들은 개별 시장들을 서로 경쟁시켜 어부지리를 얻을 수 있다.
I'll take ***you*** up on that generous invitation. 저는 당신의 관대한 그 초대에 수락하겠습니다.

- 〔동사 + 부사 + 전치사〕가 하나의 타동사 역할을 하는 경우, 목적어는 전치사 뒤에 온다.

They had to put up with ***their son's bad behaviour***. 그들은 아들의 나쁜 행실을 참아내야만 했다.
He was looking forward to ***life after retirement***. 그는 은퇴 후의 삶을 고대하고 있었다.
Look out for ***the symptoms of influenza***. 독감 증상을 조심하세요.

3 passives(수동태)

〔동사 + 전치사 · 부사〕 형식의 타동사구를 수동태로 만들 때, 함께 쓰인 전치사와 부사는 동사와 함께 그대로 남겨 둔다.

She died a year later, and I ***was taken in*** by her only relative.
그녀는 일 년 후에 죽고, 나는 그녀의 하나뿐인 친척에게 보내졌다.
I ***was dropped off*** in front of my house. 나는 집 앞에 내려졌다.
The factory ***was closed down*** last year. 그 공장은 지난해에 문을 닫았다.

Plural forms of nouns

가산명사의 복수형을 만드는 기본적인 방법은 다음 표와 같다.

Plural forms of nouns

	단수형	복수형
		-s를 첨가([-s] 또는 [-z])
규칙적인 변화	hat tree	hats trees
		-s를 첨가([-iz])
-se로 끝나는 명사 -ze로 끝나는 명사 -ce로 끝나는 명사 -ge로 끝나는 명사	rose prize service age	roses prizes services ages
		-es를 첨가([-iz])
-sh로 끝나는 명사 -ch로 끝나는 명사 -ss로 끝나는 명사 -x로 끝나는 명사 -s로 끝나는 명사	bush speech glass box bus	bushes speeches glasses boxes buses
		-y를 -ies로 변형
자음 + -y로 끝나는 명사	country lady	countries ladies
		-s를 첨가([-z])
모음 + -y로 끝나는 명사	boy valley	boys valleys

장모음과 [θ]로 끝나는 명사의 복수형은 [-ðz]로 발음한다. 예를 들면, **path**의 복수형 **paths**는 [pæðz | pa:ðz]로, **mouth**의 복수형 **mouths**는 [mauðz]로 발음한다. **house**[haus]의 복수형 **houses**는 [háuziz]로 발음한다.

-ch로 끝나는 명사의 발음이 [k]이면, 복수형은 -es가 아닌 -s를 붙인다. 예를 들면, stomach[stʌ́mək]의 복수형은 stomachs이다.

stomach → stomachs	monarch → monarchs

1 nouns with no change in form(형태가 변하지 않는 명사)

일부 명사는 단수형과 복수형이 같다.

...a ***sheep*** 양 한 마리.

...nine ***sheep*** 양 아홉 마리.

위와 같은 명사 중 대다수는 동물이나 어류에 속한다

bison	cod	deer	fish
goldfish	greenfly	grouse	halibut
moose	mullet	reindeer	salmon
sheep	shellfish	trout	whitebait

동물을 가리키는 명사의 복수형이 -s로 끝나더라도, 사냥을 하는 관점에서 동물을 가리키면 일반적으로 -s가 없는 복수형을 사용한다.

Zebra are a more difficult prey. 얼룩말은 더 다루기 힘든 먹잇감이다.

마찬가지로, 함께 자라는 매우 많은 양의 나무나 식물을 가리킬 때, -s가 없는 복수형을 사용할 수 있다. 그러나 이 경우에는 복수형이 아닌 불가산명사처럼 사용한다.

...the rows of ***willow*** and ***cypress*** which lined the creek. 시내를 따라 일렬로 늘어선 버드나무와 사이프러스 나무의 열.

다음 명사들도 단수형과 복수형이 같다.

aircraft	crossroads	dice	gallows
grapefruit	hovercraft	insignia	mews
offspring	series	spacecraft	species

2 nouns ending in '-f' or '-fe'(-f나 -fe로 끝나는 명사)

-f나 **-fe**를 **-ves**로 바꿔서 복수형을 만드는 명사들이 있다.

calf → calves	elf → elves	half → halves	knife → knives
leaf → leaves	life → lives	loaf → loaves	scarf → scarves
sheaf → sheaves	shelf → shelves	thief → thieves	turf → turves
wharf → wharves	wife → wives	wolf → wolves	

hoof의 복수형은 **hoofs**나 **hooves**이다.

3 nouns ending in '-o'(-o로 끝나는 명사)

-o로 끝나는 명사의 복수형을 만들 때, **-s**를 붙인다.

photo → photos
radio → radios

그러나 다음의 **-o**로 끝나는 명사들은 복수형을 만들 때는 **-es**를 붙인다.

domino	echo	embargo	hero
negro	potato	tomato	veto

다음의 **-o**로 끝나는 명사들은 복수형을 만들 때, **-s**나 **-es**를 모두 사용할 수 있다.

buffalo	cargo	flamingo	fresco
ghetto	innuendo	mango	manifesto
memento	mosquito	motto	salvo
stiletto	tornado	torpedo	volcano

4 irregular plurals(불규칙 복수형)

특수한 복수형을 취하는 명사는 다음과 같다.

child → children	foot → feet	goose → geese	louse → lice
man → men	mouse → mice	ox → oxen	tooth → teeth
woman → women			

ⓘ women [wímin] 의 첫 번째 음절은 woman [wúmən] 의 첫 번째 음절과 다르게 발음한다.

-man, **-woman**, **-child**로 끝나는 대부분의 명사는 사람을 가리키며, 복수형이 **-men, -women, -children** 형태가 된다.

Englishwoman → Englishwomen
grandchild → grandchildren
postman → postmen

그러나 **German, human, Norman, Roman**의 복수형은 **Germans, humans, Normans, Romans**이다.

5 plurals of compound nouns(복합명사의 복수형)

대부분 복합명사의 복수형은 마지막 단어 끝에 **-s**를 붙인다.

down-and-out	→	down-and-outs
swimming pool	→	swimming pools
tape recorder	→	tape recorders

그러나 **-er**로 끝나는 명사와 **on**이나 **by**와 같은 부사로 이루어진 복합명사의 경우, 그것이 사람을 가리키면 그 복수형은 첫 번째 단어 끝에 **-s**를 붙인다.

passer-by	→	passers-by
hanger-on	→	hangers-on

셋 이상의 단어로 이루어진 복합명사의 복수형은 첫 번째 단어가 자신이 말하는 사람이나 사물인 경우, 첫 번째 단어 끝에 **-s**를 붙인다.

brother-in-law	→	brothers-in-law
bird of prey	→	birds of prey

6 plurals of foreign words(외래어의 복수형)

특히 라틴어와 같이 다른 언어에서 차용한 영단어의 경우, 그 언어의 규칙에 따라 복수형을 만드는 단어들이 있다. 대부분의 단어들은 전문 용어이거나 격식을 차린 말이며, 일부는 비전문적이거나 격식을 차리지 않는 문장에서 규칙형인 **-s**나 **-es**로 끝나는 복수형을 사용할 수도 있다. 이러한 단어는 사전을 통해 확인할 필요가 있다.

- **-us**로 끝나는 명사는 **-us**를 **-i**로 바꾼다.

nucleus	→	nuclei
radius	→	radii
stimulus	→	stimuli

- 그러나 **-us**로 끝나는 또 다른 명사는 다른 복수형을 갖는다.

corpus	→	corpora
genus	→	genera

- **-um**으로 끝나는 명사는 흔히 **-um**을 **-a**로 바꾼다.

aquarium	→	aquaria
memorandum	→	memoranda

- **-a**로 끝나는 명사는 단어의 끝에 **-e**를 붙인다.

larva	→	larvae
vertebra	→	vertebrae

- **-is**로 끝나는 명사는 **-is**를 **-es**로 바꾼다.

analysis	→	analyses
crisis	→	crises
hypothesis	→	hypotheses

- **-ix, -ex**로 끝나는 명사는 단어의 끝을 **-ices**로 바꾼다.

appendix	→	appendices
index	→	idices
matrix	→	matrices

- 그리스어에서 기원한 **-on**으로 끝나는 명사는 **-on**을 **-a**로 바꾼다.

criterion	→	criteria
phenomenon	→	phenomena

- 프랑스어에서 기원한 다음의 단어는 단수형과 복수형이 같다. 단수형일 경우에는 끝의 **-s**를 발음하지 않고, 복수형일 경우에만 [-z]로 발음한다.

bourgeois	chassis	corps	patois
précis	rendezvous		

Possessive determiners

1 possessive determiners(소유격 한정사)

소유격 한정사는 어떤 것을 소유하고 있는 사람이나 사물을 나타낸다. 소유격 한정사는 다음과 같다.

	단수형	복수형
1인칭(first person)	my	our
2인칭(second person)	your	
3인칭(third person)	his her its	their

소유격 한정사는 언급하고 있는 사물을 소유하고 있는 사람과 사물에 따라 표현이 달라진다. 예를 들어, 한 여자가 펜을 가지고 있을 경우 **her pen**이라고 하지만, 남자의 것이라면 **his pen**이라고 한다.

Soon after five that day the vicar called at ***my house***. 그날 5시가 조금 지나서 교구 목사가 나의 집을 방문했다.
Sir Thomas More built ***his house*** there. 토머스 모어 경은 그곳에 자신의 집을 지었다.
I walked out of ***her house*** and collided with a pillar box. 나는 그녀의 집에서 걸어 나오다가 우체통에 부딪혔다.
Sometimes I would sleep in ***their house*** all night. 때때로 나는 그들의 집에서 밤새껏 잠을 자곤 했다.

소유격 한정사 뒤의 명사가 단수형인지 복수형인지, 사람인지 사물인지에 상관없이 같은 소유격 한정사를 사용한다.

I just went on writing in ***my notebook***. 나는 노트에 계속 쓰기만 했다.
My parents don't trust me. 내 부모님께서는 나를 믿지 않는다.

> 주의 소유격 한정사는 다른 한정사와 같이 사용하지 않는다. 예를 들면, '나는 구두를 벗었다.'는 ~~**I took off the my shoes.**~~가 아닌 **I took off my shoes.**라고 한다.

2 'the' instead of possessive(소유격 대신 사용하는 the)

사물이 어떤 사람의 것임이 명확할 때, 소유격 한정사 대신 **the**를 사용할 수 있다. 특히 누군가가 다른 사람의 신체의 일부분에 어떤 행동을 가하다라고 할 때 **the**를 사용한다.

They hit him over ***the head*** with a stick. 그들은 막대기로 그의 머리를 내리쳤다.
He took his daughters by ***the hand*** and led them away. 그는 딸들의 손을 잡고 데리고 갔다.

자신이 소유한 사물들 중의 하나를 가리킬 때, **the**를 사용하기도 한다. 예를 들면, '가서 차를 가지고 오겠다.'는 **I'll go and get my car.** 대신, **I'll go and get *the* car.**라고 할 수 있다.

I went back to *__the__* house. 나는 집으로 돌아갔다.
The noise from *__the__* washing-machine is getting worse. 세탁기에서 나는 소음이 점점 심해지고 있다.

그러나 사람이 착용하고 있는 것을 가리킬 때는 위에서처럼 **the**를 사용하지 않는다. 예를 들면, '내 시계는 늦다.'는 ~~**The watch is slow.**~~가 아닌 **My watch is slow.**라고 한다. 또한 삼촌이나 여동생 등의 친척 관계를 가리킬 때에도 **the**를 소유의 뜻으로 사용하지 않는다. 그러나 어린이들을 가리킬 때는 **the children** 또는 **the kids**라고 흔히 말한다.

When *__the children__* had gone to bed I said, 'I'm going out for a while.'
아이들이 잠자리에 들어가자, 나는 "잠깐 외출을 해야겠어."라고 말했다.

ⓘ 어떤 것이 사물보다 사람에게 속해 있음을 나타낼 때, 소유격 한정사를 더 일반적으로 사용한다. 즉, 방의 문을 가리킬 때, its door보다 the door라고 말하는 것이 더 일반적이다.

➲ 소유격 한정사의 사용에 대한 더 많은 정보는 **Topic** 표제어 **Possession and other relationships** 참조.

Prepositions

1 with a following noun group(뒤따르는 명사구와 함께 사용하기)

전치사구는 일반적으로 〔전치사 **at · in · on · with** 등 + 명사 · 명사구〕 형식을 말하며, 이러한 명사나 명사구를 전치사의 목적어라고 한다.

전치사는 전치사의 목적어와 함께 사용하여 장소나 시간을 나타낸다.

She waited *__at__* the bus stop *__for__* twenty minutes. 그녀는 버스 정류장에서 20분 동안 기다렸다.
Tell me if you're coming *__to__* my party *__on__* Saturday. 토요일에 제 파티에 당신이 올 것인지 말해 주세요.
They arrived *__at__* Scunthorpe *__in__* the morning. 그들은 아침에 스컨소프에 도착했다.

➲ **Topic** 표제어 **Places**와 **Time** 참조.

사물, 성질, 행동에 대해 더 많은 정보를 주는 구(**phrase**)를 이끌 때, 명사, 형용사, 동사 뒤에 전치사를 사용하기도 한다.

➲ **Grammar** 표제어 **Nouns, Adjectives, Verbs, Qualifiers** 참조.

2 without a following noun group(뒤따르는 명사구 없이 사용하기)

전치사 뒤에 명사구가 따르지 않는 경우가 몇 가지 있다. 이 경우, 전치사와 관련된 명사구는 문장에서 전치사보다 앞쪽에 위치한다. 명사구가 뒤따르지 않는 경우는 다음과 같다.

- 의문문과 간접의문문

__What__ will you talk *__about__*? 당신은 무엇에 대해 말할 예정입니까?
She doesn't know *__what__* we were talking *__about__*. 그녀는 우리가 무엇을 얘기하고 있었는지 모른다.

➲ **Grammar** 표제어 **Questions**와 **Reporting** 참조.

- 관계사절

...the job *__which__* I'd been training *__for__*. 내가 훈련받아 온 직업.

➲ **Grammar** 표제어 **Relative clauses** 참조.

- 수동태

__Amateur theatricals__ have already been referred *__to__*. 아마추어 연극은 벌써 알려져 있다.

➲ **Grammar** 표제어 **The Passive** 참조.

- 보어와 **to**부정사 뒤

__She__'s very difficult to get on *__with__*. 그녀는 사이좋게 지내기가 매우 어려운 여자이다.
__The whole thing__ was just too awful to think *__about__*. 그 모든 것을 생각하기에는 너무나 끔찍했다.

➲ **Grammar** 표제어 **'To'-infinitive clauses** 참조.

GRAMMAR

3 complex prepositional object(복합전치사의 목적어)

전치사 뒤에 또 다른 전치사구나 wh-절을 사용할 수 있다.

I had taken his drinking bowl ***from beneath the kitchen table***. 나는 부엌 식탁 아래로 그의 물그릇을 받았다.

I threw down my book and walked across the room ***to where she was sitting***.
나는 책을 집어던지고 그녀가 앉아 있는 곳으로 방을 가로질러 갔다.

...the question ***of who should be President of the Board of Trade***.
누가 무역 위원회의 의장이 되어야 하는가의 문제.

4 prepositions and adverbs(전치사와 부사)

일부 전치사는 부사로도 사용된다. 이때 부사의 뜻은 전치사와 유사하다.

I looked ***underneath the bed***, but the box had gone. 내가 침대 아래를 찾아보았으나, 그 상자는 사라지고 없었다.

Always put a sheet of paper ***underneath***. 항상 종이 한 장을 밑에 깔아 주세요.

The door was ***opposite the window***. 그 문은 창문 반대편에 있었다.

The kitchen was ***opposite***, across a little landing. 그 부엌은 작은 층계참 건너, 반대편에 있었다.

전치사나 부사로 사용할 수 있는 서로 비슷한 뜻의 단어들은 다음과 같다.

aboard	about	above	across
after	against	along	alongside
before	behind	below	beneath
beside	beyond	by	down
in	in between	inside	near
off	on	on board	opposite
outside	over	past	round
since	through	throughout	under
underneath	up	within	

The Present

➊ 현재시제의 형태는 Grammar 표제어 Tenses 참조.

현재 존재하는 장기간의 상황, 현재 일어나고 있는 규칙적이거나 습관적인 행동, 일반적인 진리를 나타낼 때, 단순 현재시제를 사용한다.

My dad ***works*** in Saudi Arabia. 내 아버지께서는 현재 사우디아라비아에서 일을 하고 계신다.

I ***wake*** up early and ***eat*** my breakfast in bed. 나는 일찍 일어나서, 침대에서 아침밥을 먹는다.

Water ***boils*** at 100 degrees centigrade. 물은 섭씨 100도에서 끓는다.

일시적인 것으로 여겨지는 일이나 현재 일어나고 있는 일을 나타낼 때, 현재진행시제를 사용한다.

I'm working as a British Council officer. 나는 영국 문화 협회 임원으로 일하고 있다.

Wait a moment. ***I'm listening*** to the news. 잠시 기다리세요. 저는 뉴스를 듣고 있어요.

> **주의** 현재 일어나고 있는 일을 나타낼 때에도 현재진행시제로 사용하지 않는 동사가 상당수 있다.
> ➊ Grammar 표제어 Continuous tenses 참조.

ⓘ 미래의 일을 나타낼 때, 현재시제를 사용하는 경우가 있다.

➊ Grammar 표제어 The Future 참조.

➊ 현재완료시제 용법은 Grammar 표제어 The past 참조.

Pronouns

1 pronouns(대명사)

대명사(pronoun)는 it, this, nobody 등과 같은 단어로, 앞에 말한 명사나 명사구를 대신하는 품사이다. 일부

GRAMMAR

대명사는 명사의 반복을 피하기 위해 사용한다. 예를 들면, '어머니께서 오늘 저녁에 나에게 전화를 하겠다고 말씀하셨다.'는 ~~**My mother said my mother would phone me this evening.**~~이 아닌 **My mother said *she* would phone me this evening.**이라고 한다.

> **주의** 명사를 포함한 명사구 대신에 대명사를 사용한다. 그러나 대명사를 명사구에 추가하여 사용하지 않는다. 예를 들면, ~~**My mother she wants to see you.**~~가 아닌 **My mother wants to see you.**나 **She wants to see you.**라고 한다.

이 표제어에서는 인칭대명사, 소유대명사, 재귀대명사, 부정대명사에 대한 정보를 제공한다.

- 지시대명사에 대한 정보는 **Usage** 표제어 **this – that** 참조.
- 상호대명사에 대한 정보는 **Usage** 표제어 **each other – one another** 참조.
- 어떤 **wh-**어는 대명사이다. **Grammar** 표제어 **'Wh'-words** 참조.

사람이나 사물의 양을 가리킬 때, 대명사로 **many**와 **some** 등의 단어를 사용할 수도 있다.

- **Grammar** 표제어 **Quantity**의 **pronoun use** 참조.

one은 명사구를 대신하여 사용할 수 있지만, 명사구 내의 명사를 대신할 수는 없다.

- **Usage** 표제어 **one** 참조.

2 Personal pronouns(인칭대명사)

인칭대명사는 앞서 언급한 사람이나 사물, 말하는 사람이나 듣는 사람을 가리킬 때 사용한다. 인칭대명사는 주격 대명사와 목적격 대명사로 나누어진다.

주격 대명사는 동사의 주어로 사용하며 다음과 같다.

	단수형	복수형
1인칭(first person)	I	we
2인칭(second person)	you	
3인칭(third person)	he she it	they

I do the washing; ***he*** does the cooking; ***we*** share the washing-up.
나는 빨래를 하고, 그는 요리를 한다. 그러나 우리는 설거지는 나눠서 한다.
My father is fat — ***he*** weighs over fifteen stone. 내 아버지는 뚱뚱하다. 그의 몸무게는 15스톤(210파운드) 이상이다.

목적격 대명사는 동사의 직접목적어나 간접목적어, 또는 전치사의 목적어로 사용한다. 목적격 대명사는 다음과 같다.

	단수형	복수형
1인칭(first person)	me	us
2인칭(second person)	you	
3인칭(third person)	him her it	them

The nurse washed ***me*** with cold water. 간호사는 나를 찬물로 씻겨 주었다.
I'm going to read ***him*** some of my poems. 나는 그에게 나의 시 중에서 몇 편을 낭송해 줄 예정이다.

ⓘ 주어와 동일한 사람이 간접목적어인 경우, 목적격 대명사가 아닌 재귀대명사를 사용한다.

He cooked ***himself*** an omelette. 그는 오믈렛을 요리해 먹었다.

ⓘ 현대 영어에서는 it's 뒤에 I가 아닌 me를 사용한다.

'Who is it?' – 'It's ***me***.' "누구세요?" – "접니다."

◐ Usage 표제어 me 참조.

we와 **us**는 화자의 이야기에 듣는 상대를 포함하기도 하고, 포함하지 않기도 한다. 예를 들어, **We must meet more often.**이라고 하면 화자와 화자의 말을 듣고 있는 상대방이 서로 더 자주 만나야 한다는 의미이고, **We don't meet very often now.**라고 하면 화자와 다른 누군가가 요사이 자주 만나지 않는다는 의미이다.

일반인을 가리킬 때, **you**와 **they**를 사용할 수 있다.

You have to drive on the other side of the road on the continent. 유럽에서는 도로 반대편에서 운전해야 한다.
They say she's very clever. 사람들은 그녀가 매우 영리하다고 말한다.

◐ Usage 표제어 one 참조.

사람을 가리키는 부정대명사를 다시 언급하는 경우, 때때로 **they**와 **them**을 사용한다.

◐ Usage 표제어 he – they 참조.

시간, 날짜, 날씨, 상황에 대한 일반적인 서술에서는 비인칭대명사 **it**을 사용한다.

◐ Usage 표제어 it 참조.

3 possessive pronouns(소유격 대명사)

소유격 대명사는 가리키는 사람이나 사물이 누구에게 속하거나 관련이 있는지를 보여 준다. 소유격 대명사는 다음과 같다.

	단수형	복수형
1인칭(first person)	mine	ours
2인칭(second person)	yours	
3인칭(third person)	his hers	theirs

Is that coffee ***yours***, or ***mine***? 저 커피는 당신 것입니까? 아니면 제 것입니까?
It was his fault, not ***theirs***. 그것은 그의 잘못이지, 그들의 잘못이 아니었어요.
'What's your name?' – 'Frank.' – '***Mine***'s Laura.' "당신의 이름은 무엇입니까?" – "프랭크예요." – "저는 로라예요."

> 주의 **its**라는 소유격 대명사는 없다.

소유격 대명사는 때때로 형태가 매우 비슷한 소유한정사와 혼동하기 쉬우므로 주의한다.

◐ Grammar 표제어 Possessive determiners 참조.

소유격 대명사는 **of** 뒤에 사용할 수 있다.

◐ Usage 표제어 of 참조.

He was an old friend ***of mine***. 그는 나의 오랜 친구 중의 한 사람이었다.

4 reflexive pronouns(재귀대명사)

어떤 행위의 영향을 받는 사람이나 사물이 그 행위를 하는 사람이나 사물과 같을 경우, 동사나 전치사의 목적어로 재귀대명사를 사용한다.

	단수형	복수형
1인칭(first person)	myself	ourselves
2인칭(second person)	yourself	youselves
3인칭(third person)	himself herself itself	themselves

GRAMMAR

She stretched ***herself*** out on the sofa. 그녀는 소파 위에서 기지개를 폈다.
The men formed ***themselves*** into a line. 남자들은 한 줄로 섰다.

➲ 재귀대명사의 위와 같은 용법에 대한 더 자세한 정보는 **Grammar** 표제어 **Verbs**의 **reflexive verbs** 참조.

명사나 대명사를 강조하기 위해 그 뒤에 재귀대명사를 사용하기도 한다.

I myself have never read the book. 나 자신은 그 책을 읽어 본 적이 없다.
The town itself was so small that it didn't have a bank. 마을 자체의 규모가 너무 작기 때문에 은행이 없었다.

주어를 강조하기 위해 재귀대명사를 문장의 끝에 사용하기도 한다.

I find it a bit odd ***myself***. 나는 그것이 좀 이상하다고 생각한다.

다른 사람의 도움 없이 어떤 일을 했다는 것을 말할 때, 재귀대명사를 문장의 끝에 사용하기도 한다.

Did you make those ***yourself***? 당신은 그것들을 직접 만들었습니까?

〔by + 재귀대명사〕 형식을 문장의 끝에 사용하면 다른 사람들의 도움 없이 어떤 일을 혼자서 했거나, 혼자 있었다는 것을 나타낸다.

Did you put those shelves up all ***by yourself***? 당신은 그 선반들을 모두 혼자서 조립했습니까?
He went off to sit ***by himself***. 그는 혼자 앉아 있으려고 사라졌다.

5 indefinite pronouns(부정대명사)

부정대명사는 누구인지 또는 무엇인지를 정확하게 나타내지 않고 사람이나 사물을 가리킬 때 사용한다. 부정대명사는 다음과 같다.

anybody	anyone	anything	everybody
everyone	everything	nobody	no one
nothing	somebody		

Everyone knows that. 모두가 그것을 알고 있다.
Jane said ***nothing*** for a moment. 제인은 잠시 아무 말도 하지 않았다.
Is ***anybody*** there? 거기 누구 있어요?

부정대명사가 주어이면, 단수동사를 사용한다.

Is anyone here? 여기 누구 있습니까?
Everything ***was*** ready. 모든 것이 준비되어 있었다.

그러나 사람을 가리키는 단수 부정대명사를 다시 언급할 때는 **they, them, themselves** 등과 같은 복수대명사를 종종 사용한다.

➲ **Usage** 표제어 **he – she – they** 참조.

〔부정대명사 + 형용사〕 형식을 사용할 수 있다.

Choose ***someone quiet***. 조용한 사람을 선택하십시오.
There is ***nothing extraordinary*** about this. 이것에 대해 이상한 것은 아무것도 없다.

Qualifiers

수식어(**qualifier**)는 명사 뒤에서, 가리키는 사람이나 사물에 대해 더 많은 정보를 제공하는 단어나 단어군을 말한다. 수식어는 다음과 같다.

- 전치사구

...a girl ***with red hair***. 빨간 머리의 여자 아이.
...the man ***in the dark glasses***. 검은색 안경을 낀 남자.

- 장소부사 · 시간부사

...down in the dungeon ***beneath***. 지하 감옥 아래로.
...a reflection of life ***today*** in England. 영국의 오늘날 생활상의 반영.

Topic 표제어 Places와 Time 참조.

- 형용사 + 구 · 절

...machinery *capable of clearing rubble off the main roads*.
간선도로에서 쓰레기를 제거할 수 있는 능력을 가진 기계들.
...the sort of weapons *likely to be deployed against it*. 그것에 대항하여 배치될 가능성이 있는 무기들의 종류.

- concerned, available 같은 형용사

The idea needs to come from the individuals *concerned*.
그 아이디어는 관련된 개인들로부터 나와야 한다.
...the person *responsible* for his death. 그의 죽음에 책임이 있는 사람.

Grammar 표제어 Adjectives 참조.

- 관계사절

The man *who had done it* was arrested. 그 일을 했던 남자가 체포되었다.
...the town *that John came from*. 존이 태어난 도시.

- 비정동사절

...two of the problems *mentioned above*. 위에서 언급한 문제들 중의 두 가지.
...a simple device *to test lung function*. 폐 기능을 검사할 수 있는 간단한 기구.

Grammar 표제어 '-ing' forms, Past participles, 'To'-infinitives clauses 참조.

Quantity

1 numbers(숫자)

사물의 수량을 숫자를 사용하여 나타낸다.

Topic 표제어 Numbers and fractions와 Measurements 참조.

2 general determiners(일반한정사)

사물의 수량을 말할 때, **some, any, all, every, much** 등과 같은 일반한정사를 사용할 수 있다.

There is *some* chocolate cake over there. 저곳에 약간의 초콜릿 케이크가 있다.
He spoke *many* different languages. 그는 여러 다른 언어를 구사했다.
Most farmers are still using the old methods. 대부분의 농부들은 여전히 오래된 방법을 사용하고 있다.

GRAMMAR

3 with singular nouns(단수명사와 함께 사용하기)

다음 일반한정사는 단수 가산명사 앞에서만 사용한다.

a	an	another	each
either	every	neither	

Could I have ***another cup*** of coffee? 커피를 한 잔 더 마셔도 될까요?

I agree with ***every word*** Peter says. 나는 피터가 말하는 모든 말에 동의한다.

4 with plural and uncount nouns(복수명사와 불가산명사와 함께 사용하기)

다음 일반한정사는 복수명사와 불가산명사에 사용한다.

all	enough	more	most

He does ***more hours*** than I do. 그는 내가 일하는 것보다 더 많은 시간을 일한다.

It had ***enough room*** to store all the information. 그것은 그 모든 정보를 저장할 수 있는 충분한 공간을 가지고 있었다.

5 with plural count nouns(복수 가산명사와 함께 사용하기)

다음 일반한정사는 복수 가산명사와 함께 사용한다.

a few	few	fewer	fewest
many	other	several	

The town has ***few monuments***. 그 도시에는 기념물이 거의 없다.

He wrote ***many novels***. 그는 많은 소설을 썼다.

6 with uncount nouns(불가산명사와 함께 사용하기)

much, little, a little은 불가산명사에만 사용할 수 있다.

Do you watch ***much television***? 당신은 텔레비전을 많이 봅니까?

We've made ***little progress***. 우리는 거의 진전이 없었다.

> 주의 긍정문에서 much를 사용하는 데는 제한이 있다.
> ➲ Usage 표제어 much 참조.

일부 사람들은 **less**와 **least**를 불가산명사에만 사용하고, 복수명사와 함께 사용하면 안 된다고 생각한다.

➲ Usage 표제어 less 참조.

7 with all types of noun(모든 종류의 명사와 함께 사용하기)

any, no, some은 모든 종류의 명사 앞에 사용한다.

Cars can be rented at almost ***any US airport***. 미국의 대부분의 어느 공항에서도 자동차를 빌릴 수 없다.

He had ***no money***. 그는 돈이 하나도 없었다.

They've had ***some experience*** of fighting. 그들은 약간의 전투 경험이 있다.

ℹ 긍정문에서는 일반적으로 any를 사용하지 않는다.

➲ Usage 표제어 any 참조.

8 words used in front of determiners(한정사 앞에 사용하는 단어)

수량을 나타낼 때 사용하는 다음과 같은 일부 단어는 **the, these, my** 등과 같은 특정한정사 앞에 올 수 있다. 이러한 단어를 전치한정사라고 부르기도 한다.

all	both	double	half
twice			

All the boys started to giggle. 모든 소년들이 킬킬거리며 웃기 시작했다.
I invited ***both the boys***. 나는 두 소년을 모두 초대했다.
She paid ***double the sum*** they asked for. 그녀는 그들이 요구하는 액수의 두 배를 지불했다.

〔half + a · an〕 형식을 사용할 수 있다.

I read for ***half an hour***. 나는 반 시간 동안 읽었다.

what은 a나 an 앞에만 사용할 수 있는 전치한정사이다.

What a lovely day! 얼마나 아름다운 날인가!
What an awful thing to do. 얼마나 끔찍한 일인가!

➲ **Usage 표제어 all, both와 half – half of 참조.**

9 quantifiers(수량형용사)

수량을 나타낼 때 〔several · most · a number 등 + of + 명사구〕 형식을 사용하기도 한다. 이러한 형태를 취하는 단어와 구를 수량형용사라고 한다.

I am sure ***both of*** you agree with me. 나는 너희 둘 다 내 생각에 동의하리라고 확신한다.
I make ***a lot of*** mistakes. 나는 실수를 많이 한다.
In Tunis there are ***a number of*** art galleries. 튀니스에는 많은 미술관이 있다.

동사의 주어로 수량형용사를 사용하는 경우, of 뒤의 명사구가 단수명사나 불가산명사이면 단수동사를 사용하고, of 뒤의 명사구가 복수명사이면 복수동사를 사용한다.

Some of the information ***has*** already been analysed. 그 정보의 일부는 이미 분석되었다.
Some of my best friends ***are*** policemen. 나의 가장 친한 친구들 중 몇 명은 경찰관이다.

10 with specific or general noun groups(특정명사구 또는 일반명사구와 함께 사용하기)

수량형용사는 특정한 양, 그룹, 사물의 일부를 가리킬 때 자주 사용한다. of 뒤의 명사구는 the, these, my 등과 같은 특정한정사로 시작하거나, us, them, these 등과 같은 대명사로 구성되어 있다.

Nearly ***all of the increase*** has been caused by inflation. 증가된 것은 거의 모두가 인플레이션에 그 원인이 있다.
Very few of my classes were stimulating. 내 수업 중에 자극이 되는 것은 거의 없었다.
Several of them died. 그들 중 몇 명은 죽었다.

때때로 수량형용사는 특정 사물의 일부를 가리킬 때 사용한다. of 뒤의 명사구는 a, an, another 등과 같은 일반한정사와 단수 가산명사로 이루어진다.

It had taken him ***the whole of an evening*** to get her to admit that she still had a grievance.
그는 그녀가 아직도 불만이 있음을 인정하게 만드는 데 꼬박 하루 저녁이 걸렸다.

수량형용사는 언급하고 있는 사물의 수나 양이 얼마인지를 나타낼 때 종종 사용한다. 이러한 경우에 of 뒤의 명사구는 한정사 없이 복수명사 혹은 불가산명사를 사용한다.

I would like to ask you ***a couple of questions***. 나는 당신에게 두 가지 질문을 하고 싶습니다.
There's ***a great deal of money*** involved. 아주 많은 돈이 연관되어 있다.

11 with specific uncount nouns(특정 불가산명사와 함께 사용하기)

다음 수량형용사는 특정 불가산명사구와 함께 사용한다.

all of	any of	enough of	less of
little of	more of	most of	much of
none of	part of	some of	a little of
the remainder of	the rest of	the whole of	

Most of my hair had to be cut off. 대부분의 내 머리카락을 잘라야 했다.
Ken and Tony did ***much of the work***. 켄과 토니는 많은 일을 했다.

GRAMMAR

12 with specific plural noun groups(특정 복수명사구와 함께 사용하기)

다음 수량형용사는 특정 복수명사구와 함께 사용한다.

all of	another of	any of	both of
certain of	each of	either of	enough of
few of	fewer of	many of	more of
most of	neither of	none of	one of
several of	some of	various of	a few of
a little of	a good many of	a great many of	the remainder of
the rest of			

Start by looking through their papers for ***either of the two documents***.
그 두 개의 서류 중 하나로 그들의 증명서를 샅샅이 조사하세요.

Few of these organizations survive for long. 이러한 기관들 중에서 오랫동안 살아 남은 기관은 거의 없다.

13 with all singular noun groups(모든 단수명사구와 함께 사용하기)

다음 수량형용사는 특정 단수명사구 혹은 일반 단수명사구와 함께 사용한다.

all of	any of	enough of	less of
little of	lots of	more of	most of
much of	none of	part of	plenty of
some of	traces of	an abundance of	an amount of
a bit of	a good deal of	a great deal of	a little bit of
a little of	a lot of	a quantity of	a trace of
the majority of	the remainder of	the rest of	the whole of

Part of the farm lay close to the river bank. 그 농장의 일부는 강둑과 가까운 곳에 있었다.

Much of the day was taken up with classes. 그날의 많은 시간을 수업으로 보냈다.

Meetings are quarterly and take up ***most of a day***. 회의는 연 4회 하며 하루 종일 한다.

Would you know what to do if someone accidently swallowed ***some of a chemical*** you work with?
누군가가 당신이 다루는 약간의 화학 약품을 우연히 마셨다면, 어떻게 해야 할지 당신은 알고 있습니까?

14 with all uncount noun groups(모든 불가산명사구와 함께 사용하기)

다음 수량형용사는 특정 불가산명사구 혹은 일반 불가산명사구와 함께 사용한다.

heaps of	loads of	lots of	masses of
plenty of	quantities of	tons of	traces of
an abundance of	an amount of	a bit of	a little bit of
a good deal of	a great deal of	a lot of	the majority of
a quantity of	a trace of		

These creatures spend ***a great deal of their time*** on the ground. 이 동물들은 아주 많은 시간을 땅 위에서 보낸다.

A lot of the energy that is wasted in negotiations could be directed into industry.
협상에 허비되는 많은 에너지는 산업으로 돌려질 수 있을 것이다.

There had been ***plenty of action*** that day. 그날 많은 활동을 수행했다.

There was a ***good deal of smoke***. 많은 양의 연기가 났다.

15 with all plural noun groups(모든 복수명사구와 함께 사용하기)

다음 수량형용사는 특정 복수명사구 혹은 일반 복수명사구와 함께 사용한다.

heaps of	loads of	lots of	masses of
numbers of	plenty of	quantities of	tons of
an abundance of	a couple of	a lot of	a majority of
a minority of	the majority of	a number of	a quantity of

I picked up *a couple of the pamphlets*. 나는 두 장의 팸플릿을 집어 들었다.
A lot of them were middle-aged ladies. 그들 중 상당수가 중년 여성이었다.
They had *loads of things to say to each other*. 그들은 서로에게 할 말이 많았다.
Very large *quantities of aid were needed*. 매우 많은 원조가 필요했다.

i numbers of와 quantities of 앞에 large나 small과 같은 형용사가 매우 자주 사용된다.

The report contained *large numbers of* inaccuracies. 그 보고서는 부정확한 내용을 많이 포함하고 있었다.
Chemical batteries are used to store *relatively small quantities of* electricity.
화학 전지들은 상대적으로 적은 양의 전기를 저장하는 데 사용한다.

> **주의** heaps of, loads of, lots of, masses of, tons of는 회화에서만 사용한다. 이러한 수량형용사가 불가산명사나 단수명사인 주어와 함께 쓰일 때, 수량형용사가 복수처럼 보여도 단수동사를 사용한다.
>
> *Masses of evidence has* been accumulated. 대량의 증거가 축적되어 왔다.
> *Lots of it isn't* relevant, of course. 물론, 그것의 많은 부분은 관련이 없다.

16 pronoun use(대명사 용법)

지금까지 설명한 대부분의 수량 표시 단어와 표현들은, 가리키는 사람이나 사물이 분명하면 대명사로 사용할 수 있다.

Many are themselves shareholders in companies. 많은 사람들 자신이 회사의 주주이다.
A few crossed over the bridge. 몇 명은 그 다리를 건넜다.
I have four bins. I keep one in the kitchen and *the rest* in the dustbin area.
나는 네 개의 통을 갖고 있는데, 한 개는 부엌에 있고 나머지는 쓰레기통 주변에 있다.

그러나 a, an, every, no, other는 대명사로 사용하지 않는다.

17 fractions(분수)

a fifth와 two-thirds 등과 같은 분수는 all of와 some of 등의 수량형용사와 같이 of와 함께 사용할 수 있다.

➲ Topic 표제어 Numbers and fractions 참조.

18 quantifiers used with abstract nouns(추상명사와 함께 사용하는 수량형용사)

다음 수량형용사는 오로지 또는 주로 성질이나 감정을 나타낼 때 사용한다.

an element of	a hint of	a measure of	a modicum of	a touch of

There was *an element of danger* in using the two runways together.
2개의 활주로를 함께 사용하는 데 위험 요소가 있었다.
Women have gained *a measure of independence*. 여자들은 어느 정도의 독립을 얻었다.
I must admit to *a tiny touch of envy* when I heard about his success.
내가 그의 성공 소식을 듣고 약간의 질투심을 느낀 것은 사실이다.

감정을 나타내는 경우에는 a trace of도 자주 쓰인다.

She spoke without *a trace of embarrassment* about the problems that she had.
그녀는 자신의 문제에 대해 당황하는 기색이 없이 말했다.

19 partitives(부분사(部分詞))

사물의 특정한 수량을 가리킬 때, 〔piece · group + of + 명사〕 형식을 사용할 수 있다. 부분사는 모두 가산명사이며, 종종 집단의 형태나 성질을 나타낸다.

일부 부분사는 〔of + 불가산명사〕 형식과 함께 사용한다.

Who owns this *bit of land*? 누가 이 조그마한 땅을 소유하고 있습니까?
...*portions of mashed potato*. 으깬 감자의 일부.

일부 부분사는 〔of + 복수명사〕 형식과 함께 사용한다.

...a huge *heap of stones*. 큰 돌더미.

It was evaluated by an independent ***team of inspectors***. 독자적인 조사팀이 그것을 평가했다.

➲ 불가산명사와 함께 사용하는 부분사에 대한 더 많은 정보는 **Topic** 표제어 **Pieces and amounts** 참조.
➲ 복수명사와 함께 사용하는 부분사에 대한 더 많은 정보는 **Topic** 표제어 **Groups of things, animals, and people** 참조.

〔단수부분사 + of + 불가산명사〕 형식이 주어이면, 단수동사를 사용한다.

A ***piece of paper is*** lifeless. 종이 한 장은 무생물이다.

〔단수부분사 + of + 복수 가산명사〕 형식이 주어이면 단수동사나 복수동사 모두 사용할 수 있으나, 복수동사를 더 흔히 사용한다.

The second ***group of animals were*** brought up in a stimulating environment.
두 번째 그룹의 동물들은 자극적인 환경에서 자랐다.
Each small ***group of workers is*** responsible for their own production targets.
각각의 소그룹의 노동자들은 자신들의 생산 목표에 대한 책임이 있다.

〔복수부분사 + of + 단수명사 · 불가산명사〕 형식이 주어이면, 복수동사를 사용한다.

Two ***pieces of metal were*** being rubbed together. 금속 두 조각이 서로 마찰을 일으키고 있었다.

20 measurement nouns(단위명사)

단위를 나타내는 명사는 종종 부분을 나타내는 부분사로 사용된다.

He owns only five hundred ***square metres of*** land. 그는 500㎡의 땅만 소유하고 있다.
I drink a ***pint of*** milk a day. 나는 하루에 우유 1파인트를 마신다.

➲ **Topic** 표제어 **Measurements**의 **measurement nouns before 'of'** 참조.

21 containers(용기)

용기 안의 내용물, 또는 용기와 그 내용물을 모두 가리킬 때, 용기의 이름을 부분사로 사용할 수 있다.

They drank another ***bottle of*** champagne. 그들은 또 한 병의 샴페인을 마셨다.
I went to buy a ***bag of*** chips. 나는 포테이토칩 한 봉지를 사러 갔다.

22 '-ful'

용기를 가리키는 부분사에 **-ful**을 붙이기도 한다.

He bought me a ***bagful of*** sweets. 그는 나에게 사탕 한 봉지를 사주었다.
Pour a ***bucketful of*** cold water on the ash. 잿더미에 차가운 물 한 동이를 부어 주세요.

-ful로 끝나는 명사의 복수형을 만들 때, **bucketfuls**처럼 단어의 끝에 **-s**를 붙인다. 그러나 일부 사람들은 **bucketsful**처럼 **-ful** 앞에 **-s**를 붙이기도 한다.

She ladled three ***spoonfuls of*** sugar into my tea. 그녀는 내 차(茶)에 설탕 세 스푼을 넣었다.
...two ***teaspoonsful of*** milk. 우유 두 스푼.

부분사를 만들 때, 신체의 일부분에 **-ful**을 붙이기도 한다. 이러한 부분사 중에 가장 일반적인 것은 **armful, fistful, handful, mouthful**이다.

Eleanor was holding an ***armful of*** roses. 엘리너는 장미를 한 아름 안고 있었다.
He took another ***mouthful of*** whisky. 그는 위스키를 또 한 모금 마셨다.

23 count nouns(가산명사)

때때로 〔부분사 + of〕 형식 대신에, 불가산명사를 가산명사처럼 사용할 수 있다. 예를 들면, **two teas**는 **two cups of tea**와 같은 뜻이고, **two sugars**는 **two spoonfuls of sugar**라는 뜻이다.

We drank a couple of ***beers***. 우리는 맥주 두 잔을 마셨다.
I asked for two ***coffees*** with milk. 나는 밀크 커피 두 잔을 주문했다.

➲ **Grammar** 표제어 **Nouns**의 **count nouns** 참조.

Questions

의문문은 크게 **yes/no**의문문과 **wh-**의문문으로 나누어진다.

1 'yes/no'-questions(yes/no의문문)

yes/no의문문은 **yes**나 **no**로 대답할 수 있는 의문문이다.

'Are you ready?' – 'Yes.' "준비가 되었습니까?" – "예."
'Have you read this magazine?' – 'No.' "당신은 이 잡지를 읽었습니까?" – "아니요."

yes/no의문문은 주어와 동사구를 도치하여 만든다. 동사구가 본동사와 한 개 이상의 조동사로 구성된 경우, 문장의 처음에 첫 번째 조동사가 오며, 나머지 동사구는 주어 뒤에 온다.

Will you have finished by lunchtime? 점심 시간까지 끝마칠 수 있습니까?
Has he been working? 그는 일을 해오는 중입니까?

단순시제(단순현재나 단순과거)를 사용할 때, 〔조동사 **do** · **does** · **did** + 주어 + 동사원형〕 형식을 사용한다.

Do the British take sport seriously? 영국인들은 스포츠를 진지하게 받아들입니까?
Does David do this sort of thing often? 데이비드는 이러한 일을 자주 합니까?
Did you meet George in France? 당신은 조지를 프랑스에서 만났습니까?

2 'be'

그러나 본동사가 **be**동사일 때, 〔**be**동사 + 주어〕 형식을 사용한다. 이때는 **do**동사를 사용하지 않는다.

Are you okay? 괜찮으세요?
Was it lonely without us? 우리가 없어서 외로웠나요?

3 'have'

have동사를 사용한 의문문으로 변환하는 경우, **Have you got...?**이나 **Do you have...?**와 같은 구문을 사용할 수 있다.

➲ Usage 표제어 **have got** 참조.

본동사로 **have**를 사용하는 경우, **Have you...?**라고 하지 않는다.

> **주의** **yes/no**의문문으로 물어볼 경우, 일반적으로 평서문의 어순을 사용하지 않는다. 그러나 놀라움을 나타내거나 어떤 일이 사실임을 확인할 때는, 평서문의 어순을 사용할 수 있다.
>
> You've flown this machine before? 이 기계로 전에 비행을 해본 적이 있지요?
> You've got two thousand already? 당신은 벌써 2,000개나 가졌네요?

4 negative 'yes/no'-questions(부정 yes/no의문문)

대답이 **Yes**이거나 **Yes**여야만 한다고 생각할 때, 부정 **yes/no**의문문을 사용한다. 예를 들면, 당신이 지난 주말에 다프네를 보았다고 생각할 경우, **Didn't we see Daphne last weekend?**라고 한다. 마찬가지로 상대방이 펜을 가지고 있어야 한다고 생각할 경우, **Haven't you got a pen?**이라고 한다.

'Can't the trade unionists do something about this?' – 'Yes, but they can't solve the problem by themselves.'
"노동조합원들이 이 일에 대한 어떤 대책을 세울 능력이 있지 않습니까?" – "예. 있습니다. 그러나 그들 스스로 그 문제를 해결할 수는 없습니다."
'Wasn't he French?' – 'Yes.' "그는 프랑스인이 아니었나요?" – "예. 프랑스인이었습니다."

'Didn't you say you'd done it?' – 'Yes.' "당신은 그 일을 끝마쳤다고 말하지 않았습니까?" – "예. 그렇게 말했습니다."

5 answers to 'yes/no'-questions(yes/no의문문에 대한 대답)

yes/no의문문에서의 대답은 **Yes**나 **No**로만 하거나, 혹은 **Yes**나 **No**로 대답한 후에 〔주어 + 조동사〕 형식을 사용할 수 있다. 예를 들면, **Have you finished it?**(그 일을 마쳤습니까?)라는 질문에 **Yes, I have.** 또는 **No, I haven't.**라고 대답하며, 의문문에서 사용한 조동사를 쓴다. 그러나 본동사가 **be**동사이면 같은 **be**동사 형태를 사용한다.

'Did you enjoy the film?' – 'Yes I did.' "그 영화를 즐겁게 감상했어요?" – "예, 그렇습니다."
'Have you met him yet?' – 'No I haven't.' "당신은 그를 만나 본 적이 있습니까?" – "아니요, 만난 적이 없어요."
'Were you late?' – 'Yes I was.' "당신은 늦었어요?" – "예, 늦었습니다."

6 'wh'-questions(wh-의문문)

wh-의문문은 어떤 행동과 관련이 있는 사람이나 사물이 무엇인지를 물어보거나, 행동의 상황에 대해서 물어볼 때 사용한다. **wh-**의문문은 **wh-**어로 시작하며, **wh-**어의 종류는 다음과 같다.

- 부사: **how, when, where, why**
- 대명사: **who, whom, what, which, whose**
- 한정사: **what, which, whose**

ⓘ whom은 주어가 아닌 동사나 전치사의 목적어로만 사용한다.

➲ Usage 표제어 **who – whom** 참조.

7 'wh'-word as subject(주어로 사용하는 wh-어)

wh-어가 의문문의 주어일 경우, **wh-**어는 문장의 처음에 오고 바로 뒤에 동사구가 온다. 이 경우 문장의 어순은 평서문과 같다.

What happened? 어떤 일이 있어났습니까?
Who could have done it? 누가 그것을 할 수 있었을까?

wh-어가 주어의 일부일 때도 의문문의 형태는 위의 경우와 비슷하다.

Which men had been ill? 어떤 남자들이 병에 걸렸었는가?

8 'wh'-word as object or adverb(목적어나 부사로 사용하는 wh-어)

wh-어가 동사나 전치사의 목적어이거나 부사일 때, **wh-**어는 문장의 처음에 온다. 이후의 문장은 **yes/no**의문문과 같은 〔**wh-**어 + 조동사 + 주어 + 동사원형〕 형식이 된다. 단순시제일 경우, 조동사 **do**를 사용한다.

Which do you like best? 당신은 어떤 것을 가장 좋아합니까?
When would you be coming down? 당신은 언제 내려올 겁니까?

wh-어가 목적어의 일부일 경우에도 의문문의 형태는 위와 비슷하다.

Which graph are you going to use? 당신은 어떤 그래프를 사용하실 건가요?

전치사가 있는 경우, 전치사는 일반적으로 문장의 끝에 온다.

What are they looking ***for***? 그들이 무엇을 찾고 있습니까?
Which country do you come ***from***? 당신은 어느 나라 출신입니까?

그러나 **at what time**이나 **in what way**와 같은 구(**phrase**)에서는 전치사가 문장의 처음에 온다.

In what way are they different? 어떤 점에서 그들은 다릅니까?

〔전치사 + **whom**〕 형식은 격식을 차린 말과 글에서만 사용할 수 있다.

With whom were you talking? 당신은 누구와 이야기하고 있었습니까?

GRAMMAR

9 questions in reply(반문에 사용하는 의문문)

상대방이 말한 내용을 반문할 때, 문장 전체가 아닌 **wh-**어만 사용할 수도 있다. 이것은 상대방이 반문하는 내용을 명확히 알고 있을 때만 사용할 수 있다.

'There's someone coming.' – '*Who*?' "누군가 여기로 오고 있어요." - "누가요?"

'Maria! We won't discuss that here.' – '*Why not*?' "마리아! 우리는 그것을 여기서 토의하지 않을 거예요." - "왜요?"

10 indirect ways of asking questions(간접적으로 하는 질문)

누군가에게 정보를 요청할 때, **Could you tell me...?**나 **Do you know...?**와 같은 표현을 사용하는 것이 더 정중하다.

Could you tell me how far it is to the bank? 여기에서 은행까지 거리가 얼마나 되는지 말씀해 주시겠어요?

Do you know where Jane is? 제인이 어디에 있는지 아십니까?

i 의문문의 두 번째 부분은 간접의문문의 형식이다.

➲ Grammar 표제어 Reporting 참조.

사람들은 때때로 간접적으로 질문하기 위해 **May I ask...?**나 **Might I ask...?**와 같은 표현을 사용한다. 그러나 이와 같은 의문문은 상대방에게 적대적이거나 공격적으로 들릴 수 있으므로 사용하지 않는 것이 좋다.

May I ask what your name is? 당신의 이름이 무엇인지 물어봐도 될까요?

Might I inquire if you are the owner? 당신이 주인인지 물어도 될까요?

Question tags

의문부가절(question tag)은 평서문을 yes/no의문문으로 전환하기 위해서 문장 끝에 붙이는 짧은 구이다. 의문부가절은 자신의 말에 상대방이 동의해 줄 것을 기대할 때 사용한다. 예를 들어, **It's cold, *isn't it*?**이라고 하면, 상대방이 **Yes**라고 대답해 줄 것을 기대하는 것이다. 마찬가지로 **It isn't very warm, *is it*?**이라고 하면, 상대방이 **No**라고 대답할 것을 기대하는 것이다.

평서문에 조동사나 **be**동사를 사용한 경우, 의문부가절은 평서문에서 사용한 조동사나 **be**동사 뒤에 인칭대명사를 쓴다. 이때 대명사는 평서문의 주어를 가리킨다.

You've never been to Benidorm, *have you*? 베니돔에 가본 적이 없으시지요, 그렇지요?

David's school is quite nice, *isn't it*? 데이비드의 학교는 아주 멋있지요, 그렇지요?

평서문에 조동사나 **be**동사를 사용하지 않고 일반동사를 사용한 경우, 의문부가절에 **do**동사를 사용한다.

You *like* it here, *don't you*? 이곳이 마음에 들지요, 안 그래요?

He *played* for Ireland, *didn't he*? 그는 아일랜드의 대표 선수였지요, 그렇지요?

i 일반적으로 긍정문에는 부정부가절을, 부정문에는 긍정부가절을 쓴다. 그러나 어떤 것을 맞게 추측했는지를 확인하거나, 흥미, 놀라움, 분노를 나타내는 경우에는 긍정문에 긍정부가절을 쓰기도 한다.

You've been to North America before, *have you?* 전에 북아메리카에 가본 적이 있지요, 맞지요?

Oh, *he wants* us to make films as well, *does he?* 오, 그는 우리가 영화로 만들기를 원해요, 그렇지요?

hardly, rarely, seldom 등과 같은 준부정어가 있는 평서문 뒤에 오는 부가절에는, 다른 부정문처럼 긍정부가절을 붙인다.

She's *hardly* the right person for the job, *is she?* 그녀는 그 일에 적임자가 아니에요, 그렇지요?

You *seldom* see that sort of thing these days, *do you?* 요즘에는 그런 종류의 것을 좀처럼 보지 못해요, 그렇지요?

자신에 대한 표현을 하면서 상대방이 자신과 같은 의견이나 감정을 가지고 있는지를 확인하는 경우, 진술한 말 뒤에 **you**를 사용한 의문부가절을 붙일 수 있다.

I think this is the best thing, *don't you*? 이것이 제일 나은 것이라고 생각해요, 당신은요?

I love tea, *don't you*? 나는 차가 좋아요, 당신은요?

➲ 의문부가절의 용법에 대한 예는 Topic 표제어 Agreeing and disagreeing; Invitations; Requests, orders, and instructions; Suggestions 참조.

Relative clauses

관계사절(**relative clause**)은 주절에서 언급한 사람이나 사물에 대해 더 많은 정보를 제공하는 종속절을 말한다. 관계사절은 사람이나 사물을 가리키는 명사 바로 뒤에 위치한다.

The man ***who came into the room*** was small and slender. 방에 들어온 그 남자는 작고 마른 사람이었다.
Opposite is St. Paul's Church, ***where you can hear some lovely music***.
반대편에 성 폴 교회가 있는데, 그 교회에서 당신은 아름다운 음악을 들을 수 있다.

1 relative pronouns(관계대명사)

대부분의 관계사절은 관계대명사로 시작하며, 관계대명사는 다음과 같다.

that	which	who	whom

관계대명사는 관계사절에서 주어나 목적어 역할을 한다.

...a girl ***who wanted*** to go to college. 대학에 진학하기를 원했던 소녀.
There was so much ***that*** she wanted to ***ask***. 그녀는 묻고 싶은 것이 매우 많았다.

관계사절에는 한정적 용법의 관계사절과 계속적 용법의 관계사절이 있다.

2 defining relative clauses(한정적 용법의 관계사절)

한정적 용법의 관계사절은 언급되는 사람이나 사물을 확인하는 데 도움이 되는 정보를 제공한다. 예를 들면, **The woman who owned the shop was away.**(가게를 소유한 그 여성은 부재중이었다.)라는 문장에서 한정적 용법의 관계사절인 **who owned the shop**은 설명하려는 그 여자가 누구인지를 명확하게 나타낸다.

The man ***who you met yesterday*** was my brother. 당신이 어제 만났던 그 남자는 내 남동생이었다.
The car ***which crashed into me*** belonged to Paul. 나와 충돌한 차는 폴의 것이었다.

한정적 용법의 관계사절은 때때로 **identifying relative clauses**라고도 한다.

3 referring to people(사람 가리키기)

한정적 용법의 관계사절에서 사람이나 그룹을 가리킬 때, 한정절의 주어로 **who**나 **that**을 사용한다.

The man ***who*** employed me would transport anything anywhere.
나를 고용한 그 사람은 무엇이든 어느 곳으로든지 운송하려고 했다.
...the people ***who*** live in the cottage. 그 오두막집에 살고 있는 사람들.
He was the man ***that*** bought my house. 그가 내 집을 산 사람이었다.

한정적 용법의 관계사절에서 사람이나 그룹을 가리킬 때, 한정절의 목적어로 **who, that, whom**을 사용한다.

...someone ***who*** I haven't seen for a long time. 내가 오랫동안 보지 못한 어떤 사람.
...a woman ***that*** I dislike. 내가 싫어하는 한 여자.
...distant relatives ***whom*** he had never seen. 그가 전혀 만난 적이 없는 먼 친척들.

i whom은 격식을 차린 표현에 사용한다.

➲ **Usage 표제어 who – whom 참조.**

4 referring to things(사물 가리키기)

사물이나 사물의 집단을 가리키는 경우, 한정적 용법의 관계사절의 주어나 목적어로 **which**나 **that**을 사용한다.

...pasta ***which*** came from Milan. 밀란이 원산지인 파스타.

There are a lot of things ***that*** are wrong. 틀린 것이 많다.

...shells ***which*** my sister has collected. 내 여동생이 수집한 조개껍질들.

The thing ***that*** I really liked about it was its size. 내가 그것에 대해 정말로 좋아했던 것은 그것의 크기였다.

미국 영어에서는 이러한 형식의 한정적 용법의 관계사절에 **that**을 더 자주 사용하지만, 나라에 따라 두 가지 형식이 모두 사용되고 있음을 발견할 수 있다.

5 not using a relative pronoun(관계대명사 생략하기)

한정적 용법의 관계사절의 관계대명사가 목적어일 경우, 관계대명사를 생략할 수 있다. 예를 들면, '내가 싫어하는 여자'는 **a woman that I dislike** 대신 **a woman I dislike**라고 한다.

The woman ***you met yesterday*** lives next door. 당신이 어제 만난 그 여자는 옆집에 살고 있다.

The car ***I wanted to buy*** was not for sale. 내가 사려고 한 자동차는 비매품이었다.

그러나 한정적 용법의 관계사절의 관계대명사가 주어인 경우, 관계대명사를 생략할 수 없다.

The man ***who did this*** was a criminal. 이 일을 했던 그 남자는 범죄자였다.

> **주의** 관계대명사는 관계사절 속에서 주어 또는 목적어 역할을 하기 때문에, 또 다른 대명사를 주어 또는 목적어로서 그 문장에 추가하지 않는다. 예를 들면, '아주 많은 사람들이 부자가 되기를 원하고 있다.'는 ~~**There are a lot of people that they want to be rich.**~~가 아닌 **There are a lot of people that want to be rich.**라고 한다. 마찬가지로, '이것은 내가 어제 샀던 책이다.'는 ~~**This is the book which I bought it yesterday.**~~가 아닌 **This is the book which I bought yesterday.**라고 한다. **This is the book I bought yesterday.**와 같이 관계대명사를 생략해도 다른 대명사가 오지 않는다.

6 non-defining relative clauses(계속적 용법의 관계사절)

계속적 용법의 관계사절은 사람이나 사물을 확인하기 위해서가 아니라, 그 사람이나 사물에 대한 추가적인 정보를 제공할 때 사용한다. 예를 들면, **I'm writing to my mother, who's in hospital.**에서 **who's in hospital**은 어떤 어머니를 나타내는 것이 아니라, 어머니가 병원에 입원해 있다는 상황을 설명하는 계속적 용법의 관계사절이다.

He was waving to the girl, ***who was running along the platform***.
그는 그 소녀에게 손을 흔들고 있었는데, 그 소녀는 플랫폼을 따라서 뛰고 있었다.

He walked down to Broadway, the main street of the town, ***which ran parallel to the river***.
그는 도시의 중심가인 브로드웨이를 걸어갔는데, 브로드웨이는 강과 나란히 뻗어 있었다.

ⓘ 계속적 용법의 관계사절은 주절과 콤마(,)로 분리해 주어야 한다.

7 referring to people(사람 가리키기)

계속적 용법의 관계사절이 사람이나 무리와 관련이 있는 경우, 주격 관계대명사로는 **who**, 목적격 관계대명사로는 **who**나 **whom**을 사용한다.

Heath Robinson, ***who*** died in 1944, was a graphic artist and cartoonist.
히스 로빈슨은 1944년에 죽었으며, 시각 미술가이자 만화가였다.

I was in the same group as Janice, ***who*** I like a lot. 나는 제니스와 같은 그룹에 속했는데, 나는 그녀를 매우 좋아한다.

She was engaged to a sailor, ***whom*** she had met at Dartmouth.
그녀는 한 선원과 약혼했는데, 그녀는 그를 다트머스에서 만났다.

8 referring to things(사물 가리키기)

계속적 용법의 관계사절이 사물이나 사물의 그룹과 관련이 있는 경우, 주격 관계대명사나 목적격 관계대명사로 **which**를 사용한다.

I am teaching at the Selly Oak Centre, ***which*** is just over the road.
나는 셀리 오크 센터에서 가르치고 있는데, 그곳은 길 건너에 있다.

He was a man of considerable inherited wealth, ***which*** he ultimately spent on his experiments.
그는 아주 많은 재산을 상속받았던 사람으로, 그는 결국 자신의 실험에 그 재산을 썼다.

> 주의 계속적 용법의 관계사절은 that으로 시작할 수 없다. 예를 들면 '그녀는 재작년에 사서 타고 다니던 차를 다른 사람에게 팔았다.'는 ~~She sold her car, that she had bought the year before.~~가 아닌 She sold her car, ***which*** she had bought the year before.라고 한다. 또한 계속적 용법의 관계사절에서는 관계대명사 없이 사용할 수 없다. 예를 들면, ~~She sold her car, she had bought the year before.~~라고 하지 않는다.

9 referring to a situation(어떤 상황 가리키기)

which로 시작하는 계속적 용법의 관계사절은, 주절에서 설명하는 전체 상황을 나타낼 때 사용할 수 있다.

I never met Brando again, ***which*** was a pity. 나는 브란도를 다시 만나지 않았는데, 그것은 유감스러운 일이었다.

Small computers need only small amounts of power, ***which*** means that they will run on small batteries.
작은 컴퓨터는 아주 적은 양의 전기를 필요로 하는데, 이것은 작은 배터리로도 그것들이 작동할 수 있다는 것을 의미한다.

10 prepositions with relative pronouns(관계대명사와 함께 사용하는 전치사)

한정적 용법의 관계사절과 계속적 용법의 관계사절에서 관계대명사는 전치사의 목적어가 될 수 있다. 회화에서 전치사는 문장의 끝에 오며, 명사구가 뒤따르지 않는다.

I wanted to do the job ***which*** I'd been trained ***for***. 내가 훈련받았던 그 일을 하고 싶었다.
...the world ***that*** you are interacting ***with***. 당신이 의사소통하는 그 세계.

한정적 용법의 관계사절에서는 관계대명사를 자주 생략한다.

...the pages she was looking ***at***. 그녀가 보고 있었던 페이지들.
I'd be wary of anything Matt Davis is involved ***with***. 나는 매트 데이비스가 관련된 어떤 것이든 경계할 것이다.

격식을 차린 영어에서는 whom이나 which 같은 관계대명사 앞에 전치사를 사용한다.

I have at last met John Parr's tenant, ***about whom*** I have heard so much.
나는 존 파의 세입자를 드디어 만났는데, 그에 대해 많은 이야기를 들어왔다.
He was asking questions ***to which*** there were no answers. 그는 답이 없는 질문을 하고 있었다.

> 주의 관계사절의 동사가 전치사로 끝나는 구동사일 경우, 관계사절의 처음에 전치사가 오지 않는다. 예를 들면, '내가 지금까지 참아내야 했던 모든 일들'은 ~~all the things with which I have had to put up~~이 아닌 all the things I've had to put up ***with***라고 한다.
>
> ...the delegates whom she had been ***looking after***. 그녀가 배웅해야 했던 대표단들.
> Everyone I ***came across*** seemed to know about it. 내가 만난 사람 모두가 그 일에 대해 알고 있는 것처럼 보였다.

i 계속적 용법의 관계사절은 〔전치사 + which + 명사〕 형식으로 시작할 수 있다. in which case, by which time, at which point와 같은 표현에만 쓰인다.

It may be that your circumstances are different or unusual, ***in which case*** we can ensure that you have taken the right action.
당신이 처한 환경이 달라지거나 평상시와 다를 수 있다. 그런 경우에 우리는 당신이 올바른 행동을 할 수 있도록 책임질 수 있다.

Leave the whole thing to cool down for two hours, ***by which time*** the spices should have thoroughly flavoured the vinegar.
음식이 모두 식을 수 있도록 두 시간 정도 놔둬라. 그때쯤이면 식초의 맛이 완전히 양념에 밸 것이다.

11 'of whom' and 'of which'

〔some · many · most + of whom · of which〕 형식으로 시작하는 계속적 용법의 관계사절은, 앞서 언급한 어떤 그룹 중의 일부에 대한 정보를 제공한다.

At the school we were greeted by the teachers, ***most of whom*** were middle-aged.
학교 선생님들이 우리를 마중나왔는데, 그들 대부분은 중년이었다.
It is a language shared by several quite diverse cultures, ***each of which*** uses it differently.
그 언어는 여러 다양한 문화에서 사용하고 있지만, 각 문화마다 각각 다르게 사용하고 있다.

〔숫자 + of whom · of which〕 형식을 사용하거나, 더 격식을 차려 〔of whom · of which + 숫자〕 형식을 사용한다.

GRAMMAR

They act mostly on suggestions from present members (***four of whom*** are women).
그들은 대체로 (그들 중 네 명이 여성인) 현재 멤버들의 제안대로 활동하고 있다.

Altogether 1,888 people were prosecuted, ***of whom 1,628*** were convicted.
모두 1,888명이 기소되었고, 그 중 1,628명이 유죄 판결을 받았다.

12 'whose' in relative clauses(관계사절에서의 whose)

[whose + 명사로 시작하는 한정적 용법의 관계사절, 계속적 용법의 관계사절] 형식은 어떤 것이 다른 사람, 사물, 그룹에 속하거나 관련되어 있음을 나타낼 때 사용한다.

...workers ***whose bargaining power*** is weak. 협상력이 부족한 노동자들.

According to Cook, ***whose book*** is published on Thursday, most disasters are avoidable.
이번 목요일에 출간되는 책의 저자 쿡에 의하면, 대부분의 재앙은 피할 수 있다고 한다.

일부 사람들은 어떤 것이 다른 사물에 속하거나 관련되어 있음을 나타낼 때, whose를 사용하는 것이 잘못되었다고 생각한다.

➲ Usage 표제어 whose 참조.

13 'when', 'where', and 'why'

[특정한 명사 + 관계사 when, where, why로 시작하는 한정적 용법의 관계사절] 형식을 사용한다. when은 시간을, where는 장소를, why는 이유를 나타낸다.

This is one of ***those occasions when*** I regret not being able to drive.
이것은 내가 차를 운전할 수 없는 것을 후회하게 하는 여러 상황들 중 하나이다.

That was ***the room where*** I did my homework. 저 방은 내가 숙제를 했던 방이었다.

There are ***several reasons why*** we can't do that. 우리가 저것을 할 수 없는 여러 가지 이유가 있다.

[시간 · 장소 + when, where로 시작하는 계속적 용법의 관계사절] 형식을 사용할 수 있다.

This happened in 1957, ***when*** I was still a baby. 이 일은 1957년에 일어났는데, 그때는 내가 갓난아기였을 때이다.

She has just come back from a holiday in Crete, ***where*** Alex and I went last year.
그녀는 크레타 섬에서 휴가를 보내고 막 돌아왔는데, 그곳은 알렉스와 내가 작년에 갔던 곳이다.

14 referring to the future(미래 가리키기)

한정적 용법의 관계사절에서 미래를 나타낼 때, 단순현재시제와 will을 사용한다.

➲ Grammar 표제어 The Future의 present tenses in subordinate clauses 참조.

GRAMMAR

Reporting

1 direct speech(직접화법)

누군가가 말한 내용을 전달하는 방법 중 하나는 그 사람이 실제로 한 말을 반복하는 것이다. 이처럼 반복하는 경우, **say**와 같은 전달동사를 사용한다.

I said, 'Where are we?' "여기가 어디지요?"라고 내가 물었다.
'I don't know much about music,' Judy said. "나는 음악에 대해 잘 알지 못해."라고 주디가 말했다.

위와 같은 문장을 직접화법이나 인용구조라고 한다. 직접화법은 회화보다 소설에서 더 많이 사용한다.

➲ 구두점을 찍는 방법에 대한 정보는 **Topic** 표제어 **Punctuation** 참조.

소설에서는 인용하는 말이 먼저 온 후, 〔전달동사 + 주어〕 형식을 자주 사용한다.

'I see,' ***said John***. "알았어요."라고 존이 말했다.

> **주의** 그러나 주어가 대명사일 경우, 〔주어+전달동사〕 형식을 사용해야 한다.
> 'Hi there!' ***he said***. "안녕!" 하고 그가 말했다.

회화에서 일반적으로 사용하는 전달동사는 **say**이다. 그러나 요즘은 그다지 격식을 차리지 않는 상황에서 **go**나 **be like**를 사용하기도 한다.

...and he ***went*** 'What's the matter with you?' 그리고 그는 "당신에게 무슨 일이 있어요?"라고 물었다.
'I'***m like*** 'What happened?' and he'***s like*** 'I reversed into a lamp-post.'
내가 "무슨 일이 일어났어요?"라고 묻자, 그는 "차를 후진하다가 가로등 기둥을 들이받았어."라고 말했다.

소설에서 어떤 사람이 말한 내용의 성격이 무엇인지에 따라 **ask, explain, suggest** 등과 같은 전달동사를 사용한다.

'What have you been up to?' he ***asked***. "무엇을 하고 있었니?"라고 그가 물었다.
'It's a disease of the blood,' ***explained*** Kowalski. "그것은 혈액병이야."라고 코발스키가 설명해 주었다.
'Perhaps,' he ***suggested***, 'it was just an impulse.' "아마 그건 단지 충동이었을 거야."라고 그가 말했다.

어떤 내용이 다른 내용과 관련되어 일어났다는 것을 나타낼 때, **add, begin, continue, reply**와 같은 전달동사를 사용할 수도 있다.

'I want it to be a surprise,' I ***added***. "그 일이 놀랄 만한 일이기를 원해."라고 나는 말을 덧붙였다.
'Anyway,' she ***continued***, 'it's quite out of the question.' "어쨌든 그것은 불가능해요."라고 그녀는 말을 이어 갔다.
She ***replied***, 'My first thought was to protect him.'
"첫 번째로 떠오른 내 생각은 그를 보호하는 것이었어."라고 그녀가 대답했다.

소설에서 누군가가 어떤 방식으로 말을 하는지를 나타낼 때, **shout, wail, scream**과 같은 전달동사를 사용할 수 있다.

'Jump!' ***shouted*** the oldest woman. "뛰어!"라고 가장 나이 많은 여자가 외쳤다.
'Get out of there,' I ***screamed***. "그곳에서 나와!"라고 나는 소리를 질렀다.

다음 동사는 직접화법 문장 구조에서 누군가가 어떤 일에 대해 말한 방법을 나타낸다.

babble	bellow	call	chant
chorus	cry	drawl	exclaim
growl	hiss	howl	lisp
mumble	murmur	mutter	purr
roar	scream	shout	shriek
sing	splutter	squeal	stammer
storm	thunder	wail	whine
whisper	yell		

어떤 사람이 말을 하는 동안의 얼굴 표정을 묘사할 때, **smile, grin, frown** 등과 같은 동사를 사용할 수 있다.

'I'm awfully sorry.' – 'Not at all,' I ***smiled***. "너무 죄송합니다." – "괜찮아요."라고 나는 웃으며 말했다.
'Hardly worth turning up for,' he ***grinned***. "일부러 나와서 할 만한 일이 아니야."라고 그는 싱글거리며 말했다.

GRAMMAR

2 report structures(전달구조)

회화에서 어떤 사람이 말한 내용을 다른 사람에게 전해 줄 때, 말한 내용을 직접 인용하기보다 전달구조를 사용하여 화자의 말로 바꿔서 전해 준다. 또한 사람들의 생각을 전할 때에도 전달구조를 사용한다.

She said it was quite an expensive one. 그녀는 그것이 꽤 비싸다고 말했다.
They thought that he should have been locked up. 그들은 그를 가두어 두었어야 했다고 생각했다.

전달구조는 주로 글에서 사용하며, 전달절과 피전달절로 나누어진다.

3 reporting verbs(전달동사)

전달동사를 포함하는 전달절은 일반적으로 문장의 처음에 온다.

I told him that nothing was going to happen to me. 나는 그에게 내게 어떤 일도 일어나지 않을 것이라고 말했다.
I asked what was going on. 나는 무슨 일이 일어나고 있는지 물었다.

가장 광범위한 뜻과 용법을 가진 전달동사는 **say**이다. 단순히 다른 사람이 말한 내용을 전해 주고, 그 내용에 대해 암시하는 것이 아무것도 없을 때, **say**를 주로 사용한다.

He ***said*** that you knew his family. 그는 당신이 그의 가족을 알고 있다고 말했다.
They ***said*** the prison was surrounded by police. 그 감옥은 경찰에 의해 포위되어 있다고 그들은 말했다.

➲ say 용법에 대한 더 많은 정보와, 다른 동사들과 **say**의 차이점에 대해서는 Usage 표제어 **say** 참조.

다른 사람이 말한 내용의 성격에 따라, **answer, explain, suggest** 등과 같은 전달동사를 사용할 수 있다.

She ***explained*** that a friend of her husband's had been arrested.
그녀는 남편의 친구 중 한 명이 체포되었다고 설명해 주었다.
I ***suggested*** that it was time to leave. 나는 떠날 시간이 되었음을 암시했다

누군가가 말한 내용에 대해 자신의 개인적인 의견을 나타낼 때, **claim**이나 **admit**와 같은 전달동사를 사용한다. **claim**은 누군가가 어떤 사실을 말하지 않을 수도 있다는 뜻이고, **admit**는 누군가가 어떤 사실을 말하다라는 뜻이다.

He ***claims*** he knows more about the business now. 그는 이제 그 일에 대해 더 많이 알고 있다고 주장한다.
She ***admitted*** she was very much in love with you once. 그녀는 당신과 한때 깊이 사랑에 빠진 적이 있다고 인정했다.

4 reporting verbs with a negative(부정어와 함께 사용하는 전달동사)

전달동사를 사용하여 부정적인 내용의 말을 전달할 때, 일반적으로 피전달절보다 전달절을 부정형으로 만든다. 예를 들면, '나는 메리가 집에 없다고 생각한다.'는 **I think Mary is not at home.**보다 **I don't think Mary is at home.**이라고 한다.

I ***don't think*** I will be able to afford it. 나는 내가 그것을 살 수 있는 여유가 있을 것이라고 생각하지 않는다.
I ***don't believe*** we can enforce a total ban. 나는 우리가 전면적인 금지를 시행할 수 있다고 생각하지 않는다.

다음 전달동사는 위와 같은 방법으로 부정어와 함께 자주 사용한다.

believe	expect	feel	imagine
propose	suppose	think	

5 reported clauses(피전달절)

전달구조의 두 번째 부분이 피전달절이다.

She said ***that she had been to Belgium***. 그녀는 벨기에에 갔다 온 적이 있다고 말했다.
The man in the shop told me ***how much it would cost***. 가게에 있던 남자가 나에게 그것의 가격이 얼마인지를 말했다.

피전달절에는 여러 형식이 있는데, 전달되는 내용이 진술, 명령, 제안, 질문인지에 따라 형식이 달라진다.

6 'that'-clauses(that절)

어떤 말이나 다른 사람의 생각을 전할 때, 접속사 that으로 시작하는 피전달절을 전달동사 뒤에 사용한다.

He said ***that the police had directed him to the wrong room***. 그는 경찰이 엉뚱한 방으로 그를 안내했다고 말했다.

He thought *that Vita needed a holiday*. 그는 비타에게 휴가가 필요하다고 생각했다.

that절 앞에 사용하는 전달동사는 다음과 같다.

accept	admit	agree	allege
announce	answer	argue	assert
assume	believe	claim	comment
complain	concede	conclude	confess
decide	declare	deny	discover
emphasize	expect	explain	feel
guarantee	guess	hint	hope
imagine	imply	insist	joke
know	mention	notice	observe
point out	predict	promise	realize
recommend	remark	remember	reply
report	reveal	say	stress
suggest	swear	think	warn

위와 같은 경우, **that**을 종종 생략하기도 한다.

They *said* I had to see a doctor first. 그들은 내가 의사의 진찰을 먼저 받아야만 한다고 말했다.
I *think* there's something wrong. 나는 무언가가 잘못됐다고 생각한다.

그러나 일부 전달동사가 **answer, argue, complain, explain, recommend, reply** 등일 경우, 동사 뒤에 **that**을 사용한다.

He *answered that* the price would be three pounds. 그는 가격이 3파운드일 거라고 대답했다.

that절에 조동사를 사용할 수 있는데, 특히 누군가가 다른 사람에게 어떤 일을 해야 한다고 제안할 때 사용한다.

He proposes that the Government *should* hold an enquiry. 그는 정부가 조사를 해야 한다고 제안한다.

GRAMMAR

7 mentioning the hearer(듣는 사람 언급하기)

일부 전달동사 뒤에 듣는 사람을 직접목적어로 언급해야 한다. **tell**은 이러한 전달동사 중 가장 일반적인 동사이다.

He *told me* that he was a farmer. 그는 자신이 농부였다고 나에게 말했다.
I *informed her* that I could not come. 나는 갈 수 없다고 그녀에게 알렸다.

다음 동사 뒤에는 직접목적어로 듣는 사람을 언급해야 한다.

assure	convince	inform	notify
persuade	reassure	remind	tell

promise, teach, warn도 목적어로 듣는 사람을 언급할 수 있다.

I *promised* that I would try to phone her. 나는 그녀에게 전화할 거라고 약속했다.
I *reminded Myra* I'd be home at seven. 나는 마이라에게 7시에 집에 있을 거라는 사실을 상기시켜 주었다.

듣는 사람을 언급할 경우, 〔전달동사 + 전치사 **to** + 목적어〕 형식도 가능하다.

I explained *to her* that I had to go home. 나는 그녀에게 내가 집에 가야 한다고 설명했다.
I mentioned *to Tom* that I was thinking of working for George McGovern.
나는 톰에게 조지 맥거번을 위해 일하는 것을 고려 중이라고 말했다.

다음 동사는 듣는 사람을 언급할 때, 전치사 **to**가 필요하다.

admit	announce	boast	complain
confess	explain	hint	lie
mention	reply	report	reveal
suggest	swear	whisper	

8 use of the passive(수동태 용법)

tell이나 **inform** 같은 동사는 듣는 사람을 주어로 해서 수동태로 쓸 수 있다.

She was told that there were no tickets left. 그녀는 남은 표가 없다는 말을 들었다.

누구의 의견이나 말이 전달되고 있는지를 언급하고 싶지 않거나, 전달 내용이 일반적인 의견이라는 것을 암시할 때로, 다른 전달동사의 수동태도 때때로 사용한다. 이러한 수동태는 격식을 차린 용법으로, **that**절과 함께 **it**을 가주어로 사용하거나 **to**부정사와 함께 일반 주어를 사용할 수 있다.

It is now believed that foreign languages are most easily taught to young children.
이제 외국어는 어린아이들에게 가장 쉽게 가르칠 수 있는 것으로 여겨진다.

He is said to have died a natural death. 그의 사망 원인은 자연사였다고 한다.

9 'to'-infinitive clauses(to부정사절)

명령, 요청, 충고 등을 전할 때, 〔전달동사 **tell · ask · advise** 등 + 목적어 + **to**부정사절〕 형식을 사용한다. 전달동사의 목적어에는 행동을 실행할 사람이 온다.

Johnson *told her to wake him up*. 존슨은 그녀에게 그를 깨우라고 말했다.
He *ordered me to fetch the books*. 그는 나에게 그 책들을 가져오라고 명령했다.
He *asked her to marry him*. 그는 그녀에게 청혼했다.

위와 같은 〔전달동사 + 목적어 + **to**부정사절〕 형식에 사용하는 전달동사는 다음과 같다.

advise	ask	beg	challenge
command	dare	direct	encourage
forbid	implore	instruct	invite
nag	order	persuade	remind
request	tell	urge	warn

말하고, 생각하고, 발견하는 것을 가리키는 다음의 동사는 항상 또는 일반적으로 〔수동태 동사구 + **to**부정사절〕 형식을 사용한다.

allege	assume	believe	claim
consider	discover	estimate	feel
find	know	learn	prove
reckon	report	rumour	say
see	think	understand	

위와 같은 동사의 뒤에 오는 **to**부정사는 대개 **to be**나 **to have** 형태가 된다.

The house *was believed to be haunted*. 그 집은 귀신이 나온다고 믿어졌다.
Over a third of the population *was estimated to have no access to the health service*.
인구의 3분의 1 이상이 의료 서비스를 받지 못하고 있다고 추정되었다.
...the primitive molecules which *are believed to have given rise to life on Earth*.
지구상에 생명체가 태어나게 했다고 믿어지는 원시 분자들.

〔목적어가 없는 전달동사 + **to**부정사〕 형식은 말하는 사람이 곧 그 행동의 주체인 경우에 사용한다.

agree	ask	beg	consent
demand	guarantee	offer	promise
propose	refuse	swear	threaten
volunteer	vow		

They *offered to show me the way*. 그들은 나에게 길을 가르쳐 주겠다고 제안했다.
He *threatened to arrest me*. 그는 나를 체포하겠다고 위협했다.

i 화자 자신의 행동을 상대방에게 전달할 때, **to**부정사나 **that**절 중 하나를 사용할 수 있다.

I promised *to come back*. 나는 다시 돌아오겠다고 약속했다.

She promised *that she would not leave hospital until she was better*.
그녀는 자신의 병세가 나아질 때까지 병원을 떠나지 않겠다고 약속했다.

듣는 사람이 언급되는 경우에는 to부정사를 사용하지 않는다.

I promised *her* I would send her the money. 나는 그녀에게 그 돈을 보내겠다고 약속했다.
I swore *to him* that I would not publish the pamphlet. 나는 그에게 그 팸플릿을 발행하지 않겠다고 맹세했다.

동사 **claim, pretend**는 뒤에 **to**부정사나 **that**절을 모두 사용할 수 있다. 예를 들면, '그는 자신이 천재라고 주장했다.'는 **He claimed to be a genius.**나 **He claimed that he was a genius.**라고 한다.

He claimed *to have witnessed the accident*. 그는 그 사고를 목격했다고 주장했다.
He pretended *that he had found the money in the forest*. 그는 그 돈을 숲 속에서 찾은 척했다.

의도, 소망, 결정을 나타내는 동사 **intend, want, decide** 등은 **to**부정사절과 함께 사용한다.

➲ Grammar 표제어 'To'-infinitive clauses 참조.

10 '-ing' clauses(-ing절)

어떤 일에 대한 제안 사항을 전달할 때, 〔전달동사 **suggest · advise · propose · recommend + -ing절**〕 형식을 사용할 수 있다.

Barbara *suggested going to another coffee house*. 바버라는 다른 커피 가게에 가자고 제안했다.
The committee *recommended abandoning the original plan*. 위원회는 원래 계획을 포기하라고 권했다.

ℹ 주어 자신이 관련될 행위를 제안할 때만 propose doing을 사용한다.

Daisy *proposed moving to New York*. 데이지는 뉴욕으로 이사갈 것을 제안했다.

11 reported questions(간접의문문)

질문을 전달할 때, 전달동사 **ask**를 사용한다. 이야기를 듣는 대상을 언급할 필요가 있는 경우, 직접목적어를 사용할 수 있다.

He *asked* if I had a message for Cartwright. 그는 내가 카트라이트에게 줄 메세지를 갖고 있는지를 물어보았다.
I *asked her* if she wanted them. 나는 그녀에게 그것들을 원하는지 물었다.

ask와 같은 뜻으로, 동사 **inquire**(미국식)와 **enquire**(영국식)를 간접의문문의 동사로 사용할 수 있다. 이 동사들은 격식을 차린 표현으로, 듣는 사람을 목적어로 언급할 수 없다.

yes/no의문문을 전달할 때, **if**절이나 **whether**절을 사용한다. 특히 **whether**는 선택의 가능성이 있을 때 사용한다.

She asked him *if his parents spoke French*. 그녀는 그에게 그의 부모가 프랑스어를 할 수 있는지를 물었다.
I was asked *whether I wanted to stay at a hotel or at his home*.
나는 호텔에 머물고 싶은지 아니면 그의 집에 머물고 싶은지를 질문받았다.

wh-의문문을 전달할 때는 **wh-**어로 시작하는 피전달절을 사용한다.

He asked *where I was going*. 그는 내가 어디로 가고 있는지를 물었다.
She enquired *why I was so late*. 그녀는 내가 왜 그렇게 늦었는지를 물었다.

> **주의** 간접의문문은 의문문이 아닌 평서문의 어순을 사용한다. '그녀는 내가 무엇을 하는 중이었는지 물었다.'는 ~~**She asked me what had I been doing.**~~이 아닌 **She asked me what I had been doing.**이라고 한다.
>
> 간접의문문에는 의문부호를 사용하지 않는다.

간접의문문에 사용하는 **wh-**어가 전치사의 목적어인 경우, 전치사는 문장의 끝에 오며 뒤에 명사가 오지 않는다.

She asked *what* they were looking *for*. 그녀는 그들이 무엇을 찾고 있는 중인지를 물어보았다.
He asked *what* we lived *on*. 그는 우리가 무엇으로 생계를 유지하는지를 물었다.

불확실한 일에 대한 말이나 생각을 가리키는 동사는 **wh-**어, **if, whether**로 시작하는 절 앞에 사용할 수 있다.

She doesn't *know* what we were talking about. 그녀는 우리가 무엇을 이야기하고 있었는지 모른다.

GRAMMAR

They couldn't ***see*** how they would manage without her. 그들은 어떻게 그녀 없이 해나갈 수 있을지 알 수 없었다.

〔wh-어 · whether + to부정사절〕 형식은 누군가의 실행 여부가 불확실한 행동을 가리킬 때 사용할 수 있다.

I asked him ***what to do***. 나는 그에게 무엇을 해야 할지를 물었다.
I've been wondering ***whether to retire***. 나는 은퇴해야 할지 말아야 할지를 생각해 왔다.

12 tense of reporting verb(전달동사의 시제)

과거에 했던 말을 다른 사람에게 전달할 때, 전달동사의 과거시제를 사용한다.

She ***said*** you threw away her sweets. 그녀는 당신이 그녀의 사탕을 던져 버렸다고 말했다.
Brody ***asked*** what happened. 브로디는 무슨 일이 일어났는지 물어보았다.

그러나 어떤 일이 여전히 사실인 내용을 전달하는 경우, 전달동사의 현재시제를 사용할 수 있다.

She ***says*** she wants to see you this afternoon. 그녀는 오늘 오후에 당신을 만나기를 원한다고 말한다.
My doctor ***says*** it's nothing to worry about. 내 담당 의사는 그것은 전혀 걱정할 문제가 아니라고 말한다.

13 tense of verb in reported clause(피전달절에서의 동사 시제)

전달동사가 현재시제일 경우, 피전달절의 시제는 실제로 말할 때와 같은 시제를 사용한다. 예를 들면, 한 여자가 '그는 아직 도착하지 않았다.'라고 말할 경우, 이를 **She says he hasn't arrived yet.**이라고 전달할 수 있다.

He knows he***'s being watched***. 그는 자신이 감시당하고 있다는 것을 알고 있다.
He says he ***has*** never ***seen*** a live shark in his life. 그는 자신의 인생에서 살아 있는 상어를 본 적이 없다고 말한다.
He says he ***was*** very worried. 그는 매우 걱정을 했다고 말한다.

14 with past reporting verb(과거 전달동사와 함께 사용하기)

전달동사가 과거시제일 경우, 일반적으로 피전달절의 동사를 말하는 시점과 어울리는 적절한 시제로 바꾼다. 피전달절에서 묘사한 사건이나 상황이 그 내용을 말한 시점에서 과거인 경우, 과거완료시제를 사용한다. 피전달절의 사건이나 상황이 그 내용을 말한 시점과 관련시킬 필요가 없을 때, 과거완료시제 대신 단순과거시제를 사용할 수도 있다.

Minnie said she ***had given*** it to Ben. 미니는 그것을 벤에게 주었다고 말했다.
A Western diplomat said he ***saw*** about 250 foreigners at the airport trying to get on flights out of the country.
한 서방 외교관은 약 250명의 외국인이 공항에서 출국하기 위해 비행기를 타려고 하고 있는 것을 보았다고 말했다.

피전달절의 사건이나 상황이 최근에 일어났거나 현재 상황과 관련이 있는 경우, 현재완료시제를 사용할 수도 있다.

He said there ***has been*** a 56 per cent rise in bankruptcies in the past 12 months.
그는 지난 12개월 동안 파산이 56퍼센트 증가했다고 말했다.

더 이상 존재하지 않는 과거의 습관이나 상황을 전달할 때, **used to**를 사용할 수 있다.

He said he ***used to go*** canoeing on rivers and lakes. 그는 강과 호수에 카누를 타러 가곤 했다고 말했다.

피전달절에서 묘사하는 사건이나 상황이 언급된 순간에도 계속 일어나던 중인 경우, 단순과거시제나 과거진행시제를 사용한다.

Dad explained that he ***had*** no money. 아빠는 돈이 없다고 설명했다.
She added that she ***was smoking*** too much. 그녀는 자신이 담배를 너무 많이 피우고 있다고 덧붙였다.

ⓘ 피전달절의 상황이 말을 전해 주는 순간에도 계속 일어나더라도 과거시제를 사용한다. 예를 들면, '나는 18살이라고 말했다.'는 현재 18살일지라도 말한 시점이 과거이므로, I told him I was eighteen.이라고 말한다. 즉, 말하고 있는 과거 당시의 상황에 중점을 두는 것이다.

He said he ***was*** English. 그는 영국인이라고 말했다.
I said I ***liked*** sleeping on the ground. 나는 땅바닥에서 자는 것을 좋아한다고 말했다.

그러나 어떤 상황이 현재도 존재하고 있다는 것을 강조하거나 어떤 그룹의 사람들에게 자주 일어나는 상황을 설명할 경우, 피전달절의 시제를 때때로 현재시제로 사용한다.

I told him that I ***don't drink*** more than anyone else.
나는 다른 어떤 사람보다도 술을 더 많이 마시지 않는다고 그에게 말했다.

A social worker at the Society explained that some children ***live*** in three or four different foster homes in one year.
일부 아이들은 일 년에 서너 군데의 양부모 가정에서 산다고 협회의 한 사회 복지사가 설명했다.

15 referring to the future(미래 말하기)

사건이나 상황이 말하는 시점에 미래의 일이었거나 여전히 미래의 일인 경우, 조동사를 사용한다. 이에 대한 자세한 내용은 다음 항목에서 설명하는 '피전달절의 조동사(**modals in reported clauses**)'를 참고하기 바란다. 그러나 미래의 사건을 가리키는 간접의문문이나 이와 비슷한 **wh-**의문사절에서 그 사건이 말하려는 내용과 거의 동시에 일어날 때에는 현재시제를 사용한다.

I'll telephone you. If I say it's Hugh, you'll know ***who it is***.
나는 당신에게 전화를 할 것이다. 만약 내가 휴라고 말하면, 당신은 그가 누구인지 알게 될 것이다.

어떤 내용을 말한 이후의 미래에 일어날 일인 경우, 간접의문문에 **will**을 사용한다.

I'll tell you ***what I will do***. 당신에게 내가 무엇을 할 것인지 말해 주겠다.

16 modals in reported clauses(피전달절의 조동사)

전달절의 동사가 현재시제인 경우, 일반적으로 평서문에 사용하는 조동사를 쓴다.

Helen says I ***can*** share her flat. 헬렌은 내가 그녀의 아파트를 같이 사용할 수 있다고 말한다.
I think some of the sheep ***may*** die this year. 나는 양들 중 몇 마리가 올해 죽을지도 모른다고 생각한다.
I don't believe he ***will*** come. 나는 그가 오지 않을 거라고 믿는다.
I believe that I ***could*** live very comfortably here. 나는 여기에서 매우 편하게 살 수 있을 거라고 믿는다.

➲ 조동사와 그 용법에 대한 정보는 각각의 Usage 표제어 참조.

17 with past reporting verb(과거 전달동사와 함께 사용하기)

전달절의 동사가 과거시제이거나 **could, would**와 같은 조동사를 가지고 있을 경우, 피전달절에서는 **can, may, will**보다는 **could, might, would**를 일반적으로 사용한다. 이에 대한 용법은 다음의 내용을 참조하기 바란다.

18 ability(능력)

어떤 일을 할 수 있는 능력에 대한 내용이나 질문을 전달할 때, **could**를 사용한다.

They believed that war ***could*** be avoided. 그들은 전쟁을 피할 수 있다고 믿었다.
Nell would not admit that she ***could*** not cope. 넬은 그녀가 대처할 수 없다는 것을 인정하지 않을 것이다.

19 possibility(가능성)

어떤 일이 일어날 가능성에 대한 내용을 전달할 때, **might**를 사용한다.

They told me it ***might*** flood here. 그들은 나에게 이곳이 범람할지도 모른다고 말했다.
He said you ***might*** need money. 그는 당신이 돈이 필요할지도 모른다고 말했다.

어떤 일이 일어날 가능성이 강하다는 것을 전달할 때, **must**를 사용한다.

I told her she ***must*** be out of her mind. 나는 그녀에게 틀림없이 제정신이 아니라고 말했다.

20 permission(허락)

어떤 일에 대해 허락하거나 허락할 것을 요청하는 말을 전할 때, **could**를 사용한다. **might**는 더 격식을 차린 영어에서 사용한다.

I told him he ***couldn't*** have it. 나는 그가 그것을 가질 수 없다고 말했다.
Madeleine asked if she ***might*** borrow a pen and some paper.
매들린은 펜과 종이 몇 장을 빌려 줄 수 있는지 물어보았다.

21 the future(미래)

어떤 일에 대한 예측, 약속, 기대, 미래에 대한 질문을 전달할 때, 보통 **would**를 사용한다.

She said they ***would*** all miss us. 그녀는 그들 모두가 우리를 그리워할 거라고 말했다.

He insisted that reforms ***would*** save the system, not destroy it.
그는 개혁은 제도를 보호하는 것이지 망치는 것이 아니라고 주장했다.

22 'can', 'may', 'will'

ℹ 전달동사가 과거시제인 경우 그 상황이 아직도 존재하거나 미래에도 여전히 존재할 것임을 강조할 때, can, may, will, shall을 사용한다.

It was claimed that Pires ***may*** not need surgery. 피레스는 수술받을 필요가 없을지도 모른다고 주장되었다.

A spokesman said that the board ***will*** meet tomorrow. 대변인은 위원회가 내일 열릴 거라고 말했다.

23 obligation(의무)

과거에 했던 의무에 대한 말을 전달할 때, **must**를 사용할 수 있지만 **had to**가 더 일반적이다.

He said he really ***had to*** go back inside. 그는 정말로 그 안에 다시 들어가야 한다고 말했다.

Sita told him that he ***must*** be especially kind to the little girl.
시타는 그에게 특히 그 어린 소녀에게 친절해야 한다고 말했다.

전달하는 상황이 여전히 존재하거나 미래에 일어날 일인 경우, **have to, has to, must**를 사용한다.

He said the Government ***must*** come clean on the issue. 그는 정부가 그 문제에 대해 사실을 말해야 한다고 말했다.

A spokesman said that all bomb threats ***have to*** be taken seriously.
대변인은 모든 폭탄의 위협을 심각하게 받아들여야 한다고 말했다.

도덕적으로 옳은 내용이나 생각을 전달할 때, **ought to**나 **should**를 사용할 수 있다.

He knew he ***ought to*** be helping Harold. 그는 해롤드를 도와야 한다는 것을 알고 있었다.

I felt I ***should*** consult my family. 나는 가족과 상의해야 한다는 것을 느꼈다.

24 prohibiting(금지)

어떤 일을 금지하는 내용을 전달할 때, 보통 **mustn't**를 사용한다.

He said they ***mustn't*** get us into trouble. 그는 그들이 우리를 곤란에 빠뜨려서는 안 된다고 말했다.

25 using reporting verbs for politeness(정중하게 말할 때 전달동사 사용하기)

정중하게 말할 때, 전달동사를 자주 사용한다. 예를 들면, 누군가의 말에 반박하거나 상대방이 달가워하지 않을지도 모르는 말을 전할 때, **think**나 **believe** 등의 전달동사를 사용하여 무례하게 들리지 않도록 할 수 있다.

I think it's time we stopped. 나는 우리가 그만두어야 할 시점이라고 생각합니다.

I don't think that will be necessary. 나는 그것이 필요없을 것이라고 생각합니다.

I believe you ought to leave now. 나는 당신이 지금 떠나야 한다고 생각합니다.

Sentences

1 simple and command sentences(단문과 명령문)

문장(sentence)은 진술, 질문, 명령을 표현하는 단어군이다. 한 문장에는 일반적으로 주어와 동사가 있다. 단문은 주어와 동사로 구성된 절이 하나인 문장, 중문이나 복문은 주어와 동사로 구성된 절이 두 개 이상인 문장이다.

➲ Grammar 표제어 Clauses 참조.

Did you believe him? 당신은 그의 말을 믿었습니까?

I packed my gear and walked outside. 나는 도구를 챙겨서 밖으로 걸어 나갔다.

If it's four o'clock in the morning, don't expect them to be pleased to see you.
만약 새벽 4시라면, 그들이 당신을 보게 되어 기뻐할 거라는 기대는 하지 마라.

글에서 문장은 대문자로 시작하고, 마침표나 물음표나 느낌표로 끝마친다.

➲ 더 많은 정보는 Topic 표제어 Punctuation 참조.

2 incomplete sentences(불완전문)

말을 할 때에는 종속절만 사용하거나, 동사가 없는 여러 개의 단어만 사용하여 말할 수도 있다. 예를 들면, **When** are you going home?(당신은 언제 집에 갈 것인가?)이라는 질문에 대한 대답은 When I've finished.(내가 마칠 때.)나 This afternoon.(오늘 오후에.)이라고 할 수 있다. 불완전문은 때때로 격식을 차리지 않는 편지, 소설, 광고에서 하나의 문장처럼 사용한다. 그러나 글에서는 이러한 불완전문을 사용하지 않는 것이 좋다.

Singular and plural

단수형은 한 사람이나 하나의 사물을 가리키는 가산명사나 동사의 형태이다. 복수형은 둘 이상의 사람이나 사물을 나타낼 때 사용하는 형태이다.

➲ Grammar 표제어 Plural forms of nouns와 Verbs 참조.

대명사에는 단수대명사와 복수대명사가 있다.

➲ Grammar 표제어 Pronouns 참조.

1 agreement within noun group(명사구 내의 일치)

명사구에서 소유격 한정사나 형용사는 명사가 단수형이든 복수형이든 같은 형태를 취한다. 그러나 한정사 this의 복수형은 these, that의 복수형은 those이다.

Some progress has already been made toward alleviating ***this problem***.
이 문제를 진정시키는 쪽으로 약간의 진전이 이미 이루어졌다.
I thought about ***these problems*** all the way home. 나는 이 문제들을 집에 가는 내내 생각했다.
That person has been following us all day. 저 사람이 하루 종일 우리를 따라오고 있다.
For ***those people***, however, there was no going back. 그러나 그 사람들에게는 돌아가는 것이 불가능했다.

each와 같은 일부 일반한정사는 단수 가산명사에만 사용한다. all과 같은 한정사는 불가산명사나 복수명사에만 사용하고, several과 같은 한정사는 복수명사에만 사용한다.

➲ Grammar 표제어 Quantity 참조.

2 agreement of verb with noun group(명사구와 동사의 일치)

평서문이나 의문문에서 동사를 사용할 때, 주어와 일치시키기 위해 단수동사나 복수동사를 선택해야 한다.

My mother hates her. 내 어머니는 그녀를 싫어한다.
They hate each other. 그들은 서로를 싫어한다.

그러나 be동사를 제외한 모든 동사는 단순과거시제에서 하나의 형태로만 사용한다. 조동사도 하나의 형태로만 사용한다.

Rudolph walked slowly back towards the store. 루돌프는 가게를 향해 다시 천천히 걸어갔다.
They walked towards the gate. 그들은 그 문을 향해 걸어갔다.
Power must be shared. 권력은 나누어져야 한다.
All these questions must be given answers. 이러한 모든 질문에 답해야 한다.

there 뒤에 be동사를 사용할 때, 적절한 동사 형태를 선택해야 한다. 동사의 형태는 be동사 뒤의 명사구에 일치시킨다.

There was a car parked there. 그곳에 자동차 한 대가 주차되어 있었다.
There were no cars outside. 밖에 차가 한 대도 없었다.

그러나 두 사람이나 두 개의 사물을 and로 연결해서 나타낼 때, be동사의 단수형을 사용한다.

There was a computer and printer on the table. 테이블 위에 컴퓨터와 프린터가 있었다.

3 use of singular verb form(단수동사형의 용법)

단수동사를 사용하는 경우는 다음과 같다.

- 단수 가산명사, 단수 불가산명사 또는 he, she, it
- this와 that
- anybody, no one, something과 같은 비한정대명사

GRAMMAR

- **a lump of sugar**(설탕 한 덩어리), **a kilo of coffee**(커피 1킬로그램)와 같이 한 단위의 수량을 가리키는 명사구

기간이나 양을 가리키는 경우, 주어가 명사의 복수형일지라도 단수동사를 사용한다.

Twenty years *is* a long time. 20년은 긴 세월이다.

Three hundred pounds *is* missing from club funds. 클럽 기금에서 300파운드가 없어졌다.

4 use of plural verb form(복수동사형의 용법)

복수동사를 사용하는 경우는 다음과 같다.

- 복수 가산명사
- **clothes, goods**와 같은 복수명사
- **we, they**
- **you**(한 사람만 가리키는 경우도 포함)
- **these, those**
- **several, many**와 같은 대명사
- **a couple of, few of**와 같은 수량형용사

➲ 수량형용사와 수량을 나타내는 단어에 대한 정보는 Grammar 표제어 Quantity 참조.

ⓘ I와 함께 사용한 일반동사의 형태는 복수형과 같다. 그러나 동사가 be동사인 경우, 단순현재형으로는 am, 단순과거형으로는 was를 사용한다.

I like working. 나는 일하는 것을 좋아한다.

I have a lot of sympathy for them. 나는 그들에게 많은 동정심을 갖고 있다.

I am not ashamed of that. 나는 그것에 대해 부끄럽지 않다.

I was so cold. 나는 너무 추웠다.

주의 일부 복수 가산명사는 **-s**로 끝나지 않기 때문에, 복수로 보이지 않아도 복수동사를 사용한다.

➲ Grammar 표제어 Plural forms of nouns 참조.

All *men are* equal. 모든 사람은 평등하다.

반면에 **-s**로 끝나고 복수로 보이는 명사 중에 일부는 불가산명사이므로 단수동사를 사용한다.

➲ Grammar 표제어 Nouns의 uncount nouns 참조.

Mathematics is too difficult for me. 수학은 나에게는 너무 어렵다.

jeans, trousers, scissors처럼 두 부분을 연결한 하나의 사물을 가리키는 복수명사의 경우, 복수동사를 사용한다.

➲ Grammar 표제어 Nouns의 plural nouns 참조.

These *scissors are* sharp. 이 가위는 날카롭다.

그러나 위와 같은 복수명사라도 **a pair of**(한 벌)와 같이 쓰는 경우, 단수동사나 복수동사를 모두 사용할 수 있다.

➲ Usage 표제어 pair – couple 참조.

family나 **government**와 같은 집합명사의 경우, 명사의 단수형 뒤에 단수동사나 복수동사를 모두 사용할 수 있다.

➲ Grammar 표제어 Nouns의 collective nouns 참조.

Split infinitives

분리부정사(**split infinitive**)는 **to**와 동사원형 사이에 부가어가 오는 **to**부정사이다.

There are enough nuclear arms *to utterly destroy* all civilization. 모든 문명을 완전히 파괴할 만큼의 핵무기가 있다.

일부 사람들은 위와 같은 구조를 인정하지 않고, 문장의 다른 곳에 부가어가 위치해야 한다고 생각한다.

그러나 일반적인 문장에서 어떤 부가어가 본동사 앞에 올 수 있지만, 때때로 **to**부정사절에서 **to**와 동사원형 사이에 부가어를 두는 것이 자연스러워 보이는 경우가 있다. 예를 들면, '당신은 정말로 노력해야 한다'는 **You must**

GRAMMAR

really make an effort.라고 말하지만, **I told them to really make an effort.**가 자연스러워 보인다.

Use that opening ***to really establish*** contact with the other actors.
다른 배우들과 진정으로 긴밀한 관계를 가질 수 있도록 그 개막식을 이용하세요.

The directors of companies in this position often own some of the shares, but rarely enough ***to actually control*** a majority.
이러한 직위의 회사 임원들은 종종 약간의 회사 주식을 가지고 있지만, 실제로 회사를 지배할 만큼 많이 갖고 있는 경우는 거의 없다.

Then in front of me I saw two cars placing themselves in such a manner as ***to completely block*** my way.
그때 나는 내 앞에서 두 대의 차가 내 앞을 완전히 가로막기에 충분할 정도로 배치되어 있는 것을 보았다.

- to부정사가 자동사와 같은 성격을 갖고 있으면, 부가어는 to부정사 뒤 또는 문장의 끝에 올 수 있다.

They seemed ***to have disappeared completely***. 그들은 완전히 사라져 버린 것처럼 보였다.

Do you think it is right for you and your family ***to rely completely*** on the State?
당신과 당신 가족이 국가에만 의존하는 것이 올바르다고 생각하십니까?

Nancy wanted ***to go back to China immediately***. 낸시는 중국으로 곧바로 돌아가고 싶어했다.

- to부정사가 타동사와 같은 성격을 갖고 있으면, 부가어는 목적어 뒤 또는 문장의 끝에 올 수 있다.

The treatment is ***to remove these foods completely*** from the diet.
치료법은 식단에서 이 식품들을 완전히 배제하는 것이다.

Uncle Nick was tactful enough not ***to shatter this illusion immediately***.
닉 아저씨는 이러한 환상을 즉시 깨버리지 않을 만큼 재치가 있었다.

It's better ***to introduce him to school gradually***. 그를 차츰 학교로 데려가는 것이 더 낫다.

- 그러나 문장이 아주 긴 경우, 문장을 바꿔 쓰지 못하면 to 뒤에 부가어가 오는 것이 더 좋다.

...an incomes policy which aimed ***to gradually reduce*** wage settlements in the public sector.
공공 부분의 임금 조정을 점차 줄여 가는 것에 목적을 둔 소득 정책.

When several injections are given they stimulate the body ***to slowly build*** its own, long–lasting protection against tetanus.
주사를 여러 번 맞게 되면, 그 주사가 몸을 자극하여 파상풍에 대한 장기적인 자체 저항력을 서서히 기를 수 있게 한다.

GRAMMAR

Subjects

1 subjects(주어)

능동태 문장에서, 주어는 동사의 동작이나 상태의 주체가 되는 사물이나 사람이다. 일반적으로 주어는 명사구이다.

Our computers can give you all the relevant details.
우리의 컴퓨터는 관련된 세세한 모든 자료를 당신에게 제공할 수 있다.

They need help badly. 그들은 몹시 도움을 필요로 하고 있다.

수동태 문장에서, 주어는 누군가의 생각이나 행동에 의해 영향을 받는 사람 혹은 사물을 나타낸다.

She had been taught logic by an uncle. 그녀는 삼촌으로부터 논리를 배웠다.

The examination is regarded as an arbitrary, unnecessary barrier.
그 시험은 독단적이고 불필요한 장애물로 여겨진다.

i 문장에서 주어 뒤에 일반적으로 대명사를 추가하지 않는다. 예를 들면, '내 여동생이 어제 나를 만나러 왔었다.'는 ~~My sister she came to see me yesterday~~.가 아닌 My sister came to see me yesterday.라고 한다. 그러나 때때로 매우 격식을 차리지 않은 회화에서 위와 같이 쓰기도 한다. 그리고 주어로 -ing절, what절, wh-절이나 to부정사절 등을 사용할 수도 있다.

Measuring the water correctly is most important. 물을 정확하게 측정하는 것이 가장 중요하다.

What I saw was unforgettably horrifying. 내가 본 것은 잊을 수 없을 정도로 무서웠다.

Whether they believed me or not didn't matter. 그들이 내 말을 믿든지 말든지 상관없었다.

To generalize would be wrong. 일반화하는 것은 잘못된 일일 것이다.

Grammar 표제어 '-ing' forms, 'Wh'-clauses, 'To'-infinitive clauses와 Usage 표제어 what 참조.

2 agreement(일치)

문장 안의 동사는 주어와 수를 일치시켜야 한다. 이는 주어가 단수형인지, 복수형인지, 불가산명사인지에 따라 적절한 형태의 동사를 사용해야 한다는 것을 의미한다.

He wears striped shirts. 그는 줄무늬 셔츠를 입는다.

People wear woollen clothing here even on hot days. 이곳 사람들은 더운 날에도 양털 옷을 입는다.

➲ 자세한 정보는 Grammar 표제어 Singular and plural 참조.

3 position(위치)

평서문에서 주어는 일반적으로 동사 앞에 온다.

I want to talk to Mr Castle. 나는 카슬 씨와 대화하고 싶습니다.

Gertrude looked at Ann. 거트루드는 앤을 쳐다보았다.

➲ 주어가 동사구 뒤에 오는 경우에 대한 정보는 Grammar 표제어 Inversion 참조.

의문문에서 주어가 wh-어가 아니거나, wh-어로 시작하지 않으면, 〔조동사 · be동사 + 주어〕 형식을 사용한다.

Did you give him my letter? 당신은 그에게 내 편지를 주었습니까?

Where *is my father*? 나의 아버지는 어디에 계십니까?

Who taught you to read? 누가 당신에게 읽는 법을 가르쳐 줬습니까?

Which library has the book? 어느 도서관에 그 책이 있습니까?

명령문에서는 일반적으로 주어를 사용하지 않는다.

Give him a good book. 그에게 좋은 책을 주어라.

Show me the complete manuscript. 나에게 완전한 원고를 보여 주세요.

The Subjunctive

가정법은 영어에서 그렇게 일반적이지는 않으며, 격식을 차리거나 오래된 표현으로 여겨지는 문장 구조이다. 가정법 구조는 현재시제나 과거시제 또는 〔should + 동사원형〕 형식 대신 동사원형만을 사용하는 것도 포함한다.

1 'whether' and 'though'

whether조건절이나 though가 포함된 절에 현재시제 대신 가정법을 사용할 수 있다.

The new world must be welcomed, if only because it will come *whether it be* welcomed or not.
새로운 세계는 환영을 받든 못 받든 간에 도래할 것이라는 단지 그 이유 때문이라면, 우리는 새로운 세계를 환영해야 한다.

The church absorbs these monuments, large *though they be*, in its own immense scope.
교회는 이 기념물들의 크기가 큼에도 불구하고, 그 자체가 가진 광대한 넓이로 인해 그것들을(기념물들을) 흡수한다.

2 'that'

제안이나 명령을 할 때, that절에 가정법을 사용할 수 있다.

Someone suggested *that they break* into small groups.
어떤 사람은 그들이 작은 그룹으로 나누어져야 한다고 제안했다.

It was his doctor who suggested *that he change* his job. 그의 직업을 바꿀 것을 제안한 사람은 바로 그의 주치의였다.

He ordered *that the books be burnt*. 그는 그 책들을 태워 버리라고 명령했다.

3 'lest'

어떤 행동을 막으려고 한다고 할 때, 목적절에 〔lest + 주어 + 원형동사〕 형식을 사용한다.

He was put in a cell with no clothes and shoes *lest he injure* himself.
그가 자해하지 못하도록 옷과 구두 없이 그를 감방에 가두었다.

4 subjunctive use of 'were'(were 가정법)

글이나 회화에서 존재하지 않거나 일어날 것 같지 않은 상황을 가리킬 때, 조건절에 was 대신 were를 사용한다. 이러한 were의 용법 역시 가정법의 한 종류이다.

If I were you I'd see a doctor. 만약 내가 당신이라면 의사에게 진찰을 받을 것이다.
He would be persecuted *if he were* sent back. 그는 돌려보내지면 박해를 받을 것이다.
If I were asked to define my condition, I'd say 'bored'.
만약 내 상태를 정의하라고 한다면, 나는 "지겹다."라고 말할 것이다.

as though와 as if로 시작하는 절에서도 was 대신 were를 자주 사용한다.

You talk *as though he were* already condemned. 당신은 그가 이미 유죄 판결을 받은 것처럼 말한다.
Margaret looked at me *as if I were* crazy. 마거릿은 마치 내가 미친 사람인 것처럼 나를 바라보았다.

Subordinate clauses

GRAMMAR

1 subordinate clauses(종속절)

종속절(**subordinate clause**)은 주절에 있는 정보에 추가하거나 완전하게 보완하는 절이다. 대부분의 종속절은 종속접속사 **because, if, that** 등으로 시작한다.

대부분의 종속절은 부가절로, 일어난 일의 상황에 대한 정보를 제공한다. 부가절의 다른 유형에 대한 자세한 설명은 다음과 같다.

- 다른 종류의 종속절에 대한 정보는 **Grammar** 표제어 **Relative clauses**와 **Grammar** 표제어 **Reporting**의 **report structures** 참조.
- **Grammar '-ing' forms, Past participles, 'To'-infintive clauses** 참조.

2 position of adjunct clauses(부가절의 위치)

일반적으로 〔주절 + 부가절〕 형식을 사용한다.

Her father died *when she was young*. 그녀의 아버지는 그녀가 어렸을 때 돌아가셨다.
They were going by car *because it was more comfortable*.
자동차로 가는 것이 더 편했기 때문에 그들은 자동차로 가고 있었다.

그러나 부가절의 내용을 강조하고자 할 때, 대부분의 부가절은 주절 앞에 올 수 있다.

When the city is dark, we can move around easily. 도시가 어두워지면, 우리는 쉽게 돌아다닐 수 있다.
Although crocodiles are inactive for long periods, on occasion they can run very fast indeed.
악어는 오랜 기간 동안 활동하지 않음에도 불구하고, 때때로 매우 빨리 달릴 수 있다.

때때로 부가절은 다른 절의 중간에, 특히 관계절의 중간에 위치한다.

They make allegations which, *when you analyse them*, do not have too many facts behind them.
그들을 분석해 볼 때, 뒷받침할 만한 사실이 별로 없는 증거가 없는 주장을 한다.

3 concessive clauses(양보절)

양보절은 주절과 대조되는 사실을 포함하고 있는 절로, 양보절을 이끄는 종속접속사는 다음과 같다.

although	even though	though	whereas
while	whilst		

I used to read a lot *although I don't get much time for books now*.
나는 책을 읽을 시간이 지금은 별로 없지만 예전에는 많이 읽곤 했다.

While I did well in class, I was a poor performer at games. 나는 수업 시간에 공부는 잘했지만, 게임은 못했다.

whilst는 격식을 차린 단어로, 미국 영어에서는 **while**만 사용한다.

4 omitting the subject(주어 생략하기)

although, though, while, whilst로 시작하는 양보절의 주어가 주절의 주어와 동일한 경우, 양보절의 주어를 생략하고 분사를 사용한다. 예를 들면, '그는 고양이를 좋아했지만 집 안에 들어오게 한 적은 전혀 없었다.'는 **Whilst he liked cats, he never let them come into his house.** 대신 **Whilst liking cats, he never let them come into his house.**라고 할 수 있으며, 이는 다소 격식을 차린 용법이다.

...some of my colleagues who, *whilst not voting for the Tories*, had abstained.
토리당에 투표하지 않고 기권한 내 일부 동료들.

Both the journalists, *though greeted as heroes on their return from prison*, not long afterwards quietly disappeared from their newspapers.
두 기자는 감옥에서 석방되어 나오자 영웅으로 환영받았으나, 얼마 지나지 않아 그들의 신문에서 조용히 사라졌다.

〔**although · though · while · whilst** + 명사구 · 형용사구 · 부가어〕 형식도 사용할 수 있다.

It was an unequal marriage, *although a stable and long-lasting one*.
그 결혼은 안정되고 오래 지속되기는 했지만 균형이 맞지 않는 결혼이었다.

Though not very attractive physically, she possessed a sense of humour.
그녀는 육체적으로는 그다지 매력이 없었지만 유머 감각이 있었다.

5 words in front of 'though'(though 앞에 사용하는 단어)

격식을 차린 영어에서, 강조를 위해 〔보어 + 종속접속사 **though**〕 형식을 사용할 수 있다. 예를 들면, '그는 병에 걸렸음에도 불구하고, 그 회의에 참석하겠다고 고집했다.'는 **Though he was ill, he insisted on coming to the meeting.** 대신 **Ill though he was, he insisted on coming to the meeting.**이라고 할 수 있다.

Astute businessman though he was, Philip was capable at times of extreme recklessness.
필립은 빈틈없는 사업가였지만 때로는 엄청나게 무모한 행동을 할 수도 있는 인물이었다.

I had to accept the fact, *improbable though it was*. 그것이 있음직하지 않다고 하더라도 나는 그 사실을 받아들여야 했다.

Tempting though it may be to follow this point through, it is not really relevant and we had better move on.
이 목표를 완수하고 싶겠지만, 실제로는 중요하지 않으므로 우리는 다른 목표로 넘어가는 것이 더 낫다.

종속접속사 앞에 사용한 보어가 형용사일 때, **though** 대신 **as**를 사용할 수 있다.

Stupid as it sounds, I was so in love with her that I believed her.
어리석게 들릴지 몰라도, 나는 그녀를 너무 사랑해서 그녀를 믿었다.

though 앞에 **hard, bravely, valiantly** 등과 같은 부사를 사용할 수도 있다.

Some members of the staff couldn't handle Murray's condition, *hard though they tried*.
직원들 중 몇 사람이 열심히 노력했지만 머리의 요구 조건을 처리할 수 없었다.

6 'much as'

강한 감정이나 욕구를 나타낼 때, **although**나 **very much** 대신 **much as**를 사용할 수 있다. 예를 들면, '나는 베니스를 무척 좋아하지만, 그곳에서 살 수는 없었다.'는 **Although I like Venice very much, I couldn't live there.** 대신 **Much as I like Venice, I couldn't live there.**라고 할 수 있다.

Much as they admired her looks and her manners, they had no wish to marry her.
그들은 그녀의 외모나 예절을 무척 칭찬했음에도 불구하고, 그녀와 결혼할 의사는 전혀 없었다.

7 'despite' and 'in spite of'

주절에서 설명한 내용과 대비하기 위해, **despite**나 **in spite of**로 시작하는 종속절을 사용한다. 그러나 이들은 접속사가 아닌 전치사로 〔despite · in spite of + 명사구 · -ing절〕 형식을 사용해야 한다.

These mothers still play a big part in their children's lives, ***despite working and having a full-time nanny***.
이러한 어머니들은 밖에 나가 일을 하고 집에는 하루 종일 아이들을 돌봐주는 여자를 두고 있지만, 여전히 자녀들의 삶에 큰 역할을 한다.

In spite of his mildness he was tremendously enthusiastic about his subject.
부드러운 성격에도 불구하고, 그는 자신의 학과에 대해 대단한 열정을 가지고 있었다.

그러나 **despite the fact that**절이나 **in spite of the fact that**절 형식을 사용할 수 있다.

Despite the fact that it sounds like science fiction, most of it is technically realizable at this moment.
그것이 공상 과학 소설 같음에도 불구하고, 그것의 대부분은 현재 기술적으로 실현 가능하다.

Usage 표제어 in spite of – despite 참조.

8 conditional clauses(조건절)

일어날 가능성이 있는 상황을 나타낼 때, 조건절을 사용한다. 주절에서 설명한 어떤 사건은 종속절에서 설명한 조건에 따라 변화한다. 조건절은 보통 **if**나 **unless**로 시작한다.

Usage 표제어 if와 unless 참조.

조건절을 사용하는 경우, 주절에는 흔히 조동사를 사용한다. 존재하지 않는 상황을 나타낼 경우, 주절에 항상 조동사를 사용한다.

If you weren't here, she ***would*** get rid of me in no time. 만약 당신이 여기에 없다면 그녀는 즉시 나를 쫓아낼 것이다.

If anybody had asked me, I ***could*** have told them what happened.
만약 어떤 사람이 나에게 물어보았더라면, 나는 그에게 무슨 일이 있었는지 말해 줄 수 있었을 것이다.

9 inversion(도치)

if나 **unless**를 사용하는 대신 격식을 차린 말과 글에서 도치를 사용할 수 있다. 예를 들면, '만약 내가 거기에 있었다면 그들을 막았을 것이다.'는 **If I'd been there, I would have stopped them.** 대신 **Had I been there, I would have stopped them.**이라고 할 수 있다.

Had I been found innocent, I would have been accepted as innocent by society.
내가 결백하다는 것이 밝혀졌더라면, 사회는 나를 결백한 사람으로 받아들였을 것이다.

10 imperatives(명령문)

때때로 조건절 대신에 **and**나 **or**가 뒤따르는 명령문을 사용하기도 한다. 예를 들면, '조용히 하면 다치지 않을 거예요.'는 **If you keep quiet, you won't get hurt.** 대신 **Keep quiet and you won't get hurt.**라고 한다.

Topic 표제어 Advising someone과 Warning someone 참조.

11 less common conjunctions(자주 사용하지 않는 접속사)

주절의 상황이 일어나기 위한 필요조건을 나타낼 때, **provided, providing, as long as, only if**로 시작하는 조건절을 사용한다.

A child will learn what is right and what is wrong in good time ***provided he is not pressured***.
강요당하지 않는다면 아이는 때가 되면 무엇이 옳고 그른가를 알게 될 것이다.

As long as you print fairly clearly you don't have to learn any new typing skills.
아주 분명하게 프린트를 한다면 어떤 새로운 타이핑 기술도 배울 필요가 없다.

only if를 사용할 때, 주절의 주어와 동사를 도치한다.

Only if oil is very scarce ***is it*** likely that there will be a major use of coal to make oil.
석유가 매우 귀해지는 경우에만, 석유를 만드는데 석탄을 주로 사용하게 될 것이다.

다른 상황이 일어날 가능성이 있더라도 전혀 영향을 받지 않을 때, **even if**를 사용한다.

Even if you've never been taught to mend a fuse, you don't have to sit in the dark.
비록 당신이 퓨즈를 고치는 방법을 배운 적이 없다 할지라도, 당신이 어둠 속에 앉아 있어야 할 필요는 없다.

I would have married her ***even if she had been penniless***.
나는 그녀가 빈털터리였을지라도, 그녀와 결혼을 했을 것이다.

여러 가지 가능성 중 어떤 것에도 영향을 받지 않을 때, **whether...or**를 사용한다.

If the lawyer made a long, oratorical speech, the client was happy ***whether he won or lost***.
변호사가 길고 웅변적인 변론을 한 경우에, 의뢰인은 재판에 이기든 지든 만족했다.

Some children start with a huge appetite at birth and never lose it afterwards, ***whether they're well or sick, calm or worried***.
일부 어린이들은 태어날 때 왕성한 식욕을 갖게 되며 건강하든지, 병이 들든지, 평온하든지, 걱정하든지 그 후에도 결코 식욕을 잃지 않는다.

반대되는 두 가지 가능성 중 어느 쪽에도 영향을 받지 않을 때, **whether or not**을 사용한다.

A parent shouldn't hesitate to talk over the child's problems with the teacher, ***whether or not they are connected with school***.
자녀의 문제가 학교와 관련된 것이든 그렇지 않든 간에 부모는 그 문제를 선생님과 상의하는 것을 주저해서는 안 된다.

He will have to foot at least part of the bill ***whether he likes it or not***.
그는 좋든 싫든 간에 적어도 그 청구 금액의 일부를 부담해야 할 것이다.

12 manner clauses(양태절)

양태절은 사람의 행동이나 일하는 방법을 나타낸다. 양태절을 이끄는 접속사는 다음과 같다.

as	as if	as though	like	the way

I don't understand why he behaves ***as he does***. 나는 그가 왜 그런 행동을 하는지 이해할 수 없다.

Is she often rude and cross ***like she's been this last month***?
그녀는 지난달에 한 것처럼 종종 무례하고 짜증을 부립니까?

Joyce looked at her ***the way a lot of girls did***. 조이스는 많은 여자 아이들이 했던 식으로 그녀를 바라보았다.

➲ Usage 표제어 like – as – the way 참조.

어떤 일이 다른 일과 같은 방식으로 일어날 것 같다고 할 때, **as if**와 **as though**를 사용한다. 종속절의 시제는 과거시제를 사용한다.

Presidents can't dispose of companies ***as if people didn't exist***.
사장은 직원들이 마치 존재하지 않는 것처럼, 회사를 처분할 수는 없다.

She treats him ***as though he was her own son***. 그녀는 그를 마치 자신의 아들처럼 대한다.

as if, as though로 시작하는 절의 동사는 **was** 대신 가정법 형태인 **were**를 종종 사용한다.

He swallowed a little of his whisky ***as if it were nasty medicine***. 그는 마치 쓴 약인 것처럼 위스키를 조금 삼켰다.

13 place clauses(장소절)

장소절은 사물의 위치나 장소를 나타내며, 보통 **where**로 시작한다.

He said he was happy ***where he was***. 그는 자신이 있는 곳에서 행복하다고 말했다.

He left it ***where it lay***. 그는 그것을 있는 자리에 그대로 두었다.

어떤 일이 일어나는 모든 장소에서 다른 일이 일어난다고 할 때, **wherever**를 사용한다.

Soft-stemmed herbs and ferns spread across the ground ***wherever there was enough light***.
줄기가 연한 풀들과 양치류들은 햇빛이 충분히 비치는 곳이면 어디든지 땅 위로 퍼져 나갔다.

Wherever I looked, I found patterns. 내가 본 어디에서든 무늬를 발견했다.

wherever 대신 **everywhere**를 사용할 수 있다.

Everywhere I went, people were angry or suspicious. 내가 간 곳마다 사람들이 화가 나 있거나, 수상쩍어 했다.

격식을 차리지 않는 미국 영어에서는 **everywhere** 대신 **everyplace**도 사용한다.

Everyplace her body touched the seat began to itch. 그녀의 몸이 의자에 닿는 곳마다 가렵기 시작했다.

14 purpose clauses(목적절)

목적절은 어떤 일을 하려는 의도를 나타낸다. 목적절로 **to**부정사절을 가장 많이 사용한다.

All information in this brochure has been checked as carefully as possible ***to ensure that it is accurate***.
이 팸플릿에 있는 모든 정보는 정확성을 기하기 위해 가능한 한 조심스럽게 검토하였다.

Carol had brought the subject up simply *to annoy Sandra*. 캐롤은 단지 샌드라를 화나게 하기 위해 그 문제를 꺼냈다.

격식을 차린 말과 글에서 단순 to부정사절 대신 〔in order + to부정사절〕 형식을 자주 사용한다.

They had to take some of his land *in order to extend the church*.
그들은 교회를 확장하기 위해 그의 땅 일부를 구입해야만 했다.

〔so as + to부정사절〕 형식을 사용할 수도 있다.

The best thing to do is to fix up a screen *so as to let in the fresh air and keep out the flies*.
가장 좋은 방법은 신선한 공기는 들어오게 하고 날벌레는 들어오지 못하도록 방충망을 설치하는 것이다.

> **주의** 부정적인 목적을 나타낼 때, 단순 to부정사절과 함께 not을 사용할 수 없다. 예를 들면, ~~He slammed on his brakes to not hit it~~.이라고 말할 수 없다. 대신 〔to avoid + -ing〕이나 〔in order · so as + not + to부정사〕 형식을 사용한다.
>
> He had to hang on *to avoid being washed overboard.*
> 그는 배에서 파도에 휩쓸려 떨어지지 않기 위해 매달려 있어야만 했다.
>
> I would have to give myself something to do *in order not to be bored.*
> 나는 지루하지 않도록 스스로 어떤 일을 해야 할 것이다.
>
> They went on foot, *so as not to be heard.* 그들은 소리를 내지 않기 위해 걸어서 갔다.

so, so that, in order that으로 시작하는 목적절도 있다.

She said she wanted to be ready at six *so she could be out by eight*.
그녀는 8시까지는 외출할 수 있도록 6시까지 준비가 되기를 원한다고 말했다.

I have drawn a diagram *so that my explanation will be clearer*. 나는 설명을 더 명확하게 하기 위해 도표를 그렸다.

...people who are learning English *in order that they can study a particular subject*.
특정한 과목을 공부하기 위해 영어를 배우고 있는 사람들.

ℹ 위와 같은 목적절에는 일반적으로 조동사를 사용한다.

15 reason clauses(원인절)

원인절은 어떤 일이 일어나게 된 이유를 설명하고, 보통 because, since, as로 시작한다.

I couldn't feel anger against him *because I liked him too much*.
나는 그를 너무 좋아했기 때문에 그에게 분노를 느낄 수 없었다.

I didn't know that she had been married, *since she seldom talked about herself*.
그녀가 자신에 대해 거의 말하지 않아서 나는 그녀가 결혼했다는 것을 알지 못했다.

누군가가 어떤 일을 하려는 데 있어서 이유가 되는 미래의 가능한 상황을 나타내는 경우, in case나 just in case를 사용한다. 원인절에서는 단순현재시제를 사용한다.

Mr Woods, I am here *just in case anything out of the ordinary happens*.
우즈 씨, 저는 단지 비정상적인 일이 일어날 경우에 대비해서 여기에 있습니다.

과거에 어떤 일을 했던 이유를 말하는 경우, 원인절에는 단순과거시제를 사용한다.

Sam had consented to take an overcoat *in case the wind rose*.
샘은 바람이 불 것에 대비해서 외투를 가져가는 것에 동의했다.

16 result clauses(결과절)

결과절은 어떤 일이나 상황의 결과를 나타낸다. 결과절은 접속사 so that이나 so로 시작하며, 항상 〔주절 + 결과절〕 형식을 사용한다.

He persuaded Nichols to turn it into a film *so that he could play the lead*.
그는 니콜스가 그것을 영화로 만들도록 설득하여 주연 배우가 될 수 있었다.

The young do not have the money to save and the old are consuming their savings, *so it is mainly the middle-aged who are saving*.
젊은이들은 저축할 돈이 없고, 노인들은 저축한 돈을 소비하므로 저축을 하는 사람은 주로 중년층이다.

주절에서 so나 such를 사용하는 경우, that절을 결과절로 사용할 수도 있다. 이때 that은 생략할 수 있다.

They were *so* surprised *they didn't try to stop him*. 그들은 너무 놀라서 그를 저지하려 하지 않았다.

These birds have *such* small wings *that they cannot get into the air even if they try*.
이 새들은 날개가 너무 작아서 날려고 해도 날 수가 없다.

➲ Usage 표제어 so 참조.

17 time clauses(시간절)

시간절은 어떤 일이 일어난 시간을 나타낸다. 시간절을 이끄는 접속사는 다음과 같다.

after	as	as soon as	before
once	since	the minute	the moment
till	until	when	while
whilst			

We arrived *as they were leaving*. 그들이 떠나고 있었을 때 우리는 도착했다.

When the jar was full, he turned the water off. 그 병이 찼을 때 그는 물을 잠갔다.

➲ 위에 열거한 단어의 용법에 대한 더 많은 정보는 각 단어의 표제어 참조.

18 tenses in time clauses(시간절의 시제)

과거나 현재를 나타낼 때, 시간절의 시제는 주절이나 단문의 시제와 같다. 그러나 시간절이 미래를 가리킬 때, 미래시제 **will**이 아닌 단순현재시제를 사용한다.

As soon as I *get* back, I'm going to call my lawyer. 나는 돌아가자마자, 변호사에게 전화할 것이다.

He wants to see you before he *dies*. 그는 죽기 전에 당신을 보고 싶어 한다.

시간절에서 설명하는 일이 주절에서 언급된 일보다 먼저 일어나게 될 경우, 시간절에는 **will have**가 아닌 현재완료시제를 사용한다.

We won't be getting married until we*'ve saved* enough money.
우리는 돈을 충분히 모을 때까지 결혼을 하지 않을 것이다.

Tell the DHSS as soon as you *have retired*. 은퇴하자마자 사회 보장부에 알려 주세요.

위와 같은 일에 대한 내용이나 생각을 전달할 경우, 시간절에는 단순과거시제나 과거완료시제를 사용한다.

I knew he would come back as soon as I *was* gone. 내가 가자마자, 그가 돌아올 거라는 것을 나는 알고 있었다.

He constantly emphasised that violence would continue until political oppression *had ended*.
정치적인 억압이 종식될 때까지 폭동은 계속될 것이라고 그는 끊임없이 강조했다.

➲ 시간절에서 since와 함께 사용하는 시제의 용법에 대한 정보는 Usage 표제어 since 참조.

19 omitting the subject(주어의 생략)

주절과 시간절의 주어가 같은 경우, 시간절의 주어를 때때로 생략하고 분사를 동사로 사용한다. 이 용법은 특히 격식을 차린 영어에서 사용한다.

I read the book *before going to see the film*. 나는 영화를 보러 가기 전에 그 책을 읽었다.

The car was stolen *while parked in a London street*. 그 차는 런던 거리에 주차된 동안 도난당했다.

〔when · while · once · until · till + 명사구 · 형용사구 · 부가어〕 형식을 사용할 수 있다.

When in Venice, we booked a table at the 'historic' Harry's Bar.
베니스에 있을 때 우리는 역사적으로도 유명한 해리스 바에 예약했다.

He had read of her elopement *while at Oxford*. 그는 사랑의 도피에 관한 그녀의 이야기를 옥스퍼드에 있을 때 읽었다.

Steam or boil them *until just tender*. 그것들이 부드러워질 때까지 찌거나 삶으세요.

20 regular occurrences(규칙적으로 일어난 일)

특정한 상황에서 항상 규칙적으로 일어나거나 일어났던 일을 묘사할 때, **when**절 혹은, 좀 더 강조하기 위해 **whenever, every time, each time**으로 시작하는 절을 사용한다.

When he talks about the Church, he does sound like an outsider.
그가 교회에 대해 말할 때 그는 외부인 같다.

Whenever she had a cold, she ate only fruit. 그녀는 감기에 걸렸을 때마다, 과일만 먹었다.

Every time I go to that class I panic. 나는 그 수업을 들으러 갈 때마다, 공포감을 느낀다.

He flinched *each time she spoke to him*. 그는 그녀가 그에게 말을 할 때마다 위축되었다.

GRAMMAR

Tenses

1 uses(용법)

시제(tense)는 대략적인 시점을 나타내는 동사와 동사구의 여러 형태를 말한다. 상황, 습관적인 행동, 완료된 행위를 가리킬 때 단순시제를 사용한다.

I ***like*** him very much. 나는 그를 매우 좋아한다.
He always ***gives*** both points of view. 그는 언제나 양쪽 견해를 제시한다.
He ***walked*** out of the kitchen. 그는 부엌에서 걸어나갔다.

특정 시점의 일시적인 상황을 가리킬 경우, 진행시제를 사용한다.

Inflation ***is rising***. 인플레이션이 증가하고 있다.
We believed we ***were fighting*** for a good cause. 우리는 대의명분을 위해서 싸우고 있었다고 믿었다.

진행시제로 사용하지 않는 동사들이 있다.

➲ Grammar 표제어 Continuous tenses의 stative verbs 참조.

행동이나 상황이 현재나 과거의 어떤 순간과 관련 있을 경우, 완료시제를 사용한다.

Football ***has become*** international. 축구는 국제적인 종목이 되었다.
She did not know how long she ***had been lying*** there. 그녀는 자신이 그곳에 얼마 동안 누워 있었는지 알지 못했다.

어떤 행동에 영향을 받는 사람이나 사물이 문장의 주어일 때, 수동태를 사용한다. 수동태의 시제는 〔be동사의 적절한 시제 + 과거분사〕 형식을 사용한다.

The earth ***is baked*** by the sun into a hard, brittle layer.
지면은 햇볕에 바싹 말려져서 딱딱하고 부스러지기 쉬운 층이 된다.
They ***had been taught*** to be critical. 그들은 비판적이 되도록 배웠다.

➲ Grammar 표제어 The Passive 참조.
➲ 시제의 용법에 대한 더 많은 정보는 Grammar 표제어 The Future, The Past, The Present 참조.
➲ 종속절에서 사용한 시제가 예상한 시제가 아닐 경우, Grammar 표제어 The Future, Reporting, Subordinate clauses 참조.

2 present and past tenses(현재시제와 과거시제)

다음의 표는 현재시제와 과거시제를 만드는 방법을 보여 준다.

능동태 문장	수동태 문장(be+과거분사)
단순현재	
동사원형 I ***want*** a breath of air. 나는 공기를 마시고 싶다. *-s*형(3인칭 단수) Flora ***laughs*** again. 플로라는 다시 웃는다.	be동사의 단순현재형 + 과거분사 It ***is boiled*** before use. 사용하기 전에 그것을 끓인다.
현재진행	
be동사의 단순현재형 + -ing형 Things ***are changing***. 상황이 변하고 있다.	be동사의 현재진행형 + 과거분사 My advice ***is being ignored***. 내 충고는 무시되고 있다.
현재완료	
have의 단순현재형 + 과거분사 I ***have seen*** this before. 나는 이것을 전에 본 적이 있다.	be동사의 현재완료형 + 과거분사 You ***have been warned***. 당신은 경고를 받았다.

GRAMMAR

현재완료진행	
be동사의 현재완료형 + -ing형 Howard *has been working* hard. 하워드는 열심히 일을 해오고 있다.	be동사의 현재완료진행형 + 과거분사 (잘 사용하지 않음)
단순과거	
과거형 I *resented* his attitude. 나는 그의 태도에 분개했다.	be동사의 단순과거형 + 과거분사 He *was murdered*. 그는 살해당했다.
과거진행	
be동사의 단순과거형 + -ing형 I *was sitting* on the rug. 나는 양탄자 위에 앉아 있었다.	be동사의 과거진행형 + 과거분사 We *were being watched*. 우리는 감시를 받는 중이었다.
과거완료	
had + 과거분사 Everyone *had liked* her. 모두가 그녀를 좋아했었다.	be동사의 과거완료형 + 과거분사 Raymond *had been rejected*. 레이먼드는 거부당했었다.
과거완료진행	
had been + -ing형 Miss Gulliver *had been lying*. 걸리버 양은 거짓말을 해오고 있었다.	be동사의 과거완료진행형 + 과거분사 (잘 사용하지 않음)

3 future tenses(미래시제)

영어에는 미래를 나타내는 여러 가지 방법이 있다. 흔히 사용하는 방법은 조동사 **will**이나 **shall**을 사용하는 것이다.

Usage 표제어 **shall – will** 참조.

미래를 말할 때, **will**과 **shall**을 사용하는 동사구를 미래시제라고 한다.

다음의 표는 미래시제를 나타낸다.

능동태 문장	수동태 문장
단순미래	
will · shall + 동사원형 They *will arrive* tomorrow. 그들은 내일 도착할 것이다.	will be · shall be + 과거분사 More land *will be destroyed*. 더 많은 땅이 파괴될 것이다.
미래진행	
will be · shall be + -ing형 I *shall be leaving* soon. 나는 곧 떠날 것이다.	will be being · shall be being + 과거분사 (잘 사용하지 않음)
미래완료형	
will have · shall have + 과거분사 They *will have forgotten* you. 그들은 당신을 잊어버리게 될 것이다.	will have been · shall have been + 과거분사 By the end of the year, ten projects *will have been approved*. 올해 말까지 10개의 프로젝트가 승인될 것이다.

미래완료진행	
will have been · shall have been + -ing형 By March, *I will have been doing* this job for six years. 3월이면 나는 6년 동안 이 일을 하게 된다.	will have been being · shall have been being + -ing형 (아주 드물게 사용함)

'That'-clauses

that절은 that으로 시작하는 절로, 사실이나 견해를 나타낼 때 사용한다.

1 reporting(전달하기)

말한 내용을 전달할 때, that절을 흔히 사용한다.

She said *that she'd been married for about two months*. 그녀는 결혼한 지 약 두 달이 되었다고 말했다.

Sir Peter recently announced *that he is to retire at the end of the year*.
피터 경은 연말에 은퇴할 거라고 최근에 발표했다.

➲ Grammar 표제어 Reporting 참조.

2 after adjectives(형용사 뒤에 사용하기)

〔형용사 + that절〕 형식은 사람의 감정이나 믿음이 어떤 사실과 관련되어 있는지를 나타낸다.

She was *sure that he meant it*. 그녀는 그가 진심으로 그 말을 했다고 확신했다.

He was *frightened that something terrible might be said*. 그는 뭔가 끔찍한 말을 들을까봐 두려워했다.

〔형용사 + that절〕 형식에 사용하는 형용사는 다음과 같다.

afraid	amazed	angry	annoyed
anxious	ashamed	astonished	astounded
aware	certain	concerned	confident
conscious	convinced	definite	determined
disappointed	disgusted	dismayed	doubtful
eager	envious	fearful	fortunate
frightened	furious	glad	grateful
happy	hopeful	horrified	insistent
jealous	keen	lucky	nervous
optimistic	pessimistic	pleased	positive
proud	puzzled	relieved	sad
satisfied	scared	shocked	sorry
sure	surprised	suspicious	terrified
thankful	unaware	uncertain	unconvinced
unhappy	unlucky	upset	worried

어떤 상황이나 사실을 나타낼 때, 〔it is + 형용사 + that절〕 형식을 사용한다.

It is *extraordinary that we should ever have met*. 우리가 만났어야 했다는 것은 이상하다.

➲ Usage 표제어 it 참조.

3 after nouns(명사 뒤에 사용하기)

말이나 생각을 나타내는 assumption, feeling, rumour 등의 명사 뒤에는 that절을 사용한다.

Our strategy has been based on *the assumption that our adversary is just one man*.
우리의 전략은 우리의 적이 오직 한 남자라는 가정에 기초해 왔다.

GRAMMAR

I had *a feeling that no-one thought I was good enough*.
나는 내가 충분한 능력이 있다고 생각하는 사람이 아무도 없다는 느낌을 받았다.
There is no truth in *the rumour that the delay was due to a judge falling asleep*.
판사가 잠들어서 연기됐다는 소문은 사실이 아니다.

〔명사 + that절〕 형식에 사용하는 명사는 다음과 같다.

accusation	admission	advice	agreement
allegation	announcement	argument	assertion
assumption	assurance	belief	charge
claim	comment	concept	conclusion
contention	conviction	criticism	decision
declaration	demand	denial	excuse
expectation	explanation	fear	feeling
generalization	guarantee	guess	hint
hope	hypothesis	idea	illusion
impression	information	insistence	judgement
knowledge	message	news	notion
observation	opinion	point	prediction
principle	promise	proposal	question
realization	recognition	remark	reminder
report	request	rule	rumour
saying	sense	statement	suggestion
superstition	theory	thought	threat
view	warning	wish	

4 after 'be' (be동사 뒤에 사용하기)

that절은 be동사 뒤에 보어로 사용할 수 있다.

Our hope is *that this time all parties will co-operate*. 우리는 이번에는 모든 정당이 협력할 것을 희망한다.
The important thing is *that we love each other*. 중요한 것은 우리가 서로 사랑한다는 것이다.

5 omitting 'that' (that 생략하기)

경우에 따라, 특히 구어체 영어에서 때때로 that을 생략한다.

He knew *the attempt was hopeless*. 그는 그 시도가 희망이 없다는 것을 알았다.
She is sure *Harold doesn't mind*. 그녀는 해럴드가 상관하지 않을 거라고 확신한다.
I'd just walk in and have the feeling *I'd seen some of it before*.
나는 전에 그것 중의 일부를 본 적이 있다고 느끼면서 걸어 들어갔다.
All I hope is *I can hang back when we have to attack*.
내가 희망하는 것은 우리가 공격을 해야 할 때 내가 뒤에 남아 있을 수 있다는 것이다.

6 'the fact that'

매우 격식을 차린 영어에서는 that절을 문장의 주어로 사용한다.

That man can aspire to and achieve goodness is evident through all of history.
인간이 선을 열망하고 성취할 수 있다는 것은 모든 역사를 통해 명백하다.

그러나 본동사가 전달동사이거나 be동사인 경우, 가주어로 it을 사용하고 뒤에 that절이 온다.

It cannot be denied *that this view is abundantly justified by history*.
이러한 견해가 역사에 의해 대단히 많이 정당화된다는 것을 부인할 수는 없다

그 밖의 경우에는 〔the fact + that절〕 형식을 주어로 사용하는 것이 더 일반적이다.

The fact that your boss is actually offering to do your job for you should certainly prompt you to question his motives.
상사가 실제로 당신의 일을 대신해 주겠다고 제안한다는 사실은 틀림없이 당신이 그의 동기를 의심하게 만들 것이다.

위와 같은 〔the fact + that절〕 형식은 that절을 사용할 수 없는 전치사나 동사의 목적어로도 사용한다.

...acknowledgement of ***the fact that we have no intrinsic right to receive answers to all our questions***.
우리가 우리의 모든 질문에 대한 답을 받을 고유의 권리를 전혀 가지고 있지 않다는 사실에 대한 인정.

We overlooked ***the fact that the children's emotional development had been retarded***.
우리는 아이들의 정서 발달이 지연되었다는 사실을 간과했다.

'To'-infinitive clauses

1 forms(형태)

to부정사절은 〔to + 동사원형〕, 즉 to부정사로 시작하는 종속절이다.

She began ***to laugh***. 그녀는 웃기 시작했다.
Christopher and I went ***to see him***. 크리스토퍼와 나는 그를 만나러 갔다.
I wanted ***to be popular***. 나는 인기를 얻고 싶었다.

to부정사절은 조동사를 포함할 수 있다.

Only two are known ***to have defected***. 단지 둘만이 도망쳤다고 알려져 있다.
I seem ***to have been eating*** all evening. 나는 저녁 내내 먹고 있는 것 같다.
I didn't want ***to be caught*** off guard. 나는 방심하고 싶지 않았다.

2 negative 'to'-infinitives(to부정사의 부정)

to부정사를 부정하는 경우, 〔not + to부정사〕 형식을 사용한다.

I told him ***not to be late***. 나는 그에게 늦지 말라고 말했다.

➲ to부정사와 관련이 있는 부사의 위치에 대한 정보는 Grammar 표제어 Split infinitives 참조.

3 linking 'to'-infinitive clauses(to부정사절 연결하기)

두 개의 to부정사를 and, or, rather than, than으로 연결하는 경우, 두 번째 부정사는 to 없이 사용할 수 있다.

I told Dave to wait and ***watch***. 나는 데이브에게 기다리면서 지켜보라고 말했다.
I'd far prefer to drive than ***go*** by train. 나는 기차로 가는 것보다 차를 운전해서 가는 것이 훨씬 더 좋다.

4 after verbs(동사 뒤에 사용하기)

〔주어 + 동사 + to부정사절〕 형식에서 동사의 주어는 to부정사절의 주어와 같다. 뒤에 to부정사절을 흔히 사용하는 동사는 다음과 같다.

aim	appear	arrange	attempt
begin	cease	choose	continue
dare	decide	deserve	endeavour
expect	fail	fear	fight
forget	happen	hate	hesitate
hope	intend	learn	like

GRAMMAR

long	love	manage	mean
need	neglect	opt	plan
prefer	prepare	pretend	prove
remember	resolve	seek	seem
start	tend	try	venture
want	wish		

They ***decided to wait***. 그들은 기다리기로 결정했다.
England ***failed to win a place in the finals***. 영국은 결승전에 진출하지 못했다.
She ***seemed to like me***. 그녀는 나를 좋아하는 것 같았다.

begin, continue, prefer 등의 동사 뒤에는 to부정사와 -ing형 모두 올 수 있다.

Marcus ***began to scream***. 마르쿠스는 울부짖기 시작했다.
They all ***began screaming***. 그들은 모두 울부짖기 시작했다.

위와 같은 동사의 목록은 Grammar 표제어 '-ing' forms 참조.

agree, ask, threaten 등과 같은 전달동사 뒤에도 to부정사절을 사용할 수 있다.

Grammar 표제어 Reporting 참조.

때때로 〔동사 + 목적어 + to부정사절〕 형식을 사용한다. 이때 목적어는 to부정사절의 주어이다. 목적어와 to부정사를 사용하는 동사는 다음과 같다.

allow	cause	choose	compel
condemn	defy	enable	expect
force	get	induce	inspire
intend	lead	like	love
mean	oblige	pay	permit
prefer	prepare	programme	prompt
teach	tempt	train	want
will	wish		

Higher productivity ***has enabled companies to earn higher profits***.
생산성이 높아지자 회사들은 더 높은 이윤을 얻을 수 있게 되었다.
...until ill health ***forced him to retire***. 그의 건강이 나빠져서 은퇴하지 않을 수 없었을 때까지.

동사 help 뒤에는 to부정사나 원형부정사를 모두 사용할 수 있다.

Usage 표제어 help 참조.

advise, persuade, promise 등과 같은 전달동사의 목적어 뒤에도 to부정사절을 사용한다.

Grammar 표제어 Reporting 참조.

5 after 'be'(be동사 뒤에 사용하기)

격식을 차린 영어, 신문과 방송에서 〔be동사 + to부정사절〕 형식은 어떤 일이 일어날 예정임을 나타낸다.

After dinner they ***were to go to a movie***. 그들은 저녁 식사 후에 영화를 보러 갈 예정이었다.
A clean coal-fired power plant ***is to be built at Bilsthorpe Colliery***.
공해 없는 석탄을 연료로 하는 발전소가 빌스토프 칼리어리에 건설될 예정입니다.

〔be동사 + to부정사절〕 형식은 의무, 목적, 방법과 같은 것을 상세히 말할 때에도 사용할 수 있다.

Our job is ***to work out what the rules are***. 우리가 해야 할 일은 규칙이 무엇인지를 이해하는 것이다.
Their aim is ***to help countries achieve an independent judiciary***.
그들의 목표는 국가가 독립적인 사법 제도를 이루도록 돕는 것이다.
The simplest way is ***to smuggle the cash out of the country and invest it in tax havens***.
가장 간단한 방법은 현금을 국외로 밀반출하여 조세 피난처에 투자하는 것이다.

GRAMMAR

때때로 it is one's job 'to do something'이라고 말할 수도 있다.

It is my job *to keep the players confident*. 선수들의 자신감을 유지시켜 주는 것이 나의 임무이다.

6 after 'be' in questions(의문문에서 be동사 뒤에 사용하기)

〔의문사 who · what + be동사 + to부정사절〕 형식은 특정한 상황에서 어떤 일이 일어나야 하거나 어떤 일을 해야 하는지를 물어볼 때 사용할 수 있다.

Who *is to question him*? 누가 그를 심문해야 합니까?

What *is to be done* with the wastelands of old industry? 오래된 산업 폐허지를 어떻게 처리해야 합니까?

➲ 간접의문문에서의 to부정사의 용법에 대한 정보는 Grammar 표제어 Reporting 참조.

7 as purpose clauses(목적절로 사용하기)

어떤 행동을 하는 목적을 나타낼 때, to부정사절을 자주 사용한다.

They locked the door *to stop us from getting in*. 그들은 우리가 들어가지 못하게 하려고 문을 잠갔다.

He patted his breast pocket *to make sure his wallet was in place*.
그는 지갑이 제자리에 있는지 확인하기 위해 가슴 안주머니 부분을 가볍게 툭툭 두드렸다.

➲ 그 밖의 목적을 나타내는 방법은 Grammar 표제어 Subordinate clauses의 purpose clauses 참조.

8 after adjectives(형용사 뒤에 사용하기)

연결동사 be의 보어로 사용하는 형용사 중에 그 뜻을 완전하게 나타내기 위해, 뒤에 to부정사절이 필요한 형용사가 있다. 예를 들면, ~~He is unable.~~과 같이 사용할 수 없으며, He is unable to come.이나 He is unable to cope.(그는 대처할 수 없다.) 등과 같이 말해야 한다.

They were *unable to help her*. 그들은 그녀를 도와줄 수 없었다.

I am *willing to try*. 나는 기꺼이 시도할 것이다.

보통 또는 항상 〔형용사 + to부정사절〕 형식을 사용하는 형용사는 다음과 같다.

able	bound	destined	doomed
due	fated	fit	inclined
liable	likely	loath	obliged
prepared	unable	unfit	unwilling
willing			

감정과 관련된 행동에 대한 정보를 주기 위해 〔형용사 + to부정사절〕 형식을 사용하는 형용사는 다음과 같다.

afraid	amused	angry	anxious
ashamed	astonished	delighted	desperate
determined	disappointed	dismayed	eager
frightened	furious	glad	grateful
happy	impatient	interested	keen
pleased	proud	puzzled	relieved
reluctant	sad	scared	sorry
surprised	terrified		

thankful	thrilled	unafraid	unhappy
upset	willing		

I was *afraid to go home*. 나는 집에 가는 것이 두려웠다.

He was *anxious to leave before it got dark*. 그는 어두워지기 전에 떠나기를 갈망했다.

They were terribly *pleased to see you*. 그들은 당신을 만나서 무척 기뻐했다.

〔형용사 easy · impossible · nice 등 + to부정사절〕 형식은 어떤 사람이나 사물에 어떤 일을 행하는 것이 얼마나 쉬운지, 어려운지, 또는 즐거운지를 나타낸다.

She had been *easy to deceive*. 그녀는 쉽게 속았었다.
The windows will be almost *impossible to open*. 그 창문들을 여는 것은 거의 불가능할 것이다.
They're quite *nice to look at*. 그것들은 보기에 꽤 괜찮다.

ℹ 위와 같은 구조는 타동사나 전치사가 뒤따르는 동사를 사용한다. 이때 주절의 주어는 to부정사절의 목적어이다.

위와 같은 구조는 명사구로 이루어진 보어와 함께 사용할 수도 있다.

They're *a pleasure to have in the class*. 그것들은 수업에서 가질 수 있는 즐거움이다.

어떤 행동이 얼마나 현명하고 올바른지를 나타낼 때, 〔사람을 평가하는 형용사 + to부정사절〕 형식을 사용할 수 있다.

clever	correct	crazy	daft
foolish	insane	mad	naive
right	sensible	silly	smart
stupid	unwise	wise	wrong

Am I *wrong to stay here*? 내가 이곳에 머무는 것이 잘못된 겁니까?
I have been extremely *stupid* and *foolish to leave it there tonight*.
나는 오늘 저녁에 그것을 거기에 놓고 오는 아주 어리석고 바보 같은 짓을 했다.

〔It + 연결동사 + 형용사 + to부정사절〕 형식은 경험이나 행동을 표현할 때 사용한다.

It's *nice to be made a fuss of!* 떠들썩하게 칭찬을 받는 것은 기분 좋은 일이야!
It would be *interesting to hear the Government explain this*.
정부가 이것을 설명하는 것을 듣는 것은 흥미로울 것이다.
It's *impossible to say when I'll finish this*. 내가 이것을 언제 마칠 것인가를 말하는 것은 불가능하다.

➲ Usage 표제어 it 참조.

9 with 'too' and 'enough'(too, enough와 함께 사용하기)

〔too...to부정사절〕 형식은 어떤 행동이 불가능함을 나타낼 때 사용할 수 있다. 마찬가지로, 〔enough + to부정사절〕 형식은 어떤 행동이 가능함을 나타낼 때 사용한다.

He was *too proud to apologise*. 그는 너무 자존심이 강해서 사과할 수 없었다.
She spoke *too quickly* for me *to understand*. 그녀가 너무 빨리 말을 해서 나는 이해하지 못했다.
He was *old enough to understand*. 그는 이해하기에 충분한 나이였다.
I could see *well enough to know we were losing*. 나는 우리가 지고 있다는 것을 알 수 있을 만큼 잘 볼 수 있었다.

10 after a noun group(명사구 뒤에 사용하기)

〔명사구 + to부정사절〕 형식은 어떤 일의 목표나 목적을 나타낼 때 사용할 수 있다.

We arranged *a meeting to discuss the new rules*. 우리는 새로운 규칙에 대해 의논할 회의를 준비했다.

〔명사구 + to부정사절〕 형식은 무엇을 해야 한다거나 할 수 있다는 것을 나타낼 때 사용할 수 있다.

I gave him *several things to mend*. 나는 그에게 몇 가지 고칠 물건을 주었다.
I have *work to do*. 나는 해야 할 일이 있다.
He now had *plenty to eat* and *clean clothes to wear*. 그는 이제 풍부한 먹거리와 깨끗한 입을 옷을 가졌다.

〔명사구 + to부정사절〕 형식을 사용할 때, 명사구는 서수, 최상급 등을 포함할 수 있다. 예를 들면, **next, last, best, right, only**와 같은 단어도 사용할 수 있다.

She was *the first woman to be elected to the council*. 그녀는 위원회에 선출된 최초의 여성이었다.
Mr Holmes was *the oldest person to be chosen*. 홈즈 씨는 선택된 사람 중 가장 나이가 많았다.
The only person to speak was James. 말을 한 유일한 사람은 제임스였다.
He was not *the right person to lead us into the next decade*.
그는 향후 10년간 우리를 이끌어 가기에 적합한 사람이 아니었다.

GRAMMAR

형용사 없이 명사를 the와 함께 사용할 수 있다. 예를 들면, the right one과 같이 사용한다.

We think he is ***the man to lead Chelsea into the next century***.
우리는 그가 다음 세기에 첼시를 이끌어 가기에 적합한 사람이라고 생각한다.

〔추상명사 + to부정사절〕 형식은 추상명사와 관련이 있는 행동을 나타낼 때 사용한다.

All it takes is ***a willingness to learn***. 필요한 모든 것은 배우겠다는 의지이다.
He'd lost ***the ability to communicate with people***. 그는 사람들과 의사소통을 할 수 있는 능력을 잃어버렸다.

〔추상명사 + to부정사절〕 형식에 사용하는 추상명사는 다음과 같다.

ability	aim	ambition	attempt
chance	concern	decision	desire
determination	eagerness	effort	failure
freedom	impatience	inability	inclination
intention	longing	need	offer
opportunity	permission	promise	reluctance
resolve	suggestion	tendency	unwillingness
urge	willingness	wish	

11 used as subject(주어로 사용하기)

격식을 차린 말과 글에서 때때로 to부정사절을 문장의 주어로 사용한다.

To impose these reforms on the trade union movement would be folly.
노동조합 활동에 이러한 개혁들을 강요하는 것은 어리석은 일일 것이다.
To enjoy mischief is surely a long way from being wicked. 장난을 즐기는 것은 악의적인 행동과는 확실히 다른 것이다.

Verbless clauses

대부분의 절은 한 개의 동사를 가지고 있지만, 일부 단어군은 동사 없이 주절이나 종속절과 같은 기능을 한다. 이러한 절을 무동사절(verbless clause)이라고 한다. 다음 예문은 감탄문이나 의문문으로 사용한 무동사절이다.

What a pleasant surprise! 뜻밖의 기쁨이군요!
What about your breakfast? 아침 식사를 어떻게 하시겠어요?
Well, professor? 저, 교수님?
Drink, Ted? 테드, 한잔할래?

글에서 때때로 무동사 종속절을 사용한다. 이러한 절은 형용사 또는 〔종속접속사 + 형용사〕 형식을 기본으로 한다.

Surprised at my reaction, she tried to console me. 나의 반응에 놀라서, 그녀는 나를 위로하려고 했다.
Weak with laughter, they lumbered off. 웃음과 함께 기운을 잃고 그들은 천천히 걸었다.
Though not very attractive physically, she possessed a good sense of humour.
그녀는 육체적으로는 별로 매력이 없었지만, 훌륭한 유머 감각이 있었다.
Fry the fritters on both sides ***until golden brown***. 양면이 모두 황갈색이 될 때까지 고기 조각을 튀기세요.

➲ 위와 같은 방식으로 사용하는 접속사에 대한 정보는 Grammar 표제어 Subordinate clauses 참조.

〔명사구 + 형용사〕 형식이나 〔명사구 + 상태를 나타내는 부가어〕 형식을 기본으로 하는 무동사 종속절이 있다. 이러한 절은 소설에서 인물을 묘사할 때 사용한다.

'What do you mean by that?' said Hugh, ***his face pale***. "그 말은 무슨 뜻입니까?"라고 휴가 창백한 얼굴로 말했다.
I became aware that Otto was standing close by, ***his eyes wide, his mouth slightly open***.
나는 오토가 눈을 크게 뜨고, 입을 약간 벌린 채 옆에 가까이 서 있다는 것을 알게 되었다.
Marie Pennington sat in her study, ***her head in her hands***. 마리 페닝턴은 손으로 머리를 감싼 채 서재에 앉아 있었다.

ℹ 위와 같은 단어군 앞에 with를 자주 사용한다.

She walked on, ***with her eyes straight ahead***. 그녀는 똑바로 앞을 쳐다보면서 계속 걸어갔다.

GRAMMAR

Verbs

동사(**verb**)는 주어의 동작이나 상태를 나타낸다. 이 표제어에서는 여러 동사의 형태를 설명한 후에 다른 동사의 유형들에 대해서도 설명한다.

1 verb forms(동사 형태)

규칙동사는 다음 형태를 취한다.

- 동사원형 : **walk**
- **-s**형 : **walks**
- **-ing**형 또는 현재분사 : **walking**
- 과거형 : **walked**

규칙동사의 경우, 과거형과 과거분사형의 형태가 같다. 그러나 다수의 불규칙동사는 과거형과 과거분사형의 형태가 다르다.

- 과거형 : **stole**
- 과거분사형 : **stolen**

➲ **Grammar** 표제어 **Irregular verbs** 참조.
➲ 흔히 쓰이는 불규칙동사 **be, have, do**의 형태는 **Grammar** 표제어 **Auxiliaries** 참조.

때때로 단어 끝에 **-s, -ing, -ed**를 붙일 때 다음 표와 같이 철자가 변한다.

	base form (동사원형)	'-s' form (-s형)	'-ing' form or present participle (-ing형이나 현재분사)	past form and past participle (과거형과 과거분사)
		-s를 붙이기	-ing를 붙이기	-ed를 붙이기
	join	joins	joining	joined
		-es를 붙이기		
-sh로 끝날 때	finish	finishes	finishing	finished
-ch로 끝날 때	reach	reaches	reaching	reached
-ss로 끝날 때	pass	passes	passing	passed
-x로 끝날 때	mix	mixes	mixing	mixed
-z로 끝날 때	buzz	buzzes	buzzing	buzzed
-o로 끝날 때	echo	echoes	echoing	echoed
			-ing나 -ed를 붙이기 전에 -e 생략	
-e로 끝날 때	dance	dances	dancing	danced
			-ing를 붙이기 전에 -ie를 -y로 변형	-ed를 붙이기 전에 -e를 생략
-ie로 끝날 때	tie	ties	tying	tied

자음 + y로 끝날 때		-y를 -ies로 변형		-y를 -ied로 변형
	cry	cries	crying	cried
단모음+ 단자음으로 끝나는 1음절 단어일 때			-ing나 -ed를 붙이기 전에 마지막 자음을 한 번 더 써줌	
	dip	dips	dipping	dipped
마지막 음절에 강세가 있을 때			-ing나 -ed를 붙이기 전에 마지막 자음을 한 번 더 써줌	
	refer	refers	referring	referred
-ic로 끝날 때			-ing나 -ed를 붙이기 전에 -k를 첨가	
	panic	panics	panicking	panicked

다음과 같은 -e로 끝나는 동사의 경우에는, -ing형을 만드는 일반적인 방식으로 -ing를 붙인다. 예를 들어, age의 -ing형은 ageing이다.

age	agree	disagree	dye
eye	free	hoe	knee
referee	singe	tiptoe	

-ing형이나 과거형을 만들 때, **-w, -x, -y**로 끝나는 동사는 마지막 자음을 한 번 더 쓰지 않는다.

row	→	rowing	→	rowed
box	→	boxing	→	boxed
play	→	playing	→	played

영국 영어에서는 동사의 마지막 음절에 강세가 없어도 **travel, quarrel**과 같이 **l**로 끝나는 동사에 **l**을 한 번 더 쓴다.

travel	→	travelling	→	travelled
quarrel	→	quarrelling	→	quarrelled

미국 영어에서는 위와 같이 **l**로 끝나는 동사 뒤에 **l**을 한 번 더 쓰지 않는다. 영국 영어에서는 다음 동사의 마지막 음절에 강세가 없어도 마지막 자음을 한 번 더 쓰며, 때때로 미국 영어에서도 이 형태를 사용한다.

handicap	hiccup	kidnap	program
worship			

2 uses of verb forms(동사 형태의 용법)

동사원형은 단순현재시제, 명령문, 부정사, 그리고 조동사 뒤에 사용한다.

I ***hate*** him. 나는 그를 싫어한다.
Go away. 가버려.
He asked me to ***send*** it to him. 그는 나에게 그것을 그에게 보내 달라고 요청했다.
He asked if he could ***take*** a picture. 그는 사진을 찍어도 되는지 물었다.

단순현재시제의 3인칭 단수동사는 〔동사원형 + **-s**〕 형식을 사용한다.

She ***likes*** you. 그녀는 당신을 좋아한다.

-ing형이나 현재분사는 진행시제, **-ing**형용사, 동명사, 비정동사절에 사용한다.

Grammar 표제어 **'-ing' adjectives**와 **'-ing' forms** 참조.

The attacks are ***getting*** worse. 공격은 점점 심해지고 있다.
...the ***increasing*** complexity of industrial societies. 증가하는 산업 사회의 복잡성.
She preferred ***swimming*** to tennis. 그녀는 테니스보다 수영을 더 좋아했다.

'So you're quite recovered now?' she said, ***smiling*** at me.
"그래서 당신은 이제 꽤 회복됐나요?"라고 그녀는 나에게 웃으면서 말했다.

과거형은 단순과거시제와 규칙동사의 과거분사에 사용한다.

I ***walked*** down the garden with him. 나는 그와 함께 정원을 걸었다.
She had ***walked*** out without speaking. 그녀는 말없이 걸어 나갔다.

완료시제, 수동태, -ed로 끝나는 형용사, 일부 비정동사절에 과거완료를 사용한다.

Grammar 표제어 **'-ed' adjectives**와 **Past participles** 참조.

Two countries have ***refused*** to sign the document. 두 나라는 그 서류에 서명하기를 거부했다.
It was ***stolen*** weeks ago. 그것은 몇 주 전에 도난당했다.
He became quite ***annoyed***. 그는 아주 화가 났다.
The cargo, ***purchased*** all over Europe, included ten thousand rifles.
유럽 전역에서 구입한 그 화물은 만 정의 소총을 포함하고 있었다.

Grammar 표제어 **Tenses** 참조.

3 intransitive verbs(자동사)

자동사는 목적어를 취하지 않는 동사를 말한다. 따라서, 자동사는 주어가 행한 동작과 사건을 묘사한다.

Her whole body ***ached***. 그녀는 온몸이 아팠다.
The gate ***squeaked***. 그 문은 삐걱거렸다.

일부 자동사는 항상 또는 대개 그 뒤에 전치사를 사용한다.

I'm ***relying on*** Bill. 나는 빌에게 의존하고 있다.
The land ***belongs to*** a rich family. 그 땅은 부유한 가족이 소유하고 있다.

위와 같이 쓰이는 자동사는 다음과 같다.

amount to	apologize for	aspire to	believe in
belong to	consist of	depend on	hint at
hope for	insist on	lead to	listen to
object to	pay for	qualify for	refer to
relate to	rely on	resort to	sympathize with
wait for			

특정한 동사 뒤에 어떤 전치사를 사용해야 하는지에 대한 정보는 본 책의 각 표제어를 참조하기 바란다.

4 transitive verbs(타동사)

타동사는 목적어를 취하는 동사를 말한다. 타동사의 목적어는 동사 뒤의 명사나 명사구이다.

He ***closed the door***. 그는 문을 닫았다.
Some of the women ***noticed me***. 그 여자들 중 일부가 나를 알아보았다.

일부 타동사는 항상 또는 대체적으로 목적어 뒤에 특정한 전치사를 사용한다.

The police ***accused*** him ***of*** murder. 경찰은 그를 살인 혐의로 기소했다.
He just ***prevented*** the bottle ***from*** toppling. 그는 그 병이 쓰러지지 않도록 했다.

뒤에 전치사가 오는 타동사는 다음과 같다.

accuse of	attribute to	base on	dedicate to
deprive of	entitle to	mistake for	owe to
pelt with	prevent from	regard as	remind of
return to	rob of	subject to	swap for
trust with	view as		

They make me angry.(그들은 나를 화나게 한다.)와 같이 타동사를 특정한 의미로 사용할 때, 목적어 뒤에 보어를 사용한다.

Grammar 표제어 **Complements**의 **object complements** 참조.

대부분의 타동사는 수동태에 사용할 수 있지만, **have, get, let**과 같은 일부 동사는 수동태에 거의 또는 전혀 사용하지 않는다.

Grammar 표제어 **The Passive** 참조.

5 reflexive verbs(재귀동사)

재귀동사는 목적어로 **myself, himself, themselves**와 같은 재귀대명사를 자주 사용하는 타동사이다. 다음 동사는 재귀동사로 자주 사용한다.

amuse	apply	blame	compose
cut	distance	dry	enjoy
excel	exert	express	help
hurt	introduce	kill	prepare
restrict	strain	teach	

Sam ***amused himself*** by throwing branches into the fire. 샘은 모닥불에 나뭇가지를 던지면서 즐겼다.
'Can I borrow a pencil?' – 'Yes, ***help yourself***.' "연필을 빌릴 수 있습니까?" – "예, 가져가세요."

동사 **busy, content, pride**는 재귀대명사와 함께 사용해야 한다.

He ***had busied himself*** in the laboratory. 그는 실험실에서 바쁘게 일했다.
He ***prides himself*** on his tidiness. 그는 자신의 깔끔함을 자랑스러워한다.

> **주의** 자신에게 하는 행위에 대해 말할 때, 영어는 다른 언어에 비해 재귀대명사를 많이 사용하지 않는다. 어떤 행위를 자신이 스스로 한다는 것을 강조할 때만 재귀대명사를 사용한다.
> She ***washed*** very quickly and rushed downstairs. 그녀는 매우 빨리 씻고 아래층으로 급히 내려갔다.
> Children were encouraged to ***wash themselves***. 스스로 씻도록 어린이들을 독려했다.

6 delexical verbs(탈어동사)

다수의 일반적인 동사들은 단순히 어떤 행위가 일어난다고 할 때 그 행위를 가리키는 목적어와 함께 사용할 수 있는데, 이러한 동사를 탈어동사라고 한다. 탈어동사는 다음과 같다.

do	give	have	make
take			

탈어동사의 목적어인 명사는 때때로 복수형이 될 수도 있지만, 일반적으로는 단수 가산명사이다.

We ***were having a joke***. 우리는 농담을 하고 있었다.
She ***gave an amused laugh***. 그녀는 즐겁게 웃었다.
They ***took regular walks*** along cart-tracks. 그들은 수레길을 따라 규칙적으로 산책했다.

때로는 〔탈어동사 + 불가산명사〕 형식을 사용하기도 한다.

We ***have made progress*** in both science and art. 우리는 과학과 예술 모두에서 진보했다.
A nurse ***is taking care*** of him. 한 간호사가 그를 돌보고 있다.

탈어동사와 함께 사용하는 명사에 대한 정보는 Usage 표제어 **do, give, have – take, make** 참조.

7 transitive or intransitive(자동사 또는 타동사)

어떤 의미일 때는 타동사로 쓰이고, 또 다른 의미일 때는 자동사로 쓰이는 동사들이 많이 있다.

She ***runs a hotel***. 그녀는 호텔을 운영하고 있다.
The hare ***runs*** at enormous speed. 그 산토끼는 엄청난 속도로 달린다.

목적어를 알고 있거나, 이미 언급되었을 때에는 타동사를 자동사처럼 사용할 수 있다.

GRAMMAR

I don't own a car. I can't ***drive***. 나는 자동차가 없어서 운전을 못한다.
Both dresses are beautiful. I can't ***choose***. 두 드레스 모두 아름다워서 선택할 수가 없다.
Come and ***eat***. 오셔서 음식을 드십시오.

ℹ 뒤에 거의 항상 직접목적어가 오는 동사라도, 일반적인 내용을 말할 때에는 경우에 따라 자동사처럼 사용할 수 있다.

Some people ***build*** while others ***destroy***. 어떤 사람들은 건설하는 데 반해, 다른 사람들은 파괴를 한다.
She was anxious to ***please***. 그녀는 호감을 사려고 몹시 애쓰고 있었다.

8 ergative verb(능동격 동사)

능동격 동사는 타동사로 사용하면 어떤 행위를 하는 사람에게 중점을 두고, 자동사로 사용하면 어떤 행위에 영향을 받는 사물에 중점을 두는 동사를 말한다.

When I ***opened the door***, there was Laverne. 내가 그 문을 열자, 레이번이 있었다.
Suddenly ***the door opened***. 갑자기 문이 열렸다.
The driver ***stopped the car***. 그 운전자는 자동차를 세웠다.
The big car stopped. 큰 자동차가 멈추어 섰다.
He slammed the door with such force that ***a window broke***. 그는 문을 너무 세게 닫아서, 창문 한 개가 깨졌다.
They threw stones and ***broke the windows of buses***. 그들은 돌을 던져서 버스의 유리창을 깨뜨렸다.

능동격 동사는 주로 변화나 움직임을 나타낸다.

age	alter	balance	begin
bend	bleach	break	bruise
burn	burst	change	close
continue	cool	crack	crash
crumble	darken	decrease	diminish
disperse	dissolve	double	drop
drown	dry	empty	end
fade	fill	finish	freeze
grow	heal	improve	increase
move	open	quicken	rest
ripen	rock	rot	shake
shatter	shrink	shut	slow
snap	spin	split	spoil
spread	stand	start	steady
stick	stop	stretch	swing
tear	thicken	turn	vary
widen	worsen		

I ***shattered the glass***. 나는 그 유리잔을 산산조각 내버렸다.
Wine bottles had shattered all over the pavement. 포도주 병이 산산조각이 나서 보도 여기저기에 널려 있었다.
Jefferson ***spun the globe*** slowly on its axis. 제퍼슨은 지구의(地球儀)를 축을 중심으로 천천히 돌렸다.
The wheels of the car spun furiously. 자동차의 바퀴가 맹렬히 회전했다.

요리를 나타내는 단어는 일반적으로 능동격 동사이다.

bake	boil	brown	cook
freeze	marinate	melt	simmer
steam	thaw		

While the water ***boiled***, I put the shopping away. 물이 끓는 사이에, 나는 장을 봐온 물건을 치웠다.
Residents have been advised to ***boil their tap water*** or drink bottled water.
주민들은 수돗물을 끓여 먹거나 생수를 마시라고 권고받았다.

탈것을 몰거나 조종하는 것을 나타내는 동사도 능동격 동사이다.

GRAMMAR

anchor	back	capsize	halt
reverse	sail	sink	start
stop	swerve		

The boys ***reversed their car*** and set off down the road we had just climbed.
그 소년들은 자동차를 후진하여 우리가 방금 올라왔던 길을 내려가기 시작했다.

The jeep reversed at full speed. 그 지프는 전속력으로 후진했다.

다음 동사들은 1~2개의 명사와만 함께 사용하는 능동격 동사이다.

- **catch (an article of clothing)**: 천조각이 걸리다
- **fire (a gun, rifle, pistol)**: 총기, 소총, 권총을 발사하다
- **play (music)**: 음악을 연주하다
- **ring (a bell, the alarm)**: 종, 경보기를 울리다
- **show (an emotion such as fear, anger)**: 두려움, 분노와 같은 감정을 나타내다
- **sound (a horn, the alarm)**: 경적, 경보 소리를 울리다

He ***had caught his sleeve*** on a splinter of wood. 그는 자신의 옷소매를 나뭇가지에 걸었다.

The hat caught on a bolt and tore. 그 모자는 볼트에 걸려서 찢어졌다.

다음 능동격 동사를 자동사로 사용할 때, 일반적으로 뒤에 부가어를 사용한다.

clean	freeze	handle	mark
polish	sell	stain	wash

I like the new Range Rover. It ***handles beautifully.*** 나는 레인지 로버 신형이 마음에 든다. 그 차는 운전이 아주 쉽다.

Wool ***washes well*** if you treat it carefully. 털옷은 주의하여 다루면 세탁이 잘 된다.

GRAMMAR

9 reciprocal verbs(상호동사)

상호동사는 두 명 이상의 사람들이 공동으로 어떤 일이나 행위에 참여하고 있어서 서로가 같은 행위를 하거나, 또는 관계를 형성하거나 연관되어 있다는 것을 나타낸다. 상호동사는 두 가지 기본 형태를 가진다.

- 복수명사구로 이루어져 있는 복수형 주어와 함께 상호동사를 사용할 수 있다. 상호동사를 복수명사구로 이루어진 복수형 주어와 함께 사용하면, 관련된 사람, 무리(단체), 사물이 서로 의사소통하거나 영향을 주다라는 뜻이 된다. 예를 들면, **two people can *quarrel*, can *have a chat*, can *meet***라고 할 수 있다.

Their children ***are always quarrelling***. 그들의 아이들은 항상 다투고 있다.

He came out and we ***hugged***. 그가 밖으로 나왔고 우리는 서로를 껴안았다.

Their eyes ***met***. 그들의 눈이 서로 마주쳤다.

- 상호동사는 관련된 사람 중 한 명을 주어로 쓰고, 나머지 관련된 사람을 목적어나 〔전치사 + 목적어〕 또는 부가어로 표현할 수 있다. 즉, **She agreed with her sister.**(그녀는 여동생의 의견에 동의했다.), **I had a chat with him.**(나는 그와 수다를 떨었다.), **I met him at university.**(나는 그를 대학에서 만났다.)처럼 쓸 수 있다.

He ***quarrelled with his father***. 그는 아버지와 다투었다.

I ***hugged him***. 나는 그를 껴안았다.

His eyes ***met hers***. 그는 그녀와 눈이 마주쳤다.

어떤 행위에 서로 똑같이 관여하고 있다는 것을 강조하기 위해서, 동사구 뒤에 **each other**나 **one another**를 사용할 수 있다.

We embraced ***each other***. 우리는 서로 껴안았다.

It was the first time they had touched ***one another***. 그들이 서로 접촉해 본 것은 그때가 처음이었다.

다음 상호동사 뒤에 **each other**나 **one another**를 사용할 수 있다.

cuddle	date	divorce	embrace
engage	fight	hug	kiss
marry	match	meet	touch

일부 상호동사는 〔전치사 with + each other · one another〕 형식을 필수적으로 사용한다.

You've got to be able to communicate ***with each other***. 당신들은 서로 의사소통할 수 있어야 한다.

Third World countries are competing ***with one another*** for a restricted market.
제3세계 국가들은 제한된 시장을 차지하기 위해 서로 경쟁하고 있다.

다음 상호동사는 복수형 주어와 함께 사용하거나, 뒤에 with가 온다.

agree	alternate	argue	bicker
chat	clash	coincide	collaborate
collide	combine	communicate	compete
conflict	connect	consult	contend
contrast	converse	co-operate	correspond
dance	differ	disagree	draw
engage	fight	flirt	gossip
integrate	joke	mate	merge
mix	negotiate	quarrel	row
speak	struggle	talk	wrangle

Her parents never ***argued***. 그녀의 부모는 서로 다툰 적이 전혀 없었다.

He was ***arguing with his girlfriend*** and she hit him with a frying pan.
그는 여자 친구와 다투고 있었는데 그녀가 프라이팬으로 그를 때렸다.

Owens and his boss are still ***negotiating***. 오웬스와 사장은 아직도 협상을 하고 있다.

She believed that no country should ***negotiate with terrorists***.
그녀는 어떤 나라도 테러리스트와 협상을 해서는 안 된다고 믿었다.

또한 〔compete · fight + against〕, 〔correspond · talk · relate + to〕, 〔part · separate + from〕 형식을 사용할 수 있다.

ℹ engage와 fight는 타동사로 사용하거나, 전치사와 함께 사용할 수 있다.

10 verbs with object or prepositional phrase(목적어 또는 전치사구와 함께 사용하는 동사)

극히 일부 동사는 뒤에 목적어나 전치사구 중에 어느 하나를 사용할 수 있다. 예를 들면, '그는 그녀의 소매를 세게 잡아당겼다.'는 **He tugged her sleeve.**나 **He tugged at her sleeve.** 중 어느 쪽으로 말해도 좋다. 이처럼 동사만 사용하는 것과 동사 뒤에 전치사를 사용하는 것과의 사이에는 의미상의 차이가 거의 없다.

Her arm ***brushed my cheek***. 그녀의 팔이 내 빰을 스쳤다.

Something ***brushed against the back of the shelter***. 무엇인가가 은신처 뒤편을 스치고 지나갔다.

We ***climbed the mountain***. 우리는 그 산에 올랐다.

I ***climbed up the tree***. 나는 그 나무에 올라갔다.

다음 동사는 뒤에 목적어 또는 전치사구와 함께 사용할 수 있다.

boo (at)	brush (against)	check (on)	distinguish (between)
enter (for)	fight (against)	fight (with)	gain (in)
gnaw (at)	hiss (at)	infiltrate (into)	jeer (at)
juggle (with)	mock (at)	mourn (for)	nibble (at)
play (against)	rule (over)	sip (at)	sniff (at)
tug (at)	twiddle (with)		

11 ditransitive verbs(이중목적어를 취하는 동사)

일부 동사는 목적어를 두 개, 즉 직접목적어와 간접목적어를 취할 수 있는데, 이러한 동사를 이중목적어를 취하는 동사라고 한다. 간접목적어는 어떤 행위로 이익을 얻거나 그 결과로 무언가를 받는 사람을 가리킨다. 간접목적어가 대명사, 〔the + 명사〕 형식과 같이 짧은 명사구일 때는 주로 직접목적어 앞에 온다.

I gave ***him*** the money. 나는 그에게 돈을 주었다.

Shelia showed ***the boy*** her new bike. 쉘리아는 그 소년에게 자신의 새 자전거를 보여 주었다.

I taught ***myself*** French. 나는 프랑스어를 독학했다.

ℹ (간접목적어 + 직접목적어) 형식에서는 일반적으로 간접목적어 앞에 전치사를 사용하지 않는다. 예를 들면, ~~I gave to him the money~~.라고 하지 않는다.

(간접목적어 + 직접목적어) 형식 대신에 (직접목적어 + 전치사 + 간접목적어) 형식을 사용할 수 있다.

He handed his driving licence ***to the policeman***. 그는 자신의 운전 면허증을 경찰관에게 넘겨주었다.

간접목적어가 길거나 그것을 강조할 때는, 일반적으로 위와 같은 (직접목적어 + 전치사 + 간접목적어) 형식을 사용한다.

I've given the key ***to the woman who lives in the house next door to the garage***.
나는 차고 옆집에 살고 있는 여자에게 그 열쇠를 주었다.

I bought that ***for you***. 나는 당신을 위해 저것을 샀다.

직접목적어가 인칭대명사이고, 간접목적어가 인칭대명사가 아닐 때는 (직접목적어 + 전치사 + 간접목적어) 형식을 사용해야 한다. 예를 들면, ~~**He bought his wife it**~~.이라고 하지 않는다.

He got a glass from the cupboard, filled it and gave ***it to Atkinson***.
그는 찬장에서 유리잔을 하나 꺼내서, 가득 채운 후 애트킨슨에게 주었다.

Then Stephen Jumel bought ***it for his wife***. 그때 스티븐 주멜이 자신의 부인에게 주려고 그것을 샀다.

간접목적어와 직접목적어가 둘 다 인칭대명사이면, 글에서는 (직접목적어 + 전치사 + 간접목적어) 형식을 사용해야 한다. 회화에서도 전치사를 자주 사용한다.

He gave ***it to me***. 그는 그것을 나에게 주었다.

Save ***it for me***. 나를 위해 그것을 남겨 놓으세요.

그러나 회화에서 전치사를 사용하지 않을 때도 있다. 때때로 직접목적어를 간접목적어 뒤에 사용하거나, 직접목적어가 간접목적어 앞에 오기도 한다. 예를 들면, '어머니가 나에게 그것을 사주었다.'는 **My mother bought me it.**이라고 하거나, 영국 영어에서는 **My mother bought it me.**라고 한다.

간접목적어 앞에 전치사 **to**가 오는 동사는 다음과 같다.

accord	advance	award	bequeath
bring	deal	deliver	donate
export	feed	forward	give
grant	hand	lease	leave
lend	loan	mail	offer
owe	pass	pay	post
present	quote	read	rent
repay	sell	send	serve
show	supply	teach	

He lent my apartment ***to a friend*** for the weekend. 그는 내 아파트를 주말 동안 어떤 친구에게 빌려 주었다.

We picked up shells and showed them ***to each other***. 우리는 조개껍데기를 주워서 서로에게 보여 주었다.

tell의 간접목적어 앞에 때때로 **to**를 사용할 수 있다.

➲ **Usage** 표제어 **tell** 참조.

간접목적어 앞에 전치사 **for**가 오는 동사는 다음과 같다.

book	build	buy	cash
collect	cook	cut	design
fetch	find	fix	get
guarantee	keep	knit	make
mix	order	paint	pick
pour	prepare	reserve	save
secure	set	spare	win

GRAMMAR

They booked a place ***for me***. 그들은 나를 위해 한 장소를 예약했다.
She painted a picture ***for her father***. 그녀는 아버지를 위해 그림 한 점을 그렸다.

다음은 표현하고자 하는 의미에 따라 간접목적어 앞에 전치사 to나 for를 구분해서 써야 하는 동사이다.

bring	leave	play	sing
take	write		

Mr Schell wrote a letter the other day ***to the New York Times***. 셸 씨는 일전에 뉴욕 타임스에 편지를 보냈다.
Once, I wrote a play ***for the children***. 나는 한때 아이들을 위한 각본을 썼다.

이중목적어를 취하는 동사 중 일부는, 간접목적어를 to나 for 뒤에 사용하지 않고 거의 항상 직접목적어 앞에 사용한다.

allow	ask	begrudge	bet
cause	charge	cost	deny
draw	envy	forgive	grudge
promise	refuse		

The radio cost ***me*** three quid. 나는 그 라디오를 3파운드에 샀다.
It was time for one of them to go and meet a man who had promised ***him*** a job.
그들 중 한 사람이 가서, 그에게 일자리를 주겠다고 약속한 사람을 만날 때가 되었다.

ℹ 수동태 문장에서 간접목적어나 직접목적어 둘 중 어느 쪽이나 주어가 될 수 있다. 예를 들면, '그 책은 다음 주에 당신에게 보내질 것이다.'는 The books will be sent to you next week.나 You will be sent the books next week.라고 할 수 있다.

A seat had been booked for him on the 6 o'clock flight. 그를 위해 6시에 출발하는 비행기 좌석을 예약했다.
I was given two free tickets. 나는 두 장의 무료 입장권을 받았다.

위와 같이 이중목적어를 취하는 동사는 직접목적어만 사용해도 같은 뜻이 된다.

He left ***a note***. 그는 메모를 남겼다.
She fetched ***a jug*** from the kitchen. 그녀는 부엌에서 한 물주전자를 가져왔다.

일부 동사는 혜택을 얻거나 어떤 것을 받는 사람을 가리키는 직접목적어와 함께 사용할 수 있다.

ask	envy	feed	forgive
pay	teach		

I ***fed the baby*** when she awoke. 나는 그 아기가 깨어나자, 젖을 먹였다.
I ***forgive you***. 나는 당신을 용서한다.

12 link verbs(연결동사)

연결동사는 목적어보다는 보어가 뒤따르는 동사이다. 보어는 주어에 관해 더 많은 정보를 주며, 형용사구나 명사구가 보어가 될 수 있다. 이러한 연결동사는 다음과 같다.

appear	be	become	come
comprise	constitute	equal	feel
form	get	go	grow
keep	look	measure	pass
prove	rank	remain	represent
seem	smell	sound	stay
taste	total	turn	weigh

I ***am*** proud of these people. 나는 이 사람들이 자랑스럽다.
She ***was getting*** too old to play tennis. 그녀는 테니스를 치기에는 너무 나이가 들어가고 있었다.

➲ 어떤 종류의 보어에 어떤 연결동사를 사용하는지에 대한 정보는 Grammar 표제어 Complements 참조.

일부 연결동사는 바로 뒤에 형용사를 사용하기보다, 〔연결동사 + to be + 형용사〕 형식을 자주 사용한다.

appear	come	get	grow
look	prove	seem	

Mary was breathing quietly and ***seemed to be asleep***. 메리는 조용히 숨을 쉬고 있어서 잠을 자고 있는 듯했다.
The task of inspecting it ***proved to be exacting and interesting***.
그것을 조사하는 임무는 힘이 들었지만 재미있었던 것으로 판명되었다.

13 compound verbs(복합동사)

복합동사는 일반적으로 하이픈으로 연결된 두 단어로 이루어져 있다.

It may soon become economically attractive to ***mass-produce*** hepatitis vaccines.
간염 백신의 대량 생산이 머지않아 경제성이 있게 될지도 모른다.
Somebody ***had short-changed*** him. 누군가가 그에게 거스름돈을 덜 주었다.
Send it to the laundry. Don't ***dry-clean*** it. 그것을 세탁소에 보내세요. 드라이클리닝은 하지 마세요.
He ***chain-smoked*** cheap cigars. 그는 싸구려 시가를 연신 피웠다.

시제와 수를 나타낼 때는 복합동사의 두 번째 단어만 변한다.

dry-clean	→	dry-cleans	→	dry-cleaning	→	dry-cleaned
force-feed	→	force-feeds	→	force-feeding	→	force-fed

14 other verbs(그 밖의 동사)

- 피전달절을 이끄는 동사에 대한 정보는 Grammar 표제어 Reporting의 report structures 참조.
- -ing형이나 부정사를 이끄는 동사에 대한 정보는 Grammar 표제어 '-ing' forms, Infinitives, 'To'-infinitive clauses 참조.
- Grammar 표제어 Phrasal verbs 참조.

GRAMMAR

'Wh'-clauses

who, what, whether와 같이 **wh-**어로 시작하는 절을 **wh-**절이라고 한다. **wh-**절은 불확실한 일이나 무언가를 선택할 때 사용한다.

wh-절은 간접의문문과 같이 말과 생각을 나타내는 일부 동사 뒤에 사용한다.

She wanted to know ***where you were***. 그녀는 당신이 어디에 있는지 알고 싶어 했다.
She asked ***whether my baby had recovered***. 그녀는 내 아기가 회복되었는지 물어보았다.

- Grammar 표제어 Reporting의 reported questions 참조.

〔전치사 + **wh-**절〕 형식도 사용할 수 있으며, **wh-**절은 **be, depend, matter**와 같은 동사의 주어로 사용할 수 있다.

The State is desperately uncertain about ***what it wants artists to do***.
정부는 예술가들이 무엇을 하기를 원하는지에 대해 전혀 모르고 있었다.
What you get depends on ***how badly you were injured***.
당신이 받을 수 있는 액수는 당신이 얼마나 심하게 다쳤는지에 따라 달라진다.
Whether I went twice or not doesn't matter. 내가 두 번을 갔는지 가지 않았는지는 문제가 되지 않는다.

〔**wh-**어 + **to**부정사절〕 형식은 동사나 전치사 뒤에 사용하여, 가능한 행동 방침을 나타낸다. 그러나 일반적으로 주어로는 사용하지 않는다.

He couldn't decide ***what to do***. 그는 무엇을 할지 결정할 수 없었다.
...the problem of ***where to eat dinner***. 어디서 저녁 식사를 하느냐에 대한 문제.

위와 같은 문장 구조에서는 보통 **why**를 사용하지 않는다.

> **주의** 간접의문문에 사용하는 **if**절은 전치사 뒤에 위치하거나 동사의 주어로 사용하지 않는다. 예를 들면, '그녀가 그것을 좋아하는지 싫어하는지는 상관없다.'는 ~~If she likes it is irrelevant.~~가 아닌 Whether she likes it or not is irrelevant.라고 한다.

'Wh'-words

wh-어는 **how**를 제외한 **wh**로 시작하는 부사, 대명사, 한정사를 가리킨다.

- 부사 : **how, when, where, why**
- 대명사 : **who, whom, what, which, whose**
- 한정사 : **what, which, whose**
- **wh-**어는 의문문에 사용한다.

Why are you smiling? 당신은 왜 웃고 있습니까?

➲ Grammar 표제어 **Questions** 참조.

간접의문문에도 **wh-**어를 사용한다.

He asked me *where* I was going. 그는 나에게 어디에 가고 있는지 물었다.

➲ Grammar 표제어 **Reporting** 참조.

how와 **what**을 제외하고, 관계사절을 시작할 때 **wh-**어를 사용할 수 있다.

...nurses *who* have trained for two years. 2년간 훈련을 받아온 간호사들.

의문문과 간접의문문에는 사용하지 않지만 관계사절을 시작할 때 **that**을 사용한다.

➲ Grammar 표제어 **Relative clauses** 참조.
➲ 주어와 전치사의 목적어로 사용하는 절을 시작할 때 사용하는 **wh-**어의 용법은 Grammar 표제어 **'Wh-'clauses** 참조.
➲ 각각의 **wh-**어에 대한 정보는 각 단어에 대한 Usage 표제어 참조.

GRAMMAR

Collins Cobuild English *Usage*

TOPIC SECTION

Abbreviations

약어(abbreviation)는 철자의 일부를 생략하거나 각 단어의 첫 번째 철자만 사용하여 만든 단어, 복합어, 구를 축약한 형태이다. 예를 들면, 25g에서 g는 gram의 약어이며, BBC는 British Broadcasting Corporation(영국 공영 방송)의 약어이다. 일부 약어는 완전한 형태보다 더 흔히 쓰이기도 한다.

특정 단어는 한 가지 이상의 축약법이 있지만 통용되는 축약법을 따라야 한다. 예를 들면, continued(계속된)의 약어는 cont. 또는 contd.로 사용할 수 있다.

일반적으로 대문자로 시작하는 단어는 약어도 대문자로 시작한다. 예를 들어, Captain은 이름 앞에 약어로 사용하면 축약형은 Capt가 된다.

약어에는 다음 다섯 가지의 기본 유형이 있다.

1 abbreviating one word(한 단어로 축약하기)

다음 세 가지 유형의 약어는 한 단어로 축약하는 데 사용한다.

- 첫 번째 유형은 단어의 첫 번째 철자 하나로 이루어진 것이다. 이런 약어는 읽을 때, 보통 완전한 단어로 발음한다.

m = metre(미터)
p. = page(페이지)
F = Fahrenheit(화씨)
N = North(북쪽)

- 두 번째 유형은 단어 앞부분의 철자 몇 개로 이루어진 것이다. 이런 약어는 읽을 때, 보통 완전한 단어로 발음한다.

cont. = continued(계속된)
usu. = usually(일반적으로)
vol. = volume(부피)
Brit. = British(영국인)
Thurs. = Thursday(목요일)

- 세 번째 유형은 단어의 철자 중 일부를 생략하여 이루어진 것이다. 이런 약어는 읽을 때, 완전한 단어로 발음한다.

asst. = assistant(조수)
dept. = department(부서)
km = kilometre(킬로미터)
tbsp. = tablespoonful(큰 스푼 하나 가득의 분량)
Sgt = sergeant(하사관)

i 다음 단어는 위와 같은 유형의 약어이지만 대문자로 된 축약형을 사용한다. headquarters(본부)는 HQ, television은 TV, tuberculosis(결핵)는 TB라고 한다. 이들 단어를 읽을 때는 각각의 철자를 하나씩 발음한다. 일부 계량 단위를 표기하는 경우에는 두 번째 단어를 대문자로 쓴다. 예를 들면, 전기 에너지의 단위인 kilowatt(s)의 약어는 kW로 표기한다.

2 abbreviating more than one word(한 단어 이상 축약하기)

네 번째 유형과 다섯 번째 유형의 약어는 복합명사나 구에 사용한다.

- 네 번째 유형의 약어는 각 단어의 첫 번째 철자로 이루어진 것이다. 이런 약어를 읽을 때, 보통 각 철자를 따로 읽고 마지막 철자에 주강세를 준다.

MP = Member of Parliament(영국 국회의원)
CD = compact disc(콤팩트 디스크)
USA = United States of America(미합중국)
VIP = very important person(귀빈)
rpm = revolutions per minute(분당 회전수)

위와 같은 유형의 약어는 첫 번째 철자의 발음에 따라 약어 앞에 a나 an을 사용한다. 예를 들면, a MP가 아닌 an MP인 것은 M의 발음이 모음인 [em]으로 시작하기 때문이다.

ℹ 복합명사의 약어는 전체 단어가 대문자로 시작하지 않아도 일반적으로 대문자로 이루어져 있다. 그러나 구의 약어는 일반적으로 소문자로 이루어져 있다.

위와 같은 유형에서 일부 복합어는 한 단어의 두 번째 철자를 대문자로 쓰지 않기도 한다. 예를 들면, **Bachelor of Science**(과학 분야의 학사;이학사)는 **BSc.**라고 한다.

- 다섯 번째 유형의 약어는 각 단어의 첫 번째 철자를 사용하여 새로운 단어를 만드는 것이다. 이런 유형의 약어를 두문자어(머리글자, **acronym**)라고 하며, 철자를 하나하나 읽기보다 한 단어로 읽는다.

OPEC [óupek] = **Organization of Petroleum-Exporting Countries**(석유 수출국 기구)
SARS [saːrs] = **severe acute respiratory syndrome**(중증 급성 호흡기 증후군)
TEFL [tefl] = **teaching English as a foreign language**(외국어로서의 영어 교수법)

대부분의 두문자어는 대문자로 이루어진다. 그러나 두문자어를 소문자로 쓸 때는 일반 단어로 취급한다. 예를 들면, **laser**(레이저 = **light amplification by stimulated emission of radiation**)가 있다.

3 full stops with abbreviations(약어와 함께 사용하는 마침표)

처음 세 가지 유형에서 약어의 끝이나 네 번째 유형의 약어 뒤에 마침표를 사용할 수 있다. 그러나 요즘에는 흔히 약어에 마침표를 쓰지 않는데, 특히 대문자 사이에서는 사용하지 않는 편이다.

b. = **born**(태어난)
Apr. = **April**(4월)
St. = **Saint**(성: 聖) 또는 **Street**(가: 街)
D.J. = **disc jockey**(디스크 자키)

약어를 글로 쓸 때 단어의 끝에 마침표를 넣는 것은 영국 영어보다 미국 영어에서 더 일반적이다. 즉 **Mr., Mrs., Ms., Dr.**처럼 사람의 이름 앞에 쓰는 약어는 항상 마침표를 넣는다.

한 단어처럼 발음하는 약어를 글로 쓸 경우에는 일반적으로 마침표를 사용하지 않는다.

NATO [néitou] = **North Atlantic Treaty Organization**(북대서양 조약 기구)
AIDS [eidz] = **acquired immune deficiency syndrome**(후천성 면역 결핍증)

4 plurals of abbreviations(약어의 복수형)

약어를 복수형으로 만들 경우, 일반적으로 단수형 약어 뒤에 소문자 **s**를 붙인다.

hr → **hrs**(시간)
MP → **MPs**(영국 국회의원)
UFO → **UFOs**(미확인 비행 물체)

그러나 **p**(= **page**)의 복수형은 **pp**이며, **St**(= **Saint**, 성: 聖)의 복수형은 **SS**이다.

> **주의** 계량 단위를 나타내는 단어는 일반적으로 단수형과 복수형에 같은 약어를 사용한다. 예를 들면, **ml**는 단수형 **millilitre**와 복수형 **millilitres**의 약어로 쓰인다.

Addressing someone

TOPIC

상대방과 이야기할 때, 그 사람의 이름이나 직함을 부른다. 상대방에 대한 감정을 표할 때, **darling**이나 **idiot**과 같은 단어를 때때로 사용하기도 한다. 이렇게 사람을 부를 때 사용하는 단어를 호격(**vocative**)이라고 한다.

호격은 다른 언어에 비해 영어에서 잘 사용하지 않으며, 영국 영어보다 미국 영어에서 더 많이 사용한다.

1 position of vocatives(호격의 위치)

호격은 일반적으로 문장의 끝에 사용한다.

I told you he was okay, ***Phil***. 그는 괜찮다고 내가 말했잖아, 필.
Where are you staying, ***Mr Swallow***? 스왈로 씨, 어디에 머물고 계십니까?

상대방의 주의를 끌고자 할 때는 호격을 문장의 앞에 사용한다.

John, how long have you been at the university? 존, 얼마 동안 대학에 다녔어요?
Dad, why have you got that suit on? 아빠, 왜 그 옷을 입고 계세요?

호격을 문장의 중간이나 절의 첫 단어군 뒤에도 쓸 수 있다. 이는 호격 뒤에 나오는 내용의 중요성을 강조하기 위함이다.

I regret to inform you, ***Mrs West***, that Miss Sadler is dead.
웨스트 부인, 이 사실을 알려 드리게 되어 유감입니다만 새들러 양이 사망했습니다.
Don't you think, ***John***, it would be wiser to wait? 존, 기다리는 게 더 현명하다고 생각하지 않습니까?

2 writing vocatives(호격을 글로 쓰기)

호격을 글로 쓸 때, 호격의 앞이나 뒤에 콤마를 사용하여 내용과 분리한다.

Don't leave me, ***Jenny***. 제니, 나를 놔두고 가지 마세요.
John, do you think that there are dangers associated with this policy?
존, 당신은 이 정책과 연관된 위험 요소가 있다고 생각합니까?

3 addressing someone you do not know(모르는 사람 부르기)

영국 영어에서는 길거리나 가게 등에서 모르는 사람에게 어떤 것을 물어볼 때, 일반적으로 호격을 전혀 사용하지 않는다. 다른 사람의 주의를 끌 필요가 있을 때는 **Excuse me.**를 사용한다.

➲ **Excuse me**의 용법에 대한 더 많은 정보는 **Topic** 표제어 **Apologizing** 참조.

> **주의** 현대 영국 영어에서 **Mr, Mrs, Miss, Ms**와 같은 호칭은 사람의 이름 앞에서만 사용한다. 모르는 사람을 부를 때는 호칭을 사용해서도 안 되며 **gentleman**이나 **lady**라고 불러서도 안 된다.

영국 영어에서는 일반적으로 **sir**나 **madam**을 사용해서는 안 된다. 일반적으로 이들 단어는 가게에서 일하는 종업원이 손님을 공손히 부를 때만 사용한다. 그러나 미국 영어를 쓰는 일부 사람들은 모르는 사람을 정중히 부를 때 남자에게는 **sir**, 여자에게는 **ma'am**을 사용한다.

What does your father do, ***sir***? 선생님, 선생님 아버지의 직업은 무엇입니까?
Do you need assistance getting that to your car, ***ma'am***? 여사님, 저것을 자동차까지 들어 드릴까요?

영국 영어에서는 **officer**(경찰관)와 같이 직업을 나타내는 단어를 호격으로 사용하는 것을 오래된 표현으로 여기지만, 미국 영어에서는 이를 흔히 사용한다. **doctor**(의사)나 **nurse**(간호사)도 마찬가지다.

Is he all right, ***doctor***? 의사 선생님, 그는 괜찮습니까?

일부 사람들은 모르는 사람을 **you**라고 부르는데, 이는 아주 무례한 표현이다.

4 addressing someone you know(아는 사람 부르기)

상대방의 성(姓)을 알고 있는 경우, 〔**Mr · Mrs · Miss · Ms** + 성(姓)〕 형식을 호격으로 사용할 수 있다.

Thank you, ***Ms Jones***. 존스 씨, 고맙습니다.
Goodbye, ***Dr Kirk***. 커크 의사 선생님, 안녕히 계세요.

지위를 나타내는 직함은 사람의 성(姓) 없이도 사용할 수 있다.

I'm sure you have nothing to worry about, ***Professor***. 교수님, 저는 교수님께서 걱정할 것이 아무것도 없다고 확신합니다.
Is that clear, ***Sergeant***? 하사, 잘 알아들었는가?

때때로 **Mr**와 **Madam**을 **President, Chairman, Chairwoman, Chairperson** 등의 직함 앞에 쓰기도 한다.

No, ***Mr President***. 아닙니다. 대통령 각하.

➲ 이름과 함께 사용하는 직함에 대한 정보는 **Topic** 표제어 **Names and titles** 참조.

> 주의 일반적으로 상대방을 부를 때, 그 사람의 성과 이름을 모두 사용하지는 않는다.

잘 아는 사람을 부를 경우에는 이름만 부르기도 한다. 그러나 이 경우에는 상대방이 누구인지를 확실히 한 후에 사용하며, 일상 대화에서는 일반적으로 잘 사용하지 않는다.

What do you think, ***John***? 존, 당신은 어떻게 생각하십니까?
Shut up, ***Simon***! 사몬, 입 다물어!

Jenny, Mike와 같이 짧고 격식을 차릴 필요가 없는 사람의 이름을 때때로 호격으로 사용하기도 한다. 그러나 이는 상대방이 그렇게 불리는 것을 반대하지 않는 경우에 사용해야 한다.

5 addressing relatives(친척 부르기)

일반적으로 자신의 부모와 조부모를 부를 때는 그들과의 관계를 나타내는 명사를 사용한다.

Someone's got to do it, ***mum***. 엄마, 누군가는 그것을 해야 해요.
Sorry, ***Grandma***. 할머니, 죄송해요.

다음 목록은 자신의 부모와 조부모를 부를 때, 가장 흔히 사용하는 명사이다.

- **mother**(어머니)
  영국: **Mum, Mummy, Mother**
  미국: **Mom, Mommy,** 특히 어린아이들은 **Mama** 또는 **Momma**
- **father**(아버지)
  영국: **Dad, Daddy, Father**
  미국: **Dad, Daddy,** 때때로 **Pop**
- **grandmother**(할머니)
  영국: **Gran, Grannie, Grandma, Nan, Nanna**
  미국: **Granny** 또는 **Grandma**
- **grandfather**(할아버지)
  영국: **Grandad, Grandpa**
  미국: **Grandad, Grandpa**
- **Aunt**와 **Uncle**도 호격으로 사용할 수 있다. 일반적으로 고모나 이모는 〔**Aunt** + 이름〕, 삼촌은 〔**Uncle** + 이름〕 형식을 사용한다.
  This is Ginny, ***Aunt Bernice***. 버니스 이모, 이 사람이 지니예요.
  Goodbye, ***Uncle Harry***. 해리 삼촌, 안녕히 가세요.

> 주의 **daughter, brother, cousin**과 같이 그 밖의 가족 관계를 나타내는 명사는 호격으로 사용하지 않는다.

6 addressing a group of people(한 무리의 사람들 부르기)

모임에서 격식을 차리면서 한 무리의 사람들을 부를 경우, **ladies and gentlemen**(신사 숙녀 여러분)이라고 한다. 여자만 있는 경우에는 **ladies**, 남자만 있는 경우에는 **gentlemen**이라고 한다.

Good evening, ***ladies and gentlemen***. 신사 숙녀 여러분, 안녕하십니까?

격식을 차리지 않고 한 무리의 사람들을 부를 경우, 호격이 전혀 필요하지 않더라도 **everyone**이나 **everybody**를 사용할 수 있다. 성(姓)의 구분 없이 격식을 차리지 않을 때는 **guys**라고 한다.

I'm so terribly sorry, ***everybody***. 여러분, 대단히 죄송합니다.
Hi ***guys***, how are you doing? 안녕하세요, 여러분, 어떻게 지내세요?

아이들이나 청소년들을 부를 때는 **kids**를 사용할 수 있다. 남자 아이들만 있으면 **boys**, 여자 아이들만 있으면 **girls**라고 한다.

Come and say 'How do you do?' to our guest, ***kids***. 얘들아, 이리 와서 손님들께 "안녕하세요?"라고 인사해라.
Give Mr Hooper a chance, ***boys***. 얘들아, 후퍼 씨에게 기회를 한번 줘봐.

children을 호격으로 사용하는 것은 격식을 차린 표현이다.

7 vocatives showing dislike(혐오감을 나타내는 호격)

호격에 혐오감, 경멸, 조바심을 나타낼 때, 〔**you + 형용사 + 명사**〕 형식을 사용한다.

Shut your big mouth, ***you stupid idiot***. 입 다물어, 이 바보 천치야.
Give it to me, ***you silly girl***. 그것을 나에게 줘, 이 바보 같은 계집애야.

8 vocatives showing affection(애정을 나타내는 호격)

일반적으로 애정을 나타내는 단어를 호격으로 사용한다.

Goodbye, ***darling***. 여보, 잘 가요.
Come on, ***love***. 내 사랑, 어서 와.

> **주의** 일부 사람들은 애정을 나타낼 때, 호격 앞에 **my**나 상대방의 이름을 사용하지만, 보통 이런 표현은 오래되거나 우스운 느낌을 준다.
> We've got to go, ***my dear***. 여보, 우리는 지금 가야 해요.
> Oh ***Harold darling***, why did he die? 아, 내 사랑 해럴드. 그가 왜 죽었지요?

9 other vocatives(그 밖의 호격)

가게나 공공장소에서 서비스를 제공하는 점원이나 종업원이 정중하게 손님을 부를 때는 남자 손님에게는 **sir**, 여자 손님에게는 **madam**이라고 한다.

미국 영어에서는 약어인 **ma'am**을 사용한다.

A liqueur of any kind, ***sir***? 선생님, 어떤 종류의 술을 드시겠습니까?
'Thank you very much.' – 'You're welcome, ***madam***.' "대단히 감사합니다." – "천만에요, 부인."
Do you need assistance getting that to your car, ***ma'am***? 여사님, 저것을 자동차까지 들어 드릴까요?

모르는 사람을 포함하여, 격식을 차리지 않는 상황에서 다른 사람을 부를 때, **love, dear, mate** 등의 단어를 사용한다. 이들 호격은 종종 지역이나 사회적 그룹의 특징을 나타낸다.

미국 영어에서는 이와 같은 식으로 **buddy**와 **dude**를 사용하기도 한다.

She'll be all right, ***mate***. 친구야. 그녀는 괜찮을 거야.
Trust me, ***kid***. 얘야, 날 믿어라.
How's it going, ***buddy***? 친구야. 잘 지내?

> **주의** 이와 같은 호격은 특정 지역에서 온 원어민이 아닌 사람에게는 부적절하게 들리기 때문에 사용하지 않는 것이 좋다.

Advising someone

1 general advice(일반적인 충고)

상대방에게 충고를 하는 방법은 여러 가지가 있다.

회화에서나 친구에게 보내는 편지 등의 격식을 차리지 않은 글에서 **I would**나 **I'd**를 사용할 수 있다.

I would try to restrain him gently by saying 'It isn't polite.'
나는 "그것은 예의 바르지 않은 일이야."라며 그를 부드럽게 말리려고 할 것이다.

I'd buy tins of one vegetable rather than mixtures.
나는 여러 종류가 섞인 것보다 한 가지 종류의 채소만 담긴 통조림을 살 것이다.

if I were you를 사용하여 위의 표현을 자주 강조한다.

If I were you, I'd just take the black one. 내가 당신이라면 검은 색깔의 것을 택하겠다.

I should let it go ***if I were you***. 내가 당신이라면 그것을 내버려 둘 것이다.

You ought to...나 You should...를 사용할 수도 있다. 상대방을 너무 강압하는 것같이 들리지 않도록 이들 표현 앞에 자주 I think를 사용한다.

You should explain this to him at the outset. 당신은 처음부터 그에게 이것을 설명해야 한다.

I think maybe you ought to try a different approach. 나는 당신이 아마 다른 접근 방식을 시도해 봐야 한다고 생각한다.

행위나 선택의 과정에서 어떤 것이 가장 성공적인지를 나타내는 격식을 차리지 않는 표현으로 Your best bet is...나 ...is your best bet을 사용할 수 있다.

Well, ***your best bet is*** to go to Thomas Cook in the High Street.
글쎄, 가장 좋은 방법은 하이 스트리트에 있는 토머스 쿡에 가보는 것이다.

I think Boston's going to ***be your best bet***. 나는 당신이 활동하기에 보스턴이 가장 적합한 곳일 거라고 생각한다.

2 firm advice(단호한 충고)

특히 권위 있는 지위에 있으며 단호하게 충고하고자 할 경우, You'd better...를 사용할 수 있다. 이는 상대방의 충고를 받아들여 그대로 행하면 유익할 것이라는 뜻으로도 쓰일 수 있다.

You'd better write it down. 당신은 그것을 적어 두는 게 좋다.

Perhaps ***you'd better*** listen to him. 아마 당신은 그가 하는 말을 듣는 게 좋다.

I think you'd better go in and have a sit down. 내 생각에 당신이 들어가서 앉는 게 좋을 것 같다.

잘 아는 사람에게 이야기하는 경우, 명령형을 사용할 수 있다.

Make sure you note that down. 그것을 반드시 적어 놓아라.

Take no notice of him, Mr Swallow. 스왈로 씨, 그에게 전혀 신경 쓰지 마세요.

〔명령문 + and + 절〕 형식은 상대방이 충고를 받아들이면 좋은 결과를 가져올 것이라는 뜻이다. 〔명령문 + or + 절〕 형식은 상대방이 충고를 받아들이지 않으면 좋지 않은 결과가 따라올 것이라는 뜻으로, 이러한 형식은 조건절과 뜻이 비슷하다.

Stick with me ***and you'll be okay***. 나와 함께 있어라. 그러면 당신은 괜찮을 것이다.

Now hold onto the chain, ***or you'll hurt yourself***. 지금 그 체인을 꽉 붙잡아라. 그렇지 않으면 당신은 다칠 것이다.

i 〔명령문 + and · or + 절〕 형식은 상대방을 위협할 때에도 사용한다.

Just try – ***and you'll have a real fight on your hands***. 그냥 그 일을 하기만 해봐라. 그러면 너는 실제로 싸우게 될 것이다.

Drop that gun! Drop it ***or I'll kill you***! 총을 버려라. 그렇지 않으면 너를 죽이겠다.

➲ 전문가가 충고를 할 때도 명령형을 사용한다. 다음 **4 professional advice** 참조.

3 serious advice(심각한 충고)

더 격식을 차리면서 심각하게 충고할 때, I advise you to...를 사용한다.

'What shall I do about it?' – '***I advise you to*** consult a doctor, Mrs Smedley.'
"그 일을 어떻게 해야 할까요?" – "스메들리 부인, 의사의 진찰을 받아 보실 것을 권고합니다."

I strongly advise you to get somebody to come and help you the first time.
나는 누군가가 와서 먼저 당신을 도와줄 것을 강력하게 권한다.

아주 강하게 충고할 때, You must...를 사용한다.

You must tell the pupils what it is you want to do, so that they feel involved.
학생들이 관여한다는 느낌을 갖게 하기 위해 당신이 원하는 것을 명백하게 말해야 한다.

You must maintain control of the vehicle at all times. 당신은 항상 차량 관리를 지속적으로 해야 한다.

위와 같은 뜻으로 **You've got to...**나 **You have to...**를 사용할 수도 있다.

If somebody makes a mistake ***you've got to*** say so. 누군가가 잘못을 저지르면 그들의 잘못을 말해 주어야 한다.

You have to put all these things behind you. 당신 뒤에 이 모든 물건을 놔두어야 한다.

4 professional advice(전문적인 충고)

책, 기사, 방송에서는 주로 다른 충고 방식을 사용한다.

한 가지 일반적인 방법은 명령형을 사용하는 것이다.

Clean one room at a time. 한 번에 한 방씩 청소해.

If you don't have a freezer, ***keep*** bread in a dry, cool, well-ventilated bin.
냉동고가 없다면, 건조하고 서늘하면서 통풍이 잘 되는 통에 빵을 넣어두어라.

Make sure you get out all weed roots and grass. 잡초 뿌리나 풀을 모두 확실히 제거해라.

글과 방송에서 사용하는 충고 방법은 주로 **It's a good idea to...**를 사용한다.

It's a good idea to spread your savings between several building societies.
당신의 저축을 여러 주택 금융 공제 조합에 분산하는 게 좋다.

It's a good idea to get a local estate agent to come and value your house.
지역 부동산 중개인이 당신의 집에 들러서 평가하는 게 좋은 방법이다.

또 다른 충고의 표현으로 **My advice is...**나 **My advice would be...**를 사용하기도 한다. 특히 이런 표현은 다른 사람에게 충고할 만큼 지식을 갖춘 전문가나 숙련자가 사용한다.

My advice is to look at all the options before you buy.
내 충고는 당신이 구입을 하기 전에 모든 대안을 고려하라는 것이다.

My advice would always be: find out what the local people consider good to eat in your locality and eat that.
내 충고는 항상 같은데, 지역 주민들이 당신의 소재지에서 그것을 먹을 때 무엇을 고려하는지를 찾는 것이다.

충고를 할 때, **A word of advice...**로 시작하기도 한다.

A word of advice – never be put off by those who suggest that practicing is somehow un-British.
내 충고는 그 훈련이 어쩌지 영국식이 아니라고 하는 사람들의 말에 망설이지 말라는 것이다.

➲ Topic 표제어 **Suggestions** 참조.
➲ 어떤 일을 하지 말라고 충고하는 방법에 대한 정보는 Topic 표제어 **Warning someone** 참조.

Age

1 asking about age
2 exact age
3 approximate age
4 similar ages
5 age when something happens
6 indicating the age of a thing

1 asking about age(나이 물어보기)

〔How old + be동사...?〕 형식은 사람의 나이를 묻거나 사물이 얼마나 오래됐는지를 물어볼 때 사용한다.

'***How old are*** you?' – 'Thirteen.' "너는 몇 살이니?" – "13살입니다."

'***How old is*** he?' – 'About sixty-five.' "그는 연세가 어떻게 되나요?" – "대략 65세입니다."

'***How old's*** your house?' – 'I think it was built about 1950.'
"당신이 사는 집은 얼마나 오래되었습니까?" – "제 생각에 1950년 경에 지어진 것 같습니다."

사람의 나이를 묻거나 사물이 얼마나 오래됐는지를 물어보는 방법은 여러 가지가 있다. 이에 대해 대답할 때, 나이를 정확하게 말하기도 하고 대략적으로 말하기도 한다.

2 exact age(정확한 나이)

어떤 사람의 나이를 말할 때, 〔be동사 + 숫자〕 형식을 사용한다.

I ***was nineteen***, and he ***was twenty-one***. 나는 19살이었고, 그는 21살이었다.
I***'m*** only ***63***. 나는 63세에 불과하다.

나이를 더 강조할 경우, 〔숫자 + years old〕 형식을 사용할 수 있다.

She ***is twenty-five years old***. 그녀는 25살이다.
I ***am forty years old***. 나는 40살이다.

〔숫자 + years of age〕 형식은 더 격식을 차린 표현으로, 일반적으로 글에서 많이 쓰인다.

He ***is 28 years of age***. 그는 28살이다.

> **주의** 나이를 말할 때는 절대로 have를 사용하지 않는다. 예를 들면, '그는 13살이다.'는 ~~He has thirteen years.~~가 아닌 **He *is* thirteen.**이나 **He *is thirteen years old*.**라고 한다.

사람의 나이를 정확하게 말할 때, 〔of · aged + 숫자〕 형식을 사용할 수 있다. 미국 영어에서는 사람을 나타내는 명사 뒤에 〔age + 숫자〕 형식을 사용하기도 한다.

...a man ***of thirty***. 30살의 남자.
...two little boys ***aged nine and eleven***. 9살과 11살인 두 명의 어린 소년.
They have twin daughters, ***age 18***. 그들에게는 18살짜리 쌍둥이 딸이 있다.

사람의 나이를 언급할 때, 〔복합형용사 + 명사〕 형식도 사용할 수 있다. 예를 들면, '5살 난 소년'은 **a five-year-old boy**라고 한다. **year**와 같이 시기를 나타내는 명사는 그 뒤에 숫자가 와도 항상 단수형을 쓰며, 복합형용사에는 일반적으로 하이픈을 사용한다.

...a ***twenty-two-year-old*** student. 22살의 학생.
...a ***five-month-old*** baby. 5개월 된 갓난아기.

ten-year-old와 같이 복합명사를 사용하여 사람의 나이를 나타낼 수도 있다. 일반적으로 복합명사에는 하이픈을 사용한다.

All the ***six-year-olds*** are taught by one teacher. 교사 한 명이 6살 된 아이들을 모두 가르치고 있다.
...Melvin Kalkhoven, a tall, thin ***thirty-five-year-old***. 키가 크고 마른 35살의 멜빈 칼크호번.

3 approximate age(대략적인 나이)

어떤 사람의 나이를 정확하게 모르거나 정확한 나이를 말하기를 원하지 않는 경우, 〔be동사 + about · almost · nearly · over · under + 숫자〕 형식을 사용할 수 있다.

I think he's ***about 60***. 내 생각에 그는 60세 정도인 것 같다.
He must be ***nearly thirty***. 그는 거의 30살임에 틀림없다.
She was only ***a little over forty years old***. 그녀는 단지 40살이 조금 넘었다.
There weren't enough people who were ***under 25***. 25세 이하의 사람들은 많지 않았다.

〔숫자 + 접미사 -ish〕 형식을 사용하여 대략적인 나이를 나타낼 수도 있다.

The nurse was ***fiftyish***. 그 간호사는 50대였다.

〔숫자 + above · below + the age of〕 형식을 사용할 수도 있는데, 이는 더욱 격식을 차린 표현이다.

55 percent of them were ***below the age of twenty-one***. 그들 중 55퍼센트는 21세 이하였다.

He's in his twenties.나 **She's in her twenties.**라고 하면 어떤 사람의 나이가 20세에서 29세 사이, 즉 '그는(그녀는) 20대이다.'라는 뜻이다. 30대는 **thirties**, 40대는 **forties** 등과 같이 사용할 수 있다. 13세에서 19세 사이의 십대는 **in one's teens**라고 한다.

ℹ 이와 같은 문장 구조에서 〔in + 소유격 한정사 + 연령대〕 형식을 사용한다.

He was ***in his sixties***. 그는 60대였다.
...when I was ***in my teens***. 나의 십대 시절에.

대략적인 나이를 나타내는 또 다른 방법으로 〔단위가 0으로 끝나는 숫자(10, 20...) + something〕 형식을 사용한다.

...table of ***thirty-something*** guys. 30대 남자들이 있는 탁자.
She was ***twenty-something***. 그녀는 20대였다.
...a group of ***20 and 30-somethings***. 20~30대의 한 무리의 사람들.

특정한 10년 단위로 나이(십대의 경우, 8년 단위)를 나타낼 때 초반, 중반, 후반에 **early, mid-, middle, late**를 사용할 수 있다.

Jane is only ***in her early forties***. 제인은 40대 초반이다.
She was ***in her mid-twenties***. 그녀는 20대 중반이었다.
He was then ***in his late seventies***. 그는 그때 70대 후반이었다.

사람의 대략적인 나이를 나타낼 때, 위와 같은 구조 앞에 **man, woman** 등의 명사를 사용할 수 있다.

...help for ***ladies over 65***. 65세 이상의 여성 분들을 위한 도움.
She had four ***children under the age of five***. 그녀는 5살 이하의 자녀가 네 명 있었다.
...***a woman in her early thirties***. 30대 초반의 여성.

그러나 영국 영어에는 명사 바로 뒤에 **about, almost, nearly**를 사용할 수 없다. 예를 들면, '그는 60대 남자이다.'는 ~~He is a man about 60.~~가 아닌 **He is a man *of* about 60.**라고 한다.

영국 영어에서 한 무리의 사람들의 나이가 특정한 나이보다 더 많거나 적은 경우, 〔over · under + 숫자의 복수형〕 형식으로 이루어진 복합명사를 사용한다. 미국 영어에서는 이 어법이 알려져 있기는 하지만 사용하지는 않는다.

The ***over-sixties*** do not want to be turned out of their homes.
60세 이상의 사람들은 집 밖으로 나오는 것을 원하지 않는다.
Schooling for the ***under-fives*** should be expanded. 5세 이하의 아이들을 대상으로 한 학교 교육이 확대되어야 한다.

4 similar ages(비슷한 나이)

〔be동사 + my age · his own age · her parents' age 등〕 형식은 어떤 사람의 나이가 다른 사람과 비슷하다고 할 때 사용할 수 있다.

I wasn't allowed to do that when I ***was her age***. 내가 그녀의 나이였을 때, 그것을 하는 게 허락되지 않았다.
He guessed the policeman ***was about his own age***. 그는 그 경찰관이 자신과 비슷한 연배라고 어림짐작했다.

언급하는 사람의 나이를 나타낼 때, 〔사람을 지칭하는 명사 + (of) + my age · his own age · her parents' age 등〕 형식을 사용할 수 있다.

I just happen to know a bit more literature than ***most girls my age***.
나는 대부분의 내 또래 여자 아이들보다 문학에 대해 우연히 좀 더 알고 있다.
It's easy to make friends because you're with ***people of your own age***.
당신은 같은 연배의 사람들과 함께 지내기 때문에 친구를 사귀기 쉽다.

5 age when something happens(어떤 일이 일어나는 나이)

어떤 사람이 몇 살에 무슨 일이 있었는지를 나타내는 표현에는 여러 가지가 있다.

when절을 사용할 수 있다.

I left school ***when I was thirteen***. 나는 13살에 학교를 그만두었다.
Even ***when I was a child*** I was frightened of her. 나는 어린아이였을 때에도 그녀를 두려워했다.

〔at the age + of · at + 숫자〕 형식을 사용할 수 있다.

She had finished college ***at the age of 20***. 그녀는 20살에 대학을 마쳤다.
All they want to do is leave school ***at sixteen*** and get a job.
그들 모두가 원하는 것은 학교를 16살에 마치고 직장을 얻는 것이다.

글로 쓸 때는 주로 〔aged + 숫자〕 형식을 쓰기도 하는데, 특히 죽은 사람의 나이를 나타낼 때도 사용한다.

Her husband died three days ago, ***aged only forty-five***.
그녀의 남편은 3년 전에 죽었는데, 그때 그의 나이는 45세에 불과했다.

글로 쓸 때 때때로 서수가 있는 문장 구조를 사용하는데, 특히 어떤 사람이 어느 나이에 무슨 일을 했다는 것을 강조할 때 사용한다. 예를 들면, **at the age of 79** 대신 **in their eightieth year**라고 한다.

He died in 1951, ***in his eighty-ninth year***. 그는 1951년에 사망했는데, 그가 89살이 되던 해였다.

어떤 사람이 젊었을 때 어떤 일을 했다고 할 때, **a child**나 **a young man** 등의 명사구를 사용한다. 이런 용법은 주로 글에서 사용한다.

She suffered from bronchitis ***as a child***. 그녀는 어렸을 적에 기관지염을 앓았다.
As teenagers we used to stroll round London during lunchtime.
우리는 십대였을 때, 점심 시간 동안 런던을 거닐곤 했다.

특정한 나이가 되기 전에 어떤 일을 한다고 할 때, **before the age of four**나 **by the age of four**와 같은 표현을 사용한다.

He maintained that children are not ready to read ***before the age of six***.
그는 어린이들은 6세 이전에는 글을 읽을 준비가 되어 있지 않다고 주장했다.
It set out the things he wanted to achieve ***by the age of 31***.
그는 31세가 되었을 때, 이루고 싶었던 일들을 하기 시작했다.

특정한 나이에 도달한 후에 어떤 일이 일어난다고 할 때, **after the age of four**와 같은 표현을 사용한다.

After the age of five, your child will be at school full time. 당신의 자녀는 5세 이후에 학교에서 전일제 학생이 될 것이다.

6 indicating the age of a thing(사물의 연수 나타내기)

사물의 연수가 얼마나 되는지를 나타낼 때, 〔**be**동사 + 숫자 + **years old**〕 형식을 사용한다.

Most of the coral ***is*** some 2 ***million years old***. 대부분의 산호초는 약 200만 년 정도 되었다.
The house ***was about thirty years old***. 그 집은 지은 지 약 30년이 되었다.

ℹ 사람의 나이를 언급할 때처럼 단순히 〔be동사 + 숫자〕 형식을 사용할 수 없다. 예를 들면, ~~The house was about thirty~~.라고 하지 않는다.

어떤 것의 연수를 나타내는 일반적인 방법은 〔복합형용사 + 명사〕 형식을 사용하는 것이다. 예를 들면, '지은 지 30년 된 집'은 ***thirty-year-old*** **house**라고 한다. 사람의 나이를 나타내는 복합형용사와 함께 명사 **year**는 항상 단수형으로 사용하며, 그 뒤에 오는 형용사는 일반적으로 하이픈으로 연결한다.

...Mr Watt's rattling, ***ten-year-old*** car. 와트 씨의 털털거리는 10년 된 자동차.
...a violation of a ***six-year-old*** agreement. 6년 된 협정의 위반.

아주 큰 숫자를 나타낼 때, 〔사물을 가리키는 명사 + 큰 숫자 + **years old**〕 형식을 사용할 수도 있다.

...rocks ***200 million years old***. 2억 년 된 바위들.

어떤 것이 존재했거나 만들어졌던 역사상의 기간을 나타내는 형용사를 사용하여 그것의 대략적인 시대를 나타낼 수 있다.

...a splendid ***Victorian*** building. 빅토리아 시대의 웅장한 건물.
...a ***medieval*** castle. 중세의 성(城).

어떤 것이 존재했거나 만들어졌던 세기를 가리킬 때, 〔서수 + **century**〕 형식의 수식어를 사용한다.

...a ***sixth-century*** church. 6세기에 건설된 교회.
...life in ***fifth-century*** Athens. 5세기의 아테네 생활.

Agreeing and disagreeing

TOPIC

Agreeing and disagreeing

1 asking for agreement(동의 구하기)

어떤 사람이나 사물에 대한 의견에 상대방도 동의하는지를 물어볼 때, 의문부가절을 사용할 수 있다. 일반적으로 이 표현은 상대방이 자신의 의견에 동의할 것이라고 기대할 때 사용한다.

That's an extremely interesting point, ***isn't it***? 그것은 매우 흥미로운 점이지요, 그렇지 않나요?

It was really good, ***wasn't it***, Andy? 앤디, 그것은 정말 좋았어요. 그렇지 않았어요?

ⓘ 때때로 위와 같이 의문부가절을 사용하는 경우 하던 말을 계속하는데, 그 이유는 상대방의 대답이 필요하지 않기 때문이다. 또한 어떤 것이 사실이라는 것에 상대방도 동의하는지를 물어볼 때에도 의문부가절을 사용할 수 있다.

Property in France is quite expensive, ***isn't it***? 프랑스의 부동산 가격은 아주 비쌉니다. 그렇지 않습니까?

That's right, ***isn't it***? 맞습니다, 그렇지 않습니까?

You don't have a television, ***do you***? 당신은 텔레비전이 없지요, 그렇지요?

yes/no부정의문문을 사용하거나 서술문을 의문문처럼 말하여 상대방의 동의를 구할 수도 있다.

Wasn't it marvellous? 그것은 놀랍지 않았나요?

So there's no way you could go back to work? 그래서 당신은 복직할 수 있는 방법이 전혀 없다는 것이지요?

He's got a scholarship? 그가 장학금을 받았지요?

어떤 것이 좋은지 싫은지를 말하거나 생각할 때, 문장 뒤에 부가절인 **don't you?**를 사용할 수 있다. 이때 대명사 **you**에 강세가 있다.

I adore it, ***don't you***? 저는 그것을 아주 좋아해요. 그렇지 않습니까?

I think this is one of the best things, ***don't you***? 제 생각에 이것이 가장 좋은 것 중 하나인 것 같습니다. 그렇지 않습니까?

격식을 차린 상황에서 상대방의 동의를 구할 때, **Don't you agree...?**와 **Would you agree...?** 등을 때때로 사용하기도 한다.

Don't you agree with me that it is rather an impossible thing to do after all this time?
오랜만에 그 일을 하는 게 상당히 불가능한 일이라는 제 생각에 당신도 동의합니까?

Would you agree with that analysis? 당신은 그 분석에 동의합니까?

2 expressing agreement(동의 표현하기)

어떤 것에 동의할 때 사용하는 가장 간단한 표현은 **Yes.**로, 특히 격식을 차린 토론에서 더 자주 쓴다.

'That was probably the border.' – '***Yes***.' "저것이 아마 그 경계선이었을 겁니다." – "예."

'It's quite a nice school, isn't it?' – '***Yes***, it's well decorated and there's a nice atmosphere there.'
"아주 좋은 학교이지요. 그렇지 않나요?" – "예, 외관이 잘 꾸며져 있고 분위기가 좋습니다."

Yes.로 답한 후 **I do**나 **it is**와 같은 적절한 부가절을 붙이는데, 그 뒤에는 의문부가절이 자주 뒤따른다.

'That's fantastic!' – 'Yes, ***it is, isn't it***?' "환상적이네요." – "예, 그래요. 정말 그렇지 않아요?"

'I was really rude to you at that party.' – 'Yes, ***you were***. But I deserved it.'
"그 파티에서 제가 당신에게 아주 무례했어요." – "예, 그랬어요. 하지만 그럴 만했어요."

상대방의 대답을 기대하지 않을 때는 **Yes.**로 답한 후 바로 의문부가절을 붙이거나, **Yes.**를 생략하고 의문부가절만 사용할 수도 있다.

'He's a completely changed man.' – 'Yes, ***isn't he***?' "그는 완전히 변했어요." – "네, 그렇지요?"

'What a lovely evening!' – '***Isn't it***?' "아주 아름다운 밤이군요!" – "그렇지요?"

> **주의** 상대방의 부정적인 의견에 동의를 나타낼 때는 **Yes.**가 아닌 **No.**를 사용한다.
>
> 'She's not an easy person to live with.' – '***No***.' "그녀는 같이 살기에 편한 사람이 아닙니다." – "네."
>
> 'I don't think it's as good now.' – '***No***, it isn't really.' "내 생각에 그것이 현재 좋지 않다고 생각해요." – "네, 정말 그래요."
>
> 'That's not very healthy, is it?' – '***No***.' "저것은 건강 상태가 아주 좋지 않습니다, 그렇지요?" – "그래요."

상대방의 의견이 사실이라고 동의할 때 **That's right.**, **That's true.**, **True.** 등의 표현을 사용할 수도 있다. 상대방이 말한 내용이 좋은 지적일 경우, **That's true.**나 **True.**라고 한다.

'Most teenagers are perfectly all right.' – '*That's right*, yes.' "대부분의 십대들은 아주 잘 지냅니다." – "네, 맞아요."
'You don't have to be poor to be lonely.' – '*That's true*.'
"당신은 가난하다고 해서 외로워할 필요가 없습니다." – "맞습니다."
'They're a long way away.' – '*True*.' "그들은 멀리 떨어져 있어요." – "그렇네요."

토론에서 상대방의 의견을 수용할 경우, 때때로 **Sure.**를 사용한다.

'You can earn some money as well.' – '*Sure, sure*, you can make quite a bit.'
"당신은 돈도 좀 벌 수 있어요." – "그래요, 맞아요. 당신은 상당한 돈을 벌 수 있어요."

상대방의 의견에 동의할 경우 **I agree.**를 사용하는데, 이는 상당히 격식을 차린 표현이다.

'It's a catastrophe.' – '*I agree*.' "그것은 대재앙입니다." – "동의합니다."

자신이 좋아하거나 생각하는 내용을 다른 사람이 말했을 때, 자신도 같은 생각이나 의견을 갖고 있다는 뜻으로 **So do I.**나 **I do too.**를 사용한다.

'I find that amazing.' – '*So do I*.' "그것이 놀라운 일이라는 것을 알고 있어요." – "저 역시 그래요."
'I like baked beans.' – '*Yes, I do too*.' "저는 구운 콩을 좋아해요." – "예, 저도요."

상대방의 부정적인 의견에 동의할 때, **Nor do I.**, **Neither do I.**, **I don't either.**를 사용한다.

'I don't like him.' – '*Nor do I*.' "저는 그를 좋아하지 않아요." – "저도 그래요."
'Oh, I don't mind where I go as long as it's a break.' – 'No, *I don't either*.'
"아, 휴가를 갈 수 있다면 어디를 가든지 저는 상관없어요." – "네, 저도 그래요."

3 strong agreement(강력한 동의)

상대방의 의견에 강력하게 동의할 때, 다음과 같은 표현을 사용한다. 이들 대부분이 다소 격식을 차린 표현처럼 들리며, **Absolutely.**와 **Exactly.**는 덜 격식을 차린 표현이다.

'I thought June Barry's performance was the performance of the evening.' – '*Absolutely*. I thought she was wonderful.'
"제 생각에 준 배리의 공연은 저녁 공연 중 최고였던 것 같아요." – "물론이죠. 그녀가 대단하다고 생각했어요."
'It's good practice and it's good fun.' – '*Exactly*.' "그것은 좋은 연습이고 아주 재미있어요." – "정말 그래요."
'There's far too much attention being paid to these hoodlums.' – 'Yes, *I couldn't agree more*.'
"이 불량배들에게 너무 지나치게 관심이 집중되고 있어요." – "맞아요. 그 의견에 전적으로 동의해요."
'We reckon that this is what he would have wanted us to do.' – '*I think you're absolutely right*.'
"이것이 바로 그가 우리들이 하기를 원했던 일이라고 생각해요." – "당신의 의견에 전적으로 동의해요."

영국 영어에서는 **quite**를 사용하지만, 미국 영어에서는 **quite**를 사용하지 않는다.

'I feel I ought to give her a hand.' – 'Oh, *quite, quite*.'
"내가 그녀에게 도움을 주어야 할 것 같아요." – "아, 맞아요, 정말 그래요."
'I must do something, though.'– 'Yes, *I quite agree*.' "하지만 전 무언가를 해야 해요." – "네, 전적으로 동의해요."
'The public showed that by the way it voted in the General Election.' – '*That's quite true*.'
"국민들은 그것을 총선에서 투표를 하여 보여 주었어요." – "정말 맞는 말입니다."

상대방의 의견에 강력한 동의를 표현할 때, 형용사를 반복하여 〔**very** + 상대방이 묘사한 형용사 + **indeed**〕 형식을 사용한다.

'It was very tragic, wasn't it?' – '*Very tragic indeed*.'
"그것은 너무 비극적이었어요, 그렇지 않았나요?" – "정말 비극적이었어요."
'The pacing in all these performances is subtle, isn't it?' – 'Oh, *very subtle indeed*.'
"이들 공연의 진행 속도를 느끼기 어렵죠. 그렇지요?" – "오, 정말 그래요."

4 partial agreement(부분적인 동의)

상대방의 의견에 완전히 동의하지 않거나 마지못해 동의하는 경우, **I suppose so.**라고 한다.

'I must have a job.' – 'Yes, *I suppose so*.' "저는 직업을 가져야 해요." – "네, 그런 것 같네요."
'That's the way to save lives and save ourselves a lot of trouble.' – '*I suppose so*.'
"그것이 목숨을 구하는 길이어서 우리를 많은 어려움에서 덜어 줄 거예요." – "그럴 것 같군요."

부정문에 대답하는 경우, **I suppose not.**이라고 한다.

'Some of these places haven't changed a bit.' – '***I suppose not***.'
"이곳들 중 일부는 조금도 변하지 않았군요." – "아닌 것 같은데요."

5 expressing ignorance or uncertainty(모르거나 불확실함 표현하기)

상대방이 말한 내용에 동의하거나 동의하지 않을 만큼 그 내용을 잘 알지 못하는 경우, **I don't know.**라고 한다.

'He was the first four-minutes miler, wasn't he?' – 'Perhaps. ***I don't know***.'
"그는 처음으로 1마일을 4분에 주파한 사람이었지요, 그렇지요?" – "아마도요. 잘 모르겠어요."

특정한 사실에 확신이 없을 경우, **I'm not sure.**라고 한다.

'He was world champion one year, wasn't he?' – '***I'm not sure***.'
"그는 일 년 동안 세계 챔피언을 했지요, 그렇지요?" – "잘 모르겠네요."

6 expressing disagreement(반대 의사 표현하기)

상대방의 의견에 한 마디로 완전하게 동의하지 않는다고 말하기보다 일반적으로 상반되는 의견을 완화시켜 말하여 정중하게 반대 의사를 표현한다. **I don't think so.**와 **Not really.**가 가장 흔히 사용하는 표현이다.

'You'll change your mind one day.' – '***Well, I don't think so***. But I won't argue with you.'
"언젠가 당신은 마음을 바꾸게 될 거예요." – "글쎄, 전 그렇게 생각하지 않지만 당신과 논쟁하지는 않을 거예요."

'It was a lot of money in those days.' – '***Well, not really***.'
"그 당시에는 엄청난 돈이었어요." – "글쎄요. 그렇지만은 않은 것 같은데요."

다음과 같은 표현도 사용한다.

'You'll need bolts,' he said. – '***Actually, no***.' I said.
"당신은 나사가 필요할 겁니다."라고 그가 말했다. – "실은 필요 없어요."라고 내가 말했다.

'He'll forgive you.' – '***Do you really think so***?' "그가 당신을 용서해 줄 거예요." – "정말 그렇게 생각해요?"

'I know he loves you.' – '***I don't know about that***.'
"저는 그가 당신을 사랑하고 있다는 것을 알아요." – "저는 모르겠는데요."

'It's all over now, anyway.' – '***No, I'm afraid I can't agree with you there***.'
"하여간 이제 모든 것이 끝났어요." – "아뇨, 유감이지만, 그 점에 동의할 수 없을 것 같은데요."

Yes.나 **I see what you mean...**을 사용하여 상대방의 의견에 부분적으로 동의한 다음, 그 뒤에 **but**을 사용하여 반대하는 부분을 이어서 언급한다.

'It's a very clever film.' – '***Yes, perhaps, but*** I didn't like it.'
"아주 재치 있는 영화이다." – "아마 당신 말이 맞을 지도 모르지만. 저는 그 영화가 좋지 않았어요."

'They ruined the whole thing.' – '***I see what you mean, but*** they didn't know.'
"그들이 그 일을 전부 망쳤어요." – "저는 당신의 뜻은 알지만 그들은 몰랐습니다."

7 strong disagreement(강력한 반대)

다음 예문은 상대방의 의견에 강력하게 반대할 때 사용한다. 상대방의 감정이 상하지 않도록 하려면, 다음 표현을 상황에 따라 신중히 사용해야 한다.

'That's very funny.' – '***No it isn't***.' "그것은 아주 재미있어요." – "아닌데."

'It might be a couple of years.' – '***No! Surely not*** as long as that!'
"아마 2년이 걸릴지도 모르지요." – "아니지요, 절대로 그렇게 오래 걸리지 않아요."

'He killed himself.' – '***That's not right***. I'm sure that's not right. Tell me what happened.'
"그는 자살을 했어요." – "그렇지 않아요. 확실히 모르겠지만, 무슨 일이 있었는지 말해 주세요."

'You were the one who wanted to buy it.' – 'I'm sorry, dear, but ***you're wrong***.'
"당신이 그것을 사고 싶어 했던 그 사람이었지요." – "미안하지만 여보, 당신이 틀렸어요."

더 격식을 차린 표현은 다음과 같다.

'University education does divide families in a way.' – '***I can't go along with that***.'
"대학 교육은 어떤 면에서 가족을 해체합니다." – "저는 그 말에 동의할 수 없어요."

'There would be less of the guilt which characterized societies of earlier generations.' – 'Well, I think ***I would take issue with that***.'
"이전 세대의 사회를 특징지었던 범죄가 더 줄어들 것이다." – "음, 저는 그것에 동의하지 않습니다."

'When it comes to the state of this country, he should keep his mouth shut.' – '*I wholly and totally disagree*.'
"이 나라의 사정에 관한 한 그는 그것에 대해 비밀을 말해서는 안 됩니다." – "저는 그 의견에 완전히, 그리고 절대적으로 동의하지 않아요."

격식을 차린 상황에서 공손하게 반대 의사를 나타낼 때는 **With respect...**를 사용할 수 있다.

'We ought to be asking the teachers some tough questions.' – '*With respect*, Mr Graveson, you should be asking pupils some questions as well, shouldn't you?'
"우리는 교사에게 어려운 질문을 해야 합니다." – "그라베슨 씨, 그 말은 맞습니다만, 당신은 학생들에게도 어려운 질문을 해야 한다고 생각하는데 그렇습니까?"

화가 나서 상대방의 의견에 아주 강력하고 무례하게 반대 의사를 나타낼 때, 다음과 같은 단어와 표현을 사용할 수 있다.

'He's absolutely right.' – 'Oh, *come off it*! He doesn't know what he's talking about.'
"그는 확실히 괜찮아요." – "아, 그만해요. 그는 자신이 무슨 말을 하는지도 몰라요."

'They'll be killed.' – '*Nonsense*.' "그들은 살해될 거예요." – "터무니없는 소리야."

'He wants it, and I suppose he has a right to it.' – '*Rubbish*.'
"그가 그것을 원하고 있으니 그럴 권리가 있다고 생각해요." – "말도 안 돼."

'You're ashamed of me.' – '*Don't talk rubbish*.' "네가 날 부끄러워하는구나." – "말도 안 되는 소리 하지 마."

'He said you plotted to get him removed.' – '*That's ridiculous*!'
"그가 말하길 당신이 그를 내쫓았다고 하더군요." – "터무니없는 소리예요."

'He's very good at his job, isn't he?' – '*You must be joking*! He's absolutely useless!'
"그는 직장에서 아주 잘하지요, 그렇지요?" – "설마, 농담이겠지요? 그는 정말 쓸모가 없어요."

잘 알고 있는 사람에게 격식을 차리지 않고 마음 편히 말할 때, 위와 같은 표현을 사용할 수 있다.

미국 영어에서는 위와 같은 뜻으로 **rubbish**를 사용하지 않는다.

Apologizing

1 saying sorry
2 interrupting, approaching, or leaving someone
3 doing something embarrassing
4 saying something wrong
5 formal apologies
6 apologies on notices
7 accepting an apology

1 saying sorry(미안하다고 말하기)

상대방에게 사과를 하거나, 상대방이 자신에게 사과할 때 사용하는 방법은 여러 가지가 있다.

상대방을 화나거나 불편하게 했을 때, 가장 흔히 쓰는 표현은 **Sorry.**나 **I am sorry.**이다. 사과를 하는 정도에 따라 **sorry** 앞에 **very, so, terribly, extremely** 등의 부사를 사용한다.

'Stop that, please. You're giving me a headache.' – '*Sorry*.'
"제발 그만해요. 당신은 나를 골치 아프게 하고 있잖아요." – "미안해요."

Sorry I'm late. 늦어서 죄송합니다.

I'm sorry about this morning. 오늘 아침에 있었던 일에 대해 죄송합니다.

I'm sorry if I've distressed you by asking all this. 이 모든 것을 물어봐서 난처하게 했다면 죄송합니다.

I'm very sorry, but these are vital. 정말 죄송하지만, 이것들은 중대한 것입니다.

I'm so sorry to keep on coughing. 계속 기침을 해서 정말 죄송합니다.

I'm terribly sorry – we shouldn't have left. 정말 죄송합니다. 우리가 떠나지 말았어야 했는데.

sorry 앞에 수식하는 **awfully**를 사용하기도 하지만, 이는 다소 격식을 차리거나 오래된 표현처럼 들린다.

I'm awfully sorry to give you this trouble at a time like this.
한꺼번에 이렇게 걱정을 끼쳐 드려서 대단히 죄송합니다.

실수로 발을 밟는 것과 같이 의도하지 않은 실수에 대해 사과할 때는 **Sorry.** 대신 **I beg your pardon.**이나

I do beg your pardon.이라고 한다. 그러나 이는 다소 오래된 표현이다.

She bumped into someone behind her. '***I beg your pardon***,' she said.
그녀는 뒷사람과 부딪치자 "죄송합니다."라고 말했다.

미국 영어에서는 위와 같은 상황에서 보통 **Excuse me.**라고 한다.

2 interrupting, approaching, or leaving someone
(상대방을 방해하거나 접근하거나 떠남)

상대방이 하는 일을 방해하거나 끼어들 때, 또는 지나가다가 사람과 부딪쳤을 때에, 공손하게 사과하는 표현으로 **Excuse me.**를 사용한다. 또한 모르는 사람에게 말을 걸 때도 **Excuse me.**를 사용한다.

Excuse me for disturbing you at home. 집에 있는 당신을 방해해서 죄송합니다.
Excuse me butting in. 끼어들어서 죄송해요.
Excuse me, but is there a fairly cheap restaurant near here?
실례지만, 이 근처에 가격이 아주 저렴한 식당이 있습니까?
Excuse me, do you mind if I move your bag slightly? 실례지만, 당신의 가방을 조금 옮겨도 되겠습니까?

미국 영어를 쓰는 일부 사람들은 **Pardon me.**라는 표현을 사용한다.

Pardon me, Sergeant, I wonder if you'd do me a favour? 죄송하지만 하사관님, 제 부탁 좀 들어주시겠습니까?

어떤 사람이 하고 있는 일을 방해하거나 끼어들 경우, **I'm sorry to disturb you...**나 **I'm sorry to interrupt...**를 사용할 수도 있다.

I'm sorry to disturb you again but we need some more details on this fellow Wilt.
다시 신경을 쓰게 해서 죄송하지만, 우리는 이 친구 윌트에 관한 좀 더 자세한 내용이 필요합니다.
Sorry to interrupt, but I've some forms to fill in. 방해해서 죄송합니다만, 제가 기입할 서류가 있어서요.

어떤 일을 하기 위해 잠시 자리를 떠날 경우에도 **Excuse me.**를 사용한다.

Excuse me. I have to make a telephone call. 실례지만, 제가 전화를 해야 해서요.
Will you excuse me a second? 잠깐 실례해도 될까요?

3 doing something embarrassing(난처한 일 하기)

트림, 딸꾹질, 재채기와 같이 조금 난처하거나 무례한 일을 했을 때, 사과의 표현으로 **Excuse me.**나 **I beg your pardon.**을 사용할 수 있다.

4 saying something wrong(잘못된 것 말하기)

실수를 하거나 틀린 말을 한 것에 대해 사과할 때, **I beg your pardon.**이나 **Sorry.**를 사용할 수도 있다.

It is treated in a sentence as a noun – ***I beg your pardon*** – as an adjective.
그것은 문장에서 명사로 취급하는데, 아니 죄송합니다, 명사가 아니라 형용사입니다.
It's in the southeast, ***sorry***, southwest corner of the USA. 그곳은 미국의 동남쪽, 아니 죄송합니다, 서남쪽에 있습니다.

5 formal apologies(공식적인 사과)

어떤 일에 대해 공식적으로 분명하게 사과할 때, **I apologize...**를 사용한다.

I apologize for my late arrival. 늦게 도착한 것을 사과드립니다.
How silly of me. ***I do apologize***. 제가 어리석었어요. 진심으로 사과드려요.
I really must apologize for bothering you with this. 이 일로 당신을 귀찮게 한 것을 진심으로 사과합니다.

특히 글로 쓸 때는 **Please accept my apologies.**를 사용한다.

Please accept my apologies for this unfortunate incident. 이 불행한 사건에 대한 제 사과를 받아주세요.

일부 사람들은 **Forgive me.**라고 한다.

Forgive me, Mr Turner. I am a little disorganized this morning.
용서하기 바랍니다. 터너 씨. 제가 오늘 아침에 조금 부주의했습니다.

직설적인 말을 피하고 무례하거나 어리석게 들릴 수 있는 말을 완곡한 표현으로 공손하게 사과하는 경우, **forgive**를 사용하여 **Forgive me.**나 **Forgive my ignorance.**와 같이 말할 수 있다.

Look, ***forgive me***, but I thought we were going to talk about my book.
저, 죄송하지만, 저는 우리가 제 책에 대해 이야기할 거라고 생각했어요.

Forgive my ignorance, but who is Jennifer Lopez? 제 무지를 용서해 주세요. 그런데 제니퍼 로페즈가 누구입니까?

6 apologies on notices(공고문에서의 사과)

공고문과 공공 성명에서 사과할 때, **regret**을 주로 사용한다.

London Transport ***regrets*** any inconvenience caused by these repairs.
런던 교통 당국은 이 보수 공사로 인해 불편을 끼쳐 드려 사과드립니다.

The notice said: 'Dr. Beamish has a cold and ***regrets*** he cannot meet his classes today.'
그 공고문에는 "비미슈 박사가 감기 때문에 오늘 결강하게 되어 사과드립니다."라고 쓰여 있었다.

7 accepting an apology(사과 받아들이기)

상대방의 사과를 받아들일 때 사용하는 짧은 표현으로는 **That's okay., That's all right., Forget it., Don't worry about it., It doesn't matter.** 등이 있다.

'I'm sorry about this, sir.' – '***That's all right***. Don't let it happen again.'
"선생님, 이 일로 인해 죄송합니다." – "괜찮아요. 이런 일이 다시 일어나지 않도록 하세요."

'I apologize for my outburst just now.' – '***Forget it***.' "제가 방금 흥분한 것에 사과드려요." – "괜찮아요."

She spilt his drink and said 'I'm sorry.' – '***Don't worry about it***,' he said, 'no harm done.'
그녀는 그의 술을 흘려서 "죄송해요."라고 말했다. – 그가 "상관없어요. 전 괜찮아요."라고 말했다.

'I'm sorry to ring at this late hour.' – 'I'm still up. ***It doesn't matter***.'
"이렇게 늦은 시간에 전화해서 죄송합니다." – "아직 안 자고 있어요. 괜찮아요."

> **주의** 사과할 때 쓰는 일부 단어와 표현은 상대방이 한 말을 반복해 달라고 요청할 때도 사용한다.
> ➊ Topic 표제어 Asking for repetition 참조.

Asking for repetition

상대방이 한 말을 정확하게 듣지 못했거나 이해하지 못했을 때, 한 말을 반복해 달라고 부탁하는 표현을 사용한다. 이는 상대방의 말에 놀라거나 무례하다고 느낄 때도 사용할 수 있다.

1 asking informally(격식을 차리지 않고 부탁하기)

격식을 차리지 않은 상황에서 상대방이 한 말을 반복해 달라고 부탁할 때, 보통 **Sorry?, I'm sorry?, Pardon?** 과 같이 자주 쓰는 짧은 표현을 사용한다.

'Have you seen the health guide book anywhere?' – '***Sorry?***' – 'Seen the health guide book?'
"당신은 건강 가이드 책을 본 적이 있으세요?" – "뭐라고 하셨어요?" – "건강 가이드 책을 봤냐고요."

'Well, what about it?' – '***I'm sorry?***' – 'What about it?'
"자, 그것이 무엇이지요?" – "뭐라고 하셨어요?" – "그것이 무엇이냐고요."

'How old is she?' – '***Pardon?***' – 'I said how old is she?'
"그녀는 몇 살이지요?" – "뭐라고 했지요?" – "그녀가 몇 살이냐고 물었어요."

일부 사람들은 **Come again?**이라고 하는데, 이는 아주 격식을 차린 표현이다.

'It's on Monday.' – '***Come again?***' – 'Monday.' "월요일이네요." – "다시 한 번 말씀해 주시겠어요?" – "월요일이라고요."

미국 영어에서는 위와 같은 방식으로 **Excuse me?**를 사용하기도 한다. 일부 사람들은 **Pardon me?**라고 한다.

'You do see him once in a while, don't you?' – '***Excuse me?***' – 'I thought you saw him sometimes.'
"당신은 이따끔 그를 만나지요, 그렇지요?" – "뭐라고요?" – "당신이 그를 가끔 만나는 것 같다고요."

일부 사람들은 상대방이 반복해서 무언가를 물어볼 때, **What?, You what?, Eh?**를 사용한다. 그러나 이는 정중하지 못한 표현이다.

'Do you want another coffee?' – '***What?***' – 'Do you want another coffee?'
"커피 한 잔 더 드시겠어요?" – "뭐라고요?" – "커피 한 잔 더 마시겠냐고요."

'Well, I still have a cheque book.' – '***Eh?***' – 'I still have a cheque book.'
"음, 저는 아직 수표장을 갖고 있어요." – "뭐요?" – "아직 수표장을 갖고 있다고요."

wh-어를 사용하여 상대방이 말한 내용 중의 일부를 확인할 수 있다.

'Can I speak to Nikki, please?' – '*Who?*' – 'Nikki.' "니키와 통화할 수 있을까요?" – "누구라고요?" – "니키요."

'We've got a special offer in April for Majorca.' – 'For *where?*' – 'Majorca.'
"우리는 특별 할인상품으로 4월에 마요르카로 여행 가요." – "어디를 간다고요?" – "마요르카요"

'I don't like the tinkling.' – 'The *what?*' – 'The tinkling.'
"저는 짤랑짤랑거리는 소리를 안 좋아해요." – "짤... 뭐라고요?" – "짤랑짤랑하는 소리요."

상대방이 말한 내용을 들었으나 무엇인지 확실하지 않거나 놀랐다는 뜻을 나타낼 경우, 그 말의 전체나 일부를 반복하여 의문문처럼 말할 수 있다.

'I just told her that rain's good for her complexion.' – '*Rain?*'
"저는 그녀에게 비는 얼굴 피부에 좋다고 했어요." – "비라고요?"

'I have a message for you.' – '*A message?*' "전해드릴 메시지가 있는데요" – "메시지라고요?"

조금 전에 한 말을 잊어버려서 그 말을 반복해 달라고 요청할 때, 의문문 끝에 **again**을 붙인다.

What's her name *again?* 그녀의 이름을 다시 한 번 말해 주시겠어요?

Where are we going *again?* 우리가 가고 있는 곳이 어디인지 다시 한 번 말해 주시겠어요?

2 asking more formally(더 격식을 차려서 묻기)

잘 모르는 사람과 이야기하는 경우, 예를 들면, 전화 통화에서 '죄송하지만, 다시 한 번 말씀해 주시겠어요?'라고 좀 더 길게 말할 때는 **Sorry, what did you say?, I'm sorry, I didn't quite catch that., I'm sorry, I didn't hear what you said., I'm sorry, would you mind repeating that again?, Would you repeat that, please?** 등과 같이 말한다.

'What about tomorrow at three?' – '*Sorry, what did you say?*' – 'I said, What about meeting tomorrow at three?'
"내일 3시 어때요?" – "죄송하지만, 뭐라고 하셨어요?" – "내일 3시에 회의하는 게 어떠냐고 했어요."

Would you repeat that, *I didn't quite catch it*. 잘 알아듣지 못했는데, 다시 말씀해 주시겠어요?

Beg your pardon?과 **I beg your pardon?**을 때때로 사용하기도 하지만, 이는 상당히 격식을 차린 오래된 표현이다.

'Did he listen to you?' – '*Beg your pardon?*' – 'Did he listen to you?'
"그가 당신 말을 듣던가요?" – "뭐라고 하셨어요?" – "그가 당신 말을 들었냐고요."

'Did they have a dog?' – '*I beg your pardon?*' – 'I said did they have a dog?'
"그들에게 개가 있었나요?" – "뭐라고 말씀하셨어요?" – "그들에게 개가 있냐고 물었어요."

i I beg your pardon.(Beg your pardon.이 아님)은 상대방의 말에 놀라거나 불쾌할 때도 사용한다. 이때 강세는 beg에 있다.

'Where the devil did you get her?' – '*I beg your pardon?*' "제기랄 그녀를 어디서 찾아냈어요?" – "뭐라고 하셨죠?"

미국 영어에서는 위와 같은 뜻으로 **Excuse me?**를 사용하기도 한다. 그러나 이때는 뜻을 명확히 하기 위해 **excuse**의 두 번째 음절에 강세를 주어 발음하는 게 중요하다.

Capital letters

1 obligatory capital letter(의무적인 대문자)

문장이나 일부 직접화법에서 첫 번째 단어에 대문자를 사용해야 한다.

➲ Topic 표제어 **Punctuation** 참조.

다음과 같은 단어와 단어군도 대문자로 시작해야 한다.

- 사람, 단체, 책, 영화의 제목(**of, the, and** 등의 짧고 일반적인 단어는 제외)

...*Miss Helen Perkins*, head of management development at *Price Waterhouse*.
프라이스 워터하우스 경영 개발 담당자인 헬렌 퍼킨스 양.

Troilus and *Coriolanus* are the greatest political plays that *Shakespeare* wrote.
트로일루스와 코리올라누스는 셰익스피어가 쓴 가장 위대한 정치적인 내용의 연극이다.

i 책, 영화, 연극 제목의 시작에 짧고 일반적인 단어가 올 때에도 대문자로 쓴다.

...his new book, '***A*** Future for Socialism.' 그의 새 책 'A Future for Socialism.'

- 장소명

  Dempster was born in ***India*** in 1941. 뎀프스터는 1941년에 인도에서 태어났다.

  The strongest gust was recorded at ***Berry Head, Brixham, Devon***.
  가장 강했던 돌풍은 데본 주 브릭스햄의 베리 헤드에서 일어난 것으로 기록되었다.

- 요일, 달, 축제의 이름

  The trial continues on ***Monday***. 그 재판은 월요일에 계속된다.

  It was mid-***December*** and she was going home for ***Christmas***.
  그때가 12월 중순이어서 그녀는 크리스마스 동안 집에 갈 계획이었다.

- 특정한 국적의 사람들

  The ***Germans*** and the ***French*** move more of their freight by rail or water than the ***British***.
  독일과 프랑스 사람들은 영국 사람들보다 철도나 수로로 화물을 더 많이 실어 나른다.

  I had to interview two authors – one an ***American***, one an ***Indian***.
  나는 두 명의 저자와 인터뷰를 해야 했는데, 한 사람은 미국인이고 다른 한 사람은 인도인이었다.

- 미술가, 음악가, 문학가의 작품

  In those days you could buy a ***Picasso*** for £300. 그 당시에는 피카소가 그린 그림 한 점을 300파운드에 살 수 있었다.

  I listened to ***Mozart***. 나는 모차르트 곡을 들었다.

  I stayed in the dressing-room until lunchtime, reading my latest ***Jeffrey Archer***.
  나는 점심때까지 분장실에서 작가 제프리 아처의 최신작을 읽고 있었다.

- 특정한 회사에서 만든 제품

  I bought a second-hand ***Volkswagen***. 나는 폴크스바겐 중고 자동차를 샀다.

  ...a cleansing powder which contains bleach (such as ***Vim***). 표백제를 포함한 세탁 세제(이를테면 빔이라는 제품).

- 사람 이름 앞에 사용하는 직함

  There has been no statement so far from ***President*** Bush. 부시 대통령은 아직까지 아무 성명도 발표하지 않았다.

  The tower was built by ***King*** Henry II in the 12th century. 그 탑은 12세기에 헨리 2세 왕에 의해 세워졌다.

- 국적이나 장소를 나타내는 형용사

  ...a ***French*** poet. 프랑스 시인.

  ...the ***Californian*** earthquake. 캘리포니아에서 일어난 지진.

- 특정한 사람과 관련되거나 닮은 것을 나타내는 형용사

  ...his favourite ***Shakespearean*** sonnet. 그가 좋아하는 셰익스피어 소네트.

  ...in ***Victorian*** times. 빅토리아 시대.

2 'I'

인칭대명사 I는 항상 대문자로 쓴다.

I thought ***I*** was alone. 나는 혼자라고 생각했다.

> **주의** **me, my, mine, myself**는 문장의 앞에 오지 않는 한 대문자로 쓰지 않는다.

3 optional capital letter(선택적인 대문자)

단어의 첫 번째 철자를 소문자나 대문자로 쓸 수 있는 단어는 다음과 같다.

- North, South 등의 방향을 가리키는 단어

  We shall be safe in the ***north***. 우리는 북쪽에 있으면 안전할 것이다.

  The home-ownership rate in the ***South East*** of England is higher than in the ***North***.
  영국 동남부 지역의 주택 보유율이 북부 지역보다 더 높다.

- 10년간을 가리키는 단어

Adult literacy work became in the ***seventies*** a kind of call for emergency troops.
성인이 글을 읽고 쓰는 일은 70년대에 긴급 부대를 요청하는 것과 같은 일이 되었다.

Most of it was done in the ***Seventies***. 그것의 대부분은 70년대에 이루어졌다.

- 계절의 이름

I planted it last ***autumn***. 나는 그것을 지난 가을에 심었다.

In the ***Autumn*** of 1948 Caroline returned to the United States. 캐롤라인은 1948년 가을에 미국으로 돌아갔다.

미국 영어에서는 계절의 이름이 어떤 제목의 일부가 아닌 이상 소문자를 사용한다.

Construction is expected to begin next ***spring***. 건설 공사가 내년 봄에 시작하기로 예정되어 있다.

...Rachel Carson's seminal book 'Silent ***Spring***'. 레이철 카슨의 독창적인 책 'Silent Spring'.

- 특별한 사람의 직함

...the great ***prime ministers*** of the past. 역사상 가장 위대한 수상들.

...one of the greatest ***Prime Ministers*** who ever held office. 지금껏 집권해 온 가장 뛰어난 수상들 중 한 명.

...portraits of the ***president***. 대통령의 초상화들.

...the brother of the ***President***. 대통령의 남동생.

4 referring to God(하나님 가리키기)

일부 사람들은 하나님이나 예수 그리스도를 가리킬 때, **he, him, his**를 대문자로 쓴다.

Some said they saw the Son of God; others did not see ***Him***.
일부 사람들은 예수 그리스도를 보았다고 하고, 다른 사람들은 그를 보지 못했다고 말했다.

Complimenting and congratulating someone

1 clothes and appearance
2 meals
3 skills
4 achievements
5 accepting compliments and congratulations

1 clothes and appearance(옷과 겉모습)

서로 잘 알고 있는 사이이거나 격식을 차리지 않는 자리에서 누군가와 이야기를 할 경우, 상대방의 옷차림이나 겉모습을 **That's a nice coat., What a lovely dress., I like your jacket.**과 같은 표현을 사용하여 칭찬할 수 있다.

That's a nice dress. 멋있는 옷이군요.

What a pretty dress. 정말 예쁜 드레스군요.

I like your haircut. 당신 헤어스타일이 마음에 들어요.

I love your shoes. Are they new? 당신 신발이 정말 마음에 드네요. 새로 샀어요?

You look nice., You're looking very smart today.와 같은 표현을 사용하기도 한다. 이를 더욱 강조할 때는 **great**나 **terrific** 등의 형용사를 사용할 수 있다.

You're looking very glamorous. 당신은 정말 매혹적이군요.

You look terrific. 당신 너무 멋있어요.

어떤 사람이 입은 옷이 어울린다고 하면서 그 모습을 칭찬할 수도 있다.

I love you in that dress, it really suits you. 그 옷을 입은 당신은 정말 멋있어요. 정말 잘 어울려요.

2 meals(식사)

식사 중에는 **This is delicious.**, 식사 후에는 **That was delicious.**와 같은 말을 하면서 식사에 대해 칭찬한다.

This is delicious, Ginny. 지니, 이거 맛있어요.

He took a bite of meat, chewed it, savoured it, and said, 'Fantastic!'
그는 고기 한 점을 입에 넣고 씹으면서 맛을 음미하더니 "환상적이야!"라고 말했다.
Mm, that was lovely. 음, 아주 맛있었어요.

3 skills(기술)

누군가가 어떤 일을 능숙하게 처리한 것을 칭찬하거나 감탄할 때 사용한다.

What a marvellous memory you've got! 당신은 기억력이 정말 대단하군요!
Oh, that's true. Yes, what a good answer! 아, 맞아요. 예, 정말 좋은 대답이네요!
'Look – there's a boat.' – 'Oh yes – well spotted!' "보세요. 저기 보트 한 척이 있어요." – "오, 그래. 정말 잘 찾았구나!"

교사의 질문에 옳은 대답을 한 학생을 칭찬하는 경우, **Good.**이라고 한다.

'What sort of soil do they prefer?' – 'Acid soil.' – '*Good*.'
"그것들은 어떤 종류의 토양을 선호하니?" – "산성 토양이요." – "잘했어요."

4 achievements(성취)

무언가를 성취한 사람을 축하해 줄 때, **Congratulations.**라고 한다.

Well, *congratulations*, Ginny. You've done it. 자, 지니, 축하해요. 당신이 그것을 해냈군요.
Congratulations to all three winners. 우승한 세 사람 모두에게 축하드립니다.

ℹ 좋은 일이 생긴 사람을 축하해 줄 때도 Congratulations.라고 한다.

'I'm being discharged tomorrow.' – 'That is good news. *Congratulations*.'
"저는 내일 퇴원합니다." – "좋은 소식이네요. 축하해요."
'*Congratulations*,' the doctor said. 'You have a son.' "축하합니다. 아들입니다."라고 의사가 말했다.

➲ 좋은 소식에 반응하는 다른 방법은 Topic 표제어 Reactions의 expressing pleasure 참조.

더 격식을 차려서 축하하는 방법에는 여러 가지가 있다.

I must congratulate you on your new job. 새로운 직업을 얻게 된 것을 축하드립니다.
Let me offer you my congratulations on your success. 성공한 것에 대해 축하드립니다.
Let me be the first to congratulate you on a wise decision, Mr Dorf.
도르프 씨, 당신의 현명한 결정에 제가 제일 먼저 축하드릴게요.
May I congratulate you again on your excellent performance.
다시 한 번 당신의 뛰어난 공연에 대해 축하드립니다.
Very good. *I congratulate you*. A beautiful piece of work. 아주 좋아요. 당신의 훌륭한 작품에 축하드립니다.

격식을 차리지 않고 축하할 때, **Well done.**이라고 한다.

'You did very well today. *Well done*.' "오늘 아주 잘했어요. 훌륭했어요."

5 accepting compliments and congratulations(칭찬과 축하 받아들이기)

상대방의 칭찬을 받아들이는 표현은 여러 가지가 있다.

Oh, thanks! 아, 감사합니다.
It's very nice of you to say so. 그렇게 말씀을 해주셔서 정말 감사합니다.
I'm glad you think so. 당신이 그렇게 생각해 주시니 기쁩니다.

상대방이 자신이 입은 옷을 칭찬할 경우, **It is nice, isn't it?**(멋있죠, 그렇지 않아요?)과 같이 대답한다.

'I do like your dress.' – 'Yes, *it is nice, isn't it?*' "당신 옷이 정말 마음에 들어요." – "네. 근사하지요, 그렇지 않나요?"

물건을 산 지 얼마나 됐으며 어디에서 혹은 어떻게 구입했는지 등을 덧붙여서 대답하기도 한다.

'That's a nice blouse.' – 'Have you not seen this before? *I've had it for years*.'
"멋진 블라우스군요." – "전에 이 옷을 보지 못했어요? 오랫동안 입은 것이에요."
'That's a nice piece of jewellery.' – 'Yeah, *my ex-husband bought it for me*.'
"근사한 보석이군요." – "예, 전남편이 사줬어요."

자신이 갖고 있는 기술을 상대방이 칭찬할 때, 자신이 한 일이 몹시 어렵거나 기술을 요하지 않는 일이라고 겸손하게 답하는 표현은 다음과 같다.

Oh, ***there's nothing to it***. 아, 그건 별거 아닌데요.

'Terrific job.' – 'Well, ***I don't know about that***.' "아주 잘했어요." – "음, 그런 것인지 모르겠네요."

상대방의 축하에 대해 대답할 때는 보통 **Thanks.**나 **Thank you.**라고 한다.

'Congratulations on publication.' – '***Thanks*** very much.' "출간을 축하해요." – "정말 고마워요."

'Congratulations to both of you.' – '***Thank you***.' "두 분 모두에게 축하드려요." – "고마워요."

Criticizing someone

1 mild criticism(가벼운 질책)

상대방을 잘 알지 못하는 한 일반적으로는 강하게 질책하지 않는다.

어떤 사람이 잘못된 행동을 한 것을 나무랄 때, **That's not very good.**이나 **I think that's not quite right.**과 같은 표현을 사용할 수 있다.

What answer have you got? Oh dear. Thirty-three. ***That's not very good***.
어떤 답이 나왔어요? 오, 이런 33이라. 맞지 않는 답이네요.

I think your answer's wrong. 내 생각에는 네 답이 틀린 것 같아.

교사가 학생의 성적을 나무랄 때, **You can do better than this.**라고 한다.

2 stronger criticism(더 강한 질책)

상대방이 저지른 잘못이나 바보 같은 짓을 질책할 때, **Why did you...?**나 **Why didn't you...?**로 시작하는 질문을 할 수 있다. 이런 질문은 큰 분노, 고통, 격앙된 감정을 표현할 때 사용할 수 있다.

Why did you send him? Why Ben? 당신은 왜 그를 보냈어요? 왜 벤이었나요?

Why did you lie to me? 당신은 왜 제게 거짓말을 했어요?

Why did you do it? 당신은 왜 그런 짓을 했나요?

Why didn't you tell me? 당신은 왜 제게 말하지 않았나요?

상대방을 더 직접적으로 질책할 때는 **You shouldn't have...**나 **You should have...**를 사용한다.

You shouldn't have given him money. 당신은 그에게 돈을 주지 말았어야 했다.

You should have asked me. 당신은 내게 물어봤어야 했다.

일부 사람들은 누군가가 부주의하게 행동했다는 것을 아주 강하게 느낄 경우, **How could you...?**를 사용한다.

How could you? You knew I didn't want anyone to know!
당신이 어떻게 그럴 수가 있죠? 당신은 내가 아무에게도 알려주기를 원하지 않는다는 것을 알고 있었잖아요.

How could you be so stupid? 당신은 어떻게 그렇게 어리석을 수가 있죠?

3 very strong criticism(아주 강한 질책)

훨씬 더 직설적이거나 무례하게 질책하는 다른 방법이 있다. 다음과 같은 표현을 사용하면, 상대방의 기분을 상하게 할 것이다.

That's no good. 쓸모없어요.

That won't do. 그것은 안 되겠는데요.

This is wrong. These are all wrong. 이것은 잘못됐어요. 이것들 모두 잘못됐어요.

You're hopeless. 당신은 희망이 없어요.

'He told me he was going straight to you.' – 'But he didn't.' – '***You liar***.'
"그가 당신에게 바로 갈 거라고 말했어요." – "그렇지만 그는 오지 않았어요." – "당신은 거짓말쟁이예요."

Days and dates

어떤 것이 일어나는 날의 시간이나 그 일부를 나타내는 방법에 대한 정보는 Topic 표제어 Time 참조.

1 days(요일)

다음은 요일을 나타내는 단어이다.

Monday(월요일)	Tuesday(화요일)	Wednesday(수요일)	Thursday(목요일)
Friday(금요일)	Saturday(토요일)	Sunday(일요일)	

요일의 첫 번째 철자는 항상 대문자로 쓰며, 일반적으로 요일 앞에는 한정사를 사용하지 않는다.

I'll send the cheque round on ***Monday***. 나는 그 수표를 월요일쯤에 보낼 것이다.

그러나 특정 상황과 함께 요일을 일반적으로 가리키는 경우, 그 요일 앞에 한정사 a가 온다.

It is unlucky to cut your nails on ***a Friday***. 금요일에 손톱을 깎는 것은 불길하다.

특정한 주 중의 어떤 요일에 일어났거나 일어날 예정인 일, 특히 그 주의 다른 요일과 비교할 때 그 요일 앞에 the가 온다.

He died on ***the Friday*** and was buried on ***the Sunday***. 그는 그 주 금요일에 죽었고 일요일에 매장되었다.
We'll come and see you on ***the Sunday***. 우리는 그 주 일요일에 당신을 만나러 갈 것이다.

regular events의 15 참조.

토요일과 일요일은 흔히 the weekend(주말)라고 하며, 다른 요일은 weekdays(평일)라고 한다.

I went down and fetched her back at ***the weekend***. 나는 주말에 내려가서 그녀를 다시 데려왔다.
The Tower is open 9.30 to 6.00 on ***weekdays***. 런던탑은 평일에 9시 30분에서 6시까지 개장합니다.
They are open ***weekdays*** and Saturday mornings. 그들은 주 중과 토요일 오전에 문을 엽니다.

i 영국에서는 때때로 토요일을 평일로 간주한다.

during the week는 토요일이나 일요일이 아닌 주 중이라는 뜻이다.

They used to spend the whole Sunday at chapel but most of them behaved shockingly ***during the week***.
그들은 일요일 내내 교회에서 시간을 보내곤 했지만 대부분은 주 중에 충격적으로 행동했다.

2 special days(특별한 날들)

연중 특별한 날은 다음과 같다.

New Year's Day(새해): 1월 1일
Valentine's Day(밸런타인데이): 2월 14일
April Fool's Day(만우절): 4월 1일
Good Friday(성(聖)금요일): 날짜가 일정하지 않음
Easter Sunday(부활절 주일): 날짜가 일정하지 않음
Easter Monday(부활절 다음날): 날짜가 일정하지 않음(미국에서는 사용하지 않음)

May Day(노동절): 5월 1일
Hallowe'en(핼러윈): 10월 31일
Guy Fawkes Night(가이 포크스제): 11월 5일(화약 음모 사건의 주범인 **Guy Fawkes**를 체포하여 기념한 날)
Christmas Eve(성탄 전야): 12월 24일
Christmas Day(성탄절): 12월 25일
Boxing Day(크리스마스 선물의 날): 12월 26일(미국에서는 사용하지 않음)
New Year's Eve(한 해의 마지막 날): 12월 31일

3 months(달)

다음은 달을 나타내는 단어이다.

January(1월)	February(2월)	March(3월)	April(4월)
May(5월)	June(6월)	July(7월)	August(8월)
September(9월)	October(10월)	November(11월)	December(12월)

달의 첫 번째 철자는 항상 대문자로 쓰며, 일반적으로 한정사를 사용하지 않는다.

I wanted to leave in ***September***. 나는 9월에 떠나기를 원했다.

날짜에서 달을 나타낼 때 1월은 1로, 2월은 2 등과 같이 숫자로 표기할 수 있다. 또한 **early, mid, late**를 사용하여 그 달의 일부를 명확히 표현할 수 있다.

ℹ 이와 같은 경우에는 middle이 아닌 the middle of를 사용한다.

I should very much like to come to California in ***late September*** or ***early October***.
나는 캘리포니아에 9월 하순이나 10월 초순에 방문하는 것을 매우 좋아한다.

We must have five copies by ***mid February***. 우리는 2월 중순까지 5권을 가져야 한다.

By ***the middle of June*** the Campaign already had more than 1000 members.
그 캠페인은 6월 중순에 멤버 1,000명 이상을 이미 확보했다.

4 saying years(연도 말하기)

연도는 보통 두 부분으로 나누어 읽는다. 예를 들면, **1970**은 **nineteen seventy**라고 하며, **1820**은 **eighteen twenty**라고 읽는다.

연도의 마지막 두 부분이 '00'으로 끝나는 경우에는 **hundred**로 읽는다. 예를 들면, 1900은 **nineteen hundred**라고 읽는다.

ℹ 단지 2000이 아닌 the year 2000라고 쓴다. 말할 때는 보통 the year two thousand라고 읽는다.

01에서 09로 끝나는 연도를 읽는 방법에는 두 가지가 있다. 예를 들면, 1901년은 **nineteen oh one**이나 **nineteen hundred and one**이라고 한다. 그러나 2000년 뒤의 연도부터는 보통 **two thousand and one**(2001년), **two thousand and two**(2002년)라고 읽는다.

5 'AD' and 'BC'

좀 더 자세하게 초기 역사에 관한 이야기를 할 때 예수의 탄생 시기 이후의 특정한 연도에 일어난 일을 나타내는 경우, 그 연도의 앞이나 뒤에 **AD**를 붙인다. **AD**는 라틴어 **anno Domini**의 약어로, **in the year of our Lord**(그리스도의 해: 서기, 기원후)라는 뜻이다.

...the eruption of Vesuvius in ***AD 79***. 서기 79년에 일어난 베수비오 화산의 폭발.

The earliest record of an animal becoming extinct dates from about ***800 AD***.
동물 멸종에 대한 최초의 기록은 서기 800년경부터 비롯된다.

예수가 탄생한 시기 이전에 일어난 일을 나타낼 때는 연도 뒤에 **BC**(**before Christ**: 기원전)를 붙인다.

The figurine was found near a sandal dated at ***6925 BC***.
기원전 6925년의 것으로 추정되는 작은 입상(立像)이 샌들 한 짝 옆에서 발견되었다.

일부 사람들, 특히 기독교 신자가 아닌 사람들은 약어 **AD**와 **BC** 보다 **CE**(**Common Era**: 기원후)와 **BCE**(**before the Common Era**: 기원전)를 선호한다. **CE**와 **AD**와, **BCE**는 **BC**와 같은 뜻이다.

The New Testament was written from approximately ***50 CE*** to ***the early or middle 100s CE***.
신약 성경은 기원후 약 50년에서 100년대 초기나 중기에 쓰여졌다.

6 writing dates(날짜를 글로 쓰기)

날짜를 월일로 표기할 때, 숫자를 사용한다. 날짜를 쓰는 방법은 다음과 같이 다양하다.

4월 20일 : 20 April   20th April   April 20   April 20th   the twentieth of April

날짜, 달, 연도를 함께 표기할 때, 연도는 마지막에 온다.

I was born on ***December 15th, 1933***. 나는 1933년 12월 15일에 태어났다.

날짜 전체를 숫자로 표기할 수 있다.

2003년 4월 20일 : 20/4/03   20.4.03

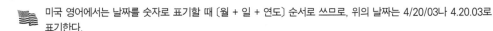

미국 영어에서는 날짜를 숫자로 표기할 때 〔월 + 일 + 연도〕 순서로 쓰므로, 위의 날짜는 4/20/03나 4.20.03로 표기한다.

위와 같이 날짜를 표기하는 방식은 편지의 상단과 문서 양식에 자주 사용한다. 그러나 항상 날짜 전체를 숫자로 표기하지는 않는다.

7 saying dates(날짜 말하기)

날짜를 숫자로 표기할 때는 기수로 쓰지만, 읽을 때는 서수를 사용한다. 그리고 영국 영어에서는 숫자 앞에 **the**를 사용한다. 예를 들면, **April 20**를 **April the twentieth**라고 읽는다.

미국 영어에서는 보통 **April twentieth**라고 한다. 달이 숫자 뒤에 올 때, 달 앞에 **of**를 사용한다. 예를 들면, **20 April**은 **the twentieth of April**이라고 읽는다. 지칭하고 있는 달이 명확할 때, 그 달의 명칭은 생략 가능하다.

So Monday will be ***the seventeenth***. 그래서 (그 달의) 월요일은 17일일 것이다.
Valentine's Day is on ***the fourteenth***. 밸런타인데이는 (2월) 14일이다.

오늘이 며칠인지 말할 때, **It's...**를 사용한다.

'What's the date?' – '***It's*** the twelfth.' "오늘이 며칠이지요?" – "12일입니다."

8 seasons(계절)

다음은 사계절을 나타내는 단어이다.

spring(봄)	summer(여름)	autumn(가을)	winter(겨울)

영국 영어에서는 계절을 때때로 대문자로 쓰기도 하지만, 소문자로 쓰는 것이 더 일반적이다.

I was supposed to go last ***summer***. 나는 지난 여름에 가기로 되어 있었다.
I think it's nice to get away in the ***autumn***. 내 생각에 가을에 휴가를 가는 게 좋을 것 같다.

미국 영어에서는 보통 **autumn** 대신 **fall**을 사용한다.

They usually give a party in the ***fall*** and in the spring. 그들은 보통 가을과 봄에 파티를 연다.

springtime, summertime, wintertime은 일반적으로 그 해의 특정한 시기를 나타낼 때도 사용한다.

It was ***springtime*** and we were able to grow some food. 봄철이어서 우리는 약간의 식량을 재배할 수 있었다.
We tell people in the ***summertime***, they always need to wear sunscreen.
우리는 여름철에 햇볕 차단제를 꼭 발라야 한다고 사람들에게 알려 준다.

autumntime이라는 단어는 없다.

위의 단어의 사용에 대한 정보는 **Usage** 표제어 **spring, summer, autumn, winter** 참조.

9 decades and centuries(10년간과 세기)

a decade는 '10년간'이라는 뜻이고, **a century**는 1세기, 즉 '100년'이라는 뜻이다. **decade**는 보통 끝자

TOPIC

리가 0인 해에 시작하여 9인 해로 끝나는 기간이다. 예를 들면, 1960년에서 1969년까지 10년간의 기간을 **the 1960s**(1960년대)라고 한다.

In ***the 1950s***, synthetic hair was invented. 1950년대에 인조 모발이 발명되었다.

In ***the 1840s*** it was still possible for working-class newspapers to be profitable.
1840년대에 노동자를 위한 신문들은 여전히 수익을 낼 수 있었다.

20세기 내에서 10년간의 기간을 가리킬 경우에는 **century**를 사용하지 않아도 된다. 예를 들면, 1920년대는 **the 20s, the twenties, the Twenties**라고 한다.

...the depression of ***the twenties and thirties***. 20~30년대의 불경기.

Most of it was done in ***the Seventies***. 그것의 대부분은 70년대에 이루어졌다.

> **주의** **century**(세기)의 첫 번째나 두 번째의 **decade**는 이와 같은 방법으로 사용할 수 없다. 대신 1800년대 초는 **the early 1800s**나 **the early nineteenth century**라고 한다. 일부 사람들은 21세기 초의 첫 번째 **decade**를 **the noughties**라고 한다.

century는 끝자리가 00인 연도부터 99인 연도까지 100년간의 기간이라고 생각하는 사람이 많으며, 예수의 탄생기부터 계산하여 서수로 나타낸다. 예를 들면, 1400-1499년간은 **the fifteenth century**(15세기)이며, 현재의 2000-2099년은 **the twenty-first century**(21세기)로 나타낸다. 그리고 **century**는 **the 21st century**와 같이 앞에 숫자를 사용할 수도 있다.

And then, in ***the eighteenth century***, dawned the age of the French Salon.
그리고 그 후, 18세기는 프랑스 살롱의 시대를 열었다.

That practice continued right through ***the 19th century***. 그 관행은 19세기 내내 계속되었다.

ℹ 일부 사람들은 century의 시작을 끝자리가 01인 연도로 생각한다. 예를 들면, 2001년부터 2100년까지를 the twenty-first century(21세기)라고 한다. 예수의 탄생을 전후로 한 세기를 BC(기원전), AD(기원후), BCE(기원전), CE(기원후)로 표현하기도 한다.

The great age of Greek sport was the fifth century ***BC***. 고대 그리스 스포츠가 활발했을 때는 기원전 5세기였다.

the fall of Jerusalem to the Babylonians in ***586 BCE***. 기원전 586년 바빌로니아인들에 의한 예루살렘의 몰락.

세기(**century**)를 표현할 때, 그 세기의 시작 연도의 복수형을 사용한다. 예를 들면, 18세기는 **the 1700s**나 **the seventeen hundreds**라고 한다.

The building goes back to ***the 1600s***. 그 건물은 17세기로 거슬러 올라간다.

...furniture in the heavy style of ***the early eighteen hundreds***. 19세기 초반의 중후한 스타일의 가구.

10 part of a decade or century(10년간이나 세기의 일부)

10년간이나 세기의 일부를 명확히 할 때, **early, mid, late**를 사용할 수 있다. 이 경우에는 **middle**이 아닌 **the middle of**를 사용한다.

His most important writing was done in ***the late 1920s*** and ***early 1930s***.
그가 쓴 가장 중요한 글은 1920년대 말과 1930년대 초에 완성되었다.

...the wars of ***the late nineteenth century***. 19세기 말의 전쟁들.

In ***the mid 1970s*** forecasting techniques became more sophisticated.
1970년대 중반의 예측 기술은 더 정밀해졌다.

The next major upset came in ***the middle of the nineteenth century***.
그 다음의 주요 혼란은 19세기 중엽에 일어났다.

11 using prepositions(전치사 사용하기)

어떤 사건에 대한 요일, 날짜, 달, 연도를 언급할 때, 특정한 전치사를 사용한다.

- **at**

religious festivals(종교적인 축제일): **at Christmas, at Easter**
short periods(짧은 기간): **at the weekend, at the beginning of March**

🇺🇸 미국 영어에서는 **at the weekend**가 아닌 **on the weekend**를 사용한다.

- in

months(달): in July, in December
seasons(계절): in autumn, in the spring
long periods(긴 기간): in wartime, in the holidays
years(연도): in 1985, in the year 2000
decades(10년간): in the thirties
centuries(세기): in the nineteenth century

- on

days(요일): on Monday, on weekdays, on Christmas Day, on the weekend

영국 영어에서는 on the weekend가 아닌 at the weekend라고 한다.
dates(날짜): on the twentieth of July, on June 21st, on the twelfth

미국 영어에서는 때때로 요일과 날짜에 on을 생략하기도 한다.
Can you come ***Tuesday***? 당신은 화요일에 올 수 있습니까?

어떤 일이 특정 기간 중이나 그 기간 내내 일어난 것을 나타낼 경우, during이나 over를 사용할 수 있다.
There were 1.4 million enquiries ***during*** 1988 and 1989 alone. 1988년과 1989년에만 140만 건의 문의가 있었다.
More than 1,800 government soldiers were killed in fighting ***over*** Christmas.
크리스마스 동안에 정부군 1,800명 이상이 전사했다.

12 using other adjuncts(다른 부가어 사용하기)

부사 today, tomorrow, yesterday를 사용하여 어떤 일이 일어나는 시기를 나타낸다.
One of my children wrote to me ***today***. 자식들 중 한 명이 오늘 나에게 편지를 보냈다.

last, this, next 등의 단어와 week, year, month 등의 단어를 결합한 명사구를 사용할 수도 있다. 시간을 나타내는 이러한 표현과 전치사를 함께 사용하지 않는다.
They're coming ***next week***. 그들은 다음 주에 올 예정이다.

➲ 이와 같은 표현에 대한 자세한 정보는 Usage 표제어 last–lastly, this–these, next 참조.

the week before last는 지지난 주라는 뜻이다.
Eileen went to visit friends made on a camping trip ***the year before last*** in Spain.
아일린은 재작년에 스페인에서 캠핑 여행 중에 사귄 친구를 방문하러 갔다.
I saw her ***the Tuesday before last***. 나는 그녀를 지지난 주 화요일에 만났다.

a week ago last Tuesday는 지지난 주 화요일이라는 뜻이다.

the week after next는 다다음 주라는 뜻이다.
I was appointed ***a week ago*** last Friday. 나는 지지난 주 금요일에 임명되었다.
He wants us to go ***the week after next***. 그는 우리가 다다음 주에 가기를 원한다.

영국 영어에서 어떤 일이 이번 목요일로부터 정확히 일주일 뒤의 목요일에 일어나는 경우, Thursday week을 사용한다.
'When is it to open?' – '***Monday week***.' "그것은 언제 개장하나요?" – "다음 주 월요일에요."

미국 영어에서는 이와 같은 형식을 사용하지 않고, a week from Thursday라고 해야 한다.
...a week from Wednesday. 다음 주 수요일.

어떤 일이 이번 목요일로부터 정확히 3주 후의 목요일에 일어나는 경우, three weeks on Thursday를 사용한다.
England's first game takes place ***five weeks on Sunday***. 영국의 첫 경기는 5주 후의 일요일에 열린다.

13 indefinite dates(정해지지 않은 날짜)

➲ 정해지지 않은 날짜를 나타내는 방법에 대한 정보는 Topic 표제어 Time 참조.

14 modifying nouns(명사 수식하기)

특정한 날이나 기간에 일어났거나 일어날 일을 가리킬 때, 특정한 날이나 기간을 가리키는 명사구 뒤에 **-'s**를 붙인다.

How many of you were at ***Tuesday's*** lecture? (지난) 화요일 강의에 당신들 중 몇 명이나 참석했어요?
...***yesterday's*** triumphs. 어제의 승리들.
...***next week's*** game. 다음 주 경기.
...one of ***this century's*** most controversial leaders. 이번 세기 동안에 가장 논쟁을 일으키는 지도자들 중 한 명.

연중 특정한 날이나 기간의 이름을 수식어로 사용할 수 있다.

Some of the people in the ***Tuesday*** class had already done a ten or twelve hour day.
화요일 수업을 듣는 사람들 중 일부는 그때까지 이미 하루에 10시간이나 12시간 수업을 받았다.
I had ***summer*** clothes and ***winter*** clothes. 나는 여름 옷과 겨울 옷을 갖고 있었다.
Ash had spent the ***Christmas*** holidays at Pelham Abbas. 애시는 펠럼 아바스에서 크리스마스 휴가를 보냈다.

사계절 중의 어느 날을 가리키는 경우, 명사수식어로 계절명을 사용한다. **summer**와 **winter** 뒤에 **'s**를 붙일 수도 있다.

...a clear ***spring*** morning. 어느 맑은 봄날 아침.
...wet ***winter*** days. 비가 오는 겨울날들.
...a ***summer's*** day. 어느 여름날.

15 regular events(규칙적인 일)

어떤 일이 규칙적으로 일어날 때, **every**를 사용하여 **every day, every week**와 같은 표현을 사용할 수 있다.

The nurse came in and washed him ***every day***. 그 간호사가 매일 와서 그를 씻겨 주었다.
I used to go ***every Sunday***. 나는 매주 일요일마다 가곤 했다.
Every week we sang 'Lord of the Dance'. 우리는 매주 'Lord of the Dance'라는 노래를 불렀다.

daily, monthly 등의 부사를 사용할 수도 있으나, 이는 더 격식을 차린 표현으로 잘 사용하지는 않는다.

We give each child an allowance ***yearly*** or ***monthly*** to cover all he or she spends.
우리는 각각의 어린이에게 매년 혹은 매달 소비하는 모든 것을 보상하기 위해 보조금을 지급한다.

어떤 일이 그 주의 특정한 요일에 규칙적으로 일어날 경우, 〔**every** + 요일의 복수형〕 대신 〔**on** + 요일의 복수형〕 형식을 사용할 수 있다. 이는 어떤 일이 정기적으로 일어난다는 것을 강조하기보다 단순히 그 일이 언제 일어나는지를 나타낸다.

He went there ***on Mondays and Fridays***. 그는 매주 월요일과 금요일마다 그곳에 갔다.

미국 영어에서는 이러한 뜻으로 사용하는 경우, **on**을 자주 생략한다.

My father came out to the farm ***Saturdays*** to help his father.
우리 아버지는 토요일마다 할아버지를 도와드리기 위해 농장에 갔다.

어떤 일이 이틀이나 2주 간격 등으로 일어날 경우, **every other day, every other week** 등과 같이 표현한다.

We wrote ***every other day***. 우리는 이틀에 한 번 편지를 썼다.

자주 사용하지는 않지만 간격을 나타내는 방법으로 **on alternate days, in alternate weeks** 등과 같이 표현한다.

Just do some exercises ***on alternate days*** at first. 처음에는 격일로 운동을 하세요.

간격을 나타낼 때, **every two weeks, every three years** 등과 같이 표현하기도 한다.

World Veteran Championships are staged ***every two years***. 월드 베테랑 챔피언십은 2년마다 개최된다.
...an antidote of serum renewed ***every six months***. 6개월마다 새로 만들어지는 면역 해독제.

어떤 일이 정기적으로 일어날 때도 **once a week, once every six months, twice a year**를 사용할 수 있다.

The group met ***once a week***. 그 단체는 일주일에 한 번 모였다.
...in areas where it only rains ***once every five or ten years***. 5년이나 10년마다 한 번만 비가 오는 지역들.
You only have a meal ***three times a day***. 당신은 하루에 세 끼만 식사를 한다.

Fixed pairs

and 또는 or로 연결되거나 거의 항상 같은 순서대로 일어나는 한 쌍으로 이루어진 단어가 많이 있다. 예를 들면, '버터를 바른 빵'은 항상 butter and bread가 아닌 bread and butter라고 한다. 다음 목록은 가장 일반적으로 사용하는 한 쌍의 명사, 형용사, 부사, 동사이다.

1 Nouns(명사)

bits and pieces	board and lodging(英)	body and soul
bread and butter	cup and saucer	fish and chips
flesh and blood	food and water	friend or foe
give and take	hands and knees	health and safety
heart and soul	heaven and earth	kith and kin
knife and fork	land and sea	law and order
nearest and dearest	north and south	nuts and bolts
odds and ends	peace and quiet	pen and paper
pros and cons	room and board(美)	salt and pepper
trial and error	ups and downs	

Together, he and I shovelled all the ***bits and pieces*** back in the tin box.
그와 나는 함께 모든 잡동사니를 삽으로 퍼서 양철통에 다시 넣었다.
Tim crawled on ***hands and knees*** out of the water. 팀은 네발로 기어서 물 밖으로 나왔다.

2 Adjectives(형용사)

alive and well	black and white	born and bred
drunk and disorderly	good or bad	hot and bothered
hot and cold	ready and waiting	right or wrong
safe and sound	sick and tired	

It's nice to know he is ***alive and well***. 그가 살아있다는 것을 알게 되어 기분이 좋다.
I'm ***sick and tired*** of being pushed around. 나는 압박을 받는 것에 아주 싫증이 난다.

3 Adverbs(부사)

back and forth	backwards and forwards	black and blue
bright and early	by and large	cut and dried
far and wide	few and far between	first and foremost
here and now	high and low	in and out
loud and clear	now and then	out and about
really and truly	rightly or wrongly	short and sweet
to and fro	up and down	well and truly

The plough is drawn ***backwards and forwards*** across the field. 쟁기를 앞뒤로 끌면서 밭을 갈았다.
They began jumping ***up and down***. 그들은 위아래로 펄쩍펄쩍 뛰기 시작했다.

4 Verbs(동사)

come and go	ebb and flow	fetch and carry
forgive and forget	huff and puff	rant and rave
twist and turn	wait and see	wax and wane
wine and dine		

People are ceaselessly ***coming and going***. 사람들이 끊임없이 오가고 있는 중이다.
Fish react to the state of the tide as it ***ebbs and flows***. 물고기는 밀물과 썰물에 따라 조수 상태에 반응한다.

Greetings and goodbyes

이 표제어에서는 사람을 만났을 때와 헤어질 때 하는 인사 방법을 다룬다.

➲ 어떤 사람을 처음 만날 때 하는 말에 대한 정보는 **Topic** 표제어 **Introducing yourself and other people** 참조.
➲ 전화 통화의 시작과 마침에 대한 정보는 **Topic** 표제어 **Telephoning** 참조.

1 greetings(인사)

누군가와 인사하는 일상적인 방법은 **Hello.**라고 말하는 것이다. **How are you?** 혹은 다른 말을 이어서 질문할 수 있다.

Hello there, Richard, how are you today? 안녕하세요, 리차드. 오늘 기분이 어떻습니까?
Hello, Luce. Had a good day? 안녕, 루스. 좋은 하루 보냈어요?

ⓘ How do you do?는 서로 처음 만나는 사람들이 하는 인사말로만 사용한다.

➲ **Topic** 표제어 **Introducing yourself and other people** 참조.

2 informal greetings(격식을 차리지 않는 인사)

더 격식을 차리지 않는 인사로 **Hi.**나 **Hiya.**를 사용한다. 미국 영어에서는 때때로 이런 용법에 **Hey.**를 사용하기도 한다.

'*Hi*,' said Brody. 'Come in.' 브로디가 "안녕, 들어와."라고 말했다.
'*Hey*! How are you?' "어이, 잘 지냈어?"

오랫동안 만나지 못한 친구를 우연히 만났을 때, 격식을 차리지 않는 다른 인사 표현을 사용할 수 있다.

Well, *look who's here*! 어머, 이게 누구야!
Well, well, *it is nice to see you again*. 어머, 다시 만나게 되어 정말 반가워.

생각하지도 않은 장소에서 아는 사람을 만난 경우, **Fancy seeing you here.**를 사용한다.

'Well I never, Mr Delfont! *Fancy seeing you here*!' 델폰트 씨, 이곳에서 만나다니 정말 반갑습니다.

3 formal greetings(격식을 차린 인사)

어떤 사람이 격식을 차린 인사를 할 때, 인사법은 그날의 시간에 따라 달라진다. 12시경까지는 **Good morning.**, 오후 12시부터 약 6시까지 혹은 겨울에는 날이 어두울 때까지를 **Good afternoon.**, 6시 이후나 어둠이 깔리면 **Good evening.**이라고 한다.

Good morning. I can give you three minutes. I have to go out.
안녕하세요. 3분간 당신과 이야기할 수 있어요. 나가 봐야 해서요.
Good evening. I'd like a table for four, please. 안녕하세요. 네 명의 자리를 예약하고 싶습니다.

이런 인사는 격식을 차린 전화 통화나 텔레비전 프로그램 혹은 행사에서 사람을 소개할 때 자주 쓰인다.

'*Good afternoon*. William Foux and Company.' – '*Good afternoon*. Could I speak to Mr Duff, please?'
"안녕하세요. 윌리엄 푸 회사입니다." – "안녕하세요. 더프 씨와 통화할 수 있을까요?"
Good evening. I am Brian Smith and this is the second of a series of programmes about the University of Sussex.
안녕하세요. 저는 브라이언 스미스이고 이번 시간은 수섹스 대학교에 대한 프로그램들 중 두 번째 시간입니다.

격식을 덜 차려서 인사할 때, **Good**을 생략할 수도 있다.

Morning, Alan. 안녕, 앨런.
Afternoon, Jimmy. 안녕 지미.

> 주의 Goodnight은 저녁에 어떤 사람과 헤어지거나 잠자리에 들 때의 인사로만 사용하고, 만났을 때의 인사로는 사용하지 않는다.

Good day.는 호주 영어에서 좀 더 일반적이지만, 영국 영어와 미국 영어에서는 오래되고 다소 격식을 차린 표현이다.

바로 전에 도착한 사람을 환영할 때, **Welcome.**을 사용할 수 있다. 영국 영어에서는 상당히 격식을 차린 표현이지만, 미국 영어에서는 일반적으로 쓰인다.

Welcome to Peking. 베이징에 오신 것을 환영합니다.
Welcome home, Marsha. 마사, 집에 돌아온 것을 환영한다.
Welcome back. 돌아온 것을 환영합니다.

4 replying to a greeting(인사에 대한 대답)

상대방의 인사에 대한 일상적인 대답으로 상대방의 인사와 같은 단어나 표현을 사용한다.

'Hello, Sydney.' – '***Hello***, Yakov! It's good to see you.' "안녕, 시드니." – "안녕, 야콥! 만나서 반가워."
'Good afternoon, Superintendent. Please sit down.' – '***Good afternoon***, sir.'
"안녕하세요, 감독관님. 앉으세요." – "안녕하세요, 선생님."

상대방이 인사를 하며 무언가를 물어볼 때, 다음과 같이 답할 수 있다.

'Hello, Barbara, did you have a good shopping trip?' – '***Yes, thanks***.'
"안녕, 바버라. 즐겁게 쇼핑했어요?" – "예, 고마워요."
'Hello. May I help you?' – '***Yes, I'd like a table, please***.'
"안녕하세요. 무엇을 도와드릴까요?" – "예, 자리 좀 마련해 주세요."
'Good morning. And how are you this fine day?' – '***Very well, thank you***.'
"안녕하세요. 이렇게 좋은 날 기분이 어떻습니까?" – "아주 좋아요, 고마워요."

i 상대방이 How are you?라고 인사할 때, 자신이 그 사람과 친한 사이이고 자신의 일상과 건강에 대해 자세히 알고 싶어할 것임을 알고 있는 경우 외에는 Fine, thanks.와 같이 간단하게 대답한다. 뒤에 How are you?나 And you?를 붙이면 공손한 표현이다.

'Hello John. How are you?' – 'All right. And you?' – 'Yeah, fine.'
"안녕, 존. 잘 지내?" – "잘 지내. 너는?" – "응, 잘 지내."
'How are you?' – 'Good. You?' – 'So-so.' "잘 지내?" – "좋아. 너는?" – "그저 그래."

5 greetings on special days(특별한 날에 사용하는 인사말)

성탄절, 부활절, 생일 등의 특별한 경우에 어떤 사람에게 소망을 빌어주는 특정한 표현이 있다.

성탄절에는 **Happy Christmas.** 또는 **Merry Chistmas.**라고 한다. 새해에는 **Happy New Year.**라고 하며, 부활절에는 **Happy Easter.**라고 한다. 상대방의 인사에 답할 때는 그 인사를 반복하거나 **And a happy Christmas to you too.** 또는 **And you!**와 같은 표현으로 대답한다. 생일을 축하할 때는 **Happy Birthday.** 또는 **Many happy returns.**라고 하며, 이에 대한 대답은 **Thank you.**라고 한다.

6 Goodbyes(작별 인사)

헤어질 때의 인사는 **Goodbye.**이다.

'***Goodbye***, dear.' Miss Saunders said. "여보, 잘 다녀와요."라고 손더스 양이 말했다.

저녁에는 **Goodnight.**이라고 하거나 더 격식을 차리지 않는 경우에는 **Night.**이라고 한다.

'Well, I must be off.' – '***Goodnight***, Moses dear.' "자, 저는 가야겠습니다." – "안녕히 가세요, 모세 님."
'***Night***, Jim.' – '***Night***, Rita.' "안녕, 짐." – "잘 가요, 리타."

가족끼리 잠자리에 들기 전에도 **Goodnight.**이라고 한다.

> 주의 현대 영어에서는 작별 인사에 **Good morning., Good afternoon., Good evening.**을 사용하지 않는다.

7 informal goodbyes(격식을 차리지 않는 작별 인사)

헤어질 때 격식을 차리지 않는 인사로 흔히 **Bye.**를 사용한다.

See you about seven. ***Bye***. 7시경에 봐요. 안녕.

Bye-bye.는 훨씬 더 격식을 차리지 않는 표현으로, 가까운 친척, 친구, 어린이에게 사용한다.

Bye-bye, dear; see you tomorrow. 잘 가라, 얘야. 내일 보자.

곧 다시 상대방을 만나길 기대할 경우, **See you., See you later., See you soon., See you around., I'll be seeing you.**와 같이 말한다.

See you later maybe. 나중에 봐요.
Must go in now. ***See you tomorrow***. 지금 가야 해요. 내일 봐요.
See you in the morning, Quent. 쿠엔트, 내일 아침에 봐요.

일부 사람들은 **So long.**이라고 한다.

'Well. ***So long***.' He turned and walked back to the car. "그래, 안녕." 그는 돌아서서 자신의 자동차로 걸어갔다.

친구나 친척에게 작별 인사를 할 때, **Take care., Take care of yourself., Look after yourself.**라고 한다.

'***Take care***.' – 'Bye-bye.' "몸조심해요." – "잘 가요."
'***Look after yourself***, Ginny dear.' – 'You, too, Mother.' "내 딸 지니야. 몸조심해." – "어머니도 몸조심하세요."

미국 영어를 쓰는 많은 사람들은 잘 알지 못하는 사람과 헤어질 때, **Have a nice day.**라고 한다. 예를 들면, 가게나 식당에서 종업원이 손님에게 사용한다.

'***Have a nice day***.' – 'Thank you.' "즐거운 하루 보내세요." – "고마워요."

영국 영어에서는 **Cheers.** 또는 **Cheerio.**를 사용한다.

See you at six, then. ***Cheers!*** 그러면 6시에 봅시다. 안녕.
I'll give Brigadier Sutherland your regards. ***Cheerio***. 내가 서더랜드 준장에게 네 안부를 전할게. 잘 지내.

8 formal goodbyes(격식을 차린 작별 인사)

잘 모르는 사람과 작별 인사를 할 때 좀 더 격식을 차린 표현을 사용한다. **I look forward to seeing you again soon.**이나 **It was nice meeting you.**와 같은 표현이 있다.

I look forward to seeing you in Washington. Goodbye. 워싱턴에서 만나 뵙기를 기대합니다. 안녕히 가십시오.
It was nice meeting you, Dimitri. Hope you have a good trip back.
만나서 반가웠습니다, 디미트리. 편안히 여행하시고 돌아가시기를 바랍니다.
It was nice seeing you again. 다시 뵙게 되어 반가웠습니다.

Groups of things, animals, and people

〔**of** + 한 무리의 사물, 동물, 사람〕 형식에서 **of** 앞에 사용하는 단어가 많이 있다. 가장 일반적으로 사용하는 단어부터 나열하였다.

1 indicating range(범위 나타내기)

광범위한 사물이나 사람을 가리킬 때 사용하는 단어는 다음과 같다.

assortment	batch	battery	cluster
collection	crop	group	host
selection	set	variety	

She joined a ***group*** of gossiping villagers in the street.
그녀는 길거리에서 잡담을 하고 있는 마을 사람들 무리에 동참했다.
She may have a ***collection*** of old toys left from the time her children were young.
그녀는 자식들이 어렸을 적부터 남겨둔 오래된 장난감 수집품을 갖고 있을지도 모른다.

일반적으로 사물보다는 사람이나 동물을 가리킬 때 사용하는 단어는 다음과 같다.

TOPIC

army	band	crowd	gathering
horde	knot	party	swarm
throng			

A large ***crowd*** of students gathered to watch the parade. 많은 무리의 학생들이 그 행진을 보기 위해 모였다.
An ***army*** of ants crossed the flagstones in two close columns. 개미떼가 빽빽하게 두 줄로 판석을 건넜다.

2 indicating shape(모양 나타내기)

사물이나 사람이 모인 무리의 모습을 나타낼 때 사용하는 단어는 다음과 같다.

circle	column	heap	jumble
line	mound	mountain	pile
ring	row	scatter	scattering
sprinkling	stack	string	

He sat down in the middle of the front ***row*** of chairs and waited. 그는 첫째 줄의 의자 중 중간에 앉아서 기다렸다.
The ***circle*** of boys broke into applause. 한 무리의 소년들이 갑자기 박수갈채를 치기 시작했다.

3 indicating movement or occurrence(움직임이나 발생 나타내기)

한 무리의 사람이나 사물의 움직임 또는 발생을 나타내는 단어는 다음과 같다.

hail	barrage	flood	rash
series	shower	spate	stream
string	tide	trickle	volley

Throughout the evening an unbroken ***stream*** of people came in.
그날 저녁 내내 사람들이 끊임없이 줄지어 들어왔다.
After a ***spate*** of protests the authorities reacted by bringing many of them to trial.
항의하는 사람들이 폭주한 후, 관계 당국자들은 그들 중 많은 사람들을 재판에 회부했다.

4 typical groups(전형적인 집단)

특정한 종류의 동물 집단을 가리킬 때 전형적으로 사용하는 단어는 다음 표와 같다.

ants	→	an army of ants	bees	→	a swarm of bees
birds	→	a flock / flight of birds	cattle	→	a herd of cattle
cubs	→	a litter of cubs	deer	→	a herd of deer
dolphins	→	a school of dolphins	elephants	→	a herd of elephants
fish	→	a shoal of fish	geese	→	a gaggle of geese
goats	→	a herd / flock of goats	hounds	→	a pack of hounds
insects	→	a swarm / colony of insects	kittens	→	a litter of kittens
lions	→	a pride of lions	monkeys	→	a troop of monkeys
puppies	→	a litter of puppies	sheep	→	a flock of sheep
wolves	→	a pack of wolves			

사람의 집단이나 특정한 종류의 사물을 가리킬 때 전형적으로 사용하는 단어는 다음 표와 같다.

actors	→	a company / troupe of actors	banknotes	→	a wad / roll of banknotes
bullets	→	a hail of bullets	cards	→	a pack / deck of cards
experts	→	a team / panel of experts	faces	→	a sea of faces
flowers	→	a bunch / bouquet of flowers	grapes	→	a bunch of grapes
keys	→	a bunch of keys	papers	→	a sheaf / bundle of papers
reporters	→	a team of reporters	ships	→	a fleet of ships
steps	→	a flight of steps	terrorists	→	a gang of terrorists

thieves →	a gang / band / pack of thieves	tourists →	a party of tourists
trees →	a clump of trees	volunteers →	an army of volunteers

Intentions

1 general intentions
2 vague intentions
3 firm intentions
4 expressing intentions formally
5 involuntary actions

1 general intentions(일반적인 의도)

특히 어떤 일을 곧바로 실행하려는 의도를 나타낼 때, **I'm going to...**를 사용할 수 있다.

I'm going to call my father. 나는 아버지에게 전화할 것이다.
I'm going to have a bath. 나는 목욕을 할 것이다.

I think I'll...을 사용할 수도 있다.

I think I'll do some more typing. 나는 타이핑을 좀 더 하려 한다.
I think I'll go to sleep now. 나는 지금 잠을 자러 가려고 한다.

자신의 의도가 이미 확정된 계획이거나 그 일을 하는 데 필요한 준비가 이미 된 상태라고 간주할 때, 현재진행시제를 사용할 수 있다.

I'm taking it back to the library soon. 나는 그것을 도서관에 곧 반납할 것이다.
I'm going away. 나는 떠날 것이다.

미래진행시제를 때때로 사용하기도 한다.

I'll be waiting. 나는 기다릴 것이다.

I have decided to...를 사용하여 의도를 표현할 수도 있다.

I've decided to clear this place out. 나는 이곳을 청소하기로 결심했다.
I've decided to go there. 나는 거기에 가기로 결정했다.

부정적인 의도를 표현할 때, **I'm not going to...**나 **I've decided not to...**를 사용한다.

I'm not going to make it easy for them. 나는 그들이 그것을 쉽게 하도록 허락하지 않을 것이다.
I've decided not to take it. 나는 그것을 받아들이지 않기로 결심했다.

2 vague intentions(모호한 의도)

자신의 의지가 확고하지 않은 경우, **I'm thinking of...**를 사용할 수 있다.

I'm thinking of going to the theatre next week. 나는 다음 주에 극장에 가려고 생각 중이다.
I'm thinking of writing a play. 나는 연극 대본을 쓰려고 생각 중이다.

I might...나 **I may...**를 사용하기도 한다.

I might stay a day or two. 나는 하루나 이틀 정도 머물려고 한다.
I may come back to Britain, I'm not sure. 나는 영국으로 돌아갈지 확실하지 않다.

I thought I might...은 상대방이 자신의 의도를 듣고 놀랄 것 같거나 자신의 말을 용납할지에 대한 확신이 없는 경우에 사용한다.

I thought I might buy a house next year. 나는 내년에 집을 구입할 생각을 하고 있었다.
I thought I might get him over to dinner one evening. 나는 어느 날 저녁 식사에 그를 초대할 생각이었다.

모호한 부정적인 의도를 나타낼 때, **I might not...**을 사용한다.

I might not go. 나는 가지 않을지도 모른다.

3 firm intentions(확고한 의도)

특히 일정을 짜거나 어떤 사람을 안심시키는 경우, 확고한 의도를 나타내기 위해 **I'll...**을 사용한다.

I'll do it this afternoon and ring you back. 나는 이것을 오늘 오후에 하고 당신에게 전화할 것이다.

I'll explain its function in a minute. 나는 그것의 기능을 곧 설명해 줄 것이다.

확고하게 부정적인 의도를 나타낼 때, **I won't...**를 사용한다.

I *won't* go. 나는 가지 않을 것이다.

I *won't* let my family suffer. 나는 가족을 고생시키지 않을 것이다.

4 expressing intentions formally(격식을 차려 의도 나타내기)

더 격식을 차려 의도를 나타내는 방법으로 **I intend to...**를 사용한다.

I intend to carry on with it. 나는 그것을 계속하고자 한다.

I intend to go into this in rather more detail this term. 나는 이것을 좀 더 자세히 이 조건으로 살펴보고자 한다.

I intend 뒤에 **-ing**형이 오기도 한다.

I intend retiring to Florence. 나는 은퇴하여 플로렌스에 살 계획이다.

I have every intention of...는 때때로 강한 의도를 강조할 때에 사용하기도 한다.

I have every intention of buying it. 나는 그것을 사는 데 몰두했다.

훨씬 더 격식을 차린 표현으로 **My intention is to...**와 **It is my intention to...**가 있다.

My intention is to provide a reconstruction of this largely discredited ideology.
내 의도는 이렇게 신용이 크게 떨어진 이념을 개조하는 것이다.

It is still my intention to resign if they wilfully fail to print the story.
그들이 의도적으로 그 이야기를 발간하지 않으면 나는 여전히 사임할 의도가 있다.

I don't intend to...는 격식을 차려서 자신의 부정적인 의도를 나타낸다.

I don't intend to investigate that at this time. 나는 이번에 그것을 조사할 의도가 없다.

I don't intend to stay too long. 나는 그곳에 오래 머물지 않을 것이다.

I have no intention of...를 사용하여 의도를 강조하기도 한다.

I have no intention of retiring. 나는 은퇴할 의도가 전혀 없다.

I've no intention of marrying again. 나는 다시 결혼할 의도가 전혀 없다.

5 involuntary actions(비자발적인 행동)

비자발적인 미래의 행동을 나타낼 때, **be going to, might, may, will**을 사용하기도 한다.

If you keep chattering *I'm going to* make a mistake.
당신이 계속해서 떠벌린다면 나는 실수할 것이다.

I might not to able to find it. 나는 그것을 발견할 수 없을지도 모른다.

I may have to stay there awhile. 나는 그곳에 잠깐 머물러야 할지도 모른다.

If I don't have lunch, *I'll* faint. 점심을 먹지 못한다면 나는 기절할 것이다.

Introducing yourself and other people

1 introducing yourself
2 introducing other people
3 more formal introductions
4 more casual introductions
5 responding to an introduction

TOPIC

1 introducing yourself(자기소개하기)

어떤 사람을 처음 만나서 자신이 누구인지 상대방이 아직 모르는 경우, 자신을 소개할 수 있다. 이 경우 상대방에게 **Hello.**라고 하거나 먼저 말을 거는 게 좋다.

'I'm Helmut,' said the boy. 'I'm Edmond Dorf,' I said.
"나는 헬무트야."라고 그 소년이 말했고 "나는 에드먼드 도르프야."라고 내가 말했다.
I had better introduce myself. I am Colonel Marc Rodin. 제가 직접 소개하는 게 좋겠군요. 저는 마크 로딘 대령입니다.
May I introduce myself? The Reverend John Hunt. 제가 직접 소개해도 될까요? 저는 존 헌트 목사입니다.
You must be the Kirks. My name's Macintosh. 당신들이 커크 형제이지요? 제 이름은 매킨토시입니다.

격식을 차린 상황에서 자신을 소개할 경우, 때때로 **How do you do?**라고 한다.

'I'm Nigel Jessop. How do you do?' "저는 나이젤 제솝입니다. 안녕하십니까?"

2 introducing other people(다른 사람들 소개하기)

이전에 서로 만난 적이 없던 사람들을 소개할 때, **This is...**를 사용한다. 소개해 주는 사람은 소개받는 사람들이 이미 서로 대화를 나눈 적이 없는 경우 각각 한 사람씩 소개한다.

'This is Bernadette, Mr Zapp,' said O'Shea. "잽 씨, 이분은 버나데트입니다."라고 오셔가 말했다.

얼마나 격식을 차리는 상황인지에 따라 각각 사람의 이름에 적절한 형태를 사용한다.

➲ Topic 표제어 **Names and titles** 참조.

ℹ 예를 들면, These are my children.(이들은 내 자식들이다.)이나 These are my parents.(이분들은 우리 부모님이시다.)라고 할 수도 있으나 these는 거의 사용하지 않는다. 한 쌍의 부부나 연인을 소개할 때, this를 반복하는 대신 this를 한 번 사용할 수 있다.

This is Mr Dixon and Miss Peel. 이분은 딕슨 씨이고, 이분은 필 양입니다.

소개하는 사람의 이름을 말할 때, 자신이 소개하려는 사람을 손으로 가리킬 수 있다.

3 more formal introductions(더 격식을 차린 소개)

더 격식을 차릴 필요가 있을 경우, 먼저 **May I introduce my brother?, Let me introduce you to my brother., I'd like to introduce my brother.**와 같이 말한다.

By the way, may I introduce my wife? Karin – Mrs Stannard, an old friend.
하여간 제 아내를 소개해도 될까요? 카린입니다. – 이분은 제 오랜 친구인 스태나드 부인입니다.
Bill, I'd like to introduce Charlie Citrine. 빌, 찰리 시트린을 소개해 줄게요.

I'd like you to meet...을 사용할 수도 있다.

Officer O'Malley, I'd like you to meet Ted Peachum. 오말리 경관, 테드 피첨을 소개할게요.

4 more casual introductions(더 격식을 차리지 않는 소개)

어떤 사람을 더 격식을 차리지 않으면서 소개할 때, **You haven't met John Smith, have you?, You don't know John, do you?, I don't think you know John, do you?**와 같이 말한다.

'I don't think you know Colonel Daintry.' – 'No. I don't think we've met. How do you do?'
"당신은 데인트리 대령을 모르는 것 같은데요." – "네, 만나 뵌 적이 없어요. 안녕하십니까?"

소개할 필요가 있을지 확신이 없는 경우, **Have you met...?**이나 **Do you two know each other?**라고 한다.

'Do you know my husband, Ken?' – 'Hello. I don't think I do.'
"당신은 제 남편 켄을 아세요?" – "안녕하세요. 만나 뵌 적이 없는 것 같은데요."

두 사람이 전에 서로 만난 적이 있다고 아주 확신하는 경우, **You know John, don't you?**나 **You've met John, haven't you?**와 같이 말한다.

Hello, come in. You've met Paul. 안녕하세요. 들어오세요. 당신은 폴을 만난 적이 있어요?

5 responding to an introduction(소개에 대답하기)

소개를 받은 두 사람은 **Hello.**라고 인사하며, 격식을 차리지 않는 경우에는 **Hi.**로 인사한다. 격식을 차린 상황에서는 **How do you do?**라고 한다.

'Francis, this is Father Sebastian.' – 'Hello, Francis,' Father Sebastian said, offering his hand.
"프란시스, 이분이 세바스티안 신부님이세요." – "안녕하세요. 프란시스."라고 세바스티안 신부님이 그에게 악수를 청하면서 말했다.

How do you do? Elizabeth has spoken such a lot about you.
안녕하십니까? 엘리자베스가 당신 이야기를 많이 했어요.

때때로 **Pleased to meet you.**나 **Nice to meet you.**를 사용하기도 한다.

Pleased to meet you, Doctor Floyd. 플로이드 박사님, 만나 뵙게 되어 반갑습니다.

It's so nice to meet you, Edna. Ginny's told us so much about you.
에드나, 만나 뵙게 되어서 정말 반갑습니다. 지니가 우리에게 당신 이야기를 아주 많이 했어요.

Invitations

1 polite invitations
2 informal invitations
3 persuasive invitations
4 very emphatic invitations
5 casual invitations
6 indirect invitations
7 inviting someone to ask you for something
8 responding to an invitation

누군가에게 어떤 일을 시키거나 어떤 장소에 오도록 제안하는 방법은 여러 가지가 있다.

1 polite invitations(정중한 제안)

Would you like to...?는 누군가에게 어떤 일을 하도록 제안하는 일반적이고 정중한 방법이다.

Would you like to come up here on Sunday? 일요일에 여기에 올래요?
Would you like to look at it, Ian? 이안, 그것을 볼래요?

정중하게 제안하는 또 다른 방식은 명령문과 함께 **please**를 사용하는 것이다. 이 제안 형식은 어떤 상황을 주도해야 할 입장에 있는 사람들이 주로 사용한다.

Please help yourselves to another drink. 자, 술 한잔 더 드십시오.
Sit down, ***please***. 앉으세요.

2 informal invitations(격식을 차리지 않는 제안)

격식을 차리지 않는 상황에서 **please**를 사용하지 않은 명령문으로 제안할 수 있다. 그러나 그것이 명령이라기보다 명백하게 제안임을 나타내는 어투로만 사용해야 한다.

Come and have a drink, Max. 맥스, 와서 술 한잔해라.
Sit down, sit down. I'll order tea. 앉아라 앉아. 내가 차를 주문할게.
Stay as long as you like. 네가 원하는 대로 머물러.

3 persuasive invitations(설득력 있는 제안)

제안을 좀 더 설득력 있게 하거나 확고하게 표현하려면 〔**do** + 명령문〕 형식을 사용한다. 특히 이는 상대방이 제안받은 것에 대해 머뭇거리는 것처럼 보일 때 사용한다.

Do sit down. 제발 앉으세요.
What you said just now about Seaford sounds most intriguing. ***Do*** tell me more.
방금 당신이 말한 시포드에 대한 이야기가 흥미롭네요. 좀 더 자세히 말해 주세요.

설득력 있게 제안하는 경우, **Wouldn't you like to...?**를 사용하기도 한다.

Wouldn't you like to come with me? 저와 함께 가는 게 좋을 것 같은데요?

매우 정중하고 설득력 있게 제안하는 경우, **Won't you...?**를 사용할 수 있다.

Won't you take off your coat? 코트를 벗으시지 않겠어요?
Won't you sit down, Mary, and have a bite to eat? 메리, 자리에 앉아서 무엇 좀 먹어야지?

4 very emphatic invitations(매우 강한 어조의 제안)

지금 당장의 일이라기보다 미래의 일에 대해 제안할 때, **You must..., You have to..., You've got to...**를 사용한다.

You must come and stay. 당신은 여기에 와서 머물러야 한다.

You ***have to*** come down to the office and see all the technology we have.
당신은 사무실로 내려와서 우리가 보유하고 있는 모든 기술을 살펴봐야 한다.

5 casual invitations(격식을 차리지 않은 제안)

You can...이나 **You could...**에 **if you like**를 붙여서 격식을 차리지 않고 강요하지 않으면서 제안할 수 있다.

Well, when I get my flat, ***you can*** come and stay with me. 제가 아파트를 얻게 되면 와서 함께 머물러도 돼요.

You can tell me about your people, ***if you like***. 당신이 원한다면 당신 부하들에 대해 제게 말해도 됩니다.

You're welcome to...는 격식을 차리지 않고 제안하는 다른 방식으로, 더 친근감이 있는 표현이다.

You're welcome to live with us for as long as you like. 당신이 원하는 기간만큼 우리와 함께 살아도 좋아요.

The cottage is about fifty miles away. But ***you're very welcome to*** use it.
그 별장은 여기서 약 50마일 정도 떨어져 있지만, 당신이 원하면 사용해도 좋아요.

격식을 차리지 않은 듯이 제안하는 또 다른 방식으로 **I was wondering if...**가 있다.

I was wondering if you'd care to come over next weekend. 다음 주말에 당신이 올 수 있는지 궁금합니다.

I was wondering if you're free for lunch. 당신과 점심 식사를 같이 할 수 있는지 궁금합니다.

6 indirect invitations(간접적인 제안)

간접적으로 제안을 할 수 있다. 예를 들면, **I hope you'll...**이라고 하면서 누군가가 미래에 어떤 일을 할 것을 제안할 수 있다. 특히 상대방이 제안을 받아들일지 확신이 없을 때, 이 표현을 사용한다.

I hope you'll be able to stay the night. We'll gladly put you up.
나는 당신이 저녁에 (우리 집에) 머물 수 있다면 우리는 아주 기쁘게 받아들이겠어요.

I hope, Kathy, ***you'll*** come and see me again. 캐시, 저는 당신이 다시 여기에 와서 만나기를 바랍니다.

How would you like to...?나 **Why don't you...?**를 사용하여 간접적으로 제안할 수도 있다.

How would you like to come and work with me? 당신이 와서 저와 같이 일을 하는 게 어떻습니까?

Why don't you come to the States with us in November? 11월에 우리와 함께 미국에 가는 게 어떻습니까?

〔**How about + -ing** · 명사〕 형식으로 시작하는 의문문을 사용할 수도 있다.

Now, ***how about*** coming to stay with me, at my house? 지금 우리 집에 와서 저와 함께 머무는 게 어떻습니까?

How about a spot of lunch with me, Mrs Sharpe? 샤프 부인, 저와 함께 간단한 점심을 하시겠어요?

〔**You'll** + 부가절 **won't you?**〕 형식을 사용할 수도 있다. 이는 상대방이 자신의 제안을 받아들일 것이라는 기대를 함축한다.

You'll bring Angela up for the wedding, ***won't you***? 당신은 결혼식에 앤젤라를 데려올 것이지요, 그렇지요?

7 inviting someone to ask you for something
(상대방에게 어떤 것을 자신에게 하도록 제안하기)

상대방에게 자신이 어떤 일을 하도록 요청하라고 제안할 때, **Don't hesitate to...**를 사용할 수 있다. 이 제안 형식은 정중하고 단호하며 보통 서로 잘 모르는 사람들 사이에서 쓰인다. 이는 격식을 차릴 때나 상업 통신문에 주로 쓰인다.

Should you have any further problems, please ***do not hesitate to telephone***.
당신에게 문제가 더 발생하면, 지체 말고 전화해 주세요.

When you want more, ***don't hesitate to ask me***. 당신이 더 많이 원하신다면, 제게 요청하여 주시기 바랍니다.

8 responding to an invitations(제안에 응하기)

상대방의 제안을 받아들일 때 **Thank you.**라고 하고 격식을 차리지 않는 경우엔 **Thanks.**라고 한다. **Yes, I'd love to.**나 **I'd like that very much.**와 같은 표현도 사용할 수 있다.

'We have a swimming pool. Come over and use it any time.' – '***Thank you***. I'll come round sometime.'
"우리 집에 수영장이 있어요. 언제라도 와서 사용하세요." – "고마워요. 언제 한 번 갈게요."

'You could come and tutor me in physics and maths.' – '***Yes, I'd love to***.'
"저에게 물리와 수학을 지도해 주실 수 있나요?" – "예, 그럴게요."

'Won't you join me and the girls for lunch, Mr Jordache?' – '***Thanks***, Larsen. ***I'd like that very much***.'
"조다쉬 씨, 저와 여자 아이들과 점심 식사 같이 할래요?" – "고마워요, 라르센. 정말 그러고 싶어요."

상대방의 초대를 거절할 때는 한 마디로 잘라 거절하기보다, **I'm sorry I can't..., I'm afraid I'm busy then..., I'd like to but...**을 사용할 수 있다.

'I'm phoning in the hope of persuading you to spend the day with me.' – 'Oh, ***I'm sorry, I can't***.'
"당신이 저와 하루를 함께 보내도록 설득하려는 희망을 안고 전화했어요." – "아, 죄송하지만 그럴 수 없어요."

'I would like it very much if you could come on Sunday.' – '***I'm afraid I'm busy***.'
"당신이 일요일에 올 수 있으면 정말 좋겠어요." – "유감스럽지만, 제가 바빠서요."

'Would you like to stay for dinner?' – '***I'd like to, but*** I can't.'
"기다렸다가 저녁 식사할래요?" – "그러고 싶지만 그럴 수 없네요."

상대방의 제안을 거절할 때, **No, thanks., Thanks, but..., I'm all right thanks.**라고 할 수도 있다.

'Come home with me.' – '***No thanks***. I don't want to intrude on your family.'
"저와 같이 집에 갑시다." – "아니요. 죄송하지만, 당신 가족에게 폐를 끼치고 싶지 않아요."

'Eat with us.' – '***Thanks, but*** I've eaten.' "우리와 같이 식사합시다." – "고맙지만, 먹었습니다."

'Would you like to lie down?' – '***No, I'm all right***.' "누우실래요?" – "아니요, 괜찮아요."

Letter writing

1 formal letters
2 address and date
3 beginning a formal letter
4 ending a formal letter
5 informal letters
6 address and date
7 beginning an informal letter
8 ending an informal letter
9 addressing an envelope

편지를 쓸 때 사용하는 말과 편지의 구성은 편지가 얼마나 격식을 차리는지에 따라 달라진다.

1 formal letters(격식을 차린 편지)

상용(商用) 편지나 입사 지원서 등의 격식을 차린 편지를 쓰는 경우, 다음 예와 같이 쓴다.

80 Green Road
Moseley
Birmingham
B 13 9PL

29/4/04

The Personnel Manager
Cratex Ltd.
21 Fireside Road
Birmingham
B15 2RX

TOPIC

> Dear Sir
>
> I am writing in response to your advertisement for the position of Team Leader in *The Times* (28/4/04). Could you please send me an application form and details about the position. I have recently graduated from the Southampton University in Mechanical Engineering.
>
> I look forward to hearing from you soon.
>
> Yours faithfully
>
> *James Laker*
>
> James Laker

2 address and date(주소와 날짜)

보내는 사람의 주소는 오른쪽 상단 가장자리에 쓴다. 가장자리에 온다. 각각의 줄의 끝에는 쉼표를, 마지막 줄의 끝에는 마침표를 넣는데, 이는 필수적이지는 않다. 보내는 사람의 이름을 주소 위에 쓰지 않는다.

날짜는 주소 아래에 기입한다. 윗부분에 회사명 · 주소 등이 인쇄된 편지지인 경우에는 편지를 받는 사람의 주소 위나 오른쪽에 날짜를 쓴다. 날짜를 다른 방법으로 표기할 수도 있다. 예를 들면, '2004년 4월 29일'은 **29.4.04, 29/4/04, 29 April 2004, April 29th, 2004**로 쓴다.

미국 영어에서는 월/일/연도의 순서로 표기한다. 예를 들면, **4/29/04**라고 쓴다.

편지를 받는 사람의 이름이나 직책과 주소는 편지지의 왼쪽에 쓰며, 보통 이는 날짜의 아랫줄에서 시작한다.

3 beginning a formal letter(격식을 차린 편지 시작하기)

격식을 차린 편지는 받는 사람의 호칭과 성(姓)으로 시작한다. 예를 들면, **Dear Mr Jenkins, Dear Mrs Carstairs, Dear Miss Stephenson**이라고 한다.

➲ 호칭에 대한 정보는 **Topic** 표제어 **Names and titles** 참조.

편지를 받는 여성이 기혼인지 미혼인지를 모르는 경우, 호칭으로 **Ms**를 사용할 수 있다. 일부 젊은 여성들, 특히 결혼했지만 자신의 성(姓)을 바꾸지 않았을 때는 **Mrs**와 **Miss**보다 **Ms**를 선호한다. 그러나 일부 나이 든 여성들은 이 호칭을 좋아하지 않는다.

격식을 덜 차린 편지에서는 때때로 **Dear Fiona Smart**와 같이 **Dear** 뒤에 이름과 성(姓)을 쓴다.

아주 격식을 차린 편지를 쓰거나 받는 사람의 이름을 모를 경우, **Dear Sir** 또는 **Dear Madam**을 사용한다. 받는 사람의 성(姓)을 확실히 알지 못할 때, **Dear Sir** 또는 **Dear Madam**를 쓰는 게 가장 안전하다.

회사에 편지를 보낼 때 영국 영어에서는 **Dear Sirs**를 미국 영어에서는 **Gentlemen**을 사용한다. 미국 영어에서는 회사에 편지를 보낼 경우에도 보내는 사람이나 이름을 모를 때 **Dear AT&T**라고 할 수 있다.

격식을 차린 미국 영어에서는 **Dear...** 뒤에 콜론을 쓰는데, 예를 들면, **Dear Mr. Jones:**와 같이 사용한다. 영국 영어에서는 콤마를 사용하거나 구두점을 사용하지 않기도 한다.

4 ending a formal letter(격식을 차린 편지의 마무리)

호칭과 성(姓)을 사용하여(예를 들면, **Dear Mrs Carstairs**) 편지글을 시작할 경우, **Yours sincerely**로 끝을 맺는다. 좀 덜 격식을 차려서 쓰고자 할 경우에는 **Yours**로 끝을 맺는다. 편지가 **Dear Sir, Dear Madam, Dear Sirs**로 시작하는 경우, **Yours faithfully**로 끝을 맺는다.

미국 영어에서 편지를 마무리하는 일반적인 방법은 **Sincerely yours**라고 쓰는 것이다. 좀 더 격식을 차리는 경우, **Very truly yours**라고 쓴다. 서명은 글을 마무리하는 표현 밑에 쓴다. 서명 밑에는 편지를 쓰는 사람의 이름을 적는데, 대문자로 쓸 수 있다. 상용(商用) 편지를 쓸 경우, 직위를 넣기도 한다.

5 informal letters(격식을 차리지 않는 편지)

친구나 친척에게 편지를 쓸 경우, 다음 예문처럼 격식을 차리지 않는 말을 사용한다.

> *63 Pottery Row*
> *Birmingham*
> *B13 8AS*
> *18/4/04*
>
> *Dear Mario*
> *How are you? Thanks for the letter telling me that you'll be coming over to England this summer. It'll be good to see you again. You must come and stay with me in Birmingham.*
> *I'll be on holiday when you're here as the University will be closed, so we can have some days out together. Write or phone me to tell me when you want to come and stay.*
>
> *All the best,*
>
> *Dave*

6 address and date(주소와 날짜)

편지지의 오른쪽 상단 모퉁이에는 주소와 날짜를 적거나 날짜만 적는다. 편지를 받는 사람의 주소는 편지지의 상단에 쓰지 않는다.

7 beginning an informal letter(격식을 차리지 않는 편지 시작하기)

격식을 차리지 않는 편지는 **Dear Louise**와 같이 보통 **Dear**와 사람의 이름으로 시작한다. 친척에게 편지를 쓸 경우, 자신과의 관계에 따른 호칭을 사용한다. 예를 들면, **Dear Mum, Dear Grandpa, Dear Grandma**라고 한다. 편지를 쓰는 친구나 친척을 매우 좋아하는 경우, **My dearest Sara**나 **Darling Alison**과 같이 편지를 시작할 수 있다.

8 ending an informal letter(격식을 차리지 않는 편지 마무리하기)

격식을 차리지 않는 편지를 마무리하는 방법은 다양하다. 친한 친구나 친척에게 쓸 경우, **Love**나 **Lots of love**로 끝맺을 수 있다. 잘 알지 못하는 사람에게 쓰는 경우는 **Yours, Best wishes, All the best**를 사용할 수 있다. 일반적으로 남자가 여자보다 좀 더 격식을 차린 표현을 사용하려는 경향이 있다.

9 addressing an envelope(편지 봉투에 주소 쓰기)

편지 봉투에 보내는 사람의 이름과 주소를 쓰는 방법에 대한 예문은 다음과 같다. 영국 영어에서 일부 사람들은 각 줄의 끝마다 콤마를 넣고, 지역이나 나라 뒤에 마침표를 찍는다.

> Miss S. Wilkins
> 13 Magpie Close
> Guildford
> Surrey
> GL4 2PX

편지 봉투에는 일반적으로 편지를 받는 사람의 호칭, 머리글자, 성(姓)을 쓴다.

편지를 받는 사람의 호칭, 이름, 성(姓)을 쓰는데, 예를 들면 **Miss Sarah Wilkins**와 같이 쓴다. 격식을 차리지 않는 편지일 때는 받는 사람의 이름과 성(姓) 또는 머리글자와 성(姓)을 사용한다. 예를 들면, **Sarah Wilkins**나 **S Wilkins**라고 쓴다.

다른 사람의 집이나 특정한 장소에 일시적으로 머물고 있는 사람에게 편지를 쓸 경우, 이름을 먼저 쓴다. 그 아랫줄에는 다음 예문처럼 다른 사람이나 장소 앞에 **c/o**를 쓰는데, 이는 **care of**의 의미이다.

Mr JL Martin
c/o Mrs P Roberts
28 Fish Street
Cambridge
CB2 8AS

영국에서는 어떤 곳으로 편지를 보낼 때, **postcode**(주소 끝의 글자와 숫자의 조합)를 다른 줄에 표기해야 한다. 미국에서는 우편 번호를 **zip code**라고 하며, 줄을 바꿔서 표기하지 않아도 된다.

Male and female

1 pronouns and determiners
2 'she' and 'her' for things
3 modifiers
4 nouns referring to males or females
5 male relatives
6 female relatives
7 men and women with a particular job
8 other male people
9 other female people
10 '-man' and '-person'
11 nationality words
12 nouns referring to animals

1 pronouns and determiners(대명사와 한정사)

인칭대명사, 재귀대명사, 소유대명사, 소유한정사를 사용할 경우에만 문법적으로 남성과 여성을 구분한다.

She sat twisting *her* hands together. 그녀는 두손을 비틀며 앉았다.
She managed to free *herself*. 그녀는 자신을 자유롭게 다루었다.

Grammar 표제어 **Possessive determiners**와 **Pronouns** 참조.

한 사람 이상을 가리킬 경우에 사용하는 각 유형의 대명사나 한정사가 하나만 있다. 예를 들면, 주격 대명사의 경우에는 남성 그룹, 여성 그룹, 남녀 그룹, 한 남성과 한 여성을 함께 가리킬 때 **they**를 사용한다.

Boys are taught that *they* mustn't show their feelings. 소년들은 자신들의 감정을 드러내서는 안 된다고 가르침을 받는다.
People were looking to me as though *they* thought I might know the secret.
사람들은 내가 그 비밀을 알고 있다고 생각하는 듯이 나를 쳐다보고 있었다.
They had been married for forty-seven years. 그들은 결혼한 지 47년이 되었다.

2 'she' and 'her' for things(사물에 사용하는 she와 her)

어떤 사물을 지칭할 때 일반적으로 **it**과 **its**를 사용하지만, 때때로 나라, 배, 자동차를 나타낼 때 **she**와 **her**를 사용하기도 한다.

Mr Putin has a high regard for Britain and *her* role in Europe.
푸틴 씨는 유럽에서 영국의 역할에 매우 호감을 갖고 있다.
When the repairs had been done *she* was a fine and beautiful ship. 수리가 끝나자 훌륭하고 멋진 배가 되었다.

3 modifiers(수식어)

성별을 나타내는 명사를 사용할 필요가 있을 경우, 명사 앞에 **woman, female, male**를 사용할 수 있다. 일반적으로는 명사 앞에 **man**을 사용하지 않는다.

We went to the home of a *woman factory worker* named Liang.
우리는 리앙이라는 한 여성 공장 노동자의 집에 갔다.
A *female employee* was dismissed. 한 여직원이 해고되었다.
He asked some other *male relatives* for help. 그는 다른 남자 친척들에게 도움을 요청했다.

복수명사 앞에는 woman이 아닌 women을 사용한다.

I did a survey on *women lawyers*. 나는 여성 법조인에 대한 조사를 했다.

TOPIC

4 nouns referring to males or females(남성 또는 여성을 지칭하는 명사)

영어에서는 일반적으로 명사를 남성, 여성, 중성으로 구분하여 사용하지 않는다. 그러나 일부 명사는 오직 남성이나 여성을 가리킬 때만 사용한다.

He announced that he was a ***policeman***. 그는 자신이 남자 경찰관이라고 했다.
The ***bride*** was very young. 그 신부는 아주 젊었다.

여성만을 지칭하는 단어의 끝에는 자주 **-ess**를 붙인다. 예를 들면, **actress, waitress, hostess**가 있으며, **policewoman**처럼 **-woman**으로 끝나는 다른 형태의 단어도 있다.

She told me she intended to be an ***actress***. 그녀는 여배우가 될 거라고 내게 말했다.
...Margaret Downes, who is the this year's ***chairwoman*** of the examination committee.
올해의 심사 위원회의 여성 의장인 마거릿 다운즈.

-ess로 끝나는 단어는 과거보다 현대 영어에서 덜 쓰인다. 그 예로, 요즘에는 여성 작가를 **authoress**가 아닌 **author**라고 하며, **actor**는 연극과 영화에 출연하는 남녀 배우 모두에 사용한다. **chairman**과 같이 **-man**으로 끝나는 단어는 이전에는 남녀 모두를 지칭하였으나, 현재는 **-person**으로 끝나는 단어나 중성적인 다른 단어로 자주 대체되고 있다.

An association was formed, with Ron as ***chairperson***. 한 연합회가 구성되었고 론이 회장을 맡았다.
...Ross McGinn, ***chair*** of the local community council. 지역 공동 위원회 의장인 로스 매긴.

5 male relatives(남자 친척)

남자 친척을 가리킬 때 사용하는 단어는 다음과 같다.

brother	brother-in-law	father	father-in-law
godfather	godson	grandfather	grandson
husband	nephew	son	son-in-law
stepbrother	stepfather	stepson	uncle

6 female relatives(여자 친척)

여자 친척을 가리킬 때 사용하는 단어는 다음과 같다.

aunt	daughter	daughter-in-law	goddaughter
godmother	grandmother	granddaughter	mother
mother-in-law	niece	sister	sister-in-law
stepdaughter	stepsister	stepmother	wife

i 남녀 모두를 가리킬 때는 cousin을 사용한다.

7 men and women with a particular job(특정한 직업을 가진 남자와 여자)

특정한 직업을 가진 남녀를 지칭할 때 일반적인 단어는 다음 표와 같다. 요즘에는 세 번째 세로행에 나와 있는 중성적인 단어를 선호한다.

Men	Women	Gender-neutral
actor	actress	actor
air steward	air hostess, stewardess	flight attendant
ambulanceman	ambulancewoman	paramedic
(male) ballet dancer	ballerina	ballet dancer
barman	barmaid	bar tender
businessman	businesswoman	businessperson
cameraman	camerawoman	camera operator

chairman	chairwoman	chairperson, chair
—	chambermaid maid	(in hotel) cleaner
clergyman	clergywoman	member of the clergy
comedian	comedienne	comedian
congressman (美)	congresswoman	congressperson
conman	conwoman	con artist
fireman	firewoman	firefighter
foreman	forewoman	supervisor
headmaster	headmistress	headteacher, principal
house-husband	housewife	homemaker
host	hostess	host
male nurse	nurse	nurse
manager	manageress	manager
master	mistress	—
monk	nun	—
poet	poetess	poet
policeman	policewoman	police officer
postman, post master, mailman(美)	postwoman postmistress, mailwoman(美)	postal worker
priest	priestess	—
repairman	repairwoman	repair person, repairer
salesman	saleswoman	salesperson, seles assistant, sales excutive, sales agent
schoolmaster	schoolmistress	schoolteacher
serviceman	servicewoman	—
spokesman	spokeswoman	spokesperson, representative
sportsman	sportswoman	—
statesman	stateswoman	official, diplomat
tradesman	—	shopkeeper, salesperson, trader
waiter	waitress	wait staff
weatherman	weathergirl	(weather) forecaster
workman	—	labourer, worker

8 other male people(다른 남성)

남자나 소년만을 지칭하는 데 사용하는 단어는 다음과 같다.

bachelor	bloke	boy	boyfriend
bridegroom	buddy	chap	fiancé
gentleman	groom	guy	lad
man	schoolboy	suitor	widower

ℹ 보통 한 명의 남자나 소년을 a 'male'이라고 하지 않는다.

9 other female people(다른 여성)

여자나 소녀만을 지칭하는 데 사용하는 단어는 다음과 같다.

blonde	bride	bridesmaid	brunette
fiancée	girl	girlfriend	goddess
heiress	lady	lass	mistress
schoolgirl	spinster	widow	woman

ℹ 보통 한 명의 여자를 a 'female'이라고 하지 않는다.

10 '-man' and '-person'

-man으로 끝나는 단어는 남자만 지칭하거나 남녀 모두를 지칭하는 데 사용한다. 예를 들면, **workman**은 남자를 가리키지만, **spokesman**은 남녀를 모두 가리킬 수 있다. 앞서 언급한 남성적인 단어 목록에서 -man으로 끝나는 단어는 일반적으로 남자만을 가리킨다. 예전에 남자만이 했던 일을 여자가 할 때, -man으로 끝나는 단어를 여전히 쓰기도 한다. 때때로 **policewoman**과 같이 남자만이 했던 직업에 종사하는 여성을 지칭하는 새로운 단어가 생겨나고 있다. 그러나 특정한 직업을 가진 사람의 성별을 나타내지 않는 용어가 더 흔히 쓰이고 있다. 예를 들면, **poiceman**이나 **policewoman** 대신 **police officer**를, **headmaster**나 **headmistress** 대신 **head teacher**를 사용한다. -person으로 끝나는 단어를 때때로 사용하기도 한다.

➲ Usage 표제어 chairman과 spokesman 참조.

11 nationality words(국적을 나타내는 단어)

특정한 국적의 사람을 나타내는 일부 명사에서 **Englishman**은 남성에게만, **Englishwoman**은 여성에만 사용한다.

➲ Topic 표제어 Nationality words 참조.

12 nouns referring to animals(동물을 가리키는 명사)

대부분의 동물 이름은 **cat, elephant, sheep** 등과 같이 암수를 지칭할 때 쓰인다. 일부 경우에서는 암수를 명확히 지칭하는 다른 단어가 있다. 예를 들면, 양의 경우 **ram**은 수컷을, **ewe**는 암컷을 가리킨다. 하지만 이러한 단어는 대부분 잘 쓰이지 않거나 농부나 수의사와 같이 동물에 특별한 관심이 있는 사람들이 주로 사용한다. 암수를 구분하는 동물 중에 가장 많이 쓰이는 단어는 수컷 황소인 **bull**과 수탉인 **hen**이다.

Meals

식사를 가리키는 단어의 뜻과 용법에 대한 설명은 다음과 같다. 일부 단어는 다양한 사람들에게 다른 식사 명칭으로 쓰인다.

1 'breakfast'(아침 식사)

breakfast는 하루의 첫 식사로, 아침에 일어나서 먹는 식사를 말한다.

Every morning, the four of them met up for ***breakfast***. 매일 아침마다 네 명이 아침 식사를 하기 위해 만났다.

2 'dinner', 'lunch', 'luncheon'

대부분의 사람들은 **dinner**를 저녁에 먹는 주된 식사로 사용하지만, 일부 지역에서는 점심을 **dinner**라고 하기도 한다. 이 경우 출신 지역에 따라 저녁 식사를 **tea**나 **supper**라고도 한다. 저녁 식사를 **dinner**라고 하는 사람들은 보통 점심을 **lunch**라고 한다. **luncheon**은 **lunch**보다 격식을 차린 표현이며 다소 오래된 단어이다.

The grateful foreigner had taken him out to ***dinner*** on Tuesday night.
고맙게 여긴 외국인이 화요일 저녁에 그를 저녁 식사에 초대했다.

Workers started at 9am and finished at 5pm with an hour for ***lunch***.
노동자들은 점심 시간 한 시간을 포함해서 오전 9시에 일을 시작하여 오후 5시에 끝냈다.

An annual ***luncheon*** is held in his honour. 연례 오찬은 그의 업적을 기리고자 열린다.

3 'tea' and 'supper'

tea는 주로 영국의 중산층 이상의 사람들이 오후에 먹는 가벼운 식사로, 일반적으로 샌드위치, 케이크를 차와 함께 먹는다. **afternoon tea**는 호텔과 식당에서 자주 쓰이는 표현이다.

I invited him for ***tea*** that afternoon. 나는 그날 오후 가벼운 식사에 그를 초대했다.

Traditional ***afternoon tea*** is served. 전통적인 가벼운 식사가 제공된다.

영국의 일반 근로자 가정에서 이른 저녁에 먹는 주된 식사도 **tea**라고 한다. 이는 영국 북부, 호주, 뉴질랜드에서 더 흔히 사용되기도 한다. 영국에서는 **high tea**라고도 하지만, 현재 이는 다소 오래된 표현이다.

I bought four rashers of bacon for ***tea***. 나는 식사로 먹을 베이컨 네 조각을 샀다.

미국 영어에서는 식사를 나타낼 때, **tea**를 사용하지 않는다.

일부 사람들은 이른 저녁에 먹는 많은 양의 주된 식사를 **supper**라고 한다. 다른 사람들은 식사를 하거나 잠을 자기 전에 간단하게 먹는 음식을 **supper**라고 하기도 한다.

We had eaten a light ***supper*** at six. 우리는 6시에 가벼운 저녁 식사를 했다.

He just has ***supper***, watches telly, and goes to bed. 그는 저녁을 먹고 텔레비전을 보고 나서 잠을 잔다.

4 more formal terms(더 격식을 차린 용어)

점심 식사를 **midday meal**이라고 하며, 마찬가지로 저녁 식사는 **evening meal**이라고 한다. 그러나 일반적으로 회화에서는 이런 용어는 가정에서 먹는 식사를 가리킬 때 사용하지 않으며, 학교나 기숙사에서 제공하는 음식에만 사용한다.

5 'at' and 'over'

식사를 하는 중에 무언가를 한다고 할 때, 전치사 **at**을 사용한다.

He had told her ***at*** lunch that he couldn't take her to the game tomorrow.
그는 점심 식사 때 그녀에게 내일 그 경기에 데려갈 수 없을지도 모른다고 말했다.

Mrs Zapp was seated next to me ***at*** dinner. 잽 부인은 저녁 식사 때 내 옆에 앉았다.

어떤 일에 대해 얼마 동안 이야기를 할 경우, 특히 식사를 하면서 토론을 할 때는 보통 **over**를 사용한다.

It's often easier to discuss difficult ideas ***over*** lunch. 점심 식사 동안에 어려운 아이디어를 토의하는 게 종종 더 쉽다.

He said that he wanted to reread it ***over*** lunch. 그는 그것을 점심 식사 중에 다시 읽고 싶다고 말했다.

6 'for' and 'to'

식사가 어떤 음식으로 이루어져 있는지를 나타낼 경우, 아침, 점심 등으로 먹은 음식을 말할 때, 전치사 **for**를 사용한다.

They had hard-boiled eggs ***for*** breakfast. 그들은 아침 식사로 완숙의 삶은 달걀을 먹었다.

What's ***for*** dinner? 저녁은 무엇인가요?

누군가를 자신의 집으로 초대하여 함께 식사를 할 때, **for**나 **to**를 사용한다.

Why don't you join me and the girls ***for*** lunch, Mr Jordache?
조다쉬 씨, 저와 여자 아이들과 같이 점심 식사를 하시겠어요?

Stanley Openshaw invited him ***to*** lunch once. 스탠리 오펜쇼는 그를 점심 식사에 한 차례 초대한 적이 있었다.

7 have

식사를 하다는 흔히 **have**를 사용하여, **have (one's) breakfast**라고 한다.

When we've ***had breakfast***, you can phone for a taxi. 우리가 아침 식사를 마치면 당신은 택시를 불러주면 된다.

That Tuesday, Lo ***had her dinner*** in her room. 루는 그날 화요일에 자신의 방에서 저녁을 먹었다.

ℹ ~~have a breakfast~~ 또는 ~~have the breakfast~~라고 하지 않는다.

8 'make'

식사를 준비하다는 **make breakfast, make the breakfast, make one's breakfast**라고 한다.

I'll go and ***make dinner***. 나는 가서 저녁 식사를 준비할 것이다.
He ***makes the breakfast*** every morning. 그는 매일 아침에 식사를 준비한다.
She ***had been making her lunch*** when he arrived. 그녀는 그가 도착했을 때, 점심을 준비하고 있었다.

ℹ ~~make a breakfast~~라고 하지 않는다.

9 'a' with meals(식사에 사용하는 a)

식사를 가리키는 단어는 가산명사나 불가산명사로 사용할 수 있지만, 일반적으로는 부정관사 **a**와 함께 쓰이지 않는다. 예를 들면, '나는 데보라와 점심을 먹었다.'나 '나는 일찍 저녁 식사를 했다.'는 ~~**I had a lunch with Deborah.**~~나 ~~**I had a dinner early.**~~가 아닌 **I had *lunch* with Deborah.**나 **I had *dinner* early.**라고 한다. 그러나 그 식사가 어떤 식사인지를 묘사할 경우, **a**를 사용할 수 있다.

They had ***a quiet dinner*** together. 그들은 함께 소리를 내지 않고 저녁 식사를 했다.
He was a big man and needed ***a big breakfast***. 그는 몸집이 커서 아침을 많이 먹어야 했다.

10 meal times(식사 시간)

특정한 식사를 하는 시간을 나타낼 때, 〔식사를 나타내는 단어 + **time**〕 형식의 복합명사를 사용할 수 있다. 복합명사는 하이픈을 사용하거나 두 단어로 분리하여 쓸 수 있다.

I shall be back by ***dinner-time***. 나는 저녁 식사때까지 돌아올 것이다.
It was almost ***lunch time***. 점심 시간이 거의 다 되었다.

🇺🇸 미국 영어에서는 **dinnertime, lunchtime, suppertime, teatime**과 같은 표현을 더 선호한다. **breakfast time**은 절대 한 단어로 붙여 쓰지 않는다.

He had a great deal to do before ***lunchtime***. 그는 점심 시간 전에 해야 할 상당량의 일이 있었다.

Measurements

1 metric and imperial measurements
2 size
3 size of circular objects and areas
4 size by dimensions
5 area
6 volume
7 distance
8 distance and position
9 weight
10 temperature
11 speed, rates, and ratios
12 measurements used as modifiers and qualifiers
13 size of something abstract
14 measurement nouns before 'of'

사물의 크기, 면적, 부피, 무게, 거리, 속도, 온도를 나타낼 때, 〔숫자 · 일반 한정사 + 계량명사〕 형식을 사용한다.

...blocks of stone weighing up to a hundred ***tons***. 무게가 100톤까지 나가는 돌덩어리들.
They may travel as far as 70 ***kilometres*** in their search for fruit.
그들은 과일을 구하러 70킬로까지 이동할지도 모른다.
Reduce the temperature by a few ***degrees***. 온도를 몇 도 가량 낮추세요.

1 metric and imperial measurements(미터와 임페리얼 측정)

영국에서는 두 가지 도량형 제도를 사용하는데, 미터 제도와 임페리얼 제도(영국 법정 표준제)이다. 미터 제도는 현재 대부분의 측정 목적에 흔히 쓰이고 있다. 임페리얼 제도는 아직도 사람의 키, 몸무게, 술집에서의 술, 도로 표지판의 거리와 크리켓, 축구와 경마 등의 운동에 사용한다.

미터 제도와 임페리얼 제도는 다음 표에서 설명한 것처럼 각각 특유의 계량명사를 갖고 있다. 괄호 안은 각 제도에 관련된 명사의 약어이다.

	metric units(미터 단위)		imperial units(임페리얼 단위)	
size(크기) / distance(거리)	millimetre	(mm)	inch	(in 또는 ")
	centimetre	(cm)	foot	(ft 또는 ')
	metre	(m)	yard	(yd)
	kilometre	(km)	mile	(m)
area(면적)	hectare	(ha)	acre	(a)
volume(부피)	millilitre	(ml)	fluid ounce	(fl oz)
	centilitre	(cl)	pint	(pt)
	litre	(l)	quart	(q)
			gallon	(gal)
weight(무게)	milligram	(mg)	ounce	(oz)
	gram	(g)	pound	(lb)
	kilogram	(kg)	stone	(st)
	tonne	(t)	hundredweight	(cwt)
			ton	(t)

미터 단위는 소수점 이하의 숫자를 사용할 수 있다. 예를 들면, 길이 1.68미터는 **1.68 metres long**이라고 하고, 무게 4.8킬로그램은 **4.8 kilograms**라고 한다. 임페리얼 단위에서는 소수점 대신 분수를 자주 사용하는데, $6\frac{3}{4}$ 인치는 **six and three-quarter inches**라고 하며, 밀 $1\frac{1}{2}$톤은 **one and a half tons of wheat**라고 한다. 때때로 **kilogram** 대신 **kilo**를, **tonne** 대신 **metric ton**을 사용하기도 한다.

미국 영어에서는 미터 제도를 군대, 의료, 과학적인 목적을 제외하고는 잘 쓰지 않는다. 철자는 **metre**와 **litre** 대신 **meter**와 **liter**를 쓴다. **stone**과 **hundredweight**와 같은 용어는 거의 쓰지 않는다. 미국에서 사용하는 **pints**, **quarts**, **gallons**는 영국 것보다 조금 더 양이 적다.

2 size(크기)

어떤 것의 크기를 나타낼 때, 보통 〔be동사 + 숫자 + 계량명사 + 형용사〕 형식을 사용한다.

The water was ***fifteen feet deep***. 물속의 깊이는 15피트였다.
One of the layers is ***six metres thick***. 그 막 중 한 겹의 두께는 6미터이다.

복수형 **feet**뿐만 아니라 단수형 **foot**도 숫자와 함께 쓸 수 있다.

The spears were about ***six foot long***. 그 작살의 길이는 약 6피트였다.

feet과 **inches**를 사용하여 크기를 나타낼 경우, **inches**는 사용할 필요가 없다. 예를 들면, 2피트 6인치는 ~~**two feet six**~~나 ~~**two foot six inches**~~가 아닌 **two foot six long**이라고 한다.
He's Italian, and immensely tall, ***six feet six inches***. 그는 6피트 6인치에 달하는 굉장한 키의 이탈리아인이다.

측정에 관한 언급이 분명한 경우, **feet**와 **inches**의 의미를 알기 때문에 측정하는 단어를 전혀 사용할 필요가 없다.
At ***six two*** he's not exactly inconspicuous. 키가 6피트 2인치인 그는 엄밀히 눈에 잘 띄지 않는 것은 아니다.

다음 형용사는 크기를 나타내는 계량명사 뒤에 쓸 수 있다.

deep	high	long	tall
thick	wide		

narrow, shallow, low, thin 등의 형용사를 사용하지 않는다. 사람의 키를 언급할 때, 형용사 **tall**을 사용하거나 생략 가능하다.

She was ***six feet tall***. 그녀는 키가 6피트였다.

He was ***six foot six***. 그는 키가 6피트 6인치였다.

ℹ 형용사 high는 사람의 키에는 사용하지 않으며, 갓난아이의 키는 tall이 아닌 long을 사용한다.

어떤 것의 폭의 길이를 나타낼 때는 **wide** 대신 **across**를 사용할 수 있다.

...a squid that was 21 metres long with eyes ***40 centimetres across***.
두 눈 사이의 길이가 40센티미터이며 길이가 21미터인 오징어 한 마리.

크기를 나타낼 때 형용사를 사용하는 대신 계량명사 뒤에 다음과 같은 전치사구를 사용할 수 있다.

in depth	in height	in length	in thickness	in width

They are thirty centimetres ***in length***. 그것들의 길이는 30센티미터이다.
He was five feet seven inches ***in height***. 그는 키가 5피트 7인치였다.

어떤 것의 크기를 물어볼 때, 〔how + 형용사〕 형식을 사용한다. 이때 덜 구체적인 형용사 **big**을 사용할 수도 있다.

How tall is he? 그는 키가 얼마나 됩니까?
How big is it going to be? 그것의 크기는 얼마나 되겠습니까?

3 size of circular objects and areas(원형 물체와 면적의 크기)

원형 물체나 면적의 크기를 나타낼 때, 원의 둘레는 **in circumference**, 직경은 **in diameter**를 사용할 수 있다. 특정한 길이의 반지름을 나타낼 때도 **radius**를 사용하지만, **in radius**라고 하지는 않는다.

Some of its artificial lakes are ***ten or twenty kilometres in circumference***.
그곳의 일부 인공 호수는 둘레가 10~20킬로미터이다.
They are about ***nine inches in diameter***. 그것들의 지름은 약 9인치이다.
It had ***a radius of fifteen kilometres***. 그것의 반지름은 15킬로미터였다.

4 size by dimensions(면적의 크기)

어떤 것의 크기나 면적의 크기를 완전하게 나타낼 때, 가로와 너비 또는 가로, 너비, 깊이를 측정하여 사물의 용적을 나타낸다. 어떤 물체나 면적의 크기를 측정할 때 **and**, **by**, 곱하기 표시인 **x**(**by**로 발음함)를 사용하여 숫자를 분리한다. 동사는 **be**동사나 **measure**를 사용한다. **long**과 **wide**와 같은 형용사를 사용하거나 생략할 수도 있다.

Each frame ***was four metres tall and sixty-six centimetres wide***. 각각의 액자는 높이 4미터에 폭 66센티미터였다.
The island ***measures*** about ***25 miles by 12 miles***. 그 섬은 대략 폭이 25마일에 길이가 12마일이다.
The box ***measures*** approximately ***26 inches wide x 25 inches deep x 16 inches high***.
그 상자는 대략 폭이 26인치에 깊이는 25인치이며 높이는 16인치이다.

용적을 정확히 하고자 할 경우, 크기 뒤에 **in size**를 붙일 수 있다.

...two sections, each 2 x 2 x 1 metres ***in size***. 각각 2x2x1미터 크기의 두 부분.

5 area(면적)

길이의 단위 앞에 제곱을 사용하여 주로 면적을 나타낸다. 예를 들면, **a square metre**는 길이가 1미터인 것을 제곱한 면적이 1제곱미터임을 나타낸다.

He had cleared away about ***three square inches***. 그것들은 300제곱 인치의 면적을 청소했다.
They are said to be as little as ***300 sq cm***. 그것들은 면적이 300제곱 센티미터 정도라고 알려져 있다.

면적을 정확히 나타낼 경우, **in area**를 붙일 수 있다.

These hot spots are often hundreds of square miles ***in area***. 흔히 이러한 환락가의 면적은 100평방 마일 정도이다.

정사각형의 사물이나 면적을 나타낼 때는 각각의 면의 길이 뒤에 **square**를 붙인다.

Each family has only one room ***eight or ten feet square***.
각각의 가족은 가로세로 길이가 8x8피트나 10x10피트인 방을 하나만 갖고 있다.
...an area that is ***25 km square***. 가로세로의 길이가 25x25킬로미터인 지역.

주의 **square**의 두 가지 용법을 혼동해서는 안 된다. **a room five metres square**는 방의 넓이가 25제곱미터라는 뜻이다.

넓은 땅의 면적을 나타낼 때는 **hectare**와 **acre**를 자주 사용한다.

In 1975 there were ***1,240 million hectares*** under cultivation. 1975년에 12억 4천만 헥타르가 경작되었다.

His land covers ***twenty acres***. 그가 가진 땅은 20에이커에 달한다.

6 volume(부피)

부피는 어떤 물체가 차지하거나 포함하는 공간의 양이다. 일반적으로 부피는 길이의 단위 앞에 **cubic**을 사용하여 표기한다. 예를 들면, 10입방 센티미터는 10 **cubic centimetres**이며, 200세제곱 피트는 200 **cubic feet**이라고 한다.

Its brain was close to ***500 cubic centimetres(49 cubic inches)***.
그것의 뇌의 부피는 500입방 센티미터(= 49입방 인치)에 가까웠다.

액체와 가스의 부피를 나타낼 때, **litre**, **gallon** 등의 단위를 사용한다.

Wine production is expected to reach ***4.1 billion gallons*** this year.
포도주의 생산량은 올해 41억 갤런에 달할 것으로 예상된다.

The amount of air being expelled is about ***1,000 to 1,500 mls***.
빠져나가는 공기의 양은 약 1,000에서 1,500밀리리터이다.

ℹ 영국에서 a pint는 자주 1파인트의 맥주를 가리킨다.

A lorry driver came into the pub for ***a pint***. 한 트럭 운전사가 1파인트의 맥주를 마시러 술집으로 들어갔다.

7 distance(거리)

어떤 것에서 다른 것까지의 거리를 나타낼 때, 〔숫자 + 계량명사 + **from** · **away from** · **away**〕 형식을 사용할 수 있다.

...when the fish are ***60 yds from the beach***. 물고기들이 해안에서 60야드 떨어져 있을 때.

These offices were approximately ***nine kilometres away from the centre***.
이러한 사무실들은 중앙에서 약 9킬로미터 정도 떨어진 곳에 있었다.

She sat down about ***a hundred metres away***. 그녀는 약 100미터 정도 떨어진 곳에 앉았다.

어떤 곳으로 이동하는 데 걸리는 시간도 거리를 나타낼 때 사용할 수 있다.

It is ***half an hour from the Pinewood Studios*** and ***forty-five minutes from London***.
그곳은 파인우드 스튜디오스에서 30분 거리, 런던에서는 45분 거리에 있다.

They lived only ***two or three days away from Juffure***. 그들은 2~3일만 주푸레에서 떨어져 살았다.

이동 거리는 이동 수단을 사용하여 더 정확히 나타낼 수 있다.

It is less than ***an hour's drive from here***. 그곳은 여기에서 자동차로 한 시간이 덜 걸리는 지점에 있다.

It's about ***five minutes' walk from the bus stop***. 그곳은 버스 정류장에서 걸어서 약 5분 거리에 있다.

어떤 곳까지의 거리를 물어볼 때 **how far**와 **from**을 함께 사용하거나, **how far**와 **it**(비인칭주어) **to**를 함께 사용한다.

How far is Chester ***from here***? 여기에서 체스터까지 거리가 얼마나 됩니까?

How far is it to Charles City? 찰스 시티까지 가는 거리가 얼마나 됩니까?

ℹ 거리를 나타낼 때는 far를 사용하지 않는다.

➲ Usage 표제어 far 참조.

8 distance and position(거리와 위치)

어떤 것의 거리와 위치를 다른 장소나 목적물과 관련하여 나타낼 때, 그 거리는 다음과 같은 전치사 앞에 사용할 수 있다.

above	across	along	behind
below	beneath	beyond	down
inside	into	off	out of
outside	over	past	under
underneath	up		

He guessed that he was about ***ten miles above the surface***.
그는 자신이 지상에서 약 10마일 정도 위에 있다고 추측했다.

Maurice was only ***a few yards behind him***. 모리스는 그의 뒤에서 불과 몇 야드 떨어져 있었다.

위의 전치사 중 **across, into, over, past** 등을 제외한 나머지 전치사는 거리를 나타내는 단어 뒤에서 부사로 쓸 수 있다. **apart, in, inland, offshore, on, out**과 같은 부사도 사용할 수 있다.

These two fossils had been lying about ***50 feet apart*** in the sand.
이러한 두 개의 화석은 모래 속으로 약 50피트 정도 깊이로 매장되어 있었다.

We were now ***forty miles inland***. 우리는 이제 내륙의 40마일 지점에 있었다.

A few metres further on were other unmistakable traces of disaster.
몇 미터를 더 가니 다른 재앙의 명백한 흔적들이 있었다.

거리는 **north of, to the east of, to the left**와 같은 구 앞에 쓸 수 있다.

He was ***some miles north of Ayr***. 그는 에어에서 북쪽으로 몇 마일 지점에 있었다.

The low crest ***1,000 metres away to the east*** was dimly visible.
동쪽으로 1000미터 떨어져 있는 낮은 산등성이가 희미하게 보였다.

The maker's name was engraved ***a millimetre to the right of the '2'***.
제조 회사의 이름이 2라는 숫자에서 오른쪽으로 1밀리미터 지점에 새겨졌다.

It had exploded ***100 yards to their right***. 그것은 그들의 오른쪽에서 100야드 떨어진 곳에서 폭발했다.

9 weight(무게)

사물이나 동물의 무게를 나타낼 경우, 동사 **weigh**를 사용한다.

The statue ***weighs*** fifty or more kilos. 그 조각상은 무게가 50킬로그램 이상 나간다.

The calf ***weighs*** 50 lbs. 그 송아지의 무게는 50파운드이다.

사람의 몸무게를 나타낼 때, 동사 **weigh**나 **be**를 사용할 수 있다. 영국 영어에서는 일반적으로 단수형으로 **stone**을 사용한다.

He ***weighs*** about nine and a half ***stone***. 그는 몸무게가 9.5스톤 정도 나간다.

You***'re*** about ten and a half ***stone***. 당신은 몸무게가 대략 10.5스톤 나간다.

stone와 **pound**를 사용하여 무게를 나타낼 경우, **pound**는 생략 가능하다. 예를 들면, 12스톤 4파운드는 **twelve stone four**라고 한다.

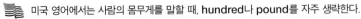

! 보통 ~~twelve stones four~~ 또는 ~~twelve stone four pounds~~라고 하지 않는다. ~~two pounds heavy~~가 아닌 two pounds in weight라고 한다.

I put on nearly a stone ***in weight***. 나는 몸무게가 거의 1스톤이나 불었다.

미국 영어에서 모든 무게는 보통 **pound**나 **ton**로 표현한다. **stone**과 **hundredweight**는 거의 쓰이지 않는다.

Philip Swallow weighs about ***140 pounds***. 필립 스왈로의 몸무게는 약 140파운드이다.

미국 영어에서는 사람의 몸무게를 말할 때, **hundred**나 **pound**를 자주 생략한다.

I bet he weighs ***one seventy***, at least. 나는 그의 몸무게가 적어도 170파운드는 나간다고 확신한다.

사람이나 사물의 무게를 물어볼 때, **How much...weigh?**을 사용할 수 있다.

How much does the whole thing ***weigh***? 물건 전체의 무게가 얼마나 됩니까?

How heavy...?를 사용할 수도 있다.

How heavy are they? 그들의 몸무게는 얼마나 됩니까?

10 temperature(온도)

온도는 섭씨(**centigrade**, 자주 **°C**로 표기함)나 화씨(**Fahrenheit**, 자주 **°F**로 표기함)로 사용한다. 일상적으로 말할 때는 미터 용어인 **centigrade**(섭씨)를 사용하는 반면, 과학적인 용어인 **Celsius**는 같은 비율의 척도를 나타내는 데 쓰인다.

The temperature was still ***23 degrees centigrade***. 온도는 여전히 섭씨 23도였다.

...about ***30 degrees Celsius***. 섭씨 약 30도.

It was *9°C*, and felt much colder. 섭씨 9도여서 훨씬 더 추웠다.
The temperature was probably *50°F*. 온도는 아마 화씨 50도였을 것이다.

도수의 눈금을 알고 있는 경우, **degrees**로 온도를 나타낼 수 있다.

It's *72 degrees* down here and we've had a dry week. 이곳은 72도로 우리는 습하지 않은 한 주일을 보냈다.

미국에서는 추운 날씨의 온도를 자주 **degrees below freezing**이나 **degrees below zero**라고 표현한다. 영국에서 **below zero**는 일반적으로 섭씨 0도 이하를, 미국에서는 화씨 0도 이하를 뜻하며 이 온도가 훨씬 더 추운 것이다.

...when the temperature is *fifteen degrees below freezing*. 온도가 영하 15도일 때.
It's amazingly cold: must be *twenty degrees below zero*. 너무나 추운 걸 보니 영하 20도임에 틀림없다.

11 speed, rates, and ratios(속도, 비율, 요율)

속도는 특정한 시간 단위에서 물체가 움직인 거리로, 〔**kilometre** · **mile** 등 + **per** · **a** · **an** + 시간 단위를 나타내는 명사〕 형식을 사용한다.

Wind speeds at the airport were *160 kilometres per hour*. 비행장의 풍속은 시간당 160킬로미터였다.
He'd been driving at *10 miles an hour*. 그는 시간당 10마일로 운전하고 있었다.

속도, 비율, 압력을 글로 쓸 때, 계량 단위로 약어 사이에 **per** 대신 기호 '/'를 사용할 수 있다.

...a velocity of *160 km/sec*. 초당 160킬로미터의 속도.

다른 비율과 요율을 나타낼 경우에도 **per**, **a**, **an**을 사용한다.

...a heart rate of *70 beats per minute*. 분당 70회의 심장 박동 수.
He earns *two rupees a day* collecting rags and scrap paper. 그는 넝마나 휴지 조각을 모아서 하루에 2루피를 번다.
A quarter of the annual rainfall comes in showers of *sixty millimetres an hour*.
연 강수량의 4분의 1이 시간당 60밀리미터의 소나기 형태로 내린다.

시간의 길이나 계량 단위가 아닌 명사 앞에도 **per**를 사용한다.

In Indonesia there are 18,100 people *per doctor*. 인도네시아에는 의사 한 명당 18,100명의 사람들이 있다.
I think we have more paper *per employee* in this department than in any other.
내 생각에 이 부서는 다른 부서보다 직원 한 명당 더 많은 서류 작업을 하는 것 같다.

i per person이나 a person 대신 per head나 a head를 자주 사용한다.

The average cereal consumption *per head* per year in the U.S.A. is 900 kg.
미국에서 연평균 1인당 곡물 소비량은 900킬로그램이다.

비율과 요율을 나타내는 경우에도 **to the**를 사용할 수 있다.

The exchange rate would soon be *$2 to the pound*. 환율은 곧 1파운드당 2달러가 될 것이다.
Those German Fords got *forty-three miles to the gallon*. 그 독일산 포드 자동차들은 1갤런당 43마일을 달렸다.

12 measurements used as modifiers and qualifiers(수식어와 한정사로 사용하는 치수)

〔크기, 면적, 부피, 거리, 무게를 나타내는 수식어 + 명사〕 형식을 사용할 수 있다.

...a *5 foot 9 inch* bed. 5피트 9인치의 침대.
15 cm x 10 cm posts would be ideal. 15x10센티미터의 우편이 이상적인 크기이다.
...a *2-litre* engine. 2리터 용량의 엔진.
...a *20-mile journey* that took two-and-a-half hours. 두 시간 반이 걸리는 20마일의 여행.
The *4,700 pound* bomb was dropped on a single target. 하나의 목표 지점에 4,700파운드의 폭탄이 투하되었다.

i long, high와 같은 형용사를 쓸 수도 있다.

단순히 〔숫자 + 계량명사〕 형식을 사용할 경우, 자주 하이픈을 쓴다.

...a *five-pound* bag of lentils. 5파운드의 렌즈콩이 담긴 자루.
We finished our *500-mile* journey at 4.30 p.m. on the 25th September.
우리는 9월 25일 오후 4시 30분에 500마일의 여행을 마쳤다.

> **주의** 계량명사는 앞에 숫자가 오더라도 복수형이 아닌 단수형을 사용한다. 예를 들면, ~~a ten-miles walk~~가 아닌 **a ten-mile walk**라고 한다. 그러나 측정 단위가 실제 운동 경기 종목의 이름인 경우에는 복수형으로 사용한다. 예를 들면, **the 100 metres record**라고 하며, 100미터 경기 기록이라는 뜻이다.
> ...winning the 100 ***metres*** breaststroke. 100미터 평영에서 우승.

척도를 표현할 때, 보통 (명사 + 형용사 · **in**을 사용한 구) 형식을 사용할 수 있다.

There were seven main bedrooms and a sitting-room ***fifty feet long***.
7개의 주 침실과 길이가 50피트인 거실이 있었다.

...a giant planet over ***30,000 miles in diameter***. 지름이 30,000마일이 넘는 대규모 위성.

어떤 것의 넓이나 무게를 나타낼 때, **covering, measuring, weighing**과 같이 **-ing**형을 사용할 수도 있다.

...a largish park ***covering 40,000 square feet***. 4만 평방 피트에 달하는 상당히 넓은 공원.

...a square area ***measuring 900 metres on each side***. 가로세로가 900미터인 광장 지면.

...an iron bar ***weighing fifteen pounds***. 15파운드 무게의 철봉.

of로 시작하는 구를 사용하여 어떤 것의 넓이나 부피를 나타낼 수도 있다.

...industrial units ***of less than 15,000 sq ft***. 1만 5천 평방 피트보다 조금 작은 산업 단지들.

...an empire ***of 13 million square miles*** and 360 million people.
1천 3백만 평방 마일의 국토에 인구 3억 6천만의 제국.

...vessels ***of 100 litres***. 100리터를 담을 수 있는 용기(容器)들.

13 size of something abstract(추상적인 것의 크기)

면적, 속도, 증가 등의 추상적인 것이 얼마나 큰지를 나타낼 경우, **of**를 사용한다.

There were fires burning over a total area ***of about 600 square miles***.
모두 합해 약 600평방 마일 이상의 지역에 화재가 났다.

...speeds ***of nearly 100 mph***. 시간당 거의 100마일의 속도.

...an increase ***of 10 per cent***. 10퍼센트의 증가.

백분율이나 봉급을 말하는 경우에도 수식어를 자주 사용할 수 있다.

...a ***71 per cent*** increase in earnings. 수입의 71퍼센트 증가.

...his ***£25,000-a-year*** salary. 2만 5천 유로인 그의 연봉.

14 measurement nouns before 'of'(of 앞에 오는 계량명사)

특정한 길이, 면적, 부피, 무게가 있는 것의 양을 가리킬 때, 자주 (계량명사 + **of**) 형식을 사용한다.

...20 ***yds of*** nylon. 20야드 길이의 나일론.

Americans consume about 1.1 billion ***pounds of*** turkey and 81 million ***gallons of*** hard liquor at this time.
미국인들은 이맘때에 칠면조 고기 11억 파운드와 알코올 도수가 높은 8천 1백만 갤런의 술을 소비한다.

측정 단위 이외에도 **a half**는 술집에서 반 잔의 술을 가리킬 때 자주 사용한다. 야채와 같은 것들의 4분의 1파운드를 가리킬 때에는 **a quarter**를 사용한다.

I'll have a ***half of*** lager. 나는 라거 맥주 반 잔을 마실 것이다.

A ***quarter of*** mushrooms, please. 버섯 0.25파운드 주세요.

➲ 그 밖의 양을 가리키는 방법에 대한 정보는 **Grammar** 표제어 **Quantity**와 **Topic** 표제어 **Pieces and amounts** 참조.

Money

영국의 화폐 단위는 **pound**와 **pence**를 사용하며, **100 pence**가 **1 pound**이다.

1 writing amounts of money(돈의 액수를 글로 쓰기)

돈의 액수를 숫자로 쓸 때, 파운드 부호인 £는 숫자 앞에 온다. 예를 들면, **two hundred pounds**(200파운드)는 £200로 표기한다. **million**은 때때로 축약하여 **m**으로, **billion**은 **bn**으로 쓰기도 한다. **k**와 **K**는 때때로 연봉을 언급할 때 **thousand** 대신 약어로 사용하기도 한다.

About ***£20m*** was invested in the effort. 그 노력에 약 2천만 파운드가 투자되었다.
...generating revenues of ***£6bn***. 발생한 60억 파운드의 수입.
...Market Manager, ***£30k*** + bonus + car. 시장 담당 부장은 연봉 3만 파운드 + 상여금 + 자동차.

돈의 액수가 펜스로만 이루어진 경우, 숫자 뒤에 철자 **p**가 온다. 예를 들면, **fifty pence**(50펜스)는 50**p**로 쓴다.

돈의 액수가 파운드와 펜스로 이루어진 경우, 파운드의 부호를 쓴다. 그리고 마침표로 **pound**와 **pence**를 분리하며, **pence** 뒤에는 **p**를 쓰지 않는다. 예를 들면, **two pounds fifty pence**(2파운드 50펜스)는 £2.50로 쓴다.

2 saying amounts of money(돈의 액수 말하기)

pence로만 이루어진 돈의 액수를 읽을 때, 숫자 뒤에 **pence**나 **p**(**pea**처럼 발음함)를 사용한다. **pounds**와 **pence**로 이루어진 돈의 액수를 읽을 때는 보통 **pence**를 사용하지 않는다. 예를 들면, **two pounds fifty**라고 읽는다.

> **주의** 회화에서는 때때로 2파운드 이상일 때는 **pounds**가 아닌 **pound**를 사용하기도 한다. 예를 들면, **I get ten *pound* a week.**이라고 하지만 많은 사람들이 이를 틀린 것으로 여기므로 **pounds**를 사용해야 한다.

돈의 액수가 명확한 경우, 자주 **pound**와 **pence**를 생략한다.

At the moment they're paying £2 for their meal, and it costs us ***three***.
지금 그들은 식사비로 2파운드를 내는데 우리는 3파운드를 지불한다.
'I've come to pay an account.' – 'All right then, fine, that's ***four seventy-eight sixty*** then, please.'
"계산하러 왔어요." – "알겠어요. 좋아요. 자, 478파운드 60펜스입니다."

매우 격식을 차리지 않는 화법에서는 **pound**나 **pounds** 대신에 자주 **quid**를 사용한다.

'How much did you have to pay?' – 'Eight ***quid***.' "당신은 얼마나 지불해야 했습니까?" – "8파운드요."

3 asking and stating the cost of something(어떤 것의 가격을 묻고 말하기)

어떤 것의 가격을 묻거나 말하는 경우, **be**동사를 사용한다. 가격을 물어볼 때는 **How much...?**로 시작하는 의문문을 사용한다.

How much ***is*** that? 저것은 얼마입니까?
The cheapest ***is*** about eight pounds. 가장 저렴한 것이 대략 8파운드입니다.

동사 **cost**를 사용할 수도 있는데, 이는 좀 더 격식을 차린 단어이다.

How much will it ***cost***? 그것은 얼마나 할까요?
They ***cost*** several hundred pounds. 그것은 수백 파운드가 나간다.

어떤 물건을 산 사람을 언급할 경우, 〔cost + 대명사 · 명사구〕 형식을 사용한다.

It would cost ***me*** around six hundred. 나는 그것을 사는 데 600파운드를 지불하게 될 수도 있다.

4 notes and coins(지폐와 동전)

지폐를 가리킬 때, **note**를 사용한다. 영국 화폐에서 지폐에는 5, 10, 20, 50 **pounds**가 있다.

You didn't have a five-pound ***note***, did you? 5파운드짜리 지폐가 없었지요. 그렇지요?

Several paid on the spot in ***notes***. 여러 명이 그 자리에서 지폐로 지불했다.

~~a five-pounds note~~라고 하지 않는다.

coin은 동전을 가리킬 때 사용한다. 영국 화폐에는 1, 2, 5, 10, 20, 50 **pence**와 1 **pound**(1파운드)와 2 **pounds**(2파운드)짜리 동전이 있다.

You should make sure that you have a ready supply of ***coins*** for telephoning.
당신은 언제라도 전화를 걸 수 있는 충분한 동전을 확실히 준비해야 한다.

특정한 액수의 가치가 있는 동전을 가리킬 경우, 보통 **piece**를 사용한다.

That fifty pence ***piece*** has been there all day. 저 50펜스짜리 동전 한 닢은 온종일 저곳에 있었다.

The machine wouldn't take 10p ***pieces***. 10펜스짜리 동전은 그 기계에 투입하지 못한다.

자신이 가지고 있는 동전을 **change**라고 한다.

He rattled the loose ***change*** in his pocket. 그는 호주머니 속의 잔돈을 짤랑짤랑 흔들었다.

5 expressing a rate(비율 표현하기)

사용하거나 받은 돈의 비율을 표현할 경우, 돈의 액수 뒤에 **a**나 **per**를 사용하는데 **per**는 더 격식을 차린 단어이다.

He gets £180 ***a week***. 그는 일주일에 180파운드를 받는다.

Farmers spend more than half a billion pounds ***per year*** on pesticides.
농부들은 살충제에 한 해 5억 파운드 이상을 소비한다.

per year 대신 **per annum**을 때때로 사용하기도 한다.

...staff earning less than £11,500 ***per annum***. 매년 1만 1천 5백 파운드 이하를 버는 직원.

6 expressing quantity by cost(가격으로 액수 표현하기)

어떤 것의 가격을 사용하여 액수를 나타낼 때, **worth of**를 사용한다.

You've got to buy ***thousands of pounds worth of stamps*** before you get a decent one.
괜찮은 우표 한 장을 얻기에 앞서 수천 파운드의 값어치에 달하는 우표를 구입해야 한다.

He owns some ***20 million pounds worth of property*** in Mayfair.
그는 메이페어에서 약 2천만 파운드에 달하는 부동산을 소유하고 있다.

7 American currency(미국의 화폐)

미국의 화폐 단위는 **dollar**와 **cent**를 사용하며, 100 **cents**가 1 **dollar**이다. 미국인들은 지폐를 **bill**이라고 하며 1, 2, 5, 10, 20, 50, 100 **dollars**의 지폐가 있다. 100달러보다 고액의 지폐는 은행 간에서만 거래된다.

Ellen put a five-dollar ***bill*** and three ones on the counter.
엘렌은 5달러짜리 지폐 한 장과 1달러짜리 지폐 3장을 계산대에 올려놓았다.

동전은 1, 2, 5, 10, 25, 50 **cents**가 있다. 흔히 **penny**(1 cent), **nickle**(5 cents), **dime**(10 cents), **quarter**(25 cents), **half-dollar**(50 cents)라는 특정 단어로 지칭한다.

I had just that – a dollar bill, a ***quarter***, two ***dimes*** and a ***nickel***, and three ***pennies***.
나는 1달러 지폐 한 장, 25센트 동전 한 개, 10센트 동전 두 개, 5센트 동전 한 개, 1센트 동전 세 개만 있었다.

상당히 격식을 차리지 않는 화법에서는 **dollar** 대신 **buck**을 자주 사용한다.

I got 500 ***bucks*** for it. 나는 그것을 500달러에 샀다.

돈의 액수를 글로 쓸 때 **dollar**는 부호 $로, **cents**는 ¢로 표기한다. 예를 들면, **two hundred dollars**(200달러)는 $200, **fifty cents**(50센트)는 50¢, **two dollars fifty cents**(2달러 50센트)는 $2.50라고 쓴다.

🅘 dollar와 cent로 된 돈의 액수를 읽을 때, 보통 cent는 생략한다. 예를 들면, two dollars fifty나 간단히 two fifty라고 한다.

8 other currencies(다른 나라 화폐)

많은 나라가 같은 화폐 단위를 사용한다. 어떤 나라의 화폐를 가리킬 때, 국적을 나타내는 형용사를 사용한다.

...a contract worth 200 million ***Canadian dollars***. 20억 캐나다 달러의 가치가 있는 계약서.

It cost me about thirteen hundred ***Swiss francs***. 나는 그것을 1,300 스위스 프랑에 샀다.

🅘 어떤 나라들 간에 공통적인 화폐 단위를 쓰기도 하지만, 다른 화폐 단위를 갖기도 한다. 예를 들면, 영국은 pound와 pence를 쓰지만, 이집트는 pound와 piastre를 쓴다.

환율을 나타낼 때는 〔한 나라의 화폐 단위 + **to the** + 다른 나라의 화폐 단위〕 형식을 사용한다.

The rate of exchange while I was there was 1.40 euros ***to the*** pound.
내가 그곳에 있을 때, 환율은 1파운드에 1유로 40센트였다.

Names and titles

1 kinds of names	8 referring to a family
2 short forms	9 using a determiner with names
3 nicknames	10 titles
4 spelling	11 titles of relatives
5 initials	12 titles before 'of'
6 referring to someone	13 plurals of titles
7 referring to relatives	14 very formal titles

이 표제어에서는 이름과 직함에 대한 기본적인 정보를 주며 어떤 사람에 대해 말하거나 글로 쓸 때 사용하는 방법에 대해 설명한다. 다른 사람에게 말을 하거나 글을 쓸 때도 그 사람의 이름이나 직함을 사용한다.

➲ 어떤 사람과 이야기할 경우, 이름과 호칭의 사용에 대한 정보는 **Topic** 표제어 **Addressing someone** 참조.
➲ 어떤 사람에게 편지를 쓰는 경우, 이름과 호칭의 사용에 대한 정보는 **Topic** 표제어 **Letter writing** 참조.

1 kinds of names(이름의 종류)

영어권 나라의 사람들은 **first name**(이름, **given name**이라고도 함)은 부모가 지은 것이며, **surname**(성:姓 **family name**, **last name**이라고도 함)은 부모 두 명 모두나 한 명의 성(姓)을 갖고 있다.

대부분의 사람들은 **middle name**(중간 이름)이 있는데, 이 역시 부모가 지어준 이름이다. 중간 이름은 일반적으로 완전하게 사용하지는 않지만 머리글자(첫 번째 철자)는 특히 미국에서 사용하기도 한다.

...the assassination of John F. Kennedy. 존 에프 케네디의 암살.

기독교인이 자식에게 지어주는 세례명은 **Christian name**이라고 한다. 공식적인 서류에는 **first name**이나 **forename**을 사용한다. 과거에는 결혼한 여성은 항상 남편의 성(姓)을 따랐으나, 현재는 결혼 후에도 자신의 성(姓)을 계속 사용하기도 한다.

2 short forms(축약형)

특히 회화에서 상대방의 이름은 격식을 차리지 않고 보통 더 축약하여 사용한다. 예를 들면, 이름이 **James**이면 **Jim**이나 **Jimmy**로 줄여서 부른다.

3 nicknames(별명)

때때로 친구의 이름을 지어내기도 하는데, 예를 들면, **Lofty**(키가 큼을 의미함) 등이 있다. 이러한 별명을 **nickname**이라고 한다.

4 spelling(철자)

사람 이름은 대문자로 시작한다.

...John Bacon. 존 베이컨.
...Jenny. 제니.
...Smith. 스미스.

Mac, Mc, O'로 시작하는 이름은 다음에 오는 단어의 첫 번째 철자를 자주 대문자로 쓴다.

Eliott is the first athlete to be coached by ***McDonald***. 엘리엇은 맥도날드에게 훈련을 받은 첫 번째 육상 선수이다.
...the author of the article, Mr Manus ***O'Riordan***. 그 논문의 저자인 매너스 오리오단 씨.

영국에서 일부 사람들은 성(姓)이 두 단어일 때, 하이픈으로 연결하거나 각각 분리하여 쓴다.

...John ***Heath-Stubbs***. 존 히스 스터브즈.
...Ralph ***Vaughan Williams***. 랠프 본 윌리암스.

5 initials(머리글자)

머리글자는 이름, 중간 이름, 성 또는 이름과 중간 이름을 시작하는 대문자들을 말한다. 예를 들면, 어떤 사람의 성명이 **Elizabeth Margaret White**일 경우, 머리글자는 **EMW**라고 하거나 성(姓)이 **White**이면 머리글자는 **EM**이다. 때때로 각 머리글자 뒤에 점을 넣어서 **E.M.W.**라고 하기도 한다.

6 referring to someone(어떤 사람 가리키기)

아는 사람에 대해 말할 경우, 그 사람의 이름을 사용한다.

John and I have discussed the situation. 존과 나는 그 상황에 대해 상의했다.
Have you seen ***Sarah***? 당신은 사라를 봤습니까?

가리키는 사람을 명확하게 말할 필요가 있거나 그 사람을 잘 알지 못할 경우, 일반적으로 이름과 성(姓)을 모두 사용한다.

If ***Matthew Davis*** is unsatisfactory, I shall try ***Sam Billings***.
매튜 데이비스가 마음에 차지 않는다면, 나는 샘 빌링스를 시험해 볼 것이다.

잘 알지 못하거나 예의를 갖춰 말할 경우, 칭호와 성(姓)을 사용한다. 때때로 더 정중한 표현으로 쓰이기보다는 나이가 훨씬 더 많은 사람을 가리킬 때 사용한다.

Mr Nichols can see you now. 니콜스 씨는 지금 당신을 만날 수 있다.
We'd better not let ***Mrs Townsend*** know. 우리는 타운센드 부인에게 알려주지 않는 게 좋을 것 같다.

칭호에 대한 정보는 이후에 **title** 표제어에서 나온다.

회화에서는 일반적으로 사람의 칭호와 성명을 사용하지 않지만, 방송이나 격식을 차린 글에서는 때때로 칭호와 성명을 함께 사용하기도 한다.

An even more ambitious reading machine has been developed by ***Professor Jonathan Allen*** at the Massachusetts Institute of Technology.
훨씬 더 야심차게 개발된 문서 해독 장치는 MIT공대의 조나단 앨런 교수가 개발했다.

일반적으로 글에서는 머리글자와 성(姓)만 쓰는데, 회화에서는 사용하지 않는다. 그러나 잘 알려진 사람들은(특히 작가) 이름보다는 머리글자를 사용한다. 예를 들면, **T.S. Eliott**과 **J.G. Ballard**가 있다.

유명한 작가, 작곡가, 화가, 예술가는 성(姓)만 사용한다.

...the works of ***Shakespeare***. 셰익스피어의 작품들.

다른 유명인도 때때로 위와 같은 방법으로 쓰기도 한다. 여성보다 남성을 지칭할 때 성(姓)을 자주 사용한다.

7 referring to relatives(친척 가리키기)

부모와 조부모를 지칭하는 명사 **father, mum, grandpa, granny** 등은 이름처럼 사용되기도 한다.

Mum will be pleased. 어머니가 즐거워하실 것이다.
You can stay with ***Grandma*** and ***Grandpa***. 당신은 할머니와 할아버지와 함께 머물 수 있다.

8 referring to a family(한 가족 가리키기)

한 가족이나 결혼한 부부를 가리킬 때, **the**와 성(姓)의 복수형을 사용한다.

...some friends of hers called ***the Hochstadts***. 호치스타트 가족이라고 불리는 그녀의 일부 친구들.

9 using a determiner with names(이름과 함께 한정사 사용하기)

이름은 일반적으로 한정사 없이 사용한다. 그러나 격식을 차리거나 사업적인 상황에서는 알지 못하거나 전에 들어 보지 못한 사람의 이름 앞에 **a**를 사용할 수 있다.

You don't know ***a Mrs Button-Cox***, do you? 당신은 버튼 콕스라는 분을 모르시죠, 아닌가요?
Just over two years ago, ***a Mr Peter Walker*** agreed to buy a house from ***a Mrs Dorothy Boyle***.
단지 2년 전에 피터 워커라는 사람이 도로시 보일이라는 사람의 집을 사기로 했다.

유명한 사람의 이름 앞에 **another**를 붙일 수도 있다.

He dreamed of becoming ***another Joseph Conrad***. 그는 요셉 콘래드와 같은 사람이 되기를 꿈꾸었다.
What we need is ***another Churchill***. 우리는 처칠과 같은 사람이 필요하다.

실제로 유명한 사람인지 확인하거나 단순히 놀라움을 나타낼 때 **the**[ðiː]를 사용하여 강조한다.

You actually met ***the George Harrison***? 당신이 실제로 조지 해리슨을 만났다고요?

10 titles(칭호)

칭호는 어떤 사람이 갖는 사회적인 위치나 직업을 나타낸다.

가장 일반적으로 **Mr**는 남자를, **Mrs**는 기혼 여성에, **Miss**는 미혼 여성에 사용한다. **Ms**는 [məz] 또는 [miz]로 발음하며, 기혼과 미혼의 여성 모두에게 쓸 수 있다. 많은 여성은 **Mrs**나 **Miss**보다 **Ms**를 선호하는데, 특히 결혼은 했지만 성(姓)을 변경하지 않았을 경우에 사용한다. 그러나 일부 여성, 특히 나이 든 여성은 이 칭호를 좋아하지 않는다. 다음 칭호는 성(姓) 또는 이름과 성(姓) 앞에 쓰인다.

Ambassador	Archbishop	Archdeacon	Baron
Baroness	Bishop	Canon	Cardinal
Constable	Councillor	Doctor	Father
Governor	Inspector	Judge	Justice
Nurse	Police Constable	President	Professor
Rabbi	Superintendent	Viscount	Viscountess

Inspector Flint thinks I murdered her. 플린트 형사는 내가 그 여자를 살해했다고 생각하고 있다.
...representatives of ***President Anatolijs Gorbunovs*** of Latvia. 라트비아의 아나톨리즈 골번노프 대통령의 대표단.

Captain, Sergeant와 같이 군대에서의 계급을 나타내는 칭호는 성(姓) 또는 이름과 성(姓) 앞에도 사용한다.

General Haven-Hurst wanted to know what you planned to do.
헤이번 허스트 대장은 당신이 무엇을 계획했는지 알고 싶어 했다.
...his nephew and heir, ***Colonel Richard Airey***. 그의 조카이자 상속인인 리차드 에어리 대령.

11 titles of relatives(친척의 칭호)

친척은 **Uncle, Aunt, Auntie, Great Uncle, Great Aunt**로 지칭하는데, 일반적으로 현대 영어에서는 이름 앞에만 쓴다. 조부모 두 분 모두 살아 계실 경우, **grandmother, grandfather** 뒤에 이름을 사용하여 구분한다.

...Aunt Jane. 제인 고모.
She's named after my ***granny Kathryn***. 그녀는 우리 할머니 이름인 캐스린의 이름을 따서 지었다.

Father는 신부를, **Brother**는 수사를, **Mother**와 **Sister**는 수녀를 나타내는 칭호이지만, 친척의 이름 앞에는 이런 칭호를 사용하지 않는다.

Mother Teresa spent her life caring for the poor. 테레사 수녀는 평생 동안 빈민들을 도우면서 살았다.
Sister Joseann is from a large Catholic family. 오선 신부는 가톨릭 대가족에서 태어났다.

12 titles before 'of'(of 앞의 칭호)

때때로 **of** 앞에 칭호가 오면 장소, 기관이나 칭호에 맞는 권위가 있는 기관의 일부를 나타낸다.

...the President of the United States. 미국의 대통령.
...the Prince of Wales. 웨일스의 왕자.
...the Bishop of Birmingham. 버밍엄의 주교.

다음 칭호는 (**the** + 칭호 + **of** + 이름) 형식을 사용한다.

Archbishop	Bishop	Chief Constable	Countess
Dean	Duchess	Duke	Earl
Emperor	Empress	Governor	King
Marchioness	Marquis	Mayor	Mayoress
President	Prime Minister	Prince	Princess
Queen			

13 plurals of titles(칭호의 복수형)

칭호는 복수형으로 사용할 수도 있다. 그러나 이는 다소 격식을 차린 표현이며, 특히 **of**의 앞보다는 이름 앞에 쓰인다.

...the Presidents of Colombia, Venezuela and Panama. 콜롬비아, 베네수엘라, 그리고 파나마의 대통령들.
...Presidents Carter and Thompson. 카터와 톰슨 대통령.

> 주의 **Ms**에는 복수형이 없으며, **Mrs**의 복수형은 거의 사용하지 않는다. **Mr**의 복수형인 **Messrs**와 **Miss**의 복수형인 **Misses**는 매우 격식을 차린 영어이지만, 익살스러운 글과 대화에서만 쓰인다. 일반적으로 **Misses** 앞에는 **the**가 온다.
>
> ...your solicitors, ***Messrs Levy and McRae***. 당신 변호사인 레비와 맥래 씨.
> ***The Misses Seeley*** had signed the petition. 여러 명의 실리 양이 그 청원서에 서명했다.

14 very formal titles(매우 격식을 차린 칭호)

왕, 여왕, 대사, 판사 등의 중요한 인물을 공식적으로 지칭할 때, 명사 앞에 소유한정사를 쓴 칭호를 사용한다. 여왕을 지칭할 경우, **Her Majesty the Queen**이나 **Her Majesty**라고 부른다. 소유한정사는 일반적으로 대문자로 표기한다.

Her Majesty must do an enormous amount of travelling each year. 여왕 폐하는 해마다 많은 여행을 다녀야 한다.
His Excellency is occupied. 각하는 집무 중이다.

Nationality words

1 basic forms
2 referring to a person
3 referring to the people
4 country as modifier
5 combining nationality adjectives
6 language
7 cities, regions, and states

1 basic forms(기본형)

특정한 나라의 국민이나 사물을 나타낼 때, 다음 세 가지 형태의 단어 중 하나를 사용한다.

- 어떤 나라를 나타내는 형용사: 예 **French wine**의 **French**.
- 어떤 나라의 출신인 사람을 가리키는 명사: 예 **Frenchman**.
- 어떤 나라의 모든 국민을 가리키는 **the**가 앞에 오는 명사: 예 **the French**.

특정한 나라의 출신인 사람을 나타내는 단어는 주로 형용사와 같은 형태이며, 그 나라의 모든 국민을 나타낼 때는 그 단어의 복수형을 사용한다. 그 예는 다음과 같다.

country(국가)	adjective(형용사)	person(개인)	people(국민)
America	American	an American	the Americans
Australia	Australian	an Australian	the Australians
Belgium	Belgian	a Belgian	the Belgians
Canada	Canadian	a Canadian	the Canadians
Chile	Chilean	a Chilean	the Chileans
Germany	German	a German	the Germans
Greece	Greek	a Greek	the Greeks
India	Indian	an Indian	the Indians
Italy	Italian	an Italian	the Italians
Mexico	Mexican	a Mexican	the Mexicans
Norway	Norwegian	a Norwegian	the Norwegians
Pakistan	Pakistani	a Pakistani	the Pakistanis

-an으로 끝나는 국적을 나타내는 모든 형용사는 위와 같은 형태를 따른다. **-ese**로 끝나는 국적을 나타내는 모든 형용사는 위와 같은 형태를 따르지만, 단어의 복수형은 단수형과 같다.

country	adjective	person	people
China	Chinese	a Chinese	the Chinese
Portugal	Portuguese	a Portuguese	the Portuguese
Vietnam	Vietnamese	a Vietnamese	the Vietnamese

일반적으로 국민 한 명을 가리킬 때 단어가 **-ese**로 끝나는 경우, 위와 같은 형식을 잘 사용하지 않는다. 예를 들면, '포르투갈 사람 한 명'은 **a Portuguese** 대신 주로 **a Portuguese man**이나 **a Portuguese woman**이라고 한다.

ℹ Swiss도 위와 같은 형태를 따른다.

한 국가의 모든 국민을 나타낼 때, 국민 한 명을 가리키는 단어의 복수형으로 표기하는 단어군이 있다. 하지만 형용사의 형태는 달라지기도 한다. 그 예는 다음과 같다.

country	adjective	person	people
Czech Republic	Czech	a Czech	the Czechs
Denmark	Danish	a Dane	the Danes
Finland	Finnish	a Finn	the Finns
Iceland	Icelandic	an Icelander	the Icelanders
New Zealand	New Zealand	a New Zealander	the New Zealanders
Poland	Polish	a Pole	the Poles
Slovakia	Slovak	a Slovak	the Slovaks
Sweden	Swedish	a Swede	the Swedes
Turkey	Turkish	a Turk	the Turks

국적을 나타내는 다른 단어군은 그 나라 출신인 사람을 가르키는 특정한 단어가 있지만, 사람을 가리키는 형용사와는 동일하지 않다. 그 예는 다음과 같다.

country	adjective	person	people
Britain	British	a Briton	the British
England	English	an Englishman an Englishwoman	the English
France	French	a Frenchman a Frenchwoman	the French

country	adjective	person	people
Holland	Dutch	a Dutchman a Dutchwoman	the Dutch
Ireland	Irish	an Irishman an Irishwoman	the Irish
Spain	Spanish	a Spaniard	the Spanish
Wales	Welsh	a Welshman a Welshwoman	the Welsh

Briton은 글에서만 사용하고, 영국 영어에서는 잘 쓰지 않는다. 그러나 미국 영어에서는 영국 출신의 사람을 나타내는 표준 용어이다.

Scotland와 관련된 형용사는 일반적으로 **Scottish**를 쓰는데, 이는 오래된 표현이다. 스코틀랜드 출신의 사람은 **a Scot, a Scotsman, a Scotswoman**이며, 스코틀랜드의 모든 국민은 보통 **the Scots**라고 한다.

2 referring to a person(한 사람 가리키기)

특정한 나라의 출신인 사람을 가리킬 때 국적을 나타내는 명사를 사용하는 대신 **man, gentleman, woman, lady** 등의 명사를, 국적을 나타내는 형용사 뒤에 사용할 수 있다.

...an Indian gentleman. 인도인 신사.
...a French lady. 프랑스인 숙녀.

국가를 나타내는 명사를 단수형으로 사용할 때, 특정한 나라의 여자보다는 남자를 가리킬 가능성이 더 많다. 특정한 국적의 여자를 가리키고자 할 때, **woman**이나 **girl** 등의 명사는 국적을 나타내는 형용사 뒤에 오는 경향이 있다.

He had married ***a Spanish girl***. 그는 스페인 여자와 결혼했다.
An American woman in her sixties told me that this was her first trip abroad.
60대의 미국인 여자 한 분이 이번이 자신의 첫 해외여행이라고 내게 말했다.

be동사 뒤에는 일반적으로 국적을 나타내는 명사보다 형용사를 사용한다. 예를 들면, **He's a Pole.**보다는 **He's Polish.**라고 한다.

Spike is ***American***. You can tell from the accent. 스파이크는 미국인이다. 악센트에서 알 수 있다.

-men으로 끝나는 국적을 나타내는 복수명사는 때때로 남녀 모두를 지칭하기도 한다. 마찬가지로, **-man**으로 끝나는 단수명사는 때때로 특정한 국적의 한 사람을 나타내기도 한다.

...advice that has strongly antagonized many ordinary ***Frenchmen***. 많은 프랑스 서민들의 반발을 산 충고.
...if you're a ***Frenchman*** or a ***German***. 만약 당신이 프랑스인이나 독일인이라면.

3 referring to the people(국민 가리키기)

국가와 관련된 일을 가리킬 경우, **-s**로 끝나지 않는 국적의 단어이더라도 복수동사를 사용한다.

The British ***are*** worried about the prospect of cheap imports. 영국은 저가 수입품의 전망에 대해 우려한다.

특정한 나라의 국민들을 가리킬 경우, 〔복수명사 + **-s**〕 형식을 사용할 수 있다.

There is no way in which ***Italians***, for example, can be prevented from entering Germany or France to seek jobs.
예를 들면, 이탈리아인들이 직장을 구하기 위해 독일이나 프랑스에 입국하는 것을 막을 수 있는 방법이 전혀 없다는 것이다.

특정한 나라의 일부 사람들을 가리킬 때, 〔한정사 · 숫자 · 형용사 + 복수명사〕 형식을 사용할 수 있다.

Many Americans assume that the British are stiff and formal.
많은 미국인들은 영국인들이 딱딱하고 격식을 차리는 사람들이라고 생각한다.
There were ***four Germans*** with Dougal. 더갈과 함께 독일인 네 명이 있었다.
Increasing numbers of ***young Swedes*** choose to live together rather than to marry.
결혼을 하는 것보다 동거하는 것을 선택하는 젊은 스웨덴인의 수의 증가.

주의 위와 같이 -s로 끝나지 않는 국적을 나타내는 단어는 사용할 수 없다. 예를 들면, many French, four French, young French라고 할 수 없다.

국가명을 그 나라의 국민들이나 그 나라를 공식적으로 대표하는 사람들을 가리킬 때에도 사용할 수 있다. 이와 같은 명사에는 단수동사를 사용한다.

...the fact that ***Britain has*** been excluded from these talks. 영국 대표단이 이들 협상에서 제외된 사실.

미국 영어에서는 일반적으로 아메리칸 인디언 부족과 국가를 형용사와 명사의 단수형을 사용하여 한 사람이나 그룹을 가리킨다.

Was this man a ***Navajo***? 이 사람은 나바호 족이었습니까?

Tourism has undermined the traditions of the ***Hopi***. 관광 산업이 히피족의 전통을 손상시켰다.

...the lives and gatherings of the ***Lakota*** people. 라코타 사람들의 삶과 모임.

4 country as modifier(수식어로 사용하는 국가)

사람이나 사물이 소속되어 있는 국가를 가리키는 형용사가 전혀 없을 경우, 국가명을 명사수식어로 사용할 수 있다.

...the ***New Zealand*** government. 뉴질랜드 정부.

5 combining nationality adjectives(국적을 나타내는 형용사 결합시키기)

두 나라 간에 관련된 일을 가리킬 때, 나라를 나타내는 형용사 사이에 하이픈을 사용할 수 있다.

...joint ***German-American*** tactical exercises. 독일과 미국 간의 합동 전술 훈련.

...the ***Italian-Swiss*** border. 이탈리아와 스위스 간의 국경.

하이픈 앞에 위의 단어 조합만을 사용하는 특정한 형용사가 일부 있다.

- Anglo- (England or Britain)
- Euro- (Europe)
- Franco- (France)
- Indo- (India)
- Italo- (Italy)
- Russo- (Russia)
- Sino- (China)

...***Anglo-American*** trade relations. 영미 무역 관계.

미국 영어에서는 다른 나라 태생이지만 미국 시민권을 취득한 사람의 신분을 나타낼 때 일반적으로 하이픈을 사용한다.

...***German-Americans***. 독일계 미국인들.

...a ***Latvian-American*** lawyer. 라트비아계 미국인 변호사.

미국 영어에서 최근에 African American은 아프리카 출신인 사람이 아닌, 조상이 노예였던 미국인을 나타낸다. 명사나 서술형용사일 때는 일반적으로 하이픈을 사용하지 않는다.

African Americans are the largest minority group in the United States.
아프리카계 미국인들은 미국에서 가장 큰 소수 민족 집단이다.

Both men are ***African American***. 두 사람 모두 아프리카계 미국인이다.

She was the only ***African-American*** woman there. 그녀는 그곳에서 유일한 아프리카계 미국인 여성이었다.

좀 더 최근의 아프리카 출신의 이민자에게는 더 특수한 용어를 사용한다.

...an outspoken ***Egyptian-American*** professor of sociology. 솔직한 이집트계 미국인 사회학 교수.

Tyson had been scheduled to fight ***Nigerian American*** David Izon.
타이슨은 나이지리아계 미국인인 데이비드 아이존과 대전하기로 예정되어 있었다.

6 language(언어)

국적을 나타내는 많은 형용사는 특정한 국가에서 사용되거나 특정한 국가에 기원을 둔 언어를 가리킬 때 쓸 수 있다.

She speaks ***French*** so well. 그녀는 프랑스어를 아주 잘 구사한다.
There's something written here in ***Greek***. 여기에 그리스어로 쓰여진 것이 있다.

7 cities, regions, and states(도시, 지역, 주)

특정한 도시, 지역, 주에서 온 사람을 가리킬 때 사용하는 명사가 많이 있다.

...a 23-year-old ***New Yorker***. 뉴욕에 거주하는 23세의 사람.
Perhaps ***Londoners*** have simply got used to it. 아마도 런던 사람들은 단순히 그것에 익숙해진 것 같았다.
Captain Cook was a hard-headed ***Yorkshireman***. 쿡 선장은 완고한 성격의 요크셔 사람이었다.
Their children are now indistinguishable from other ***Californians***.
그들의 자식들은 현재 캘리포니아 사람들과 구별할 수 없다.

마찬가지로, 사람이나 사물이 특정한 도시나 지역에서 왔거나 존재한다는 것을 나타내는 형용사가 많이 있다.

...a ***Glaswegian*** accent. 글래스고 사람들의 악센트.
...a ***Californian*** beach. 캘리포니아 해변.

Numbers and fractions

1 numbers(숫자)

다음 표는 숫자명을 나타낸다. 이런 숫자는 때때로 **cardinal numbers**(기수)라고도 한다. 다음 표의 숫자에서 다른 모든 숫자가 이루어지는 방법을 알 수 있다.

0	zero, nought, nothing, oh	26	twenty-six
1	one	27	twenty-seven
2	two	28	twenty-eight
3	three	29	twenty-nine
4	four	30	thirty
5	five	40	forty
6	six	50	fifty
7	seven	60	sixty
8	eight	70	seventy
9	nine	80	eighty
10	ten	90	ninety
11	eleven	100	a hundred
12	twelve	101	a hundred and one
13	thirteen	110	a hundred and ten
14	fourteen	120	a hundred and twenty

15	fifteen	200	two hundred
16	sixteen	1000	a thousand
17	seventeen	1001	a thousand and one
18	eighteen	1010	a thousand and ten
19	nineteen	2000	two thousand
20	twenty	10,000	ten thousand
21	twenty-one	100,000	a hundred thousand
22	twenty-two	1,000,000	a million
23	twenty-three	2,000,000	two million
24	twenty-four	1,000,000,000	a billion
25	twenty-five		

과거에 영국 영어에서는 **a million million**(1조)의 뜻으로 **billion**(10억)을 사용했다. 그러나 요즘은 **billion**을 미국 영어를 쓰는 사람들처럼 일반적으로 **a thousand million**(10억)의 뜻으로 사용한다.

> **주의** **hundred, thousand, million, billion**을 사용할 때, 그 앞에 1보다 더 큰 수를 사용하더라도 단수형을 유지한다.
>
> ...*six hundred* miles. 600마일.
>
> Most of the coral is some *2 million* years old. 대부분의 산호초는 약 2백만 년 산이다.
>
> 정확한 숫자를 가리킬 때는 위와 같은 단어 뒤에 **of**를 사용하지 않는다. 예를 들면, '500명'은 ~~five hundred of people~~이 아닌 **five *hundred* people**이라고 한다.

➲ 대략적인 숫자를 나타낼 때 사용하는 단어에 대한 정보는 이 표제어의 뒤에 나온 **19** **approximate numbers** 참조.

dozen도 숫자 단위로 사용하며, 12개의 것을 가리킬 때 쓰인다.

➲ **Usage** 표제어 **dozen** 참조.

2 expressing numbers(숫자 표현하기)

일반적으로 100 이상의 수는 글로 쓸 때 숫자로 쓴다. 그러나 숫자보다는 단어를 읽거나 쓰고자 할 경우, 마지막 2개의 숫자 앞에 **and**를 쓴다. 예를 들면, 203은 **two hundred and three**이며 2840은 **two thousand, eight hundred and forty**라고 읽거나 쓴다.

Four hundred and eighteen men were killed and *a hundred and seventeen* wounded.
418명이 사망하고 117명이 부상당했다.

미국 영어에서는 보통 **and**를 생략한다.
...*one hundred fifty* dollars. 150달러.

1,000에서 1,000,000 사이의 숫자를 읽거나 글로 쓰는 방법은 여러 가지가 있다. 예를 들면, 숫자 1,872가 어떤 것의 양을 나타낼 때는 **one thousand, eight hundred and seventy-two**라고 읽거나 쓴다.

00으로 끝나는 4자리의 숫자는 **hundred**로도 읽거나 쓸 수 있다. 예를 들면, 1,800는 **eighteen hundred**라고 읽거나 쓸 수 있다.

숫자 1872가 무언가를 확인하는 데 사용될 경우, **one eight seven two**라고 읽는다. 전화번호의 경우에는 항상 이처럼 숫자를 각각 하나씩 읽는다.

영국 영어에서는 전화번호에서 같은 숫자가 두 번 반복될 경우, **double**을 사용한다. 예를 들면, 1882는 **one double eight two**라고 읽는다. 미국 영어에서는 숫자를 반복하여 **one eight eight two**라고 읽는 것이 더 일반적이다.

1872년은 보통 **eighteen seventy-two**라고 읽는다.

➲ **Topic** 표제어 **Days and dates** 참조.

9,999 이상의 숫자를 쓸 때, 15,000이나 1,982,000과 같이 숫자를 세 자리마다 분리하여 일반적으로 끝에서 4번째, 7번째 뒤에 콤마를 넣는다. 1,000에서 9,999 사이의 숫자는 1,526과 같이 때때로 첫 숫자 뒤에 콤마를 넣기도 한다.

3 position(위치)

명사 앞에 한정사와 숫자를 사용할 경우, 〔한정사 + 숫자〕 형식을 사용한다.

...*the three* young men. 그 세 명의 젊은 남자들.
All three candidates are coming to Blackpool later this week. 세 명의 후보자 모두 이번 주 늦게 블랙풀에 올 것이다.

명사 앞에 숫자와 형용사를 사용할 경우, 일반적으로 〔숫자 + 형용사 + 명사〕 형식을 사용한다.

...*two small* children. 두 명의 작은 어린이.
...*fifteen hundred local* residents. 지역 주민 1,500명.
...*three beautiful young* girls. 세 명의 아름다운 젊은 여자.

그러나 **following**, **only** 등의 일부 형용사는 숫자 뒤에 온다.

➲ Grammar 표제어 Adjectives의 specifying adjectives 참조.

4 agreement(일치)

명사 앞에 숫자 1을 제외한 다른 숫자를 사용할 때, 복수명사와 복수동사를 사용한다.

...a hundred *years*. 백년.
Seven *guerrillas were* wounded. 유격대원 7명이 부상당했다.
There *were* ten *people* there, all men. 그곳에는 10명이 있었는데 모두 남자였다.

그러나 돈의 액수, 기간, 거리, 속도, 무게를 나타낼 경우, 일반적으로 단수동사를 사용한다.

Three hundred pounds *is* a lot of money. 300파운드는 많은 돈이다.
Ten years *is* a long time. 10년은 긴 시간이다.
90 miles an hour *is* much too fast. 시속 90마일은 지나치게 빠르다.

5 numbers as pronouns(대명사로 사용하는 숫자)

지칭하려는 사물의 종류가 명확할 때, 명사를 동반하지 않고 숫자를 사용할 수 있다. 이때 숫자만 쓰거나 한정사와 함께 쓸 수도 있다.

They bought eight companies and sold off *five*. 그들은 8개의 회사를 매입하고 5개를 매각했다.
These two are quite different. 이 둘은 상당히 다르다.

어떤 것에 속해 있는 사람이나 사물의 숫자를 나타낼 때, **of**를 사용한다.

I saw *four of these programmes*. 나는 이러한 프로그램 중 네 개를 보았다.
All four of us wanted to get away from the Earl's Court area. 우리 네 명 모두는 얼스 코트 지역을 떠나고 싶어했다.

6 numbers in compound adjectives(복합형용사에 사용하는 숫자)

숫자를 복합형용사의 일부로 사용할 경우, 보통 그 사이에 하이픈을 넣는다.

He took out a *five-dollar* bill. 그는 5달러짜리 지폐를 꺼냈다.
I wrote a *five-page* summary. 나는 5쪽에 달하는 요약서를 작성했다.

ℹ 복합형용사에 2 이상의 숫자를 사용해도 명사는 단수형이며, 위와 같은 복합형용사는 보어로 사용할 수 없다. 예를 들면, '내가 쓴 에세이는 500자 길이다.'는 ~~My essay is five-hundred-word~~.가 아닌 My essay is five hundred *words long*.이라고 한다.

7 'one'

one은 단 한 개의 사물이 있다는 것을 강조하거나 정확한 것을 나타낼 때 명사 앞에 사용한다. 특정한 단체의 구성원을 가리킬 때도 사용하며, 단수명사 앞에 쓰면 뒤에 단수동사를 사용한다.

There was only *one* gate into the palace. 그 궁으로 들어가는 문은 단 하나뿐이었다.
One member declared that he would never vote for such a proposal.
멤버 중 한 명인 그는 그러한 투표를 절대로 하지 않겠다고 선언했다.

강조하거나 정확하게 할 필요가 없는 경우, **one** 대신 **a**를 사용한다.

A car came slowly up the road. 자동차가 길을 따라 천천히 다가왔다.

8 'zero'

숫자 0은 일반적으로 어떤 사물의 숫자가 하나도 없다는 것을 나타낼 때에는 사용하지 않는다. 이때는 대신 한정사 **no**나 대명사 **none**을 쓰거나 부정문에서는 **any**를 사용한다.

She had ***no*** children. 그녀에게는 자식이 한 명도 없었다.
Sixteen people were injured but luckily ***none*** were killed. 16명이 부상당했으나 다행히 죽은 사람은 아무도 없었다.
There ***weren't any*** seats. 자리가 하나도 없었다.

➲ Usage 표제어 **no**와 **none** 참조.

숫자 0을 표현하는 방법으로는 여러 가지가 있다.

- **zero**는 온도, 세금, 이자율 등과 같이 숫자를 나타낼 때 사용한다.

It was fourteen below ***zero*** when they woke up. 그들이 잠에서 깨어났을 때, 영하 14도였다.
...***zero*** tax liability. 납세가 없는 의무.
...lending capital to their customers at low or ***zero*** rates of interest.
그들의 고객들에게 빌려주는 낮거나 이자가 없는 대출 자금.

- **nought**는 영국 영어에서 수치를 표현할 때 사용한다. 예를 들면, 0.89는 **nought point eight nine**으로 읽는다.

미국 영어에서는 위와 같은 숫자에 **zero**를 사용한다.
x equals ***nought***. x는 0과 같다.
...linguistic development between the ages of ***nought*** and one. 0세와1세 사이의 언어 발달.
...babies from ages ***zero*** to five years. 0세에서 5세까지의 어린아이들.

- **nothing**은 격식을 차리지 않은 표현이며 계산할 때 사용한다.

- 여러 개의 숫자를 읽을 때, 숫자 0을 **oh**나 알파벳 **O**로 읽기도 한다. 예를 들면, 전화번호가 021 4620인 경우 **oh two one, four six two oh**로 읽는다. 소수점 이하의 **.089**는 **point oh eight nine**으로 읽는다.

- **nil**은 스포츠 점수와 격식을 차리지 않는 말과 글에서 사용한다.

미국 영어에서는 일반적으로 **nil**을 쓰지 않는다. 스포츠 점수에서는 **nothing**을, 그 밖에는 **zero**를 사용한다.
The England Women's XI beat them by one goal to ***nil***. 영국 여자팀인 XI는 그들을 1 대 0으로 이겼다.
It used to be a community of 700 souls. Now the population is precisely ***nil***.
이곳은 700명이 살던 지역 사회였으나, 지금은 정확히 한 명도 없다.
Harvard won thirty-six to ***nothing***. 하버드는 36 대 0으로 이겼다.

9 Roman numerals(로마 숫자)

일부 경우에서는 숫자를 로마 숫자로 쓰는데, 사실 로마 숫자는 알파벳으로 이루어져 있다.

I = 1
V = 5
X = 10
L = 50
C = 100
M = 1000

위의 문자는 모든 로마 숫자를 표현하기 위한 조합으로 쓰인다. 작은 숫자가 큰 숫자 앞에 올 경우, 더 큰 숫자에서 빼기를 한다. 더 큰 숫자가 그 앞에 올 경우, 더 큰 숫자를 더한다. 예를 들면, **IV**는 4이며 **VI**는 6이다.

같은 이름을 가진 왕이나 여왕이 있을 경우, 이름 뒤에 로마 숫자를 쓴다.
...Queen Elizabeth II. 엘리자베스 여왕 2세.

Queen Elizabeth the Second라고 읽는다.

미국 영어에서는 아버지나 할아버지와 이름이 같은 경우, 때때로 이름 뒤에 로마 숫자를 사용한다.
...Marshall Field IV. 마셜 필드 4세.

Marshall Field the fourth라고 읽는다.

책 ,연극, 다른 글의 장과 절에 숫자를 매길 때 로마 숫자를 흔히 쓴다.

Chapter IV: Summary and Conclusion. 단원 4: 요약 및 결론.
...stalking upstage as the curtain fell on *Act 1*. 제1막을 내릴 때 무대 뒤쪽으로 슬며시 다가가는.

로마 숫자는 때때로 공식적인 날짜를 표현할 때 사용되기도 하는데, 영화와 텔레비전 프로그램의 엔딩 부분에서 자주 쓰인다. 예를 들면, 1992년은 **MCMXCII**로 쓸 수 있다.

10 ordinal numbers(서수)

어떤 것이 연달아 일어나는 것을 나타내어 확인하거나 묘사할 때 서수를 사용한다.

Quietly they took their seats in the *first* three rows. 그들은 조용히 첫 번째 세 줄에 앉았다.
Flora's flat is on the *fourth* floor of this five-storey block. 플로라의 아파트는 이 5층 건물의 4층에 있다.

다음 표는 서수이다.

1st	first	25th	twenty-fifth
2nd	second	26th	twenty-sixth
3rd	third	27th	twenty-seventh
4th	fourth	28th	twenty-eighth
5th	fifth	29th	twenty-ninth
6th	sixth	30th	thirtieth
7th	seventh	40th	fortieth
8th	eighth	41st	forty-first
9th	ninth	50th	fiftieth
10th	tenth	51st	fifty-first
11th	eleventh	60th	sixtieth
12th	twelfth	61st	sixty-first
13th	thirteenth	70th	seventieth
14th	fourteenth	71st	seventy-first
15th	fifteenth	80th	eightieth
16th	sixteenth	81st	eighty-first
17th	seventeenth	90th	ninetieth
18th	eighteenth	91st	ninety-first
19th	nineteenth	100th	hundredth
20th	twentieth	101st	hundred and first
21st	twenty-first	200th	two hundredth
22nd	twenty-second	1000th	thousandth
23rd	twenty-third	1,000,000th	millionth
24th	twenty-fourth	1,000,000,000th	billionth

11 written forms(글로 쓴 형식)

특히 날짜에서 위의 표와 같이 약어를 쓸 수 있다.

He lost his job on January *7th*. 그는 1월 7일에 실직했다.
Write to HPT, *2nd floor*, 59 Picadilly, Manchester. 맨체스터 피카딜리 59번지 2층에 있는 HPT로 편지를 보내세요.

12 ordinals as modifiers(수식어로 사용하는 서수)

〔한정사 + 서수 + 명사〕 형식을 사용하며, 일반적으로 be동사와 같은 연결동사 뒤에 보어로 사용하지 않는다.

He took the lift to the *sixteenth* floor. 그는 엘리베이터를 타고 16층으로 올라갔다.
...on her *twenty-first* birthday. 그녀의 21번째 생일에.

경주나 시합의 결과를 언급할 경우, 〔동사 come · finish 등 + 서수〕 형식을 사용한다.

An Italian *came second*. 이탈리아인이 두 번째로 들어왔다.

He ***was third*** in the 100m and 200m. 그는 100미터와 200미터 경기에서 각각 3등을 했다.

서수는 기수 앞에 오는 작은 형용사구에 포함된다.

The ***first two*** years have been very successful. 처음 2년은 매우 성공적이었다.
Your ***second three*** minutes are up, Caller. 콜러, 당신에게 주어진 두 번째 3분이 다 됐다.

13 ordinals as pronouns(대명사로 사용하는 서수)

가리키려는 사물의 종류가 확실한 경우, 명사를 동반하지 않고 서수를 대명사로 사용할 수 있다. 이 경우 반드시 한정사와 함께 사용해야 한다.

A second pheasant flew up. Then ***a third*** and ***a fourth***. 두 번째 꿩이 날아간 후에 세 번째와 네 번째 꿩이 날아갔다.
There are two questions to be answered. ***The first*** is 'Who should do what?' ***The second*** is 'To whom should he be accountable?'
우리는 대답해야 할 질문이 두 개가 있다. 첫 번째는 "누가 무엇을 해야 하는가?" 두 번째는 "그가 누구를 위해 책임을 져야 하는가?"이다.

〔the + 서수 + of〕 형식은 사람이나 사물이 속해 있는 집단을 나타낼 때 사용한다.

This is ***the third of a series of programmes from the University of Sussex***.
이것은 서섹스 대학에서 제공하는 연속 강의 프로그램 중 세 번째이다.
Tony was ***the second of four sons***. 토니는 4남 중 둘째였다.

14 fractions(분수)

어떤 것의 일부분을 전체와 비교할 때, 〔of + 명사군〕 형식에 따라서 a third($^1/_3$)나 two fifths($^2/_5$) 등과 같은 분수를 사용한다. 대부분의 분수는 서수를 기본으로 하는데, a half($^1/_2$)와 a quarter($^1/_4$)는 예외이다.

분수는 숫자로 표기할 수 있다. 예를 들면, a half는 $^1/_2$, a quarter는 $^1/_4$, three-quarters는 $^3/_4$, two thirds는 $^2/_3$이다.

어떤 것의 일부분을 가리킬 때, 보통 a를 사용한다. 격식을 차린 말과 글이나 합계를 강조할 때는 one만을 사용한다.

This state produces ***a third*** of the nation's oil. 이 주에서는 그 나라 석유의 3분의 1을 생산한다.
...***one quarter*** of the total population. 전체 인구의 4분의 1.

분수의 복수형은 자주 하이픈으로 표기한다.

More than ***two-thirds*** of the globe's surface is water. 지구 표면의 3분의 2 이상이 물로 덮여 있다.
He was not due at the office for another ***three-quarters*** of an hour. 그는 45분 더 사무실 자리를 비웠다.

〔the + 형용사 + 분수〕 형식을 사용한다.

...***the southern half*** of England. 영국 남부의 절반 지역.
...***the first two-thirds*** of the this century. 이번 세기의 첫 3분의 2의 기간.

a half와 a quarter를 전체 숫자와 결합하여 사용할 경우, 〔a half · a quater + 복수명사〕 형식을 사용한다.

...***one and a half acres*** of land. 땅의 1.5에이커.
...***five and a quarter days***. 5와 4분의 1의 날들.

그러나 숫자 1 대신 a나 an을 사용할 경우, 뒤에 오는 명사는 단수형이며 분수 앞에 온다.

...***an acre and a half*** of woodland. 1.5에이커의 임야.
...***a mile and a quarter*** of motorway. 1.25마일의 고속도로.

15 agreement of fractions(분수의 일치)

단 하나의 사물의 일부분을 나타낼 경우, 단수동사를 사용한다.

Half of our work ***is*** to design programmes. 우리가 하는 일의 절반은 프로그램을 디자인하는 것이다.
Two fifths of the forest ***was*** removed. 산림의 5분의 2가 벌채되었다.

하지만 여러 사물의 일부분일 경우, 복수동사를 사용한다.

Two fifths of the dwellings ***have*** more than six people per room. 거주지의 5분의 2는 한 방당 6명이 거주하고 있다.
A quarter of the students ***were*** seen individually. 학생의 4분의 1은 개별적으로 만났다.

16 fractions as pronouns(대명사로 사용하는 분수)

가리키려는 사람이나 사물을 확실히 할 때, of와 명사군을 생략한 분수를 사용할 수 있다.

Most were women and about ***half*** were young with small children.
대부분이 여성이었는데, 절반은 어린아이들이 딸린 젊은 여성이었다.

One fifth are appointed by the Regional Health Authority. 지역 보건 당국의 5분의 1이 임명된다.

17 decimals(소수)

소수는 분수를 표현하는 하나의 방법이다. 예를 들면, 0.5는 1/2이고, 1.4는 1 2/5와 같다.

...an increase of ***16.4*** per cent. 16.4퍼센트의 증가.

The library contains over ***1.3*** million books. 이 도서관의 장서는 1,300만권이 넘는다.

점을 **point**라고 한다. 예를 들면, 1.4는 **one point four**라고 읽는다.

> **주의** 영어에서는 소수에 콤마를 사용하지 않는다.

밀접하게 관련된 많은 조항, 표, 삽화를 가리킬 경우, 소수처럼 보이는 숫자를 사용한다.

Domestic refuse can be dried and burnt to provide heat (see section ***3.3***).
가정 쓰레기는 건조시키고 태워서 열을 제공할 수 있다(3.3조항 참조).

The normal engineering drawing is quite unsuitable(figure ***3.4***). 표준 공학용 도면은 결코 적합하지 않다(그림 3.4).

18 percentages(백분율)

분수는 자주 백분율로 표시하는데, 이와 같은 형태의 분수를 **percentage**라고 한다. 예를 들면, 3/100을 백분율로 나타내면 **three per cent**라고 하며, 흔히 3%라고 쓴다.

About ***20 per cent*** of student accountants are women. 회계학을 배우는 학생의 20퍼센트 정도가 여성이다.

...interest at ***10%*** per annum. 연간 10%의 이자.

미국 영어에서는 **per cent**를 한 단어인 **percent**로 표기한다.

In 1980, only ***29 per cent*** of Americans were Republicans. 1980년에는 미국인의 29퍼센트만이 공화당원이었다.

19 approximate numbers(대략적인 숫자)

대략적인 큰 숫자를 가리킬 때, 〔**several · a few · a couple of + dozen · hundred · thousand · million · billion**〕 형식을 사용한다.

...***several hundred*** people. 수백 명의 사람들.

A few thousand cars have gone. 수백 대의 자동차가 빠져나갔다.

훨씬 더 부정확하고 큰 숫자라는 것을 강조할 때, 〔**dozens · hundreds · thousands · millions · billions + of**〕 형식을 사용한다.

That's going to take ***hundreds of*** years. 그것은 수백 년이 걸릴 것이다.

We travelled ***thousands of*** miles across Europe. 우리는 유럽 대륙을 가로질러 수천 마일을 이동했다.

과장하여 말할 때는 흔히 복수형을 사용한다.

I was meeting ***thousands of*** people. 나는 수천 명의 사람들을 만나고 있었다.

Do you have to fill in ***hundreds of*** forms before you go? 당신은 가기 전에 수백 개의 서류를 작성해야 하나요?

다음 표현은 대략적인 숫자를 나타내며 실제 숫자는 더 크거나 작을 수도 있다.

about	approximately	around	odd
or so	or thereabouts	roughly	some
something like			

〔**about · approximately · around · roughly · some · something like + 숫자**〕 형식을 사용한다.

About 85 students were there. 약 85명의 학생이 있었다.

It costs ***roughly $10,000*** a year to educate an undergraduate.
대학생 한 명에게 들어가는 교육비가 1년에 대략 1만 달러가 된다.

I found out where this man lived, and drove ***some four*** miles inland to see him.
나는 이 남자가 사는 곳을 알아내서 그를 만나기 위해 4마일 정도 내륙으로 차를 몰고 갔다.

ℹ 위와 같은 some의 사용은 아주 격식을 차린 것이다.

〔숫자 · 숫자를 동반하는 명사 + odd · or so · or thereabouts〕 형식을 사용한다.

...***a hundred odd*** acres. 대략 1백 에이커.

The car should be here in ***ten minutes or so***. 그 자동차는 10분 내외로 이곳에 도착해야 한다.

Get the temperature to ***30℃ or thereabouts***. 온도는 섭씨 30도 내외를 유지하라.

20 minimum numbers(최소한의 숫자)

어떤 숫자가 최소한의 숫자여서 실질적으로는 더 클 수도 있다고 할 때 사용하는 표현은 다음과 같다.

a minimum of	at least	from	minimum
more than	or more	over	plus

〔a minimum of · from · more than · over + 숫자〕 형식을 사용한다.

He needed ***a minimum of 26*** Democratic votes. 그는 최소한 민주당원의 26표가 필요했다.

...3 course dinner ***from £15***. 15파운드부터인 3코스로 된 만찬.

...a school with ***more than 1300*** pupils. 1,300명 이상의 학생이 있는 학교.

The British have been on the island for ***over a thousand*** years. 영국인들은 천 년 동안 그 섬에서 거주해 왔다.

〔숫자를 동반하는 명사 + or more · plus · minimum〕 형식을 사용한다.

...a choice of ***three or more*** possibilities. 세 번 이상의 가능성이 있는 선택.

This is the worst disaster I can remember in my ***25 years plus*** as a police officer.
이 사고는 25년 이상의 경찰관 생활을 통해 내가 기억할 수 있는 최악의 참사이다.

They should be getting ***£180 a week minimum***. 그들은 한 주에 최소한 180파운드는 받아야 한다.

구직 광고에서처럼 때때로 plus의 부호인 '+'로 표기하기도 한다.

2+ years' experience of market research required. 2년 이상의 시장 조사 경력 필수.

at least는 일반적으로 숫자 앞에 온다.

She had ***at least a dozen*** brandies. 그녀는 브랜디를 최소 12잔 마셨다.

It was a drop of ***at least two hundred*** feet. 그것은 적어도 200피트 이상 떨어졌다.

그러나 위와 같은 표현은 때때로 숫자나 명사 뒤에 오기도 하며, 더 강조할 때는 명사 뒤에 사용한다.

I must have slept ***twelve hours at least***. 나는 적어도 12시간은 잤음이 틀림없다.

He was fifty-five ***at least***. 그는 적어도 55세였다.

21 maximum numbers(최대한의 숫자)

어떤 숫자가 최대한의 숫자여서 실질적으로는 더 적을 수도 있다고 할 때 사용하는 표현은 다음과 같다.

almost	a maximum of	at most	at the maximum
at the most	fewer than	less than	maximum
nearly	no more than	or less	or under
under	up to		

〔almost · a maximum of · fewer than · less than · nearly · no more than · under · up to + 숫자〕 형식을 사용한다.

The company now supplies ***almost 100*** of Paris's restaurants.
그 회사는 파리에 있는 거의 100개에 달하는 식당에 공급을 한다.

We managed to finish the entire job in ***under three*** months. 우리는 모든 작업을 3개월 내에 마치는 데 성공했다.

〔숫자 · 숫자를 동반하는 명사 + **at the maximum** · **at most** · **at the most** · **maximum** · **less** · **under**〕 형식을 사용한다.

They might have IQs of 10, or ***50 at the maximum***. 그들은 아마 아이큐가 10이나 많아야 50정도일 것이다.
The area would yield only ***200 pounds of rice or less***. 그 지역은 200파운드 이하의 쌀만 생산할 것이다.

22 indicating a range of numbers(숫자의 범위를 나타내기)

숫자의 범위를 나타낼 때는 **between**과 **and**, **from**과 **to**, 혹은 **to**만을 사용한다.

Most of the farms are ***between four and five hundred*** years old.
대부분의 농장은 4백 년 내지 5백 년 전 사이에 지어졌다.
My hospital groups contain ***from ten to twenty*** patients. 내 병원들은 10명에서 20명의 환자를 수용하고 있다.
...peasants owning ***two to five*** acres of land. 2 내지 5에이커의 땅을 소유하고 있는 농부들.

〔**anything between** · **anything from**〕 형식은 범위의 크기를 강조할 때 사용한다.

An average rate of ***anything between 25 and 60*** per cent is usual. 평균률이 25~60퍼센트 사이가 보통이다.
It is a job that takes ***anything from two to five*** weeks. 그 일은 2주에서 5주 사이가 걸린다.

범위를 나타내는 두 개의 숫자 사이에 하이픈을 사용하며, 이를 **to**로 읽는다.

Allow to cool for ***10–15*** minutes. 10에서 15분간 식게 놔두세요.
In ***1965–9***, people drank a little more, namely 6.0 litres of alcohol.
사람들은 1965년에서 1969년에 조금 더 많은 양, 즉 6.0리터보다 더 많이 술을 마셨다.
...the Tate Gallery (open ***10 a.m.–6 p.m.***, Sundays, ***2–6***).
테이트 갤러리(오전 10시에서 오후 6시까지, 매주 일요일은 2시에서 6시까지 개장).

어떤 범위나 연속되는 일의 전개 과정에서 두 개의 숫자를 언급할 경우, 부호 '/'를 사용할 수 있다. 이는 **stroke**(주로 영국), **slash**, **to**로 읽는다.

The top ten per cent of income earners gained 25.8 per cent of all earned income in ***1975/6***.
상위 10퍼센트의 봉급자들은 1975년에서 1976년에 모든 봉급액의 25.8퍼센트를 더 벌었다.
Write for details to ***41/42*** Berners Street, London. 자세한 것은 런던 버너스 스트리트 41~42번지로 편지로 문의하세요.

Offers

1 offering something to someone
2 other ways of offering something
3 offering to help or do something
4 confident offers
5 less confident or firm offers
6 offers to a customer
7 replying to an offer

1 offering something to someone(누군가에게 어떤 것을 제공하기)

누군가에게 어떤 것을 제공하는 여러 가지 방법은 다음과 같다.

상대방에게 정중하게 어떤 것을 제공할 때, **Would you like...?**를 사용한다.

Would you like another biscuit or something? 비스킷을 더 드릴까요, 아니면 뭐 다른 것 좀 드시겠습니까?
I was just making myself some tea. ***Would you like*** some? 저는 홍차를 만들고 있었는데 좀 드시겠어요?

잘 알고 있는 사람에게 말할 경우, 덜 정중하게 **Do you want...?**를 사용할 수 있다.

Do you want a biscuit? 비스킷을 먹을래요?
Do you want a coffee? 커피 한잔 마실래요?

잘 아는 사람에게 설득조로 권할 때, **have**로 시작하는 명령형을 사용할 수 있다.

Have some more tea. 차를 좀 더 드세요.
Have a chocolate biscuit. 초콜릿 비스킷 좀 드세요.

명사나 명사구를 사용할 수도 있는데, 이는 의문문처럼 들린다.

'***Tea?***' – 'Yes, thanks.' "차 한잔 하시겠어요?" – "예. 고마워요."
'***Ginger biscuit?***' "생강으로 만든 비스킷을 드시겠어요?"

2 other ways of offering something(어떤 것을 제공하는 다른 방법)

상대방에게 주려는 것이 바로 그 자리에 없는 경우, **Can I get you something?**이나 **Let me get you something to eat.**과 같이 말한다.

Can I get you anything? 무엇 좀 가져다 드릴까요?
Sit down and ***let me get you*** a cup of tea or a drink or something.
앉으세요. 홍차나 술 한잔 아니면 다른 마실 것을 가져다 드릴게요.

상대방에게 필요한 것을 스스로 가져다가 사용하라고 할 경우, **Help yourself.**라고 한다.

Help yourself to sugar. 설탕을 넣어 드세요.
'Do you suppose I could have a drink?' – 'Of course. You know where everything is. ***Help yourself***.'
"물 한잔 마셔도 되요?" – "물론이지요. 어디에 무엇이 있는지를 모두 아시니 마음껏 드세요."

격식을 차리지 않으면서 강요하지 않고 상대방에게 어떤 것을 제공할 때, **You can have...**나 **You can borrow...**를 사용한다.

You can borrow my pen if you like. 당신이 원하면 제 볼펜을 빌려 주겠어요.

ℹ 영국 영어에서는 격식을 차리지 않고 어떤 것을 제공할 때, Fancy some coffee?(커피 한 잔 드시겠어요?)나 Fancy a biscuit?(비스킷 하나 드시겠어요?)이라고 한다.

3 offering to help or do something(어떤 일을 도와주거나 하겠다고 제의하기)

Shall I...?는 상대방에게 어떤 일을 도와주거나 하겠다고 제의하는 표현으로, 바로 지금 일어나고 있는 일이나 미래의 일에 사용한다.

Shall I fetch another doctor? 제가 다른 의사를 모셔 올까요?
'What's the name?' – 'Khulaifi. ***Shall I*** spell that for you?
"그것은 이름이 무엇이지요?" – "쿨라이피. 제가 스펠링을 불러 줄까요?"

4 confident offers(자신 있는 제공)

Let me...는 상대방이 현재 무엇을 하기를 원하는지 매우 확신하는 경우에 사용한다.

Let me buy you a drink. 제가 술을 사드리겠습니다.
Let me help. 제가 도와드리겠습니다.

I'll...은 확고하면서도 친절하게 상대방에게 무언가를 제공할 경우에 사용한다.

Leave everything, ***I'll*** clean up. 모든 것을 그대로 두세요. 제가 청소할 것입니다.
Come on out with me. ***I'll*** buy you a beer. 저와 함께 나갑시다. 제가 맥주 한잔 사죠.

5 less confident or firm offer(덜 확신하거나 덜 확고한 제공)

상대방이 어떤 일을 하기를 원하는지 아닌지 확신이 없을 때는 **Do you want me to...?**나 **Should I...?**라고 한다. 더 정중하게 **Would you like me to...?**라고 할 수도 있으나, 이는 자신이 제공하는 것을 다소 꺼리는 듯한 인상을 줄 수 있다.

Do you want me to check his records? 제가 그의 기록들을 확인하기를 바랍니까?
Should I go in? 제가 안으로 들어가야 하나요?
Would you like me to read to you tonight? 제가 오늘 저녁에 읽어 줄까요?

Do you want...?, **Do you need...?**라고 하거나 더 정중하게 **Would you like...?**라고도 하며, 행위를 나타내는 명사가 뒤에 온다. 상대방에게 직접적으로 어떤 것을 제공하지는 않더라도 그러한 의사가 있다는 것을 의미한다.

Do you want a lift? 제가 태워다 드릴까요?
Are you all right, Alan? ***Need*** any help? 앨런, 괜찮아요? 도와줄까요?

Can I...?는 알게 된 지 얼마 되지 않았거나 얼마 전에 만난 사람에게 무언가를 제공할 때 사용한다.

Can I give you a lift anywhere? 가시는 곳까지 차를 태워 드릴까요?

I'll...이나 **I can...** 뒤에 **if you want**나 **if you like**를 붙여서, 자신이 어떤 것을 원하는지 확신이 없을 때 상대방에게 무언가를 제공하는 표현으로 사용한다.

I'll drive it back ***if you want***. 당신이 원한다면 제가 차로 그것을 돌려 보내드리겠어요.
I can show it to you now ***if you like***. 당신이 원한다면 제가 그것을 지금 보여드릴 수 있습니다.

6 offers to a customer(고객에게 제의)

가게나 회사에서 직원이 정중하게 고객의 전화를 받거나 직접 무언가를 제의할 때, **Can I...**나 **May I...**를 사용한다.

Flight information, ***can I*** help you? 비행시간 정보입니다. 무엇을 도와드릴까요?
Morgan Brown, Janine speaking, how ***may I*** help you? 모건 브라운사의 재닌입니다. 무엇을 도와드릴까요?

7 replying to an offer(제의에 대한 대답)

제의를 받아들일 때 일반적으로 **Yes, please.**나 **Thank you.**라고 한다. 격식을 차리지 않을 때는 **Thanks.**라고도 한다.

'Shall I read to you?' – '***Yes, please***.' "제가 읽어 줄까요?" – "예. 그렇게 해주세요."
'Have a cup of coffee.' – '***Thank you very much***.' "커피 한잔 하세요." – "정말 고마워요."
'You can take the jeep.' – '***Thanks***.' "지프차를 가져가 사용하세요." – "고마워요."

상대방의 제안에 매우 감사를 표할 때, 특히 기대하지 않았던 호의를 받을 때 **Oh, thank you, that would be great., That would be lovely.**라고 하거나, 더 격식을 차려서 **That's very kind of you.**라고도 한다.

'Shall I run you a bath?' – 'Oh, yes, please! ***That would be lovely***.'
"목욕 준비를 해드릴까요?" – "아, 예, 그렇게 해주세요. 그거 정말 좋겠는데요."
'I'll have a word with him and see if he can help.' – '***That's very kind of you***.'
"제가 그와 이야기해서 도울 수 있는지 알아보겠어요." – "감사합니다."

상대방의 제의를 거절할 때는 일반적으로 **No, thank you.**라고 하거나, 격식을 차리지 않을 때는 **No, thanks.**라고 한다.

'Would you like some coffee?' – '***No, thank you***.' "커피를 드시겠어요?" – "아니요. 괜찮습니다."
'Do you want a biscuit?' – '***No, thanks***.' "비스킷을 더 드시겠어요?" – "아니요."

No, I'm fine, thank you., I'm all right, thanks., No, it's all right.과 같은 표현을 사용할 수도 있다.

'Is the sun bothering you? Shall I pull the curtain?' – '***No, no, I'm fine, thank you***.'
"햇빛이 신경 쓰이세요? 커튼을 칠까요?" – "아, 아닙니다. 고맙지만, 전 괜찮아요."
'Do you want a lift?' – '***No, it's all right, thanks***, I don't mind walking.'
"태워다 드릴까요?" – "아니요, 괜찮아요. 고맙지만 걸어가도 돼요."

i 상대방의 제공을 거절할 때 ~~Thank you.~~라고만 하지 않는다.

누군가가 자신을 위해 어떤 것을 할 경우, **Please don't bother.**(신경 쓰지 마세요.)라고 하면서 정중하게 거절할 수 있다.

'I'll get you some sheets.' – '***Please – don't bother***.'
"침대 시트 몇 장을 더 갖다 드릴게요." – "신경 쓰지 않으셔도 되요."

Opinions

1. indicating type of opinion
2. being cautious
3. indicating degree of certainty
4. indicating that something is obvious
5. emphasizing truth
6. indicating personal opinion
7. indicating honesty
8. indicating form of statement
9. explicitly labelling a thought
10. explicitly labelling a statement
11. drawing attention to what you are about to say

TOPIC

말하는 태도를 나타내는 표현을 자주 사용한다. 의견이 사실과 얼마나 부합되는지에 대한 확신을 나타낼 때 조동사를 사용할 수 있다.

➲ Usage 표제어 **can – could – be able to, might – may, must, shall – will, should** 참조.

말하는 태도를 나타낼 때 사용하는 부사가 많이 있다. 때때로 이를 **sentence adverbs**(문장부사)라고도 하며, 이에 대한 설명은 다음과 같다. 대부분의 문장부사는 일반적으로 절의 앞이나 마지막 또는 절 안에 온다.

1 indicating type of opinion(의견의 종류를 나타내기)

말하는 내용이 사실이거나 사건에 대한 의견을 나타낼 때 사용하는 문장부사가 많이 있다. 그 사실이나 사건이 자신이 생각할 때 놀라운 것, 좋은 것, 나쁜 것인지를 나타내는 부사는 다음과 같다.

absurdly	astonishingly	characteristically	coincidentally
conveniently	curiously	fortunately	happily
incredibly	interestingly	ironically	luckily
mercifully	miraculously	mysteriously	naturally
oddly	of course	paradoxically	predictably
remarkably	sadly	significantly	strangely
surprisingly	typically	unbelievably	understandably
unexpectedly	unfortunately	unhappily	

Luckily, I had seen the play before so I knew what it was about.
다행히도 나는 그 연극을 전에 보아서 무슨 내용인지 알고 있었다.

It is ***fortunately*** not a bad bump, and Henry is only slightly hurt.
다행히도 심한 충돌 사고가 아니어서 헨리는 경미한 부상만 입었다.

〔부사 + **enough**〕 형식에 자주 사용하는 부사는 다음과 같다.

curiously	funnily	interestingly	oddly
strangely			

Funnily enough, old people seem to love bingo. 재미있게도 나이 든 사람들이 빙고를 좋아하는 듯하다.
Interestingly enough, this proportion has not increased. 흥미롭게도 이 부분은 증가하지 않았다.

어떤 사람의 행위에 대한 의견을 나타내는 부사는 다음과 같다.

bravely	carelessly	cleverly	correctly
foolishly	generously	kindly	rightly
wisely	wrongly		

She ***very kindly*** arranged a beautiful lunch. 그녀는 아주 친절하게도 맛있는 점심을 차려 주었다.
Paul Gayner is ***rightly*** famed for his menu for vegetarians. 폴 가이너는 채식주의자를 위한 식단으로 정말 유명하다.
Foolishly, we had said we would do the decorating. 어리석게도 우리는 실내 장식을 하겠다고 말했다.

ⓘ 위와 같은 부사는 전형적으로 주어나 첫 번째 조동사 뒤에 온다. 강조할 때는 부사의 위치가 달라지기도 한다.

2 being cautious(조심하기)

일반적이고 기본적이며 대략적인 내용을 나타낼 때, 다음 부사와 부가어를 사용할 수 있다.

all in all	all things	considered	altogether
as a rule	at a rough estimate	basically	broadly
by and large	essentially	for the most part	fundamentally
generally	in essence	in general	on average
on balance	on the whole	overall	ultimately

Basically, the more craters a surface has, the older it is. 기본적으로 표면에 흠집 자국이 많을수록 더 오래된 것이다.
I think ***on the whole*** we don't do too badly. 내 생각에 전체적으로 보면 우리가 아주 형편없게 하지는 않는 것 같다.

broadly speaking, generally speaking, roughly speaking을 사용할 수도 있다.

We are all, ***broadly speaking***, middle class. 대체적으로 우리 모두는 중산층에 속한다.
Roughly speaking, the problem appears to be confined to the tropics.
대략적으로 말하면 그 문제는 열대 지방으로 한정된 것으로 보인다.

말하는 내용이 완전히 사실이 아니거나 어떤 면에서만 사실이라는 뜻을 나타낼 때, 다음 부사나 부가어를 사용할 수 있다.

almost	in a manner of speaking	in a way
in effect	more or less	practically
so to speak	to all intents and purposes	to some extent
up to a point	virtually	

It was ***almost*** a relief when the race was over. 그 경기가 끝나자 거의 안심이 되었다.
In a way I liked her better than Mark. 어떻게 보면 나는 마크보다 그녀를 더 좋아했다.
Rats eat ***practically*** anything. 쥐는 사실상 아무것이나 먹는다.

i almost, practically, virtually는 all, any, every와 같은 단어로 시작하는 주어와 관련이 있는 경우를 제외하고는 절의 앞에 사용하지 않는다.

Practically all schools make pupils take examinations. 사실상 모든 학교는 학생들에게 시험을 치르게 한다.

3 indicating degree of certainty(확실성의 정도 나타내기)

말하는 내용이 얼마나 확실하거나 명확한지를 나타낼 때 다음 부사나 부가어를 사용할 수 있다. 가장 약한 확신에서 가장 강한 확신의 순서로 배열하였다.

- conceivably
- possibly
- perhaps, maybe
- hopefully
- probably
- presumably
- almost certainly
- no doubt, doubtless, undoubtedly
- definitely, surely

She is ***probably*** right. 아마 그녀가 맞을 것이다.
Perhaps they looked in the wrong place. 아마도 그들은 엉뚱한 곳을 봤던 것 같다.
He knew that under the surgeon's knife, he would ***surely*** die.
그는 수술을 받으면 틀림없이 죽게 될 것임을 알고 있었다.

maybe는 일반적으로 문장의 앞에 사용한다.

Maybe you ought to try a different approach. 당신은 아마 다른 접근을 시도해야 할 것이다.

definitely는 거의 문장의 앞에 사용하지 않는다.

I'm ***definitely*** going to get in touch with these people. 나는 틀림없이 이 사람들과 연락을 할 것이다.

어떤 것에 대해 개인적인 지식이 없거나 그 일에 책임을 지지 않는다라는 뜻을 함축하고 있는 표현으로 **it seems that**이나 **it appears that**을 사용한다.

I'm so sorry. ***It seems that*** we're fully booked tonight. 죄송하지만 저희는 오늘 저녁 예약이 모두 찬 것 같습니다.
It appears that he followed my advice. 그는 내 충고에 따랐던 것 같다.

부사 **apparently**를 사용할 수도 있다.

Apparently they had a row. 틀림없이 그들은 다투었다.

4 indicating that something is obvious(어떤 것의 명백함 나타내기)

자신의 말이 명백하게 옳다는 뜻을 나타낼 때, 다음 부사와 부가어를 사용할 수 있다.

clearly	naturally	obviously	of course
plainly			

Obviously I can't do the whole lot myself. 명백하게도 나는 그 모든 일을 전부 혼자 할 수 없다.
Price, ***of course***, is a critical factor. 물론 가격이 중요한 요소이다.

I need hardly say..., I need hardly tell you...와 같은 표현을 사용할 수도 있다.

I need hardly say that none of those involved saw fit to declare their latest acquisitions to the proper authorities.
관련된 누구도 최초의 취득물을 관계 당국에 신고할 만하다고 보지 않는다는 것은 내가 말할 필요도 없다.
I need hardly tell you what a delight it would be to serve under you again.
내가 당신을 위해 다시 일하게 되어 기쁘다는 것은 말할 필요도 없다.
This, ***it need hardly be said***, is a fantastic improvement. 이것은 말할 필요도 없이 엄청난 발전이다.

5 emphasizing truth(사실 강조하기)

말하는 내용의 진실을 강조할 때 다음 부사와 부가어를 사용한다.

actually	believe me	certainly	honestly
indeed	really	truly	

Sometimes we ***actually*** dared to penetrate their territory. 때때로 우리는 대담하게도 실제 그들의 지역에 침입했다.
Believe me, if you get robbed, the best thing to do is forget about it.
제 말을 믿어요. 당신이 강도를 당할 경우, 잊어버리는 것이 가장 좋아요.
I don't mind, ***honestly***. 솔직히 나는 상관하지 않는다.
Eight years was ***indeed*** a short span of time. 8년은 정말로 짧은 시간이다.
I ***really*** am sorry. 정말 죄송합니다.

ⓘ 형용사나 부사 앞에 very를 쓸 때만 indeed를 문장의 끝에 사용한다.

I think she is a ***very stupid person indeed***. 내 생각에 그녀는 참으로 멍청한 것 같다.

➲ Usage 표제어 indeed 참조.

내용의 정확성을 강조할 때, **exactly, just, precisely**를 사용할 수 있다.

They'd always treated her ***exactly*** as if she were their own daughter.
그들은 항상 그녀를 꼭 친딸처럼 대해 주었다.
I know ***just*** how you feel. 나는 당신 감정을 정말 알고 있다.
It is ***precisely*** his sensitivity to injustice which is presented as a sick deviation.
그것은 병적인 일탈로 비춰지는 부당성에 대한 그의 정밀한 민감성이다.

6 indicating personal opinion(개인적인 의견 나타내기)

의견을 표현하고 있다는 것을 강조할 때, 다음 부사와 부가어를 사용할 수 있다.

as far as I'm concerned	for my money(격식을 차리지 않는 표현)	in my opinion
in my view	personally	to my mind

The city itself is brilliant. ***For my money***, it's better than Manchester.
그 도시 자체가 멋있다. 내 견해로는 맨체스터보다 더 나은 것 같다.
In my opinion it was probably a mistake. 내 생각에 그것은 아마 실수였던 것 같다.
There hasn't, ***in my view***, been enough research done on mob violence.
내 견해로 집단 폭행에 대한 조사가 충분히 이루어지지 않았다고 생각한다.
Personally, I'm against capital punishment for murder. 개인적으로 나는 살인에 대한 사형 제도를 반대한다.
She succeeded, ***to my mind***, in living up to her legend. 내 생각에 그녀는 명성에 걸맞은 인생을 사는 데 성공했다.
As far as I'm concerned, it would be a moral duty. 내가 아는 한 그것은 도덕적인 의무일 것이다.

7 indicating honesty(정직함 나타내기)

frankly나 in all honesty를 사용하여 정직하게 말을 하고 있다는 것을 나타낸다.

Frankly, the more I hear about him, the less I like him. 솔직하게 말하면 내가 그에 대해 들을수록 그가 더 싫어진다.
In all honesty, I would prefer Madison. 솔직히 말해서 나는 매디슨을 더 좋아한다.

또 다른 방법으로 〔to be + frank · honest · truthful〕 형식을 사용한다.

I don't really know, *to be honest*. 솔직히 말해서 나는 정말로 모른다.
To be perfectly honest, he was a tiny bit frightened of them. 정말 솔직히 말해서 그는 아주 조금 그들을 두려워했다.
'How do you rate him as a photographer?' – 'Not particularly highly, *to be frank*.'
"당신은 그를 사진작가로서 어떻게 평가하십니까?" – "솔직히 말해서 아주 뛰어나지는 않아요."

위와 같은 부가어는 다소 무례하거나 논쟁의 여지가 있는 일종의 경고나 사과의 뜻으로 자주 사용한다.

8 indicating form of statement(진술의 형식 나타내기)

〔to put it + 부사〕 형식은 자신이 특정하게 말하고 있다는 사실로 상대방의 주의를 끌 때 사용할 수 있다.

To put it crudely, all unions have got the responsibility of looking after their members.
노골적으로 말하면 모든 노동조합은 노조원을 돌볼 책임이 있다.
Other social classes, *to put it simply*, are either not there or are only in process of formation.
간단히 말해서 다른 사회 계층은 존재하지 않거나 형성 과정에만 있다.

좀 더 부드럽게 말할 때는 to put it mildly나 to say the least를 사용할 수 있다.

A majority of college students have, *to put it mildly*, misgivings about military service.
조심스럽게 말해서 대부분의 대학생은 병역 의무에 대해 불안감을 갖고 있다.
The history of these decisions is, *to say the least* disquieting.
줄잡아 말해도 이러한 결정의 변천은 불안하게 하고 있다.

9 explicitly labelling a thought(생각을 명백하게 분류하기)

〔I + 의견 · 믿음을 나타내는 동사〕 형식은 자신의 의견이 얼마나 강한지를 나타낼 때 사용할 수 있다. I think...나 I reckon...은 말하려는 내용을 부드럽게 하거나 덜 명확하게 효과를 줄 때 자주 사용한다. I suppose...는 말하고 있는 내용에 확신이 잘 서지 않다는 뜻을 함축할 때 자주 쓰이며, 다음 동사를 사용한다.

agree	assume	believe	fancy
guess	hope	imagine	presume
realize	reckon	suppose	think
trust	understand		

A lot of that goes on, *I imagine*. 내가 상상하건대 그것의 많은 부분이 계속될 것 같다.
He was, *I think*, in his early sixties when I first encountered him.
그를 처음 만났을 때, 내가 보기에 그는 60대 초반이었던 것 같다.
I reckon you're right. 내가 보기에 당신 말이 맞는 것 같다.
I suppose she could have shot the two of them, but I don't really see why.
내가 보기에 그녀는 그들 중 두 명을 쏠 수도 있었는데, 나는 그 이유를 정말 모르겠다.

〔I'm + 형용사〕 형식은 위와 비슷한 방식으로 사용할 수 있다.

certain	convinced	positive	sure

I'm sure he'll win. 나는 그가 이길 것이라고 확신한다.
I'm convinced that it is a viable way of teaching. 나는 그것이 가르치는 데 실용적인 방법이라고 확신한다.
I'm quite certain they would have made a search and found him.
나는 그들이 수색하여 그를 찾았을 것이라고 아주 확신한다.

10 explicitly labelling a statement(진술을 명백하게 분류하기)

자신이 말하고 있는 내용의 종류가 무엇인지 나타낼 때, 〔I + 동사〕 형식을 사용한다.

acknowledge	admit	assure	claim
concede	confess	contend	demand
deny	guarantee	maintain	pledge
predict	promise	propose	submit
suggest	swear	tell	vow
warn			

I admit there are problems about removing these safeguards.
나는 이러한 안전장치를 제거하는 것에 대해 문제가 있다는 것을 인정한다.

It was all in order, ***I assure you***. 내가 보장하건데 그것은 모두 순서대로 있었다.

I guarantee you'll like my work. 나는 당신이 내 작품을 마음에 들어할 것이라고 확신한다.

ℹ I deny보다 I can't deny와 I don't deny를 훨씬 더 자주 사용한다.

I can't deny that you're upsetting me. 당신이 나를 화나게 하고 있다는 것을 부인할 수 없다.

say는 상대방이 하는 말에 대해 신중하게 고려하고 있거나 개인적인 의견만을 말하고 있다는 것을 나타낼 때 조동사와 함께 사용한다.

I must say I have a good deal of sympathy with Dr Pyke. 나는 정말로 파이크 박사에게 깊은 동정심을 갖고 있다.

All I can say is that it's extraordinary how similar they are.
내가 할 수 있는 말이라고는 그들이 얼마나 비슷한지 놀랍다는 것이다.

What I'm really saying is, I'm delighted they've got it.
내가 정말로 말하려는 것은 그들이 그것을 갖게 되어 기쁘다는 것이다.

I would even go so far as to say that we are on the brink of a revolution.
극단적으로 말해서 우리는 혁명이 일어나기 직전의 상황에 있다는 것이다.

요점이나 질문을 명백하게 이끄는 여러 가지 동사와 함께 Let me..., May I..., I would like...를 사용한다.

Let me give you an example. 제가 예를 하나 들겠습니다.

May I make one other point. 제가 다른 점을 말해도 될까요?

I would like to ask you one question. 당신에게 질문 하나를 하겠습니다.

11 drawing attention to what you are about to say(하려는 말에 주의 끌기)

〔the + (형용사) + 명사 + is〕 형식은 주의를 끄는 방식으로 상대방에게 하려는 말이 무엇인지를 분류하여 그것이 중요하다는 것을 나타낸다. 이 구조에서 가장 일반적으로 사용하는 명사는 다음과 같다.

answer	conclusion	fact	point
problem	question	rule	solution
thing	tragedy	trouble	truth

The fact is they were probably right. 사실은 그들이 옳았을지도 모른다는 것이다.

The point is, why should we let these people do this to us?
요점은 우리는 왜 그 사람들이 우리에게 이것을 하도록 내버려 두어야 하는 것인가이다.

The only trouble is it's rather noisy. 단 한 가지 문제점은 다소 시끄럽다는 것이다.

Well, you see, ***the thing is*** she's gone away. 자, 당신이 보다시피 문제는 그녀가 가버렸다는 것이다.

The crazy thing is, most of us were here with him on that day.
그 터무니없는 일은 우리들 대부분은 그날 그와 함께 여기에 있었다는 것이다.

ℹ 위와 같은 형식에서 다음에 따라오는 절이 의문문이 아닐 경우, that은 is 뒤에 사용할 수 있다.

The important thing is ***that*** she's eating normally. 가장 중요한 것은 그녀가 정상적으로 식사를 하고 있다는 것이다.

The problem is ***that*** the demand for health care is unlimited. 건강 관리에 대한 수요는 끝이 없다는 것이 문제이다.

what절을 주어로 사용할 수도 있다.

What's particularly impressive, though, is that they use electronics so well.
그럼에도 불구하고 특히 인상적인 것은 그들이 전자제품을 매우 잘 활용한다는 것이다.

But ***what's happening*** is that each year our old machinery becomes less adequate.
그러나 현 실정은 매년 우리의 오래된 기계류가 점점 덜 어울린다는 것이다.

Permission

상대방에게 허락을 요청하거나, 허락하거나 거절하는 방법은 여러 가지가 있다.

1 asking permission(허락 요청하기)

상대방에게 어떤 일을 하도록 허락해 달라고 할 경우, **Can I...?**나 **Could I...?**를 사용할 수 있다. 한 그룹을 대신할 때는 **I**가 아닌 **we**를 사용하며, **Could I...?**가 더 정중한 표현이다.

Can I light the fire? I'm cold. 불을 지펴도 되나요? 추워서요.
Could we put this fire on? 우리가 불을 지필 수 있을까요?
Could I stay at your place for a bit, Rob? 로브, 당신 집에 잠깐 있어도 되나요?

상대방에게 더 정중하게 요청할 때, **please**를 붙일 수 있다.

David, can I look at your notes, ***please***? 데이비드, 네 노트를 봐도 될까?
Good afternoon. Could I speak to Mr Duff, ***please***. 안녕하세요. 더프 씨와 통화하고 싶은데요?
Could you ask for them to be taken out, ***please***. 당신이 그들에게 산책을 가라고 부탁을 해주시겠어요?

Could I...?나 **May I...?** 뒤에 **perhaps**나 **possibly**를 붙여서 아주 정중하게 요청할 수도 있다.

Could I perhaps bring a friend with me? 제 친구를 데려와도 되겠습니까?
May I possibly have a word with you? 당신과 이야기할 수 있을까요?

can이나 **could** 대신 **can't**나 **couldn't**를 사용하여 더 강하게 허락을 요청할 수 있다. 이는 자신의 요청을 허락해 주지 않을지도 모른다고 생각할 경우에 사용한다.

Can't I come? 제가 가면 안 되겠습니까?
Couldn't we stay here? 우리가 여기에 머물면 안 됩니까?

Let me...는 상대방의 허락을 요청할 때 사용하는 또 다른 방법이다. 그러나 강한 어조로 말하면 명령하는 것처럼 들릴 수 있다.

Oh, ***let me*** come with you. 아, 제가 당신과 함께 갈게요.
Please ***let me*** do it, Cyrill! 키릴, 내가 그 일을 하도록 해줘.

ℹ 상대방에게 어떤 일을 하도록 제안하는 방법으로도 Let me...를 사용한다.

Anne, ***let me*** drive you home. You don't look at all well.
앤, 제가 집까지 태워다 드리겠어요. 안색이 전혀 좋아 보이지 않아요.

➲ Topic 표제어 Offers 참조.

2 indirect ways(간접적인 방법)

어떤 일을 하도록 허락을 요청하는 더 간접적인 다른 방법이 있다. **Would it be all right if I...?** 등의 표현을 사용하며, 더 격식을 차리는 표현으로는 **Is it okay if I...?**를 사용할 수 있다.

Would it be all right if I used your phone? 당신의 전화기를 사용해도 되겠습니까?
Is it all right if I go to the bathroom? 화장실을 사용해도 되겠습니까?
Is it okay if I go home now? 지금 집에 가도 되겠습니까?

아주 격식을 차리지 않은 상황에서 이러한 표현은 자주 축약되어 형용사로 시작하는 표현이 된다. 이는 상대방이 허락을 해줄 것이라고 가정할 때 사용하면, 더 격식을 차리지 않은 표현으로 들린다.

Okay if I smoke? 담배 피워도 될까요?

〔Would it be all right + to부정사...?〕 형식은 위의 형식보다 훨씬 더 간접적으로 요청할 때 사용한다.

Would it be all right to take this? 이것을 가져가도 되겠습니까?

좀 더 정중한 표현으로 **Do you mind if I...?**나 **Would you mind if I...?**를 사용하기도 한다.

Do you mind if we speak a bit of German? 우리가 잠깐 독일어로 말해도 될까요?
Would you mind if I just ask you some routine questions? 제가 당신에게 일상적인 몇 가지 질문을 좀 해도 될까요?

매우 격식을 차리지 않은 상황에서는 위와 같은 표현을 생략한다.

Mind if I bring my bike in? 제 자전거를 가져와도 되겠습니까?

I was wondering if I could...나 **I would if I could...**를 사용할 수도 있다.

I was wondering if I could go home now. 지금 집으로 가도 될까요?

I wonder if I could have a few words with you. 당신과 이야기 좀 할 수 있을까요?

격식을 차린 상황에서 〔자신의 의도 + if I may〕 형식을 사용한다. 이 형식은 허락을 요청할 필요는 없지만 정중하게 행동하고 있다는 것을 보여주기 위해 사용한다.

I'll take a seat *if I may*. 자리에 앉아도 되겠습니까?

Switching, *if I may*, from the Victorian novelists to more contemporary novelists, who do you think are the good novelists of today?

빅토리아 시대의 소설가에서 좀 더 현대의 소설가로 화제를 바꾸는 것을 허락한다면, 당신은 현대에서 가장 훌륭한 소설가가 누구라고 생각합니까?

3 giving someone permission(어떤 사람에게 허락해 주기)

상대방이 요청한 일을 허락할 때 사용하는 단어와 표현이 많이 있다.

격식을 차리지 않은 상황에서는 **OK.**나 **All right.**이라고 한다.

'Could I have a word with him?' – '*OK*.' "그와 잠시 이야기를 해도 될까요?" – "좋아요."

'I'll be back in a couple of minutes, okay?' – '*All right*.' "곧 돌아올 거예요. 알겠죠?" – "좋아요."

미국 영어에서는 특히 **Sure.**는 의미를 좀 더 강조할 때 사용한다.

'Can I go with you?' – '*Sure*.' "당신과 같이 갈 수 있어요?" – "물론이죠."

더 격식을 차리고 강조할 때, **Of course., Yes, do., By all means.**를 사용한다.

'Could I make a telephone call?' – '*Of course*.' "전화를 걸어도 됩니까?" – "물론이지요."

'Do you mind if I look in your cupboard? There are some hot water bottles somewhere.' – '*Yes, do*.'

"찬장을 들여다봐도 되겠습니까? 뜨거운 물이 담긴 병들이 어딘가에 있을 텐데." – "예, 그렇게 하세요."

'May I come too?' – '*By all means*.' "저도 가도 되겠어요?" – "물론이지요."

I don't see why not.은 상대방의 요청을 허락해 줄 마음이 아주 확실하지 않거나 주저할 때 사용한다.

'Can I take it with me this afternoon?' – '*I don't see why not*.'

"오늘 오후에 이것을 가져가도 됩니까?" – "안 될 이유는 없지요."

You can...을 사용하여 상대방이 요청하지 않은 일을 허락해 줄 수 있다. 더 격식을 차려서 **You may...**를 사용하기도 한다.

You can go off duty now. 오늘은 이만 일을 마치세요.

You may use my wardrobe. 당신이 제 옷장을 사용해도 돼요.

4 refusing permission(요청을 거절하기)

상대방의 요청을 거절하는 가장 일반적인 방법으로 **Sorry., I'm sorry., I'm afraid not.** 등의 표현을 사용하고, 거절하게 된 이유도 함께 설명한다.

'I was wondering if I could borrow a book for the evening.' – '*Sorry*, I haven't got any with me.'

"오늘 저녁에 책 한 권 빌려 볼 수 있을까요?" – "죄송하지만, 제게는 책이 하나도 없어요."

'Could I see him – just for a few minutes?' – 'No, *I'm sorry, you can't*. He's very ill.'

"그를 잠깐만이라도 볼 수 있을까요?" – "아뇨, 죄송하지만 그럴 수 없어요. 그는 몹시 아프거든요"

'I wonder if I might see him.' – '*I'm afraid not*, sir. Mr Wilt is still helping us with our enquiries.'

"그를 볼 수 있을까요?" – "죄송하지만 선생님, 윌트 씨는 여전히 우리의 질의에 답하는 중입니다."

상대방을 아주 잘 아는 경우에는 단순히 **No.**라고 하거나 **No, you can't.**라고 말할 수 있지만, 이는 정중하지 못한 표현이다. 격식을 차리지 않은 상황에서 허락을 거절할 때, **No way.**와 **No chance.** 등은 훨씬 더 정중하지 않으며, 거절하는 뜻을 더욱 강조하는 표현이기도 하다. **I'd rather you didn't.**는 누군가가 어떤 일을 하지 않기를 진심으로 바라다라는 뜻으로, 사실상 그 일을 할 수밖에 없을 때 사용한다.

'May I go on?' – '*I'd rather you didn't*.' "계속해도 됩니까?" – "그러지 않는 게 좋을 것 같아요."

영국 영어에서 상대방이 허락해 주기를 요청하지 않은 일을 거절할 때는 **You can't...**나 **You mustn't...**를 사용한다.

You can't go. 당신은 갈 수 없다.

You mustn't open it until you have it in the right place. 그것을 제자리에 놓기 전에는 열지 마세요.

미국 영어에서는 보통 **You mustn't...**가 아닌 **Don't...**를 사용한다.

Don't eat all the cookies. 쿠키를 다 먹지 마세요.

〔**You're not + -ing**〕 형식은 격식을 차리지 않으면서 거절을 강조할 때도 사용할 수 있다.

You're not putting that thing on my boat. 당신은 제 보트에 저것을 올려놓지 못한다.

Pieces and amounts

1 substances
2 liquids
3 food
4 typical pieces and amounts
5 measurements and containers

어떤 것의 낱개나 특정한 양을 나타낼 때, 〔of + 불가산명사〕 형식을 사용하는 단어가 많이 있다. 가장 흔히 사용하는 단어는 다음과 같다.

1 substances(물질)

여러 종류의 물질의 낱개나 양을 나타내는 단어는 다음과 같다.

atom	ball	bit	block
chunk	crumb	dab	dash
dollop	flake	fragment	heap
hunk	lump	mass	molecule
mound	mountain	patch	particle
piece	pile	pinch	ring
roll	scrap	sheet	shred
slab	slice	sliver	speck
splinter	stick	strip	trace
tuft	wad	wedge	wodge

Always kneel on a ***bit*** of sponge rubber. 항상 스펀지 고무 조각 위에 무릎을 꿇으세요.

...a big comforting soup, with ***lumps*** of bacon, and ***chunks*** of potato and cabbage.
베이컨, 감자, 양배추 덩어리가 포함된, 기운을 돋우는 푸짐한 수프.

2 liquids(액체)

액체의 양을 나타내는 단어는 다음과 같다.

dash	dribble	drop	globule
jet	pool	puddle	splash
spot	trickle		

Rub a ***drop*** of vinegar into the spot where you were stung. 벌에 쏘인 곳에 식초 한 방울을 떨어뜨려서 문지르세요.

One fireman was kneeling down in a great ***pool*** of oil. 한 소방관이 기름 범벅이 된 곳에 무릎을 꿇고 있었다.

3 food(음식)

특정한 종류의 음식의 양을 나타낼 경우, **helping, portion, serving**을 사용한다.

He had two ***helpings*** of ice-cream. 그는 아이스크림을 두 컵 먹었다.
I chose a hefty ***portion*** of local salmon. 나는 지역에서 잡힌 연어의 커다란 덩어리를 골랐다.

아주 적은 양의 음식에는 **morsel**을 사용한다.
He had a ***morsel*** of food caught between one tooth and another. 그의 치아 사이에 음식물이 조금 끼어 있었다.

4 typical pieces and amounts(대표적으로 쓰는 낱개와 양)

다음 표는 특정한 종류의 낱개와 양을 가리킬 때 쓰는 대표적인 단어이다. 한 단어 이상이 쓰일 경우에는 그 뜻은 매우 달라진다. 그 차이점을 잘 모를 경우, **Cobuild** 사전을 참조한다.

bread	a loaf / slice of bread
butter	a knob(英) / pat(美) of butter
cake	a slice / piece of cake
chocolate	a bar / piece / square of chocolate
cloth	a bolt / length / piece of cloth
coal	a lump of coal
corn	an ear / sheaf of corn
dust	a speck / particle / cloud of dust
fog	a wisp / bank / patch of fog
glass	a sliver / splinter / pane of glass
grass	a blade of grass
hair	a lock / strand / wisp / tuft / mop / shock of hair
hay	a bale of hay
land	a piece / area of land
light	a ray / beam / shaft of light
medicine	a dose of medicine
money	a sum of money
paper	a piece / sheet / scrap of paper
rice	a grain of rice
rope	a coil / length / piece of rope
salt	a grain / pinch of salt
sand	a grain of sand
smoke	a cloud / blanket / column / puff / wisp of smoke
snow	a flake / blanket of snow
soap	a bar / cake of soap
stone	a slab / block of stone
string	a ball / piece / length of string
sugar	a grain / lump of sugar
sweat	a bead / drop / trickle of sweat
thread	a reel / strand of thread
wheat	a grain / sheaf of wheat
wire	a strand / piece / length of wire
wool	a ball of wool

5 measurements and containers(단위와 용기)

pound, metre 등의 계량명사 또는 병, 상자 등의 용기(容器)를 나타내는 명사를 사용하여 어떤 것의 양을 나타내기도 한다.

➲ Topic 표제어 Measurements와 Grammar 표제어 Quantity의 containers 참조.

Places

1 asking about someone's home	7 qualifier use
2 place names	8 prepositions with parts and areas
3 modifier use	9 adverbs: position
4 adjuncts	10 adverbs: direction or destination
5 prepositions: position	11 qualifier use
6 prepositions: destination and direction	12 modifier use
	13 indefinite place adverbs

1 asking about someone's home(상대방의 집 물어보기)

상대방의 집이 어디 있는지 물어볼 경우, **Where do you live?**나 **Whereabouts do you live?**라고 한다.

'*Where do you live?*' – 'I have a little studio flat, in Chiswick.'
"당신은 어디에 삽니까?" – "치스윅에 있는 작은 원룸 아파트에 삽니다."

'I actually live near Chester.' – '*Whereabouts?*' "저는 실제로 체스터 근처에 삽니다." – "어디쯤이요?"

어린 시절에 지낸 곳을 물어볼 경우, **What part of the country are you from?**이라고 한다. **Where do you come from?**이나 **Where are you from?**이라고도 할 수 있는데, 특히 상대방이 다른 나라에서 어린 시절을 보낸 경우에 사용한다.

'*Where do you come from?*' – 'India.' "당신은 어디 출신입니까?" – "인도입니다."

2 place names(지명)

Italy, **Amsterdam** 등의 지명은 고유명사이며, 대문자로 시작하고, 앞에는 관사를 사용하지 않는다.

다음은 지역을 나타내는 여러 가지 방법을 설명하고 있다. *표시는 잘 사용하지 않는 표현을 뜻한다.

Continents(대륙)	고유명사	Africa Asia
Areas and regions(지역)	**the** + 고유명사	the Arctic the Midlands
	형용사 + 고유명사	Eastern Europe North London
	the + **North, South, East, West**	the East the South of France
Oceans, seas, deserts (대양, 바다, 사막)	**the** + 수식어 + **Ocean, Sea, Desert**	the Indian Ocean the Gobi Desert
	the + 고유명사	the Pacific the Sahara
Countries(국가)	고유명사	France Italy
	* **the** + 국가명	the United States the United Kingdom the Netherlands
Counties and states (주: 州)	고유명사	Surrey California
	* 고유명사 + **County**(美)	Butler County

Islands(섬)	고유명사	Malta
	고유명사 + **Island**	Easter Island
Groups of islands(군도)	**the Isle of** + 고유명사	the Isle of Wight
	the + 수식어 + **Islands**	the Channel Islands the Scilly Isles
	the + 복수 고유명사	the Bahamas
Mountains(산)	**Mount** + 고유명사	Mount Everest
	고유명사	Everest
Mountain ranges(산맥)	* **the** + 고유명사	the Matterhorn
	the + 복수 고유명사	the Andes
	the + 수식어 + **Mountains**	the Rocky Mountains
Rivers(강)	**the** + **River** + 고유명사	the River Thames
	the + 고유명사	the Thames
	* **the** + 고유명사 + **River** (영국에서는 사용하지 않음)	the Colorado River
Lakes(호수)	**Lake** + 고유명사	Lake Michigan
Capes(곶)	**Cape** + 고유명사	Cape Horn
	* **the** + **Cape** + 고유명사	the Cape of Good Hope
Other natural places (다른 자연적인 장소)	**the** + 수식어 + 장소명사	the Grand Canyon the Bering Strait
	수식어 + 장소명사	Sherwood Forest Beachy Head
	the + 장소명사 + **of** + 고유명사	the Gulf of Mexico the Bay of Biscay
Towns(도시)	고유명사	London
Buildings and structures (건물과 구조물)	고유명사 + 장소명사	Durham Cathedral London Zoo
	the + 수식어 + 장소명사	the Severn Bridge the Tate Gallery
	the + 장소명사 + **of** + 고유명사/명사	the Church of St. Mary the Museum of Modern Art
Cinemas, theatres, pubs, hotels (영화관, 극장, 술집, 호텔)	**the** + 고유명사	the Odeon the Bull
Railway stations (기차역)	고유명사	Paddington
	고유명사 + **station**	Paddington Station
Streets(거리)	수식어 + **Road, Street, Drive** 등	Downing Street
	* **the** + 고유명사	the Strand
	* **the** + 수식어 + **Street / Road**	the High Street

대부분의 지명에는 단수동사를 사용한다. **the United States, the Netherlands**와 같이 지명이 복수명사처럼 보이는 경우에도 단수동사를 사용한다.

Canada still ***has*** large natural forests. 캐나다는 여전히 넓은 자연림을 갖고 있다.
Milan ***is*** the most interesting city in the world. 밀란은 세계에서 가장 흥미로운 도시이다.
...when the United States ***was*** prospering. 미국이 번영하고 있었을 때.

그러나 제도(諸島)나 산의 이름에는 일반적으로 복수동사를 사용한다.

...one of the tiny Comoro Islands that ***lie*** in the Indian Ocean midway between Madagascar and Tanzania.
마다가스카르와 탄자니아 중간의 인도양에 위치한 작은 코모로 제도(諸島) 중 하나의 섬.
The Andes ***split*** the country down the middle. 안데스 산맥은 그 나라의 한가운데를 종단한다.

국가나 수도의 이름은 그 국가의 정부를 가리킬 때 자주 사용한다.

Britain and ***France*** jointly suggested a plan. 영국과 프랑스는 공동으로 계획을 제안했다.
Washington had put a great deal of pressure on ***Tokyo***. 미국은 일본에 대단한 압력을 행사했다.

어떤 곳에 살고 있는 사람들을 가리킬 때, 지명을 때때로 사용하기도 한다. 한 무리의 사람들을 가리킬지라도 단수동사를 사용한다.

Europe ***was*** sick of war. 유럽 사람들은 전쟁에 질렸다.
...to pay for additional imports that Poland ***needs***. 폴란드 사람들이 필요로 하는 추가 수입품의 대금을 지불하기 위해.

➲ 그 밖에 국가의 국민을 가리키는 방법은 **Topic** 표제어 **Nationality words** 참조.

전투나 재난과 같이 어떤 장소에서 일어난 유명한 사건을 가리킬 때에도 지명을 사용할 수 있다.

After ***Waterloo***, trade and industry surged again. 워털루 전투 후에 무역과 산업이 다시 급증했다.
...the effect of ***Chernobyl*** on British agriculture. 영국 농업에 체르노빌 사건이 끼친 영향.

3 modifier use(수식어로 사용)

어떤 것이 특정한 곳에 있거나 특정한 지역에서 만들어지거나 그 지역의 특징을 나타낼 때, 지명을 수식어로 사용할 수 있다.

...a ***London*** hotel. 런던의 한 호텔.
She has a ***Midlands*** accent. 그녀는 잉글랜드 중부 지방의 억양을 지니고 있다.

4 adjuncts(부가어)

장소를 나타낼 때, 전치사구와 부사와 같은 많은 부가어를 사용한다.

➲ 이러한 부사와 부가어의 문장에서의 위치에 대한 정보는 **Grammar** 표제어 **Adjuncts** 참조.

5 prepositions: position(전치사: 위치)

위치를 나타내는 주요 전치사는 **at, in, on**이 있다.

Sometimes we went to concerts ***at*** the Albert Hall. 우리는 이따금씩 앨버트 홀에서 열리는 콘서트에 갔다.
I am back ***in*** Rome. 나는 로마에서 돌아왔다.
We sat ***on*** the floor. 우리는 마루에 앉았다.

➲ 더 많은 정보는 **Usage** 표제어 **at, in, on** 참조.
➲ **Usage** 표제어 **arrive – reach** 참조.
➲ **by**와 **near** 간의 용법 차이는 **Usage** 표제어 **by** 참조.

위치를 나타내는 전치사는 다음과 같다.

aboard	about	above	across
against	ahead of	all over	along
alongside	amidst(美 amid)	among	around
astride	at	away from	before
behind	below	beneath	beside
between	beyond	by	close by
close to	down	in	in between

in front of	inside	near	near to
next to	off	on	on top of
opposite	out of	outside	over
past	through	throughout	under
underneath	up	upon	with
within			

6 prepositions: destination and direction(전치사: 목적지와 방향)

목적지를 나타내는 주요 전치사로 **to**가 있다.

I went ***to*** the door. 나는 문으로 갔다.

She went ***to*** Australia in 1970. 그녀는 1970년에 호주로 갔다.

ℹ 일반적으로 목적지를 나타낼 때는 at을 사용하지 않는다. 누군가가 바라보고 있는 쪽이나 어떤 물체를 움직이게 하는 방향을 나타낼 때, at을 사용한다.

They were staring ***at*** a garage roof. 그들은 차고의 지붕쪽을 쳐다보고 있었다.

Supporters threw petals ***at*** his car. 지지자들은 그의 자동차를 향해 꽃잎을 던졌다.

➲ **Usage** 표제어 **into**와 **onto** 참조. 차량 탑승 시에 사용하는 방법에 대한 정보는 **Usage** 표제어 **go into** 참조.

방향을 나타내는 전치사는 다음과 같다.

aboard	about	across	ahead of
all over	along	alongside	around
at	away from	behind	below
beneath	beside	between	beyond
by	down	from	in
in between	in front of	inside	into
near	near to	off	on
onto	out of	outside	over
past	round(美 around)	through	to
towards(美 toward)	under	underneath	up

위와 같이 장소와 방향을 모두 나타낼 때 사용할 수 있는 전치사가 많이 있다.

The bank is just ***across*** the High Street. 그 은행은 바로 하이 스트리트 건너편에 있다.

I walked ***across*** the room. 나는 방을 가로질러 갔다.

We live in the house ***over*** the road. 우리는 길 건너에 있는 집에 살고 있다.

I stole his keys and escaped ***over*** the wall. 나는 그의 열쇠를 훔쳐서 벽을 넘어 탈출했다.

7 qualifier use(한정어 용법)

〔명사 + 전치사구〕 형식은 명사가 지칭하는 사물이나 사람의 위치를 나타낼 때 한정어로 사용한다.

The table ***in the kitchen*** had a tablecloth over it. 부엌에 있는 테이블에 테이블보가 덮여 있었다.

The driver ***behind me*** began hooting. 내 뒤의 운전자가 경적을 울리기 시작했다.

8 prepositions with parts and areas(부분과 지역에 사용하는 전치사)

어떤 사물이 다른 사물의 어느 부분과 가장 가까이에 있는지 또는 그 사물이 어느 지역에 있는지를 명확하게 나타낼 경우, 전치사 **at, by, in, near, on**을 사용할 수 있다. 일반적으로 방향을 나타내는 전치사 **to**와 **towards**(미국 영어에서는 **toward**는 좀 더 대략적인 위치를 나타낼 때 쓰인다.

at, near, towards와 함께 사용하는 명사는 다음과 같다.

back	base	bottom	centre
edge	end	foot	front
rear	side	top	

At the bottom of the stairs you will find a rough patch of mosaic paving.
계단 아래에서 모자이크식의 거칠거칠한 바닥면의 조각을 발견할 수 있을 것이다.
The old building of University College is ***near the top*** of the street.
런던 대학의 오래된 건물은 거리의 거의 끝에 있다.
He was sitting ***towards the rear***. 그는 뒤쪽에 앉아 있었다.

near, side는 to와 함께 사용할 수 있다.

A company of infantry was swiftly redeployed in a stronger position ***to the rear***.
보병 중대는 후방의 아주 유리한 위치에 재빨리 재배치되었다.
There was one sprinkler in front of the statue and one ***to the side*** of it.
그 동상 앞에 스프링클러가 한 개 있었고 옆에 또 다른 한 개가 있었다.

left, right에는 on이나 to를, middle에는 in을 사용한다. edge에는 at 대신 on을 사용할 수 있다.

The church is ***on the left*** and the town hall and police station are ***on the right***.
왼편에는 교회가 있고 오른편으로는 마을 회관과 경찰서가 있다.
To the left were the kitchens and staff quarters. 왼편에는 부엌과 직원 숙소가 있었다.
My mother stood ***in the middle*** of the road, watching. 우리 어머니가 길 한가운데에 서서 보고 있었다.
He lives ***on the edge*** of Sefton Park. 그는 세프턴 공원가에 살고 있다.

to, in과 함께 사용하는 명사는 다음과 같다.

east	north
north-east(美 northeast)	north-west(美 northwest)
south	south-east(美 southeast)
south-west(美 southwest)	west

To the south-west lay the city. 그 도시는 남서쪽에 있다.
The National Liberation Front forces were still active ***in the north***.
민족 해방 전선 부대가 북쪽에서 여전히 활동하고 있었다.

at, by를 사용하는 명사는 다음과 같다.

bedside	dockside	fireside	graveside
kerbside(美 curbside)	lakeside	poolside	quayside
ringside	riverside	roadside	seaside
waterside			

...sobbing bitterly ***at the graveside***. 묘지가에서 비통하게 흐느끼고 있는.
We found him sitting ***by the fireside***. 우리는 그가 난롯가에 앉아 있는 것을 발견했다.

ℹ 위에서 설명한 세 가지 목록의 명사는 일반적으로 앞에 the를 사용한다.

I ran inside and bounded up the stairs. Wendy was standing ***at the top***.
나는 달려들어 가서 위층으로 뛰어올라 갔다. 웬디는 꼭대기에 서 있었다.
To the north are the main gardens. 북쪽에 중정(中庭)이 있다.

그러나 첫 번째 목록의 명사(back, base 등)와 left, right, beside는 명사 앞에 소유한정사를 사용할 수도 있다.

We reached another cliff face, with trees and bushes growing ***at its base***.
우리는 나무와 관목이 자라고 있는 또 다른 절벽에 이르렀다.
There was a gate ***on our left*** leading into a field. 우리의 왼편에는 들로 나가는 문이 있었다.
I was ***at his bedside*** at the very last. 나는 마지막 순간까지 그의 머리맡을 지켰다.

ℹ in front of와 on top of는 한정사가 없는 고정된 구이며 복합전치사이다.

She stood ***in front of*** the mirror. 그녀는 거울 앞에 서 있었다.
I fell ***on top of*** him. 나는 그의 위로 넘어졌다.

9 adverbs: position(부사: 위치)

위치를 나타내는 부사가 많이 있다. 대부분의 부사는 이미 언급된 장소, 물체, 사람의 가까이에 무언가가 있다는 것을 나타낸다.

Seagulls were circling ***overhead***. 갈매기들이 머리 위를 선회하고 있었다.
Nearby, there is another restaurant. 근처에 또 하나의 식당이 있었다.
This information is summarized ***below***. 이 정보는 아래에 요약되어 있다.

주요 위치부사는 다음과 같다.

aboard	about	above	abroad
ahead	aloft	alongside	ashore
away	behind	below	beneath
beside	beyond	close by	close to
down	downstairs	downstream	downwind
here	in	in between	indoors
inland	inside	near	nearby
next door	off	offshore	opposite
out of doors	outdoors	outside	over
overhead	overseas	round(美 around)	there
throughout	underfoot	underground	underneath
underwater	up	upstairs	upstream
upwind			

어떤 것이 존재하고 있는 지역의 범위를 나타내는 위치부사는 다음과 같다.

globally	internationally	locally	regionally
nationally	universally	widely	worldwide

Everything we used was bought ***locally***. 우리가 사용한 모든 것은 이 지역에서 구입한 것이다.
Western culture was not ***universally*** accepted. 서양 문화를 보편적으로 받아들이지는 않았다.

어떤 것의 위치를 나타낼 때, **world wide**를 제외한 위의 부사는 대부분의 다른 위치부사와 달리 **be**동사 뒤에 사용할 수 없다.

거리와 위치를 모두 나타내는 부사 **deep, far, high, low**는, 보통 뒤에 위치를 나타내는 다른 부사나 구가 따르거나 어떤 다른 방식으로든 수식되거나 한정된다.

Many of the eggs remain buried ***deep among the sand grains***. 많은 알이 모래더미 속 깊이 묻혀 있다.
One plane, flying ***very low***, swept back and forth. 비행기 한 대가 아주 낮게 날며 여기저기를 수색했다.

deep down, far away, high up, low down은 본래의 뜻을 갖고 있는 부사 대신에 자주 쓰인다.

The window was ***high up***, miles above the rocks. 창문은 바위로부터 멀리 떨어진 높은 곳에 있었다.
Sita scraped a shallow cavity ***low down*** in the wall. 시타는 벽 아래쪽의 얕은 구멍을 긁어냈다.

10 adverbs: direction or destination(부사: 방향이나 목적지)

방향이나 목적지를 나타내는 부사도 많이 있다.

They went ***downstairs*** hand in hand. 그들은 손을 잡고 아래층으로 내려갔다.
Go ***north*** from Leicester Square up Wardour Street. 레스터 스퀘어에서 워더 스트리트까지 북쪽으로 가세요.
She walked ***away***. 그녀는 걸어가 버렸다.

방향이나 목적지를 나타내는 주요 부사는 다음과 같다.

aboard	abroad	ahead	along
anti-clockwise(美 counterclockwise)		around	ashore
back	backwards	clockwise	close

down	downstairs	downtown	downwards
east	eastwards	forwards	heavenward
here	home	homeward	in
indoors	inland	inside	inwards
aboard	abroad	ahead	along
anti-clockwise(美 counterclockwise)		around	ashore
back	backwards	clockwise	close
down	downstairs	downtown	downwards
east	eastwards	forwards	heavenward
here	home	homeward	in
indoors	inland	inside	inwards
left	near	nextdoor	north
northwards	on	onward	out of doors
outdoors	outside	overseas	right
round(美 around)	sideways	skyward	south
southwards	there	underground	up
upstairs	uptown	upwards	west
westwards			

미국 영어에서는 통상적으로 **-ward**로 끝나는 부사를 사용하는 반면에, 영국 영어에서는 **-wards**로 끝나는 부사를 사용한다.

You move ***forward*** and ***backward*** by leaning slightly in those directions.
그쪽 방향으로 약간 몸을 기울여 앞뒤로 움직이세요.

We were drifting ***backwards*** and ***forwards***. 우리는 앞뒤로 표류하고 있었다.

Millions of people moved ***westward*** across the American continent.
수백만 명의 사람들이 미국 대륙을 가로질러 서부로 이동했다.

The war in the North moved ***westwards***. 북쪽 지역에서 일어난 전쟁이 서쪽 지역으로 옮겨갔다.

11 qualifier use(한정사 용법)

장소부사는 한정사로 명사 뒤에 사용할 수 있다.

...a small stream that runs through the sand to the ocean ***beyond***.
모래밭을 통과하여 그 너머 바다로 흐르는 작은 개울.

My suitcase had become damaged on the journey ***home***. 내 여행 가방은 집으로 돌아오는 도중에 망가졌다.

12 modifier use(수식어 용법)

일부 장소부사는 수식어로 명사 앞에 사용할 수 있다.

Gradually the ***underground*** caverns fill up with deposits. 지하 땅굴은 점점 퇴적물로 채워지고 있다.

There will be some variations in your heart rate as you encounter ***uphill*** stretches or increase your pace on ***downhill*** sections.
높은 곳을 올라가거나 낮은 곳을 걷는 속도를 높여서 내려갈 때 심장 박동 수에 약간 차이가 날 것이다.

수식어로 사용할 수 있는 장소부사는 다음과 같다.

anti-clockwise(美 counterclockwise)		backward	clockwise
downhill	downstairs	eastward	inland
inside	nearby	northward	outside
overhead	overseas	southward	underground
underwater	uphill	upstairs	westward

13 indefinite place adverbs(부정장소부사)

장소와 방향을 나타내는 부정부사는 **anywhere, everywhere, nowhere, somewhere** 이렇게 네 개가 있다.

격식을 차리지 않는 미국 영어에서는 **no place, every place**뿐만 아니라 **someplace, anyplace**를 사용하기도 한다.

No-one can find Howard or Barbara ***anywhere***. 아무도 하워드나 바버라를 어디에서도 찾을 수 없다.
There were bicycles ***everywhere***. 모든 곳에 자전거가 있었다.
I thought I'd seen you ***somewhere***. 내 생각에 당신을 어디선가 본 적이 있는 것 같았다.
I suggested they stay ***someplace*** else. 나는 그들에게 다른 곳에 머물 것을 제안했다.

anywhere와 **somewhere**의 사용에 대한 정보는 **Usage** 표제어 **somewhere** 참조.

nowhere는 문장을 부정적인 뜻으로 만든다.

I was to go ***nowhere*** without an escort. 나는 경호원 없이는 어디에도 가지 않았다.

글에서 **nowhere**를 강조할 때는 **nowhere**가 문장의 처음에 와서 〔**nowhere** + 조동사 · **be**동사 + 주어〕 형식을 사용한다.

Nowhere have I seen any serious mention of this. 나는 이에 대해 진지하게 언급한 것을 어디에서도 본 적이 없다.
Nowhere are they overwhelmingly numerous. 그들이 압도적으로 많은 곳은 어디에도 없다.

어떤 장소에서 하고 싶은 일을 나타낼 때, anywhere, somewhere, nowhere 뒤에 to부정사절이 온다.

I couldn't find ***anywhere to put it***. 나는 그것을 놔둘 곳을 찾을 수가 없었다.
We mentioned that we were looking for ***somewhere to live***. 우리는 살 곳을 찾고 있었다고 말했다.
There was ***nowhere for us to go***. 우리가 갈 곳은 아무 데도 없었다.

불분명한 장소부사 뒤에 관계사절이 올 수 있다. 일반적으로는 관계대명사를 사용하지 않는다.

I could go ***anywhere I wanted***. 나는 내가 원하는 곳 어디든지 갈 수 있었다.
Everywhere I went, people were angry or suspicious. 내가 가는 곳마다 사람들이 화가 나 있거나 의심에 차 있었다.

다른 장소나 추가로 장소를 나타낼 때, 불분명한 장소부사 뒤에 **else**를 사용할 수 있다.

We could hold the meeting ***somewhere else***. 우리는 어딘가 다른 곳에서 회의를 열 수 있을 것이다.
More people die in bed than ***anywhere else***. 더 많은 사람들이 다른 장소보다 침대에서 사망한다.

somewhere else나 **in other places** 대신 **elsewhere**를 사용할 수 있다.

It was obvious that he would rather be ***elsewhere***. 그가 다른 곳에 있기를 원한다는 것은 명백했다.
Elsewhere in the tropics, rainfall is notoriously variable and unreliable.
열대 지방의 다른 어떤 곳은 강우량이 극심하게 변덕스럽고 예보를 믿을 수 없다.

Possession and other relationships

1 something belonging to a person
2 quality possessed by a person
3 quality possessed by a thing
4 something associated with a thing
5 part of a person or animal
6 part of a thing
7 action done by a person or thing
8 something done to a person
9 something done to a thing
10 person or thing from a particular place
11 person who controls something
12 person or thing of a particular type
13 object made of a particular material
14 quantity of a substance
15 person with a particular job
16 something that lasts a particular time
17 other uses

이 표제어에서는 어떤 것이 다른 것에 소속되거나 관련되어 있음을 나타내는 방법을 설명한다.

기본적으로 사용하는 방법은 6가지가 있다.

- 〔소유한정사(**my, their** 등) + 주요 명사〕 형식.
- 〔명사 + **'s**(아포스트로피 에스) + 주요 명사〕 형식.

- 〔주요 명사 + 전치사 **of**〕 형식.
- 〔주요 명사 + **of** 이외의 다른 전치사〕 형식.
- 〔명사수식어 + 주요 명사〕 형식.
- 〔형용사 + 주요 명사〕 형식.

-s로 끝나는 복수명사에는 **'s**가 아닌 아포스트로피(**'**)를 붙인다.

➲ 더 많은 정보는 **Usage** 표제어 **'s** 참조.

명사수식어는 다른 명사 앞에 사용하는 명사이며, 거의 항상 단수형이다.

➲ **Grammar** 표제어 **Noun modifiers** 참조.

1 something belonging to a person(어떤 물건의 소유주)

어떤 것을 소유하거나 그것과 관련되어 있는 사람을 나타낼 때, 소유한정사를 사용할 수 있다. 물건의 소유주를 나타내기 위해 짧은 명사군을 사용할 경우, 소유주 뒤에 **'s**(아포스트로피 에스)를 붙인다. 명사구가 길 경우, 〔소유물 + **of** + 소유주〕 형식을 사용한다.

...***his*** car. 그의 자동차.
...***her*** home. 그녀의 집.
...***Hogan's*** car. 호간의 자동차.
...***a woman's*** voice. 한 여자의 목소리.
...***Mr Heseltine's*** views. 헤슬타인 씨의 견해.
...the son ***of the chairman of Prudential Insurance***. 푸르덴셜 보험 회사 회장의 아들.
...the dog ***of the prosperous junk dealer next door***. 옆집에 사는 잘나가는 중고품 상인의 개.

2 quality possessed by a person(사람이 갖고 있는 성질)

특정한 사람이나 동물이 갖고 있는 성질을 나타낼 경우, 소유한정사, **'s, of**를 사용한다.

...***his*** bravery. 그의 용기.
...***the woman's*** abruptness. 여자의 퉁명스러움.
...the zeal and courage ***of the workers***. 노동자들의 열정과 용기.

3 quality possessed by a thing(사물이 갖고 있는 성질)

특정한 사물이 갖고 있는 성질을 나타낼 경우, **of**나 소유한정사를 사용한다. 때때로 **'s**를 사용하기도 한다.

...the efficiency ***of the teaching processes***. 수업 과정의 효율성.
...the speed ***of the car travelling in front***. 앞에서 달리고 있는 자동차의 속도.
...***its*** speed. 그것의 속도.
...***the plane's*** speed. 비행기의 속도.

4 something associated with a thing(사물과 관련이 있는 것)

어떤 것이 사물이나 추상적인 것과 관련되어 있음을 나타낼 경우, **of**나 소유한정사를 사용한다.

...the design ***of the engine***. 엔진의 디자인.
...the impact ***of inflation***. 인플레이션의 충격.
...***its*** impact. 그것의 충격.

어떤 사물과 관련이 있는 것을 나타낼 경우, 때때로 **'s**를 사용하기도 한다.

...***the car's*** location. 자동차의 위치.

5 part of a person or animal(사람이나 동물의 신체의 일부)

사람이나 동물 몸의 일부를 가리킬 때, 소유한정사를 사용하거나 짧은 명사군에는 **'s**를, 긴 명사군에는 **of**를 사용한다.

...***your*** leg. 당신의 다리.
...***a hummingbird's*** wings. 벌새의 날개.
...the bare feet ***of the young girls***. 어린 소녀들의 맨발.

동물 몸의 일부를 가리킬 경우, 〔of + a/an으로 시작하는 짧은 명사구〕 형식도 사용할 수 있다.

...the wings ***of a humming-bird***. 벌새의 날개.

6 part of a thing(사물의 부분)

사물의 부분을 가리킬 경우, 일반적으로 **of**를 사용한다. **top, middle, end**와 같은 단어와 함께 항상 **of**를 사용한다.

...the top ***of the hill***. 언덕의 꼭대기.

...the leg ***of the chair***. 의자의 다리.

사물을 구성하고 있는 부분 중 일부를 가리킬 경우에도 때때로 **'s**나 소유한정사를 사용할 수 있다.

...***the car's*** engine. 자동차의 엔진.

...***its*** doors. 그것의 문.

어떤 부분을 한 사물의 종류라고 생각할 경우, 명사수식어를 사용한다.

...the ***kitchen*** floor. 그 부엌의 바닥.

...a ***car*** door. 자동차의 문.

7 action done by a person or thing(사람이나 사물이 하는 행동)

특정한 사람이나 사물이 하는 행동을 가리킬 경우, 소유한정사나 **'s**를 사용할 수 있다.

...***her*** death. 그녀의 죽음.

...***Mr Lawson's*** resignation. 로슨 씨의 사임.

...***the Government's*** refusal to increase its basic 6.5 per cent pay offer.
6.5퍼센트 기본급 인상에 대한 정부의 거부.

어떤 행동을 하는 사람이나 사물을 언급할 경우, 〔**of** + 명사구〕 형식을 사용할 수 있다. 이 형식은 특히 명사구가 길 때 사용한다.

...the death ***of a prisoner*** last December. 지난 12월에 일어난 한 죄수의 죽음.

...the arrival ***of powerful processing computers***. 강력한 정보 처리 능력을 가진 컴퓨터의 등장.

...the refusal ***of certain large grain suppliers*** to continue supplies until they are paid.
대금을 받기 전에 납품을 계속하는 것에 대한 몇몇 대규모 곡물 공급업자들의 거절.

사람이나 사물에 영향을 미치는 행동을 언급할 경우에도 **by**를 사용할 수 있다.

...the rejection of pay offers of up to 7.8 per cent ***by union leaders***.
노동조합 지도자들에 의해 상한선을 7.8퍼센트로 한 봉급 인상 제안의 거부.

...the defeat of James II ***by William III***. 윌리엄 3세에 의한 제임스 2세의 패배.

8 something done to a person(어떤 사람에게 한 일)

특정한 사람에게 행한 일을 가리킬 경우, 소유한정사나 **'s**를 사용한다. 특히 명사구가 더 길거나 행동을 한 주체가 명시된 경우, **of**를 사용할 수도 있다.

...***his*** appointment as managing director. 그의 전무이사 임명.

...***Agassi's*** last defeat. 애거시의 마지막 패배.

...the murder ***of his colleague***. 그의 동료의 살인.

...England's defeat ***of the West Indies***. 서인도 제도 팀에 패한 영국 팀.

마찬가지로, 상대방에게 어떤 일을 하거나 그 사람에 대해 특정한 태도를 가지고 있을 경우, 소유한정사, **'s**, **of**를 사용할 수 있다.

...***their*** supporters. 그들을 지지하는 사람들.

...***the Prime Minister's*** supporters. 국무총리를 지지하는 사람들.

...supporters ***of Dr Eames***. 임스 박사를 지지하는 사람들.

i 특정한 사람들에게 영향을 미치는 행위나 사람을 가리킬 경우, 명사수식어를 사용한다.

...***staff*** training. 직원 훈련.

...***child*** abuse. 아동 학대.

...***child*** killers. 어린이 살인범들.

9 something done to a thing(어떤 것에 대해 한 일)

특정한 것을 한 일을 가리킬 경우, **of**를 사용한다.

...his handling ***of the economy***. 그의 경제 운용.
...the introduction ***of new crops***. 새로운 작물의 도입.
...the creation ***of a modern banking system***. 현대 금융 제도의 창시.

그러나 특정한 것에 어떤 일을 하는 사람을 가리킬 경우, 소유한정사, **'s**, **of**를 사용할 수 있다.

...***its*** owner. 그것의 소유자.
...***the vessel's*** owner. 그 선박의 소유자.
...the owner ***of the house rented by the bombers***. 폭탄 테러범들이 빌린 그 집의 주인.

i 특정한 것에 영향을 미치는 행위나 사람을 가리킬 경우, 명사수식어를 사용한다.

...***crime*** prevention. 범죄 예방.
...***home*** owners. 주택 소유자들.

그러나 **of**를 사용할 수도 있다.

...the prevention ***of accidents***. 사고 예방.
...owners ***of hotels and guest houses***. 호텔과 일반 숙소의 업주들.
...lovers ***of poetry***. 시를 좋아하는 사람들.

10 person or thing from a particular place(특정한 곳에서 온 사람이나 사물)

특정한 사람이나 사물이 어느 지역에서 왔는지 혹은 어느 지역과 관련이 있는지를 나타내는 경우, 다음과 같이 표현한다.

- **city**, **country** 등의 일반명사에 **'s**를 붙인다.

...***the country's*** roads. 시골의 도로.
...***the city's*** population. 도시의 인구.
...***the world's*** finest wines. 세계에서 가장 품질이 좋은 포도주.

- 특정한 국가(가끔 주나 도시도 포함)를 나타내는 형용사를 사용한다.

...an ***Australian*** film. 호주 영화.
...***Swiss*** climbers. 스위스인 등산가들.
...a strong ***Glaswegian*** accent. 글래스고 사람들의 강한 억양.

- 군(郡)이나 도시(가끔 국가도 포함)의 이름을 명사수식어로 사용한다.

...a ***London*** hotel. 런던의 한 호텔.
...a ***Yorkshire*** chemist. 요크셔의 화학자.
...the ***New Zealand*** government. 뉴질랜드 정부.

- **in**, **from** 등의 전치사를 사용하는데, 특히 **in**은 최상급 뒤에 쓰인다.

...the largest department store ***in the world***. 세계에서 가장 큰 백화점.
...students ***from Britain***. 영국 출신의 학생들.

11 person who controls something(어떤 것을 관리하는 사람)

어떤 사람이 관리하는 나라나 기관을 나타낼 경우, **of**를 사용한다.

...the President ***of Iceland***. 아이슬란드의 대통령.
...the head ***of the Secret Service***. 재무성 비밀 검찰국의 책임자.

기자와 방송인들이 나라나 기관을 말할 때, 형용사, 명사수식어, **'s**를 사용하기도 한다.

...the ***Nicaraguan*** President. 니카라과 대통령.
...the ***CBI*** President. CBI 회장.
...***Lithuania's*** President. 리투아니아의 대통령.

12 person or thing of a particular type(특정한 종류의 사람이나 사물)

사물이나 사람이 무엇에 적합한지 혹은 관련되어 있는지를 나타낼 경우, 명사수식어를 사용할 수 있다.

...*bedroom* slippers. 침실용 슬리퍼.
...a *milk* bottle. 우유병.
...*car* owners. 자동차 소유자들.
...*man* management. 인재 관리.

적합한 형용사가 있을 경우, 특히 격식을 차리거나 전문적인 내용에 그 형용사를 사용할 수 있다.

...*industrial* output. 산업 생산량.
...a *political* analyst. 정치 분석가.
...*abdominal* wounds. 복부에 입은 부상.

적절한 전치사를 사용하기도 한다.

...a degree *in Classics*. 고전 문학에서의 학위.
...a book *on Chinese regional cookery*. 중국 지역 요리에 관한 책.

i 때때로 어떤 것을 가리키는 데 두 가지 방법을 사용한다. 예를 들면, 심장마비를 가리킬 때 명사수식어를 사용하여 a heart attack이라고 한다. 또한 격식을 차리거나, 의학적인 문맥에서 형용사를 사용하여 a cardiac arrest라고도 한다. 역사 학위는 명사수식어를 사용하여 a History degree라고 하거나, 전치사를 사용하여 a degree in History라고 한다.

어떤 물건이 누군가에게 적합하거나 사람의 유형에 따라 사용되는 것을 나타낼 때, **'s**를 사용한다.

...a *man's* black suit. 검은색 남성 정장 한 벌.
...a *knight's* helmet. 한 기사(騎士)의 투구.

특정한 사람에게만 걸맞은 다수의 사물을 나타낼 경우, 일반적으로 〔복수명사 + **'s**〕 형식을 사용한다. 예를 들면, '어린이용 구두'는 **child's shoes**가 아닌 **children's shoes**라고 한다.

...*men's* hats. 남성용 모자들.

한 사람 이상이 사용하는 사물을 가리킬 경우에도 〔복수명사 + **'s**〕 형식을 사용한다.

...a *men's* prison. 남자만 수용하는 교도소
...a *children's* book. 아이들을 위한 책.

동물에 의해 생산되는 것을 가리킬 경우에도 **'s**를 사용할 수 있다. 한정사의 사용 여부는 **'s**가 붙어 있는 명사가 아닌 주요 명사에 따라 달라진다. 예를 들면, 우유와 같은 불가산명사에는 한정사를 사용하지 않는다.

...a *hen's* egg. 암탉의 알.
...*cow's* milk. 소젖.

13 object made of a particular material(특정한 재료로 만든 물건)

물건이 어떤 재료로 만들어졌는지를 나타낼 경우 일반적으로 명사수식어를 사용하며, 때때로 형용사를 사용하기도 한다.

...a *plastic* bucket. 플라스틱 양동이.
...*cotton* socks. 면 양말.
...a *wooden* spoon 나무 숟가락.

문어적이거나 오래된 글에서만 **of**를 사용한다.

...roofs *of iron*. 철로 된 지붕.

14 quantity of a substance(물질의 양)

물질의 양과 모양을 나타낼 경우, **of**를 사용한다.

...a bottle *of milk*. 우유 한 병.
...a kilo *of fruit*. 과일 1kg.
...a drop *of blood*. 피 한 방울.

◯ Topic 표제어 Pieces and amounts와 Grammar 표제어 Quantity 참조.

> **주의** 내용물까지 포함한 용기나 내용물을 가리킬 때는 **of**를 사용해야 한다. 예를 들면, **a packet of cereal**은 시리얼이 들어 있는 용기로, 구입하거나 먹을 수 있다. 특히 내용물은 비어 있고 용기만을 가리킬 때는 명사수식어를 사용하여 **a cereal packet**이라고 한다.

때때로 〔명사수식어 + 물질의 양의 형태를 나타내는 단어〕 형식을 사용할 수 있다.

...a ***wax*** block. 왁스 덩어리.
...an ***ice*** cube. 얼음 덩어리.

15 person with a particular job(특정한 직업을 가진 사람)

어떤 사람이 종사하는 직업뿐만 아니라 다른 사람과의 관계를 나타낼 때도 명사수식어를 사용할 수 있다.

...her ***soldier*** husband. 군인인 그녀의 남편.
...my ***geologist*** friend. 지질학자인 내 친구.

주요 명사와 콤마 뒤에 다른 명사구를 사용할 수도 있다.

...his friend, ***a football player***. 축구 선수인 그의 친구.

16 something that lasts a particular time(특정한 기간 동안 지속되는 일)

어떤 것이 특정한 기간 동안 지속되는 것을 나타낼 경우, 불가산명사 앞에는 **'s**를, 가산명사 앞에는 명사수식어를 사용한다. 명사수식어는 일반적으로 하이픈으로 연결한다.

...***two years'*** imprisonment. 2년 간의 수감 생활.
...a ***two-year*** course. 2년 과정의 코스.

일주일, 한 달, 일 년간 지속되는 일을 나타낼 경우, 〔**one** + 명사수식어〕 형식을 사용할 수 있다. 시간의 길이를 강조할 때는 **week-long, month-long, year-long**을 사용할 수도 있다.

...a ***one-year*** contract. 일 년 계약.
...a ***year-long*** experiment. 일 년에 걸친 실험.

양을 나타낼 때는 **'s**를 사용한다.

...***a year's*** supply of cat food. 일 년 동안 먹을 고양이 먹이.
...***a month's*** salary. 한 달치 월급.

17 other uses(다른 용법)

어떤 것의 나이, 날짜, 크기, 시간을 나타낼 때에도 명사수식어, **'s, of**를 사용한다.

◯ Topic 표제어 Days and dates, Measurements, Time 참조.
◯ of의 다른 용법에 대한 정보는 Usage 표제어 of 참조.

Punctuation

1. full stop
2. question mark
3. exclamation mark
4. comma
5. optional comma
6. no comma
7. semi-colon
8. colon
9. dash
10. brackets
11. square brackets
12. apostrophe
13. hyphen
14. slash or stroke
15. direct speech
16. titles and quoted phrases
17. italics
18. other uses of punctuation

Punctuation

이 표제어의 첫 번째 항목은 일반 문장의 구두법을 다룬다.

➲ 직접화법의 구두점을 찍는 방법, 그리고 호칭과 그 밖의 단어를 언급하는 방법에 대한 정보는 이 표제어 후반부에 있는 [15] **direct speech**와 [16] **titles and quoted phrases** 참조.

1 full stop(마침표 .)

문장은 대문자로 시작하며, 의문문이나 감탄문을 제외하고는 마침표로 끝난다.

It's not your fault. 그것은 당신 잘못이 아니다.

Cook the rice in salted water until just tender. 소금물에 쌀을 넣고 부드러워질 정도까지만 삶으세요.

미국 영어에서는 마침표를 **period**라고 한다.

2 question mark(물음표 ?)

의문문에는 문장 끝에 물음표를 사용한다.

Why did you do that? 당신은 왜 그랬나요?

Does any of this matter? 이것 중 어떤 것이라도 문제가 있나요?

He's certain to be elected, isn't he? 그는 틀림없이 선출될 거예요, 그렇지 않나요?

ℹ 문장이 일반적인 의문문의 어순을 따르지 않을지라도 의문문의 끝에 물음표를 사용한다.

You know he doesn't live here any longer? 당신은 그가 더 이상 이곳에 살지 않는 것을 알고 있죠?

실제로 어떤 것을 요청하는 경우, 의문문 형식의 문장의 끝에 때때로 물음표를 사용하지 않기도 한다.

Would you please call my office and ask them to collect the car.
내 사무실로 전화해서 그들에게 차를 수거하라고 요청해 주세요.

> **주의** 전달문이나 간접의문문 뒤에는 물음표가 아닌 마침표를 사용한다.
> He asked me where I was going. 그는 나에게 어디로 가고 있냐고 물었다.
> I wonder what's happened. 나는 무슨 일이 일어났는지 궁금하다.

3 exclamation mark(느낌표 !)

감탄문은 어떤 일에 강한 감정을 느낄 때 사용하며, 문장의 끝에 느낌표를 넣는다. 격식을 차리지 않는 글에서도 흥분, 놀람, 강한 흥미를 나타내는 문장의 끝에 느낌표를 사용한다.

How awful! 끔찍하구나!

What an aroma! It's tremendous! 이 향기! 아주 최고구나!

Your family and children must always come frist! 당신 가족과 아이들이 항상 제일 먼저 와야 해요!

We actually heard her talking to them! 우리는 그녀가 그들에게 말하는 것을 실제로 들었어요!

미국 영어에서는 느낌표를 **exclamation point**라고 한다.

4 comma(콤마 ,)

콤마는 다음 경우에 사용해야 한다.

- 호격의 앞이나 뒤에 사용한다.

Jenny, I'm sorry. 제니, 미안해요.

Thank you, Adam. 애덤, 고마워요.

Look, Jenny, can we just forget it? 이봐, 제니, 우리가 단순히 그것을 잊을 수 있을까?

- 열거된 항목 사이에 **and**나 **or**로 구분되어 있지 않은 경우에 콤마를 사용한다.

We ate fish, steaks and fruit. 우리는 생선, 스테이크, 과일을 먹었다.

The men hunted and fished, kept cattle and sheep, forged weapons and occasionally fought amongst themselves.
남자들은 사냥을 하고, 고기를 잡고, 가축과 양을 사육하며, 무기를 만들고, 서로 싸우기도 했다.

...educational courses in accountancy, science, maths or engineering.
회계학, 과학, 수학, 공학의 교육 과정.

ℹ 항목이 열거된 경우, and나 or 앞에 있는 것들 중 마지막 항목 뒤에 콤마를 사용하는 작가도 일부 있다.
...political, social, and economic equality. 정치적, 사회적, 경제적인 평등.

- and 없이 명사 앞에 3개 이상의 형용사를 나열할 때, 형용사 사이에 콤마를 사용한다.
...in a cool, light, insolent voice. 냉정하고, 경박하며, 건방진 목소리로.
Eventually the galleries tapered to a long, narrow, twisting corridor.
결국 그 갤러리는 길고 좁고 구불구불한 복도로 점점 좁아졌다.

- 이름이나 명사구 뒤에 콤마를 사용하여 어떤 사람을 묘사를 하거나 추가 정보를 준다.
...Carlos Barral, the Spanish publisher and writer. 스페인의 출판업자이며 저자인 카를로스 배럴.
...a broad-backed man, baldish, in a fawn coat and brown trousers.
대머리에 옅은 황갈색 코트와 갈색 바지를 입은, 등이 넓은 남자.

- 어떤 지명과 그 지역이 속해 있는 군(郡), 주(州), 국가 사이에 콤마를 사용한다. 군, 주, 국가가 문장의 끝에 오는 경우를 제외하고는 일반적으로 그 뒤에 콤마를 사용한다.
She was born in Richmond, Surrey, in 1913. 그녀는 1913년에 서리 주의 리치먼드에서 태어났다.
There he met a young woman from Cincinnati, Ohio. 그는 그곳에서 오하이오의 신시내티에서 온 젊은 여자를 만났다.

- 문장의 주요한 부분에서 분리된 형용사의 앞이나 뒤, 혹은 분리된 분사 뒤에 콤마를 사용한다.
She nodded, speechless. 그녀는 말없이 고개를 끄덕였다.
I left them abruptly, unwilling to let them have anything to do with my project.
그들이 내 계획과 관련되게 하고 싶지 않아서 나는 그들을 갑자기 떠났다.
Shaking, I crept downstairs. 나는 몸을 떨면서 아래층으로 살금살금 내려갔다.

- 사람이나 사물을 명확히 서술하지 않는 관계사절 앞에 콤마를 사용한다.
She wasn't like David, who cried about everything. 그녀는 모든 일에 소리치는 데이비드와 같지 않았다.
The only decent room is the living room, which is rather small. 유일하게 괜찮은 방은 다소 작은 크기의 거실뿐이었다.
He told us he was sleeping in the wood, which seemed to me a good idea.
그는 우리에게 숲 속에서 자고 있다고 했는데, 나에게는 좋은 생각인 것 같았다.

- 의문부가절 앞에 콤마를 사용한다.
That's what you want, isn't it? 그것이 당신이 원하는 것이지요, 그렇지 않나요?
You've noticed, haven't you? 당신은 알고 있었죠, 그렇지 않나요?

5 optional comma(선택의 콤마)

강조나 정확성을 위해 콤마를 사용한다.

- 명사 앞에 오는 성질을 나타내는 형용사 두 개 중 첫 번째 형용사 뒤에 콤마를 사용한다.
We had long, involved discussions. 우리는 길고, 복잡한 토론을 했다.
...a tall, slim girl with long, straight hair. 길고 곱슬거리지 않은 머리카락을 가진 키가 크고, 날씬한 소녀.

ℹ young, old, little 앞에는 일반적으로 콤마를 사용하지 않는다.
...a huge, silent young man. 몸집이 크고, 조용한 젊은 남자.
...a sentimental old lady. 감상적인 노부인.
...a charming little town. 매력적인 작은 도시.

- 문장의 주요한 부분에 어떤 내용을 첨가하는 단어 혹은 단어군의 앞이나 뒤에 콤마를 사용한다. 문장의 끝에 콤마가 없는 한 단어나 단어군은 그 앞뒤에 콤마를 사용해야 한다.
In 1880, John Benn founded a furniture design trades journal called 'The Cabinetmaker'.
1880년에 존 벤은 'The Cabinetmaker'라는 가구 디자인업계 잡지를 창간했다.
Obviously, it is not always possible. 명백히도 그것은 항상 가능한 것이 아니다.
There are indeed stylistic links between my work and William Turnbull's, for instance.
예를 들면, 내 작품과 윌리엄 턴불의 작품 간에는 실제로 문체상의 관계가 있다.
They were, in many ways, very similar in character and outlook. 그들은 많은 점에서 성격과 외모가 매우 비슷했다.
The ink, surprisingly, washed out easily. 놀랍게도 잉크는 쉽게 지워졌다.

ℹ 긴 단어군은 일반적으로 콤마를 사용하여 구분한다.

He is, with the possible exception of Robert de Niro, the greatest screen actor in the world.
그는 아마 로버트 드 니로를 제외하고 세계에서 가장 훌륭한 영화배우이다.

- 부사나 부가어의 뜻을 정확하게 전달할 경우, 부사와 부가어의 앞이나 뒤에 콤마를 사용한다.

'No,' she said, surprisingly. 놀랍게도 그녀는 "아니요."라고 말했다.
Mothers, particularly, don't like it. 특히 어머니들이 그것을 좋아하지 않는다.

- 목록을 제시하거나 절을 붙일 때, **and, or, but, yet** 앞에 콤마를 사용한다.

...a dress-designer, some musicians, and half a dozen artists.
의상 디자이너 한 명과 음악가 몇 명과 여섯 명의 예술가.
...if you are prey to fear, stress, or anxiety. 만약 당신이 두려움, 스트레스, 불안감에 시달린다면.
This would allow the two countries to end hostilities, but neither of them seems in a mood to give way.
이것으로 두 나라 간의 적대 관계에 종지부를 찍을 것 같지만, 두 나라 모두 상대에게 양보할 상황으로는 보이지 않는다.
...remarks which shocked audiences, yet also enhanced her reputation as a woman of courage.
청중은 충격을 받았지만 용감한 여성으로서 그녀의 명성을 드높인 연설.

- 종속절 뒤에 콤마를 사용한다.

When the fish is cooked, strain off the liquid and add this to the flour and margarine.
생선이 요리되면 물을 빼고 밀가루와 마가린에 이것을 넣으세요.
Even if the boxer survives surgery, he may be disabled permanently.
그 권투 선수가 수술을 받아 살아날지라도 그는 평생 장애인이 될 수도 있다.
Although the law of the land made education compulsory for all European children, François's father decided not to send him to school.
모든 유럽 어린이들은 의무적으로 교육을 받아야 한다는 국법에도 불구하고 프랑수아의 아버지는 그를 학교에 보내지 않기로 결심했다.

- 짧은 종속절 뒤의 콤마를 생략하는 사람들이 많은데, 일반적으로 콤마를 사용하는 것이 바람직하다.

ℹ 추가, 대조, 예의 표현이 아니라면, 일반적으로 종속절 앞에 콤마를 사용하지 않는다.

Don't be afraid of asking for simple practical help when it is needed.
필요하면 간단하고 실질적인 도움을 요청하는 것을 두려워하지 마세요.
Switch that thing off if it annoys you. 그것이 당신을 성가시게 하면 끄세요.
The poor man was no threat to her any longer, if he ever really had been.
그가 이제까지 실제로 그랬더라도 그 불쌍한 사람은 더 이상 그녀에게 위협적인 존재가 되지 못했다.
He was discharged from hospital, although he was homeless and had nowhere to go.
그는 집이 없어서 갈 곳이 없는데도 불구하고 병원에서 퇴원했다.

절 앞에 콤마를 사용할 경우에는 문장의 끝에 오는 경우를 제외하고, 절의 끝에도 콤마를 사용해야 한다.

This is obviously one further incentive, if an incentive is needed, for anybody who needs to take slimming a little more seriously.
유인책이 필요하다면 식이 요법을 좀 더 심각하게 받아들일 필요가 있는 누구에게나, 이것은 분명히 하나의 추가적인 유인책이 될 것이다.

- 문장의 주요한 부분과 분리된 분사 앞에 콤마를 사용한다.

Maurice followed, laughing. 모리스는 웃으면서 따라왔다.
Marcus stood up, muttering incoherently. 마커스는 두서없이 중얼거리며 일어섰다.

- 사람의 이름 앞에 오는 명사 뒤에 콤마를 사용한다.

...that marvellous singer, Jessye Norman. 제시 노먼이라는 굉장한 가수.
She had married the gifted composer and writer, Paul Bowles.
그녀는 재능있는 작곡가이자 작가인 폴 볼스와 결혼했다.

6 no comma(콤마를 사용하지 않는 경우)

다음 경우에는 콤마를 사용하지 않는다.

- 두 개의 명사, 형용사, 동사가 **and, or, but, yet**으로 연결된 경우에는 콤마를 사용하지 않는다.

Eventually they had a lunch of ***fruit and cheese***. 결국 그들은 점심으로 과일과 치즈를 먹었다.

...when they are ***tired or unhappy***. 그들이 피곤하거나 불행할 때.

- 성질형용사와 분류형용사의 사이나, 분류형용사 사이에는 콤마를 사용하지 않는다.

...a ***large Victorian*** building. 거대한 빅토리아 시대의 건물.

...a ***medieval French*** poet. 중세 프랑스 시인.

- 절의 주어가 긴 명사구이더라도 주어 뒤에 콤마를 사용하지 않는다.

Even this part of the Government's plan for a better National Health Service has its risks and potential complications.
더 나은 국민 건강 보험 제도를 위한 정부 계획의 부분조차도 위험과 잠재적인 문제점이 있다.

Indeed, ***the degree of backing for the principle of the community charge*** surprised ministers.
확실히 인두세(人頭稅) 정책을 지지하는 정도에 장관들은 놀랐다.

- **that**절이나 간접의문문 앞에 콤마를 사용하지 않는다.

His brother complained ***that the office was not business-like***.
그의 남동생은 그 사무실이 사무적이지 않다고 불평했다.

Georgina said ***she was going to bed***. 조지나는 잠을 자려 했다고 말했다.

She asked ***why he was so silent all the time***. 그녀는 그가 왜 항상 그렇게 침묵을 지키는지를 물었다.

- 사람이나 사물을 구체화하는 관계사절 앞에 콤마를 사용하지 않는다.

I seem to be the only one ***who can get close enough to him***.
나는 그에게 충분히 가까이 접근할 수 있는 유일한 사람인 것 같다.

Happiness is all ***that matters***. 가장 중요한 것은 행복이다.

The country can now begin to fashion a foreign policy ***which serves national interests***.
그 나라는 이제 국익에 부합하는 외교 정책을 수립하는 작업을 시작할 수 있다.

7 semi-colon(세미콜론 ;)

세미콜론은 다음과 같은 경우에 사용한다.

- 격식을 차린 글에서 서로 밀접하게 관련되어 있고 분리된 문장으로 쓰일 수 있거나, **and, or, but, yet**으로 연결된 절에 세미콜론을 사용한다.

I can see no remedy for this; one can't order him to do it.
나는 이것에 대해 별다른 도리가 없다고 본다. 그에게 그것을 하라고 명령할 수 없다.

He knew everything about me; I knew nothing about his recent life.
그는 나에 대해 모든 것을 알고 있었으나 나는 그의 최근 생활을 전혀 몰랐다.

He cannot easily reverse direction and bring interest rates down; yet a failure to do so would almost certainly push the economy into recession.
그는 쉽게 방향을 되돌려서 이자율을 낮출 수가 없으나, 만약, 그렇게 해서 실패한다면 거의 틀림없이 경기 침체에 빠지게 될 것이다.

- 열거된 항목 사이, 특히 그 항목이 구나 절인 경우 혹은 절 안에 구두점을 포함하고 있는 경우에 세미콜론을 사용한다.

...when working with the things he seemed to like: their horse, Bonnie; the cart he brought the empty bottles home in; bits of old harness; tools and things.
그들의 말(馬)인 보니, 그가 빈 병을 집에 실어 올 때 쓰는 수레, 보잘것없는 오래된 마구, 연장 따위와 같이 그가 좋아하는 것처럼 보이는 것들을 가지고 일할 때.

8 colon(콜론 :)

콜론은 다음과 같은 경우에 사용한다.

- 목록이나 설명 앞에 콜론을 사용한다.

To be authentic these garments must be of natural materials: cotton, silk, wool and leather.
진품이 되기 위해 이 옷들에는 면, 비단, 양모, 가죽과 같은 천연 재료를 사용해야 한다.

Nevertheless, the main problem remained: what should be done with the two murderers?
그럼에도 불구하고, 두 명의 살인자를 어떻게 처리해야 할 것인지에 대한 주된 문제가 남아 있었다.

- 주로 더 격식을 차린 글에서, 서로 관련된 두 개의 주절 사이에 콜론을 사용한다.

  It made me feel claustrophobic: what, I wonder, would happen to someone who was really unable to tolerate being locked into such a tiny space?
  그것은 내게 폐쇄 공포증을 느끼게 했다. 그렇게 좁은 공간에 갇히는 것을 정말로 견디지 못하는 사람에게 무슨 일이 일어날지 궁금하다.

  Be patient: this particular cruise has not yet been advertised.
  참고 기다려 보세요. 이 특별한 크루즈 여행에 대해 아직 광고를 하지 않았어요.

- 제목을 소개하는 내용 뒤에 콜론을 사용한다.

  Cooking time: About 5 minutes. 요리 시간: 약 5분.

- 책의 부제 앞에 콜론을 사용한다.

  ...a volume entitled Farming and Wildlife: A Study in Compromise.
  '농업과 야생 생물'이란 표제에 '상생에 대한 연구'라는 부제가 붙은 책.

  인용문 앞에 때때로 콜론을 사용하기도 한다. 15 **direct speech** 참조.

9 dash(대시 –)

대시는 다음과 같은 경우에 사용한다.

- 목록이나 설명 앞에 대시를 사용한다.

  The poor need simple things – building materials, clothing, household goods, and agricultural implements.
  가난한 사람들에게는 건축 재료, 옷, 가재도구, 농기구 등과 같은 간단한 것들이 필요하다.

  The Labour Government had just nationalised the basic industries – coal, rail and road transport.
  노동당 정부는 석탄, 철도, 도로 수송과 같은 기간산업을 국유화했다.

  ...another of Man's most basic motives – commercialism. 또 다른 사람의 가장 기본적인 동기인 상업주의.

- 주절에 내용을 첨가하거나 생략할 수 있는 단어군 또는 절의 앞뒤에 대시를 사용한다.

  Many species will take a wide variety of food – insects, eggs, nestlings and fruit – but others will only take the leaves of particular trees.
  많은 종(種)들이 곤충, 알, 새끼 새, 과일과 같은 광범위하고 다양한 먹이를 섭취하게 되지만, 다른 종들은 특정한 나무의 잎사귀만 먹게 될 것이다.

  Number seventeen was – of all things – underground. 하필이면 17번지는 지하에 있었다.

- 부가어, 절, 다른 단어군 앞에 대시를 사용하여 내용을 강조한다.

  I think Rothko was right – in theory and practice. 나는 이론과 실제에서 로스코의 주장이 옳았다고 생각한다.

  Let Tess help her – if she wants help. 그녀가 도움을 원한다면 테스가 그녀를 돕게 해라.

  I'm beginning to regret I ever made the offer – but I didn't seem to have much option at the time.
  나는 그 제안을 했던 것에 대해 후회하고 있으나 그 당시에는 선택권이 많지 않았던 것 같았다.

  My family didn't even know about it – I didn't want anyone to know.
  우리 가족조차도 그것에 대해 몰랐다. 나는 아무도 그 사실을 알기를 원하지 않았다.

  Mrs O'Shea, that's wonderful – really it is. 오셔 부인, 아주 좋아요. 정말 좋습니다.

> 주의 아주 격식을 차린 글에서는 대시를 사용하지 않는다.

10 brackets(괄호 ( ))

괄호는 **parentheses**라고도 한다. 주절에 어떤 내용을 붙이거나 설명하거나 생략할 수 있는 단어, 단어군, 절의 앞뒤에 사용한다.

This is a process which Hayek (a writer who came to rather different conclusions) also observed.
이 과정은 하이에크(다소 다른 결론을 낸 작가)도 관찰한 것이다.

Normally he had the last word (at least in the early days). 보통 (적어도 초기에는) 그가 마지막 진술을 했다.

A goat should give from three to six pints (1.7 to 3.4 litres) of milk a day.
염소는 하루에 3에서 6파인트(1.7에서 3.4리터)의 젖을 생산해야 한다.

This is more economical than providing heat and power separately (see section 3.2 below).
이것은 열과 동력을 따로 제공하는 것보다 더 경제적이다(아래 항목 3.2 참조).

ℹ 마침표, 물음표, 느낌표, 콤마가 괄호 안의 내용에만 해당되지 않는 한 이들 구두점은 두 번째 괄호 밖에 사용한다.

I ordered two coffees and ice cream (for her). 나는 커피 두 잔과 (그녀를 위해) 아이스크림을 주문했다.
We had sandwiches (pastrami on rye and so on), salami, coleslaw, fried chicken, and potato salad.
우리는 (호밀 빵에 양념을 많이 한 훈제 쇠고기 등을 넣은) 샌드위치, 살라미 소시지, 양배추 샐러드, 닭튀김, 감자 샐러드를 먹었다.
In the face of unbelievable odds (the least being a full-time job!) Gladys took the six-hour exam – and passed.
(최소 풀타임으로 일해야 하는) 믿을 수 없는 어려움에도 불구하고, 글래디스는 6시간 동안 시험을 치러서 합격했다.

11 square brackets(꺾쇠괄호 〔 〕)

일반적으로 책과 논문에서 원래 쓰이지는 않았지만 인용문을 더 명확하게 하거나 의견을 전달하는 단어를 보충할 때 꺾쇠괄호를 사용한다.

Mr Runcie concluded: 'The novel is at its strongest when describing the dignity of Cambridge 〔a slave〕 and the education of Emily 〔the daughter of an absentee landlord〕.'
런시 씨는 "그 소설은 캠브리지〔노예〕의 품위와 에밀리〔부재지주의 딸〕의 교육을 묘사할 때 문체가 가장 힘이 있다."고 결론을 지었다.

12 apostrophe(아포스트로피 ')

아포스트로피는 다음과 같은 경우에 사용한다.

- 소유 등의 관계를 나타낼 때, 명사나 대명사에 붙인 s 앞이나 s로 끝나는 복수명사 뒤에 아포스트로피를 사용한다.

...my ***friend's*** house. 내 친구의 집.
...***someone's*** house. 누군가의 집.
...***friends'*** houses. 친구들의 집.

Usage 표제어 's와 Topic 표제어 Possession and other relationships 참조.

- be동사, have, 조동사의 축약형 앞과 not이 포함된 축약형에서 n과 t 사이에 아포스트로피를 사용한다.

I'm terribly sorry. 정말 죄송합니다.
I ***can't*** see a thing. 하나도 보이지 않는다.

Grammar 표제어 Contractions 참조.

- 알파벳의 복수형과 때때로 숫자 뒤에 's(아포스트로피 에스)를 사용하기도 한다.

Rod asked me what grades I got. I said airily, 'All ***A's***, of course.'
로드는 내게 성적을 어떻게 받았냐고 물었다. 나는 "물론, 모든 과목에서 A를 받았지요."라고 뻐기며 말했다.
There is a time in people's lives, usually in their ***40's*** and ***50's***, when they find themselves benefiting from financial windfalls.
사람들은 살면서 보통 40대나 50대에 금전상의 횡재로 이익을 얻는 시기가 있다.

- 연도나 10년 단위의 두 자리 숫자 앞에 아포스트로피를 사용한다.

...souvenirs from the ***'68*** campaign. 1968년도 캠페인의 기념품.
...the grim subject that obsessed him throughout the ***'60s*** and the early ***'70s***.
60년대와 70년대 초에 걸쳐 그를 사로잡았던 냉혹한 주제.

아포스트로피는 때때로 단어가 생략되어 있음을 나타내기도 한다. 현대 영어에서는 단어를 자주 생략한다. 예를 들면, o'clock은 of the clock의 준말이지만 결코 완전한 형태인 of the clock으로는 쓰지 않는다.

She left here at eight ***o'clock*** this morning. 그녀는 오늘 아침 8시에 이곳을 떠났다.
Martin had only recently recovered from a bout of ***'flu***. 마틴은 최근에서야 한 차례의 독감에서 회복했다.

생략된 단어 앞에는 아포스트로피를 사용하지 않는다. 예를 들면, 요즘은 일반적으로 'phone이 아닌 phone으로 쓴다.

> **주의** apples나 cars와 같은 복수명사는 s 앞에 아포스트로피를 사용하지 않는다. 소유대명사 yours, hers, ours, theirs나 소유한정사 its도 s 앞에 아포스트로피를 사용하지 않는다.

13 hyphen(하이픈 -)

전체 한 단어가 한 줄 내에 다 들어올 수 없을 경우, 윗줄에서 끝내지 못한 나머지 철자는 아랫줄에 하이픈을 연결하여 사용한다. 한 단어가 명확하게 두 개 이하의 단어나 요소로 되어 있을 경우, 첫 번째 단어 부분 뒤에 하이픈을 넣는다. 예를 들면, **wheelbarrow**는 **wheel-**을 윗줄에 **barrow**를 아랫줄에 쓰고, **listening**은 **listen-**을 윗줄에 **ing**를 아랫줄에, **international**은 **inter-**를 윗줄에 **national**을 아랫줄에 쓴다. 반면 한 단어인 경우엔 한 음절 끝에 하이픈을 사용한다. **complimentary**는 **compli-**를 윗줄에 **mentary**를 아랫줄에 쓰고, **information**은 **infor-**를 윗줄에 **mation**을 아랫줄에 쓸 수 있다.

> **주의** 단어가 짧은 경우나 줄의 시작이나 끝에는 한 개나 두 개의 철자를 쓰지 않는 것이 가장 좋다. 예를 들면, 윗줄에 **un-**을 쓰고 아랫줄에 **natural**을 쓰는 것보다, 그 다음 줄에 **unnatural**이라고 쓰는 것이 더 낫다.

단어에 이미 하이픈이 있는 복합어는 하이픈 뒤의 단어를 아랫줄에 쓴다. 예를 들면, **short-tempered**와 **self-control**에서 **tempered**와 **control**을 아랫줄에 쓴다.

➲ 복합어에서 하이픈의 용법에 대한 정보는 **Topic** 표제어 **Spelling** 참조.

14 slash or stroke(슬래시 또는 스트로크 /)

슬래시(**slash, stroke, oblique**)는 다음과 같은 방법으로 사용한다.

- 둘 중 선택할 수 있는 두 단어나 숫자 사이에 슬래시를 사용한다.

Write here, ***and/or*** on a card near your telephone, the number of the nearest hospital with a casualty ward.
응급실을 갖춘 가장 가까운 병원의 전화번호를 여기에, 그리고/또는 당신의 전화기 가까이에 있는 카드에 써 놓으세요.

...the London Hotels information Service (telephone 629 541***4/6***).
런던의 호텔에 대한 전화 정보 서비스는 629 5414번/6번.

- 실제로는 두 개의 기능을 하는 하나의 사물을 설명할 경우, 즉 **a washer/drier**(세탁과 건조를 겸한 기계), **a clock/radio**(시계와 라디오 기능을 동시에 하는 기계)와 같이 두 단어 사이에 슬래시를 사용한다.

Each apartment includes a sizeable ***lounge/diner*** with colour TV.
각각의 아파트는 컬러텔레비전을 갖춘 상당한 크기의 휴게실 겸 식당 공간을 포함하고 있다.

한 줄에 시의 일부를 인용할 경우, 시행의 줄을 바꾸지 않고 한 시행의 끝을 표시하기 위해 슬래시나 스트로크를 사용한다.

'Sweet and low, sweet and low,/Wind of the western sea.' '달콤하고 낮은, 달콤하고 낮은/서부 바다의 바람.'

15 direct speech(직접화법 ' ' 혹은 " ")

quotation marks나 **quotes**라고도 하는 인용 부호는 직접화법의 처음과 끝에 사용하며, 첫 철자는 대문자로 시작한다.

'Thank you,' I said. 나는 "고맙습니다."라고 말했다.
"What happened?" "무슨 일이 일어났어요?"

🇺🇸 영국 작가들은 작은따옴표와 큰따옴표를 둘 다 사용하지만, 미국 작가들은 큰따옴표를 사용하는 경향이 있다.

직접화법의 문장 뒤에 **he said** 등을 사용할 경우, 인용 부호 앞에는 마침표가 아닌 콤마를 사용한다. 하지만 직접화법이 의문문이나 감탄문일 경우에는 물음표나 느낌표를 사용한다.

'We have to go home,' she told him. 그녀는 "우리는 집에 가야 해."라고 그에게 말했다.
'What are you doing?' Sarah asked. "당신은 무엇을 하고 있습니까?"라고 사라가 물었다.
'Of course it's awful!' shouted Clarissa. "물론, 끔찍해요."라고 클라리사가 소리쳤다.

동일한 사람이 다른 직접화법 문장의 일부를 말할 경우, 두 번째 직접화법 문장도 대문자로 시작하며 인용 부호를 넣는다.

'Yes, yes,' he replied. 'He'll be all right.' "예, 예, 그는 괜찮을 것입니다."라고 그가 대답을 했다.

직접화법 문장 안에 **he said** 등을 사용할 경우, 〔첫 번째 문장 + 콤마 + **he said** + 콤마 + 두 번째 문장〕 형식을 사용한다. 두 번째 문장은 내용이 계속 이어지므로 한 문장이 아닌 이상 문장의 시작에 대문자를 사용하지 않는다.

'Frankly darling,' he murmured, 'it's none of your business.'
"여보, 솔직히 그것은 당신이 관여할 일이 아니에요."라고 그가 우물거렸다.
'Margaret,' I said to her, 'I'm so glad you came.' "마거릿, 당신이 와서 매우 기뻐요."라고 나는 그녀에게 말했다.

직접화법 문장이 **he said** 등으로 시작할 경우, 그 뒤에 콤마를 넣고 인용 부호 안에는 마침표, 물음표, 느낌표를 사용한다.

She added, 'But it's totally up to you.' 그녀는 "그러나 그것은 완전히 당신에게 달려 있어요."라고 덧붙였다.
He smiled and asked, 'Are you her grandson?' "당신이 그녀의 손자입니까?"라고 그는 웃으면서 물었다.

뒤에 오는 내용이 중요하다는 것을 나타낼 때, 직접화법 앞에 때때로 콜론을 사용하기도 한다.

I said: 'Perhaps your father was right.' "아마 너희 아버지 말씀이 옳았을 거야."라고 나는 말했다.

말을 하고 있는 사람이 주저하거나 상대방이 대화에 끼어들 경우, 대시를 사용한다.

'Why don't I –' He paused a moment, thinking. "나라고 왜 ……." 하며 그는 생각하면서 잠깐 말을 멈추었다.
'It's just that – circumstances are not quite right for you to come up just now.'
"그것은 바로 당장 당신이 오기에는 상황이 아주 적절하지 않다는 것이지."
'Oliver, will you stop babbling and –' 'Jennifer,' Mr Cavilleri interrupted, 'the man is a guest!'
"올리버, 그만 재잘거려요. 그리고……." "제니퍼, 그분은 손님이야."라고 카빌레리 씨가 끼어들었다.

말하는 것을 주저하거나 잠시 말을 멈추는 것을 나타낼 때, 점 세 개를 사용한다.

'I think they may come soon. I...' He hesitated, reluctant to add to her trouble.
"그들이 곧 올 것 같아. 나는……." 그는 그녀의 걱정거리가 더해질 것을 꺼리면서 말하기를 주저했다.
'Mother was going to join us but she left it too late...'
"어머니는 우리와 합류하기로 했으나 너무 늦게 출발을 하셔서 ……."

i 어떤 사람이 생각하는 것을 나타낼 때는 인용 부호 대신 콤마 앞이나 뒤에 직접 인용한다.

My goodness, I thought, Tony was right. 맙소사, 나는 토니의 말이 옳았다고 생각했다.
I thought, what an extraordinary childhood. 나는 특이한 어린 시절이라고 생각했다.

대화를 글로 쓸 경우에는, 소설에서처럼 직접화법의 각각의 문장은 줄을 바꿔서 시작한다.

> **주의** 직접화법은 문장이 한 줄 이상으로 길어져서 다음 줄로 넘어가더라도, 새로 시작하는 줄에 새로운 인용 부호를 사용하지 않는다. 한 단락 이상의 직접화법이 있는 경우, 각 단락의 시작에 인용 부호를 사용하지만 마지막 단락을 제외하고는 어떤 단락도 끝에 인용 부호를 사용하지 않는다.

16 titles and quoted phrases(제목과 인용구)

특히 격식을 차리지 않는 글에서는 인용 부호를 자주 사용하지 않지만 책, 연극, 영화 등의 제목을 언급할 경우에는 인용 부호를 사용한다. 책과 논문의 제목은 자주 인용 부호 없이 쓰거나 이탤릭체를 사용하며, 특히 신문 제목에는 인용 부호를 사용하지 않는다.

...Robin Cook's novel 'Coma'. 로빈 쿡의 소설 'Coma'.
...Follett's most recent novel, Hornet Flight. 폴레트의 가장 최근 소설, Hornet Fligh.

다른 사람이 말한 하나 또는 여러 개의 단어를 언급할 때, 인용 부호를 사용한다.

The Great Britain team manager later described the incidents as 'unfortunate'.
영국 대표 팀의 매니저는 나중에 그 사건을 '불행한 일'이라고 기술했다.
Bragg says that all 'post-16 students' – she dislikes the term 'sixth-formers' – will follow a course of study designed to equip them with 'core skills'.
브래그는 모든 '16세 이후의 학생들'은 – 그녀는 '6학년생'이라는 용어를 싫어한다. – '핵심 기술'을 배울 수 있게 구성된 교과 과정을 거쳐야 할 것이라고 말한다.
He has always claimed that the programme 'sets the agenda for the day.'
그는 '그날의 의제를 정하다'라는 프로그램을 항상 요구해 왔다.

i 영국 영어에서는 일반적으로 인용 부호 안에 구두점을 사용하지 않는다.

Mr Wilson described the price as 'fair'. 윌슨 씨는 그 가격이 '알맞다'고 말했다.
What do you mean by 'boyfriend'? '남자 친구'란 무엇을 의미합니까?

그러나 문장 전체를 인용하는 경우에는 자주 인용 부호의 뒤보다는 앞에 마침표를 찍는다.

You have a saying, 'Four more months and then the harvest.' 우리 속담에 '넉 달이 지나면 추수한다.'라는 말이 있다.

인용문에 콤마를 사용할 때, 인용 부호 뒤에 콤마가 온다.

The old saying, 'A teacher can learn from a student', happens to be literally true.
속담에 의하면 '교사는 학생에게서 배울 점이 있다'고 하는데 그 말 그대로 그런 일이 일어나기도 한다.

미국 영어에서는 마침표나 콤마를 인용 부호 앞에 넣는다.

The judge said the man had "richly earned a sentence of incarceration."
판사는 그 남자에게 "수감 선고를 받기에 충분한 죄를 지었다."라고 말했다.

There was a time when people were divided roughly into children, "young persons," and adults.
사람들을 대략 어린이, '젊은이,' 어른으로 구분했던 때가 있었다.

누군가가 인용한 구절을 다시 인용할 경우에는 두 개의 인용 부호를 사용한다. 작은따옴표로 시작한 경우, 작은따옴표 안에 큰따옴표가 와서 **'A "X" A'**의 형식을 사용한다. 큰따옴표로 시작한 경우, 작은따옴표를 큰따옴표 안에 사용하여 **"A 'X' A"** 형식을 사용하기도 한다.

'What do they mean,' she demanded, 'by a "population problem"?'
"'인구 문제'란 무엇을 의미하나요?"라고 그녀가 물었다.

"One of the reasons we wanted to make the programme," Raspiengeas explains, "is that the word 'hostage' had been used so often that it had lost any sense or meaning."
"우리가 그 프로그램을 만들고자 했던 이유 중 하나는 '인질'이라는 말을 너무 자주 사용하여 그것의 중요성과 의미를 잃어버렸다는 것이다." 라고 라스피앙기아가 설명한다.

ℹ 때때로 적절하지 않다고 생각하는 단어나 표현에 인용 부호를 사용하기도 한다.

The chest of one fourteen-year-old was a mass of scar tissue where a 'friend' had jokingly poured petrol over him and set fire to it.
어느 14세 아이의 가슴은 어떤 '친구'가 장난삼아 그의 가슴에 휘발유를 뿌리고 불을 붙여서 난 흉터투성이였다.

평론과 같은 내용 중 일부를 인용할 때 말줄임표를 사용한다.

'A creation of singular beauty...magnificent.' Washington Post.
"보기 드물게 아름다운 창조물…… 아주 훌륭한." 워싱턴 포스트지.

17 italics(이탤릭체)

이탤릭체는 책과 논문에서 제목, 외국어를 언급하거나 다른 단어를 강조하거나 두드러지게 하기 위해 사용한다. 필기를 할 경우에는 이런 식으로 이탤릭체를 쓰지는 않는다. 제목에 인용 부호를 사용하거나 특별한 구두법을 전혀 사용하지 않기도 하며, 외국어를 언급할 때는 인용 부호를 사용한다. 격식을 차리지 않은 글에서는 이를 강조하기 위해 밑줄을 긋기도 한다.

18 other uses of punctuation(구두법의 다른 용법)

➲ 약어, 날짜, 숫자, 단위, 시간을 글로 쓸 때 구두점의 용법은 **Topic** 표제어 **Abbreviations, Days and dates, Numbers and fractions, Measurements, Time** 참조.

Reactions

어떤 이야기를 듣거나 봤을 때의 반응을 나타내는 방법은 여러 가지가 있다.

1 exclamations(감탄)

어떤 것에 대한 반응을 표현할 때 감탄을 자주 사용한다. 감탄문은 단어나 단어군, 절로 이루어져 있다.

Wonderful! 훌륭해요!

Oh dear! 아이구, 맙소사!

That's awful! 세상에!

화법에서는 감탄문을 강조하여 말한다. 감탄문을 글로 쓸 때는 일반적으로 문장 끝에 느낌표를 넣는다.

2 'how'

감탄문을 시작할 때, how와 what을 때때로 사용하기도 한다. 일반적으로 〔How+형용사+!〕 형식을 사용하며, 형용사 뒤에는 다른 품사를 사용하지 않는다.

'They've got free hotels run by the state specially for tourists.' – '***How marvellous!***'
"그들은 특히 관광객을 위해 주(州)에서 운영하는 무료 호텔을 소유하고 있어요." – "정말 놀랍네요!"

'There was no attempt made to set things out – they were just piled in the tomb higgledy-piggledy.' – '***How strange!***'
"물건을 진열하려는 시도는 전혀 없었어요. 그것들은 무덤 안에 그냥 뒤죽박죽 쌓여 있었어요." – "정말 이상하네요!"

How clever he is!(그는 얼마나 총명한 사람인가!)와 같이, 감탄문에서 절을 시작할 때 how를 사용하는데, 이 용법은 현재는 오래된 표현으로 여겨지고 있다.

➔ Usage 표제어 how의 commenting on a quality 참조.

3 'what'

What을 명사군 앞에 사용하여 감탄을 나타낸다.

'I'd have loved to have gone.' – '***What a shame!***' "떠나버렸으면 좋았을 거라고 생각했을 거예요." – "그거 유감이군요!"

'...and then she died in poverty.' – 'Oh dear, ***what a tragic story***.'
"그 후 그녀는 가난하게 살다가 생을 마감하고……." – "저런, 정말 비극적인 이야기네요."

What a marvellous idea! 정말 대단한 아이디어군요!

What rubbish! 허튼소리 그만해!

> **주의** 단수 가산명사일 경우, what 뒤에 a나 an을 사용해야 한다. 예를 들면, '정말 특별한 경험이었어요!'는 ~~What extra-ordinary experience!~~가 아닌 ***What an*** extraordinary experience!라고 한다.

〔what + 명사군 + to부정사(to say · to do 등)〕 형식을 사용한다.

'If music dies, we'll die.' – 'What an awful thing ***to say***!'
"만약 음악이 없어진다면 우리도 없어질 것이다." – "말이 너무 지나치시네요!"

What a terrible thing ***to do***! 진짜 그 일은 하기에 너무 참혹해요!

4 exclamations in question form(의문문 형식의 감탄문)

Isn't that...으로 시작하는 의문문 형식의 감탄문을 사용하여 반응을 보일 수 있다.

'University teachers seem to me far bolder here than they are over there.' – '***Isn't that interesting***.'
"제게는 이곳 대학교수들이 저곳에 있는 대학교수들보다 훨씬 더 대담해 보여요." – "정말 흥미롭군요."

'It's one they don't make any more.' – 'Oh, ***isn't that sad!***'
"그것은 그들이 더 이상 만들지 않는 것입니다." – "오, 정말 안타깝네요!"

'It was a big week for me. I got a letter from Paris.' – 'Oh, ***isn't that nice!***'
"이번 주는 제게 굉장한 한 주였어요. 파리에서 편지를 받았거든요." – "오, 아주 잘됐네요."

일부 감탄문은 긍정의문문과 동일한 형식을 가지고 있다.

Alan! ***Am I glad to see you!*** 앨런! 만나서 정말 반갑다!

Well, ***would you believe it***. They got their motor fixed. 믿을 수 있겠어요? 그들이 차를 고쳤다네요.

'How much?' – 'A hundred million.' – '***Are you crazy?***' "얼마입니까?" – "1억이요." – "정신이 나갔군요!"

5 expressing surprise or interest(놀람이나 관심 표현하기)

Really?, What?, Good heavens., Good grief. 등의 자주 쓰는 짧은 표현을 사용하여 놀람이나 관심을 나타낼 수 있다.

'It only takes 35 minutes from my house.' – '***Really?*** To Oxford Street?'
"그곳은 우리 집에서 35분밖에 걸리지 않아요." – "정말로요? 옥스퍼드 스트리트까지요?"

'He's gone to borrow John Powell's gun.' – '***What?***' "그는 존 파웰의 총을 빌리러 갔어." – "뭐라고?"

__Good heavens__, is that the time? 맙소사! 시간이 그렇게 되었나요?
'*__What's__* happened?' – '*__Good grief!__* You mean you don't know anything about it?'
"무슨 일이 일어났어요?" – "어머나! 그것에 대해 아무것도 모른다는 거죠?"

Good Lord., Goodness., My goodness., Good gracious.는 일부 사람들이 여전히 사용하는 다소 오래된 표현이다.

__My goodness__, this is a difficult one. 이런, 이것은 어려운 것이구나!

Good God.과 **My God.**도 놀람이나 관심을 나타낼 때 사용한다. 그러나 이런 표현은 신앙심이 깊은 사람들의 감정을 상하게 할 수 있으므로, 그들과 함께 있을 때는 사용하지 않는 것이 좋다.

'I haven't set eyes on him for seven years.' – '*__Good God__*.' "그를 본 지 7년이 지났어요." – "저런!"
__My God__, what are you doing here? 맙소사! 당신은 여기서 무엇을 하고 있어요?

상대방이 한 말에 놀람이나 관심을 나타낼 때, 의문부가절 형식의 짧은 의문문을 사용할 수도 있다.

'He gets free meals.' – '*__Does he?__*' "그는 무료로 식사를 해요." – "그래요?"
'They're starting up a new arts centre there.' – '*__Are they?__*'
"그들은 그곳에 새 아트 센터를 짓기 시작했어요." – "그래요?"
'I had a short story in Varsity last week.' – '*__Did you?__* Good for you.'
"저는 지난주에 Varsity지에 단편 소설을 발표했어요." – "그랬어요? 잘됐네요."

상대방이 방금 한 말이 사실이라고 믿고 있음에도 불구하고 매우 놀랐다는 뜻으로, 그 말을 부인하는 짧은 진술을 사용할 수 있다.

'I just left him there and went home.' – '*__You didn't!__*'
"저는 그를 거기에 놔두고 그냥 집에 갔어요." – "그랬을 리가 없어요!"

상대방이 방금 한 말 중 일부를 되풀이하거나 그 말을 이해했는지 확인함으로써 놀랐거나 화가 난 것을 표현한다.

'Could you please come to Ira's right now and help me out?' – '*__Now? Tonight?__*'
"지금 바로 아이러의 집으로 제가 여기에서 나가 아이라의 집으로 갈 수 있도록 해줄 수 있어요?" – "지금이요? 이 밤에요?"
'We haven't found your man.' – '*__You haven't?__*' "우리는 당신 남편을 찾지 못했어." – "찾지 못했다고요?"

상대방이 한 말에 놀람이나 관심을 나타낼 때, 〔**That's · How** + 형용사 **strange · interesting** 등〕 형식을 사용할 수도 있다.

'Is it a special sort of brain?' – 'Probably.' – 'Well, *__that's interesting__*.'
"그것은 특별한 종류의 뇌입니까?" – "아마도요." – "음, 재미있군요."
'He said he hated the place.' – '*__How strange!__* I wonder why.'
"그는 그곳을 싫어한다고 했어요." – "이상하군요! 그 이유가 궁금하네요."
'They sound somehow familiar.' – 'They do? *__How interesting__*.'
"그것들 소리가 어쩐지 귀에 익네요." – "그렇게 들려요? 흥미로운 일이군요."

어떤 것에 대한 반응을 표현할 때, **Strange., Odd., Funny., Extraordinary., Interesting.** 등의 표현을 사용한다.

'You falsify your results?' – 'If necessary, yes.' – '*__Extraordinary__*.'
"당신은 결과를 왜곡하지요?" – "필요하면 그렇게 합니다." – "놀라운 일이군요."
'They both say they saw it.' – 'Mmm. *__Interesting__*.' "그들 둘 다 그것을 보았다고 하네요." – "음. 흥미 있는 일이군요."

놀랐을 때, **What a surprise!**라고 하기도 한다.

Tim! Why, *__what a surprise!__* 아이고, 팀, 놀랐잖아!
'Flick? How are you?' – 'Oh, Alan! *__What a surprise to hear you!__* Where are you?'
"플릭? 잘 지내요?" – "아, 앨런! 당신 소식을 들으니 놀랍네요! 어디 있어요?"

격식을 차리지 않는 상황에서 상대방의 말이 너무 놀랍다는 표현으로 **No! You're joking!**이나 **I don't believe it!** 등을 사용할 수 있다. **You're kidding.**은 **You're joking.**보다 격식을 차리지 않은 표현이다.

'Gertrude's got a new boyfriend!' – '*__No!__* Who is he?' – 'Tim Reede!' – 'You mean the little painter chap? *__You're joking!__*'
"거트루드에게 새로운 남자 친구가 생겼어요!" – "설마, 누군데?" – "팀 리드!" – "덩치 작은 그 화가 녀석 말이야? 그럴 리가!"
You've never sold the house? *__I don't believe it!__* 당신은 절대로 집을 팔지 않았다고요? 정말 믿을 수 없군요!

'They'll be allowed to mess about with it.' – '*You're kidding!*'
"그들은 그것이 더렵혀지게 내버려둘 거예요." – "그럴 리가요!"

매우 격식을 차리지 않는 영어에서 놀람을 표현할 때, 일부 사람들은 **Bloody Hell!**과 같은 표현을 사용한다. 그러나 이 표현은 상대방의 감정을 상하게 할 수 있으므로 사용하지 말아야 한다.

일부 사람들은 놀람을 표현할 때, 〔**Fancy + -ing**〕 형식을 문장의 처음에 사용한다.

Fancy seeing you here! 여기서 만나다니 놀랍네요!
Fancy choosing that! 그것을 고르다니 놀라워요!

6 expressing pleasure(즐거움을 표현하기)

어떤 상황에 즐거워하거나 상대방이 한 말을 듣고 즐거움을 표현할 때, **That's great.**나 **That's wonderful.**이라고 하거나, 형용사만 사용한다.

'I've arranged the flights.' – 'Oh, *that's great*.' "비행기 시간을 조정했어요." – "오, 잘됐네요!"
'Today we had the final signing. We can drink champagne morning, noon, and night for the rest of our lives.' – '*That's wonderful*.'
"오늘 우리는 최종 사인을 했어요. 우리는 평생 동안 아침, 점심, 저녁에 샴페인을 마실 수 있어요." – "그거 참 좋군요!"
'We can give you an idea of what the prices are.' – '*Great*.'
"우리는 당신에게 가격을 알려 줄 수 있어요." – "아주 좋아요."

위와 같은 뜻으로 **How marvellous.**나 **How wonderful.**이라고 할 수도 있다.

'I'll be able to stay for a week.' – '*How marvellous!*' "저는 일주일간 머물 수 있을 거예요." – "아주 좋아요!"
'I've just spent six months in Italy.' – '*How lovely!*' "저는 이탈리아에서 6개월을 보냈어요." – "근사한 일이네요."
Oh, Robert, *how wonderful to see you*. 오, 로버트, 당신을 만나게 되어 정말 반갑네요.

그러나 ~~**How great**~~.라고 하지는 않는다.

Isn't that nice.나 **Isn't that wonderful.**과 같은 표현도 사용할 수도 있다.

'The children always do the washing up. They love to.' – 'Well, *isn't that nice*.'
"애들이 항상 설거지를 해요. 설거지하기를 좋아하거든요." – "정말 착하네요."
'And he can see me?' – 'Perfectly.' – '*Isn't that marvellous*.'
"그리고 그가 저를 만날 수 있나요?" – "확실해요." – "정말 잘됐네요."

격식을 차리는 상황에서 상대방의 말에 대답할 때, **I'm glad to hear it., I'm pleased to hear it., I'm delighted to hear it.**을 사용한다.

'He saw me home, so I was well looked after.' – '*I'm glad to hear it*.'
"그는 저를 집까지 바래다주고 보살펴 주었어요." – "그 소리를 들으니 아주 반갑네요."

ⓘ 어떤 일이 사실이 아닐 경우 화를 낼 수도 있다는 것을 재미있게 나타낼 때, 위의 표현을 자주 사용한다.

'I have a great deal of respect for you.' – '*I'm delighted to hear it*.'
"저는 당신을 아주 존경하고 있어요." – "그 말을 들으니 매우 기쁘네요."

어떤 일에 대해 기쁘다고 표현할 때도 **That is good news.**나 **That's wonderful news.**라고 말한다.

'My contract's been extended for a year.' – '*That is good news*.'
"제 계약이 1년 더 연장되었어요." – "좋은 소식이네요."

7 expressing relief(안도감 표현하기)

안도감을 표현할 때, **Oh good.**이나 **That's all right then.**이라고 한다.

'I think he will understand.' – '*Oh good*.' "그는 이해할 거라고 생각해요." – "아, 잘됐군요."
'They're all right?' – 'They're perfect.' – '*Good, that's all right then*.'
"그들은 괜찮나요?" – "그들은 아무 이상 없어요." – "그렇다니 안심이 됩니다."

That's a relief.나 **What a relief!**라고도 한다.

'He didn't seem to notice much.' – 'Well, *that's a relief*, I must say.'
"그는 제대로 알아차리지 못한 것 같았어요." – "정말 다행이라고 말해야겠군요."
'It's nothing like as bad as that.' – '*What a relief!*'
"그렇게 나쁘지는 않은 것 같아요." – "정말 다행이군요."

매우 안심했을 때, **Thank God., Thank goodness., Thank God for that., Thank heavens for that.** 이라고 말한다.

'He's arrived safely in Moscow.' – '***Thank God***.' "그는 모스크바에 안전하게 도착했어요." – "다행이군요."

Thank God you're safe! 당신이 무사하다니 정말 안심이 됩니다.

'You've found all my treasures?' – 'They were in the trunk.' – '***Thank goodness***.'
"제 귀중품을 모두 찾았습니까?" – "그것들은 트렁크 안에 있었어요." – "안심이 되네요."

'I won't bore you with my views on smoking.' – '***Thank heavens for that!***'
"흡연에 대한 제 견해로 당신을 지겹게 하지 않을 거예요." – "그렇다니 안심이네요."

격식을 차리는 상황에서는 **I'm relieved to hear it.**과 같이 말해야 한다.

'Is that the truth?' – 'Yes.' – '***I am relieved to hear it!***'
"그것이 사실입니까?" – "예." – "그 말을 들으니 정말 안심이 되네요."

'I certainly did not support Captain Shays.' – '***I am relieved to hear you say that***.'
"저는 절대로 쉐이 선장을 지지하지 않았습니다." – "그렇게 말씀해 주시니 안심이 됩니다."

때때로 안도감을 표현할 때, 말보다 소리를 더 많이 사용하기도 한다. 이를 글로 쓸 때 일반적으로 영국에서는 **phew**를, 미국에서는 **whew**를 사용한다.

Phew, I'm glad that's sorted out. 휴, 그것이 해결되어 안심이 되네요.

Whew, what a relief! 휴, 살 것 같네!

8 expressing annoyance(짜증 표현하기)

짜증이 날 때, **Oh no.**나 **Bother.**라고 하는데, **Bother.**는 조금 오래된 표현이다.

'We're going to have one of those awful scrambles to get to the airport.' – '***Oh no!***'
"우리는 공항에 가려면 밀려드는 사람들로 한바탕 북새통을 치를 거예요." – "아, 이런!"

Bother. I forgot to eat my sandwiches before I came here. 제기랄, 여기 오기 전에 샌드위치 먹는 것을 잊어버렸잖아!

짜증을 낼 때 욕을 하기도 한다. **blast, damn, hell**은 가벼운 욕이지만, 잘 모르는 사람들과 함께 있을 때는 이러한 단어도 사용해서는 안 된다. **fuck, shit**과 같은 단어는 더 심한 욕이며, 상대방의 기분을 상하게 하므로 사용하지 않도록 한다.

Damn. It's nearly ten. I have to get down to the hospital. 제기랄, 10시가 다 되었네. 병원에 가봐야 해.

'It's broken.' – '***Oh, hell!***' "고장이 났어요." – "오, 맙소사."

영국 영어에서의 **sugar, flipping** 등과 미국 영어에서의 **darn, dang, shoot** 등의 단어는 욕을 하면 듣는 사람이 불쾌하게 생각할지도 모르는 상황에서 욕 대신에 쓰는 단어이다.

I can't ***flipping*** believe it. 지긋지긋해, 나는 그것을 믿을 수가 없어.

Oh ***shoot***, I don't have a can opener. 아, 젠장, 깡통 따개가 없잖아.

짜증을 표현할 때, **What a nuisance.**나 **That's a nuisance.**라고 하기도 한다.

He'd just gone. ***What a nuisance!*** 그가 방금 가버렸구나. 정말 성가셔!

i 비꼬아서 짜증을 표현할 때, 자주 Great.나 Oh, that's marvellous.라고 한다. 보통 이런 말은 기쁠 때가 아니라 화가 났을 때 사용한다.

'I phoned up about it and they said it's a mistake.' – '***Marvellous***.'
"제가 그것에 대해 전화를 하니까 그들은 착오라고 했어요." – "대단하군."

9 expressing disappointment or distress(실망이나 슬픔 표현하기)

어떤 일에 대해 실망하거나 당황했을 때, **Oh dear.**라고 한다.

'We haven't got any results for you yet.' – '***Oh dear***.'
"아직 당신에게 전해 줄 결과는 하나도 나오지 않았어요." – "맙소사."

Oh dear, I wonder what's happened. 맙소사, 무슨 일이 일어났는지 궁금해.

That's a pity., That's a shame., What a pity., What a shame.이라고 하기도 한다.

'They're going to demolish it.' – '***That's a shame***. It's a nice place.'
"그들이 그곳을 철거하려고 해요." – "안타깝네요. 좋은 곳인데."

'Perhaps we might meet tomorrow?' – 'I have to leave Copenhagen tomorrow, I'm afraid. ***What a pity!***'
"우리 내일 만나는 건 어떻습니까?" – "저는 내일 코펜하겐을 떠나요. 유감이에요."
'Why, Ginny! I haven't seen you in years.' – 'I haven't been home much lately.' – '***What a shame***.'
"어유, 지니! 여러 해 동안 당신을 만나지 못했네요." – "저는 최근에 집에 별로 없었거든요." – "유감이네요."

Pity.라고만 하기도 한다.

'Do you play the violin by any chance?' – 'No.' – '***Pity***. We could have tried some duets.'
"혹시 바이올린을 연주할 줄 아십니까?" – "아니요." – "안타깝네요. 우리 둘이 이중주를 할 수 있었을 텐데요."

That's too bad.라고 하기도 한다.

'We don't play that kind of music any more.' – '***That's too bad***. David said you were terrific.'
"우리는 더 이상 그런 종류의 음악을 연주하지 않아요." – "그거 안됐군요. 데이비드가 당신 연주가 훌륭하다고 했는데."

큰 실망이나 슬픔을 표현할 때, **Oh no!**라고 한다.

'Johnnie Frampton has had a nasty accident.' – '***Oh no!*** What happened?'
"조니 프램프턴은 큰 사고를 당했어요." – "세상에 그런 일이! 무슨 일이 있던 거예요?"

10 expressing sympathy(동정 표현하기)

상대방에게 불행한 일이 생겼을 때, 동정을 표하는 말로 **Oh dear.**라고 한다.

'First of all, it was pouring with rain.' – '***Oh dear***.' "무엇보다도 비가 몹시 쏟아지고 있었어요." – "오, 저런."

How awful.이나 **How annoying.**이라고 하기도 한다.

'He's ill.' – '***How awful***. So you aren't coming home?'
"그는 몸이 아파요." – "정말 안됐군요. 그래서 당신은 집에 가지 않을 거예요?"
'We couldn't even see the stage.' – 'Oh, ***how annoying***.'
"우리는 무대조차 보지를 못했어요." – "오, 정말 끔찍하네요."
'We never did find the rest of it.' – 'Oh, ***how dreadful!***'
"우리는 그것의 나머지를 전혀 발견하지 못했어요." – "오, 정말 끔찍하네요."

What a pity.나 **What a shame.**이라고 하기도 한다.

'It took four hours, there and back.' – 'Oh, ***what a shame***.'
"그곳을 왕복하는 데 4시간이 걸렸어요." – "아, 정말 힘이 들었겠어요."

격식을 차려서 상대방에게 동정을 표할 때, **I'm sorry to hear that.**이라고 한다.

'I was ill on Monday.' – 'Oh, ***I'm sorry to hear that***.' "저는 월요일에 병이 났어요." – "아, 그 말을 들으니 안됐군요."
'I haven't heard from him for over a week.' – '***I'm sorry to hear that***. Maybe he's away from his base and out of touch.'
"저는 일주일 이상 그에게서 소식을 듣지 못했어요." – "안됐군요. 아마 그는 기지에서 떨어진 곳에 있어서 연락이 안 되고 있을 거예요."

아주 슬픈 일을 당하거나 가족 중 누군가가 사망했을 때, 깊은 동정심을 나타내기 위해 **I'm so sorry.**라고 하거나, 더 격식을 차려서 **That's terrible.**이라고 한다.

'You remember Gracie, my sister? She died last autumn.' – 'Oh, ***I'm so sorry***.'
"제 여동생 그레이스 기억하지요? 그레이스가 지난 가을에 죽었어요." – "정말 유감이네요."
'My wife's just been sacked.' – '***That's terrible***.' "제 아내가 해고되었어요." – "정말 안됐군요."

Bad luck.이나 **Hard luck.**은 어떤 일을 실패한 원인이 그 사람의 잘못이 아니라는 뜻을 함축하고 있다. 실패한 일을 다시 시도하면 성공할 거라고 할 경우, **Better luck next time.**이라고 한다.

'I've definitely missed out there.' – 'Oh, then ***hard luck***.'
"제가 분명히 거기에서 실수한 거예요." – "아, 운이 나빴던 거죠."
Well, there we are, we lost this time, but ***better luck next time***.
자, 그렇게 됐어요. 우리가 이번에는 졌지만 다음에는 행운이 있을 거예요.

Replies

이번 표제어에서는 **yes/no**의문문과 정보를 요청하는 **wh-**어에 대답하는 방법을 설명한다.

➲ 그 밖의 대답하는 방법은 Topic 표제어 Agreeing and disagreeing; Apologizing; Complimenting and congratulating someone; Greetings and goodbyes; Invitations; Offers; Requests, orders, and instructions; Suggestions; Thanking someone 참조.

1 replying to 'yes/no'-questions(yes/no의문문에 대답하기)

yes/no긍정의문문에 대답할 때, 그 상황이 존재하면 Yes., 그 상황이 존재하지 않는 경우에는 No.를 사용한다.

'Did you enjoy it?' – '***Yes***, it was very good.' "그것이 즐거웠나요?" – "예, 아주 좋았습니다."

'Have you tried Woolworth's?' – '***Yes***, I think we've tried them all.'
"울워스에 가보셨어요?" – "예, 우리는 여러 곳을 다 가보았어요."

'Have you decided what you do?' – 'Not yet, ***no***.' "무엇을 할지 결정했어요?" – "아니요, 아직 정하지 않았어요."

'Did he lose his job?' – '***No***. They sent him home.'
"그는 직장을 잃었습니까?" – "아니요, 그들이 그를 집으로 돌려보낸 거예요."

I have나 it isn't 등의 적합한 부가절을 붙일 수 있으며, 때때로 부가절이 먼저 오기도 한다.

'Are they very complicated?' – '***Yes, they are***. They have quite a number of elements.'
"그것들은 매우 복잡한가요?" – "예, 그렇습니다. 그것들은 상당히 많은 요소로 이루어져 있어요."

'Have you ever been hypnotised by anyone?' – '***No, no I haven't***.'
"당신은 누군가에 의해 최면에 걸린 적이 있나요?" – "아니요, 그런 적이 없어요."

'Did you have a look at the shop when you were there?' – '***I didn't, no***.'
"당신이 거기에 있을 때 그 가게를 보았습니까?" – "아니요, 그러지 않았어요."

특히 아일랜드 사람들과 일부 미국 사람들은 대답할 때, Yes.나 No.를 사용하지 않고 부가의문문으로만 대답한다.

'You do believe me?' – '***I do***.' "당신은 제 말을 믿지요?" – "믿습니다."

일부 사람들은 격식을 차리지 않고 말할 때, Yes. 대신 yeah [jeə]를 사용한다.

'Have you got one?' – '***Yeah***.' "한 개 갖고 있어요?" – "예."

Yes. 대신 Mm.을 사용하기도 한다.

'Is it very expensive?' – '***Mm***, it's quite pricey.' "아주 비싼 것이지요?" – "음, 꽤 비쌉니다."

때때로 정도부사로 대답할 수 있다.

'Did she like it?' – 'Oh, ***very much***, said it was marvellous.'
"그녀가 그것을 마음에 들어했나요?" – "오, 아주 많이요. 말하길 아주 흡족하다고 했어요."

'Has he talked to you?' – '***A little***. ***Not much***.' "그가 당신에게 말을 했어요?" – "조금이요. 많이 하지는 않았어요."

No.가 대답으로 그다지 정확하지 않다고 느낄 경우, not really나 not exactly를 사용할 수 있다.

'Right, is that any clearer now?' – '***Not really***, no.' "맞아요, 이제 알아듣겠어요?" – "아니요, 그렇지는 않아요."

'Have you thought at all about what you might do?' – 'No, ***not really***.'
"어떤 것을 할지 조금이라도 생각해 본 적이 있나요" – "아니요, 그렇지는 않아요."

'Has Davis suggested that?' – '***Not exactly***, but I think he'd be glad to get away.'
"데이비스가 그것을 제안했어요?" – "반드시 그런 것은 아니지만, 그는 떠날 수 있다면, 기뻐할 것 같아요."

의문문에 or를 사용한 경우, 상황이 어떠한지를 나타내는 단어나 단어군으로 대답한다. 강조를 하거나 대답을 아주 명확하게 하려는 경우에만 완전한 절을 사용한다.

'Do you want traveller's cheques or currency?' – '***Traveller's cheques***.'
"여행자 수표를 원하십니까, 아니면 현금을 원하십니까?" – "여행자 수표로 주세요."

'Are they undergraduate courses or postgraduate courses?' – '***Mainly postgraduate***.'
"그 과정들은 학사 과정입니까, 아니면 석사 과정입니까?" – "주로 석사 과정입니다."

'Are cultured pearls synthetic or are they real pearls?' – '***They are real pearls***, but a tiny piece of mother-of-pearl has been inserted in each oyster.'
"양식한 진주는 인공입니까, 아니면 자연산입니까?" – "그것들은 자연산 진주지만, 아주 작은 진주층이 각각의 조갯살 속에 들어가 있습니다."

단순히 Yes.나 No.의 대답이 아닌 자세한 정보를 원하는 질문에 대답할 때는, 자주 well 뒤에 Yes.나 No. 없이 바로 정보를 주기도 한다.

'Do you have any plans yourself for any more research in this area?' – '***Well***, I hope to look more at mixed ability teaching.'
"이 분야에 대해 당신 자신이 더 많은 연구를 할 계획이 있습니까?" – "예, 저는 능력 혼성 지도를 더 연구하고 싶습니다."

'Did you find any difficulties when you were interviewing people from the University?' – '***Well***, most of them are very articulate, and in fact the problem on occasions was actually shutting them up!'
"당신은 대학에 있는 분들을 인터뷰하는 중에 어떤 어려움을 발견했습니까?" – "네, 대부분은 매우 명료하게 말해서 사실은 때때로 그들이 더 이상 말을 하지 못하게 하는 것이 문제일 정도였어요."

2 replying to negative 'yes/no'-questions(yes/no부정의문문에 대답하기)

yes/no부정의문문은 상대방의 대답이 **yes**여야 하거나 그렇게 대답해 줄 거라고 생각할 때 사용한다.

긍정의문문으로 대답하는 것처럼 그 상황이 존재하면 **Yes.**로, 상황이 존재하지 않으면 **No.**로 대답한다. 예를 들면, **Hasn't James phoned?**(제임스가 전화하지 않았나요?)라고 물을 때, 제임스가 전화하지 않았으면 **No.**라고 대답한다.

'Haven't they just had a conference or something?' – '***Yes***.'
"그들이 방금 회의 같은 것을 하지 않았나요?" – "아니요."

'Haven't you any socks or anything with you?' – 'Well – ***oh, yes*** – in that suitcase.'
"양말 같은 것을 갖고 있지 않습니까?" – "아니요, 저 여행 가방 안에 있어요."

'Didn't he comment on your research, or your style, or anything?' – '***No***. He just called it good.'
"그가 당신이 한 연구나 스타일 같은 것에 대해 논평하지 않았나요?" – "네. 그는 그냥 좋다고 했어요."

'Didn't you like it, then?' – '***Not much***.' "그러면 당신은 그것을 좋아하지 않았어요?" – "별로요."

부정적인 내용의 질문에 대답할 때, 그 내용이 사실일 경우 **No.**라고 대답한다.

'So you've never been guilty of physical violence?' – '***No***.'
"그래서 당신은 폭력을 휘두른 전과가 전혀 없다는 말입니까?" – "네."

'You didn't mind me coming in?' – '***No***, don't be daft.'
"제가 들어가서 신경 쓰이지 않으셨어요?" – "그럼요. 바보 같은 소리 하지 마세요."

긍정적인 내용의 질문에 대답할 때, 그 내용이 사실일 경우 **Yes.**라고 대답한다.

'He liked it?' – '***Yes***, he did.' "그가 그것을 좋아했어요?" – "예, 좋아했어요."

'You've heard me speak of Angela?' – '***Oh, yes***.' "당신은 제가 앤젤라에 대해 말하는 것을 들었지요?" – "예, 들었어요."

3 replying when uncertain(불확실할 때 대답하기)

yes/no의문문에 대한 대답을 알 수 없을 때, **I don't know.**나 **I'm not sure.**라고 한다.

'Did they print the list?' – '***I don't know***.' "그들은 목록을 인쇄했습니까?" – "모르겠어요."

'Is there any chance of you getting away this summer?' – '***I'm not sure***.'
"올 여름에 휴가를 갈 가능성이 있습니까?" – "확실하지 않습니다."

could, might, may를 사용할 수도 있다.

'Is it yours?' – 'It ***could*** be.' "그것은 당신 것입니까?" – "그런 것 같아요."

'Is there a file on me somewhere?' – 'Well, there ***might*** be.'
"어딘가에 저에 관한 파일이 있을까요?" – "음, 있을 것 같아요."

'Did you drive down that road towards Egletons on Friday morning?' – 'I ***might*** have done.'
"당신은 지난 금요일 아침에 이글턴스를 향해 저 길로 운전했지요?" – "그런 것 같아요."

어떤 상황이 아마 존재할 것 같다고 생각할 경우, **I think so.**라고 한다.

'Do you understand?' – '***I think so***.' "아시겠습니까?" – "그런 것 같습니다."

'Will he be all right?' – 'Yes, ***I think so***.' "그는 괜찮을까요?" – "예, 그런 것 같아요."

미국인들은 흔히 **I guess so.**를 사용한다.

'Can we go inside?' – '***I guess so***.' "우리가 들어갈 수 있을까요?" – "그래도 될 것 같은데요."

어떤 상황이 존재할 거라고 추측할 때 사용하는 표현은 **I should think so., I would think so., I expect so., I imagine so.**이다.

'Will Sarah be going?' – '***I would think so***, yes.' "사라도 갈 건가요?" – "예, 그럴 것 같아요."

'Did you say anything when I first came up to you?' – 'Well, ***I expect so***, but how on earth can I remember now?'
"제가 당신에게 처음 말을 걸었을 때 당신이 무슨 말인가를 했었나요?" – "아마 그랬겠지만 도대체 제가 어떻게 기억할 수가 있겠어요?"

어떤 상황에 대해 별로 마음이 내키지 않거나 즐겁지 않다고 할 경우, **I suppose so.**라고 한다.

'Are you on speaking terms with them now?' – '***I suppose so***.'
"당신은 그들과 만나면 인사나 하는 그런 정도의 사이입니까?" – "그런 것 같아요."

어떤 상황이 존재하지 않을 것 같다고 생각할 때, **I don't think so.**라고 한다.

'Was there any paper in the safe?' – '***I don't think so***.' "금고에 서류가 있었습니까?" – "그런 것 같지 않은데요."
'Did you ever meet Mr Innes?' – 'No, ***I don't think so***.'
"당신은 이니스 씨를 만난 적이 있어요?" – "아니요, 만난 적이 없는 것 같아요."

무언가를 추측할 때, **I shouldn't think so., I wouldn't think so., I don't expect so.**라고도 말한다.

'Would Nick mind, do you think?' – 'No, ***I shouldn't think so***.'
"닉이 당신을 꺼려할 거라고 생각해요?" – "아니요, 그렇지 않을 것 같아요."
'Is my skull fractured?' – '***I shouldn't think so***.' "제 두개골이 골절되었나요?" – "그렇지 않은 것 같아요."

4 replying to 'wh'-questions(wh-의문문에 대답하기)

wh-의문문에 대답할 때, 일반적으로 문장 전체보다는 한 단어나 단어군을 사용한다.

'How old are you?' – '***Thirteen***.' "몇 살이니?" – "13살이에요."
'How do you feel?' – '***Strange***.' "기분이 어떠세요?" – "이상해요."
'What sort of iron did she get?' – '***A steam iron***.' "그녀는 어떤 종류의 다리미를 샀어요?" – "스팀 다리미요."
'Where are we going?' – '***Up the coast***.' "우리는 어디로 가고 있는 중입니까?" – "해변이요."
'Why did you run away?' – '***Because Michael lied to me***.'
"당신은 왜 도망을 갔어요?" – "마이클이 제게 거짓말을 했거든요."

그러나 어떤 것에 대한 이유를 설명할 때, 때때로 문장 전체를 사용하기도 한다.

'Why did you quarrel with your wife?' – '***She disapproved of what I'm doing***.'
"당신은 부인과 왜 다투었습니까?" – "그녀가 제가 하는 일을 반대했거든요."

어떤 대답을 할지 모르는 경우, **I don't know.**나 **I'm not sure.**라고 한다.

'What shall we do?' – '***I don't know***.' "우리 무엇을 할까요?" – "글쎄요."
'How old were you then?' – '***I'm not sure***.' "당신은 그때 몇 살이었어요?" – "잘 모르겠어요."

Requests, orders, and instructions

1 asking for something	5 emphatic orders
2 asking as a customer	6 signs and notices
3 asking someone to do something	7 instructions on how to do something
4 orders and instructions	8 replying to a request or order

누군가에게 어떤 것을 부탁하거나, 무언가를 하도록 부탁할 때 요청(**request**)을 한다. 즉 윗사람이 아랫사람에게, 또는 잘 알고 있는 사람에게 요청을 할 때는 명령(**order**)이나 지시(**instruction**)를 한다. 지시는 특정한 상황에서 어떤 일을 하는 방법이나 해야 하는 것을 말한다.

➲ 허가를 요청하는 방법에 대한 정보는 **Topic** 표제어 **Permission** 참조.

요청이나 명령에 대답하는 방법은 이 표제어의 마지막에 설명한다.

1 asking for something(어떤 것을 요청하기)

상대방에게 어떤 것을 요청하는 가장 간단한 방법은 **Can I have...?**를 사용하는 것이다. 여러 사람을 대신해서 말할 때는 **I** 대신 **we**를 사용하며, 더 정중하게 요청할 때는 **please**를 붙일 수 있다.

Can I have a light? 불 좀 빌려 주실래요?
Can I have some tomatoes? 토마토 몇 개 주시겠어요?
Can I have my hat back, *please*? 제 모자를 돌려주시겠어요?
Can we have something to wipe our hands on, *please*? 손 닦을 것 좀 주시겠어요?

더 정중하게 요청할 때는 **could**를 사용한다.

Could I have another cup of coffee? 커피 한 잔 더 마셔도 되겠습니까?

매우 공손하고 격식을 차려 요청할 때는 **may**를 사용하는데, **might**는 오래된 표현처럼 들린다.

May we have something to eat? 우리에게 먹을 것 좀 주시겠습니까?

자신의 요청을 들어주지 않을 것 같은 상황에서 그 요청을 들어주도록 설득할 때, **can**이나 **could** 대신 **can't**나 **couldn't**를 사용한다.

Can't we have some music? 음악 좀 틀어 주실래요?

격식을 차리지 않고 간접적으로 요청할 때, **Have you got...?** 또는 **You haven't got...**에 부가의문문을 사용할 수 있다.

Have you got a piece of paper or something I could write it on?
받아 적을 수 있는 종이 같은 것을 가지고 있습니까?
You haven't got that 20 cents, *have you*? 당신은 20센트가 없지요, 그렇지요?

상대방이 얻지 못할지도 모른다고 생각하는 것을 간접적으로 요청할 때, **Any chance of...?**를 사용한다. 이는 격식을 차리지 않는 편한 상황에 사용한다.

Any chance of a bit more cash in the New Year? 새해에는 현금을 조금 더 줄 수 있을까?

2 asking as a customer(고객으로서 요청하기)

가게, 술집, 카페, 호텔에서 손님이 종업원에게 어떤 것을 요청할 경우, 단순하게 〔명사구 + **please**〕 형식을 사용할 수 있다.

A packet of crisps, please. 포테이토칩 한 봉지 주세요.
Scotch and water, please. 스카치 위스키와 물 주세요.

I'd like...를 사용하기도 한다.

As I'm here, doctor, *I'd like* a prescription for some aspirins.
의사 선생님, 제가 여기에 왔는데요, 아스피린을 약간 처방해 주셨으면 합니다.
I'd like a room, please. For one night. 방 하나 주세요. 하룻밤이요.

특정한 것을 사용할 수 있는지 없는지를 확신하지 못할 경우, **Have you got...?**을 사용한다. 미국 영어에서는 이와 같은 뜻으로 **Do you have...?**를 사용한다.

Have you got any brochures on Holland? 네덜란드에 대한 팸플릿이 있습니까?
Do you have any information on that? 그것에 관한 어떤 정보라도 있습니까?

식당이나 술집에서 음식이나 음료를 주문할 때, **I'll have...**를 사용한다. 다른 사람의 집에 초대받았을 때, 상대방이 음식이나 음료를 권하는 말에 대한 대답으로도 **I'll have...**나 **I'd like...**를 사용할 수 있다.

The waitress brought their drinks and said, 'Ready?' 'Yes,' said Ellen. '*I'll have* the shrimp cocktail and the chicken.'
여종업원이 마실 것을 가져와서 "주문하시겠어요?"라고 묻자 앨런은 "예, 칵테일 새우와 닭 요리로 할게요."라고 말했다.
'Well, here at last, Mr Adamson! Now what'll you have?' – '*I'll have* a glass of beer, thanks, Mr Crike.'
"자, 드디어 오셨군요. 애덤슨 씨! 무엇을 드시겠어요?" – "저는 맥주 한 잔 마실게요. 고마워요. 크라이크 씨."
I'd like some tea. 저는 차를 마시겠어요.

3 asking someone to do something(누군가에게 어떤 일을 하도록 요청하기)

누군가에게 어떤 일을 해달라고 정중하게 요청할 때, **Could you...?**나 **Would you...?**를 사용한다. 더 정중하게 요청할 때는 **please**를 붙일 수 있다.

Could you just switch the projector on behind you? 당신 뒤에 있는 영사기의 스위치를 켜주시겠어요?
Could you make out our bill, *please*? 우리 계산서를 작성해 주시겠어요?
Could you tell me, *please*, what time the flight arrives? 비행기 도착 시간을 말씀해 주시겠어요?
Would you tell her that Adrian phoned? 그녀에게 에이드리언이 전화를 했다고 전해 주시겠어요?
Would you take the call for him, *please*? 그를 대신해서 전화를 받아 주시겠어요?

Could you 뒤에 perhaps나 possibly를 붙여서 훨씬 더 정중하게 요청할 수 있다.

Morris, *could you possibly* take me to the railroad station on your way to work this morning?
모리스, 오늘 아침에 출근하면서 저를 기차역에 데려다 줄 수 있어요?

더 정중하게 부탁을 할 때, Do you think you could...?나 I worder if you could...?를 사용한다.

Do you think you could help me? 저를 도와주실 수 있습니까?
I wonder if you could look after my cat for me while I'm away?
대단히 죄송하지만 제가 없는 동안에 우리 집 고양이를 돌봐주실 수 있습니까?

〔Would you mind + -ing...?〕 형식을 사용할 수도 있다.

Would you mind doing the washing up? 설거지를 해주실 수 있으십니까?
Would you mind waiting a moment? 조금만 기다려 주실 수 있습니까?

격식을 차린 편지와 화법에서는 I would be grateful if..., I would appreciate it if..., Would you kindly... 등의 매우 정중한 표현을 사용한다.

I would be grateful if you could let me know. 그 일을 제게 알려 주시면 감사하겠습니다.
I would appreciate it if you could do anything to bring all that happened into the open.
당신이 일어났던 모든 일을 공개해 주시면 아주 고맙게 생각하겠습니다.
Would you kindly call to see us next Tuesday at eleven o'clock?
다음 주 화요일 11시에 우리를 방문해 주시겠습니까?

ℹ 상대방에게 간접적으로 요청할 때, 때때로 매우 격식을 차린 표현을 사용한다.

격식을 차리지 않는 상황에서는 Can you...?나 Will you...?를 사용한다.

Can you give us a hand? 우리를 도와주실 수 있나요?
Can you make me a copy of that? 그것의 복사본을 만들어 주실 수 있나요?
Will you post this for me on your way to work? 이것을 당신이 직장에 가는 도중에 부쳐줄래요?
Will you turn on the light, please, Henry? 헨리, 불을 켜줄래요?

상대방이 부탁을 들어줄 것 같지 않을 때, You wouldn't...would you?나 You couldn't...could you?를 사용한다. 어떤 일을 하는 것이 어렵거나 많은 일이 있어서 상대방에게 요청할 경우, 이러한 구조를 사용하기도 한다.

You wouldn't sell it to me, *would you*? 당신이 그것을 제게 팔지 않을 것 같지만, 그래도 파실래요?
You wouldn't lend me a bit of your greeny eyeshadow too, *would you*?
제게 약간의 녹색 아이섀도를 빌려 주지 않을 것 같긴 하지만, 그래도 빌려 줄래요?
You couldn't give me a lift, *could you*? 저를 태워 주시기 힘들겠지만, 그래도 태워 주실래요?

I suppose you couldn't...나 I don't suppose you would...를 사용할 수도 있다.

I suppose you couldn't just stay an hour or two longer? 한두 시간 더 머물 수가 없을 것 같은데요?
I don't suppose you'd be prepared to stay in Edinburgh? 당신은 에든버러에 머물 준비가 되어 있지 않은 것 같은데요?

어떤 일을 부탁할 때, Would you do me a favour?나 I wonder if you could do me a favour.와 같은 표현을 때때로 사용하기도 한다.

'Oh, Bill, *I wonder if you could do me a favour*.' – 'Depends what it is.' – 'Could you ring me at this number about eleven on Sunday morning.'
"빌, 한 가지 부탁이 있는데 들어줄래요?" – "무엇인지에 따라서지." – "일요일 오전 11시쯤에 이 전화번호로 제게 전화를 해주겠어요?"
'*I wonder if you'd do me a favour*.' – 'Of course.' – 'In that bag there's something I'd like your opinion on.'
"제 부탁을 들어주시겠어요?" – "물론이지요." – "저 가방 안에 당신의 의견을 듣고 싶은 것이 있어요."
'*Will you do me a favour*?' – 'Depends.' – 'Be nice to him.'
"제 부탁을 들어주시겠어요?" – "사정에 따라서요." – "그에게 잘 대해 주세요."

‘*Do me a favour*, Grace. Don’t say anything about a shark to Sally.’ – ‘All right, Martin.’
“그레이스, 부탁 하나 들어주세요. 상어에 대해 샐리에게 아무 말도 하지 마세요.” – “알았어요, 마틴.”

4 orders and instructions(명령과 지시)

어떤 사람이 다른 사람보다 권위가 있을 때에도 명령보다는 부탁의 표현을 더 자주 사용한다. 이것이 더 정중한 표현이기 때문이다. 더 직접적으로 명령을 하는 방법은 다음에서 설명하고 있다.

격식을 차리지 않는 상황에서 명령문을 사용할 수 있다. 이는 직접적이고 강력한 명령 방법이다.

Pass the salt. 소금을 건네주세요.
Let me see it. 제가 그것을 보게 해주세요.
Don’t touch that. 그것에 손대지 마세요.
Hurry up! 서두르세요!
Look out! There’s a car coming. 조심하세요. 차가 오고 있어요.

ⓘ 위와 같은 명령문을 사용하는 것은 아주 정중하지 않으며, 잘 아는 사람들과 말하거나 위험, 긴급 상황에 있는 경우에만 사용한다.

그러나 어떤 일을 하기 위해 누군가를 초대할 경우 명령문을 자주 사용하며, **Come in.**(들어오세요.)이나 **Take a seat.**(자리에 앉으세요.)과 같은 구를 사용한다.

➲ Topic 표제어 Invitations 참조.

더 정중하게 명령할 때, **please**를 사용할 수 있다.

Go and get the file, *please*. 가서 그 서류를 가져오세요.
Wear rubber gloves, *please*. 고무장갑을 착용하세요.

의문부가절 **will you?**는 강압적이지 않고 부탁을 하는 것처럼 명령할 때 사용할 수 있다.

Come into the kitchen, *will you*? 부엌으로 오세요, 그래 주시겠어요?
Don’t mention them, *will you*? 그들에 대해 말하지 마세요, 그래 주시겠어요?

ⓘ 화가 나서 더 강압적으로 명령할 때, will you?를 사용한다.

➲ 다음 5 emphatic orders 참조.

부정적인 명령이 아니라면 부탁을 하는 것처럼 부가절 **won’t you?**를 사용할 수도 있다.

See that she gets safely back, *won’t you*? 그녀가 무사히 돌아오도록 신경을 써주세요, 그래 주시겠어요?

특히 자신이 다른 사람보다 권위가 있을 경우 간접적이고 정중하게 어떤 일을 하도록 요청할 때, **I would like you to...**나 **I’d like you to...**를 사용한다.

John, *I would like you to* get us the files. 존, 그 서류를 우리에게 가져다 주세요.
I’d like you to read this. 이것을 읽어 보시기 바랍니다.
I shall be away tomorrow, so *I’d like you to* chair the weekly meeting.
나는 내일 나오지 않으니 당신이 주례 회의의 의장을 맡아 진행해 주세요.

5 emphatic orders(강조적인 명령)

〔do + 명령문〕 형식은 상대방에게 어떤 일을 하면 좋은 결과가 있을 거라고 말하거나, 친근감을 나타내면서 강조할 때 사용한다.

Do be careful. 조심해라.
Do remember to tell William about the change of plan. 윌리엄에게 계획 변경에 대해 말하는 것을 명심해라.

행위의 중요성과 필요성을 강조할 때, **You must...**를 사용한다.

You must come at once. 즉시 와야 합니다.
You mustn’t tell anyone. 누구에게도 말해서는 안 됩니다.

You have to...나 **You can’t...**를 사용할 수도 있으며, 미국 영어에서 이들 형식을 선호한다.

You have to come and register now. 당신은 지금 오셔서 등록을 해야 합니다.
You can’t tell anyone about this place. 이 장소에 대해 당신은 누구에게도 말해서는 안 됩니다.

〔you + 명령문〕 형식은 강조할 때에도 사용한다. 그러나 이는 아주 격식을 차리지 않는 표현으로, 때때로 말하는 사람의 조급함을 나타내기도 한다.

You take it. 그것을 가져가세요.
You get in the car. 차에 타라.

자신이 상대방보다 권위가 있거나 화가 나거나 조바심이 날 때 또는 강압적이고 직접적으로 명령할 경우, **Will you...?**를 사용한다.

Will you pack everything, please, Maria. 마리아, 이 모든 것을 포장해 줄래?
Will you stop yelling! 소리 지르는 것을 멈춰라!

화가 났을 때, 명령문에 부가절 **will you?**를 붙이기도 한다.

Just listen to me a minute, ***will you***? 내 말을 잠깐만 들어 봐요!

몹시 화가 났을 때 **Can't you...?**를 사용하면 아주 무례한 표현이다.

Really, ***can't you*** show a bit more consideration? 정말로 조금만 더 심사숙고해 줄 수 없어요?
Look, ***can't you*** shut up about it? 이봐요, 그 일에 대해 입 좀 다물어 줄 수 없어요?
For God's sake, ***can't you*** leave me alone? 제발 나를 혼자 내버려 둘 수 없나요?

명령문 뒤에 의문부가절 **can't you?**를 붙여서 무례하고 화가 나 있음을 보여 주기도 한다.

Do it quietly, ***can't you***? 조용히 그 일을 하세요, 그렇게 할거죠?

You will...을 사용한 명령문에서 **will**에 강세를 주면, 명령을 수행하는 사람은 다른 대안 없이 그 명령을 실행해야 한다는 것을 강조한다. 이 표현은 매우 강력한 명령형이며, 확실한 권위를 가진 사람들만이 사용한다.

You will go and get one of your parents immediately. 당장 가서 부모 중 한 분을 모시고 와야 한다.
You will give me those now. 그것들을 지금 내게 주어야 한다.

6 signs and notices(표시판과 게시판)

표시판과 게시판에서 부정적인 명령을 나타낼 때, 때때로 〔no + -ing〕 형식을 사용한다.

No Smoking. 금연.

긍정적인 명령에는 때때로 **must be**를 사용하기도 한다.

Dogs ***must be*** kept on a lead at all times. 개는 항상 끈으로 묶어 두어야 한다.

7 instructions on how to do something(어떤 일을 하는 방법에 대한 지시)

어떤 일을 하는 방법에 대해 지시할 때 명령문을 사용하는데, 이는 무례한 표현이 아니다.

Turn right off Broadway into Caxton Street. 브로드웨이에서 오른쪽으로 돌아 캑스턴 스트리트로 가세요.
In emergency, dial 999 for police, fire or ambulance.
비상시에 경찰서나 소방서나 구급차에 연락하려면 999번으로 전화하세요.
Fry the chopped onion and pepper in the oil. 잘게 썬 양파와 고추를 기름에 볶으세요.

명령문은 특히 제품의 사용 설명서에 흔히 쓰인다. 사용 설명서에서 가리키는 대상이 분명한 경우, 일반적으로 목적어가 필요한 동사라도 목적어를 자주 생략한다. 예를 들면, '이 음식을 건조한 곳에 저장하세요.'는 **Store this food in a dry place.**보다 **Store in a dry place.**라고 음식 포장지에 쓰여 있을 것이다. 마찬가지로 한정사도 종종 생략된다. '사과의 껍질을 벗기고 씨를 빼세요.'는 **Peel and core the apples.**보다 **Peel and core apples.**라고 요리책에 쓰여 있을 것이다. 어떤 것을 가지고 해야 함을 나타낼 때, **must be**를 사용한다. **should be**도 이와 비슷한 뜻으로 쓰이지만 보다 약한 표현이다.

Mussels ***must be*** bought fresh and cooked on the same day. 홍합은 신선한 것을 사서 그날 요리를 해야 합니다.
No cake ***should be*** stored before it is quite cold. 완전히 식기 전에 케이크를 저장하지 않는 것이 좋습니다.

➲ Topic 표제어 Advising someone 참조.

대화나 격식을 차리지 않은 글에서 무언가를 지시를 할 때, 〔you + 단순현재시제〕 형식을 사용할 수도 있다.

First ***you take*** a few raisins and soak them overnight in water. 먼저 건포도를 꺼내 물속에 넣고 하룻밤 불리세요.
You take an underblanket and put it on the bed, and ***you tuck in*** the four corners. And then ***you***

take the sheet and lay it in the center of the bed.
밑에 까는 담요를 가져와서 침대에 깔고 네 귀퉁이를 감싸세요. 그런 뒤에 침대 시트를 가져와서 침대의 중앙에 놓으세요.
Note that in sentences like these *you use* an infinitive without 'to' after 'would rather'.
이러한 문장에서 would rather 뒤에 원형부정사를 사용한다는 것에 주의하세요.

8 replying to a request or order(요청이나 명령에 대답하기)

격식을 차리지 않고 상대방의 요청에 동의할 때, **OK, All right.**나 **Sure.**라고 말한다.

'Do them as fast as you can.' – 'Yes, *OK*.' "당신이 할 수 있는 한 그것들을 빨리 하세요." – "예, 그렇게 하겠어요."
'Don't do that.' – '*All right*, I won't.' "그것을 하지 마세요." – "좋아요. 하지 않을게요."
'Could you give me a lift?' – '*Sure*.' "저를 태워 주시겠어요?" – "그러지요."

좀 더 정중한 표현에는 **Certainly.**를 사용한다.

'Could you make out my bill, please?' – '*Certainly*, sir.' "계산서를 주시겠어요?" – "예, 그렇게 하겠습니다."

상대방의 요청을 거절할 때는 **I'm sorry., I'm afraid I can't.**라고 하거나 뒤에 거절하는 이유를 함께 말한다.

'Put it on the bill.' – '*I'm afraid I can't do that*.' "청구서에 그것을 포함하세요." – "유감이지만, 그렇게 할 수 없어요."
'Do me this favour. This once.' – '*I'm sorry, Larry, I can't*.'
"이번 한 번만 제 부탁을 들어주세요." – "래리, 미안하지만 그럴 수가 없어."
'Could you phone me back later?' – '*No, I'm going out in five minutes*.'
"나중에 제게 다시 전화를 해주겠어요?" – "안 돼요. 5분 후에 나갈 거거든요."
'Could you do me a taxi from 1 Updale Close to the station?' – '*I'm afraid there's nothing available at the moment*.'
"업데일 클로즈 1번지에서 역까지 가는 택시를 보내 줄 수 있어요?" – "유감스럽지만, 지금은 이용하실 수 없습니다."

ⓘ No.라고만 말하면 정중한 표현이 아니다.

Spelling

1. short vowel or long vowel
2. doubling final consonants
3. omitting final 'e'
4. changing final 'y' to 'i'
5. 'ie' or 'ei'
6. '-ically'
7. '-ful'
8. '-ible'
9. '-able'
10. '-ent' and '-ant'
11. silent consonants
12. difficult words
13. doubling consonants
14. '-our' and '-or'
15. '-oul' and '-ol'
16. '-re' and '-er'
17. 'ae' or 'oe' and 'e'
18. '-ise' and '-ize'
19. small groups
20. individual words
21. two words or one word
22. hyphens: compound nouns
23. compound adjectives
24. compound verbs
25. phrasal verbs
26. numbers
27. other points

일부 철자법은 이 책의 다른 표제어에서 더 자세히 설명하고 있다.

➲ Topic 표제어 Abbreviations; Capital letters; Names and titles와 Grammar 표제어 Comparative and superlative adjectives; Contractions; Irregular verbs; '-ly' words; Plural forms of nouns, Verbs 참조.
➲ Topic 표제어 Words with alternative spellings와 Words with the same pronunciation 참조.

1 short vowel or long vowel(단모음이나 장모음)

한 음절의 단어가 단모음일 때는 일반적으로 단어 끝에 **e**를 사용하지 않는다. 이 철자법의 가장 대표적인 예외에

TOPIC

해당하는 단어는 have와 give이다. 한 철자를 길게 발음하는 장모음인 경우, 일반적으로 단어 끝에 e를 사용한다. 예를 들면, [fæt]은 fat으로, [feit]는 fate로, [bit]은 bit으로, [bait]는 bite로, [rɑ(ː)d | rɔd]는 rod로, [roud]는 rode로 쓴다.

2 doubling final consonants(마지막에 자음 하나 더 붙이기)

한 음절 단어가 〔단모음 + 자음〕으로 끝날 경우, 마지막 자음을 한 번 더 쓰고 모음으로 시작하는 접미사를 붙인다.

run — runner
set — setting
stop — stopped
wet — wettest

두 음절 이상의 단어에서 강세가 보통 마지막 음절에 있으면, 마지막 자음만 한 번 더 쓴다.

admit — admitted
begin — beginner
refer — referring
motor — motoring
open — opener
suffer — suffered

그러나 영국 영어에서는 마지막 음절에 강세가 없더라도 travel, quarrel과 같이 l로 끝나는 동사는 l을 한 번 더 쓴다.

travel — travelling
quarrel — quarrelling

영국 영어와 때때로 미국 영어에서도 다음 동사는 마지막 음절에 강세가 없더라도 마지막 자음을 한 번 더 쓴다.

hiccup	kidnap	program	worship

handicap의 마지막 자음인 p도 한 번 더 사용한다.

3 omitting final 'e'(마지막 모음 e를 생략하기)

단어 끝의 e가 묵음인 경우, e를 생략하고 모음으로 시작하는 접미사를 붙인다.

bake — baked
blame — blaming
fame — famous
late — later
nice — nicest
secure — security

그러나 courage나 notice와 같은 단어의 끝에 있는 e는 생략하지 않고 courageous[kəréidʒəs]와 noticeable[nóutəsəbl | -tis-]과 같은 단어를 사용한다. 그 이유는 e 앞의 g를 [dʒ]로 발음하고 e 앞의 c를 [s]로 발음하기 때문이다. analogous[ənǽləgəs]와 practicable[prǽktikəbl]을 비교하기 바란다. 때때로 자음으로 시작하는 접미사 앞에서 묵음인 e를 생략하기도 한다. 예를 들면, awe는 awful로, true는 truely로 변형된다. 그러나 항상 e를 생략하는 것은 아니어서 use는 useful로, sure는 surely로 변형되기도 한다.

4 changing final 'y' to 'i'(단어 끝의 자음 y를 i로 바꾸기)

단어 끝이 〔자음 + y〕인 경우, 일반적으로 y를 i로 바꾸고 접미사를 붙인다.

carry — carries
early — earlier
lovely — loveliest
try — tried

그러나 단어 끝에 **-ing**를 붙일 때는 **y**를 **i**로 변형하지 않는다.

carry — carrying
try — trying

일반적으로 **dry**, **shy**와 같은 한 음절로 된 형용사의 마지막 **y**는 변형하지 않는다.

dry — dryness
shy — shyly

5 'ie' or 'ei'

[iː]로 발음되며 철자가 **ie**인 단어는 다음과 같다.

achieve	belief	believe	brief
chief	field	grief	grieve
niece	piece	priest	relief
relieve	reprieve	retrieve	shield
siege	thief	wield	yield

ⓘ mischief와 sieve의 ie는 [i]로 발음된다.

[s]로 발음되는 **c** 다음에는 일반적으로 철자 **ei**를 사용한다.

ceiling	conceit	conceive	deceit
deceive	perceive	receipt	receive

일부 단어에서는 **c** 뒤에 **ie**가 와도 **ie**는 [iː]로 발음되지 않는다. 예를 들면, **efficient**는 [ifíʃənt], **science**는 [sáiəns], **financier**는 [fìnənsíər, fài- | fainǽnsiə, fi-]로 발음한다.

철자 **ei**로 된 단어는 [ei]로 발음된다.

beige	deign	eight	feign
freight	neighbour	reign	rein
sleigh	veil	vein	weigh
weight			

either와 **neither**의 **ei**는 [ái]나 [íː]로 발음될 수 있다. **height**[hait], **foreign**[fɔ́(ː)rən, -in], **sovereign** [sɑ́(ː)vrən | sɔ́vrin]에서 **ei**의 발음도 주의해야 한다.

6 -ically

형용사가 **-ic**로 끝나는 경우, **-ally**를 붙여서 부사로 사용한다. 예를 들면, **artistic**은 **artistically, automatic**은 **automatically, democratic**은 **democratically, specific**은 **specifically, sympathetic**은 **sympathetically**가 된다. **-ally**를 자주 **-ly**처럼 발음하더라도 **-ly**를 붙이지 않는다. 그러나 **publicly**는 예외이다.

➲ 부사를 만드는 방법에 대한 Grammar 표제어 '-ly' words 참조.

7 '-ful'

명사에 **-ful**을 붙여서 형용사를 만들기도 한다. 예를 들면, **careful, harmful, useful, wonderful**이 있으며, 이들 단어에는 **-full**을 붙이지 않는다.

8 '-ible'

-ible로 끝나는 형용사가 많이 있는데, **-ible**을 붙여서 만든 새로운 단어가 아닌 고정된 단어이다. **-ible**로 끝나는 가장 많이 쓰이는 형용사는 다음과 같다.

accessible	admissible	audible	collapsible
combustible	compatible	comprehensible	contemptible
convertible	credible	crucible	defensible
digestible	discernible	edible	eligible
fallible	feasible	flexible	forcible
gullible	horrible	inadmissible	incorrigible
incorruptible	indelible	indestructible	indivisible
inexhaustible	inexpressible	intelligible	invincible
irascible	irrepressible	irresistible	legible
negligible	ostensible	perceptible	permissible
plausible	possible	reducible	reprehensible
responsible	reversible	sensible	susceptible
tangible	terrible	visible	

위의 단어 목록은 긍정형이 자주 쓰이지 않는 단어의 경우, 부정형의 형태로만 제시해 놓은 것이다. 긍정형에 부정의 접두사를 붙이는 형용사가 많이 있다. 예를 들면, **illegible, impossible, invisible, irresponsible, unintelligible**이 있다.

다음 27 참조.

9 -able

-able로 끝나는 형용사는 형태가 고정되어 있지 않고, 경우에 따라 **-able**을 붙여서 새로운 단어를 만든 것이다. 가장 많이 쓰이는 형용사는 다음과 같다.

acceptable	available	capable	comfortable
comparable	considerable	desirable	fashionable
formidable	inevitable	invaluable	liable
miserable	probable	profitable	reasonable
reliable	remarkable	respectable	suitable
valuable			

예를 들면, **incapable, uncomfortable**과 같이 위의 목록에서 대부분의 긍정형에 부정의 접두사를 붙일 수 있다.

다음 27 참조.

10 '-ent' and '-ant'

일반적으로 발음만 듣고서는 단어가 **-ent**로 끝나는지 **-ant**로 끝나는지 알 수가 없다. 다음은 **-ent**로 끝나는 형용사 중에 가장 많이 쓰이는 형용사이다.

absent	confident	consistent	convenient
current	decent	different	efficient
evident	frequent	independent	innocent
intelligent	magnificent	patient	permanent
present	prominent	silent	sufficient
urgent	violent		

-ant로 끝나는 형용사 중에 가장 많이 쓰이는 형용사는 다음과 같다.

abundant	arrogant	brilliant	buoyant
defiant	distant	dominant	elegant
expectant	extravagant	exuberant	fragrant
hesitant	ignorant	important	intolerant

militant	poignant	predominant	pregnant
radiant	redundant	relevant	reluctant
resistant	resonant	self-reliant	significant
tolerant	vacant	vigilant	

-ent로 끝나는 명사 중에 가장 많이 쓰이는 명사는 다음과 같다.

accident	achievement	agent	agreement
apartment	argument	department	development
element	employment	environment	equipment
establishment	excitement	government	investment
management	moment	movement	parent
parliament	present	president	punishment
statement	student	treatment	unemployment

ℹ assessment, improvement 등과 같이 행동과 과정을 가리키는 명사는 -mant가 아닌 -ment로 끝난다.

-ant로 끝나는 명사 중에 가장 많이 쓰이는 명사는 다음과 같다.

accountant	applicant	attendant	commandant
confidant	consultant	defendant	descendant
giant	immigrant	infant	informant
instant	lieutenant	merchant	migrant
occupant	pageant	participant	peasant
pheasant	protestant	sergeant	servant
tenant	tyrant		

ℹ 이러한 단어는 주로 사람에게 쓰인다.

➲ **Usage** 표제어 **currant – current** 참조.

-ent로 끝나는 형용사는 **-ence**나 **-ency**로 끝나는 명사와 연관이 있다. **-ence**나 **-ency**로 끝나는 명사 중에 흔히 쓰이는 명사는 다음과 같다.

agency	audience	coincidence	conference
conscience	consequence	constituency	currency
deterrence	emergency	essence	existence
experience	incidence	influence	licence
preference	presidency	reference	residence
science	sentence	sequence	subsistence
tendency			

-ant로 끝나는 형용사는 **-ance**나 **-ancy**로 끝나는 명사와 연관이 있다. **-ance**나 **-ancy**로 끝나는 명사 중에 흔히 쓰이는 명사는 다음과 같다.

acceptance	acquaintance	alliance	allowance
appearance	assistance	assurance	balance
disturbance	entrance		guidance
infancy	inheritance	instance	insurance
maintenance	nuisance	performance	resemblance
substance	tenancy		

11 silent consonants(묵음)

자음이 묵음인 단어가 많이 있다. 묵음에 대한 주요 규칙은 다음과 같다.

b가 묵음 (b가 한 음절에서 t 앞에 오는 경우)	debt	[det]
	doubt	[daut]
	subtle	[sʌ́tl]
b가 묵음 (음절의 마지막에서 m 뒤에 b가 오는 경우)	bomb	[bɑ(:)m ǀ bɔm]
	climb	[klaim]
	lamb	[læm]
d가 묵음	sandwich	[sǽn*d*witʃ ǀ -widʒ, ǀ -witʃ]
g가 묵음 (g가 음절의 처음이나 마지막에서 m 혹은 n 앞에 오는 경우)	foreign	[fɔ́(:)rən, -in]
	gnat	[næt]
	phlegm	[flem]
	sign	[sain]
h가 묵음 (h가 단어의 처음에 오는 경우)*	heir	[eə*r*]
	honest	[ɑ́(:)nəst ǀ ɔ́nist]
	honour	[ɑ́(:)nə*r* ǀ ɔ́nə]
	hour	[áuə*r*]
h가 묵음 (h가 단어의 마지막에 있는 모음 뒤에 오는 경우)	hurrah	[hərɑ́:]
	oh	[ou]
h가 묵음 (h가 모음과 모음 사이에 오는 경우)	annihilate	[ənáiəlèit]
	vehicle	[ví:əkl, -hi- ǀ ví:*h*i-]
h가 묵음 (r 뒤에 h가 오는 경우)	rhythm	[ríðm]
	rhubarb	[rú:bɑ:*r*b]
k가 묵음 (k가 단어 처음에 있고 뒤에 n이 오는 경우)	knee	[ni:]
	know	[nou]
l이 묵음 (l이 a와 f/k/m 사이에 오는 경우)	half	[hæf ǀ hɑ:f]
	talk	[tɔ:k]
	palm	[pɑ:m]
l이 묵음 (l이 ou와 d 사이에 오는 경우)	should	[ʃəd, ʃud]
	would	[wəd, wud]
n이 묵음 (단어의 마지막 철자가 n이고 앞에 m이 오는 경우)	column	[kɑ́(:)ləm ǀ kɔ́l-]
	hymn	[him]
p가 묵음 (p가 그리스어에 어원을 둔 단어의 처음에 오고 뒤에 n/s/t가 오는 경우)	pneumatic	[n*j*umǽtik]
	psychology	[saikɑ́(:)lədʒi ǀ -kɔ́l-]
	pterodactyl	[tèrədǽktil]

r이 묵음 (영국 표준 영어에서 r 뒤에 자음이나 묵음 e가 오는 경우, 혹은 r이 단어의 마지막에 오는 경우)**	farm	[fɑːrm]
	more	[mɔːr]
	stir	[stəːr]
s가 묵음	island	[áilənd]
s가 묵음 (프랑스어에 어원을 둔 많은 단어에 쓰인 s가 묵음인 경우)	debris	[dəbríː | débriː]
	viscount	[váikàunt]
t가 묵음	listen	[lísən]
	thistle	[θísl]
t가 묵음 (프랑스어에 어원을 둔 단어의 마지막에 t가 오는 경우)	buffet	[bəféi, bu-, | búfei, bʌ́fei]
	chalet	[ʃæléi | ʃǽlei]
w가 묵음 (단어의 처음에는 w가, 그 뒤에는 r이 오는 경우)	wreck	[rek]
	write	[rait]
w가 묵음	answer	[ǽnsər | ɑ́ːn-]
	sword	[sɔːrd]
	two	[tuː]

* 위 단어 목록은 **Usage** 표제어 **a – an** 참조.
** **iron**은 [ɑ́iərn]으로 발음한다.

12 difficult words(철자가 어려운 단어)

철자가 어렵게 느껴지는 단어는 다음과 같다.

accommodation	acknowledge	across	address
allege	argument	awkward	beautiful
bureau	bureaucracy	calendar	cemetery
committee	conscience	embarrass	exceed
February	fluorescent	foreign	gauge
government	harass	inoculate	instalment(美 installment)
language	library	manoeuvre(美 maneuver)	
mathematics	medicine	necessary	occasion
occurred	parallel	parliament	precede
privilege	proceed	professor	pronunciation
psychiatrist	pursue	recommend	reference
referred	science	secretary	separate
skilful(美 skillful)	succeed	supersede	surprise
suspicious	threshold	tomorrow	vegetable
vehicle	Wednesday	withhold	

13 doubling consonants(자음을 한 번 더 사용하기)

미국 영어에서 마지막 음절이 강세를 받지 않는 경우, 두 음절의 단어에 접미사를 붙일 때 자음을 한 번 더 쓰지 않는다. 예를 들면, 미국 영어에서는 **traveling**과 **marvelous**와 같은 철자를 쓰는 반면에, 영국 영어에서는 **travelling**과 **marvellous**를 사용한다.

마지막 음절에 강세가 있는 경우, 영국 영어와 미국 영어 둘 다 마지막 자음을 한 번 더 쓴다. 예를 들면, 영국 영어와 미국 영어 모두 **admitting**과 **admitted**를 사용한다. 일부 동사는 기본형과 복수형에 단자음을 쓰지만, 미국 영어에서는 마지막 자음을 한 번 더 쓴다. 예를 들면, 영국 영어에서는 **appal**과 **appals**를, 미국 영어에서는 **appall**과 **appalls**를 사용한다. 영국 영어와 미국 영어 모두 **appalling**과 **appalled**를 사용한다.

appal	distil	enrol	enthral
fulfil	instal	instil	

영국에서는 skilful과 wilful을, 미국에서는 skillful과 willful을 사용하기도 한다.

영국 영어에서는 자음을 한 번 더 쓰고 미국 영어에서는 단자음을 사용하는 단어는 다음과 같다.

carburettor — carburetor
chilli — chili
jeweller — jeweler
jewellery — jewelry
programme — program
tranquillize — tranquilize
woollen — woolen

14 '-our' and '-or'

라틴어에 어원을 둔 대부분의 단어와 추상명사를 영국 영어에서는 단어의 끝에 **-our**를 쓰지만, 미국 영어에서는 **-or**를 사용한다. 그 예는 다음과 같다.

armour — armor
behaviour — behavior
colour — color
demeanour — demeanor
favour — favor
flavour — flavor
honour — honor
humour — humor
neighbour — neighbor
odour — odor
tumour — tumor
vapour — vapor

15 '-oul' and '-ol'

일부 단어는 같은 단어라도 영국 영어에서는 **-oul**로, 미국 영어에서는 **-ol**로 표기한다. 그 예는 다음과 같다.

mould — mold
moult — molt
smoulder — smolder

16 '-re' and '-er'

프랑스어에 어원을 둔 대부분의 단어의 경우, 영국 영어에서는 단어 끝에 **-re**를, 미국 영어에서는 **-er**을 붙인다. 그 예는 다음과 같다.

calibre — caliber
centre — center
fibre — fiber
meagre — meager
reconnoitre — reconnoiter
sombre — somber
spectre — specter
theatre — theater

Usage 표제어 metre – meter 참조.

17 'ae' or 'oe' and 'e'

그리스어나 라틴어에 어원을 둔 단어는 대부분의 영국 영어에서는 **-ae**나 **-oe**로 표기하지만, 미국 영어에서는 **-e**로 표기한다. 그러나 영국 영어에서도 때때로 미국식 철자를 사용하기도 한다.

aesthetic — esthetic
amoeba — ameba
diarrhoea — diarrhea
gynaecology — gynecology
mediaeval — medieval

ⓘ 미국 영어에서 manoeuvre는 maneuver로 표기한다.

18 '-ise' and '-ize'

-ise나 **-ize**로 끝나는 동사가 많이 있다. 예를 들면, **authorise**와 **authorize**는 의미가 같아서 철자를 선택해서 쓸 수 있는 동사이다. **-ise**로 끝나는 단어는 미국 영어보다 영국 영어에서 더 일반적으로 쓰이지만, 영국 영어에서도 **-ize**로 끝나는 단어의 사용이 점점 증가하고 있다. 이 책에서는 **-ize**로 끝나는 단어를 사용한다.

ⓘ 다음 단어는 미국 영어와 영국 영어에서 모두 -ise로만 사용할 수 있는 단어이다.

advertise	advise	arise	chastise
circumcise	compromise	despise	devise
excise	exercise	improvise	promise
revise	supervise	surmise	surprise
televise			

19 small groups(소그룹의 단어)

뜻은 같지만 영국과 미국에서 철자를 다르게 사용하는 단어는 다음과 같다. 먼저 나온 단어가 영국 영어의 철자이다.

analyse — analyze
breathalyse — breathalyze
catalyse — catalyze
paralyse — paralyze
analogue — analog
catalogue — catalog
dialogue — dialog
defence — defense
offence — offense
pretence — pretense

나무판자나 철판을 단단하게 고정시키는 도구인 **vice**를, 미국 영어에서는 **vise**로 표기한다.

➲ Usage 표제어 **licence – license**와 **practice – practise** 참조.

20 individual words(개개의 단어)

영국 영어와 미국 영어에서 철자의 일부가 다른 단어가 있다. 먼저 나온 단어가 영국 영어의 철자이다.

axe — ax
chequer — checker
dependence — dependance
distension — distention
gelatine — gelatin
glycerine — glycerin
grey — gray

nought	—	naught
plough	—	plow
pyjamas	—	pajamas
sceptic	—	skeptic
tyre	—	tire

Usage 표제어 assure - ensure - insure, cheque - check, curb - kerb, dependent - dependant, disc - disk, draught - draft, story - storey 참조.

다음 단어는 발음이 약간 다르게 변하기도 한다.

aluminium [æləmíniəm]	—	aluminum [əlúːminəm]
furore [fjuərɔ́ːri] (英)	—	furor [fjúərɔː] (英)
speciality [spèʃiǽləti]	—	specialty [spéʃəlti]

21 two words or one word(두 단어나 한 단어)

영국 영어에서는 일부 표현을 보통 두 단어로 쓰지만, 미국 영어에서는 한 단어로 쓸 수 있다.

any more	—	anymore
de luxe	—	deluxe
per cent	—	percent

22 hyphens: compound nouns(하이픈: 복합명사)

복합명사는 흔히 두 단어로 사용하거나 단어 사이에 하이픈을 넣어 사용할 수 있다. 영국 영어와 미국 영어 간에는 차이점이 많이 있는데, 확실히 알고 싶을 경우 Cobuild 사전을 참조하길 바란다. 일반적으로 미국 영어에는 영국 영어보다 하이픈으로 연결된 복합명사가 더 적다. 미국 영어에서는 복합명사를 한 단어로 표기하거나 하이픈 없이 두 단어로 표기하는 경우가 많다.

At seven he was woken by the ***alarm clock***. 그는 7시에 자명종 소리에 깼다.

She's the kind of sleeper that even the ***alarm-clock*** doesn't always wake.
그녀는 자명종 소리에도 깨지 않을 정도로 깊이 자는 타입이다.

친척을 지칭하는 단어 사이에는 항상 하이픈을 사용해야 한다. 예를 들면, 증조모와 시어머니는 great-grandmother와 mother-in-law로 표기한다. T-shirt, U-turn, X-ray와 같이 단어의 앞부분이 한 철자로 되어 있는 경우에는 일반적으로 하이픈을 사용한다. 복합명사가 또 다른 명사를 수식할 때는 하이픈을 사용하는데, 이는 의미를 분명하게 하기 위한 것이다. 예를 들면, '6학년'은 six form이지만 '6학년 학급'은 하이픈을 사용하여 six-form class라고 한다.

The ***stained glass*** above the door cast lozenges of yellow, green and blue upon the floor.
문 위에 있는 스테인드글라스는 마루에 노란색, 초록색, 파란색의 마름모 모양의 그림자를 드리웠다.

...a ***stained-glass window***. 스테인드글라스가 있는 창문.

I did a lot of drawing in my ***spare time***. 나는 여가 시간에 많은 그림을 그렸다.

'Volunteering' for things was an accepted ***spare-time occupation*** for their particular social group.
여러 가지 일에 대한 자원 봉사는 그들의 특정 사회 집단에 허용되는 여가 활동이었다.

23 compound adjectives(복합형용사)

복합형용사는 일반적으로 하이픈을 사용하거나 한 단어로 붙여서 쓸 수도 있다.

...any ***anti-social*** behaviour such as continuous lateness. 상습적인 지각과 같은 어느 반사회적인 행동.

...the activities of ***antisocial*** groups. 반사회적 단체의 활동들.

일부 복합형용사는 일반적으로 명사 앞에서는 하이픈으로 연결해서 사용하고, be동사 뒤에서는 두 단어로 쓴다.

He was wearing a ***brand-new*** uniform. 그는 새 유니폼을 입고 있었다.

His uniform was ***brand new***. 그의 유니폼은 새것이었다.

대문자로 시작하는 단어의 앞에 있는 접두사는 뒤에 항상 하이픈을 사용한다.

...a wave of ***anti-British*** feeling. 반영 감정의 고조.

...from the steps of the ***neo-Byzantine*** cathedral. 신 비잔틴 식 대성당의 층계에서부터.

두 가지 색의 사물을 나타낼 때, 두 형용사 사이에 **and**를 사용한다. 이때 하이픈을 사용하거나 사용하지 않을 수도 있다.

...an ugly ***black and white*** swimming suit. 보기 흉한 검은색과 하얀색으로 된 수영복.
...a ***black-and-white*** calf. 흑백 얼룩의 송아지.

각각 두 가지 색으로 이루어진 사물의 그룹을 나타낼 경우, 하이픈을 사용하는 것이 가장 좋다.

...fifteen ***black-and-white*** police cars. 검은색과 하얀색이 칠해져 있는 열다섯 대의 경찰차.

그러나 각각의 사물이 하나의 색깔인 경우, 하이픈을 사용할 수 없다.

...***black and white*** dots. 하얀 점들과 검은 점들.

두 나라나 단체가 어떤 일에 관계되어 있다는 것을 나타낼 때, 두 개의 형용사나 명사수식어 사이에 하이픈을 사용한다.

Swedish-Norwegian relations improved. 스웨덴과 노르웨이 양국 간의 관계가 개선되었다.
...the ***United States-Canada*** free trade pact. 미국과 캐나다 양국 간의 자유 무역 협정.

어떤 것이 두 장소 간을 왕복한다는 뜻을 나타낼 때도 두 장소 사이에 하이픈을 사용한다.

If it was close to 6:27, they would amble to the train track and wait for the ***New York-Montreal*** train to roar through.
시간이 6시 27분이 다 되었다면 그들은 철로로 천천히 걸어와서, 뉴욕과 몬트리올 간을 운행하는 기차가 요란한 소리를 내며 통과하기를 기다렸을 것이다.

24 compound verbs(복합동사)

복합동사의 경우, 일반적으로 하이픈을 사용하거나 한 단어로 쓴다.

Take the baby along if you can't find anyone to ***baby-sit***. 아이를 돌볼 사람을 구할 수 없다면 아이를 데리고 다니세요.
I can't come to London, because Mum'll need me to ***babysit*** that night.
나는 런던에 갈 수 없는데, 왜냐하면 어머니가 그날 저녁에 내게 아이를 돌보라고 하셨기 때문이다.

25 phrasal verbs(구동사)

구동사는 하이픈 없이 두세 단어로 쓴다.

She ***turned off*** the radio. 그녀는 라디오를 껐다.
They ***broke out of*** prison on Thursday night. 그들은 목요일 밤에 탈옥했다.

그러나 구동사와 관련된 명사와 형용사에서 첫 번째 단어가 **-ing, -er, -ed, -en**으로 끝나는 경우, 단어 사이에 하이픈을 사용한다.

Finally, he monitors the ***working-out*** of the plan. 마지막으로 그는 그 계획이 제대로 시행되는지 감시한다.
One of the boys had stopped a ***passer-by*** and asked him to phone an ambulance.
소년들 중 한 명이 행인을 불러 세워서 전화로 구급차를 불러달라고 요청했다.
Gold was occasionally found in the ***dried-up*** banks and beds of the rivers.
말라 버린 강둑과 강바닥에서 가끔 금이 발견되기도 한다.
...selling ***broken-down*** second-hand cars at exorbitant prices. 고장 난 중고차를 엄청나게 비싼 가격으로 팔고 있는.

구동사와 관련된 다른 명사와 형용사는 하이픈을 사용하거나 한 단어로 쓴다. 혹은 두 가지 모두 사용할 수도 있다. 예를 들면, **break-in**은 항상 하이픈을 사용하고 **breakthrough**는 항상 한 단어로 쓰며, **takeover**는 하이픈을 사용하여 **take-over**로도 쓸 수 있다.

미국 영어에서는 영국 영어에서보다 하이픈이 없는 형태가 더 일반적으로 쓰인다.

Abbey National had fought off a ***takeover*** bid from Lloyds TSB.
아베이 내셔널 회사는 로이드 TSB로부터의 공개 매입에 반대하는 투쟁을 했다.
The company fought off a ***take-over*** bid. 그 회사는 공개 매입에 반대하여 투쟁했다.

26 numbers(숫자)

twenty-four(24)나 **eighty-seven**(87)처럼 20에서 100 사이의 숫자에 일반적으로 하이픈을 사용한다. 분수도 **one-third**(1/3)와 **two-fifths**(2/5)와 같이 자주 하이픈을 사용한다. 그러나 **one** 대신 **a**를 사용하는 경우, 하이픈을 사용하지 않으며 **a third**라고 쓴다.

TOPIC

Migraines can last ***twenty-four*** *hours or more.* 편두통은 24시간 이상 지속될 수 있다.
Two-fifths of the world economy is now in recession. 세계 경제의 5분의 2가 현재 경기 침체 상태에 있다.
A third of the cost went into technology and services. 그 비용의 3분의 1은 기술과 서비스 활동에 들어갔다.

27 other points(그 밖의 요점)

영국 영어에서는 한 단어가 두 부분으로 명확히 나누어지고 두 번째 부분의 첫 철자와 첫 번째 부분의 마지막 철자가 같을 때, 특히 그것이 모음일 경우 하이픈을 사용한다. 예를 들면, **preeminent**는 **pre-eminent**로, **cooperate**는 **co-operate**로 표기하는 것이 가장 좋다. 미국 영어에서는 일반적으로 하이픈을 생략한다.

He agreed to ***co-operate*** with the police investigation. 그는 경찰 조사에 협조할 것을 동의했다.
Both companies said they would ***cooperate*** with the government. 두 회사 모두 정부에 협조할 거라고 말했다.

and로 연결된 한 쌍의 단어에서 **and** 앞뒤에 있는 두 번째 단어가 서로 같을 경우에 하이픈으로 연결한다. 이때 **and** 앞의 같은 단어는 생략하고 앞의 단어만 사용하기도 한다. 그러나 각 단어를 완전히 쓰는 것이 더 명확하다.

...the militants whose careers bridged the ***pre- and post-war*** eras.
그 경력이 전쟁 전후 시기의 다리 역할을 한 전사들.
...***long- and short-term*** economic planning. 장단기 경제 계획.

접두사 **anti-, non-, semi-**가 붙는 복합명사를 영국 영어에서는 일반적으로 하이픈으로 표기하지만, 미국 영어에서는 하이픈을 사용하지 않는다. **-like**를 붙이는 형용사는 단어의 첫 번째 부분이 고유명사이거나 다소 길지 않은 한 미국 영어에서는 하이픈 없이 표기한다.

anti-nuclear — antinuclear
non-aggression — nonaggression
semi-literate — semiliterate
cloud-like — cloudlike

특정 복합어를 쓰는 일반적인 방법에 대한 정보는 **Cobuild** 사전을 참조한다.

➲ 단어가 한 줄의 끝에 와서 그 단어를 분리할 경우에 쓰는 하이픈의 용법은 **Topic** 표제어 **Punctuation** 참조.

Suggestions

1 neutral suggestions
2 firm suggestions
3 less firm suggestions
4 suggestions in writing and broadcasting
5 suggesting doing something together
6 less firm suggestions
7 very firm suggestions
8 suggestions about what would be best
9 replying to a suggestion

1 neutral suggestions(중립적인 제안)

상대방에게 행동 방침을 제안하는 방법이 여러 가지가 있다.

You could...를 사용하여 상대방에게 제안할 수 있다.

You could make a raft or something. 당신이 뗏목 같은 것을 만들어 주세요.
You could phone her and ask. 당신이 그녀에게 전화해서 물어보세요.
'Well, what shall we do?' – '***You could*** try Ebury Street.'
"자, 우리는 무엇을 해야 하나요?" – "에버리 스트리트로 가보세요."

How about...?이나 **What about...?** 뒤에 **-ing**형을 사용할 수도 있다.

How about taking him outside to have a game? 그를 데리고 나가서 게임을 하는 것이 대해 어떻습니까?
What about becoming an actor? 배우가 되는 것이 어떻습니까?

ℹ 상대방에게 술을 마시거나 식사를 하거나 식사 준비를 하는 등의 제안을 할 때, How about...?이나 What about...?에 명사구를 사용하기도 한다.

How about a steak and a couple of pints? 스테이크와 맥주 한두 잔 마시는 것이 어떻습니까?

What about a drink? 술 한잔 할까요?

'I'll explain when I see you.' – 'When will that be?' – '*How about* late tonight?'
"당신을 만나서 설명하겠어요." – "언제쯤이요?" – "오늘 밤 늦게는 어때요?"

행동 방침을 제안하는 더 간접적인 방법은 **Have you thought of...** 뒤에 **-ing**형을 사용하는 것이다.

Have you thought of asking what's wrong with Henry?
헨리에게 무슨 문제가 있는지 물어보는 것에 대해 생각해 보았나요?

2 firm suggestions(확고한 제안)

좀 더 확고하게 제안할 때, **Couldn't you...?, Can't you...?, Why not...?**을 사용한다.

Couldn't you get a job in one of the smaller colleges around here?
이 근방의 좀 더 작은 대학 중 한 곳에 일자리를 얻을 수는 없나요?

Can't you just tell him? 그냥 그에게 말할 수 없나요?

Why not write to her? 그녀에게 편지를 써보지 그래요?

〔**Try + -ing** · 명사구〕 형식을 사용할 수도 있다.

Try advertising in the local papers. 지역 신문에 광고해 보세요.

Try a little methylated spirit. 메탄올 변성 알코올을 조금 사용해 보세요.

I suggest you...는 매우 확고하게 제안할 때 사용한다.

I suggest you leave this to me. 이것을 내게 맡겨 주기를 제안합니다.

상대방에게 어떤 일을 설득하면서 부드럽게 제안할 때, **Why don't you...?**를 사용한다.

Why don't you think about it and decide later? 그것에 대해 생각해 보고난 후에 결정하는 것이 어떻습니까?

Why don't you go to bed? 잠을 자는 것이 어때요?

➲ 사람이 취해야 하는 행동 방침을 확고하게 말하는 다른 방법은 Topic 표제어 Advising someone 참조.

3 less firm suggestions(덜 확고한 제안)

상대방에게 강하게 제안하는 것은 아니지만 그보다 더 좋은 제안이 없을 것 같다고 할 때, **You might as well...**이나 **You may as well...**을 사용할 수 있다.

You might as well drive on back to Famagusta by yourself. 혼자서 파마구스타로 차를 타고 돌아오는 것이 좋겠어요.

You may as well go home and come back in the morning. 집에 갔다가 아침에 돌아오는 것이 좋을 것 같아요.

4 suggestions in writing and broadcasting(글과 방송에서의 제안)

글을 쓰거나 방송을 하는 사람들은 **You might like to...**나 **It might be a good idea to...**와 같은 표현을 사용하여 제안한다.

Alternatively, *you might like to* consider discussing your insurance problems with your bank manager.
대안으로 은행 지점장과 보험 문제를 의논하는 것을 고려해 보세요.

You might consider moving to a smaller house. 더 작은 집으로 이사하는 것을 고려해 보세요.

You might want to have a separate heading for each point. 각 쟁점마다 다른 제목으로 시도해 보세요.

It might be a good idea to rest on alternate days between running.
달리기를 하루 걸러 쉬는 것이 좋은 방법이 될 것 같다.

5 suggesting doing something together(어떤 일을 함께 하자는 제안)

상대방에게 어떤 일을 함께 하자고 제안하는 방법에는 여러 가지가 있다.

상대방이 제안에 동의할 거라고 확신하는 경우, **Let's...**를 사용한다.

Come on, *let's go*. 자, 갑시다.

Let's meet at my office at noon. All right? 12시에 제 사무실에서 만납시다. 괜찮지요?

Come on now. ***Let's*** be practical. How can we help? 자, 실질적인 이야기를 해봅시다. 우리가 무엇을 도와야 하나요?

문장 끝에 부가절 **shall we?**를 붙이면, 제안이 확고하고 강제적이라기보다 설득하는 것 같은 인상을 준다.

I tell you what, let's slip back to the hotel and have a drink, ***shall we***?
좋은 수가 있어. 몰래 호텔로 들어가서 술 한잔하자. 어때?

Let's do some of these letters, Mrs Taswell, ***shall we***? 이 편지들을 처리합시다, 타스웰 부인, 그렇게 하실래요?

상대방에게 부정적인 제안을 할 때, **Let's not...**을 사용한다.

Let's not talk here. 여기서 말을 하지 말자.

We have twenty-four hours. ***Let's not*** panic. 우리에게는 24시간이 있습니다. 당황하지 맙시다.

Let's not go jumping to conclusions. 성급하게 결론을 내리지 맙시다.

미국 영어에서는 때때로 격식을 차리지 않은 화법에서 **Let's not...** 대신 **Let's don't...**를 사용한다.

Let's don't talk about it. 그 일에 대해 말하지 맙시다.

확고하게 제안하는 또 다른 방법은 **We'll...**을 사용하는 것이다.

We'll talk later, Percival. 퍼시벌, 우리 나중에 이야기합시다.

'What do you want to do with Ben's boat?' – '***We'll*** leave it here till tomorrow.'
"당신은 벤의 보트를 어떻게 하기를 원하나요?" – "우리는 내일까지 여기에 그대로 둘 것입니다."

강제적으로 제안하기보다는 좀 더 설득하는 느낌을 주기 위해 부가절 **shall we?**를 사용하기도 한다.

We'll leave somebody else to clear up the mess, ***shall we***?
누군가가 이 쓰레기를 치울 수 있게 남겨 두는 것이 어떻습니까?

All right, we'll change things around a bit now, ***shall we***? 좋아요. 이제 주변 상황을 좀 바꾸는 게 어때요?

확고하게 제안하는 또 다른 방식으로 **I suggest we...**가 있다.

I suggest we discuss this elsewhere. 나는 이것을 다른 곳에서 토의할 것을 제안한다.

I suggest we go to the hospital in St Johnsbury right away.
나는 지금 바로 성 존스베리에 있는 병원으로 갈 것을 제안한다.

Shall we...?를 사용하면 어조에 따라 제안이 확고하게 들릴 수도 있고 덜한 것처럼 들릴 수도 있다.

Shall we go and see a film? 영화를 보러 갈까요?

Shall we make a start? 시작해 볼까요?

Shall we sit down? 앉을까요?

6 less firm suggestions(덜 확고한 제안)

너무 강제적이지 않은 제안을 할 때, **We could...**를 사용한다. 어떤 일을 해야 할지 문제가 이미 제기되었을 때, 이 제안 형식을 사용한다.

I did ask you to have dinner with me. ***We could*** discuss it then.
저는 당신에게 저녁 식사를 함께 하자고 요청했습니다. 그때 그것을 이야기하는 것이 어떻습니까?

We could tow one of them in. 그들 중 하나를 끌어내는 것이 어때요?

'I'm tired.' – 'Too tired for a walk, even? ***We could*** go to the Cave of Shulamit.'
"저는 피곤해요." – "걷는 것조차도 그렇게 피곤한가요? 슐라미트 동굴까지 가는 것은 어때요?"

간접적으로 강제적이지 않은 제안을 할 경우, **I thought we...**나 **I wonder if we...** 뒤에 조동사를 사용하기도 한다.

I thought we might have some lunch. 우리 점심 식사를 하는 것이 어떻습니까?

In the meantime, ***I wonder if we can*** just turn our attention to something you mentioned a little earlier.
그 사이에 우리의 화제를 당신이 조금 전에 언급한 내용으로 주의를 바꿔 보는 것이 어떻습니까?

I wonder whether we could have a little talk, after the meeting. 회의가 끝난 후 이야기를 좀 하는 게 어때요?

열정적으로 제안을 하는 것은 아니지만 그보다 나은 행동 방침이 없다고 생각할 때, **We might as well...**을 사용한다.

We might as well go in. 우리가 들어가 보는 것이 좋겠어요.

We might as well go home. 우리는 집에 가는 것이 좋겠어요.

7 very firm suggestions(아주 확고한 제안)

아주 중요하다고 생각하는 일을 상대방에게 매우 확고하고 강력하게 제안할 때, **We must...**를 사용한다. 미국 영어에서는 **We've got to...**나 **We have to...**를 더 일반적으로 사용한다.

We must be careful. 우리는 조심해야 한다.
We've got to go, now! 우리는 지금 가야 한다.
We ***have*** to hurry. 우리는 서둘러야 한다.

8 suggestions about what would be best(가장 적절한 것에 대한 제안)

사리에 맞다고 생각하는 일을 하라고 상대방에게 제안할 때, **We ought to...**나 **We'd better...**를 사용한다. 이때 문장 앞에 **I think...**나 **I suppose...**를 자주 사용하거나, 부가절 **oughtn't we?**나 **hadn't we?**를 붙여서 제안을 부드럽게 한다.

We ought to give the alarm. 우리는 경보를 울려야 합니다.
Come on, ***we'd better*** try and find somebody. 자, 우리는 다른 사람을 찾아보는 게 좋겠다.
I think we'd better leave. 내 생각에 우리가 떠나는 것이 좋을 것 같다.
I suppose we'd better take a look through the bushes. 덤불 속을 살펴보는 것이 좋을 것 같다.
We ought to order, ***oughtn't we***? 주문을 해야지요. 그렇지 않습니까?
We'd better get going, ***hadn't we***? 우리는 출발하는 게 낫겠지요. 그렇지 않습니까?

I think we should...를 사용하기도 한다.

I think we should go back. 내 생각에 우리는 돌아가는 게 좋을 것 같다.
I think we should change the subject. 우리는 그 주제를 변경하는 게 좋겠다.

이의 없이 제안이 받아들여질 것이라고 확신하지 않는 경우, **Shouldn't we...?**나 **Oughtn't we to...?**를 사용한다. 미국 영어에서는 〔**Oughtn't we** + 원형부정사〕 형식을 사용한다.

Shouldn't we have supper first? 저녁을 먼저 먹어야 하지 않나요?
Shouldn't we be on our way? 우리 방식대로 해야 하지 않나요?
Oughtn't we to phone for the police? 경찰에 전화를 해야 하지 않을까요?

Don't you think we should...?나 **Don't you think we'd better...?**를 사용할 수도 있다.

Don't you think we'd better wait and see whether or not the charges stand up?
그 혐의들이 입증이 될지 안 될지를 기다려 보는 것이 좋다고 생각하지 않으세요?

9 replying to a suggestion(제안에 대답하기)

상대방의 제안에 동의할 때 일반적으로 사용하는 표현으로 **All right., OK., Good idea., That's a good idea.**가 있다.

'Let's dance now.' – '***All right*** then.' "이제 춤을 춥시다." – "그럼 그렇게 합시다."
'Let's not do that. Let's play cards instead.' – '***That's all right with me***.'
"그것 대신에 카드놀이를 합시다." – "저는 괜찮아요."
'Try up there.' – '***OK***.' "거기에서 해보세요." – "알았어요."
'Let's sit down for a while.' – '***Good idea***.' "잠깐 앉읍시다." – "좋아요."

You could...로 시작하는 제안에 **Yes, I could...**로 대답할 수 있다.

'You could get a job over there.' – '***Oh yes, I could do that, couldn't I***?'
"당신은 그곳에서 일을 하는 것이 좋을 것 같아요." – "예, 그럴 수 있겠지요, 안 그래요?"

더 격식을 차리지 않고 제안하는 방법으로 **Why not?**이 있다.

'Shall we take a walk?' – '***Why not***?' "산책할까요?" – "그렇게 하죠."

어떤 일을 같이 하자는 상대방의 제안을 받아들일 때, **Fine.**이나 **That's fine by me.**라고 말한다. 제안에 아주 열성적으로 찬성할 때는 **Great.**라고 한다.

'What about Tuesday?' – '***Fine***.' "화요일은 어떻습니까?" – "좋아요."

제안에 동의하지 않을 때, **I don't think that's a good idea., No, I can't., No, I couldn't.**라고 말할 수 있다.

'You could ask her.' – '***I don't think that's a very good idea***.'
"그녀에게 물어보세요." – "그건 그다지 좋은 생각이 아닌 것 같아요."

'Well, can you not make synthetic ones?' – '***We can't, no***.'
"자, 인공으로 된 것을 만들 수 없어요?" – "네, 우리는 만들 수 없어요."

상대방의 제안을 받아들이지 않는 이유를 말할 수도 있다.

'I'll ring her up when I go out to lunch.' – 'Why not do it here and save money?' – '***I like my calls private***.'
"점심 먹으러 나갈 때 그녀에게 전화할 거예요." – "여기서 전화하고 돈을 아끼지 그래요?" – "사적인 전화를 하고 싶어서요."

Telephoning

이 표제어의 예문 중 **A**는 전화를 받는 사람이고, **B**는 전화를 거는 사람이다.

1 answering the phone(전화를 받기)

누군가가 전화할 때, 전화를 받는 방법에는 여러 가지가 있다. 대부분의 사람들은 전화를 받을 때 **Hello.**라고 한다.

A: ***Hello***. 여보세요.
B: Hello. It' me. 안녕하세요. 접니다.

일부 영국 사람들은 전화번호를 말하며 전화를 받기도 한다.

A: ***76459***. 76459번입니다.
B: Hello. Is that Carol? 안녕하세요. 캐럴인가요?

ℹ 전화번호를 말할 때 각각의 숫자를 하나씩 읽는다. 예를 들면, 4351916은 four three five one nine one six라고 읽는다.

영국 영어에서는 일반적으로 숫자 0을 **oh**라고 읽고, 미국 영어에서는 **zero**라고 읽는다. 같은 번호가 반복될 경우, 영국 영어에서는 **double**을 사용한다. 예를 들면, 4335는 **four double three five**라고 읽는다.

직장에서 전화를 받을 때, 직장이나 부서의 이름 또는 자신의 이름을 말하기도 한다. **Hello.** 대신 **Good morning.**이나 **Good afternoon.**이라고 할 수 있다.

A: ***Parkfield Medical Centre***. 파크필드 메디컬 센터입니다.
B: Hello. I'd like to make an appointment to see one of the doctors this morning please.
여보세요. 오늘 오전에 진료를 예약하려고요.

A: Hello. ***Tony Parsons speaking***. 여보세요. 토니 파슨스입니다.
B: Oh, hello. It's Tom Roberts here. 아, 안녕하세요. 저는 톰 로버츠입니다.

A: ***Good morning***. 여보세요.
B: Good morning. Who am I speaking to? 안녕하세요? 전화 받는 분은 누구세요?
A: Er, my name is Alan Fentiman. 어, 제 이름은 앨런 펜티먼입니다.

일부 사람들이, 특히 어떤 기관에서 걸려온 전화를 받을 때 **Yes?**라고 하는 경우가 있다. 이는 퉁명스럽고 무례하게 들릴 수도 있다.

상대방이 **Hello.**라고 전화를 받았을 때 상대방의 목소리를 아는 경우, **Hello.**라고 한 다음에 상대방의 이름을 말할 수 있다.

A: Hello. 여보세요.
B: Hello, Jim. 안녕하세요. 짐.
A: ***Hello, Alex***, how are you? 안녕하세요. 알렉스, 어떻게 지내요?

상대방의 목소리를 인식하지 못했을 경우, 누구인지 물어볼 수 있다. 집에서 전화를 받을 때, '전화하신 분은 누구세요?'는 **Sorry, who is it?**이나 **Who is this?**라고 한다. 일부 사람들은 **Who's that?**이라고 하는데, 이는 무례하게 들릴 수 있다.

A: Hello. 여보세요.
B: Hello. 안녕하세요.

A: ***Sorry, who is it***? 죄송하지만, 누구세요?

B: It's me, Terry. 나야, 테리.

전화를 건 사람이 누구인지 안다고 생각할 때, 예를 들어 '제임스입니까?'는 **Is that James?**나 **That's James, isn't it?**이라고 한다.

A: Hello. 여보세요.

B: Hello. Can I speak to John? 안녕하세요. 존하고 통화하고 싶은데요?

A: I'm afraid he's just gone out. ***Is that Sarah***? 죄송하지만, 그는 방금 외출했어요. 사라인가요?

B: Yes. 맞아요.

직장에서 전화를 건 사람이 다른 사람과 통화를 하고 싶다고 할 경우, '전화하신 분은 누구십니까?'라고 묻는 표현은 **Who's calling?**이나 **Who's speaking?**이다.

B: Hello, could I speak to Mrs George, please? 여보세요. 조지 부인과 통화하고 싶습니다.

A: ***Who's calling***? 누구세요?

B: The name is Pearce. 제 이름은 피어스입니다.

A: Hold on a minute, please. 잠시 기다려 주세요.

전화한 사람이 잘못 건 경우, '전화를 잘못 걸었습니다.'라는 표현은 **I think you've got the wrong number.**나 **Sorry, wrong number.**이다.

A: Hello. 여보세요.

B: Mrs Clough? 클로프 부인이세요?

A: ***No, you've got the wrong number***. 아닌데요. 전화 잘못 거셨습니다.

B: I'm sorry. 죄송합니다.

2 telephoning someone(어떤 사람에게 전화하기)

친구나 친척에게 전화를 해서 상대방이 전화를 받았을 때, **Hello.**라고만 말할 수 있다. 이때 상대방의 이름을 함께 말할 수도 있다.

A: Hello. 여보세요.

B: ***Hello!*** I just thought I'd better ring to let you know what time I'll be arriving.
안녕하세요! 제가 몇 시에 도착할 지 알려 주는 것이 나을 것 같은데요.

A: Hello. 여보세요.

B: ***Hello, Alan***. 안녕. 앨런.

A: Hello, Mark, how are you? 안녕, 마크, 어떻게 지내?

B: Well, not so good. 음, 별로 좋지 않아.

ℹ 친구와 친척 간에는 Hello라고 말한 후, 보통 서로의 안부를 묻는다. 자신이 누구인지 알릴 필요가 있을 경우, It's...나 This is... 뒤에 이름을 말한다.

A: Hello. 여보세요.

B: Hello. ***It's Jenny***. 안녕하세요. 제니예요.

A: Hello. 여보세요.

B: Hello, Alan. ***This is Eila***. 안녕하세요, 앨런. 저 에일라예요.

It's...here.를 사용하기도 한다.

A: Hello. 여보세요.

B: ***It's Maggie Turner here***. 매기 터너예요.

일반적인 정보를 묻기 위해 전화를 할 때는 자신의 이름을 밝히지 않기도 한다.

A: Citizen's Advice Bureau. 시민 상담소입니다.

B: Hello. I'd like some advice about a dispute with my neighbours.
안녕하세요. 제 이웃과의 분쟁에 대한 조언을 듣고 싶습니다.

전화를 받은 상대방이 누구인지 확신하지 못하는 경우, **Who am I speaking to?**라고 하거나, 격식을 차리지 않을 때는 **Who's that?**이라고 한다.

A: Hello. 여보세요.

B: Hello. *Who am I speaking to, please*? 안녕하세요. 전화받는 분은 누구신지요?

A: Yes? 여보세요.

B: I want to speak to Mr Taylor. 테일러 씨와 통화하고 싶은데요.

A: I'm afraid Mr Taylor's not in the office right now. 죄송하지만, 테일러 씨는 지금 사무실에 없습니다.

B: *Who's that?* 누구세요?

전화를 받는 사람, 기관, 전화번호가 맞는지 확인하기 위해 **Is that...?**이라고 하거나, 의문문처럼 이름이나 전화번호만을 말하기도 한다.

A: Hello. 여보세요.

B: *Is that Mrs Thompson?* 톰슨 씨입니까?

A: Er, yes it is. 어, 예, 맞습니다.

B: This is Kaj Mintti from Finland. 저는 핀란드의 카이 민티입니다.

A: Hello. 여보세요.

B: Hello? *435 1916?* 안녕하세요. 435-1916번입니까?

A: Yes. 예. 맞습니다.

미국 영어에서는 일반적으로 **Is that...?** 대신 **Is this...?**를 사용한다.

A: Hello. 여보세요.

B: Hello. *Is this the Casa Bianca restaurant?* I want to speak with Anna. Annadi Peterson.
안녕하세요. 카사 비앙카 식당입니까? 안나와 통화하고 싶습니다. 안나디 피터슨이요.

3 asking to speak to someone(어떤 사람에게 통화하기를 부탁하기)

전화를 받은 사람이 자신이 통화를 하고자 하는 사람이 아닐 때, **Can I speak to Paul, please?**나 **Is Paul there?**과 같이 말한다.

A: Hello. 여보세요.

B: *Can I speak to Sue, please?* 수와 통화할 수 있을까요?

A: Hang on – I'm sorry, but she's not in at the moment. 잠시만요. 죄송하지만, 그녀는 지금 자리에 없네요.

B: Can I leave a message? 메시지를 남겨도 되겠습니까?

A: Yes. 그러세요.

B: Would you tell her that Adrian phoned? 그녀에게 에이드리언이 전화했다고 전해 주시겠어요?

업무상 전화할 경우, **Could I speak to Mr Green, please?**와 같이 묻거나, 통화하고자 하는 사람의 이름이나 담당 부서를 말하고 그 뒤에 **please**를 붙이기도 한다.

A: William Foux and Company. 윌리엄 폭스 회사입니다.

B: Er, good afternoon. *Could I speak to Mr Duff, please?* 저, 안녕하세요. 더프 씨와 통화할 수 있을까요?

A: Oh I'm sorry, he's on another line at the moment. Can you hold?
죄송합니다만, 그는 지금 통화 중이에요. 기다리시겠어요?

B: No, it's all right. I'll ring later. 아니요, 괜찮습니다. 나중에 전화하지요.

A: British Gas. 영국 가스 회사입니다.

B: *Customer services, please*. 고객 상담실 부탁합니다.

A: I'll put you through. 연결해 드리겠습니다.

자신이 통화하고자 하는 사람이 바로 전화를 받은 경우, 때때로 **Speaking.**이라고 하기도 한다.

A: Personnel. 인사과입니다.

B: Could I speak to Mr Willson, please. 윌슨 씨와 통화하고 싶은데요.

A: *Speaking*. 접니다.

B: Oh, right. I wanted to ask you a question about sick pay.
아, 그렇군요. 질병 수당에 대해 문의를 하고 싶습니다.

4 ending a phone call(전화 통화 끝내기)

전화를 끊을 때 **Goodbye.**라고 하거나, 격식을 차리지 않고 **Bye.**라고도 한다.

A: I'm afraid I can't talk to you now. 죄송하지만, 지금 통화를 할 수 없습니다.
B: OK, I'll phone back after lunch. 좋아요. 점심 식사 후에 다시 전화하겠습니다.
A: OK. ***Goodbye***. 알겠습니다. 안녕히 계십시오.
B: ***Goodbye***. 안녕히 계세요.

A: I'll just check. Yes, it's here. 확인해 볼게요. 예, 여기 있어요.
B: Oh, OK. Thanks. ***Bye***. 아, 그래요. 고마워요. 안녕히 계세요.

Speak to you soon.이나 **Thanks for ringing.**이라도 한다.

A: Speak to you soon. ***Bye***. 곧 다시 전화할게. 안녕.
B: ***Bye***. 안녕.

Thanking someone

1 basic ways of thanking
2 emphatic ways of thanking
3 more formal ways of thanking
4 thanking someone for an offer
5 thanking someone for a present
6 thanking someone for an enquiry
7 thanking someone in a letter
8 replying to thanks

1 basic ways of thanking(감사하는 기본적인 방법)

방금 전에 누군가가 자신을 위해 어떤 일을 했거나 무언가를 준 것에 대해 감사를 표할 때, **Thank you.**나 더 격식을 차리지 않고 **Thanks.**라고 한다.

'I'll take it over there.' – '***Thank you***.' "그것을 저기에 갖다 놓을게요." – "고마워요."
'Don't worry, Caroline. I've given you a marvellous reference.' – '***Thank you***, Mr Dillon.'
"걱정하지 마세요, 캐롤라인. 당신을 아주 좋게 평가했어요." – "딜런 씨, 고맙습니다."
'There's your receipt.' – '***Thanks***.' "영수증 여기 있습니다." – "고마워요."
'Would you tell her that Adrian phoned and that I'll phone at eight?' – 'OK.' – '***Thanks***.'
"그녀에게 에이드리언이 전화했는데, 8시에 전화할 거라고 전해 주시겠어요?" – "알겠어요." – "고맙습니다."

특히 영국 영어와 호주 영어를 쓰는 일부 사람들은 격식을 차리지 않고 상대방에게 고마워할 때 **Cheers.**라고 한다.

➲ Usage 표제어 cheers – cheerio 참조.

영국 영어를 쓰는 일부 사람들은 **Ta** [tɑː] 라고도 한다.

'You're pretty good at this.' – '***Cheers***, mate.' "너는 이 일에 꽤 능숙하구나." – "고마워, 친구."
'This is all the material you need.' – '***Ta***.' "이것이 당신이 필요로 하는 모든 재료입니다." – "고마워요."

상대방에게 감사하는 이유를 말할 때, **Thank you for...**나 **Thanks for...**를 사용한다

Thank you for the earrings, Whitey. 귀고리를 줘서 고마워, 휘티.
Thank you for a delicious lunch. 맛있는 점심을 대접해 주셔서 감사합니다.
Well, then, good-night, and ***thanks for*** the lift. 자, 그러면 안녕히 가세요, 그리고 태워 주셔서 감사해요.
Thanks for helping out. 도와 주셔서 감사합니다.

2 emphatic ways of thanking(감사함을 강조하는 방법)

상대방에게 감사함을 강조할 때, 자주 **very much**나 **very much indeed**를 붙인다.

'Here you are.' – '***Thank you very much***.' "여기 있어요." – "정말 고마워요."
'I'll ring you tomorrow morning.' – 'OK. ***Thanks very much indeed***.'
"내일 아침에 전화할게요." – "좋아요. 정말 감사합니다."

ℹ ~~Thank you a lot~~.이나 ~~Thanks lots~~.가 아닌 Thanks a lot.이라고 한다.
'All right, then?' – 'Yes, ***thanks a lot***.' "그럼 된 거죠?" – "예, 정말 고마워요."

TOPIC

상대방에게 매우 감사하다고 할 때, **That's very kind of you.**나 **That's very good of you.**라고 말한다.

'Any night when you feel a need to talk, you will find me here.' – '*That's very kind of you*.'
"얘기하고 싶을 때 밤에라도 이곳에서 저를 찾으세요." – "정말 친절하시네요."

'Would you give this to her?' – 'Sure. When I happen to see her.' – '*That's very good of you*, Rudolph.'
"이것을 그녀에게 전해 줄래요?" – "물론이죠, 그녀를 만나면 그렇게 하지요." – "정말 친절하시네요, 루돌프."

That's wonderful.이나 **Great.**이라고도 한다.

'I'll see if she can be with you on Monday.' – '*That's wonderful!*'
"그녀가 월요일에 당신과 함께 있을 수 있는지를 알아볼게요." – "아주 감사합니다."

'Do them as fast as you can.' – 'Yes. OK.' – '*Great*.' "가능한 한 빨리 그것들을 하세요." – "예, 알겠어요." – "고마워요."

훨씬 더 깊이 감사를 표하는 방법은 다음과 같다.

'All right, Sandra?' – '*Thank you so much*, Mr Atkinson; *you've been wonderful*. *I just can't thank you enough*.
"샌드라, 괜찮지요?" – "앳킨슨 씨, 정말 감사합니다. 너무 잘해 주셨고요. 어떤 감사의 말도 충분하지 않네요."

'She's safe.' – '*I don't know how to thank you*.' "그녀는 무사합니다." – "어떻게 감사를 해야 할지 모르겠군요."

I can't tell you how grateful I am to you for having listened to me.
제 말을 들어줘서 얼마나 고마운지 말로 표현할 수가 없네요.

3 more formal ways of thanking(더 격식을 차려 감사하는 방법)

방금 전에 상대방이 해준 일이나 무언가를 준 것에 대해 감사를 표할 때, 더 격식을 차려서 **I wanted to thank you for...**나 **I'd like to thank you for...**라고도 한다.

I wanted to thank you for the beautiful necklace. 아름다운 목걸이를 주셔서 감사합니다.

I want to thank you all for coming. 모두들 와주셔서 감사합니다.

We learned what you did for Ari and *I want to tell you how grateful I am*.
우리는 당신이 아리에게 해준 일을 알고 있는데, 저는 당신에게 얼마나 고마운지 모르겠습니다.

I'd like to thank you for your patience and your hard work. 당신의 인내심과 성실함에 대해 감사를 드립니다.

더 격식을 차려서 **I'm very grateful to you.**나 **I really appreciate it.**이라고 감사를 표할 수도 있다.

I'm grateful for the information you've given me on Mark Edwards.
마크 에드워즈에 대한 정보를 주셔서 감사합니다.

I'm extremely grateful to you for rescuing me. 저를 구해 주셔서 깊은 감사를 드립니다.

Thank you for coming to hear me play. *I do appreciate it*.
제 공연에 와주셔서 대단히 감사합니다. 진심으로 감사드립니다.

4 thanking someone for an offer(제안해 준 사람에게 감사하기)

제안을 받아들일 때, **Thank you.**나 **Thanks.**라고 말한다.

'Have a cake.' – '*Thank you*.' "케이크 드세요." – "고맙습니다."

제안을 거절할 경우, **No, thank you.**나 **No, thanks.**라고 한다.

'There's one biscuit left. Do you want it?' – '*No, thanks*.'
"비스킷이 하나 남았어요. 드시겠어요?" – "아니요, 괜찮습니다."

ℹ 어떤 것을 거절할 때, 단순히 ~~Thank you.~~라고만 하지 않는다.

➲ Usage 표제어 Offers 참조.

5 thanking someone for a present(선물을 준 사람에게 감사하기)

선물을 받았을 때, **Thank you.**나 **It's lovely.**라고 말한다.

'*It's lovely*. What is it?' – 'It's a shark tooth. The casing's silver.'
"멋지네요. 그것은 무엇인가요?" – "상어 이빨인데, 은을 덧씌웠어요."

매우 정중하게 감사를 표할 때, **You shouldn't have.**라고 하기도 한다.

'Here. This is for you.' – 'Joyce, *you shouldn't have*.' "여기. 이건 너한테 주는 거야." – "조이스, 정말 고마워."

6 thanking someone for an enquiry(안부를 묻는 사람에게 감사하기)

상대방이 자신과 가족의 안부를 묻거나 주말이나 휴가를 어떻게 보냈는지 물어볼 경우, 그 대답으로 **Thank you.** 나 **Thanks.**라고도 말한다.

'How are you?' – 'Fine, ***thank you***.' "잘 지내십니까?" – "잘 지내요. 감사합니다."

'How is Andrew today?' – 'Oh, Andrew's very well, ***thank you***.'
"오늘 앤드루는 어떻습니까?" – "오, 앤드루는 아주 잘 있어요. 고마워요."

'Did you have a nice weekend?' – 'Lovely, ***thank you***.' "주말 잘 지냈습니까?" – "아주 잘 지냈어요. 고마워요."

7 thanking someone in a letter(편지로 어떤 사람에게 감사하기)

편지나 이메일로 상대방에게 감사함을 표할 때, 가장 일반적으로 **Thank you for...**를 사용한다. 격식을 차린 사업상의 편지나 이메일에서는 **I am grateful for...**라고 쓴다.

Dear Madam, ***Thank you for*** your letter replying to our advertisement for an assistant cashier.
친애하는 부인, 보조 출납원 모집 광고에 응해 주신 편지에 감사를 드립니다.

I am grateful for your prompt reply to my request. 제 요청에 빠른 회답을 해주셔서 감사합니다.

친구에게 보내는 편지나 이메일에는 **Thanks for...**라고 쓴다.

Thanks for writing. 편지를 보내 줘서 고마워.

8 replying to thanks(감사에 대답하기)

영국에서는 작은 친절을 베푼 사람에게 감사를 표할 때, 감사받는 사람은 보통 아무 말도 하지 않는다. 그러나 미국 사람, 특히 가게에서 일하는 직원의 경우에는 자주 **You're welcome.**이나 **No problem.**이라고 말한다. 상대방이 자신을 도와주거나 부탁을 들어준 일에 감사를 하는 경우, **That's all right., Don't mention it., That's OK.**라고 대답한다.

'Thank you, Charles.' – '***That's all right***, David.' "찰스, 고마워요." – "데이비드, 괜찮아요."

'Thanks. This is really kind of you.' – '***Don't mention it***.' "고마워요. 정말 친절하시네요." – "천만에요."

'Thanks. I really appreciate it.' – '***That's okay***.' "고마워요. 그 일에 정말 감사해요." – "괜찮아요."

정중하고 친절하게 말할 때는 **It's a pleasure., My pleasure., Pleasure.**라고 한다.

'Thank you very much for talking to us about your research.' – '***It's a pleasure***.'
"당신의 연구에 대해 우리에게 설명해 주셔서 고맙습니다." – "천만에요."

'Thank you for the walk and the conversation.' – '***Pleasure***.'
"같이 걸으면서 대화해 주셔서 감사합니다." – "천만에요."

'Thanks for sorting it out.' – '***My pleasure***.' "그것을 정리해 주셔서 감사합니다." – "천만에요."

더 격식을 차리지 않는 표현으로 **Any time.**이 있다.

'You've been very helpful.' – 'No problem. ***Any time***.' "많은 도움이 되었어요." – "별 말씀을요. 언제라도 좋아요."

상대방에게 강조하여 감사를 표할 때, 다음과 같이 대답할 수 있다.

'He's immensely grateful for what you did for him.' – '***It was no trouble***.'
"그는 당신이 해준 것에 대해 매우 감사하고 있어요." – "별일 아니었어요."

'Thanks, Johnny. Thanks for your trouble.' – '***It was nothing***.'
"고마워요, 조니. 애써 주셔서 감사해요." – "별것 아니었어요."

'I'm enormously grateful to you for telling me.' – '***Not at all***.' "말해 줘서 너무 고마워요." – "천만에요."

TOPIC

Time

1 clock times
2 prepositions indicating time
3 approximate times
4 periods of the day
5 adverbs indicating time
6 times as modifiers
7 times as qualifiers

● 날짜와 더 긴 기간을 나타내는 것에 대한 정보는 Topic 표제어 Days and dates 참조.
● 시간절에 대한 정보는 Grammar 표제어 Subordinate clauses 참조.

1 clock times(시간)

현재 시간을 물어볼 때, **What time is it?**이나 **What's the time?**이라고 한다.

'***What time is it?***' – 'Three minutes past five.' "몇 시예요?" – "5시 3분입니다."
'***What's the time*** now?' – 'Twenty past.' "몇 시예요?" – "20분입니다."

어떤 일이 일어난 시간을 물어볼 때, 보통 **when**을 사용한다.

'***When*** did you come?' – 'Just after lunch.' "당신은 언제 오셨습니까?" – "점심 시간 바로 후에요."

What time...?을 사용할 수도 있다.

'***What time*** did you get back to London?' – 'Ten o'clock.' "당신은 런던에 몇 시에 돌아왔습니까?" – "10시요."
'***What time*** do they shut?' – 'Half past five.' "그들은 몇 시에 문을 닫습니까?" – "5시 반입니다."

상대방에게 현재 시간을 말해 줄 때, **It's...**를 사용한다.

It's ten to eleven now. 지금은 11시 10분 전입니다.

다음 표는 시간을 나타내는 여러 가지 방법을 보여 준다.

	four o'clock four 4.00	four in the morning 4 a.m.	04:00
		four in the afternoon 4 p.m.	16:00
	nine o'clock nine 9.00	nine in the morning 9 a.m.	09:00
		nine in the evening nine at night 9 p.m.	21:00
	twelve o'clock twelve 12.00	twelve in the morning 12 a.m. midday(英) noon	12:00
		twelve at night 12 p.m. midnight	00:00
	a quarter past twelve quarter past twelve twelve fifteen 12.15		12:15 00:15
	twenty-five past two twenty-five minutes past two two twenty five 2.25		02:25 14:25

half past eleven
half eleven(英)
eleven-thirty
11.30

11:30
23:30

a quarter to one
quarter to one
twelve forty-five
12.45

12:45
00:45

ten to eight
ten minutes to eight
seven-fifty
7.50

07:50
19:50

다음 사항을 주의한다.

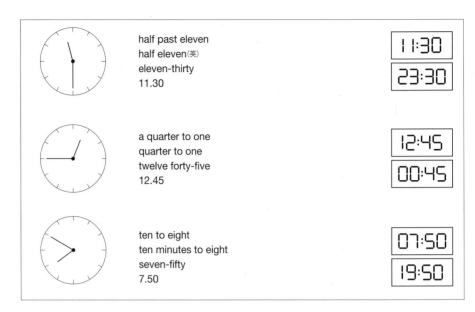

- 일부 디지털 시계와 시간표에는 24시간제를 사용한다. 예를 들어, 오후 5시를 17.00으로 표현한다.

미국에서는 24시간제가 그다지 흔한 것은 아니며, 12시간제로 나누어서 오전을 **a.m.**, 오후를 **p.m.**으로 구분하여 사용한다. **o'clock**은 시간과 시간 사이가 아닌 정시를 나타낼 때만 사용할 수 있다. 예를 들면, '5시'는 ~~**ten past five o'clock**~~이나 ~~**a quarter past five o'clock**~~이 아닌 **five o'clock**이라고 한다.

Come round at ***five o'clock***. 5시에 오세요.
I must leave by ***eight o'clock***. 나는 8시까지 떠나야 한다.

o'clock을 사용하는 경우, 일반적으로 아라비아 숫자(예를 들면, 5)가 아닌 단어(five)로 숫자를 나타낸다.

정확한 시간을 가리키는 경우, **o'clock**을 쓸 필요 없이 자주 숫자만을 사용한다.

I used to get up every morning at ***six***. 나는 아침마다 6시에 일어나곤 했다.

- 시간을 나타낼 때, **past**와 **to**를 사용할 수 있다. 특정한 시간 후 30분 이내의 시간을 가리킬 경우, **past**와 함께 숫자를 사용한다. 특정한 시간 전 30분 이내의 시간을 나타낼 경우에는 **to**를 사용한다.

It's ***twenty past seven***. 7시 20분입니다.
He returned to the house at ***half past four***. 그는 4시 30분에 집으로 돌아왔다.
He got to the station at ***five to eleven***. 그는 11시 5분에 역에 도착했다.

일반적으로 이러한 표현에 minutes를 사용하지 않는다.

미국 영어에서는 자주 **past** 대신 **after**를, **to** 대신 **of**를 사용한다.

It was ***twenty after eight***. 8시 20분이었다.
At ***a quarter of eight***, he called Mrs. Curry. 그는 8시 15분 전에 커리 부인에게 전화했다.

- 보통 5분 간격으로 시간을 말하거나 정확한 시간을 나타낼 때, **minutes**만 사용한다.

It was twenty-four ***minutes*** past ten. 10시 24분이었다.
We left Grosvenor Crescent at five ***minutes*** to ten. 우리는 10시 5분 전에 그로스베너 크레센트를 떠났다.

- 상대방이 시각을 아는 경우, **past**나 **to** 뒤에 **hour**를 생략한다.

'What time is it?' – 'It's ***eighteen minutes past***.' "지금 몇 시야?" – "18분이야."
It's ***quarter past***. 15분이다.
'What time's break?' – '***Twenty-five to***.' "쉬는 시간이 몇 시예요?" – "25분 전이요."

- 시와 분을 차례로 말하면서 시간을 표현하기도 한다. 예를 들면, 7.35는 **seven thirty-five**라고 한다.

ℹ 분의 숫자가 10 이하일 경우, 많은 사람들은 분의 숫자 앞의 0을 oh라고 읽는다. 예를 들면, 7.05를 seven oh five 나 seven five라고 읽는다.

위와 같이 시간을 쓰는 경우, 시각 뒤에 마침표를 넣는다. 일부 사람, 특히 미국 사람들은 마침표 대신 콜론을 사용한다.

At *6.30* each morning, the partners meet to review the situation.
매일 아침 6시 30분에 그 동업자들은 상황을 재검토하기 위해 만난다.

By *3:34* p.m. the first thread had been removed. 오후 3시 34분까지 첫 번째 실이 제거되었다.

- 필요 시에 전치사구를 붙여서 어떤 일이 일어난 시간을 명확하게 밝힐 수 있다. **in the morning**, **in the afternoon**, **in the evening**이라고 하며, ~~**in the night**~~이 아닌 **at night**이라고 한다.

It was about four o'clock *in the afternoon*. 오후 4시쯤이었다.
They worked from seven *in the morning* until five *at night*. 그들은 아침 7시부터 저녁 5시까지 일을 했다.

➲ **Usage** 표제어 **afternoon, evening, morning, night**의 **exact times** 참조.

자정부터 정오까지의 시간을 나타내는 **a.m.**이나 정오부터 자정까지의 시간을 나타내는 **p.m.**을 붙일 수도 있다. 영국 영어의 회화에서는 일반적으로 이러한 약어를 사용하지 않는다.

The doors will be opened at *10 a.m*. 문은 오전 10시에 열릴 것이다.
We will be arriving back in London at *10.30 p.m*. 우리는 오후 10시 30분에 런던에 돌아올 것이다.

> **주의** **a.m.**이나 **p.m.**을 **o'clock**과 함께 사용하지 않는다.

2 prepositions indicating time(시간을 나타내는 전치사)

어떤 일이 일어난 시간을 나타낼 때, 가장 일반적으로 전치사 **at**을 사용한다.

The taxi arrived *at 7.30*. 택시는 7시 30분에 도착했다.
They'd arranged to leave *at four o'clock* in Welch's car. 그들은 웰치의 자동차로 4시에 떠날 준비를 했다.
I'll be back *at four*. 나는 4시에 돌아올 것이다.

그밖에 어떤 일이 일어나는 경우를 나타낼 때 사용하는 전치사는 다음과 같다.

- 어떤 일이 특정한 시간이 지난 후에 일어나다라는 뜻에 **after**를 사용한다.

She complained that Hamilton was a very quiet place with little to do *after ten at night*.
그녀는 해밀턴이 밤 10시 이후에는 거의 할 일이 없는 아주 조용한 곳이라고 불평을 했다.

- 어떤 일이 특정한 시간 전에 일어나다라는 뜻에 **before**를 사용한다.

I was woken *before six* by the rain hammering against my bedroom window.
나는 침실 창문을 세차게 두드리는 빗소리에 6시 전에 깼다.

- 어떤 일이 특정한 시간이나 그 시간 전까지 일어나다라는 뜻에 **by**를 사용한다.

I have to get back to town *by four o'clock*. 나는 4시까지 시내로 돌아가야 한다.

- 어떤 일이 특정한 시간이 되어서야 멈추다라는 뜻에 **until**을 사용한다. 회화에서는 흔히 **until** 대신 **till**을 사용한다.

I work *until three*. 나는 3시까지 일한다.
I didn't get home *till five*. 나는 5시까지 집에 도착하지 못했다.

- 어떤 일이 과거의 특정한 시간에 시작되어 지금까지 계속되어 오고 있다는 뜻에 **since**를 사용한다.

He had been up *since 4 a.m*. 그는 새벽 4시부터 깨어 있었다.

➲ 이러한 단어의 다른 용법에 대한 정보는 **Usage** 표제어 각 단어 참조.

3 approximate times(대략적인 시간)

대략적인 시간을 나타낼 때, 그 시간 앞에 **about**이나 **around**를 사용한다.

At *about* four o'clock in the morning, we were ambushed. 우리는 새벽 4시경에 매복 공격을 당했다.
The device, which exploded at *around* midnight on Wednesday, severely damaged the fourth-floor bar.
수요일 자정을 전후해서 폭발한 장치는 4층에 있는 술집에 심각한 피해를 입혔다.

at은 때때로 생략되기도 한다.

He left ***about ten o'clock***. 그는 10시경에 떠났다.

회화에서는 때때로 숫자를 단어로 사용하여 **-ish**를 붙여서 대략적인 시간을 나타내기도 한다.

Shall I ring you about ***nine-ish***? 9시경에 전화를 할까요?

just after나 **just before**는 어떤 일이 특정한 시간 전후에 바로 일어남을 뜻한다. **shortly after**나 **shortly before**를 사용할 수도 있다.

We drove into Jerusalem ***just after*** nine o'clock. 우리는 9시가 되자마자 예루살렘으로 차를 몰고 갔다.

He had come home ***just before*** six o'clock and lain down for a nap.
그는 6시가 되기 직전에 집에 와서 낮잠을 자려고 누웠다.

Shortly after nine, her husband appeared. 9시 직후에 그녀의 남편이 나타났다.

시간이 언제인지 혹은 언제였는지를 나타낼 때 영국 영어에서는 **just gone**, 미국 영어에서는 **just after**를 사용할 수도 있다.

It was ***just gone*** half past twelve. 12시 30분이 막 지났다.

It was ***just after*** 9pm on a cold October night. 10월의 어느 추운 밤 9시 직후였다.

4 periods of the day(하루 중의 기간)

하루 중의 기간은 다음과 같이 나누어진다.

morning	afternoon	evening	night

하루 중의 기간을 가리키는 단어에 전치사 **in**이나 **on**을 사용할 수 있다. 부가어를 만드는 위의 단어 앞에 **last**, **next**, **this**, **tomorrow**, **yesterday**를 사용할 수도 있다.

I'll ring the agent ***in the morning***. 나는 아침에 중개인에게 전화할 것이다.

On Saturday morning all flights were cancelled to and from Glasgow.
토요일 아침에 글래스고의 모든 비행이 취소되었다.

I spoke to him ***this morning***. 나는 오늘 아침에 그에게 말했다.

He is going to fly to Amiens ***tomorrow morning***. 그는 내일 아침 비행기를 타고 아미앵으로 갈 예정이다.

➲ 위의 단어를 사용하는 방법과 단어와 함께 사용하는 전치사에 대한 자세한 정보는 **Usage** 표제어 각 단어 참조. **last – lastly, next, this – that** 참조.

해가 뜨고 지는 짧은 기간을 가리키는 단어는 다음과 같다.

dawn	daybreak	dusk	first light
nightfall	sunrise	sunset	twilight

위의 단어 앞에는 전시사 **at**을 사용한다.

At dawn we landed for refuelling in Tunisia. 우리는 새벽에 재급유를 하기 위해 튀니지에 착륙했다.

Draw the curtains ***at sunset***. 해질 무렵에 커튼을 치세요.

5 adverbs indicating time(시간부사)

다음 두 목록에 있는 부사와 부가어는 어떤 일이 과거에 일어났다는 것을 나타낸다. 이들 부가어는 동사구에서 첫 번째 조동사 뒤에 온다.

다음 부가어는 과거시제와 현재완료시제를 함께 사용할 수 있다.

in the past	just	lately	previously
recently			

It wasn't all that successful as a deterrent ***in the past***. 과거에 있던 억지책으로 모두 성공한 것은 아니었다.

Her husband had ***recently*** died in an accident. 그녀의 남편은 최근에 사고로 죽었다.

다음은 시간을 나타내는 부가어로, 일반적으로 과거시제에 사용하고 현재완료시제에는 쓸 수 없다.

at one time	earlier	earlier on	formerly
once	originally	sometime	then

The cardboard folder had been blue ***originally*** but now the colour had faded to a light grey.
그 보드지 서류철은 원래 파란색이었으나 지금은 옅은 회색으로 바랬다.

The world was different ***then***. 그때에는 세상이 달랐다.

단순히 과거에 어떤 상황이 존재했다는 것을 나타낼 경우에는 현재완료시제와 **before**를 사용하지 않는다. 그러나 어떤 일이 처음이 아닌 전에도 일어났다는 뜻을 나타낼 때는 현재완료시제와 **before**를 사용한다.

I'm sure I've read that ***before***. 나는 그것을 전에 읽은 적이 있다고 확신한다.

미국 영어와 영국 영어에서는 **already**를 사용할 때의 시제가 서로 다르다.

Usage 표제어 **already** 참조.

미래를 가리키는 경우에 다음 부가어를 사용한다.

afterwards	at once	before long	eventually
immediately	in a minute	in a moment	in future
in the future	later	later on	one day
one of these days	shortly	some day	sometime
soon	sooner or later	within minutes	within the hour

We'll be free ***soon***. 우리는 곧 석방될 것이다.

I'll remember ***in a minute***. 나는 곧 기억할 것이다.

In future when you visit us you must let us know in advance.
장차 당신이 우리를 방문하려면 저희들에게 미리 알려 주셔야 합니다.

위와 같은 부가어는 일반적으로 문장의 앞이나 뒤에 온다.

미국 영어에서 미래를 가리키는 경우 **momentarily**를 사용하지만, 영국 영어에서는 이를 쓰지 않는다.

Usage 표제어 **momentarily** 참조.

현재를 과거나 미래와 대조하거나 현재의 일시적인 상황을 나타낼 때, 다음 부가어를 사용한다.

at the moment	at present	currently	just now
now	nowadays	presently	right now
these days			

Biology is their great passion ***at the moment***. 생물학은 현재 그들이 아주 열중하고 있는 분야이다.

Well, we must be going ***now***. 자, 이제 우리는 떠나야 한다.

위의 부가어는 일반적으로 문장의 앞이나 뒤에 온다.

ⓘ 말하고 있는 현재뿐만 아니라 역사 속에서의 오늘날을 가리킬 때 역시, 주로 신문과 방송에서 today를 사용한다.

...the kind of open society which most of us in the Western world enjoy ***today***.
오늘날 서방 세계에서 우리들 대부분이 즐기는 일종의 개방 사회.

Usage 표제어 **now**와 **presently** 참조.

ⓘ 과거뿐만 아니라 현재의 상황을 가리키는 경우에도 already를 사용한다.

I'm ***already*** late. 나는 이미 늦었다.

Usage 표제어 **already** 참조.

6 times as modifiers(수식어로 사용하는 시간)

시간과 하루 중의 기간을 수식어로 사용할 수 있다.

Every morning he would set off right after the ***eight o'clock*** news.
그는 매일 아침 8시 뉴스를 들은 후에 바로 출발하곤 했다.

Castle was usually able to catch the ***six thirty-five*** train from Euston.
캐슬은 보통 유스턴에서 오는 6시 35분 기차를 탈 수 있었다.

But now the sun was already dispersing the ***morning*** mists.
그러나 아침 안개는 이미 태양에 의해 흩어져 버리고 있었다.

ⓘ 특정한 장소를 출발하는 시간을 가리킬 때, 기차나 버스 시간으로 표현할 수 있다. 예를 들면, the six-eighteen은 6시 18분에 출발하는 기차를 뜻한다.

He knew Alan Thomas caught ***the seven-thirty-two*** most days.
그는 앨런 토머스가 보통 7시 32분 기차를 타는 것을 알고 있었다.

특정한 날을 나타낼 경우, 하루 중의 기간을 나타내는 소유격 형식은 수식어로 사용할 수도 있다.

It was Jim Griffiths, who knew nothing of ***the morning's*** happenings.
그날 아침에 일어난 일을 전혀 몰랐던 사람은 짐 그리피스였다.

ⓘ 어떤 행동이 얼마나 오래 지속되는지를 나타낼 경우에도 위의 형식을 사용한다.

He still had ***an afternoon's*** work to get done. 그는 여전히 해야 할 오후의 일이 있었다.

7 times as qualifiers(한정어로 사용하는 시간)

사건이나 기간을 구체적으로 나타낼 때, 시간부가어를 한정어로 사용할 수 있다.

I'm afraid the meeting ***this afternoon*** tired me badly. 나는 오늘 오후의 회의가 매우 골치 아픈 것이어서 유감스럽다.
No admissions are permitted in the hour ***before closing time***. 폐점 한 시간 전부터는 입장이 허용되지 않습니다.

Transport

1 prepositions(전치사)

교통수단을 이용하는 것을 나타낼 때, 대부분의 교통수단에 전치사 by를 사용할 수 있다.

Most visitors to these parts choose to travel ***by bicycle***.
이곳에 오는 대부분의 방문객은 자전거로 여행하는 것을 택한다.
I never go ***by car***. 나는 절대 자동차를 타고 가지 않는다.
It is cheaper to travel to London ***by coach***. 런던을 여행할 때 장거리 버스를 이용하면 비용이 덜 든다.

> **주의** by 뒤에는 한정사를 사용하지 않는다. 예를 들면, ~~I never go by a car.~~가 아닌 I never go ***by car***.라고 한다. 차량에 대해 상세히 설명한 경우에는 by를 사용할 수 없다. 예를 들면, '나는 톰의 차를 타고 왔다.'는 ~~I came by Tom's car.~~가 아닌 I came ***in*** Tom's car.라고 한다.

어떤 곳을 걸어서 가는 것을 강조할 경우, on foot을 사용한다. 영국 영어에서는 일반적으로 by foot이라고 하지 않는다.

They'd have to go ***on foot***. 그들은 걸어서 가야만 할 것이다.

승용차, 택시, 구급차, 대형 트럭, 작은 배, 작은 비행기로 이동하는 경우에 in을 사용할 수도 있다. 마찬가지로 이들 차량을 탈 때는 in이나 into를, 내릴 때는 out of를 사용할 수 있다.

I always go back ***in a taxi***. 나는 항상 택시를 타고 돌아간다.
She and Oliver were put ***into a lorry***. 그녀와 올리버는 화물 자동차에 태워졌다.
I saw that he was already ***out of the car***. 나는 그가 이미 자동차에서 내린 것을 보았다.

그러나 버스, 장거리용 버스, 비행기, 기차, 큰 배 등의 교통수단은 보통 on, onto, off를 사용한다.

...your trip ***on planes, ships and cross-channel ferries***. 비행기, 선박, 해협을 횡단하는 페리를 이용한 당신의 여행.
He got ***onto the bus*** and we waved until it drove out of sight.
그는 버스에 탔고 우리는 시야에서 벗어날 때까지 손을 흔들었다.
Sheila looked very pretty as she stepped ***off the train***. 쉴라가 기차에서 내리는 모습이 너무 아름답게 보였다.

ⓘ 전치사 in, into, out of는 때때로 다른 교통수단에 사용하기도 한다.

He could hear the people ***in the plane*** screaming. 그는 비행기 안에서 사람들이 비명을 지르고 있는 것을 들을 수 있었다.
Just before I got ***into the bus***, I went over to him. 나는 버스에 타기 바로 전에 그에게 갔다.

We jumped *out of the bus* and ran into the nearest shop. 우리는 버스에서 뛰어내려서 가장 가까운 가게로 달려갔다.

특히 비행기와 큰 배와 같은 교통수단을 타는 것을 나타낼 때, **aboard**나 **on board**를 사용하기도 한다.

He fled the country *aboard a US Air Force plane*. 그는 미국 공군 비행기를 타고 해외로 갔다.
...before the fish could be hauled *on board his boat*. 그의 보트 위로 물고기를 끌어올리기 전에.

2 verbs(동사)

차량에 타거나 내리는 것을 나타낼 때, 일반적으로 〔**get** + 전치사〕 형식을 사용한다.

Then I stood up to *get off* the bus. 그러고 나서 나는 버스에서 내리려고 일어섰다.
They *got on* the wrong train. 그들은 기차를 잘못 탔다.

격식을 차린 영어에서는 동사 **board**, **embark**, **disembark**를 사용한다.

버스, 기차, 큰 비행기, 큰 배에 탈 때는 **board**를 사용한다.

...so that he could be the first to *board* the plane. 그가 첫 번째로 비행기에 탑승할 수 있게 하기 위해.

배를 탈 때는 **embark on**을, 내릴 때는 **disembark from**을 사용할 수도 있다.

Even before they *embarked on* the ferry at Southampton she was bored.
그들이 사우샘프턴에서 페리를 타기도 전에 그녀는 지루해했다.
...as they *disembarked from* the QE2 after their trip. 그들이 여행을 끝낸 후 퀸엘리자베스 2세 호에서 하선할 때.

대중교통으로 이동하는 것을 나타낼 경우, **go by** 대신 **take**를 사용할 수 있다. 예를 들면, '당신은 버스를 탈 것이다.'는 **You will 'go by' bus.** 대신 **You will *take* a bus.**라고 한다.

We then *took a boat* downriver. 우리는 그러고 나서 강 하류에서 보트를 탔다.
'I could *take a taxi*,' I said. "택시로 갈 수 있어요."라고 나는 말했다.

Warning someone

1 warnings	4 warnings in writing and broadcasting
2 strong warnings	5 warnings on products and notices
3 explicit warnings	6 immediate warnings

1 warnings(경고)

상대방에게 어떤 일을 하지 말라고 경고하는 방법에는 여러 가지가 있다.

회화에서 상대방에게 경고할 때, **I wouldn't...if I were you.**를 사용한다.

I wouldn't drink that *if I were you*. 내가 당신이라면 그것을 마시지 않을 텐데.

좀 더 약하게 경고할 때는 **I don't think you should...**나 **I don't think you ought to...**를 사용한다.

I don't think you should try to make a decision when you are so tired.
나는 당신이 너무 피곤할 때 결정을 내리려고 해서는 안 된다고 생각한다.
I don't think you ought to turn me down quite so quickly, before you know a bit more about it.
당신이 그 일에 대해 좀 더 알기도 전에 너무 빨리 나를 거절해서는 안 된다고 생각한다.

상대방에게 어떤 일을 하면 앞으로 일어나게 될 일을 말하여, 그 일을 하지 않도록 간접적으로 경고할 수도 있다.

You'll fall down and hurt yourself *if you* insist on wearing that old gown.
만약 당신이 오래된 저 가운을 입기를 고집한다면 넘어져서 다칠지도 모른다.

상대방에게 우연히 또는 부주의해서 불행한 일이 일어나지 않도록 경고할 때, **Be careful not to...**나 **Take care not to...**를 사용한다.

Be careful not to keep the flame in one place too long, or the metal will be distorted.
한 곳에서 너무 오래 불꽃을 피우지 않도록 조심해라. 그렇지 않으면 그 금속이 휘어져 버릴 것이다.
Well, *take care not to* get arrested. 자, 체포당하지 않도록 조심합시다.

2 strong warnings(강력한 경고)

강력하게 경고할 때, **don't**를 사용한다.

Don't put more things in the washing machine than it will wash.
세탁기가 세탁할 수 있는 적정량보다 더 많은 양의 세탁물을 넣지 마라.

Don't turn the gas on again until the gasman tells you it's safe to do so.
가스 검침원이 안전하다고 할 때까지 가스를 다시 켜지 마라.

Don't open the door for anyone. 아무에게도 문을 열어주지 마라.

whatever you do와 함께 **don't**를 사용하여 경고하는 내용을 강조할 수 있다.

Whatever you do don't overcrowd your greenhouse. 무엇을 하든 간에 당신의 온실에 식물을 과밀하게 심지 마세요.
Don't get in touch with your wife, ***whatever you do***. 무슨 일이 있어도 당신은 부인과 연락하지 마세요.

상대방에게 자신이 경고한 내용을 따르지 않을 경우에 일어나게 될 결과를 나타낼 때, 〔**or** + 절〕 형식을 사용한다.

Don't drink so much ***or you'll die***. 술을 너무 많이 마시지 마세요. 그렇지 않으면 당신은 죽게 될 것입니다.

3 explicit warnings(명백한 경고)

특히 누군가가 겪게 될 일에 대해 준비하라고 경고할 때, 때때로 **I warn you.**나 **I'm warning you.**라고 하기도 한다.

I warn you it's going to be expensive. 내가 경고하건대 돈이 많이 들 것이다.
I must warn you that I have advised my client not to say anther word.
나는 고객에게 다른 말을 하지 말라고 충고해 왔다는 사실을 당신에게 경고해야겠다.
It'll be very hot, ***I'm warning you***. 경고하건대 그것은 매우 뜨거울 것이다.

ℹ 이러한 표현은 협박을 할 때도 사용한다.

Much as I like you, ***I warn you*** I'll murder you if you tell anyone.
경고하건대, 나는 당신을 많이 좋아하지만 다른 사람에게 말하면 당신을 죽일 것이다.
I'm warning you, if you do that again there'll be trouble. 경고하건대, 네가 그것을 다시 한다면 문제가 될 것이다.

4 warnings in writing and broadcasting(글과 방송에서의 경고)

글과 방송에서 경고를 할 때, 〔**never** + 명령문〕 형식을 사용한다.

Never put antique china into a dishwasher. 골동품 도자기를 식기 세척기에 넣지 마세요.
Even if you are desperate to get married, ***never*** let it show. 당신이 결혼을 간절히 원할지라도, 절대 티내지 마세요.

어떤 일을 하지 않도록 경고하거나, 위험하거나 불만스러울지도 모를 일을 경고할 때, **beware of**를 사용한다.

Beware of becoming too complacent. 지나치게 자기 만족하지 않도록 조심하라.
I would beware of companies which depend on one product and one man.
한 제품과 한 사람에 의존하는 회사들을 경계할 것이다.

경고를 할 때, **A word of warning**을 사용하기도 한다. 책과 기사에서는 **Warning**과 **Caution**을 사용한다.

A word of warning: Don't have your appliances connected by anyone who is not a specialist.
경고문: 전문가가 아닌 사람이 가전제품을 연결하지 않도록 하세요.
Warning! Keep all these liquids away from children. 경고! 이 모든 액체들을 아이들의 손이 닿지 않는 곳에 보관하시오.
Caution. Keep the shoulders well down when doing this excercise. 주의. 이 운동을 할 때 어깨를 아주 낮춰 주세요.

5 warnings on products and notices(제품과 게시문에서의 경고)

제품과 게시문에서도 **Warning**과 **Caution**을 쓰며, 게시문에는 **Danger**와 **Beware of...**를 사용한다.

Warning: Smoking can seriously damage your health. 경고: 담배는 당신의 건강에 심각한 해를 끼칠 수 있습니다.
CAUTION: This helmet provides limited protection. 주의: 이 헬멧은 완전한 보호 장비가 아닙니다.
DANGER – RIVER. 위험 – 강.
Beware of Falling Tiles. 떨어지는 타일을 조심하세요.

6 immediate warnings(즉각적인 경고)

상대방이 막 무언가를 하려고 하는 것에 대해 경고할 때 **Careful.**이나 **Be careful.**이라고 하거나, 격식을 차리지 않고 **Watch it.**이라고 한다.

Careful! You'll break it. 조심하세요. 그것을 깨트리겠어요.

He sat down on the bridge and dangled his legs. '*Be careful*, Tim.'
그가 다리에 앉아서 발을 흔들고 있었다. "조심해라, 팀."

Watch it! There's a rotten floorboard somewhere just here. 조심하세요! 바로 여기 어딘가에 썩은 마루 판자가 있어요.

I should watch it, Neil, you're putting this on record. 닐, 조심해야겠는데, 당신은 이것을 기록에 남길 거예요.

영국 영어에서는 누군가가 부딪치거나, 어딘가로 빠지거나, 무언가를 손상시킬 수 있는 것을 가리키는 명사 앞이나, 누군가가 조심해야 할 것을 가리키는 문장 앞에 **Mind**를 사용하여 경고할 수 있다.

Mind the pond. 연못을 조심하세요.

Mind you don't slip. 미끄러지지 않도록 조심하세요.

Watch는 **Mind**와 비슷한 뜻으로 사용하기도 한다.

Watch where you're putting your feet. 당신이 지금 걷고 있는 곳을 조심하세요.

그 밖에 경고를 하는 표현으로 **Look out.**과 **Watch out.**이 있다. **Look out.**은 위험하고 긴급한 상황에서만 사용한다. **Watch out.**은 긴급한 상황 혹은 어떤 일이 일어나거나 일어나게 될지도 모르는 상황에서 쓰거나, 영국 영어에서 사용하는 **Mind...**와 같은 뜻으로 미국 영어에서 쓰인다.

Look out. There's someone coming. 조심하세요. 누군가 오고 있어요.

Watch out for that tree! 저 나무를 조심하세요!

'I think I'll just go for a little walk.' – '*Watch out* – it's a very large city to take a little walk in.'
"저는 잠시 산책하려고요." – "조심하세요. 잠깐 산책하기에는 매우 큰 도시입니다."

Words with alternative spellings

다음 단어는 두 가지 형태로 표기할 수 있다. 주어진 것의 첫 번째 단어가 가장 일반적으로 쓰는 철자이다. 두 번째 단어에서 미국 영어에서 더 선호하는 철자인 경우, *표시를 하였다. 이 경우 미국 영어에서는 주로 그 철자만을 사용한다.

acknowledgement	—	acknowledgment *	adrenalin	—	adrenaline
adviser	—	advisor	ambience	—	ambiance
annex	—	annexe	artefact	—	artifact *
balk	—	baulk	banister	—	bannister
by-law	—	bye-law	caffeine	—	caffein
carcass	—	carcase	castor	—	caster
caviar	—	caviare	chaperone	—	chaperon
chilli	—	chili *	cipher	—	cypher
conjurer	—	conjuror	connection	—	connexion
curtsy	—	curtsey	dexterous	—	dextrous
dispatch	—	despatch	douse	—	dowse
duffel coat	—	duffle coat	dyke	—	dike
forego	—	forgo *	gram	—	gramme
grandad	—	granddad *	granny	—	grannie
guerrilla	—	guerilla	gypsy	—	gipsy
hiccup	—	hiccough	hippie	—	hippy
hooray	—	hurray	icon	—	ikon
impostor	—	imposter	inflection	—	inflexion
jibe	—	gibe	judgement	—	judgment *
kilogram	—	kilogramme	likeable	—	likable *
liquorice	—	licorice	mackintosh	—	macintosh
mantelpiece	—	mantlepiece	milligram	—	milligramme
movable	—	moveable *	Muslim	—	Moslem
nosy	—	nosey	OK	—	okay

phoney	—	phony	saccharine	—	saccharin *
sheikh	—	sheik	siphon	—	syphon
swap	—	swop	Tsar	—	Czar *
veranda	—	verandah	whirr	—	whir *

테니스나 스쿼시와 같은 경기에서 사용하는 라켓은 **racket** 대신 **racquet**으로 표기할 수 있다.

다음 두 단어는 영국 영어에서만 둘 중 하나를 선택하여 사용한다.

jail — gaol
wagon — waggon

미국 영어에서는 **jail**과 **wagon**이라는 철자를 사용한다.

다음 두 단어는 세 개의 철자를 사용한다.

hello — hallo — hullo
yoghurt — yoghourt — yogurt

-ise나 **-ize**로 끝나는 동사가 많이 있다.

위에 대한 정보는 Topic 표제어 Spelling의 '-ise' and '-ize' 참조. 영국식 철자와 미국식 철자의 차이점에 대한 정보는 Topic 표제어 Spelling 참조.

Words with the same pronunciation

영어에는 발음이 같지만 철자가 다른 단어가 많이 있다. 다음은 혼동하기 쉬운 단어군으로, 이 책에서는 **Usage** 각각의 표제어에서 설명하였다.

bass	—	base	bear	—	bare	born	—	borne
break	—	brake	chord	—	cord	complement	—	compliment
council	—	counsel	curb	—	kerb	currant	—	current
die	—	dye	draught	—	draft	fair	—	fare
here	—	hear	pore — pour — poor			principal	—	principle
role	—	roll	sow	—	sew	stationary	—	stationery
there	—	their	waist	—	waste	whether	—	weather

이 표제어에는 일반적으로 위에 주어진 한 쌍의 단어나 단어군을 다룬다. 그러나 위의 단어처럼 발음하는 단어에 대한 정보는 **Usage** 표제어 **there**와 **whether**를 참조한다.

표준 영국 영어에서 paw는 pore, pour와 발음이 같고 poor도 종종 똑같이 발음된다. so는 sew, sow와 발음이 같다.

표준 영국 영어에서 발음이 같은 한 쌍의 단어가 많이 있다. 가장 일반적으로 쓰는 단어는 다음과 같다.

altar	—	alter	berry	—	bury	blew	—	blue
boar	—	bore	bough	—	bow	bread	—	bred
bridal	—	bridle	caught	—	court	cel	—	sell
coarse	—	course	core	—	corps	creak	—	creek
cue	—	queue	cymbal	—	symbol	dear	—	deer
dew	—	due	earn	—	urn	feat	—	feet
fir	—	fur	flaw	—	floor	flea	—	flee
flour	—	flower	fort	—	fought	foul	—	fowl
gorilla	—	guerrilla	grate	—	great	hair	—	hare
hangar	—	hanger	heal	—	heel	heard	—	herd
heroin	—	heroine	hoarse	—	horse	hole	—	whole
key	—	quay	knead	—	need	knew	—	new

key	—	quay	knead	—	need	knew	—	new
knight	—	night	knot	—	not	know	—	no
lain	—	lane	leak	—	leek	lessen	—	lesson
loan	—	lone	made	—	maid	mail	—	male
main	—	mane	maize	—	maze	medal	—	meddle
miner	—	minor	moan	—	mown	morning	—	mourning
naval	—	navel	none	—	nun	one	—	won
packed	—	pact	pain	—	pane	peace	—	piece
peal	—	peel	pedal	—	peddle	peer	—	pier
place	—	plaice	plain	—	plane	pole	—	poll
pray	—	prey	profit	—	prophet	raise	—	raze
rap	—	wrap	raw	—	roar	retch	—	wretch
ring	—	wring	road	—	rode	root	—	route
sail	—	sale	sauce	—	source	scene	—	seen
sea	—	see	seam	—	seem	shear	—	sheer
sole	—	soul	some	—	sum	son	—	sun
stair	—	stare	stake	—	steak	stalk	—	stork
steal	—	steel	storey	—	story	tail	—	tale
tear	—	tier	threw	—	through	throne	—	thrown
toe	—	tow	too	—	two	vain	—	vein
wail	—	whale	wait	—	weight	war	—	wore
warn	—	worn	way	—	weigh	weak	—	week
which	—	witch	whine	—	wine			

ⓘ 동사 read는 reed와 같은 발음이지만, read의 과거형도 철자가 같으나 red와 발음이 같다. 명사 lead는 동사 lead의 과거형인 led와 발음이 같다.

표준 영국 영어에서 발음이 같은 단어군은 다음과 같다.

awe	—	oar	—	ore	buy	—	by	—	bye	cent	—	scent	—	sent
cite	—	sight	—	site	flew	—	flu	—	flue	meat	—	meet	—	mete
pair	—	pare	—	pear	peak	—	peek	—	pique	rain	—	reign	—	rein
rite	—	right	—	write	saw	—	soar	—	sore	ware	—	wear	—	where

Words with two pronunciations

1 different meanings
2 different word classes
3 different stress
4 '-ate'
5 other pronunciations

1 different meanings(다른 뜻)

뜻이나 용법에 따라 발음이 달라지는 단어가 있다. 일부 단어는 다른 표제어에서 설명하였다.

➲ Usage 표제어 **lead, read, use – used – used to, wind, wound** 참조. **aged**의 발음에 대한 주의 사항은 Usage 표제어 **old** 참조.

다음 단어는 뜻에 따라 발음이 달라지기도 한다.

- **bow**가 몸을 숙여서 인사하는 행위를 가리키는 뜻의 동사나 명사로 사용할 때, **bow**는 [bau]로 발음된다. **bow**가 뱃머리를 가리킬 때도 [bau]로 발음된다.

  We ***bowed*** to one another across the room. 우리는 방 건너편에서 서로에게 인사를 했다.

TOPIC

He made a little ***bow*** and closed the door. 그는 고개를 약간 숙여 인사한 후에 문을 닫았다.
Soon the canoe was cutting through the water with froth curling at her ***bow***.
곧 그 카누는 물살을 헤치고 나아가고 있었고 뱃머리에는 물거품이 소용돌이치고 있었다.

bow는 동그란 매듭, 무기, 악기의 줄을 켜는 활이라는 뜻일 때는 [bou]로 발음된다.
He tied a neat ***bow***. 그는 말끔하게 나비넥타이를 매었다.
Then she picked up her ***bow*** and positioned her cello. 그러고 나서 그녀는 활을 집어서 첼로를 켤 위치를 잡았다.

- **buffet**가 식사라는 뜻일 때, [bəféi | búfei]나 [buféi | bʌ́fei]로 발음된다.
  Ruth's got a cold ***buffet*** for us later. 루스는 나중에 우리를 위해 차가운 뷔페를 가져다 주었다.

  buffet이 어떤 것을 난폭하게 밀어붙이다라는 뜻일 때는 [bʌ́fət | -it]로 발음된다.
  We splashed back to the jeep, ***buffeted*** by the wind. 우리는 바람에 밀려서 절벅절벅 소리내며 지프로 돌아갔다.

일반적으로 쓰는 다른 예로 **garage**, **ballet**와 같은 프랑스어에 어원을 둔 두 음절의 단어는, 영국 영어에서는 1음절에 강세를 주지만 미국 영어에서는 2음절에 강세를 준다.

- **contract**가 법적인 동의, 즉 '계약'이라는 뜻일 때, [kɑ́(:)ntrækt | kɔ́n-]로 발음된다.
  I did not sign a ***contract*** with them. 나는 그들과 함께 계약서에 서명하지 않았다.

  contract가 더 작아지다, 즉 '수축하다'라는 뜻일 때는 [kəntrǽkt]로 발음된다.
  Metals expand with heat and ***contract*** with cold. 금속은 열에 팽창하고 추위에 수축한다.

- **recess**가 휴식이라는 뜻일 때, [risés]로 발음된다.
  The judge announced a five-minute ***recess***. 판사는 5분간의 휴정을 선언했다.

  recess가 방의 구석지거나 감추어진 곳을 가리킬 때는 [rí:ses]로 발음된다
  The bed is in a ***recess***. 침대는 구석진 곳에 있다.

- **relay**가 릴레이 경주 또는 텔레비전이나 라디오 전파의 중계를 가리킬 때, [rí:lei]로 발음된다.
  They came second in the 4×100 metres ***relay***. 그들은 400미터 계주경기에서 2등을 했다.
  The dense cloud prevented the BBC from using a helicopter to ***relay*** pictures of the event.
  안개가 너무 자욱하여 BBC는 사건 장면을 헬리콥터로 중계할 수 없었다.

  relay가 들은 내용을 다른 사람에게 전해 주다라는 뜻일 때는 [riléi]로 발음된다.
  I have been asked to ***relay*** to you a number of messages. 나는 당신에게 많은 메시지를 전해 주라는 부탁을 받았다.

- **row**가 한 줄로 있는 사물들 또는 노를 저어서 작은 배를 움직이다라는 뜻일 때, [rou]로 발음된다.
  ...a ***row*** of parked cars. 한 줄로 주차된 자동차들.
  He began to ***row*** steadily out towards the middle of the river.
  그는 강 한가운데를 향해 꾸준히 노를 저어가기 시작했다.

  row가 말다툼이나 상당한 소음이라는 뜻일 때는 [rau]로 발음된다.
  She took an overdose after a ***row*** with her mother. 그녀는 어머니와 다툰 후에 약물을 과다 복용했다.

- **second**가 서수를 나타내거나, 동의나 제안에 공식적으로 찬성, 지지하다라는 뜻일 때, [sékənd]로 발음된다.
  Could I see your book for a ***second***? 잠시 당신 책을 볼 수 있을까요?
  ...at the top of the ***second*** flight of stairs. 두 번째 층계참의 맨 위에서.
  I'll ***second*** that proposal. 나는 그 제안을 지지할 것이다.

  second가 특별한 임무를 수행하도록 누군가를 일시적으로 이동시키다, 즉 '전속시키다'라는 뜻일 때는 [sikɑ́nd]로 발음된다.
  I am being ***seconded*** abroad for two years. 나는 2년 간 해외로 전속될 것이다.

- **sow**가 씨를 뿌리다라는 뜻일 때, [sou]로 발음된다.
  You can ***sow*** winter wheat in October. 우리는 10월에 겨울 밀을 파종할 수 있다.

  sow가 암퇘지를 가리킬 때는 [sau]로 발음된다.

- **tear**가 눈물이라는 뜻일 때, [tiər]로 발음된다.

A single ***tear*** rolls slowly down his cheek. 눈물 한 방울이 그의 뺨을 타고 천천히 흘러내린다.

tear가 천이나 종이를 찢다 또는 어떤 곳으로 아주 빨리 달려가다라는 뜻일 때는 [teər]로 발음한다.

She folded the letter, meaning to ***tear*** it up. 그녀는 그 편지를 찢으려고 접었다.

I used to ***tear*** up the ladder onto the stage with only seconds to spare.
나는 잠시만이라도 시간을 절약하기 위해 사다리를 타고 무대 위로 올라가곤 했다.

2 different word classes(다른 단어의 종류)

품사에 따라 발음이 달라지는 단어가 많이 있다. 예를 들어, 품사가 명사일 때는 항상 한 가지 방법으로 발음되고, 동사일 때는 항상 다른 방법으로 발음되는 것들을 다음에 설명하였다.

3 different stress(다른 강세)

주로 명사나 형용사는 1음절에 강세가 있으며, 동사일 때는 2음절에 강세가 있다. 예를 들면, **record**가 명사 혹은 형용사일 때는 [rékərd | -kɔːd]로, 동사일 때는 [rikɔ́ːrd]로 발음된다. **contest**가 명사일 때는 [kɑ́(ː)ntest | kɔ́n-]로 발음되고, 동사일 때는 [kəntést]로 발음된다. 다음 단어는 이러한 발음 패턴을 가지고 있다.

abstract	accent	ally	combine
compound	conduct	conflict	conscript
console	consort	construct	contest
contrast	converse	convert	convict
defect	desert	dictate	discharge
discount	dispute	entrance	escort
exploit	export	extract	ferment
fragment	frequent	implant	import
imprint	incense	incline	increase
insult	intrigue	object	perfect
permit	pervert	present	produce
progress	project	prospect	prostrate
protest	rebel	record	recount
redress	refund	reject	relapse
reprint	subject	survey	suspect
torment	transfer	transplant	transport

마찬가지로 동사 **confine**은 [kənfáin]으로, 명사 **confines**는 [kɑ́(ː)nfàinz | kɔ́n-]로 발음된다. 동사 **proceed**는 [prəsíːd]로, 명사 **proceeds**는 [próusiːdz]로 발음된다. **compact**가 동사일 때는 [kəmpǽkt]로, 형용사일 때는 [kámpækt]나 [kəmpǽkt]로 발음된다.

4 '-ate'

-ate로 끝나는 단어가 형용사나 명사일 때는 마지막 음절이 [ət]으로, 동사일 때는 [èit]으로 발음된다. 예를 들면, **delegate**가 명사일 때는 [déligət]으로, 동사일 때는 [déligèit]으로 발음된다. 다음 단어는 이러한 발음 패턴을 가지고 있다.

advocate	appropriate	approximate	articulate
associate	consummate	degenerate	delegate
deliberate	designate	duplicate	elaborate
estimate	graduate	initiate	intimate
moderate	separate	subordinate	

ℹ alternate의 경우에 표준 영국 영어에서 강세 변화가 있다. 형용사일 때는 [ɔ́ːltərnət | ɔːtə́ː-]로 발음하고, 동사일 때는 [ɔ́ːltərnèit]로 발음한다.

TOPIC

Words with two pronunciations

5 '-se'

word(단어)	part of speech(품사)	pronunciation(발음)
use ab**use** exc**use** mis**use**	동사 명사	[ju:z] [ju:s]
diffuse	동사 형용사	[difjú:z] [difjú:s]
refuse	동사 명사	[rifjú:z] [réfju:s]
close	동사 형용사 / 부사	[klouz] [klous]
house	명사 동사	[haus](복수형 [háuziz]) [hauz]

6 other pronunciations(다른 발음)

word(단어)	part of speech(품사)	pronunciation(발음)
attribute	동사 명사	[ətríbjù:t] [ǽtribjù:t]
content	명사 형용사 / 동사	[ká(:)ntent ǀ kɔ́n-] [kəntént]
excess	형용사 명사	[ékses] [iksés]
implement	동사 명사	[ímplimènt] [ímplimənt]
invalid	명사 / 수식어 형용사	[ínvələd ǀ -lì:d] [invǽlid]
live	동사 형용사 / 부사	[liv] [laiv]
minute	명사 형용사	[mínət ǀ -it] [main*j*ú:t]
mouth	명사 동사	[mauθ] [mauð]
overall	형용사 / 부사 명사	[òuvə*r*ɔ́:l] [óuvərɔ̀:l]
overflow	동사 명사	[òuvə*r*flóu] [óuvə*r*flòu]
overlap	동사 명사	[òuvə*r*lǽp] [óuvə*r*læ̀p]
overthrow	동사 명사	[òuvə*r*θróu] [óuvə*r*θròu]

Words with two pronunciations

word(단어)	part of speech(품사)	pronunciation(발음)
overhead	형용사	[óuvə*r*hèd]
	부사	[òuvə*r*héd]
overheads	명사	[óuvə*r*hèd]
underground	부사	[ʌ̀ndə*r*gráund]
	형용사 / 명사	[ʌ́ndə*r*gràund]
upset	동사 / 동사 뒤의 형용사	[ʌ̀psét]
	명사 / 명사 앞의 형용사	[ʌ́psèt]

Glossary of grammatical term

abstract noun(추상명사)
물리적이거나 유형적인 것이라기보다 성질, 아이디어, 경험을 묘사할 때 사용하는 명사이다.
concrete noun(구상명사)과 비교.

ex joy, size, language
➲ Grammar 표제어 Nouns 참조.

active voice(능동태)
주어인 사람이나 사물이 어떤 행위를 하거나 그 행위에 책임이 있는 **gives, took, has made**와 같은 동사(구) 형태이다.
passive voice(수동태)와 비교.

ex The storm *destroyed* the dozens of trees.

adjectival clause(형용사절)
relative clause의 다른 명칭이다.

adjective(형용사)
사람이나 사물의 모습, 색깔, 크기, 성질 등과 같은 것에 대해 보충해서 말할 때 사용하는 단어이다.

ex a *pretty blue* dress
➲ Grammar 표제어 Adjectives 참조.

adjunct(부가어)
시간, 장소, 방법 등에 대해 더 많은 정보를 주기 위해 절에 추가하는 단어나 단어의 결합을 말한다.

➲ Grammar 표제어 Adjuncts 참조.

adverb(부사)
어떤 일이 언제, 어떻게, 어디에서, 어떤 상황에서 일어나는지에 대해 더 많은 정보를 줄 때 사용하는 단어이다.

ex quickly, now
➲ Grammar 표제어 Adjuncts와 Adverbs 참조.

- **adverbs of degree**(정도부사)
  감정이나 성질의 양 또는 정도를 나타내는 부사.
  ex I enjoyed it *enormously*.
  She felt *extremely* tired.
- **adverbs of duration**(기간부사)
  어떤 일이 얼마 동안 지속되는지 나타내는 부사.
  ex He smiled *briefly*.
- **adverbs of frequency**(빈도부사)
  어떤 일이 얼마나 자주 일어나는지 나타내는 부사.
  ex I *sometimes* regret it.
- **adverbs of manner**(양태 · 방법부사)
  어떤 일이 일어나거나 행해진 방법을 나타내는 부사.
  ex She watched him *carefully*.
- **adverbs of place**(장소부사)
  어떤 것의 위치나 방향에 대해 더 많은 정보를 주는 부사.
  ex Come *here*.
- **adverbs of time**(시간부사)
  어떤 일이 일어나는 시간에 대해 더 많은 정보를 주는 부사.
  ex I saw her *yesterday*.

adjunct clause(부가절)
주절에서 말하는 사건에 대해 더 많은 정보를 주는 종속절이다.

➲ Grammar 표제어 Subordinate clauses 참조.

adverb phrase(부사구)
두 개의 부사를 함께 사용한 구이다.

ex She spoke *very quietly*.

affirmative (긍정문)
positive의 다른 명칭이다.

affix (접사)
다른 단어를 만들기 위해 단어의 앞이나 뒤에 추가하는 한 개의 철자나 철자군이다.

ex *anti*-communist, harm*less*
➲ suffix와 prefix 참조.

agent (행위자)
어떤 행위를 하는 사람을 말한다.

agreement (일치)
인칭과 수에 따라 관련된 단어의 형태를 일치시키는 것을 말한다. **concord**라고도 한다.

ex I look / She looks...
This book is mine / These books are mine...
one bell / three bells
➲ Grammar 표제어 Singular and plural 참조.

apostrophe s(아포스트로피 에스, 's)
소유를 나타내기 위해 명사의 끝에 붙는 어미를 말한다.

ex Harriet*'s* daughter
the professor*'s* husband
the Managing Director*'s* secretary
➲ Usage 표제어 's 참조.

apposition(동격)
사람이나 사물의 정체를 나타내거나, 더 많은 정보를 주기 위해 명사나 대명사 뒤에 명사(구)가 오는 것을 말한다.

ex my daughter Emily

article(관사)
definite article(정관사)과 **indefinite article**(부정관사) 참조.

aspect(상: 相)
여전히 진행 중인 행위인지, 반복되는 행위인지, 또는 끝난 행위인지에 따라 다른 쓰임을 보여 주는 동사의 형태를 가리킨다.

attributive(한정형용사)
일반적으로 형용사가 명사 앞뒤에서 한정적으로 명사를 수식하는 형용사를 말한다. **predicative**(서술형용사)와 비교.

ex classical, outdoor, woollen

auxiliary (조동사)
본동사와 함께 사용하여 시제, 부정문, 의문문 등을 이루는 **be, have, do** 등의 동사를 말한다. **auxiliary verb**라고도 하며, **modal**(서법조동사)도 조동사에 속한다.

Grammar 표제어 Auxiliaries와 Modals 참조.

bare infinitive (원형부정사)
to가 없는 부정사이다.

ex Let me *think*.

base form (동사원형)
인칭이나 시제에 따라 변형된 동사의 형태가 아닌 원래 형태를 말하는 것이다. 동사의 끝에 철자를 추가하지 않으며, 과거를 나타내는 형태도 아니다. 사전에 나와 있는 표제어 형태라고 이해하면 된다.

ex walk, go, have, be

broad negative adverb (준부정부사)
거의 부정적인 의미로 사용하는 **barely, seldom**과 같은 부사를 가리킨다.

ex I *barely* knew her.

Grammar 표제어 Broad negatives 참조.

cardinal number (기수)
셈을 하는 데 사용하는 숫자이다.

ex one, seven, nineteen

Topic 표제어 Numbers and fractions 참조.

case (격)
주격인지 목적격인지 또는 소유격인지를 나타내기 위해 사용하는 명사나 대명사의 다양한 형태를 말한다.

ex I / me
who / whom
Mary / Mary's

classifying adjective (분류형용사)
특정한 형태의 사물을 표현할 때 사용하는 형용사로, 비교급이나 최상급이 없다.
qualitative adjective(성질형용사)와 비교.

ex Indian, wooden, mental

Grammar 표제어 Adjectives 참조.

clause (절)
동사를 포함한 단어군을 말한다. **main clause**(주절)와 **subordinate clause**(종속절) 참조.

Grammar 표제어 Clauses 참조.

clause of manner (양태절)
보통 **as, like** 등과 같은 단어로 시작하여, 어떤 일이 이루어지는 방법을 묘사하는 종속절이다.

ex She talks *like her mother used to*.

cleft sentence (분열문)
it, what, all로 시작하는 문장 구조를 사용하여, 주어나 목적어를 강조하는 문장이다.

ex It's a hammer we need.
What we need is a hammer.

collective noun (집합명사)
한 무리의 사람이나 사물을 가리키는 명사이다.

ex committee, team, family

Grammar 표제어 Nouns 참조.

colour adjective (색깔을 나타내는 형용사)
어떤 것의 색깔이 무엇인지 가리키는 형용사이다.

ex red, blue, scarlet

Grammar 표제어 Adjectives 참조.

common noun (보통명사)
사람, 사물, 물질을 가리킬 때 사용하는 명사이다.
proper noun(고유명사)과 비교.

ex sailor, computer, glass

comparative (비교급)
형용사나 부사의 끝에 **-er**을 붙이거나, 앞에 **more**를 사용하여 비교급을 나타낸다.

ex friendlier, more important, more carefully

Grammar 표제어 Comparative and superlative adjectives와 Comparative and superlative adverbs 참조.

complement (보어)
be동사와 같은 연결동사 뒤에 위치하여, 절의 주어나 목적어에 대한 더 많은 정보를 주는 명사(구)나 형용사이다.
object complement 참조.

ex She is *a teacher*.
She is *tired*.

Grammar 표제어 Complements 참조.

complex sentence (복문)
주절과 종속절로 구성된 문장이다.

ex She wasn't thinking very quickly because she was tired.

Grammar 표제어 Clauses 참조.

compound (복합어)
하나의 기능을 하는 두 개 이상의 단어 조합을 말한다. 예를 들면, **self-centered**와 **free-and-easy**는 복합형용사이고, **bus stop**과 **state of affairs**는 복합명사이며, **dry-clean, roller-skate**는 복합동사이다.

compound sentence (중문)
등위접속사로 연결되는 두 개 이상의 주절로 이루어진 문장이다.

ex They picked her up and took her into the house.

Grammar 표제어 Clauses 참조.

concessive clause (양보절)
보통 **although, though, while**로 시작하는 종속절로, 주절과 대조된다.

ex *Although I like her*, I find her hard to talk to.

Grammar 표제어 Subordinate clauses 참조.

concord (일치)
agreement의 다른 명칭이다.

concrete noun(구상명사)
만지거나 볼 수 있는 것을 가리키는 명사이다. **abstract noun**(추상명사)과 비교.

ex table, dress, flower

➡ Grammar 표제어 Nouns 참조.

conditional clause(조건절)
보통 **if**나 **unless**로 시작하는 종속절이며, 주절에서 묘사하는 사건은 종속절에서 묘사하는 조건에 의존한다.

ex *If it rains*, we'll go to the cinema.
They would be rich *if they had taken my advice*.

➡ Grammar 표제어 Subordinate clauses 참조.

conjunction(접속사)
두 개의 절, 구, 단어를 함께 연결시키는 단어로, 접속사에는 두 가지가 있다. **coordinating conjunctions**(등위접속사)는 문법적으로 동일한 문장의 여러 부분들을 연결하며, **and, but, or** 등이 이에 해당한다. **subordinating conjunctions**(종속접속사)는 종속절을 이끌며 **although, because, when** 등이 이에 속한다.

➡ Grammar 표제어 Subordinate clauses 참조.

continuous tense(진행시제)
〔be동사 + 현재분사〕 형식으로, **progressive tense**라고도 한다.

ex She *was laughing*.
They *had been playing* badminton.

➡ Grammar 표제어 Tenses와 Continuous tenses 참조.

contraction(축약)
조동사와 **not** 또는 주어와 조동사가 함께 결합하여 축약된 형태로, 한 단어의 기능을 한다.

ex aren't, she's

➡ Grammar 표제어 Contractions 참조.

contrast clause(양보절)
concessive clause의 다른 명칭이다.

coordinating conjunction(등위접속사)
conjunction 참조.

coordination(대등관계)
같은 문법적인 형태의 단어나 단어군의 연결, 또는 중요도가 같은 절의 연결 등을 말한다.

➡ Grammar 표제어 Conjunctions 참조.

copula(계사: 繫辭)
보어와 함께 사용하는 **be**동사를 말한다. 본서에서 **link verb**(연결동사)라는 용어는 **be**동사와 비슷한 방식으로 보어와 함께 쓰는 동사 **seem, look, become** 등을 가리킨다.

count noun(가산명사)
단수형과 복수형이 있는 명사로, **countable noun**이라고도 한다.

ex a dog / dogs, a lemon / lemons, foot / feet

➡ Grammar 표제어 Nouns 참조.

declarative mood(직설법)
직설법에서의 절은 〔주어 + 동사〕 형식으로, 대부분의 문장은 직설법으로 구성된다. **indicative mood**라고도 한다.

ex I saw him yesterday.

defective verb(결여동사)
규칙동사가 갖고 있는 변화형이 없는 모든 동사를 말한다. 예를 들면, 모든 서법조동사(**can, may, must, will** 등)는 결여동사이다.

defining relative clause(한정적 용법의 관계사절)
말하고 있는 사람이 누구인지 사물이 무엇인지 밝혀 주는 관계사절이다. **non-defining relative clause**(계속적 용법의 관계사절)와 비교.

ex I wrote down everything *that she said*.

➡ Grammar 표제어 Relative clauses 참조.

definite article(정관사)
한정사 **the**를 가리킨다.

delexical verb(탈어동사)
동사 자체로는 뜻이 거의 없지만, 행동을 묘사하기 위해서는 목적어를 사용해야 하는 동사이다. **give, have, take**가 일반적인 탈어동사에 속한다.

ex She *gave a small cry*.
I've *had a bath*.

➡ Grammar 표제어 Verbs 참조.

demonstrative(지시사)
this, that, these, those와 같은 단어이며, 주로 한정사로 사용한다.

ex *...this* woman.
...that tree.

대명사로도 종종 사용한다.

ex *That* looks interesting.
This is fun.

➡ Usage 표제어 that – those와 this – these 참조.

dependent clause(종속절)
subordinate clause의 다른 명칭이다.

determiner(한정사)
명사(구) 앞에 사용하며, **the, a, some, my** 등이 있다.

➡ Grammar 표제어 Determiners 참조.

direct object(직접목적어)
능동동사와 함께 쓰인 절에서 어떤 행동에 직접적으로 영향을 받은 사람이나 사물을 나타내는 명사(구)를 말한다. **indirect object**(간접목적어)와 비교.

ex She wrote *her name*.
I shut *the windows*.

➡ Grammar 표제어 Objects 참조.

direct speech(직접화법)
일반적으로 시제, 인칭 등을 바꾸지 않고, 상대방이 실제로 한 말을 전달하는 화법이다.

➡ Grammar 표제어 Reporting 참조.

disjunct(문장부가어)
sentence adjunct의 다른 명칭이다.

ditransitive verb(이중 목적어를 취하는 동사)
간접목적어와 직접목적어를 모두 취할 수 있는 동사를 말한다. **give, take, sell** 등이 있다.

ex She *gave me a kiss*.

➲ Grammar 표제어 Verbs 참조.

dynamic verb(동작동사)
진행시제에서 사용할 수 있는 **run, fight, sing**과 같은 동사이다. **stative verb**(상태동사)와 비교.

➲ Grammar 표제어 Continuous tenses 참조.

'-ed' adjective(-ed형용사)
-ed로 끝나는 형용사이다.

ex I was *amazed*.

➲ Grammar 표제어 '-ed' adjectives 참조.

'-ed' form(-ed형)
past participle의 다른 명칭이다.

ellipsis(생략)
문맥 속에서 빠져도 의미가 분명할 때 단어를 생략할 수 있다.

➲ Grammar 표제어 Ellipsis 참조.

emphasizing adjective(강조형용사)
어떤 것에 대해 얼마나 강하게 느끼는지 강조하는 형용사로, **complete, utter, total** 등이 있다.

ex I feel a *complete* fool.

➲ Grammar 표제어 Adjectives 참조.

emphasizing adverb(강조부사)
동사나 형용사를 강조하기 위해 추가하는 부사이다.

ex I *simply* can't do it.
I was *absolutely* amazed.

➲ Grammar 표제어 Adjuncts와 Adverbs 참조.

ergative verb(능동격 동사)
행위자의 행동에 중점을 둘 때는 타동사로, 어떤 행동에 영향을 받은 것에 중점을 둘 때는 자동사로 사용하는 동사이다.

ex He had boiled a kettle.
The kettle had boiled.

➲ Grammar 표제어 Verbs 참조.

exclamation(감탄사)
놀라움, 화남 등을 표현하기 위해 갑자기 그리고 크게 말할 때 사용하는 소리, 단어, 문장을 말한다.

ex Oh God!

➲ Topic 표제어 Reactions 참조.

finite(정동사(구))
인칭, 시제, 방법을 나타내는 동사(구)로, 정동사절은 정동사구를 포함한다. **non-finite**(비정동사구)와 비교.

ex He *loves* gardening.
You *can borrow* that pen if you want to.

first person(1인칭)
➲ person 참조.

focusing adverb(초점부사)
가장 많이 연관되었거나, 유일하게 연관된 것을 나타낼 때 사용하는 부사이다.

ex only, mainly, especially

➲ Grammar 표제어 Adjuncts 참조.

fronting(전치구문)
문장의 처음에 주어가 아닌 문장의 일부가 오는 문장 구조이다.

ex *Lovely hair* she had.

general determiner(일반한정사)
사람이나 사물에 대해 일반적이거나 비한정적 용법으로 사용하는 한정사를 말한다.

ex a, some

➲ Grammar 표제어 Determiners와 Quantity 참조.

gender(성: 性)
he, she와 같이 성별을 나타내는 문법적인 용어이다.

➲ Topic 표제어 Male and female 참조.

genitive(소유격)
명사의 소유를 나타내는 형태이다.

ex man's, men's

➲ Usage 표제어 's 참조.

gerund(동명사)
동사원형에 **-ing**형을 붙여 명사로 사용하는 것을 말한다.

➲ Grammar 표제어 '-ing' forms 참조.

gradable(등급을 나타낼 수 있는 형용사)
어떤 성질의 양이 많고 적음을 나타낼 때 **very**와 같이 사용하거나, 비교급이나 최상급의 형태로 사용할 수 있는 형용사이다. **big, good** 등과 같은 성질형용사가 등급을 나타낼 수 있는 형용사이다.

ex very boring, less helpful, the best

group noun(집합명사)
collective noun의 다른 명칭이다.

headword(중심어)
명사구 안에서 중심이 되는 단어를 말한다.

ex a soft downy *cushion* with tassels

identifying relative clause
(한정적 용법의 관계사절)
defining relative clause의 다른 명칭이다.

idiom(숙어)
두 개 이상의 단어로 이루어져 특별한 의미를 갖는 단어군으로, 각각의 별개 단어로는 의미를 알 수 없다.

ex to kick the bucket, a new broom

if-clause (if절)
조건절이나 **if**로 시작하는 간접의문문이다.

imperative (명령문)
주어 없이 동사원형으로 문장을 시작하며, 특히 상대방에게 명령을 내리거나 지시하거나 지휘할 때, 또는 남에게 무언가를 제안할 때 사용한다.

ex *Come* here.
Take two tablets every four hours.
Enjoy yourself.

➲ Grammar 표제어 Imperatives 참조.

impersonal 'it' (비인칭주어 it)
시간, 거리, 날씨 등의 사실을 소개하거나 언급하거나, 또는 강조구문에서 사용되는 주어를 가리킨다.

ex *It*'s raining.
It was you who asked.

➲ Usage 표제어 it 참조.

indefinite article (부정관사)
한정사 **a**와 **an**을 말한다.

indefinite place adverb (부정장소부사)
일반적이거나 모호한 방식으로 장소나 목적지를 나타낼 때 사용하는 **anywhere, somewhere**와 같은 부사를 말한다.

➲ Topic 표제어 Places 참조.

indefinite pronoun (부정대명사)
일반적이거나 모호한 방식으로 사람이나 사물을 언급할 때 사용하는 **someone, anything**과 같은 대명사를 말한다.

➲ Grammar 표제어 Pronouns 참조.

indicative mood (직설법)
declarative mood의 다른 명칭이다.

indirect object (간접목적어)
타동사와 함께 사용하는 제2의 목적어이다. 어떤 행동에서 사람이나 사물이 이익을 얻거나 그 행위의 결과로 무언가를 받는 것을 나타낸다.

ex She gave *me* a rose.

➲ Grammar 표제어 Verbs 참조.

indirect question (간접의문문)
reported question의 다른 명칭이다.

indirect speech (간접화법)
reported speech의 다른 명칭이다.

infinitive (부정사)
동사원형으로, 앞에 **to**를 자주 사용한다.

ex (to) take, (to) see, (to) bring

➲ Grammar 표제어 Infinitives와 'To'-infinitive clauses 참조.

inflection (어형변화)
시제, 수, 격, 등급 등의 차이를 보여 주기 위해 동사, 명사, 대명사, 형용사 등의 형태를 변화시킨 것을 말한다.

ex come / came, cat / cats, small / smaller / smallest

'-ing' adjective (-ing형용사)
동사의 **-ing**형과 같은 형태를 가진 형용사이다.

ex a *smiling* face

➲ Grammar 표제어 '-ing' adjectives 참조.

'-ing' clause (-ing절)
-ing형으로 시작하는 절이다.

ex *Realising that something was wrong*, I stopped.

➲ Grammar 표제어 '-ing' forms 참조.

'-ing' form (-ing형)
동사의 진행시제를 만들 때 사용하는 **-ing**형으로 끝나는 동사 형태이다. **present participle**이라고도 한다.

➲ Grammar 표제어 '-ing' forms와 -ing adjectives 참조.

-ing noun (동명사)
동사의 **-ing**형과 같은 형태를 가진 명사이다.

ex swimming, laughing

➲ Grammar 표제어 '-ing' forms 참조.

intensifier (강의어: 强意語)
형용사의 의미를 강조하는 수식어이다.

ex very, exceptionally

interjection (감탄사)
exclamation의 다른 명칭이다.

interrogative adverb (의문부사)
how, when, where, why 등과 같은 부사를 가리키며 질문을 할 때 사용한다.

ex *How* do you know that?

➲ Grammar 표제어 Questions와 Reporting 참조.

interrogative mood (의문법)
주어 앞에 동사구의 일부나 전체가 오는 절로, 대부분의 의문문은 의문법을 사용한다.

ex *Is it* still raining?

➲ Grammar 표제어 Questions 참조.

interrogative pronoun (의문대명사)
who, whose, whom, what, which 등과 같이 질문할 때 사용하는 대명사를 말한다.

ex *Who* did you talk to?

➲ Grammar 표제어 Questions와 Reporting 참조.

intransitive verb (자동사)
목적어를 취하지 않는 동사를 가리키며, 주어가 행한 동작이나 사건을 묘사한다.

ex She arrived.
I was yawning.

➲ Grammar 표제어 Verbs 참조.

inversion (도치)
문장에서 단어의 순서를 바꾸는 것으로, 특히 주어와 동사의 순서를 바꾸는 것을 말한다.

➲ Grammar 표제어 Inversion 참조.

irregular(불규칙)
어형변화의 규칙을 따르지 않는 형태를 말한다. 불규칙동사(irregular verb)는 규칙동사처럼 단어의 끝이 -ed로 끝나지 않는 과거나 과거분사형을 말한다. **Comparative and superlative adverbs, Irregular verbs, Plural forms of nouns** 참조.

➲ Grammar 표제어 Comparative and superlative adjectives 참조.

lexical verb(본동사)
main verb의 다른 명칭이다.

linking adjunct(연결부가어)
관련된 내용을 이끌거나 말하는 내용을 보충할 때 사용하는 문장부가어이다.

ex moreover, besides

➲ Grammar 표제어 Linking adjuncts 참조.

link verb(연결동사)
주어와 보어를 연결하는 동사로, 때때로 copulas라고도 한다.

ex be, become, seem, appear

➲ Grammar 표제어 Complements와 Verbs 참조.

-ly words(-ly로 끝나는 단어)
양태 · 방법부사처럼 **-ly**로 끝나는 단어들이다.

➲ Grammar 표제어 '-ly' words 참조.

main clause(주절)
독립되거나 다른 절에 종속되어 있지 않은 절이다.

➲ Grammar 표제어 Clauses 참조.

main verb(본동사)
조동사가 아닌 모든 동사로, lexical verb라고도 한다.

manner clause(양태절)
방법을 묘사할 때 사용하는 종속절로, 보통 **as, like, the way** 등으로 시작한다.

ex She talks *like her mother used to*.

➲ Grammar 표제어 Subordinate clauses 참조.

mass noun(물질명사)
일반적으로 불가산명사이지만, 어떤 것의 특정 분량이나 종류를 말할 때는 가산명사로 사용하는 명사다. 일부 사람들은 불가산명사를 물질명사라고 한다.

ex two *sugars*, cough *medicines*

➲ Grammar 표제어 Nouns 참조.

measurement noun(단위명사)
단위를 나타내는 명사이다.

ex metre, pound

➲ Topic 표제어 Measurements 참조.

modal(서법조동사)
가능성, 의무, 예측, 추론 등과 같은 특정한 태도를 표현하기 위해 다른 동사의 원형과 함께 사용하는 조동사의 일종이다. modal auxiliary, modal verb라고도 한다.

ex can, could, may, might

➲ Grammar 표제어 Modals 참조

modifier(수식어)
명사 앞에서 사람이나 사물을 묘사하는 한 단어나 구를 말한다.

ex a *beautiful sunny* day, a *psychology* conference

➲ Grammar 표제어 Modifiers 참조.

mood(법)
기본적으로 평서문인지, 명령문인지, 의문문인지를 나타내는 문장의 구조이다. **declarative mood**(직설법), **imperative mood**(명령법), **interrogative mood**(의문법), **subjunctive**(가정법) 참조.

negative(부정문)
not, never, no one과 같은 단어를 사용하여, 어떤 것이 없거나 반대되는 사실을 나타내는 부정적인 문장이다. **positive**(긍정문)와 비교.

ex She did *not* reply.
I'll *never* forget.

➲ Usage 표제어 not, no, none, no one, nothing, nowhere, never 참조.

negative word(부정어)
문장을 부정적으로 만드는 **never, no one, not**과 같은 단어를 말한다.

nominal group(명사군)
noun group의 다른 명칭이다.

nominal relative clause(명사관계사절)
명사구의 기능을 하는 wh-어로 시작하는 절이다.

ex I wrote down *what she said*.

non-defining relative clause
(계속적 용법의 관계사절)
사람이나 사물에 대해 더 많은 정보를 주는 관계절이지만, 그 사람이 누구인지, 사물이 무엇인지 이미 알고 있기 때문에 확인할 필요는 없다. **defining relative clause**(한정적 용법의 관계사절)와 비교.

ex That's Mary, *who was at university with me*.

➲ Grammar 표제어 Relative clauses 참조.

non-finite(비정동사(구))
비정동사(구)는 부정사, 분사로 시작하는 동사구로, 문장의 유일한 동사구가 될 수 없다. 비정동사절은 비정동사구가 포함된 절이다.

➲ Grammar 표제어 'To'-infinitive clauses, '-ing' forms, Past participles 참조.

noun(명사)
사람과 사물을 지칭하거나, 감정과 생각 같은 추상적인 개념을 가리키는 단어이다.

ex woman, Harry, guilt

➲ Grammar 표제어 Nouns 참조.

noun clause(명사절)
nominal relative clause의 다른 명칭이다.

noun group(명사군)
주어, 보어, 절의 목적어, 전치사의 목적어 역할을 하는 단어군으로, **nominal group**이나 **noun phrase**라고도 한다.
➔ Grammar 표제어 Noun groups 참조.

noun phrase(명사구)
noun group의 다른 명칭이다.

noun modifier(명사수식어)
마치 형용사처럼 다른 명사 앞에 오는 명사이다.
ex a *car* door, a *steel* works
➔ Grammar 표제어 Noun modifiers 참조.

number(수)
단수형과 복수형의 차이를 보여 준다. **cardinal number**(기수)와 **ordinal number**(서수) 참조.
ex flower / flowers
that / those
➔ Grammar 표제어 Singular and plural 참조.

object(목적어)
주어의 동작을 받는 명사(구)로, 동사 뒤 또는 목적어 뒤에 온다. **direct object**(간접목적어)와 **indirect object**(직접목적어) 참조.
➔ Grammar 표제어 Objects 참조.

object complement(목적격 보어)
목적어에 대한 더 많은 정보를 주는 형용사나 명사구를 말한다.
ex It made me *tired*.
They consider him *an embarrassment*.
➔ Grammar 표제어 Complements 참조.

object pronoun(목적격 대명사)
동사나 전치사의 목적어로 사용하는 인칭대명사로, **me, us, you, him, her, it, them**이 있다.
➔ Grammar 표제어 Pronouns 참조.

ordinal number(서수)
어떤 것의 순서나 차례를 나타낼 때 사용하는 수이다.
ex first, fifth, tenth, hundredth
➔ Topics 표제어 Numbers and fractions 참조.

participle(분사)
다양한 시제를 만들 때 사용하는 동사의 형태이다.
past participle(과거분사)과 **'-ing' form** 참조.

particle(불변화사)
구동사를 만들기 위해 동사와 결합하는 부사나 전치사이다.
ex out, on

partitive(부분사)
특정한 것의 양에 대한 정보를 주기 위해 **of** 앞에 사용하는 단어이다.
ex pint, loaf, portion
➔ Grammar 표제어 Quantity 참조.

passive voice(수동태)
주어인 사람이나 사물이 행위에 영향을 받을 때 사용하며 **was given, were taken, had been made**와 같은 동사의 형태가 있다.
active voice(능동태)와 비교.
ex Dozens of trees *were destroyed*.
➔ Grammar 표제어 The Passive 참조.

past form(과거형)
단순과거시제에 사용하는 주로 **-ed**로 끝나는 동사의 형태이다.

past participle(과거분사)
완료시제와 수동형, 일부 형용사에 사용하는 **disappointed, broken, watched** 등과 같은 동사의 형태이다. 특히 형용사로 사용할 때, **-ed**형용사이라고도 한다.
➔ Grammar 표제어 Past participles와 '-ed' adjectives 참조.

perfect tense(완료시제)
조동사 **have**와 과거분사를 결합하여 만드는 시제.
ex I *have met* him.
We *had won*.

person(인칭)
화제와 연관되어 있는 세 부류의 사람들을 언급하는 용어이다. 글을 쓰고 있는 사람이나 말을 하고 있는 사람을 가리키는 1인칭, 말을 듣는 상대를 가리키는 2인칭, 대화에서 언급하는 대상을 가리키는 3인칭이 있다.

personal pronoun(인칭대명사)
앞서 언급한 사람이나 사물을 다시 가리킬 때 사용하며, **I, you, me, they**와 같은 단어를 말한다.
➔ Grammar 표제어 Pronouns 참조.

phase(동기화: 同期化)
밀접하게 연결된 두 과정이나 사건을 말하기 위해 한 문장에서 두 개의 동사를 사용하는 구조이다.
ex She *helped to clean* the house.
They *remember buying* the tickets.
➔ Grammar 표제어 Infinitives, '-ing' forms, 'To'-infinitive clauses 참조.

phrasal modal(구조동사)
조동사의 기능을 하는 동사구이다.
ex had better, would rather
➔ Grammar 표제어 Phrasal modals 참조.

phrasal verb(구동사)
〔동사 + 부사 · 전치사〕 또는 〔동사 + 부사 + 전치사〕 형식으로 서로 조합하여 하나의 뜻을 나타내는 동사구이다.
ex back down, hand over, look forward to
➔ Grammar 표제어 Phrasal verbs 참조.

phrase(구)
완전한 절이 아닌 단어군으로, **idiom**의 다른 명칭이다.

place clause(장소절)
사물의 위치를 말할 때 사용하는 종속절이다.

ex I left it *where it fell.*
Grammar 표제어 Subordinate clauses 참조.

plural (복수형)
둘 이상의 사람 또는 사물을 말하거나 가리킬 때 사용하는 가산명사나 동사의 형태이다. **singular**(단수형)와 비교.

ex *Puppies chew* everything.
The *women were* outside.
Grammar 표제어 Singular and plural 참조.

plural noun (복수명사)
복수형으로만 사용하는 명사.

ex trousers, scissors, vermin
Grammar 표제어 Nouns 참조.

positive (긍정문)
부정어를 포함하지 않는 긍정적인 문장이다.
negative(부정문)와 비교.

possessive (소유격)
소유격 한정사나 [명사+**'s**]는 사람이나 사물이 소속되거나 연관되어 있음을 나타낸다.

ex *your* bicycle, *Jerry's* house
Usage 표제어 's와 Topic 표제어 Possession and other relationships 참조.

possessive determiner (소유격 한정사)
my, your, his, her, its, our, their 등과 같은 단어로, 어떤 것이 소속되거나 연관되어 있음을 나타낸다. 때때로 소유격 형용사라고도 한다.

Grammar 표제어 Possessive determiners 참조.

possessive pronoun (소유격 대명사)
mine, yours, hers, his, ours, theirs와 같은 단어를 말한다.

Grammar 표제어 Pronouns 참조.

postdeterminer (후치한정사)
언급한 내용을 분명하고 명확하게 하기 위해 한정사 뒤와 다른 형용사 앞에 사용하는 형용사(구)이다.

ex The *following* brief description.
Grammar 표제어 Adjectives 참조.

predeterminer (전치한정사)
한정사 앞에 오는 단어이지만, 명사구의 일부분이다.

ex *all* the boys, *double* the trouble, *such* a mess

predicate (술부)
문장의 주어에 대해 설명하는 부분이다.

predicative (서술형용사)
be동사와 같은 연결동사 뒤에 오는 형용사를 가리킨다. 서술형용사가 연결동사 뒤에 사용될 때, 주어나 목적어를 보충하는 서술 용법으로 쓰였다고 한다.
attributive(한정형용사)와 비교.

ex alive, asleep, sure

prefix (접두사)
신조어를 만들기 위해 단어 앞에 추가되는 철자나 철자군을 말한다. **affix**(접두사)와 **suffix**(접미사) 비교.

ex *semi*-circular

premodifier (전치수식어)
modifier의 다른 명칭이다.

preposition (전치사)
바로 뒤에 항상 명사(구)나 **-ing**형이 뒤따르는 단어이다.

ex by, with, from
Grammar 표제어 Prepositions 참조.

prepositional phrase (전치사구)
전치사와 전치사의 목적어로 이루어진 구조이다.

ex on the table, by the sea

prepositional verb (전치사적 동사)
항상 또는 일반적으로 전치사가 뒤따르는 동사이다.

Grammar 표제어 Phrasal verbs와 Verbs 참조.

present participle (현재분사)
-ing형의 다른 명칭이다.

progressive tense (진행시제)
continuous tense의 다른 명칭이다.

pronoun (대명사)
명사를 대신하여 사용하는 품사로, 사람이나 사물의 이름을 직접적으로 말할 필요가 없거나 말하고 싶지 않을 때 사용한다.

ex it, you, none
Grammar 표제어 Pronouns 참조.

proper noun (고유명사)
특정한 사람, 장소, 기관을 가리키는 명사이다.
common noun(보통명사)과 비교.

ex Nigel, Edinburgh, Christmas
Grammar 표제어 Nouns 참조.

purpose clause (목적절)
행위의 목적을 나타내는 종속절로, 일반적으로 **in order to, to, so that, so** 등으로 시작한다.

ex I came here *in order to ask you out to dinner.*
Grammar 표제어 Subordinate clauses 참조.

qualifier (수식어)
명사나 대명사 뒤에 위치하여 사람이나 사물을 묘사하는 단어나 단어군을 말한다.

ex a book *with a blue cover*
the shop *on the corner*
Grammar 표제어 Qualifiers 참조.

qualitative adjective (성질형용사)
성질을 나타내며 등급을 매길 수 있는 형용사이다.
classifying adjective(분류형용사)와 비교.

ex funny, intelligent, small
Grammar 표제어 Adjectives 참조.

quantifier(수량형용사)
정확한 양이 아닌 대략적인 양을 가리킬 때, of로 끝나는 구를 말한다.

ex some of, a lot of, a little bit of
➲ Grammar 표제어 Quantity 참조.

question(의문문)
전형적으로 주어 앞에 동사가 와서 상대방에게 무언가를 물어볼 때 사용하는 문장 구조로, interrogative라고도 한다.

ex Have you lost something?
When did she leave?
➲ Grammar 표제어 Questions 참조.

question tag(의문부가절)
조동사 뒤에 대명사가 오는 구조로, tag question(부가의문문)의 끝에 사용한다.

ex She's quiet, *isn't she?*

quote(인용문)
인용구조의 일부로, 말한 내용을 그대로 전할 때 사용하는 문장이다.

ex I said *'Why not come along too?'*

quote structure(인용구조)
전달문과 인용문이 포함된 구조이다.
report structure(전달구조)과 비교.

ex She said 'I'll be late.'
➲ Grammar 표제어 Reporting 참조.

reason clause(원인절)
어떤 일에 대한 원인을 나타내는 종속절로, 보통 because, since, as 등으로 시작한다.

ex *Since you're here,* we'll start.
➲ Grammar 표제어 Subordinate clauses 참조.

reciprocal pronoun(상호대명사)
두 사람이 어떤 것에 대해 같은 것을 느끼거나, 같은 일을 한다는 것을 나타내는 대명사로, each other와 one another 등이 있다.

ex They loved *each other*.

reciprocal verb(상호동사)
두 명 이상의 사람들이 서로 같은 행위를 하거나, 관계를 형성하거나 연관되어 있다는 것을 나타낸다.

ex They *met* in the street.

reflexive pronoun(재귀대명사)
주어의 동작을 받는 목적어가 주어와 동일한 대명사로, myself와 themselves 등과 같이 -self로 끝나는 대명사를 말한다.

➲ Grammar 표제어 Pronouns 참조.

reflexive verb(재귀동사)
전형적으로 재귀대명사와 함께 사용하는 동사를 말한다.

ex Can you *amuse yourself* until dinner?
➲ Grammar 표제어 Verbs 참조.

regular verb(규칙동사)
일반적인 규칙을 따르는 동사로, 네 가지 형태가 있다.

➲ Grammar 표제어 Verbs 참조.

relative clause(관계사절)
주절에서 언급한 사람이나 사물에 대해 더 많은 정보를 주는 종속절이다. defining relative clause, non-defining relative clause 참조.

➲ Grammar 표제어 Relative clauses 참조.

relative pronoun(관계대명사)
관계사절을 이끌 때 사용하는 who나 which 등과 같은 wh-어를 말한다.

ex the girl *who* was carrying the bag

reported clause(피전달절)
상대방이 말한 내용을 묘사하는 전달구조의 일부분이다.

ex She said *that I couldn't see her*.

reported question(간접의문문)
화자가 사용한 그대로의 말이라기보다 전달구조를 사용하여 전하는 의문문으로, indirect question이라고도 한다.

➲ Grammar 표제어 Reporting 참조.

reported speech(간접화법)
화자가 사용한 그대로의 말이라기보다 전달구조를 사용하여 전달하는 화법으로, indirect speech라고도 한다.

reporting clause(전달절)
전달동사를 포함하고 말을 전달할 때 사용하는 절이다.

ex *They asked* if I could come.

reporting verb(전달동사)
사람들이 말하거나 생각한 것을 묘사할 때, 인용문이나 전달문과 함께 사용하는 동사이다.

ex suggest, say, wonder

report structure(전달구조)
전해 줄 말을 그대로의 단어로 반복하기보다는 전달절과 피전달절을 사용하면서 상대방이 한 말을 전하는 문장 구조이다.
quote structure(인용구조)과 비교.

ex She told me she'd be late.
➲ Grammar 표제어 Reporting 참조.

result clause(결과절)
어떤 일의 결과를 나타내는 절로, so, so that, such that 등으로 시작한다.

ex The house was severely damaged, *so that it is now uninhabitable*.
➲ Usage 표제어 so와 such 참조.

rhetorical question(수사의문문)
정보를 얻기 위해서라기보다 논평하기 위해 사용하는 의문문으로, 느낌표나 물음표를 문장의 끝에 사용한다.

ex Wouldn't it be awful with no Christmas!
Oh, isn't it silly?

second person(2인칭)
person 참조.

semi-modal(준조동사)
조동사와 같은 역할을 하는 **dare, need, used to** 등의 동사를 말한다.

sentence(문장)
평서문, 의문문, 명령문, 감탄문을 나타내는 단어군으로, 문장은 일반적으로 주어와 동사로 구성된다. 절이 하나인 단문과 두 개 이상의 절이 있는 복문이 있다. 글에서 문장은 대문자로 시작하며, 마침표, 의문부호, 감탄부호 등으로 마친다.

➲ Grammar 표제어 Sentences 참조.

sentence adjunct(문장부가어)
문장의 일부가 아닌 문장 전체에 영향을 미치는 부사나 부사적인 표현을 말한다.

ex *Fortunately,* he wasn't seriously injured.

➲ Topics 표제어 Opinions 참조.

's' form(-s형식)
동사원형에 **s**를 붙인 형태로, 단순현재시제에서 사용한다.

ex She *likes* reading.

simple tense(단순시제)
조동사를 사용하지 않는 형태의 시제이다.

ex I *waited*.
She *sang*.

singular(단수형)
한 사람이나 하나의 사물을 가리키거나 말할 때 사용하는 가산명사나 동사의 형태를 말한다.
plural(복수형)과 비교.

ex A growing *puppy* needs milk.
That *woman is* my *mother*.

➲ Grammar 표제어 Singular and plural 참조.

singular noun(단수명사)
전형적으로 단수형으로 사용하는 명사이다.

ex sun, business

➲ Grammar 표제어 Nouns 참조.

specific determiner(특정한정사)
이미 언급했거나 분명히 알고 있는 사람이나 사물을 가리킬 때 사용하는 한정사이다.

ex the, that, my

➲ Grammar 표제어 Determiners 참조.

split infinitive(분리부정사)
to와 동사원형을 분리시키는 단어나 구가 있는 **to**부정사이다.

ex *to* badly *go* where no man has gone before.

➲ Grammar 표제어 Split infinitives 참조.

stative verb(상태동사)
상태를 묘사할 때 사용하는 동사로, 일반적으로 진행시제에 사용하지 않는다.
dynamic verb(동작동사)와 비교.

ex be, own, know

➲ Grammar 표제어 Continuous tenses 참조.

strong verb(불규칙동사)
irregular verb의 다른 명칭이다.

subject(주어)
문장에서 행동의 주체가 되는 사람이나 사물을 나타내는 명사(구)이다. 평서문에서는 주어가 동사 앞에 온다.

ex *We* were going shopping.
He was murdered.

➲ Grammar 표제어 Subjects 참조.

subject pronoun(주격대명사)
문장의 주어로 사용하는 인칭대명사로, **I, we, you, he, she, it, they**가 있다.

➲ Grammar 표제어 Pronouns 참조.

subjunctive(가정법)
기원, 희망, 의심과 같은 태도를 표현할 때 사용하는 동사의 형태이다. 영어에서는 일반적으로 가정법을 사용하지 않고, **If I were you...**와 같은 조건절을 주로 사용한다.

➲ Grammar 표제어 The Subjunctive 참조.

submodifier(보조부사)
뜻을 강조하거나 부드럽게 만들기 위해, 형용사나 다른 부사 앞에 사용하는 부사이다.

ex *very* interesting
quite quickly

subordinate clause(종속절)
종속접속사인 **because, while** 등으로 시작하는 절로, 주절과 함께 사용해야 한다.

➲ Grammar 표제어 Subordinate clauses 참조.

substitution(대용)
문장의 일부분이나 전체를 대신하는 대명사와 다른 단어의 특별한 용법을 말한다.

ex 'Are you coming to the party?' – 'I hope *so*.'

suffix(접미사)
다른 단어, 시제, 격, 품사를 만들기 위해 단어의 끝에 붙이는 철자나 철자군을 말한다.
affix(접사)와 **prefix**(접두사) 비교.

ex slow*ly*, child*ish*

superlative(최상급)
형용사나 부사의 끝에 **-est**를 붙이거나 형용사나 부사 앞에 **most**를 추가하여 만든다.

ex thinnest, quickest, most wisely

➲ Grammar 표제어 Comparative and superlative adjective와 Comparative and superlative adverbs 참조.

tag(부가절)
대명사와 조동사로 구성된 절로, 대답할 때 추가한다.

ex 'Do you like it?' – 'Yes, *I do*.'

➲ question tag 참조.

tag question(부가의문문)
의문부가절(조동사와 대명사)을 추가한 평서문을 말한다.

ex She's quite, isn't she?

tense(시제)
과거, 현재, 미래를 나타내는 동사구의 형태를 말한다.

➲ Grammar 표제어 Tenses, The Future, The Past, The Present 참조.

- **future**(미래시제)
  미래의 일을 가리키며 〔will · shall + 동사원형〕 형식이다.
  ex She *will come* tomorrow morning.
- **future continuous**(미래진행시제)
  미래의 일을 가리키며 〔will · shall + be동사 + 현재분사〕 형식이다.
  ex She *will be going* soon.
- **future perfect**(미래완료시제)
  미래의 일을 가리키며 〔will · shall + have + 과거분사〕 형식이다.
  ex I *will have finished* by tomorrow.
- **future perfect continuous**(미래완료 진행시제)
  미래의 일을 가리키며 〔will · shall + have been + 현재분사〕 형식이다.
  ex I *will have been walking* for three hours by then.
- **simple past**(단순과거시제)
  과거의 일이나 상황을 가리키며 과거 형태이다.
  ex They *waited*.
- **past continuous**(과거진행시제)
  과거의 일을 가리키며 〔was · were + 현재분사〕 형식이다.
  ex They *were worrying* about it yesterday.
- **past perfect**(과거완료시제)
  과거의 일을 가리키며 〔had + 과거분사〕 형식이다. pluperfect라고도 한다.
  ex She *had finished*.
- **past perfect continuous**(과거완료 진행시제)
  과거의 일을 가리키며 〔had been + 현재분사〕 형식이다.
  ex He *had been waiting* for hours.
- **simple present**(단순현재시제)
  현재의 일이나 상황을 가리키며, 동사는 원형과 s로 끝나는 형태가 있다.
  ex I *like* bananas.
  My sister *hates* them.
- **present continuous**(현재진행시제)
  현재의 일을 가리키며 〔am · are · is + 현재분사〕 형식이다.
  ex I am eating lunch at home now.
  Things *are improving*.
- **present perfect**(현재완료시제)
  현재에 영향을 주는 과거의 일을 가리키며 〔have · has + 과거분사〕 형식이다.
  ex She *has loved* him for ten years.
- **present perfect continuous**(현재완료 진행시제)
  현재에도 계속되는 과거의 상황을 가리키며 〔have been · has been + 현재분사〕 형식이다.
  ex We *have been sitting* here for hours.

'that'-clause(that절)
상대방이 말한 내용을 전해줄 때 주로 that으로 시작하는 절을 사용한다. that을 전달동사 뒤에 사용할 때 생략 가능하다.

ex She said *that she'd wash up for me*.

➲ Grammar 표제어 'That'-clauses 참조.

third person(3인칭)
person 참조.

time clause(시간절)
어떤 사건이 일어난 시간을 나타내는 종속절이다.

ex I'll phone you *when I get back*.

➲ Grammar 표제어 Subordinate clauses 참조.

title(호칭)
사람의 직책이나 직위를 나타내는 이름 앞에 사용하는 단어이다.

ex Mrs, Lord, Queen

➲ Topic 표제어 Names and titles 참조.

'to'-infinitive(to부정사)
앞에 to가 오는 동사원형이다.

ex to go, to have, to jump

'to'-infinitive clause(to부정사절)
to부정사를 기본으로 한 종속절이다.

ex I wanted *to see you*.

➲ Grammar 표제어 'To'-infinitive clauses 참조.

transitive verb(타동사)
목적어를 취하는 동사를 가리킨다.

ex She's *wasting* her money.

uncount noun(불가산명사)
개개의 물건이라기보다 일반적인 사물의 종류를 가리키는 명사로, 단수형만 있다.

ex money, furniture, intelligence

➲ Grammar 표제어 Nouns 참조.

verb(동사)
주어의 동작이나 상태를 나타내는 단어이다.

ex sing, spill, die

➲ Grammar 표제어 Verbs 참조.

verbal noun(동명사)
'-ing' noun의 다른 명칭이다.

➲ Grammar 표제어 '-ing' forms 참조.

verb group(동사구)
주어의 동작이나 상태를 나타내는 단어군이다. 보통 한 개 이상의 조동사와 본동사로 되어 있다.

ex I*'ll show* them.
She*'s been* sick.

verbless clause (무동사절)
주절이나 종속절과 같은 기능을 하는 단어군으로, 동사를 포함하지 않는 절을 말한다.

ex *What about some lunch?*
I stood *with my hands behind my back*.

Grammar 표제어 Verbless clauses 참조.

vocative (호격)
사람의 이름처럼 상대방을 부를 때 사용하는 단어이다.

ex darling, madam

Topic 표제어 Addressing someone 참조.

'wh'-clause (wh-절)
wh-어로 시작하는 절이다.

Grammar 표제어 'wh'-clauses와 Reporting 참조.

'whether'-clause (whether절)
보통 **yes/no**의문문을 전달하는 데 사용하는 **whether**로 시작하는 절이다.

ex I asked her *whether she'd seen him*.

Grammar 표제어 Reporting 참조.

'wh'-question (wh-의문문)
yes/no의문문보다 특정한 사람, 장소, 사물, 양 등에 대한 언급을 대답으로 기대하는 의문문이다.
'yes/no'-question(**yes/no**의문문)과 비교.

Grammar 표제어 Questions 참조.

'wh'-word (wh-어)
what, when, who와 같이 **wh-**의문문에 사용하는 **wh-**로 시작하는 단어군이다. **how**도 다른 **wh-**어처럼 사용하므로 **wh-**어라고도 한다.

Grammar 표제어 'wh'-words 참조.

'yes/no'-question (yes/no의문문)
yes나 **no**로 간단하게 대답할 수 있는 의문문이다.
'wh'-question(**wh-**의문문)과 비교.

ex Would you like some more tea?

Grammar 표제어 Questions 참조.

Index

F

G

M

N

T • • •